近代建築の歴史

上

レオナルド・ベネヴォロ 著　　武藤章 訳

鹿島出版会

本書は，小社発行『近代建築の歴史 上』（1978年）および
『近代建築の歴史 下』（1979年）を合本したものです。
そのためページ数が通っていないことをお断りいたします。

STORIA DELL'ARCHITETTURA MODERNA
by
Leonardo Benevolo

Copyright ©1960, 1985, 1992, 1999
by Gius. Laterza & Figli S. p. a.
All rights reserved
including the right of reproduction
in whole or in part in any form
Published 1978 in Japan
by Kajima Institute Publishing Co., Ltd.
Japanese translation rights arranged
with Gius. Laterza & Figli S. p. a., Roma-Bari
through Eulama Literary Agency, Roma.
Printed in Japan

目 次

| まえがき | 7 |

| 序章　産業革命と建築 | 15 |

第Ⅰ部　産業都市の誕生と発展　33
第1章　産業革命期の建設技術の変化　34
1　科学の進歩と教育　35
2　伝統的な工法の完成　38
3　新しい材料　42
4　一般の建築における技術的進歩　51
5　技術とネオ・クラシシズム　55
第2章　再編成の時代と近代的都市計画の起源　68
1　政治的改革と最初の都市計画法　68
2　ネオ・ゴシック運動　82
第3章　オスマンとパリ計画　92
1　何故パリは再建されたか　93
2　オスマンの業績　96
3　オスマン論争　102
4　オスマンの影響　111
5　オスマン時代の折衷主義と合理主義　119
第4章　19世紀後半における技術と建築　130
1　万国博覧会　130
2　折衷主義の危機　154

第Ⅱ部　産業都市論　159
第5章　産業都市とその危機　160
第6章　産業都市改革の試み（オウエンからモリスまで）　181
1　ユートピアン　181
2　応用芸術改良運動　189

第Ⅲ部　アメリカの産業都市　221
第7章　アメリカの伝統　222
1　コロニアル建築　223
2　トーマス・ジェファーソンとアメリカの古典主義　227
3　1811年のニューヨーク計画　239

第8章 シカゴ派とアメリカのアヴァン・ギャルド————248
  1 シカゴ派————250
  2 ルイス・サリヴァン————262
  3 フランク・ロイド・ライトの初期の作品————269

第Ⅳ部 1890年から1914年にかけてのヨーロッパの
     アヴァン・ギャルド運動————281
序論————282
  1 新しい芸術論————283
  2 折衷主義に対する一般的不満————285
  3 画家の例————286
  4 社会的条件と個人的な関わり————288

第9章 アール・ヌーヴォー————292
  1 ヴィクトル・オルタ————294
  2 アンリ・ヴァン・ド・ヴェルド————302
  3 チャールズ・レニー・マッキントッシュ————308
  4 オットー・ワグナー————313
  5 ヨゼフ・マリア・オルブリッヒ————319
  6 ヨゼフ・ホフマン————323
  7 アドルフ・ロース————326
  8 ヘンドリク・ペトルス・ベルラーヘ————334
  9 アール・ヌーヴォーの伝播————339

第10章 フランスの業績：オーギュスト・ペレーとトニー・ガルニエ————349
  1 フランスの文化と技術的遺産————349
  2 オーギュスト・ペレー————351
  3 トニー・ガルニエ————359

第11章 1890年から1914年にかけての都市計画における実験————372
  1 都市計画法及び都市計画実験における進歩————372
  2 カミロ・ジッテの教訓————378
  3 田園都市運動————381
  4 アルトゥーロ・ソリアの線状都市————389
  5 ベルラーへの都市計画————391

下巻の内容

第Ⅴ部　近代運動
第12章　出発の条件
第13章　近代運動の形成（1918—1927）
第14章　社会との初期の関係
第15章　都市計画的問題へのアプローチ
第16章　政治的妥協と独裁政権との闘争
第17章　1930年から1940年にかけてのヨーロッパ建築の進歩
第18章　アメリカの近代建築
第19章　第2次大戦後のヨーロッパ
第20章　新しい国際舞台
終章

装丁　福島秀子
本文レイアウト　梅野雄二郎

まえがき

　近代建築史は，現代の事象を，それと直接つながりをもつ過去の事象の筋書きの中で示すという仕事をもっている。それ故，それは現代についての認識を完全にするために，そして現代の事象を広い歴史的視野の中におくために，過去に遡っていかなければならない。

　それの第一の難しさは，研究の範囲である。つまり，過去の出来事の連鎖をどのくらい遡ることが必要だろうかという点である。また建築という概念は未だかつて確定されたことがなく，時代と共に変ってきているが故に，その研究がどんな事実までカヴァーすべきかを云々することも難しい。これら2つの問題は，この著述の根底そのものに関連をもっているので，私がそれらを解決するのに用いた方法についてまず読者に説明をするのが適当である。

Ⅰ．18世紀の後半までは，建築の推移を単一の枠の中で理解することが容易であった。形態，デザインの方法，建築家，施主，施工者等の行為は時と場所に応じて様々であったが，しかしながらそれらは，建築と社会の基本的に一定し安定した関係の範囲内に展開していた。建築家に課された個々の問題，それに対する建築家の応答はいろいろだったが，建築家が社会に対して行ったサーヴィスと，社会が建築家に委嘱した仕事の性格は，昔から当然として議論されたことはなかった。それ故，その頃までなら，形態的価値をクローズアップする美術史の通常の方法を適用することは容易である。何故なら，形態的価値は，それが正しく解釈されるならば，すべての外的状況と関係を要約し，それ自身の変化によってすべての他の要因の変化を表わしているからである。

　18世紀の半ば以後，形態の実験の連続性は切断されることなく，建築様式は一定してはいたが，建築家と社会との関係は急激に変り始めた。古い糸を辿り続け，形態のレパートリーの変化を利用して芸術家，流派，時代を区別しながらそれ以前の時代の流れに沿って18世紀後期及び19世紀の建築を語ることは出来る。つまりバロックの後にネオ・クラシック，ネオ・ゴシック，折衷主義等々を語ることになる。しかしながら，ある見方をすれば，それによって語られる活動はその時代の生産や文化的関心のほんの一部であるということ，そしてそれと社会の結びつきが弛んだということ，そしてまた新しい問題が前面に現われたということも明らかである。

それ故，観察の範囲を広げ，1750年以後急激に変貌した多くの技術的，社会的，経済的要因を，たとえそれらと建築との結びつきが初めはすぐに明らかでないにしろ調べる必要がある。いろいろな国では，伝統の限界の内外で，新しい物質的，精神的要求，新しい観念，新しい介入の方法が姿を現わし，それらはある時点で，古典のそれとは全く異った新しい建築的合成体へと合流していったからである。このようにすれば，他の方法では理解をこえる近代建築の誕生を説明することは可能である。もし，実際，形態の歴史だけに歴史を限るなら，伝統における画然とした中断，亀裂を自明なこととしなければならないだろうし，それは，議論の場では考えられるが，歴史的には認容し難い。

近代運動は，深くヨーロッパの文化的伝統に根ざしており，実験の段階的な継続によって過去と結びついている。しかしながら，近代運動が出現した領域——それは特に初期において幅広く，工業文明のいろいろな部門において成熟することになるいろいろな探求を含んでいた——と，過去の建築運動の遺産が閉じこもっている領域との間には，その広がりの範囲において違いがある。事象は2つの領域の内部で連続して展開するが，その2つの1つから他への移行は必然的に連続的であり得ず，断続をくり返しながら，抗争の代償を払いながら達成された。何故なら，近代運動は，別のいい方をすれば革命的実験であり，過去の文化的遺産の中絶と変形を意味しているからである。

そこで「建築」という言葉をその最も広い意味で用いてみよう。この言葉についてのうまい定義を欲する人に対して，ウイリアム・モリスは1881年に次のように書いている。

> 建築は，人間の生活を取り巻くすべての物理的環境についての考慮を意味している。われわれが文明に属している限り，建築から逃れることは出来ない。何故なら，全くの砂漠は別として，それは人間の要求に合わせて地球の表面を鋳造し改変することそのものであるからである。[1]

私はこの概念を論理的に規定することを試みることも，また抽象的に，この人間環境改変の仕事においてどの点を考慮すべきか，どの点を考慮しないでよいかを明確にすることを試みることもしないだろう。歴史の展開それ自身，この輝かしい伝統的な「建築」という概念に現在与えられている範疇の広さを示しているし，それはわれわれの眼前で，今なお広がりつつあるのである。

厳密に論理的にいえば，求めるものが前もってはっきりせず，研究を通して意味づけられるというのでは悪循環のように見えるかも知れない。しかし，われわれは，扱っている論題と無関係ではあり得ず，読者もまた公平でも無関心でもあり得ず，建築家，施工業者，施主，そしてユーザーとして生活する環境の改革に関わっているが故に，われわれの方法は厳密に実証的ではあり得ない。

近代建築史は，当然，その支えを現在におき，この著述の拠ってたつところも現代の建築であり，それは歴史的研究の対象となる以前に，行動の選択の中でわれわれに関わってくる。この関わりは，判断の正確さを限定するが，われわれはそのことが簡単な抽象によって除き得るとは信じない。むしろ，この事実を開放的に受け入れ，それを考慮にいれてわれわれの批判的評価の正確さを調節する方がよい。

Ⅱ．われわれが「近代運動」という用語を用いたのは，それが現代用語の中で充分正確な意味をもっているからである。

それの定義を欲するなら，ここでもモリス

の次の言葉が最も適当のように思われる。「われわれが求めている芸術は、すべての人々が受けることの出来る恩恵であり、そのすべての人々を向上させる。現実に、もし、それにあずからないとしたら、あずかることの出来るものなど何もない。」[2] 多分、ここには近代建築と工業文明との間の深い関係が示されている。工業がすべての人々に物質による恩恵を同じように浴させるために充分な量の実用品やサーヴィスを生み出すことを可能にしたように、近代建築の課題は、もともと社会階級に応じて差別されていた文化的恩恵を等しくすべての人に与えることである。それ故、それは「芸術的恩恵の再分配プログラム」[3]とも呼ぶことが出来る。

この仕事の結果については誰もまだ口にすることが出来ない。というのは、それはまだほんの始まったばかりで、引用した定義も、何よりも未来の仕事を示す仮の指標でしかないからである。

他の多くの論題はさし当りは無用である。「近代運動」という用語が適当とも、否とも判断し得るし、時には他のいい方を選ぶことも出来るだろうが、それは現代用語のひとつになっているし、またこれからもそうあり続けるだろう。何故なら、それは歴史的用語であるばかりでなく、生きたプログラムであり、行動の規範であるからである。私はそれの意味を歴史の叙述によって明確にし修正しようとするだろうが、理論上の公式によってそれを軽率にア・プリオリに規定することは避けるだろう。

その代り、過去に対するその適用の限界をはっきりさせることが必要である。もし「近代建築とは何か？」という質問は棚上げし得たとしても、もう1つの質問「それが何時始まったか？」には答える必要がある。私の意見ではこの「始まる」という言葉にどういう意図をもたせるかによって、次のような3つの異った解答がなされる。

　a) 近代建築は産業革命に伴う技術的、社会的、文化的変化から生まれた。それ故、ひとつの合成体に合流する個々の要素について語るつもりならば、近代建築は産業革命の建築的、都市的影響が現われ始めるや否や、即ち18世紀末から19世紀の初めにかけて、もっと正確にいえばワーテルローの戦後に始まったということが出来るだろう。最初、それらの要素は社会生活の異った部門に含まれていて、その時代範囲の中ではそれらを互いに結びつけることは不可能であった。その後に何が続いたかを考える時に初めてそれらの共通の傾向を見出すことが出来るのである。

　b) 個々の要素が充分明瞭にその姿を現わした後、それら相互の統合の要求が生じた。これらの要求がはっきりとした形をもつ主張となり、ついで作業のプログラムとなった時に、近代建築は、思想と行動の一貫した方向として誕生した。即ち、それは最初イギリスにおいてモリスの仕事と共に充分明瞭になされた。この意味で、近代建築はモリスが実際活動を始めた時、正確さを愛する人に対しては1862年、モリス・フォークナー・マーシャル会社が設立された時に始まったといえるだろう。

　c) 目標がはっきりすると、次にそれを実現するのに用いられる方法が問題となる。つまり、個々のいろいろな努力を統一するために、得られた結果を普及可能にさせるために充分一般的な方法である。これは全発展の中で決定的な点であり、最大の努力を必要とする。何故なら、問題は理論と実際との間に橋渡しをすることであり、すべての現実の様相を心に留めながら現実と接触することだからである。この歩みは第1次世界大戦直後、もっと正確にいえばグロピウスがワイマール校を開校した1919年に達成された。この時点において初めて正確な意味で「近代運動」を云

云することが出来る。

これら3つの局面の間の連続性を考慮することは重要であるが，また相互の不連続性，特に第2と第3の間の不連続性を考慮することも重要である。

戦争直後，人々は普遍的に正当な，新しい形態の体系がすぐに確立されるものと信じ，過去とのすべての関係を議論の上で拒否した。だが，いろいろな出来事はこれらの試みが時機を失したものだということを証明し，この失敗を肝に銘じた当時の思想は，当初なおざりにされていた可能性を開発しながら，そして生きているものと死んだものを区別するために過去の遺産を評価しながら，彼らのテーマについての再調査と立証という膨大な分析作業を開始した。これが，脇に押しやられていたそれ以前の実験が再び新しい関心をもって研究されるようになった理由である。

この必要に迫られた再調査がなしとげられている間に，想像力を刺激するというだけで，すべての実験をよしとしながら，新しい折衷主義の中に安住する危険が生じた。建築の歴史は，過去を，すべて等しく興味ある作品と傾向の羅列として公平に示しながらこの危険を助長した。

この誤った公平さは，あまり知られていず資料に乏しい最近の過去の最初の目録をつくるために，かりそめに用いられたが，歴史について議論をつくし，現在に生きる人々にある基本的な方向を示すために過去における主要なものと付随的なものとを区別し，既に終結したものと未だに生きているものとを区別する時が到来したように思われた。

私は，19世紀のオウエンとユートピアンで始まり，ラスキンとモリス及び1890年から1914年にかけてのヨーロッパのアヴァン・ギャルド実験を通り，アメリカの建築家とライトがそれに貢献し，第1次大戦直後グロピウスやコルビュジエの作品を通して広く喝采を

はくするようになり，もともと約束されたものよりはるかに広汎な展開をさせるポテンシャルをもつ統一運動を生じさせた1本の思想と行動の基本的方向が存在すると信じている。1919年に普遍的な歴史の場で始まったプロセスがどれほど重要なものであるか誰も量り得ないが，そのプロセスは今日の状況にとって基礎的に重要なものであることを証明することは出来る。論理的にはこのプロセスに先行する諸実験——モリス，オルタ，ワグナー，ホフマン，ベルラーへ，ロース，ペレー，サリヴァン，ライトの実験——は，近代運動の形成を可能にしたという点では興味深く重要だが，それらは歴史上の他の時点に属しており，われわれのものとは違った問題を解決している。彼らの実験を高貴な範例，有用な勧告として受け入れることは出来るが，ル・コルビュジエ，グロピウス，ミース・ファン・デル・ローエ，ヤコブセン，丹下，バケマらは，われわれを含み，われわれの生活の仕方を左右する実験を始めたのである。

この本の第1部は，近代建築思想の構成要因を解説し，1760年から1914年にかけてのそれらの収斂の動きを追いながら，いろいろな分野においてそれが生じてきた原点を発見することを狙っている。議論は必然的に断片的，断続的になるだろうし，建築とは関係のないように見えるが近代建築の諸相の根を含む多くの話題について語らなければならない。これらの議論を1つに統一するものは次に起こり来るものなのである。従って，この時代のもろもろの出来事は，ヴァザーリ式観点から示されるだろうし，近代運動の形成に関するそれらの貢献という点で評価をされるだろう。

最初に述べたように，これらの点に触れないですますことは出来ない。私はヴァザーリのように今日，われわれが完全な様式，黄金時代に到達しているなどと信じたりはしない

し，現に進行しつつある試行の成功は決してア・プリオリに保証されてはいないが，近代運動がさしかかった道が唯一の先駆の道，そして過去の遺産を理解し継承するための唯一の道であることを知っている。

そこでまず，私は1760年から1890年にかけてヨーロッパの近代都市を誕生させた物質的変換を，それぞれの時代の現象と関係づけながら述べようと試み（第1部），ついでこれらの変換の中にウイリアム・モリスへとつながる思想の糸を辿り（第2部），さらにアメリカの都市について，ある実験がヨーロッパよりも早く行われた理由を説明しながら話題を進め（第3部），最後に1890年から1914年にかけてのヨーロッパのアヴァン・ギャルド運動について述べる（第4部）。

第5部は近代運動に関するもので，1919年から今日に至るおよそ同時代に起こった多くの個別化された変換について語るが，それ故最も長いものとなる。そこではいろいろな建築家のそれぞれの伝記を述べる方式を避け，論旨を統一し運動の一体性を強調しようとするだろう。

重要な巨匠達のそれぞれには既に個別的研究が存在し，読者は伝記的資料をそこに見出すことが出来るが，そこでは個人のパーソナリティを強調するために，歴史的展望はほとんど常に歪められている。

近代建築は，新しい形態のレパートリーであるばかりでなく，まだ結果は精算されていないがひとつの新しい思考法を意味している。われわれの思考習慣，用語法は，われわれが語ろうとする対象よりもはるかに時代遅れであるというのは確かである。

それ故，議論を現行の方法論の枠の中に無理にはめこまず，方法を探して議論に合わせ，近代運動それ自身の中に，そこに潜在的に内蔵されている歴史的な指針を把握する方が賢明のようである。こうした試みにつきもの の危険は，事象の意味をより正確に把握する可能性によって相殺されると思われる。

第4版への付記

すべての歴史書はそれが考えられた時代に拘束されている。何故なら，歴史研究はその結果に先行し論ずるからであり，現在という拘束が過去を常に異った光，科学的な研究では予測し得ない光の中で見させるからでもある。さらにその本が，近代建築のような現在行われつつある実験に触れるとすれば，その難しさはさらに倍加する。叙述の出発点は理性の視野の中で選択することは出来るが，到達点は現在であり，それは，われわれがその特異性を出来事全体の中で評価するが故にでなく，その渦中にあるが故にわれわれにとって関心があるところのものである。たとえより深い歴史的判断を生むに充分な距離がなくても，時の流れが，その判断の決定を絶えず考え直すことを余儀なくさせる。従って，近代建築を中世やルネッサンスの建築のようには規定することは不可能で，それについての判断は年毎に修正されなければならない。何故なら，今年の判断こそ，われわれにとって最も重要であり有益であるからである。このわずらわしさから逃れることは出来ないが，読者が著者ほどその不調和を気にしないで，それを明快に分析し，それを現実の状況の中で自らの方向を定めるために正しく利用することは非常に価値がある。

この本は1957年から1959年にかけて書かれ，1960年に初版を出した。1963年にはスペイン語訳，1964年にはドイツ語訳がイタリア語の初版を基にして出されたが，何人かの批判家が述べたように，既に初版の時から6，7年経過して古くなっていた。さらに時が経つにつれ，ますますこの感が深くなってきた。この本の出版後の広く行われた論争はす

べての人々にとっても著者にとっても，過去の歴史の意味をよりよく理解するのに役立った。1960年以後，近代建築の歴史についての出版は多分倍加され，現在，それがいくつかの重要な歴史的事件について記録を提供してくれている。1800年代初めのユートピア，アール・ヌーヴォー，1920年代のソヴィエト建築，それに最近の出来事——1965年から1969年にかけてのル・コルビュジエ，グロピウス，ミース・ファン・デル・ローエ等の巨匠の死，それに続く世代の建築家，ヤコブセン，バケマ，キャンディリス，丹下らの仕事，アジア，南米，アフリカ諸国の独特の実験，先進国及び発展途上国における都市計画についての配慮の増大等——が以前の事実に直接に加わり，近代建築全史の解釈を修正した。

著者はこの本を歴史研究のひとつの局面の記録として保存することはせず，原版の意志を尊重し現代の諸活動に対する直接の手掛りを持ち続けるためにそれを更新することに努めてきた。かくして，これまでに4回，文章や挿絵を修正してきた。1964年のイタリア語第2版，1966年の第3版，1968年から1970年にかけて作業し1970年に出された英語版，そして，1巻にまとめ特に学生等広く社会に普及されるようにしたこの第4版である。

これら改訂の段階を追って説明しても無益であり，1960年の版と1971年の版を比較するだけで充分である。1971年版は実際上の書き直しだが，依然として，こうした作業のもつ長所・短所を備えた前版の適正化である。

この歴史書が書き始められた時，第2次世界大戦の終りから12年が過ぎていた。近代建築の歴史のより重要な部分はまだ2つの大戦の間にあるように見え，より差し迫った仕事はこれらの推移——戦争直後の一本化された合理的な手法の形成，20年代の模範的な作品の実現，30年代の政治的障害と挫折——を正しく評価しそこからより広い新しい実験の輪を広げる——再建はほぼ終り，いろいろな方向へ向っての計画が始まったばかりであった——ための成果を得ることのように思われた。重要なことは，以前の実験を続行すること，同時に，明らかな誤りや失敗を証明することであった。

30年代の苦難は特に異常な政治的状況，即ちファシズム，ナチズム，スターリニズムによるように思われた。近代建築の巨匠達の頑なさと慎重さが，今日，経験主義や自由に代ることになる，当時の体制の阿諛や偏見に対する暫時の防備として何よりも有効であったようである。事実，西欧諸国における民主主義的自由の回復と東欧諸国における雪解けは建築のはかり知れない進歩を保証するのに充分のように思われた。

イタリアにおいては特にある種の偏見とある種の伝統についての関心を除くに充分に思われた。即ち，1954年から1958年にかけて計画され，1959年には中間右派の地方行政府によって拒否されたが，1962年に政府と中間左派の地方行政府によって実施されたローマ計画のような都市計画を行い，大学に残っている古いアカデミックな支配者を追放し，当時現われていた近代建築家に置きかえた（これは1960年から1964年にかけての学生闘争のテーマであった）。この「近代建築の歴史」の第一作はこの状況下でつくられた。それは近代運動の主たる方向を,逸脱,修正,そして以前のあるいは同時代の実験（折衷主義，リバーティ，ライトへの憧れ）に対する哀惜に抗して再確認するのに役立たなければならず，手近にあるように見えた具体的な適用の啓発に貢献しなければならなかった。

第1部，即ち産業革命の始まりから1914年の大戦までの最初の150年間についての叙述は，何よりも，最初に述べるようなあまりにも偏った選択的なヴァザーリ風な見方におけ

る1919年の選択を説明するためのものであった。事実それは政治的,経済的,文化的仲介の断絶を過小評価していた。1760年から1830年までの第1産業革命から出発しているが,等しく重要なそれに続く変化を飛びこえてしまっている(それはレイナー・バンハムが「アーキテクチュラル・レヴュー」誌で論評したように,産業革命のみを考慮する誤りを犯していた。バンハムは1960年の彼の著書『第1機械時代の理論とデザイン』において19世紀から20世紀にかけての技術,経済の継続的な革命の重要性をいみじくも強調している)。それは1830年から1848年にかけての「再編成の時代」を正確に分析しているが,都市的習慣,そして既存都市における変化を大きく決定し,近代運動の最近の50年間においてだけ否定されている1848年以後の決定的な政治的転機をなおざりにしていた(この叙述を正すために,著者は1963年に新しい本『近代都市計画の起源』を書き,自由主義後のブルジョア社会における政治と建築との関係をより詳しく説明している)。

第2部は近代運動の展開,特に1919年から1933年にかけての最初の局面について述べ,それは第12章から第15章で次のような問題として分析されている。出発の状況,基礎的実験,社会との関係,都市問題へのアプローチ等である。基礎的実験の範囲は,グロピウス,ル・コルビュジエ,ミース・ファン・デル・ローエからメンデルゾーン,オウト,ドゥドックらまで出来る限り多くを含むよう広げられた。その後,叙述は調子を変え,テーマと場所によって分けられた応用の報告書となる。ヨーロッパにおける1940年までの普及,第2次大戦前後のアメリカにおける普及,第3世界における発展等である。独裁政権との衝突を含む1933年以後の苦難は普及における災難として解釈され,探究の新しい組織やそれと社会の伝統的組織との関係へフィードバックをすることはしていない。1960年以後,数多くの歴史研究は運動の局面の継起をよりよく認識させ,第2世代の建築家(アアルトの他,ヤコブセン,ブリンクマン,ヴァン・デル・フルークト,バケマ,ヴァン・デル・ブルーク,スミッソン夫妻,スターリング,キャンディリス,丹下ら)の重要性を示した。しかし,特に最近の実験は本質的な矛盾が決して優位でないことを示し,第一線にとどまることを知っていた老いた巨匠達(ル・コルビュジエとミース・ファン・デル・ローエ)のエネルギーの限界を示し,新しい巨匠達,例えばバケマ,キャンディリス,イギリスのチームが同じ方向で,同じような創造力により恐らくより大きな危険を冒して当面の問題の広さと微妙さに取り組んでいることを示した。

これらすべては,近代建築の歴史をやや違ったふうに考えざるを得なくさせる。遠い歴史においては初期の障害の源ばかりでなく,特に50年の研究と実験の後の今日解決されていない恒久的な障害を探っていき,最近の歴史においては,行われている探求の統一性ばかりでなく,客観的な分節を世界的な規模で認識していくというふうに。

第1部は,『近代都市計画の起源』において提出された命題を重んじるために変えられた。2つの議論(それが他の資料に基づいて新しい本を書かせることになった。近代建築史の代りに近代都市史を。)を融合する代りに,最初の議論の骨組を強調すること,即ち,19世紀のヨーロッパ都市の公式の歴史(第1章〜第4章)と観念論的論争の結果である個人的歴史(第5章〜第6章)の並列を,ブルジョア都市に対しての反対の傾向を切り離し目立たせるやり方で強調することを私は好む。この傾向から近代運動が動き出し,それが以前のものに代る新しい型の都市を正しく建設することを強いたのである。

13

この並列を明快にするために，第3章と第4章の最初の部分に2つの大幅の修正が必要であった。さらに，第3章はオスマンのパリ計画と共に，植民地の都市計画を含む19世紀後半の新保守主義的都市計画の主要な事業について述べるために頁数をふやした。また，政府補助による建物の最初の実現について触れた部分もここに入れられ，第11章に出てくる内容をある部分ここに移している。

第4部の序では，アール・ヌーヴォーの進行を規定する経済的，政治的状況についての解説を補充した。この解説から始まって，第12章の，即ち，近代建築の探求が始まる歴史的条件についての説明の書き方を改めた。

第2部はより根本的に変えられた。第13章の筋書きを修正し，即ち，ル・コルビュジエやバウハウスの仕事を，現代のドイツやオランダに対する重要性を強調し，都市計画実験についての第15章を書き改め，第16章を分けて重要な諸国（ロシア，ドイツ，フランス，イタリア）における政治的妥協についての章と，当時の周辺諸国（イギリス，スカンジナヴィア諸国，オランダ，スイス）における探求の進展についての章とに独立させた。

最後から2番目の章は第2次大戦後の10年間のヨーロッパ再建についての解説に改め，ごく最近の実験の説明は終章に移し，そこでは理論的叙述ばかりでなく，近い将来において有望な方向の目録をつくり分類も行っている。

筋書きはより複雑に，より悲観的になったが，確実により現実的となった。なされる仕事の信用は，建築が「社会契約」（ル・コルビュジエがいった），即ち，われわれの分野で前世紀から引き続き残っている権力構造に接触するたびになされないそしてなし得ない仕事による苦汁によって正されるに違いない。この構造は変えることが最も難しく，建築家は建築家だけでそれを変えられると過信することは出来ないが，それをなそうとするために，確実に2つのことが役に立つ。この構造をそれを保護している文化的覆いを取り除きながら認識することと，変えることに関心をもつグループが正確で技術的な裏づけをもつ提案のまわりに組織され得るようなやり方で別の空間モデルを理論的にそして実際的に表現することである。ここに現代の建築の探究の仕事がある。

ここで，引き続いた改訂の仕事で私を助けてくれたすべての人々，評論家カルロ・メログラニ，イタロ・インソレラ，レイナー・バンハム，その他大勢の人々，また友人達，特にその中で新しい終章の端緒を与えてくれたトンマソ・ギウラ・ロンゴ，それにこの新しい版を私と共に編集してくれた私の妻レンザに謝意を表する。

レオナルド・ベネヴォロ

---

1) "The Prospects of Architecture in Civilization" …… 1881年3月10日のロンドン協会において行われた講演 "On Art and Socialism" ――ロンドン，1947年――の245頁参照
2) "The Art of the People" と題する1879年2月19日のバーミンガム芸術・デザイン学校協会で行われた講演。"On Art and Socialism" 47～48頁参照
3) G. C. Argan 著, "Walter Gropius e la Bauhaus"――トリノ，1951年――の27頁参照

序章　産業革命と建築

1図　C. N. ルドゥーの版画「貧者の家」"L'architecture considerée sous le rapport de l'art, des moeurs et de la législation", 1806年.「あなたを驚かすこの広い世界は貧者の家, すべてを奪われた富者の家である. 彼は天空を頭上に頂き, 神々と語る. 現代のプルートス（富の神）の家に用いられている装飾のようなものは何もない家を彼は求める. 芸術は彼の要求を形に変え, それらを比例に従わせる」

1791年4月14日，サント・ジュヌヴィエーヴ，コンコルド宮，セーヌの新しい橋などの現場で働く建設労働者の組合は，最低賃金を基とした賃金の取り決めに同意させるために，雇傭者側を招いた。[1]

　その1か月前，国民議会の布告によって，それまで労使関係を調整していた伝統的なギルド組織が，いきなり廃止された。国民議会への選挙権のない労働者達は，この施策の精神には無関心であった。彼らは親方の下で苦しめられた古いギルドの消滅を惜しみはしなかったが，1789年に出された第4階級のカイエ（ノート）からわかるように，自由経済主義者によって布告された労働の自由に対しても，特別な熱狂を示しもしなかった。彼らの関心は，まさに生計そのものにあったが，彼らは，その新しい措置が彼らの生活水準の改良をもたらすに違いないということ，あるいは，少なくとも，彼ら自身の利益を守るための分け前を残してくれるに違いないということを信じていた。こうした理由から，彼らは直接に雇傭者にぶつかり，談合しようとしたのである。

　雇傭者側は応答しなかった。そこで組合は，パリ市当局に，仲介の労をとるよう訴えた。パリ市長バーユはこの争いの底には重要な原則的な問題が潜んでいることを理解し，4月26日，パリの街路に告示を出すことによって公に回答した。その告示は，ギルド廃止を導いた自由主義の理論的な原則を厳粛に再確認し，労働者の要求ばかりでなく，その組合の存在そのものも不法と断じたのだった。

　「法は，生産を独占してきたギルドを廃止した。それ故に，法は，それに代って新しい種類の独占を確立しようとする組合を認めることは出来ない。かかる理由により，これら労働組合に加入する者，またそれを支援する者は，明らかに法を犯さんとする者であり，平和と公の秩序を乱す者として罰せらるべきである。《それ故，法によって賃金を決定せよという要求は受け入れることが出来ない。》すべての市民が平等の権利をもつということは真理だが，彼らが，等しい能力と才能と手段をもっていないことも真理である。それ故，彼らが同じ所得を望むことは不可能である。日給を同額にしようと意図する労働組合は，明らかに労働者の利益に反しようとしているのである。」[2]

　4月30日，雇傭者側は，彼らの立場から市当局に訴えた。労働組合は現行法に違反するものであり，力によって自己の要求を押しつけようとするものであり，この行為は「人権と個人の自由を侵害し」，そしてまた，「自由競争こそが自然な限り相互の利益を充分守るが故に」経済の原則にも反すると。[3]

　建設労働者の動揺は，パリやその他の場所の他の組合の労働者へと広がり，一方，雇傭者側もまた，自分達の中にある種の組織をつくることを考え始めた。多くの労働者はストライキを続け，5月22日，問題は国民議会にもちこまれた。雇傭者は，労働者の組合は古いギルドの生まれ代りであると主張した。また，労働者は，このアナロジーを認めることを強く拒否し，労働組合が情勢の変化からして不可欠の，新しい組織形態であること，そして，彼らの雇傭者側もまた組織体であり，彼らの方が少数である故容易にそうなり得るのだということを主張した。

　労働者のメモにはこう記されている。「すべての特権とギルドを破壊し，人民の権利を明確にした国民議会は，この布告が，長い間企業家の専制の玩具となっていた貧困階級にとって有益なものと予見していたに違いなかった。」[4]

　6月14日，第3階級を代表するル・シャプ

2図 J. L. ダヴィッド作「テニスコートの誓い」（1791年）

リエ議員は，基本的には雇傭者側の要求を受け入れ，国が労使関係に関して中立であることを再確認する法案の便概を提出した。提起された問題は，人権宣言において認められた結社の自由に関係していた。がしかし「特別な職業に属する市民達が，彼ら自身の，いわゆる共通の利益なるもののために徒党を組むことは，禁止されなければならない。」何故なら，新しい国家は，これらの偽りの利益なるものの存在を認めないからである。「国家においては，各個人の利益と，全体の利益のみが存在する。」[5]

ル・シャブリエは，個人的には，労働者の要求がもっともであることを理解していたが，しかし議会が，法によって彼らに干渉したり支持したりすることは出来ないし，またしてはならないこと，何故なら，それは，ここに古いギルド方式の復活の基盤が出来，束の間の利益が，永久の損害によって差し引かれてしまうことを知っていたからである。

ル・シャブリエ法は，1791年6月17日に議会を通過し，公平に，「賃金値上げのための労働者の結社と，賃金引下げのための雇傭者の連合」の両者を禁止した。[6] それはまた，双方に集会をもつ権利を停止し，行政府にも，この種の要求に耳を傾けることを禁止し，厳しくはないが，違犯した者のために，種々の罰則を制定した。

このフランスの例に続いて，数年後，イギリスにも同じようなことが起こった。1800年，ここでも，建設労働者の動揺に続いて，結社法が発布され，すべての種類の結社が禁止された。このようにして，産業革命の重大な時期において，労使関係に対する政治姿勢は，一方的な声明によって明らかにされたのだった。フランスにおいて，革命政府は，農業危機，紙幣価値の下落，戦争の難局などから，経済における自由路線を維持出来なくなり，直ちに，厳格な統制を実施することを余儀なくされた。続いて帝政が到来するが，それは

1813年，強制的に労働組合を再設置したばかりでなく，経済統制の中で君主政体の支配の時以上に国営産業を設立するところにまで到った。イギリスにおいては，自由な傾向は全体的に，ナポレオン戦争の間ですら部分的に維持されたが，結社法が，拡大するイギリス経済を調整するのに不適当であることがわかり，実施の面で修正された後，1824年に廃止された。

要するに一時代後，問題全体は再燃したが，1791年にフランスの議員が到達したのと違った形で解決された。つまり，原則の宣言ではなく，古いものと全く違った，しかも確かに複雑でない新しい組織体を漸進的に建設することによって解決したのである。

この推移の直接的な原因は，疑いもなく，階級の利害関係であった。第4階級の援助によって力を獲得したフランス・ブルジョアジーは，新しく得た地位による利益を，第4階級に分かとうとはしなかった。イギリスにおいてもまた，手工業労働者は，政治活動から閉め出されていた。

しかし，これが話のすべてではなかった。1791年と1800年の立法は，利益から提案されたばかりでなく，当時としては唯一可能なのに思われた理論的なヴィジョンによって出されたものでもある。しばらくの間，それに対抗しなければならなかったすべての労働者は，彼ら自身の状況を嘆き，失われた組合に対して後向きの愛着をもった。ル・シャプリエは不羈の法律家で，理論の上の頑固さが彼を立法へと動かしたが，その頑固さも，彼が法案と共に提出した報告書にもあるように，現行賃金が低過ぎ，値上げの必要があることを彼に理解させるのを妨げはしなかった。労働者の主張は，マラーの「人民の友」紙において擁護されたが，その3か月前，同じ新聞がまた，工業の進歩に反対する最も反動的な常套語以外何の理由を述べることなく，ギルドの廃止に抗議したのも事実である。[7]

なされる議論と，解決さるべき問題の間には，明らかなアンバランスが存在した。現実的な問題と困難の渦が観念的な言葉で語られ，より重要な難事をさし置くやり方で解決された。また，明らかに動的な状況が，静的な言葉で議論され，推論は，それがあたかも永久で自然な法則のような価値をもつかのように，絶対的な形で語られた。さらに，具体的な難問が存在し，それがすべての人の眼に明らかだとすると，すべての党のもっている慣習によれば，それを無視することが，真の慎重な処置であったのである。

議論上の言葉は全く明快であったが，内容はあいまいだった。政治家，事業家，労働者のそれぞれが用いた言葉は同じ意味をもっていなかった。「自由」とは，政治家の場合は，啓蒙思想の哲学に発したひとつのプログラムを意味し，事業家の場合には，彼らの事業に対する国の統制をゆるめることであり，労働者の場合は，納得出来る生活水準を維持する権利であった。しかしながら，すべてが同じ語句を用い，そして，議論は暗喩的な表現で行われたが，計算や習慣によって受け入れられていた。このようにして，到達した結論は，完全解で，完璧なように見えたが，実際は空虚でかりそめのもので，問題を終了させる代りに，新しい展開を出発させた。

この点に留意することは，他の領域においても有益である。理論は，それが進行させた過程の実際的な難題を解くには不適当であり，より重要でより有意義な場合に対しては全く不適当であることを自ら示した。

建築の運命は，理論と実際のバランスにかかっているのだから——当時の思想は認めたがらなかったが，たとえ当時の文化がそれを認めていないにしろ建設労働者の状態が，結局は建築の一部を演じていたのだから——われわれの議論は，この点から出発しなければ

ならない。

　新しい建築にネオ・クラシシズムのファサードをとりつけたように、ル・シャプリエ法は、労働者組織の新しい問題の上に重ねられたものだということ、つまり、要求と全然違ったものであるというのは誇張であろうか。

　両者の場合、問題は、ある理論的なモデルと実際の現実とが一致することを仮定した時に解決されたとみなされた。しかし、それに反して、時代の思想全体の修正が始まり、政治、経済や建築についての時代の信念が大きく変った。

　それ故、その時代の建築が意味しているものの本質と限界を考えないで、建築について語り始めることは出来ない。社会的、政治的変化の全体的な図形、時代の思想がこれらの変化について下す諸判断、過去の建築的伝統が伝えるアイディアと経験の体系がこの関係の中で占める地位などについて、簡単に考えてみる必要がある。

　産業革命による変化は、18世紀の半ば以後、イギリスにおいて現われ、おくれてヨーロッパの他の国々で、大きくあるいは小さくくり返された。それは人口の増加であり、工業生産の増加であり、生産システムの機械化であった。

　18世紀の半ば、イギリスは650万の人口をもっていた。1801年、最初の人口調査が行われた時、人口は889万2000、1831年には1400万を数えた。この増加は出生率の増加によるものでなく（この時代を通して出生率はほとんど変らず、1000人当り36.6人から37.7人の間であった）、流出人口を上回る流入人口増加によるものでもなく、35.8人（1730年～1740年の10年間）から21.1人（1811年～1821年の10年間）に落ちた死亡率の大きな減少によるものだった。この減少[8]の原因は、特に、衛生状態にあることは明らかである。つまり、栄養、個人の衛生、公共施設や住居の改良、医薬の進歩、よく組織化された病院などである。

　人口増に伴って、前代未聞の生産増が到来した。1760年から1830年にかけての70年間に、鉄の生産量は2万トンから70万トンに上昇し、石炭は430万トンから1億1500万トンにふえ、18世紀の半ば400万ポンドの生産量をもっていた綿工業は1830年には27億7000万ポンドを生産した。増加は、量、質両方であった。工業の種類もふえ、生産物や生産手段も変った。

　人口の増加と工業の発展は、複雑なかたちで互いに影響し合った。

　衛生の改善のあるものは工業によっている。栄養の改良は、農産物の育成と輸送の進歩によるものだし、個人の清潔さは、石鹸の量が増えたことや、安価な木綿の下着によって可能になった。住居は、木や藁をもっと耐久性のある材料におきかえることによって改良され、さらにまた働く場所と家庭との分離によって改良された。また充分な上下水道の普及は、上下水道技術の進歩によって可能になった等々である。しかし、決定的な原因は医薬の進歩にあり、その影響はヨーロッパの非工業国に及び、そこでは、機械化時代と共に人口が増加した。

　同時に、増加する人口の食料、衣料、住宅をまかなうことが、よき製品の生産に拍車をかける刺激のひとつであるのは確かだが、19世紀前半のアイルランドで起こったように、また今なおアジアで起こっているように、それは住居水準の明白な低下をも生むかも知れない。（イギリスの急速な機械化が、生産に用い得る労働力と商業の要求との間の不均衡、即ち、人口は工業生産量に比例して増加しないという事実を招いたということ、また、フランスのおそい機械化は、それと反対に、革命の勃発時にイギリスのほぼ3倍にあたる2700万人という大きな人口をもってい

たことに関係していることは注目さるべきである。)

工業化は，人口増加に対してあり得る対応のひとつであり，積極的に生産関係に介入して，その関係を新しい要求に適合させることの出来る能力如何にかかっている。

これを説明するために，経済の拡大に有利ないろいろな状況があげられる。例えば，イギリスでは《地囲い》に続く農業収入の増加，所得の不平等によって助長された巨大資本の出現，低い利率，労働力の増大，純粋科学的研究のレベルと専門分化の漸進的進行に原因する多くの技術的発明，当時存在していた発明，技能，資本を利用するのに企業家がもっていた豊かな能力（階級の上下の激しい移動が，自然の能力の開発により有利な状況をつくり出していた），非国教徒や異教徒に比較的自由が与えられ，彼らが工業に積極的になったこと，軍事的，財政的心配が少なくなったことによる，また，アダム・スミスによって始められ，ピットのような政治上の重要人物に伝えられた自由主義理論の影響で，通常よりも経済活動に対する制約のひもをゆるめた政府の姿勢，等の状況である。

これらのすべての事実の中に共通の根を求めるならば，投機の精神，新しい成果への素直な希い，その成果は計算と熟慮によって得られるという確信などを考えなければならない。

それぞれの時代において，作家達は同時代の人々がもつ新しさへの熱望に驚いてはいるが，18世紀後半になると，これが最もひんばんに出てくる主題となり，ほとんど全部がこれに触れているくらいだった。イギリスの作家は次のように書いている。「時代は，気狂いのように，革新の後を追い求める。世界のすべての仕事は新しいやり方でなされるようになり，人々は新しいやり方で首を吊られる。死刑場ですら，荒れ狂う革新から逃れることは出来ないのである。」[9] またドイツの作家は「物事の存在の状態はすべて耐え難いものに見え，非難の的となった。今日のように，古いものはすべて不都合だと考えるのは驚いたことである。新しい考えが家族の中に入りこみ，秩序を乱す。われわれの年老いた主婦ですら，周囲の古い家具には見向きもしない。」[10]

しかしながら，同じ進取の精神が，産業革命の主役達に，賭け的な決定を強い，不完全で矛盾した行為へと走らせ，新しい量に釣り合った秤で社会を量ることに賭けてみるという過ちを犯させた。

この時期のすべての歴史の記述には，発展の偉大な指導者や偶発的な事件に特別な重要性を負わせながら，現象を極端に単純化して考え，物事が実際よりもずっとスムーズに進行したかのように思わせようとする傾向がある。それに反し，産業革命の進行は，失敗の連続，一時的な退歩，危機，市民にとっての多様な苦痛，などによって妨げられた。ある時代の人々は，プラスの面によって印象づけられたか，マイナスの面によって印象づけられたかによって，われわれにその時代の2つの相反する姿，1つはバラ色で楽観的な，もう1つは灰色で悲観的な姿を描いてくれる。

1859年，チャールズ・ディッケンズは，産業革命について，次のような矛盾した表現をした。

「それは最良の時代であったし，最悪の時代でもあった。それは賢の時代でもあったし，愚の時代でもあった。また信の時代でもあり，不信の時代でもあった。光の季節でもあり，暗黒の季節でもあった。希望の春でもあり，絶望の冬でもあった。われわれの前にすべてがあったし，何もなかった。そして，われわれはすべて真直ぐに天国に向いつつあったし，反対の方に向いつ

つあった。要するに，現代から遠く離れているので，有名な権威者のある者はヴィジョンの中で最上級のものについて，よいとか悪いとかいっていただけである。」[11]

不幸は，社会の個々の分野，そして全組織における，科学と技術の進歩の間の調整の欠如に由来した。特に，経済の変化の影響をコントロールするための適当な管理方法の欠如に由来した。

この時代の支配的な政治理論が，時代のずれの大きな原因であった。保守主義者は，彼らが激変の時代に生きていることすら，理解していなかった。例えば，エドムント・バークは，1790年に『フランス革命についての反省』を出版したが，彼はフランスで起こった事件に驚愕し，それを奇怪とみなし，この変革がイギリスに広がり，現体制をくつがえしてはならないと心配した。

トレヴェリヤンが表現したように，保守主義者達は「無意識的なアイロニーで，日毎，あらゆる種類の変革に対する反対を表明した。彼らは，海峡の彼方から彼らのすべての思考を誘うものよりもはるかに意味深い革命のただ中に生きているのだということを理解することが出来なかった。」[12]

自由主義的なスミスの追従者達や，マルサスに刺激された急進論者達は，変革の時代に生きていることの重要性を理解し，現在の社会の改革を催促したが，彼らは，この改革とは，社会の変動における固有の法則を認識することであり，また，それを阻む伝統の鎖を絶ち切ることであると考えた。

1776年，アダム・スミスは『国富論』を出版した。ここで，彼は，その自由主義的理論に，科学的で，反駁の余地のない形式を与え，同時代人に対して，経済の世界は自然の世界のように客観的で没個人的な法則によって支配されているということ，また，これらの法則の主たる基盤は，国家の要求でなく，各個人の，個人的な利益を動機とした活動にあるということを説得したのである。

トーマス・マルサスの『人口論』は1798年に世に出たが，それは，産業革命の主役達の実際行動の決定にとって同じような重要性をもっていた。マルサスは，経済的な発展の問題と人口の問題とを関係させた最初の人であり，ある数の貧しい人々だけが，その2つのもののバランスを保持するだろうということ，人口の自然増は生存手段の増加より大きく，人口増加の限界は人口増を妨げる飢餓にあるということを証明したのである。

スミスとマルサス共，特に前者は，彼らの理論についての例外を前置きし，認めていた。しかし，世間は，彼らの理論をはるかに融通のないもののように解釈した。つまり，多くの自由主義者達は，国家は経済問題に介入すべきでなく，公共の利益を保護する最良の方法は，すべての人々にビジネスを行わしめることであると考え，また，多くの人々は，マルサスが貧困を除くことが不可能であること，貧困階級のために対するすべての博愛的干渉が無意味であることを証明したのだと信じた。

これらの考えは，政治権力をもつ富裕階級の利益と一致し，それ故，為政者に説得力をもったようだが，政治的な解釈では，その影響の範囲を説明するのに充分ではない。いずれに対しても共通して説得し得たことは，全体はその構成部分の合計と違った問題を提起するということ，そしてまた，全体が自然に安定するためには，そのひとつの部分——ひとつの事業，ひとつの発明，ひとつの利益——に専心すればよいということであった。人は，それらが，ニュートン物理学の世界のように，要素の分析から先験的に認識し得る，経済や社会の「自然な」秩序へと向いつつあると考えていた。

伝統的な社会構造——封建制に根ざした政治的特権，経済における協同組織，ビジネスの自由に対する政治的制限——は，想像される自然の秩序へ向うためには除かれなければならない人為的障害のように見えたのだった。

既に述べたように，イギリスの自由主義理論は，どちらかといえば，1760年以前の経済状態の反映であり，当時は工業が始まったばかりで，その要素——人，資本，設備等——は極度に流動的であったが，一方，組織化の要求は比較的少なかった。それ故，その理論は，産業革命以後広がりつつあった古い社会の崩壊を，ただ単に促進させようとするものであった。そして，後になって，初めて，新しく適当な組織の形態が古いものにとって代らなければならないだろうということが，はっきりしたのであった。

フランスにおいては，社会的，経済的理論の色合いは，政治の自然発生的諸形態を廃止することによって，また，問もなくフランス革命を不可避的に発生させる社会的不安によって，さらに抽象化されていた。

トクヴィーユはこう書いている。

「まさにこれらの著者の生活態度こそが，政治の問題における一般的，抽象的理論に心を奪われるようにし，それを盲目的に信じさせたのである。彼らは実際から最も遠いところへ離れ，どんな経験も，彼らの素朴な性急さを柔げることは出来なかった。……それ故，彼らは，革新的精神においてより大胆になり，一般的なシステムや法則により貪欲になり，昔の用心深さを軽蔑するようになり，政治について思弁的な論文を書く著者に常に共通であるように，個人の思弁力をより信ずるようになった。〔革命——少なくもその最初の段階は〕政治技術について多くの抽象的論文を書かせたのと同じ精神によって，また，一般的な理論や，規定間の正確な均衡という点において完全で絶対的な法律のシステムに対する同じ共感によって，現実の事実に対する同じ不注意によって，知識についての同じ信頼によって，組織における，独創性や緻密さや目新しさなどに対する同じ性向によって，そしてまた，部分的に修正する代りに，論理の法則に従い，ひとつのプランに従って憲法全体を改正したいという同じ欲求によって，動かされた。」[13]

同じ批判と革新の精神が建築思想に影響したが，しかし，それはルネッサンス以来の，知的な規則性への要求につながる独特の伝統と対峙していた。

絵画や彫刻と共に，建築は主要な芸術の3部作を形成していた。建築も他の芸術も，ある部分は古典に由来し，ある部分はルネッサンスの芸術家の大部分に共通したものから選ばれた一連の規則の条件下にあり，その規則は，事物の本質や，第2の本質と考えられていた古典の経験に基づいた普遍的で恒久なものとみなされていた。

この規律が，自然発生的な指針か考え抜かれた指針かは，いろいろに解釈されるかも知れないが，事実，それによる制約は有益なことがわかっていた。

ある一般的な法則の存在は，様式の統一，すべての状況への適応，そして成果の遺伝性を保証する。現実のモデルでなく，理想のモデルを問題にしながら，芸術家の自発性はほんの僅か束縛されるだけで，彼らは自由に，これらのモデルをいろいろなやり方で真似することが出来るのである。個人の自由は，いわゆる，より制限された領域へと移され，そこでは，いろいろな試みが彼らの間で比較され得るし，また評価し得，さらに解釈の相違が，比較の固定項との関わりによって，非常

3，4図　ヴェルサイユの小トリアノン（A. J. ガブリエル，1762年）とマリー・アントワネットの別荘（R. ミーク，1783～1786年）

にはっきりとしてしまう。

　それ故，過去3世紀を通して，古典のレパートリーは，すべての文化国家で用いられ，あらゆる種類の実用的，美的要求に適応させられてきた。規律にあった形態が意図している普遍性は，それのほとんど無数といえる応用によって，現実のものとなった。

　しかし，古典建築の全体系は，もともと必要な性格及び超歴史的な性格を，個別の選択に帰するという慣習の上に成り立っている。建築の自然で不易の法則と考えられているものは，ローマのモニュメントからも，ヴィトルヴィウスからも，近代の巨匠達からも同じように抽出されるある不変なものの中に具体化されている。それらの普遍性は，歴史が与えた属性であって，それらの本質に固有なものではない。

　古典文化の世界の中にある限り，この慣習が直接に云々されることはあり得なかったが，時折り，ある限界として，あるいはもっと基本的な実験に対する逆行として感じられ，それから生じたテンションが，特に前代の建築思想を動かした主たる力のひとつであった。

　18世紀の啓蒙主義運動は，すべての伝統的な慣習を，理性の光の下で吟味することを，それ自身の仕事とした。建築思想についていえば，理の精神がその時代の様式の構成要素を客観的に分析したり，歴史的源，即ち古代やルネッサンスの建築を研究したりしながら15世紀以来はっきりしないまま残っていたもの，即ち，クラシシズムの造形法則の本当の重要性を明らかにした。かくして，当然のことながら，それは，主張されてきたこの法則の普遍性を否定し，クラシシズムの前提をくつがえし，この前提を基にして3世紀にわたって続いてきた運動を終焉させた。

　世紀の前半，新しい傾向が建築生産の傾向の変化，考古学の研究の進歩を伴って現われた。

　例えば，フランスのルイ14世の建築からルイ15世の建築への推移，クレメント12世時代の1730年におけるローマ・バロックの進路の変化などが考えられる。戒律の遵守がより厳

5図　G B. ピラネジ作，1778年のパエストゥムの神殿

格となり，必要とされるものの計画に対する理性的なコントロールがより厳しく，体系的になった。建物の各部の分化への傾向が増したために，バロックの流動性は弱くなった。建築的秩序は，しばしば組積造の殻から解放され，円柱とコーニスの骨組が強く強調された。

同じ頃，古いモニュメントをただ漠然と概観するのでなく，綿密で直接の調査によって，それを正確に知るべきだということを人人は感じていた。ルネッサンスにおいては，人文主義への熱狂にも拘わらず，ほんの僅か触れられたばかりだった考古学的遺跡の富が，今や系統的に調査されることになった。この時代の最初に発掘されたのは，ヘルクラニウム (Herculaneum, 1711年)，ティヴォリ (Tivoli)のハドリア帝別荘，パラティヌ (Palatine, 1734年)，ポンペイ (Pompei, 1748年)等であった。レリーフ（ローマ時代のものばかりでなく）の最初の組織的コレクションが出版され，学者達は，ギリシャ芸術（グロノヴィウス《Gronovius》, 1694年)，初期キリスト教芸術（ボルデッティ《Boldetti》, 1720年)，エトルスカ芸術（ゴリ《Gori》, 1734年)，さらに先史芸術の知識すら得ようと努め，それらが，1730年頃のパリに大きな興味をひき起こした。かくして，それまで歴史の涯の理想の黄金時代とみなされていた古典の，歴史の中における客観的位置づけがわかり始めた。

古い物の保存が，単なる個人の慰みとみなされることがなくなり，社会の問題となった。1732年，最初の古代彫刻の公共美術館が，ローマのカンピドリオ (Campidoglio) に開かれた。1739年には，ヴァティカンのコレクションが公開され，1750年には，パリで，ルクセンブルグのコレクションが公開された。1753年，ハンス・スローン卿は，彼が持っていた美術品を国に遺した。ブルームスバリー (Bloomsbury) にある彼の邸が1759年に公開され，大英博物館の最初の核となっ

序章　産業革命と建築

たのである。

　世紀前半の成果は，世紀後半の初め，ヨハン・ヨーヒム・ヴィンケルマン(1717〜1768)によって活用され，合理的に整理された。

　1755年，ヴィンケルマンはローマにおもむき，彼の主要な著書『古代芸術史』(Storia dell'arte antica) は，1764年に世に出た。最初彼は古代芸術を，その時代風の見方でなく，客観的に，あるがままに研究することを始めた。これによって，彼は芸術史の創始者として知られるようになった。同時に，古代の作品を模倣すべきモデルとして示し，新しい運動，ネオ・クラシシズムの理論家となった。

　ヴィンケルマンは，彼の意図を次のように述べている。

　「これまで美について書いてきた人々は，知識の欠如からというよりは怠惰から，形而上学的な考え方を育んできた。彼らは，無限の美を想像し，それをギリシャの彫像の中に見出したが，それらを具体的に示す代りに，抽象的にそれらについて語った。……あたかも，モニュメントのすべてが破壊されてなくなってしまったかのように。それ故，ギリシャ人のデザイン技術を論ずる場合には，また，それを崇拝する人々や芸術家自身に対してそれの秀れた点を指摘するためには，理想から現実のものへ，一般から特殊へと下ることが必要であり，そして，これを，あいまいで漠然とした議論によってでなく，われわれが美しい形態と称しているものの姿をつくっている輪郭の正確な決定によって，なすことが必要である。」[14]

　1763年，彼は次の驚くべき定義を下した。

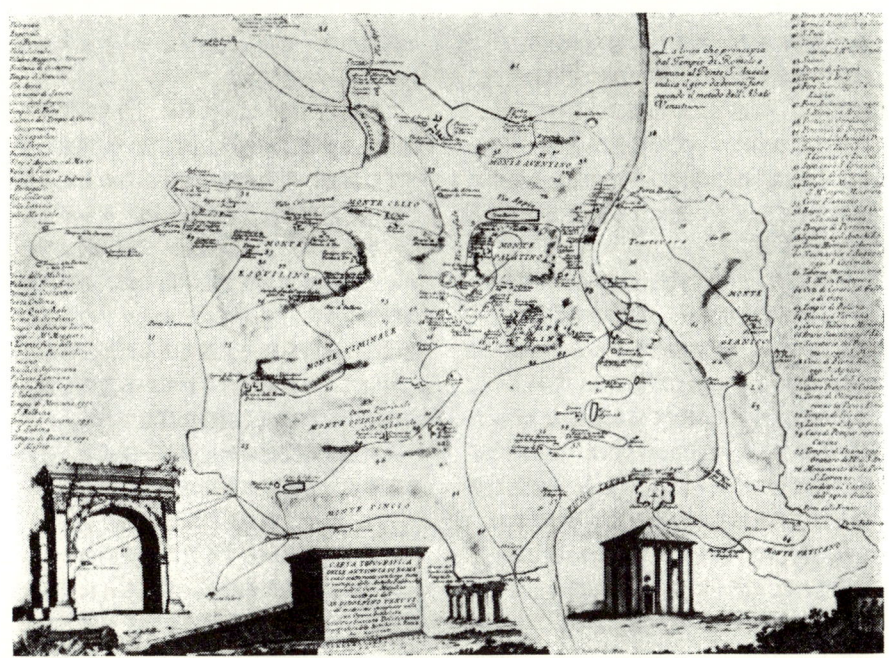

6図　「リドルフィーノ・ヴェヌーティ師によるローマ遺跡の正確で簡潔な説明書」――ローマ，1824年――からの観光者のためのローマ遺跡の案内

7図　作者不明の18世紀の作品，架空の風景の中の円形闘技場（レンメルマンのコレクション，ローマ）

「真の美は，アポロ（ベルヴェデーレの）訳註）の頭の上に注がれた石膏液のようなものであり，完全にそれに接着し，包んでいる。」[15]これらの言葉の中には，その前に工業的発明，活動について述べたのと同じ公平の精神と，自分自身の力についての自信がある。同時に，それは，この時代の芸術文化をその中に凍結させてしまうことになる形式化の予告ともなっている。

実際には，かつて偶然性が先験的に認められていた古典的規律が，当時の芸術家にとっても，未だに，因襲的なモデルとして残っていた。このように同じ形態が用いられていたのだから，外見において何も変らなかったが，しかし，その下においては，文化的な逆転が起こりつつあった。何故なら，一般的な規律と彼らが具体的につくるものとの間には，もはや何らのずれもなくなったからであり，想定されたモデルについての知識の正確さは絶対的なものであったからである。これらのモデルに合致するかどうかは，現実の状況を左右している必要と関わりなく下された芸術家の単純で抽象的な決定にかかっていた。クラシシズムは，それが科学的に明らかにされた瞬間から，気儘な因襲となり，ネオ・クラシシズムへと変貌した。

この新しい傾向は，すぐに，古典的形態の範囲をこえて広がった。同じ扱いが過去のすべての形態，中世や異国趣味からの月並みな形態へと応用され，それぞれのリヴァイヴァル，ネオ・ゴシック，ネオ・ビザンティン，ネオ・アラビアン等を生み出した。その広汎な形態の故に，アングロ・サクソンの著述家達はこの運動を歴史主義とよんだが，哲学史においてこの言葉に付されている意味を別とすれば，これは全く適当な言葉である。

人文主義的文化のテーゼ——様式と，その限界内で芸術家に保証された自由との統一——は，今や，解消し得ない矛盾と変った。

ひとつの観点からすると，歴史的なモニュメントの客観的な知識が，与えられた様式を出来るだけ忠実に模倣することを可能にした故に，様式の統一は決定的に保証されたかのようであった。がしかし，そこには多くの様

式が存在し，すべて同時に建築家の心の中に出現するので，全体として，歴史主義のレパートリーは全く支離滅裂なものであった。

ある意味で，個人の自由という利潤は零に帰したが，別の意味では百倍にも増えた。それぞれの様式を用いる場合の規準は，歴史に忠実であるということであった。芸術家は，あるやり方を受け入れることも出来たし，また拒否することも出来，またそれを修正することも出来たが，それは彼自身の外部から与えられたものであり，（理論的には）それらを彼自身のやり方で採択する自由という利潤はもたなかった。何故なら，彼は理想のモデルを扱っているのではなくて，経験的に知り得る実例を扱っているからである。逆に抽象的にいえば，建築家は，Aという様式を用いるかBという様式を用いるかを決めることが出来るという意味で，無限の自由を楽しんでいたのである。

歴史主義は，ルネッサンス文化の一種の「馬鹿げた行き過ぎ」(reductio ad absurdum) と考えられるが，それは3世紀に及ぶヨーロッパクラシシズム時代の終りを告げるエピローグとして現われたのだった。しかし，経済的，社会的変化との関係において，また技術的発展の関係において見れば，歴史主義は未来への幕開けに見える。何故なら，それの抽象的な性格が，伝統的な表現手段を新しい要求のために採択することや，また，新しい実験（それらが近代運動へと続いていくのだが）を熟させることを可能にしたからである。

芸術的な統一と自由についての先の議論から明らかなように，最初に記した政治的議論の用語と同じく，これらの古い用語は伝統的なものと異った意味をもつようになったし，アンビヴァレントとなった。両者の場合共，真の問題を離れた形式的議論であったが，これらの形式的な解決を現実へと反復適用する試みが，人々に現実それ自体を深く掘り下げ

8図　ローマ，富裕階級の住宅の人工の廃墟（A. アスプルッチ，1790年）

ることを教え，実際に，根本的な解決へと導いたのであった。

歴史主義の直接的な影響のひとつは，建築家の仕事を，種々の異なった活動領域へと分けたことである。デザインと施工との間の割け目は，まず，ルネッサンスにおいて口を開いた。当時，デザイナーは自分ですべてを決定し，建物の実際の具体化だけを他の人々に残したのだった。しかし，これはデザイナーと施工者の間の相互理解を妨げはしなかった。何故なら，ひとたび確固たる様式的統一が達成されると，たとえ中世におけるように施工の段階で計画が変更されることはなかったにしても，施工が計画の段階で修正され，他のやり方で同じ合意に達することが出来たからである。

今や，数多くの様式が存在し，19世紀の前半にその数は更に倍加した。それ故，施工者は，あるひとつの様式の建物だけに専門化していなくても，いろいろなレパートリーの中

でいわゆる中立を保持しなければならず，自分自身の参加の可能性なしに，あるデザインを石や鉄や木やレンガにおきかえる機械的な作業に，自らを限定しなければならなかった。このような状況に最も適した施工手段は勿論機械であり，それは当時工業で広く用いられ，また建築現場でも，ある範囲で用いられていた。

　機械は最小コストの解決をまさしく要求しており，またそれを冷酷にめざしていた。他方，様式の要求は物の外観の形態に限られていたので，様式の概念はさらに狭められ，最終的には，一般的な構造骨組の上に，その場その場の要求に従って，装飾の覆いをするだけのものとみなされていた。建築家は芸術的な問題に関与し，技術的，施工的問題は他の人々に残した。これが，今日，建築家と技術者という2つの立場によって代表されている，対抗し平行する2つの活動領域の起源である。

　この事実もまた，正しく解釈するためには，内外から眺められなければならない。

　過去の文化的統一に比べると，この二元性は重大な退行である。「建築家」の名を持ち続ける人々は，喧騒を離れ，自分自身が純粋な芸術家であることを宣言し，技術的なものを無視し，純粋に形態的な問題に携わった。その間に，シェリングのような哲学者達は，勝手な，時には途方もなく誇張した評価を，純粋芸術に与えていた。技術者達はまだましな状態にあり，彼らはある程度の侮蔑をもって見られていたが，少なくも彼ら自身の限られた活動領域の中で，現実とのコンタクトを完全に失うことはなかった。しかし，彼らはまず，作品の最終的な目標についての決定が他人によってなされることに慣れ，彼らの行動はもう1つの点——どんな状況にも彼らの行動を適合させ，どんなリードにも従うという点——によって，抽象的になってしまった。

9図　ミドルセックスのオスタリー公園（R. アダム，1775年）　10図　ヴァージニア，リッチモンドのカピトール（Capitol），（T. ジェファーソン，1785年）　11図　ミラノのポルタ・ティチネーゼ（Porta Ticinese），（L. カニョーラ，1801年）　12図　ミュンヘンのグリプトテク（Glyptothek），（L. クレンツェ，1816年）

このようにして，建築は全体として，時代の重要な問題から浮き上ってしまっていた。建築生産の目的に関心をもつべき芸術家は，臆病に孤立してイメージの問題に身を委ね，技術者はリアリゼーションの手段に没頭し，仕事の究極の目的を忘れ，どんな目的にもおとなしく従った。

しかし，ここで逆の側を見てみよう。この彼ら相互の孤立化という状況が，両者をして，初期の工業思想である分析的方法に従ってそれぞれの仕事を遂行させること，そして，未来の進歩をめざす実験を続けることを可能にしたのである。またそれは，芸術家に，新しいプランニングのそして建設の必要に適合した形態を求めるために，伝統の全レパートリーに精通し，次第に伝統の重みと視覚的習慣から抜け出ることを許した。それは技術者に対しては，建物における産業革命の直接的な影響に取り組み，建設の理論と実践を進歩させることを可能にさせ，未来の実験のための手段を用意させた。

実際において，芸術家と技術者の間の関係は，既に述べたように対立はしていたが，断絶してはいなかった。彼らは，同じ分野で働くことを強いられてきたが，両者共それぞれの方法を採用し，2つの活動領域の間には——私が後に示すように，主としてネオ・クラシシズムのレパートリーと施工の間には——一種の平行線が生じ，それによって時到った時に，2つの世界は，一方の仕事が他方から解放されるように，互いに自分と他とを調整することが可能となった。

この関係は純粋に便宜的なものであったが，これが両者に，後に再び新しい文化的統一を確立するために必要な経験を得ることを可能にさせた。その文化的統一は，明らかに，建築家がすべての仕事を自分でした前工業的状態への単なる復帰でなく，そこでは，近代世界において今や不可欠な仕事の専門化と分化が，考慮にいれられなければならなかった。

最終的には，調整と統合の問題である建築は，18世紀の後半に起こった変化によって，いろいろな要素に分解された。啓蒙主義の思想に基づくいくつかの要因が，この変化に作用した。つまり，分析的研究の精神や，エレメントそれ自身から演繹され得るすべてのエレメントについての自然な構成の型が存在するという確信などである。この後者の動機が，輝かしい伝統と接触して，古典様式の形態の存続を可能にし，それのレパートリーの見かけの連続の下に，起こりつつある変化をかくしたのだった。

このようにして，建築文化の，古い伝統を抽象的に追い続けた部分は，次第にその時代の現実との接触を失った。一方，エレメントの新しい統合が起こり始めた。それは，芸術家達が，変った社会組織における新しい役割を受け入れた時に生じた統合であった。

最初に述べたエピソードは，工業社会が当面した組織的な問題の本質についてのよい例である。

新しい国家には「もはや個人の個々の利益と，一般の利益しか存在しない」というル・シャプリエの声明を考えてみよう。この考えは，政治的な力を社会の「一般意志」に帰したルソーに既に見られる。一般意志は，個人の利益に原因する差異が割り引かれた後の，いろいろな個人の意志に共通するものからなっている。一般意志を明らかにするためには，それぞれの市民が彼自身で判断を下さなければならない。その時，個人の差異は相殺されるだろうし，それ故，差異の合計が一般意志となるだろう。

「党派，つまり偏った組織が社会全体を害するかたちでつくられた時，これらの組織のそれぞれの意志は，その構成員に関して

いえば一般的であり，国家に関していえば特殊である。そこでこういうことがいえよう。もはや投票者は人間の数だけ存在せず，組織の数だけしか存在しないと。差異は数少なくなり，より一般的でない結果を生じさせる。結局，これらの組織の1つが大きくなり，残りのものより優勢になった時，結果は小さな差異の総和でなく，1つの差異となる。その時，もはや一般意志はなく，支配的な意見は単なる1つの特殊な意見にしか過ぎない。そこで一般意志の明瞭な発現を得るためには，国家には偏った組織は存在すべきでないこと，そしてまた，すべての市民が自分の意見を発表すべきであるということが重要である。」[16]

ルソーの「一般意志」は理論的な概念である。実際には，その立場は，偏った組織に邪魔されることなく「公」と「私」によって何が理解さるべきかということについて独断を下す独裁国家にとって代られていた。このようにして，今日その悲劇的なアイロニーを評価し得るような言葉でルソーがいうように「自由であることを強制されることもあり得るであろう」から，デモクラシーは，議論の表向きの言葉を変える必要もなく，専制政治となった。

それ故，ル・シャプリエの用いた方式は，フランス革命の2つの主導的な原則を意味している。つまり，それらはサルヴァトレリがいうように[17]，間もなくぶつかり合って近代の政治思想を左右することになる2つの意志，個人の自由の要求と，国家の権威の擁護の要求である。

社会構造の分極化の同じ経過が，アンシアン・レジームのある期間のフランスに見られる。トクヴィーユがいうように「中央勢力は………中間的な努力を既に破壊してしまい，それと個人との間には，無限の虚なる空間しか存在していない。」[18]

しばらくの間，この空間は自由の原則と権力の原則という2つの抽象的な原則の衝突によって埋められ，抽象的な議論の中でよく起こるように，邪魔する中間的な勢力がないた

13図　ミュンヘンのクレンツェによるプロピライ（Propilei）

めに，それらは意外にも重なり合ってしまう傾向にあった。

しかし，近代思想は，この二者択一に満足せず，頑強に，自由と権力を，抽象的で相矛盾する概念から実際的で相補的な現実へと変えるやり方で統合しようと努めた。問題が次第に，トクヴィーユの「虚ろな空間」を新しい組織で埋めていくことになった。それら新しい組織は，変化した経済的，技術的条件を考慮し，1つの事業で多くの成功を生み出したと同じ偏見のない探究をこれら事業相互の調整とバランスの問題に応用し，最大の自由と最小の制約とを結合するために，時間とスケールを適当にいろいろと選択することを学んだ。

政治的な世界では，この努力はデモクラシーという名で知られ，経済の世界では，計画という名で知られている。産業革命によって変えられつつある世界を，よりよいものにすることへの希望は，この可能性へと委ねられた。この可能性は，一連の権力的な決定の中で硬直する危険，あるいは個人の事業の多様性の中で淌んでしまう危険にさらされ続けながら，今や不確かになりつつあった。近代建築は，建築活動がこの追求の領域に引き寄せられた時に誕生した。

次の諸章において，産業社会の変遷を通しての，建築の困難で断続的な発展を，特権を与えられて出発するところから始まり，それがもう一度実際的な問題に触れるようになって，意識的に現代社会の再建の事業の中で定着するに到るまでを辿りながら示すだろう。

---

1) このエピソードに関する資料，引用は，G. M. Jaffé 著, "Le mouvement ouvrier à Paris pendant la Révolution française" からで，C. Barbagallo の本の "Le origini della grande industria contemporanea" ——フィレンツェ，1951年——の11章に収録されている。
2) C. Barbagallo 著，前掲書30〜31頁
3) C. Barbagallo 著，前掲書33頁
4) C. Barbagallo 著，前掲書35頁
5) C. Barbagallo 著，前掲書40頁
6) C. Barbagallo 著，前掲書41頁
7) C. Barbagallo 著，前掲書38頁
8) T. S. Ashton 著, "The Industrial Revolution" ——オックスフォード大学出版局，1948年——4頁
9) T. S. Ashton 著，前掲書の16頁に引用されている，Dr. Johnson の言葉
10) C. A. de Tocqueville著, "L'Ancien Régime" ——ブラックウェル，1933年——の20頁に引用されている。
11) Charles Dickens著, "A Tale of Two Cities"（二都物語）——1859年
12) G. M. Trevelyan 著, "British History in the Nineteenth Century" ——ロンドン，1922年——197頁
13) C.A. de Tocqueville 著，前掲書176頁，183頁
14) Winckelmann によってイタリア語で書かれた "Dell'arte del disegno de' Greci e della bellezza" (1767年) で，"Il bello nell'arte" ——トリノ，1943年——から引用
訳註) ヴァティカン美術館のこと
15) "Dissertazione sulla capacità del sentimento del bello nell'arte", 前掲書 "Il bello nell'arte" の77〜78頁から引用
16) J. J. Rousseau 著, "Le contrat social"『社会契約論』の第2巻第3章
17) L. Salvatorelli 著, "Storia del Novecento" ——ミラノ，1947年——の855頁
18) C. A. de Tocqueville 著，前掲書97頁

第Ⅰ部　産業都市の誕生と発展

14図　イギリスの蒸気機関（1830年，ロンドン科学博物館）

第1章　産業革命期の建設技術の変化

18世紀の末,"construction"という言葉は,多くの技術活動の所産に使われていた。即ち,公的,私的な建築,道路,橋,運河,土塁,給排水管等に使われていたのである。大ざっぱにいって,それは,主に機械によって生産されていない,すべての大きなスケールのものを示すために使われていた。

産業革命以前は,機械をつくる技術は家を建てる技術と密接に関連をもっていたが,今や,技術的な進歩が本質的に機械の"construction"の仕方を変えてしまったので,それらは次第に専門家の活動の領域へと落ちこみ,形容詞なしの"construction"という言葉は,伝統的な方法と未だに関係をもつ活動を意味するようになり,通常"architecture"の概念と共通するものとなった。これらの活動のひとつがある程度進歩するやいなや,それは他から分離し,独立した専門分野に入るようになる。例えば,1830～1840年頃まで,鉄道は"construction"の一部だったが,その後そうでなくなり,独立した分野となった。

当然ながら,伝統的な方法が比較的そのまま続いているということは,建築の技術がこの時代を通して変らないままでいたこと,また多くの新しい問題が生じなかったことも意味してはいない。その主たる変化は3つの項目にまとめることが出来る。

第1は,産業革命が建設技術を,たとえその影響が他の部分におけるよりも目立たない程度であったとはいえ,変えたことである。伝統的な材料である石,レンガ,木材は,今やより有益な方法で活用され,より容易に供給されたし,それらに加えて,鋳鉄,ガラス,そして後にはコンクリートのような新材料が加わった。科学の進歩は,材料がよりうまく利用されること,またそれらの強度を計算することを可能にした。また,現場ではよりよい道具が用いられ,機械が使われ始めた。幾何学の進歩は,建設のすべての点に対して正確で一義的な指示を可能にし,専門の学校の設立は多くの専門的訓練を経た専門家を供給し,印刷や新しい複写法は新しい成果の普及を急速にした。

第2は,質的な向上があったということである。大きな道路,広く深い運河,増大する水陸のコミュニケーションのネットワークなどである。人口の増加と移動の増加は,かつてないほど多数の新しい住宅の建設を必要にさせ,都市の成長は,より大きなそしてより広汎な水と衛生の設備を要求した。公共機能の増大は,より大きな公共建物を要求し,活動の多様と専門分化の激しさは,新しいタ

イブの建物を絶えず要求した。産業経済は，工場や店や倉庫や港などの新しい建物や施設なくしては考えられないものだった。そして，それらは，比較的短い期間内に建てられなければならなかったが，低金利が幸いし，遠い将来においてでなければ役に立つかどうかわからないようなものまで多数の設備をすることが可能となった。

最後に，資本主義経済の枠の中に引き入れられたこれらの建物や施設は，過去のものと全く違った意味をもっていた。それらは，資本の多額の支出によって行われる資本の固定化とは見られず，他の生産手段と共に，規則的に回収し得る投資としてみなされた。アシュトンが観察したように「新しい時間感覚が，産業革命のもっとも著しい心理的特色のひとつである」。[1] 以前は，非常にゆっくりと変化するものは完全に不動なものとみなされていたが，今や，より正確な機能的要求や全く長期の経済的予測さえもする習慣が，この近似法を不可能にした。価値の変化が鋭敏に感知され，人は物事の静的な面よりもむしろ動的な面に注意を向けた。

この点において，建物とその土地とを分ける重要な区別が存在する。ひとつの建物がほぼ無期限に存続し，その敷地が永久に占有されるとみなされる限り，土地の価値は，いわば，建物の価値の一部でありそれに含まれる。だが，もし建物の寿命が限られたものとみなされるならば，土地は，状況に応じて変化する独立した経済的価値を獲得するし，もし建物の寿命が充分に短いものならば，土地市場の考え方が存在することになる。

ちょうどこの時期に，自由経済理論の影響と財政的要求によって，国や他の公共団体は，ほとんどあらゆるところで，その所有地を手放し，都市の底地は個人の手に渡ってしまった。このようにして，土地の自由売買に対する障害は除かれたのである。

次の章で，これらの事実が都市の構造に与えた影響に触れるが，変動の可能性を考えた時に土地の潜在的価値はそれを占有する建物の経済的な潜在価値を判断するための重要な規準となることに注意すべきである。土地の価値が速く変れば変るほど，建物それ自身の経済的なサイクルや生命は短くなる。

この章においては，建築技術における進歩が論じられるが，他の2点については後に再びとり上げられる。何故なら，量的変化と変動の増大するスピードの影響は，1830年以後になって初めて明らかになり，新しい問題を提起するからである。

1. 科学の進歩と教育

構造学は，われわれが今日そう理解しているように，力学の法則の実用的な結果を研究する学問であり，それは，その法則が最初に公式化された17世紀に誕生した。1638年，ガリレオは彼の対話の一部で静力学の問題に触れている。[2]

1676年，フックは彼の名が冠せられた有名な法則をつくった。17世紀の末から18世紀の初めにかけて，ライプニッツ，マリオッテ，ベルヌーイを初めとした多くの科学者が曲げの問題を研究し，1684年，マリオッテは，中立軸（曲げられるものの繊維が圧縮も引張りもされない点）の概念を導入したが，その位置を誤って決定した。正しい答は，1713年に，ペアレントによって見出された。

一方，科学精神の普及と，建築家達が感じていた伝統的な建築の材料と構造法の利用の限界を確かめたいという要求が，種々の実験研究を促進した。

ローマでは，科学者達がサン・ピエトロのドームの安定法について論議を始め，ベネディクト14世は，パドヴァ大学の物理学者であり考古学者であるマルケーゼ・ポレニに，そ

の問題についてのレポートを作製することを委託し、それは1748年に発表された。

パリでは、サント・ジュヌヴィエーヴ（パンテオン）の教会について長く議論が行われていた。[3] この建物は、1755年、スフロによって、伝統的な部材についての、静力学的な役割と、その役割に合った最小寸法を定める意図でデザインされたものである。この場合では、最大安全荷重の考えが精密化され、材料の抵抗力を測定し得る機械装置が発明された。

ほとんど同じ頃、クーロンは捩れ、土圧、回転力についての研究を行い、ペアレントのそれに基づく、中立軸を決定する一般式をつくることを発見した。

これらの研究の成果は、19世紀の最初の10年間に、近代構造学の創始者とみなされているルイ－マリー・ナヴィエ（1785～1836）によって整理され完成された。パリの工業学校でそれについて彼が行った講義のテキストは1826年に出版されている。

ネルヴィがいうように、構造学は「静力学を民主化しポピュラーにしたものである。」[4] 何故なら、そのレディメードの公式は、以前特別な才能のある少数の人々の領域であった問題に、多くの建築家が誤りなく取り組むことを可能にした。それは、理論的な問題と実際的な問題との間を距て、伝統的文化の断片化の原因となったが、また、古代から受け継がれた方法と形態のレパートリーを拡げもしたのである。

科学の研究はまた別に、計画の手段を変えることで建築技術に影響した。ここでも2つの主たる革新がフランスに発している。それは図学の発明とメートル法の導入である。

図学の法則は、君主制の最後の年と革命の最初の年を通して、ガスパール・モンジュ（1746～1818）によってつくられた。[5] ルネッサンスの理論家によって紹介された方法を一般化しながら、モンジュは、二次元の紙の上で、三次元の物体を表現するいろいろな方法を体系化した。これによって建築家は、建物の各部の構成を、それがどんなに複雑であろうとも、図面によって一義的に決定する普遍的な方法をもつことになり、施工者は、図面での指示を一義的に解釈するための手引きを得たのである。

メートル制は、フランス革命によって、合理的なモデルに従って古い社会のすべての制度を変える努力の中でもたらされた。

1790年、タレイランは、寸法の古い単位の多様と混乱を遺憾とする旨のレポートを国民議会に提出し、新しいシステムの採用を提案した。長い議論の末、最も適当な単位を決定するためにC.ボルダ、A.コンドルセ、L.ラグランジュ、P.S.ラプラス、G.モンジュからなる委員会を設けた。振子を採用するか（ガリレオによれば、それの長さは周期に比例する）、赤道か子午線の 何分の一 かにするかで多くの議論が戦わされ、地球の子午線の4000万分の1が提案された。測地学者による測量の作業は1799年まで続いたが、一方、他の委員会は、単位を写すための物差しを決定し、1795年、10進法のメートル制を提案した。決定された長さに従ったメートル原器が、共和国暦7年メシドール月4日（1799年6月22日）、パリの技術博物館（Musée des Arts et Métiers）におかれ訳註、この新しい方式が1801年、フランスで義務づけられた。

ナポレオンはこの改革に何ら共感を示さず、1812年これを廃止したが、革命家達に新しい単位と測定法を設定させた統一と確実さへの要求は、産業の発達につれ更に切実となり、多くの国がメートル制を採用した。イタリアでは1803年、ベルギー、オランダでは1820年、1830年以後には南アメリカで採用された。フランスでは1840年、メートル制が再

制定された。決定的な規準は1875年に制定され，同年5月20日には国際メートル協定が批准され，アングロ・サクソンと他の少数国を除くすべての国がこれを採用した。

方式を統一したことは，知識の普及，商取引を容易にし，建築技術に対して，新しい技術の厳しい要求に応ずることが出来るような正確さをもつ一般的な手段を提供したのだった。同時にそれはデザインに影響し，ル・コルビュジエがいうように[6]「建築にある種の崩壊をつくり出した」。何故なら，フィートとかキュービット等の古い単位は人間の身体にある関係をもっていたのに対して，それは人間と無関係な協定された寸法だからである。

科学の進歩の前衛となっていたフランスは，教育組織においても他の国に対して先導的役割を演じた。

建築の教育は，アンシアン・レジーム期に，1671年に創設された建築アカデミー (Académie d'Architecture) で初めて行われるようになった。この組織は大なる威信に満ち，フランスの古典的伝統と「グラン・グー」(grand goût, 高貴な好み)の擁護者であったが，新しい実験や技術的な進歩に対しては寛大で，合理主義的理論を論じ，その時代の文化において生き生きとした役割を演じたのだった。

そのうちに，国家が関わるようになった複雑で広汎な事業において，技術の専門家の集団が必要とされるようになった。アカデミーやそれに付属した学校の人文主義的な伝統では，純粋に技術者となるべき者の教育には不向きであったので，1747年，1716年に創設された土木部隊の隊員を訓練するための土木学校 (Ecole des Ponts et Chaussées) が設立され，1748年には土木技術者を養成するために土木技術者学校 (Ecole des Ingénieurs de Mézières) が設立された。教育は，厳格に科学的基礎に基づいていた。

そうこうするうちに「技術者」と「建築家」との間の対立が初めて確立された。そしてしばらくはアカデミーの輝きが退屈な土木学校等の存在をあいまいにし，技術者達は二次的な仕事に関わっているように思われていたが，科学の進歩は，技術者の仕事を広げ，建築家のそれを制限する結果をもたらした。そして時が到ってアカデミーは，芸術における理性と感情の役割についての議論が単なる理論的な議論でなく，不可避の文化的，組織的な革命の徴しであることを知り，次第に「科学」に対して「芸術」を堅固に守る立場に身を固め始めた。

革命は状況をさらに変えた。建築のアカデミーは，絵画や彫刻のそれと同じように，1793年に弾圧された。技術学校はしばらく存続を許されたが，1795年に古いアカデミーに代って研究機関が設立された時に，それはその新しい複合機関の建築部門に付属させられた。

しかしながら，政府の監督権は「市民建築会議」(Conseil des Bâtiments Civils) へと移譲され，それが「公共的な仕事をする芸術家のための」付属の学校をつくった。また，アカデミーに対する弾圧と共に，建築家の肩書きもすべての卓越した価値を喪失した。設計料が支払われれば，建築に自らを捧げることを希う者は誰でも，彼がどこで勉強をしたかは無関係に，自らを建築家と呼ぶことが出来たのである。

これらのことは，建築家の既に揺らいだ威信をさらに弱め，逆に，すべての専門化された教育がひとつの組織の中に統合された時に，技術者の地位は強められた。1794年から1795年にかけて，工業学校 (Ecole Polytechnique) が設立され，教授陣は大部分工業技術学校のスタッフが当った。この学校は，厳格な試験を行い「共和国の原則への忠誠」を確

かめた後に，少数の若者を受け入れた。彼らは2年間いっしょに勉強した後，種々の上級の技術学校へと進学した。パリの土木学校，メッツの砲工兵学校(Ecole d'Application d' Artillerie et de Génie Militaire di Metz)，パリの鉱業学校(Ecole du Mines)，ブレストの海軍工学校(Ecole du Génie Maritime)等である。数学と物理学を基礎とした教育体系はモンジュによって確立された。

他の多くの国もこのフランスの例に倣った。1806年に高等技術学校がプラハで設立され，1815年にはウイーン，1825年にはカールスルーエで設立された。これらの学校及び後の学校における教育体系はパリの学校のそれを写したものだった。

例外はイギリスで，ここでは技術教育は19世紀の最後の10年間にようやく組織化された。産業革命の主役達は，ジョージ・スティーブンソンのように独学の人がほとんどで——彼などは18歳の時に読み書きを覚えたのである[7]——彼らは，ドゥフォ，マルサスと同じく，ブルトン，ローバック，ウイルキンソンらのような非国教徒によって創設されたアカデミーの産物であった。[8] 1818年に創立した土木学会の10人の会長のうち，大学出はたった3人であった。

この理由により，また，イギリスの社会がさほど厳格でなかったという理由で，技術者と建築家の間の軋轢は大陸のようには激しくなかった。建築家は文化的な特権を羨むことも少なく，一方の領域から他へと移ることもしばしばだった。トーマス・テルフォードは，橋やハイウエイに関係する以前に，1780年から1790年にかけては，エジンバラで住宅を建てていた。ジョン・ナッシュは鉄橋をデザインすることなど考えてもみなかった。ブリストルの有名なクリフトン吊橋のデザイナー，ブルネルは蒸気船の建造家でもあり，また後には，驚くべきことに，クリスタルパレスのような重要な公共建築が，庭師のジョセフ・パクストンに委されたのである。

しかし，イギリスにおいてすら，技術の進歩は最終的には伝統ある建築家の業績を抑え，業務のかなりの比率の部分が専門技術者の手に移った。これは，1830年以後，社会が産業革命によって変えられ，次第に決定的なパターンをとるようになるにつれ，特に明白になった。

2. 伝統的な工法の完成

18世紀の支配階級と雇傭者の主たる関心事のひとつは，新しく効率のよいコミュニケーションの手段，つまり道路と運河であった。

フランスでは，君主政体は道路の状態に多大の注意を払った。コルベールの条例に従って出来た国王道路は，交通の要求によるよりも視覚的な理由で幅広く——13mから20mまでの非常に幅広いものであった——，また極端に規則正しくつくられ，1つの中心から他へと直線で引かれるのが常であった。1720年の布告は，路線が「例えば塔から塔へというように出来る限り直線であるべき」[9]ことを規定している。しかしながら，それらの質は完全でなかった。伝統的な方法でつくられた路床は絶えず修理を要し，修理は道路を通している地区の住民によって賦役として行われた。そのためにフランスの労働者は1年のうち30日から50日道路作業をしなければならず，これが彼らの重荷のひとつであった。

イギリスにおいては，18世紀の半ばまで，道路はほとんど通行不能であった。だが，それらは，議会がターンパイク法(Turnpike Acts)を発し，初めて私企業が自己資金で道路を建設維持し利用者から料金をとることを許した1745年以後に改良された。このようにして，公共サーヴィスの費用は，道路をよい状態に保つことに関心のある私企業が負担し

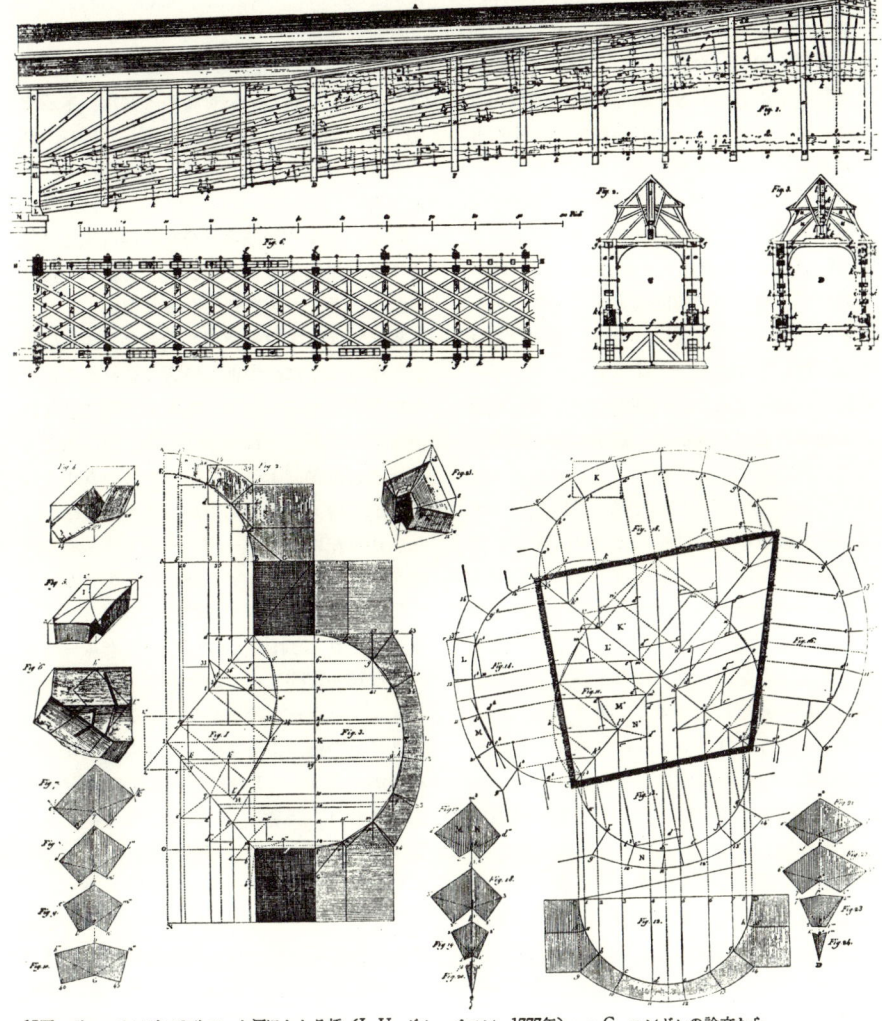

15図　ヴェッチンゲンのリマット河にかかる橋（J. U. グルーベマン，1777年）……G. ロンドレの論文から．
16図　切石の切り方の表現（ロンドレの論文から）

た．1750年から1775年までの間に450以上のターンパイク道路が出来た．その計画者達は伝統的な方法を引き継いだ経験者で，それらの最も重要な者のひとりは，ジョン・メットカーフ（1717～1810）で，彼はその時代の多才の人間の中でもとび抜けていたひとりであった．彼は6歳の時から盲目であったが，この ことは彼の多様な経歴の邪魔にはならなかった．旅回りの楽士，闘鶏の主宰者，馬喰，補充軍曹，綿商人，茶とブランディの密輸商，駅者などとなり，1765年までには，自分を道路建設に捧げることを決心し，ひとりで180マイル以上の道路をつくり上げた．似ているのはジェームズ・ブリンドレー（1716～1772）

で，彼は無学な水車大工だったが，1759年，ブリッジウォーター公のためにイギリスで最初の運河を建設した。

世紀の末に近づくと，新しい科学的風土で成長した技術者達が，これらの大なり小なりアマチュアであるデザイナーに代り始めた。フランスでは P. M. J. トレサゲ（1716～1796)，イギリスではトーマス・テルフォード（1757～1832）とジョン・マカダム（1756～1836）が，種々の技術的改良を行った。トレサーグはリモージュ（Limoges）出身の文官であった。テルフォードはスコットランドの羊飼いの息子であり，技術史の中で最も重要な人物のひとりであるが，鉄橋について述べる時に再び彼について触れよう。マカダムは商人である伯父のところで働いていたが，ナポレオン戦争の時には将校となり，晩年，道路建設に眼を向けた。最も重要な技術的改良をなしたのは彼であり，大きな石の路床をなくし，出来る限り防水性のある石灰石の粉で固めた仕上層を用いた。この改良は道路建設費をかなり減らしたので，マカダム式——この方法はそう呼ばれるようになった——は一般的に用いられるようになった。

一方，図学の進歩は，それまで克服出来ない表現の難しさにつきあたり，そしてまた実際に建物が建てられる現場で示さなければならなかった計画を，充分な形で示すことを許した。人々は等高線によって土地を示す方法を知り，1791年，モンジュは土量の算定の科学的方法を提示した。

道路と橋の建設は，19世紀の初め，さらに激しさを増した。政府は商業的機能，軍事的機能——これについてのナポレオンの偉大な業績はよく知られている——の両方をもつ道路にのみ関心をもち，運河はしばしば私企業によって，完全に経済的な目的で，建設された。運河は産業が必要とする原材料や工場からの製品の輸送手段に欠かせないものであっ た。

18世紀末から19世紀の初めにかけて，これら新しい道路の建設は，多量の，時にはかなりの大きさの新しい橋を必要とした。木造や切石造の伝統的方法の進歩と新しい材料，鉄や鋳鉄の利用を促進した第1の要因はこれであった。

新しい科学的知識は材料をその可能性の限界まで使用出来ることを教え，こうして得た経験が，多くの建設に生かされた。

橋に対する木材の使用や大きな面積に屋根をかけることは，中世この方の切れることのない歴史をもっており，感動的で天才的な作品を生んだが，それらの作品は，梁，方立で補強された梁，トラス，アーチというような初歩的な静力学的考え方から進んでいなかった。16世紀に，パラーディオはトラス梁の理論をつくったが，あまり使われなかった。しかしこの考え方がスイスの施工者によって取り上げられ，それが，ヨハン・U・グルーベマン（1710～1783）に，かなりのスパンの橋，シャフハウゼンのライン川にかかる59m，2スパンの橋，ヴェッチンゲンのリマット川にかかる119m，1スパンの橋等の建設を可能にさせた。後者は，1799年，戦争によって不幸にも破壊された（15図）。[10]

アメリカでは，1804年，フィラデルフィアの近くのシャイルキル川の104mの橋が建設され，同じ年，バーは，59mと61mのスパンをもつ，デラウエア川のトレントン橋（Trenton)を建設した。1809年，フランス育ちの技術者ウィーベキングはバンバーグのレグニッツ川にかかる71mの橋を建設した。

一方フランスでは，切石の橋は完成の頂点に達していた。フランスの施工者達はゴシック時代のように，ヨーロッパ全土に影響を与えた。ここでも，土木学校で教育された技術者の仕事が極めて重要であった。

ジャン・ペローネ（1708～1794）は，パリ

1 産業革命期の建設技術の変化

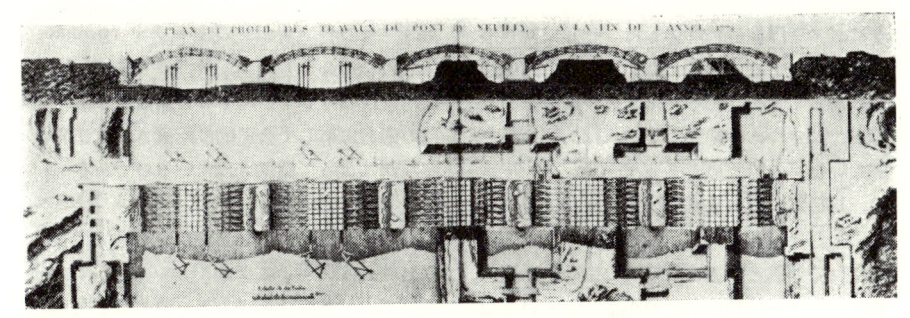

17図 ヌイーユ橋 (J. R. ペローネ, 1786年), J. R. ペローネの「橋の計画と構築解説」より。

18図 パリのコンコルド橋 (J. R. ペローネ, 1787年)

学校の創設(1747年)当時の校長であったが、彼は組積造による橋の建設技術に新しい生命を与えた。彼はヌイーユの橋 (17図)、革命直後に完成したコンコルド橋 (Pont de la Concorde) (18図)、その他フランスのいろいろな都市の橋をデザインした。彼はまた道路建設にも関わり、ベルガンディ運河 (Bergu-ndy) やパリの下水の一部を建設した。ペローネが行った多くの改良法は未だに使われている。洪水時でも水面高く出るようにおかれた低コストの円形アーチと、単に軸方向力を受けるだけの小さな柱などがそうである。構造体を軽くする試みのために、彼はまたサン・マクサンス橋 (Pont Saint-Maxence) のよ

41

うにピアを円柱群に解体した。そして同じ事をコンコルド橋で計画したが、同業者達の反対にあって諦めさせられた。彼の構造法を限界までつきつめる絶えざる試みは、彼を絶え間ない批評の対象にしてしまった。報告書は、1774年、土木会議のメンバーがいかにいらいらしながら「ああ、みじめな軽さよ！あなたの祭儀と祭壇はこの国の中心に永遠に置かれなければならないのか？」[11]といったかを語っている。

ペローネの橋の軽さは、切石の積み方を完全にすることと、基礎とむくりへの大変な注意の払い方によってなし遂げられた。同じ頃、ロンデレと他の何人かの人々は、モンジュの図学の理論に基づいたステレオトミー——必要な形に合わせて石を切る技術[12]——に科学的形態を与えた。それによって、どんな石の固定や組合せでも、それがいかに複雑であれ、完全に表現され、正確に施工されることが出来た（16図）。

ペローネの作品、橋や運河とそれらのディテールのすべてが、1782年、素晴らしい図版で出版された。この本は、1788年、他の図面と、むくりと土工事についての2つの覚え書を加えて再版された。[13] 革命の期間、ペローネはもはや老いていたが、理論的な研究へと転じ、1793年「200m、300m、400m、500mにも及ぶ大石造アーチの建設方法の研究についての覚え書」をつくり上げた。

3. 新しい材料

鉄とガラスは太古の昔から建物に使われてきたが、今や工業の進歩は建築技術に新しい考え方を導入することによって、それらの使用を拡大することを可能にした。

最初、鉄は鎖やブレースや切石建築の切石を接合するためなどの二次的な目的にのみ使われた。例えば、ロンドレによって建設されたスフロのパンテオンのプロナオ（prónao、神殿入口のこと）では、長押の実際の強度は、近代のコンクリートの骨組のように、種種の応力に応じて合理的に配置された鉄筋の密な網によって確保されているのである（19図）。[14]

同時に、鉄は大きな重さのかからない屋根、例えば1786年にヴィクトル・ルイによってデザインされた、ボルドーのテアトル・フランセ（Téâtre Français）のような屋根に用いられた。しかし、製鉄業の進歩の遅れが、これらの方法の普及にどうにもならない限界を置いていた。決定的な進歩がなされたのはイギリスにおいてであり、それが世紀の末の新しい需要を満たすに充分なほど鉄の生産を増加させた。

伝統的なやり方では、鉄鉱石は木炭といっしょに溶解された。製品は再溶解され、鋳型に注ぎこまれて鋳鉄を得るか、鉄工所で加工されて鍛鉄を得る。18世紀の最初の10年間のある時期に、コールブルックデールのアブラハム・ダービーは木炭をコークスに代え、その方法を秘密にし、後継者にのみそれを伝えた。1740年、シェフィールドの時計製造業者ハンツマンは、小さな坩堝の中で鋼鉄を製錬することに成功し、それによってそれまで知られていたものよりはるかに秀れた材料を得たのだった。

世紀の半ば以後には、これらの発見は当り前の知識であり、7年戦争のための武器の必要が刺戟となり多くの新しいプラントが誕生した。その中にはブローズレイのジョン・ウイルキンソン（1728〜1808）のプラントがある。ウイルキンソンは鉄の技術的な利用の歴史においては主要な人物である。彼は、砲身の穿孔についてのパテントを利用し、それを新しい機械のシリンダーに適用することによって、ブールトンやワットを助けて蒸気機関を完全なものにした。彼はフランスで最初の

1 産業革命期の建設技術の変化

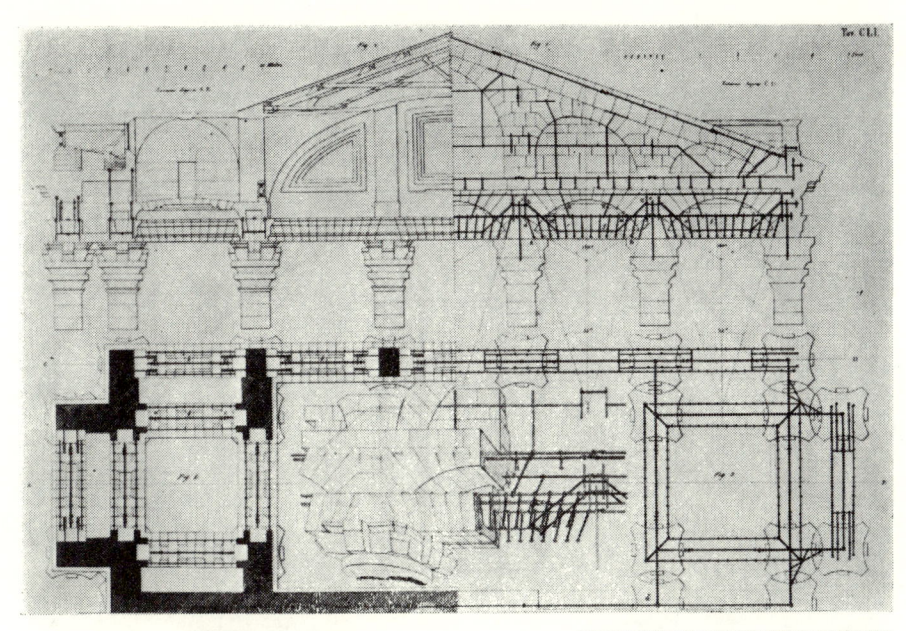

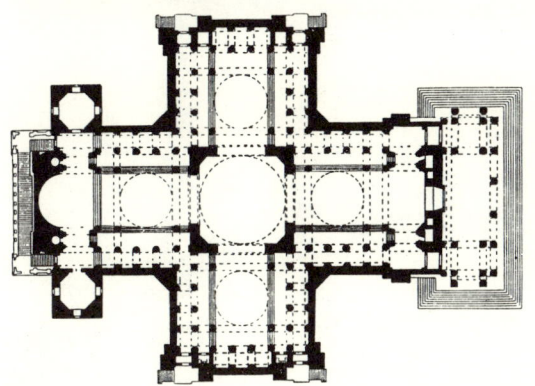

19, 20, 21図　パリのサント・ジュヌヴィエーヴ教会 (J. G. スフロ, 1755年), 神殿風入口部の鉄による補強 (G. ロンドレの論文の151図から), 平面と立面

蒸気機関を組み立て, さらに鋳鉄を工業目的に利用するための方式を研究した。1808年の死去に当って, 彼はリンデールに鋳鉄の棺で埋葬され, 彼を記念して鋳鉄の柱が建てられた。

最初の鋳鉄の橋を考えついたのは, 恐らく, ウイルキンソンであったろう。その橋は1777年から1779年にかけてコールブルックデールのセヴァーン川の上に建設された。[15] そのデザインはシュリュウズバリーの建築家 T. F. ピッチャードによってなされた。その30.5mのスパンをもつ半円アーチは2つの半アーチが1つにつなげられて出来たもので, ダービーの近くのプラントで鋳造された (22, 24図)。

1786年, トム・ペイン (1737〜1809) ――

I 産業都市の誕生と発展

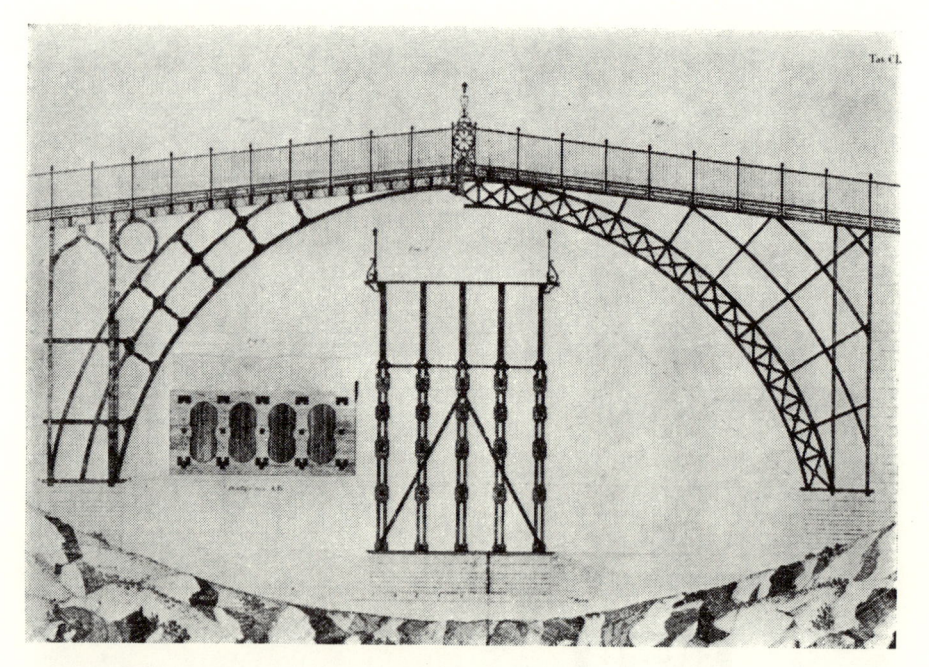

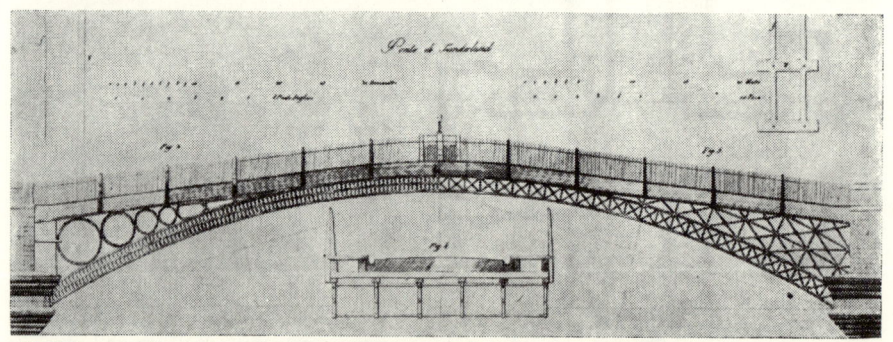

22, 23図 コールブルックデールのセヴァーン河にかかる橋（T. F. プリッチャード，1777年）とサンダーランドのウェア河の橋（R. バードン，1796年，ロンドレの論文の157図と158図から）

彼は後に政治評論家として有名になったが——は，シャイルキル川の鋳鉄橋をデザインし，その特許をとり，部材をラザーハムの鉄工場で建設するためにイギリスにやってきた。ばらばらの部材はパディントンで鋳造され，料金をとって公開したが，彼はフランス革命の勃発と共に橋を債権者の手に残してパリへと去った。その部材は，1796年に72mといういうかなりのスパンのサンダーランド橋（23図）をウイア川にかけたロウランド・バードンに引き継がれた。同じ年，テルフォードは，ビルドウォズに39.6mのセヴァーン川の第2の橋を建設した。これは，コールブルックデールの第1の橋が378トンであるのに対して，173トンであった。

ペインとテルフォードの橋は，ウイルキン

1 産業革命期の建設技術の変化

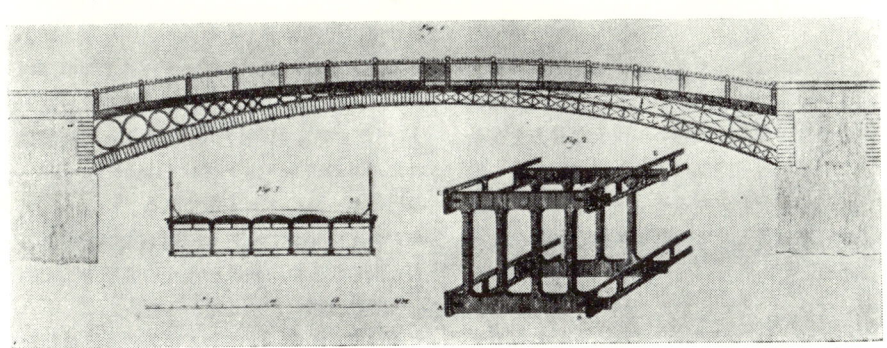

24, 25図　コールブルックデール橋とステインズのタミジ河の橋（R. バードン, 1802年, ロンドレの論文の159図から）

ソンのそれと全く違った方法で建設された。アーチは数多くの鋳鉄製の部材からなり、それらが切石のブロックのように接合されている。新しい材料のより大きな抵抗力は、当然ながら、より大きなスパンに対してより少ない重量を可能にし——部材は実際には中空であった——部材は鋳造工場からレディメードとして届くので、非常に速く施工された。

1801年、テルフォードはロンドン橋を、183mの鋳鉄製1スパンの橋にかけ替える提案をした。だが、計画は諦められた。それは、その可能性や経済的な便利さへの疑いからでなく、両端の土地を強制的に買収することの困難からであった。

45

19世紀の最初の30年間に，テルフォードは鋳鉄を使って，数多くの橋，下水，水道を建設した。J. レニーとJ. ラストリックが彼と共に働いた。ジョン・ナッシュもまた，個人の施主のために橋を建設するという冒険をした。それは完成した朝壊れてしまったが，施主は諦めなかった。そしてナッシュは彼のために第2の橋を建設し，これは1905年まで存在した。ナッシュがサンダーランド橋の建設に加わっていたという説もある。

一方，鋳鉄は次第に広く建物に用いられるようになっていた。鋳鉄の円柱や梁が多くの工業建築の骨組を形づくり，比較的軽く防火的な構造で大きなスペースに屋根をかけることを可能にした。1801年，ブールトンとワットによって建てられた，マンチェスターのフィリップ・アンド・リーの綿糸工場[16]が有名である。

1837年にイギリスを訪れたフランス人旅行者はこう書いている。

「鋳鉄がなかったならば，ロンドンのセント・キャサリン波止場の6階建ての倉庫のような，見かけは軽いが巨大な目方を支えている明るく空気のような建物も，重く醜い木の杭やレンガのバットレスをもった壁で，重っ苦しくて陰鬱な牢獄となったであろう。」[17]

ナッシュは，1818年，ブライトンのロイヤル・パヴィリオン (Royal Pavilion) に鋳鉄を使用した (26図)。鋳鉄の手すり，格子，バルコニー，装飾などもひんばんに一般の建物や，また例えば1827年のカールトン・ハウス・テラス (Carlton House Terrace) のドーリア式円柱のような公共的に重要な作品にも使用された。[18]この最初の時期——18世紀の最後の10年と19世紀の最初の10年——の鋳鉄の装飾の多くはつくりが素晴らしく，次の時代の商業的につくられたものより，はるかによかった。最高の芸術家達，例えばロバート・アダムのような人がデザインしたのである。

これらの使用は，すべて，イギリスの製鉄工業の桁はずれの発展によって可能になった。大陸では，製鉄工業は依然として初期であり，18世紀を通じて，鉄や鋳鉄の使用は限られていて，1796年ブルグハウス伯爵によって建設された9mの長さのラーサン (Laasan) の橋やいくつかのフランスの庭園の橋のような小ぢんまりした仕事だけで，数多いイギリスの大胆な橋に比べれば無きに等しかった。

19世紀の初め，ナポレオン政権は，フランスの製鉄工業の発展を促進した。1789年と1812年の間に，鉄の生産量は11万5000トンから18万5000トンに増加した。そしてまた，鉄で大きなスケールのものを建設することも可能になった。例えば，1801年から1803年にかけて，技術者ド・セサールとディヨンによって建設されたポン・デ・ザール (Pont des Arts) (28, 29図)や，1811年にフランソワ・J.ベランジェ (1744～1818) によって建設されたパリのアレ・オ・ブレ (Halle au Blé) の円形ホールのドーム等である。[19]しかしペルシェとフォンテーヌも，同時代のイギリス人と同じように，鋳鉄を多くの装飾や二次的な目的以上には使用しなかった。

王政復古の後，フランスにおける鉄の使用は建築部門の多くへと広がった。1824年，ヴィニョンはマドレーヌ市場の屋根に鉄を用い，1830年，ルノアールはパリ百貨店の全部を鉄で建て，1833年，ポロンソー (1778～1847) は鋳鉄のカルーセル橋 (Pont du Carrousel) をつくり，1837年，シャルトル寺院の木造の屋根が鉄骨でつくり代えられ，銅を葺いた。1836年，エックの『鉄骨造・鉄管概論』が著され，1837年には，ポロンソーが彼の名

1　産業革命期の建設技術の変化

26図　ブライトンのロイヤル・パヴィリオン（J. ナッシュ, 1818年）

27図　ベルリンのマルシャル橋計画（K. F. シンケル, 1818年）

前がつけられたトラスを発明した。

　18世紀の末，技術者達は，鋳鉄橋よりも大きなスパンに適し，応力に対して柔かさで対抗する鎖のケーブルによる吊橋を考えついた。[20]

　最初の知られている例は，ティーズ川にかかる70フィートの歩道橋である（1741年）。

アメリカでは18世紀の末の10年間に，いくつかの例が見られる。1801年，テルフォードは，ミネイ海峡をアングルジーに向ってかける吊橋の建設を思いついたが，これはナポレオンの大陸封鎖が終った後に実現した。1813年，イギリスの海軍大佐サミュエル・ブラウンは，トゥィード川にかかる110mの橋を建

47

Ⅰ 産業都市の誕生と発展

28, 29図 パリのポン・デ・ザール（ド・セサールとディヨン，1803年，ロンドレの論文の160図から）

設したが，これがヨーロッパの吊橋の原型とみなされている。1818年から1826年の間に，テルフォードは176mのミネイ橋をかけ，同じ年に，いくらかスパンの小さい同じような橋をコンウエイ川にかけた（30図）。1823年，ナヴィエは，多くの困難の中にあってインヴァリッド橋（Pont des Invalides）を建設し，1825年のローネ川にかかるトゥルノン橋（Tournon）は，フランスで80以上の吊橋を建設した会社の創立者マール・セガン（1786～1875）の最初の仕事である。1834年，フランス人シャルリーは，フリブルグのザーネ川に279mの当時としてはヨーロッパ第1の橋を完成した。1836年，イサンバード・K.ブルネル（1806～1859）はブリストルのアヴォン川に214mのを建設した。これは19世紀の工学の傑作のひとつとされている（31図）。

ガラス工業は，18世紀の後半，大きな進歩

1 産業革命期の建設技術の変化

30図 コンウエイ海峡にかかる橋（Th. テルフォード，1826年，ロンドレの論文のU図から）

31図 ブリストルのアヴォン川の橋（I. K. ブルネル，1836年）

をとげ，1806年には，2.50m×1.70mの板ガラスの生産が可能になった。しかしながら，主生産国であるイギリスでは，ナポレオン戦争の財政的な要求から，ガラス工業には種々の困難が生じ，生産が実際に躍進したのは平和条約の後になってからであった。

49

32図 パリのシャンゼリゼーのジャルダン・ディヴェール（E. テクシエによるパリ風景, 1853年）

　1816年から1829年の間に，イギリスにおけるガラスの消費量は，約1万クインタルから6万クインタル（1クインタルは112ポンド）へと上昇し，価格は下落した。窓やドアへのガラスの使用は一般化し，さらに思い切った使い方が試みられ，光を取り入れる屋根をつくるためにガラスと鉄が結びつけられた。

　大きな鉄とガラスの天窓は，例えばヴィニョンのマドレーヌのように，多くの公共建築に用いられた。1829年，ペルシエとフォンテーヌは，パレ・ロワイヤル（Palais Royal）のガレリー・ドルリーンズ（Galérie d'Orleans）をガラスで覆ったが，これが19世紀のガラスのギャラリーの原型となるものだった。ガラスはいくつかの大温室にも使われた。1833年のルオーによるパリ植物園，1837年のパクストンによるチャッツワースにおけるもの，1844年のバートンによるキュウ・ガーデン（Kew Gardens）にあるもの，等である。時には，これらの温室は，パリのシャン

1　産業革命期の建設技術の変化

33, 34, 35, 36図　百科事典の「建築」の項の図版から。

ゼリゼー（32図）のように，公共的な人の集まる場へと発展した。最初の鉄道駅は巨大なガラスの屋根を必要とし，巨大な窓をもつ新しい店舗が，建築家に壁を全部ガラスで計画することに慣れさせた。1851年のパクストンのクリスタル・パレスはこれらの経験を要約し，19世紀の後半に続く，一連の大きなガラスの展示場の出発点となった。

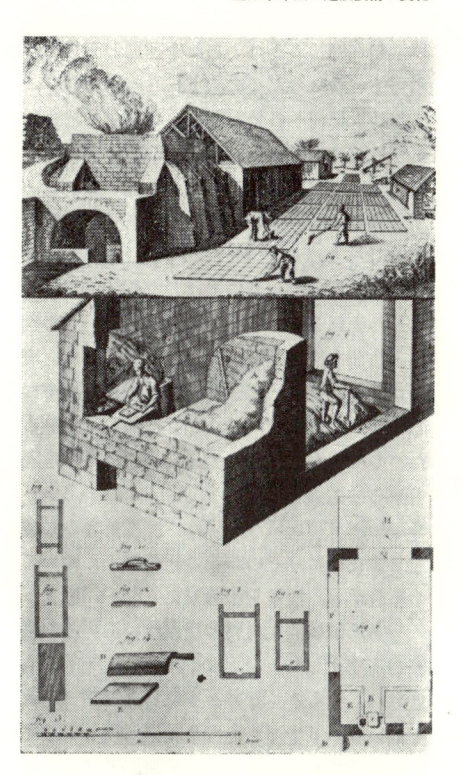

4.　一般の建築における技術的進歩

　大きなスケールの建物については多くの情報があるが，一般の建築や，産業革命が都市の周辺に集結させた住宅などの技術を知るための資料は少ししかない。この問題について，大部分の著述家は，建設方法は同じままであった（ラヴェダンの『都市計画史』によると「産業革命の初期においてかなりの技術的進歩があったが，住宅に関しては，いわば，何もなかった。19世紀においてもそれは

51

18世紀と同じように，また中世期と同じように建てられたのだった。」[21]）と述べており，また19世紀前半の公衆衛生の専門家や社会改革家の記述を基にして，住居の質は性急で投機的な要求の結果低下したとも述べている。型どおりのこれらの言は両方共修正を必要とするだろう。

18世紀の啓蒙主義精神は，文化的伝統がそれらのそれぞれに与えていた重要性とは別に，注意を技術的な活動領域へと向けた。有名な建築家達は，地味な発明に浮き身をやつしていた。例えば，ボフランは消石灰を練るための機械を完全にし，パットは火災の危険を減らす道具を発明した。百科事典（Encyclopédie, 1751～1772年）は，施工業者の知識をますために，その時代の建築技術についての項目から，抜萃を出版した（33～35図）。

一方，伝統的な材料の使用はいろいろな動機から変化した。レンガや木材は工業的に生産され，質もよくなり，また，運河網はそれを低いコストでどこへでも輸送し得るようにし，そうすることによって地域間の供給の差異はなくされた。

この時期に，ガラスは紙に代って窓に使われ始め（18世紀の末，フランスでは，油紙を窓に張ることを仕事とするシャースシエール（Châssessiers）というギルドがまだ存在していた），[22]屋根には藁の代りにスレート瓦が使われ始めた。鉄と鋳鉄は可能なところのどこにも，例えば，ドアや窓枠，手すり，バルコニー（38図），時には主構造にも使われた。

一般の建物の床は，普通，いろいろなやり方でおかれた木造の梁で支えられた（37図）。J.B.ロンドレ（1743～1829）は1802年の論文のなかで，鍛鉄と木を比較して，前者が後者のかわりに用い得ると主張している。しかしながら，矩形断面の鉄の梁は，強度の増加が重量の増加に追いつかないが故に，明らかに木の代りにはならない。そして彼はこう続ける。「大きな梁の使用を避けるには，重量よりも強度を増すことによって，鉄により大きな抵抗力を与える組立て梁の類を用いるとよい。」そして，ゆるいアーチ型の材とその下に弓型になるように水平に入れたもうひとつの2本の材の連合からなるM.アンゴ考案の方式を示している。

建築アカデミーによって指名された委員達は，パリ近くのブーローニュにこのやり方でつくられた，5.7m×4.8mの床を調べ，1875年6月13日の報告書でこう表明している。「それは極度に堅固だった。その上でとびはねてどんな力を加えても，きしみもゆれもしなかった。」と。百科事典の中には，「鉄のヴォールトと屋根」という見出しで，それについての評価が出ている。彼らは報告書の最後をこのように結んでいる。「それ故M.アンゴの方法はすべての施工者によって実施されることが望ましい。そうすれば，多くの例が，ここに示した例についてわれわれがまとめた意見の正しさを確かめることになるに違いない。」

ロンドゥレはこの意見を計算によって確かめ，そして，6.5mスパンの，レンガを充塡した鉄の床の計画を提案した。「この実験から，既に述べた計算は，鉄の床や，ヴォールト，他の構造部などあらゆる種類の架構に適用し得るものであることは明瞭である。」（39図）[23]

1789年，N.グーレはマレ通りの住宅に，主として防火の意味で，同じ方式を試みた。鉄の梁の間に穴あきレンガの小さなアーチをつくり，伝統的な寄せ木細工の床をタイルに置き換えた。彼はまた，ドアや窓の枠は木よりも銅か鉄であるべきだと提案した。[24]

しかし，フランス革命に続いた経済危機は，これらの実験を妨げた。金属は得られなくなり，1793年，建築家コワントローは，議会に請願をし，建物における鉄の使用は，接合用を除いては禁止することを訴えた。[25]

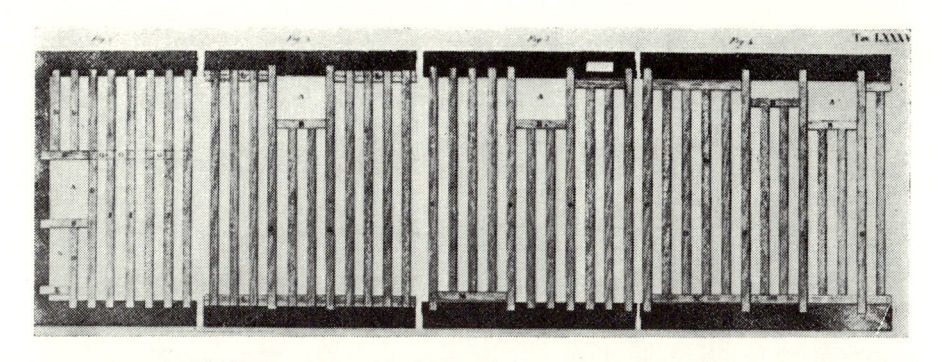

37図　木造床，G. ロンドレの論文（85図，87図）から。

　19世紀において，鉄を屋根に用いる試みが再びなされたが，満足すべき結果は，1836年に工場がH型梁を機械生産し始めるまでは得られなかった。この時点から，鉄の屋根は，古い木構造にとって代り始めた。

　ここでわれわれは，価格の変動について考えなければならない。建築資材のコストは，ナポレオン戦争の混乱の後に，ほとんどこでも下落したので，以前は上層階級の住宅の建設にのみ用いられた資材は，一般の人々の住宅にも用いることが出来るようになった。他方，労働者の賃金は絶えず上昇していた。この事実は，また，技術の進歩に役立った。何故なら，施工業者は，現場での作業を簡単にするような，そして，材料費が最終的に増えることになっても建設労働を減らすことになるような発明は何でも歓迎したからである。

　工業都市の住宅は，全般的に，前時代の住宅よりもより衛生的で快適であった。幼児の

I　産業都市の誕生と発展

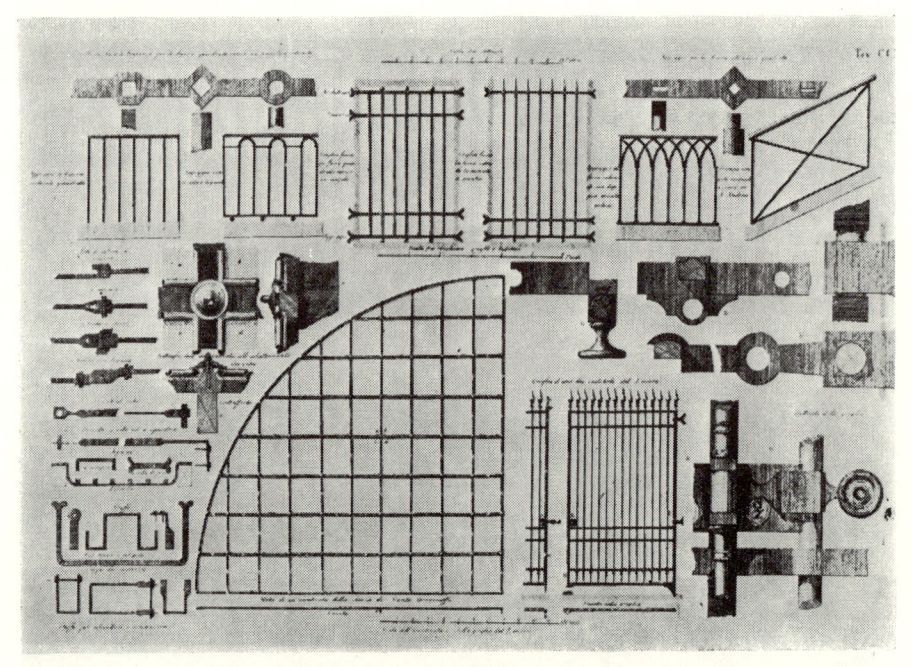

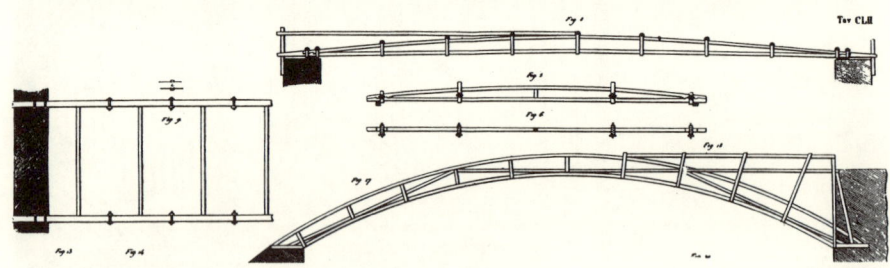

38, 39図　装飾と鉄の架構（ロンドレの論文の101図と152図から）

　死亡率の減少が，これについての疑いの余地をなくしている。当然ながら，事は場所によりまた時代により大きく異っている。常にそうであるように，1830年から1850年までのフランスやイギリスの調査がありありと示しているように，住むに耐えないような家も存在していたのである。

　この調査の記述を評価する時には，最悪の建物というものは，ナポレオン戦争の間のイギリスの場合のように，特別な条件の所産であるということを心に留めておかなければならない。更に，もし粗悪な住いについての不平が当時一般的であったとしても，それは，以前の状態よりも悪くなったというのではなく，比較すべき標準が常に高くなっているということなのである。住居水準の上昇と，新しい心的状態が，1世紀前には止むを得ないと受け容れられていた辛苦を耐え難いものにしたのだった。

　チャドウィックとメラン伯爵によってなさ

れた調査から常に浮かび上ってくるひとつのことは，問題の貧しさが，不可避の運命ではなく，いろいろな手段によって除かれ得るものであるという確信であった。トクヴィーユが観察したように，「避け難いものとして辛抱しながら苦しんでいた不幸が，それから逃がれることが考えつかれるや否や，耐え難いものに思われてくる。」[26]

産業革命時代の最初の世代が住んだ住宅について公平な見解を下すためには，個々の建物の質と，地域や都市全体としての質とを区別しなければならない。初期産業革命時代の建築は，次の章で述べるように特に都市において危機に直面するのである。

5. 技術とネオ・クラシシズム

経済史で産業革命期とみなされている1760～1830年の時代は，芸術史では，ネオ・クラシシズム期に相当する。

この2つの現象の関係はもっと説明されなければならない。この時代に，建築の問題と施工の問題との間の裂け目が始まるとみるのは正しい。後者は，特殊なカテゴリーの人々，技術者の手に委ねられ，一方，社会の実際的な要求との接触をひとたび失った建築家は，抽象的な形の世界へと逃れた。それ故，この2つの現象は似たような線に沿って進行したのだが，交わることはなく，事実，彼らは次第に離れていった。ギーディオンがいうように，結果は「一方の科学とその技術，他方の芸術，即ち建設と建築との間のギャップ」[27]となった。

しかし，「クラシシズム」(classicism) という言葉は，建築技術の発展といろいろな関係をもつ多様な傾向を含めて意味する。

啓蒙主義精神は，それ自身ルネッサンスの伝統のレパートリーに属するものだが，それがこれらの形態の中に，2つの正当な理由を認める。1つは，ギリシャやローマの古代建築のモデルとの一致であり，もう1つは伝統的建築部材が構造部材と同一とみなされ得るという範囲での形態それ自身の合理性である。即ち，垂直支持材である円柱，水平骨組である台輪，屋根の持ち送りである軒蛇腹，屋根の2つの傾斜の間のスペースであるティンパニウム等々である。

考古学的な研究の進歩はその最初の関係を最大限の可能な正確さで決定することを可能にした。古典の昔は，もはや，時間の彼方の極限におかれた神秘的な黄金時代ではなく，科学的に研究され得る歴史の一時代なのである。こうして，弾力的で近似的であった伝統的規則は，正確な照合へと変えられることが可能となった。しかし，この同じ歴史的精神は，ギリシャ・ローマ古代が他のどの時代とも似た時代であることを示し，それ故，そのモデルに与えられた規範としての価値は危機に陥った。同様に，技術的な進歩は，建設や技術の論議におけるより大きな正確さを可能にし，これらの点に向けられたより大きな関心が，伝統的な規則を修正し制限することになった。例えば，円柱は，それが独立している時にのみ許されるようになり，ティンパニウムは，実際にその後に屋根をもっている時にのみ許されるようになった等々である。1754年の『メルキュール・ド・フランス』(Mercure de France) において，フレジエは実際にこう結論した。教会の内部にコーニスを用いるのは馬鹿げている。何故なら，それは屋根の軒樋に相当すべきものだからである。また，「良識をもった野蛮人」(18世紀の議論の中での代表的な登場人物) はこの誤りにすぐに気がつくだろう。「ゴシックの建築がいかに控え目に評価されようとも，彼はその方を好むにきまっているだろう。何故なら，ゴシックの建築はそのような不適切な模倣をしようとしないからである。」[28]

Ⅰ 産業都市の誕生と発展

40, 41図　ベルリン，ライプツィヒ広場にあるフレデリックⅡ世の記念碑のデザイン（F. ギリー，1798年）

42図　モーペルトゥイの農場の番小屋（C. N. ルドゥー，1806年）

　伝統的な建築方式は，以上のような批評を受け入れるような状態ではなかったし，それまで当然とされていた構造的要素と形態的要素との間の大ざっぱな照合は，分析的立証には耐え得なかった。古典的な要素が絶対的に必要であるという考え方はもはやくつがえされざるを得なかった。

　とにかく，古えの古典的レパートリーの正当性の主張は，今や議論を呼んだ。古典的形態や秩序等の永続性は別のやり方で根拠を明らかにされなければならなかった。そして，可能な議論の筋道は次のようなものだった。

　1つは，美について仮定された永遠の法則に訴えるもので，この法則は，芸術における一種の正当化の原則としての役割をもっている。（ついでながら，この原則への明らさまな依存は，世論が既に物事の伝統的な状態に疑いを抱いた時にのみ現われるということも

注意さるべきである。）もう1つは、芸術は市民道徳を教えるべきであり、古代の形態を用いることは、人々に高貴なギリシャやローマの歴史を想い起こさせるだろうと主張することによって、中身の問題に訴えるものであり、また、第3のものはもっと単純に、流行や習慣のために、古典のレパートリーに事実の実在を帰するものであった。

ヴィンケルマンやミリツィアのような理論家によって擁護された第1の立場は、カトルメール・ド・キンシのようなアカデミーの最も非妥協的メンバーによってとられ、彼は芸術文化の独立の安全確保に関与し、迷わず古いものの模倣に身を捧げた芸術家、カノーヴァ、トルヴァルドセン、L. P. バルタール等の作品の特徴を説明した。第2は、フランス革命に含まれる典型的な世代で、芸術を政治的信念の信仰告白として用いたダヴィッドやルドゥーのそれである。それは、同時代の他の人々、ソーンやギリーの中にも感じられるような一種独特のインスピレーションをつくり出した（40〜42図）。第3の立場は、パットやロンドゥレのような18世紀の合理主義者の前提に基づいており、新しい技術派、特にデュランによって理論化され、そして、王政回復期の成功したデザイナー達、フランスのペルシェ、フォンテーヌ、イギリスのナッシュ、ドイツのシンケル、そしてまた芸術的野心をもたぬ技術者達によってとられた（43〜53図）。

第1と第2は、喧嘩好きのインテリの少数派であり、唯一の文化的価値をネオ・クラシシズム（neo-classicism）に与えていた。それらは、観念的ネオ・クラシシズムと呼ぶことが出来る。

しかし、他にとって、即ち、多数派である施工者にとって、ネオ・クラシシズムは、特別の意味をもたないが、要求されていたその時代の技術的思想のままに、実際的な、平面上及び構造上の問題を分析的なやり方で発展させるために、形態的な問題をほとんど考えないですむようにしてしまっている単なる因襲であった。これは、経験主義的ネオ・クラシシズムと呼ぶことが出来る。

前者のグループが、古い形態に象徴的な意味をもたせ、実際的な現実に対しては観念的な戦いに従事したのに対して、後者は、同じ形態を用いたが、可能な限りそれについて語らず、この因襲の蔭にかくれて産業都市の新しい要求を追求した。

観念的ネオ・クラシシズムのいくつかの流れの相互の戦いはこの時代の最も目立ったエピソードであり、普通歴史の中でクローズ・アップされているが、そのエピソードは、この際われわれには重要でない。「革命的」建築家、エティエンヌ・ブーレー（1727〜1799）やクロード-ニコラス・ルドゥー（1736〜1806）のような最も大胆な変革者に見える人々でも、実際はアカデミックな因襲の壁を破らず、また、その時代の思想の最も前衛的な断面を代表していない。近代運動の先駆者という彼らに帰せられた役割は、形態の比較に基づくものであって、歴史的な検討によるものではない。

彼らの実験が限られた影響しかもたなかったことも、ごく容易に説明され得る。観念的ネオ・クラシシズムの主題は、厳密で精緻な正当化の主張にも拘わらず、実際には短命であった。何故なら、それらは、同じ政治的、哲学的地盤の上で、他の主題によって攻撃され、とって代られる可能性をもっていたからである。ちょうど、ブーレーが、啓蒙主義哲学の、世俗で進歩的な理想に従って、古代の世界を説明したように、1802年に『キリスト教の精神』を出版したシャトーブリアンは、ネオ・カトリシズムの用語でゴシックを説明し、それに中世的神秘主義を関係づけることによって再評価した。このそれぞれのやり方

I　産業都市の誕生と発展

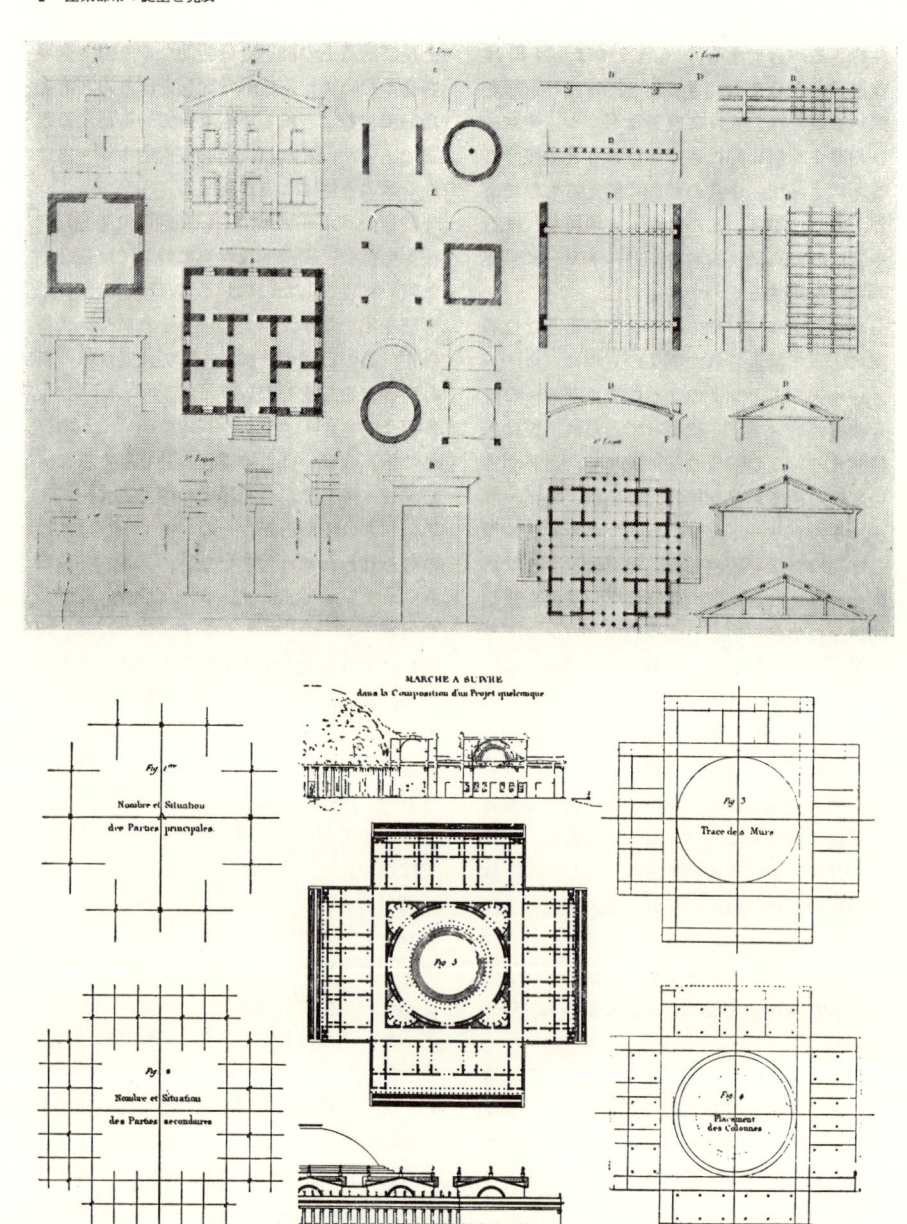

43, 44図　デュランの講義のテキストから。建物の部分と建物のデザインの順序

1　産業革命期の建設技術の変化

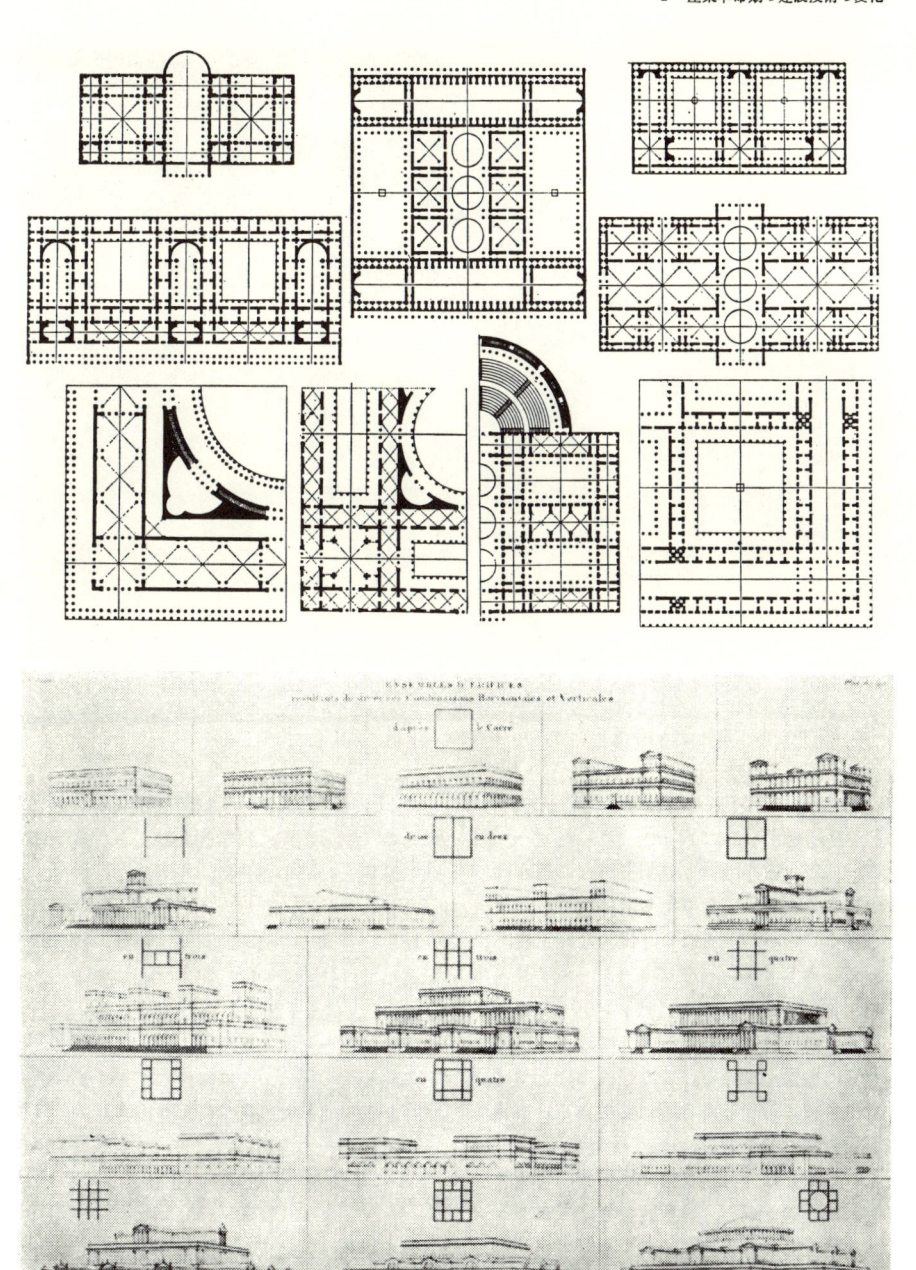

45, 46図　デュランの講義のテキストから。柱列の例と前図の順序で描かれた透視図

I 産業都市の誕生と発展

47図　パリのリヴォリ通り（ペルシエとフォンテーヌ，1805年）

の運命は，それぞれの言及する諸点がどれほど俗受けをするかによって，変ったのである。他方，古典趣味と建築実務との連合は，因襲の是認の上になりたっていながら，永続きすることがわかったし，偉大な施工者，オーギュスト・ペレーやピエール・ルイジ・ネルヴィ，フェリックス・キャンディラのような人々の作品に見られるように，その影響は今日にも及んでいる。この理由のひとつは，知的手段におけるある類似性である。事実，現在の構造計算の方法は，当時でも現在でも，しばしば対称的な解決へ技術者を導き，それは当然ながら，典型的なネオ・クラシシズム的な効果へと向う傾向をもっていたのである。この関係は歴史的に説明することが出来る。何故なら，ネオ・クラシシズム的感受性と計算方法は，両者共，異った風にではあ

ったが，その時代の分析的精神傾向から生じたものであったが，科学的な答えと古典的様式の原則との間の部分的，相対的な一致は，予め決められた，必要なそして完全な調和の一種というように簡単に誤解された。19世紀を通して，技術者達は，エッフェル共々，こうくり返した。「真の力の法則は，かくれた調和の法則と常に一致する。」[29]

この姿勢の源は，その時代のデザイナーの大半が教育された技術学校に見出される。パリの工業学校の建築科は，ブーレーの教え子であり，革命期の教義闘争の目撃者であるJ. L. N. デュラン（1760～1834）によって教えられていた。彼は，この複雑な主として理論的な遺産を利用して，若い世代に，彼らが直面している問題の広大さによく合った合理的で実際的な法則の大系を伝えた。

48図　ロンドンのパーク広場の住宅（J. ナッシュ，1812年）

　彼はこう語り始める。「建築の目的は，<公共的及び私的利益であり，個人，家族，社会の保護と幸福>[30]である。建築がそれに用いる手段は，便利さと経済性である。便利さは，建物が堅固で，健康で，快適であることを要求し，経済性は，それが形において出来得る限り単純で，規則正しく，対称的であることを要求する。」と。
　デュランは，秩序についての伝統的な概念を批判し，ロジエの理論や，原始的な小屋や人間の身体から秩序を抽き出し，それに仮定的な普遍性を付与しようと試みる研究者の理論を論破した。「秩序は建築の本質を形成しないということ，それを用いることから期待される快楽及びそれから結果する装飾は存在しないということ，この装飾こそ幻影であり，それに出費することは狂気の沙汰であるということ，を結論することが必要である。」[31]
　「しかし，建築を単なる技術的なものに変えてしまうことは出来ない。それの美は，建築家が実利主義的な目標を達する時の首尾一貫性から必然的に生じ，真の≪装飾≫は，種々の構造的エレメントの最適な，また最も経済的な構成の所産である。」と。
　ここまでは（経済性と対称的形態を同一視することを別とすれば），デュランのプログラムは近代の機能主義とも似ている。しかし，彼は「構成」を与えられたエレメントの結合という狭い意味に理解したのだった。彼の方法は，3段階からなっている。第1はエレメントの説明，次は建物の部分及び建物そのものをつくるためのエレメントの結合の一般的方法，最後に，建物の型の研究である。彼のいっているエレメントとは，種々の特徴

I 産業都市の誕生と発展

49, 50図 ロンドンのクレセント公園とチェスター・テラス (J. ナッシュ, 1812〜1825年)

をもった材料であり、それが建物に用いられた時にもつ形態と比例であった (43図)。

形態と比例は3つの型からなる。「材料の性質から、また物を建物において用いる場合の利用目的から生ずるもの。習慣がとかくわれわれに必要を生じさせるもの、即ち、古代

1 産業革命期の建設技術の変化

51図　ロンドンのチェスター・テラス（J. ナッシュ，1825年）

の建物に由来する形態や比例。より単純であり，より正確であることによって，それを認識することが容易であるが故に，われわれが好むところのもの，である。」[32]

昔の理論家のように，デュランは，いくつかの構造的考察をスケッチしているので，そ

I　産業都市の誕生と発展

52, 53図　ロンドンのリージェント通り（J. ナッシュ，1817〜1818年）………T.ステファードの版画

れから建築の秩序についての説明を大体推測することが出来る。しかし、昔の理論家と違い、彼は厳格に論理的であって、構造的形態は「それに何かを加えたり、何かを取り除いたりすることが出来ないほどに、物の本性に よって完全に個体化されているものではなく、それ故、古代の建物に由来し、習慣によってのみ正当化される第2の型によってそれを決定することを妨げるものは何もなく」そして「これらは、ローマ人によって模倣され

たギリシャの建物，また近代のヨーロッパ人によって模倣されたギリシャの建物とは違っているので，われわれは，それらの中から自由に，より単純であることによって，眼や心を満足させるのにより適した形態や比例を，建物の経済性に役立つように選択することが出来る。」[33]と理解した。このようにして，彼は，最も単純で基本的なものを選ぶことによって伝統的な形態についての一種の選別を行った。

結論として，デザイナーは古典的な形態を用いるべきだが，出来る限りそれに心を奪われないようにすべきであると。

「実用性に由来する第1の型の形態もまた，最も重要ではあるが，早くに通過すべきである。何故なら，それらは，それをつくる材料の目的や本性から自然に生まれてきたからである。第2の型の形態は，われわれの習慣と衝突しないようにのみ定められた，純粋に地方的な現象と考えられるだろう。それ故，それらは，ペルシャやシナや日本では，それらの国の習慣に反する故に用いられない。第3の型の形態は，それらが多くの状況において経済性に役立ち，また建築の勉強を容易にするが故に用いられる。最終的に，建築家は，便利で経済的で，そしてまた建築それ自身の目的が達成された時に，建物がわれわれに呼び起こす快感の源となるものの構成に没頭することになるだろう。」[34]

技術的な部分は科学に吸収され，エレメントの構成が単に外形上の作法に過ぎなくなった後に，工業学校で生徒に教えられていたこの「建築」とは一体何なのか？ デュランは，それについて，一種の組合せの理論をつくった。それは与えられたエレメントをあらゆる可能なやり方で並置する練習であり，最初はその実際の目的に関係なく抽象的に（44図），次にいろいろな問題の個別的な要求に応じてそれを行うのである。

デュランの論文の図は筆順と同じもので，時代の好みに合っていたが，それは19世紀の技術者達の作品の前触れであり，それらの特徴の輪郭のすべてが既に明瞭に描かれていた。即ち，機械に似た構成，装飾的仕上げからの構造のメカニズムの独立，切りのよい寸法や基礎的な形態への好みなどであり，それらはデザイナーの権威を最小にしてしまった。こうしたものは，パクストン，エッフェル，コンタマン，ル・バロン・ジェンニー，エネビクらの作品に見出される。

これらの構造家の作品が，近代運動の源のひとつをなすものとして再評価されてきた今（しばしば過大に評価されているが），彼らの作品の質と欠陥は装飾的建築家の作品と相互に深いつながりをもっていること，否，二重に結ばれていることを忘れてはならない。

両者はこう考えた。計算において，それから他の値を得るために変数に一定値を与えてしまうように，プロジェクトにおいて，他に注意を集中するために，あることは当然のこととみなしてしまうべきだと。

ある様式の装飾を用いること——特に，使う理由がより不明確になったが故にますます熱心に正確に使われたネオ・クラシシズムのもの——は，構成の問題を解くどころか，それを隠蔽し，構造的な問題を切り離し，建築家がそれにより容易に取り組むことが出来るようにした。

このことは，真の伝統が，新しい構造法の使用のくり返しから出現するのを妨げた。19世紀の実利的建築のかりそめの建築的価値を最初に認めたイギリス人が命名した「機能主義的伝統」という言葉は，半分だけ適当である。これらの価値は，いわば，デザイナー達が他の何か，主として，大きな全体のそれぞ

れのディテールに熱中した時にのみ現われたので、それらは、一緒に加え合わされてひとつの大系を構成することの出来ない断片的な貢献にしかならなかった。統一は、合成と意識的な篩いを前提としているのに対して、この点において、習慣が様式的凝集を妨げ、外面的で因襲的である合成を強要するのである。

このようにして、19世紀を通じて、技術者は建設技術において進歩し、近代運動によって利用されることになる手段をととのえたが、同時に、彼らはその手段に対して、それを一種の形態の定義に対する無関心と一緒にし、また、構造上の習慣を過去の様式とのある伝統的な照応に拘束してしまうことによって、重い文化的な抵当権を設定したのだった。

これらの束縛は、大変な努力によって初めて断ち切ることが出来た。近代運動が成功したのは長い闘争の末であり、ある時期には、それは純粋に形態的な問題を強調しなければならなかった。その強調の影響は今日でもまだ感じられる。

---

1) T. S. Ashton 著，前掲書129頁
2) G. Galilei 著，"Dialogo sui massimi sistemi"——1638——Il Dialogo, giornata Ⅲ……『新科学対話』第3日
3) G. Rondelet 著，"Traité theorique et pratique de l'art de bâtir" 序章
4) P. L. Nervi 著，"Tecnica costruttiva e architettura"——"Architettura d'oggi"（フィレンツェ，1955年）の8頁
5) G. Monge 著，"Géometrie descriptive" 1799年以後の版
 訳註）『日本メートル法沿革史』によると、メートル原器は最初共和国文書保存所（Archives des Républic）に納められたとある。
6) Le Corbusier 作品集1938～1946年——チューリッヒ，1955年——170頁
7) G. M. Trevelyan 著，前掲書225頁
8) T. S. Ashton 著，前掲書20頁
9) G. Albenga 著，"Le strade e i ponti"——1945年 ミラノで出された A. Uccelli による "Storia della tecnia del Medioevo ai nostri giorni" の665頁参照
10) G. Rondelet 著，前掲書第5巻と図版102～104を参照
11) G. Albenga 著，前掲書の692頁に引用されている。
12) G. Rondelet 著，前掲書第1巻227頁
13) J. R. Perronet 著，"Descriptions des projects et de la construction des ponts de Neuilly, de Nantes, d'Orléans, de Louis XVI ecc"——パリ，1788年
14) G. Rondelet 著，前掲書151図
15) G. Rondelet 著，前掲書第7巻3章と図版147～171を参照
16) S. Giedion 著，"Space, Time and Architecture"——(1941年)……『空間・時間・建築』——太田実による日本語訳——205頁参照
17) M. Chevalier 著，"Lettres sur l'Amérique du Nord"——ブリュッセル，1837年——第1巻354頁……C. Barbagallo 著，前掲書309頁に引用されている。
18) J. Gloag, D. Bridgewater 共著，"A History of Cast Iron in Architecture"——ロンドン，1948年——152～155頁
19) G. Rondelet 著，前掲書図版160, 164参照
20) G. Rondelet 著，前掲書図版162と補遺（図版P以後）を参照
21) P. Lavedan 著，"Histoire de l'urbanisme, époque contemporaine"——パリ，1952年——74頁
22) M. Henrivaux 著，"Le verre et le cristal"——パリ，1883年——228頁
23) G. Rondelet 著，前掲書第2巻105頁
24) L. Hautecoeur 著，"Histoire de l'Architecture classique en France"——パリ，1953年——第5巻330頁
25) L. Hautecoeur 著，前掲書第5巻108～109頁
26) C. A. Tocqueville 著，前掲書215頁
27) S. Giedion 著，前掲邦訳書226頁
28) L. Hautecoeur 著，前掲書第3巻461頁
29) M. Besset 著，"G. Eiffel"——イタリア語訳，

ミラノ,1957年——17頁に引用されている。
30) J. L. N. Durand著, "Précis des leçons données à l'école royale polytechnique"——パリ,1823年——第1巻6頁

31) J. L. N. Durand 著,前掲書第1巻16頁
32) J. L. N. Durand 著,前掲書第1巻53頁
33) J. L. N. Durand 著,前掲書第1巻53〜54頁
34) J. L. N. Durand 著,前掲書71頁

第2章　再編成の時代と近代的都市計画の起源

1. 政治的改革と最初の都市計画法

19世紀の30年代は、一連の重要な政治事件で始まった。フランスの7月革命、ベルギーの独立（1830年），1831年のポーランドとイタリアの台頭，1832年のイギリス憲法の改正。

僅か2年の間に、ウイーン会議で築き上げた政治体制はヨーロッパ中で揺さぶられた。ある場所，例えばポーランドやイタリアでは、古い秩序が回復されたが，しかし、フランスでは、正統の主権は革命によって追放され，革命はアンシアン・レジームの残骸をすべて一掃し、政治的権力を自由主義的なブルジョアジーに与えた。ベルギーでは、叛乱の成功が、フランスよりももっと自由な憲法をもつ新しい国家をつくり出した。イギリスではホイッグ党が政権をとり、国家を整備するための一連の実質的な改革を行った。現状を維持しようと努めるヨーロッパの王権や支配者達の結束は消え、神権の原則に基づいた揺ぎない体制は、争い合う利益の対立に基づいた動的なバランスによって置き換えられた。

経済的により進歩していたこれらの国では、産業革命の政治的影響はすぐに現われ始めた。即ち、経済力に比例して政治的権力が配分され，社会の再編成に合うよう行政組織が調整された。

1832年のイギリスの選挙制度改正法は、議会における妥協の法案であったので、革命的な刷新の性格はもたなかったが、まさしくその理由によって、生じた変化の重みを雄弁に語っている。

産業革命は、イギリス中の人口分布に深刻な変化をもたらした。18世紀の半ばまで、イギリスはまだ基本的に田園であり、工業でさえ、主として田舎で行われた。鉄鉱石が木炭で溶かされていた間、溶鉱炉は森のある所で発達した。織物業は家庭での仕事でなりたっていたし、農夫とその家族は畑仕事以外の時間を、自己所有のあるいは雇傭主から借りた手動の機械で紡いだり織ったりするのに費やした。

しかし、鉄鉱石が石炭で処理されるようになり始めると、溶鉱炉は炭鉱地域に集中した。1768年，R.アークライトが水力を紡績に利用する方法を発明し、E.カートライトが1784年にそれを織物に利用する方法を発明した時、これらの工業は、水力が利用出来るところならどこでも行われるようになった。しかし、1769年に特許が与えられたワットの蒸気機関が水力に代って用いられるようになり始めると（1785年から1790年までの間）、それは到る所で、川が利用出来ない所ですら行

われた。1759年以降建設された運河網は，重い貨物や嵩張った貨物の輸送費をやすくしたので，工業の設置は，外的環境に関係なくなってしまった。

工業の集中した場所は，急速度な人口集中の中心となり，それが既存都市に生ずると，人口の急上昇を招いた。計算によると，産業革命の初めにおいて，イギリスの人口の約⅓が都市に居住し，⅔が地方に居住していたが1830年までに，都市の人口と地方の人口はほぼ等しくなり，今日では，比率は逆となり，イギリスの人口の⅘が都市に住んでいる。

1832年まで，政治的，行政的パターンは，これらの変化を考慮に入れていなかった。選挙方式は，古い地方的な組織を基とし，多くの議席が人口の少ない村の選挙区に与えられ，議員は地方の地主によって指名されていたのに対して，産業革命によって生まれ，あるいは成長した都市はそれにふさわしい数の代表をもつことがなかった。

1832年の選挙制度改正法は，約200にも及ぶこのような腐った選挙区を廃止し，新しい方法で議席を按分し直し，主としてそれを産業都市へ与えたのだった。それはまた，政治的権利と土地の所有権との間の古い鎖を断ち切り，企業家や商人を地主と同等にした。

このようなやり方で，政治の代表は，国の経済的，社会的現実と一致することになった。更に，新しい階級に経済的な重要性に比例した力を与えることによって，選挙法は，産業の利益と新しい社会の要求に合致したあらゆる種類の改革の連鎖の幕開けとなった。

1833年，主としてアシュレイ卿——後のシャフツバリー卿——の業績である最初の効果的な工場法が誕生した。労働時間は，13歳以下の子供の場合は48時間に，18歳以下の若者の場合は65時間に減らされ，規則的な食事の時間が決められ，これらの規則が遵守されるように，監督官の中央組織が設立された。この法律は1842年に改められて，炭鉱における婦人子供の雇傭を禁止し，1844年には，織物工業における9歳以下の子供の雇傭を禁止した。子供の労働の制限は，引き続いて義務教育を拡大する結果となった。また1833年，ウイリアム・ウイルバーフォース卿は，すべての植民地における奴隷の廃止を達成した。

1834年，古い貧困者法は改正された。1795年に成立し，スピーンハムランドの名前のついた決議として知られているその方式は，パンの価格に基づいたある生活レベルをすべての人に保証し，所得が少なければ，差額は補助金で補われた。過激な理論に刺激されて，改革者達は補助金方式を徐々に廃止することを提案したが，また義務づけられている最低賃金にも反対し，伝統的な救貧院を存続させようとし，そうすることによって，外国の最も貧しい労働者を苦しめているよりももっと悪い条件を押しつけたのである。同時に，彼らは，法律の施行を監督する中央組織を設置し，地方における濫用を根絶した。

1835年，封建的根源をもつ古い組織に代って，選挙による自治行政府が設立された。すべての都市は，これによって民主的政治主体をもつことになり，それ以来（この時まで莫大な数の特別な組織が分担していた）ハウジングや道路の維持，排下水などの問題の調整を受け持ち，後には，本当の意味での計画を受け持った。これらの行政府は相補的な2つの圧力に左右されていた。1つは地域的な必要の充足を要求する有権者による下からのものであり，もう1つは，上からの，全体的な利益に関心をもつ中央政府からのものである。こうして，自治行政府の生命は，長い旧套墨守の時代を脱したのである。[1]

1832年の選挙改正法から1846年の穀物法の廃止までの時代は，イレール・ベロックによって「再編成の時代」と呼ばれている。[2] 自由と，序章で述べた権力との間の軋轢がこの時

I　産業都市の誕生と発展

54図　1843年のロンドン地図

2　再編成の時代と近代的都市計画の起源

I　産業都市の誕生と発展

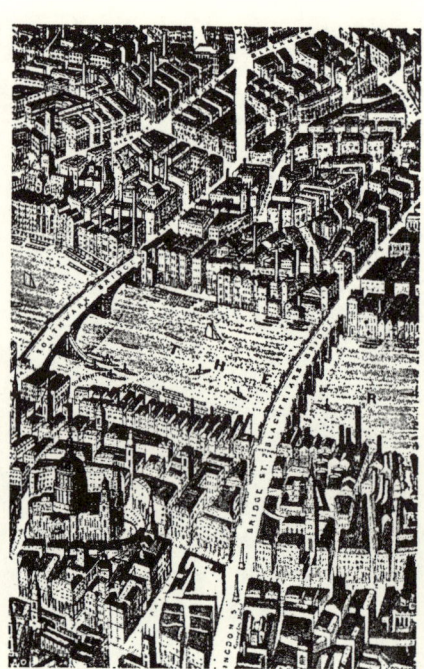

55図　1851年のロンドンの展望,バンクス会社によって出版された。

まさに始まった。急進的な考え方によって育ったホイッグの改革論者達は,アンシアン・レジームと新しい企業家の自由を妨げた古い制限のすべての痕跡を一掃した。しかし,同時に,新しい発展によってもたらされた組織の問題を解決しなければならず,次第に工業社会に合った法制を採用していったが,それは最終的には,自由な企業を,古いシステムよりもさらに精力的で詳細なやり方で制約することになった。

H. M. クルームはこう書いている。

「より資本主義的なテクニックが成長するにつれ,より複雑な経済関係,より多くの人々が都市に集中するようになり,個人の繁栄は彼が会ったこともない他人のそれによりつながりをもつようになり,個人の生活のレベルがある最低基準に達するまでに上ることがより必要になった。例えば,都市居住者の健康は彼自身の問題だけでなくなり,病気になると,孤立した小屋に住む地方居住者よりもより近隣の人々とに影響をもつようになった。社会的責任——われわれはすべて1つの母体に属しているという感覚——はより重要となり………そこで,われわれは,社会主義の発展の上に次のような逆説的な状況を発見する。個人主義的な考え方は,古い団結を破壊し,資本主義の成長を助長したが,逆に,資本主義は,各個人の近隣の人々への依存度の増加によって,同じ団結の復帰を要求している。………」[3]

この時代,特に1830年と1850年の間の20年間は,近代都市計画の誕生の時期である。産業都市における人間の共同居住は,新しい組

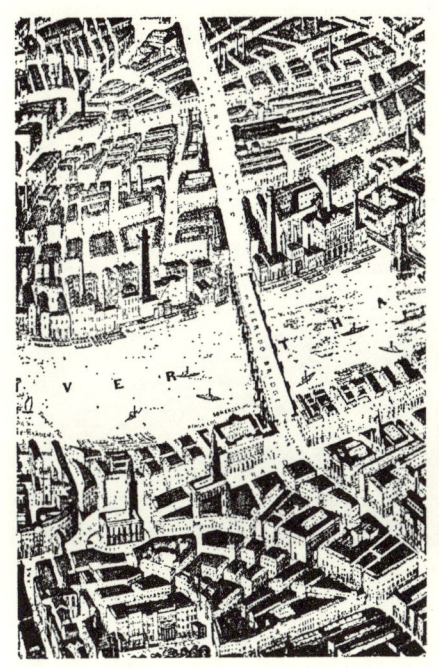

織の問題を提出した。古いコントロールの手段は不適当なことがわかり、変化した条件により合った新しいものがつくられた。

　都市は年毎にあるものは異例な比率で成長した。例えば絶対的数字としては、ロンドン（54〜56図）は、18世紀の末100万の人口をもち、ヨーロッパ最大の都市であった。また、もとの大きさとの比較でいえば、マンチェスターは、1760年には人口が1万6000であったが、19世紀の半ばには40万となった。

　新しい移入者は、主として、産業労働者であり、彼らの賃金と同じように、彼らの家や労働条件は自由企業に依存しており、生きるのがやっとの最低線に止められた。

　山師のグループ——バラック建設業者——は、求められるままに、最大利益をめざして平屋の住宅の列を建設した。「もしそれが建ちさえすれば（しばらくの間でも）、またその問題について実際的に何の選択も許されない人々が勧誘されてそこに住むようになるものであるなら、誰も、それが安全か衛生的か、光や空気があるかどうか、それが嫌になるほど過密であろうとなかろうと構いはしなかった。………」[4]

　イギリスの都市には未だに、建設活動や給排水等をコントロールすることに関係をもつ古い団体はたくさん存在していた。ロンドンだけでも、300ものそういう団体があったが、新しいスケールの現象との関係において効果的にそれらを調整する能力をもたなかった。というのは、それらは、アンシアン・レジームを想い起こさせるものとして、また1835年の法律以前においてすべての地方行政の無気力さに加担したものとして、世論は不信の念を抱いていたからである。それ故、実際において、私的な活動に対する公的なコントロー

Ⅰ 産業都市の誕生と発展

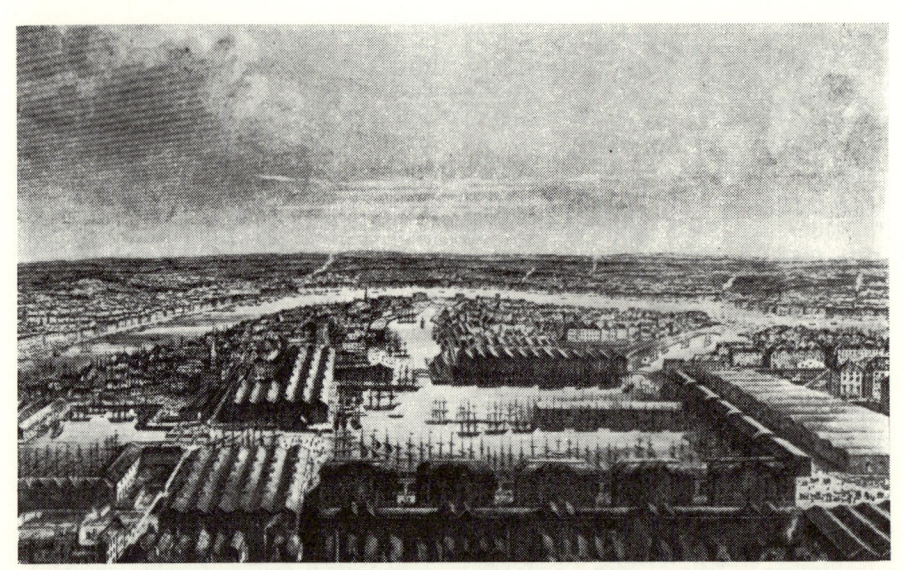

56図 ロンドン・ドック（J. ゲラボーの「古代と近代の記念碑」から）

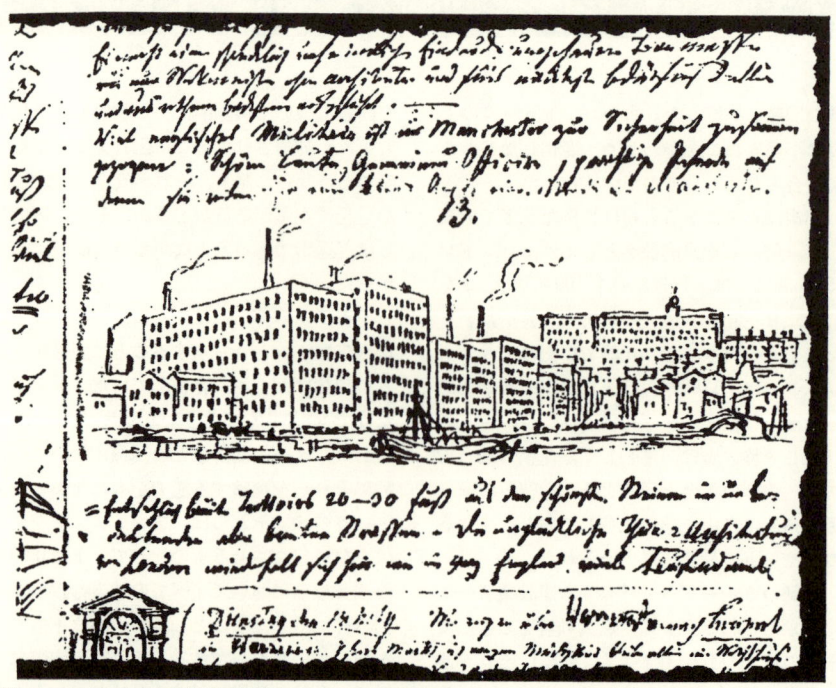

57図 シンケルのノートの1頁（1830年代）．イギリスの工場の風景

2 再編成の時代と近代的都市計画の起源

58図 1836年のロンドン－バーミンガム間の鉄道工事（S. C. ブリーズの「建築図解集」から）

59図 ロンドンの地下鉄（1867年の『世界グラフ』から）

60, 61図 ロンドンのキングズ・クロス駅（L. キュビット, 1850～1852年）………ファーガッソンの『近代建築様式史』（1873年）から。

ルは何も存在しなかったのである。

そして民間の建物の質に対して法的規制をすることを断念したと同時に，当局は間接的には介入を可能にし少なくも新しい地区の場所設定をコントロールすることを可能にする土地の所有権も放棄してしまった。

1776年に既にアダム・スミスは政府に対して負債を償うために土地を売却することを勧告した。[5] それ故，多くの都市において，建設用地は個人の投機家の手に落ちた。投機的な要求は都市に投機的な戒律を押しつけた。過密な建物群，古い都市やセンターの周囲の同心円状の成長，オープンスペースの不足等である。

このような事態は，必ずしも個々のエレメント——住宅，道路，工場——を悪化させはしなかったが，それは，都市がある大きさに達した後に初めて気がつかれるような，深刻で全体的で困難な問題を提起したのだった。

バラック住宅の多くは荒れはてていた。が，18世紀の末にそれらに移り住んだ家族は，手織機のほこりでいっぱいの同じように住み難く過密な地方の住居から来たのだろう。概して，この時期に建てられた住宅は，前のものよりましな質のものであったろうが，それらの家は，比較的に堅固で機能的な建物のタイプをつくり出した後は，それらを，何らの変化もなく広大な場所に一緒につめこむことが出来ると信じるその時代のスミス的論理の典型的な例であった。産業革命の初期に建築を危機に陥らせたのは，まさしくいろいろな住居間のこの関係の問題であった。

今日では，これらの労働者階級地域においては，実際の建物よりも都市計画が誤っていたというだろうが，当時の人間には，そういう区別は簡単にはつかなかったのだろう。それにも拘わらず，具体的な結果が彼らの眼や鼻を打った。不衛生，人口過剰，醜悪等である。

固型・液状廃棄物の処理についての合理的計画の欠如は，田舎では気がつかれないですんでしまうかも知れない。そこでは，個々の住宅は，ごみを埋めたり燃したりすることの出来るスペースで囲まれているし，不快な作業は空地ですることが出来るが，都市の中央部では，それは危険の源であり，都市が成長するにつれ，さらに大きな問題となる。小さなグループで家が散在しているところでは，公共的な湧水池から水を得ることはたやすいが，広く，人口密度の大きな新しい地区ではそれは困難である。さらに，産業的な必要が個人的な必要に優先している。以前オープンスペースで行われたような行為——歩行者や手押車の動き，子供のゲーム，家畜動物の養育等——は，充分なスペースがある限り互いに邪魔することはないが，それらすべてが家々の間の狭い路地で行われなければならないとすると耐え難いものになる。これらの状況から結果する光景は言語に絶するほど醜く，不快なものであった。また，これらの害毒は都市のある特別の一角に閉じこめられることはなく，養魚池の中のように伝染は急速に進み，誰もその状態に関して博愛的になる必要はなかった。何故なら，その状態の結果としての公害や流行病は，労働者階級地区から中流，上流地区へと広がったからである。

害毒は都市全体を包んだので，その治療も全般的である必要があったし，公的な政治主体に関するもので個人に関するものではなかった。このように，個人の絶対的自由の信仰と伝統的な公的コントロールの欠如から誕生したこの状況は，最終的には，民間の建設企業に対して新しい制約をつけるという別のやり方での政治主体の介入を強いた。

しかし，工業社会において次第に高まっていく空間に対する中央集権的な規制の必要性は産業の発展それ自身によって，とりわけ，再編成時代の特徴となった事実，鉄道網の誕

2 再編成の時代と近代的都市計画の起源

生によって，説得力のある証明がされた（58〜61図）。

最初の公共鉄道は1825年イギリスで開通し，スティーブンソンの最初のエンジンが1829年ロッキルに向って走った。そのすぐ後，鉄道はフランスに現われ，アメリカ（1830年），ベルギーとドイツ（1835年），ロシア（1838年），イタリアとオランダ（1839年）に現われ，急速にヨーロッパ中にネットワークを形成した。

鉄道は，非常に他と関係をもった技術上の工夫である。そしてまた民間企業が掛かり合うとするなら，ある基本線についての——例えば，スティーブンソンによって1825年に決められた4フィート8インチ半の狭軌についての——一致が必要であり，当局は鉄道と都市あるいは地方の施設との多様な関係を調整することに専心しなければならなかった。そして，国が直接的にこれらのサーヴィスを促進しているところ——フランスやイタリアのように——では，当局は，土地区画を修正するための新しく強力な介入の手段を手にし，鉄道建設に必要な土地を都合よい条件で手に入れるために，厳密な意味での強制収用法を再検討する必要に迫られた。

このようにして，いろいろな仕方で，産業都市の数多くの建設企業間に調整の必要性が増大してきた。近代都市計画の方法は次の2つの事実によって影響されているといえるかも知れない。その1つは，新しい技術の実現（特に鉄道）の制約の多い性格であり，もう1つは，初期の工業地域の衛生的な欠陥を救うために衛生学者によって要請されていた処置であった。

最初の衛生法の成立については充分に説明する価値がある。何故なら，それはいかに複雑な一連の規則が特別な部門から始まって都市生活の諸相を網羅しながらつくられたかを示すからである。

イギリスにおいては，当局の行動は，マンチェスター衛生委員会というような民間の博愛的な組織によって先行されるのが慣しである。量的にいえば彼らの行動は無視してもよいほどだが，それにも拘わらずそれは重要であった。何故ならそれが世間の関心を呼び起こし，ある不健康な地区のクリアランスが，その時代において利用し得る手段によって可能なことを示したからである。

1831年，都市生活の不都合さが既に強く感じられていた頃，コレラがフランスからイギリスへと広がった。次の年，エドウィン・チャドウィック（1800～1890）は貧困者法委員会の書記に任命された。彼は1834年の新法の制定に重要な役割をはたし，委員会の調査を通して，貧困者階級の生活について多く，しかも詳細に知ったのだった。

チャドウィックの長所は，社会問題と物理的環境条件との関係を把握したことだった。それより1854年彼が公的生活から引退するまで，彼は，産業都市における物質的条件を改良するための政府のあらゆる運動の煽動者であった。

1838年手織物職人の状態についての副委員長の報告書は，以下のように，その前の10年間に「最も無法な民間の山師」によってベスナル・グリーンに建設された道路について説明している。

「それらの多くは，想像出来ないほど最低であり，共同下水をもっていない。住宅は普通2階建てであり，………基礎は………芝生や草原の上に据えられ，居室の床と，その真下の水はけの悪い地面との間には換気がない。水は………住宅の下を流れ，排水桝から滲み出た水と一緒になって，しばしば悪臭を放ち，そしてそれは居間を通って………」[6]

77

他の場所では，描写は違っている。

「(コベントリーにおける)最上クラスの織物工の住宅は，農業労働者の小屋と比較して，上等で快適な住居であり，それらのあるものは家具もよくととのっている。[7)](そしてバーンズレーでは)彼らの住宅はほとんどの部分が石で出来，風通しのよい乾いた場所を占め，都市や住区はそれに充分なスペースを提供している。彼らが働いている地下室は，職業を遂行するのに望ましい程度に湿度をもっている。そして，居住者が極度の貧困に苦しんでいる時ですら，彼らの家は清潔できちんとして見えた。………」[8)]

エンゲルスは，1845年の『イギリスにおける労働者階級の状態』という本の中で，建物の不完全さ，都市における密集，土地利用に関する規制の欠如を強調している。

「(マンチェスターにおいては)一列になった住宅や道路の列が，小さな村のように，草も生えない裸の粘土質の土の上に出来ている。道には舗装も下水もなく，小屋にいれられた豚や，近所をほっつき歩く豚のたくさんの集落地になっている。[9)](古いセンターでは)混乱は最高に達している。何故なら，前時代の建設計画が多少の空地を残したところではどこでも，他の建物が建てられ，それ故，家々の間にはもはや地面は1インチすらも残っていない。(新しい地区では状態はさらに悪い。何故なら)以前は1軒1軒の家の問題であったものが，今や，庭や小庭が建主のほしいままに他を省みず加えられている。道はある時にはある方向に走り，次の時には別の方向に走っている。それぞれ袋小路で終るか，もと来たところに人を戻らせるように孤立した建物のまわりをまわっている。………」[10)]

ごみ処理は最も深刻な問題のひとつであった。

「(ブラッドフォードでは，1844年，ごみの山が)都市の目抜きの場所や，ビジネスセンターに積まれており，それらのごみは，廃物や，肉屋からの生ごみや便所などからの汚物であった。それが私有地であったので，監視人は，それら厄介物を取り除くことは出来ないと考えた。[11)] 1840年のグリーノックにおいてマーケット・ストリートの一部には，糞の山があった。いや糞の山というには大き過ぎるものであった。それが100立方ヤードの汚物からなっているといっても多過ぎではない。………それは糞を取引きする男の置場なのだ，彼は車いっぱいいくらで小売りをするのである。お得意を喜ばすために彼は中心部を確保しているのであって，汚物は古いものほど値段がよかった。」[12)]

ロンドンには，河川の汚染の深刻な問題があった。古いたくさんの規制や監督団体はあったが，それらは古くなった基準に基づいていた。例えば，下水溝は雨水を集める樋と考えられ，住宅や公共建物にそれをつなぐことは禁止されていた。だが，実際には汚水溜めからの水が流れこむ可能性はあった。1810年から1840年の間，個人の家の便所が一般に使用されるようになった時に，この禁止令は無用になった。すべての下水はテームズ川に流れこんだが，それがまた市の飲料水を賄っていた。ロンドンは伝染病の原因をそのど真中にもっていたのである。

数多くのこの状態の改良方法が研究されたが，管理基準がはっきりしないのに加えて，技術的な解決もはっきりしなかった。1840年

頃，議員や有能な改革者は「輩出し始めた専門家達の，排水溝の大きさや形，排水桝，格子，トラップ等のそれぞれの価値，水理学の不思議さなどについて相反する意見に悩まされていた。」[13]

1838年，ウエリントン湿地として知られている場所で，激しい伝染病が発生した。地方当局は，貧困者法の新しい委員会に訴え，その地に送られた医師の委員会はレポートを発表したが，それが大変な反響を起こし，世論の注意をひいた。

同じ年，1837年通過した出生，死亡，結婚の登録についての法律が施行され，それが死亡を死因によって分類することを可能にした。それによって，調査委員会が研究するに従い，孤立していた現象を正しく十全な枠組の中におくことが可能となった。

1839年，ロンドン司教もまた，ロンドンで行われている衛生状態の調査が全国的に行わるべきであることを強調し，ラッセル卿は貧困者法委員会にそれのレポートをまとめるように指示し，それが1842年に発表された。

このレポート作製の原動力となったチャドウィックは，イギリスの都市の状態について恐ろしい描写をしている。

「かつて牢獄はその不潔さと換気の悪さを特徴としていたものである。しかし，ハワードがイギリスで訪れた牢獄についてした描写（それについて彼は彼が見た中でヨーロッパ中で最悪だと述べている）は，私やアーノット博士が見たエジンバラやグラスゴーのどの横町よりもましである。ハワードが描いたよりももっとひどい不潔さ，もっとひどい肉体的苦痛や道徳的無秩序が，リヴァプール，マンチェスター，リーズ，また大都市の多くの部分の労働者の最下層の人々に見出された。」[14]

また，1840年，下院の委員会は大都市における衛生状態についてのレポートを発表し，建物や衛生についての規制の欠如を明らかにすることによって，さらに大きなスケールで問題を提起した。これらの研究を続行するために，大きな都市や人口過密地区の状態を調査する王立の委員会が設立され，そのレポートが1845年に発表され，何よりもまず，下水溝が計画される前に「適当なスケールでの地形図」を作製すること，道路舗装を下水溝と同時に行うこと，地方当局が，個々のアパートの適当な衛生設備というような，住宅に対する衛生上のある最低要求をすることが可能であるべきこと，地方当局が，家主に非衛生的な住宅を清潔にすること，また賃貸契約を結ぶのにライセンスを得ることを強制するだけの力を与えらるべきこと，また医務官を任命することが出来るようにすべきこと，「リヴァプール，マンチェスター，バーミンガム，リーズやその他の大都市が現在公共的な散歩道をもっていないが故に。」[15] 道路や公園を改良し拡げるための資金が与えらるべきこと，などを勧告した。

このようにして，出発点は衛生問題であったが，到達点は完全な都市計画の問題であった。

議会は1846年，この問題に立ち入った。新しいコレラの発生がその問題についての議論を急がせ，世論が立法者を急がせたが，そこには克服さるべき問題がたくさんあった。1847年に出された最初の法案は撤回され，翌年やっとその後の立法の基礎となった最初の「公共保健法」（Public Health Act）が通過した。

1848年法はロンドンには適用されなかったが，同じ時，多方面にわたって力をもつ市の下水溝委員会が設立された。翌年，この仕事の監理が，シャフツバリー卿，モーフェット卿，チャドウィック，サウスウッド・スミス

Ⅰ　産業都市の誕生と発展

62図　ロンドンの中心部

63, 64図　ロンドンの建物の列

らによってつくられた最初の保健局の手に委ねられた。

　この部局は非常に広汎な力をもっていた。1851年，国家的な規模での補助によるハウジングの問題を提出し，1万人以上の人口をもつ都市が労働者階級のための経済的な家を建て得る条件を確立するのに成功したが，地方行政府がこの制度を利用しなかったので，成果は少なかった。

　同年，人口調査の結果の公表が，都市への

流入の現象の重要性の評価を可能にした。公的な算定によれば，20歳以上の336万6000人の人口がロンドンと61の他の都市に住み，133万7000人のみが現在住んでいる場所で出生しており，139万5000人のロンドン市民については，64万5000人が現在地で出生していた。

1838年に登録本署に入署したチャドウィックの弟子の W. ファーは，これらの事実を次のように書いて示した。

「これまで，人口は地方の非常にまた比較的健康な土地から都市や港湾都市へ移住してきた。そしてそこで2代を生活した家族は少なかった。しかし，これからは大都市は，キャンプでなく——あるいは他の土地の人々が彼らの活動力や勤勉さを発揮する場でなく——，イギリス人の出生地の大きな部分であることは明らかである。」[16]

1866年，新しくもっと進歩的な衛生法が通過し，「職人及び労働者住居条例」(Artisans' and Labourers' Dwelling Act) が，庶民住宅を再び問題にし，市場価値以下の補償金で強制収用するという考え方を導入した。これはそれ以後，すべての都市計画の基本点のひとつとなることになった。1875年と1890年に更に進歩がなされ，「労働者階級ハウジング条例」(Housing of Worker Class Act) が衛生と一般のハウジングについてのすべての法律を統合した。

しかし，これらの法律の恩恵が労働者階級地区をすぐに変えたと想像するのは間違っていよう。それらは調整期間をおいて後に，また，それを施行し得る訓練されたスタッフが行政府の中に誕生した後に初めて効果を生むようになったのである。これらの法律によってもたらされた規制は，住宅をより高価なものにし，家賃の上昇に耐えられない借家人は，都市の中心部からさらに離れた新しい不健康な家に引っ越さざるを得なかった。最初の法律によって具体化された規制は，純粋に質的なものであり，衛生における深刻な不足を解消しはしたが，労働者階級地区の街路を以前よりも退屈で単調なものにし，19世紀の後半，多くの地区で見られた住宅の生気のない不快な列をつくり出した（63，64図）。

それにも拘わらず，ちょうど政治の場において選挙法改正法案が，議会活動を通じて，民衆の発意と思想的，物質的条件を開発させるために徐々に制度をつくることを認めたように，最初は不完全なものだった建築法が，都市の発展と変形に対する地方当局や中央の監督団体による絶えざるコントロールの先達となった。

この2つの行政体のそれぞれの活動領域もまた最初から限定されていた。地方行政府は実際の企画を担当し，中央団体は法的体制と最低最高の規準の決定を担当した。この区別は，今日の計画においてもまだ行われている。

フランスにおいては，事は違った速さではあったが同じ方向に進んだ。工業化はゆっくりだったが，王政回復期の間続き，関税障壁で保護されていた7月王政の期間に急速に進み，都市計画の必要性と従来の組織の難点の程度を，特に北部の地方で高めた。しかし，政治的，行政的活動は必ずしも常に経済的，社会的変化の流れに密接に従わなかった。ルイ・フィリップ政府は急速に保守的な姿勢に身を固め，知識階級を遠ざけた。それ故，新しい社会問題が出現しつつあるのを感じている人々は，主として反対の立場をとり，大胆で寛容な理論的解決をはかったが，権力の行使との接触や，実際的な障害を知ることを失ってしまった。

1848年の革命と1851年のクーデターとの間の第2共和政の僅かな期間のみ，これらの改革者の思想が立法活動に直接の影響を与えたのだった。これが，実際に，最も重要な法律

的,行政的刷新の時代であったのである。

ここにおいても,出発点は,新しい都市地区の衛生的難点を認めたことであった。1848年のブランキの労働者階級の状況についてのレポートや,サン・ヴァンサン・ド・ポーロ会 (Société de St. Vincent de Paulo) のリーユの小住宅の居住者についての研究のような有名な調査は,チャドウィックやエンゲルスによって用いられた表現をほとんど逐語的にくり返している。それは同じ状況が時間をおいてくり返して起こる恐怖物語を読むようであり,リーユやマンチェスターで小住宅の扉が開けられるたびに,カフカの『審判』における鞭打ちのように,同じシーンがくり返し現われる。

「ルエンにおける多くの家族は,小屋の動物のように,藁束の上に一緒になって寝ている。彼らの皿類はあらゆる用途に使われる木の器,あるいはひび割れた土器であった。小さな子供達は灰のベッドで眠り,両親や他の子供達,兄弟姉妹は名状しがたいように寝藁の上に転り合った。(リーユでは,労働者階級地区の道路は)下水やごみ溜にも使われている小さな中庭へと続いている。家の窓や扉は不潔な通路に向って開いており,その通路の末端には下水の上に格子が水平にのせられており,それが昼夜共同便所の役割をしている。その社会の住居は,この悪疫の温床のまわりに分布し,貧しい人々はそれから僅かながらの利益を喜んで得ていた。」[17]

第2共和政の短い生命の間,サン・ヴァンサン・ド・ポーロ会のメンバーであり,北部出身の議員であったA.ド・メラン伯爵は,1850年,最初の都市計画法を通過させることに成功した。これはコンミューンに委員会を任命する権限を与え,その委員会は「賃貸される,あるいは所有者外の人が住む不健康住宅や納屋に関して,不可欠な手段をとること」,委員会の中には,医師と建築家が含まれなければならないこと,事業に差し障りのある場合には地主は土地を提供しなければならず,さもなくば,コンミューンが地主に代って「施行される事業の周辺に含まれる所有地のすべて」を強制的に収用してもよいことなどが指示された。[18]

この最後の規定は強制収用に新しい意味を与えたが故に最も重要である。オルレアン派時代の初めに発布された1810年のナポレオン法と1833年の法令は,強制収用を例外的な手段だとみなしている。1841年の法令は,その手続きを容易にしたが,当局が「大公共事業」(grands travaux publics) にのみそれを用いることが出来るということを特定し,実際,それが新しい鉄道網に関わる1842年の法令の基礎の役割をはたした。今や強制収用は住居地域の改良のためにも関わり,労働者階級の全地域,それ故,新しい住宅のような民間の手に委ねられた問題とも関わりをもった。かくして,それは都市計画の一般的な手段となり,当局が公私の要求を区別しながら都市の改造に介入する時に役立った。

これが,その後間もなく,オスマンをして,パリ改造の大計画の完成を可能にさせた法律だった。しかし,その運用は,当局の政治的な状況の中で,それを発布した共和制の立法者の精神と全く違った精神で行われたのだった。

2. ネオ・ゴシック運動

1830年は,社会改革と都市計画の始まりを告げる年であったが,また,建築におけるネオ・ゴシック運動の勝利も告げた。

古典的形態よりもむしろゴシックを模倣する可能性は,18世紀の半ば以来,建築思想の

2 再編成の時代と近代的都市計画の起源

65図 ロンドンの議事堂（C. バリー，1836年）

66図 ストローベリー・ヒルのH. ワルポールの住宅（1750年），J. グローグの『人間と建築』(1950) から。

67図 K. F. シンケルのゴシック教会のスケッチ

68図 パドヴァのペドロキーノ（G. ジャペッリ、1837年）

中に存在していて、ネオ・クラシシズムを選択するという因襲的な性格を、暗黙裡に確認しながら、ネオ・クラシシズムの全期間を通じてその欄外に現われていた。

19世紀の40年代を通して、この可能性は十全な運動に具体化した。それは、技術的観念的な動機をもって現われ、ネオ・クラシシズムに反対の立場をとった。この軋轢の産物は、建築思想の根底に対して、決定的な光を照射した。というのは、その新しい様式は、過去に起こったように以前のものを置き換えたりまたそれを基にしたりすることをしなかったからである。2つの様式は、半端な仮説として、互いに隣り合って存在し、すぐに建築の歴史の全部のシーンが多様な一連の様式的仮説として、それぞれが過去の様式のひとつひとつに相当するものとして登場することになった。

このようにして、多分、いかにネオ・ゴシック運動がこの時代の構造改革に関連をもったかを見ることが出来るだろう。改革は、産業革命から発した問題がある程度はっきりと出現した時、また、古い行為の規範がもはや保持しきれなくなった時に始まった。同時に、建築において、古典的伝統との架空の鎖を持ち続けることが不可能に見え、過去の様式への復帰という因襲的な性質が、純粋に因襲的でない解決を期待しながら問題を残しはしたが、はっきりした。

18世紀に、ゴシック形態の使用は異国趣味の一種として出現し、強い文学的な性格をもった。1742年、ラングリーは「復活され改良されたゴシック建築」（"Gothic Architecture Restored and Improved"）と呼ぶ奇妙な論文を書いた。そしてそこで、彼は新しい秩序の一式を中世の形態から演繹しようとしたが、彼の試みは影響を与えることがなかった。1753年、小説家ホレイス・ワルポールは、トゥイッケンハムのストローベリ・ヒルに、ゴシック様式風に自分の家を建て、1796年にジェームズ・ワイヤットは「普通の建物だが、天候の厳しさに対して安全な部屋をもつ建物」[19]を望んだ著述家ウイリアム・ベックフォードのためにフォントヒル・アベイ（Fonthill Abbey）を建てた。

フランスでは、いわゆる「トゥルバドゥール」（troubadour）様式と呼ばれるものが同じように文学的意味をもっていた。1807年、シャトーブリアンは、ヴァレ・オ・ルーの彼の家をゴシック風の装飾で飾った。到る所、庭の建物もインテリアも家具も装飾もまた風変りなファサードまでゴシック様式でデザインされている。中世の様式はロマンティシズムの精神を想い起こさせ、また古典に代る新しい法則の体系としてではなく、反対に、それが法則をもっていないと信じられ、理性に対する情緒の優越に由来すると信じられるが故に評価されたのである。しばらくの間、ゴシックは、小塔、尖塔、木の彫り物、暗いヴォールト、色ガラスを通して入る光線などの

雑然とした混合として現われた。

1824年の『現代百科事典』(Encyclopédie moderne)において，ドゥブレはゴシック様式を賞讃したが，「夢を実現したかのような燃え上る想像力のたわごと」[20]として考えた。ヴィクトル・ユーゴは，1831年の彼の小説「パリのノートル・ダム」("Notre-Dame de Paris")で，中世の建築をほめたたえ，古典的モニュメントを批判したが，しかし，ノートル・ダムを，広大で陰気な，ぬしとして奇形のカジモードが住んでいる洞窟として描いた。

ゴシック様式は，すぐに，絵画，舞台，出版，室内装飾へと広がったが，それは実用という拘束からかけ離れた装飾的なイメージとして現われ，古典様式と技術との連携が確立され，それが堅固であったにも拘わらず大きな規模の建物には用いられなかった。

ゴシックをその時代のデザインへと導入することを可能にしたのは，中世の建物の修復の経験であった。それは第1帝政期に始まり，王政回復期の間に加速度的にふえた。1813年，悲惨な末路を遂げたナポレオンは，サン・デニ(Saint Denis)の内部を修復し，その結果，彼の家族の墓はここに置かれることになった。同じ建築家J.A.アラヴォワーヌ(1777〜1834)は，1817年にセン(Sen)寺院，1822年にはルエン(Rouen)寺院を修理した。

同じ時期，革命期に国有化され，個人の手に落ちて慰み物にされた中世のモニュメントの保存についての議論が始まった。ヴィクトル・ユーゴは「インチキ競売の詩」("Ode sur la Bande")を書き，1834年に考古学会が設立され，1837年には歴史記念物委員会が設立された。7月王政の間で最も有名だった修復家にJ.B.A.ラス一(1807〜1857)で，1838年に，サン-ジェルマン-ロクスロワ(Saint-Germain-l'Auxerrois)とサント-シャペル(Sainte-Chapelle)を修理し，また，ヴィオレ・ル・デュクと一緒に，1845年以降，ノートル・ダムの仕事に従事した。

これら修復の仕事においては，デザイナーは必然的に，中世の形態と構造の関係の問題にぶつからなければならなかった。1830年以後，この経験が次第に新しい建物のデザインに受け継がれ，それは外部の装飾や前衛的な文学者の家で試みられたばかりでなく，普通の家や，重要な公共建物にも試みられた。

イギリスでは多くの中世の建物が修復され，またこの様式で増築された。例えば，ケンブリッジのセント・ジョンズ・カレッジ(St. John's College)——リックマンとH.ハッチンソン，1825年——とウインザー城(Windsor Castle)——J.ワイアットヴィル，1826年——などである。1834年に古いウエストミンスター・パレス(Westminster Palace)が火事で焼失した時，新しい議事堂のコンペティションは，提出案がエリザベス様式かゴシック様式であるべきことを前提とした。勿論，実際の建物はチャールズ・バリー(1795〜1860)によってデザインされた(65図)。

ドイツでは，ケルン大寺院の完成以後，ゴシック建築は国中に広がった。

フランスにおいては，1830年以後，公共建築の多くを受け持っていたアカデミーの抵抗にも拘わらず，多くの個人住宅や宗教建築がゴシック様式で建てられた。管区のすべての教会にゴシック様式を指定したボルドー大司教のように，しばしば僧侶達が積極的にゴシック・デザインに固執した。1852年には，フランスでは100以上のゴシック式教会が建設された。[21]教会装飾工業はこうした好みを利用した。1840年頃，カトリックの儀式の聖具のすべてを製作，販売，契約するためのカトリック会が設立された。この組織やこれに類したものがフランスやそして全世界を，シャンデリア，像，聖餐杯，ゴシック式教会装飾の涯しない洪水で溢れさせた。

I 産業都市の誕生と発展

69図 ネオ・ゴシックの壁紙（A. W. ピュージン著，『尖頭あるいはキリスト教建築の原理』——1841年——から。

70図 A. W. ピュージンによる『コントラスト』（"Contrasts"）という本の末尾の装飾

ゴシック論争の主役達は，卑俗な流行の好みと自分達の芸術的好みを区別することに余念がなかった。イギリスにおける中世に対する再評価の運動は，それまでに「悪趣味の無尽蔵の鉱脈，バーミンガム，シェフィールド」[22]において生産されてきたゴシック風の品物に対する議論から始まった。この問題については第6章で再び触れる。

最も一般的な手引書のひとつ，各国語に訳されているF．ホックシュタットによる『ゴシック様式の原理』は次の警告で始まっている。

「中世のモニュメントは学者や芸術家によってかくも注意深く研究されているので，ゴシック建築の価値は，より大きな勢いで浮かび上りつつある。

しかし，それは，既に衰退し，実際長い間見放されていたこの芸術について，その長所を単純に認め，その代表作をただ管理することに限られない。すべての敵対に屈せず，それを再生し，実用化する試みがなされてきた。もし，専門家の眼にこれらの試みのほんの少しだけが成功したように見えたとするならば，その理由は容易に説明される。

われわれはたくさんの価値あるコレクションを所有しており，それからゴシックのモニュメントを幅広く選択することが出来るけれども，この様式で仕事をすることが問題になる時，人々は仕事を完成させるためにこれらいろいろなモデルに，適当と考えられるディテールを与えることしかなかった。………この建築にそれの重要な性格を与える不可欠の，即ち基本的な形態に取り組むことなく………。

さらに，もし，はるか昔から，古代の様式のみが芸術法則を確立していたと考えられ，また，芸術研究の誇るべき多様性にも

拘わらず，そしてゴシック趣味の再生にも拘わらず，この様式の研究は，どの研究組織においても除外されており，また最後に，現在まで，芸術家や職人にとってガイドとして役立つような本質的な作品がなかったと考えられるならば，これらの方法によらなくては，彼らは，今までに建てられてきた建物の中で犯された誤りを当然くり返すことになるだろう………。

　この仕事は，この汚点を除くこと，これらの重大なギャップを埋めることをめざしている。建築家は前時代のモデルのコピーをくり返すことに自分を限定してはならず，古い大家達が基礎とした，またこの様式の研究の鍵となる原理から製品や建物を演繹することに取り組むべきである。」[23]

　ゴシック様式は，深刻な軋轢なしには広がらなかった。アラヴォワーヌは，中世の建物の修復をしたが故に，協会のメンバーになり得なかったし，ゴシックの研究は，エコール・ド・ボザールにおいては禁止されていた。

　1846年，フランスのアカデミーは，中世の様式の模倣は恣意的で不自然である旨の一種の声明を発表した。ゴシックは歴史的に讃えられるべき様式かも知れないし，保存さるべきだがと。

　「しかし，4世紀も戻り，12世紀の必要や習慣から生まれた建物の様式を，自らの必要や習慣をもつ現代の社会に押しつけることは本当に可能だろうか？　アカデミーは，気紛れや面白半分でゴシック式教会や城が建てられることは認めるが，この古臭いタイプへ戻ることには何の効果もないと確信している。何故なら，理由がまるでないからである。このゴシックの剽窃，偽作を前にしても，真の古いゴシックに感動する人々なら冷静で無関心でいるだろうとア

71図　ヴィオレ・ル・デュク，18世紀のフランス・ゴシックの教会

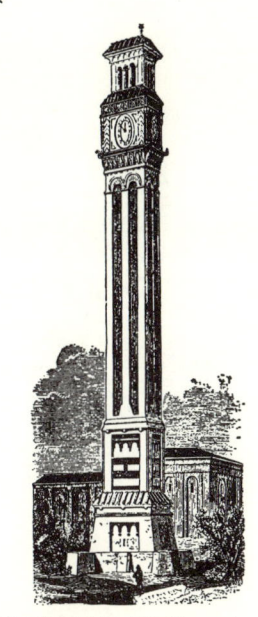

72図　中世の塔の形をした煙突（R. ローリンソン著『工場，炉と煙突のデザイン』≪Design for Factory, Furnace and other all Chimneys≫から）

I 産業都市の誕生と発展

73, 74図 パリのボアシーの近くの城（ブリダン, 1840年）とパッシーの近くの田舎家（ノルマン・フィス著『近代パリ』≪Paris moderne≫から）

カデミーは信じる。また，キリスト教徒的信念は，芸術的信念の欠如を補うには充分でないこと，つまり，芸術にとって，社会にとって，当然で合法的な生産方法は唯ひとつしかないこと，即ちそれがその時代のものであるはずだということを信じる。」[24]

ヴィオレ・ル・デュクとラスーは，彼らのものに代ってアカデミーの提唱するもの，即ち古典様式もまた，模造品であり，唯一の違いは，ゴシック芸術が自国の芸術であるのに対して，この場合のモデルが時代においてはるか昔のものであり，他の風土のものであり，他の材料でつくられたものという3点にあることをくり返した。ラスキンもまた議論に加わり，1855年に「現代の北方の作品に最もふさわしい様式は，12世紀の北方ゴシックであることを私は疑わない。」[25]と書いた。

この議論は明らかに抽象的であったが，その下にはいくつかの重要な問題がひそんでいた。理論的には，アカデミーが，模倣の原則を拒否したのは正しかった。何となれば，彼らの眼には，古典様式は理論においても実際においても実在の質をもっていたからである。このテーマは，明らかに切れたことのない伝統と，さらに古典的形態と，建物のエレメントやその時代の建設のプロセスとを相互貫入させ，そしてほとんど同一視するに到るような一連のやり方に基づいている。ネオ・ゴシックは，古典法則と構造の法則との同一性が，ひとつの純粋な因襲に基づいていると仮定されているが，実際には，それよりも外的，道徳的，宗教的，社会的理由を選ぶ他の因襲に従っていることを明らかにした。

この議論は，ヨーロッパの建築思想においていろいろな運動を生み出した。古典的形態の固執は，もはや，古い無批判的なやり方では維持出来なかったし，技術と古典主義との間の暗黙の結びつきは，それの理論的正当化を要求された時に，弱まり，次第に弛んできた。一方，中世によって刺激された新しい様式は，時代の建築技術との接触を保証するような構造的実験に頼ることは出来なかった。このように，両方の分野で，建築と技術の道はさらにそれてしまった。

社会は，産業革命から現われた組織上の要求を満足させることに専念し，技術者は，衛生改良家や政治家に必要な道具を供給しながら――顕著な例は，ロバート・スティーブンソン（1803～1859）で，彼は橋の建設者で，彼の最も重要な作品，1849年のブリタニアの管状橋の建設中の期間，1844年と1845年の間，大きな都市の王立委員会のメンバーであった――このプロセスに真に熱中していたのに対して，建築家は現実から遊離するようになり，趨勢についての議論や純粋な思想の世界へと隠遁した。

しかし，他方，ネオ・ゴシック運動は，その中に，建築思想の復活にとって喜ばしいある種の幼芽をもっていた。ネオ・ゴシック様式は，ネオ・クラシックのように，既知のものとしてその外観を云々することは出来なかった。何故なら，それは近い過去の伝統に戻るのではなく，何世紀も前から再生して来なければならないものに戻ったからである。このようにして，建築家自身，外観の背後にある原理，理由，動機を再び組み立てなければならなかった。これをしながら，彼らは，いろいろな様式を距てている境界を越えること，そしてまた建築の基本的条件とそれの政治的，社会的，道徳的構造との関係について反省することを強いられた。

ネオ・ゴシックの建築家もまた，透視図法の習慣に縛られ，中世のモデルを透視図法的に読みかえていた。この理由で，ネオ・ゴシックの建物は，ネオ・クラシックが古典と似ていない以上にゴシックと似ていなかった。不規則性は修正され，近似的だった模倣は厳

密になった。特に，これらの建築家達は，あるモデル，特に，イギリスのものの，自由でくり返して使うことが出来，透視図的でない構造体を，個々のいろいろな透視図法的な部分的要素を結びつけることによって再生しようとした。結果は（主に小さな独立住宅に用いられた）「ピクチャレスク」型の構成となった。それは形態の上では因襲的だが，その中に，後に，リチャードソン，オルブリッヒ，マッキントッシュ，ライトの革命的実験の基礎を生む種子をもっていた。このようにして，オリジナルとコピーの間にテンションが生じ，それが徐々に，模倣の比率を減らし，現在の視覚的習慣のよりどころである透視図法の基礎を明らかにした。

この理由により，一方において中世主義は，芸術家の孤立化のプロセスをさらに進める一歩を記し，またそれは文学によって刺激されたエリートの産物であったが，同時に，そこから最も重要な近代運動の業績が生まれるところの思想の土壌でもあった。モリス，リチャードソン，ベルラーへらを考えてみればよい。

この時代の建物にとって，ネオ・クラシック論者とネオ・ゴシック論者との間の議論の副産物は，方向感覚の麻痺であった。模倣すべき様式が1つである間は，その模倣の因襲的な性格ははっきりしなかったし，それらの形態に忠実であることが納得されていた。しかし，選択すべき様式がたくさんある今，その中のどれかに固執することはより不確かとなり，疑うべきこととなった。様式は，その時々の要求に従って，不変の基礎的パターンの上に用いられる装飾のカバーと考えられ始め，様式的な仕上げを全然しない建物が存在し始めた。特に，田舎家においては（74図），構造部材は露わに残され，それらを1つの全体に融合しようとする努力はなされなかった。

---

1) 1888年になって初めて田園地方は州議会の設立などによって，都市のそれと似た民主政府を得た。
2) H. Belloc 著, "Shorter History of England" ――ハラップ, 1934年―― "Reorganization" 565頁
3) H. M. Croome と R. J. Hammond 共著 "Economic History of Britain" ――ロンドン, 1947年――207頁
4) H. M. Croome と R. J. Hammond 共著, 前掲書220頁
5) V. H. Bernoulli 著, "La città ed il suolo urbano" (1946年) ――イタリア語訳, ミラノ, 1951年――54頁
6) J. H. Clapham 著, "Economic History of Modern Britain, the Early Railway Age" ――ケンブリッジ, 1939年――の39頁に引用されている。
7) J. H. Clapham 著, 前掲書40頁
8) J. H. Clapham 著, 前掲書41頁
9) J. H. Clapham 著, 前掲書539頁, F. Engels 著, "Die Lage der arbeitenden Klassen in England" ――ライプツィッヒ, 1845年――からの引用
10) P. Lavedan 著, "Histoire de l'urbanisme, époque contemporaine" ――パリ, 1952年――の72頁に引用されている。
11) J. H. Clapham 著, 前掲書の539頁にある "Commission on the State of Large Towns and Populous Districts Report" ――1844年――338頁からの引用
12) J. H. Clapham 著, 前掲書の540頁にある。"Report on the Sanitary Conditions of the Labouring Population" ――1842年――381頁からの引用
13) J. H. Clapham 著, 前掲書542頁
14) J. H. Clapham 著, 前掲書537～538頁, "Report on Sanitary Conditions……" ――1842年――212頁からの引用
15) J. H. Clapham 著, 前掲書544～545頁, "Commission on the State of Large Towns ……" ――1844年――68頁からの引用
16) J. H. Clapham 著, 前掲書に引用されている

1851年の人口調査
17) A. Blanqui ——P. Lavedan 著, 前掲書68頁に引用されている。
18) P. Lavedan 著, 前掲書89頁に引用されている。
19) E. Tedeschi 著, "L'architecttura in Inghilterra" ——フィレンツェ, 日付なし——141頁に引用されている。
20) L. Hautecoeur 著, "Histoire de l'architecture classique en France" 第6巻——パリ, 1955年——288頁
21) "Annales archéologiques", 1852年, XII, 164頁——L. Hautecoeur 著, 前掲書第6巻328頁を参照

22) A. W. Pugin 著, "The True Principles of Pointed or Christian Architecture" ——ロンドン, 1841年——23頁
23) F. Hoffstadt 著, "Principi dello stile gotico cavati dai monumenti del Mdioevo ad uso degli artisti, ed oprerai, ed ora dal francese in cui Vennero tradotti dall'alemenno volgarizzati dal cavaliere Francesco Lazzari" ——ヴェニス, 1858年——の序文
24) V. L. Hautecoeur 著, 前掲書第6巻, 336～337頁
25) J. Ruskin 著, "The Seven Lamps of Architecture" の第二版——1855年——の序文

第3章　オスマンとパリ計画

75図　芸術破壊者としてのオスマン男爵の漫画

1. 何故パリは再建されたか

既に述べたように，近代都市計画の最初の動きは1830年から1850年の間に起こったが，建築家のアトリエにおいてでなく——そこでは，彼らはクラシックをモデルにするかゴシックをモデルにするかの議論に忙しく，また工業とその生産物を蔑視していた——，それを直そうとした技術者と衛生改良家による産業都市の欠陥についての経験からであった。最初の衛生法は，現代の都市計画法の複雑な構造体がその上にのる素朴な基礎であった。

しかしながら，しばらくの間，改良家の注意はある部門に限られ，彼らは活動をある特殊な害悪——下水工事や飲料水の不充分さ，伝染病の伝播——にしぼった。ひとつの問題に介入することが，いわば知らぬ間に他の問題を明らかにすることになるというのはままあることである。排水，給水管の建設は，新しい建物における，平面でのまた高低においての最小限の規則性を必要としたし，下水溝のメンテナンスは，自治体の技術部門の新しい設置と，地主に一定額の課徴金を課する権利をもたらした。例えば鉄道や道路のようなある公共事業の実施は，強制収用という新しい手続きや，正確な地図作りのような新しい一連の技術的な手段を必要とした。

産業都市のある面のコントロールは他の面のコントロールを伴い，コントロールは不可避的に新しい部門へと広がっていく。

介入の方法が，単一の均一なシステムに発展せず，都市の全組織に影響を与えることにならなかった事実は，主として政治的な難しさによるものである。

1830年から1850年の間の20年間の改良は，全体として，まだ自由思想によるものだった。ある特殊な問題への国の介入の必要性は認められていたが，社会的，経済的生活に関する政府や地方行政府の義務の性格と範囲は，一般的にいって，変らなかった。公共と民間の事業を調整し助長するために公的な計画をつくるという考え方は存在せず，従って，真の都市計画はあり得なかった。

産業都市の混乱に気がついた人々は，(チャドウィックや前章であげた改良家のように) 通常の専門化された行政的方法に従って個々の問題を直そうとするか，あるいは都市ばかりか，それを生み出した自由社会全体を激しく批判し，現存の都市からはるかにかけ離れたとしか理解されない，模範的な社会をもった他の模範的な都市をこれに対照させる (例えば，第6章で論じられる理論的社会主義者)。

1848年，革命は思想と行動のこれらの2つの方向共中断してしまった。左翼社会主義者は，左翼自由主義者と結合を試みた後，再び反対の立場に追いやられ，前時代の都市計画的提案のすべての正当性を拒否する新しい理論的地盤の上に立って組織をつくった。

ヨーロッパの主要な国において，1848年の革命とその影響は，新しい種類の保守的な右翼の勢力を出現させた。フランスのナポレオン3世，ドイツのビスマルク，イギリスにおけるディズレーリに率いられた新しいトーリー党等である。

独裁的で人気のあった新右翼は，経済的，社会的生活の多くの面に国家の直接的なコントロールが必要であるとした。それ故，それは，部分的にはその前の20年間の引き続きであったが，その整理された性格と反革命的な傾向においてそれとは違った一連の改革を行った。

都市計画は，この新しい改革のサイクルにおいて重要な役割を演じ，特にフランスにおいては，最も効果的な権力の具のひとつとなった。

第2章で述べた技術的実験は，もはや新しい政治的状況によって邪魔されることなく積極的に促進されたが，1848年に続く何十年か

で急速に進歩し、すぐに、現行の法令と行政手続きに厳しく枠づけされた、首尾一貫したシステムを制定した。このようにして、新保守的都市計画とも呼ぶべきものが生まれ、19世紀の後半と20世紀の初期におけるヨーロッパ都市（及びヨーロッパに依存する植民地の都市）の改造をもたらした。

既に述べたように政治的要因によって促進された都市計画におけるこれら実験の増大は、ナポレオン3世が権力の座についた直後推進したパリの大事業なくしてはそれほど急速ではなかったろう。

一連の好ましい状況——実験の進歩的な性格、1850年の共和政法のような進歩した都市計画法を利用する可能性、工科学校を卒業した技術者の高い技術水準、フランスの首都に生ずるものの文化的反響、とりわけ、1853年から69年までセーヌ県知事であり、全体の複合的な計画を受け持ったオスマン男爵個人の資質等——が、パリの変貌を有名で重要なものとした。100万をこえる人口をもつ全市を対象とする一連の技術的、行政的処置が、初めて首尾一貫して系統だてられ、比較的短い時間の間に完成されたのだった。皇帝も知事も、その事業の重要性を理解していなかったであろうことは確かである。ある直接的な心配——公共の秩序を維持し、人気を獲得する必要——は長い議論よりももっと影響力をもち、建設投機は実際に必要とされる以上に重要であった。それにも拘わらず、近代的都市の全体的な計画の問題は最初は新しい経済的パターンに適当なスケールで提出され、そしてその計画は図面の上に引かれただけでなく、現実に実施され、技術的、形態的、そして行政的、財政的なすべての影響が調整された。

チャドウィックの20年前のそれのように、オスマンの人格は、事件の流れの決定に最も重要であった。ジョルジュ－ユージース・オスマン男爵（1809〜1891）は職業的な官吏であり、1851年以来、ジロンドの知事の要職を占めた。公の晩餐会で彼に会った内務相ペルシーニュは、彼のことを次のように述べている。

「何よりも私が強く印象づけられたのはオスマンだった。彼の知力はかなりなものであったが、おかしなことに、私にとって印象深かったのはそれではなく、むしろ彼の性格の欠陥であった。私の前の彼は、わが時代の最も非凡なタイプのひとりであった。大きく、強く、元気で、エネルギッシュで、そして同時に鋭敏で抜け目がなく、機略にとんでいた。この大胆な男は、自分自身が何であるかを示すのに何の恐れももっていなかった。もし話題が彼の好むものについてなら、6時間も休むことなく喋った。彼の力に満ちたパーソナリティは、一種の野蛮なシニズムをもって私の前に立ちはだかった。これが、抜け目のない懐疑的で小心翼翼とした人々と戦うのに必要な男だと私は自分自身にいい聞かせた。もっと高尚で繊細な精神をもつ紳士、そして高貴で方正な性格をもった紳士が惨めに失敗してしまうに違いないところで、この頑健な背中をもち、大胆で、手段には手段を、策謀には策謀をもって答え得る能力をもつ元気なスポーツマンは、確かに成功を収めるだろう。」[1]

オスマンは回想の中で、ルイ・ナポレオンが権力の座につくやいなや、彼がいかにセーヌ県知事に選ばれる可能性を思い浮かべ、この地位によって与えられる機会を考えたかをわれわれに伝えている。内務相は彼にその地位によって何をすることが出来るかを尋ね、彼は答えた。

「現在の知事、あるいは他のベテランの政

3 オスマンとパリ計画

治家では何も出来ませんが，地位のために そして政府に対する奉仕のために，重要な 仕事に着手し成就するに充分な権力を与え られ，フランスに深く根ざした習慣と戦 い，自ら知って引き受けたその重要な役割 に応じた義務は勿論のこと，多くの疲れ儲 けの仕事に取り組むための肉体的，精神的 エネルギーをもった人間ならば，すべての ことが出来ます。セーヌの知事は，私に， サン・ロッシュの大オルガンを思い出させ ます。伝説によれば，それの全音域はつい に聴かれることがなかったといいます。何 故なら，低いオクターブの大きなパイプの 震動が教会の屋根を落としてしまう心配が あったからです。ナポレオン以来，すべて の政府は，パリ市庁に，真のセーヌ知事， この恐ろしい楽器の全音域を使うことの出 来る人間をもとうとしませんでした。その 地位が国の元首の信頼を得，充分な権力を 与えられるならばもたらすであろう利益を 誰も理解していません。」[2]

ルイ・ナポレオンは，彼の場合には，1848 年2月の社会主義者によって引き起こされた 恐怖の上に彼の権力を打ち建て，軍隊と人 民の威信を背景として，知的ブルジョアジー と労働者階級の少数派を敵とする立場をとっ た。それ故，彼は，自分の人気を支えるの と，狭い中世の道路を壊し，軍隊の移動に よく適した真直ぐで広い街路をつくることに よって革命をこれ以上起こし難くするため， それまでの政府がおろそかにしていたパリの公 共事業の遂行に直接関心をもった。

今日，この第2の理由は，そのような金の かかる事業に全く釣り合わないように見える かも知れないが，大革命を想い出すまでもな く，1830年の7月，1848年の2月と6月等の 出来事についての元首の懸念を考えれば，全 く理解し得るのである。すべての政治危機に おいて，革命運動は古い町の街区で始まり， 同じ街路が叛乱者に，防衛地点と攻撃手段の 両方を提供した。1830年のこの布告を読んで みればよい。この中で，臨時政府は，正規軍 への対抗手段を工場アナウンスのような冷静 さで述べている。

「フランス人よ，どんな防衛手段も合法的 である。舗道の石を割り，騎兵や歩兵の行 進を遅らせるために1フィートおきにそれ を撒き散らせ。舗道の石を出来るだけ多 く，2階，3階またその上の階に運べ，少な くも各戸に2，30個ずつ，そして，部隊が道 路の中央で行動を開始するまで静かに待っ てからそれを落とせ。われわれの狙撃兵の 援護と避難のために，そして彼らを助ける ことが出来るようにするために，すべての フランス人に，戸口や廊下やホールを開け たままにさせよ。住民は平静にしていて， 驚いてはならない。軍隊は，そこには死が あることを知っているから家の中には入っ て来ないだろう。われわれの狙撃兵の出入 りを守るために，誰かがそれぞれの扉に残 ることが望ましい。フランス人よ，われわ れの安全はわれわれの手中にある。それを 捨てるのだろうか？ われわれの中に懲役 よりも死を好まない者がいるだろうか？」

同じ方法が，1848年の2月革命に用いられ て成功し，同じ年の6月の労働者の暴動の抑 圧の邪魔をした。また，皇帝は，1851年のクー デターの後，ライフルの一斉射撃で群衆を 攻撃するために大通りが便利であることに気 づいた。支配者が，人民のバリケードの可能 性を後々のために一切除こうとするのは当然 である。

これらの政治的偏見と共に，同じ方向に作 用する社会的，経済的動機も存在した。パリ は，革命及び第一帝政期に約50万の人口をも

95

っていたが，王政回復期そしてさらに7月王政においては（ロンドンの信じられないようなスピードほどではなかったが）急速に膨張し始め，ナポレオン3世の即位時までには約100万の人口をもった。古い都市センターが，それほどまでに成長した有機的組織体の重みに耐えることは明らかに不可能だった。中世やバロックの道路は交通に不適当であり，古い家々は，産業都市の衛生的な要求に不適であり，首都における機能と利益の集中は，建物用地の価格を，根本的な改革が避け難くさせるまで上げてしまった。

ちょうどその時，異常なエネルギーと大望をもった知事が市庁に到着した。この男は，政治的動機と経済的動機とを調整することが出来，この大事業に独立性を与えるための複合組織をつくることが出来，決定的要因として彼の個人的な資質である機敏さと勇気を役立たせながら予見し得ない困難を克服することが出来る人間だった。

2. オスマンの業績

市庁に着任するや，オスマンは，近代的な基準に従って技術部門を再編成し，その長に，既に他の職場で経験を経た第一級の技術者を任用した。このようにして，有能で生産的な実行機関を確保した後，皇帝の信頼を得ている管理機関と役人に刃先を向け，彼らの立場の重大さを痛感させ，彼自身の計画に従わせた。

オスマンが権力をもった17年の間に行った仕事は4つのカテゴリーに分けられる。

第1は，道路についての仕事であり，パリ郊外の道路の新しいネットワークをつくりあげ，古い地区に新しい街路を切り開き，その沿線の建物を建て直した。

古いパリは，中心部に384km，郊外に355kmの道路をもっていた。オスマンは，中心部において（49kmを廃止し）95kmの道路を開通させ，郊外においては（5kmを廃止し）70kmを開通させた。中世時代の中心部はあらゆる方向に貫通され，古い地区の多く，特に革命の温床であった東部の危険な地区は取り壊された。実際には，オスマンは古い都市の上に，真直ぐで幅広い道路の新しいシステムを重ね（78図），都市生活の主たる中心部と駅との間のコミュニケーションの一貫したシステムを形成し，同時に，効率のよい交通路，交叉点，防衛線を提供した。彼は最も重要なモニュメントを破壊することは避けたが，それらを孤立させ，新しい大通りの焦点として用いた。

新しい道路に沿った建物は，過去におけるよりもさらに厳格に規制された。1852年，この場所へ建設については許可を得ることが義務づけられた。1859年に，1783～1784年のパリの古い建築条例は修正され，建物の高さと道路の幅との間の新しい比率が決められ（20m以上の道路では高さは道路幅に等しくなければならず，狭い道路では，道路幅の1.5倍まで高くすることが出来た），屋根の勾配は45度に制限された。

計画の規準を考えると，オスマンの仕事は，大きなスケールでの，規則性，対称性，軸線崇拝という似たような考えに基づいた，バロックの方式の延長のように見える。しかし，オスマンの仕事は，ネオ・クラシックの建物が古典的伝統の建物と似ているように，マンサールやガブリエルの仕事と似ている。明らかに何も変わらなかったが，伝統的な造形レパートリーが，変化した環境から生まれた新しい解決をカヴァーするために，因襲的なやり方で用いられた。この場合，それらの作品は，本来，それから後になってはっきりしてくる技術的，行政的な変貌の枠の中で考えなければならないのだが。

第2に，県や，他の公共団体によって直接

建設が行われるようになったことである。

知事は，新しい地区や，先に述べた変貌の中に巻きこまれた古い地区の公共建物，学校，病院，刑務所，行政官庁，図書館，専門学校，マーケット等の建設に従事した。他方，国は，軍用建築と橋を受け持った。

これらの建物のデザイン——1881年ナルジューの大きな本の中で図示されている——を行ったのは，ラブルーストからバルタール，ヴォードルメール，イットルフに到る，その時代の最も有名な建築家達であった。折衷主義文化の様式のレパートリーは，しばしば，特にラブルーストやヴォードルメールのような合理主義者によって慎重に用いられた。彼らは，ヨーロッパ中でコピーされることになった類型のすべてを決定したのである。

貧困者階級への住宅供給の問題，住む人の財力とは無関係に，ある最低の平面計画と衛生上の要求に応ずるための国の介入の必要が，今や（必要を充足はしなかったにしろ），政治的，行政的な仕事の一部となり始めた。

ルイ・ナポレオンは，共和国の元首としてではあったが，自分自身この問題に関わり，5万フランの割当を認め，ナポレオン市のロシュシュアール（Rochechouart）街に最初の庶民住宅群をつくった。1852年，彼が皇帝に選ばれるとすぐ，1000万フランを投じ，バティニョール（Batignolles）とヌイーユ（Neuilly）の2つの住宅群の資金とした。しかし，これらのばらばらの保護のやり方は，パリにおける労働者階級の状態を著しく変えはしなかった。それらは，皇帝の権力が，他の分野であらゆるやり方で保護した民間投機によって支配されていたのであった。

公共の公園をつくった業績も別に論ずる価値がある。それまで，パリには，アンシアン・レジーム時代に建設された公園があるだけであった。右岸のジャルダン・ド・テュイエリェ（Jardin de Touileries）とシャン・ゼリゼー，左岸のシャン・ド・マルス（Champ de Mars）とルクセンブルグ（Luxembourg）等である。オスマンは，セーヌ川と西の城壁の間に位置する以前の王室の森である，ボワ・ド・ブーローニュ（Bois de Boulogue）の計画を始めた。その位置と，シャンゼリゼーに近いことのために，この公園は，まもなく，首都の最も優雅な生活の中心となった。

市の他の側では，マルヌ川との合流点に，市の東部地区のためのボワ・ド・ヴァンセンヌ（Bois de Vincennes）が，皇帝の労働者階級への関心を強調するために計画された。北部と南部に対しては，城壁の内側に，2つの小さな公園がオープンした。ブュット－ショーモン（Buttes-Chaumont）と，パルク・モンスーリ（Parc Montsouris）である。

これらの仕事において，オスマンは，第一級の協力者，アドルフ・アルファン（1817〜1891）を得た。追想の中で彼は特に満足げにこれらの公園に触れているが，彼の事業のこの部分が，今日の名声を生み出しているのである。

オスマンは，また，パリの旧市内の給排水を近代化した。

給水システムについては，彼は貴重な協力者，技術者のフランソワ・ユージェーヌ・ベルグラン（1810〜1878）をもった。この人は，辺鄙な地方の官吏であったが，呼び出されて，セーヌから水を引くための給水本管と給水システムを計画し，給水量を，1日11万2000㎡から33万4000㎡にし，給水管網を747kmから1545kmにふやした（78，79図）。ベルグランはまた，新しい下水網を建設し，146kmだったものを，その15kmだけを残して，560kmに増し，また，セーヌ川への放流は，下水本管によってずっと下流の方で行うようにした。照明網は3倍に増やされ，1万2400灯から3万2320灯に増した。公共の交通サーヴィスは，1854年，1つの会社の手で組織化され，

97

I 産業都市の誕生と発展

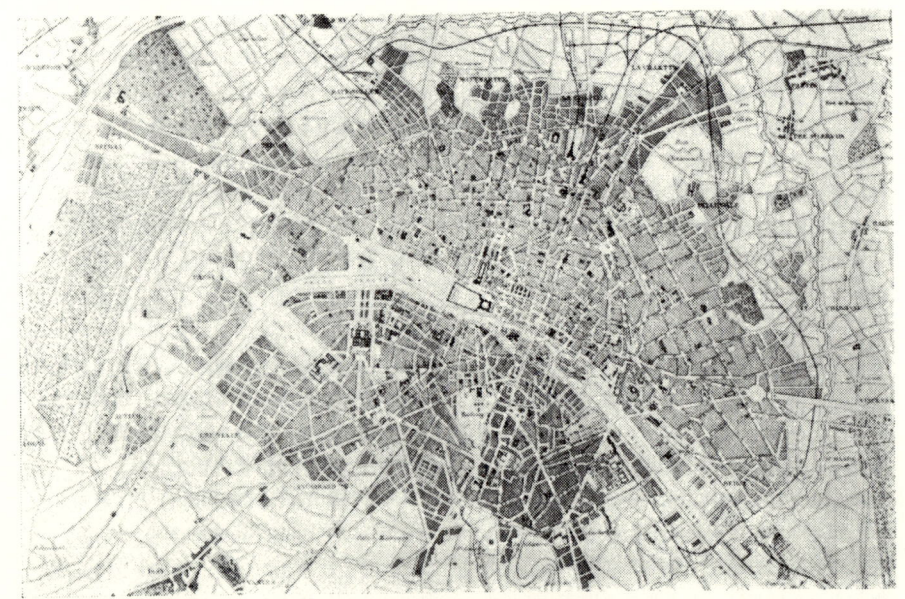

76図 1853年のパリ地図（E. テクシエの『パリ風景』≪Tableau de Paris≫から）

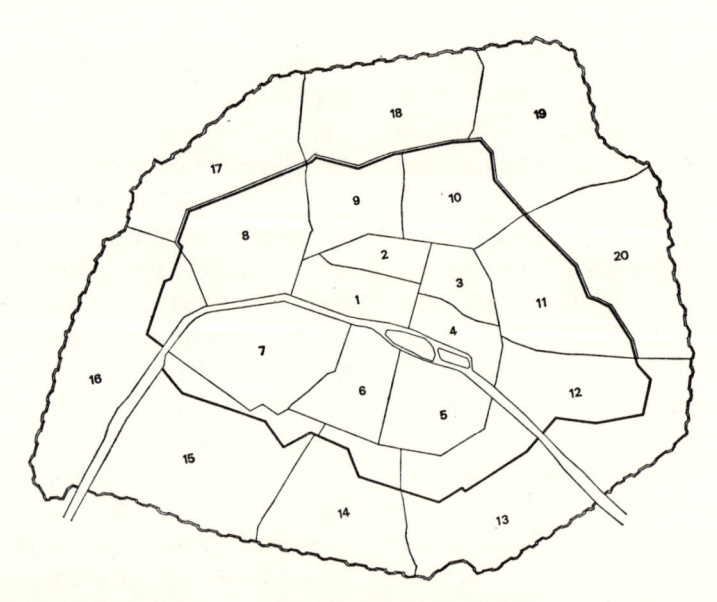

77図 1859年前後のパリ市の行政区画，オスマンによる20の行政区の区分が見られる。

1855年には、定期的な公共輸送サーヴィスが樹立された。1866年、メリュースル-オワズ（Méry-sur-Oise）に、新しい墓地のための敷地が得られた。

最後に、オスマンは、首都の行政のパターンを修正した。1859年、税関とティエール（Thiers）城壁との間にあるパリ周辺の11のコンミューン——オートウィユ、パッシ、バティニョール、モンマルトル、ラ・シャペル、ラ・ヴィレット、ベルヴィーユ、シャロンヌ、ベルシ、ヴォージラール、グルネール——がパリ市に加わった。旧来の12の区は20となり、行政機能の一部が、中央行政府の管轄から個々の区の区長の手に移された。[3]

市の境界はこうして城壁と一致した。また、それの外側に、環状高速道路として、250m幅の帯状部を加えることが意図されたが、この敷地への投機的な建設を阻止することに失敗した。オスマンの大通りは、1850年4月13日の法律によって可能になった。この法律は、道路に必要な地域だけでなく、その周辺にあたる土地についても強制的に収用することを合法化したのである。1852年の5月23日、上院の布告は、1841年に確立された手続きを修正し、法廷に請求せず行政府独自で強制収用を行うことを許した。

最初の法律は、第2共和国の革命的な風土の所産であるのに対して、第2のものは、2月革命の最終的成果であった新しい独裁主義的ムードを反映していた。外面的には、国の決定は、行政計画を容易にしたが、実際には、それは、行政活動、政治的傾向、即ち、実権をもつ社会階級の利害に緊密に結びついていることを意味している。

これらの利害は、経済問題における当局の干渉を制限しようとした。この理由によって、法律は一層厳格に解釈され、計画の遂行をひどく邪魔したのである。（都市計画の進歩は、第2帝政の政治体制の矛盾とあいまいさの忠実な鏡である。）

多くの議論の後、国家参事会は、1858年12月27日、かつて収用され計画に組み入れられた建設用地が、もとの所有者に戻されるべきこと、コンミューンの事業によってもたらされた価値の増加分が、コンミューンよりも地主自身の懐中に入れられるべきことを決定した。

オスマンはこの決定が不適当であると嘆いた。その時代の法律はすべて彼に敵対したのである。この決定の故に、それによって得をした地主から何も回収することが出来ずに、パリ市のみがオスマンの事業の費用を負担しなければならなかった。それにも拘わらず、事業の生産的な性格は認識され、オスマンは、国に頼ることなく、自由な融資を引き出すことによって、必要な資金を得ることが出来た。

実際に、公共事業は、周辺の土地の価格をつり上げたばかりでなく、全市に影響を与え、全収入の増加を助けた。この影響だけで、コンミューンは通常の歳入の着実な増加を保証され、民間がするように、多額の資金を銀行から借入することが出来た。1853年から1870年にかけて、オスマンは25億フランを公共事業に費やしたが、国からは100万フランを受け取っただけで、新税を課することも、従来の課税を増やす必要もなかった。[4]

この同じ期間に、パリの人口は、120万から200万近くにまで増加した。一方、2万7000戸が壊され、約10万の新しい住戸が建設された（そして、その費用の4.46％が、税金という形でコンミューンに戻った）。フランス市民の1人当りの収入は、約2500フランから約5000フランへと増え、パリ・コンミューンの収入は、ペルシーニュによれば、2000万フランから2億フランに増加した。それ故、市自身がその新しい計画の費用を賄うことが出来たのは明らかである。

I 産業都市の誕生と発展

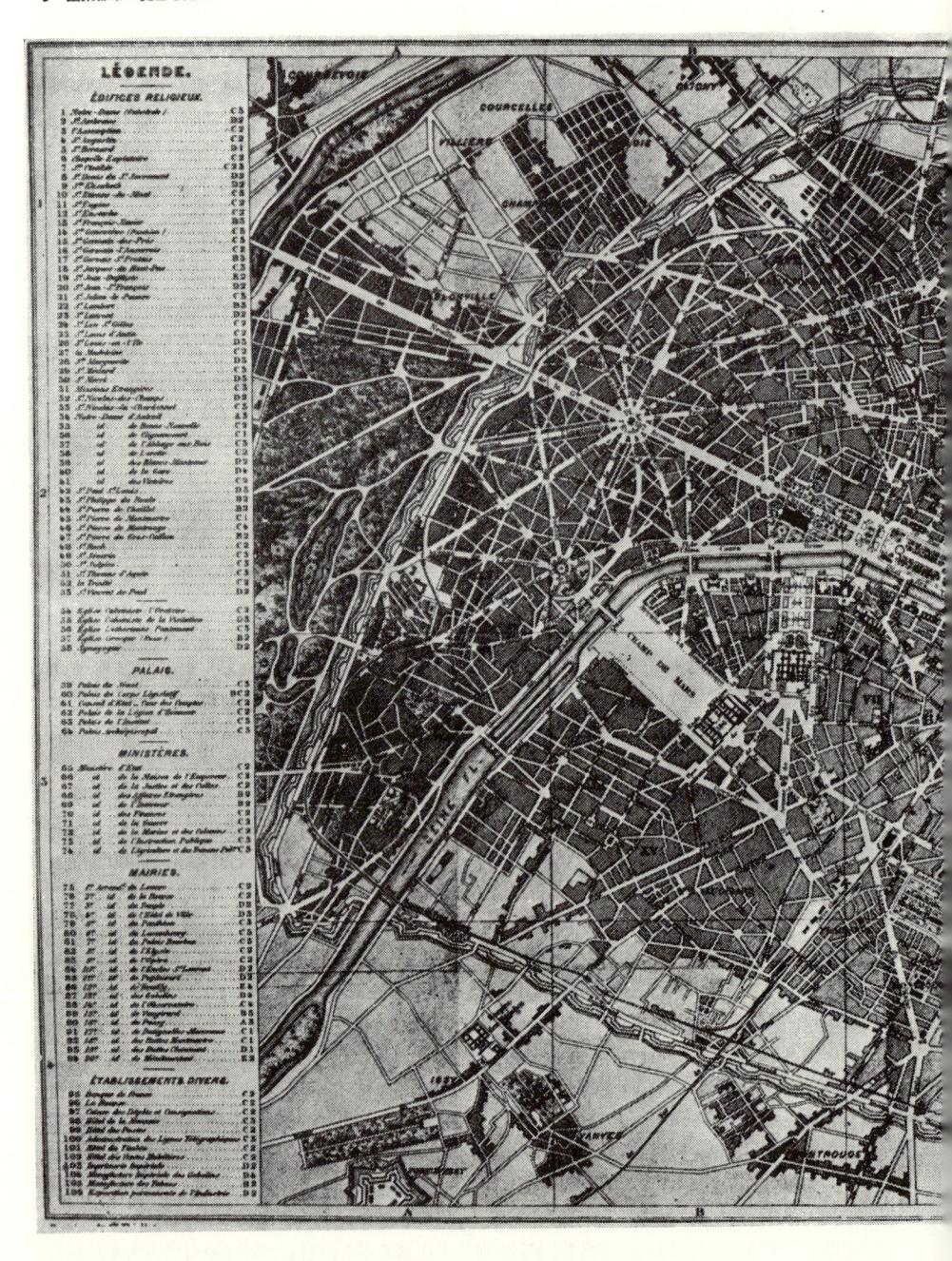

78図　1873年のパリ地図（A. ジョーンヌ著『パリ絵図』≪Paris illustré≫から）

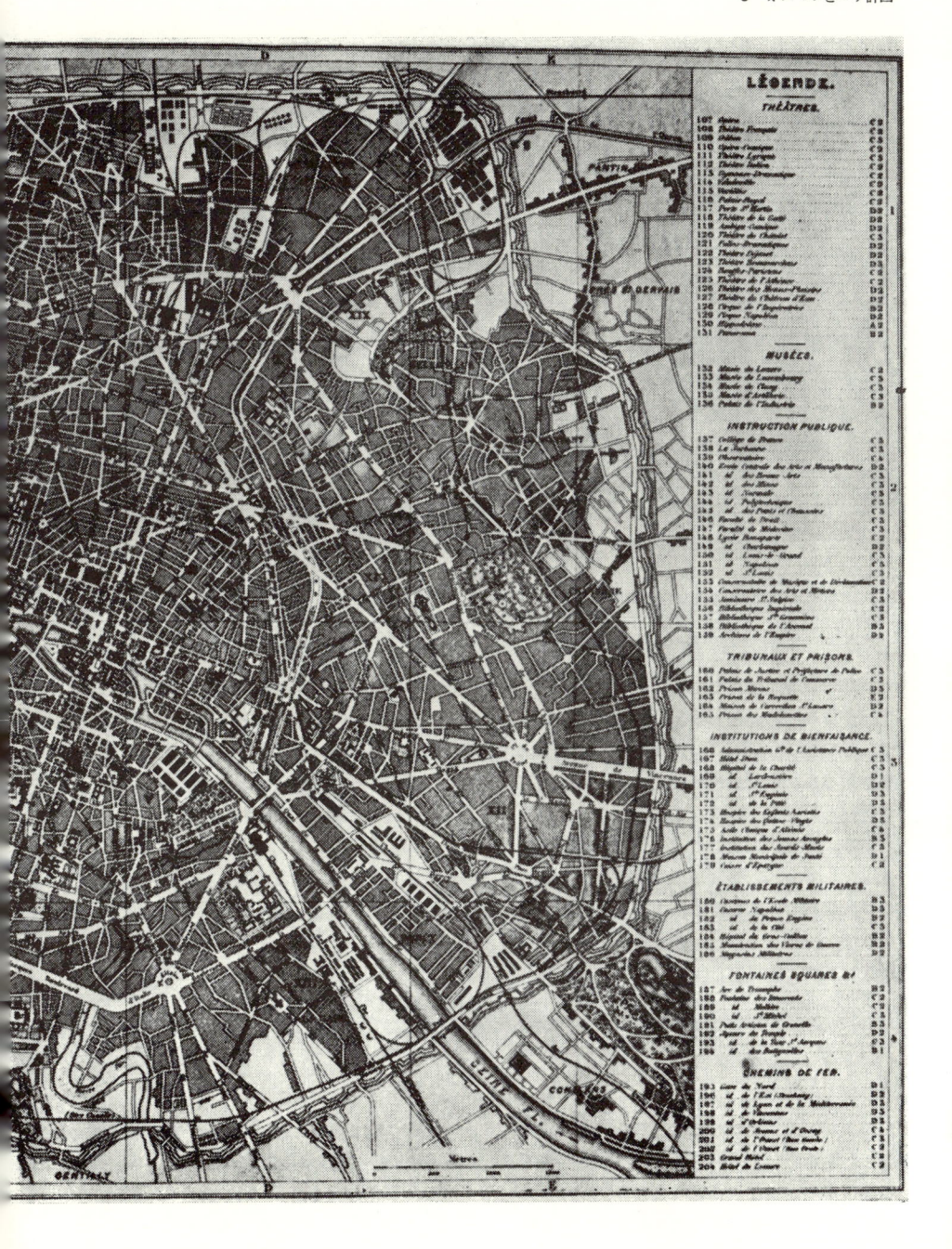

3 オスマンとパリ計画

Ⅰ 産業都市の誕生と発展

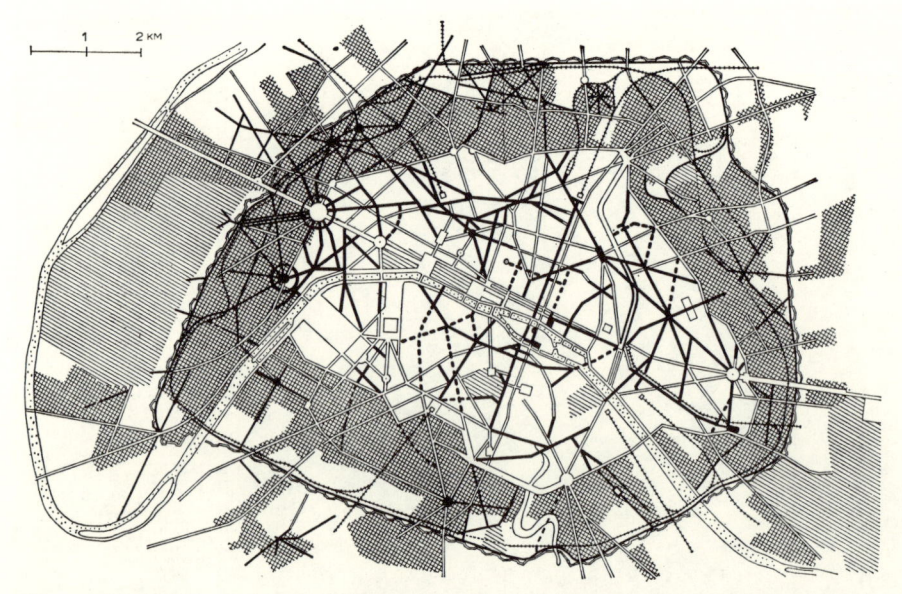

79図 オスマンの空地計画………白いのが既存道路, 黒い部分が第2帝政期の新しい空地, 網目線影部は新しい地区, 斜線部は緑地

全体の収支に関する限り, その運用は満足すべきものと考えられるとしても, 同じことは, この富の分配についてはいうことが出来ないだろう。強制収用のメカニズムは, 地主に増加した価値を私することを許し, 実際において, 富を納税者から地主へと移す結果を生んだ。さらに, 強制収用の補償額は, 地主の委員会によって固定され, 不相応に高かったので, 強制収用は現実に富の源泉として希望され, 求められた。

3. オスマン論争

オスマンがパリ改造の筋書きを自分で書いたのかどうか, 彼の行動はある大きな計画に従ったものだったのかどうかについて, 多くの議論がなされた。これら2つの疑問は, オスマンの仕事が正しく考察されるならば肯定形で答えられるだろう。

オスマンは, セーヌ県知事に任命された直後, 昼食への招待のあとで, 皇帝が彼にパリの計画図を見せたこと,「それに彼自身が緊急度に応じて, 青, 赤, 黄, 緑で, 彼がつくるべく計画した新しい道路をトレースした」[5] ことを記しており, 皇帝自身が種々のプロジェクトの製作者であり, 彼自身が単なる協力者であったということを忘れていない。しばしばこの言が文字通りとられて, ナポレオン3世が真の計画の製作者であるとして喝采を浴びる訳だが, オスマンが, ことさら誇張して, 彼の仕事に皇帝の名を冠しようとしたことは確かだろう。彼は, 強制収用の法律の解釈についての国家参事会との決定的な対立について書いた時に, 自身, この協力の本質について明らかにしている。

「私は皇帝に, この法律の影響について指摘したが無駄だった。皇帝は, 国家参事会

80，81図　パリのタンプル大通りとモンソー公園（A. ジョーンヌ著『パリ絵図』から）

の議長M. バロシュを非とすることを望まれなかった………。さらに，陛下は，行政手続きの問題を，それが目前の事実になるまで，大して重要であると考えておられなかった。」[6]

I 産業都市の誕生と発展

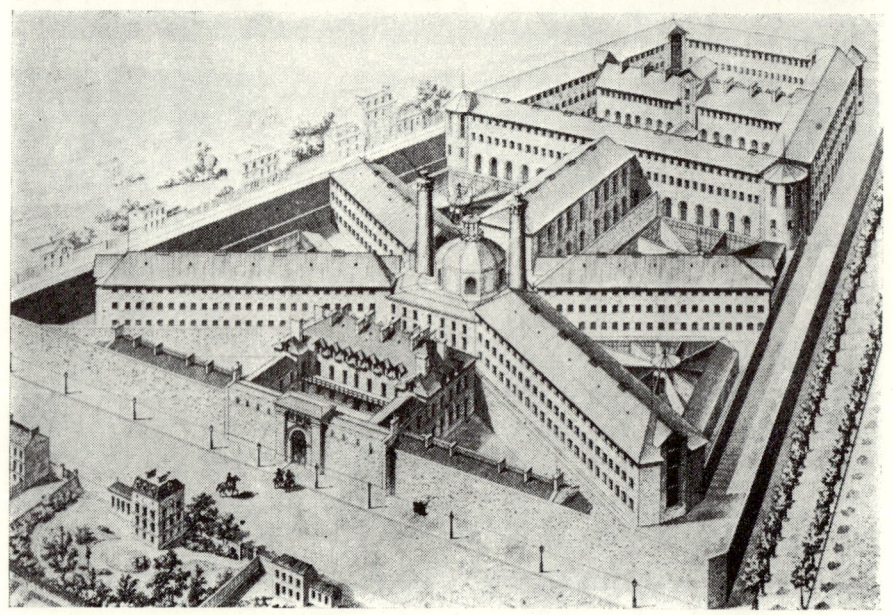

82, 83図 パリのセント・ペリーヌの養老院(ボンチュー, 1861年)とサンテ通りの監獄(ヴォードルメール, 1864年, F. ナルジュー著『パリ, その都市にたつモニュメント』≪Paris, monuments élevés par la ville≫——1850~1880, 1881年——から)

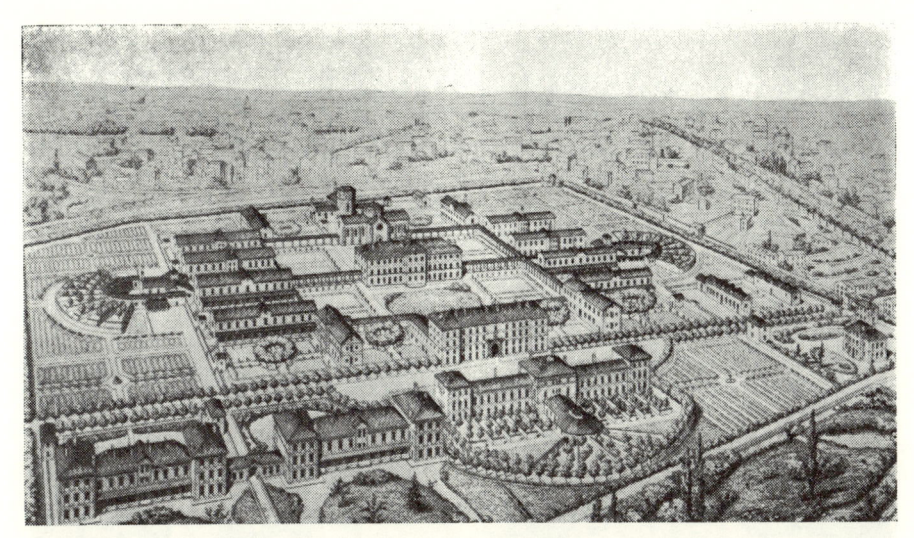

84, 85図　パリのS. アンナの精神病院（ケステル，1861年）とティトン通りのヴォルテール学校（ナルジュー，1881年）……ナルジューの前掲書から。

I 産業都市の誕生と発展

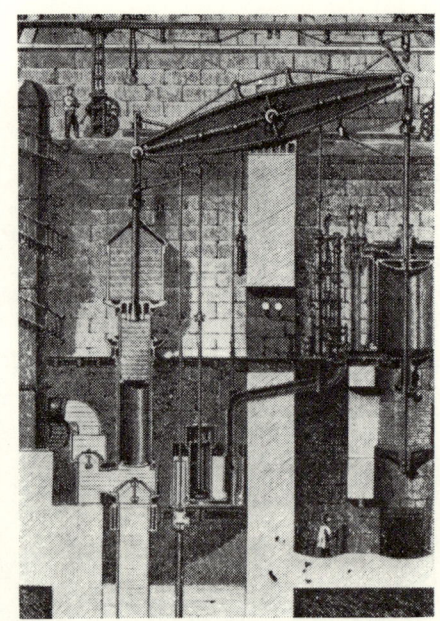

86, 87図 パッシーの井戸掘り現場とシャイヨーの中心部の蒸気機関（A. ジョーンヌの『パリ絵図』から）

しかし、パリの事業において、これらの目前の事実は、眼に触れない事実よりもずっと少なかった。行政措置はこの事業の最も重要な局面であり、オスマンは皇帝と代表組織の両者に抵抗しながら、1人でそれを行ったのである。

また、進め方に関しても、うわべと実際とは違っている。よく知られているように、オスマンは、彼のプログラムを3つの継続する段階に分けて進めた。つまり、有名な「3つの網」(trois réseaux) である。最初の網の仕事の大半はオスマンの登場以前に既に計画されており、第2、第3が彼1人のものであると見られているが、このように見せているのは、必要な資金をより易く得るための財政的な工夫であって、オスマンは最初から一貫した計画をもっており、万難を排してそれに忠実であったという方がより正確だろう。このプログラムは計画の形には落とされなかったが、ここに、オスマンの業績の近代性と重要性があるのである。彼は、愛情や力によって、市を予めつくられた計画の狭い網目の中に押しこもうとはしなかった。彼以前の他の人々は、理想のパリをデザインしようとしたのに対して、彼はそれ以上のことをした。即ち、1859年、11の周辺のコミューンが加わった後、彼はパリ計画局を設立し、M. ドゥシャンをその長とした。年々、この局は、変化する状況を考慮に入れながら行われる事業と未来のプロジェクトの間の調整を行った。この機構は、オスマンの死後と第2帝政後も生きながらえ、19世紀の後半にわたって、パリ計画の一貫性を保証したのだった。

オスマンの計画は、充分広く普及したやり方として、また、既に大都市において起こりつつあった改造運動を強力に追従させ、しか

88, 89, 90図　パリのエトアール地区

も受動的に従わせるよりもむしろしっかりとそれらを調整したものの最初の例として、今日興味あるものである。しかし、その時代においては、この進め方は暴政とみなされ、オスマンは、政治的、文化的勢力によって、あらゆる角度から激しく非難された。

　自由主義者は、財政面の鉄面皮ぶりについて彼を非難した。実際、1858年、第2の網の費用を賄うために設立されたパリ事業基金 (Caisse des Travaux de Paris) の役割は、

I 産業都市の誕生と発展

91図　凱旋門近くのシャン・ゼリゼー通り

中央の当局のコントロールなしに知事に借入を許すという点で,当時の法律によると非合法すれすれだったのである。しかし,同じ抗議が,オスマンが新しい道路の沿線の建設用地の価格の上昇による利得を,公共財源に入れることの必要を主張した時にも起こった。

3 オスマンとパリ計画

92図 サン・ラザール広場

オスマンは，法的には正しくなかったかも知れないが，近代的都市計画の基本的な必要性を理解し，批判者の前に身を挺したのである。

知識人や芸術家は，古いパリの破壊，彼の新しい建物の無趣味という点で彼を非難したが，よくある機械文明嫌いに基づいた審美主義者の嘆きの域を出なかった。この点においては，少なくも，オスマンはいくらかの美しい風景の喪失を，技術的，衛生的改良によって埋め合わせている。

オスマンは無教養のように見えるが，彼の批判者よりも心が広く，近代的であった。彼は，時代の本質を本能的に理解する能力をもち，それに近づき，そうすることによって，それをこのような成功によって修正した。第2帝政の社会は彼の計画の中に完全におさめられ，1世紀前に到達した計画と現実との彼の調和の余韻はパリの目貫き通りの魅力と活気の中に，今日においてもまだ感じられる。

オスマンの，時代の現実に彼自身のすべてを打ち込む能力は，彼の方法の多大な成功とその模倣，彼の仕事や人柄についてまだ揺れている議論の双方を理解する鍵でもある。

オスマンの計画は，彼の空間の利用の仕方によって生まれた多くのゆとりのお蔭で，長い期間，有効に働いたが，結果的には，それは増大するメトロポリスの要求には不適当であることがわかった。それは，彼の威風ある提案が，絶対的なフレキシビリティの欠如と，変化に対する異常な抵抗を露呈したということである。それは，パリを，19世紀の最も近代的な都市にしたが，20世紀においては，パリを，最も混雑した，計画し難い都市にしてしまったのである。

根本的に，オスマンの産業都市の理解は，静的なものについてであって動的なものについてではなかった。オスマンは，パリを一度

109

Ⅰ　産業都市の誕生と発展

93図　パリの街路の典型的な姿（J. F. J. ルソアント，1835年）………ノルマン・フィス著『近代パリ』から。

で秩序だてることが出来ると，そしてその秩序は，幾何学的な規則性，対称，威厳というような慣習的な規準で封印されるに違いないと考えた。彼は，特に，古い街区から不規則な要素を取り除き，それを決定的で不変に見える規則正しい正確な輪郭で置き換えて満足した。

　今日，われわれはこれを彼の仕事の最も弱い点と見る。何故なら，それはアカデミックな文化の因襲の受動的な容認を示しているからである。さらにもっと興味深いことは，オスマンが，これらの因襲を新しい状況に適用しながら，実際には，無意識的ではあるが伝統的なモデルをはなれ，新しい方法論を予告していたということである。

　オスマンは当然独裁主義者であったが，彼らの雇傭者の絶対権力を利用して絶対的な規則性で計画を行ったバロックの都市計画家のようには行動することは出来なかった。彼は国会と市議会のコントロール下で行動し，中央行政府に対して会計報告しなければならない公共資金を操作し，民間との争いは中立の司法官に委ねなければならなかった。つまり，彼は，執行者が優勢ではあったにしろ，近代国家に典型的な権力の分立を勘定に入れなければならなかったのである。さらに，政治的権力は経済力とは一致せず，オスマンは，実質的には，彼自身の金ばかりでなく，民間の資金をも調達して計画に使わなければならなかった。これらすべての理由で，彼の計画は，決定的な解決としてではなく，都市構造によっていろいろな多様なやり方で数多くの努力を励まし協調させて働かせる連続したプロセスとして形成された。このようにして，建築と都市計画との間の類似性はなくなった。というのは，その2つはもはや同じレベルではなく，スケールにおいて違うばかりでなく，2つの互いに関係をもつ違ったレベルで作用したからである。

　オスマン計画の造形的な成果についても同じような議論が可能だろう。彼は対称とか規則性という伝統的な教訓を疑いなく受け容れ，すべての新しい道路に，モニュメンタルな焦点をおくことを誇りに思い，最も重要な

110

道路や広場に面して画一的な建築を熱心に押しつけ，エトワール (Étoile) におけるそれのように計画の不規則性を隠そうとした。

しかし，パリの道路網のスケールが，対称性や規則性という伝統的な教訓をあまりにも大きなスケールで用いることを彼にさせたので，彼が望んだ一様性の効果をぶち壊す結果となった。ガール・ド・レスト (Gare de l'Est) で終るストラスブルグ通りは，長さが2.5km あり，末端の建物は反対側の端から見えない。エトワールにおいては，イットルフの12の対称形のファサードは，それぞれ250mずつ離れてあり，それらは，大きなすき間を埋め，一体感をもたせるほど充分大きくない。リヴォリ通りでは通りに沿って，ペルシエとフォンテーヌの装飾が，あまりにも間をおいてくり返されるので，眼は，道路の長さと他の寸法との大きさの関係をもはやつかむことが出来ない。

これらの場合，建物の存在は，時代の好みに反しないで，出来る限り一様に，眼を異様なもので戸惑いさせなくてすむように建物の壁を何とか完結させなければならないことに対してはマイナスでしかなかった。しかし，ファサードの様式的形態は，実際には，道路や広場がその個性をもたず互いに溶け合うような新しい種類の環境に受け入れやすい姿を与えるための薄い被膜でしかないのに対して，空間は，それを建物よりも，群集や車によって，つまり，絶えず変化するやり方で規定されている (92 図)。これがモネやピサロのような印象派の画家をして，上からパリの大通りや人の群がる大通りを見て感動させた場面である。全体的な効果は，むしろ無性格で抽象的であり，個々の形は，その個性を喪失し，可変で不確定な，目のつんだ織物の中で混じり合うことによってのみ，それに吸収され得るのである。それが，古い囲われたものに対する開放的で流動的な都市環境という

近代的な概念の出発点であった。

オスマンの業績のこの点——それについては，彼は自分が古い伝統の継承者だと考えていたので気がついていなかった——は，後になるまで知られなかった。大通りは，道路の付属品が建物の非人間的なスケールと，群がる小さな人間との間を調整するために存在した時にのみ，共通の感受性が新しい都市のシーンの要素を動的に見ることを知った時にのみ，親しみ易い性格をもつのである。

オスマンの追想録の編者は，1890年にこう書いている。「すべての人にとって，われわれの時代のパリは彼のパリである。帝政時代にはなお更そうであったろう。」[7] と。実際，オスマンによって変形された市の顔は，混乱し，見知らぬ建物が建ちつつある敷地で雑然とした道路を通って町の中を歩かざるを得なかった1869年にパリを訪れた人よりも，1889年の博覧会に訪れた人々にとっての方が，よりはっきりと見えたに違いない。

4. オスマンの影響

オスマンのパリにおける仕事は，われわれが新保守主義都市計画と呼んだものの原型であった。これは，1870年以後，すべてのヨーロッパ都市における共通の方法となったが，第2帝政期のような早い時期においても，既に，フランスや他の国において，同じ線に沿った一連の事業が行われた。

フランスにおいては，多くの主要な都市が，ナポレオン3世の統治期間に変えられた。リヨンにおいては，1853年から1864年にかけて役職にあった知事ヴェスが，パリのそれを小型にして模倣したような一連の変革を行った。皇帝通りと皇后通りという平行した2つの道路，ローヌ川とソーヌ川の堤防，テート・ドール (Tête d'or) 公園等を拡張したのである。また，スエズ運河開通後その重要

性が大きく増したマルセーユは，その人口が2倍になり，古い港からジュリエット・ドックに到る皇帝通りの開通（1862～1864年）によって完全に変貌した。同じような直線道路はモンペリエでは1865年，トゥールーズでは1868年に建設され始め，それによって，古い地区が失われ，多くの価値ある建物が破壊された。同じことが，ルエンやアヴィニョンにおいてもなされ，歴史的な地区が，われわれには考えつかないような気紛れさで破壊されている。

ブリュッセルにおいては，アンスパッシュ市長が，センヌ川を地下に埋め，北と南の2つの駅をつなぐ大通りをその上に開通した（1867～1871年）。1864年には，彼はラ・シャンブルの森（Bois de la Chambre）を市のために獲得したが，それはブリュッセルの外辺の公園となり，またそれと市を結ぶ，ルイズ（Louise）通りが建設された。

メキシコ市では，1860年マクシミリアン皇帝がシャンゼリゼーの真似であるレフォルム（Réforme）通りを，アズテック市とシャプルトペク宮殿を結んで開通させた。

イタリアにおいては，大部分の主要な都市は，市のセンターと駅を結ぶ主要道路をもった。ローマのナツィオナーレ通り，ボローニヤのインディペンダンツァ通り，ナポリのレッティフィロ通り，トリノのローマ通り等である。しかしながら，最も重要なプロジェクトは，1864年以後首都であったフィレンツェの再建であり，そこでは，オスマンの方法を，新しく統合された国の現実と，古い都市自身のもっている特殊な要求とに適合させるために，いろいろな試みがなされた。

ジュセッペ・ポッジ（1811～1901）がその「開発計画」を作製したが，彼は，特に，政府と共にやってきた新しい住民を受け入れるために市を拡張することに没頭した。彼は，新しい都市よりも，むしろ，拡大されたフィレンツェを心に描いたのであり，オスマンがしたようにセンターと都市周辺の両方を変貌させる必要は認めなかった。それ故，彼は城壁を倒し始め，アルノの左の丘を除いた町中到るところに新しい環状地区をつくり，センターの再建は後日にのばした。

事業は，1864年から1877年の間，特に首都がローマに移った後には深刻な経済的困難の中で遂行された。メルカート・ヴェキオ（mercato vecchio）（98図）の周辺の除却を伴うセンターの整理は，1885年から1890年にかけて——都市周辺の新しい建物建設に対する関心が幾分か薄れた時——行われたが，それは，客観的な技術上,経済上の要求というよりも威信の必要によって刺激されたのである。

このようにして，古い都市構造はパリと違い大部分破壊を免れたが，また同様パリと違って，新しい要素は古い要素に充分に溶けこまなかったし，市は統一された性格をもたず，ばらばらな，互いに分離した地区に分けられた。

この時期の多くの他の計画は，拡張という同じ考え方に基づいている。例えば，1859年のセルダのバルセロナ大計画，1866年のリンドハーゲンのストックホルムの計画等がその例である。

一般的に，ナポレオン的パリ計画を基とする都市計画の試みは，いずれもその手本にははるかに及ばなかった。オスマンの計画は，主としてそれが実施された際の首尾一貫性，そして完全さにおいて重要であるが，他の計画者達は，恐らくアンスパッシュを除いて，いずれもセーヌの知事のエネルギーを持ち合わせていなかったし，ひとつの目的をかなりの期間持ち続けながらいろいろな分野で同時に行動することを彼に可能にさせたような，好ましい条件が揃うようなことは他の場所ではなかったのである。それ故，ほとんどすべての他の計画は途中で放棄され，代りに効率

のよい近代都市を生むこともなく，古い都市を修復不能なところまで朽ちさせてしまった。

とりわけ，行政府は，土地投機の壊滅的な結果をうまくコントロールしなかった。オスマンは，激しい投機のただ中で仕事をし，投機家は彼の改良によって大きな利益を得た。1858年以後は，彼はこの方式には反対していないが，彼の権力は充分強く，彼のプロジェクトの結果が私利私欲によって歪められるのを防いだのだった。このようにして，彼は，適当な余裕と，問題についての統一のとれた展望をもって事を進めることに成功したのである。他の都市では，別に抵抗を受けることがなかったので，投機ははっきりと勝利を収め，種々の事業に，個々の利益の気紛れな交錯から生じる移り気な，不連続な性格を生んだ。

行政府が都市の変貌に対して適当な建設用地を充分もっているところでは，事は違った風に進行した。ウイーンではそれが起こっており，そこでは古い都市が幅広い城壁の環で囲まれていて，その外側に新しい地区が成長していた（94図）。1857年，皇帝は城壁を壊し，土地利用のコンペティションを行う旨の決定を発表した。そして計画者達には次のような細かい指示が与えられた。市の南側の兵舎は残し，別のものを市の北側に建て，しばらくの間ドナウ運河に沿って続く大環状道路沿いに，軍隊が急速に移動出来るようにすること。宮殿の前のスペースはあけておき，その近くに広い練兵場をとること。この環状道路に沿って，種々の公共建築を建てること。例えば，オペラ・ハウス，図書館，公文書保存館，新しい市庁舎，博物館，美術館，市場など。

コンペティションは，1858年審査され，ルードヴィッヒ・フェルスター（1797〜1863）が入選した。その後内務大臣が最終的な計画の立案を委託されたが，これは M. レールによってなされたようで，1859年に承認されたが，種々の建物の位置についての議論は1872年まで続けられた。実際には，軍事的要因は多く減らされ，練兵場はなくなったが，絶えず成長する都市に必要な公共建築の数と重要性は増大した（95図）。

ウイーン・リングは（パリで起こったものと違い）古い構造に割り込んだり，それを破壊したりすることなしに，古い都市を近代都市の道路システムの中に納めることを，そして，19世紀都市の主要な公共建築を庭園や街路の間の広々とした環境の中に建てることを可能にしたが，しかし，このことは，主として，古い核が比較的小さかったことで可能になったのである。同じ事が，他の多くの北部の都市で行われた。ケルン，ライプツィッヒ，ルーベック，コペンハーゲン等では，伝統的なセンターはほとんど手つかずに，もとの城壁に置き代ったグリーンベルトの中に残された。

一般の建築に関する限り，国家の介入は，世紀末の10年間に組織的に行われるようになった。他方，世紀の半ば以後，国によって援助され，時には部分的に補助金を与えられた個々の雇傭主の労働者村建設の実験が多く行われた。

フランスにおいて，最も重要なものは，1853年に創設された都市労働者ミュールーズ人協会であった。それには（住宅や種々の基本的なアメニティについては）個人の資金が（道路や緑地については）部分的に国の資金が出資された。協会は，賃貸や販売のための庭付きの――平屋または2階建ての住宅を，15年間に1000戸以上も建設した。

イギリスにおいては，ディズレーリが，初期の著作[8]の中で，このような事業の必要性を理論化した。彼の考えは，民間の請負業者と政府の政策の両方に影響を与えた。1845

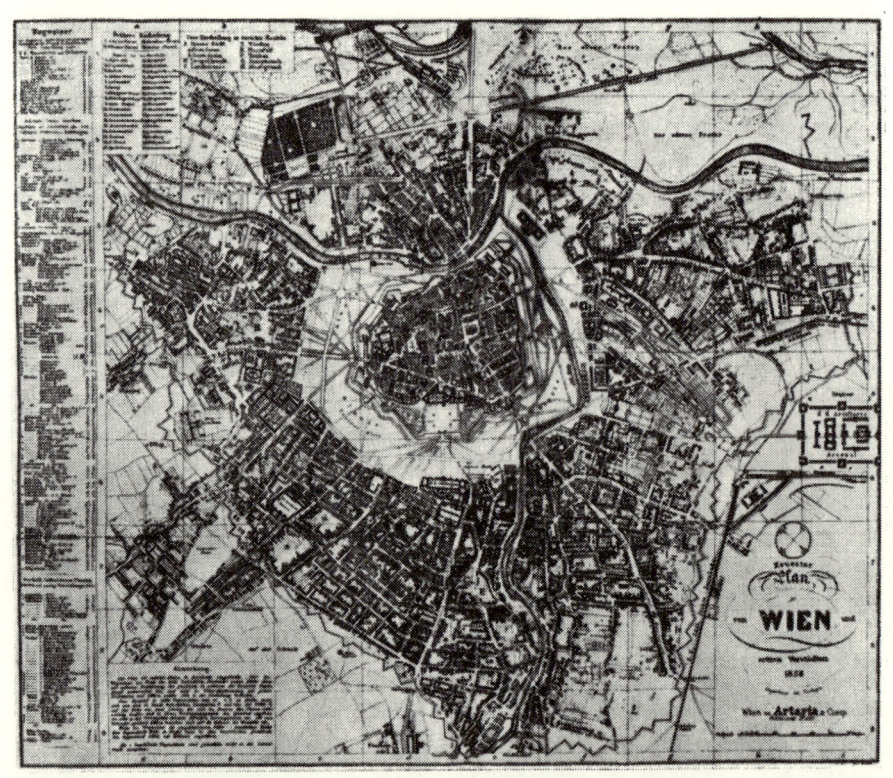

94図 1856年のウイーン地図（W. ブラウンミューラー著『ウイーン案内』≪Guide de Vienne≫から)。都市の古い部分はそのまま残り，そのまわりに新しい地区が発達している。城壁のまわりには帯状の公有地――グラシ（Glacis）が取り巻き，そこにリングがつくられた。

年, 労働者階級住居改良協会(Society for Improving of the Dwelling of the Labouring Class) が設立された。1851年，シャフツバリー卿は，住宅補助の最初の法律を通過させた。労働者階級宿舎法(Labouring Class Lodging Houses Act)と一般宿舎法(Common Lodging Houses Act) である。1853年, ティトュス・ソールトは, 建築家ロックウッドとメーソンによる計画に従って，彼の鉱山労働者のためのサルテア (Saltire) の町を建設し始めた。サウスウッド・スミスの孫娘で，1842年のチャドウィックの衛生調査の協働者であったオクタヴィア・ヒル (1838〜1912)はこの分野で活躍した。ラスキンの援助によって，彼女はメリルボーン（Marylebone）の何戸かの住宅を買収し，補修して，それらを小さな住居に分け，原価を取り戻すのに充分なだけの家賃で賃貸した。アメリカにおいてもまた，1862年，百万長者G. ピーバディはピーバディ信託を創設し，営利を目的とせず労働者住宅を建設した。

ドイツでは，1863年から1875年の間に，クルップ一家はエッセンの近くに，労働者村の最初の住宅群を建設した。ヴェステント(Westend)，ノルトホッフ(Nordhof)，バウムホッフ (Baumhof)，クレーネンベルク（Krö-

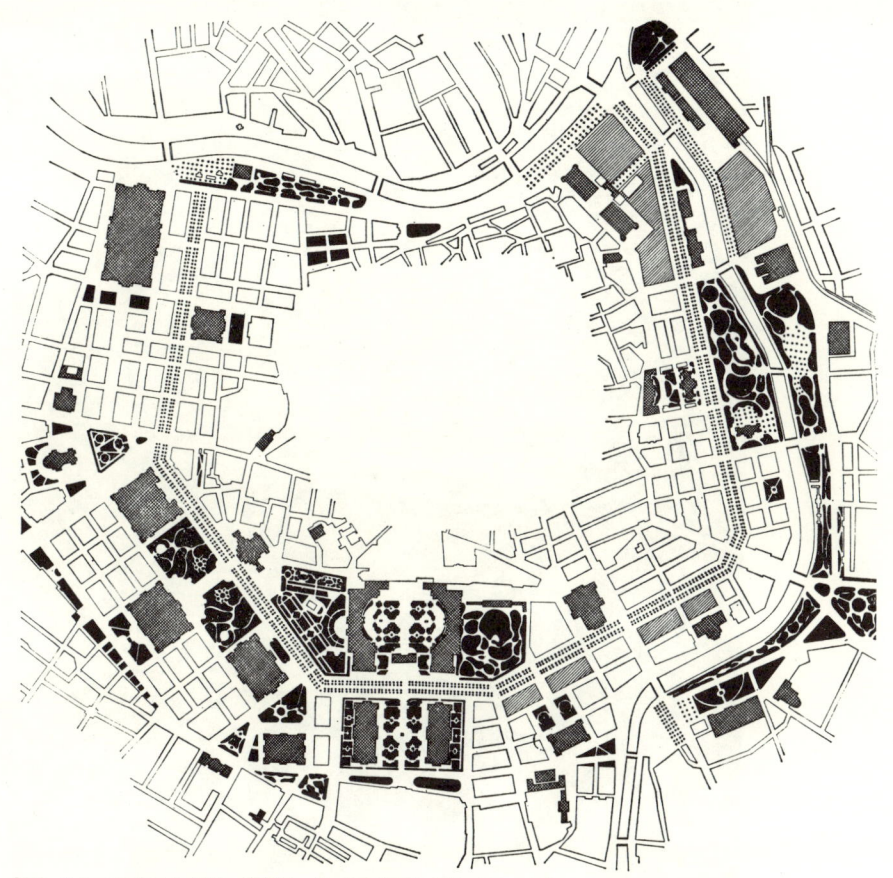

95図 ウイーンのリング（1859～1872年），白い部分が民間の建物，網目の部分は公共建物，黒い部分が緑地

nenberg）等である。
　19世紀の間に，いくつかの失敗や成功を通して，都市計画や労働者地区の建設に関する，技術上，法律上の経験が積み重ねられた。都市計画は，バロックの伝統の幾何学的な公式をくり返している限り，しばしば，不適当な不自然なものであったが，今や，産業都市の具体的な問題と接触をもつようになって，試練に立たされ，その内容の多様さによって，新しい性格をもつようになった。
　ヨーロッパの都市において，これらの方式は，初期バロックあるいは中世的組織を変えるために用いられ，それの結果の成否は，個個の場所の伝統的な性格をいかにそのまま残すかという点にかかっていた。他方，植民地においては——そこでは大規模なヨーロッパ人の移住がまさに始まろうとしていた——これらの方式は画一的に機械的なやり方で適用され，それらをその地方の都市の実体や地方の伝統と結びつける試みは何らされなかったので，明らかな文化的矛盾がひときわ鋭く浮き彫りにされた。

Ⅰ 産業都市の誕生と発展

96図　リングをもつウイーンの中心部の展望

3 オスマンとパリ計画

I 産業都市の誕生と発展

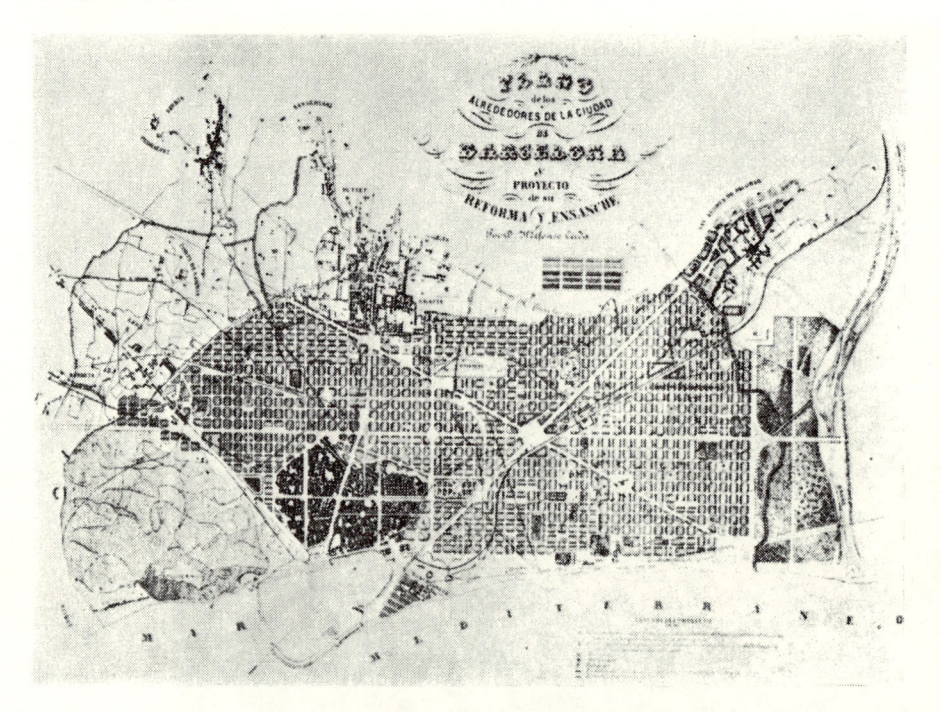

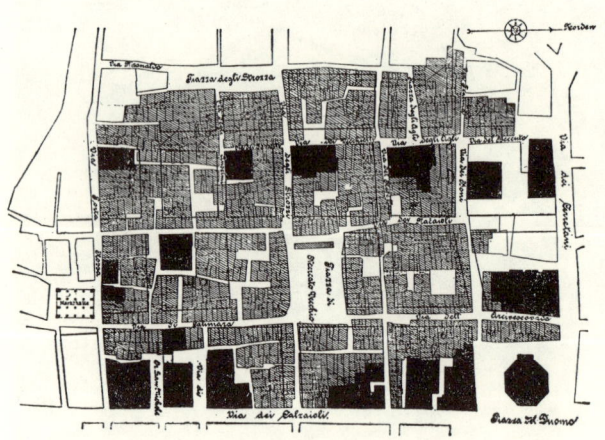

97, 98図 18世紀都市計画の2つの典型的な方法。拡張（セルダのバルセロナ計画, 1859年）と除却（フィレンツェのメルカート・ヴェキオの再開発, 1885年………J. ストゥッベンの『都市計画』≪Der Städtebau≫(1824年)から，網目の部分は普通の建物，黒い部分は保存される記念的建物

第2帝政の20年間を通して、オスマンの都市計画技術は、植民地に大きな影響を与えた。ニューカレドニアにおけるフォール－ド－フランス (Fort-de-France) の開発は1854年に始まり、1865年には、ヴェトナムのサイゴンのそれが始まった。1865年にもまた、スエズ運河の入口で、ポート・セッド (Port Said) の新都市が誕生した。アルジェリアにおいては、征服後の最初の10年間につくられた新都市の建設——オルリーンズ・ヴィユ、フィリップ・ヴィユ——や、既存都市の周囲のヨーロッパ人地区の建設は華々しかった。1855年、ブーア人は、彼らの首都プレトリアの建設を始め、一方、イギリス人は、オーストラリアのその頃つくられた都市を発展させた (1836年にメルボルン、1837年にアドレード、流刑地廃止後の1840年にブリスベーン)。

　植民地の都市計画の歴史は、19世紀のヨーロッパの世界中への拡張の最も重要な局面のひとつであるが、まだ書かれていない。多分、この主題の分析的研究は、それの基となるヨーロッパ都市の原型の本質をさらに明確にするのにも役立つだろう。

5. オスマン時代の折衷主義と合理主義

　建築家は、パリ計画には小さな役割しかはたさなかった。彼らは相変らず様式についての議論から抜け出ることなしに、知事によって委託された建物に、もっともらしい形を与えることに自らを限定していた。しかし、オスマンの働きによって可能になった新しい仕事や大きな経験が、それらの抽象的な議論の明確化を急がせ、アカデミックな思想の危機を早めた。

　ネオ・クラシックとネオ・ゴシックの間の論争——既に述べたように、それは1846年に頂点に達した——は、当然のことながら、一方の勝利に終ることはあり得なかった。その時から、大部分の建築家は、クラシック、ゴシックの両方をどちらでもよいものとして心に留めるようになり、自然に、これら2つだけでなく、ロマネスク、ビザンティン、エジプシアン、アラビアン、ルネッサンス等もそうなった。

　折衷主義として知られる傾向は、既に、ネオ・クラシックの建築家やロマンティックの建築家の後向きの姿勢の中に含まれていたが、このようにして、それが出現し、広がった。

　折衷主義は、他の国々や、他の時代の建物についての知識が増すにつれ、好まれた。1835年、ドラノワはアルジェリアのモニュメントについての研究を出版し[9]、コストは、1839年、カイロについて、[10]1843年から1854年にかけてはペルシャの建物について[11]の労作を出版し、イギリスでは1842年、O. ジョーンズは、グラナダのアルハンブラのレリーフについて出版した。[12] また、例えばゲラボーによるもののような、最初の全般的な建築史もまた出現した。[13]

　哲学者達は、こうした芸術の歴史についての展望を、様式として同じ価値をもつものの継起として理論化した。ヘーゲルは、様式の連続を、テーゼ、アンチテーゼ、ジンテーゼの継起として、弁証法的に解釈しようとし、そのサイクルが、彼の時代に終ると考えた。それ故、彼は、同時代の人々に折衷主義を奨めて結論としている。[14]

　しかし、折衷主義の実行は、どこにおいても罪の意識を伴った。前衛的な著述家は、初めからそれを攻撃した。例えば、T. ゴーティエは「私は泥棒であった方がよかったのだ。それが折衷主義哲学だ」[15]といい、より反省的な建築家は、その職業の日常の遂行の中で見出される矛盾についての当惑を、R. ケルのように表現する。

「『どんなスタイルの建築であなたは自分の家を建てますか？』………

建築は，クライアントに対して，交渉の最初にこの質問を投げるのが普通である。そして，もしクライアントがそういう問題についてよく知っていなかったなら，何をしろといわれているのかを知って少々びっくりするかも知れない。ある本能の働き，あるいは気紛れによって………彼は半ダースほどの流行の様式の中からの選択を期待されているのである。それら様式のすべては，多かれ少なかれ互いに敵対するもので，各々支持者と反対者をもち，すべてはより理解し難いことが次第にわかるに従って，より長く試され――つまり，より長く矛盾し合うことが認められる。

当惑したクライアントは，彼が単に単純で快適な家を欲しているばかりでなく，もしそういうものがあるなら，快適な様式の家を欲しているのだということをあえて提言する。

建築家は勿論それに賛意を示すが，快適な様式はたくさん存在する――それらはすべて快適なのだ………『あなたは，帽子の型を選ぶのと同じように家の様式を選ばなければなりません。あなたは，古典様式を，円柱のものでもそうでないものでも，アーチ式のものでも楣式のものでも，田舎風なものでも都会風なものでもまた宮殿風なものでも，もつことが出来ます。またエリザベス朝様式を，また同じようないろいろな種類でもつことが出来，ルネッサンスについても同様です。また小さな様式に分けなくても，いろいろな形態をもつ中世――今や，11世紀のそれ，12世紀のそれ，13世紀のそれ，14世紀のそれというように広い幅をもつゴシック様式でも，またあなたが好むなら，封建時代式，専制君主式，スコラ哲学式，聖職者式，考古学式，教会建築式でも何でもよいのですよ。』

『でも，本当は私はそういうものでない方がいいのです。私は，質素で実質的で快適な紳士の家を望んでいるので，同じ事をくり返してすみませんが，私はどんな様式もほしくありません。私は本当に地獄はいやなんです。はっきりいいますと，それはお金がたくさんかかるでしょうし，私がそれを好かないことは確かです。私を見て下さい。私は古典的でもエリザベス朝風でもありません。――ルネッサンス風でもないし，中世風でもない――私は11世紀にも，12世紀にも13世紀にも14世紀にも属していません。――私は封建的でも，専制的でも，スコラ哲学風でも，考古学的でも，聖職者風でもありません。申し訳ありませんが，私をこのままの私と考えて，私自身の様式で家を建てて頂けませんか。』………

どうして，彼（普通のイギリス人）は，普通の職業のイギリス人のための，普通のイギリスの家をもつことが出来ないのだろうか？………」[16]

しかし，また多くの明らさまな折衷主義擁護もあり，それは確かに，社会の大きな部分の意見を反映している。

「様式に隷属しているという非難を受けることなく，芸術が，これほど表現の自由を楽しんだことはない。これは，すべての様式，すべてのジャンル，すべての方法を歓迎するわれわれの時代の名誉である。芸術教育が完全になり普及して以来，かつてはその時代の様式に合わないものは軽蔑され拒否されたのに対して，それぞれの作品や様式の美しさはよりよく評価されている。以前の時代は，時代はずれの様式に対して敬意をあまり感じなかったので，ゴシック教会のファサードの再建を任命された建築

3 オスマンとパリ計画

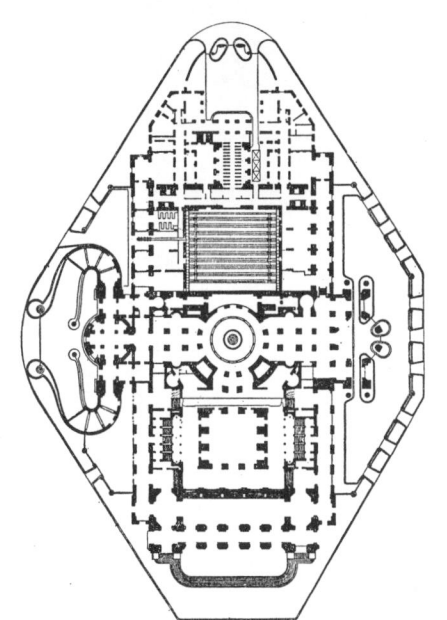

99, 100, 101図 ガルニエによるパリのオペラ座（1861〜1874年）

I 産業都市の誕生と発展

102図 パリ,オペラ座の断面(1878年のパリの博覧会の絵——ソンゾーニョ)

3 オスマンとパリ計画

家は、ためらわず、それを別の様式、ギリシャやローマ様式で建てた。今日は、それに反して、もはや芸術において流行は存在しない。すべての古い建物は、意識的に、われわれの芸術家にとって名誉である博識をもって、もとの状態に修復されるばかりでなく、同じ建築家がここにルネッサンスの教会を建て、あちらにロマネスクのもの、また他のどこかにルイ14世風の市庁舎を、そしてゴシックの寺院を建てることもあるし、また他の建築家が、同じ地区に、ルイ15世風の住宅と、ルイ13世風の兵舎と見事なネオ・ギリシャの法廷を建てることもある。」[17]

ガルニエ訳註)で始まるほとんどすべての折衷主義が、いかに過去の様式の複製に対する抗議でスタートし、そしてまた様式が自由に解釈され、またそれらが磨き上げられることを欲していると主張したかを知るのは興味深い。実際において、彼らの罪の意識が、流行している模倣に満足せず、彼らに、芸術史のあまり知られていない部分を掘り下げていって、新しいインスピレーションと新しい組合せを求めさせたのだった。

J. I. イットルフ(1792〜1868)と何人かのローマのフランス・アカデミーの学生、アンリ・ラブルースト(1801〜1875)、ヴィクトル・バルタール (1805〜1874) は、古代の建物の彩色装飾を発見し、その最初の色彩の再現をパリに送った。これは議論をもり上げ、彼らの説は、アングレとドイツのゼムパーとヘルマンによって支持され、古典の装飾の分野の新しい一面として知られるようになった。ベランジェの弟子であるイットルフは、この様式が鉄の建物にうまく合っていることを見つけ、アムビグ劇場(Théâtre Ambigu, 1827年)、シャン・ゼリゼーのパノラマ(Panorama)とシルク・デイヴェール(Cirque d'hiver)に適用し、そこから、彼が後に、グラン・ドテル(Grand Hôtel, 1856年)と、ガレ・デュ・ノール(Gare du Nord, 1863年)のような巨大な鉄屋根に取り組むための基礎となる経験を引き出した。

イットルフとバルタールは、パリ改造の時のオスマンの主な協力者であった。オスマンとこれらの建築家との間の関係は非常に重要である。オスマンは、彼の時代が「芸術を変え、そしてそれに新しい時代の抱負を表現させるような天才をもった芸術家をつくり出さなかった」[18]ことを残念がり、同時代の芸術家を、並みの大きさの考えしかもっていないということや(例えば、イットルフについては、凱旋門で終る道路の最初にある建物のことで)、実際的な感覚のないことで叱責し、時には、彼は仕事の途中でデザイナーを変えた。彼は好みの様式をもたなかったが、すべての様式を、場合によって使い分けの出来る装いとみなした。彼は、古典様式が重要な建物に最も適した様式だと考えたが、彼が、サン・ジェルマン・ロクスロワ(Saint Germain l'Auxerrois)のすぐ隣の区のメリー(Mairie)を建設しなければならなかった時に、彼は、イットルフと、ゴシックの建物をデザインする契約をし、テオドール・バル(1817〜1874)に、対称形を保つために、2つの建物の間にゴシック風の塔を建てさせた。

時には、知事は建築家が望んだやり方で依頼に答えない時には決定的にデザインに介入した。1843年、中央市場(Halles Centrales, 103図)として、バルタールは石のパヴィリオンを計画した。それは一部分建てられたが、不適当だということがわかった。オスマンはそれを廃し、バルタールに、様式に関係なく、鉄を使って別のデザインをすることを命じた。「私の望んでいるのは巨大な傘そのものなのだ。」オスマンはそのプランをナポレオン3世に見せた時に、皇帝がいかに驚き、

103図 パリ，中央市場（V. バルタール，1853年——A. ジョーンヌの『パリ絵図』からの版画）

当惑したかについて書いている。「同じ建築家がこうも相反する２つの建物をデザインしたなどということがあり得るのか？」と皇帝がきくと，オスマンは「建築家は同じでございますが，知事が違っております。」[19]と答えたのである。

この場合，オスマンは，アイディアのよさを強調したのである。だが1874年，セディーユはそうではなく，その反対であることを証明しているが，恐らく，正しいかも知れない。この後，バルタールは，例えばラ・ヴィレット（La Villette）の屠殺場，サン・オーギュスタン教会（Saint Augustin）のような，鉄の架構をもったいろいろな他の建物をデザインしているが，中央市場の単純さと壮大さには二度と到達し得なかった。事実，サン・オーギュスタンでは，彼は基になる構造体を，あらゆる伝統的な装飾をもった石造で覆い隠してしまった。疑いなくこれほど知識豊かで才能のある建築家の作品に，このような一貫したものがないということは理解に苦しむが，彼は，真面目な研究から，時代の好みに迎合するための，様式の組合せやパスティシェ（混成曲）の実験を弄ぶために，新しい材料へと安易に入っていったのである。彼は，まさに，その時代の文化的不安定の象徴そのもので，もはや伝統に固く結びつくこともなく，新しい考えに対して開放的だったが，首尾一貫せず，莫大な選択のある中で，ひとつの確定的な道を選ぶことが出来なかったのである。

折衷主義の矛盾を残念に思う人々の何人かは，問題は，外観の形の向うにあるということと，選択が合理的に示されるべき客観的な理由に基づかなければならないことを理解していた。彼らは合理主義者と呼ばれ，彼らの言は，激励も非難も含めて，時代に重要な影響をもつものであり，ある程度，同じ合理主義者のタイトルが与えられた1920年代の近代の巨匠達のそれを予告していた。しかしアナロ

ジーは言葉の上だけで，何故なら，19世紀の合理主義者達は折衷主義の行きづまりから逃れるすべを知らなかったし，古典や中世の過去の様式のどれにも関係のない具体的な形態をイメージすることは出来なかったからである。

新古典主義者的合理主義者の最も重要な代表は，アンリ・ラブルーストであった。彼はアカデミーの学生で，1824年ローマ・グランプリを得，メディチ家の別荘で5年間を過し，古代建築を勉強した。1830年，彼はパリに帰り，建築の私塾を開き，そこで構造的，機能的要求に固く従うことを説いた。彼は，1843年にはサント・ジュヌヴィエーヴ図書館（Bibliotèque Sainte Geneviève, 104図）と，1855年には帝室図書館（Bibliotèque Impériale, 105図）をデザインしたが，そこでは彼は広いスペースを得るために鉄の構造を用い，それを古代様式で装飾された石で覆い隠した。

ラブルーストの考えは，新しくはなかった。彼の構造や機能についての記述は，デュランのそれに似ているが，しかし，今や，これらの主張はイデオロギー的な色彩を帯びていた。これは，コントが『哲学講義』("Cours de Philosophie", 1845年）と『実証精神論講義』("Cours de Discours sur l'Esprit Positif", 1844年）を出版した時であり，クールベが絵のリアリズムを説き，ドーミエが鋭い諷刺でブルジョア社会を攻撃していた時であった。ラブルーストの同時代人，エクトル・オロー（1801～1872）は，異常な熱心さで同じ考えを説き，アカデミーと政治的反動とを同時に攻撃した。共に1872年にはクールベのようにコンミューンに加わり，獄中で死んだ。

1848年，革命は進歩的な希望の頂点を極め，そこでは，芸術，科学，政治が同体であった。次々と起こる事件の流れ，第2共和政の激動の生活，帝政の到来が，文化的な力に深刻な一撃を与え，それの最もよき支持者達を分散させ，孤立させた。

1856年，ラブルーストは塾を閉じ，生徒達はそれ以後合理主義者の頭首と認められるようになった，ユージェーヌーエマニュエル・ヴィオレ・ル・デュク（1814～1879）のアトリエに入った。ヴィオレ・ル・デュクは若い世代に属し，ラブルーストやクールベの頑固さも熱烈さももち合わせていなかったが，科学的な問題に異常なまでに精通し，官僚の世界との接触を失うことを気にかけなかった。彼は皇后の友達であり，ナポレオン自身にもある影響を与えた。1852年，彼はいろいろな雑誌で，折衷主義反対のキャンペーンを開始し，建築は，使用される材料の真の機能と，それに対する敬意を基としなければならないと主張した。この折衷主義批判は，最終的に，特定の目標，エコール・ド・ボザールや，グランプリや重要な地位を支配するアカデミーに向けられていた。1863年，皇帝はアカデミーのより自由主義的な改革に賛同した。

ヴィオレ・ル・デュクは，既に述べたように，ネオ・ゴシックの支持者であったが，彼は，ロマンティクなそしてセンチメンタルな意味合いを除いた議論をした。彼の学者的な眼にとって，ゴシックには混沌としたもの，神秘的なものは何もなく，彼は，その構造の明快さ，それの解決の経済性，個々の要求に対する正確な解決などを正しく評価した。ゴシックを古典主義と対比させながら，ヴィオレ・ル・デュクは，歴史学者の思考の限界の中に止まりながらも，アカデミーによって支持されている建築の偽りの一般法則の，いい加減で保守的な性格を強調し，それに対して，地味な，現実にもっと一致した他の法則を設定した。即ち，材料の適切な使用，機能的要求に従うこと等である。彼はまた，鉄の使用に興味をもち，それをその特殊な性質に

104, 105図 パリ, サント・ジュヌヴィエーヴ図書館と帝室図書館の内部（H. ラブルースト, 1843年と1855年………テクシエの『パリ風景』とA. ジョーンヌの『パリ絵図』から

合った用い方をすべきであり，伝統的な材料の代りに用いてはならないと提案した。

ヴィオレ・ル・デュクがネオ・ゴシック運動を合理主義と結びつけることによってそれに与えた進展は非常に重要である。彼は，彼に対するアカデミックな反対者と同様に，過去のモデルを基とし，一般的な，その時代の様式としての価値あるものを示すという逆説的な仕事を始めたが，ネオ・ゴシックにおいては，伝統と合理主義をひとつにするために，古典的戒律の代りに習慣だけに根ざした戒律を与えるというのは容易ではなかった。何故なら，ネオ・ゴシックは，その背後に最近の伝統とのつながりをもっておらず，事実，それが要求した最初のものは，最近の伝統に対する闘争であったからである。

この理由から，ネオ・ゴシックは，それの根がどこにあろうと，過去の芸術的遺産の有益な再評価をもたらし，構築過程の近代的な自由な解析を促進した。実際，世界中で読まれたヴィオレ・ル・デュクの本は，次の世代の形成，つまり，アール・ヌーヴォーの巨匠達の形成にとって非常に重要だった。

106図　ヴィオレ・ル・デュク，鉄のヴォールトと組積造による広間，1864年（『建物の保存』≪Entretiens sur l'architecture≫——1872年——より）

1) Persigny 著, "Mémoires" 251頁……P. Lavedan 著, "La Vie urbaine" の新しいシリーズ No. 3〜4 (1953年) の 181〜182 頁の中の "L'arrivée au pouvoir" から引用
2) G. E. Haussmann 著, "Mémoires"——パリ，1890年——第2巻9〜10頁
3) この数値は G. E. Haussmann 著，前掲書の第2巻20章507〜534頁から得た。
4) オスマンの事業の収支は彼の "Mémoires" の第2巻の337〜340頁にのっている。
それについての要点を記すと

支出	大通り建築費	1,430,340,385.5
	建築及び美術	282,791,696.5
	道路付属施設・公園	178,370,624.8
	給排水	153,601,970.2
	雑	70,476,924.8
		2,115,581,601.8
	その他の費用（1859年に併合されたコンミューンに支払われた譲渡金及びコンミューンの負債及びオスマンによる借入金等に関する出費	437,886,822.3
	合計	2,553,468,424.1
収入	市の歳入から経常支出を引いた額	1,017,243,444.5
	国庫補助	95,130,760.7
	収用した土地及び除却物の売却費	269,697,683.5
	種々の借入金	1,171,596,535.4
	合計	2,553,668,424.1

5) G. E. Haussmann 著，前掲書第2巻53頁
6) G. E. Haussmann 著，前掲書第2巻311〜312

7) G. E. Haussmann 著, 前掲書第1巻10頁
8) "Coningsby", 1844年と "Sybil", 1845年
9) M. A. Delannoy 著, "Etudes artistiques sur la régence d'Alger" ——パリ, 1835～1837年
10) P. Coste 著, "Architecture arabe, ou monuments du Caire" ——パリ, 1839年
11) P. Coste 著, "Voyage en Persie"——パリ, 1843年
12) O. Jones 著, "Plans, Elevations, Sections and Details of the Alhambra"——ロンドン, 1842～1845年
13) J. Gailhabaud 著, "Monuments anciens et modernes des différents peuples à toutes les époques" ——パリ, 1839年, 英訳1844年
14) Vorlesungen über Aesthetik ——ライプツィッヒ, 1829年
15) T. Gauthier 著, "Les jeunes-France" —— パリ, 1832年——xiii
16) R. Kerr 著, "The Gentleman's House, or How to Plan English Residence from the Personage to the Palace"——ロンドン, 1864年——アーキテクチュラル・レヴュー誌110巻 (1951年) 205頁に引用されている。
17) L. Avray……J. Wilhelm 著, "La vie à Paris"——パリ, 1947年——に引用されている。
訳註) シャルル・ガルニエでトニー・ガルニエとは別人
18) G. E. Haussmann 著, 前掲書第1巻32頁
19) G. E. Haussmann 著, 前掲書第3巻482頁

第4章　19世紀後半における技術と建築

1. 万国博覧会

　19世紀後半における技術の進歩は，1851年以後の万国博覧会を通して理解していくことが出来る。

　工業生産品の博覧会は，ギルド廃止後の，製造業者，卸売業者，消費者の間につくられた直接的な関係を反映している。第1回フランス工業博覧会は，労働の自由の宣言の6年後，五執政官府の下で，パリで行われた。

　19世紀の前半の間は，博覧会は自国のものであった。これは，イギリスを除くほとんどすべての国が，自国の工業の誕生を保護するために外国貿易に対して厳格な制限を課していたからである。1850年以後になって，ようやく状況は変った。最初フランス，次いで他の国々が関税障壁を低くし，新しい国際貿易の可能性が博覧会に反映し，それは世界的になり，すべての国の生産品を並べ合わせて見せるようになったのである。最初の万国博覧会は，1851年，ロンドンで開かれた。この事業の立役者はヘンリー・コール——この人物については第6章で詳しく述べる——と，プリンス・コンソート訳註）のアルバート公であった。ハイド・パークが敷地に選ばれ，1851年，建物についての国際コンペティションが行われ，245の応募を得，そのうち27が

フランスからであった。1等は，鉄とガラスの大架構を提案したオローが得たが，応募作品のどれもが実用的でないとみなされた。何故なら，1等を含めすべてが大きな部材からなる架構を採用しており，それでは取り壊した後再び利用することが出来なかったからである。この理由から，建設委員会は，自身の計画を作製し，請負業者を呼んで修正の可能性を許しながら入札を行った。この時点で，温室の建築家であったジョセフ・パクストン（1803～1865）が，急いで用意した計画をもって割り込み，委員会のメンバーであるロバート・スティーブンソンの助力を頼み，「ロンドン画報」("Illustrated London News") に計画を発表した。しかし，委員会はそれまでに下した決定に拘泥した。そこでパクストンは請負業者のフォックスとヘンダーソンと協同しなければならず，彼自身の案を委員会の計画の改良案として提出したのである。

　この入札は非常に危険であった。というのは，量が膨大であり，個々の部材の鉄，木，ガラスの価格が，非常に短い期間で，非常に正確に積算されなければならなかったからである。ディッケンズは，「ハウスホールド・ワーズ」("Household Words") の中でこの計画について次のように書いている。

4 19世紀後半における技術と建築

107, 108図 ロンドン,クリスタル・パレスの2つの展望(ヴィクトリア・アルバート博物館とティプ・スパルビーナの『ロンドンの大博覧会』≪La grande esposizione di Londra≫——トリノ,1851年——から)

「地方のある鉄工業者とガラス業者,ロンドンの木工業者の正確さと忠実さに頼って,ロンドンの2つの業者が責任分担し,4か月で,長さ1/3マイル以上(その年の年号そのままの数字,1851フィート),幅450フィートの建物で,18エーカーの地面を覆ったのである。これをするために,ガラスメーカーは,要求された期間内に,90万平方フィートの板ガラス(重さにして400 t以上)の供給を約束した。それらはそれま

I 産業都市の誕生と発展

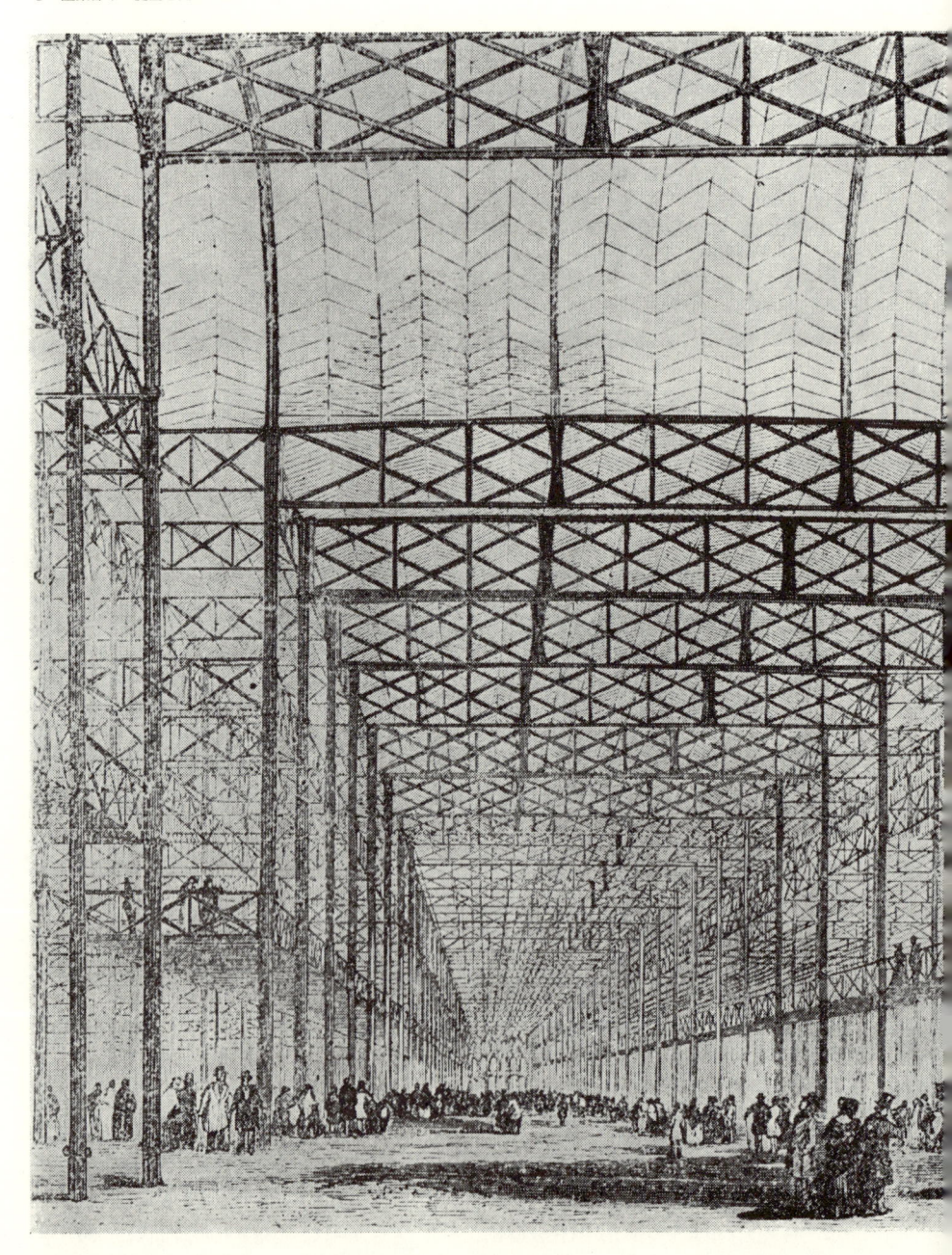

109図　ロンドン，クリスタル・パレスの内部（前掲『ロンドンの大博覧会』より）

4　19世紀後半における技術と建築

I 産業都市の誕生と発展

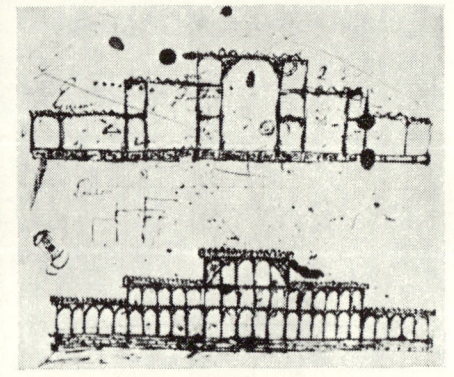

110, 111, 112図 ロンドン，クリスタル・パレス，内部についてのオリジナルの写真，建物のディテール，パクストンのオリジナルのスケッチ（ヴィクトリア・アルバート博物館）

でつくられた中で最も大きなガラスであり，それぞれ49インチの長さがあった。鉄工業者は，同様に，必要な期間内に，14½フィートから20フィートまでのいろいろな長さの3300本の鉄の円柱，柱を地面の中でつなぐための34マイルのパイプの樋，

2224本の梁，それに加えて廊下を支えるための1128本の床梁を鋳造する約束をした。木工業者は，指定された期間に，205マイルの長さの窓枠，3300万立方フィートの床材，さらに膨大な量の木の棚，天窓，間仕切り等を用意することとなった。」[1]

落札は最低価格で，工事は，実際に，見積られた予算の中で完成された。原設計には，何本かの大木のための袖廊は含まれていなかった。総工事費は，1立方フィート当り1½ペニーであった。

計画の経済性は，いろいろな工夫と経験によるものだった。完全なプレファブリケーション，ハイスピードの組立て，再使用による原価の回収の可能性，パクストンが温室の建設で得た技術的な経験等である。垂直支持材の鋳鉄製のパイプは，雨水の竪樋としても使われ，基礎の水平の支持材も樋として使われた。つまり，ある意味で，建物は排水システムそのものが立ち上ったものだったのである。ガラスの結露の問題は，雨が落ちこまないようにするために，傾斜した屋根面に開口をとり，雨水を木の窓枠の下枠につけられた溝を通して樋に排水することによって解決した。床は地面より4フィート高くし，下のスペースは換気のためとほこりを集めるための装置として役立っている。

クリスタル・パレス——建物はそう呼ばれたが——は大変な評判を呼んだ。だが，ラスキンのような秀れた批評家は慎重だった。「タイムズ」紙はこう書いている。

「完全に新しい建築的秩序が，卓抜な技術的才能によって，最も素晴らしく美しい効果をもたらしながら，建物となって生まれ出でた。」[2]

ドイツの政治的亡命者，E. L. ブッヘルは，

「その建物はどんな反対にも出会わなかった。そして，見る人が受けた印象は，ロマンティックな美しさによるそれであって，それの複製画は，ドイツの片田舎の小屋の壁にもすぐに掛けられた。堅固な石造でないこの最初の建物をじっと見ていると，建築をこれまで判断してきた基準が，もはや正しいものではないことが，徐々にわかってくる。」[3]

といっている。博覧会後，パレスは解体され，地方のシデンナム（Sydenham）というところに，パクストンの手によって再び組み立てられ，1937年に焼け落ちるまでそこにあった。

クリスタル・パレスの重要性は，ある静力学的問題を解いたことにも，プレファブリケーション工程や技術的工夫の新しさにもあったのではなく，技術的手段と，建物の象徴及び表現目的との間に打ちたてられた新しい関係にあった。

同時代の記述は，ブッヘルのもののように，非現実性と非限定的な空間についての印象を強調している。

「われわれには，デリケートな線の網が見えるが，それには，それとわれわれの間の距離や，実際の大きさを判断するための手がかりは何もない。側壁は互いに遠く離れ過ぎているので，ひと目でそれらを眼に入れることが出来ない。壁の一端から他端へ眼が動く代りに，眼は，地平線へと消えていく無限の景色の中を流れていく。われわれには，この構造体がわれわれの100フィートも あるいは1000フィートも 上に聳えているのかどうか，屋根が平らなのか，鋸状に出来ているのかわからない。というの

I 産業都市の誕生と発展

113, 114図 1855年のパリの博覧会のためにシャン・ゼリゼーに建てられたホール（ソンゾーニョの『1899年のパリ博覧会の絵』≪L'Esposizione di Parigi del 1899 illustrata≫と A. ジョーンヌの『パリ絵図』から）

は，われわれの視神経が長さを測ることが出来るための陰影が何もないからである。視線を下に下げると，青く塗装したラティス梁が眼に入る。最初，これらは大きな距離をおいて現われるが，次第に間隔はつまり，最後はまぶしい光の帯で——袖廊——

で見えなくなり，それは遠い背景へと溶け込み，そこではすべての物質性は大気の中に混じり合ってしまう。………」（109図）[4]

この印象は，それほど鉄の使用と関係のあるものではない——既にこの種の建物はたくさんある。パクストン自身やバートンの温室，パリのジャルダン・ディヴェール（Jardin d'Hiver），鉄道の駅舎などである。そうではなくて，恐らく全体の大きさや，建物全体を一望することの不可能なほどの大きさに比して，個々の建物のエレメントが小さいことによるのだろう。全長が 550m 以上だが，中心の身廊は僅か21.5mの幅で，鋳鉄の柱は僅か 7mおきにたっているに過ぎない。8フィートという基礎的な寸法が，建物の長手に230回くり返され，そして，想い出さなければならないのは，袖廊はもともとデザインの中で考えられていなかったことで，それ故，建物は焦点をもたず，一種の無限の列車のように見えただろう。単純なモティーフのくり返しからなるこのような構成は，外見上，ネオ・クラシックの伝統のモデルと似ているし，くり返されるエレメントは，建築的秩序を思わせるが，用いられている比例や大きさが完全に異なった結果を生み，1つの有限の物体というよりも，そこに展示されている物や中を歩く人間によって絶えず変化するようにして規定される無限の広がりの印象を与えるのである。

同様，オスマンの道路と広場も，規則正しい伝統的な眺望が，それらにとっては大き過ぎる空間の中に用いられているので，もはやそれだけで完結せず，無限定空間へと変身し，その中で起こる交通や動きによって規定される動的な空間となっている。

クリスタル・パレスの単純で大胆な性格は，種々の状況との関係において見なければならない。例えば，作者の教育である。——

彼は建築家ではなく，技術者であり造園家であって，その後同じような建物をデザインした建築家が好んだ壮大さに関心がなかった。だが彼は，博覧会の立役者のひとりであり，工業技術に対する正しい姿勢を確かにもっていた工業デザインの理論家，ヘンリー・コール卿の影響を受けていた。そしてセンセーショナルな構造の大きなショーに派手な熱狂ぶりを示すでもなく，構造体を一連の伝統的な装飾で覆い隠すような，悪い文学的な信仰ももたず，大量生産品と厳格な経済的制限を素直に受け入れた。それが，この場合，建築的な成果に非常に役立っている。

クリスタル・パレスは大変な成功だった。同じような建物が，1853年の，ニューヨークの博覧会で計画された——パクストンもまたデザインを提出した——が，モニュメンタルなドームが身廊の中央におかれた。1854年には，技術者のヴォワとヴェルダーによって，ミュンヘンに，グラス・パラスト（Glas Palast）が建てられた。

同じような問題が，1855年，パリでフランス万国博覧会について起こった。1852年，Fr. A. サンドリエ（1803〜1893）とアレクシス・バロー（1812〜1867）は，鉄とガラスの大きな建物を計画したが，フランスの工業はその要求に応ずるだけの用意がなく，鉄は屋根にだけ使い，建物は組積造の壁で覆うことが決定された。外部のデザインはJ. M. V. ヴィエル（1796〜1863），屋根はバローによって行われた。パレ・ド・ランデュストリ（Palais de l'Industrie）として知られるこの建物は，シャン・ゼリゼーに建てられ，1900年に取り壊されて，代わりにグラン・パレ（Grand-Palais）が建つまで，すべてのその後の博覧会に用いられた（113, 114図）。ホールは48m×192mの大きさで，当時，途中に支柱をもたない鉄の屋根として最大のものだった。

ナポレオン3世によってクリミア戦争中に

I 産業都市の誕生と発展

115, 116図 1867年のパリ博覧会の建物の外部の全景と回廊の風景(帝室委員会によって認められれた海外版——ソンゾーニョの編集——と『フランスの主要作家によるパリ案内』≪Paris-Guide par les principaux écrivaines de France≫から)

4 19世紀後半における技術と建築

117, 118図 ウイーン，1873年の博覧会（『1873年のウイーン万国博覧会の絵』≪L'Esposizione universale di Vienna del 1873 illustrata≫──ソンゾーニョ──から）

139

I 産業都市の誕生と発展

119図 フィラデルフィア，1876年の万国博覧会の内部（『フィラデルフィアの万国博覧会』≪L'Esposizione universale di Filadelfia≫――ソンゾーニョ――から）

企画された1855年の博覧会は，帝国の威信を強め，外国の工業と同じ土俵の上で競うことが出来るようになっていたフランス工業の進歩を展示するためのものでなければならなかった。多くの製品の中に，J. L. ランボによってデザインされたもので，内部の鉄の構造体で支えられたコンクリート製の奇妙なボートが展示されていた。当時はこれは珍奇でしかなかった。建設の分野での他の多くの成果が見学者の注意を引いた。機械類，クレーン，オスマンの仕事を可能にした土掘り機，1841年トリジエによって発明された圧搾空気で打ち込まれる基礎杭，1853年にフラシャによってガレ・ド・マルシャンディーズ・ド・ルエスト（Gare des Marchandises de l'Ouest）に既に用いられた屋根用の波型鉄板，亜鉛屋根板，成型タイル，石切場で機械によって切り出された石のブロック，カナダ部門で展示された木の床とパネル，蒸気と水によって働く暖房器，ある劇場や病院などで既に用いられていた換気方式等である。

1867年の第2回パリ万国博覧会は，シャン・ド・マルス（Champ de Mars）の7つの円心楕円形の仮設の建物で行われた。最外部の最も大きな部分は機械の展示のためのものであり，他は，原材料，衣類，家具，学芸，美術，労働史等のものであった。中央に中庭があり，貨幣，重量，寸法の展示館があった（116図）。各地方は，7つの展示室のそれぞれに場所をもっていた。「この円いパレスを回ることは，赤道を回るように，文字通り世界を回ることだった。すべての人々がここにあり，敵同士が隣り合って平和に生活している。」[5]

機械館（La Galerie des Machines）は35mのスパンをもっており，鉄のアーチで支え

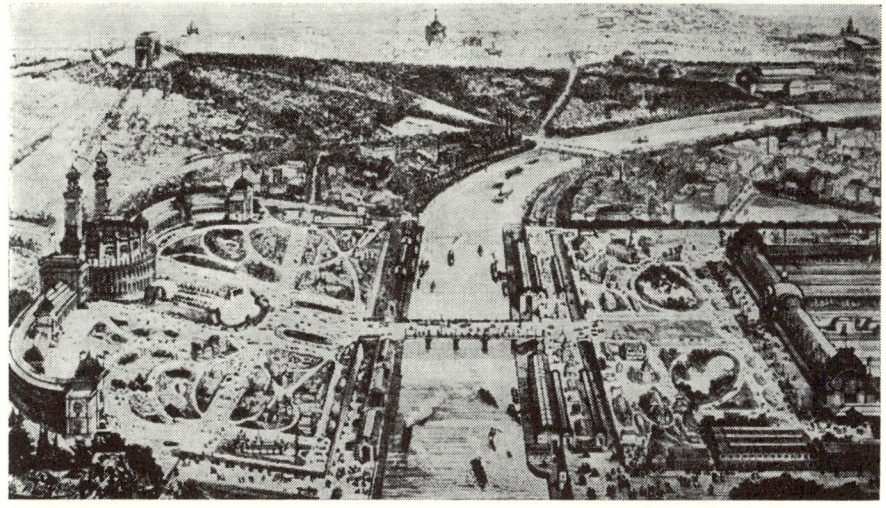

120, 121図 パリ, 1878年の機械館と博覧会の全体の展望 (『1878年のパリ博覧会の絵』≪L'Esposizione di Parigi del 1878 illustrata≫——ソンゾーニョ——から)

られている。推力は，外側の柱を伸ばし，それらをガラス屋根の上で，タイ・バーでつなぐことによって消されている。この建物の設計者，J.B.クランツは，若い技術者グスタヴ・エッフェル (1832～1923) がラヴロワーペレ (Lavellois-Perret) に開いたばかりの工場に，鉄の骨組を注文した。エッフェルもまた計算をし，実際の試験を行った。

この仮設の建物は，モニュメンタルなプロジェクトに慣れているパリ人に酷評された。例えば，ケンフェンはこう書いている。

「パレス？ これが，この，未だかつて1つの場所に寄せ集めたことがないほどの莫大な数の製品を一堂に集めたどでかい構造物に与えられる名前なのか？ もし，この言葉が，美とか優雅とか威厳とかの概念を意味するならば，否である。一目で全体を見ることの出来ないこの巨大な鉄とレンガのマスは美しくも，優雅でも，壮大でもない。それは重たく，下品で，俗悪である。だが，たとえそのようなものが欠けているにしても，測ることの出来ない富をもっていれば充分だとするなら，建築の歴史に前例のないこの不思議な物体は確かにパレスである。」[6]

これらは，クリスタル・パレスになされた時には賞讃を，時には非難をこめて用いられた批評と似たものである。

この建物に展示された品物は，12年間にすべての分野でなされた急速な進歩の証人である。建築においては，最も目立って新しかったものは，L.エドゥーによって展示された水圧リフトであった。もうひとつの展示は，J.モニエによって出された鉄筋コンクリートの容器であった。それはその年特許となった。鉄の品物は数多く，ベッセマー転炉の発明後の製鉄工業の進歩を証言した。その僅か後の1873年，ジュール・ソールニエ (1828～1900) は最初の鋼鉄の骨組の建物，メニエ工場 (Menier) をノワジェール－シュル－マルネ (Noisiel-sur-Marne) に建てることが出来た。

6年後の1873年，博覧会はウイーンで開かれた。プラーテル (Prater) に建てられた建物は，イギリスの建築家スコット・ラッセルの作品であり，102mスパンの巨大な円形の建物がそびえている (117, 118図)。博覧会は1876年にフィラデルフィアでも開かれた (119図)。

戦争期とコンミューン時代の後，1878年，パリは新しい博覧会の舞台となることになった。この時に2つの建物が建てられた。シャン・ド・マルスの仮設のものと，セーヌの対岸のシャイヨ (Chaillot) の丘の永久的なもの，パレ・ド・トロカデロ (Palais de Trocadero) である。

仮設の建物は，レオポルド・アルディ (1829～1894) によってデザインされた。セーヌに面したファサードでは，外壁はレンガでなく，色つきのマジョリカであった。建物はいろいろな種類の折衷主義的装飾で覆われているが，著しく人目を引いた。何故なら，それは鉄を伝統的なやり方で用いず，同時にまた建物が象徴する目的と相容れないような機能的なやり方でも用いなかったからである。この時代のあるジャーナリストはこう書いている。

「この北側のファサードは，鉄，即ち鋳鉄で出来ている。だが，読者は容易におわかりだろうが，少なくもファサードの中央部分に対して，建築家は類い稀な才能で展示ホールというよりマーケットか工場に見えるこの建物をつくるのに金属を用いる時に陥る落とし穴を避けるすべを知っていた。伝統的な形態を避け，レンガとプラスター

4 19世紀後半における技術と建築

122, 123, 124図 パリ，1889年の機械館（『フィガロの博覧会』≪Figaro-Exposition≫, S. ギーディオンの『時間・空間・建築』とトレーヴの『パリと1889年の万国博覧会』≪Parigi e l'Esposizione universale del 1889≫から）

143

I 産業都市の誕生と発展

125図 パリ，1889年の機械館の展望（『1889年のパリの博覧会の絵』——ソンゾーニョ——から）

4 19世紀後半における技術と建築

を省き，彼は壁を覆うために色つきのマジョリカを用いたのだった。彼は躊躇なく，公共建築に色つきのファサードを付した。そしてそこでは，いろいろな国の紋章が装飾上の主たるモティーフとなっている。」[7]（121図）

2つの機械館は1867年の時のそれと同じスパンをもっていたが，技術者ド・ディオンは，安価な尖頭アーチ梁をデザインし，それによって推力を除き，内外のバットレスを不要とした（120図）。

入口に用いられた構造は，エッフェルによって計算された。彼はポルトガルの鉄道の壮大な計画もしていたし，また同じ年，ドゥーロ（Douro）川にかかるマリア・ピア（Maria Pia）橋の仕事に着手した。

トロカデロは，G. A. ダヴィウード（1823～1881）とJ.D. ブールデ（1835～1915）とによってデザインされた。永久的な建物という考えは，当然ながら，組積造を連想させる。それは屋根だけが鉄で出来ており，押しつけがましい折衷主義の装飾で覆われている。この建物は最近取り壊され，代りにシャイヨ宮（Palais de Chaillot）が建った。

1878年以後，世界中で行われる万国博覧会の数は増していった。1879年にはシドニー，1880年にはメルボルン，1883年にはアムステルダム，1885年にはアントワープとニューオルリーンズ，1888年にはバルセロナ，コペンハーゲン，ブリュッセル。

バスティーユの100年祭，1889年のパリの博覧会は，多くの点で，19世紀の展示の中で最も重要であった。これはまたシャン・ド・マールで行われ，いろいろな建物の集合からなっていた。U字型のメインホール，機械館，トロカデロへ到る橋の軸線上にあるエッフェルの300mの塔等である。

J. フォルミジェ（1845～1926）によってデザインされた建物は装飾過多のドームをもった重く複雑なものであった。しかし機械館と塔は，これもまた必ずしも趣味のよくない装飾を負わされているとしても，この時代までに鉄で建てられたものの中で最も重要な作品であり，それらの大きさは新しい建築的問題を提出した。

機械館は，Ch. L. F. デュテール（1845～1906）によってデザインされた。彼は技術者コンタマン，ピエロン，シャルトンらを備った（コンタマンについて面白いことに，多くの著述家はあたかも身許のはっきりしない中世の巨匠について混同するように鉄筋コンクリートの先駆者コタンサンと混同している）。その時代の人々にとって，デザイナーは疑いなくローマ賞を得たデュテールということになっていた。

115m×420mというこの大建築は，3ピンアーチで支えられた。この方式は既にドイツの駅舎で用いられていたが，38年前のクリスタル・パレスほどの大きさの空間を柱なしで覆うことを可能にした（122～125図）。

同時代の人々は，この建物に対して驚きと不安で反応した。俗人は概して熱狂的で，ホールの大きさに対する讃美と技術的な工夫や装飾の仕上げとに対する讃美をいっしょにした。

「人々の視線は，その動きにつれて，一方の端部から他端の多彩な色ガラスのファサードまで，1km以上の明るくがらんとした空間を一望することが出来る。そして，2つの同形のアーチが中央で接続されている優雅な梁のカーヴは，2本の巨木に似ている。………金属部分の不可避的な膨張——太陽光線に原因する膨張——や，冷えた時の収縮によって起こる変形を除くために，アーチ梁は3点で接合されている。つまり2つの基礎の点と頂点である。柱部分に近

づけば，これらの接合を簡単に見ることが出来る。それは純然たるヒンジであり，鉄に，その物理的特性を自由に行使させている。」[8]

「透明な屋根は完全なアーチであり，時には青いガラスが変化をつけてはいるが白いガラスで覆われていて，単純で優美であり，南北の妻面の壁も同様である。それはがらんとはしているが，建築素材──鉄とガラス──の性格が，詩人をして『機械をいっぱい詰めこんでそれを台無しにするとは何たる過ち』と言わしめた明るさを与えている。だが，現に，機械が置かれている。私は，友人のように機械がそこにない方がよかったろうとはいわない。だが，そうはいわないけれども，そう思う。」[9]

「鉄はあらゆる要求に応えてきた。それまで，うまい芸術的効果を鉄でつくり出すことが出来るとは誰も考えたことがなかった。きゃしゃで貧弱な外見と，自由な形をつくることの難しさのために，大部分の建築家はそれを使いこなすことが出来なかった。試みは申し分なかった………展示館の円柱は，昔のように，鋳鉄でつくられてはいず，面白くデザインされた鉄鋼と鋼板から出来ていた。階段の手すりと手すり子もまた市販されている鉄鋼，T型鉄鋼とU型鉄鋼で出来ていた。架構全体も同様，鉄の建築に新しい可能性を開いた同じ部材から構成されていた………側方の美しい展示館の展開にも拘わらず，眼はこれまで見たこともない大きさに自身を調節するのが困難であり，そのような巨大な光景に戸惑った。低い尖頭アーチの屋根もまた，眼をだまし，建物の高さを正確に教えてくれなかった。眼は次第にこの巨大な光景に慣れるが，初めは驚愕し終りにはすべてをほめた

たえる。それは偉大な光景だった。」[10]

主要な著述家達は賞讃したが，E.ルナンのように条件づきであった。

「この偉大な努力は，それなりのやり方で美しい作品をつくり出した。それは，われわれには慣れていない種類の美ではあるが，われわれはそれを認めなければならない。その鉄のドームは，明らかに，サンタ・ソフィアやサン・ピエトロのそれとは共通するものは何ももっていなかった。………さらに，この作品が永遠であることを意図していないことも心に留めておかなければならない。それはさらに驚くべきことであった。何故なら，それはそのかりそめの性格をもった，驚くべき浪費であるように見えたからである。」[11]

多くの建築家は，A.ド・ボードのような合理派の建築家ですら，何か潰れたようなプロポーションや，ディテール，特に見るからに柱の基礎部を弱くしているピンジョイントを批判した。それに対して他の専門家達は，構造とその建築的外形との間の調和を認めた。

「このモニュメントは，その目的を明瞭に語っているばかりでなく，設計者の意図を明らかにしており，無数のやり方で，近代科学が設計者の意のままに使われていることを一目で理解させる。目的は完全に達せられているように見える。それを達するために選ばれた方法を研究してみると，それらは構造の軽いことであり，飛ぶ鳥が拡げた羽のように空間を切る優美なアーチのカーヴの大胆な迫り上りである。」[12]

機械館は，見学者をただ機械の周囲を歩き

Ⅰ　産業都市の誕生と発展

126, 127, 128図　パリ, 1889年の博覧会の全景(『1889年のパリの万国博覧会』——ソンゾーニョ——), エッフェルの漫画とエッフェル塔(『フィガロの博覧会』から)

回らせるには巨大過ぎた。この理由から, 2基のトロッコが設備され, 地面からかなり上方で, 建物の全長を走り, 展示物の上へ見学者を運んだ(125図)。この工夫は, サーキュレーションの問題から考えつかれたばかりでなく, 版画や写真からわかるように, それは内部の性格にプラスの効果を与えた。実際に, 何もない空間の巨大さが, 壁の形によるばかりでなく, その中の動く物体や人々によって生き生きとし, ヒューマン・スケールを取り戻し, そしてそれらとの関係において初めて理解し得るものとなった。よくある何もないホールの姿(例えば, ギーディオンがコピーした有名な写真, 123図)と, フィガロ紙の挿絵(122図)とを, トロッコや機械や人々の動きを想像しながら比較してみればよい。全面に動く物体が群がっていると, 眼はもはや全体を閉じた空間としては見ず, オス

148

4 19世紀後半における技術と建築

129, 130, 131図　エッフェルによる3つの構造体……エッフェル塔の底部(1889年)，パリのボン・マルシェ(1876年)とガラビーの鉄道橋(1880年)

マンの大通りのように視線の届く限りくり返されるリズムによってのみ規定される，無限の広がりとしてとらえるのである。

　それ故，この建物が伝統的な規準では判断し得ないというのは正しい。それは，幅と長さに1対3.6の比率と完全な対称形を用いて伝統的な規準に従ったデュテールのデザインのせいではなく，その内包物や群衆の存在が

149

132, 133, 134図　パリ, エッフェル塔のディテール

獲得したダイナミックな性格の故である。

　機械館は, 不幸にも, 1910年に喪失したので, これらの仮説を実証することは不可能である。しかしながら1889年万国博覧会の第2の有名な産物は, 未だに残っている。それはエッフェルの300mの塔である。

　1884年, エッフェルは, そのデザインを, 彼の工場で傭っている2人の技術者, ヌーグイエとケシュランにまかせ「高い鉄橋の柱について普通なされている研究を利用して鉄塔を建てるという考え方」[13) を示唆した。建築部分は, 建築家ソーヴェストルの作品である (126～129図)。計画はその後の2年間をかけて練り上げられ, 1887年の初めに工事が始まった。

　塔の輪郭は, 風に耐えるようにデザインされており, エッフェルは, 構造計算によって決まった形は構造体に好ましいプロフィルを与えると期待していた。

「建築美学の第1原理は,モニュメントの輪郭が完全にそれの目的に適合しなければならないことを規定している。塔について,私は何を考慮に入れなければならないのか? それは風に耐えることである。そこで私は構造計算が決定した4本の外側の柱のカーヴが………力強さと美しさの大きな印象を与えるだろうことを証明する。何故なら,それは,部材の間の無数のすき間が,強風の暴力に対して建物の安定性にとって危険な外面を曝すことのないようにという,絶えざる配慮を強調しているのと同様に,眼に構造体全体の大胆さを伝えるだろうからである。」[14]

よく知られているように,芸術家や文学者のグループが,博覧会の主宰者,アルファンに対する公開状の中で,この鉄塔の建設について公の抗議を行った。

「紳士および親愛なる同朋諸君よ。
　われわれ作家,画家,彫刻家,建築家,およびこれまで汚れることのなかったパリの美しさを熱愛する者達は,侮られたフランスの美意識の名において,われわれの首都の真中に無用な怪物的なエッフェル塔がたつことに対して,全力をあげて抗議しよう。エッフェル塔――それは,よき感覚や公平の精神の中に呼び起こされる社会的悪意が,バベルの塔の名によって洗礼されたものである。それ自身の名を汚し,それ自身を救いようのないほどに醜くするために,パリ市はある建物(あるいは建築家)のグロテスクな商業的幻想とつき合うのか? 商業主義的なアメリカですら望まないであろうようなエッフェル塔は,疑いなくパリの恥辱である。われわれがこれから眺望しようとするものを知るには,パリに聳え立つ,巨大な,まさに工場の煙突のようにわれわれのモニュメントを侮辱し,われわれの建築を小びとにし,はてはそれらを驚くべき夢の中で消してしまう眼がくらむような,こっけいな塔を寸法心に描いてみる必要がある。20年の間,われわれは,インクの汚点のような,リベットを打たれた鉄の柱の影を見るのだろうか。あなた方,紳士ならびに親愛なる同朋諸君に,そしてこよなくパリを愛し,パリを美しくしたあたな方に,パリをもう一度守る名誉が与えられているのだ。そして,もしわれわれの警告の叫びが聞こえないなら,もしわれわれの議論が注目されないならば,もしパリがパリの名誉を汚すことに固執するならば,少なくもあなた方とわれわれが,この名誉ある抗議を世に知らしめよう。」[15]

署名の中には,メソニエ,グーノ,ガルニエ,サルドゥ,ボナ,コペー,ルコント・ド・リーユ,シュリープルドム,モーパッサン,ゾラの名がある。

多くの技術専門家は,構造体と基礎の沈下によって,その塔が転倒する運命にあると主張した。近くの建物の所有者達は,法的な予防措置を始め,補償を要求した。何故なら,その危険によって彼らは建物を貸すことが出来なくなったからである。

1889年4月5日,塔が完成した時,多くの反対意見は,好意的なものに変った。もし,新聞が読者の意見を反映しているとすれば,世論は,全体として好意的であった。ここにいくつかの批評がある。

「完成された事実を前にして――何たる事実!――敬意を表せざるを得ない。私もまた,他の多くの人々と同様に,エッフェル塔は狂気の行為だが,それは偉大で誇るべき狂気の行為であるといい,そう信じる。確かに,この大きなマスは,博覧会の他の

I 産業都市の誕生と発展

135図 パリ,都市全景の中のエッフェル塔

物を押しつぶし,シャン・ド・マルスから外へ出ると,巨大なドームや展示館が小さく見える。しかし,そこであなた方は何を期待するか? エッフェル塔は想像力を魅きつける。それは予期しなかった空想的なものであり,われわれの矮小さに媚びてい

る。それが最初始められた時，メソニエからゾラに至る最も有名な芸術家や作家達は，塔を芸術に対する狂気の攻撃とみなし，激しい抗議に署名した。彼は今ならそれに署名するだろうか。否である。彼らは，彼らの怒りの文書が消失してしまうことを希っているかも知れない。一般民衆についても，善良なブルジョアジーについても，彼らの感じるものは，口をぽかんと開けて塔を5分間もじっと見つめそして『打ち砕かれたヨーロッパよ』といった奴の言葉に要約されている！」[16]

「アーチ型をした，堅固で巨大で怪物的で野蛮な脚の上に突立ち，それは，口笛や喝采を蔑みながら，その足許で何が起こりつつあるかを考えず，ひたすら天国を求め，それに挑戦しているかのようである！」[17]

多くの作家は納得していなかった。ゴンクールの「日記」("Journal")の中には次のような一節が記されている。

「エッフェル塔は，鉄のモニュメントが人間のモニュメントではないと，即ち，住居をつくるのに，木と石しか知らなかった古い人間性のモニュメントではないと私に思わせる。さらに，鉄のモニュメントの平らな面がぞっとする。二重の展望台をもった第1のプラットホームを見よ。文化的な人間の眼にとってこれ以上醜いものはない！」[18]

その時代の人々の判断は，目新しさの印象に支配されており，われわれのものとは違う。それ故，われわれは，その塔に慣れ過ぎさせている習慣のヴェールをぬぎ捨てるようにつとめなければならない。

作品それ自身は完全でなく，ある欠点をもっている——1937年に部分的に除かれた装飾の被覆だけでなく，全体のデザインの不統一

においてもである。他方，塔がパリの風景の中で占める役割は極度に重要で，それがわれわれに恐らくその塔の最も重要な全く違った特徴を評価させてしまうのである。

大臣ロックロワは，芸術家の手紙に答えて，1887年，塔はシャン・ド・マールの取るに足らない景色を変えるだけだろうと主張したが，間違っていた。異例の高さと，第2と第3のプラットホームの間の連続した線とが，その塔の存在をパリのどこにも知らせ，またそれを古い建物と同様，もはや1つの景色によって支配されている限られた環境と関係をもたせるのではなく，全市と絶えず変化するやり方で関係をもたせた（135図）。

塔は，エッフェルの建築の分野での最後の作品であった。1899年の博覧会にはエッフェル館があり，それは，エッフェル個人のワンマン・ショウであったが，その最も目立った展示のひとつは，1880年から1884年にかけて建設されたガラビ高架橋の模型であった。1887年，エッフェルはパナマ運河建設の契約をし，1893年まで全精力をそれにそそいだ。1900年以後，彼は彼自身の塔や特殊な実験室を利用し流体力学の研究に没頭し，それを1920年まで続けた。

鉄の建築は，今やその可能性の限界に到達したかのように思われた。1889年以後の最も重要な作品は，1894年のリヨンの博覧会のための110mの直径をもつドームであった。他方，世紀の最後の10年間に，新しい建築材料，鉄筋コンクリートに急速な進歩がなされ，それはすぐに建物の一般分野に浸透した。何故なら，それは特に建築規則の制定後は非常に経済的なものであったからである。都市の急速な成長は，特に，ドイツのようにその時ようやく工業化されるようになった国国においては，建築産業に大変な緊迫を生み，その緊迫は，古い建築方法の完全な改革を必要とした。

2. 折衷主義の危機

建築技術は急速に進歩しつつあったが、その時代の伝統的な建築文化は、決定的な危機の時代に入りつつあった。

1851年から1889年にかけて、万国博覧会のために建てられた構築物は、建築における偉大な進歩の証しとなったが、建築の扱いの問題は次第に困難となり、厄介となった。建築作品として、クリスタル・パレスは後の同じタイプの建物にはるかに勝っていた。目的、技術的な工夫、装飾的な仕上げがうまくバランスしており、デザイナーは、自信をもって己が道を選んでいた。それに反して、フランスの展示館では――1889年の機械館を除いて――折衷主義文化が、技術者達の構造に、威厳と体面を与えることをいろいろなやり方で試みていたが、説得力はなく、次第に場違いな感じのものになってしまった。1889年の博覧会とそれが引き起こした議論が、反動として、L. ジネンや E. G. コックアール等の頑固な古典主義の極端な波を生み出したとしても、驚くべきことではなかった。新しい材料や、芸術と科学の関係などについての古い議論が雑誌に再び現われた。

これらの議論の蔭には、深刻な職業的心配があった。1863年、ヴィオレ・ル・デュクと合理主義者達は、ナポレオン3世から、エコール・ド・ボザール改革の命令を受けたが、それが教育をアカデミーの支配から一部救い、古典的偏向を薄めながら、研究体制を自由な方向に修正した。アカデミーはこの新しいやり方を受け入れず、かくして激しい議論が生じ、それは新しい命令が改革の大部分を廃し、アカデミーがその威信に満ちた地位を回復させた1867年まで続いた。

その議論は、外見は、様式に対する姿勢や、時間割の中に古代やルネッサンスと同様中世の研究も含むことが適当かどうかなどについてであったが、実際の意見の不一致は、技術教育と芸術教育との関係に関するものであった。ヴィオレ・ル・デュクは1861年に次のように書いた。

「わが時代においては、建築家の卵は15歳から18歳の少年である。………6年間か8年間、彼は、われわれの時代の要求や習慣とは単なる遠い関係しかもたず、しかも実用にはなり得ない建物の設計をさせられる。しかしながら、彼は、われわれが使うことが出来る材料やその利用についての皮相な知識も与えられず、すべての時代に用いられた建築方法について教えられたこともなく、実際的な仕事の管理について考えさせられたこともない。」[19]

フローベルは、彼の『現代思想辞典』("Dictionnaire des idées courantes") の中に、次の定義を下している「建築家：すべて大馬鹿者――常に階段を忘れる。」

E. トレラ（1821～1907）はさらに前進し、改革を期待せず、1864年、私立学校エコール・セントラール・ダルシテクチュール（Ecole Centrale d'Architecture, 中央建築学校）を創設したが、そこでは、教育は厳密に実用的であり、若い技術者や、請負業者や、少数の建築家に対して行われた。

アカデミー側は、伝統的な教育法を続けながら、建築家のカテゴリーの存在を擁護した。1866年、C. ダリは、科学的、技術的文化に余りにも大きな役割を与え過ぎたので、「建築家全体は、最終的に圧迫されるだろう。何故なら、それは、技術者の複製としか見られないからである。」[20]と書いている。他方、実際との対決は避けられなかった。建築家は単なる芸術家とみなされたので、その職業的役割をはっきりさせなければならず、少なくも、技術者と協働することが出来るに充分な

4 19世紀後半における技術と建築

136, 137図 パリ, J. フォルミジェによる1889年の万国博覧会の円形建物の元の姿と最後の姿

科学教育を受けなければならなかった。
　1867年の規則は、これらの不確定さを反映していた。それは彼らの研究の伝統的傾向を確認したが、少なくも、合理主義によって要求された組織的な教育法のいくつかを支持し、1793年に始まった職業の自由の時代の終りを告げるディプロマ（免許）の制定によって建築家像を決定した。
　明らかに、ディプロマは、危険な状況を回避する役割をしたが、それは建築家を世の波浪にさらし、彼らを芸術家からプロフェッショナルな人間へと変貌させ、アカデミック文化と現実との間の公の対決を避け難いものとした。
　合理主義者側は、敗北を認めず、彼らのキャンペーンを続けた。1886年、司教管区建築家の任命のためのコンペティションに際して、審査員は、候補者が中世についての充分な知識をもっていないことを知り、エコール

の最高会議は、ジャン-ルイ-シャルル・ガルニエ（1825〜1898）に建築教育についてのレポートを作製するように命じ、それは1889年に公にされた。ガルニエは、アカデミーの立場を擁護し、「学校は特定の様式への偏向をもっていないし、またもつことは出来ない。何故なら、それは『形態の整理、構成、理由、比率、調和など、即ち、建築の本源的な要素』を教えるところだからである。」と述べている。[21]
　彼の敵対者達は、これらの概念は古典主義と同一であり、それらは決して本源的要素でなく、古典的伝統の遺物であるとくり返し、彼らは終始「偏見、狭量、衒学、卑劣、横暴、近代や変化や進歩に対しての恐怖をもつ」[22]エコール・ド・ボザールを非難することを止めなかった。
　これらの攻撃に直面して、アカデミーは最後の手段をとり、すべての様式的議論を断固

155

Ⅰ　産業都市の誕生と発展

138図　パリ、1889年の博覧会——工業館における「共和国の勝利」の演出(『1889年のパリ博覧会の絵』——ソンゾーニョ——から)

避けるために、幅広く自由なやり方でそのプログラムを組んだ。

　様式は習慣の問題とみなされ、排他的な主張は今や時代遅れとみなされた。建築家を技術者から区別させる特権は、あれやこれの形態を選ぶ自由であり、理性でなく感情に依存する、集団のものでない個人の特権である。折衷主義は、もはや、不確定な立場としては解釈されず、それぞれの場合に、客観的にそして公平に判断すること、また自分自身を偏った形式に閉じこめないことを決めた提案として解釈された。

　この解釈は、事実、種々の様式の支持者の間のアカデミックな論争を省いたが、教育におけるすべての偏向を除くことによって、それはアカデミックな文化を現実に結び続けてきたひとつの具体的な口実——古典的法則と構造上の慣習との間の伝統的な両立——を放棄し、アカデミーによって蓄積された全文化的遺産の崩壊への道を開いた。

　1872年から学校のアトリエのひとつの講師であり、1894年から建築理論の教授となったジュリアン・ガデ(1834〜1908)はこの最後の場面の典型的な代表者であった。彼の理論の講座のプログラムは以前のものに似ており、実際、それは第1章で述べたデュランのそれと類似している。

　「この講座の目的は芸術とそれの限定された問題、即ち物質的必要への適用という二面性に応じて、建物の構成、それらのエレメント及びそれの合成を研究することである。第1部で、エレメント、即ち、壁、オーダー、アーケード、ドア、窓、ヴォールト、天井、屋根等、そしてさらに複雑なエレメント、部屋、入口ホール、ポルティコ、階段、中庭等を次々と研究する。第2部では、一般的な構成原理を確立した後、主要

なタイプの建物，宗教，文化，軍用，公私の建物を，それぞれ古今東西の最も有名な例を引用しながら，それぞれの場合に出された要求を示しながら，それらの要求が，いかに，どんな方法で変えられ今日の要求と最近の解決へと到達したかを示しながら，研究する。」[23]

この講座の精神は新しく，ガデ自身，1894年11月28日の就任演説で，彼の姿勢を次のように説明している。

「建築理論の講座とは何か？　この疑問は皮相のように見えます。何故なら，この講座は長年存在してきましたし，非常に価値ある人々によって教えられてきたからです。その伝統は敬意を払われているように見えますが，しかし………私はこの講座が，これからつくられなければならないものであるという印象をもっていますし，それをあなた方に隠そうとはしないでしょう。問題はこうです。われわれの講座は，あなた方の教授（いろいろなアトリエの先生）があなた方に与える権利をもっている教育と矛盾してはなりません。われわれの学校の独自性は《世界で最も自由である》という言葉で定義され得ます。何故なら《学生は先生とその芸術的傾向を選択する権利を有する人間として扱われている》からです。」[24]

それ故，理論の講座は特別の偏向をもっていなかっただろう。「争われている，あるいは争われ得るものが，わが同僚達の領域であり，争う余地のないもの，とりわけ，理由と方法，これは私が熟達しているものであり，私が話そうとする事で，その領域は広大です。」[25]いかに，この不朽で普遍的な考え方の核を定義し得るか？　ガデは語る。「最初の研究は古典的でなければならないと固く確信しています。」と。しかしその直後，彼は次のような驚くべき定義を下した。

「時代や空間や学校による制限なく，古典的になる価値をもつものがすべて古典的である。………芸術の闘いに勝ち残るすべてのもの，広く賞賛をよび起こし続けるすべてのもの………。」[26]

19世紀の様式戦争を要約して彼はこう結論する。

「幸いなことに，何人かの誇り高い芸術家達——われわれの先生——は，独立が制服を変えることではないことを知りまた示してきたし，われわれの芸術は，この古生物学から徐々に解放されてきた。すべてが等しく成功したわけではないが，この目的に対する努力は常に実りあるものであったし，今日，われわれは，芸術が自由についての権利を有すること，自由のみが，それの存在の継続，豊饒，健康を保証し得ることを知り，宣言する。」[27]

ガデの自由主義は，理論的には，ヴィオレ・ル・デュクの合理主義，あるいはガルニエの折衷主義よりもはるかに進歩したものだったが，彼は，プロフェッションの生命の核，即ち，想像の自由を確保し，守っている間に，長い間アカデミック文化の基礎を形成してきたすべての伝統的な概念を浸蝕し，消してしまった。争う余地のないとみなされてきたこれらの点は，次第に，ひとつずつ，最も議論し得るものとして姿を現わし，理論の領域は，広大どころか，ほとんど存在しないものとなった。

ガデは，鋭い洞察力をもって，この切迫した空白を感じ，「われわれのプログラムの形式は散文的であり，それ以外の何物でもあり得

ない。詩を加えるのはあなた方次第であり，私がそれに持ち込むことの出来ないもの，若さを加えるのもあなた次第である。」[28]と書いた。

これは単なるレトリックではない。というのは，この年，ヴァン・ド・ヴェルドは，ユックルの彼の家の造作をし，ブリュッセルで最初の講演をしているし，ワグナーはウイーン・アカデミーでの就任演説をし，オルブリッヒとの協働を始め，オルタは，その前年，トュラン街の家を完成していたからである。

ガデと同じ原則，個人の自由と想像力の優位の原則に従ったアヴァン・ギャルドの芸術家達は，歴史的モデルに依らない新しい様式をつくり出し，それによって伝統的様式と対抗することに成功した。

このアール・ヌーヴォーの急速な成功は，アカデミック文化が自発的に同じような理論的立場を採用する方向に動き出していて，実用的立場のこの新しい運動を攻撃するための知的な用意がされていなかったことを心に留めれば，理解し得る。

当然ながら，伝統的折衷主義は何十年も生き続けたが，今やそれは内部における信念を失い，次第に，後向きの姿勢に陥ることを強いられたのである。

訳註) 女王の夫君の意味
1) Tallis 著, "History and Description of the Crystal Palace"——1851年——11頁
2) Ruskin 著, "The Opening of the Crystal Palace considered in some of its relations to the Prospects of Art"——ロンドン, 1852年——の中に引用されている「タイムズ」紙の1852年6月12日号
3) L. Bucher 著, "Kulturhistorische Skizzen aus der Industrieausstellung aller Völker"——フランクフルト・アム・マイン, 1851年——S. Giedion 著,『時間・空間・建築』I——太田実訳——268頁に引用されている。
4) S. Giedion 著, 前掲邦訳書268頁
5) S. Giedion 著, 前掲邦訳書279頁
6) Paris-Guide par les principaux écrivains et artistes de la France——パリ, 1867年——の2007頁にある。
7) "L'Esposizione di Parigi del 1878 illustrata"——ミラノ, 1878年——3頁
8) "L'Espositione di Parigi del 1889 illustrata"——ミラノ, 1889年——83頁
9) Folchetto……"Parigi e l'Esposizione universale del 1889"——ミラノ, 1889年——22頁にある。
10) H. De Parrille……前掲"Parigi e l'Esposizione univelsale del 1889"の62頁
11) 前掲 "L'Esposizione di Parigi del 1889 illustrata" 31頁
12) R. Marx 著, "L'Architecture"——1890年——382頁……L. Hautecoeur 著, "Histoire de l'architecture classique en France"第7巻——パリ, 1957年——402〜403頁
13) L. Hautecoeur 著, 前掲書第7巻405頁
14) M. Besset 著, "Gustave Eiffel" 17〜18頁にしばしば引用されている。
15) "Le Temps" 紙——1887年2月14日号
16) Folchetto……前掲 "Parigi e l'Esposizione universale del 1889" 7頁
17) 前掲 "L'Esposizione di Parigi del 1889 illustrata" 18頁
18) Journal VIII, 25, 1889年
19) L. Hautecoeur 著, 前掲書第7巻294〜295頁
20) "Revue générale d'Architecture"——1886年——8頁………L. Hautecoeur 著, 前掲書第7巻411頁に引用されている。
21) "L'Architecture"——1889年——433頁………L. Hautecoeur 著, 前掲書第7巻298〜299頁に引用されている。
22) F. Jourdain……"L'Architecture"——1889年——350頁………L. Hautecoeur 著, 前掲書第7巻299頁に引用されている。
23) J. Guadet著, "Elément et théorie de l'architecture"——パリ, 1894年——第1巻2〜3頁
24) J. Guadet 著, 前掲書第1巻80〜81頁
25) J. Guadet 著, 前掲書第1巻82頁
26) J. Guadet 著, 前掲書第1巻83頁
27) J. Guadet 著, 前掲書第1巻85頁
28) J. Guadet 著, 前掲書第1巻90頁

第Ⅱ部　産業都市論

第5章 産業都市とその危機

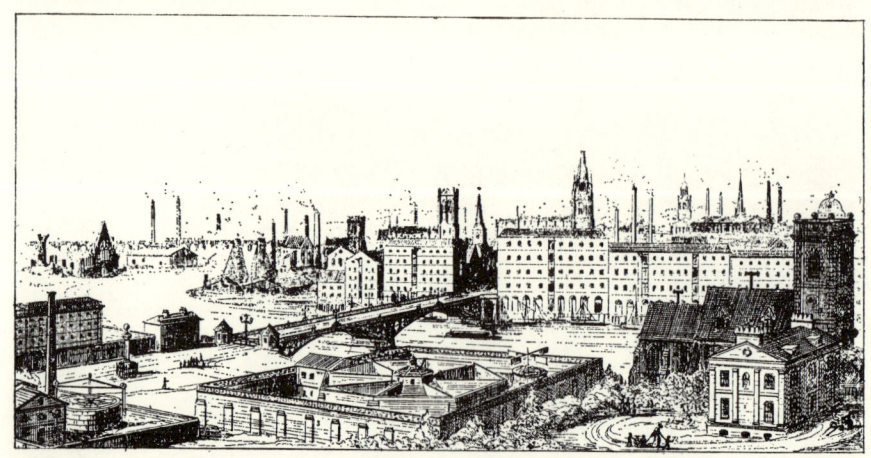

139, 140図 カトリック都市の1440年と1840年（A. W. ピュージンの『コントラスト』——1836年——から）

最初の4章に語られた出来事は，1880年代までのヨーロッパにおける産業都市の公式の歴史を構成している。この時代に関する限り，つけ加えるものは何もない。19世紀都市の独特な風土は，まさに，ぶつかり，混乱し，単一の過程に並べることの出来ない事件の連鎖に基づいている。

しかし，われわれの目的は，われわれがこれまで述べてきた都市の歴史に代るものとして定義して誤りでない，近代運動の形成を研究することである。それ故，以下の章において，われわれは，この時代に行われた議論に焦点をしぼり，その中に，後に——19世紀の最後の10年間と20世紀の最初の20年間に——その時代までに建設された都市環境の堅固な現実を変え得る行動計画の形成へとつながる諸点を追うだろう。

この章においては，19世紀の思想が，どの程度，都市や地方で進行しつつあった変革を意識していたかを論ずる。この意識は，実際，物事を変えようとする意識的な企てには必要な前提である。第6章において，産業都市改革の企て，最初の4章で述べられた事実について議論の背景を構成する企てについて，簡単に触れようとするだろう。

基本的には，われわれが語る実験は，すべて理論の世界に属し，事件の流れに，眼に見えるほどの修正効果をもたらすことはなかったが，それらは非常に現実的な理論で，常に現実になりかかっていたが，ただ産業革命によって引き金を引かれた発展過程の中で，それが出現するための正しい方法を発見しなければならなかったのである。

この説明は，結果としてわれわれの時代の偏った見解をもたらしただけだが，しかし，それは，観念とその実現との間の喰い違い——それはまさしく19世紀都市の目立った矛盾であった——を強調するのに役立つだろうし，そしてまた文化の上で相反する活動を互いに結びつける細い糸を示すだろう。

1830年以後，第2章で述べた「再編成」の期間に，人々は，産業革命を歴史的に説明するために，充分な距離をおいて，それを考え始めた。1835年，E.ベインズは，イギリスにおける綿工業の歴史を初めて発表し，また，A.アーは，機械化された工業の大がかりな弁護である，『製造業の哲学』（"Philosophy of Manufactures"）を出版した。1838年，G. B.ポーターの『国家の進歩』（"Progress of the Nation"）の初版，1846年には再版，1850年には，その後の発展に関する部分を加えて第3版が出版された。F.ルブレイは全ヨーロッパの労働者階級の状況についての大規模な調査を行い，1855年に，6巻の本を出版した。1843年と1845年に，非常に異った政治原則に従って産業革命を判断した2つの有名な労作が現われた。トーマス・カーライルの『過去と現在』（"Past and Present"）と，エンゲルスの『イギリスにおける労働者階級の状況』（"Conditions of the Working Classes in England"）である。工業の歴史家達が，物質的進歩について熱狂的に述べたのに対して，経済，政治の著述家達は一般的に悲観的であった。

カーライルは，産業革命によってもたらされた害悪について記したが，彼はこれらの害悪の原因を，除かるべき特定の組織や，攻撃さるべき特定の勢力にあるとは見なかった。それ故，彼は実際的な治療法を提案せず，それを歴史の外の世界におくことによって，彼の評価を確実にした。カトリック教徒のルブレイは，その主たる原因は，スミス風の自由主義の無制限な適用にあると理解し，他方，自由主義者のコブデンは，それが自由主義の適用の不完全さや，穀物法の存在の継続によるものと理解したが，社会主義者エンゲルスは，除かるべき最も大きな障害は資本主義であり，それが，ある階級に対しての他の階級

II 産業都市論

141図 ピュージンが見た工場風景の一部(『尖頭またはキリスト教建築の真の原理』,1841年)

による搾取を可能にしていると考えた。

　提案されたすべての治療法は,それが政治的な意味で正しいか否かに拘わらず,ひとつの共通の欠陥をもっていた。彼らは,すべてをイデオロギーの問題として総括してしまうことによって,現社会の一面の部分的な問題を見過したのだった。基本的に,彼らは,現実を実際よりも簡単なものとみなしていて,ある根本的な変革が行われれば,その一種の演繹的な必然として,部分的な問題は解消するだろうと信じたことを公言している。

　この理由から,イデオロギー的な論争を余儀なくされた経済,社会学者は,都市に起こりつつある変革のより小さな問題に関して何もいわなかった。だが,かなりの数の工場が存在する今,新しい都市の顔が初めて明らかに現われた。それは暗く,陰気だったが,誰も,秩序や美を回復するすべを知らなかった。産業都市は,保守派によっても進歩派によっても,独裁派によっても民主派によっても,完全に棄てられていた。それは解決さるべき問題ではなく,厄介な醜い事実であり,それは,解釈されたり育てられたりするためのそれ自身の論理をもっておらず,無意味で機械的であった。

　この思想の象徴——あまりにも自然なので,事実のように客観的に描かれることが出来たのだろうが——は,ディッケンズの『困難な時代』("Hard Times")の登場人物が住んでいた炭鉱町であった。それの最初の描写はこうである。

「バウンダーバイ氏やグラッドグリンド氏が今向っている炭鉱町は,事実の凱歌であった。それは,その中に,グラッドグリンド夫人自身以上の空想の汚れをもってはいなかった。………

　それは赤いレンガの町であった。いや,もし煙や灰がなかったら赤かっただろうレンガの町であった。しかし,事実は,奴隷の塗られた顔のように,不自然な赤と黒の町であった。それは機械と,高い煙突の町

であり，それから，涯しない蛇のような煙がのたうち，それはとぐろを巻くことはなかった。そこには黒い運河と，染料で紫色に染まった河が流れており，窓をいっぱいにつけて建物が重なり合い（142図），その建物は終日音をたてて揺れ動き，蒸気機関のピストンが，憂鬱そうな象の頭のように単調に上下運動をしていた。そこには，互いに似かよった大通りが何本かあり，そしてまたもっと互いに似かよった小さな通りがあり，また似かよった人々が住み，彼らは，同じ時間に，同じ仕事をし，同じ舗道の上を同じ音をたてながら行き来し，彼らにとっては，毎日は昨日と同じであり，明日とも同じであり，毎年は，前年のそして翌年の生き写しであった。………

炭鉱町には，一生懸命働いているもの以外のものは何もなかった。もし宗教団体の人々がそこにチャペルを建てたなら——18の宗教団体がそうしたが——，彼らはそれを，宗教の名のついた赤レンガの倉庫にしてしまい，時には，（これは特に誇張された例だが）その頭に，鳥籠に入った鐘をつけた。………すべてのこの町の公共的な建物の表札は，厳格な字体で同じように書かれていた。刑務所は病院だったかも知れないし，病院は刑務所だったかも知れない。市役所はどちらかかも知れないし，両方かも知れず，また別のものかも知れず，建物の体裁と反対に見えるようなものかも知れない。町の物質的な面においては，いずこにおいても，事実，事実，事実，非物質的な面においても，どこでも事実，事実，事実である。マック・チョークムチャイルド学校は，すべて事実であり，デザイン学校は事実であり，人と教師の関係はすべて事実であり，産院と墓地との間においてはすべてが事実であり，数字で表わすことの出来ないもの，あるいは安売りの市場で買えるように並べられているもの，あるいは高い店で売れるようおかれているものは，永遠の世界ではないし，そうあってはならない。アーメン。」[1]

この作家の，この現実に対する反応は本能的なものであり，勿論その激しい調子は別としても，若いトム・グラッドグリンドのそれと似ている。「耳に入るすべての事実，すべての数字，それを見出す人々のすべてをかき集められたら，そして，それらの下に1000バレルの火薬を置き，すべて一度に吹き飛ばすことが出来たらいいのに！」[2]

その先入主的な敵対意識にも拘わらず，ディッケンズの表現は皮相的なものとは逆である。それを書かせた憎悪は，新しい都市を巨大な，産業のお祭りの場として示す多くの進歩礼讃の多くの総括的な演説よりも，産業の環境の現実を貫いている。ディッケンズは，いくつかのその時代での建物の典型的な特徴をあげている。例えば，同じ要素の無限のくり返し，建物のタイプの間の混乱などだが，これらの事実は，一種の形而上的に不変なものとしてあげられているのであって，それは現実の観察を文字の神話に変えている。ディッケンズの町の情景の描写は微細を極め，他の多くの月並みな描写のプロトタイプとなっているが，それは，極端に悲観的であり，炭鉱町に，眼ばかりでなく，耳にも鼻にも，可能な限り不快な性格を与えている。

「町全体は，油で揚げられているかのようだ。どこにも，息苦しいような油の匂いがある。蒸気機関は油で磨かれ，工具の服は油で汚れ，工場のどの階からも，だらだらと油がしたたっている。これらのお伽の城の空気は，シムーム訳註1)の息である。そして，心臓の弱った住民達が，物憂げに砂漠で働いている。しかし，気温はメランコ

リーな狂った象をもっと狂わすことも，正気にさせることもしない。彼らの退屈気な頭は，暑い時や寒い時に，また湿った時に乾いた時に，天気のよい時や悪い時に，規則正しく上下する。壁に映った彼らの規則正しい影は，木々の影の動きの代りに炭鉱町が見せなければならないものである。また，虫の羽音の代りに，そこには，1年中，月曜の夜明けから土曜の夜まで，シャフトやホイールの唸りがある。」[3]

ディッケンズをしてこうした誇張をさせたのは，限界のはっきりしないそして古いものよりずっと急速に変化する新しい都市情景のイメージを，古い精神的習慣によって理解しようとした時に感ずる不安というよりも，むしろ，産業都市の現実の欠陥だった。

前時代においては，都市は，限られた，可測な，相対的に不動なものであった。それ故，それは呪文によってイマジネーションの中に容易に呼び出すことが出来た。新しい家を建てる人は，それを都市全体との関係で想像することが出来たし，共通の感受性がすべての建築家を支配していた限り，意識的な計画の調整がなくも全体の統一は保証されていた。

しかし，今や，それに含まれる量——巨大な数の住民，家，道路その他——は，イマジネーションの直接的な範囲をこえて，量り知れないほど大きくなった。ロンドン，パリ，ウイーンは大きくなって，人々は，もはや，どんな点からも全体を見ることが出来なくなり，一気にそれを横切ることも，隅々を知ってもそれらを完全に頭の中に再現することも出来なくなった。成長の速度は増加し，新しい発展が起こるたびにそれを追っていくことが出来なくなった。住民自身は，彼らの都市に起こる急激な変化に時折り驚かされた。今日もまた，大都市に住む人々は，気がつかな

いうちに建設された新しい地区の光景や，あるいは，彼らが知らないうちにいろいろな段階を経て急速に変化した古い部分の変貌にびっくりし，彼らは気がつくより早く動く都市に当惑する。19世紀の唯一の偉大な詩人はこの変化について明らさまに触れ，それを有名なカブリ訳註2)で表現した。

「古いパリはもはやなく
　町の姿は　なんと　人の心よりもはやく変ってしまう」[4]

過去において，ひとつの都市の生命のリズムは，人間の生命のリズムよりもゆるく，より永久のように見えたが，人は都市を，彼ら自身の経験の支え，拠りどころとみなしていた。だが，それが逆となり，支えは消えた。何故なら，都市の顔は人間の記憶よりも衰えやすく見えたからである。

この変化——それは，実際的な観点からすると，古いコントロール手段の放棄であり，計画的調整がそれに代ったことにある——は，その時代の作家にとって，否定的な限界として感じられた。それは，彼らの表象能力を打ち砕き，それが，彼らのその変化に対する侮蔑的な拒否の主な理由であった。

その時代の文学が常に関心をもったひとつの主題は大都市，メトロポリスであり——イギリス人にとってはロンドン，フランス人にとってはパリ——それは激しい嫌悪と，病的な憧憬とをこもごももたらした。

1726年に既に，ドュフォーはロンドンについて書いた。「この怪物的な都市は，どこまで広がっていくのか？　そして，それの城壁やコミュニケーションの範囲をどこにおかなければならないのか？」[5]

1828年ハイネがロンドンに着いた時，彼の印象は次のようなものだった。

5 産業都市とその危機

142, 143図 炭鉱町の2景（コルン・ヴァレイとミドルスバラフ）

「世界が驚いた魂に示し得る最も素晴しいものを私は見たのだった。私はそれを見て，未だに驚きがさめやらない。——私には，未だにこの家々によって出来た迷宮の記憶が新しい。その真中には，生活する人間の顔の波打つ流れが，激しい情熱のすべ

165

てをこめて，そこここにほとばしっている。………すべての物事におけるその融通のきかない熱心さ，その機械的な動き，その歓喜それ自身の退屈さ，その説明し難いロンドン，それが幻想の息をとめ，心をかき乱す。」[6]

ここでも，また，詩人の眼は，その時代の他の人々よりもより深く見ている。ハイネは，ロンドンの大きさは，伝統的な意味における建築の問題でなく，ヒューマン・スケールの要素の無限のくり返しによるものだということを理解していた。「私は大きな宮殿を期待していたが，あばら屋を見ただけだった。だが，印象を壮麗にしたのは，まさしく，この均一さであり，その数えきれない数であった。」

バルザックにとって，パリは，「セーヌ川の土手に沿って広がる，大きなふるえる癌」であり，また，無数の光の町であり，歓楽の首都であった。この時代の作家達は，大きな都市について書く時には，ほとんどの場合バランスを失い，客観的であり得なかった。実際において，その現実は彼らにとって不明であり，熱狂の金箔あるいは不信の憂愁によって色づけられた神秘的なイメージで置き換えられた。

これらの観点の極端さから，ディッケンズのような作家や，彼らに反映した世論は，改革家にとってはさしたる助けとはならなかった。実際に，彼らは，彼らの侮蔑の中で，次第に炭鉱町とそこに住みこの現実を受けとっている人々とを混同し始めた。

イギリスにおける1848年の衛生法やフランスにおける1850年の衛生法が遭遇した反対の歴史は，非常に教訓的であった。そのような当然の規定は難なく通過するように思われたが，それは，あらゆる障害に遭遇した。利益に影響をもつ地主や土地所有者から，また，個人の財産に対する権利の勝手な規制を恐れる自由主義者から，そしてまた，どんな技術革新も取り入れることを喜ばない保守主義者達からである。

1848年5月13日，急進的な「エコノミスト」紙は，公共保健法が，適当な反対に会わなかったことを残念がり，また，その法律が「（下水や生ごみの山などの）何かいやな言葉の目録でスペースをいっぱいにすることなしには枚挙出来ないありとあらゆる種類の問題」に関するものであるが故に，細かいことに立ち入ることを軽蔑しながら，「害悪に苦しむのは自然の戒めであり，それらを除くことは出来ない。そして，それらの目的を知らずにそれらを法律によって世界から閉め出そうとする博愛の性急な試みは，常に善よりも悪を生産してきた。」[7]と訴えている。ただ幸いに，バートランド・ラッセルは「議会の博愛は，適当な排水システムを建設しないための議論に反対する証しである。何故なら，それらの欠如に原因する伝染病は，下院のすぐ足許で荒れ狂っていたからである。」[8]と認めた。

フランスでも，1850年のメラン法の通過をめぐって，同様な軋轢が起こった。1849年12月19日の「モニター」紙は次のように述べている。「問題はデリケートである。………市民の財産の自由な利用は，それが社会の秩序のすべての基本を構成するが故に，それに対する最も厳重な配慮を必要とする。」[9]

これらの原則的反対に立ち上った人々は中道派ではなく進歩派だった。彼らはジョン・スチュアート・ミルが次のように要約した政治的関心に支配されていた。「政府の介入を制限する第3の最も納得し得る理由は，その権力を不必要に増すことの大なる害悪である。」[10]すべての問題を理論の世界へ転化させてしまう習慣は，本質的に漸進性が問題である計画における進歩を阻害した。

オスマンの事業に向けられた批判は同じように教訓的であり，われわれは，ここで，そ

の時代の教養ある人々が，反対の立場に立っていながら与えた評価を知るために，それらをもっと考察してみることにする。

1863年6月1日の夜について書いたプルードンは，パリの労働者のオスマンの新しい都市に対する嫌悪に注意を向けている。

「単調で退屈で，真直ぐな大通り，巨大な建物をもったオスマン氏の新しい都市，立派だが空虚な波止場，そのくすんだ河には石と砂以外の何もなく，そこには古い市の門を置き換えたので存在理由をなくしてしまった鉄道駅がある。そこには新しい広場や劇場，新しい舗装道路，おびただしい道路掃除夫，ぎょっとさせるようなごみがある。………世界的な都市，そこにはもとからあるものはもはや見ることが出来ない。」[11]

ヴイヨは1867年に書いている。

「パリは未完成の都市が未だに成長しつつあるので有名な所である。人々は，この都市は世界の驚異であり，物質的にも精神的にも，近代科学の勝利であろうという。住民達は，相互の尊敬の枠の中で，完全な自由を楽しんでいる。彼らは，一方では観念の，他方では政治の伝達を有利にするために歩き回らされている。賢明な輸送のシステムが，それぞれの必要に対して備えられる。パリの道路は長く広く，大きな建物で縁どられている。これらの長い道路は，毎日，その長さを増しつつある。それらが広くなればなるほど，そこにはゆとりはなくなっていくように見える。車が大きな道路をふさぎ，歩行者が広い舗道を埋めている。建物の上から見ると，これらの道路のひとつは，世界のがらくたを集め，滔々と流れる河のように見える。

新しいパリの建物はあらゆる様式からなっている。これらすべての様式は退屈な型であり，退屈な型の中で最も退屈なものであり，大げさで1列に並んでいるが故に，全体はある種の統一がなくはない。………この町のアムピーオン訳註3)はカボラール訳註4)であったのかも知れない！

これらの大通り，これらの大堤防，これらの大建築，これらの大排水は，そして変に真似された，そして変にイメージされたそれらの姿は，それらの俄かな，変則的な始まりを示す何かをもっている。それらは退屈を呼吸している。………新しいパリは歴史をもつことはないだろうし，古いパリの歴史の香りを殺してしまうだろう。すべての痕跡は，30歳以上の人々においては，拭い去られている。残されて立っている古いモニュメントすら何もいわない。何故なら，それを取り巻くすべてが変っているからだ。ノートル・ダムとセント・ジャックの塔は，オベリスクと同様，場所にふさわしくないし，空虚な骨董品として遠いところから輸入されたもののように見える。」[12]

同様な判断が，1860年代のパリに行き渡っていたに違いない。それは，ゴンクールの『日記』(1860年11月18日)，A. デルヴォの『パリの時間』("Heures parsiennes")(1866年)，また同年のサルドゥのコメディにも見出される。

　ルネ(立ちながら)：しかし，伯父さん，一体，新しいパリの何がいけないのです？
　ジュヌヴォワ：古いパリはな，その本当のパリはその中に呑みこまれてしまったのじゃ！　狭くって不健康で不充分な町だったが，きれいで雑多で心地よい想い出がいっぱいあって，わしらの大きさによく合っていたよ！　小さいから，本当に便利だった！　わしらが出歩くのはほんのそこらま

でで，わしらの見るものはみな同じだった。誰それも変りなく，わしらはこの町を愛した。

足で歩くのは大したことでなく，愉快だった。町は，パリジャンに，怠惰と活動の妥協を許してくれたのじゃ。ぶらぶら歩きをな！

今では，ちょっと外出するにも，泥まみれの道を何リーグ訳註5) も歩かにゃならん。道路面が固い弾力のないものだから，女共は不様なかっこうで横切りおる。どの道路にも，どこまでも続く舗装！ 木，ベンチ，キヨスク，木，ベンチ，キヨスク，木，ベンチ………その上，太陽，ほこり，病的な規則正しさ！ あらゆる国の言葉を喋っている世界の人々の群，いろんな色の取合せ。わしらにこのちっぽけな世界を忘れさせてくれるようなもの，玄人も素人も，放蕩者も美的，知的なエリートももはや何もない。

神よ，全部ではないにしろ，わしらは何をなくしていくのか？ もうそれはアテネでもなければバビロンでもない。もはや町もなく，駅だけしかない！ それはもうフランスの首都ではなく，ヨーロッパすべての驚くべく比類なき宇宙のそれじゃ。だが，結局それはパリではない。何故かといえば，パリジャンはここにはひとりもおらんのだから。

クレール：でも伯父さん，それは偉大で，便利で，衛生的ではありません？

ジュヌヴォワ：可愛い子よ，わしはそれに敬意を精一杯払っとるといったんじゃ。それは避け難いことだった。それはなされなければならず，そうしてなされた。よくなされたもんじゃ。すべてがいわれ，なされた時，すべては最上のものになってしまう。わしは，神がこんな素晴らしい町の方式を御存知なく，木を一直線に植えたり星を2列に並べたりなさらなかったことを心

からほめたたえ，深く感謝しておるよ。[13]

オスマンは，この種の批判に対する反駁に彼の追想録の多くの頁を割いているが，彼の仕事があいまいなやり方で判断されるのを見て感じる焦燥を隠していない。彼は，真直ぐにディテールに至り，反対者の理由づけに，リストや数字や日付で反対する方を好んだのだった。

1858年，既に述べた，公共の用に供する土地の強制収用権を制限した議会の決定の際に，ひとつの非常に重要な議論が行われた。オスマンは次のように記している。

「この偉大な議会によって自発的に協議されたこの新しい決定は，市に既に許されていた空地にしておくべきまた適当で衛生的な住宅の建設に必要と考えられる道路線の外側の土地を獲得するための貴重な権限を危機におとし入れるものであるばかりか，市の土地に建っていた建物に対しても，その建物の前の住民に対してした補償と同様の補償をさせることになるばかりか，公共の用に供されないことになっている場合にはその土地を保有する権利をも，その建物の所有者に与えた。このようにして，前地主は，無償で，市のおかげで，広い道路に面して利用価値が上ったことによる地価の上昇分の利益を与えられたが，一方，市は，事業の結果生じた莫大な出費のいくらかを，土地を時価で売って回収する機会を剥奪されたのだった。」[14]

自由主義者，J.フェリーは次のように答えている。

「知事殿，1858年12月27日の法令が，土地所有者に対して新しい権利を設定したのだったなら，あなたのおっしゃることは正し

いかも知れません。しかし，この法令は，古い権利の行使を単に法文化したに過ぎません。われわれの法律によって終始認められていた権利に関するごまかしを計算の中に入れたことをあえて告白されるとは，知事は率直過ぎるのです。ですから，あなたの議論は全く馬鹿気ています。」[15]

知事は，近代的都市計画に対する要求のひとつを明確に理解していたのだった。つまり，フェリーが，法律の条文に固執し，近視眼的で時代遅れな観念を守っていたのに対して，永久に固定されたままの財源を生産的投資に変えながら，計画の枠の中で行われる事業によってもたらされる土地の価値の増加を，社会の全体あるいは一部に確実に与えることの必要を理解していたのである。だが，1世紀以前のこの議論においては，フェリーは進歩的知識人と見られ，オスマンは無学な反動的官僚とみなされたのだった。

同じ個別の問題に対する侮蔑と，同じ教義的頑固さが――違った理由でだが――マルキストの著述の中にある。

1850年以後，労働者階級によりよい境遇とよりよい住居を与えるいろいろな方式が，政府や民間慈善家の後援で研究された。しかし，1872年，エンゲルスは，ライプツィッヒの「フォルクスタート」（Volksstaat）紙に一連の論文を書き――後に住宅問題と題する1冊の本にまとめられた――，これらの試みが見当はずれであることを証明した。分割払いによって家賃を購買費に変え，労働者に持ち家させることを提案したプルードンやサックスとの議論の中で，エンゲルスは，これは何も解決しない，何故なら資本主義が労働者を搾取している限り，「賃金は，節約された家賃の平均額に見合った平均額まで下がるだろう。即ち，労働者は自分の家に家賃を支払うのに，以前のように金で支払うのではなくて，工場主に無償労働で支払うのである。」[16]と反駁し，そして結論する。

「社会問題の解決，即ち，資本主義的生産方法の廃止のみが，住宅問題の解決を可能にするだろう。近代的な大都市を維持しながら，同時に住宅問題を解決することを欲することは不合理である。近代的大都市は，資本主義的生産方法の廃止によってのみ廃止されるだろうし，この方向への前進がいくらかあったとしても，それは，個々の労働者に小さな持ち家を与える問題からは程遠い。」[17]

このようにして，純粋に理論的根拠によって，彼は，イギリスやドイツの工場の周囲に建設された労働者団地，ナポレオン3世によってつくられたアルザスのミュールーズ労働者都市，協同組合運動とイギリス建物協会，イギリスの住宅補助法，1850年のフランスの法令に基づくオスマンの事業等を否定した。

エンゲルスの批判は，これらの種々の方式の効能における欠陥を指摘したのだが，それは明らかな不公平さで，それらのどれもが，少しも有用な結果を与えなかったし，与えることも出来なかったと断定している。

「病気の温床，資本主義生産方式が夜毎にわれわれ労働者を閉じこめる穴倉は廃止されなかった。それは，他の場所に移されたに過ぎなかった！　それらを第1の場所でつくった同じ経済的必要性が，それらを第2の場所でもつくり出す。資本主義的生産方法が存在し続ける限り，住宅問題，あるいは労働者の運命に影響をもつ他の社会問題の別個の解決を望むのは愚かである。」[18]

エンゲルスの理論的頑固さの下には，作家が，エンゲルスが認めたように，産業と現代

社会との間には原則的に必然的な関係があることを認めた場合でも、この問題についての19世紀文学の共通のテーマとした産業都市に対する焦燥と嫌悪があった。

この近代都市の嫌悪は、通常、古い都市に対するノスタルジアを伴い、古い都市はしばしば歴史上の真理と全く逆に、誇大に好ましいライトを浴びて登場した。例えば、イギリスの労働者階級の状態について書いているエンゲルスは、前工業時代のイギリスにおける労働者の状態について、偽って理想的な姿を描いたのである。

「紡績と織物は労働者の家庭でされた。家族は主として都市の近くの田園に住み、労働者は、快適で、規則正しく、正直で立派な生活を送っていた。………彼らは、自分自身を疲れさす必要はなかったし、余暇には畑や庭で健康的な仕事をすることが出来た。」[19]

その調子は、ディッケンズの物語りのそれであり、ラスキンの中世についてのエッセイのそれである。偏見ではないが情緒的で不安気な過去と現在の間の対比は、19世紀文化のもうひとつの変らないテーマであり、モリスの有名な詩の中に完全に表現されている。

煙で脅かされた6つの州を忘れよ。
吐き出す蒸気も、ピストンの動きも
ぞっとする町の広がりも忘れよ。
丘の上の荷馬のことでも考えた方がよい。
そして、ロンドンを夢見よ、小さく白く清らかなロンドンを。
澄んだテームズは緑の田園で縁どられ………[20]

これは文学的画像に過ぎない。何故なら、ロンドンは中世には小さかったとはいえ、決して白く清らかでもなかったし、モリスの時代に人々はこれを知っていたからである。しかし、情緒的に加重されたイメージはすべての歴史がする否認に抗し、マンフォードですら、彼の『都市の文化』において、中世都市についての伝統的な牧歌的考えを不朽なものとした。

万国博覧会について述べた時に、工業建築、特に鉄による作品についてのその時代の人々の判断が、尊大な拒否から、漠然とした無邪気な熱狂までいろいろとあったことを見たが、それは、ほとんど常に、極端に走った概観的な判断であり、新しい都市景観の質についてのバランスのとれた価値ある評価をする余地はほとんど残っていなかった。

19世紀の末を通して、いくつかの肯定的な判断が現われ始めた。それは手放しの讃美に基づかず、新しい現実の分別ある容認とその特殊な状勢に対する知的な洞察に基づくものだった。

それは、しばらくは、か細い思想の糸で、ほとんどイギリスだけに限られていたが、その出現は極めて重要であった。何故なら、それは新しい実験手段に対する姿勢に変化を予想させ、それが世紀の最後の10年間に、アール・ヌーヴォーの流行を可能にさせたからである。

1881年、セント・ポールに向ってのフリート街の俯観を描写したサミュエル・バトラーは、次のように書いている。

「これが、ロンドン、チャザム、ドーヴァ鉄道路線のラジェイト・ヒルの鉄道橋によって台無しになったとよくいわれる。しかしながら、橋がつくられる前よりも、効果はより印象的になったと私は思う。時が既にそれを柔らげ、目立たなくなっている。それは、大きさをより感じさせ、われわれに、生活の動きと、ロンドンを印象的にし

ている巨大な流通とを二重に意識させる。直交する線の芸術的な正確な交叉についての衒学者的規準による違背がわれわれに失わしめたものよりも，得たものの方が大きい。橋の下の世界も大きいが，上にはもっと広大な世界があり，汽車が通る時には，エンジンからの蒸気が，セント・ポールのドームを雲の中に投げこんでしまい，あたかも，地上と，夢の国の遠い神秘的な宮殿がいっしょになってしまったかのように見える。」(144～146図)[21]

次の年，ジョージ・バーナード・ショウは，その小説『カシェル・バイロンの告白』の中で，ショウの代弁者であるリンディア・カリューに，鉄道の風景を擁護するために長い言葉を喋らせている。リンディアと彼女の友達アリスは，クラファム・ジャンクション駅にいる。

　晴れた夏の夜だった。アリスは，駅の待合室の公衆に対して身を隠すのはレディにふさわしくないと思いながらも，リンディアに，花で覆われた土手で終るプラットフォームの人気のない端の方を行ったり来たりすることを思い留まらせようとはしなかった。
「私には，クラファム・ジャンクションがロンドンで一番きれいな場所に思えるわ。」とリンディアがいった。
「本当ね。」とアリスは少し意地悪くいった。「芸術的な人なら誰でも，乗換駅と鉄道線路を景色の中の汚点（しみ）と見ていると思うわ。」
「何人かはそういうでしょう。」とリンディアはいった。「でも，その人達は私達の年代の芸術家ではないわ。そんな人達のいうことをとりあげるなんてオウムと同じよ。もし，町から逃げて田舎へ行った私の小さい頃の休日の思い出が鉄道と結びついているなら，中年の頃に凄まじい鉄の変革に出会った父と違う風にそれを感じるのは当然よ。機関車は，今の子供達の不思議のひとつだわ。子供達は橋の上から，下を汽車が通り過ぎるのを見ている。小さな男の子達は，エンジンの真似をしてシュッシュッポッポと道路を気取って走っている。こうした話は全部馬鹿みたいに聞こえるけど，大きくなると神聖になってくるのよ。その上，汚いロンドンのトンネルの中の地下鉄は別として，汽車は美しいわ。その真白い蒸気の雲はどんな景色にも合う。そしてその音！あなたは線路が走っている海岸に立って，汽車が遠くから来るのを聞いたことある？最初それは波の音と聞き分けられないけれど，音の変りようでわかってくるの。切り通しへかかると一瞬音は小さくなって，次の瞬間には丘からこだまが聞こえてくる。間隔と強さを常に変えながら長い時間なめらかに走ったかと思うと，急にリズミカルにガッタン，ガッタンいうの。………田園詩的な観点からいう，鉄道の弊害なんて旧聞よ。イギリスには，遠くから聞く汽車の音がツグミの鳴き声と同じように暗示的に聞こえる大人が100万といるのよ。」[22]

バトラーとショウの両者共，田舎に対する新しい感じ方と時の流れとを，正しく結びつけた。時の流れは，次第に，新しい工場の生の姿を洗練したものにし，感受性に次第に新しい形態を把握させるようにしつつあった。

充分に長い間都市景観に見慣れることが，ショーや展覧会が絵画の新しい様式の受け入れに働くのと同じ役割を演じ，1867年のような早い時期に，モネが激しく言い表わしたのと同じ要求を充足した。

「展示をすることは重要であり，芸術家の

Ⅱ　産業都市論

144図　さあ急いで。ラドゲイト・ヒルへ行ってごらんなさい。そして最後のスチュアート王の時代に有名な建築家，クリストファー・レン卿によって建てられた巨大で有名な寺院を見なさい。これが最後の機会でしょう。さあ間に合う中に。すぐにこの珍しい建物を，幸いにも知能の発達と商業の進歩がこの大都市に押しつけた大改良のために消えるでしょう。………鉄道会社によって用意された装飾をふんだんにつけた水槽によって永久に目隠しされる前に急いで行って間に合いなさい………建物の中に入らなければただですよ。このチャンスはロンドンの歴史の中でもう二度と来なくなる。間に合う中に………(1863年8月8日のパンチ誌から………グローグの『人間と建物』≪"Men and Buildings"≫に引用されている)

5 産業都市とその危機

145図 ロンドン,ラドゲート・ヒルの高架線 (G. ドレの版画,1870年)

『必須条件』(sinequanon)である。何故なら,何回も見ると,観客は,最初彼を驚かし,ショックすら与えたものに見慣れるようになることがある。次第にそれらが理解され,受け入れられる。時間自身,絵に塗られたニスのような役割をし,もとの硬さ

Ⅱ　産業都市論

146図　ロンドン，ラドゲート・ヒルの高架線の今日

をほぐす。展示をすることは友人や戦いにおける味方を見出すことである。」[23]

産業都市に対する19世紀思想の反発はそれに対するその時代の画家達の反発に現われている。

5 産業都市とその危機

147図 H. ドーミエ，「1834年4月15日のトランスノネン街」
148図 G. ドレ，古いパリの街路。「稲妻のように速く，士官に率いられた何人かの兵士が3階に上った。重い二重扉も彼らの力に屈したが，ガラス戸がまだ抵抗していた。1人の老人が現われた。"私達は戦う気はない。武器も持っていない。殺さないでくれ"──だがその言葉も口の端で消え，彼は銃剣で突き殺された。アネット・ベッカソンが救おうと隣の部屋から走り出てきたが，兵士は彼女に向い銃剣で彼女の顎の上を刺し，発砲した。彼女の頭は砕け，破片が壁の上に散った。彼女を追って出てきた若いアンリ・ラヴィエールは至近距離で打たれたので着物に火がつき，鉛は彼の肺の奥に入った。だが，彼は負傷しただけだったが，銃剣が彼の額を突き頭蓋骨を露出した。彼はそこを後からもやられ，背中には7か所の傷を負っていた。部屋は血の海であった。父親のベッソン氏は傷を負いながらも奥に逃げ，ボンヌヴィーユ夫人は彼をかばおうと血の海に立って彼らに呼びかけた。"家族はみな私の足許に死んでます。もう私の他に殺す者はいないわ" 銃剣が5回彼女の手を貫いた。」（ボアリエ─ボンヌヴィーユ夫人の1834年4月15日の事実についての調書）

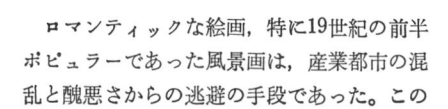

ロマンティックな絵画，特に19世紀の前半ポピュラーであった風景画は，産業都市の混乱と醜悪さからの逃避の手段であった。この自然への見せかけの忠実さは，人間とその産業によってまだ汚染されない自然そのものの理想化を内に秘めている。こうした理由で，

175

II 産業都市論

149図　C. モネ,「サン・ラザール駅」, 1877年

　コローやターナーの絵は，ディッケンズの描写の一種の裏返しである。彼らは表現するものに対して中立ではなく，田舎や木や雲や岩に情熱的に味方をした。ドラクロワにおける異国風な背景，あるいは，例えばアルプスの風景のような地方的だが特殊なものへの情熱は，疑いなく，産業によって変形された都市風景に対する拒絶に関わりがある。同じように，ラファエル前派に典型的な過去に対する関心の復活の理由は，荒んで退屈に見える現在からの逃避であった。

　同じように内なる情熱に動かされ，ロマンティックな逃避主義の敵，写実主義者達——クールベ，ミレー，ドーミエ——は，初めて，毎日の最も貧しい現実に没頭した。それにも拘わらず，彼らにとって新しい風景——人間の労働の背景となる都市や地方——はま

だはっきりと形をもっていなかった。大きく描かれているのは人間であり，その人間が周囲の環境を統合し，具現していた。ドーミエやクールベなどによるあの作品の異常な力は，この前景の使用と，少数の人間の姿に意味表現を集中したことが原因であった。有名な例は，ドーミエの版画，「1834年4月15日のトランスノネン街」(147図)であり，それは，「月刊リトグラフ協会誌」(Association litographique mensulle)に現われた。激しい共和主義革命に対する弾圧やトランスノネン街に起こったいろいろな事件が地面の高さから見た労働者階級の部屋の内部に凝縮され，それは，子供の上に倒れ落ちたドラマティックに前の方が縮められた男の姿で画面いっぱいになり，絵の端には，他の2人の体が部分的に描かれている。共和主義作家がその

5 産業都市とその危機

150図 C. モネ,「カピュサンの大通り」, 1873年

本で表現した思想と感情が，ここでは，省略化されたイメージの中にあり，瞬時にその効果を伝えている。しかしながら，ドーミエの興味は，如何にそれがセンセーショナルであるとはいえ，ひとつの場面の描写に限定されてはいなかった。タイトルが語っているように，版画はティエール（Thiers, 第三党）の軍隊によって殺された住民の何人かのいるトランスノネン街を描写しているのである。それ故，この作品，及び同じタイプの他の多くは，暗喩の形をとっているとしても，風俗画としてみなされなければならない。新しい現実に対する意識的な忠実さに基づいた近代風俗画は，例えばこの時代に古いパリの街路を描きはしたが，それをロマンティックな背景幕とみなしたギュスタヴ・ドレの版画（148図）からでなく，むしろこれらの作品から湧き上がったのである。

印象派の到来と共に初めて，新しい都市の風景はふさわしい芸術的表現を得る。時折り記されてきたように，印象派は，その主題が，普通，町やその郊外から得られたというばかりでなく，その時代の批評家や作家の誰よりも明瞭に都市の光景の性格を把握したが故に，最高の都市風景画なのである。その空間の連続，すべての相互交流，それぞれは次のものへと開かれ，ひとつの自己満足的な景色の枠に閉ざされることは決してない。同じエレメントのくり返しが，絶えず変化するやり方で構成されており，それ故動的に環境と関係をもつように特色を与えられている。今や涯しなく無限定となった建築の枠と，人間や車の交通との間の新しい関係。新しい建築と街路との再統合，そして，一般的には，すべ

177

Ⅱ 産業都市論

151図　C. モネ，モンソー公園，1878年

てが重要だが永久に流動状態にある物体の密実なかたまりとしての風景の感じ方（149〜152図）。

モネ，ルノアール，ピサロの確実な知覚力は，しばしば，新しい町のプラスの面をばかりでなくマイナス面もはっきりさせた。オス

152図 ピサロ,トュイエリーの庭園,1890年

マンの道路のこせこせしたファサードは,いみじくも,大胆に建物に因襲的な装飾性を与えているだけのすべての装飾的な要素をぼかされて,明暗の斑点のリズミカルなくり返しに変えられている。大通りをぶらついている群衆は,一様な建築の背景によって否認され,木や車の形のかたまりと違わない同じ影の群となっている。

これらの画家のすべての自然や人工の物へのより大きな,むしろ完全な寛大さは,産業都市の出現によって破壊された風景の調和を回復させたが,それにも拘わらず,写実主義者特有の強烈さと情緒的内容に欠けており,その代りに一種の超絶と無感動が存在している。

個々の形は知覚を構成する色のエレメントに変えられたが故に,内容についての関心は全くなくなり,表現の直接性を阻害するような感覚的な連想は否認され,また,記憶と共に,純粋な見たままのもの以外の意味も否認される。この感受的な姿勢は,この風景をつくり出し,またつくり続けている生きた関係と,従ってまた,近代社会の要求に適合した建築運動の出現とは相容れないものである。

絵画は世界を写し出すだけだが,建築はそれを変えるために建てられなければならない。それ故,ペヴスナーがいったように,建築再生のためのアヴァン・ギャルド運動は,印象派に関係づけられるべきでなく,後期印象派の危機に,そして「表面をよりも奥を」描くことを目的とした,セザンヌに関係づけられるべきである。世紀最後の10年のアヴァン・ギャルド運動の説明に重要なこの展開は,第9章で扱われる。

1) Ch. Dickens 著, "Hard Times", Everyman's Library——1954年——19頁
2) Ch. Dickens 著, 前掲書46頁
訳註1) アラビア地方の熱風
3) Ch. Dickens 著, 前掲書99頁
訳註2) 2行連句
4) Ch. Baudelaire 著, "Les fleurs du mal" (悪の華), Le Cygne, I. nn. 7～8, 1857年
5) J. W. R. Adams 著, "Modern Town and Country Planning" ——ロンドン, 1952年——に引用されている。
6) H. Heine 著, "Englische Fragmente" ——ハンブルグ, 1868年——15, 16頁
7) J. H. Clapham 著, "An Economic History of Modern Britain, the Eearly Railway Age" ——ケンブリッジ, 1939年——545頁に引用されている。
8) B. Russel 著, "Freedom and Organization, 1814～1914" ——ロンドン, アレン・アンウィン, 1934年——133頁
9) M. De Riancey……P. Lavedan 著, "Histoire de l'urbanisme, époque contemporaine" ——パリ, 1952年——89頁
10) J. Stuart Mill 著, "On Liberty", Everyman's Library——1954年——165頁
11) P. J. Proudhon 著, "La capacité politeque" ……E. Dolleans 著, "Histoire du mouvement ouvrier I" ——1939年——に引用されている。
訳註3) ゼウスの子, 竪琴をひいて石を動かしテベスの城を築いた。
訳註4) Caporal, 軍隊での伍長のこと。ナポレオンは "le petit Caporal"(小伍長)とよばれていた。
12) L. Veuillot 著, "Les odeurs de Paris"……J. Wilhelm 著, "La vie à Paris" ——パリ, 1947年——20～22頁に引用されている。
訳註5) リーグ: 距離尺
13) V. Sardou 作, "Maison neuve" ——ヴォードヴィユ, 1866年12月4日——12幕第1景
14) G. E. Haussmann著, 前掲 "Memoires" 第2巻310～311頁
15) J. Ferry 著, "Comptes fantastiques d'Haussmann" ——パリ, 1868年——23頁
16) F. Engels 著, "Die Wohnungsfrage" ——ライプツィッヒ, 1872年——39頁
17) F. Engels 著, 前掲書71頁
18) F. Engels 著, 前掲書104頁
19) F. Engels 著, "Die Lage der arbeiten Klassen in England" ——ライプツィッヒ, 1845年——I
20) W. Morris 著, "The Earthly Paradise" ——ロンドン, 1868年——プロローグ
21) S. Butler 著, "Alps and Sanctuaries" ——1881年………J. Gloag 著, "Industrial Art Explained" ——ロンドン, 1946年——80頁に引用されている。
22) G. B. Shaw 著, "Cashel Byron's Profession" ………The Modern Press——ロンドン, 1883年——56頁
23) E. Manet 著, "Préface au catalogue de l'exposition de ses oeuvres" ——パリ, 1867年………Wilhelm 著, 前掲書83頁に引用されている。

第6章　産業都市改革の試み（オウエンからモリスまで）

1. ユートピアン

　このようにして，19世紀の教養ある人々は産業都市に対する不信に蝕まれ，炭鉱都市やロンドンの巨体の中に秩序と調和を再現する可能性など思いもよらなかった。かくして，その療法を考えた何人かの人々は，現在の非合理的な都市形態が，純粋に理性に支配された他の完全に別なものに置き換えられなければならないと信じたのである。事実，彼らは現実の都市と想像上の理想のそれとを対置させた。

　時には，理想都市は文字で描かれたイメージであった。19世紀はルドゥー[1])からモリス[2])に到るユートピアの長連作を産んだ。しかし，世紀の前半，特に1820年から1850年間の楽観的な時代を通して，ユートピアを描いた者のある者はそれを実行に移そうとつとめた。これらのエピソードは，ユートピア文学の伝統の枠の中にあるが，われわれの仕事は，それらをユートピア文学と区別することである。何故なら，彼らは思想と行動の新しい方向の創始者であり，たとえ象徴的また時にはわざとらしいやり方であるとはいえ，都市や地方の改革の意識的な運動，それ故モリスの定義に従えば，近代建築を生じさせたのである。

a）ロバート・オウエン

　ロバート・オウエン（1771〜1858）は，最初のそして最も重要な改革者であった。彼は最大の苦難の時代に生活をした非凡な性格の人間であり，独学の店員，ビジネスマン，そして最後には実業家として成功し政治家となった。彼の時代の政治家やビジネスマンがアダム・スミスの理論を事実上不可欠の行動の規範としたのに対して，オウエンは全く違った思想傾向をもったが，それは経済関係の偏りのない分析に基づいたもので，それが他のものと違っていたが故に，彼を危険な煽動者とみなされるようにしてしまった。

　彼の思考法は，最初被雇傭者，後に雇傭者としての彼の実際経験によってのみ説明され得るものであり，工場は，彼の時代において一般的であったものと違った一連の考えを彼に思いつかせた。それは，事業が，内部の調整ばかりでなく，市場の需要に関連して企業の活動範囲をも考慮に入れた組織的コントロールによって機能するという考えである。このような見方では，正しいバランスは，決してオートマティックでなく，内部的な力の働きによって達せられるものでもなく，内部要因と外的作用の展開の方法と手段とをコントロールするそれらの間の調和によって達せら

181

れるのである。

1799年，オウエンと何人かの協同者は，スコットランドのニュー・ラナークの紡績工場を買収し，近代的な機械，合理的な労働時間，よい賃金，よい住居をそこに設けることによりモデル工場に変えた。イギリスでは最初に，工場の近くに小学校と保育所を建設した。これらの改良は，かなりの利益をあげることの邪魔にはならず，協同者の苦情に耐えることを彼に可能にさせた。協同者達は1813年に，ジェレミー・ベンサムらの他の人々によって代わられた。

19世紀の初め，ニュー・ラナーク工場は有名になり，世界中の人々の訪問を受けた。1813年，新しい協同者を求めてロンドンにおもむいた時，彼は主だったイギリスの政治家と接触をもち，活動分野を拡げた。彼は，労働法，協同組合運動，労働組合等の先駆者のひとりであった。

実業家としての成功にも拘わらず，特殊化された活動としての現代の工業生産は間違っていると信じ，工業と農業は分離されて別の労働者グループにまかさるべきではなくて，農業がイギリス国民の主たる職業であり「工業は付属物」[3]であるべきであると確信していた。

この考えを実行に移すために，19世紀の20年代，オウエンは理想集住地のパターンをつくり出した。それは，自給自足で，すべての基本的なアメニティをもつという，土地や工場で集団的に働くコミュニティのための村である。

この計画は，1817年に初めて，貧困工場労働者救済委員会への報告書[4]の中で明らかにされた。それは，いろいろな新聞[5]で擁護され，そして1820年のラナーク州当局への報告書の中でさらに大きく発展された。

オウエンは次の点を特記している。

(1) 住民数：彼は，「将来のすべての発展は実質的にこの点に関わるであろうこと，そしてそれが政治経済学における最も難しい問題のひとつである」[6]と考え，理想的な数は，300と2000の間（800と1200の間の方がより好ましい）であると信じた。

(2) 耕作地面積：1人1エーカー余，それ故，800～1500エーカーで，鋤よりも鍬で耕やされるべきこと。オウエンは，集約農業の熱烈な支持者で，経済的な観点からすると，これが彼の理論の最も主要な限界のひとつなのである。

(3) 建物と全般的な構成：オウエンによると，伝統的な町は，
「多くの不必要な不便さを生む中庭，路地，街路は，健康に害があり，人間生活の当然な安楽のほとんどすべてを破壊してしまう。全員の食事は一緒に調理した方がよく，また，コストもやすくなるし，子供達は両親の監視下で一緒に生活した方が他の環境よりも，よりよく訓練されるし，教育され得る。」「それ故，矩形の大きな広場が，この集団の住居形態においては最大の効果をあげるだろう。この形の4辺には，個々のアパートメントあるいは住民の成人のための寝室と居間，子供のための監督つき寝室，いろいろな生産品を蓄えておく倉庫，客のための宿泊室，診療所などが含まれる。矩形の中心を通って一線に，空気と光とコミュニケーションのための空間を残しながら，教会あるいは礼拝所，学校，厨房と大食堂などが建てられるだろう。………」[7]

矩形の3辺に位置するアパートは1階建てから4階建てまでで，台所はないが，よく換気され，必要ならば冷暖房されるだろう。「アパートを暖房したり冷房したり換気したりするためには，住み手は各部屋の2つのバ

6 産業都市改革の試み

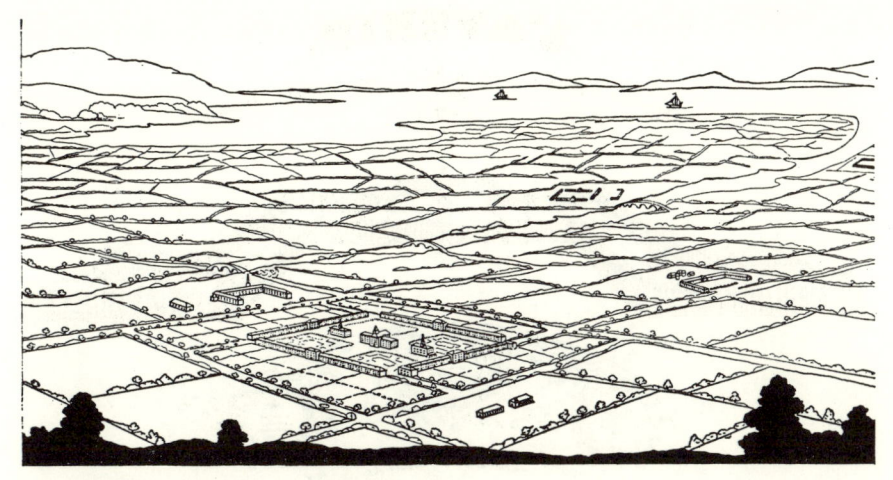

153図 調和と協同の村，1817年のオウエンの報告書の中のデザイン

ルブを開閉すればよい。この簡単な装置によって，部屋の空気は適当な温度になりまたきれいになる。

適当な大きさでうまい場所におかれた1つのストーブは，建設時にうまく設備されれば，支障なくまた安上りにいくつかの住戸の暖房を賄うだろう。………」[8]

(4) 経済的にいってもプラスになるこのような集落の建設は，地主，資本家，地方当局，協同組合などにも受け入れられ易いだろう。「最初は多くの誤りが犯されるだろう。だが，経験が多くの改良を提案する。」[9] このような集落の設立のコストは約9万6000ポンドである。

(5) コミュニティの労働によって生産された余剰生産物は，基本的な需要が充たされた後は，費やされた労働を金に換算して，自由に交換され得るだろう。

(6) 地方，中央当局に対するコミュニティの義務は，同じ法律によって規制される。彼らは通貨で税金を納め，男は兵役に服する。しかし，裁判所と刑務所は，必要がないので存在しないし，このようにして政府の仕事を軽減する。

オウエンは，彼の計画を実行に移すために最初はイギリスのオービゾン(Orbison)で，次いでアメリカでいろいろと努力をした。1825年，彼はインディアナで，プロテスタント派からハーモニー村を購入し，合衆国大統領と議会にアピールした後，9000人の追従者と共にそこに移住した。

いずれの場合でも，村の建築形態は，理論通り矩形になっていたが，オウエンはこれにはあまり関心をもっていなかった。というのは，彼は社会的，経済的問題に没頭していたからである。当然のことながら，理論から実践への移行は成功せず，事業はほとんどすぐに失敗した。オウエンは資本を失い，貧苦に陥った。

しかしながら，彼と共にアメリカに行った人々の多くは彼の息子を含めてそこに留まり，西部の植民地化に，価値ある貢献をし

II 産業都市論

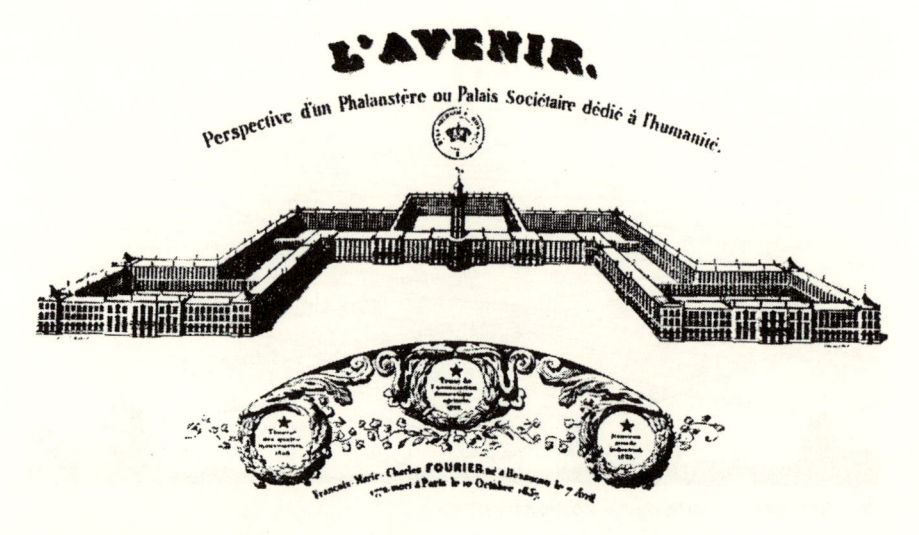

L'AVENIR.
Perspective d'un Phalanstère ou Palais Sociétaire dédié à l'humanité.

154図 フーリエのファランステール

た。このようにして、オウエン村は自給自足のコミュニティとしては失敗したが、周辺の地域の重要な中心となって、その発明者の心に描かれたものとまさに反対の機能をはたし始めたのだった。

1906年、ポドモアは実験の結果について次のように判定した。

「かくして、オウエンの偉大な実験は失敗したが、思いがけない成功が彼の努力に報いた。ニュー・ハーモニーは1世紀以上も西部の主たる科学、教育の中心地となった。そして、それから出た影響の放射線は、この地方の社会的、政治的骨格の多くの方面で感じとられるのである。今日に及ぶまで、ロバート・オウエンの足跡は、彼が創設した都市の上に明瞭に記されている。ニュー・ハーモニーは、西部諸州の他の都市のようではない。それは歴史をもった都市である。これらの破れた希望と理想の塵が、現在の生活が根ざしている土壌を形成しているのである。」[10]

アメリカでの実験の後、オウエンの思想はますます急進的となった。1832年から1834年の間、彼はイギリスの労働組合運動のリーダーであり、その後、結婚と宗教についての彼の非正統的な考えを宣伝することに身を捧げ、イギリスの社会から狂った空想家として避けられて生涯を終った。

最大の成功者ではなかったが、オウエンは19世紀のユートピアンの中でいろいろな点で最も重要であった。彼の人格、彼の人間愛、彼の工業と機械の世界に対する信頼は、因襲的な理論のヴェールによって彼の時代の人々が盲目となっていた社会や都市の問題についての確固たる認識を彼に与えたのだ。しかし、彼の教育と説得の効果に対する無限の信仰が、世界の残部との接触の邪魔をし、ニュー・ラナーク後の、彼のすべての事業上の失

155, 156図　ギイーズのファミリステールの全景とクレシュの内部（ゴダンの『社会問題の解決』から）

敗をもたらしたのだった。

b）シャルル・フーリエ

　オウエンほどの財力と個人的能力の持ち合わせはなかったが、オウエンとほぼ同時代人であるシャルル・フーリエ(1772～1837)は、ベザンソン(Besançon)出身の店員であった。

　彼は思想の根拠を、経済的利益ではなく情熱的魅力から人間活動を説明する哲学的心理学の理論においていた。彼は12の基礎的感情を区別し、それらの結びつきですべての歴史を解釈した。現在では、人間性は第4期（野蛮）から第5期（文明）へと移りつつあり、第6期（保証主義）がその次に来たり、最後が第7期（調和）である。文明期が個人財産が制限されないことによって特徴づけられるのに対して、保証主義期は、それを一連の制約、制限下におこうというもので、フーリエはその制限について詳しく説明している。

　現代の無定形な都市と違って、第6期の都市は求心的なパターンで建設され、その中央部には商業、行政地区、それを囲んで工業、さらに農業地区がおかれるだろう。最も中心の部分は、建物の占める面積と同じ大きさのフリースペースがとられ、第2の部分では2倍、第3の部分では3倍のフリースペースがとられる。建物の高さは道路の幅によって規制され、城壁は取り除かれて生垣にとって代えられる。土地所有者の権利は他の人々の権利と「調整」されなければならないだろうし、その周囲の土地での公共事業によって生じた増加価値は、コミュニティのものとなるだろう。

　しかし、フーリエは、これらの革新を第7期の生活と財産が完全に共有される決定的段階への単なる踏石として考えたのである。第7期では、人々は都市を離れ、1620人の「ファランジュ」(Phalanges)へ移り、「ファランステール」(Phalanstères)と呼ばれる特殊な建物に住むだろう。

オウエンと違い，フーリエはファランステールの住民のための独立した住戸を考えず，生活は完全に大きなホテルにおけるように行われ，老人は1階，子供は中2階，大人は上階で生活する。実際の建物として，フーリエは代表的なフランス建築の堂々たる姿を思い浮かべていた。それは対称的で，3つの中庭をもち，建物の各部の軸線上に多くの入口をもっていた。中央の中庭は，パレードの場として知られ，時計と光による通信機を備えた秩序の塔によって見下されている。彼の説明は驚くべきほど細部にわたっている。

「《ストリート・ギャラリー》は2階におかれる。それは，1階におくことは出来ない。1階では，車のための通路がいろいろなところを横切るからである。

ストリート・ギャラリーは両側から採光することが出来ない。その一方は建物につながっているからである。ファランステール全体にわたって，2種類の部屋があり，その1つは外側から採光し，他はストリート・ギャラリー側から採光する。ストリート・ギャラリーは，それに面する3階分と同じ高さでなければならない。2階の住戸の扉，及び3階4階はストリート・ギャラリーに面し，3階4階へは，ストリート・ギャラリーから続く階段がある。主要階段は，通常そうであるように，2階に達するだけで，後者の中の2つの階段が5階へ達する。ストリート・ギャラリーの幅は，1830年代に最終的に建物が完成する時には，中央の建物では6トワズ訳註，ウイングでは4トワズである。

しかし，しばらくの間は，財政状態がよくないので，出来る限り経済的なものであって，30年代以降，もっと大きなスケールで建て直されることになろう。それ故，ストリート・ギャラリーは中央で4トワズ，ウイングで3トワズとなろう。建物の幅は12トワズで次のように分けられる。
　　ギャラリー　18～24フィート
　　ギャラリーに面する部屋の奥行　20フィート
　　外壁に面する部屋の奥行　24フィート
　　2枚の外壁のそれぞれの厚さ　4フィート

合計で72フィート，即ち12トワズである。公共的な部屋のあるものは8トワズの幅をもち，ギャラリーから外壁まで1つに続いている。………」[11]

ファランステールを実現しようとするいろいろな試みが，最初フランスで，次いでアルジェリアとニューカレドニアで行われたが，いずれも成功しなかった。第2帝政期に，同じような企業がオウエンのように以前労働者で後に経営者となったJ. B. ゴダン（1817～1889）によってギーズに実現され，この実験は，予想を裏切って長く続いた。しかし，ゴダンはフーリエの計画を2つの基本的な点で変えた。彼は企業の基礎を工業におき，共同生活を廃して，それぞれの家族には，中庭をもつ大きな建物の中で，個々の住戸を与え，保育所と集会室を設けた。この複合建築はファミリステール（familistère）と呼ばれ，それは，ゴダンの死後，完全な協同生産体として，長期にわたって彼の事業を持続させた。(155～156図)[12]

c）エティエンヌ・カベ

7月王政期に，いろいろな人々が，混乱と陰鬱に満ちた現実を理想都市で置き換えることについて論じたが，しばしば彼らは都市計画的考えと，社会的権利の要求とを素朴に混同した。例えば，サン－シモン派が世界中で行ったように，パリの改造について完全に空想的な議論が行われた。C. ドゥヴェイリエ

は，歩き出す人間のような形をした計画で新しいパリを考え，[13] M. シュヴァリエは，次のような驚くべき記述をしている。

「王とのその家族，大臣，大審院の人々，宮廷の人々，2つの議会の議員は，つるはしとシャベルをもつだろう。老ラファイエットが出席する。連隊，音楽隊，労働者隊は正装をした技術者達によって監督され，高貴な婦人達も労働者に混って労働者を励ますだろう。」[14]

その後，労働運動の弾圧，トランスノンネン街，新聞の検閲が到来し，ルイ・フィリップと彼の宮廷人は建築現場へ働きに出そうもなくなった。そうして，再び，これらの願望は幻想の世界へとそれていった。

1840年，エティエンヌ・カベ(1788～1856)は，財産と生産の社会主義的組織に基づいた，新しい理想都市，イカリア (Icaria) についての記述を出版した。フーリエのように，カベは彼の都市についての詳細な描写を行ったが，彼は最も有名な都市のすべての美を結合した大都市を考えている。平面は厳格に対称的で，直線道路が直角に交叉し，直線の川が中央を流れている。すべての道路は等しく，交通の道路は美しく，交通の流れ，特に歩行者の流れをよくするために，そしてそれを車の流れから分離するために多くの手段がとられている。

イカリアの建築は，折衷主義の理想の完全な実現であるべきであった。何故なら，60区のそれぞれは，世界の60の大国の特色を再現することになり，（すべて内部が同じの）建物は，すべての様式的パターンに従って装飾されることになっていたからである。[15]

1847年，カベは，「イカリアへ行かん」と呼ばれる声明を発表し，彼がテキサスに必要な土地を獲得し，500人の同志を集めたことを告げた。出発を急いだイカリアン達は，カベの希望に反し，彼を伴わず，決められていた日よりも早く1848年，パリを出発したが，アメリカに到着した時，彼らは土地があまりにも広大であり，いろいろな部分に分かれていることを知った。かくして，彼らは病気や伝染病で多数を失いニューオルリーンズに引き上げた。

カベは1849年に彼らに合流したが，彼の到着はすぐに分裂を生じさせた。少数派は，1856年，チェルテンハムで，以前浴場であった建物に定住を試みたが，1862年に破産をし，一方，多数派は再び西部へ向い，最終的に1860年アイオワに理想都市コーニングを設立し，今回は成功した。建物は3000エーカーの土地の中央に建てられ，オウエンの矩形をほうふつさせるやり方で整えられた。イカリアについてはいろいろと説明されているが，以下は1875年の記述である。

「イカリアンは，住居群のことを《都市》(Ville) と呼んでいる。中心部の大きな広場の中央に食堂が設けられている。この広場の3方はそれぞれ独立した住宅で占められ，それらの間は庭としてつくられている。第4の側には共通の施設，洗濯場やパン焼き場等がおかれている。………イカリアは楽しそうな場所である。半円形の小さな住宅群で取り囲まれた食堂の大きな建物が，大きな黒々とした森を背景にしており，その森が小さな白ペンキの家々を引きたてている。果樹，異国の花や木，草地等が村のいろいろな部分を隔てている。」[16]

この事業の成功は，参加者の極端に少ない人数によるもので，全員でたった32人であった。花壇や小さな白い家があっても，彼らはいっしょに長い間親密な生活を営むことが出来なかった。1876年，コミュニティは2つの

グループに分裂した。カリフォルニアに移住しイカリア・スペランツァ（Icaria Speranza, イカリアの願望）を設立した若いイカリアン——13名——と、もとの定住地からさほど離れていない所に同じように計画された建物をもつニュー・イカリアを設立した年長のイカリアン——19名——である。この2つの集落は何年か続き、1887年と1895年、それぞれ解散した。

カベの大都市を設立しようという考えは、一種の議論倒れに終ってしまい、ずっと小さな田舎の集落の設立となり、通常の農場の集合体の大きさに落ちてしまったのである。

19世紀後半の科学的社会主義者達は、これらの素朴な先駆者、ユートピア社会主義者達に、有名な批判を浴びせたのだった。それは、新しい社会の実現における障害が単に無知にあるのであって、支配階級の利益にあるとは考えず、従って階級闘争に訴えず説得に訴えたことに対する批判である。

1848年のマルクスとエンゲルスの宣言の中に次のような言葉を読むことが出来る。

「彼ら自身の環境と同様な階級闘争の未発達の状態は、この種の社会主義者に、彼ら自身がすべての階級的対立よりもずっと上位にあると考えさせる結果となった。彼らは、最もよい状態にある者も含めて、社会のすべての人々の状態を改良することを欲した。それ故、彼らは習慣的に社会全体にアピールし、階級を区別せず、いや、好んで支配階級にアピールしたのだった。最良の社会の最良の計画として彼らのシステムを認めさせるためには、彼らのシステムをまず理解させることが必要だからである。」[17]

50年後、W. ゾンバルトはオウエンその他を、同じ厳しさで判決した。ゾンバルトによれば、彼らは、人間の本来の善良さと「どこかに存在するかも知れないし、いずれ、人為的な障害のないところではどこでも存在すべきである社会」の自然の秩序に対する18世紀的信仰、そして、障害が除かれた時に「新しい社会がいつでも現われ得る」し、オウエンがいうように、[18] 社会主義は世界を「夜中の盗人のように」捕えることが出来るという信仰から出発した。

この理由によって、彼らは基本的には自由主義に賛成した。何故なら、「彼らもまた自然の秩序を信じ」自由貿易によって「それがすでに実現されていると考えている」からである。つまるところ、すべては知識によるとみなされ、ユートピアン達は、「現在の物事の秩序は誤りによって導かれたものに過ぎないこと、人は、これまでいかによりよいものを発見するかを知らなかったが故に現在惨めであるに過ぎないと信じた。………このお人好しの考えを典型的に表わしているのは有名なシャルル・フーリエの例であって、彼は毎日12時から1時まで家にいて、最初のファンステールを建てるための資金をもってきてくれる金持を待っていたのだった。」[19]

政治的にいえば、この批判は適切であった。しかし彼らの誤りに拘わらず、実にある意味では、その誤りのおかげで、そして政治的なナイーヴさの故に、オウエンその他は、建築における近代運動に最も重要な貢献をなしたのである。

彼は、自由主義者であれマルキストであれ、当時の政治思想のすべてを毒していた他の誤りを免れた。それは、基本となる政治的な問題が解決されるまで、例えば、都市の形態のような、単一の問題に注意を集中すべきでないという考えであり、部分的な問題の解決は、全体の問題に対する答えが発見された時に自然に現われるという考えであった。

こうした理由で、彼らは、ほとんど誇張といってもよい確信をもって部分的な実験に乗

り出し，そして時には，一般的な考えをくつがえし，建築を通して社会的問題を解決することが出来るし，ファランステールや協同の矩形棟に住まわせることによって人間を改良することが出来ると考えた．

彼らの実際の実験は失敗したが，彼らが心に描いた理想都市は，ルネッサンスの理想都市と全く違った，人間的な同情や寛容をもったモデルとして，近代思想の中に定着し，もはやわれわれはそれを文字通りにはとらなくなったとはいえ，今日に及ぶまで，都市計画の進歩に対する刺激剤としての役割を続けている．

オウエンやフーリエによって出された多くの提案——例えば，居住者数を限った住居単位，集中化された施設，「戸内道路」——と現代の計画に絶えず現われるある解決案との間には著しい類似性がある．フーリエのファランステールの居住者数——1620人——はル・コルビュジエの最初の「住居単位」に住む人の数と一致し，オウエンによって主張された人口密度，1エーカー当り1人は，ブロードエーカーでライトによって提案されたものでもある．農業と工業の統合，都市と地方の統合は，非現実的な不適当なやり方で解決され，何万人もの労働者を集める結果となる近代的大工場や広大な機械化された近代農業を考慮にいれていなかった．それにも拘わらず，2つの異った現実の間の調和は，近代的都市環境と近代的田園との統一の再建にとって欠くことの出来ない条件であった．

2. 応用芸術改良運動

1848年の革命は，ユートピアンを刺激した社会再生についての希望を頂点に達せしめたが，それにも拘わらず反動的な反対が急速に優位を占め全般的に失意を生んだ．理論と実践との間のギャップは，都市景観の早急な改造についての真摯な希望にとって，俄かに広過ぎるように見えてきた．

これは，左翼的ヨーロッパ人が新しい行動の方向を正確につくり——1848年のマルクスとエンゲルスの宣言において発表された——，全面的革命のためにあらゆる部分修正的考え方に反対をした，イデオロギー的転換の時期であった．政治的議論は原則の問題へと移り，都市計画技術との伝統的な鎖がゆるむことを許し，一方，ヨーロッパの保守主義——フランスのボナパルティズム，イギリスにおけるディズレーリの運動，ドイツにおけるビスマルク政府——は，理論上の議論から引き下がったが，事実上，19世紀の前半に仕上げられた都市計画についての実験と提案を薬籠中のものとし，それらを重要な統治手段として用いた．明白な例は，パリにおけるオスマンの大事業である．

既に述べたように，1850年以前に通過した衛生法は，新しい政府によって，最初につくられたものと違った精神で適用され，世紀の後半の大都市計画プログラムを可能にした．同時に，社会主義的作家によって伝統的都市に代るものとして考えられた理論的モデルは，新保守主義的都市計画家の活動の世界に大部分同化された．それらの政治的意味はなくなり，それらは，現存する都市の改造のための単なる技術的提案として解釈された．

1848年以後に記述された理想都市——1849年に出版されたJ. S. バッキンガムの『ヴィクトリア』("Victoria")(157〜158図)，1876年に出版されたB. W. リチャードソンの『ハイジェイア』("Hygeia")——は前例を引き継いだものだが，それらは政治的な意味を除かれ，建設上のそして技術上の要求に力点が置かれた．それはユートピア社会主義者と世紀の終りに始まった田園都市運動との間を結ぶ環となったが，本質的に，新しい経済的，社会状況下では堪えられなくなったオウエ

II 産業都市論

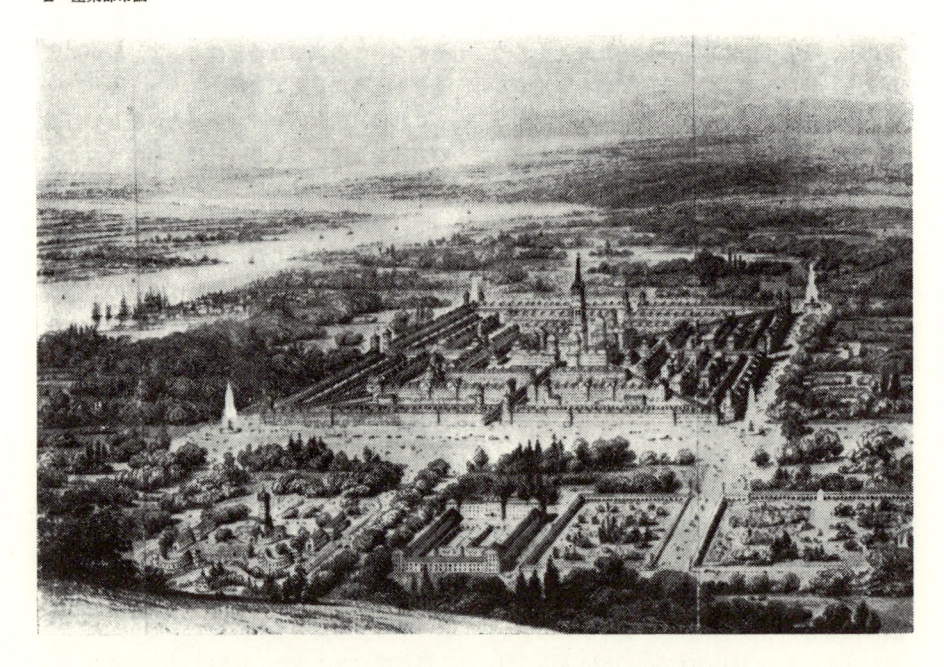

157, 158図　バッキンガムの理想都市の展望と平面図

ン, フーリエ, カベの思想の流れの枯渇を記した。事実, 新しい独裁政権は, その前の自由政権特有の都市問題不介入の政策を放棄し, 都市において進行中の変貌を直接的に——公共事業によって——そして間接的に——規制や計画によって——指導することを開始した。

こうした介入からは, 近代都市計画の将来の発展に不可欠な広汎な技術的経験が生まれたが, 一方, 都市計画思想は初期の社会主義者達を鼓舞したイデオロギー的な重荷を失い, 都市景観の真の変貌への刺激剤としての価値がなくなった。かくして既成の枠を合理的にすること, そして原因をそのままにしておいて都市の無秩序の視覚的現象を除くことが問題とされたのである。

このようにして, 前節で述べられた思想の方向——それは近代建築的思想の源としてみなして正しいかも知れないが——は, 技術部門の活動の中に呑みこまれ, 新しい独裁政権によって加えられた温情主義的解釈によって歪められた。都市計画家が, 産業都市の底辺の矛盾を解消する能力をもたないことが, 次の世紀の初めにおいて焦眉の急となる文化の修正のための運動を生じさせたのである。

これらすべての事が起こりつつある間に, 19世紀思想が示すその時代の都市についての不満足は, 新しい存在理由を発見した。何故なら, 普通の日用品, 家庭用品を含む生産物の混乱と俗悪さは, 今や, 社会生活のすべての点に反映されていたからである。

このようにして, これらの物——家具, 道具, 織物, 布, あらゆる種類の日用品——の形と性格を改良する運動が現われ, この運動は, モリスの功績によって思想のこの方向が都市のユートピアの先例と結びつけられるまで, 19世紀後半の文化論争の焦点の役割をはたした。

「応用芸術」の概念とそれの主要芸術からの分離は, 産業革命と歴史主義者的思想の結果のひとつであった。

自分自身を芸術家と考え, 文化の伝統の保持者とみなす者は, 次第に, 彼らの活動を生産の狭い分野, 即ち, 日用にほとんど関係のない物で純粋芸術とみなされ得る物に限定した。他のすべて, 特に工場でつくられた大量生産品は彼らのコントロール外であり, ほとんど常に厳格な経済的目的を動機とし, 芸術的教育にほとんど欠けたといってよいわけのわからないデザイナーの自由にまかされた。量において「メイジャー」芸術よりはるかに多く, 産業の世界の形成に重要な役割を演じているこの「マイナー」生産品は, 当然ながら, 公式の芸術的傾向を最終的に反映するだろうが, この関係が以前直接的で連続的であったのが, それは今や間接的で, 不連続的で, 偶然的となった。

実際に, 流通している工業生産物の形態は, 少数の流行作家によって決定された——事実, この依存関係は, それらの製作が主として機械的に行われ, 受動的にひな型を複写するが故に, 過去よりもより密接であった——が, 彼らは, 自分達が流通させた形の普及や説明に関係することが出来なかった。このようにして, 芸術と産業の間には, 経験の交換よりも一方通行的関係が確立し, 生産は, この関係の直接性の度合に応じて, 別々に進行する諸層に分けられた。

1つの例で充分だろうが, それは, 19世紀の初頭における, いわゆる「アンピール・スタイル」(style empire)の流行である。2人の若い建業家, シャルル・ペルシエ (1764～1838) とピエール・フランソワ・レオナール・フォンテーヌ (1762～1858) がそれをつくり出した。彼らは, 最初パリで, 次いでローマで, フランスのアカデミックな教育の古典経路を追っていっしょに勉強をした。フォンテーヌはしばらくロンドンで生活し, そこで恐らくロバート・アダムに影響された。彼らは

II 産業都市論

159図 ペルシエとフォンテーヌ，パリのM夫人への手紙（『内部装飾集』——1801年——から）

6 産業都市改革の試み

160, 161図 ペルシエとフォンテーヌ，パリのC. C.の家の広間の壁とテュイエリーのガルディーの広間の天井（前掲，『内部装飾集』から）

1794年から共に仕事をし，ナポレオンの宮廷で非常に重要な地位を占め，ペルシエは主として実際の設計に，フォンテーヌは施主と職人との折衝に当った。彼らは共にリヴォリ街をデザインし，皇帝の種々の住居を造作し，都市計画についての考えを実際の設計に移した。1801年，彼らは第1執政，第2執政の住居の設計者に任ぜられ，1804年，フォンテーヌは王宮の建築家に任ぜられた。

この公的地位と見事に組織化されたアトリエのおかげで，彼らはフランス及びヨーロッパすべての建築と室内装飾を変え，彼らの影響は，その及び方は各々異なるが，ルイ14世時代のルブルンのそれに匹敵した。ルブルンは，当時の同業組合組織を通して活躍し，彼の指示は，デザインと建築技術双方に影響を及ぼした。そこでは，モデルを提供する芸術家とそれを実際につくる職人との間には，組織の上でも，情報の上でも，密接な関係が存在し，室内装飾と建築との間と同様に，職人と装飾家という2つのカテゴリーの間の関係を支えたものも，同じ組織であった。

ペルシエとフォンテーヌは，他方，彼らの現場外での働く者の行動をコントロールする手段をもたなかった。彼らは，いくつかの形態的なプロトタイプを提供し，彼らの地位の権威によってそれを正当化した。1801年から，彼らの『室内装飾集』(Recueil de décorations intérieures)が数多く出版され，19世紀前半のすべての室内装飾家の手引きとなった。(159～161図)

この本の版画は，ペルシエ及びフォンテーヌと，彼らの模倣者との間の唯一の真の鎖であった。一連の形態は，それらが考えつかれた環境から，また，それらが最初つくられた時の材料から離れ，それ自身の抽象的な非個性的な生命を与えられた。その間，機械はこれらの形態を，等しく非個性的に，適当な大きさや材料や量で実体化したのだった。

このようにして，彼ら自身としては，室内装飾，建築，都市計画の間の密接な関係を保ったこの2人の重要な芸術家は，一室の装飾が建築から独立したものとみなされる最初の装飾様式を誕生させたのだった。19世紀の最初の10年以後，アンピール・スタイルは，正統的な芸術文化の他と独立した流れをたどり，19世紀を通して，他のすべての様式に代るものとして，どんな時にでも採用し得るものとして存続した。ごく限られた数の立派な職人は，特に初めはかなりの芸術的な作品を生みだしたが，それらは，工業が市場にシャワーのように降らせる偽物の洪水の中では見分け難い例外であった (162～167図)。

以前は，質の高い物は，その秀れた形態ばかりでなく，他のもっと明白な質，即ち，デザインの豊かさ，製作の精度，高価な材料等によって普通の品物と区別することが出来たが，機械化された生産方法は容易にその最初の2つの性格をもつことが出来た。複雑なデザインも経済的に問題がなくなった。何故なら，無数の品物をつくり出すのに1つの型で充分であり，機械製品がつくり上げられる時の精度は，最も秀れた年老いた職人が彼の手仕事を仕上げる時の精度をすらはるかにしのいだ。残されたものは材料の差であったが，工業は最も精巧な方法でこれらの多くの種類に似たものをつくることを知り，木や石や金属をそのまま使うことの好みは消えた。1835年と1846年の間に，ギーディオンによれば，イギリスの特許局はいろいろな材料による他のものに見せるための表面被覆についての少なくも35の特許を登録した。例えば，1837年，プラスターに金属箔を張って，ブロンズのように見せる工法が発明された。[20]

このようにして，機械生産は，量によって質を圧倒したばかりでなく，鑑定家によってのみ判断され得る基本的な芸術的価値は別として，量から質が区別されるようにすること

6 産業都市改革の試み

162図 ロンドンの万国博覧会に出品された壺（ヴィクトリア・アルバート博物館）

II 産業都市論

163, 164図　1878年のパリの博覧会の展示品(『1878年のパリ博覧会』――ソンゾーニョ――から)と1851年のロンドン博覧会の展示品(タリの『クリスタルパレスの歴史と解説』≪History and Description of the Crystal Palace≫――1851年――から)

を不可能にした。

　これが、19世紀の前半、日用品の平均水準が急速に下落した原因である。勿論、(イギリスの)ウェッジウッドの陶器のような例外もあり、趣味の下落は工業化よりもやや遅れて生じたということにも注意すべきであり、

6 産業都市改革の試み

165図 イギリスのプリント綿布，1830年頃（ヴィクトリア・アルバート博物館）

それ故，大量生産品の水準は，どんな場合でも，19世紀の最初の10年まで——恐らく，前工業時代の趣味と習慣を支えていた世代の死まで——は高かったが，全体として現象には疑う余地はない。1830年以後，下落は，第2章で論じられた論争を誘発するまでに進展し，1851年，ロンドンにおける万国博覧会がいろいろな国の産物を比較することを可能にした時，全体の状態は有識者にとって気づかわしいものとなった。

こうした判断は芸術批評の分野に限られなかった。それは多くの批評家にこうした状態を修正するよう努力させ，またメジャー芸術とマイナー芸術との間のつながりを再確立することによって生産の質を高めるという行動に入ることを強いた。

このようにして，世紀の半ば以後，応用芸術の改革運動は，大量生産による後退が最初にそして最大規模で感じられていたイギリスで始まった。大ざっぱにいって，3つの別々の局面が区別される。1830年と1860年との間のその第1は，第2章で述べた「再編成」と密接に関係をもっており，その主役は，ヘンリー・コール卿のような視野の広い官吏であった。第2は，ラスキンの思想とモリスの活動とに結びつけられるが，非常に観念的であり，文字の上のものであった。第3は，モリスの弟子——クレイン，アシュビー，ヴォイジーら——の活動に見られ，その運動と建築との関係はよりはっきりと現われてきた。

応用芸術の改革運動もまたユートピア的視点から，もっと実用的な現実的なものへと移り，これが，実際，適当な解決が見出される前の，産業と芸術の，大変困難だが克服しなければならないそれぞれの伝統と先入主との合流点であった。

II 産業都市論

a）ヘンリー・コールとそのグループ

　1830年から1840年の間に登場したネオ・ゴシック運動の支持者達は，その時代の生産者達が日用品に採用したアカデミックなクラシズムと，ネオ・ゴシックの形態を批判した。中世復帰の主たる主張者であったオーグスタス・W・ピュージン（1812～1852）は，1836年，輝かしい論文を発表し，その中で，巨大な工場とその俗悪な生産物である住宅によって都市の姿を汚している産業を非難した。[21]
1841年の講演で彼は，偽りのゴシック様式の生産物を皮肉な調子で描写している。

　「階段塔のインクスタンド，記念碑型の電灯のかさ，扉のハンドルにぶら下がった破風，フランス式のランプを支える4つの戸口と柱群，また，アーチを支えている2本の尖塔がゴシック式削りナイフと呼ばれ，針金で出来た四つ葉と扇形はざまの寺院が庭椅子であった。それにふさわしい大きさ，形，用途もまた様式の統一も，これらの忌わしい物をデザインする者達によっては考えられたことはなかった。………その品物のテーマが現代風であれ低俗であれ，それはすぐさまゴシックと名づけられて売られた。」[22]

　1832年4月，選挙法改正の投票の前，下院は国立美術館設立の問題で議論をした。この議論を通して，応用芸術の問題の社会的な重要性が初めて問題になった。
　ロバート・ピール卿はこう述べた。

　「社会の満足を得るということが，議会をしてこのような発議をさせる唯一の動機ではない。われわれの工業の利益は，この国のすべての美術の促進に直接関わりをもっている。われわれの生産者達は，機械部門では外国の競争者達に勝っているのは周知

166, 167図　1851年のロンドンの万国博覧会の出品家具（タリの前掲書から）

の通りだが，図案においては，それ程成功していない。」[23]

改正法以後，ウィッグ政府はこの分野にも介入して，工業家，工業デザイナー，芸術家，王室アカデミーの会員等の意見を聞く調査委員会を任命した。そしてそれは，芸術の教育と普及に関して適当な組織がないという結論を下した。そして，ロンドン，バーミンガム，マンチェスターに美術学校が設立され，古今の純粋，応用芸術の作品例が集められ，生徒の情操に影響を与えるようこれらの美術学校に寄付された。

これらの事業の推進役は主としてプリンス・コンソートで，若い官吏ヘンリー・コール（1808〜1882）が協力者であったが，コールの応用芸術の分野における，精力的で先見の明ある仕事ぶりは，社会福祉の分野におけるチャドウィックとファーのそれに比肩をし得るものであった。

コールは，その時代の生産物の水準の低さが芸術と工業の分離に由来し，それ故，それは，組織のレベルで働きかけることによって，そして芸術家の活動を工業デザインへ向けることによって改善し得ると深く信じていた。

1845年，彼は，フェリックス・サマリーという名前を使って，芸術協会主宰のティーセットのデザインのコンペティションに入賞した。1847年以後，協会の本部で工業製品の一連の展示会——「フェリックス・サマリーズ・シリーズ」——を開き，1849年以後は，「ジャーナル・オブ・デザイン」誌を出版し，そこで彼は，工業のあらゆる部門からの例を示し，批判した。1848年，彼はイギリス工業博覧会を開こうと努力したが成功しなかった。しかしながら，1850年，万国博覧会を開く許可をアルバート公から得，建物——パクストンのクリスタル・パレス——の建設と展示物

168図 ネオ・ゴシックの備品（A. W. ピュージン著『尖頭あるいはキリスト教建築の真の原理』《The True Principles of pointed or Christian Architecture》から）

のまとめに重要な役割をはたした。

1851年の博覧会は，彼に，ヨーロッパのあらゆる国の工業製品の個々の長所を比較する機会を与えた。東洋の芸術やアメリカの道具類に比べて，ヨーロッパの装飾芸術は，明らかに，退廃的な様相を呈していた。「装飾デザインにおいていかなる原則も存在していないということが博覧会においてはっきりした。………ヨーロッパの応用芸術は完全に堕落しているようだ。」[24]

コールは，この比較から最大限の利益を引き出そうと努め，飽くことなく新聞や雑誌に問題を解説し，そして，サウス・ケンシントンに応用芸術の展示館を創設することに尽力した。そこには，過去や現在の素晴しい例がその時代の製品と並べて展示された。これは，現在のヴィクトリア・アルバート博物館のもととなった。

彼の人生の最後においては，彼は主として教育に関心をもち（171図），彼の周囲に芸術家のグループを集めたが，それらの人々が応

II 産業都市論

169, 170図 O. ジョーンズ，ジェフリーズ会社のための壁紙
171図 H. コール，子供の造形教育のための実用品のデザイン（「ジャーナル・オブ・デザイン」——1849年）
172図 O. ジョーンズ，とちの木の葉（『装飾の文法』——1856年——から）

用芸術の改良に直接貢献をした。[25]

その中で最も有名なのは，同名の考古学者の息子である画家のオウエン・ジョーンズ (1806～1889) であった。若い時に，彼はイタリア，東洋，スペインを旅し，回教芸術の装飾の完全さに打たれた。1842年から1845年にかけて，彼は，グラナダのアルハンブラの幾何学的なデザインとディテールを，彼自身や他の研究者の手書きで出版し，次に床のモザイクについて，中世の細密画本について，イタリアの多彩装飾について，出版をした。[26]

1851年，彼は万国博覧会に加わり，クリスタル・パレスの鉄の構造体に彩色し，次の年，彼は装飾芸術における色彩の使い方についての理論的研究を出版した。[27] 1856年，彼は主要著書『装飾の文法』を出版したが，これは単に同時代の人々にコピーのためのモデルを提供するという意図ではなく，あらゆる時代と国の装飾のコレクションであった。ジョーンズは序文で書いている。「このように多くの美しい形態をそのまま並べることで………流行が続く限り過ぎ去った時代特有の形態をコピーすることに満足するわれわれの時代の不幸な傾向を阻止することの助けになるかも知れない。」[28] 事実，最後の章で，彼はこれらの例から，結論を引き出し，木や葉や花のような自然の物に関する装飾デザインのいくつかの一般的法則を演繹するよう努め，またそれらの構造から幾何学的法則を抽象しようとした。例えば，彼はアイリスの花の平面図と立面図や，とちの葉の一群を厳密に二次元的な形で単純なアラベスク風に製図した(172図)。

この後，ジョーンズは，かしら文字，組合せ文字について本を書き，また，コールによって設立された博物館にある美術品について『中国の装飾芸術』という本も著した。[29]

ギーディオンがそのグループの中で最も立派な理論家と考えたリチャード・レッドグレイヴ (1804～1888) は，応用芸術の基本的な要因としての「実用」の概念を発展させ，すべての芸術文化の要求はこの語から発することを示した。[30] そこには，明らかに，コールや彼のグループと接触をもったミルの功利主義との接点があった。

ドイツの考古学者，ゴットフリート・ゼムパー (1803～1879) は一時期コールのグループといっしょに仕事をした。1855年以後，彼が大陸へ帰りチューリッヒの工科大学の教授に任ぜられた時，ドイツ語圏の中でイギリス運動として知られる活動を行った。特に彼の本『技術と建築の様式』("Der Stil in den Technishen und Architectonischen Kunsten") は，ヴェルクブントの時代に到るまで広く読まれた。

1856年，L. ド・ラボルデは，1851年の万国博覧会におけるフランスの委員会の活動に関する報告書を発表したが，そこで彼は，コールのように，工業と伝統的価値の受託者である芸術との間に「和解」があるだろうという希望を表明した。

コールと彼の仲間の仕事の最も重要で決定的な特徴は，工業の世界に対する信頼であった。コールは，コブデン，チャドウィック，ロバート・スティーブンソン，その他の初期ヴィクトリア時代の人々を刺激したのと同じ大胆さと寛大さの精神をもっていた。他方，欠陥は，問題の過度の単純化であった。芸術と工業はいっしょになるべきだが，コールと彼の仲間がこの結果を得るためになしたすべてのことは，その時代の芸術家の競争心を煽るために，過去や遠い国から選ばれたよい装飾デザインの例を提供することであった。基本的に，彼らは，問題は純粋に形態のレベルで解決され得ると考え，そして，ユートピアンのように，応用芸術において，よきデザインを妨げるのは，単なる無知であると考えたのである。

決定的な一歩は，ラスキンとモリスによっ

て踏み出された。彼らは，デザインの質は，デザイナーと消費者の道徳的，知的姿勢，そしてそれらの関係を条件づける社会的組織と関わりをもつことを示した。

b）ジョン・ラスキンとウイリアム・モリス

ジョン・ラスキン（1819～1900）はモリスとその世代の師であった。彼は諸用芸術の問題とは直接関わることはなかったが，彼の教えは——そのプラスの面でもマイナスの面でも——運動のその後の方向においての決定的な要因であり，モリスと彼の追随者について論ずる場合には常にその前に少しは触れておかなければならないものである。

ラスキンは，コールと同時代人であった当時の改革者達とは全く違った性格をもっていた。改革者達は積極的な人々で，ある分野の専門家であり，現実から常に離れず行動した。彼らの関心は，直接に介入することによって修正し得ると考えられる問題に常に限定されていた。他方，ラスキンは著述家であり，彼の関心は，理論の上で，彼の人生同様に広汎であった。彼は，政治，経済，芸術，地質学，植物学，及び他の多くの学問に関わった。「彼が扱った問題は，人生の関心と同じように多様であった。」[31]

しかしながら，すべての分野で，彼の姿勢は，実際的な人のそれに比べて平均的で皮相的であったが，彼の文化的地平の広さが，これらの分野の中の1つや2つに属する人々には気がつかないそれらの分野相互の関係を把握することを可能にさせた。

ラスキンは，芸術が彼の同時代人が思っているよりもはるかに複雑な現象であることを理解していた。いわゆる芸術作品，即ち，芸術家によって具体化され芸術批評家によって見つめられるイメージは，画家の経済的，社会的出発点，クライアントとの関係，その製作の方法，そしてまたその作品の運命，持ち主が変ること，物質的な起こり得る変化等に関わるひとつの連続した過程から独立した抽象的な実体である，と理解していた。

批評家はこの実体を，一時的な手段として，孤立させることが出来ようが，芸術の分野で積極的に働く者は誰でも，これらの相互に関係した要素の総体を心に留めなければならない。何故なら，その1つを変えることが同時に他のすべてを変えることになるからである。芸術作品は氷山のようなものであり，見える部分である頂上の部分は，下に沈んでいる見えない部分を考慮しないでは理解出来ない法則に従って動いている。

この見解は，芸術の分野で，19世紀の思想を変えながら，真の改革運動の出発においての決定的な要因となった。何故なら，それは分析的姿勢の不適と，いろいろな問題の間の統合をめざす必要を明らかにしたからである。今日，これはわれわれ自身の文化の基本的な原理のひとつであるが，19世紀の半ばにおいては，受け入れることもまた理解することすらも全く困難であったし，ラスキンは，読者や，彼が時代の偏見を分かち持つ限り彼自身とも戦った。

彼の教えの基礎は重要であり実りの多いものであったが，彼が持ち出した特殊な教義は満足すべきもののようには見えず，コールや彼のグループのそれと比較をすると反動的ですらあった。

ラスキンは芸術文化の分解を意識しており，原因は芸術の分野それ自身に求められるべきでなく，芸術が生産される経済的，社会的条件の中に求めらるべきであることを理解していた。しかしながら，過度の一般化への傾向が理由で，ラスキンはこれらの害悪の原因を工業のシステムにおけるある偶発的な欠陥におくのではなく，システムそれ自身におき，彼は，産業革命によって生じたすべての新しい生活形態に対する反対者となった。彼

の時代の思想に共通な判断における誤りを犯しながら,彼は歴史的な判断を普遍的なものに変え,彼自身を,彼の時代の工業の具体的で詳細な条件でなく,工業の抽象的な概念と戦わせた。そして,彼は生産の過程の間の調和のとれた関係が,過去のある時代——例えば中世後期——においては充分実現されていたことを知っていたが故に,彼は,等しく反歴史的なやり方で,治療法は13世紀の形態への復帰にあると考え,ネオ・ゴシックのリヴァイヴァルのチャンピオンとなった。

この限界が彼の多くの貴重な直観を引き出すことを妨げ,彼の議論を絶えずそらせ,具体的なものに近づけさせなかったのだった。

1849年の『建築の七燈』(Seven Lamps of Architecture) において,ラスキンは,彼の時代に含まれる虚偽について詳細に批判し,3つの型を区別した。

(i) 実際のものと違った構造体あるいは支持体の提案。

(ii) 表面を,実際にそのものをつくっている素材以外のものに見せようと彩色すること,あるいは,それらの上に彫刻された装飾をおく欺瞞的表現。………

(iii) いろいろな種類の鋳物のあるいは機械製の装飾を用いること。[32]

第1の点に関しては,彼は主として鉄の構造体に触れている。

「多分,現代においてわれわれが防がなければならないこれらの種類の堕落の最も大きい原因は,《問題の多い形》で現われるもの,そして適当な法則や限界を決定するのが容易でないようなものである。私がいっているのは鉄の使用である。最初の章で述べた建築芸術の定義は,その材料と無関係であった。だが,この世紀の初めまで,芸術はほとんど粘土,石,木等でつくられてきており,それは,比例の感覚や構造の法則が,前者はすべて,後者は多くの部分,これらの材料の使用から生ずる必要性に基づいているという結果を生んでいる。それ故,鉄の骨組を全体にあるいは主に用いることは,通常芸術の第1原理からの離反として感じられる。抽象的には,木と同じように鉄を使ってはならないという理由は見当らない。そして時代は,恐らく鉄の構造に適用される建築の法則の新しいシステムが開発される時に近づいている。しかし,現在の共感と連想のすべての傾向は,建築のアイディアを非金属的作品に限定しているということ,そして,それには理由がなくはないということを私は信じる。」

事実,ラスキンは続ける。建築は芸術の最初のものであるから,必然的に原始社会の状況に関係をもつ。そこでは鉄の使用は知られておらず,これらの歴史的前提の考慮は,それの芸術としての尊敬と不可分である。それ故,彼は,鉄は「支持材としてではなく,結束材としてのみ使用され得る」と結論する。[33]

ラスキンは,第2の点に対しては,当然ながら,数多くの例外を認めている。レンガをプラスターやフレスコ画を描いたプラスターで覆うのは非難すべきではなく,高価でない金属をかぶせる方法も,習慣がそれをわれわれに慣れさせているが故に許される。大切なのは見る者を瞞すことを慎重に避けることであり,その欺瞞は,それも見る者の習慣次第である。

最後に,機械による装飾は次のように拒否される。「私がしばしば観察したところによると,装飾についてそれが好ましいと感じるのに2つの完全に異った原因がある。1つは,その形態の抽象的な美であり,それが手

II 産業都市論

173, 174, 175図　J.ラスキン，葉と雲の構成についての研究（『近代画家』《Modern Painters》第5巻——1860年——から）

仕事であろうと機械によるものであろうと同じである。もう1つはそれに費やされた人間の労力と配慮の感覚である。」[34] 機械生産は第2の特徴を完全に偽造し，それ故，虚偽と欺瞞の要素を持ち込んでしまう。

ラスキンの時代には，一般的な傾向は精緻な手仕事の品物を，機械的に，安価に再現しようとすることだった。例えば，鋳鉄の場合，1756年に既にイギリス人は率直に書いている。

「鋳鉄は建築業者にとって非常に役に立

ち，それを用いることによって，多くの場合，大きな工費の節約が出来る。手すりや手すり子に使うと，大してコストがかからず，豊かで量感のある姿となり，鍛鉄を用いると，質も落ち，コストが高くなる。」[35]

それに答えて，ラスキンは非難をこめてこう書いている。

「あなたは，価値がないにも拘わらず価値を見せかけるものを用いている。それはコストがかかっていないのにかかっているように見せかけ，堅さがないのに堅さをもっているように見せかけている。それは押しつけがましく，卑俗であり，無作法であり，罪悪である。それを地面に投げ捨て，粉々に砕き，むしろ壁をざらざらのまま残しておきなさい。それに金を払うことはない。それを商売にするな。それを欲してはいけない。」[36]

これらの議論を続け得るためには，習慣について深く考えなければならず，即ちこれらの判断を歴史的なレベルにおかなければならない。ラスキンによって否定されたすべての過程は，事実，機械生産の習慣を含むその時代の慣習の名においてのみ拒否し得るものである。何故なら，機械生産に慣らされていない者だけが，大量生産品を手仕事のそれと比較するからである。ラスキンはこの必要に気づき，時折り，例えば彼が鉄について語る時等にそれを表わしたが，すぐに理論化と彼が慣れている言葉のチャンネルへと戻ってしまった。このようにして，彼の教訓は中世への月並みな執心と現在の拒否以上のものではなかった。

その誤りにも拘わらず，ラスキンの思想は根本的に重要であった。その欠陥は明白だが皮相的であり，一方彼の真の思想は奥深く，はっきりとではないが，その後のすべての進歩の基礎に存在していた。レイヴァはこう書いている。「近代世界は，それが常に認めようとしている以上に，生活の多くの部門でラスキンに負うところが大きい。彼は山を動かし始め，ほんの少しではあったが，それを動かした。その過程で，彼が手を傷つけ，忍耐力を失うことがあっても当然ではないだろうか？」[37]

ラスキンが応用芸術改革運動に対してなした第2の貢献は，自然のあるエレメント——岩，木，雲——についての科学的，造形的研究であった。それらのエレメントは，自然科学的観点からでも，また単なる美学的観点からでもなく，科学の助けをかりて，芸術的効果の基礎となる内部構造をはっきりさせようという試みで調べられた。彼のデザインは，ターナーやロマン派の画家のスタイルで製作されているが，それはモリスのレパートリーや同じように自然のエレメントの様式化に訴えたアール・ヌーヴォーの効果を先見するように奇妙に抽象的であった（173〜175図）。

ウイリアム・モリス（1834〜1896）はラスキンの忠実な追従者であり，重要な点においてはすべて彼に反対しなかった。彼の独自性は，彼がもった関心の性格にあり，それは理論的であるばかりでなく実際的でもあったのである。彼は，ラスキンの思想の線に沿って彼自身の実際経験から得た多くの実務的なディテールをもたらし，近代運動に対して，豊かなアイディアばかりでなく，はかり知れぬほど重要な行動経験を遺した。

モリスは富裕な家の出であった。オックスフォードで学び，そこでエドワード・バーン-ジョーンズや他の若い芸術家に出会い，彼らと兄弟のような関係を結び，いっしょに，神学，中世文学，ラスキン，テニソン等を読んだ。

1856年，22歳の時に，ネオ・ゴシックの建

II　産業都市論

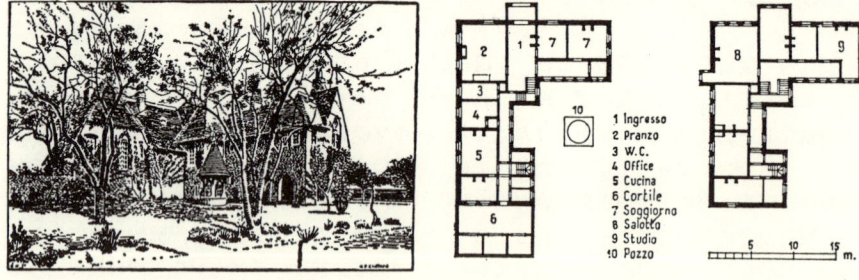

176図　W.モリス，更紗，1883年（ヴィクトリア・アルバート博物館）
177, 178図　モリスの赤い家（P. ウェッブ，1859年，クラウの『ウイリアム・モリス　デザイナー』——1934年——からの絵）

築家，ジョージ・エドムント・ストリートのアトリエに入り，ジョージ・ギルバート・スコットの弟子となったが，その仕事に満足しなかった。翌年，ダンテ・ガブリエール・ロセッティに出会い，絵を描き詩をつくり始め，また雑誌を出版した。[38] 1859年，彼は結婚し，そして自身で彼自身の芸術的理想を実現する家を建てる決心をした。これが有名な

アプトン（Upton）の「赤い家」（177～178図）である。フィリップ・ウエブ（1831～1915）が建築的な計画をし，モリスと彼の友人が室内装飾をした。彼がバーン=ジョーンズ，ロセッティ，ウエブ，ブラウン，フォークナー，マーシャルらと装飾芸術の工房を設立しようと決めたのはこの時であった。1862年，グループは，モリス・マーシャル・フォークナー

6 産業都市改革の試み

179図　W.モリスの装飾図，1891年（ヴィクトリア・アルバート博物館）

商会（Morris, Marshall, Faulkner & Co.）として事業を始め，1865年ロンドンに移った。
　この会社は，敷物，布，壁紙，家具，グラス（176，179，180図）を生産した。モリスの意図は「民衆のための民衆の」芸術をおこすことであったが，ラスキンのように，彼は機

II 産業都市論

180図 W.モリス，更紗，1891年（ヴィクトリア・アルバート博物館）

械生産を拒否し，その結果は彼の生産品は高価で，富裕な人々にしか利用出来なかった。さらに，この企業は拡張してその時代の生産に影響を与えようとはしなかった。それ故，

この会社は存続困難で，モリスがその工房の唯ひとりの所有主となった1875年，最終的に解散した。

これは，彼の最も強烈で多様な生産期の始

まりであった。モリスは芸術と社会構造との間の絶対的な絆をより一層確信し、ラスキンの原則の彼による理論的発展は、彼に政治の分野での類似の活動をする必要を感じさせることとなった。1877年、彼は自由党の急進派のメンバーになり、1883年、民主連合へと転じ、党の収入役となった。翌年、彼は社会主義者連盟を創設し、その新聞「コモンウィール」(公共福祉、"The Commonweal")を編集し、その時期の労働者運動に重要な役割をはたした。しかし、1890年以来、連盟はアナキストの手に握られ、モリスは新聞を去り、その結果、政治生活も捨てた。その直後、彼は小説『ユートピア便り』("News from Nowhere)を出版し、その中で、彼自身が理解するままに、社会主義者によって変革された世界を描いた。

この時期、彼は多くの他の活動に巻き込まれていた。1877年、彼は古代記念物保存のための協会を創設し、ヴィオレ・ル・デュクのそれのようなあまりにも根本的な修復に対するラスキンの戦いを実行した。1878年、彼はロンドンを離れて、サリー(Surrey)のマートン寺院(Merton Abbey)へ行き、そこで彼は1881年に敷物工場と1890年には印刷所、ケルムスコット・プレス(Kelmscott Press)を設立した。1883年、彼は芸術労働者ギルド(Art Workers Guild)を組織し、1888年以後、美術工芸の名を冠した展示会を主宰した。

この時期を通し、モリスはまた彼の芸術や政治についての見解を宣伝し続けた。2巻のエッセイが彼の人生のこの時期の間に現われた。1882年の『芸術への希望と怖れ』("Hope and Fear for Art")、1888年の『変化の徴し』("Signs of Change")である。3冊目『建築、工業、富』("Architecture, Industry and Wealth")が1902年に準備され、彼の死後6年目に日の目を見た。

モリスの近代芸術論争への貢献を僅かの頁で要約するのは難しい。何故なら、彼の影響は、実際的な実験から得たものであり、彼の思想は、いろいろな著述の中で断片的に表現されているからである。

彼の実際的な世界との接触は、彼の師ラスキンが拘束されたある厳しい限界を超越することを彼に可能にさせた。『建築の七燈』の冒頭で、ラスキンはこういう定義を下している。「建築は、どんな用途のものでも人間が建てた建物を、それらの見てくれが人間の精神的健康、力、喜びに役立つように整理し、装飾する芸術である。」[39] これは伝統的な美と実用の二元論を意味し、その直後、ラスキンは、建築と建物の、微妙で完全にアカデミックな区別を始めた。

モリスは、あからさまにこのディレンマに立ち向いはしなかったが、これらの区別を嫌い、建築の概念を驚くべきほど幅広い方法で定義した。

「建築は、人間の生活の全ての物理的環境に対する配慮を含んでいる。われわれ自分自身が文明の部分である限り、それから逃れようとしても逃れることは出来ない。というのは、辺境の砂漠は別として、建築とは人間の欲求にこたえて、地球自身の表面を成型し改変することを意味するからである。また、われわれはそれに対するわれわれの関心を識者の小さなグループに手渡して環境の探究と発見と形成を依頼し、後でその環境の中に、それがどのようにして出来上ったかを知らないままに入り、その仕事に感嘆するわけにはいかない。地球の美しさを監視し守るのはわれわれ自身であり、われわれ個人個人である。個人個人は、自身の魂と手で、われわれの父がわれわれに残したものより少ないものを息子に残さないように、自分の役割をはたさなけ

II　産業都市論

181図　W. モリス，更紗，1896年（ヴィクトリア・アルバート博物館）

ればならない。」[40]

この定義は今日でも完全に受け入れ得るも のであり，このすべてを包括するヴィジョンは，応用芸術の分野における，そして同様にある意味で政治的な分野でのモリスのすべて

の実験を合流させるものである。

彼は，芸術と実用性の違いは，その2つの概念を，適切な物を生産するために労働する人間の行為の中で固くつなげることによって克服され得ると信じた。ここにもまた，ラスキンとモリスの間の論調の違いが，部分的に，それぞれの芸術作品へのアプローチの仕方から生じているのである。ラスキンは完成された物を見，注意深く考えて，それの諸相を分けなければならないが，モリスは，物の生産に関わり，この行為の統一性の経験は，彼に，いろいろな局面が，たった1つの実体から生ずることを信じさせた。

モリスは，芸術を，「人間が労働における喜びを表現する手段」と定義[41]して「インスピレーション」のようなものの存在を否定し，それと「手仕事」の概念とを融合させた。しかし，彼が機械生産の否定の正当性を見出したのは，まさにこの考え方においてであり，機械は，事実，「労働における喜び」を破滅し，芸術の可能性そのものを抹殺した。ラスキンのように，彼は，彼の時代の全経済体制を非難し「ものをつくる人間が，有用な商品をつくると同時に芸術作品をつくった」[42]中世についての瞑想に逃げこんだのである。

政治的な視点からは，モリスは機械生産と資本主義体制とを結びつけ，この理由で，社会主義革命が，労働の機械化に終りをもたらし，同時に，大きな都市体を小さなコミュニティで置き換え，そこでは手によって諸道具が生産されるというように考えた。このように，彼の社会主義もまたユートピア的になり，19世紀の末の現実の問題の解決に不適当となった。

がしかし，ここでもまた，実際的な経験が彼の理論を部分的に修正した。彼の工房においては中世的な過程のみを用いることを許すというモリスの努力にも拘わらず，ある製品――特に布――は機械生産せざるを得ず，彼の最後の著述では，モリスは機械の絶対的拒否をゆるめ，人間の精神によって支配されるのであるならば，それらがよき目的のために使用されても構わないとした。

「われわれがすべての機械類を廃止することを目ざすべきだと私はいっているのではない。私は，手によってなされているものを機械でするだろうし，また，機械でされているものを手でもしよう。つまり，われわれは機械の支配者であるべきで，現在そうであるような奴隷であってはならない。われわれが除こうとしているのは，これやあの実体をもつ鋼や真鍮の機械ではなく，われわれの生活のすべてを抑圧している商業的圧政という大きな眼に見えない機械なのである。」[43]

モリスの仕事における理論的，実際的あいまいさは，彼の思想の源によって説明されるだけでなく，彼の性格のある点によっても，さらに説明され得る。彼は民主的であることを切望していたにも拘わらず，その心の底においては――特に彼の人生の初期においては――稀少で精緻な美を愛する唯美主義者であった。それ故，彼のつくる物は，モリスが形態や色彩に感じる強烈な歓喜から，大いに飾りたてられた。よくいわれてきたように，[44]彼の作品はすべて完全に二次元的で，奥行きに対する試みは少しもなく，この限界が，それのほとんどに，月並みな性格を与えてしまうのである。

モリスの感受性は，彼を，現実の直接的な認識へと導かず，ある芸術形態に反映された現実のイメージの認識へと導いた。彼の友人スウィンバーンは彼のことを，「彼は常に人生よりも文学によってより刺激された。」[45]といっている。

NOW can I describe the lamentations of the princely company, yea, indeed, of the whole town? for every one saw now plainly that the anger of God rested upon this ancient and illustrious Pomeranian race, and that he had given it over helplessly to the power of the evil one. Summa: On the 9th February, the princely corse was laid in the very sleigh which had brought it a living body, and followed by a grand train of princes, nobles, and knights, along with a strong guard of the ducal soldateska, was conveyed back to Stettin; & there, with all due & befitting ceremonies, was buried on Palm Sunday, in the vault of the castle church.
CHAPTER XXII. HOW BARNIM THE TENTH SUCCEEDS TO THE GOVERNMENT, AND HOW SIDONIA MEETS HIM AS SHE IS GATHERING BILBERRIES. ITEM, OF THE UNNATURAL WITCH-STORM AT HIS GRACE'S FUNERAL, AND HOW DUKE CASIMIR REFUSES, IN CONSEQUENCE, TO SUCCEED HIM.

NOW Barnim the Tenth succeeded to that very duchy, about which he had been so wroth the day of the Diet at Wollin, but it brought him little good. He was, however, a pious prince, and much beloved at his dower of Rugenwald, where he spent his time in making a little library of all the Lutheran hymn-books which he could collect, and these he carried with him in his carriage wherever he went; so that his subjects of Rugenwald shed many tears at losing so pious a ruler. Item, the moment his Grace succeeded to the government, he caused all the courts to be re-opened, along with the Treasury and the Chancery, which his deceased Grace had kept closed to the last; & for this goodness towards his people, the states of the kingdom promised to pay all his debts, which was done; & thus lawlessness and robbery were crushed in the land. But woe, alas! Sidonia can no man crush! She wrote immediately to his Grace, soliciting the præbenda, and even presented herself at the ducal house of Stettin; but his Grace positively refused to lay eyes on her, knowing how fatal a meeting with her had proved to each of his brothers, who no sooner met her evil glance than they sickened and died. Therefore his Highness held all old women in abhorrence. Indeed, such was his

S 1   257

182図　ケルムスコット・プレスで印刷された本の1頁

彼が，労働組織についての彼の考え方を説明する際に中世に頼ったり，タペストリーや壁紙に中世のモチーフを真似するのは全く当然である。何故なら，彼がアイディアや形態に親しんだのは歴史上のものを参照することによってだけだったからである。ここにおいては，彼は完全に，彼の時代の文化とそしてラスキン，テニソン，ブラウニング，バーン－ジョーンズや，ギルバート・スコットと同じであった。

6 産業都市改革の試み

183〜186図　W. クレイン，線と形の装飾モチーフ，1902年

　ヴィクトリア文化に関していえば，彼の偉大な長所は，彼が，理論においても実際においても，妥協に逃避することなく，彼の理性の方向と本来のまた獲得された性向との間の局部的な矛盾に苦しみながら，勇気ある革命的な議論を結論へともっていったことである。

　彼の実際的な経験が極めて重要であったのはここである。理論においては，すべての解決は適当に調整されてつくられ得るが，モリ

スは,彼の知的な選択に真面目に従ったのでおそかれ早かれそれらの欠陥が現われるに違いないことを知っていたにも拘わらず,彼は迷わずそれらを現実のテストにかけ,試金石とした。

この基本的な姿勢はまた,モリスの思想の展開を説明する。若い時に,彼は建築家になるという考えを捨てた。というのは,彼の時代の建築は,人間と建物との間の基本的関係には何ら関係のない様式の行使であることを理解していたからであり,彼は,自身を,最初から,応用芸術の分野におけるこの関係の浄化に捧げたのだった。

後に彼は書いている。

「文明の卑俗さの根は,私が考えたよりも深かった。私は少しずつ,すべてのこれらの醜悪さが,われわれの現在の社会形態がわれわれを追い込んだ生得の道徳的卑俗さの外への現われにしか過ぎず,それを外から癒すことは無益であるという結論に到達させられた。」[46]

これが彼をして,政治生活において活動的な役割を演じさせ,社会主義運動の中で働くことにさせたのである。

今日,モリスは時代おくれという印象を与えるが,また,いまだに生き永らえているわれわれの時代のものという感じも与える。彼の美術作品は見事なものだが,様式の模倣からばかりでなく,それを現実の生活から遊離させている文学的な香りからいって,現代の好みとは程遠いものである。最近のモリスの作品についての批評によると,「彼のタペストリー,本,タイル,敷物,彩色写本,ステンドグラス等は,生まれながらの博物館の展示物であった。」[47] ヴィクトリア・アルバート博物館の見学者は,中世の展示室からモリスの展示室に入ると,それらの間の距りを意識しないし,それがわれわれの時代により近いものだとは感じない。

彼の著作は,啓発的な言葉,鋭い判断に充ちているが,それらは,われわれ自身の世界とは隔った遠い世界のもののようで,その予言的な調子,感情への執拗な訴え,一般的な判断を下そうとする傾向,それらのすべてが,モリスと一般の読者との間の真のコミュニケーションを妨げている。問題は,文学的過ぎるやり方で整理され,解決は時には純粋に言葉の上での解決だった。例えば,モリスは,工業文明の罪による芸術の終焉を予感し,野蛮な時代が再び来たり世界が再び「美しく,激しく,劇的」[48]になるだろうと予言している。

われわれによって,彼というモデルは,彼の作品や著作よりも価値あるものである。モリスは,それぞれの分野で先覚者であったが,近代的なやり方で生活と文化との間の関係を見,理論と実際との間のギャップに意識的に橋渡しをしようとした,建築の分野における最初の思想家であった。彼はある間違いをしたとしても,その間違いが正される道を指摘した。この意味で,彼は,(他の誰よりも)近代運動の父として考えるに値するのである。

c) モリスの後継者

その反工業的偏見のために,モリスの仕事は,イギリスの生産に全体として影響を与えるという点で直接に成功せず,貴族的エリートの実験に止まった。

しかしながら,芸術労働者ギルドを通して,また特に1888年に始まった美術工芸の展示会を通して,モリスは,多くのイギリスの職人,事業家を魅惑した。彼の人生の最後の15年間では,彼はもはや孤立した革新家ではなく,広汎な運動の煽動者とみなされることになった。

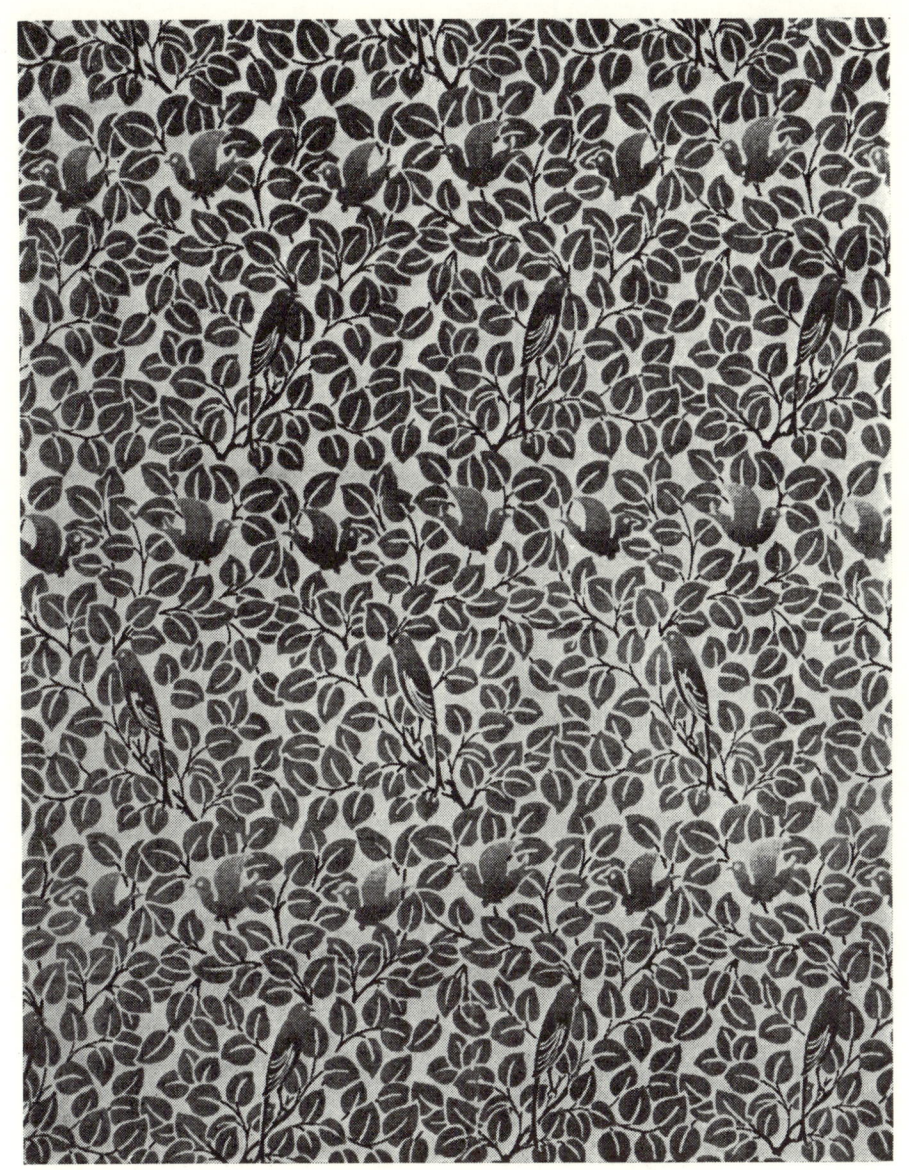

187図　Ch. F. A. ヴォイジー，プリント布地，1900年（ヴィクトリア・アルバート博物館）

芸術の世界と工業デザインの世界との間の距りは，彼の仕事のおかげで確かに縮まった。「半世紀の間卑しい職業と考えられていたものが」——とペヴスナーは書いている。——「再び高価で価値ある職業と なった。」[49] 同時に，モリスの基本的な考え——協同の精神

II 産業都市論

——もまた根を下し，運動に参加した各芸術家は，自分自身の経験の中に閉じこもらず，進んで，それを適当なチャンネルを通して一般に広め，伝えた。

1882年，A. H. マクマードのギルド(A. H. Mackmurdo's Guild) が誕生し，1884年には，家庭美術工業協会(Home Arts and Industries Association), 1888年（最初の美術工芸展示会の年）には，アシュビーの手工芸ギルドと学校 (Guild and School of Handicrafts) が誕生した。

モリスの後継者の中で最も重要な人々の中には，彼の弟子の中で最も忠実で，美術工芸展示協会における彼の活動の直接の継承者であるウォルター・クレイン，アシュビー，レザビー，建築にも関心をもったヴォイジーらがいる。リチャード・ノーマン・ショウは，モリスやその後継者とは直接の関係をもたなかったが，同じ文化的インスピレーションを受け継ぎ，19世紀の最後の10年間を通して，イギリスの建築における傑出した存在であった。彼らの周囲には，他の大勢の人々——バーンズレー，ベンソン，コブデン，サンダーソン，デイ，ド・モーガン，ドレッサー，ギムソン，ゴードン・ラッセル，パウエル，ウォーカー——が，織物から捺染，家具製作，陶器，グラスに到る応用芸術のすべての分野で新しい刺激を与えた。

ウォルター・クレイン (1845～1915) (183～186図) は，画家の息子であり，ラファエル前派の影響を受けた。1859年から1862年にかけて，彼は，W. J. リントンのアトリエで木版技術を修得し，多くの本の挿絵をデザインし，そのいくつかはモリスのケルムスコット・プレスで印刷された。長い間，彼は，（モリスによって1884年から1890年にかけて指導されていた）社会主義誌「正義」と「公共福祉」に毎週漫画を描き，それは後に集められて，『運動のための漫画』("Cartoon for the Cause", 1896年) という1冊の本になった。1888年以後，彼は自分のエネルギーの多くの部分を美術工業協会とその運動理念の普及に捧げた。彼は著作においては，職人技術に対する尊敬と工業への不信も含めて，モリスのすべてのテーマを忠実に受け入れたが，彼の個人的な建築の作品においては，日本の木版画の影響から，モリスの重々しい中世風が薄くなっている。

リチャード・ノーマン・ショウ (1831～1912) はモリスと同時代の人であった。青年期，徒弟時代の後で何年か大陸を旅行し，1856年，フランス，イタリア，ドイツなどで集めた写真を出版し，[50] その後，ストリートのアトリエに入り，そこでモリスにめぐり会った。1863年から彼は独立して建築を始め，すぐに，イギリスで最も知られた建築家のひとりとなった。基本的には，ノーマン・ショウは，様式の模倣の原則を捨てなかったが，伝統のレパートリーの中で最も単純な，装飾の最も目立たない様式——最初はテューダー，次はクィーン・アン——を選択した。彼の晩年の作品のあるものにおいては，様式は，当時のロマンティック文化に受け入れられ易い姿をつくるに必要なだけの，出来る限り薄いヴェールとなってしまっており，目立つのは，切れ目のない，きれいに積まれたレンガであり，扉や窓のまわりの白い縁どりであり，整然と配置された機能的要素である。ノーマン・ショウはまた彼のアトリエに弟子として入った多くの若い建築家世代に影響を与えたことで重要である。

ウイリアム・リチャード・レザビー (1857～1931) は，1880年から1890年まで，ショウのアトリエで建築家としての技術を学び，後に，デザインと建築史を教えた。彼は中央美術工芸学校 (Central School of Arts and Crafts) の創設に重要な役割を演じ，1893年から1911年までその初代校長となった。彼は

王立美術学校 (Royal College of Art) のデザインの教授でもあった。

チャールズ・ロバート・アシュビー (1863〜1942) は，建築家，室内装飾家であり，1888年に，応用芸術の製作と教育のための協同組織を創立した。この事業もまた，モリスのそれと同様，深刻な経済上，組織上の障害に遭遇した。アシュビーの態度が変ったのは恐らくこの実験の結果である。彼は，応用芸術の再生の運動は，中世の職人技術の復活を捨てることによって初めて成功するということを理解した最初の人であった。1911年に，彼はこう書いている。「近代文明は機械に依存しており，これを理解しないで，芸術教育を正しく振興することは不可能である。」[51]

チャールズ・F．アネズレー・ヴォイジー (1857〜1941) は，理論家としてはあまり活躍しなかったが，最も天分に恵まれた芸術家であった。彼の建築には，家具やタペストリー，金属製品などの多くのデザインと同様，ノーマン・ショウのクイーン・アン様式やウェッブやモリスの中世風とも完全に異った，様式の模倣からの自由，新鮮さがある。彼はまた，モリスのデザインにおいて，手仕事の正確さ，機械工程の排斥のシンボルであった図案的な方法も用いなかった。ヴォイジーのデザインは，正確で，大胆で，単純で，綜合的で，生産の半機械化の傾向と充分一致している（187図）。

モリスの後継者によって達成された最も重要な前進の2つは，工業に対する偏見の克服と，特に工業デザインにおける様式の模倣の拒否である。生産の機械的手段の受け入れが，思想の発展によってではなく，実際的な試みの結果としてもたらされたことは，このわれわれの議論にとって，特筆に値する。また，工業の最も理解ある支持者のある者——特にアシュビー——が，建築家としても活動したということも重要である。

中世主義やラファエル前派の重々しく緻密なスタイルの放棄は，手工芸を好む偏見の放棄とつながりをもつ。しかし，恐らく，それは他にも原因をもっている。ホイッスラーの影響，日本の芸術や極東の芸術に対する人気，そして，後の，大陸のアヴァン・ギャルド運動の影響などである。

ホイッスラーは，ラスキンやモリスによって激しく批判され，1878年には，『フォルス・クラヴィゲラ』("Fors clavigera") の著者に対して，その中傷を理由に法的措置をとった。それは主として原則についての議論であった。というのは，ラスキンとラファエル前派は，芸術，道徳の問題を社会の領域にまで拡大し，一方，ホイッスラーは，印象派のように，芸術のための芸術を信じ，モリスの改革への関わりを嘲笑したからである（「それは，大酒飲みに，禁酒主義者になるように説得するようなことを私が絵について始めるようなものである。」[52]）。モリスにとって，ホイッスラーの単純さと簡潔さは，彼の「純粋な」芸術家たらんとする野心と1つのものだった。しかしながら，しばらく後に，ホイッスラーの明るい色，単純な形態，地味な装飾に対する好みは，モリスやバーン-ジョーンズの中世主義が時代おくれに見え始めた時，モリスの後継者達によって理解されるようになった。1878年，ロンドンのタイト街の白い家の装飾で，ホイッスラーは，壁を白か黄色で塗ったままで残し，何枚かの絵と暗い色の版画を目立たない額縁に入れてかけた。ヴォイジーのインテリアはラファエル前派のものよりこれに近く，壁には，タペストリーや，装飾の密な壁紙がかけられた。一般的にいって，中国や日本の芸術に対する人気は，19世紀後期の歴史主義の一面としてみなされ得るが，極東の芸術の原理とヨーロッパの伝統のそれとの間の距りは，古代ヨーロッパ芸術の諸例よりも，これらのジャンルの例の方が，

西洋の芸術家の視覚習慣や趣味にはるかにより自由な効果をもつというような類のものであった。ヨーロッパ芸術の根本的な消極性，すぐに最終的に歴史的様式へ依存したがる性格は，すべての流派がそれ自身の目的のために，時には相容れないものでありながら，東洋芸術の刺激を用いたという事実によっても証明される。印象派，後期印象派，アール・ヌーヴォーの創始者達などがそうである。

最後に，イギリスの運動とヨーロッパの運動との関係が考えられなければならない。イギリスの運動は，大陸の運動とは全く異ったそれ自身の独特の方向へ発展したこと，最も重要な影響がイギリスから大陸へと及び，少なくとも19世紀の末まではその逆はなかったということは確かである。これが，ヴォイジーやアシュビーについて，ヴァン・ド・ヴェルドやオルタやアール・ヌーヴォーの巨匠達と同時代の人々より若いにも拘わらず，ここで先に言及した理由である。しかしながら，ベルギー，ドイツの製品は，疑いなく，1900年以後のイギリスの応用芸術に影響を与えており，これについては第9章でもっと充分論ぜられるだろう。そこで私はアール・ヌーヴォーに対するヨーロッパの影響の限界を確定するだろう。

1) C. N. Ledoux 著, "L'architecture considérée sous le rapport de l'art, des moeurs et de la législation"――パリ, 1804年
2) W. Morris 著, "News from Nowhere"――ロンドン, 1891年
3) R. Owen 著, "Report to the County of Lanark" (1820年)……"A New View of Society and other writings"――ロンドン, 1927年――266頁に見られる。
4) R. Owen 著, "Report to the Committee for the Relief of the Manufacturing Poor"――1817年3月13日
5) "London Newspaper"――1817年7月30日, 1817年8月15日, 1817年8月22日, 1817年9月10日
6) R. Owen 著, 前掲 "Report to the County of Lanark", 264頁
7) R. Owen 著, 前掲書267~268頁
8) R. Owen 著, 前掲書267頁
9) R. Owen 著, 前掲書285頁
10) F. Podmore 著, "Robert Owen, a Biography" (1906年)……B. Russel 著, "Freedom and Organisation, 1814~1914" (1934年) の190頁に引用されている。
訳註) 1 トワズ＝1 フィート＝1.949m
11) Ch. Fourier 著, "Traité de l'association domestique-agricole" (1832年)……E. Poisson 著, "Fourier"――パリ, 1932年――の141~143頁に引用されている。
12) J. B. Godin 著, "Solutions sociales"――パリ, 1870年――を参照。
13) 1931年の "Le Globe" の中での C. Duvey rier……E. Persico 著, "Scritti critici e polemeci" の中の "Profezia dell'architettura"――ミラノ, 1947年――196頁
14) 1932年の "Le Globe" の中での M. Chevalier…… P. Lavedan 著, "Histoire de l'urbanisme, époque contemporaine"――パリ, 1952年――の72頁に引用されている。
15) P. Lavedan 著, 前掲書84~88頁を参照。
16) A. Massaulard 著, "Six mois en Icarie"……A. Prodhommeaux 著, "Histoire de la communauté icarienne"――ニーム, 1907年――292頁
17) K. Marx, F. Engels 共著, "Manifest der Kommunistischen Partei",――ロンドン, 1948年――30頁………「共産党宣言」――大内兵衛, 向坂逸郎訳, 岩波文庫――82頁
18) W. Sombart 著, "Le socialisme et le mouvement social au XIXe siècle"――パリ, 1898年――24~27頁
19) W. Sombart 著, 前掲書25~30頁と31頁
20) S. Giedion 著, "Mechanization Takes Command"――ニューヨーク, 1948年――346頁………「機械化の文化史」―― GK 研究所・栄久庵祥二訳, 鹿島出版会――330頁
21) A. W. Pugin 著, "Contrasts"――ロンドン, ――1836年
22) A. W. Pugin 著, "The True Principles of Pointed or Christian Architecture"――ロンドン, 1841年――23~25頁………J. Gloag 著,

"Industrial Art Explained"——ロンドン, 1964年——63頁に引用されている。
23) H. Read 著, "Art and Industry" ——ロンドン, 1934年——15頁に引用されている。
24) "Journal of Design" 第5巻, ——1851年——158頁………S. Giedion 著, 前掲書351～352頁。1851年の博覧会によって引き起こされた議論については, W. Whewell 著, "Lecture on the Result of the Exhibition" ——ロンドン, 1852年——を参照。
25) H. Cole については A.S. と H.L. Cole によって編集された "Fifty Years of Public Work of Sir Henry Cole" ——ロンドン, 1884年——を参照。
26) "Plans, Elevations, Sections and Details of the Alhambra"——1842～1845年, "Designs for Mosaic and Tesselated Pavements" ——1842年, "The Illustrated Book of the Middle Ages"(H.N. Humphrey との共著), "The Polichromatic Ornament of Italy"
27) "An Attempt to Define the Principles which Sould Regulate the Employment of Colour in the Decorative Arts"——ロンドン, 1852年
28) S. Giedion 著, 前掲書354頁, 訳書の336頁
29) "One Thousand and one Initial Letters Designed and Illustrated by O. J."——1864年, "Seven Hundred and Two Monograms"——1864年, "Examples of Chinese Ornament" ——1867年
30) G. R. Redgrave 著, "Manual of Design Completed from the Writings and Addresses of R. R."——ロンドン, 1876年
31) J.M. Dent & Sons の編集になる "The Seven Lamps of Architecture" ——1907年——への S. Image の序文
32) 前掲編集書の 34～35 頁, "The Lamps of Truth, VI"
33) 前掲編集書の 39～40 頁, "The Lamps of Truth, IX"
34) 前掲編集書の53頁, "The Lamps of Truth, XIX"
35) I. Ware 著, "The Complete Body of Architecture"——ロンドン, 1756年………J. Gloag と D. Bridgewater 共著, "An History of Cast Iron in Architecture" ——ロンドン, 1948年——116頁
36) 前掲編集書の54頁, "The Lamps of Truth, XIX"
37) J. Laver 著, "Life of Whistler" ——ロンドン, 1930年
38) "Oxford and Cambridge Magazine" ——1857年
39) 前掲編集書の7頁, "The Lamp of Sacrifice, I"
40) "The Prospects of Architecture in Civilization", 1881年3月 London Institution で行われた講演………前掲 "On Art and Socialism" 245～246頁に引用されている。
41) "Art under Plutocracy", 1888年11月14日のオックスフォード大学における講演………前掲 "Art and Socialism" 139頁に引用されている。
42) 前掲 "Art and Socialism" 7頁
43) "Art and its Producers", 1888年のリヴァプールにおける National Association for the Advancement of Art における講演………前掲 "On Art and Socialism" 216頁
44) ヴィクトリア・アルバート博物館のウイリアム・モリスについてのパンフレット (1958年)
45) "Thieme Becker K. L." 第25巻の中に引用されている。
46) 前掲 "On Art and Socialism" 7頁
47) 前掲 "On Art and Socialism" の11頁にある H. Jackson の序文
48) J. W. Mackail………N. Persner 著, 前掲書7頁に引用されている。
49) N. Persner 著, 前掲書34頁
50) R. N. Shaw 著, "Architectural Sketches from the Continent, Views and Details from France, Italy and Germany" ——ロンドン, 1872年
51) "Sould we stop Teaching Art?" ——ロンドン, 1911年——4頁………N. Persner 著, 前掲書10頁に引用されている。
52) D. C. Seitz によって集められた "Wistler Stories" ——ニューヨーク, ロンドン, 1913年——の中にある。

第Ⅲ部　アメリカの産業都市

第7章　アメリカの伝統

188, 189図　パイオニア時代と今日のサンフランシスコ

1781年，合衆国は独立を獲得し，その政治的運命をヨーロッパ諸国のそれから切り離した。しかし，その時から，文化的関係は，逆に，はるかに重要となった。アメリカは，もはや，古い世界の利害と競争に供されるオープン・スペースではなく，昔のその入植者達の想い出の中にあったヨーロッパと同じようにヨーロッパの文化の中の生き生きとした新しい実体として考えられるようになった。

実際に，大西洋の彼方に起こった事柄は，ヨーロッパの出来事の単なるこだまと考えることは出来なかった。新しい環境に輸入された同じ伝統の要素は，後に広くその正当性を証明されるある結果を見越しながら，全く異った風に，しばしばはるかに急速に発展した。アメリカの建築は，ヨーロッパのモデルへの伝統的な敬意と，ヨーロッパから得たものと返したものとの明らかな不均衡にも拘わらず，事実，少なくも2つの時期において，ヨーロッパの建築よりも進歩していた。それは1880年から1889年までの間と，第2次大戦後の今日である。

それ故，世紀の最後の10年間のヨーロッパのアヴァン・ギャルド運動（第9章～第11章）を考察する前に，19世紀までにアメリカで生じた事柄を要約する（第7章，第8章）ことは重要である。

1. コロニアル建築

アメリカの伝統の要素は，当然ながら，移民の母国，特にイギリスから来たものだが，それらは，新しい環境への適応の過程で，大きく変化させられた。

17世紀の移民は，その地に適当な建築の伝統を見出さなかったので，彼らの故国で用いられていた建築工法を再現しようとした。壁は石かレンガ，構造材は木であった（190～191図）。

材料は豊富であったが，労力と道具は不足していた。この理由から，すべての努力が，工程を簡易化し，材料の工業的な供給を組織づけ——19世紀の半ばから，機械による製材工場が東部の川沿いに建設され，それによって大量の角材が供給され，そしてレンガの生産は，すぐに，2，3の大レンガ工場に集中された——そして，最も経済的な建築工法を選び，単調さにお構いなしに，それらをくり返すことに向けられた。

木による建築が最良の方法であることがわかった。というのは，それは，最大限の数の工程が工場で行われ，現場では最小限が行われ，それによって，工期と延人数を最小に減らすことを意味したからである。だが，ヨーロッパ風の建築工法は，温暖でない気候条件には不適当であることがすぐわかった。ヨーロッパ風の家は，筋違いの入った木枠が内外から見え，その間を薄い壁のパネルで埋めたものからなっていたが，露出した構造体は，新世界の厳しい冬や暑い夏に耐えられず，また薄い外壁は気候の厳しさから居住者を守ることが出来ず，それ故支持材は外壁から重ね合わせた板の層によって覆われ，時には，内部も同様に薄い板で覆われた。中間の壁は次第に消え，空気層となり，最終的に，柱，梁，板の方式は，柱と梁をなくし，板を建物の強度を増すのに用いることによって，全体構造となった。

開口部は，構造を弱くしないようにするため，そしてガラスが入手困難のために依然として小さく，間隔をあけられた。冬の暖房は大きな煙突を必要とし，それはまた，軽い木構造のアンカーとして，構造体としても使われた。ポーチや外廊下が夏の熱気を防ぐために現われた（191図）。暖房と換気の問題は入植者の関心の的であり続けた。1744年，ベンジャミン・フランクリンは，鋳鉄のストーブを発明し——その長所のひとつは大量生産し

III アメリカの産業都市

190図　ヴァージニア州，ウェークフィールド，ワシントンの生家

得ることであった——そして注意を何度か，空調の可能性に対して向けたのだった。

　様式的な表現をするなにがしかの余裕がある時には，建築家は当時流行のイギリス風の古典レパートリーを採用した。植民地時代のいろいろな公共建築は，未だに東部に残っている。例えば，独立記念堂（Independence Hall, 1730年）であり，様式的に全く正しく，その時代のイギリスの最上の作品と比較し得る。しかしながら，アメリカの都市は，人々に他の可能性を想い出させるような中世の建物をもたず，また，いろいろな歴史上の様式同士を対比するような文化上の論議もなかった。建築の形態は，こうした状態に影響され，ヨーロッパにおいては歴史主義的思想によって暗示された疑惑が満ちていたその時代に，ある種の確実性と自然さを獲得していた。

　アメリカの建築活動の中に既に示されている傾向は，植民地都市を考えてみることによって，最もよく判断し得る。その多くは，普通のチェスボード式のバロックの都市計画（例えば1699年のマンハイムのそれ）に見掛けが似ていて，またこれらのモデルから恐らく暗示を受けたに違いないペンのフィラデルフィア計画（1862年）のように，規則正しい幾何学的計画に従って建設された（197図）。

　しかし，この2つの思考方法の違いは極めて明瞭である。バロックの都市計画は個々の建物を規則正しく構成する透視図的規準を，全都市にまで拡大するという考えに基づいていた。全構成を支配するのは実際には，しばしば目立った建物であり，都市や地区は，この建物から発する軸線に頼った。このこと

224

191図 ペンシルヴァニア州, ベスレヘム (1741年誕生)

は, 全体が単に幾何学的に規則正しくなければならないばかりでなく, 城壁の輪と普通は一致する完全なひとつのものとして考えられなければならないということを意味している。アメリカの都市は同じ規則正しさをもっているが, 透視画的統一をもっていない。道路網は無差別であり, ただごく僅かの目立った要素——他より広い道路, 広場, 重要な建物——などが均一な組織の均一化を妨げてはいるが, それも, 付近の建物に何らの透視画的な強さを与えていない。全組織は仮に自然の境界あるいは幾何学的な線によって限られてはいるが, すべての方向に開放的であり, 道路はそれらが周囲の田園の中に無限に続いていくのを暗示するように走っていく。

バロック都心よりもっとはっきりと心に浮かぶ比較対照はモンパツィエ (Montpazier) のような中世後期の別荘都市 (bastides) である。当然のことながら, 直接の関連はないが, 特筆すべきほど, 状況は一致している。17世紀のアメリカにおけるように, 13世紀のヨーロッパには, 植民の問題と, ある点において似た結果を生み出すことになる, 物質的, 精神的経済性への要求が存在していたのである。

これらアメリカの計画の真の性格は, デザインそれ自身を考慮するよりもその実施の過程を見ることによって見出される。ペンは一定の建物の集合体のデザインを行ったのでなく, ある数の数字とある地区との間の照応の仕方を考えただけなのに, あるヨーロッパ人がそのデザインを建物群全体に対する計画であるかのように建築に翻訳した。ある特定の場所に局限さるべき目的や行為が前もって設

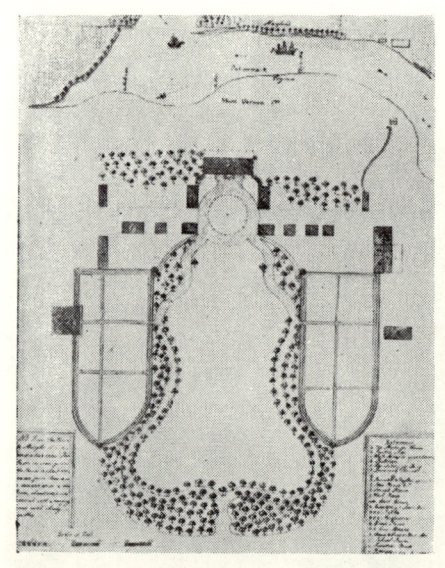

III アメリカの産業都市

192, 193, 194図　マウント・ヴァーノンのワシントンの家
195図　(右上)ニューヨーク州，ウエストチェスター郡のボスコベル（M. ディックマン，1792年）

定されたり，固定されたりせず，事実，絶えず変えることが出来た。きまっているのは，あるモデュールに従って土地を四角くすることであり，それぞれの小さな四角にある特定のナンバーを与えることであった(198図)。この方法は都市のブロックを計画するために用いられたが，1785年の土地条例 (Land Ordinance) 以後には——ユニットの数をふやして——農地を区画したり (200図)，あるいは——グリッドのように経線や緯線を使って——州の境界を決定するのにも用いられた。

これらの計画は，アメリカの伝統の特徴のひとつを知る手近かな手がかりとなる。あるエレメントは，厳格に不変に設定されるが，それは共通で明白な座標をつくるに必要な場合だけであった。この基礎的なパターンの他のすべては自由で，不確定に，絶えず変化した。

7 アメリカの伝統

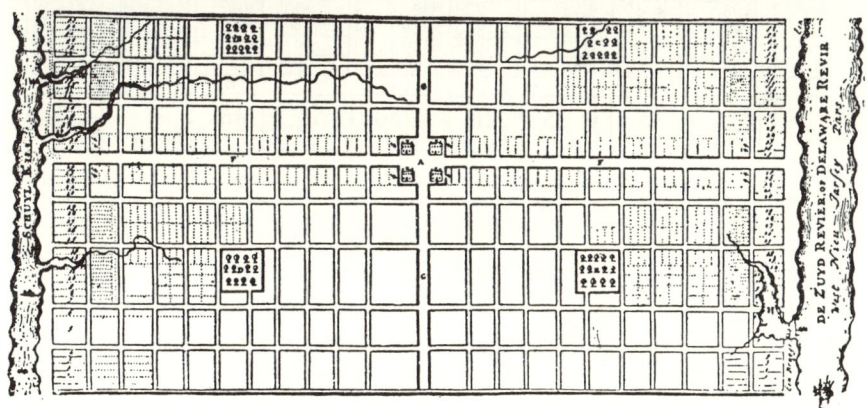

196図 1699年のマサチューセッツ州,ケンブリッジの公共建物（L. C. タットヒルの『建築史』≪History of Architecture≫——フィラデルフィア，1848年——から）
197図 ペンのフィラデルフィア計画（1682年）

2. トーマス・ジェファーソンとアメリカの古典主義

1776年と1781年の間のアメリカ植民地のイギリスからの分離は，建築の分野に大きな影響を与えた。

何よりもまず，国の新しい組織づくりは，

III アメリカの産業都市

198図 リーディングの計画のディテール (1748年) ………W. ヘーゲマンの『アメリカの建築と都市計画技術』≪Amerikanische Architektur und Stadtbaukunst≫(1925年) から。

　一連の新しい建物を必要とした。それらは13州の新しい政治・行政府の場である，新しい首都，ワシントンであった。個人の建築も，戦争の間引き延ばされていたので，さし迫って必要であったが，しばらくは，アメリカ社会の経済状態は充分に回復しておらず，州だけが万難を排して，徐々に建設計画を実行することが出来た。
　そこには，古典的な様式を選択せざるを得ない政治的理由があった。古典的な形態は同時代のフランス人にとってと同様イデオロギー的な意味をもたされ，共和国の象徴となった。それらは，新しい国家が，経済的，組織的，軍事的困難に妨げられながら国際舞台へ踏み入っていかなければならない時期故に，より重要な象徴としての価値を獲得した。この点は，当時の支配者達の政治的リアリズムを心に留めるならば，過小評価してはならない。

7　アメリカの伝統

A SECTION OF LAND = 640 ACRES.

A rod is 16½ feet.
A chain is 66 feet or 4 rods.
A mile is 320 rods, 80 chains or 5,280 ft.
A square rod is 272¼ square feet.
An acre contains 43,560 square feet.
"　"　"　160 square rods.
"　"　is about 208¾ feet square.
"　"　is 8 rods wide by 20 rods long,
　　or any two numbers (of rods) whose
　　product is 160.
25×125 feet equals .0717 of an acre.

199図　ジェファーソンの土地条例の図解（C. タナードの『人間の都市』《The City of Man》から）

「アメリカは，成長の時間と，拡張すべき場所をもたなければならなかった。そして，旧世界の傲慢な国々の注意を引くための戦略も見過すことの出来ないほど大きなものだった。外国の外交官を丁重に受け入れる立派な首都——これは，ずるく危険な国際外交においては真に必要なものであった。よくデザインされ，よくしつらえられた部屋での趣味豊かな晩餐会は，軍艦の不在を隠すことは出来ないまでも，ぼかすこ とに役立っただろう。選び抜かれたワインが惜しげなくふるまわれるテーブルは，破産の不快なうわさを打ち消したかも知れない。そして，リッチモンドの古典的な州庁のような公共建築は，松の生い茂った土地の丸太小屋という粗野な印象を幾分か修正しただろう。」[1]

アメリカ・デモクラシーの父であるトーマス・ジェファーソン（1743〜1826）は政治家

229

III アメリカの産業都市

200図 空から見たアメリカの田園の一部分

と建築家という彼の二重の役割の中でこの状況を体現した。富裕な家庭の一員として、ジェファーソンはヨーロッパをよく知り、1774年から1779年にかけてフランス大使となり、革命期のフランスの芸術家達と接触し、彼らのイデオロギー的な古典主義に傾倒した。彼

7 アメリカの伝統

201図 ヴァージニア州,シャロッツヴィーユ,モンティセロ(ジェファーソン,1796〜1809年)

は芸術の分野で単なるアマチュアではなく,古代のモニュメントに精通し,歴史と建築家思想における第一級の進歩的知識をもっていた。彼はこれらのモデルに完全に固執したが,このことは,彼の心の前面に常にある彼の国にとって何が有用で,何が有用でないか

III アメリカの産業都市

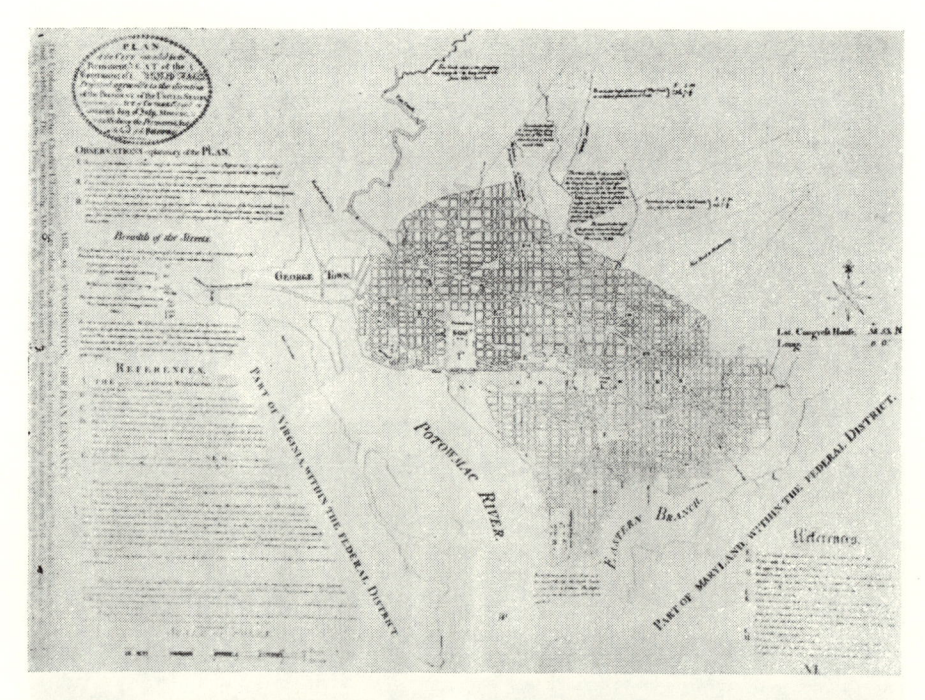

202, 203, 204図 ワシントン，ランファン計画（1887年のコピー）とジェファーソン時代と今日の都市の2景

を明確に見分けることの邪魔にはならなかった。彼は古典主義と技術的な問題との両者に関心をもったが，アメリカの未来の建築におけるそれら両者の役割については明らかに疑問をもっていた。

古典的な法則と技術的な法則との間の関係は，ネオ・クラシシズム的文化の中心問題

であり，ジェファーソンの考えは，広くいえば，この文化的背景に従っていた。それにも拘わらず，彼が把握した問題は，ヨーロッパ文化の動きの中心となったものとは異ってより単純なものであった。古典的法則もまた，与えられた事実として，物質的に考えられているかのようであり，また，それらを技術的

7 アメリカの伝統

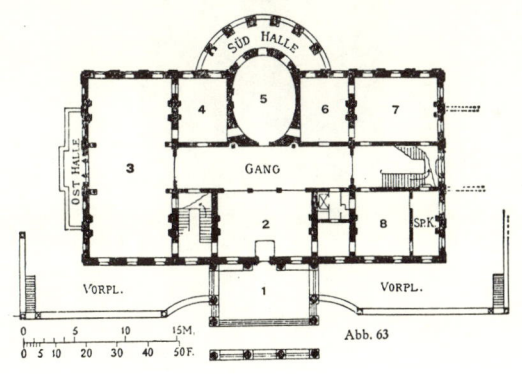

205, 206図　ワシントン，ホワイト・ハウス（J. ホバン，1792年）

必要と同調させる問題は，事実の2つの体系を調停することではなくて，1つの体系の中の問題を慎重に選択する問題であるかのようであった。

2つの例で充分だろう。ジェファーソンは，フランス旅行の間に，ヴァージニア当局から新しい首都の計画を作成することを要請されたが，彼はこの要請を「国に，ローマ建築の最も完全なモデルを紹介する絶好の機会」[2]と考え，ニーム（Nimes）のメゾン・カレ（Maison Carré）の実測図を代りに送った。その後，ヴァージニア大学を建てた時，彼はそれをコリント様式でデザインし，後にイオニア式に変えた。それは，彼が黒人奴隷

233

III アメリカの産業都市

207, 208図 アメリカの公共建物のさらに2つの例, ワシントンの最初の州会議事堂 (W. ソーントン, C. バルフィンチとその他, 1827年に完成) とエール大学図書館 (タットヒルの前掲書から)

に円柱の彫刻を教えていたが, コリント式のキャピタルは難し過ぎるとみなしたからであった。

1782年, ヴァージニアの状態について述べながら, その建築の粗っぽく不規則な外観を嘆き, 古典的様式がただちに導入されるよ うにという希望を表明している。

「これらの建物に対称性と味わいを与えてもコストは増えはしない。ただ部材の形と組合せを変えるだけである。これは, よくあるような野蛮な装飾の重荷を負わすより

も安くつくことが多い。しかしながら，芸術の基本的な原理が知られていず，それを知らせるのに充分に純粋なモデルもわれわれの中にはほとんど存在していない。…………」3)

ジェファーソンの最も重要な作品——それは実際に長い間「純粋なモデル」として用いられることになった——は，既にあげた，リッチモンドの州会議事堂（10図），同じ州の大学と，モンティセロ（Monticello）の彼自身の別荘（201図）であった。ジェファーソンがこの形態の世界に固執する素直さが，同じ時代のヨーロッパの落着きのない構成には見られない特殊な優雅さを彼の建物に与えている。それらは壮大さをもたず広々としており，デザインの正確さは，建物の便利さを邪魔していない。その平面計画は，非常な明快さで描かれ，古典的規範の適用が無理なく容易に行われるように単純化されている。古代のレパートリーをアメリカの生活方式へ採用することは最大の成功を収めた。本能的な抑制の感覚で，ジェファーソンはこの点で留まったのだが，彼の後継者達はそうではなく，良きにつけ悪しきにつけ，円柱やペディメント，ドームなどを急速にアメリカ中にふやしていった。

ジェファーソンは，彼の個人的な作品の他に，多くのものでアメリカの建築思想に影響を及ぼした。

1785年，彼は，西部の領域への入植のために土地条例を通過させ，1789年から1794年にかけては，国務長官として，ワシントン市の基礎づくりを始め，国会議事堂のコンペティションを行った。後に，副大統領として，1801年以後は大統領として，連邦中の公共事業を遂行し，建築家ベンジャミン・H・ラトローブ（1764～1820）と密接に関係し，彼のために連邦政府の建物の監督官の地位を制定した。

1785年，土地条例は，新しい地域は緯線と経線のグリッドに従って分割されるべきことを定めた。（1マイル角からなる）基本ネットワークの適当な倍数及び分割が農業用地，建築用地を決定するのに用いられた（199図）。ジェファーソンは，そのグリッドを地理的なスケールにまで拡げ，それによって新州の境界を定めるのを好み，これはある場合にはなされたが，一般には，水の流れのような自然の境界の方が好まれた。この基礎的な寸法は植民地時代に試みられた基盤目を一般化し，アメリカ合衆国の都市や田園の景観に，消すことの出来ない痕跡を残した。

1791年に，ピエール・シャルル・ランファン（1754～1825）がデザインしたワシントン計画は，これと違って，限定された空間単位というバロック的概念を伝統的な一様なネットワークの中に導入しようという試みで，それは，構成をポトマックの土手で直交する2本のモニュメンタルな軸に従わせ，一方，無数の放射状の街路がネットワークを斜めに切り，議事堂とホワイトハウスに達する（202図）。ランファンの意図は，ワシントン大統領宛の手紙に表われている。

「他を律するいくつかの原点を決定した後，東西南北に直交する道路で区画を規則正しくしました。そしてその後で，主要な場所間を結ぶ道路をいろいろな方向に通しました。それは，全体の規則性を破るばかりでなく，私にいわせるなら，視覚的な相関性を都市の各部に与えることによって，それらの間の距離を短くし，それらを見かけの上で結びつけることを私は希うのです。」4)

それは，ジェファーソンが建築にもちこもうと欲した「対称性」と「味わい」のよう

Ⅲ　アメリカの産業都市

209, 210, 211図　ギリシャ様式，ゴシック様式，スイス様式の小屋（L. C. ﾀｯﾄﾋﾙの前掲書から）

さの中で消散してしまっている。1791年にデザインされた道路網は，1世紀以上にわたって，連邦の首都の要求に適合することになった（204図）。オスマン男爵は，1世紀後にパリで同様な成果を得たが，アメリカにおいて，より単純でより開放的な環境の中で働いているヨーロッパ文化からの借り物が，ヨーロッパで結実する前にアメリカで結実することになったということは興味深い。

　この時期に活躍したアメリカの建築家は，ラトローブやランファンのようにヨーロッパから来たし，ヨーロッパの大学で学んだ人々であったということを忘れてはならない。アメリカ建築のヨーロッパからの相対的な独立は，それ故，孤立化によるものでなく，文化関係における特殊な限定の結果であった。アメリカの建築家はヨーロッパの経験を同化したが，ある意味で，彼らの民族的伝統の真の核である抑制のセンスで，有用とみなされるものだけをアメリカに持ち帰った。

　1768年，ジェファーソンは，ヨーロッパのアメリカ人旅行者向けの一種の案内書を書いたが，そこで，関心をもつ価値のあるものとそうでないものをリストにしている。そこには，彼が重要と考えた6つの点がある。

(i)　農業。この技術に属するすべては………
(ii)　機械技術。アメリカにおいて必要とみなされ，輸入し難いものに限る。例えば，鉄工場，石切場，船，橋（特にこれ）………
(iii)　軽機械技術と手工業。これらのいくつかはざっと見る価値がある。だが……これらを全部調べるのは時間の浪費である。
(iv)　庭。アメリカ人にとって特に注意する価値がある。
(v)　建築。大いに注目する価値あり。20年毎にわれわれの人口が倍になるにつれ，われわれは家も2倍としなければならない……
…。建築は最も重要な技術の中に入り，技

な，古典的なヨーロッパ文化に由来するいくらかアカデミックな意図であった。その巨大な大きさ——議事堂から河までの平地の上の軸は4km以上あり，ヴェルサイユの公園のそれより長かった——は，ランファンの計画に永続性という特筆すべき利益はもたらしたが，全体の統一感は主に平面図の上で感じられても，実際には，測り知れない地域の大き

術に味わいを導入することが望ましく，その味わいは，より………

(vi) 絵画。彫刻。われわれの経済状態にとっては高価すぎる………見る価値はあるが勉強する価値はない。5)

この，芸術や技術が大きな店の買うべきまた買うべからざる商品のようにいっしょに並べられている物質主義的なリストは，長ったらしい議論よりもよりはっきりと，アメリカとヨーロッパとの関係を表わしている。ヨーロッパ的観点からいうと，ジェファーソンやアメリカ人は何も理解してはおらぬと結論することはた易い。だが，彼らの姿勢は，清澄さ，むごたらしいヨーロッパの戦争からの絶縁——正確には，ジェファーソンの建築の中に，広さ，自由さ，素直さ等として現われている特質——を表わし，それが精巧さは劣ってもより自由な，より開放的な方向への新しい発展の可能性を示唆している。

組織に関する限りは，アメリカの建築は19世紀の前半までヨーロッパに依存し続けた。建築家の職業像は，1852年のアメリカ土木技術協会 (American Society of Civil Engineers)，1857年のアメリカ建築家協会 (American Institute of Architecture) の創設と共にようやく現われる。1866年，マサチューセッツ工科大学は，初めての大学の建築学科を設け（それまで，アメリカの建築家は，パリのエコール・ド・ボザールで学んだリチャードソンやサリヴァンのように，ヨーロッパの大学で勉強しなければならなかった），1868年にようやく最初のアメリカの建築雑誌がフィラデルフィアでつくられた。この間，アメリカの建築は（ギリシャ風の復活があった19世紀初頭，ウォルター・スコットの小説やピュージンの著書などと共にネオ・ゴシック等が現われる1840年頃，ヨーロッパ折衷主義の全期間を通しての）ヨーロッパの論争を通し

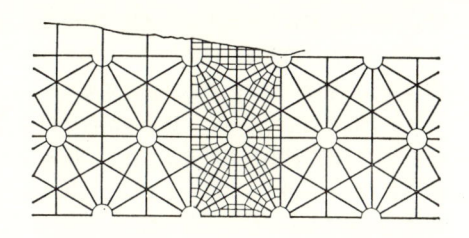

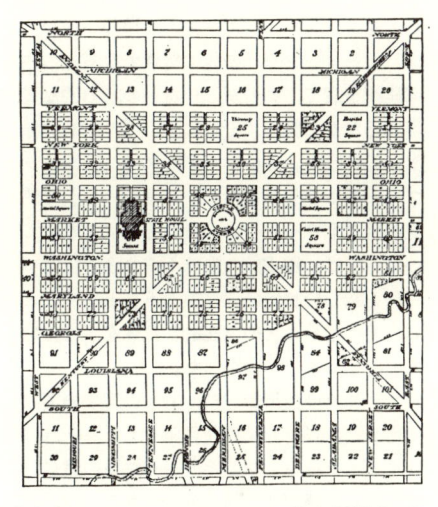

212，213図　ウッドワードのデトロイト計画（1807年）とラルストンのインディアナポリス計画（1821年）

て浮かび上ってきたイメージを忠実に反映したが，それらを，それらの基となる文化的動機や思想に気を留めることなく，形態の交替とみなしていた。ある建築図集が当時人気があった。例えば，M. ラフェーヴァの『近代建築の美』("The Beauties of Modern Architecture") や，ベンジャミンの『建築の方法』("The Practice of Architecture") 等であり，それらは，歴史的な関係づけを試みず，女性のファッション雑誌のように，読者に流行の傾向を知らせることをのみめざしていた。6)

19世紀の前半を通して，建築におけるアメリカの進歩は，工業の発展が僅かであったの

で，ヨーロッパにおけるそれとは比べものにならなかった。例えば，1850年，アメリカの鉄の総生産量はイギリスの生産量の1/8でフランスのそれと同じであった。1830年から1840年の間に鋳鉄の柱の使用が普及したが，圧延鋼の梁やレールがピッツバーグでつくられたのは1855年になってからであった。

他方，鋳鉄の使用は1850年以後急速に普及し，ジェームズ・ボガーダス（1800～1874）はニューヨークやその他に鋳鉄で数多くの商業建築を建て，この新しい材料の精力的な擁護者となり，絶えずそれについての新しい提案をし続けた。彼のアイディアは，同時にラブルーストのそれよりも，18世紀の「天才的鉄の巨匠」ウィルキンソンのそれにより似ていた。彼は，様式的な形はそのままで，古い材料を新しい材料に置き換えることを喜びとし，そうすることの文化的な意味を手を休めて反省することがなかった。

アメリカの技術者達は，個々の環境の要求に応じた分野で，重要な貢献をした。それはコミュニケーションの手段——鉄道，電信，電話——と暖房や換気の分野である。1830年から1869年（この時大西洋と太平洋が結ばれた）にかけての鉄道の発展は，アメリカの歴史における最も有名なエピソードのひとつである。1840年，R. ミルズは，ワシントンの議事堂のために空調の研究を始め，1848年には，冷房のある方式がフロリダの病院で実施され，1844年には，セントラル暖房[7]と換気[8]についての2つの重要な論文が現われた。

アメリカ文化の実用主義的な傾向が，これらの進歩から当然生ずる観念の論争を防いだ。アメリカの建築の問題を批判精神に照らして考え，歴史的様式の使用の奥にひそむ方法論的難点に気がついた最初のアメリカの著作家は，多分ホレーショ・グリーナフ（1805～1852）であろう。彼は1824年にハーヴァードを卒業し，イタリアで何年かを過し，そこで彫刻を勉強し，古代のモデルと接触し，他のアメリカの知識人と共にマッツィーニ訳註）の運動に身を投じ，イタリア革命の敗北後，1851年にアメリカに帰ってきた。彼は古典主義の形式的規律を受け入れたが，ラブルーストや他の同時代のヨーロッパ人のように，理性化された古典主義の境界の中に工業と近代技術の成果を引き入れることによって，その形式をのりこえ，ブラニングの知的な原理を追究しようと欲した。彼は「私のいう美とは機能の約束を意味し，行為とは機能の存在を意味する。そして性格とは機能の記録を意味する」[9]と書き，エマーソンへの手紙の中で次のように彼の建築についての思想を要約している。

「これが私の構造の理論です。場所と機能にあった空間と形態の科学的な配置であり，その重要性の程度に比例した要素や機能に応じて強調することであり，色や装飾を，すべてのそれぞれの決定を詳細に正当化しながら，厳格に有機的法則に従って決定し，変化させることであり，すべての見せかけを即刻，完全にやめることです。」[10]

グリーナフ以後アメリカの建築の流れ及びアメリカ建築とヨーロッパとの関係は変り始めた。アメリカ独自の文化の組織体（雑誌，学校，協会等）が現われ始め，人々は，アメリカの建築についての，独立の民族的なイデオロギー的弁明を見出す必要を感じ始め，ジェファーソン風の冷静な信頼でなく，焦った競争心で，ヨーロッパ文化に眼を向けた。一方，工業の成長は，ヨーロッパのその時代の工業が直面したのと同様な組織的な困難に急に直面した。

3. 1811年のニューヨーク計画

独立戦争と南北戦争の間に，アメリカ連邦は強力になり，太平洋にまで広がった。この時代，合衆国の経済は，農業と適当な程度の工業化の間の相関的な持続的なバランスの上になりたっていた。アメリカの都市計画は，長い間安定し続けることになるパターンに落ち着き，当時ヨーロッパを震撼させていた軋轢を経験することもなかった。

新しい都市の建設は入植が進むにつれ，常になくならない問題であった。ランファンの協力者達の何人かは，ワシントン計画のパノラマ的な基準を野心的な形と大きなスケールで中西部に移植しようとした。例えば，ウッドウォードの1807年のデトロイト計画（212図），単純な形態をもつラルストンのインディアナポリス計画（213図）である。結果は，バロックの放射状構成の考え方と土着の一様な道路方式との奇妙な妥協であった。ラルストンはこのネットワークに，中心の広場で出会う4本の対角線道路を重ね，ウッドウォードは無限に連なる放射方式を考えた。即ち，道路を随意にいくつか置かれたエレメントに収斂させる星形のパターンを用いたが，彼の意図は，複雑過ぎて，部分的に実現されただけであった。

ニューヨークの記念的な発展計画がなされたのはこれらの年月の間であった。ここでは，ランファンのパノラマ的な計画は完全に除外され，均一なグリッド・システムが，これまでにない規模で用いられた（214, 215図）。

19世紀の初めにおいて，ニューヨークは，マンハッタン半島の尖端に，ほぼ10万の人口をもっていた。それまで，この都市は，予めの計画もなく，急速に発展してきたが，その成長の速さは，半島全体についての全体計画を必要とさせた。

市はこの問題を自身で解決しなかったので，それは州政府へ回され，州政府は，州知事モリスとS．ド・ウィット及びJ．ラザフォードからなる委員会を組織した。委員会は4年間にわたって作業をし，計画の方法とそれの実現の可能性を調査し，1811年に最終計画が議会を通過した。

よく知られているように，ニューヨーク計画は，直交する道路の均一なネットワークである。北から南へ走るアヴェニュー（12のアヴェニューがある）と，1から155までのナンバーをつけられた東西に走るストリートがある。このネットワークを斜めに横切る唯一の不規則な道路はブロードウエイであり，これは既存の道路で，委員会のメンバーはなくしたいと思ったが，それ沿いに発展した建物についての人々の利益が原因で残さなければならなかった。唯一の自由な空間は，4番と7番のアヴェニューと22番と34番のストリートの間の矩形で，これは軍用広場として使われた。後にこの場所が狭くなり，セントラルパークの計画（1858年）に際し，上流の方により大きな矩形の土地を加えた。

この計画の大きさは巨大なもので，アヴェニューは直線的に20kmも走り，ストリートは5kmの長さであった。委員会は，50年後の1860年に市の人口が4倍になり，ネットワークは34番ストリートまで用いることになるだろうと予想したが，実際の成長ははるかに速かった。だが，全体計画は250万の人口のスペースを用意していたので，19世紀の末までのニューヨークの拡大を吸収することが出来た。

このニューヨーク計画はいくつかの理由で特筆すべきである。第1に，それは——新たに建設された都市は別として——ヨーロッパがその同じ問題を感じていない時に行われた，この大きさの近代都市の拡大をコントロールするための全体計画の最初の例であるという理由である。第2に，対象のスケールが

III アメリカの産業都市

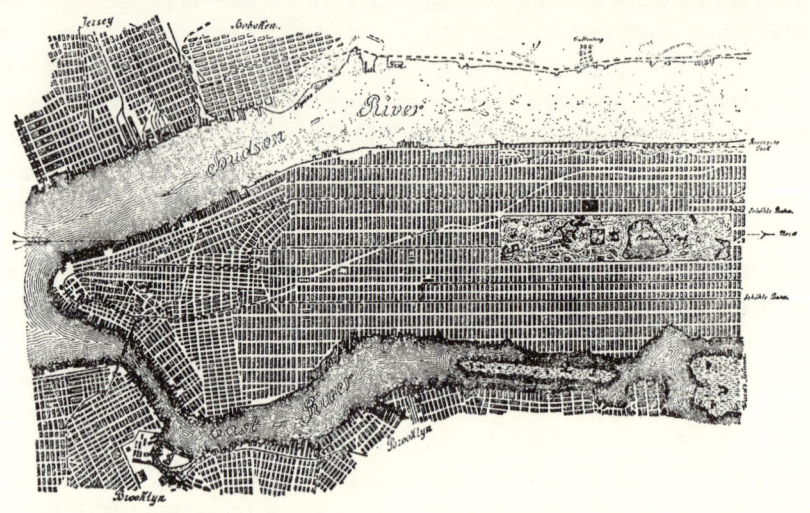

214, 215図 ニューヨーク，鳥瞰図と平面図 (J.ストゥーベン著『都市計画』《Der Städtebau》——1924年——から)

7 アメリカの伝統

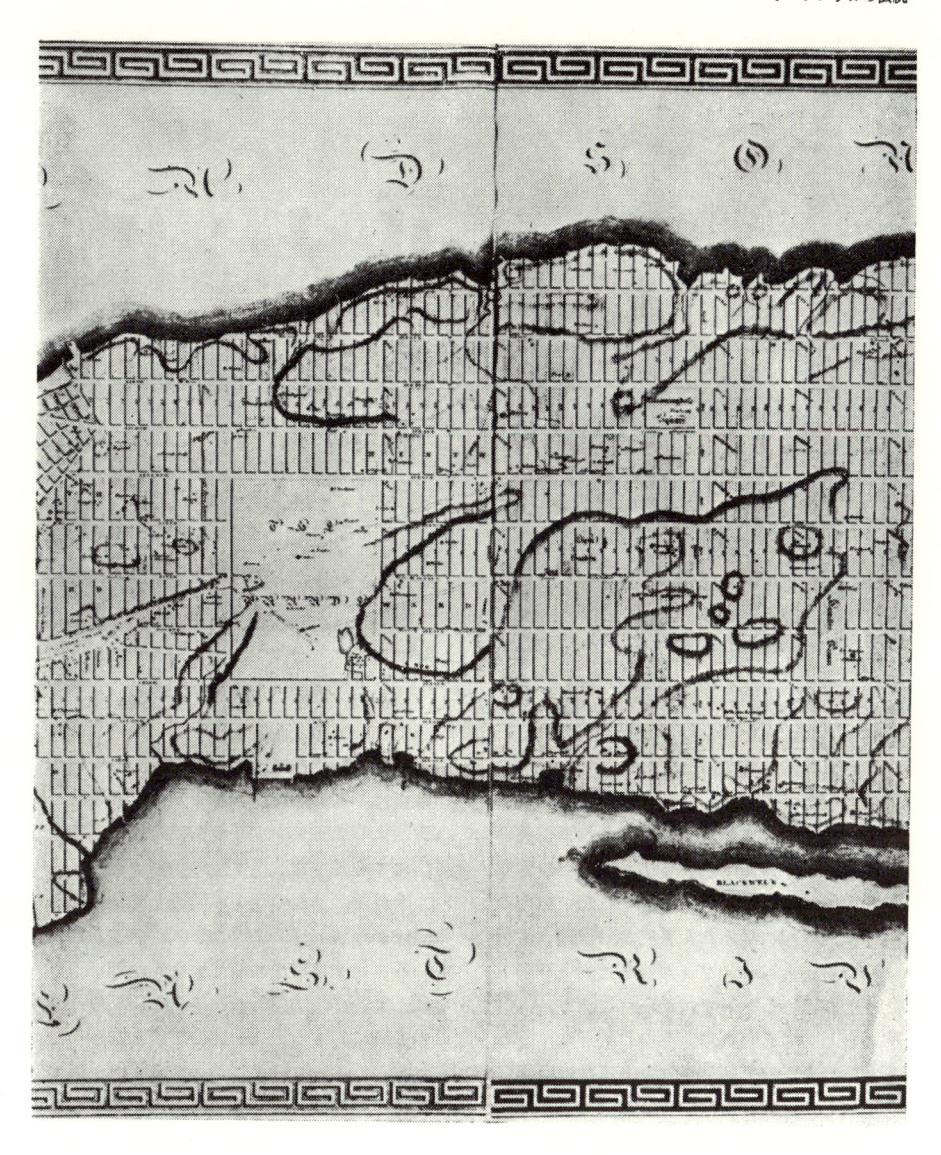

216図 1811年のニューヨーク計画の一部，格子縞がマンハッタン，凹凸の上に均一性を失うことなく置かれている。(公共図書館に保存されているオリジナルから)

III アメリカの産業都市

217図 キャナル街の高さから見たブロードウエイ（T. ホーナーと J. ヒルの版画）

バロック式計画を真似ることを不適当にし，アメリカ独特の伝統に根ざした新しい都市の考え方を出現させたという理由である。

ニューヨーク市によって任命された委員の問題は，射影幾何学というよりも解析幾何学の問題であったといえるかも知れない。市の敷地は，極端に限られた目的から横軸と縦軸——この場合にはアヴェニューとストリートと呼ばれている——ではかられるデカルト的平面として考えられた。その目的とは，それぞれ番号をつけて区別されたある数の区画群を編成し，互いに邪魔し合うことなしに未来のあらゆるタイプのアクティヴィティを受け入れられるようにし，またそれぞれに容易に公共のアメニティが行き渡るようにすることであった。近代都市の問題は調整の問題である。ここではアイディアは比較的豊富なスペースを利用し，制約を最小限とする調整の仕方を制度化すること，即ち，規則を社会生活

の技術的必要性と両立し得る最小限のものに減らし，その代りに，その少ないものを極端に厳正に不変にした。ニューヨーク計画は，市民個人のアクティヴィティに対する制約を最小にするような政治生活の規則が決められ，それ故，適用の仕方に関連して初めてその意味が理解し得るような形式的記述となっているアメリカ憲法に似ていなくはない。さらに，公的，私的生活の秩序正しい発展は，この計画に対する満場一致の賛成と結びつけられる。ニューヨークにおいてもまた，都市の驚くべき発展と，都市で行われるアクティヴィティの安定は，都市構造の問題が，用意された規則正しいネットワークの中にあらゆる種類のアクティヴィティのために単に建物を置いていくという，最も簡略で初歩的な方法で扱われたという事実によっているのである。（少なくも最近までは。最近では，問題のスケールは，基盤それ自身を不適切にし，

構造的変革の問題——それは古い計画による強い抵抗のためによりはるかに困難だが——を提出するまでに大きくなった。これについては後にさらに論じる。)

1811年の最終報告で，委員達は，彼らは碁盤目方式にするか，ランファンのそれに似た円形広場と放射状道路にするか迷ったが，「都市は建物からなり，道路が直交した方が建物のコストは安くなり，またより生活に便利になる」[11] が故に前者を選んだと述べている。広場やオープンスペースの不足は，同じように無造作に正当化されている。「広場は必要でない。人々は建物で生活するのであって広場で生活するのではない。」[12] これを理解するためには，ここでは建物の建設が，バロック式計画におけるように，道路網と同時につくられる——それ故ひとつのイメージの中にまとめられ得るもの——とは考えられていず，後に残されるものと考えられていることを心に留めなければならない。あるブロックを占める建物は平屋の丸太小屋でもロックフェラー・センターでもよかった。この理由から，この計画のデザイナーは，どんな建物にとってもあまり邪魔になることのないであろうような計画を選択したのだった。

アメリカ人を自らの基準で判断するヨーロッパ人が，この処置を馬鹿気たものと考え，判断の未決定を判断の欠如と勘違いをしたのは当然である。

例えばジッテはこう書いている。

「都市の新しい部分を芸術的にうまく区分するには，その部分が長い目で見てどんな目的に役立つか，どんな公共建築や広場がそこに意図されるかについて，何がしかの考えが初めになくてはなし得ることは出来ない。どんな建物や広場が都市の部分を埋めるのか，それが最終的にどんな目的に役立つかを何も知らなくて，その土地やその状況に合った計画の策定を開始することも作製し，芸術的効果をもたらす手段を得ることも出来ない。それはちょうどパトロンが建物の敷地を建築家に示し『100万リラでここに私に何かを建ててくれ』というようなものである。『アパートですか？』『いや』『では別荘を？』『いや』『きっと工場でしょう？』『いや』………これは全く馬鹿気ており，こんなことは実際には起こらない。何故なら，誰もはっきりした意図や建設計画をもたずに建築家に近づくことはないからである。

ただ都市計画においてだけ，確定したプログラムなしに建設計画を進めることが当然だと考えられているが，これは，ある特定の地区がどのように発展するかがわからないという事実から来たものである。このプログラムの不在の結果が，おなじみの建物ブロック方式で，それはありったけの無作法さでわれわれにこう語る。『私達はここに何か美しいもの，有益なものをつくることが出来るだろうが，それが何だかはわからない。それ故，そうした曖昧な問題を扱うことを謙虚に辞退し，平方メートルで売り始められるように，地面をただ区分けるのだ。』

プログラムの欠如が想像力の乏しい原因のひとつであるということは，最近の区分——北アメリカの州への分割——で確かめられた。この膨大な新天地は，どこにおいても同じ直角の方式で分けられ，その直線は，緯線と経線に対応していた。これは，明らかに，地形がその時点でよく知られていず，また，アメリカが過去をもたず，歴史をもたず，人類の文明の中で広い土地以外の何ものも示すことが出来ないので，その未来の発達を予言することが出来なかったという事実が原因となっている。アメリカやオーストラリアや他の未開の土地には

III アメリカの産業都市

218図 ブルックリン橋（J. ローブリング，1867～1873年）………M. シャイラーの『アメリカ建築』から。
219図 19世紀半ばのマンハッタンの展望

格子状の計画がしばらくは充分である。人々が単に入植地に関心をもち，楽に儲けた金だけで生活するためにのみ金を稼ぐところでは，人々を桶の中の鰊のように建物の中に詰めこむのは適当なことかも知れない。」[13]

7 アメリカの伝統

220, 221図 ニューヨーク，ブルックリン橋の入口とマンハッタンの建物の景観

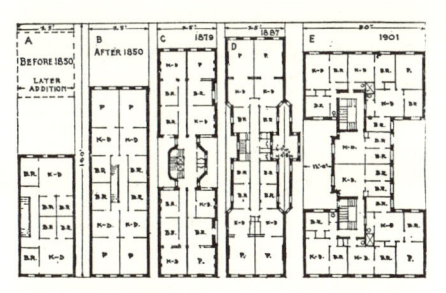

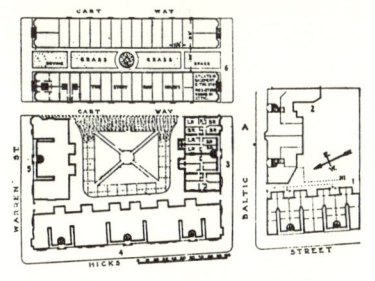

222図 段階的な規制に応じたニューヨークの建物とホワイトによってブルックリンに建てられた最初の庶民住宅（W. フィールド＆サンズ，1878～1880年）………グレイ著『ハウジングと市民権』《Housing and Citizenship》──1946年──から。

　カミロ・ジッテは，1811年の3人の委員よりもはるかに教養のある人物だったが，それでも，ニューヨークの計画の80年後これを書いた時，近代都市計画の問題の理解からは，彼らよりはるかに遠かった。彼は，都市の平面図は建築の平面図を大きなスケールにしたもののように考え，近代都市計画が──正確にいえばスケールと変化の速度の違いから──常に「あいまいな問題」であることを理解していなかった。問題は，まさに，いろいろなスケールでのものとそうでないものを区別することにある。モリス知事とその協力者達はスタートの時から彼らの仕事が未来の都市をデザインすることでなく，都市にあるルールを，しかも出来る限り簡単なものを与えることであることを確信していた。彼らの誤

245

りは程度についての誤りであった。というのは、彼らは、道路網を一挙に決定し、その他すべてを自由に残していながら、すべてを完結したと考えたからである。

その結果は、あまりにも単調で秩序正し過ぎる都市ではなく、あまりにも秩序正しくない都市が出現した。事実、後に、近代都市が「主に建物によって構成される」のではなく、多くの他のものによって構成されることが明らかになった。その他のものとは、鉄道であり、マーケットであり、倉庫、事務所、病院、劇場、映画館、駐車場などであり、いろいろなスケールと要求をもち、直角方式の中に適当におさめることが出来ず、完全に別の種類の編成を要求した。新しい都市は、古い計画の上に、ぴったりした洋服のように似合った。だが、生き続けるためには——途方もない抵抗にあいながら、何故なら今まですべてが永遠に持続することになっているかのように調整されていたから——古い限界を爆破しなければならない、また、努力して、道路をその上や下に走らせて上になったり下になったりしながらその古い軌跡から逃れなければならなかった。

しかし、これは最近の歴史であり、1811年の計画の価値を減ずるものではなく、その計画は、その欠陥にも拘わらず、近代都市計画思想に対する主要な貢献のひとつであり、それは全体において完成されているが故に、それの根拠となる基準のすべての技術的、法律的、経済的、形態的結果を明らかにした。その価値を理解する最良の方法は、ニューヨークそれ自身「新しい時代のスケールに合った世界の最初の地」[14]であり、意のままに自然を変え得る人間の能力が最もはっきり現われている都市と見ることである。

いくつかの点について形式的に厳格であり他についての自由であるという関係と同じものがニューヨーク市の建築法規を特徴づけている。他において遅れていたとしても、ここにおいてまた、アメリカの経験はいろいろな点でヨーロッパに先行した。19世紀の初めからマンハッタンでは建設地の価格は急激に上昇し、地主を開発に熱心にさせ、それから以後法律が議会を通過して、中庭を残さずに全ブロックを建物で埋めることを禁じた。また自治体がこの法律に従わない建物を買収しそれを壊し、その土地を適当と考えられるように用いることが出来ることも認められた。(19世紀の初めを通して、この権利は明らかにいろいろな場合に行使された。)[15]

しかし、混み合いは減らなかった。世紀の前半の経済的な住居の唯一の形態は、朽ちかけた家の部屋をさらにパーティションで分けることであった。1834年、ニューヨークの建物の衛生状態についての報告書は当局の注意をこの問題に引きつけたが、何らかの手段がとられたのは世紀の後半であった。1866年保健局が設立され、1867年貸家についての最初の法律が通過し、もう1つのさらに厳しい法律が1901年に通過した。これらは簡単な規制で、新しい建物についてのある最低限の標準を決定したが (222図)、当局の側に対して直接的な介入の権限を与えなかった。

しかしながら、1850年以後、見苦しくない庶民向けハウジングに対する関心が、民間には多く存在した。1847年、貧困者生活改善協会 (the Association for Improving the Conditions of the Poors) は、庶民の住いのモデル計画を発表し、1855年、「住みよいアパートメントをもち、換気よく、貧しい階級も入ることが出来、出費のもとをとることの出来るような労働者階級向け賃貸住宅のモデルを1つ以上」[16]建てることを決めた。

1876年、A. T. ホワイトは、投機の利益あるいは慈善による損失なしに投下した資本を確保することを原則とした建設協会を組織した。最初の住宅群は (W. フィールド・アン

ド・サン会社によってデザインされ）1878年から1880年までの間にバルティック街に建設され，以前のものに比べて大きな前進を示した。というのは，それらは適当なオープンスペースのまわりにおかれたからである（223図）。彼らの次の事業——1884年のブルックリンのリヴァーサイド住宅——では，オープンスペースは子供の遊び場をもった庭や大人の庭等となった。1881年，改良住宅協会(Improved Dwelling Association)——ここにはまたホワイトが加わっていた——は（ヴォーとラドフォードのデザインにより）土地をより積極的に利用した住居ブロックを建設した。もうひとつの土地を経済的に利用した解決は，建築家 E. フラッグが都市・郊外住宅会社 (City and Suburban Homes Co.) のために研究したものである。

当局はこれらの実験から法規に採用する基準の決定についての多くのヒントを得たが，それを施行する最終的な決断を下さなかったし，建設分野に直接介入しようとすらしなかった。州が一般の建設に介入し始めるのは第1次大戦の危機後である。

しかしながら，同時に，それまで都市の生活を守ってきた簡単な法令が新しい技術や社会的要求を容れるには不充分であることがわかり始めた。これがニューヨークの基礎的な都市計画の全体——それまで1811年の計画と，それに関連した自由主義に基づいていた——が改めて見直されることになる時だった。

1) J. M. Ficht 著，"American Building"——ボストン，1948年——37頁
2) J. M. Ficht 著，前掲書40頁に引用されている。
3) "Notes on the State of Virginia" (1782年)………J. M. Ficht 著，前掲書35頁に引用されている。
4) F. R. Hiorns 著，"Town Building in History"——ロンドン，1956年——の346頁に引用されている。
5) "Objects for Attention for an American" (1878年6月3日)……J. M. Ficht 著，前掲書36頁に引用されている。
6) J. M. Ficht 著，前掲書58頁
7) C. Wood 著，"Warming Buildings"
8) D. B. Reid 著，"Theory and Practice of Moving Air"
訳註）ジョセッペ・マッツィーニ (1805～1872)：1831年イタリア青年党を組織し，民族的優位感やローマ復興思想等を基にしたイタリア復興の理想を説き，多くの青年の支持を得た。
9) S. Giedion 著，前掲邦訳書231, 308頁
10) R. W. Emerson 著，"Complete Works"——ボストン，1888年——第5巻，10頁
11) P. Lavedan 著，"Histoire de l'urbanisme, époque contemporaine"——パリ，1952年——236頁
12) S. Giedion 著，"A Decade of New Architecture"——チューリッヒ，1951年——5頁に引用されている。
13) C. Sitte 著，"Der Städtbau nach seinen Künsterischen Gründsätzen"——1889年。『広場の造形』——大石敏雄訳——146頁
14) Le Corbusier 著，"La catastrophe féerique" ……… "L'Architecture d'Ajourd'hui" 誌, 1938年1月号12頁
15) G. H. Gray 著，"Housing and Citizenship"——ニューヨーク，1946年——8頁
16) J. Ford 著，"Slum and Housing"——ケンブリッジ，1936年——付属図版1A参照

第8章 シカゴ派とアメリカのアヴァン・ギャルド

1804年，シカゴ川がミシガン湖にそそぐ地点に，アメリカ軍はディアボーン砦を建設した。それは1812年インディアンによって破壊されたが，その後すぐ再建された。何人かの開拓者達がそのまわりに定着し，1830年新しい集落は市となった。鋤鍬によったロムルス訳註)の時代とは違い，アメリカの伝統の数学的，経済的操作で，河口の近くの半平方マイルの地域を小さく分割し，土地を売り始めた。

そのネットワークは，次々とつぎ足す——単にもとの道路を何マイルも延長する——ことによって無限に広がることが出来るようなものだった。そして都市は次第に大きくなり，世紀の末までに，190平方マイルの面積と170万の人口をもつ大きさとなった。

最初の頃，建物は主に木造であった。最初からこの材料は特殊な工法で用いられ，その工法は後にバルーン・フレームとして知られるようになった。ギーディオンは，この工法の発明が，恐らく，1833年からシカゴの行政府で種々の技術職を務め，また請負業者でも木材商でもあったジョージ・ワシントン・スノウ（1797～1870）によるものであろうことを明らかにした。[1]

これは通常のような第1，第2の要素とい

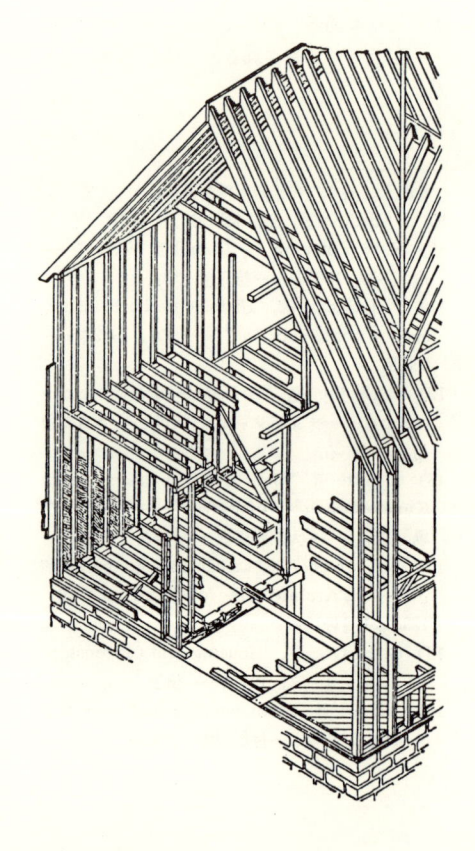

223図 バルーン構造（シンガー著『技術の歴史』(A History of Technology)——1954～1958年——から)

8 シカゴ派とアメリカのアヴァン・ギャルド

224図 シカゴのループの鳥瞰

うようなヒエラルキーをもたず，枘差しもされず，数多くの規格化された大きさの薄い板や間柱が一定の間隔におかれ，単に釘打ちされて一体になっているものである。出入口や窓などの開口部は，基本的なモデュールの何倍かであり，斜め材が構造の剛性を確保し，その上に重ねられた板の層がそれを風雨から守っている。

この構造は，規格化された大きさの木材の工業的生産を開発し，それ自身は鋼製釘の価格の低下によって可能になった。またそれは工期を最小にし，特殊な技能を要求しなかった。ということは，人々が少ない道具，あるいは道具がなくても自分の家が建てられるということだった。

この方式の原理は，コロニアル建築の構造の中にあった。スノウの発明はさらに規格化というアメリカ的概念を建築に応用したことであり，いろいろ改良されて，アメリカの建設工業で未だに広く用いられている。

シカゴは1871年大火で完全に焼失した。当時，人口は30万であった。再建は，最初，再び災害の来ることへの恐れで進まなかったが，1880年から1900年の間の20年間に力強く行われ，古い村の土地の上に，事務所，大倉庫，ホテル等をもった近代的なビジネスセンターが成長し，そこでは，新しい要求に応ずるために，他に例を見ない大胆さで，新しい

III アメリカの産業都市

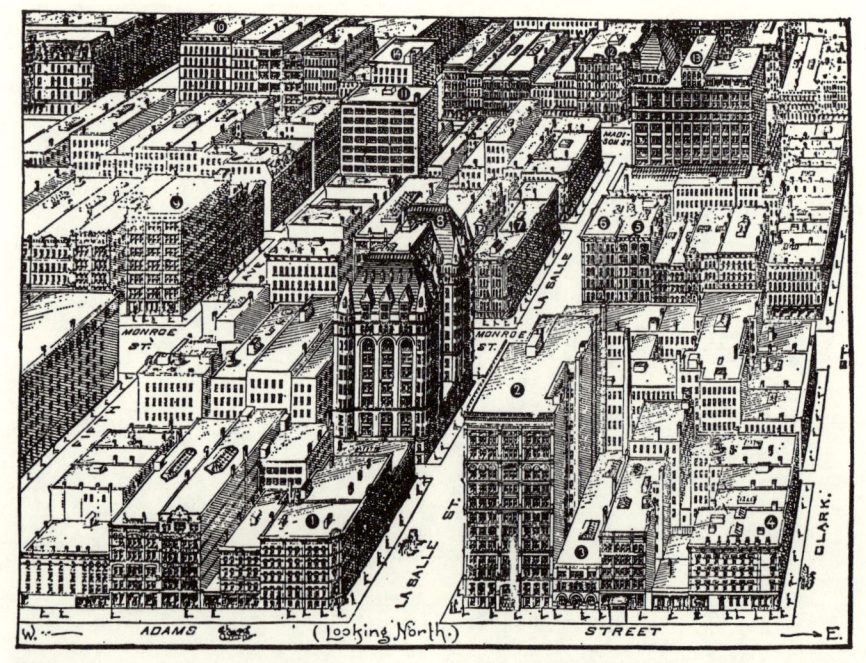

225図 シカゴ,アダムズ街から北への眺望(ランド・マックノール会社の『シカゴの鳥瞰と案内』——1898年——から)

1. シレーサー・ブロック,1872年
2. ホーム・インシュアランス・ビル(W. ル・バロン・ジェンニー,1884年)
3. エディソン会社パワー・ハウス,1887年
4. ポーター・ブロック(J. M. ファン・オスデル,1873年)
5. ケント・ブロック,1871年
6. ニクソン・ビル(焼失前)
7. ブリアン・ブロック,1872年
8. ウーマンズ・テンプル(バーナム&ルート,1892年)
9. ウエルズ・ビル,1884年
10. ガルブレイス・ビル(コクレーン&ミラー,1873~92)
11. リーズ・ビル(J. G. ロジャース,1892年)
12. ラ・サレ・ビル(ディクソン&ハミルトン,1874年)
13. YMCAビル(ジェンニー&マンディー,1893年)
14. セキュリティ・デポジット会社ビル(C. J. ワレン,1892年)

建築方法が試みられた。19世紀を通して,古い碁盤目状方式が市の発展を受け入れるのに充分だと考えられていたが,20世紀の最初の10年間に,都市の新しいスケールに比例した都市計画的コントロールの必要が感じられた。1909年のバーナムとベーネットの都市計画は,都市のスプロールに,形式的な規準によってではあったが,秩序をもちこもうとする最初の試みであり,無制限な建築のこの急増の時代は終りを告げた。

1. シカゴ派

これらの出来事の主役は,集合的に「シカゴ派」(Chicago school)として知られている。

大火後,直ちに活躍した最初の世代には,南北戦争の間,技術部隊で訓練された秀れた技術者達が含まれていた。ウイリアム・ル・バロン・ジェンニー(1832~1907),ウイリアム・W.ポイントン(1818~1898),J. M. ヴァン・オスデル(1811~1891) らである。これらの中で,ル・バロン・ジェンニーが最も重要で,次の世代の主たるデザイナーは彼のアトリエから現われた。ジョン・W. ルート

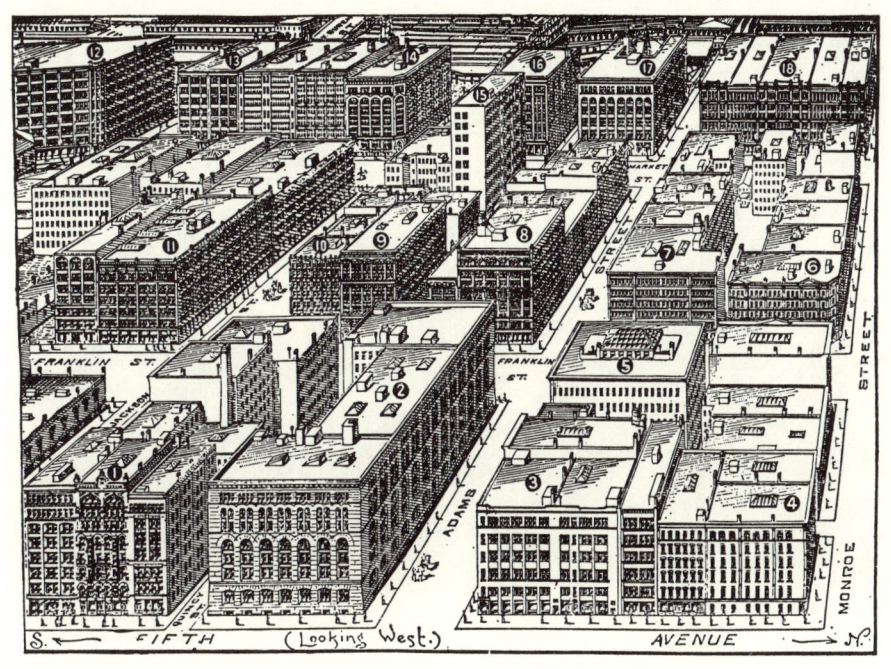

226図 シカゴ，5番街から北を望む（ランドの前掲書から）

1. オウイングス・ビル（O. J. パイヤース，1886年）
2. マーシャル，フィード会社ビル（H. H. リチャードソン，1886年）
3. フェルプス，ダッジ，パルマー・ビル，1888年
4. ウイリアムズ・ブロック，1874年
5. C. B. & Q. 鉄道会社，1882年
6. ハヴィ・ビル，1873年
7. カーソン・ピリー & スコット・ビル，1875年
8. マーカンタイル会社ビル（パウワー & ヒル，1886年）
9. ロバート・ロウ・ビル（J. M. ヴァン・オスデル，1887年）
10. ウィラフビー・ビル，1887年
11. パディ・ブロック，1883～1893年
12. マコーミック・ビル，1887年
13. チャルマーズ・ビル，1889年
14. マコーミック・ビル，1874～1892年
15. ヤンドルフ・ビル，1874～1892年
16. マラーズ・ビル（フランダース & チソメルマン，1892年）
17. リヤーソン・ビル（アドラー & サリヴァン，1888年）
18. ファーウェル・ビル（J. M. ヴァン・オスデル，1886年）

とルートの死んだ1891年まで共に働いたダニエル・H・バーナム（1846～1912），ウイリアム・ホラバード（1854～1923），マーチン・ロッシュ（1855～1927），ダンクマール・アドラー（1844～1900）と協力したルイス・サリヴァン（1856～1924）らである。彼らと密接に関係をもったのが技術専門家，W. S. スミスとC. L. ストリョーベルで，いろいろな構造の問題で彼らに協力した。

これらの建築家の仕事は，特に1879年（ル・バロン・ジェンニーが最初の鉄骨の高層建築を建てた時）からシカゴのコマーシャル・センターであるループの特殊な形状が出来上った1893年（コロンビア博覧会の年）の間，特筆すべき一様な性格をもっていた。当時の人々はすぐにそれに気づき，それを名ざすのに，市自身の名前を用いるのが最も適当と考えた。この時代の主役達は，極端にいろいろな性向をもった人々だった。あるものは，アドラーのようなビジネスマンであり，他には

III アメリカの産業都市

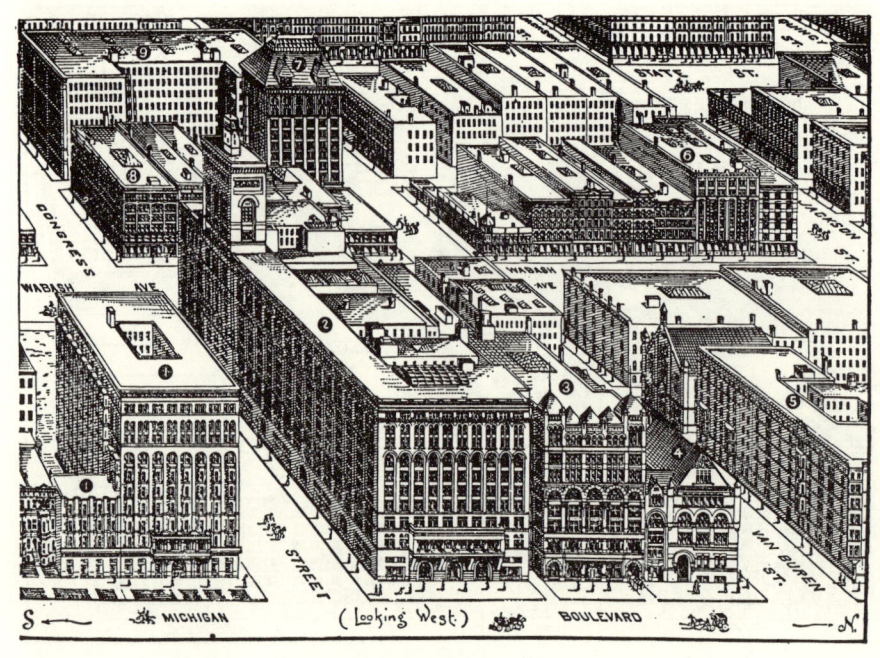

227図　シカゴ,ミシガン大通りから西を望む(ランドの前掲書から)
1. オーディトリゥム (C. J. ワレンによる増築, 1892年)
2. オーディトリゥム (アドラー&サリヴァン, 1887~1889年)
3. ストゥッドベーカー・ビル (S. S. ベーマン, 1884年)
4. シカゴ・クラブ・ビル (バーナム&ルート, 1885年)
5. ヴィクトリア・ホテル (G. ヴィジャント, 1882年)
6. キンボール・ホール (F. ボーマン&J. K. カディ, 1882年)
7. イサベラ・ビル (ジェンニー&マンディ, 1893年)
8. リチャードソン・ビル, 1886年
9. シーガル, クーパー会社ビル (ジェンニー&マンディ, 1891年)

ストリョーベルのような純粋な技術者があり,ルートのような不満な芸術家あり,バーナムのような野心家があった。サリヴァンの場合はむしろ別であった。彼は同時代の人々を批判し,独自性をめざし,流行のものでない建築の個性的なスタイルを発展させ,自分の考えを,実際の建物ばかりでなく,論文でも示した。この理由で,サリヴァンは,H. H. リチャードソンやF. L. ライトと共に,別の光の下で,即ち,彼らの時代や国の支配的な傾向に従わず,ヨーロッパとそこで行われている議論に眼を向けていたが,ヨーロッパと自分自身を別と考え,真のアメリカ芸術を生み出そうとしたアヴァン・ギャルドの芸術家の中に入れて考えられるだろう。

シカゴ・ループの高層建築は,ある技術的な発明によって可能になった。スチールのスケルトン構造は,主としてル・バロン・ジェンニーによって完成されたが,下階の柱に過剰な応力を生じさせることを恐れる必要なく高さを増すこと,そして,広い室内を明るくするために外壁に大きなガラスを用いることを可能にした。1873年, F. ボーマンは柱の集中荷重を支えるための石の柱の方式を提案した。[2] それは次第に完全なものとなり,1894年のコンクリートの「シカゴ・ケーソン」となって現われた。最初の安全な蒸気リフトが1857年, E. G. オーチスによってニューヨ

8 シカゴ派とアメリカのアヴァン・ギャルド

ークに設置され，1864年にシカゴに現われた。1870年，C.W.ボールドウインは，最初の水圧リフトを発明し建設したが，1887年には，電気リフトが用いられるようになった。³⁾リフト，電話，気送管等は，どんな大きさのまたどんな多くの階数のホテルや倉庫や事務所の運営をも可能にした。かくして，シカゴに，最初の摩天楼が出現した。

それを見た人が1895年に次のように書いている。

「鉄や鋼の枠組が内外の壁や間仕切りを支えている途方もなく高い構造体は，ほとんどすべてのアメリカの大都市での常套的な特徴となった。この構造の方式は，その実際の適用という点において，少なくともシカゴに由来しており，シカゴは，現在，他のアメリカの都市のすべてを束にしたよりも多くの鉄のスケルトン構造の建物をもっている。」⁴⁾

摩天楼は，碁盤目のアメリカ文化に典型的な抽象的な方法のもうひとつ別の適用である。それは，全体の構成という観点から，厳しい評点をつけられた。何故なら，それは比例と統一感の両方が欠けた不確定なデザインであったからである。ライトがいったように，「それはもとの地面を何倍にも可能な限り多く売るための機械的なデザインである。」⁵⁾しかし，伝統的な見方との比較からくる軽視的な見方は脇において，これらの評価は実際に──しばらくは粗っぽく未成熟だが──新しい建築の見方を含み，新しい形態の規準に従って判断されなければならないひとつの新しい精神過程を指し示しているということを人は気がついていた。

エミリオ・チェッキは鋭く書いている。「摩天楼は，線と立体，壁と開口，力と抵抗のシンフォニーではない。それはむしろ算術

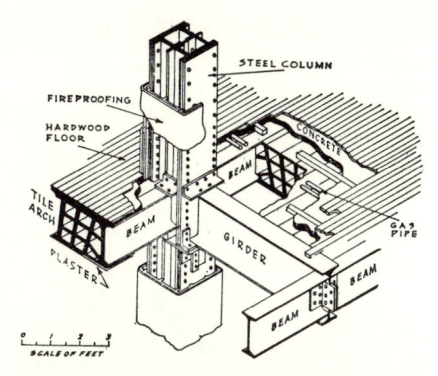

228図 ル・バロン・ジェンニーのフェア・ビルのディテール（『工業シカゴ』《"Industrial Chicago"》──1891年──から）

的操作，累積の行為である──もうひとつの基礎的な数学的操作である分割行為に基づいた土地分割の方法と同じような。」⁶⁾ どちらも建築的実体ではなかったが，伝統的な建築的状況の急進的な変革の種子を内包し，それらの基礎となっている原理は，工業それ自身を支配しているものと同じように，新しい都市景観を工業社会の必要とする方向へと進めることを助けた。

こうした光の下で見れば，シカゴ派の実験は，近代運動の形成に重要な貢献であった。しかし1880年代に得られた有望な成果はその後すぐに霧散した。何故なら，主役の誰も，彼らがもたらした問題を実際に自覚していなかったからである。彼らのそれぞれは文化的なディレンマにとらわれ，そこから逃れる道は2つしかなかった。歴史的様式への従属へ戻ること（バーナムがとった道）と個々のアヴァン・ギャルド的実験（サリヴァン，後にフランク・ロイド・ライトによってとられた道）の2つである。

ル・バロン・ジェンニーはパリの技術学校で教育を受けた技術者で，南北戦争の時は技術部隊の少佐であった。彼は1868年，S.E.ローリングと共にシカゴにアトリエを開いた。1869年，彼は図版集『建築の原理と実

253

III アメリカの産業都市

229図 シカゴ, ル・バロン・ジェンニーのライター・ビル (1885年)

践』("Principles and Practice of Architecture") を出版し、1876年から1880年まではミシガン大学で建築を教えた。バーナムは「注意深くバランスされ、斜め材を入れた防火の被覆をもった鉄の枠組で構造をもたせるという原理は、まさしく、ウイリアム・ル・バロン・ジェンニーがつくり出したものである。誰もそうとは予想しなかったことだが、彼は彼が最初に完成した構造技術の功績についての全名誉を担っているのである。」[7] と断言している。

この原理は、1879年、ライター・ビル (Leiter Building) に最初に用いられた。それは外部ではかなり広く間隔をおいて、レンガの柱で支えられ、内部では鋳鉄の円柱で支えられている。そしてさらに1885年のホーム・インシュアランス・ビル (Home Insurance Building, 225 図) ではもっと完全に適用され、部分的に壁が耐力壁となっているが、これがシカゴで最初の完全な鉄骨骨組の建物と考えられている。1889年、第2ライター・ビルとフェア・ビル (Fair Building, 228図) で、ジェンニーは、内側を鉄の柱で支持してファサードを軽いスクリーンとし、彼の構造原理を完全なものにした。しかしながら、彼は、ある部分は常に石造を残した。例えば、古典的な基礎とキャピタルをもった壁柱——当然のことながら比例の規準からは完全にはずれていたが——である。また彼は可能な限り、鉄柱を小さな円柱として扱った。1890年のマンハッタン・ビル (Manhattan Building) は、狭い街路に光を確保するために、初め

8 シカゴ派とアメリカのアヴァン・ギャルド

230図 シカゴ，ホラバードとロッシュのタコマ・ビル (1889年)

て，16階建てとなった。この時には，窓は，あるものはファサードと平らに，他のものは突き出して，鉄の骨組によって階毎に支持された連続した石の壁に開けられた。

　ジェンニーの同時代の人々は，より大きな芸術的野心をもち，歴史的様式を暗に示すこ

255

III アメリカの産業都市

231図 シカゴ, リライアンス・ビル (バーナム&ルート, 1890〜1895年)

とをやめようと試みたが, 構造上の発明における一貫性においては彼に劣っていた。

1889年, ホラバードとロッシュは, 内部に部分的に耐力壁をおいた混構造で, 12階の高さのタコマ・ビル (Tacoma Building) を建てた。ここにおいては, ひとつの階から次の階へと移っていく建築的要素は存在せず, 高さと共に変る建物の表情の変化は, 上にいくに従って装飾が減ることと, 最上階のオープン・ギャラリーによってつくられている (230

8 シカゴ派とアメリカのアヴァン・ギャルド

232, 233図 シカゴ，メソニック・テンプル（バーナム＆ルート，1892年）とピープルズ・ガス・ビル（バーナム会社）──J. グレベの『アメリカの建築』≪L'architecture aux Etats Unis≫──1920年──から。

図）。

1891年，バーナムとルートは，石造の耐力壁を外壁にもつ16階建てのモナドック・ビル（Monadock Building）を建てた。石は滑らかで装飾もなく，印象的な箱型の建物と柱状の張出窓を強調するために，角丸になっている。

この外壁の異常な単純化は，都市のはずれに建物を建てる危険を冒した投資家の固執の結果であったが，[8] 後になって初めて，それはルートによって純粋に美的な意味で採用された。いずれの場合でも，単純さは実際以上に見えた。何故なら「レンガ……は，鉄のアングルを中に隠して開口部を渡り，レンガ仕事には不自然な流動的な輪郭は，曲線や傾斜に従うレンガをつくるために無数の押型をつくることによって得られた。」[9]

1892年，バーナムとルートはグレート・ノーザン・ホテル（Great Northern Hotel）──普通オフィス・ビルに用いられる構造法がここでは大きなホテルに用いられた──とこれもまた石の殿堂として知られている昔のシカゴで最高の建物，キャピトル（Capitol）──22階で高さ90m──を建てた。この建築はさらに複雑であった。その印象的な建物は，アーチの基礎の上におかれ，急傾斜の屋根を頂き，ロマネスクの外観をもち，リチャードソンの影響を示していた。

リライアンス・ビル（Reliance Building）は恐らくシカゴの最も美しい摩天楼で，その歴史は，極めて教訓的である。それは1890年，バーナムとルートによって5階建ての建物として建てられたが，ルートの死後，1895年，バーナムと構造家E.C.シャンクランドが，何ら変えることなく低層建築のモチーフをそのままくり返しさらに10階を加えたのだった（231図）。現在それを見る者にとって白いタイルとガラスで滑らかなこの細い塔が魅力的である理由は，まさにこの建設の経緯，即ち，全体がそのようにデザインされたので

257

Ⅲ　アメリカの産業都市

234図　ピーター・ロイによる1893年のシカゴの展望

はなくて、チェッキがいうように「累積」の結果であるという事実にあるのである。だからこそ、ガラスの帯と装飾された部分の帯という単純なモチーフが、最初の2階分の基礎の上に13回も均等にくり返され、頂部に向っての次第に変化していくような試みは何らされていないのである。ギーディオン以後のリライアンス・ビルの最も熱狂的な批評家達はこのことに気づいていない。だが、シカゴ派の実験の下にある文化的葛藤についてのこれほど立派な証拠が他にあり得ようか？

ル・バロン・ジェンニー後の世代の建築家達は、過去の文化から継承したものと完全に異ったある造形的な可能性を内にもった新しい型の建物の発展の中に巻きこまれる。彼らはこの型の建物に建築的に精通したいと欲したが、それをするのに使える道具はあの過去の文化のものであった。かくして、われわれにとって最も重要に思われる結果は、いくつかの理由で、構成的なディテールに対する関心が弱まったちょうどその時に得られたわけである。ルートは、部分的にこの矛盾を意識してこう書いた。

「（近代的な多層建築に）多くの装飾を浪費するのは、無用というよりよくないことである。………むしろ、それらは、マスとプロポーションによって、近代文明のもつ偉

8 シカゴ派とアメリカのアヴァン・ギャルド

VIEW OF CHICAGO IN 1832.

大で安定した力についての考えを，広く基本的な意味で伝えるべきである。私が指摘したような方法のひとつは，われわれの建築デザインを基本要素へと分解することである。建物の構造は非常に重要となったので，それが外部の形態の生成全体を絶対的に支配するに違いない。そして，商業及び建設需要が逼迫しているので，それを表現するのに用いられるすべての建築のディテールは，それらによって変化させられるようになるに違いない。これらの条件下では，われわれは時代の全精神に身を浸し，建築に真の芸術的形態を与えるという確たる目的をもって働くことを強いられる。」[10]

それにも拘わらず，建築思想の再生についてのありきたりの言葉（マス，プロポーション，装飾，内部構造，外部形態等）で問題が語られた。復活するエネルギーは，ルートがモナドック・ビルを「エジプトの塔門」[11]に譬えた時のように，あるそれほど普通でない，折衷主義的伝統のより末梢的な局面を受けついだ多くの孤立した試みの中に霧散してしまった。

アメリカ文化の価値に一種の物質的そして独自の根拠を与えさせたジェファーソン式のリアリズムは，シカゴの建築家が近代的センターの必要性を全く偏見のないやり方で解釈することを可能にし，それ故，ヨーロッパの

III アメリカの産業都市

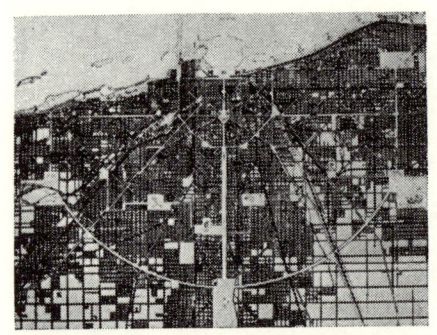

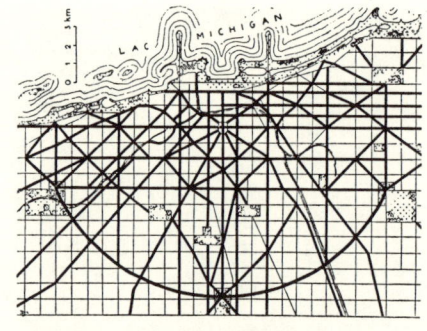

235, 236図　シカゴ，バーナムとベネットの計画，1909年（グレベの前掲書から）と新しい格子状道路計画（ラヴェダンの『都市計画史』から）

建築家に何十年か先んじて，ギーディオンがいう「純粋な形態」の方向に前進することを可能にしたのだった。しかしながらそれは，同時に，彼らがこれらの結果を体系化することを阻んだ。というのは，それはアメリカ的思想が評価しようとしないいろいろな価値の間の結合を考えることを意味していたからである。それ故，都市計画に対する必要が，これらの実験を回顧しそれらをひとつの体系に秩序だてることを必要にした，まさにその時に，建築家は古典主義即ち調整の必要のない既成の体系へ戻り得るだけであった。

1893年のコロンビア博覧会とバーナムのいわゆる「裏切り」はこのような前後関係の中で判断されなければならない。

博覧会の建築委員会には何人かの東部の建築家，ジョージ・B.ポスト（1837～1913），リチャード・M.ハント（1827～1895），チャールズ・F.マッキム（1847～1909）らが含まれていた。シカゴの建築家の中で最も権威をもっていたバーナムは全体を古典的な規準に従って建設することを簡単に説得されてしまった。博覧会は非常に成功し，この時以後，施主や社会の好みは，次第に古典主義へと方向転換し，シカゴ派の独特の探究は旧式なものとみなされた。このようにして，その

前の10年間の主役達は自分自身を新しい状況に適応させた。その第1はバーナムで，彼は1894年に新しい事務所（D.H.B.会社）をつくり，次第に活躍を始めた（233図）。しかしまた他の人々，例えばサリヴァンは非妥協的で，それ故人気がなくなった。

これらの事実についての現在の見解はサリヴァンとライトが下した評価に基づいているのであって，彼らは，よくあるアメリカ的リアリズムで，物事を特殊な言葉で理解し，それがネオ・クラシシズムの傾向と少数の人々によってなされた不幸な選択の結果であり，初期の実験の流れを阻止するのに充分であったと考えた。この否定的な判断はある意味では正しく，それはシカゴ派の仕事全体に固有な，ひとつの限界に触れている。事実，ジェンニー，ルート，ホラバード，ロッシェは，自発的に折衷主義的文化の世界を離れなかったが，形態の革命を意味する新しいテーマをそれにつけ加える試みで，この文化の領域を突破していた。これは1880年代のシカゴに存在していたいろいろな好都合な状況によって可能になった。経済的発展の進行の度合，よき技術教育の可能性，東部の諸都市におけるような拘束的な伝統の欠如，そして，1871年の大火に原因する既存の背景の欠如などであ

237図 バーナムとベネットによるサンフランシスコ計画（グレベの前掲書から）

る。しかし，得た結果は標準化も伝播もされ得ないもので，経済的，機能的要求が必要とした時にそれらから一般的な規準を抽象する唯一の確実な方法は，個々の実験から共通の文化的前提へと戻ることであった。しかしこの操作によってこれらの実験それ自身の元の中身は全く失われてしまった。残ったものは勿論折衷主義の出発点であり，必要な最小の共通分母は古典主義以外の何ものでもなかった。

バーナムの行動は，それ故全く論理的であったのだ。彼は都市がある密度に達した時に生ずる組織化の要求を唯一の可能なやり方で解釈したのであるのに対して，サリヴァンは彼の個人主義的立場を固守したが，その立場はすぐにいろいろな出来事によって出し抜かれてしまったのである。

バーナム式古典主義の規準の価値は，彼の都市計画活動を考えればはっきりする。1900年，ワシントンへの首都遷都記念祭で，バーナムはニューヨークのセントラル・パークの設計者フレデリック・L．オルムステッド

(1822〜1903)と共に市の都市計画問題を検討するためにつくられた委員会のメンバーとなり、ランファンの計画に戻ること、それの結果として生ずるすべての不規則なものを排除するようアドヴァイスを行った。その後、彼はサンフランシスコ計画を始めたが、1905年の地震によって中止され、その地震によって、行政府は大きなスケールのプロジェクトを断念した。その時から、彼と彼のパートナーE. ベネットは、商工会議所によって発起された新シカゴ計画に没頭した。

市にもとからある均一な道路網は、ある道路の如きはその長さが40kmにもおよぶまでに大きくなり、もはやもとの目的に役立たなくなっていた。バーナムはこの問題に形式主義的解決を与えた。というのは、彼はこの道路網の上に、直径32kmの半円の中に含まれる対称的な新しい斜めの道路システムを重ね合わせたからだが(236図)、この解決は背後に、交通、ゾーニング、公共建築の配置などの深刻な問題を隠した。同時代のベルラーへのアムステルダム計画におけるように、伝統的なパノラマ的な法則を借りないでこれらの要求を完全に解決する術を知らなかったのである。

バーナムによって触れられた問題の重要性は、これらの実施に当っての人気を見ればわかる。計画委員会の委員長W. ムーディは、小学生向けのそれの解説パンフレットをつくり、それはこの計画が承認された1909年配布された。また、それを議論するための講演会や集会がもたれ、それを記念する祝日、計画の日まできめられた。[12]

シカゴ派の日々は今や遠く去り、誰の眼にも市がばらばらの事業の力では発展せず、その手段が弱く不確かでも、適当な調整があって初めて発展するものであることは明らかだった。

2. ルイス・サリヴァン

1885年、ヘンリー・H. リチャードソン(1838〜1886)はシカゴへ行き、大きなマーシャル・フィールド商会をデザインし、それは彼の早逝後1年たった1887年にオープンした(226図)。この建物は、ルイス・サリヴァンが自身でいっているように、(当時30歳の)彼に強い印象を与え、彼の芸術家としての職業にとって決定的であった。

今日のリチャードソンの評価は、このエピソードや、サリヴァンやライトがそれについて書いたものに大きくよっている。リチャードソンは1860年から1865年にかけてパリで勉強し、主としてボストンで最も教養ありモダンなアメリカの社会階級のために働いた。彼は、南北戦争後に活躍し、アメリカにヨーロッパの芸術思想についての新しい知識をもたらした世代に属している。それは1876年のフィラデルフィア100年祭を担当したR. M. ハントやC. M. マッキムの世代であった。

リチャードソンは、フランスにおいて、マサチューセッツの建築の伝統に適合し得る様式を、レオン・ヴォードワイエ(1803〜1872)のネオ・ロマネスクの様式に見出した。マサチューセッツでは、19世紀の前半から建築家はむき出しの石を使った重量感のある石造、小さく、1つずつ独立し、リズミカルに2つずつ対にされた開口部、粗面の石積の壁や扉や窓のまわりの単純な切石積の縁を用いていた。[13] 中世のモデルを参考にしたおかげで、彼は地方の伝統に秩序と威厳を与えることが出来、一方、伝統的な方法への忠実さと生来の石への愛着が様式のパターンを生き生きとさせ、折衷主義の文化的境界をはみ出すことなく、時には異常なほどの力強さを効果として与えた(238図)。

リチャードソンという人物は、彼のアカデミックな教育の限界の枠の中で客観的に研究されなければならない。しかし、これまで、

8 シカゴ派とアメリカのアヴァン・ギャルド

238図 マサチューセッツのノース・イーストン，F. L. エイムズ邸のディテール (H. H. リチャードソン)

彼はサリヴァンが述べた線に沿って空想化されてきた。現在の研究の状態では，彼の仕事の全般的な判断を試みるのは賢明ではないの で，ここでは彼のシカゴにおける活動とそれのシカゴ派への影響のみを論じる。

サリヴァンもまたリチャードソンのように

263

239, 240図　シカゴ，オーディトリウム（アドラー＆サリヴァン，1887年）

241図　バッファロ，ギャランティー・ビル（L. サリヴァン，1895年）

242図　アイオワ州，グレンネルのマーチャンツ・ナショナル銀行（L. サリヴァン，1914年）

1874年から1876年までパリで勉強した。1879年，彼はD.アドラーのアトリエに入り，1881年にはアドラーの協力者となり，この協働は1895年まで続いた。

アドラーは，建物を技術的な問題そしてビジネスの事業として考えていた実際的な人間であった。ライトは彼のことを「古いビザンチンの寺院のようにずんぐりした，しっかりした身体つきの男であり………彼は業者と施主の両方から信頼を得，両者に君臨した。彼は業者をマスチック犬が猫をとらえるようにつまみ上げ，落とすことが出来た。彼に話をしに行く前に強い酒をあおる習慣をもつようになってしまった人々もあった。」[14]アドラーはサリヴァンを非常に尊敬していたが，サリヴァンは「きちんとした茶色のスーツを着た小柄の男」であり，音楽と詩の愛好家（ワグナーとホイットマンは彼の好きな作曲家であり詩人であった）であり，自身著述家であって，リチャードソンとルートを除いてすべて彼が軽蔑していた同時代人のそれと違った建築の様式を創造しなければならないと確信し

ていた。[15]

　サリヴァンの野心は，1881年のロスチャイルド・ビル（Rothschild Building）のような初期の作品において，鋳物と石彫りのおびただしい彫刻の形態となった。1886年，アドラーとサリヴァンの事務所は，ワバシュ（Wabash）街に，オーディトリウム，ホテル，事務所を含む複合建築（239図，240図）を建てる契約をとった。最初のデザインと最終的な改良案との間には，1887年にオープンしたマーシャル・フィールド商会の影響に恐らくよると思われる著しい違いがある。

　シカゴ派の当時の建物の大部分——例えばル・バロン・ジェンニーによるホーム・インシュアランス・ビル——において，様式的な付け焼刃は極端に僅かで，ファサードに連続的変化を与える試みはほとんど認められなかったが，リチャードソンの建物は完全に連続的変化をもち，古典的な規準に従って仕上げられていたのである。内部の8層の床は組積造の覆いで囲まれ，大きなアーチによって，4つのグループに分けられ，最頂部に向ってより狭くより数多くなるように完璧に連続変化されている。シカゴ派の実験に比してこれは明らかに後退であるが，結果としての建築は周囲の建物が多くの弱点，欠点をもっていたのに対して，広々として単純で，完璧であった。

　サリヴァンを夢中にさせたのはこの完璧さであった。オーディトリウムにおいて彼もまた二次的な一部分を鉄で補足された伝統的な組積造を用い，外側の数多くの開口部をより幅広いファサードの枠組の中にいくつかずつまとめ，下の3層には花崗岩と粗い切石を用い，4階以上は平滑な砂岩を用いることによって垂直のグラデーションを強調した。そこにはほとんど装飾はなく，全体の姿の効果は，マスと材料の適宜な配置によって得られている。同じやり方はそれとほとんど同時代のウォーカー・ビル（Walker Building）に続いて見られるが，そこではリチャードソンが以前のものよりはるかに彷彿としている。

　1890年以後，サリヴァンはこれらの構成原理を摩天楼に応用しようと試みる。その主な試みは，ライトが証言するように[16]，セントルイスのウエンライト・ビル（Wainwright Building, 1890〜1891）であった。摩天楼の基本的な特徴はたくさんの等しい床をもつという点であり，事実，下部の1，2階や最上階は別として中間のものは非常に数が多いので，深刻な構造的矛盾をあえて犯さなければ違わせることは出来なかったが，この問題を上で述べた方法で解決する可能性は，くり返しのリズムをどのように扱うかにある。この理由で，サリヴァンは，全中間ゾーンを単一の部分として扱い，従って水平の低部や頂部と対照的な垂直の仕切りを強調するということを考えついた。

　これがサリヴァンの摩天楼に典型的な垂直性の起源である。1896年，サリヴァンはこの計画法の理論的説明をしている。

　「自然の法則によって，すべての問題はその本質の奥底に正しい解決を内包し，提案していると私は確信する。………そこで諸要素を細心に調べ，この明白に示されている提案に光をあてよう。広い意味で実際的な条件は次のようなものである。

　第1に必要なのは，地階で，ボイラーがおかれる——つまり動力，暖房，照明のための設備。

　第2はいわゆる地上階で，店舗，銀行等——大きな面積，充分な光，どこからでも入り得ることを必要とする施設に使われる。

　第3は階段で容易にアクセス出来る2階であって，普通，間仕切りで大きく分割され柱の間が広く，ガラス面が大きく，外部への開口が大きい。

III アメリカの産業都市

243図 シカゴ，カーソン・ピリー＆スコット百貨店（L. サリヴァン，1899年）

　第4はこの上で，無数の事務所階が層を重ね，各層各事務所皆同じ——事務所は蜂の巣の穴に似て，単なる1区画に過ぎない。

　第5そして最後のものはこの積み重ねの頂部で，この構造体の生命や有用性に比し

8 シカゴ派とアメリカのアヴァン・ギャルド

244図 カーソン・ピリー・アンド・スコットのディテール

て純粋に心理学的性格をもつ空間あるいは階である——即ちアティック（屋根裏部屋）。これにおいて循環システムは完結し，上りと下りの折り返し点となっている。………実際的な水平と垂直の区画，あるいは事務所ユニットは，当然のことながら，快適な面積と高さをもった部屋を基礎としており，この標準の部屋の大きさは必然的に構造ユニットや開口部の大きさ等の規準を前もって決めてしまう………こうして，不可避的にそして最も単純に，多くの階をもった構造体の外観をデザインすることになる。

　最初の階から始まって，われわれはここにメイン・エントランスをおき，眼をその存在にひきつけ，この階の残部は多少自由に，広々と，華美なやり方——正確に実用的必然性に基づきながら大きさと自由さの感じを表現するやり方で扱う。第2の階はわれわれは同じようなやり方で扱うが，普通はより控え目な強調をさせる。これの上では，無数の事務所層の全体を通して，細胞風の窓を考え，そのそれぞれは，それぞれに敷居と楣をもち，われわれはこだわりなくそれらをすべて同じに見えるようにつくる。何故ならば，それらはすべて同じようなものだからである。そしてアティックに到れば，それは事務所細胞への分割も，採光の必要もないので，それはその大きく広がった壁とその圧倒的な重さと性格によって，事務所層が終結したことの証拠を示す。アティックは，本来，特殊なものであり，結末的なものである。力強さ，意味，連続性，外形の完全性に関するそれの役割はこのようなものである………。

　われわれは今や感情の声の尊大さに耳を

傾けなければならない。それはわれわれに質問する、高層事務所ビルの主なる性格は何かと。われわれはそれに直ちに答える、それは高さであると。この高さというものは、芸術家の眼にとって、スリルなのだ。それはオルガンの音色のように訴える。それは、また芸術家がそれを表現する時の全体を支配する和音、彼の想像力の真の刺激物でなければならない。それは高くなければならない……それはどこからどこまでも誇り高く、高邁なもので、狂喜して立ち上るものでなければならない。………」(241図)[17]

サリヴァンは、この種の透視図的な構成は自然の事実であり、それ故常に問題の機能的な本質に調和すると明らかに信じていた。彼はまた、客観的な必要性によって規制され、想像力に対して建物の基本的性格の主観的強調の仕事だけを残すような種類の建築を心においていたように見える。しかし、彼は、彼の課題をより深く掘り下げた時に、彼の理論の記述が彼を今までに記述されたことのない建築の表現へと導き、一方、同じ階のくり返しのリズムは、底部、中間部、アティックの並置という形で解決される閉じた構成とは相容れなくなった。それ故、1899年と1904年の間に建てられたカーソン・ピリー ＆ スコット(Carson Pirie & Scott)百貨店のデザインにおいては、サリヴァンは、この6階分の同じ窓のリズムを、最上階を少し低く、また窓を引っ込ますことで強調することとなった。(建物が建てられた時3階分が追加され、恐らく9階以上の均一はやり過ぎだと考えたサリヴァンは、7階分を同じに、2階分をやや低くし、引っ込んだアティック階を設けた。後にバーナム会社がステート街に沿って増築をデザインした時に、アティックをとり払い、上の3階を同じ扱いにし、また最近の上部の改築でこの単純化は全建物に広げられた。)ここにおいて、内部の蜂の巣構造は、水平垂直の強調なく、外部に現われることを許され、またマスの間の相互関係が今や稀薄になったので、初期の作品におけるように、精緻な装飾が建物の底部を他の部分から区別した。

何度か述べたように、サリヴァンの建築のスタイルは作品毎に大きく変った。ウエンライト・ビルの設計者がカーソン・ピリー & スコット・ビルをデザインしたとは一目見ただけでは考えられない。結ぶ糸は、むしろ、サリヴァンの理論の中に見出される。彼の実験は、素晴らしい明快な判断で進められるが、理論から実際に移る時には、重大な不決断によって邪魔され、その不決断が、結局は、彼の職業的失敗の原因となった。

彼は、モリスを想い起こさせる明快さで、建築がそれの基となる技術的、社会的、経済的組織の型によって条件づけられていることを記した。

「建築はやり方によって成功したりしなかったりする芸術とは違う。それは社会の表現である。もし、建築においてある物が何故そのようであるのかを知りたいならば、われわれは民衆を見なければならない。というのは、個々の建物は、民衆がその建設の能力を信頼して託したある階級の人々の個々のイメージではあるけれども、建物の全体は、民衆のイメージの全体だからである。それ故、この見解によればわれわれの建築の勉強は、芸術の勉強ではなく、………実際はそれをつくり出す社会状況の勉強なのである。………」[18]

しかし、サリヴァンは、自由、デモクラシー、民間企業という概念の人格化に基礎をおいた社会についての因襲的な考えをもっていた。この考えはそれの表現の努力を必要とす

るが，それがサリヴァンに，モリスが行ったような現存社会の変革をそそのかすようなことはなかった。彼は常の平静さで，この限界を意識し，「私は，社会の状況について議論をしようといっているのではない。私はそれを事実として受けとめ，オフィスとして用いられる高い建物の計画が緊急に考慮され，解決されなければならない問題，真の解決を必要とする重大な問題として扱われなければならないといっているのである。」[19]と書いている。

この知的で，基本的にはとらえ難い立場から出発して，サリヴァンはシカゴ派の矛盾を厳しく批判したが，触れねばならない個々の問題は，理論的に，従って，個人の努力によって解決され得る，つまり思想的問題の解決は，電灯がエジソンによって発明されたように発明され得，ひとたび発明されるとそれ以上修正の過程を経ずすぐに実現されるべきだと想定した。社会が彼のつくった理論通りであり，少なくもある部分は彼自身の理想に従って動く限り，理論と実際との間の移行の不完全さは隠され，サリヴァンの姿勢は機能する。しかし，彼が属している社会が，サリヴァンの観念システムが適応し得ないような要求の重圧の下でその動きを変えた時に，彼は急に孤立をしてしまったのである。

1895年，アドラーとの関係を打ち切り，1903年にカーソン・ピリー＆スコットの仕事を完成した後，サリヴァンは落ち目になり，その後の20年間はほとんど忘れ去られ，いくつかのさして重要でない建物，特に地方の小さな銀行の仕事を得ただけだった。それらはアイオワ州のグリンネル (Grinnel, 1914年) (242図)，オハイオ州のシドニー (Sydney, 1917年)，ウイスコンシン州のコロンバス (Columbus, 1919年) などで，これらの建物では，彼は非常に繊細で，洗練された装飾のデザインに没頭した。著述はもうひとつの逃避の手段であった。1901年から1902年にかけて，彼は最初の体系的な著作『キンダーガルテン・チャッツ』(Kindergarten Chats) を「インターステート・アーキテクツ・アンド・ビルダーズ」誌 (Interstate Architects and Builders) に連載し，1922年から1923年にかけては，『ある観念の自伝』(Autobiography of an Idea) を AIA 機関誌に連載し，それは1924年に本となって現われた。彼の最後の本，『人間の能力についての哲学に適合した建築装飾の体系』("A System of Architectural Ornament according with a Philosophy of Man's Power") もまた彼が没した1924年に出版された。

サリヴァンの社会に相対した立場は，ある意味で，1890年以後のヨーロッパの多くの建築家のそれと似ており，それを説明するためには，後の章で用いられる「アヴァン・ギャルド」という言葉を用いてよいだろう。アメリカにおいては，10年早く，特に緊迫した文化的状況の中にこの状況が現われたのである。その実験は徹底的な敗北に終り，サリヴァンはその全責任を個人で負った。文化のドラマは彼個人の悲劇と変ったのである。

3. フランク・ロイド・ライトの初期の作品

フランク・ロイド・ライト (1869～1959) が1887年にアドラーとサリヴァンのアトリエに入ったのは18歳の時で，当時，シカゴ・オーディトリウムの仕事の最中であり，彼は1893年までそれを手伝った。そして，それと同時に彼自身の仕事も始め，1893年にはシカゴのギャリック・ビルの最上階に自身のアトリエを開いた。これが，われわれの時代の最も非凡な建築家の経歴の始まりであった。フランク・ロイド・ライトは1959年，300以上の建物をデザインし3世代の建築家に絶えず

感銘を与え続けた後，90歳でなくなった。

彼の影響は，近代運動の形成と発展の全時代にまたがるが故に，ライトは，この歴史的解説の途中で何度も論ぜられるが，彼の長い創作期を通しての不変の特徴を考える場合に，まずシカゴにおける彼の形成を考えなければならない。何故なら，彼のパーソナリティは，この文化的体験に関連させてのみ理解し得るものだからである。

ライトは，サリヴァンとアドラーについて，親しみと感謝の念をこめて語っているが，同時に異質感をもっている。彼は初めからサリヴァンと同様伝統的な様式から離れ近代生活に密着した新しい建築を創造するという野望をもっていた。彼は，サリヴァンがシカゴの生活の特殊な現実を表現しようとした試みの中でもった心配も，困難も経験しなかったし，それらを弱さや感傷とみなしたのだった。[20]

事実，サリヴァンによって用いられた彼の時代の社会を表現しその建築的問題を形成するための抽象的言葉は，初めから，ライトにとっては確定された議論の余地のない現実であった。（この姿勢の違いは，サリヴァンがパリで2年を過し，そこで多くの因襲的な観念の重荷を背負いこんだが，また批判の習慣と，ライトが疑わないようなところで疑う能力を得たという事実の中にその多少の理由を見出すことが出来るだろう。）こうして，ライトは1893年以後活躍が急速に下降したサリヴァンと全く対照的に，失敗を免れたのだった。何故なら，彼は現実の歴史的状況の脈絡の中で行動せずに，想像上の抽象化された歴史的状況のそれの中で行動したからである。[21]

彼は，特殊な歴史的環境を越えたところに，自然のある状態，生活の真の核が存在し，それは普段は外からの押しつけや拘束によって隠され汚されていると信じていた。ライトは，ある時には，一般的な言葉でそれを説明しており（例えば，「それの最高の特質はイニシャティヴと呼ばれる。個々のイニシャティヴが強く活動的な時，生活は充分に開花する。」[22]），またある時には，それを真のアメリカ精神の特質だと考えていた。この真の核に密着することによって，すべての遵奉主義や規範の体系にとらわれない型の建築が最終的につくり出されるだろう。「有機的」という形容詞は，その原理が働いている有機体の形式について用いられるが，それ故，それは常に互いに関係をもっている社会や建築についても用いられる。

「有機的建築とは多かれ少なかれ有機的社会を意味する。この有機的な理想に霊感を得た建築は，外面的な審美主義，単なる趣味によってつくられた規律を拒否する。そしてそれ故，そのように建築に従う人々は，自然の性格と自分の仕事と場所を幸福であり有用であり得るところに見出す人間の性格に調和しないような生活に対する外的な押しつけを拒否する。」[23]

ちょうど18世紀の自由主義者達が彼らの政治的，経済的体制を古い規則や制限の体制からの解放として基本的に否定的なやり方で決めたように，ライトは彼の建築について「どこからのものであれ外的な押しつけからの独立，古いものであれ新しいものであれすべての古典主義からそして《古典的なもの》に捧げられたすべてのものからの独立，当世の商業主義やアカデミックな規準による《生活の礎》からの独立」[24]として，主として否定的な言葉で語り，古典主義，主軸副軸，57手（57 varieties），長押，ドーム，摩天楼等彼が欲しないものを無数のやり方で形容した。彼は「芸術的自由主義」[25]について語った時，彼自身，彼の思想のこの要因を垣間見たのかも知れない。

245図 シカゴ，1893年のコロンビア博覧会の展望

　18世紀的抽象性で飾られたこれらの主張について論ずる余地はここにはないが，それらをライトのデザイナーとしての立場を明確にするものとして理解することは重要である。事実，近代社会の問題に実際に関わり合うことから前もって自分自身を防護するための予防策としながら，ライトは彼個人の想像力を鍛え，そして形態的に完全な解決を与えるための好機としてこのテーマととり組んだ。
　このやり方で，彼は昔の親方のように計画し，われわれの時代の他のどの建築家よりも聡明に，計画された形態の空間的効果を予見する能力を伸ばすことが出来た。ライトについての議論はすべて形の問題についてということになり，この形という用語によってのみ，彼の活動をうまく特徴づけることが出来たのである。ゼヴィがいうように「ライトについてのただ１つの真の論点は，彼の空間概念である。」[26]

　ライトの姿勢は，いろいろ議論はあっても，コロンビア博覧会の後でシカゴ派を追い散らした形式主義的修正の波の一部として見られるかも知れない。ライトがまさにその時期に彼の建築家としての人生を始めたのは決して偶然の一致ではない。
　ヨーロッパの諸派よりはるか前に，シカゴ派は，建築のある基本的な問題を，近代工業社会の要求という光の中で再考したのだった。このエピソードはある特殊な状況とつながりをもつが故に，状況が変った時に，シカゴ派は衰退した。そして文化的な議論は減少して，単なる形についての議論だけとなった。バーナムとシカゴの建築家達はネオ・クラシシズムを選び，その結果が既に計算されつくしているこの様式を新しい支配階級へと提出したのだった。だが，ライトと他の少数（G. エルムズリーと B. グリフィン）は限界のない反古典的実験派の道を選び，ビジネスの世界とオフィス・ビルの周辺に，それ

III　アメリカの産業都市

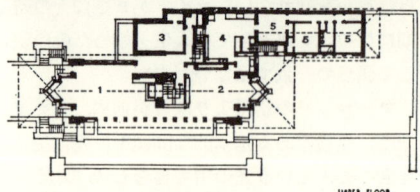

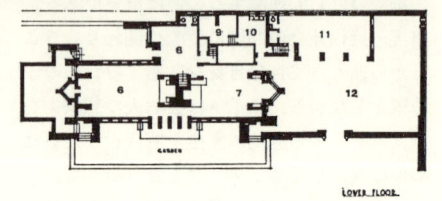

246, 247図　オーク・パーク，ロビー邸（F. Ll. ライト，1909年）

1．リビングルーム
2．食堂
3．客室
4．台所
5．使用人室
6．ビリヤード室
7．子供のプレールーム
8．入口ホール
9．ボイラー室
10．洗濯室
11．ガレージ
12．サーヴィス・コート

を行使する機会を求めたのであった。
　このようにして，多数派の様式主義者と，少数派の反様式主義者との間の分裂は発展

し，それは同じ時期のヨーロッパに起こったものと似ていたが，1つだけ重要な違いがあった。アメリカにおける様相ははるかに宏大

で多様であり，両派の思想の共存の余地が充分あった。それ故，2つの実験は，ぶつかり合うこともほとんどなく別々の流れを追い，それぞれの限界からはずれることもなく因襲的な論争の限界を越えることもなかった。

1910年までのライトの活動の最初の時期には「プレイリー住宅」(Prairie house)（246～249図）と呼ばれる多くの独立住宅，それに重要な事務所ビル（バッファローのラーキン・ビル《Larkin Building》，1905年）や教会（オーク・パークのユニティ教会《Unity Temple》，1906年）(253図)を含む少数の他の建物の作品がある。先に触れたように，実験の出発点はサリヴァンというよりリチャードソン，あるいは，オーディトリウムの頃の初期のサリヴァンである。何故なら，いろいろな要素の明確化や装飾と自然の材料との間の密接な関係などに対する固執が見られるからである。ラーキン・ビルにおいてもまた，マスのセンセーショナルな効果や，シカゴ派の建物の上に用いられた小さな象眼とは全く違った，建物全体に動きを与えるような力強い装飾などに対する好みがある。

しかしながら，主たる違いは形態的な好みにあるのではなく，種々のばらばらの様式の糸をつなぎ合わせ，それらを1本の糸とし強烈な個性的スタイルに統合することによって可能になった発明の確実さとその秩序正しさにあるのである。サリヴァンや彼の同時代の人々のデザインは種々の要求の間の未解決の軋轢に妨げられていたが故に苦心の跡が見られ，またためらいがちだが，それに反してライトのプランは，諸要求が前もって選択され，それらが個人的な探究の要素として選ばれている故に，瞬時に，しかも絶対確実なタッチで考えられている。

1930年，ライト自身，彼のプレイリー住宅の中で実行された建築プログラムの主要な点を次のように説明している。

「第1——住宅の必要な部分，独立な部屋の数を最小限に減らし，すべてを1つの空間としてつなげること——そしてそれを，光や空気や眺望が統一感をすべてに滲透させるようなやり方で行き渡らせること。

第2——全体としての建物とその敷地とを，地面と平行な面をのばし強調することによって調和させること。だが敷地の最もよい場所に建物をおかないで，それを住宅の生活に関係した利用のために残しておく。のばされた水平面はこの関係にとって有益である。

第3——すべての壁を囲いのためのスクリーンにすることによって，箱としての部屋，箱としての家をなくし，それぞれを互いにいくつかに分割された1つの大きな囲まれた空間として流動的につなげること。すべての住宅の比例をより自由に人間的にし，構造体のための無駄な空間を少なくし，構造体を材料により適したものにし，全体としてより住み易いものにする。自由とは最もよい言葉である。真直ぐにのびた線，流動的な線は自由にふさわしい。

第4——不健康な地下室を地下から地上にとり出し，基礎を建物がのる組積造の基礎として露わにすること。

第5——内外のすべての必要な開口部に論理的な，人間的比例を与え，個々に，また全体の建物の計画の中での関連において自然にそれらを訴えさせること。普通，それらは軽いスクリーンのように見える。何故なら，住宅の《建築》のすべては，囲いのスクリーンとして部屋の周囲に並べられる壁の中に，開口部をいかに開けるかの問題だからである。部屋は基本的な建築表現であり，箱に穴を開けるように壁に穴を開けることは，《プラスティシティ》の理想に合致しない故にしてはならない。穴開けは違反である。

248，249図　ムーア邸の2景（F. Ll. ライト，1895年）

第6——出来る限り単一材料にするため，異種の材料の組合せをなくすこと。全体の建物に住む場所としての意味をより明確にもたせるために，また，建物のその概念をより強調するために，材料の本性から生まれてくるものでない装飾は用いないこと。幾何学的なあるいは真直ぐな線は建築産業で用いられる機械類にとって自然であり，それ故，内部は当然この性格をもつことになる。

第7——すべての暖房，照明，配管などを，それらのシステムが建物の一部となるように統合すること。これらのサーヴィスの特徴が建築となり，こうすることに努めることによって，有機的建築の理想は実現する。

第8——家具や造作を，建物と一体にし，それらを機械作業のために単純な形にデザインすることによって，出来る限り有機的建築として統合すること。ここでもま

8 シカゴ派とアメリカのアヴァン・ギャルド

た，直線と矩形。
　第9——装飾業者，そしてあらゆる時代のものとはいえないにしろ，曲線，花等を廃すること。」[27]

　しかし，1910年までに建てられた住宅をこれらの項目に照らして調べてみると，大変びっくりするような多様な種類の建築に出会う。いくつかは傑作で，驚くべき才能によってつくられている——カンカキーのヒッコックス（Hickox）邸，イリノイ，1900年：ハイランドパークのウイリッツ（Willitts）邸，1902年：リヴァーサイドのクーンレイ（Coonley）邸，1908年：ロビー（Robie）邸，シカゴ，1909年（246, 247, 252図）——他の作品は度を過し，明らかに不自然であり——シカゴのモーア（Moore）邸，1895年（248, 249図），スプリングフィールドのダナ（Dana）邸，1903年——これらにおいては，プランはコントロールし切れておらず，むしろコント

ロールそれ自身は，巧みな組合せの実験に対する気紛れの好奇心に零落し，時にはためらうことなく伝統的な様式の要素を使用している——シカゴのブロッサム（Blossom）邸，1892年や1899年のハッサー（Husser）邸におけるように。

これらの矛盾は，ライトの巨大な生産高と計画に使うことの出来る時間の短さによるものだが，それらはライトが彼の建物に対してとる姿勢を示している。というのは，彼がある形態を用いる時には，その結果が前のものと一致していること，あるいは他に応用することが出来ることなどには無関心で，それ故，それらの存在目的とは無関係であった。彼の興味はしばしば実験することのみに費やされた。彼の最上の作品においてすら，用いられた方法に対する超絶，無関心が存在し，その方法には，必ずしも，もとの考え方の自然さ，新鮮さが表われていない。

ライトが最初の論文を書いたのはこの時期であった。これは1903年にシカゴのハル・ハウス(Hall House)での，「機械の美術工芸」(Art and Craft of the Machine) と題しての講演のテキストである。ペヴスナーはこの論文を，芸術と工業の協力を促す思想傾向に貢献するものとして，ロースやヴァン・ド・ヴェルドの論文といっしょに分類した。[28] 事実，ライトはヨーロッパ人のそれより強く機械の精神に対する讃美を表わしているが，ヨーロッパ人の議論の用語は，彼には全く違った意味をもっていた。工業と機械は主として観念とその実現の間の摩擦をより少なくし，デザイナーのコントロールを出来るだけ直接的に完全にするための手段として彼には興味があった。この理由から，彼はそれから派生する大量生産や文化的責任の問題に関わることなく，それらを純粋に道具として考えた。何故なら，彼は機械を，彼の個人的な実験の中で個々の形態として実現される理想的な過程の成因として，抽象的に考えていたからである。

1909年，ハーバード大学教授の美術批評家，F．フランケは，ライトにドイツに行くことをすすめた。その直後，恐らくフランケの提案によって，ベルリンの出版社ヴァスムート（Wasmuth）は彼の作品集の出版を申し入れた。1910年，彼はヨーロッパに渡り，ベルリンにおける彼の作品の展示会とヴァスムートの出版のための資料を整えた。ライトが初めてヨーロッパの古建築やヨーロッパのアヴァン・ギャルドの建築家の作品に接したのはこの時である。彼は特にオーストリアのワグナーとオルブリッヒの作品に感銘を受けた。[29]

アメリカに帰った後，彼のレパートリーはふくらんで新しい要素を加えた。1911年，彼はウイスコンシンのタリアセン（Taliesin）という彼の家を建て始め，1914年シカゴのミッドウエイ・ガーデン（Midway Garden）ではヨーロッパ的要素を完全に彼のデザインの方法に溶かしこんで使用した。1916年から1922年にかけて，彼は長い期間を日本で過し，東京に帝国ホテルを建てた。

日本滞在後，ライトの製作は衰え，彼の名声は下火となったが，1930年以後，彼は再び溢れんばかりの若々しさで設計を始めた。この時以後，彼の活動は次第に活発となり，世界中の関心を集めた。

この稀に見る復活力は，ライトが終始固執していた建築的理想の実証である。彼は，建築に偶発的な変化をなくさせること，それを人間の永久的な要求の上に基づかせ，従って変化に抗し得るようにさせることを望んでいた。「美は長い間どんな時代においても意味をもたなかった。私は，少なくもわれわれの時代にとって美が意味をもつに違いない時が来ると信じる。」[30]

この立場に守られて，ライトはすべての環

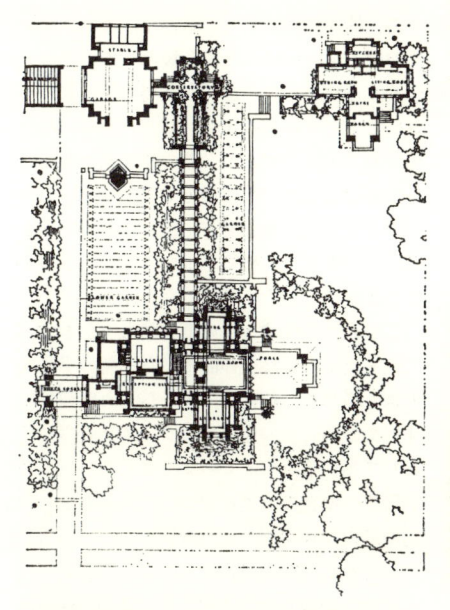

8 シカゴ派とアメリカのアヴァン・ギャルド

250, 251図 バッファローのマーチン邸（F. Ll. ライト，1904年）とオーク・パークのフリック邸（F. Ll. ライト，1902年）

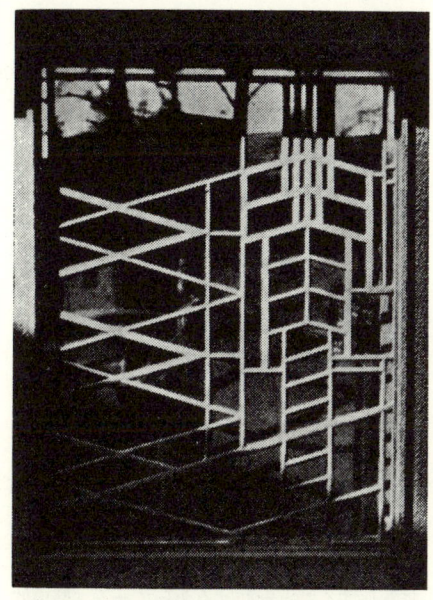

252, 253図 オーク・パークのロビー邸とユニティ教会のディテール（F. Ll. ライト）

境の変化を避け，新しいインスピレーションは何でも，それを仮の出発点としながら利用した。ヨーロッパの巨匠の建築の中で，彼は新しい様式，「58手目」[31]だけを見た。彼はヨーロッパの様式の要素を利用したが，彼が自分の作品をヨーロッパの建築家のそれとはっきりと区別したのは正しかった。これらの要素は，実際に，そのものと文化的機能に無関係に選択され，それ自身のバランスをくずすことなくライトの様式にとり入れられた。

ライトは，彼の崇拝者と敵の両方から等しくある種の神話を贈られる対象である。彼は，近代運動に代るものとも，あるいは「合理的建築」に敵対する個人的傾向とも見られる有機建築という受け入れられ方もし，また攻撃されもする特命をもっているとみなされ

277

ていた。ライト自身によって提出されたテーマを発展させているアメリカの評論家達は、「有機的」を「アメリカ的」と同一視し、ライトをヨーロッパ運動に敵対する新世界の建築のチャンピオンとみなしている。

この神話はもともと文学的な起源をもっており（古代芸術についての著述家や学者がライトに対して他の同時代の巨匠よりもずっと親近感をもっているのは面白い。それは彼が伝統的な言葉の意味において芸術家であり、それ故、彼の作品について文学的な用語で書くことはた易いことだからである）、思い切って除かなければならないものである。何故なら、それはライトと近代運動の両者を理解し難くし、抽象的な言葉の中に含まれず、一連の実際の特殊な歴史的接触の中に含まれる、運動それ自身に対する彼の貢献度を正確に評価することを妨げるからである。歴史的接触とは、1910年のヨーロッパ訪問、1925年以後の、「国際様式」の伝播についての彼の反対論争、第2次大戦後に活発となる世代に対する彼の影響などである。

彼の側からすれば、ライトは近代運動に対する関心からはほど遠く、芸術家に伝統的に定められた個人主義と傍観者的立場を捨てる気はなかった。彼は建築を、古典的なやり方で、世界の理想的表現と考え、この理由から、彼は現代社会の問題を、それらが純粋に形態的問題として支配される想像の世界へと移したのだった。この姿勢は、1890年と1910年との間のアメリカの光景にはうまく合っていた。というのは、そこにはライトの熱意と進歩した抽象的な合理主義の双方を共にする充分大きな規模の中産階級が存在したからである。――事実、これはライトの製作が最も完全に成功した時期であった。しかし、特に1930年以後にアメリカ社会に起こった変化はこの姿勢を適当ではなくしてしまった。それ故、ライトの活動は次第に自己沈潜的に、より個人的な問題になった。彼は、タリアセンにおけるすべてのことを、彼の人格の投影とすることによって超越的な立場を維持し、それによってのみ彼のインスピレーションに忠実であり得たのである。彼の建築家としての全生涯を通して、彼は誰とも協働せず、コンペティションに参加せず、協会に加盟することにも、ともかく彼の名前を普通の人間のそれと並置することも承知しなかった。

しかし、彼はすべての直接的な交際をすべて絶ったが、彼は彼の間接的な影響の手段を大きく増やし、彼によって設計された建物はすべての同時代の建築家によって比較の対象として用いられた。このようにして、近代運動形成への彼の貢献は決定的であった。19世紀の最後の10年間に活動を開始し、そして、たとえそれが彼の側にとってだけであっても、新しい様式の形成を邪魔するあらゆる困難を予め取り片づけて、彼は偉大なヨーロッパの建築家達よりもはるか以前に形態の選択についての並はずれた自由を手に入れたのだった。これは、当時の活動の傾向にとって非常に重要な参考となった。

たまたま、彼の作品は1910年にヨーロッパにおいて知られることになった。それは、ちょうど、ヨーロッパの人々が、古典的文化と建設の実践との間の古ぼけたつながりを切り離すことを助けるための、自由な形態という貢献を最も必要とした時であった。この時にライトを知ったということが、ヨーロッパの文化を決定的な曲り角に押し進めた直接的な力のひとつであったことは確かである。

近代運動の主役達はアメリカの巨匠のこの役割を認めていた。オウトはこう書いている。

「前時代の過度の自信の後で、すべての理性の要請によって鞭を打ち鳴らすように問題をつくり出す意見の混乱を考えると、ラ

イトが充分に理解された時には、ひとつの啓示として見えたということは明らかである。エキゾチックな姿はしていたが、あらゆる気どったディテールは何もなくすべて彼自身の様式であり、またモティーフが単純でありながら魅力的であったので、ライトには説得力があった。彼の作品は、弾力的でありながら堅固につくられていたので、彼の建築はそれが立っている大地と共に成長したように見え、形態的要素の相互作用が非常に自然なので、映画のスクリーンの上のような変化を見せ、空間の分布が自然で明らかに無理がないので、そのような様式の必然性について誰ひとり疑う者はなかった。機能と快適さが、このわれわれの時代における唯一の可能な様式の中で見事に統一されていた。」[32]

そしてミース・ファン・デル・ローエは、

「これらの創造物の研究により没頭すればするほど、彼の比類なき才能、考えの大胆さ、思想と行動の自主性に対するわれわれの傾倒はより深くなる。彼の作品から放射されるダイナミックな鼓動はすべての世代を鼓舞した。彼の影響はそれが実際に見えなくなった時ですら強く感じられた。

この最初の出会い以後というもの、われわれはこの類稀れな人の動きを注意深く追い続けた。われわれは、自然によって最も素晴らしい才能を授けられた人の賜物の溢れんばかりの開花を驚きをもって見つめた。その絶えざる成長の力においては、彼は広大な風景の中の巨木に似ており、年毎により高貴な冠を獲得していった。」[33]

訳註）ローマの伝説にあるローマの建設者で最初の王

1) S. Giedion 著，前掲邦訳書377頁
2) "The Art of Preparing Foundations for all kind of Buildings with Particular Illustrations of the Method of Isolated Piers as followed in Chicago" と題するパンフレットの中にある。………F. A. Randall 著, "History of the Develepment of Building Constructions in Chicago"——シカゴ，1949年——18頁に引用されている。
3) F. A. Randall 著，前掲書14頁に引用されている。
4) 1895年の "Engineering News" ………F. A. Randall 著，前掲書11頁に引用されている。
5) F. Ll. Wright の "The Tyranny of the Skyscraper"——1930年プリンストン大学での講演………"The Future of Architecture"——ホリゾンプレス，ニューヨーク，1953年——153頁に収録されている。
6) E. Cecchi 著, "America amara" ——フィレンツェ，1946年——13頁
7) 1896年7月25日の "Engineering Record" 誌上………F. A. Randall 著，前掲書106頁に引用されている。
8) H. Monroe 著, "J. W. Root" ——ニューヨーク，1896年——141頁………S. Giedion 著，前掲邦訳書 453 頁
9) F. Ll. Wright 著，前掲 "The Future of Architecture" 111頁
10) H. Monroe 著，前掲書107頁………S. Giedion 著，前掲邦訳書 405 頁
11) H. Monroe 著，前掲書 147 頁
12) P. Lavedan 著, "Histoire de l'urbanisme, époque contemporaine" ——パリ，1952年——250頁参照
13) S. Giedion の前掲邦訳書384～386頁にのっている1832年から1856年の間のいくつかの例。同じ問題についての完全な分析は H. R. Hitchcock による最近の "A. Guide to Boston Architecture, 1637～1954" ——ニューヨーク，1954年——に見られる。
14) F. Ll. Wright 著, "Io e l'architettura" 第1巻，151, 167頁
15) F. Ll. Wright 著, "Io e l'architettura" 第1巻，142～161頁
16) F. Ll. Wright 著，前掲 "The Future of Architecture" 110頁

17) L. Sullivan 著, "The Tall Office Building Artistically Considered"………"Kindergarten Chats"──ニューヨーク, 1947年──203頁の中にある。
18) L. Sullivan 著, "Kindergarten Chats"──ローレンス, 1934年──8頁
19) H. D. Duncan 著, "Attualità di Louis Sullivan"──Casabella 誌204号 (1954年)──7頁に引用されている。
20) F. Ll. Wright 著, "Io e l'architettura", 第3巻, 162頁
21) ライトが有機的建築の生国とみなしているアメリカは, 彼がサミュエル・バトラーから得た「ユソニア」(Usonia) という名で呼ぶことを好んだ理想の地である。Wright の "The Future of Architecture" の 262 頁を参照
22) F. Ll. Wright 著, 前掲 "Io e l'architettura" 第5巻, 849頁
23) B. Zevi 著, "Towards an Organic Architecture"──フェーバー社, 1950年──89頁に引用されている。
24) B. Zevi 著, 前掲書89頁に引用されている。
25) F. Ll. Wright 著, 前掲 "The Future of Architecture" 91頁
26) B. Zevi 著, "F. Ll. Wright"──ミラノ, 1947年──12頁
27) F. Ll. Wright 著, 前掲 "The Future of Architecture", "The Cardboad House" 141頁
28) N. Pevsner 著, 前掲邦訳書19頁
29) F. Ll. Wright 著, 掲前 "The Future of Architecture" 97頁
30) B. Zevi 著, 前掲 "Towards an Organic Architecture" 90頁に引用されている。
31) F. Ll. Wright 著, 前掲 "The Future of Architecture" の中の "Organic Architecture" 228頁
32) J. J. P. Oud 著, "Hollandische Architektur"──ミュンヘン, 1926年………B. Zevi著, "Storia dell'architettura moderna"──トリノ, 1955年──465, 466頁に引用されている。
33) P. Johnson 著, "Mies van der Rohe"──ニューヨーク, 1947年──の 196 頁に引用されている。

第IV部　1890年から1914年にかけてのヨーロッパのアヴァン・ギャルド運動

序論

254図 ヴァン・ゴッホ，夜空の糸杉，1890年

1890年頃,伝統的な芸術思想は急速に危機的局面へと入りつつあった。種々の建築的実験を歴史主義の枠の中にいっしょくたに閉じこめようとする努力は,すり切れ,あらゆる方向へ伸び広がって,完全に挫折の瀬戸際にあり,それに対して,建築の再生のための——建築技術の進歩のような技術的次元で,また美術工芸運動の激励のような文化的次元での——基盤が,様式の問題全般に影響を及ぼし,歴史的様式への従属に代るものを提供するに充分なほど成長していた。

　この危機は,19世紀の最後の10年間に現われ,最初は長年にわたって,個々の部門に対してではなく全体的に建築思想に反響をもたらした。これは理論と実践の両方の分野における異常な活動期であって,アイディアと実験が急速に相次ぎ,建築のレパートリーからありきたりの様式を漸減させ,あるいは除き,このようにして新しくなったレパートリーをさらに絶えず変革した。

　私は種々の実験の直接の原因を順を追って論じるが,ここでは4つのグループにまとめられる全般的なしかも遠因について考えることにする。

1. 新しい芸術論

　哲学的論争の推移は,この歴史にとってさして重要でなく,私のする観察は,種々の議論の理論的な意味——それは先行した理論との関係において理解される——に関わるものではなく,その時代の芸術の問題に対する姿勢の変化に示されているある共通した傾向に関するものである。

　偉大な理想主義的体系に対する信仰を失い,そしてまた芸術の独特の姿は弁証法の高尚な領域の中へ消え,ドイツ哲学者のあるグループは,部分的にヘルバルト訳註1)風の形式主義に近い,独自の芸術的体験により適切な理論を構成することを試みていた。彼らの中で,M. シャスラーが,自然における美と,芸術における美とを厳格に区別し(当然ながらその区別は醜にも該当した),[1] E. ハルトマンが美の種々の範疇を区別するために醜を利用した。引用された例から明らかなように,[2] これらの人々は,美を古典的伝統の法則と結びつけ,醜をこれらの法則に対する侮りと結びつけた。このようにして彼らは,関心が伝統的なものと異なる形態の新しい組合せへと移ったことを示したのである。

　Ch. G. アレン,[3] G. T. フェヒナー,[4] M. ギュイヨー[5] のような積極派は,心理学的,実験的,社会的美学で,芸術と自然と社会学との間の関係に注意をひき,古い芸術法則を科学者により導入された新しい事実と対決させることによってその不適当さを明らかにした。E. グロッセ[6] は,いろいろな民族の作品,特に原始民族の作品を研究して,一種の芸術博物学をつくることを提案し,そうすることによって芸術文化の伝統的な分野を拡げ,エキゾティックな原始芸術の再評価への道を開いた。

　この時期の最も重要な理論家は,近代芸術についての論争の決定的な時期である1887年に芸術の起源についての論文を発表した K. フィードラー[7] であった。

　フィードラーは,美と芸術との間の絶対的な二律背反を当然なこととして仮定した。前者は,あるイメージがわれわれに許し,自然の物あるいは芸術作品の両方に見出され得るであろう快楽であり,それは実際的な領域に限定されている。「美しいものに傾くということは非常に高尚なことに見えるが,事実は,生活を快適にしようという目的に単純にその根を下している人間の日常の習慣を越えることは出来ない。基本的に,美と善は,快適さと有用性に還元されるかも知れない。」[8] 他方,芸術は「感覚的直観を意識に上らせ,

283

IV 1890年から1914年にかけてのヨーロッパのアヴァン・ギャルド運動

それの主な効果は，それが提供する認識の形式の特徴にある。」[9] それはカント式に能動的な規制の機能として考えられた認識であり，「世界を把握するために人間に与えられた方法のひとつ」[10]である。

美の理論，あるいは美学は，それ故，芸術の理論とは違う。「美学が芸術のために，ハーモニー，リズム，シンメトリー等に関して決めようとする法則はそれの装飾的外観に関するだけであって，それの内的存在に触れていない」[11]し，それは，本質的に，認識的である。

フィードラーは，美学を，シャスラーやハルトマンがしたと同じように古典主義の美学という意味にとっていたので，彼の理論は，既に揺らいでいた伝統的法則の権威を粉砕した。しかし，彼はさらに先に進み，芸術はどんな種類の法則をももつことが出来ず，またそれは，一般的なあるいは集団的な運動として表現され得ないことを主張した。「多数派から生まれた多数の人々のため傾向は，真実の光を発散させる企てに常に失敗する」[12] が「真の芸術は，1人の孤立した個人においてのみ実現され得る。」[13]

このようにして，フィードラーは，時代の芸術の傾向の中に自らを置くことを拒否したにも拘わらず，[14] 差し迫ったアヴァン・ギャルド運動の出発と限界の両方の点を予告した。

出発点は，積極的な建設的経験としての芸術の新しい概念，「近代的な世界概念の統合的要素」[15]であった。この点で，フィードラーは，アルガンが観察したように，[16] アヴァン・ギャルドばかりでなく近代運動の先駆者とみなされ得るのである。限界の源は，ベネデット・クローチェが既に1901年に主張したように，[17]個人的体験，「特別な才能をもつ人によって生み出された特別なもの」としての，芸術についての限られた貴族的見解にある。この理由から，フィードラーの思想は，アヴァン・ギャルドの精神的限界を越えるものではなかった。

フィードラーの考えから出発し，ヴィッシャー[18]の「感情移入」の理論を用い，H.ヴェルフリン[19]とA.ヒルデブラント[20]は，「純粋視覚」の方法をつくりあげ，それが造形芸術の作品に対する批評をかなり修正し，ヴァン・ド・ヴェルドを初めとする多くのアヴァン・ギャルドの芸術家のプログラムに影響した。

1901年，クローチェの『美学』("Aesthetic")の初版が出，イタリアの芸術思想に末永い影響をもたらすこととなった。出発点をデ・サンクティス訳註2)とヴィーコ訳註3)の伝統におき，このナポリの哲学者は合理性，実用性によるすべての汚れを精力的に批判しながら，芸術の想像的，直観的性格を弁護した。

芸術史の分野においては，リーグル[21]やヴィッコップ[22]の古代芸術についての，またグルリッツ[23]やヴェルフリン[24]のバロックについての労作が，古典的な黄金期からいわゆるデカダンスの時代へと関心が移ったことを示したが，そのデカダンスの時代はその内在する特徴によって客観的に評価された。ニーチェのアポロ的なもの，ディオニソス的なものから，ブルックハルトの建築的なもの，空間的なもの，ヴェルフリンの造形的なもの，絵画的なもの，リーグルの触覚的なもの，視覚的なもの等に到る芸術史家によって導入された種々の対概念のすべては，意図的な手段であった。何故なら，最初の言葉は伝統によって確かめられたものに対応し，第2のものは，一般的な習慣に照して再評価さるべきものに対応しているからである。

批評家は，しばしば彼らの仕事とその時代の芸術の傾向との間のつながりに気がつくだろう。リーグルは「芸術批評家でさえ，芸術に関する彼の時代の特殊な要求から自由であ

り得ない。」[25]と主張し，グルリッツは，ボロミーニについて語りながらこう記している。

「多くの点で不満足に見えるが時代の変化に即応すべきである。これらの古い芸術の形態を変革する仕事に加わる者，新しい材料や新しい建築機能のための新しい表現形態を求めることに望みを失わない者は，ボロミーニ訳註4)の建物を見て，精神的な血のつながりを見出すだろう。」[26]

2. 折衷主義に対する一般的不満

第4章で述べたように，折衷主義は，それの主題を拡げ，それ自身をイデオロギー的基盤を危くするような一種の芸術的自由主義に向けることによって敵対者の攻撃を切り抜けようとした。この危機は，不安感，不満感として理論家ばかりでなくデザイナー達によっても体験されていた。

新古典主義以後，ある罪悪感が絶えず見出されるが，1880年から1890年の間に，それはさらにはっきりしていた。多くの建築家は，現存する様式的混乱を嘆き，何かの新しく独特な傾向の誕生を強く待ち望んでいた。

カミロ・ボイト（1834～1914）はこう書いている。

「今日の建築の状況は，歴史哲学の規準からほど遠く，前世紀の末および今世紀の最初の30年間におけるよりも全体的に貧しくなっている。当時は，少なくもそれはその時代のある知的要求と関係をもった芸術であった。美は理想をもち，目的をもち，基盤をもっていて，時には無駄に終ることはあったにしろ，少なくも何かが求められ，見出されていた——恐らく，均一で単調でぞっとするものではあったが，少なくも真剣で，民衆にふさわしいものであった。だが今や，僅かな例外を除いて，建築は幻想の遊びであり，器用な形態の組合せであり，怪しげな，鉛筆やコンパスや物差しや三角定規のぐるぐる回りである。建築的有機体はまだ存在し，それは実際にはこの2，3年を通して改良されてすらいるが，象徴派は，時折りの平静期を除き気狂いじみていて要領を得ない。算数的な古典の圧政は，今日の無秩序を生み出すことに成功した。そして多分，真の芸術，理性の法則と自由な創作とが結合された芸術はこの無政府状態から現われるかも知れない。」[27]

イギリスでは，ジョージ・ギルバート・スコット（1811～1878）が書いている。

「今日において，建築芸術における創造力の欠如ほど深刻なものはない。私は個々の芸術家のことをいっているのではない。より好ましい環境の中で，偉大で独創的ですらある作品をつくっている多くの人々がいる。現存の環境の中で，天才的個人によっていかに多くが生み出されているかは注目に値することですらある。しかし，われわれは民族的様式をつくり出していないし，あるいは現在それをしているようにも見えない。われわれは，芸術の歴史の連続性を保持し，それぞれの相継ぐ様式をその先行するものの結果とした伝統というものを破壊した。われわれは，どこにおいても，古代の様式の再生，失われた伝統の再現の試みには出会うが，新しい要求と一体となった新しい美の形態を創造する真の力とはどこでも出会わない。実際，伝統が絶ち切られ，なくなった時，新しく純正な建築がいかに始められるべきかを知るのは困難である。われわれはこれを未知の未来の可能性の中に求めなければならない。」[28]

これらの芸術家達は現在の混乱状態から脱け出るための、そして新しい様式を見出すための具体的な提案はしなかったけれども、彼らは問題が宙に浮いており、それ故、最初のオルタやヴァン・ド・ヴェルデやワグナーの活躍がひとつの共通の要求に適合し、それを受けとめるための大地に降りたったものであることを論証した。

3. 画家の例

1890年以後のアヴァン・ギャルド建築家の変革は、画家の仕事と緊密な関係をもっている。今回はもはや、すべての時代に多かれ少なかれそうであったような単なる形態上の好みの類似性の問題ではなく、ある建築家の行為がある画家の行為を前提とし、またその逆のというような結果の交換での問題であった。

ペヴスナーが観察したように、建築に関する限り、決定的な変化は、セザンヌ、ルソー、ゴーギャン、ヴァン・ゴッホ、スーラーらの印象派からの訣別である。われわれの目的にとって最も重要な局面は、

自然主義に対する反動である。もし、ある意味で、観念的なものの表現から視覚的な要素を分離することによって、印象派が伝統的な自然主義に対立するとするならば、別の意味で、それは自然主義そのものの発展と結果である。何故なら、それは見かけの演技の内にあるリアリティを、くまなく選択し反映しており、またそれはリアリティのすべての面に対する完全な受容的、観照的姿勢を保持しているからである。セザンヌとその次の世代は、変化する外貌を素通りしてその彼方に秘められた真実に到達しようと希った。セザンヌは彼のアプローチの方法を次のように説明している。

「私は自分のモチーフをもっています。そのモチーフというのは こうなんです。(彼は………両手を引き離し、指を拡げ、そしてそれを再び強く近づけ合わせる。そしてそれらを結びつけ、押しつけ、からみ合わせる。)これを やらなければ ならないのです。もし、手が高く通りすぎても、低く通り過ぎても、すべては駄目になってしまいます。そこには少しのゆるみもなく、情感、光、真実を逃してしまうような割れ目もあってはなりません。おわかりでしょう。私はキャンヴァスのすべてを一時に、一緒に進めるのです。私は、同じ気持で、散らばっているすべてを一緒にします。われわれが見るものはすべて散らばり、消えているのではないでしょうか。自然は常に同じですが、われわれに対して現われ見えているままのものは何もない。われわれの芸術はそれの持続のゆらめく光を表わさなければなりません。それをわれわれに永久に味わせなければ。下には何があるのでしょうか？ 恐らく何もないでしょう。あるいは恐らくすべてがあるかも知れません。おわかりですか？ それ故、私はこれらの迷える両手を合わせるのです。右から左からそこからあそこからどこからでも、トーンや色や影をもってくるのです。私はそれらを固定し、一緒にします。それらは線となり、私が気がつかないうちに物となり、岩や木となります。それらは立体となり、価値を獲得します。もしこれらのマスが、私のキャンヴァスの上でまた私の感受性の中で、私が描いた、そして私の眼の前にある輪郭線や色点と一致するならば、大変結構なことに、私のキャンヴァスは手をつなぎます。何のためらいもなく、高過ぎも低過ぎもしません。それは真実であり、緻密で、完全です。」[29]

新印象派の芸術は,「アラベスクのために逸話を,綜合のために記名法を,永続のためにはかなさを犠牲にし,それまでに不安定なリアリティによってくたびれ果てた自然に,本物のリアリティを与える。」[30)]ゴーギャンは宣言した。「芸術家が何かを創造しようと欲する時,彼は自然を模倣する必要はなく,自然が提供する要素を用い,それから新しい要素を創造するのだ。」[31)]と。

ペヴスナーが観察したように,そこには主題絵画への復帰があるが,それは伝統的なものとは違った意味においてである。何故なら,その内容の意味は,むしろ,間接的であり,暗喩的であり,厳格な絵画的手段の強調の結果だからである。(セザンヌ:「あなたは頭の中に詩をもっているかも知れないが,あなたが頭から文学に落ちこむことを望まないとするなら,それをあなたの絵に持ちこむことはすべきでない。何故なら,それはそれ自身の調和をもって存在しているからである。」[32)])

リアルなものに対する積極的な建設的な姿勢。セザンヌはいった。「絵は,色彩の感覚の記録であり統合である………絵を描く時,眼と頭は互いに助け合わなければならない。それらを,色彩の統合された印象と論理に従って共に発展させなければならない。」[33)]しばしば指摘されてきたように,[34)] フィードラーの思想との類似は明らかである。ヴァン・ゴッホの場合には,束縛は芸術的であり人間的でもある。「私の苦脳がこの問題に対する解決となった。私は何をなし得るのか? いかにして私はなんとか有益であり得るか? いかにしてより多くを知り,これやあの物の底に達することが出来るのか?」[35)]

すべての芸術家の孤立。印象派のグループは,多分,古い意味での最後の「派」であった。次の世代の画家達は孤立した実験者で,互いに他を鋭く批判し,彼らのすべては,自分の様式を,前の時代のどんな場合よりもはるかにはっきりと認められるまでに発展させて終った。

ある程度,すべての画家達は居心地の悪さや場違いさえ感じていた。セザンヌは「私は,自分が発見した道の単なる原始人でしかないだろう………恐らく,私は自分の時代の前に来てしまったのだ。私は私自身の時代よりもあなたの世代(ガスケに対して)の画家であった。」[36)]そしてゴーギャンは「何故だか知らぬが本能的に,私は芸術家の貴族である。」[37)]

理論家への指向。すべては彼ら自身の様式を発展させる傾向をもっていたが,彼らはまた,この様式の一般的な正当性と伝播法を,一連の形態的法則をおいて理論的な議論でそれらを支持することによって説明したいと希った。これは,これほどの程度ではないにしろ,以前に起こったものだった。例えば,印象派におけるほとんどの傾向であった色彩の解体は,新印象派においては正確でほとんど科学的な技術となった。形態と心の状態との間の連合は,象徴派の人々やその代弁者,例えばM. デニスやA. オーリエらによって理論化された。これらの理論形式は,しばしば,クロワゾニズム(Cloisonnism)[訳註5)]と象徴派の場合のように,確かにアール・ヌーヴォーの源泉の中にある絵画と建築の間の影響の媒体であった。

絵画の分野における変革が建築の分野におけるものより普通は先行するので——同じことが立体派や抽象絵画と近代運動との間に起こった——後者を前者から派生したものと説明し,この時代の画家にガイドや先駆者の役割を与える試み(ギーディオン,サルトリス)がいくつかあった。

しかし,この理由づけは非現実的なやり方でなされた。建築家も画家も,過去から受けついだ因襲を変えるために働いたが,これら

の因襲のひとつは，まさしく，別な活動としての絵画と建築の存在であった。モリスの定義によれば，建築は「人間の生活の外的環境全体の考慮を含んでいる」のであり，建築の復活は，造形芸術のそれを意味していたが，同時にそれらの独立を問題にしていた。それ故，画家と建築家は互いに影響し合うばかりでなく，厳密にいえば，同じ仕事をさえしていたのである。

絵画においては，その偉大な直接性の故に，新しい発見は直ちに現われるが，一時的に留まるだけであり，人間が住み働く環境に対して，家庭用品や家具，建物，都市をデザインするための新しい形態を与えるのに利用される運命をもっている。セザンヌ，ゴーギャン，ヴァン・ゴッホの貢献の価値は——ブラック，モンドリアン，ヴァン・ドゥースブルフのそれと同じように——この利用という観点から評価され得る。クロワゾニストの重要性を確かめたのはヴァン・ド・ヴェルドであったが，それはちょうど，戦後，モンドリアンの重要性を確認したのがオウトであり，クレーを確認したのがブロイヤーであり，その逆でなかったのと同様である。

4. 社会的条件と個人的な関わり

絵画や建築における革命的な運動は，それらが全体としての社会という名においてごく少数の人々によって行われていたという事実を心に留める時に，理解がし易い。

よく知られているように，これらの実験は「よき時代」として知られている平和と経済的繁栄の長い期間と同じ時期に行われた。しかし，繁栄がこの時期の文化的変革の決定因子だとは考え得ない。事実，主たる変革は1890年から1895年の間に既に現われたのに対して，新しい経済的平衡の状況——価格曲線の反転，金本位制の導入，国際貿易の拡張——は次の15年間，特に20世紀の初頭に初めて感じられたのである。

経済状況の好ましい時期は，既に進行しつつあった文化的発展の上に作用しながら，それらに対して，そうでない場合よりもはるかに大きな発展の場所を与えたという方がより正確かも知れない。増大する利益が，支配階級の改革主義的傾向を促進し，それ故，アヴァン・ギャルド芸術家にとっての仕事の機会が倍加し，また普及の手段や新しい経験に触れる機会も倍加した。

しかし，これらすべては，文化と社会の間の隔りを減らすものではなかった。新しい技術的発展は，文化的交換を容易にするが，時代の文化が解釈もせず認めもしない一連の構造的問題をつくり出した。大胆な公式が豪胆さのクレシェンドで相次いだが，それらの現実的問題からの遊離が，増大する不安感をつくり出しながら，よりはっきりしてきただけだった。一方，技術の進歩を制御していた政治的，経済的な勢力は，自分達と新しい文化の目標とを同じものだとは考えようとはしなかった。彼らは，進歩的エリートに対してその実験に対する全責任を負わせながら，運動の自由を許し，また哲学者達は個々の新しい実験の自主性を，その内在的価値の重要な条件として理論づけた。

この理由で，アヴァン・ギャルドの企ては，常に，彼ら自身の自由と独自性をすべての先行するものとの関係において確かめることによって始まり，そしてそれは，個人によって行われたか，あるいはすべてについて正しい一般的な理論を述べながら社会の他のものから独立を保持し得る小グループによって行われた。

このことは，この時代の文化を特徴づける一種の矛盾を生じさせたが，その矛盾については，われわれはアヴァン・ギャルドという言葉を用いてある程度細かく論じるだろう。

それは,すべての人に嫉妬深い個人の実験を公開させようという提案であり,誰のいうことも無理に聞こうとしないですべての人に話しかけようという提案であった。

この矛盾は,ひとつの仕事と,理論的な計画との間の関係を考えるならば,よりはっきりとしてくる。ルネッサンス以来,すべての具体的な芸術的問題は,抽象的な問題の実際的な表明として考えられてきたが,一方この単一の場合の解決は,同時に,一般的な様式の問題に関して態度を決めることを意味した。19世紀においては,この必要はより強くなった。何故なら,どれかの様式を選択することは,いまだ外的要素——地方的伝統,仕事の目的からくるアイディア,それを契約した施主や団体等——に基づいてはいるものの今や任意な選択の対象であった。

しかし,今や芸術家はこれらの関わりのすべてを除こうと努めていた。形態的な選択は塗炭の苦しみであったのですべてのエネルギーを消費し,またデリケートであったのですべての付随的な状況に対する無関心さを要求した。例えば,画家は最も偶然的なやり方で主題を選び,彼らの仕事の最終的な目的地について心配することもなく,彼ら自身のために描いた。このようにして,一般的な目標と特殊なものとの間のバランスはくずれ,芸術家は彼の決定を一般的な目標に従わせることを拒否し,またその瞬間にとった決定に一般的な正当性を与えた。このようにして,2つの反対の歪みが現われつつあった。単一の作品は,可能な比較項もなく,それ自身においてひとつの経験としてみなされ,また,それは,すべての人々に伝えられるべき,普遍的方法の表示と同様に価値あるものとみなされた。

個人的な関わりは,これらの条件下で途方もなく増大し,芸術家の個性は,過去におけるよりもはるかに重要な要因となった。実際,すべての選択は芸術家の個々の才能によってのみ有効となり,個人や小さなグループによってつくられた様式は,多くの時代の貢献の協力から発した広く普及した伝統に代るものとして提出された。このようにして,個人は危険に曝された場所におかれ,彼の全精神的存在を芸術家としての彼の目標の追求に関わらせることによって終った。

人間的なものに対する芸術家的関心のこの圧政の最も印象的なケースは,絵画と文学に見出される。世紀の前半,ムルジェは『パリのボヘミアンの生活』("vie de bohème")を書き,芸術に関わることによって普通の生活の世界からはみ出した詩人や画家や音楽家について語った。しかし,彼の描写は,19世紀末の偉大な芸術家のある者,例えばランボーやヴァン・ゴッホらの悲劇的な生活に比べて甘い牧歌的な詩であった。建築においては事情は違っていた。というのは,建築家は単独で仕事をすることはなかったが,多くは,マッキントッシュやロースのように,異端的な芸術的職業のために個人を犠牲にした。

訳註1) Johann F. Herbart (1776〜1841年)——ドイツの教育学者

1) M. Schasler 著, "Aesthetik"——ライプツィッヒ, 1886年
2) E. Hartmann 著, "Philosophie des Schönen"——ライプツィッヒ, 1890年
3) Ch. G. Allen 著, "Physiological Aesthetics"——ロンドン, 1877年
4) G. T. Fechner 著, "Vorschule der Aesthetik"——1876年
5) M. Guyau 著, "L'art au point de vue sociologique"——パリ, 1889年
6) E. Grosse 著, "Die Anfänge der Kunst"——フライボルク, フライスガウ, 1894年
7) K. Fiedler 著, "Der Ursprung der Künstlerchen Tätigkeit"——ライプツィッヒ, 1887

8) K. Fiedler 著, "Aphorismen über die Kunst" ——1914年, No. 8, 77頁
9) 同上, No. 12, 80頁
10) 同上, No. 41, 104頁
11) 同上, No. 17, 83〜84頁
12) 同上, No. 197, 200頁
13) 同上, No. 195, 196頁
14) 「容易に前進し得,芸術の本質についての新しい概念の発展がそれに従って芸術行為の新しい規範を必然的に導き出すであろうところの観念は絶対的に拒否されることになる。これは古い美学への逆行となろう。どんな場合でも,現実についての新しいヴィジョンが,芸術についての新しい規範を生むことはあり得ない。芸術は本当は,それ自身の本質についての理論的な内省とは別に考えられなければならず,そして内省もまた,これまでに芸術がつくり出してきたものにのみ関わり得るだけでつくり出さるべきものとは絶対的に関わり得ない。芸術はそれ自身の価値の保証を,芸術作品の新しい方向の事実上の結果の中ではなく,何世紀もの間を通して知られている芸術の分野の中に散っているのがわかっていた新しい光の中に見出すのである。」K. Fiedler 著, 前掲書, No. 225, 215〜216頁
15) K. Fiedler 著, 前掲書, No. 40, 104頁
16) G. C. Argan 著, "Walter Gropius e la Bauhaus" ——トリノ, 1951年——33〜35頁
17) B. Croce著, "Estetica come scienza dell'espressione e linguistica generale" ——バリ, 1941年——466頁
18) R. Vischer 著, "Über das optische Formgefühl" ——ライプツィッヒ, 1873年
19) H. Wölfflin著, "Prolegomena zu einer Psycologie der Architektur" ——ミュンヘン, 1886年
20) A. Hildebrand著, "Das Problem der Form in der bildenden Kunst" ——ストラスブルグ, 1893年

訳注2) Francesco De Sanctis, 1817〜1883。イタリアの文学者。ガルバルディの南イタリア解放とともにアヴェリノの知事,代議士,文部大臣を歴任した。

訳注3) Giambattista Vico, 1668〜1774。イタリア,ナポリ生まれの哲学者。その思想は生存中は受け入れられなかったが,後年,ヨーロッパの多くの国で重要視され,クローチェはヴィーコ主義を再興した。

21) A. Riegl 著, "Stilfragen" ——ベリルン, 1893年, "Spätrömische Kunstindustrie" ——ウイーン, 1901年
22) F. Wickoff 著, "Wiener Genesis" ——ウイーン, 1893年
23) C. Gurlitt 著, "Geschichte des Barockstils, des Rococo und des Klassizismus in Belgien, Holland, Frankreich, England" ——シュトゥットガルト, 1888年, "Geschichte des Barockstils und des Rococo in Deutschland" ——シュトゥットガルト, 1889年
24) H. Wölfflin 著, "Renaissance und Barock" ——ミュンヘン, 1888年
25) A. Riegl 著, "Spätrömische Kunstindustrie" の序文

訳注4) Francesco Borromini (1599〜1667)。イタリアのコモの近くで生まれ,初めは彫刻家。1614年ローマに出, Carlo Maderna と Bernini の弟子となる。内攻的な激しい性格の持ち主で,Bernini の建築が直截で,基本的に単純であるのに対して,彼の建築は難解で複雑である。1667年自ら生命を絶った。……Banister Fletcher 著, "A History of Architecture on the Comparative Method" より。

26) C. Gurlitt 著, 前掲書365〜366頁
27) C. Boito 著, "Lo stile futuro dell'architettura italiana" ——"Architettura del Medioevo in Italia" (ミラノ, 1880年) 中にある。"Casabella" 誌 n. 208 (1955年), 73頁を参照
28) G. G. Scott 著, "An Essay on History of English Church Architecture (1881年)" ——E. Tedeschi の "L'architettura in Inghilterra" (フィレンツェ<日付なし>) の146頁に引用されている。
29) J. Gasquet 著, "Cézanne" (対談) ——バリ, 1921年——W. Hess 著, "I problemi della pittura moderna" (イタリア語訳, ミラノ, 1958年) 29頁から引用
30) P. Signac 著, "D'Eugène Delacroix au néoimpressionisme", ——バリ, 1899年——W. Hess の前掲書29頁から引用
31) P. Gauguin 著, "Avant et après" ——バリ, 1903年…… W. Hess の前掲書44頁から引用
32) J. Gasquet 著, 前掲——W. Hess の前掲

書20頁から引用
33) J. Gasquet 著，前掲書——W. Hess の前掲書22頁から引用
34) A. Banfi 著, "prefazions agli Aforismi sull'arte di K. Fiedler" 66頁
35) V. Van Gogh 著, "Lettere al fratello" No. 133——W. Hess の前掲書30頁から引用
36) W. Hess 著，前掲書27頁
37) J. de Rotonchamp 著, "P. Gauguin"——パリ，1906年——W. Hess の前掲書45頁より引用

訳註5) Cloisonnisme = Synthetism, 総合主義。19世紀から20世紀にかけてゴーギャン，ベルナールなどによって試みられた，形を平たい色面でとらえ単純化された太い輪郭線でとり囲む画法。印象主義的な手法のアナリティックな傾向に対して，主観と客観の総合を目ざしたもの。

第9章 アール・ヌーヴォー

一般史の中でこの主題を満足のいくように扱うのは困難である。

われわれが語ろうとしている時代はわれわれにとって近くもあり，遠くもある。50年以上の年月が過ぎ，その主役の多くは最近亡くなったばかりである（例えば，ペレー，ホフマン，ヴァン・ド・ヴェルド）が，その時代の一連の出来事についての印象は，遠くの過去についてのそれである。間に入った2つの戦争が，数え切れないほどのアール・ヌーヴォーの造作や家具を破壊したことは別として，われわれとそれらをデザインした人々との間の親しみのすべてのつながりを絶ち切っているかのようである。

使える研究やデータは不完全で，その時代の真の姿よりも理論的偏見を反映している。残っているものはポートレートであって，そのもの自身ではなく，そうであったと考えられるものであった。即ち，それは少数の個性的な芸術家の人物の傾向についての複雑な系図であって，流れの中に起こった変化についての証拠や，その時代の主導的な運動に対する関係などの証拠はほとんど何もなかった。

混乱した傾向のもつれを，時間と場所で正確に整理し，種々の芸術家のそれぞれの他への帰属を明らかにしながら解いていく試みは，われわれを道からはずれさせ，問題の真の性格を曖昧にするだろう。より有益な手順，現在の研究の状態により合った手順は，既製の分類を避け，芸術家や最も有名な実験のあるものを個々に記述することであろう。

アール・ヌーヴォー（art nouveau）という言葉は，最も広い意味で使用され，同じような言葉《ユーゲントシュティル（Jugendstil），モダン・スタイル（modern style）， リバーティ（liberty）》等で呼ばれるヨーロッパのすべてのアヴァン・ギャルドを含むだろう。ただ2つだけが予め区別されるが，それらは実際に別の扱い方を必要としているように思われるものである。その1つはモリスの後継者達のイギリスでの運動であり，それはラスキン以後の思想の線の連続性を切らないようにするために第6章で議論されたし，もう1つは，フランス人のペレーとガルニエの実験であり，特殊な民族的伝統に基づくものであって，それについては第10章において論ぜられるだろう。

アヴァン・ギャルド思想の性格は，建築と都市計画における実験を別に論ずることを容易にする。後者はまたエリートと普通の人の作品の間の関係を評価するための最も適当な参考となっており，一般的な結論に達するた

9 アール・ヌーヴォー

255図 A. H. マクマード, クレトン更紗（ヴィクトリア・アルバート博物館）
256図 W. クレイン, バレリーナの踊りの, 線による図解（『線と形』——1902——から）
257図 オーブレイ・ビーズレイ, オスカー・ワイルドのサロメの挿絵, 1892年
258図 E. ムンク,「寝ずの番」, 1896年

293

めの最後に論じられるだろう（第11章）。

1. ヴィクトル・オルタ

すべての歴史家は、応用芸術の再生のためのヨーロッパの運動の源が、1892年と1894年の間のベルギーにあり、ブリュッセルのオルタのタッセル邸、ウクルのヴァン・ド・ヴェルドの自邸の造作、セルリエ-ボヴィによってデザインされた最初の真のオリジナルな家具等と共に突然生まれた。これらの作品は完全に先例のないもののように見え、アール・ヌーヴォーと呼ぶべきこの新しい様式の要素はここで既に完全無欠に磨き上げられていた。

間接的な源についてはいろいろな仮説が持ち出されてきた。ギーディオンはベルギーにおけるアヴァン・ギャルド文化の自由で開放的な姿勢について描写した。[1] 1881年、2人の金持で、教養のある法律家、ピカールとマウスが、雑誌「ラール・モデルヌ」（"L'Ar Moderne"、近代芸術）を発刊し、当時の最上の芸術家を周囲に集めた。3年後、「レ・ヴァン」（Les XX）と呼ばれるグループが形成され1893年まで続いたが、そのメンバーには、画家のクノッフ、A. W. フィンチ、J. アンソルらが含まれている。書記のマウスは1884年からいろいろな絵画の展覧会を開き、それにはヨーロッパのアヴァン・ギャルドの最主要な芸術家が出品した。ロダン、ホイッスラー、ルノアール、スーラ、ピサロ、ヴァン・ゴッホらである。スーラの有名な「グランド・ジャットの日曜日」は1887年、ブリュッセルで最初に展示された。

シュマーレンバッハ[2]とペヴスナー[3]は1890年頃ピークに達し、ゴーギャンと彼のポン・タヴン（Pont-Aven）における仲間、ナビス、ムンク、ホドラー、アンソルらを含む多くのヨーロッパの芸術家たちに影響を与えたサンボリスト（象徴派）の画家とサンボリズム（象徴主義）運動の功績を明らかにした。その時期が非常に重要である。ポン・タヴン派は1888年に生まれ、1889年のパリの展覧会に最初に展示され、ナビスのグループは同じ年に形成され、一方、オーリエは1886年のモレアのサンボリズム文学宣言に次いで、1891年、サンボリスト絵画の目的についての梗概を出版した。ムンクとホドラーは1890年から1892年までの間のモレアのサンボリズム綱領[4]に影響された。そしてこの傾向によって多かれ少なかれ影響されたすべての画家達は、1891年以降年2回開かれたギャレリー・ル・バルク（Galerie Le Barc）の展覧会に集まった。

ベルギーにおいて、サンボリズムは（一部はメーテルリンクの存在の故に）多くの追従者を得、「レ・ヴァン」の多くや、アンソル、クノッフら、とりわけオルタやヴァン・ド・ヴェルドのインスピレーションの源となったJ. トーロップの作品に決定的な影響を与えた。しかしながら、オルタは、ペヴスナーへの手紙[5]の中でこれらの接触の重要性を最小限にしか認めず、画家の様式を真似したかったのではなく、画家がやっていたようにやり、自分達自身で、個人的な、模倣ではない言語を創造したかったのだと述べている。

イギリスの影響はアール・ヌーヴォー研究家によって広く認められており、シュムツラーによって論じつくされている。[6] あげられる先駆者の中には、バーン・ジョーンズ、モリス、マクマード、彫刻家ギルバート、そしてウイリアム・ブレークすら含まれている。最も重要な要因のひとつは、オーブレー・バーズレーの短い活動的な生涯であったことは確かである（彼は1898年に24歳で死んだ）。イギリスとベルギーの往来はひんぱんで、よく記録されている。トーロップはある時期をイギリスで過し、ラファエル前派と接触をも

9 アール・ヌーヴォー

259, 260, 261図 ヴィオレ・ル・デュク，鉄の装飾（『構成とデッサン』――1884年――と『建築講話』――1872年――より）
262, 263図 E. J. マレイ，空飛ぶ鷗の水平投射と歩行する人間の腰椎の根元の点の立体軌跡（1890年頃，ギーディオン著『機械化の文化史』から）

った。1891年，イギリスのリバティ（Liberty）の家具はブリュッセルにおいて最初ロクイヤル街の日本商会（Conpagnie Japonaise）のショーウインドーに現われ，同じ頃イギリスの血をひくフィンチは，彼の友人に多大の印象を与えたイギリス家具をつくり上げた。

1891年にもまた「レ・ヴァン」は絵画や彫刻と共に応用芸術品を展示し，それにはウォルター・クレインによる子供の本も含まれていた。1892年，彼らは工芸部門をつくり，S. イメージや H. ホーンの作品およびモリスのケルムスコット・プレスによって印刷された本の複製をつくった。ヴァン・ド・ヴェルドの最初の作品のひとつである刺繍が展示され

295

IV 1890年から1914年にかけてのヨーロッパのアヴァン・ギャルド運動

たのはこの部門であり，ヴァン・ド・ヴェルド自身——彼がこの情報の大部分の源であった[7]——は，「ジョン・ラスキンとウイリアム・モリスの作品と影響は，われわれの精神を豊かにし，われわれの活動を喚起し，装飾芸術の装飾と形態の完全な再現をもたらす種子であることは疑いない」[8]というイギリスの教訓の重要さをはっきりと認めたのだった。

イギリスは，大陸のアヴァン・ギャルド運動に対して形態のインスピレーション以上のものを与えた。イギリスは，ラスキンやモリスが苦心してつくった問題，つまり建築は近代都市の景観全体に影響するに違いないという確信，現状の社会の複合的形態を修正する仕事はより広汎な仕事の手初めであるという確信に貢献したのだった。イギリスの教訓なくしては，ヴァン・ド・ヴェルドやホフマン——2人だけ名前をあげれば——によって示された家具及び生産のプロセスに対する関心，ワグナーの教育に対する関心，ロースの道徳に対する関心等を理解することは不可能だろう。

他方，ベルギーの運動とフランスの文化の関係についてはあまり研究されていない（259〜263図）。オルタが1878年以後，パリである期間を過したということは知られている。これは，ヴィオレ・ル・デュク，ヴォードルメール，その他フランス建築家組合の人々等が中世様式によることをすべてやめ，合理主義理論を妥協なしに充足させるために自分達の新しい言語を発明しようとしていた時期であった。彼らの誰も折衷主義の行詰りから実際に脱け出ようとはしなかったが，伝統的なレパートリーのコピーは簡略化され暗喩的になり，時には様式の引用を，抽象的色彩主義——ヴォードルメールのビュフォン高等学校のように——や「保存」「構成とデッサン」[9]において復元されて有名になったヴィオレ・ル・デュクの鉄の装飾のような自由な線の構成といっしょにするようになった。フランスの大家達の道徳的な理論はモリスのそれより確かに浅薄で独自性が少なかったが，当時においては反響をよび，芸術家達の考えや折衷主義に反対する世論すら動かし，芸術の方向の変化に対する期待を起こさせた。最後の重要な要因は1889年のパリの万国博覧会であり，そこではヨーロッパ中からの芸術家が集まり，そしてフランスの折衷主義文化はリベットを打った面，また鋳物や鉄板を切った装飾というような実用的要素と装飾的要素を結合し，鉄の建物に適合した新しいタイプの装飾を発明するという素晴らしい努力を見せた。

ベルギーの運動の巨匠達は，建築ではヴィクトル・オルタ（1861〜1947）とポール・アンカル（1857〜1901），室内装飾と応用芸術におけるアンリ・ヴァン・ド・ヴェルド（1863〜1957）とギュスターヴ・セルリエ—ボヴィであった。ヴァン・ド・ヴェルドがいったように，「われわれ4人のすべての仕事は，4人にとっても明らかに共通な1つの質において，1つのものであった。これが≪アール・ヌーヴォー≫という言葉がいかに始まったかの説明である。」[10]それにも拘わらず，これらの芸術家の動機は著しく違っていた。

オルタは非常に強い性格の持主であり，同時に理論に対してはほとんど関心をもたない男だった。彼は郷里のゲント（Ghent）のアカデミーに通い，後にパリに出，1881年にブリュッセル・アカデミーで学業を終えた。その後彼はアルフォンス・バラ（1818〜1895）のアトリエで仕事を始め，彼の最初の建物——2つの葬儀用の記念物と3軒の住宅——を1883年と1885年の間にゲントにデザインした。これらは非常に簡単な建物で，彼の建築がいかに発展していくかについての何のヒントも与えない。

1885年から1892年までの間に彼は建物を設

計していないが、その時代のヨーロッパのアヴァン・ギャルドを活発にさせた多くの刺激を吸収していた。1892年から1893年にかけて、彼は、ブリュッセルのトゥラン（rue de Turin）街にタッセル（Tassel）邸を建て、それが彼を急に有名にし、活発な議論をひき起こした（264～266図）。しかし、それは単なる反伝統論的作品ではなかった。それは過去との関わりをもたず、すべてのディテールまで完全にコントロールされ、確実で説得力のある新しい建築の創造を注意深く考え抜いた見本であった。それは新しいヴォキャブラリーの可能性を証明したばかりでなく、あらゆる歴史的様式と違った新しい文章構成の可能性を証明したのだった。

タッセル邸はブリュッセルの伝統的な建築型を基礎としていた。それは2軒の間におかれ、道路と庭に向って非常に狭い、短いファサードをもっている。その正面のファサードはどちら側も目立たず、道路を歩いていても、オルタの作品を見分けるには注意しなければならない。だが、壁面の構成を注意深く調べるならば彼の作品はわかる。その普通の出窓は全面をダブルS型に曲げることによって出来ている。石の仕上面や精密で丹念な付属品でつなげられた木と鉄の窓廻りは細かく計算されたコンパクトな構成を形づくっている。色のついたガラスの扉を通ると、内部には有名な階段が目立つホールがある。段板は自然の木で出来ており、それを支えている鉄の構造体が露わになっている。パイプの柱と縁取りによってつくられた枠組は優美に流動的な曲線を描いている鉄細工の装飾によって強調されている。同じモティーフが壁の上や床のモザイクに描かれている。

この後、オルタは多くの他の住宅、店、倉庫を建てたが、すべてブリュッセルにおいてであった。「人民の家」（Maison de Peuple）——社会主義労働者組合の事務所をいれるために1897年に建てられた——は彼の傑作とみなされていた（267～269図）。ここでもまた全体の構造は狭い道路と円形の広場によって切断された敷地の形に制限され、建築は環境の中に無欠の流動性をもっておさまっている。この建物の構造はこの時代のフランスの多くの建物のように内部が鉄骨の不連続的な組積造という構造であり、木枠で大きな窓を囲んでいた。レンガと灰色の石とが交互に使われている組積造はガラスの広がりを区切り、すべて石で出来ている周囲の建築とこの建物とをつなげている。ここには、構造体と装飾との完全な一体化がある。内部においても、「宣言の広間」においては、天井の装飾的なデザインに梁が利用され、上階の講義室においては網状の梁が天井面を装飾もしている（268図）。

オルタは彼の建物のテクスチャーを当時としては比類なき大胆さで検討したが、プランには多かれ少なかれ無関心であった。彼の有名な自由な立体は、実際よりもむしろ見かけのものだったし、トゥラン街の住宅や他の彼の個人住宅の内部におけるレベルの変化は、当時のフランスやベルギーの建物の共通の特徴であり、人民の家のカーヴしたファサードは、写真でみるとまわりの建物を勘定に入れなければ、自由に見えるが、実際は、円い広場につながる2本の放射状の道路の線に忠実に従っているのである。他方、彼の材料の使い方、壁の切り方、アーティキュレーション、接合部、ディテールの解決の仕方は、非凡な判断の正確さ、首尾一貫性、厳格さを表わしている。それはあたかも彼が、歴史的なものに代る新しい様式をつくり出すという彼自身の理論的提案によって支えられているかのようであり、デザインを誤りのないようにするために、また個々の要素が正確に完全に互いに接合されるようにするために、自分のデザインをゆるみなき厳格さで吟味している

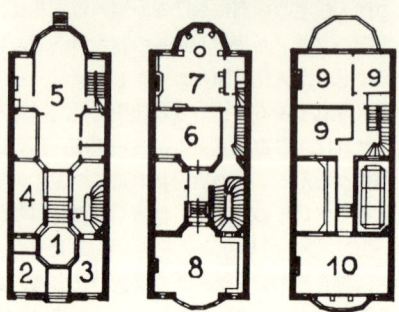

Ⅳ 1890年から1914年にかけてのヨーロッパのアヴァン・ギャルド運動

1. 入口
2. クローク
3. 書斎
4. 応接室
5. 居間
6. 次の間
7. 寝室
8. 客室
9. 使用人室
10. 作業室

264, 265, 266図 ブリュッセル, トゥラン街のタッセル邸のディテールと平面図 (V. オルタ, 1893年)

かのようであった。この理由から, 彼は自然の材料を好み, すべての接合部を装飾的価値をもつようなやり方で解決しながら露わに残した(270〜272図)。

オルタの建築は老成していて, 19世紀のブリュッセルの建物群に苦もなく順応した。この個人主義的で野心的な芸術家はまた驚くべきほど慎重であった。彼の住宅の住人を自分の芸術的理想のために抵当にいれることを彼は望まず, また見る人に彼の建築の論理を納

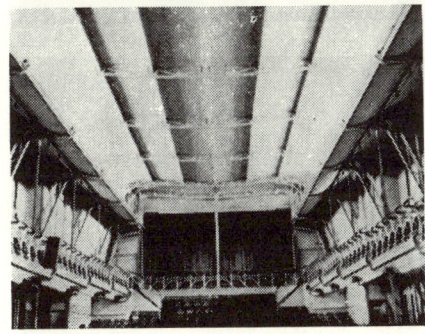

267, 268, 269図　ブリュッセル，「人民の家」（V. オルタ，1897年）

得させるのに，風変りさでびっくりさせたりするようなことは欲しなかった。しかし，これが逆にオルタの限界となった。彼は建築の問題は実際よりも簡単であり，ひとつの様式，矛盾のない，技術的に欠陥のない構成手法を導き得るものと信じた。彼はこの問題を，様式の内的バランスと，社会，建設過程，彼の時代の都市環境等との直接的な調和に達することによって，何らの余地を残すことなくすべて直ちに解決しようと欲したのだった。この理由で，オルタはアール・ヌーヴォーの芸術家の中で最も凝り性であったわけだが，彼はまた，過去の建築家に最も近い，最もオールド・ファッションの人でもあった。

　彼の立場の弱さは，彼がその後に起こった展開との接触を失った時に明らかになった。

Ⅳ 1890年から1914年にかけてのヨーロッパのアヴァン・ギャルド運動

270図 ブリュッセル,ソルヴァイ邸のディテール(V.オルタ,1895年)
271, 272図 ブリュッセル,オルタ邸のディテール(V.オルタ,1898年)

273, 274図 1901年にトリノで展示されたオルタの家具2点（A. コッホによる1901年のトリノの博物館についての出版物から）

彼の最後の作品――1920年の「パレ・ド・ボザール」(Palais de Beaux Arts) と1925年のブリュッセル中央駅――では、衰弱した折衷主義へと逆戻りし、1927年のジュネーヴのコンペティションでコルビュジェを敗北させる投票をする（第14章）ことによって、20世紀の革新派の強固な敵対者となった。

建築の歴史の中で、若い時代に重要な貢献をし、さらに30年も生きながら、これほどすぐに衰えてしまった芸術家の例は恐らく他に

IV　1890年から1914年にかけてのヨーロッパのアヴァン・ギャルド運動

275, 276, 277図　H. ヴァン・ド・ヴェルド，バンドの留め金2つ（1904年）と揺り椅子（1903年）——チューリッヒの工芸博物館の1957年の博覧会のカタログから。

ないだろう。彼の運命——彼ほどではないにしろアール・ヌーヴォーの他の大家の運命も——は，文化の発展の相がいかに短くなりつつあるか，1つの相の長さが人生ほど長くはないということを示している。

2. アンリ・ヴァン・ド・ヴェルド

オルタ——そして彼の同時代人，より控え目な範囲で実験を行っていたアンカルやセルリエ－ボヴィ——を動かしたインスピレーションは，事実，「ルネッサンスを始めるという興奮と確信を明らかにしようという欲求」[11] であり，理性の適当なコントロールの欠如が彼らの研究を容易にし，彼らのレパートリーの決定を容易にしたが，しかしそれはすぐに彼らの活動を新しく得た位置に固定し，新しさの名声が色褪せた時，それは彼らを新しく，幅広くはなったが折衷主義へと避難させたのだった。

ヴァン・ド・ヴェルドの場合は違っていた。最初から，彼は運動の基本的教義を明らかにし，彼の経験を人に伝え得るように形式化し，計画方法の復活に主力をおいた。彼の同時代人達がイギリスから主として形態上の刺激を受けたのに対して，彼は，大陸にあって，最初にモリスの道徳的な原則に関心をもち，それを異常な鋭さで発展させた。

「少しずつ，美術がそのような悲しむべき衰退の状態に陥ったのは，それが私利によって次第に多く利用され，または人間の虚栄心を満足させるために身売りをされたからだという結論に，私は到達した。《画架の上の絵》や《サロン彫刻》の形で，両者は今や他の消費財のように，最終的な行先にほとんど無関係につくられつつある。それ故，芸術家の作品の古く，比較的率直で，単刀直入な売買の取引はすぐにいやらしい現代的な機構にとって代られるかも知れないし，それによって商業広告が，社会を，広告されているものの質や価値につい

278図 チューリッヒの工芸博物館で1957年に展示された H. ヴァン・ド・ヴェルドのライティング・デスクと肘掛椅子

て欺すことになる。こうなれば、遠からず、われわれは純粋な芸術作品が普通の大量生産された日用品と同じ虚偽の効能書やいい加減な評価によって刻印されるのを見ることが考えられよう。」[12]

この断言は非常に重要である。新しい形態の発明は歴史的様式への隷属の克服や新しい運動に生命を与えるために利用されるかも知れないが、それはまた、それ自身ひとつの目的として考えられたし、それを生じさせる必要との実際の接触から抽象されているその発明された形態は、利益と威信という実際的な目的のためにも利用することが出来た。芸術は、それがもしあえて日用品の生産と流通の方法をコントロールするとすれば、即ち全体の統制に身を委ねるならば、社会における調整機能をはたすことが出来る。他方、もし芸術が自身を物の形を変えることに限定するならば、同じ方法で芸術家の活動を統制することが社会の潜在的関心となり、彼らを単なる装飾家にしてしまうだろう。

この理由から、ヴァン・ド・ヴェルドは、オルタやその時代の人々の立場に固執することが出来なかった。

「過去を防衛することからの解放とデザインにおける新しい時代の曙光がもたらすものについての私の希望は、彼らのそれと同じくらい大きいが、そのようなまぼろしの期待は私を満足させることは出来なかった。われわれはもっと探索を続けなければならないということ、達成すべき目標は、それ自身の性格からしてはかない単なる新

IV　1890年から1914年にかけてのヨーロッパのアヴァン・ギャルド運動

279図　ウックルのアトリエ・ヴァン・ド・ヴェルドの宣言書（1898年）

しさよりもずっと重要なものであることを私は知っていた。もし、われわれがそれを達成するためには、数世紀がわれわれの道の上に累積したこれらの障害を取り除き、醜悪さの侵入を防ぎ、自然の持ち味を腐敗させるすべての力に挑戦することから始めなければならない。私は目的を達成することが出来るとかたく信じている——理性に基づいた、それ故、気まぐれでない美学によって。虚偽が、生きた人間の性格を堕落させるのと同じやり方で生命をもたない物をもいかに汚すかということを充分知っているが故に、私の誠実がぺてん師のいろいろな取り入りに対する防護となるだろうと自信をもっている。」[13]

ヴァン・ド・ヴェルドが室内装飾の分野に足を踏み入れた最初の機会は、1894年のブリュッセル近くユックル (Uccle) の彼の家の内装であった。自分の原則に合わせて、彼はすべての形態のための、心理的なものではないにしろ可能な限りの機能的な客観的な正当性を、当世風の感情移入の理論を利用しながら見出すことに努めた。つまり、線や輪郭線の動きや、装飾デザイン等は、人々が仕事とレジャー、緊張と弛緩の要求によってとることを強いられる立場との関係におかれるという理論である。この追究は、特に初めにおいて、彼をオルタのそれと似ているがより単純でよりひきしまった滑らかで流動的形態へと魅きつけた。この単純化——それまでイギリスを除いては前代未聞であった——は、他の内装についてたちまちに起こった評判の、そして正負両方の強い反応の原因であっただろう。

同時に、ヴァン・ド・ヴェルドは理論家、

宣伝者としての彼の活動を始めた。[14] 彼は1894年、ブリュッセルで前年「レ・ヴァン」をつくった「自由美学」(La Libre Esthétique) 集団に対して最初の講演をした。イギリスの運動が先行したことを認めながら、ヴァン・ド・ヴェルドは、モリスやその後継者達の経験があまりにも貴族的で、あまりにも社会から遊離していると信じ、芸術の再生が機械や大量生産を信じ、受け入れることから生じると主張した。[15]

1897年、ベルギー自由大学の2人の外国人教授の任命拒否に続いて、一群の教師が大学を辞任し、新大学 (la Nouvelle Université) とよばれる大学を新たに創設し、直ちに、ヴァン・ド・ヴェルドを装飾美術と工業美術の教授として招聘した。

そうこうするうち、ヴァン・ド・ヴェルドの名声は国外に広がった。1895年、美術商S.ビングが美術批評家マイエル-グレフェを伴って、ヴァン・ド・ヴェルドをユックルの家に訪れ、あるインテリアのデザインについて彼と契約した。これらは、1896年パリで、1897年ドレスデンで展示された。フランスにおいては彼は種々雑多な歓迎を受けたが、[16] ドイツにおいては、マイエル-グレフェ自身や彼が1895年に創刊した雑誌「パン」(Pan) によって既にととのえられた肥沃な土地を見出した。

1898年、モリスのように、彼は自分の応用芸術のための工房、「ヴァン・ド・ヴェルド工業、建設、装飾の美術会社」(Arts d'industrie, de construction et d'ornementation Van de Velde & C) をパートナーのボーデン・ハウゼン、K. ヘルマンと共に設立した。1900年、彼はハーゲンへと移り、そこでフォルクヴァンフ美術館を改築した。1902年、彼は「ワイマール工芸学校」——それは第1次大戦後、グロピウスのバウハウスとなった——の校長に任命され、1906年には、新

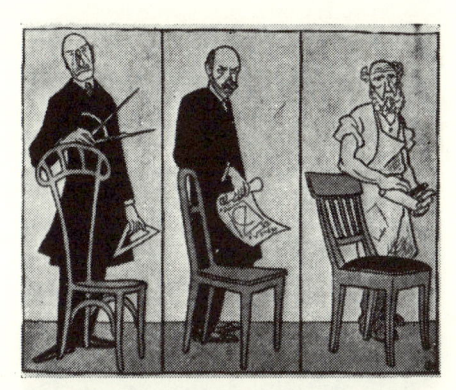

280図 1914年のヴェルクブントの会議での議論についてのカール・アーノルドの漫画。ヴァン・ド・ヴェルドは個性的な椅子を提案し、ムテジウスは類型的な椅子を、そして大工は坐るための椅子を提案する。(H. ヴァン・ド・ヴェルドの『わが人生の歴史』から)

しい学校の建物や他の多くの施設を建てた。

1907年——ヴェルクブントが結成された年——から、ヴァン・ド・ヴェルドの活躍は、近代運動の母体とみなされ得る組織の中心で、ドイツの巨匠達のそれと密接なつながりをもった。建築の問題についての彼の明瞭なヴィジョンは、彼を、あらゆる困難のただ中で、最も完全で有効な解決が生まれる場所へと導いた。近代運動の主導者としての彼の限界は本質的には感受性の限界であった。彼は発展の速さに驚き——1907年から1914年の間、事件のリズムは確かにあわただしかった——芸術表現のデリケートなバランスがドイツ人の組織的な企ての中で喪失してしまうかも知れないと恐れたかのようであった。ペヴスナーによって書かれた1914年のヴェルクブントの会議におけるムテジウスとの争いはこうしたいきさつから生じたものだろう。

「ムテジウスは規格化を、ヴァン・ド・ヴェルドは個人主義を代表した。ムテジウスはいった。『建築とヴェルクブントの活動の全領域は規格化へと向っている。人々が

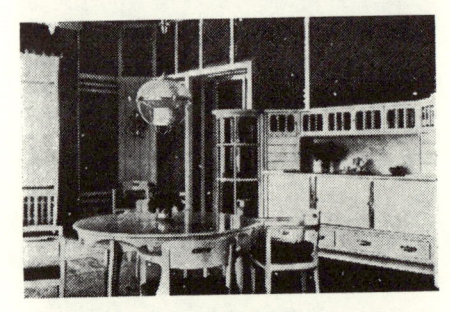

IV 1890年から1914年にかけてのヨーロッパのアヴァン・ギャルド運動

281, 282, 283図 H. ヴァン・ド・ヴェルド, J. マイエル・グレフェのための仕事場（1896年）とラウテルバッハのエシェ邸の内部2景（1906年）——K. E. オストハウスの『ヴァン・ド・ヴェルド』——1920年——から。

284, 285, 286図 H. ヴァン・ド・ヴェルド, 銀のティー・サーヴァーとワイマールのヴァン・ド・ヴェルド邸の室内2景（1906年）………オストハウスの前掲書から。

調和のとれた文明の時代にはもっていたあの普遍的な重要性を見出すことの出来るのは、ひとえに規格化においてのみである。規格化によってのみ………エネルギーの健全な集中として、広く受け入れられ、信頼し得る趣味が もたらされ 得る。』ヴァン・ド・ヴェルドは答えた。『ヴェルクブントの中に芸術家が存在する限り………彼らはどんな規準の提示にも、どんな規格化にも抗議するだろう。芸術家は本質的に、心の奥底から、熱烈な個人主義者であり、自発的な創造者である。決して彼は、自由の意志から、自分に規格や規準を押しつける戒律に服従することはないであろう。』」[17]

20年前工業生産を受け入れる必要を表明し

9 アール・ヌーヴォー

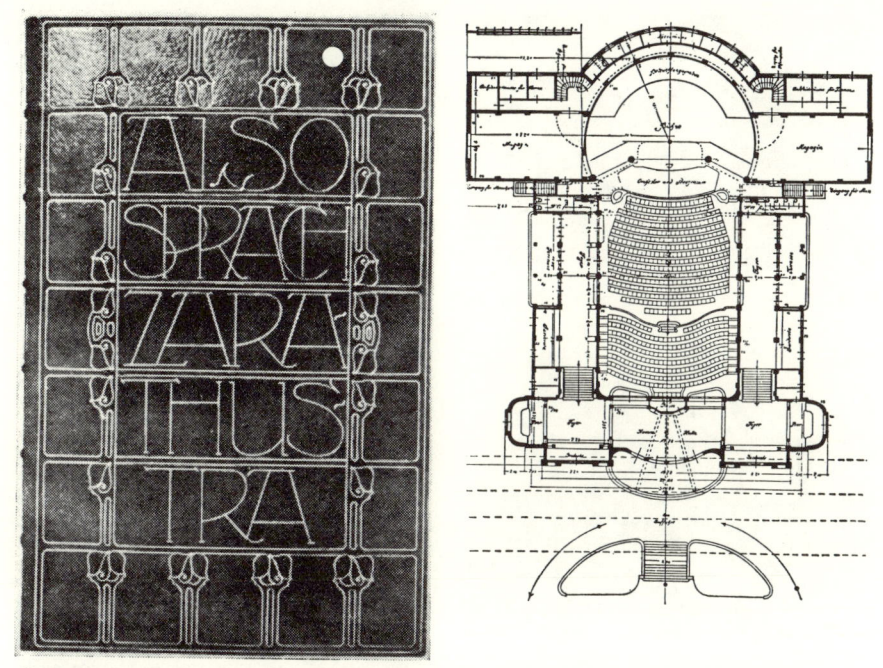

287, 288図　H. ヴァン・ド・ヴェルド，本の装丁とケルンのヴェルクブントの展覧会のための劇場の平面（1914年）………
G. A. プラッツ著，『わが時代の建築』("Die Baukunst der neuesten Zeit")——1927年——から。

た人間によるこの言葉は，変節とはみなされ得ないし，本人が後にペヴスナーにはこれと違った意見をもっている旨を語っている。それはむしろ，芸術的判断を理論の平面に下したものである。というのは，19世紀末のブリュッセルの純粋な雰囲気の中でアール・ヌーヴォーの形成に加わった者ならば，第1次大戦の直前の年の不器用なドイツ流の単純化を簡単に受け入れることは出来なかったからである。

ヴァン・ド・ヴェルドは，確かに彼の世代の巨匠の中では最も明快な思惟者であった。彼の業績の重要性は，彼が個人的に書いたりデザインしたりした作品を判断するだけでなく組織者としての彼の仕事，鼓舞する能力，彼が他の人々の中に呼び起こすことの出来るエネルギー等によっても計られるべきである。

アール・ヌーヴォーの運動を軌道にのせた最初のひとりであると同様，彼はそれの停止点のかりそめの性格をはっきりと知っていた唯一の人間であった。この理由から，彼はほんの部分的にアヴァン・ギャルドに属しているだけであった。もし，彼がデザイナーとしてアヴァン・ギャルドの領域内に留まったとしても，彼は巨匠としてそれを乗り越え，近代運動に入り，それのその後の発展を心底から支持した。彼の長い老年期（1957年の彼の死まで）を通して，ヴァン・ド・ヴェルドは，次の世代の前向きの実験を支持し続けたが，彼自身は賢明にもそれから離れ，パルティザン的立場にあって騒ぎに加わるようなことを慎んだ。2つの大戦の間，彼はベルギーに住みカンブル（Cambre）の装飾美術高等学校（Institut Supérieur des arts décoratifs）の

289, 290図　ハーゲン, スプリングマン邸の2景（ヴァン・ド・ヴェルド, 1913年）……オストハウスの前掲書から。

校長を務め、ヨーロッパの建築の発展を彼の著書[18]の中で追い、いくつかの建物を、いくらか新しいインターナショナルのレパートリーをとり入れながらデザインした（いくつかの住宅、1929年のハノーヴァの老人ホーム、1937年のパリの[19]そして1939年のニューヨークの[20]ベルギー館等）。第2次大戦後彼はスイスに落ち着き、そこで彼は回顧録[21]を書いた。自叙伝的なスケッチは次の言葉で終っている。

「悪が常に人を堕落させようとするように、芸術の歴史を通して、ある悪性のガンは、人間の最も純粋な美の理想を汚し歪めようと絶えず努めてきた。アール・ヌーヴォーという僅かな幕あい、自身の気紛れ以外の法律を知らないこのはかない狐火は、私が既に述べたように、新しい規律ある有意義な様式、われわれ自身の時代の様式のためらいがちな始まりによって受け継がれた。2つの大戦はその成長の苦しみを長くさせた。一歩一歩、それは成熟に向って意識的前進をとげた。そしてそれが最終的に成熟したものが合理主義的美学の設立であり、そこにおいては、形態と美は、有害な寄生虫、幻想という流行病に対して免疫となっているだろう。」[22]

3. チャールズ・レニー・マッキントッシュ

モリス、ヴォイジー、アシュビー、マクマードらの作品は、大陸のアヴァン・ギャルドの運動に影響を与えたが、一方、オルタ、ヴァン・ド・ヴェルドやウィーン人の実験は、イギリスにおいては、不信と疑いをもって受け取られ、しばしば高価過ぎるものとして激しく批判された（ウォルター・クレーン：「アール・ヌーヴォーとして知られる装飾病」）。[23]

しかし、中央から遠いグラスゴーで芸術家のグループが現われ、それがヨーロッパのアヴァン・ギャルド論議のただ中におかれた。実際、芸術史は彼らをアール・ヌーヴォー運動に属するとして分類することをためらわなかった（ゼヴィ、マドセン、ペヴスナーら）。

まず、「グラスゴー・ボーイズ」として知られる画家のグループ――J. ガスリー、J. レイヴァリー、E. A. ウォルトン――の悪名があがった。彼らは1890年にロンドンで作品を展示した（ここでも、ベルギーのように、画家の実験が建築家のそれに先行した）。2, 3年後、グラスゴー美術学校で、より広い関心をもった芸術家のグループ――建築家、画家、装飾家――が現われたが、それには、G. ウォルトン、画家兄弟のC. R. マッキントッシュとH. マクネア、2人のマクドナルド姉妹とI. モリスが含まれている。マッキント

9 アール・ヌーヴォー

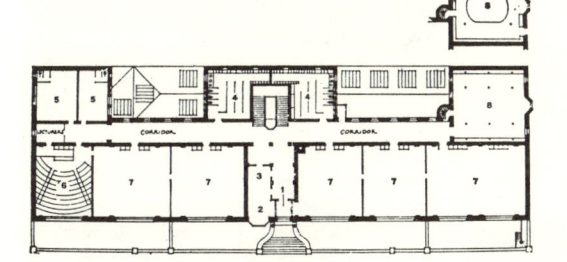

1.	入口	5.	教授室
2.	事務所	6.	講義室
3.	売店	7.	アトリエ
4.	更衣室	8.	図書室

291, 292, 293図 グラスゴー, 美術学校 (C. R. マッキントッシュ, 1898〜1909年)………T. ハワースの『C. R. マッキントッシュ』——1952年——から。

ッシュ, マクネア, 2人のマクドナルド——彼女らは後にそれぞれの妻となった——はまた「4人組」として知られ, しばしばいっしょに仕事をした。

天分豊かなチャールズ・レニー・マッキントッシュ (1868〜1928) は, 1890年, デザイナーとしてハニーマン & ケピー事務所に入った。4年後, 彼はパートナーとなり, 1913年まで協働した。とかくするうち,「4人組」は1896年の美術工芸展の時ロンドンで展示さ

れ, 1897年にマッキントッシュはフリーランスのデザイナーとして最初の重要な契約を得た。グラスゴーの新しい美術学校 (1898年と1899年の間に建てられ, 1907年と1909年の間に増築された。291〜293図) と, ミス・クランストンの最初の喫茶店であった。

これらの作品において, マッキントッシュはアール・ヌーヴォーのレパートリーの新しく魅惑的な解釈を示した。バーズレー型の装飾である線の唐草模様は, いろいろな部分の

309

IV 1890年から1914年にかけてのヨーロッパのアヴァン・ギャルド運動

294, 295, 296図 グラスゴー, ヒル・ハウス (C. R. マッキントッシュ, 1902～1906年)………T. ハワースの前掲書から。

空間的な意味づけの手段として用いられている。新しい, より直接的な関係が壁の軀体——しばしば四角くて重々しい——と魅力的な線の幻想で曲げられた木や金属の造作との間に確立された。

その直後, 1900年にウイーン・ゼツェッシオンで, 1902年にはトリノの国際展示会で家具を展示したマッキントッシュは, 俄かにヨーロッパ中で有名になった。1901年, ドイツの編集者 A. コッホは「芸術愛好者の家」のコンペを行い, ベリー・スコットが入選したが, マッキントッシュのデザイン——1902年に他のものと共に出版された——は最も議論を呼び起こした。[24)] その間, 彼は2軒の住宅をグラスゴーに建てたが, その1つヒル・ハウス (Hill House, 294～296図) はマッキントッシュの住宅の造作における好みを知る情報源である。というのは, それの多くが残存

297図　1901年トリノで展示された家具（A. コッホの前掲印刷物から）

しており，それに対して彼の他の作品のほとんどすべてが散逸してしまったからである。1913年彼がロンドンに移ってから後，彼には建築の仕事がなく，彼の飲酒癖が社会的な交わりを困難にしたこともあって，1928年，貧苦の中に死んだ。

　マッキントッシュの仕事の正確な評価をするには，大陸とはいささか違っていたイギリスにおける伝統との関係を考慮に入れるべきである。

　保守の精神，民族の伝統に対する敬意はイギリス文化の変わらぬ特徴のひとつであり，この過去のある特定部分，中世に対する一層の偏好は，ラスキンやモリスの教訓と結びつけられる。この理由から，グラスゴー運動は，大陸の運動と違って，伝統や歴史的様式への反動的議論を認めず，大きく過去の源泉，即ち因襲的なネオ・ゴシックや，地方の

Ⅳ　1890年から1914年にかけてのヨーロッパのアヴァン・ギャルド運動

298図　C.R.マッキントッシュ，水彩，1924年（ハワースの前掲書より）

スコットランド貴族風の建築からの流れを汲んでいた（イギリスの著述家達は，彼らの伝統への執着もあって，マッキントッシュと彼の仲間の仕事におけるこの要因を過大評価する傾向があるが）。1903年，マッキントッシュは，リヴァプール寺院のコンペティションに，その時代風の独自の装飾はあるが純粋にゴシックの案を提出した。

さらに，全体の回顧的ムードがアヴァン・ギャルド芸術家の生存を困難にした。新しい実験を試みる者は，多大の努力をはらって，自分自身を守らなければならなかったし，社会がそれを受け入れるようになるには非常に長い時間を要することが確かであった。

これが，イギリスのアヴァン・ギャルド作品が質において不均一な理由であり，マッキントッシュが彼の比類なき才能を完全に発揮し得なかった理由である。彼の最良の作品で

すら，どこか緊張しており，激しく鋭い形が，澱んだ繊細な形と交互に現われ，それらは時には異常に刺激的に無造作に並置されている。これは，ある程度，芸術文化が最も正しく豊かな経験をもつ国，モリスが近代芸術について30年以上にわたって主導的に議論を展開したその国においてこの輝しい孤独な芸術家が孤立化され，忌まれた運命を説明しているかも知れない。

20世紀の最初の10年間に，アヴァン・ギャルドはイギリスでは次第にその発酵母体を失い，マッキントッシュの遺産は，モリスのそれのように，大陸の運動へと渡された。

この退潮の主な理由は，1つではないにしろ，社会の性格によることは確かである。イギリスにおいては，階級間の相違が常に著しかったが，それはかなりの上下の移動と，支配階級の異常な心の広さによって補われ，それが利害の衝突を相対的なバランスへと変えてきた。ヴィクトリア時代の文化的前進は，少数だが高貴で無私の理想に燃えたエリート（モリスはそれの典型的な代表のひとりだった）によって達成された。

しかしながら，今や社会的不均衡が階級の闘争となって現われ——1893年，労働党が結成され，1906年にはその最初の代表を議会へ送った——，その利益をひどく脅かされた支配階級は，首尾一貫した保守的立場をより強固にとり，それ自身がつくりだした進歩的知識人の支持を失った。芸術的伝統主義——それはモリスにとっては過去に対するロマンティックな郷愁であり，現在を修正する拍車であった——は，社会的伝統主義に対する覆いとして急に重要になった。ペヴスナーは書いている。

「新しい様式が実際に富裕階級にのみ関わる問題である限り，イギリスはその勘定を支払うことが出来たが，その問題が人々全体を包み込むや否や，他の国，既に《アンシアン・レジーム》の雰囲気の中で生活したことのある国あるいはまだない国，イギリスの特権階級と郊外やスラムのそれとの間の教育上，社会上のコントラストを受け入れないあるいは知らない国がリードをとった………同じような毛嫌い（変えることの）は，われわれの国に適した様式の達成に不可欠な伝統が無残にスクラップにされることを防いだ。それ故，大陸の建築家がイギリスの建物及びイギリスの工芸の中の未来のための一般的様式の要素を見出したその時に，イギリス自身は，時には大いなる尊厳をもってはいるが今日の問題や要求にはほとんど関わりのない折衷主義的新古典主義へと後退した。地方の住宅，都市の住宅においては，ネオ・ゴシック，ネオ・コロニアルが流行し，公共建築や銀行等においては，荘厳な巨大な柱列が再び現われた。………」[25]

4. オットー・ワグナー

オーストリアの建築家達は，19世紀の末まで，頑固な正確さで，常に新古典主義を好んで，歴史的様式を用いていた。西部に現われた革命的運動との唯一の重要なつながりは，イギリスで H. コールと共に働いた G. ゼムパーの教育であった。これが恐らく，オーストリアの古典主義が一般的に明快でバランスがとれ，比較的他所ではアカデミック文化を冒していた複雑さに対して免疫をもっていた理由のひとつであったかも知れない。

19世紀の最後の10年間における芸術文化の不意の再生は，帝国の社会的，政治的発展との関連において見られるべきであり——1896年，初めて，議員の一部の選挙について一般投票が行われた——ゼツェッシオンと首相ケルベル（在任1900～1904）の自由主義的傾向と

IV 1890年から1914年にかけてのヨーロッパのアヴァン・ギャルド運動

299, 300図 ウイーン，カールスプラッツとシェーンブルン公園の地下鉄駅（O. ワグナー，1894~1897年）

の間には等しく明らかな類似がある。しかし，オーストリアの運動はひとりの傑出した人格，即ち例示と教育によって若い世代に影響を与えたオットー・ワグナー（1841~1918）のそれによって導かれた。

1841年生まれのワグナーはオルタより20歳年上であり，50歳まで，古典的なウイーンの伝統の中でのみ活動し，卓抜した職業的地位を獲得した。1894年，ウイーン芸術アカデミーの教授に任命され，彼は就任講義において，近代の要求と合致させるために建築思想の根本的な一新の必要を主張し，翌年出版された彼の本『近代建築』("Moderne Architecktur")において彼はこのテーマをさらに発展させた。[26] その間，彼は，新古典主義の仕掛けは軽減され簡単にされている一方，新しい装飾様式が普通の模倣のレパートリーに打ち勝っていると目されるオーストリアの首都の地下鉄駅（299~300図）をデザインして

いた。1905年の郵便貯金局（305図），1906年のシュタインホフ教会（301~302図），1910年の大学図書館等を含む彼のその後の作品では，ワグナーは若い建築家の——特に1894年から1898年まで彼のアトリエで働いたオルブリッヒの——実験に触れて彼の様式を成熟させ，少なくとも表面的には歴史的様式の引用とは無関係な，伝統様式に代る筋の通ったものをつくり出した。

ワグナーのプログラムはベルギーやグラスゴー派のそれと似ていた。即ち，新しい建築はすべての模倣から解放されなければならず，また近代の技術的条件を考慮に入れなければならないという考えであった。重大な点は伝統の拒否，個人の自由への信仰を意味するこの「新しい」という言葉にあり，それ，あるいはそれの同義語はこの時代のすべてのプログラムの定形の中に現われている。

しかし，いろいろな姿勢がこれらの定形の

下に隠されていた。ワグナーは建築様式の再生を限られた意味で理解していた。彼は通常正常な構成法や，厳格に対称的な平面や，装飾的要素の普通の配分等から遠ざからず，造形的要素を表面に限定することを好んだ。光の上に影を落とすという通常の明暗法に代って平面的な装飾が行われ，量の間の分節は線の組合せに変ってしまっている。要するに，伝統的なレパートリーは，形態の価値を造形から色彩へ，三次元から二次元へ（リーグルはいうかも知れない「触覚から視覚へ」と）移すことによって新しい生命を与えられた。

しかし，これは単なる装飾の変化ではなかった。建築全体はこの処理によって活気づけられ，変形され，伝統的要素の硬いものは，弾力的になり，素直になり，新しい要求に適合し得るようになった。

このやり方は，結果において実り多く，次の10年間に一般的なものとなり，近代運動が歴史的様式を手引きとすることを廃した時ですら，ヨーロッパの好みの基本的な構成要素のひとつであった。しかしながら，しばらくの間，それは，すべての新しい要素にとっての比較項となっていた新古典主義的レパートリーと密接なつながりをもった。

人はむしろ再生よりも，伝統の延長について語るかも知れない。伝統主義者から反伝統主義者的実験への推移は，急でも完全でもなかった。新しい形態は1894年以後古典的な形態と肩を並べて現われたが，ワグナーは，状況が要求する時には，非常に年老いるまで，古典的様式でデザインし続け，彼の最も近代的な大胆な作品においてすら古典的要素——シュタインホフ教会のファサードにおけるようなひとつの建築的秩序，あるいは秩序の断片——を，この変位の過程に従わなかった残滓として残した。次の世代のウイーンの建築家達（モンルー〈Montroux〉の別荘やミハエ

301, 302図　ウイーン，スタインホフ寺院（O. ワグナー，1906年）

303図　ウイーン，アパート（O. ワグナー，1911年）………
J. A. ラックス著『オットー・ワグナー』
304図　ワグナー派の本の表題，ライプツィッヒ，1902年

レルプラッツ〈Michaelerplatz〉の住宅におけるロース等）はしばしば同じ事をし，そして，彼らのすべては，気質において似ておらず，想像力において豊かであるとはいえ，一種の陳腐な新古典主義に陥る傾向をもっていたということは憶えておくべきである（オルブリッヒのケルンのファインハルズ〈Feinhals〉邸，1914年のヴェルクブント展覧会のオーストリア館，シカゴ・トリビューンのロース案等）。

ワグナーの議論でさえ，伝統的な用語で行われた。彼は主として個人の自由の名でアカデミックな伝統と戦った。過去の時代において敬われた様式の規律は，無気力な受動的な伝統主義者の中に凝固していると記し，これと対照的なものとして彼は芸術家の気質によって導かれる自発性を置いた。

「芸術家は元来，それぞれの性癖をもつ生産的動物である。創造性は彼の最も重要な

305図 ウイーン，郵便貯金局（O. ワグナー，1905年）

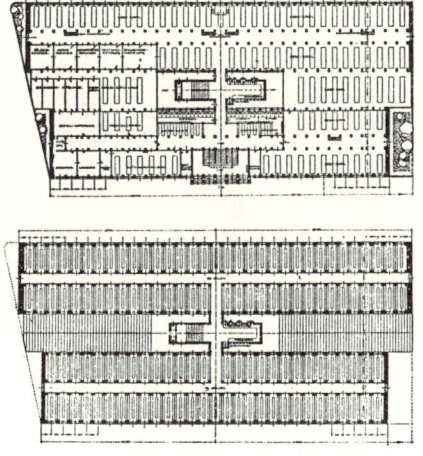

306, 307図 ウイーン，大学図書館（O. ワグナー，1910年）
……J. A. ラックス著前掲書より

長所である。芸術には保護貿易主義はあり得ない。何故なら，弱点の防護は芸術的レベルを低下させる傾向をもつからである。芸術においては，強者のみが力を得る。何故なら，彼らの作品は理想的なモデルとして即ち芸術的に刺激的に働くからである。既に『芸術における平凡さを憐むな………』といわれてきている。われわれの芸術文化とそれ故芸術における進歩は独自の精神の手中にある。」[27]

ワグナーの近代主義的自由主義はガデの伝統主義的自由主義と明らかな類似関係をもっていた。両者が同じ年にそれぞれウイーンと

Ⅳ 1890年から1914年にかけてのヨーロッパのアヴァン・ギャルド運動

308図 ウイーン，ゼツェッシオン館（J.M.オルブリッヒ，1898年）

パリのアカデミーで教え始め，ヨーロッパのいろいろな国のすべての運動の最初の酵母であった共通の思想の2通りの異った解釈を提供したというのは偶然の一致ではなかった。

18世紀の後期，政治上の自由主義の場合がそうであるように，新しい方向は伝統的な枷からの解放として消極的なやり方で定義され，そして，すべての議論は過去の言葉で行われ，過去は引き続き比較項として残されていた。新しい傾向が必然的に生じさせた組織の問題は曖昧のまま残ることを許され，そのような思いがけない問題に取り組むために古い絆を再建することの正当性は当然とされた。都市計画に関する限り，ワグナーの方法の非生産性，ウイーンの拡張のための彼の計画の貴族主義的，因襲的性格を考えてみればよいのである。

新しい運動と伝統の間の持続的な絆——それはワグナーにとって彼の実験の種々の相の間の関係であり，そしてそれは彼の教育の中で若い世代に伝えられた——はある程度他の西欧のアヴァン・ギャルド運動のそれと比較するとオーストリアの実験を制約していたが，それはまたオーストリア派の成功の主たる原因でもあった。というのは，ワグナーの実験や彼の追従者のそれは，伝統的様式に代るものを提案しただけでなく，形態や過去から受けついだ視覚的，精神的習慣の巨大なレパートリーの全体にアタックし，それを変える方法，そしてそれをきっぱりと清算するために変える方法をもたらしたのだった。

こうした理由で，オーストリア派は，「20世紀様式」として知られ，2つの大戦の間のヨーロッパの建物に非常に影響を与えた古典主義と近代主義との間の焦立たしいような妥協——なめらかで間のびしたアーチ，キャピタルのない円柱，対称的で単純化されたマス等をもった——の大きな原因となったが，それはまた固定した装飾的パターンへと早く結晶することを妨げ，他の同時代の派よりももっと直接的に，近代運動のための地盤を整えた。

318

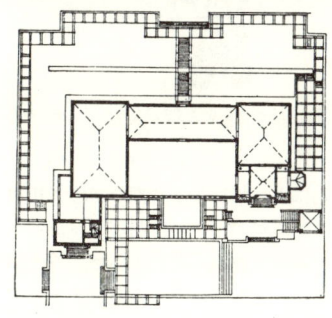

309, 310, 311図　ダルムシュタット，マルティデンヘーエ，展示館（J.M.オルブリッヒ，1907年，下の写真はG.A.プラッツの前掲書より）

5. ヨゼフ・マリア・オルブリッヒ

ワグナーの門弟の中で，ヨゼフ・マリア・オルブリッヒ（1869～1908）は彼の先生に最も近く，「堕落していない自然な感受性を持ち続けていた」自由な芸術家の理想を最もはっきりと体現していた。

アカデミーでハセナウアーの下で勉強した後，彼はローマ賞を与えられ，地中海諸国を旅した。1894年ウイーンに帰るや否や，彼はワグナーの事務所で5年間働き，地下鉄のための建物の装飾をデザインした。1897年，彼はゼツェッシオンの運動に加わり，翌年それの展覧会のための建物をデザインした（308図）。

1899年，彼は，E. L. フォン・エッセン公に招かれてダルムシュタットへ行き，市の近くの丘に芸術家村を建設した。これは，大公をパトロンとする芸術家のグループのための住宅と展示場の集合であった。若い建築家P. ベーレンス，画家H. クリスチャンセン，

IV 1890年から1914年にかけてのヨーロッパのアヴァン・ギャルド運動

312図 ダルムシュタット,マルティデンヘーエ,時計台の下部(J.M.オルブリッヒ,1907年)

313図 字の構成(L.ヘフェシ著『J.M.オルブリッヒの思想』から)

デザイナー P.ブルック,彫刻家 L.ハビッヒ,装飾家 P.フーバー,宝石商 R.ボッセルトらである。オルブリッヒは展示のための建物,配置計画,家具造作,庭,環境等,そして陶器やレストランのウエイターのユニフォームまでデザインした(309〜312,314〜317図)。

その建物群は,グループの作品の共同展示として1901年にオープンし,1904年,第2回展示のための新しい建物を加えて拡張され,1907年に結婚記念塔(Hochzeitturm)として知られる有名な塔を含む大きな展示用建物と共に完成した。1908年,オルブリッヒは大きなティエツ(Tietz)百貨店を監理するためにデュッセルドルフへ移り,同年急死した。

オルブリッヒはヨーロッパのアヴァン・ギャルド運動にとって重要な時期の初めに40歳を待たずに死んだが,彼の作品はおびただしく,驚くべきほど首尾一貫していた。彼は異常なた易さで,まるで努力をしないようにデザインしたが,今日それを見る者を最も驚かすのは,彼の数え切れない多くのアイディアが,完璧な技術的正確さで実現されているということである。

展示建物の塔は完璧な例である。赤レンガむき出しの壁は,石の装飾のくり返しと,青と金のモザイクの面によって分割されている(312図)。頂きの部分は深紅の光ったタイルで仕上げられ,そこにバルコニーが点々とついており,最上部の屋根は木造で,磨かれた銅板で覆われている。オルタと違って,オルブリッヒは限られた数の材料と当り前な組合

9 アール・ヌーヴォー

314, 315, 316図 ダルムシュタット，マルティデンヘーエ，ルードウィッヒ邸の3景（J. M. オルブリッヒ，1901年）

Ⅳ　1890年から1914年にかけてのヨーロッパのアヴァン・ギャルド運動

317図　ダルムシュタット，マルティデンヘーエ，オルブリッヒ邸のディテール（J.M.オルブリッヒ，1901年）

せだけを使ったりせず，広汎な範囲の色彩の効果を得るために多くの種類のものを楽しんで用いた。結果は途方もない種類のものの並置となったが，すべてはあまりにもうまく用いられているので，50年後ですら建物はほとんど退化しておらず，その華美な装飾の被覆

はほとんど元のままである。

これらすべてのディテールをオルブリッヒが直接コントロールしたとはほとんど信じられないようであるが，この建築にオルタの作品に見られるのと同じような端的に表現された軽快さを与えているのは，まさに，すべての技術的難題の正確な解決である。今日では組織的問題の途方もない増大から得難いように見えるこの完全さは，多分，オルブリッヒが魅力的である主たる理由であり，ただ1つの方法で説明され得る。即ち，デザイナーと施主と施工者との間の完全な理解によってであり，それはオルブリッヒの革新的な傾向によって少しも揺らいだようには見えなかった。

このことは，オルブリッヒの建築の新しさは彼の形態の選び方にあったが，その代り技術的処置と伝統的組織関係をそのままに残していたことを意味していた。それは折衷主義的文化のレパートリーを，その概念的限界を破ろうとは試みずに拡げる表面の改革であった。

事実，特に止むを得ない問題に取り組まなければならなかった晩年，彼は絶対的に自然に見えるようなやり方でネオ・ゴシックのモデル（ティエツ百貨店）へ，そして新古典主義的モデル（ファインハルズ邸）へと逆戻りし，ワグナーを想い起こさせる硬直したものへと戻ってしまった。

6. ヨゼフ・ホフマン

オルブリッヒより1歳若いヨゼフ・ホフマン（1870～1956）はアカデミーでワグナーに学び，ゼツェッシオンに参加し，1898年彼の室内装飾に対する関心を示す第1回ゼツェッシオン展覧会の一室での家具造作でデビューした。

これはヨーロッパのアヴァン・ギャルド運動の応用芸術の最初の生産品がウイーンに到達した時であった。ここで1897年フォン・スカラ男爵は最初のイギリス家具の展示会を開き，フォン・ムテジウスはヴァン・ド・ヴェルドの作品を知らしめた。1899年，ホフマンは「工芸学校」の教授に任命され，1903年，コロ・モザーと共に彼自身の工房「ウイーン工房」（Wiener Werkstätte）を設立し，それ以後，それに彼のエネルギーの大部分を捧げた。

その間彼は一連の建築の仕事を行っている。ウイーン内及び周辺のいくつかの貴族の邸宅（324図）や彼の最初の公共建築，プルケルスドルフ（Purkersdorf）のサナトリウム（323図）等である。ここでは，仕事の性格がホフマンをして彼の建築様式をその極限にまで単純化させた。最後の建物は白くプラスターを塗られた石造の建物で，上部にスラブのような屋根をもち，いろいろな形の窓が開けられている。青と白の格子のタイルの帯がそれぞれの直角の角を走り下り，量を面に変化させる効果を与えた。この建物は普通合理主義の予見としてみなされているが，それ自身においてそれは正確にワグナー式方法の限界内に位置づけられ，伝統的モデルの彩色写本として当然あり得る結果のひとつであったし，伝統に照らさずして評価され得ない。これは厳格に幾何学的な平面，注意深く考えられた各部分の関係，窓や形や間隔を変えることによって各階に変化をつけるような配慮等から理解される。

1905年，ホフマンはブリュッセルのパレ・ストックレ（Palais Stoclet）の仕事を始め，1914年までそれを続けた（318～322図）。ホフマンがパレスの名に恥じないように大きく華美で，富裕な工業家のための郊外住宅という特別な仕事に最善をつくしたことは意味深い。建物の立体の黒い帯で縁どられた四角への分割は，ここではブロンズの蛇腹で縁ど

IV 1890年から1914年にかけてのヨーロッパのアヴァン・ギャルド運動

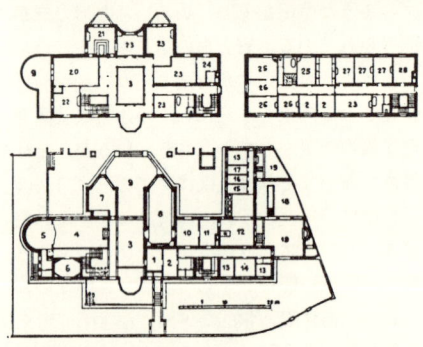

1. 入口	11. オフィス	21. バスルーム
2. クローク	12. 台所	22. 化粧室
3. ホール	13. 使用人室	23. 幼児室
4. 音楽室	14. 使用人食堂	24. 保母室
5. ポーチ	15. 石炭室	25. 使用人寝室
6. サロン	16. 食品庫	26. 更衣室
7. 喫煙室	17. 冷蔵庫	27. 客室
8. 食堂	18. ガレージ	28. 作業室
9. テラス	19. サーヴィスヤード	
10. 朝食室	20. 寝室	

B. ゼヴィ著 "Storia dell'architettura moderna"
——1950年——から。

318, 319図 ブリュッセル、パレ・ストックレー（J. ホフマン, 1905〜1914年）

られた白いノルウェー産の大理石の仕上材によってなされ、プランや庭への展望等に認め得る部分的な対称性は、それ自身それぞれ対称的だが機能的必要に応じて自由にグループ化されたその他のもろもろによって多様にされている。オルブリッヒの自由芸術におけるように、これは過去の伝統のあまり知られていない面の引用に基づいた——同じような構成法は後期ローマ時代に用いられ、またもう

1つは、19世紀の中世主義建築家によって再びとり上げられたイギリス・ゴシックにおいて用いられた——あるいは現在の視覚習慣を僅かずつ修正することによって生まれるダイナミックな効果の計算に基づいた透視図法からの計算された逸脱であった。ともかく、この構成法は過去の様式の熟練した操作によるもので、すべてのディテールをじかにコントロールする非常に鋭敏な感受性によって裏付

320, 321, 322図　ブリュッセル，パレ・ストックレーのディテール

　パレ・ストックレへの見学者は，ホフマンがそれに浪費した無数の愉快なディテールを即座に意識する。ここでもまた，厳密に技術的な妥当性，秀れた保存状態——高価な材料の使用と，持ち主が建物に払った入念な配慮によって容易にされた——が建物をよく見せている。滑らかな芝生，幾何学的な形に刈られた常緑樹や生垣等の庭園ですら，時の経過に対して多かれ少なかれ免疫となっている。これらのすべては，作品に一種のモニュメンタルな抽象性を与えている。何故なら，それは過去の生活の不変の形を保存し，過去の人物の蠟人形のように，ある戸惑いを呼び起すからである。
　プルケルスドルフのサナトリウムとパレ・ストックレの両方共，すべて「ウイーン工房」からの製品によって仕上げられた。ホフマンはこの工房を通しての方が彼の実際の建築を通してよりもはるかに同時代の人々に影響を与えた。美術工芸運動が中世主義の痕跡から自由となったのは彼によってであり，それ故，「ウイーン工房」の好みは，同じような地方の伝統の一部を駆逐したフランスやイギリスを含むヨーロッパすべてを規制することになった（326図）。
　「ウイーンの家具」は，ほとんどすべての家具屋において見られるものである。第1次大戦後，それはいくらか流行おくれに見え始めたが，その花のついた肘掛椅子，軽いパネルの洋服ダンス，モールのついたヘッドボードのあるベッド等と共に中産階級の家庭に氾濫し続け，それらのすべては多くの人の手を長い時間渡ったことによっていくらか無骨になったとはいえ，ホフマンの様式的要素を未だに反映している。
　同じような理由で，2つの大戦の間——ワグナーの死後——ホフマンはウイーンにおけ

Ⅳ　1890年から1914年にかけてのヨーロッパのアヴァン・ギャルド運動

323図　プルケルスドルフ，サナトリウム（J.ホフマン，1901年）

324,325図　ウイーン，プリマヴェシ邸（J.ホフマン，1914年）とケルンの博覧会のオーストリア館（J.ホフマン，1914年）………G.A.プラッツの前掲書から。

る最も認められたデザイナーとなった。彼の作品のこの点については後に第16章で論ずるだろう。

7. アドルフ・ロース

アドルフ・ロース（1870～1933）は彼の人生の出来事や彼の理論からいっても同時代のウイーン人とは違っている。ブルノ（Brno）

326図 J.ホフマン，家具デザイン（L.クライナー著『J.ホフマン』——1927年——から）

で生まれ，地方で教育を受けた彼は12歳の年までは聾者であって，この肉体的なハンディキャップが彼の性格や運命に影響したということはあり得ることである。彼は生まれつき，個人としてそして芸術家として一匹狼であり，ペルシコが彼をそう呼んだように[28]「近代のディオゲニス」訳註1)であった。

1893年から1896年までの間，近代主義者ワグナーについての議論がウイーンで始まりつつある時，ロースはイギリスとアメリカを旅していた。彼が帰国した時，仕事がなかなか見つからず，ある室内装飾をしたりし，1904年，最初の建物をデザインした。そのモンルー(Montreux)のカルマ(Karma)邸(327図)は，その部分的な対称性，広い外壁の使用，正面入口の孤立したドーリア式オーダーと対照的なくっきりとした窓という点で明らかにワグナーの影響を受けている。だが，白いプラスターは建物の種々の要素を平等にし，普通の色彩の対位法を除き，伝統的な立体の決定を復活し，ワグナー風モデルほど優雅ではないにしろ建物をより硬くさせている。

ロースは理論家としても活躍した。彼は論文を書き講演をし，1903年から僅かな期間，「他のもの：オーストリアへ西欧文明を紹介するための雑誌」という意味あり気な標題をもつ雑誌すら発刊した。ロースはゼツェッシオンの執念深い敵であった。彼はワグナーの芸術の自由についてのアピールやホフマンやオルブリッヒの装飾のインスピレーションを，ワグナーや彼の追従者達が戦った伝統的様式に基本的に似ている文化的道楽とみなした。この理由で，彼はオリジナリティの礼讃に対して節度と分別を主張し（オリジナルであることを警戒せよ。デザインは容易にあなたをそれの方に追いやる。デザインしている間，オリジナルなアイディアを遠ざけるために，大きな努力を払わなければならない。しかし次のような考えはこうした誘惑に充分打ち勝つに違いない。「私の施主は50年もの間どうやってこの家で生活するだろうか。」)，新しさの価値に対して，便利さについての公平な評価を主張した（「もしそれがよくなる方向である時にのみ，新しいことをすることが許される。新しい発明——電灯，コンクリート等——のみが………伝統を変えることが出来る。」)。そして，最後に，建築を実用性の世界に置き，芸術と実用性の完全な分離に到達した（「建築は芸術ではない………目的を充たすようなものは芸術の世界から除かれ

IV 1890年から1914年にかけてのヨーロッパのアヴァン・ギャルド運動

327図 モンルー，カルマ邸（A. ロース，1904年）

328図 ウイーン，シュタイナー邸（A. ロース，1910年）……
…サルトリス著『機能的建築の諸要素』——1932年——から。

329図 ウイーン，ミハエルプラッツの住宅（A. ロース，1910年）

る。」）。[29] 1908年，彼の「装飾と罪」という有名な一文で，ロースは建築と応用芸術は装飾なしですますべきであり，装飾は野蛮な習慣の遺物とみなさるべきであると主張した。

1908年以後のロースの作品は，ほとんどこのテーマの実際的な証明である（328〜329図）。1910年のミハエルプラッツ（Michaelerplatz）の住宅，同年のウイーン郊外のシュタイナー（Steiner）邸は，すべての非構造的要素の完全な除去によって当時の人々に感銘を与えた。それは平滑な石造のマスで，窓や他の開口部が穿たれ，また平板の蛇腹あるいは単純な笠木が屋根との接点を印している。

これらの建物はヨーロッパ的合理主義の最

初の例と目されており，それらは確かに，グロピウス，オウト，ル・コルビュジエや他の第1次大戦後の巨匠らに影響を与えた。しかし，ロースの議論の用語は伝統的文化のそれであり，彼はア・プリオリに美と実用，装飾物と非装飾物とを正反対なものと受け止め，実用性の側に立ち，装飾を省いたが，近代運動はこの用語そのものの意味を疑い始め，ロースのような議論は無意味となった。

「条理」に対するアピールも2つの意味をもっていた。ロースの「条理」はワグナーの必要性（necessitas），即ち，建物の本性に固有な一般的法則の全体（ワグナーによれば，この理由で，それはア・プリオリに美を支配する一般法則と調和するが，ロースによれば相反する）であった。グロピウスの条理は能動的な調整原理であって，それにおいて必要性と美との間の敵対性は和解する。何故なら，物の真の価値は自然のどこにも見出されず，人間の工業による産物であったからである。

ロースの建築の単純性——ホフマンのあるものの単純性も——は伝統的なレパートリーをワグナー風のプロセスで単純化したものである。ある様式的価値（付随的装飾，色）の放棄は他のもの（計画されたヴォリュウムの相互関係）の厳格な保持によってバランスされることを要求する。この理由で，ブルケルスドルフのサナトリウムはパレ・ストックレよりも，またシュタイナー邸はモンルーの別荘よりも厳密に対称的なのである。これらの作品において，ウイーン派の理論は超克されずに，その極限に押し進められたのである。

考えられるもう1つの面は，ロースが1893年から1896年にかけての旅行で夢中になったアメリカの影響である。ゼヴィはこの点を強調し，それと，彼が彼の住宅（330図）で行った垂直方向への空間の自由な扱いと関係づけた。[30]

この重要な点についてはこの「空間の概念」の性格をはっきりさせるためには，まだもっと分析が必要である。ロースは，職人としての訓練のせいもあって，建築の形態をデザインの仲介なしに直接的に本能的に把握され得るようなものと考える傾向をもっていた。彼は，アメリカにおいてこの傾向がアヴァン・ギャルドの野心的なプログラムにおいて認められるのではなく——そこではデザインが反対に非常に重要な役割をはたしている——当時の住宅建築の大きさの適当さという意味で，そして材料の正しい使用において，また機能の必要に対する偏見のない固執において認められることを発見した。

こうして，彼は，すべての部屋に一定の高さを与えること，即ち，それらの相互の関係を平面図という手段で図形的なものだけで見ることを課する「平面」の重ね合せで建物を人工的に分割することについて考え直させられた。そしてその代り部屋の高さはすべての部屋にとって，高くも低くもなく最も適当と判断される高さであるべきだとロースは主張した。このようにしてのみ，それの性格は，隣の部屋に調和させることを強いられずに，望むがままにすることが出来る。デザインは，最も有益なやり方でレベルの変化を代償としながら，いろいろな部屋同士を建物全体の中で関係づけるためにのみ用いられるべきである。これが，彼が「空間計画」（Raumplan）の名の下で論じた新しい構成法の出発であった。

ロースの弟子であるノイトラは，1900年頃いかにこの巨匠が「図に寸法を記入する習慣，あるいは寸法の入った図面に対する謀反を始めたか」を詳しく述べている。「私によく話していたが，彼はそのようなやり方がデザインから人間性を奪うと感じていた。『もし，木の鏡板や腰羽目の高さをきめたいのなら，私はそこに立ち，手をある高さにおき，

IV 1890年から1914年にかけてのヨーロッパのアヴァン・ギャルド運動

330図 ウイーン，ショイ邸の内部（A. ロース，1912年）

大工に鉛筆でしるしをつけさせる。それから後へ退り，いろいろな点から眺め，全力をあげてその完成された結果を心に描く。これが腰羽目の高さや窓の幅をきめる唯一の人間的方法である。』」[31]

ロースは，個々の建築の要素の中に直接的な実測によって人間的価値を認めた。彼の技術的にも道徳的にもあらゆる種類の浪費に対する憎悪はここに由来するのであって，それが恐らく，飾りたてることに対する彼の論争，空間計画の彼の理論の基礎的理由だった。ロースが最も重要な貢献，即ち，アカデミックな建築家の浪費に満ちた無関心さと対照的な空間に対する一種の吝嗇を近代運動に与えたのもこの点においてである。何もない，王国のように征服されるのを待つ無限の空間の中に，彼は人間活動の営まれる空間，即ち，最も大切に使われる高価な1枚の硬貨のように，貴重な，具体的なリアリティを見るのである。

9 アール・ヌーヴォー

331図 ショイ邸の内部（A.ロース，1912年）

　彼は人間と環境との間の関係を，開口部の寸法と人体とその動きとの間にある対応を考えることに自らを限定しながら，直接的に実測することによって，理解した。このようにして，彼は建築家の仕事における直観の役割を過大評価し始めプランニングを厳密に個人の仕事と考え始めた。グロピウスはここの論法を拡大し，ロースの空間に個人と集団のすべての人間行為を含め，そして，人間のすべての活動機能が考慮されるプランニングの一般化された概念を提案した。こうして，ロースの孤独の経験は近代運動へと手渡され，次の時代の共同財産となった。

　彼の側では，ロースは彼自身の個人主義的な姿勢に忠実であり続け，彼のアイディアの多くが国際的な運動によって拾われた第1次大戦後でさえ，孤独な立場をとり続けた。

　1920年から1922年の間，彼はウイーンの主任建築家に任命され，大きな規模の仕事をする機会を得た。この点についてはまだ充分研

Ⅳ 1890年から1914年にかけてのヨーロッパのアヴァン・ギャルド運動

332図 ウイーン,モーラー邸の内部(A.ロース,1928年)

究されていないが,これが恐らく彼のキャリアの頂点であっただろう。彼はホイベルク(Heuberg)に実験地区をデザインした。これは部分的に建設されただけだったし,多くの種類の建物は全然建てられなかったが,それらは住宅としてはオーストリアだけでなくヨーロッパのどこの国においても最も進歩的な実験であった。しかし,ロースの人間的限界がはっきりと感じられたのもまたこの時であった。即ち,彼の個人的な経験を非直感的

なやり方で他人に伝えることや,それから客観的な方法を演繹することが出来ないという限界である。1922年,彼は彼のプランニング方法を,彼の個人住宅の中で最も完成されたもの,ウイーンのルーフェル(Rufer)邸に凝集し,その後パリへ移って,そこで1926年ツァラ(Tzara)邸を建てた。晩年,彼は自分の国へ戻り,そこで彼は時代の論争から離れて働き,さらに3つの傑作をつくり出した。それらはウイーンのモーラー(Moller)邸

9 アール・ヌーヴォー

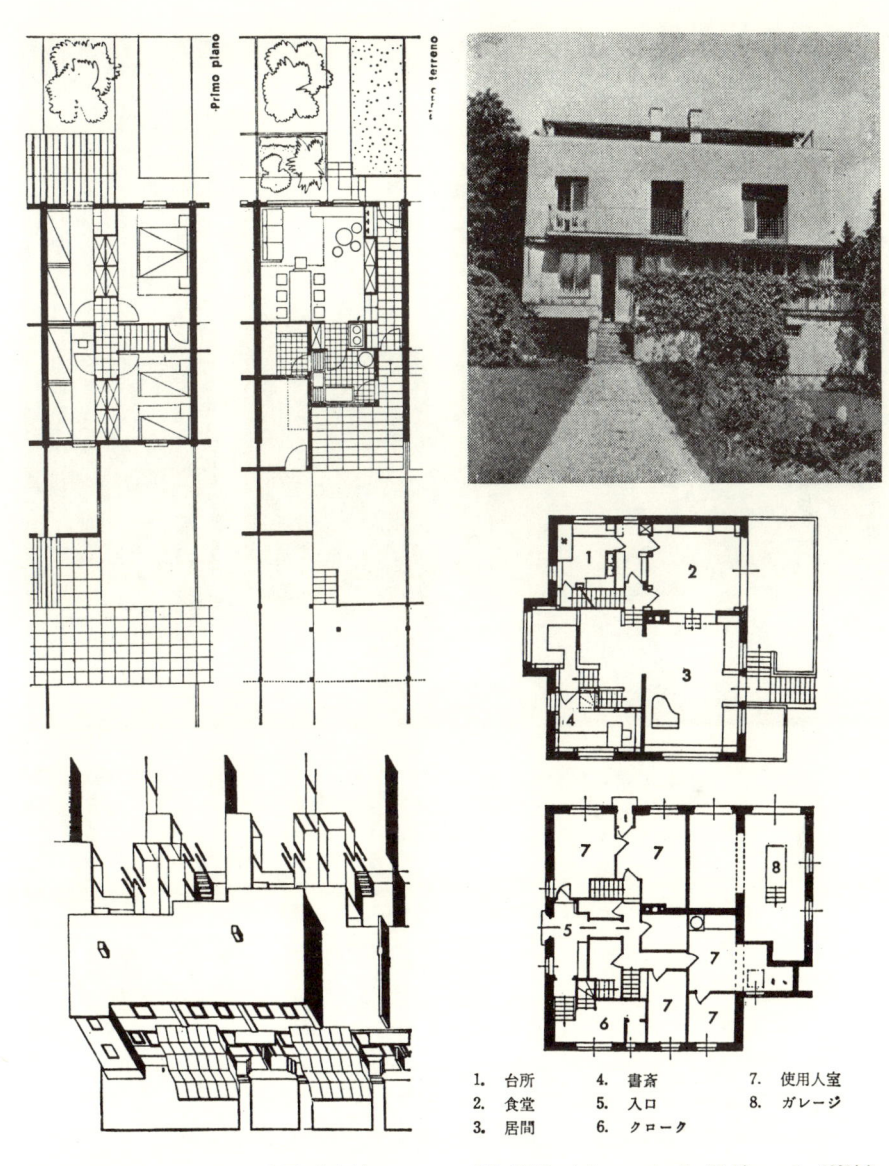

1. 台所　4. 書斎　7. 使用人室
2. 食堂　5. 入口　8. ガレージ
3. 居間　6. クローク

333, 334図　ウイーン，ホイベルグ地区の住宅（A. ロース，1921～1923年）

335, 336図　ウイーン，モーラー邸（A. ロース，1928年）
………「カサ・ベッラ」誌から。

(1928年)，プラハのミューラー (Müller) 邸 (1930年)，同じ年のバイエルバッハ (Payerbach) のクーナー (Khuner) 邸等であり，自然の材料と技術上の配慮を使って，次の10年間に広く広がることになる関心についての先鞭を世界に先駆けてつけた。

333

Ⅳ 1890年から1914年にかけてのヨーロッパのアヴァン・ギャルド運動

337, 338図 H. P. ベルラーへ, アムステルダムの株式取引所（1903年）とデ・ネーデルランデンの事務所

8. ヘンドリク・ペトルス・ベルラーへ

19世紀の後半, P. J. H. カイパース（1827〜1921）はオランダにヴィオレ・ル・デュクの合理主義の反響をもちこみ, 地方のゴシックの伝統の穏やかで正確な解釈を提供した。他の北ヨーロッパの国々におけるように, ここ

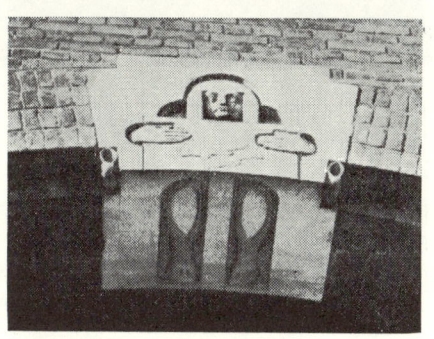

339, 340, 341図　アムステルダム，株式取引所のディテール

ではネオ・ゴシックが，保守的で国際的な新古典主義に対立するものとして，民族的，進歩的意味をもっており，議論は折衷主義的思想の用語の範囲に留まったが，国中の関心の的であった。

ヘンドリク・ペトルス・ベルラーヘ（1856～1934）はこうした環境の中で育ったが，これらの前提から高度に独創的な一連の理論を発展させ，それは中世に刺激されたヨーロッパの建築思想に対する修正の可能性を示した。

ベルラーヘはゼムパーの教育がまだ生き残っていた1875年から1878年にかけてチューリッヒ工科大学で勉強した。最初，フランクフルトで働き，その後，イタリアやドイツの国々を旅した。1881年以後彼はアムステルダムに落ち着き，T. サンダースと共にアトリエを開き，またサンダースと共に1885年の株式取引所のコンペティションに参加し，4位とな

IV 1890年から1914年にかけてのヨーロッパのアヴァン・ギャルド運動

342, 343図 ハーグ, ゲメーンテ博物館（H. ベルラーヘ, 1934年完成）

った。1897年, 彼はそれを建てることを依頼された。その建設は1899年から1903年にかけて行われたが, それは彼の経験における重要な転機とオランダ建築の積極的な再生を印した（337図）。

この作品の重要性は正確には何か？ 全体的な調子は明らかにフランダース風のロマネスクとゴシックに刺激を受けているが, 歴史の引用は独創的な構造分析のための出発点として用いられ, 実用的要素が未知の装飾的効

344, 345図 M. デ・クレルク，アムステルダムの海員クラブのデザイン，1922年（「アルシテクトゥール・ヴィヴァント」誌から）

果をつくり出すために素直に明らかにされている。例えば，樋はレンガの壁の中の穴に埋めこまれ石の付属物で保護されており，またタイ・バーの先端のモチーフあるいは内部ではつなぎ梁をもった屋根のリベット打ちの構造体やそれの支持材が，リズミカルに大きな部屋を渡っている。さらに，様式が明らかに想い起こされるが，見る者は建物のすべての部分の扱いに新しさと新鮮さを感じ，そして即座に，伝統的材料——石とレンガ——の調

IV 1890年から1914年にかけてのヨーロッパのアヴァン・ギャルド運動

346図 アムステルダム，株式取引所のディテール

347図 パリ，アパート（J. ラヴィリオット，1904年）

和と肌理をあたかも初めて見たように感じるのである。この効果は，主として，まさに伝統が精緻な造形を要求するところで，ある材料から次の材料へ非常に滑らかに移り変っていき，そして，彫刻の装飾の多くを壁に散らし，レリーフの代りに凹んだレリーフを使っているという独自な手法に原因している（339～341図）。

こうした判断はベルラーヘの方法を理解するのに最も重要である。ワグナーにおけるように，彼の手法は造形効果を色彩効果に翻訳するために用いられたが，それは体系的に用いられたので非常に徹底的なものとなっており，いわば伝統的な言語を真二つにしたといってもよい。そこではそれは，立体の図面の上だけで，即ち，また用いた材料の違いから結果する物理的なものから表現されるような幾何学的なものとは無縁なものとなっている。このようにして，新しい自由さがすべての伝統的な形態とそれの組合せの中にもちこまれ，その時代のレパートリー——変貌を続けている——は，その時代の利用と習慣に無

関係であり得るように利用され，また新しい利用と習慣に適合されたのである。

ベルラーへのプログラムはワグナーのそれと似ていた。両者共，彼らの活躍の最初の時期に学び消化した様式的遺産のいわば当世風の翻訳を提案した（アムステルダム株式取引所が始まった時，ベルラーへは47歳であった）。ワグナーは何世紀かの貴族的伝統の重みがのしかかっている古典様式を利用したが，彼は主としてそれの自由なそして個人的な解釈の可能性を示すことに関わってきた。ベルラーへのレパートリーは，議論や自由解放のための目的で初めから扱われ，ヴィオレ・ル・デュクの合理主義を刺激し，ラスキンの道徳的憧れを伴った中世のレパートリーであり，彼はこの要求の根源を見出すためにより深く掘り下げる方向へと進んだ。さらに，ベルラーへ――この鋭い理論家――は彼の姿勢を出来るだけ没個性的にすることに，そして出来るだけ広く受け入れられるような客観的な方法論をつくることに気をつけていた。こうして，彼の教訓は，第11章で示されるように特に都市計画の分野で，ワグナー的なものをより強く生み，より豊かな実りを生んだ。

このオランダの巨匠は，彼の同時代の人々よりもよりはっきりと，アヴァン・ギャルド文化が基本的には急場の産物であるということを理解していた。「未来社会の偉大な建築様式」[32]が準備されつつある間，流行の伝統が提供する手段を改造すること，それらを厳格な分析に従わせること，主観的な選択を客観的な考慮へと定着させること，それらを合理的な経過の中におくこと等が実際必要であった。

しかし，伝統の遺産のこの合理化はまだ不完全であった。計画の客観的要因と主観的要因とを，そして方法と形態の選択とを，ベルラーへは，ある方法論的要求とある形態の型とを結びつけて考えるというかたちで平行させることを根本的に当然なものと仮定していた――例えば目地底を壁面と平らにするなど普通の組積造の積み方を変えた。

この二元論は彼の後継者によって日の目を見た。何故なら，彼の教訓は主として合理主義の方向――個人的な判断を最小限に減らすための正確な方法をつくり出そうとした「デ・スティル」（De Stijl）グループのように――へと発達することも，他に，1910年後活動的となったヴァン・デル・マイ，クラマー，デ・クレルクらの若い人々のグループの場合のように，形態の選択をすべての法則から解放するような方向に発展することも出来たからである。

9. アール・ヌーヴォーの伝播

ヨーロッパのアヴァン・ギャルドを個々の人間やグループという形で描写することは，個々の実験が，実際よりもずっと他から孤立化していたような印象を与えるだろう。この時代において，文化的な接触は非常にさかんであり，運動も芸術家も多くの方法で互いに刺激し合い，個々の独立した実験の源を探索しても徒労に過ぎず，種々の影響はからみ合っていた。

それぞれの実験が孤立しているという見解を正すには，ヨーロッパやその他でアール・ヌーヴォーのアイディアとイメージが広がっていった主な仕組みを考えてみなければならない。こうした理由で，私は，これまで書いてきた主要な実験の蔭に隠れているそれほど重要でない実験についても触れることになるだろう。

既に述べたように，ベルギーのアヴァン・ギャルド運動は，1881年に発刊した週刊誌「ラール・モデルヌ」（L'Art Moderne）を中心として成長し，第1次大戦までに世に出た。「レ・ヴァン」グループが1884年に結成

Ⅳ 1890年から1914年にかけてのヨーロッパのアヴァン・ギャルド運動

348, 349図 パリ, ラファイエット百貨店 (1912年) の階段と地下鉄駅 (H. ギマール, 1900年)

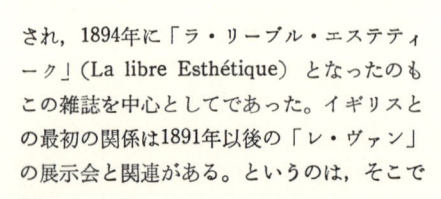

350, 351図 1902年のトリノの博覧会のためのR. ダロンコのデザイン (「カサ・ベッラ」誌から) とG. P. & J. ベーカーによる印刷物 (H. ネーパー, 1905年, ヴィクトリア・アルバート博物館)

され, 1894年に「ラ・リーブル・エステティーク」(La libre Esthétique) となったのもこの雑誌を中心としてであった。イギリスとの最初の関係は1891年以後の「レ・ヴァン」の展示会と関連がある。というのは, そこで モリスや彼の一派のデザインが展示されたのである。1894年, ヴァン・ド・ヴェルドは一連の講演を始めたが, それが1冊の本となったのは1901年以後であった。

一方, イギリスにおいて, 第6章で述べた

応用芸術の教育と普及のための組織が形成された。1893年には，雑誌「ザ・スタディオ」("The Studio")が現われ——直ちに広く読まれ，イギリスの製品をヨーロッパ中に知らしめ，また，大陸の最も重要なアヴァン・ギャルド芸術家の作品をイギリスに示した——そして，1896年，「アーキテクチュラル・レヴュー」("Architectural Review")誌が現われた。

ドイツにおいては，ベルギーの数年後，装飾芸術の再生を目ざす同じようなグループが結成されたが，共通した絵画の基礎はもっているもののどちらがどちらから派生したのか証明することは不可能である。（既にベルギーにおいて何年か前有名であったトーロップが1893年にはミュンヘンで展示された。）1894年，ヘルマン・オブリスト(1863〜1927)は，ミュンヘンに，刺繡の工房を開き，同年，オット・エックマン(1865〜1902)は絵画から応用芸術へと移り，1895年からアヴァン・ギャルド誌「パン」("Pan")の挿絵を監修したが，彼の好みはドイツ語系の国中に広がった。

その直後，ベルギーの運動は，主としてヴァン・ド・ヴェルドによって，ヨーロッパ中に広がり，地方の運動を駆逐した。1896年，ドイツの商人 S. ビングはパリに店を——「アール・ヌーヴォー」という屋号で——開き，ヴァン・ド・ヴェルドの家具をフランス社会に示し，翌年，ドレスデンで，パリの多くの品物の展示会を開いた。フランスとドイツの両方で，ヴァン・ド・ヴェルドの考えは広まり，何年かの間，多くのデザイナーや職人は同じ方向へ進んだ。例えばナンシーのエミーユ・ガレ(1846〜1904)がそうである。こうした一貫した関係をもつ諸例の出現は，堅固な方法論的基礎を提供し，これらの実験に，真の運動へと変形するための必要な基盤を与えた。

しかし，フランスにおいては，事は違った風に進展した。アカデミックな文化と技術の伝統——先に述べたように，それらは互いに連結していた——は，新しい業績に関しては基本的に反感をもち，それらの普及に対しては強固に抵抗した。こうした理由で，新しい運動はフランスの製品のごく一部，即ち，建築とは伝統的と別個に考えられていた家具造作や住宅建築の一部に影響しただけであった。実際には，アール・ヌーヴォーは装飾様式——1897年に出現した雑誌，「アール・エ・デコラシオン」("Arts et Décoration")や「ラール・デコラティフ」("L'Art décoratif")，そしてまたちょうどこの時代に節を変えた「レヴュー・デザール・デコラティフ」("Revue des arts décoratif")等によって支持された——となり，急速に伝統的折衷主義の世界へと引きずられていった。

それに反してドイツでは，運動はあまり抵抗を受けず，根本的再生という運動の原性格を持ち続けた。1896年，雑誌「ユーゲント」("Jugend")が現われ，その名前を新しい様式に付与し，1897年には「デコラティヴ・クンスト」("Dekorativ Kunst")誌が現われた。ミュンヘンにおいては，グラスパラスト(Glaspalast)で応用芸術の大展示会が開かれ，またアウグスト・エンデル(1871〜1925)は，議論を呼んだ大抽象モチーフによるファサードをもつ写真スタジオ「エルヴィラ」(Elvira)をデザインした。この新しい傾向は，ハンブルグ美術館の館長であった権威ある批判家A. リヒトヴァルクによって支持された。

その直後，ウイーン派の影響が決定的なものと感じられるようになり始めた。ワグナーの就任講演が1894年に行われ，『モデルネ・アルヒテクトゥール』("Moderne Archtektur")の本がその翌年現われた。彼のウイーン派への関わりのすべては，数年後，彼の追従者らを含む芸術家達が1898年にゼツェッシオンを

Ⅳ 1890年から1914年にかけてのヨーロッパのアヴァン・ギャルド運動

352図 トリノ，1901年の博覧会の音楽館（R. ダロンコ）………A. コッホの前掲書から

設立し，雑誌「ヴェル・サクルム」（"Ver Sacrum"）の出版を始めた時に結実した。

ゼツェッシオンの源のひとつには——その時までにヨーロッパすべての共通の財産となっていたベルギーのアール・ヌーヴォーはさておき——1897年美術工業博物館で展示され

9 アール・ヌーヴォー

353図　1901年トリノで展示されたパレルモのカルロ・ゴッリア会社による家具（A.コッホの前掲書より）

たイギリス家具を知っていたということが確かにある。ペヴスナーによれば、1897年から「ザ・スタディオ」の中に掲載された作品を通してマッキントッシュを知ったことが、それに初めから影響を与えていたということである。ともかく、マッキントッシュの影響は彼とそのグループによって完全に仕上げられた部屋がゼツェッシオンの建物の中に展示をされた1900年から大きくなった。その直後、ウイーン工房の後援者、F. ヴェルンドルファーは、彼のウイーンの家をマッキントッシュの家具で飾った。

　種々のヨーロッパのアヴァン・ギャルド運動の産物が、1900年のパリの万国博覧会で並べて展示された。

　この時点において、アール・ヌーヴォーはフランス建築の流行のレパートリーに、その折衷主義的レパートリーの付属物として入れられたのであり、博覧会は伝統的に最も進歩的な実験の場であったが故に、この時にデザインされた建物のほとんどにそれが影響した。この影響の結果は喜ばしいものではなかった。最も議論を呼んだ作品はコンコルド広場に面する門で、J. R. ビネによって、渦巻模様や唐草模様に囲まれた巨大なアーチの形で建てられた。新聞や雑誌は賑やかにこの非常に工夫を凝らした作品について書き、それを「こわ織りのペチコート」「火とかげ」と呼び、はてはそれが設計者に似ているところから「ビネ門」[33)]と呼んだ。

343

IV 1890年から1914年にかけてのヨーロッパのアヴァン・ギャルド運動

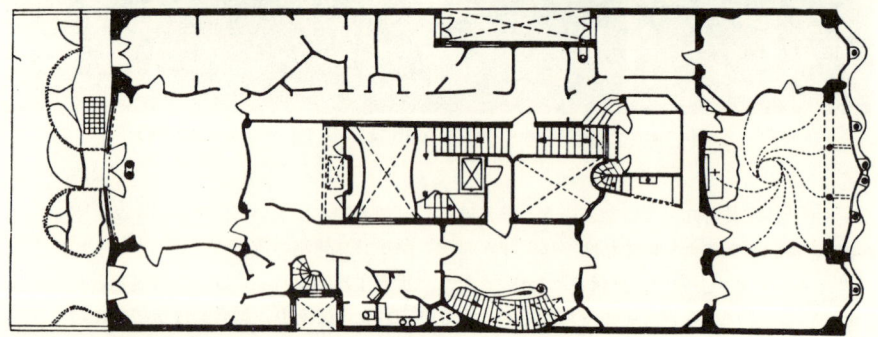

354, 355, 356図 バルセロナ, サグラダ・ファミリアとバトロ邸のディテール及びバトロ邸の平面図（A. ガウディ, 1905年）

　しかし，芸術の玄人の興味をひいたのは展示館の内容物であった。ベルギー，フランス，イギリス，ドイツ，そしてその他の多くの国々は，新しい様式の室内装飾，芸術作品，家具を展示し，オーストリアの装飾と製品は，誰の眼にも最上なものに見えた。
　フランスの批評家はこう書いている。

　「すべての国の中で，オーストリアが，新しさに対する欲求を満足させることに最も成功しており，最大の器用さ，夢の多さ，軽快さ，繊細さを示している。化学工業や写真工業，皮革や毛織物，リンネルや文房具，土木や農業，絵画や線画等のどんな部門へいっても，そこには洗練さがあり，ほとんど常に努力と立派な成果がある。木は最もいろいろに扱われ，レリーフで飾られ，電気メッキされているが，時には生の

材料も用いられ，非常に成功している。ここでは人々は歩き回り，家具類を1つずつ写生し，その作者，バウマン，ホフマン，オット・ワグナー，デッシーの各氏を品位あるやり方でほめたたえるべきである。」[34]

そしてイギリスの批評家は書いている。

「ニーデルモザーによる家具と装飾の2室は，家具造作における最新の最も立派な例である。それらの様式は軽快でデリケートであり，とりわけ，完全にオリジナルである。………博覧会の中に見られ開かれるアール・ヌーヴォーという言葉はオーストリアの家具造作の展示に最もぴったりしたもので，そこでは，最も最近の装飾の傾向が誇張なく用いられ，節度を保っている。同じ方向に努力をしている他の国についてはそうはいえない。」[35]

アヴァン・ギャルドの実験相互の比較をする次の機会は1902年のトリノの国際展示会であった。ちょうどこの頃，イタリアの文化は新しい生命の印をかかげて著しい努力をしており，もしヨーロッパ大戦に入らなかったら，アルプスの向う側の発展に少しもおくれはしなかっただろう。

1892年，ボイトによって編集された雑誌『アルテ・イタリアーナ・デコラティヴァ・エ・インドゥストリアーレ』("Arte Italiana decorativa e industriale")が発刊された。1895年，他の装飾芸術雑誌「エンポリウム」("Emporium")がベルガモ・グラフィック・アート協会の手で出版された。しばらくはこの2つの雑誌は気品ある折衷主義の影響を受けていた。ボイトの思想——1893年，オエプリ社 (Hoepli) は彼の『美術に対する実際的疑問』("Questioni pratiche di belle arti")を出版した——は折衷主義の限界を越えなかっ

たが，時代の文化の矛盾と動揺を鋭敏に意識していた。

個々のエネルギーにおいては貧しかったが，感受性に富んだこの環境の中で，ヨーロッパのアヴァン・ギャルド運動は1900年の直後に反響を起こし，いくつかの反因襲的な作品や議論の原因となった（これはちょうど，1901年のザナルデッリ－ジョリッティ内閣から始まる一連の自由主義政府時代と時期的に一致する）。

1901年，ジュセッペ・ソマルーガ（1867～1917）はアール・ヌーヴォーに影響された最初の作品，パラッツォ・カスティリオーニ (Palazzo Castiglioni)をミラノに建てた。エルネスト・バジレ（1857～1923）はパレルモの農業博覧会で同じモティーフを使った。1902年，ライモンド・ダロンコ（1857～1923）は，明らさまなウィーン・ゼツェッシオン特にオルブリッヒの影響を見せるトリノ博覧会の展示館を建てた。同じ頃，1893年に設立されたミラノ博愛主義協会は，その活動を応用芸術に拡げ，その実習学校の管理を，トリノの博覧会に立派な家具を出品したボイトの弟子，ガエタノ・モレッティ（1860～1938）に任せた。

スペインにおいては，アントニオ・ガウディ（1852～1926）は，アール・ヌーヴォーの外縁ではあったが，ヨーロッパ中に満ちていた革新的精神と関わりながら働いていた。彼の出発点は伝統的折衷主義であり，彼はゴシックと構造的問題――ヴィオレ・ル・デュックの教えに従って――に特別な関心をもち，彼の初期の作品には，大胆さ，感覚的効果に対する愛着，当時の伝統に沿わない材料の質――特に非常に粗く，また生なもの――に対する直接的，物理的把握能力等が現われているが，それらは地方の，ムーア人的，クリゲェラ訳註2)風建築の伝統とつながりをもっていた。

IV 1890年から1914年にかけてのヨーロッパのアヴァン・ギャルド運動

1900年から1910年までの間に,彼は時代様式への関わりを断ち切り,彼の最も重要な作品,ヴァルセロナのグエル公園,バトロ,ミラの2つの住宅を建てた。そこでは彼はアール・ヌーヴォーのレパートリーからいろいろな暗示を受けたが,それらを彼のオリジナリティで精緻なものにした(354~356図)。人生の晩年を通して,ガウディは,ひたすらサグラダ・ファミリア教会に没頭した。それは1884年にゴシック様式で始まり,いろいろな時代様式で自由に修正されていた。

ガウディは第一級の人物であり,長い間,いろいろなことが彼について言われてきたが,彼の実験は,敵意をもったあるいは無関心な環境の中で孤立したままであり,スペインやその他どこの建築にも,その重要性に相当した影響を及ぼしはしなかった。

1900年以後,ドイツはヨーロッパ建築思想の中心となった。大陸の芸術家達が,イギリスの運動について——そして特にマッキントッシュについて——より多くを知るようになったのは,主として,1896年から1903年までロンドンのドイツ大使館の文化担当アタッシェであったヘルマン・フォン・ムテジウス(1861~1921)のおかげであった。1901年,彼は『現代イギリス建築』("Die englishe Baukunst der Gegenwart")という本を出版した。1904年から1908年にかけては『イギリスの住宅』("Das englishe Haus")3巻を出版し,そして多くの文や講演で当時のイギリスの作品について論じた。芸術愛好家の家のコッホのコンペティションの後で,彼は1903年に出版された,スコット,マッキントッシュ,バウアーの3人のデザインについての本に序文を書いた。オルブリッヒは1899年以後ドイツにあり,最初ダルムシュタットに,その後デュッセルドルフへ移った。ヴァン・ド・ヴェルドは1902年からワイマールにあり,彼の講演を集めた2冊の本が,これもまたドイツで,1901年と1903年に出た。ベルラーへの小論文も1905年ライプツィッヒで出版された。

ドレスデンのカール・シュミットによって1898年に創設された会社,「ドイツ工房」(Deutsche Werkstätte)はもともとはイギリスのモデルに影響されたものだったが,20世紀の最初の10年間に大量生産と規格化へと進み,そして1910年には,低価格のユニット家具を市場に出した。1907年,ドイツ・ヴェルクブントが創立され,すべての応用芸術の分野におけるアヴァン・ギャルド実験を調整し,展示を通していろいろな国の産物の間の定期的な比較を可能にした。

第1次大戦の直後,ライト風がヨーロッパ中に広がった。1910年,出版社ヴァスムート(Wasmuth)はライトをベルリンへ招待し,彼の作品の展示会を開き,図集『建物とスケッチ』("Ausgeführte Bauten und Entwürte")を出版したが,それは1911年に縮刷版となりアシュビーの序文がついて再版された。同年,ベルラーへはアメリカを旅し,ライトの作品を訪ね,それらに夢中になり,ライトの教説を自国で説いて回った。

1914年,戦争の直前,ヴェルクブントはケ

357図 コッホの出版社の紋章

ルンで展示会を開き，それにはアヴァン・ギャルド文化の主要な勢力が参加した。ヴァン・ド・ヴェルド，ホフマン，ベーレンス，グロピウス，タウトの建物等すべてはさまざまな異った方向を示したが，それらは依然として不安定で感じ易く相互に影響し合っていた。それらは時代の文化に忠実なイメージであり，互いに知り合い，互いに刺激し，文化的な展示，協会，本，雑誌等の効率のよい組織を基盤とした異種の実験からなっていた。これらの雑多なものを調停する目的で誕生した近代運動は同じこれらの手段を利用した。

1) S. Giedion 著，前掲邦訳『空間・時間・建築』320頁
2) F. Schmalenbach 著, "Jugendstil", ——ヴュルツブルグ，1935年
3) N. Pevsner 著，前掲邦訳書75頁
4) "Mercure de France", 1891年3月
5) N. Pevsner 著，前掲邦訳書144頁
6) R. Schmutzler 著, "The English Origin of Art Nouveau", "Architectural Review" 誌 1955年2月号108頁，"Blake and Art Nouveau", 同誌1955年8月号90頁
7) H. Van de Velde 著, "Die Renaissance im modernen Kunstgewerbe", ——ライプツィッヒ，1903年，61頁，"Extracts from his Memories, 1891〜1901"——"Architectural Review" 誌115頁
8) H. Van de Velde 著，前掲書 "Die Renaissance………" 23頁
9) M. Viollet le Duc 著, "Entretiens sur l'architecture"——パリ，1872年，"Compositions et dessins"，——パリ，1884年，6〜12図
10) H. Van de Velde 著，前掲書 "Extracts………" 148頁
11) 同上，148頁
12) 同上，146頁
13) 同上，148頁
14) ヴァン・ド・ヴェルドの講演は，次の2冊に収録されている。"Kunstgewerbliche Laienpredigten"，——ベルリン，1901年，及び "Die Renaissance im modernen Kunstgewerbe"，——ベルリン，1901年，そしてライプツィッヒ，1903年
15) N. Pevsner 著，前掲邦訳書15頁
16) 味方は批評家の T. Nathanson と C. Mauclair で，敵は A. Alexandre, O. Mirbeau, A. Rodin で「ヴァン・ド・ヴェルドは野蛮人だ」と明言した ……Van de Vlede 著，前掲書 "Extracts……" の152頁
17) N. Pevsner 著，前掲邦訳書26〜27頁
18) 戦後のH. ヴァン・ド・ヴェルドの著書，"Formules d'une esthétique moderne" ——ブリュッセル，1923年
"L'orientation du goût en architecture"——《Europe》に掲載，1923年
"Vers une construction collective"——デ・スティルの第5宣言，パリ，1923年
"Devant l'architecture" ——《Europe》に掲載，1924年
"Der neue Stil in Frankreich" ——ベルリン，1925年
19) エゲリックとフェルヴィルゲムらが協力
20) スティネンとブルジョワが協力
21) 自叙伝が H. Curjel によって次の表題で出版された。"Geschichte meine Lebens" ——ミュンヘン，1962年
22) H. Van de Velde の前掲自叙伝155頁
23) N. Pevsner 著の前掲邦訳書72頁に引用されている。
24) Haus eines Kunstfreundes ——ダルムシュタット，1902年……H. ムテジウスが序文を書いている。
25) N. Pevsner 著，前掲邦訳書111頁
26) 1914年 "Die Baukunst unserer Zeit" という題で再版された。
27) J. A. Lux 著の伝記 "Otto Wagner" ——ミュンヘン，1914年——の4章にある抄録から引用
28) 1933年の "Casabella" における E. Persico "Scritti critici e polemici"——ミラノ，1947年——の145頁を見よ。
訳註1) Diogenes ………ギリシャのシニズムの哲学者（400〜325 BC）
29) L. Munz 著，"Adolf Loos" ——ミラノ，1956年——の11, 13, 27頁に引用されている。
30) B. Zevi 著，"Storia dell'architectura moderna" ——トリノ，1955年—— 第3版110〜111頁

31) R. Neutra 著, "Progettare per Sopravivere", 1954年——イタリア語訳, ミラノ, 1956年——269〜270頁
32) J. P. Mieras 著, "Holländische Architektur des 20 Jahrhunderts" ——ベルリン, 1926年——の8頁に引用されている。
33) A. Quantin 著, "L'Exposition du siècle" ——パリ, 1900年——を参照
34) R. Marx 著, "La décoration et les industries d'art à l'Exposition Universelle" ——パリ, 1900年——の39〜40頁
35) D. Croal Thomson によって編集された "Art Journal" 誌の特集号——ロンドン, 1901年——の112頁

訳註2) ホセ・デ・クリグェラ (José de Churriguera, 1665〜1725) はスペインの建築家で, 華美な装飾をもつ後期バロック様式を用いた。

第10章 フランスの業績：オーギュスト・ペレーとトニー・ガルニエ

1. フランスの文化と技術的遺産

　前章で述べた諸実験はいろいろな共通点をもっている。多かれ少なかれモリスの運動からの直接的な理論上の影響，伝統の範囲内での中世のモデルに対する好み（オーストリアのような一部の例外はあるが），家具造作や応用芸術に対する強い関心，そして，造形的要素を線や色におき代える傾向などを含むある造形嗜好等である。

　伝統に対する反逆——ワグナーにおけるような芸術的独立という理由での，またヴァン・ド・ヴェルドにおけるような道徳的方正という理由での——は否定的なものではあったが最も重要な共通の性格であった。ヌーヴォー（nouveau）という形容詞は（他のモダン，ユーゲント等という言葉と同じように）とりわけ，それまでヨーロッパの芸術文化が基礎をおいていた伝統的な様式のレパートリーと建設技術との間の特殊なバランスの否定という理論的意味をもっていた。

　しかし，アール・ヌーヴォーの伝播が，かつて上記の伝統の主たる博物館であり権威ある解説者であったフランスには部分的にしか影響しなかったのは当然であった。既に述べたように，アール・ヌーヴォーがフランスに到来した時，それは他の国におけるように進歩的エリートと保守的な多数派との間の水平の断絶を生みはせず，作品の**種類**によってむしろ垂直的な断絶を生み，そして，アカデミーの文化的危機は，文化的習慣や伝統的なモデルの威信を巻き添えにはしなかった。

　しかし，アール・ヌーヴォーと時を同じくして，完全に性質を異にする他の2つのアヴァン・ギャルド実験も現われた。ペレーとガルニエの実験がそれだが，それは正確にフランスの伝統の主流に基づき，その線上での独特の再精緻化を行ったのだった。これら2つは，支配階級の一部の進歩的傾向によって可能となった孤立化した試みであったが，それらは文化的習慣の圧力における違いでヨーロッパの他所で行われていた試みとは異っていた。この違いは，近代運動の形成のために結合されることになるエネルギーの分布，そして特に他の同時代の巨匠に対するル・コルビュジエの立場を説明するために重要である。

　フランスの建築文化は長い間同一なものとして認められてきた相互の適合のプロセスによって融合された古典主義及び洗練された技術的伝統を基としていた。しかし，この伝統の特色は折衷主義の伝播と共に脅かされ，折衷主義は建築家に時代様式と，建物の材料及びシステムの双方とを混合し汚濁することを

IV 1890年から1914年にかけてのヨーロッパのアヴァン・ギャルド運動

習慣づけた。

ペレーとガルニエはその時代の折衷主義に反抗し、それに前の伝統の2つの補足的な原則、即ち、古典主義——ほとんど哲学的な意味で幾何学の精神、明快の精神として理解されていた——と構造的整合性へと向った。鉄筋コンクリートはまさにぴったりとこの第2の原則にあっていた。それはちょうどその頃使用され始めたもので、それの静的な連続性と適合性によって、すぐにフランスの建築家が好む建築材料となった。

ポルトランドセメントは世紀の初めにイギリス人アスプディンによって発見された材料であった。1824年10月21日の特許はこう述べている。

> 「石灰石で舗装された道路の泥あるいはちり、あるいはもしこの材料が充分量手に入らなければ、生石灰とある量の粘土とを混ぜ、水を加えて手あるいは機械で滑らかなペーストになるまで混和する。乾くとこれは細かく破れるが、これを石灰窯で炭酸がすべてなくなるまで熱する。そうしたものをすりこぎと臼で粉末にすれば出来上りである。」[1]

1845年頃、それは工業的に生産され始め、コンクリートと鉄をいっしょにしてコンクリート自身がもっていない張力に対する強度を増そうという試みが行われた。1847年、フランソワ・コワニエは型枠に鋳こんだコンクリートでの最初の屋根をデザインし、サン-デニス(Saint-Denis)のテラスを鉄筋で補強したが、それは1852年に完成された。1848年にはランボが自分のボートをデザインし、1849年、ジョセフ・モニエ(1832～1906)が金網で補強した最初の植木鉢をつくった。しばらくは、それは小さなものに使われただけだったが、これらの先覚者の名前と仕事を知らしめたのは、19世紀の末に鉄筋コンクリートにおいてなされた進歩を目撃したその後の同じ分野の人々の好奇心に過ぎなかった。

モニエはその新しい建築システムが多く使われるようになり得ることを悟り、1855年に植木鉢の特許をとった後、引き続いて鉄筋コンクリートのパイプへの利用(1868年)、パネルへの利用(1869年)、橋への利用(1873年)階段への利用(1875年)、梁への利用(1878年)、屋根への利用(1880年)等の特許をとった。それらはすぐに実現され始めた。1868年のフォンテンブローの貯水池、続いてさらに大きいもの、そして1875年には、16mのスパンをもつ最初の橋となった。

1879年、モニエの特許はドイツとオーストリアへ譲渡され、1887年に、「アクティエン・ゲゼルシャフト・フュル・ベトン・ウント・モニエバウ」(Actien Gesellschaft für Beton und Monierbau)が創設され、ドイツ語系諸国に多くの橋をつくった。1885年から1890年までの間には、他の貢献がアメリカでなされた(ウォード、ハイヤット、ランサム)。1880年、フランソワ・エネビィク(1842～1921)の活躍が始まり、鉄筋で補強されたコンクリートで床をつくる問題に取り組み、1888年、ベルギーのロンバールツィード(Lombardtzyde)で最初のものを建てた。1890年頃、フランソワ・コワニエはコンクリートパイプによる水道本管建設のためのいろいろな特許を得、1891年、ビアリッツ(Biarritz)でつくられたプレ・ファブの梁で最初の床を建設した。1892年以後、エネビィクはより激しく活動した。彼の会社は42の代理店を外国に設け、次の10年間に約7000の製品をつくった。その中には1900年のパリ万国博覧会のグラン・パレ(Grand Palais)とプティ・パレ(Petit Palais)のための床がある。1904年、アナトール・ド・ボード(1834～1915)は大胆に柱材を露わにしたモンマルトルのサン-ジャン

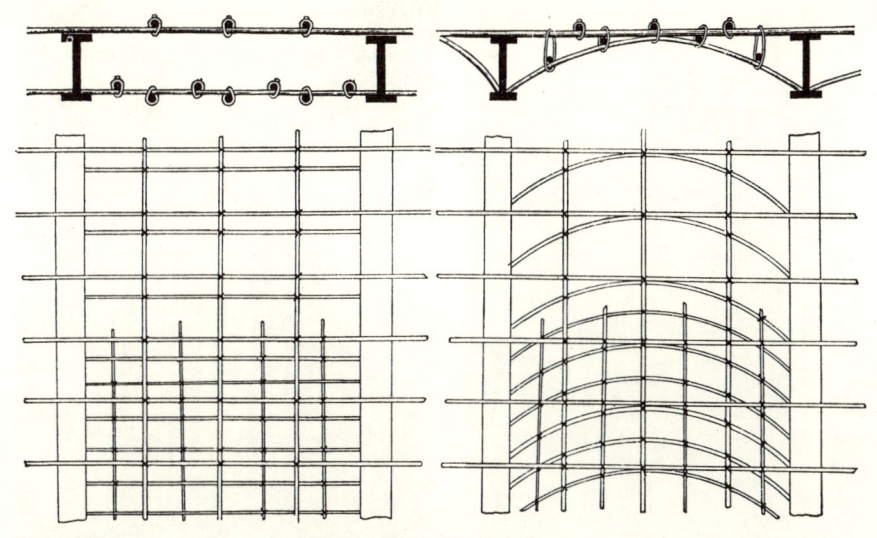

358図 1881年のモニエのコンクリートの被覆のための特許に示されたデザイン

(Saint-Jean) 教会を鉄筋コンクリートで建てた (359, 360図)。ド・ボードはラブルーストとヴィオレ・ル・デュクの以前の弟子であり，明らかに議論をよぶ目的で新しい材料を重要な公共事業に使用した最初の人であった。ヴィオレ・ル・デュクと同じように，時代の好みに受け入れられ易くするために，基本の骨組はゴシック風にデザインされた。

一方，理論的研究はドイツ人，特に1895年頃の F. エムペルガーによって行われた。使われているいろいろな計算方法 (エネビク，コタンサン，ラビュ等) をコントロールするための条例の必要が生じた。1892年，鉄筋コンクリート研究のためのフランスの委員会がおかれ，1897年，ラビュはエコール・ポリテクニクでこのテーマについての最初の講座をもち，1903年，フランス鉄筋コンクリート組合会議がつくられた。最後に，1906年，フランスに最初の条例が施行され，この例は他の国に引き継がれた。

この条例の施行は重要である。何故なら，鉄筋コンクリートを理論家や専門家の手から解放し，予め整えられた技術の裏付けに従ってこの方式の普及を許したからである。特に，フランスの条例は，その柔軟さの故に，他の国では法的に認められていない。軽く華奢な構造を認めたのであった。

2. オーギュスト・ペレー

オーギュスト・ペレーは建築業者の息子であり，19世紀の最後の10年間にエコール・ド・ボザールに在学していたが，卒業はせず，父親の仕事を手伝っていた。1905年頃，彼と彼の弟ギュスタヴはA＆G・ペレー建築事務所を設立し，この2人とそのまた弟のクロードとで，ペレー兄弟建築会社 (Perret Frères entrepreneurs) を設立した。

彼らの最初の重要な作品は1903年に完成されたパリのフランクリン (Franklin) 街25Aの住宅であり，ここで鉄筋コンクリートの骨組が建物の外観を効果的にするように用いら

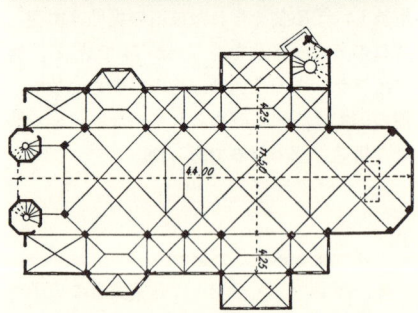

Ⅳ 1890年から1914年にかけてのヨーロッパのアヴァン・ギャルド運動

359, 360図 パリ，モンマルトルのサン—ジャン教会（A. ド・ボード, 1904年）

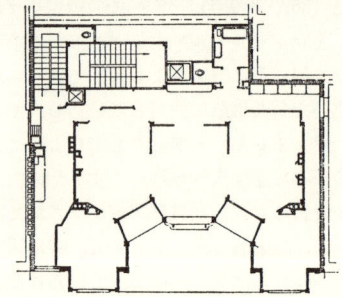

361, 362図 パリ，フランクリン街25番地の住宅（A. ペレー, 1903年）

れた（361〜363図）。

問題は他の2つの建物の間の，間口はかなり広いが奥行があまりない細長い土地を利用することであった。ペレー兄弟は背後に重要な窓をとることを避け，道路に面する各階ですべての居室を中央の凹部に対して半円形に面するようにおくことを決めた。彼らはまた2つの脇の部屋を道路にはね出させて面積をふやした。

このようなやり方は普通の組積造では非常に難しかったろう。同様な平面の難しさ——建築用地の価格が高いが故にパリでは共通の——は既に鉄によって，またその頃ではダントン街1番地の建物（1900年）におけるように，鉄筋コンクリートの骨組によって解決されてきていた。

352

10 フランスの業績:オーギュスト・ペレーとトニー・ガルニエ

363図 パリ、フランクリン街の住宅

しかし、鉄とコンクリートは、オルタのタッセル邸におけるように、組積造のファサードによって内部に隠されていた。ペレーは、この二元主義を建築的二枚舌と断じ、特にこの場合のように外面のすべてに窓がつくような場合には内外均一に扱うべきだと信じた。

353

IV 1890年から1914年にかけてのヨーロッパのアヴァン・ギャルド運動

364, 365図 パリ,ポンティュー街のガレージ(A.ペレー,1905年)とエスデル洋服工場(A.ペレー,1919年)

こうした理由で，彼はコンクリートの骨組を全く明らさまに現わし，それと花形のデザインを施した砂岩の枠やパネルからなる壁とをはっきりと区別した（366図）。

当然ながら，この十字軍的意図はいくらかの妥協によって実現された。建物が石の仕上材で保護されているのは，当時の好みにあまり反しないようにするためであり，矩形のパネルに分ける普通のやり方に似せるためであった。時には，このやり方は，はね出し部分の下のように，構造表現を偽ることを意味した。そこでは，持ち送りとしての水平材の機能は，帯状のものを連続的につくることによって欺瞞されているので，突出する部分全体が，逆説的に，何の支持物もないように見える（この意図は，小さなペンダントにはっきりしている。それは伝統的な手法で支持物の不在を暗示しているのである）。ここには，ブール-ラ-レーヌ（Bourg-la-Reine）のエネビクの住宅におけるように，新材料の強度を示す喜びも入っている。この好みは，後に鉄筋コンクリートが広く使用される材料となった時に，そして眼がそれの働きに慣れた時に消えることになる。

1905年のポンティュー（Ponthieu）街のガレージは同じようにデザインされ，鉄筋コンクリートのフレームがファサードに突出，その構成の決定要素となっている（364図）。ここでは，いろいろな大きさのガラス板を囲む枠となっているプラスターで覆われた梁と柱の構成以外の何物もなく，全体の対称性と垂直の柱の輪郭のみが，見る者にファサードの伝統的分割を思い起こさせる。

ペレーの建築の特徴はこれら2つの作品に既に明瞭に現われており，それは彼が戦争直後に行った傑作にもそのまま残っている――エスデル（Esders）洋服工場（1919年），ル・ランシーのノートルダム教会（Notre Dame du Raincy, 1922～1923年），モンマーニュ教

366図 パリ，フランクリン街の住宅のディテール

会（Montmagny, 1926年）（369～370図），1925年の装飾芸術展覧会のために劇場，音楽学校のためのコンサートホール，国立家具博物館，海軍研究所の管理棟（1930年），彼がアトリエを置いたレイヌアール（Raynouard）街の住宅（1932年）。それらには，構成の厳格さ，大胆な造形的単純さと同時に，ある伝統的構成法に対する強情な忠実さが見られる。構造体そしてそれ故ファサードは考え方において自然に対称的であり，構成要素は単純化

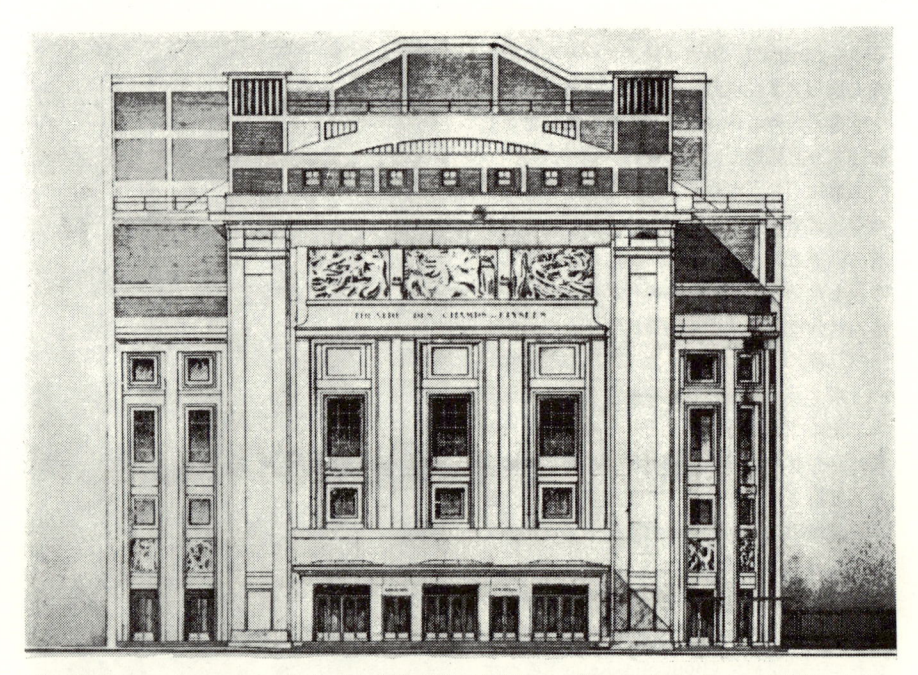

IV 1890年から1914年にかけてのヨーロッパのアヴァン・ギャルド運動

367, 368図　パリ，ペレーのシャンゼリゼー劇場の図面（1911～1912年）………P. ジャモ著『A. G. ペレーと鉄筋コンクリートの建築』——1927年——から。

はされているが，伝統的レパートリーの要素に疑いなく似ている。

　ペレーによって用いられた型の鉄筋コンクリートの構造は柱と梁の骨組からなり，その上で水平の構造体，外部の非耐力壁，内部の間仕切りなどが支えられていた。しかし，古典的建築もまた，線的要素のかご細工という建築的秩序の上になりたっており，その秩序は建物の種々な部分を全体の計画に関係づけるために用いられた。この役割は，秩序が単純化され，あるいは完全になめらかな要素の構成になってしまった時ですら働いた。何故なら，習慣がこれらの要素に同じ空間的関与の権利を付与することを許したからである。

　既に述べたように，フランスの伝統は，古典法則と工法との間の対応に基づいており，この対応を通して，法則は自然法則として通用するように自動的なものとなっていた。こ

の伝統に潰っているペレーは当然のことながら，（つくられる 実体である）コンクリートの骨組を建物の外に現わし，第2の要求と空間的結合とを第1のものへと移している。ここから対称性への要求，形態的存在ではないにしても少なくも比較項としての古典的秩序の暗示が生まれてくる。事実，多くのその後の建物，例えば1937年の公共事業博物館で，ペレーは垂直の支持材を円柱として，梁を長押として扱うことにしてしまった。

　時には秘め隠され，時には新古典主義の限界にまでつきつめられたこの連合の上に，ペレーは彼のすべての建築をおいた。彼は自らの確信をこう書いて理論的に説明している。

　「自然が与えた条件は永久であり，人間が与えた条件はかりそめである。気候の厳しさ，法則性をもつ静力学，歪みをもつ眼，

線や形態のそれぞれの意味等は永久的条件を与える。……われわれの時代での偉大な建物は骨組，鋼か鉄筋コンクリートの構造体である。骨組が建物に対してもつものは，骨格が動物に対してもつものと同じである。リズムがあり，バランスがとれ，対称的な動物の骨格が最も多様な，また最も多様に位置した器官を内臓し支えているように，建物の構造体もリズムをもち，バランスがとれ，対称的でなければならない。」[2]

この文化的限界は技術の分野にも及び，ペレーをして，彼の好んだ材料，鉄筋コンクリートに関してなされつつあったこれらの進歩を，ある点から先に追いかけそして理解することを妨げた。多分彼は伝統的な仕事の実現に最も適した構造システムを発見したと信じたのである。何故なら，切石のブロックで構成される古典的秩序におけるように，それの要素の一体化は本物であって，見せかけではなかったからである。しかし，梁と柱の骨組という考えに邪魔されて彼は鉄筋コンクリートの特殊な性質にその表現——梁・垂直材・スラブの間の構造的一体性——を発見することが出来なかったし，それ故また1910年以後の彼の同時代人マイヤールによって用いられた連続的構造を受け入れることが出来なかったのである。

われわれの眼には根拠はわからないが，ペレーの建築の普遍的法則についての信仰は，単なる個人的な奇癖として無視し得ないし，それのもつ歴史的枠づけの中で考えられなければならない。古典主義と構造学との連合は，それが18世紀の後半その観念的基盤を失い，実際的また組織的な世界に限定されてしまった後，さらに強固となった。計算の形

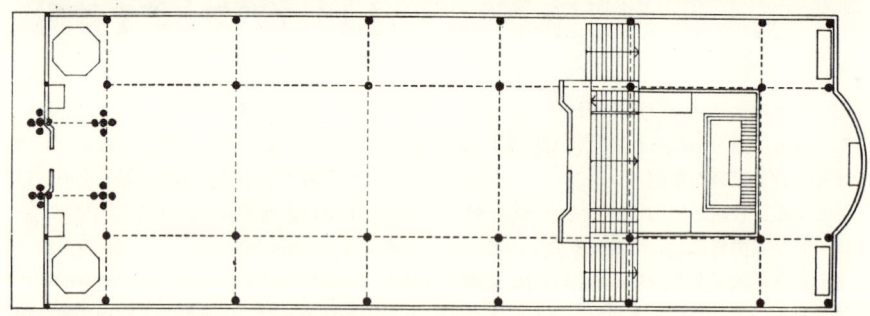

IV 1890年から1914年にかけてのヨーロッパのアヴァン・ギャルド運動

369, 370図 ル・ランシー，ノートル・ダム教会（A. ペレー，1923年）

式，現場の習慣などは依然として大きく古い対応を反映しており，鉄筋コンクリートに関して用いられる通常の用語——pilier（柱），plinthe（柱脚），architravée（台輪），corbeau（持送り），portail（入口），compata（スパン）——すら古典のものであった。

1世紀に及ぶ実験は，近代の技術の進歩の基となったこの因襲を認め，補強した。ペレーはその只中に生き，デュラン，ラブルース

ト，デュテール，エッフェルらの相続人であった。彼の特殊な長所は，折衷主義によって不毛にされたが，この偉大な伝統が未だにわれわれの時代の問題を解くのを助ける未開の可能性の余地を持っていると感じたことであり，それらの可能性を勇気をもって開発したことであった。しかしながら，これをすることにおいて，彼は構造的古典主義の最後の機会を滅ぼし，もともとの前提が時代おくれの

371, 372図　モンマーニュ，サン・テレサ教会（A. ペレー，1926年）

考え方に根ざしているが故にその道が袋小路で終っていることを決定的に明らかにした。

ペレーと共に，フランスのアカデミックな文化の最後の時代が，比類なき威厳をもってまさに終焉したのである。

3. トニー・ガルニエ

トニー・ガルニエ（1869〜1948）はテクス タイル・デザイナーの息子であり，プルードンの社会主義が依然として強く生き残っているリヨンで育った。彼はローマのフランス・アカデミーの学生であったが，そこで1901年のローマ大賞のコンペティションに，すべて鉄筋コンクリートと鉄とガラスの工業都市のデザインを提出した。

それは当然のことながら審査員を怒らせ，賞は得られなかった。しかしながら，2年

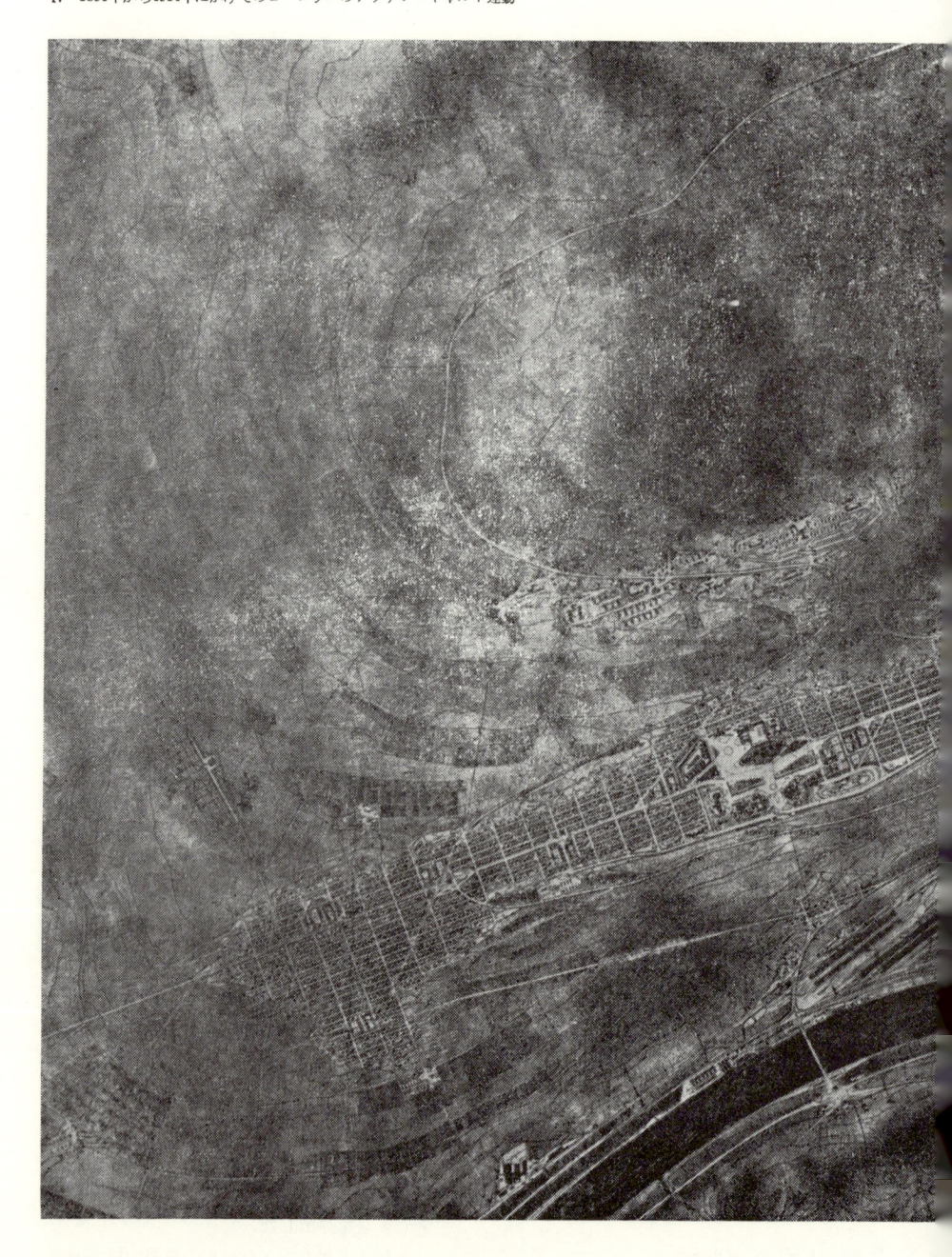

Ⅳ 1890年から1914年にかけてのヨーロッパのアヴァン・ギャルド運動

373図　T. ガルニエ，工業都市 (1901～1904年)………1917年の出版物から。

10 フランスの業績:オーギュスト・ペレーとトニー・ガルニエ

Ⅳ 1890年から1914年にかけてのヨーロッパのアヴァン・ギャルド運動

374，375図 「工業都市」の2景。住区と鉄道駅

後，ガルニエは，何万ものドーリア，イオニア，コリントの円柱をもつトゥスコロの町の再建の全体計画で1等を獲得した。しかし，彼は好きな工業都市の研究を諦めなかった。そして1904年，彼の苦心作を完成し，それをパリでの個展に出品した（373〜375図）。後に，その作品は本となって出版され，その中で彼は自分が用いた基準について次のように説明している。

「われわれが，何枚もの図版でここに示す建築的研究は，新しい都市，工業都市の組織に関するものだが，これから以後つくられる都市の大部分は工業についての考慮を基にするであろうが故に，われわれが最も一般的な例について考えたことになる。さらに，この種の都市においては，建築の適用がすべて正しい方向に向けられていて，そのすべてを試みることが可能である。

われわれの都市を（約3万5000人の人口を想定することによって）中庸な大きさにし，われわれは村や大都市の研究によっては確かめられなかった一般的な性格の研究を行うという同じ目標を常にめざしてきた。またこの目的のために，われわれは建物がたつ土地を一部平らで，一部丘で，そして河が流れていると想定した。

主要工場は平野の大小の河の合流点に位置している。鉄道は工場と，いくらか高いところの台地にある都市との間を走っている。さらに高いところに病院があり，それは都市それ自身がそうであるように冷たい風から守られて南面し，河にのぞむテラスの上に建っている。これの構成要素のそれぞれ，病院，町，工場は必要な際の将来の増築を可能にするために孤立している。このことは，さらにもっと全体的な観点からこの研究をすすめることを可能にした。

個人の物質的，精神的要求を最もよく満足させるような協定を求め，われわれは個々の部門についての規制をつくることとなった。建築規制，衛生規制その他などで，われわれは現行法はこれを許容しなくても，ある程度の社会の進歩がこれらの規制の拡張を可能にするために既に生じたと仮定した。われわれはそれ故，公共的な行政体がすべての土地を自由に利用し得ること，そしてそれは給水，そしてパン，肉，ミルク，薬品等を供給しこれらの生産品に必要ないろいろな事前対策をとると仮定した。」[3]

続く図版では，都市の隅々までがすべての建物の平面とパースで示されている。そしてパースの多くは，特に鳥瞰の，広い，フランスのパンショネール訳註1)のスタイルを想い起こさせる図である。いくつかの公共建築——例えば駅（375図）とその近くのホテル——は大胆に単純で印象的であり，ペヴスナーがいうように「それらは完全に第1次大戦後の姿をしていた。」[4] 住区は，均一な道路網に沿って建っている小さな独立住宅群からなっている。ここでは，ガルニエのすべてのプランを同時に表現しようという発想が，ある単調なスタイルをつくり出しているが，図版は，非常に興味深い序文の中で提議されている原則を図示するための例としてみなされなければならないだろう。

「多くの都市は既に地理的，気候的条件によって異る衛生規則をもっている。われわれの都市では，その風向が一連の規則をつくるようにわれわれをし向けた。それは要約すると次のようなものである。
(1) 住宅において寝室は少なくも1つは南向きで，部屋全体を明るくし，日光を入れるに充分な大きさをもった窓をもたなければならない。

IV 1890年から1914年にかけてのヨーロッパのアヴァン・ギャルド運動

376, 377図 リヨン, アバトワール・ド・ラ・ムーシュ（T. ガルニエ, 1909年）——市場（「大事業」についての出版物から）と全景

(2) 中庭, 即ち, 光や風を入れるための, 壁で閉ざされた空間はすべて禁止される。小さくてもすべての部屋は外部から直接採光され換気されなければならない。

(3) 住宅の内部においては, 壁, 床等はすべて滑らかな材料でつくり, 隅は丸くする。

住区の建築用地はまず東西方向150m, 南北方向30mのブロックに分けられ, それぞれは, 1面を道路に接した15m×15mの敷地に分割される。このような分割は土地の利用をよくし, 上に述べた建築規制の効果を発揮させる。

住宅その他の建物のそれぞれは, 1つあるいはいくつかの敷地を占めることが出来

10 フランスの業績:オーギュスト・ペレーとトニー・ガルニエ

378, 379, 380図 リヨン,オリンピック・スタディアム(T. ガルニエ,1913年)──2つのディテールと「大事業」の中で発表された全体図

るが,建物が建てられるのは全体の面積の半分以下であって,敷地の残部は歩行者に開放された公園として利用されなければならない。言葉を代えれば,個々の建物はその敷地の空地の一部に,道路から背後の建物までの通過交通路を残しておかなければならないのである。この規則は,道路に関係なくどんな方向にでも市を横切ることを可能にし,市の全体は,いろいろな部分に境を区切る塀を一切もたない大きな公園のようなものとなる。2つの住宅の南北方向の間隔は少なくも南にある建物の高さに等しい。土地の半分だけ建てられるという,そして塀で囲むことを禁止するという規制があれば,そして土地が水の流れによってのみ水平にされるということを心に留めるならば,われわれのこの建物の列の単調さを恐れる必要はない。」(374図)

IV 1890年から1914年にかけてのヨーロッパのアヴァン・ギャルド運動

381, 382, 383図　リヨン，エドゥアール・エリオ病院（T. ガルニエ，1915年）

　ここでガルニエは，近代運動の初めにおいて広く伝わることになるいくつかの概念に触れている。衛生的要因（太陽，空気，緑）の非常な重要性，充分な広さの建物，他の交通から離された歩行者路，田園都市などである。

　建築の歴史は，通常，ガルニエを彼の工業都市の計画に関してのみ取り上げるが，もしガルニエが，これらの図版をヴィラ・メディチの彼のアトリエでデザインすること以上に進まなかったなら，彼はフランスが生んだ多くのユートピアンのひとりに過ぎなかったろう。実際に彼はそれ以上の多くのことをした。彼は自分の考えをリヨンという大きな都市に適用する機会を得，1904年から1914年にかけて，一連の模範的な公共建築と住区を，すべてひとつのマスタープランの中で建設した。この経験が彼に近代都市の現実の要求と

366

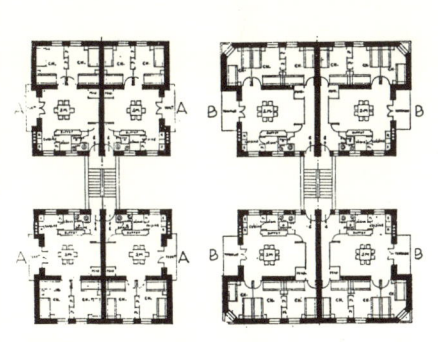

10 フランスの業績：オーギュスト・ペレーとトニー・ガルニエ

384, 385, 386図　リヨン，エタ・ユニ地区（T. ガルニエ，1920〜1928年）──「大事業」の中の図面

の接触の中で彼のアイディアを試すことを可能にさせた。彼の建物は先の理論の正しいことを証明したが，その結果の中に，即ち理論と実践の懸け橋の中に，彼の近代運動に対す

る貢献があるのである。

これはガルニエと，1904年に急進派によってリヨン市長に選出された E. エリオとの出会いによって可能になった。ほとんど同年齢

のこの2人は，似かよった政治的，文化的信念によって結びつけられ，すぐに意気投合し，この協力——どちらの個人の賜物でもなく——は，1人は施主として1人は建築家としてそれぞれが一緒になって知恵をしぼって仕事を効果的にしたのである。

ガルニエによってエリオのために最初に建てられた建物はテート・ドール (Tête d'Or) 公園の畜舎をもつ酪農場であった。しばらくの準備期間の後彼の主要な作品が続くが，その初めは1909年から1913年にかけて建てられた屠殺場と家畜市場であった。それは第2次大戦中はミサイル工場として用いられたが，後にもとの機能をとり戻した。

これはドイツ人が記念碑的な工場，不自然な表現主義的建物を建てていた時期であった。だがここではそれに似かよったものは全然ない。ガルニエ独特の灯柱を両側にもつ控え目なデザインの入口を入ると，広い囲いの中に入る。門のすぐ前には市場の覆いがあり，その階段状の屋根は周囲の低い建物と溶け合っている。80mのスパンをもち3ヒンジの鉄のアーチで支持されたその立派なホールは（376図），有名な1889年のパリの機械館を想い起こさせる。目立つもののひとつはヒーティング・プラントの黄色いレンガの2本の煙突で，古代の円柱のように溝を切られ，水平な全体に対して垂直なバランスを与えている（377図）。

1913年のオリンピック・スタディアム（378～380図）においては，純粋なギリシャ・ローマ様式風が他のどれよりも強い。これは1919年の出版の時に再現されたガルニエのデザインに見られるが，昔の衣裳を身につけた競技者が出てくる，古代の映画のためのセットのように見える。

それにも拘わらず，古典の研究に根ざしたこのインスピレーションは，ガルニエを，ほとんどすべてのスタディアムにありふれたマスの効果へと引きつけなかった。例えば，外壁の高さは，ほとんど最上段にまで到る草原のスロープで隠されているので，その巨大な施設は巧みにその環境と溶け合い，同時に，近寄りやすい人間的スケールに落とされている。4つの入口だけが，大きな装飾的アーチによって強調されている（379図）。もとのプランでは，スタディアムには，内外の体育施設をもつ一種のスポーツ・センター，小運動場，プール，レストラン等が付属されることになっていたが，建設は第1次大戦によって中断され，完成されないで終った。

エリオの死後，エリオと名づけられたグランジュ-ブランシュ (Grange-Blanche) 病院は，ゆるい傾斜地の上の広い庭園にあり，充分間隔をおいた2ないし3階の建物が点々としている（381～383図）。ここにもまた，軸線方式のもったいぶった構成はない。唯一の焦点は屠殺場と同様ヒーティング・プラントの2本の煙突である。非常によく修復されているこの建物は年月を感じさせない。建物の空間とその中を動く人々との関係は未だに非常にはっきりしており，病院は現在においても何よりも生きた建物に見えるので，それを歴史的なものと考えるのにはかなり努力をしなければならないほどである。

エタ・ユニ (États Unis) 訳註2) として知られている地区（384～386図）は，1920年のプランに従って1928年に始まった。ガルニエは3ないし4階の住宅をデザインしたが，その後さらに2階がつけ加えられ，それ故，彼がイメージした比例は失われ，最初見た時の全体の効果は，通常のぎっしり建てられた住区のそれと似ていなくはない。しかしながら，仔細に見れば，いろいろなやり方で結合され得るし，またいろいろな組合せの建物を可能にする標準ユニットに基づいたガルニエのブロック分けの絶妙さを見ることが出来る。中心地域の高速交通は斜面の前の低速交通か

ら、また工業都市におけるように囲まれることがなく、またベンチがおけるコンクリートのトレリスが規則的に設けられた建物の間の歩行者のための緑地から隔離されている。建物は互いのくり返しの中で関係づけられているが、対称的なパターンはもっていない。こうして、この地区は完結された構成としては見えず、その都市的環境に容易に適合する。

1919年、ガルニエは、2年前工業都市の図版でしたと同じように、パリの出版社マサン(Massin)から、彼の『リヨン市大事業』(Grands travaux de la vill de Lyon) 計画を出版した。その中でエリオは書いている。

「トニー・ガルニエは私に彼のリヨンの『大事業』作品の序に数行を書く名誉を与えてくれた。私は喜んでその請いに応えるが、それは私が彼の作品を判断する僅かな技術的能力を持ち合せているからでなく、15年間、自治行政府の長として、トニー・ガルニエを私の主要な協働者として選び、委任し続けたからである。彼と共に、私は屠殺場のプラン——われわれはそれが近代の大都市にとってのモデルとなることを希望するが——を決定した。彼と共に私はドイツやデンマークを旅し、現代の啓蒙的な慈善の必要、教育の必要に応える真に科学的な病院のプランを組み立てた。彼と共に、私は、われわれの過密な都市のこの部分の住民に衛生的で上品な住居を提供すべき労働者の都市を考えた。

どの場合においても、私は、彼の厳密な方法と、ヘレニズムの最も純粋な源にインスピレーションを求める芸術家気質との結びつきに敬意を表した。

私は、特に、ヘレニズムの教訓をその最も広い意味で解説してくれたこと、マドレーヌやブルボン宮のような多くの貧しい模倣作品 (pastiches) を生んだ人為的な考え

と戦ってくれたことで、トニー・ガルニエには感謝している。私は、彼の例と共に、建築がその場所のもの、その時代のものでなければならないことを宣言することを喜びとする。モニュメントを建てることが問題を解決することであるように私には思える。まず、われわれは、仕事に知的な方針を確立し、それが充たすべき要求を確定し、容器の外観をそれにいれるべき必要に従わせなければならない。ルネッサンスのファサードやルイ14世風の建物はもうたくさんだ！

トニー・ガルニエは自然に芸術に到達した。その理由は彼が直接それを求めなかったからである。彼の理論——もし彼がそれをもっているとするなら——はこのように真に古典的である。それは古典的伝統とフランスの伝統に一致する。パンテオンはそれ自身賞讃さるべきだが、近代のそれのコピーは単に馬鹿気たものに過ぎない。ギリシャの神殿のような株式取引所などは途方もない。ヴェルサイユは偉大な王の存在によってのみ正当化され得るものだった。ガルニエの建物は科学によって本質的に変貌された時代の要求に応えている。

私は、この作品の綿密な研究が、われわれと共に働こうとするすべての人々に役立つよう希望する。われわれは過去の建築の業績とわれわれ自身の取るに足らない努力とを比較すると恥しく思う。われわれのフランスの都市は未だにその現在の機能に不可欠な器官をすべて欠いている。われわれは、少なくも、この種の怠慢に対して反抗してきたのだが、私の都市計画の試みにおいて、この本を見ればおわかりのようにその人物の価値が私の見るところでは、最も有名なフランスの過去の建築家に匹敵すると評価し得る人と協働し得たことは幸いである。」

IV 1890年から1914年にかけてのヨーロッパのアヴァン・ギャルド運動

エリオの言「モニュメントを建てることが問題を解決することであるように私には思える」の確信は注目すべきである（これらの言葉が技術の専門家でなく政治家によって書かれたことを考えればなおさらである）。ひとつの建物の生命と機能が関わるすべての要因は既にプランニングの段階で出され，それの都市への組込みは前もって計算されている。その注意深い配置の結果，ガルニエの建物は建築的な骨董品としてでなく，50年という年月に拘わらず近代リヨン市の活動する器官として生き続けている。

ガルニエは多く書きもしなかったし旅行もせず，アヴァン・ギャルドの論争にも加わらず，ヨーロッパ文化の偉大なセンターから離れて，比較的孤独に生活していた。美的観点からいえば，彼の建築はオルタやヴァン・ド・ヴェルドの精緻さ，ロースの厳しさ，ライトの大胆さとの比較に耐えず，それのナイーヴな古典的インスピレーションに対する主張からして，臆病で，旧派のように思われるかも知れない。それにも拘わらず，ガルニエの視点は，その時代の他の巨匠のそれよりも進歩的であった。

彼はペレーと共通して，彼自身が基礎をおいている伝統に固有な限界をもっていた。それは，一種の永遠の建築が存在し，時代には適合するが不変の形態的基礎，それ故古典主義に対する依存——かすかだが常に存在する——を基としているという考えであり，また，この建築的遺産と建築技術との間の予め設定された調和という考え，それ故，これらの手段によって近代の生活と科学的，社会的進歩がもたらしたすべての問題と取り組み得るという信念であった。この考えを都市計画にあてはめることによって，彼は都市を，1つの全体として定義され考えられる1つの大きな建物として考えたのだった。ヴィラ・メディチで彼の工業都市をデザインした時，彼は同時代の人々が古典的なスタイルで論文を構成したのと同じような計画法を鉄とコンクリートに適用したといえるかも知れない。コルビュジエが書いたように，彼の図版は，「フランスにおける何百年もの建築的発展の結果であった。」[5]

しかし，この思想の方向に忠実ではあったが，ガルニエは近代社会が建築に対して課した問題の理解においてははるかにペレーをしのいだ。ペレーは建築家の要求と建築技術者のそれとを調停することに主として関わったが，この2つの熟練を彼自身の中に結合することによって，彼は最終的に問題を，彼自身の個人的な枠の中に持ちこみ，あらゆる点においてアヴァン・ギャルド芸術家らしくふるまい，彼独特の様式と技術的解法のレパートリーを発展させた。エリオと共に，ガルニエは建築家と施主との関係をより密接にし——実際，別々の2人というよりもエリオ－ガルニエとして扱うべきである——そして彼はためらわずに自分自身を大都市の生活の中にまきこみ，このまきこみから生ずるすべての技術的，行政的，法律的，経済的，社会的難関を受け入れ，そして時には，これらの理論上の限界に対しての実際的解決を見出すことすらしたのである。

彼は建物を孤立した物体とは考えず，常に，行われるすべての行為の窮極の目的は都市自身の利益であること，そして建物は都市の生活に役立った時にのみ重要であることを念頭においていた。『大事業』の中で公表されているマスター・プランは，近代の都市計画案とは似ていない。何故なら，それはいろいろな大きさ，いろいろな程度の選択を分布させるという考えをもたずに，よりオスマンの計画を想い出させるようなものだからである。基本的には，それは，公共事業のいろいろな計画を結びつけるものであった。こうして彼は，都市のような動的な現実は静的な手

段によって規制され得るという理論に従ったが，計画の浮き沈みを通して，彼はその動的な質を経験し，理論の限界を突き破ることを強いられた。オスマンによって設立された「パリ都市計画局」においてパリ計画がそうされたように，全体計画は，事業の進行につれ，リヨンの市当局で絶えず改変されたということは確かなようであり，個々の建物のプランは，成長する都市とのこの生きた結びつきについてわれわれに考えさせる。

建築的視点からいって都市計画の方法に対するこの深い理解に匹敵するものは，対称性の放棄であり，それは特に住区のブロック割りに見ることが出来る。ガルニエは彼の建物を完成された事実とは考えなかったし，また均一な幾何学的規範によってリヨンを改造することも考えなかった。それ故，対称の代りに，彼はそれ自身をより容易に空間的制限，長期にわたる計画の予想し得ない変化に適応し得るような他の法則性――例えば基礎的モチーフの無限のくり返し――を用いねばならなかった。

ガルニエの作品の価値は，種々の要因の間で現実に保持されたバランスにあるが故に，言葉や図面や写真のように間接的な手段を用いてそれを理解させることは不可能である。書いたものは，自分自身を実際的な仕事においてほとんど完全に表現するような個性の場合には僅かしか価値をもたない。彼の図面は不器用で型にはまったスタイルで描かれている。実際の建物の写真は事実と違った印象を与え，実際より悪い。何故なら，不確定な好みが強調され，それに反して，積極的な本質――技術的熟練と機能に対する完全な適合から来る生き生きとした感じ――はうまく表現され得ないからである。これらの建物の真価を見るためには，それをある日訪れて現実の生活の中でそれらを見，エリオ病院の道路に沿って歩き，人や動物で混雑した家畜市場のホールに入っていかなければならない。この建築は，近代運動の誕生に先立つ時代の最も進歩した実験であり，その限界そのもの――いくらかユートピア的な都市のヴィジョン，正直な古典主義の覆い――でさえ，才に恵まれ，謙虚で，未だに現代の批評家によって正しく評価されなければならない貢献をした人物に対する人々の尊敬を単に増すだけである。

---

1) M. Foerster, O. Graf, M. Thullie, A. Kleinlogel, E. Richter, A. Berrer, J. Melan 共著，"Entwicklungsgeschichte, Versuche und Theorie des Eisenbetons, I, Die Grundzüge der geschichtlichen Entwicklung des Eisenbetonbaues"――ベルリン，1921年，1頁
2) A. Perret 著，"Contribution à une théorie de l'architecture"――パリ，1952年。"Biografia di A. Perret"――ミラノ，1955年の中で，E. N. Rogers によってイタリア語訳されている（48～49頁）。
3) T. Garnier 著，"Une cité industrielle, étude pour la construction des villes"――パリ，1917年
訳註1) 給費生（学生）のこと
4) N. Pevsner 著，"Pioneers of Modern Movement from William Morris to Walter Gropius"の前掲邦訳書の118頁
訳註2) 合衆国の意味
5) Le Corbusier 作品集1910～1929年――チューリッヒ，1930年――の初版の序文

第11章　1890年から1914年にかけての都市計画における実験

1. 都市計画法及び都市計画実験における進歩

　第3章で述べたように，1850年から1870年にかけて，1848年の社会闘争の勝利者として現われた新しい保守体制の指導で，自由主義後のブルジョア的都市計画が行われた。この計画の実施は，行政府と土地所有者との間の負担と利益の不公平な分担に基づくものであり——行政府は失費によって公共事業を行い，土地所有者は地価の上昇分の大部分を取得した——まさにオスマンがしたように将来の通常の上昇利益分を相殺する意味で，都市計画資金を借入することを必要とする。即ち，都市計画実施の側からすれば，地価の上昇を必要とし，都市計画を直接的に経済状勢に依存させることになる。

　1850年から1870年にかけての期間はまさに上昇期で，第3章の3項であげたように，ヨーロッパのあらゆる国で，数多くの事業が成功したが，1870年頃，この状態も終った——不況の最初の徴候期において，既に述べたように，オスマンの「素晴らしい計画」は挫折した。それに続く1870年から1890年の20年間に地価は下落し，1890年以後1914年頃まで初めて上昇の一途を辿り，長期の都市計画実験の新しい一時期を可能にした。

　1870年の危機の後，新保守政府による都市計画の実施の損失，特に，投機的な私企業による住宅供給と，都市に溢れ続ける貧困階級の要求との間の差異が明るみに出た。

　イギリスにおいては，1848年と1851年の間に基本的な法令が通過し，都市計画関係機構の進歩は休みなく進み，初期の法規は次第に修正された。

　一般の建物の規制に関する1866年と1875年の衛生法にも拘わらず，イギリスの都市における混雑は存在し続け，世紀の最後の10年間には耐えられないものとなっていた。私的な個人の慈善活動は依然として多かった。イギリスでは1890年に約40の協会が行政府と協働していた。これらはスラムによって占められている地域を立ち退かせ，私企業や個人がそこに新しい家を建てた。しかし，そういう活動は，彼らをそうさせる道徳的態度の故に，また問題の質的面についての彼らの研究という点では重要なものだが，量的に不充分であるが故に，イギリスの労働者階級の状態に対してさしたる効果をもたらさなかった。

　ついに国がその問題に取り組むことを決定し，ウエールズ公，シャフツバリー伯，チェンバレン，チャドウィックらの著名な名前の加わった王立委員会を任命した。調査の途中

で, ブリストル出の貧困者救済委員は所見を述べている。「建物を建てるコストが高過ぎて事業が引き合わないならば, 社会がその責任をとるべきだ。」と。またロンドンの公務員は「現在の要求に応えるのは, 私企業や慈善団体では不可能である。私企業や個人によってなし得ないものは公共団体が行うべきだ。何故なら, それは権力と資金をもっているのだから。」[1]と述べている。

委員会の進言は1890年の立法, 即ち労働者階級住宅建設法 (Housing of the Workers Class Act) となったが, それは1866年と1875年の初期の法律と衛生法の規制をいっしょにしたものだった。地方当局はより権限を与えられ, 土地の強制収用の過程は容易にされ, 補償額は下げられた。しかし, これらの利便にも拘わらず, 行政府はこの法律をごく限られた範囲でしか利用せず, 第1次大戦までに, この方式で建てられたのは1500戸にも充たなかった。私企業の増加によって辛うじて, 過密がさらに悪化することを防いだのだった。

1890年頃, 多くの他の国々が住居の問題について同じような法制を整えた。問題の2つの局面——イギリスでは緊密に関係し合い依存し合っている古いスラムの立ち退きと新しい地区の建設——は状況に応じて多様に変って現われた。

フランスにおいては1850年の法令——それは自治体に住宅の衛生上の基本的な要求を監督することと, 適宜に強制収用することを許した——があって, それはオスマンやヴェスらによって新しい街路の建設に関して大規模に適用された。今や1902年の法令がさらに1912年により整備され, 道路事業と別個に, 不衛生と認められた時に住宅や住区を強制収用する権限を与え, それが古いパリや他の都市における大規模なスラム・クリアランスを可能にしたのだった。人口は多かれ少なかれ動かなかったので, 新しい住居の建設は他よりもそれほど緊急でなく, 流入率の高い大都市, 最近立ち退かされたスラム地区の住民のための住宅を必要とする大都市でのみ深刻であった。ここでもまた, 博愛主義的目的をもった私企業が設立された (パリ慈善協会〈Société philantropique de Paris〉, ロスチャイルド財団〈Fondation Rothchild〉等)。1890年にフランス低家賃住宅協会 (Société française des habitations à bon marché) が設立され, 1894年に, これらの私企業に国が援助することを認める法令を通過させ, また, 1907年には, これらの問題に関する推進組織として, 低家賃住宅会議 (Conseil supérieur des h. l. m.) が設立された。1912年にはそれまでのすべての規則が, 1つの条例に一体化された。

ベルギーにおいては, 強制収用が1867年の法令によって制度化されたが, それはある点で独特なものだった。収用さるべき土地の半分以上が1人の地主あるいは1つの会社に属するものである時は, その個人または会社が自身でその事業を遂行することを許されるというのである。こうして, 当局と個人との間に一種の協力が可能にされ, それが, 自治体がたとえ広い公共土地を所有しなくても古い都市における種々の開発を遂行すること, 郊外に新しく計画された地区を建設することを可能にした。一般の建物に対する国の介入は, 1889年に自分自身の持ち家を希望する労働者に対する法令によって裏づけられたある援助に限られていた。1919年になって初めてフランスの協会に似た国立低家賃住宅下宿協会 (Société nationale des habitation et logements à bon marché) が設立され, 建築関係の行政が発足した。

イタリアにおいては, 1885年, ナポリに発生したすさまじい伝染病が建物の衛生状態のコントロールの問題を前面に持ち出した。

IV 1890年から1914年にかけてのヨーロッパのアヴァン・ギャルド運動

1865年の法令によって定められた土地強制収用は道路や鉄道等のような公共事業の遂行に厳格に限定されていたが，健康の理由からスラム地区にも拡大適用された。一般の建物の分野においては1903年に最初の法令が通過し，さらに整備され，1908年の法令に一本化された。事業は通常の行政機関よりもむしろ一般の住宅のための個々の協会に預けられ，それが労働者住宅を建て，それを低い家賃で貸した。他の国で行われたのと根本的に違ったこの解決はすぐに効果を発揮したが，それはイタリアにおける政府補助住宅と民間住宅との二元化をもたらし，協同組合や一部補助という中間的な形にすべて水をさすこととなり，さらに，自治体当局をこの仕事からはずすことによって結局政府補助住宅を都市計画から遊離させ，危険な二元的対立の基礎をつくった。これらの長所と短所は，後にイタリアの建築行政の恒常的な特徴となり，第2次大戦後，INA住宅（INA-Casa）訳註1）の設置によって強められた。

ドイツにおいては，立法は連邦的な国の構造が原因で均一ではなかった。住宅は，1870年以後の国の急速な工業化と共に重要な問題となった。最も一般的となった解決は協同組合で，その事業は1868年の法令によって規制された。1889年，新しい法令が，有限責任の原則を認めることによってこの形式を奨励し，国はこれらの企業に対して財政援助を与え始めた。これがドイツの協同組合建築の大発展の始まりであった。1890年に建築協同組合は38であったが，1914年には既に1400以上に増え，約5万戸が戦争前に建設されていた。

世紀末，エッセンのクルップはその労働者のための住区，アルフレッズホフ（Alfredshof, 1894年），アルテンホフ（Altenhof, 1900年），マルガレーテンヘーエ（Margarethenhöhe, 1906年）を建設した。

ドイツの立法は個々の企業を阻止し，均質なものを生産する協同組合を奨励するようにつくられた。例えば1904年のプロシャの法令は，ある保証を与え得る立場にあるものにだけ許される特別の住宅建設許可なしに，決められた制限区域の外に建築することを禁止した。

これらの事業に必要な土地はある時点以後は強制収用によって獲得された。1901年には，ハンブルグ市長アディッケスは，自治体に，同価の代替地を代替として，市の拡張が必要とするすべての土地を取得すること，また合理的な規準によってそれの利用を計画することを許す法令を通過させることに成功した。アディッケス法として知られるこの法令は多くのドイツの州で採用された。

これまでに挙げたいろいろな公的介入は，新保守主義的都市計画の矛盾を軽減するのに役立ったが，それを完全になくすことは出来なかった。事実，それは要求のほんの一部しか満足させず，建築の生産，販売における民間企業の優位を保持させた。行政府は，道路，施設等の公共投資によって民間企業を援助し，奨励した。これらの事業が次第に重要になるにつれ，それを公的権力と土地所有者との間の役割のもともとの分離を変えることなしに最も整然としたひとつのマスター・プランの中に統合しなければならなかった。

オスマンの時代にはまだ非公式で流動的であったこのマスター・プランは，よりはっきりした形に具体化し，今日「都市計画」とよばれるものとなった。1914年の初め，これらすべての大都市は，公式に定められた全体計画を必要としていた。パリにおいては，オスマンの計画は第3共和政の下で完成され，1900年に幕開けされた都市交通網によって世紀の終りと共に強固にされることになった。マルセル・ペートによってつくられた全体計画研究委員会が1910年に発足し，1913年に最初の報告書を発表した。しかし，アンリ・プ

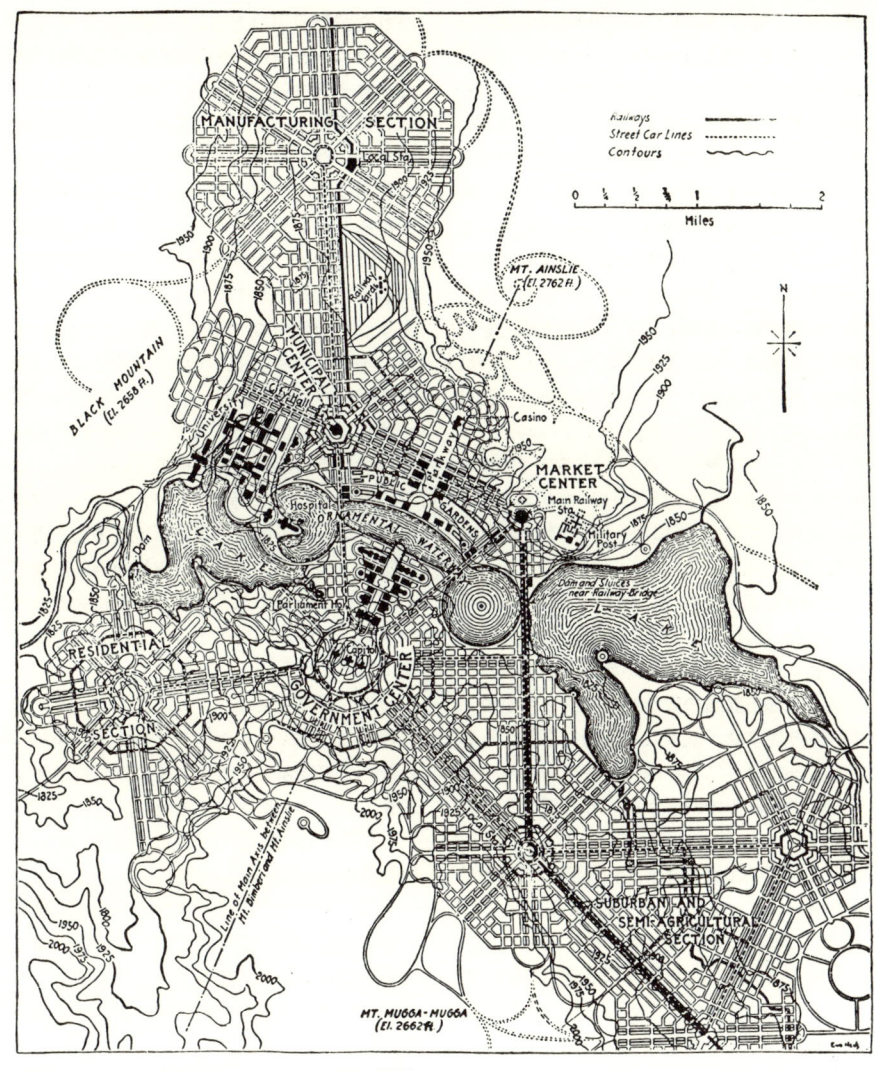

387図　グリフィンの計画によるキャンベラの地図（1913年）

ロストによってつくられた計画は1939年になって初めて認可されたのだった。ウイーンにおいては、全体の整理は、リングの建設によって始まり、1885年の規制、1893年の地区法——都市は約20の地区に分けられ、建物の型と階級について条件がつけられた——及び 1905年のグリーン・ベルト法案によって完成された。1870年からイタリアの首都となったローマにおいては、最初の都市計画（ヴィヴィア二〈Viviani〉計画）が1883年に認可され、1908年には第2の計画（サン–ジュスト〈Saint-Just〉計画）が認可された。アメリ

375

カでは,「美しい都市」(city beutiful)運動が最初の都市計画を認めさせ,それが特に形式的でモニュメンタルな規準ではあったが,伝統的な格子状都市についての議論をまき起こした。これらの中では,第8章で述べたバーナムとベネットによるサンフランシスコ計画(1905年)とシカゴ計画(1909年)が目立っている。20世紀の初めにおけるアングロサクソンの都市計画思想は,イギリスの最も大きな2つの植民地の首都となるべき2大都市をデザインし建設しようとしていた。それは1911年に,エドウィン・ラチエンス(1869～1944)によってデザインされた,インドのニューデリーとオーストラリアのキャンベラ(1913年にコンペティションが行われ,シカゴのウォルター・グリフィン〈1876～1937〉が1位となった)であった。

公共建築事業でも,都市計画でも,少しずつではあったが,公的権力と土地所有者との間の隔てをなくし,これが自由主義後期のブルジョア都市計画の政治的中核だったので,すべての調整は,基となる法制を修正する必要,あるいは,二者の離反の法律的妥協をより安心出来る形で明らかにする必要を生じさせた。

政府補助の建物や都市計画の問題が秩序だって扱われている包括的な法文の最も重要な例は,1901年のオランダの法令であった。

1万人以上の都市は再開発計画を行い,それによってスラム地区の除去,優良地区の維持,新しい地区の建設等についての手続きの仕方を示すべきだという法令であった。10年毎に再審査される全般的な都市計画とディテール計画とは区別され,土地や建物の強制収用は,ディテール計画がたてられた後に行い得ることが明示された。さらに行政府には,国がその利子を負担し,土地や建物の価格の100%までもカヴァーするローンが与えられ,行政府は行政府で,うまく法令化され単純化された強制収用の方法から利益を受けながら,特に一般の住宅供給に関わる協同組合や団体に土地や補助を与える権限を付された。

この関係で,オランダの都市は,伝統的に有利だった。事実,ハーグは別として,大きな都市はすべて海を埋め立てた平らな土地の上にあり,それなりの土地が,当然正確に調整されなければならない水力学的操作によって適当に整えられて初めて拡張され得たのである。この理由で,昔から,都市の拡張は,外側の土地の強制収用,当局による管理の体系化,建築地の再販売等によってもたらされた。

最も重要な例はアムステルダムの17世紀の発展で,それは16世紀の核のまわりの3つの半円形の運河を基礎としていた。都市が成長するにつれ,行政府は建築用地の蓄えの獲得を続け,1876年,獲得した土地を再販売せずに貸すことに決めた。これが,後に大部分のオランダの都市が採用することになった解決策であった。

オランダの法令は,アムステルダムの拡張(1902年以後)やロッテルダムの拡張(1903年)の計画を可能にし,政府補助の建物の増大を助長した。第1次世界大戦前に,約3万5000戸がいろいろな方法で国からの出資によって建設された。

オランダの後で,イギリスは1909年に最初の都市計画法を通過させたが,それは一般の建物と都市計画に関するすべての規則を1つの法令にまとめようという同じような意図から行われた。

住宅建設のための強制収用の手続きはその後完璧にされ,計画の立案と関係をもった。しかし,オランダにおいて行われたものとは違い,計画の改良は主として私有地で行われ,法令は,受益者負担税や土地を収用された者に対する補償額を決め,いろいろな土地所有者の扱いを均等にすることを試みた。この法令はうまく働かず,第2次大戦までに巨

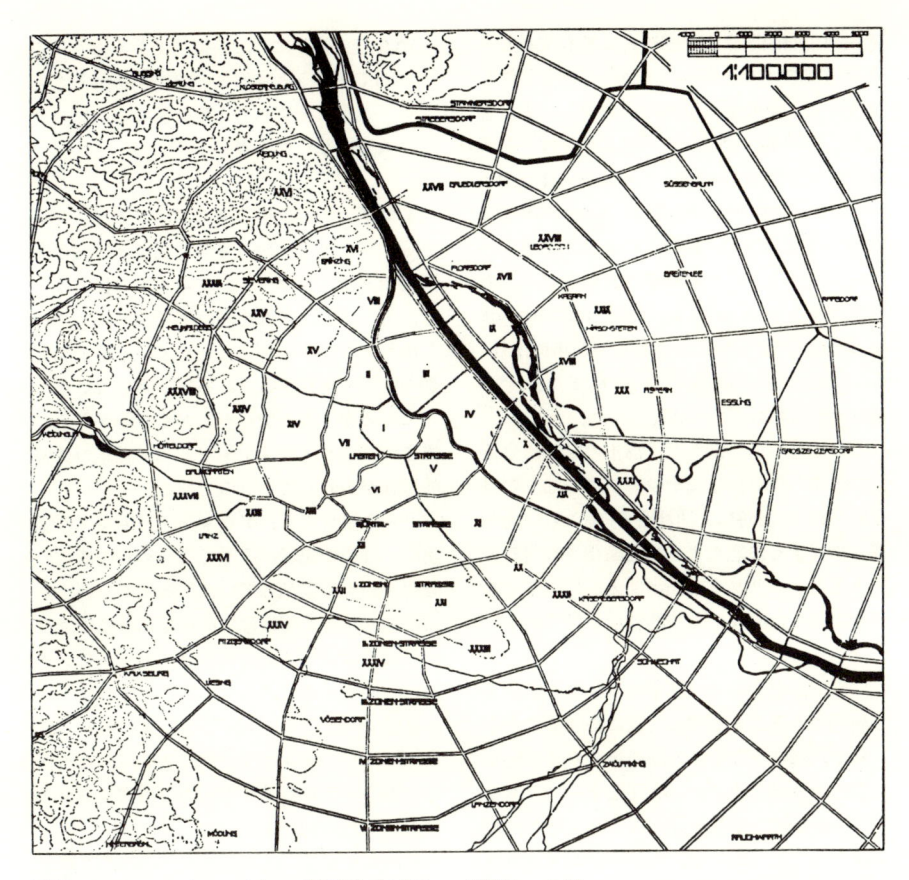

388図　オットー・ワグナー，ウイーン拡張計画（「大都市」——1910年——から）

額の補償が支払われたが，受益者負担税はほとんど徴収されなかった。この方式の失敗は，1947年にイギリスの立法者をして建築用地の国有化という違った方向をとらしめた。

他の国々では，同様な全般的都市計画法は戦後になって初めて通過した。その間，都市計画問題に関わる多くの企業や文化協会が育成された。20世紀の最初の10年間に，俗に「古典的」都市計画思想とよぶものの基礎がおかれ，ほとんどすべての場所でのそれに関する立法を刺激するのに役立った。多くの現在の困難の根源となっているのはそれらの欠陥なのである。

この分野においても，ドイツ文化は決定的な貢献をした。雑誌「シュテッテバウ」("Städtebau")が1904年からベルリンで刊行され，ドイツの論説は，1876年のバウマイスターのそれから1890年のシュトゥッベンのそれまで，すべての場所で読まれた。1903年，ドレスデンにおいて，多分最初であろう都市計画展が開かれ，次いで1910年のベルリン展示会，1913年にはゲント，1914年にはリヨンで展示会が開かれた。他方，最初の都市デザイン学科が1909年にリヴァプール大学に創設された。

近代都市の問題は文筆家にとっても関心のある問題であって、彼らは未来の都市を想像しようとし、その中に現在の欲求や不安を投影した。1899年、ジュール・ヴェルヌの『2899年のアメリカのジャーナリストの一日』("La journée d'um journaliste américan en 2899") が出版され (1879年には彼はリチャードソンのユートピアに影響された『ベグムの5億フラン』〈"Les cinq cents millions de la Bégum"〉を出版していた)、1905年にはH. G. ウェルズの『現代のユートピア』("A Modern Utopia") が出版された。

この思想の精神即ち近代都市の問題は分析的に解決し得る、またその解決はかなりの科学的正確さ、同時に人間社会の「輝かしい大飛躍」に対する熱意によって理論化され得るという確信は、リヨン市長エリオが1914年の展示会で行った演説に効果的に示されている。

「平均的な大きさの都市の行政は、経験主義的であることをやめ、真に科学的にならなければならない。人間の集合の合理的な発展を予測すること、必要なオープンスペースと新鮮な空気を備えること、それの維持に責任をもつこと、それを脅かすあらゆる危険からそれを守ること、それの住民の交通機関を提供すること、人々のためにきれいな水を確保すること、貧困者収容所から人々を救い、住居を改善し、最良の照明方法を選び、食料供給を監理し、ミルクのような不可欠なものの供給を調整し、偽物を排し、少年を守り、学校を近代化し、清潔さを一般的にし、国の教育を地方の教育で補い、労働の衛生的な環境をつくり、社会の諸組織を助成し、完全にし、伝染病に対する戦いを組織化し、病院、孤児院、保育園を変え、福祉事務所の真の仕事は何かを確かめ、都市住民にとって不可欠な体育やスポーツを振興し、この都市をあらゆるやり方で豊かにし、芸術的であると共に科学的であろうとするこの努力に報いること——これこそ真に考える価値のあるプログラムではないだろうか？」[2]

これが1890年以後芸術におけるアヴァン・ギャルドの提案を衰退させた制度と実験の解説書である。アヴァン・ギャルドの提案はいずれも、さかんな都市計画実施の根底について触れておらず、都市と土地という重要な問題を完全に解決するところには到っていなかったことを、ここで述べておく必要がある。まさにここにアヴァン・ギャルド思想の体質的限界が表われているのである。

どんな場合でも、アヴァン・ギャルドの議論は、都市の現状にそしてまたそれの威信の強化に完全に固執していた。唯一つ、都市周辺部を対称性と階級性の厳格な体系の中で統一したのはオーストリアのオットー・ワグナーとその弟子達であった。ワグナーのウイーン拡張の研究——1911年の『大都市』(Die Großstadt)——は、5年前に考えられた新保守主義のモデルのより正統的な形式化のひとつであった。

それに対して、他の提案は、はっきりはしないが、ガルニエがなしたように古典的伝統の内部から、あるいは、これから述べるジッテの教訓的な理論、イギリスの田園都市運動、ソリアによって考えられた線状都市、ベルラーへの都市計画のように、反古典的議論によって、公式的モデルを議論の俎上にのせた。

2. カミロ・ジッテの教訓

カミロ・ジッテ (1843〜1903) はオーストリアの建築家であり、ザルツブルグの国立工芸学校 (Salzburg Staats-gewerbeschule) の校長であり、いろいろな宗教建築やいくつか

のオーストリア都市の開発計画の製作者であり，ヨーロッパや東洋での数多くの旅行で得た莫大な歴史的遺産の所有者でもあった。

1889年，彼は小冊子，『芸術の根本原理による都市建設』(Der Städtbau nach seinen Künstlerischen Grundsätzen) 訳註2) を出版したが，これは広く読まれ，彼の名を俄かに有名にした。1900年までにドイツ語で3版，1902年にはフランス語版も出た。内容は単純で流暢で，ラスキンの著述のようなスタイル上の魅力やヴィオレ・ル・デュクの博学の飾りはなくても，この主題についての他の回りくどい議論とは違っていた。それの重要性と急速に得た人気は，その視点の新しさと，彼の提案がすぐに実行し得る可能性をもっていたことによるものだった。

ジッテは近代都市について論じており，彼の議論はいわゆる「芸術的」分野，即ち，都市の威信に満ちた中心部や住宅地区に見られる外部的な美的規準に限定されていたが，しかしそれは評論家がしたように単なる一連の因襲的な解決を提案したのでも，ラスキンがしたように原則の問題としてこれらの解決を痛罵したのでもなかった。彼は新しい都市の景観が何十年か前の現場から浮かび上ってきていると見，それの欠陥——単調さ，過度の規則正しさ，対称性第一主義，周囲の建築と判別し難いまたそれらと不釣合いな空間——を記し，それらを，美しく機能的な建物のグルーピング，それらの建物に完全に関係づけられた空間の非対称的レイアウトとヒエラルキー等の中世都市の長所とを比較した。

ジッテもまた前時代のロマン主義者のように過去を現在に対照させたが，近代都市を理論的地盤全体で拒否する代りに，古いものの中で彼が讃美した少なくも価値あるものを近代都市の中に再確立しようと，それの個々の欠点の論理的分析を行い，いくつかの実際的な治療法を提案した。

例えば，分けられていないあるいは大き過ぎる空間は，明確な建築環境を創造するために適当に分割され得ること，開放的な形態は閉鎖的な形態に置き換え得ること，対称性は部分の対称性によって軽減し得ること，モニュメントは広場の幾何学的中心から他の目立たない場所へ移し得ること等々である。事実この本は，ウイーンの輪城壁の不釣合いに大きな広がりは打ち破らるべきこと，適当な大きさの広場が主要な建物のまわりに建設さるべきことを提案する章で終っている。

ジッテの理論的信念にはある限界があった。彼にとって芸術と実用は互いに排他的であり，彼は19世紀の最近の都市計画実験を技術的問題だけを扱ったものとみなし，芸術とは相容れないものと考えた。彼は真面目な思想を真に基本的な問題からそらし，都市計画思想の上に長くのしかかる「美しい都市」という考えをもたらすことになった。

次の文は彼の思想のこの点を示している。

「近代的方法！——そう，その通り！ すべてを計画的にすること，その計画から一歩もはずれないこと，それが現代の証しである。天才を窒息死させるまで，すべての陽気な感情を溺死させるまでに計画を敬え。われわれは都市計画について3つの主たる方法をもっている。格子型，放射型，三角形型である。芸術的視点からいえば，それらのいずれも興味あるものでなく，それら3つはすべて道路のパターンにのみ関わるものであり，かくしてそれらの意図は出発点から純粋に技術的なものである。道路のネットワークは，コミュニケーションの目的にのみ役立つものであって，芸術の目的にではない。というのはそれは感覚的にはつかみ得ないからであり，その平面図以外では全体を把握することは不可能だからである。これまでのわれわれの議論にお

IV 1890年から1914年にかけてのヨーロッパのアヴァン・ギャルド運動

いて道路のネットワークはそういう理由で触れられず、また古代アテネやローマ、ニュールンベルグやヴェニスにも触れなかったのである。それらは、全体を感知し得ない故に芸術的に重要なものではない。見る者が視野の中にとらえ得るもののみ、見え得るもののみ、例えば1本の道路、個々の広場のみが重要なのである。

このことから、適当な条件下では、どんな道路ネットワークが選ばれようとも芸術的効果は達せられるということになるが、ヨーロッパ北西部の都市の特徴となっており、不幸にもしばしばわれわれのところでも流行している真に下品な野蛮さでそのパターンが用いられてはならない。

もし交通専門家が芸術家に肩越しにのぞかせ、また彼のコンパスと製図板を時折り横へどけるならば、格子型でも道路や広場に芸術性を与えることを可能にするかも知れない。それを望みさえすれば、これら2つの間の平和的共存の基礎を確立し得ることだろう。結局、芸術家は自分の目的のために2,3の主要道路と広場を必要としているのであって、他はすべて交通と日常の用に喜んで手渡すのである。生活地域の広い部分はビジネスライクであるべきで、そこでは都市は仕事着でいるわけである。しかしながら、主要な広場と道路は、住民に誇りと喜びとなるよう、都市の誇りをよびさますよう、そしてわれわれの成長する青少年の中に偉大で高貴な感情を植えつけるために《晴れ着》を着なければならない。」[3]

これらの偏見にも拘わらず、ジッテは彼の時代の都市計画思想に2つの重要な貢献をした。

第1は、古い町に対する関心を復活させることによって——個々のモニュメントに対してではなく——彼は（R. バウマイスターが1876年に「古い建物は保存さるべきだ、ただ清掃し修復して」と書いたような)[4] 建物を個別に扱う習慣を止め、全地区ではないにしろ全体を保存するという前提をもたらし、オスマンによって行われたような無差別破壊のやり方に対して重要な心理的な柵をおいたことである。

第2に、彼の過度に単純な形態の提案と共に、建築家に、近代都市計画の基本的な問題について考えることを不可避にさせる一連の思想を提供したことである。ジッテは外から問題に取り組んだが、古い都市と新しい都市の比較に具体性を与えることによって、教訓となるようなケースの研究を提供することによって、また政府の介入の方法を提案することによって、理論と実際との間の溝に懸け橋することを助け、眼に見える事実から眼に見えない原因へと遡ることによって理論それ自身を超越することになる一連の実験をうながした。

何行かの文章はこれらの結末を予見しているように見える。例えば、古い町の有機的な一部分を真似することによって生じる困難について書いている次のくだりである。

「そのような目的は定規や幾何学的直線の道路線によっては達せられない。古い巨匠達の効果を生みだすためには、彼らの色彩もわれわれのパレットの一部を形成しなければならない。雑多な曲線、曲った道路、不規則性が人為的にプランに含められなければならない。即ちわざとらしい無技巧さ、目的をもった無計画性である。しかし、長い歴史の中につくり出されてきたのと同じ美しさをこの計画の中で考え、つくり出すことが出来るだろうか。そして人は、そのようなつくられた率直さを真に楽しむことが出来るのだろうか。否である。自然な喜びを享受することは、建設が日を追って

手当り次第に進行しないで，その代りに製図板の上で知的にその計画をたてるような文化のレベルに対してはあり得ない……近代の建築技術と同様近代的生活も，もはや，古い都市景観の忠実で卑屈な模倣を許さない。もし不毛な幻想の餌食となることを欲しないならば，それを率直に認める勇気をもつことが必要である。昔の巨匠達の模範的な作品は，隷属的な模倣よりも他の方法でわれわれの中に生き続けなければならない。もしわれわれがこれらの作品の本質が何の中に存在するかを決定することが出来，これらを有意義に近代の建設に適用することが出来るとするならば，見かけは不毛のこの土壌から新しく豊かな収穫をあげることが可能であろう。」[5]

これらの言葉はまさに現代的で，今日においても適切であり，その構成や有機的外観が事業の技術的，行政的役割とはどのようにも対応することなしに計画の中で人工的に得られるような多くの今日の政府補助住宅群に適用されるかも知れない。

3. 田園都市運動

ハワードの田園都市運動はそれ自身互いに関係をもつ2つの源をもっている。1つは19世紀の初めのユートピアの伝統，特に，それと伝統的に関係のある社会的意味をもった完全な自足的社会，都市と地方の合成として理解されているオウエンのそれであり，もう1つは，ある意味で世紀の後半にヴィクトリア的思想によって磨き上げられた前時代の理想の採用である緑の中の独立住宅の考え方であり，社会的関係よりもプライヴァシーを強調するものであり，家庭生活を大都市の混雑と無秩序から解放し，都市を可能な限り田舎のようにつくろうという試みである。

この理想は既にラスキンの著作の中に表明されている。「周囲に自由な田園をもった清潔な道路，庭と果樹園の地帯，それ故，少し歩けば都市のどこからでもきれいな空気，草，遠い地平線を得ることが出来る。」[6] 1871年，ラスキン自身オックスフォードに田園郊外地を建設するために，セント・ジョージズ・ギルド (Saint Geoges Guild) を設立したが，事業は失敗した。彼を崇拝する石鹸工場主，レヴァーは，1887年，リヴァプールの近くのポート・サンライト (Port Sunlight) でこの計画の実現に従事した。56.6haの土地の上のゴシック様式の600戸の小住宅群が小さな村落をつくり，庭や草園に囲まれ，それらは会社の従業員に安い家賃で貸された。

同じような実験がバーミンガムの近くのバーンヴィル (Bournville) でチョコレート工場カドバリー (Cadbury) によって，行われた。約186haというずっと大きな土地に500戸が自由な様式で建てられたが，土地と建物との間の面積比率が決められていた。

1898年以降，エベネザー・ハワード (1850～1928) と彼の運動の影響によって，そのような事業は次第に多く実現されるようになった。彼の独特の貢献は，これらの実験を個々の請負人の手から離し，一貫した理論を確立したことである。同時に，彼は，実際的なことから抽象的な非実用的な側面を離すことによって，また止むを得ず集合化せられなければならない都市生活面と，私的企業に残しておいても安全であり得るものとを合理的に区別することによって，ユートピア的思想傾向を終焉させたのである。

ハワードは次のように理由づけている。建築用地の私有は土地価格が都市の周辺からセンターに向って漸増し，所有者に都市の土地を集約的に開発させ，建物を混ませ道路の過密の原因となることを意味する。さらに，利益の集中は都市の無制限な成長を導き，それ

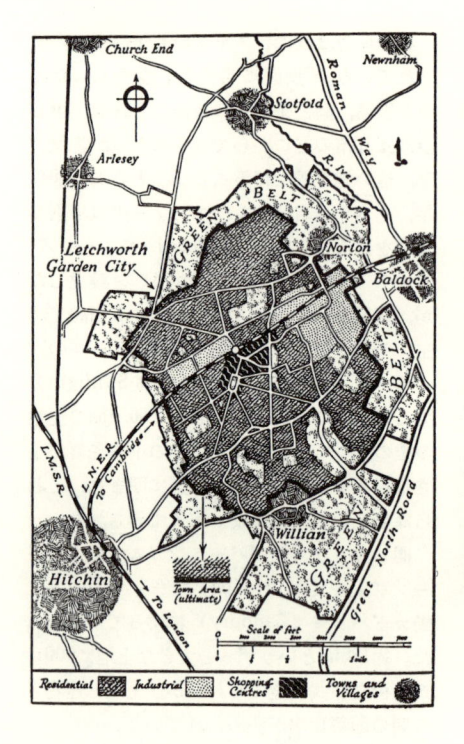

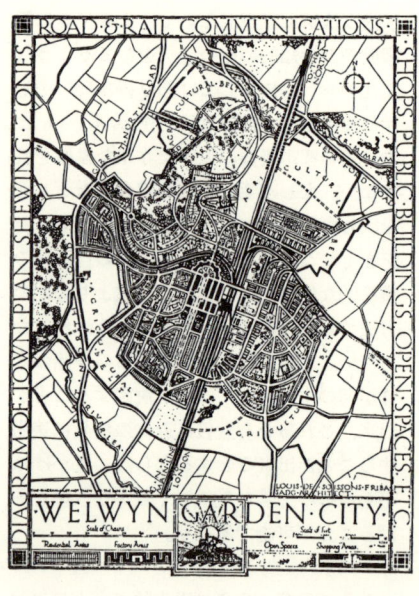

IV 1890年から1914年にかけてのヨーロッパのアヴァン・ギャルド運動

389, 390図　レッチワースのオリジナル図面（B. パーカーと R. アンウィン、1902年）とウエルウィン（L. ド・ソワッソン、1919年）

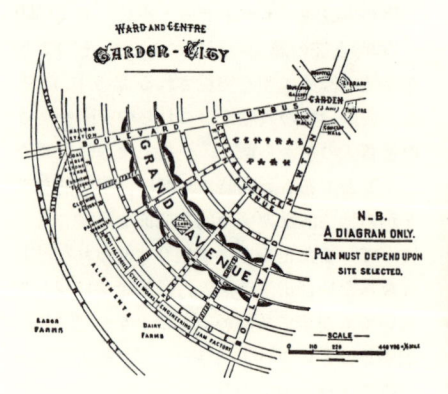

391図　田園都市の概念図（E. ハワードの『明日』から）

392図　レッチワース、商業センター

故過密は絶えず増大し、田舎を遠くへ追いやる。もし私的投機を止めさせ得るなら、建物は必要なだけ間隔を離し、そこにオープンスペースをどこにでもとることが出来る。また無制限な成長の刺激となるものも消え、都市の大きさは歩いて行ける距離内に田園があるくらいが適当な大きさになるだろう。このようにして、ハワードによれば、都市のよさ

——社会生活と公共サーヴィス——は田舎のよさ——静かさ，緑，健康さ等——と結合され得るだろう。かくして田園都市のアイディアが生まれたのである。

ハワードはロンドン裁判所の所員であったが，アメリカの協同組合運動についてのベラミーの本[7]を読み——彼自身の説明によれば——彼はこれらの原理を少し小さな規模で実験的な都市に応用することを考えついた。彼は自分の考えを小さな本にまとめ，それは『明日，真の改革への平和な道』[8]("Tomorrow, a Peaceful Path to Real Reform")という題で1898年に世に出，同じ年，彼は「田園都市と都市計画協会」(Garden City and Town-Planning Association)という協会を設立し世の興味と関心を呼び起こすために雑誌を出版した。

本の中で，彼は未来の都市を描き，またそのための計画をたてたが，そのプロジェクトは選ばれた敷地に適合されなければならないが故に，単なるアウトラインとしてみなさるべきであることを強調している（391図）。彼は技術の専門家ではないので，大部分事業の財政的なディテールについて語り，これが本質的に具体的な提案であり，理想主義的な考えでないという事実を強調した。田園都市は会社によって経営されることになり，その会社は土地を所有するが，建物やサーヴィスや経済活動を所有しない。誰もが都市の規則には従うが，最善と考えるやり方で生活とビジネスを行い，規則に従う代りに，統制のとれた社会の恩恵を得るのである。しかし，ハワードは，新しい都市は自足的で，工業と農業の間の調和のとれた均衡を基にすべきだという伝統的な考えにまだ邪魔されており，この理由で，田園都市では，住宅と工業はその利用し得る土地の1/6を占めるだけで，残部は農業に予定され，都市の核はすべて同じ中央の当局の下にある農地の輪で囲まれることになる。

1902年，彼は最初の会社を設立し，ロンドンから約80kmのところに最初の田園都市，レッチワース（Letchworth）の建設を始めた（389, 392, 393図）。その計画はB. パーカーとR. アンウインによってなされ，道路と基本的サーヴィス施設は会社によって建設され，土地は99年間賃貸された。規則は甚しく詳細であった。そこには住宅と庭との間の関係についての条項——塀や植える木のタイプ等の——があるばかりでなく，会社は店舗が生活区域から完全に分離さるべきこと，工業で働くことを希望する職人は地域を移るべきことを強い，職業をもつ人々の数を都市の内部においてばかりでなく，個々の地区内でも制限してそれぞれが適当な数の得意先をもつようにし，近隣に迷惑をかけないように愛玩動物を飼うことを制限し，特定の場所を除いてはポスターを貼ることや，煙を出したり悪臭を出したりする工業の設置，始業終業のサイレンを鳴らすこと，教会や学校のベルを鳴らすこと等を禁止した。

農業帯はハワードの計画で提案されたものの半分以下に減らされ，都市は3万5000の人口を予定されたが，人口は少しずつしか増えず，30年後でも予定人口の半分にも満たなかった。また会社の資本も完全に集まらず，会社は社債を発行せざるを得なかったので，土地の所有権は住民の手に渡ったことがなく，外部の出資者の手にあった。

1919年，第1次大戦後，ハワードは2回目の試みを行い，第2の会社をスタートし，レッチワースとロンドンの中間のところにウエルウィン（Welwyn）田園都市の建設を始めた（390図及び394～398図）。より小さな敷地が選ばれ，農業帯はさらに減らされ，5万人の人口が予定された。また会社が住宅建設を行い，それらを999年の間の賃貸にし，従属会社に商業の独占を許可した。

今度は成功は早くやってきた。ウエルウィンは第2次大戦前に人口3万5000に達していたが、この進歩は恐らくハワードが予見したのとは違った理由即ち、ロンドンに近いということと、首都で働き田園都市で生活する可能性によるものだった。かくてハワードが心に浮かべた自足性は実現し得ないものであることがわかったばかりでなく、田園都市の成功に大きな障害となった。農業帯は次第に小さくなり、経済的重要性をすべて失い、ウェルウィンでもレッチワースでも、都市をそれ以上大きくしないようにするためのグリーン・ベルトとなった。

かくして田園都市は初期のユートピアと違って成育し得るものであることがわかったが、最終的には、それは首都の吸引力に従属し、大きさの変化する、そして普通の町のそれと同じ組織に基づいた、他のどの都市にも似たような都市となった。もとの考えは、道路の優美なレイアウト、建物の統一性、オープンスペースの分布にその痕跡を印している。

同じことが住民についていえるだろう。バーダムによれば、実験の初めにおいて「新しい都市の住民の中に新しい活気ある精神が支配し」レッチワースにおいては「製本業者、カトリックの歴史家、ブレークの研究者、種種の詩人、哲学者、社会改革家、俳優、歌手、5～6人の画家、建築家、何人かの退職した聖職者、鳥類学者、無政府主義者、ジャーナリスト、社会主義者、化学者、看護婦、医者ら」[9]が住んでいた。

彼らは独特なコミュニティを構成していることを意識していた。例えば、レッチワースの最初の住民の大会はパブの開店を禁止することを、そして他の特別な制限を課すことを決定した。しかし、時が過ぎ人口が増加するにつれ、2つのコミュニティは普通のロンドンの郊外と次第に似てき、今日その住民はロンドンから脱け出た工業労働者である。

ハワードの実験はヨーロッパに広く影響を与えた。1900年以後、ヨーロッパの主な都市で、多くの郊外地が田園都市の形態をとり——最も重要なものの中には、既に述べたエッセンの近くのクルップのマルガレーテンヘーエ（Margarethenhöhe, 1907年）、ロンドンの近くのハンプステッド・ガーデン・サバーブ（Hampstead Garden Suburb, 1907年）、戦後はシュマン・ド・フェル・デュ・ノール（Chemin de Fer du Nord, 1919～1924年）、ブリュセルの郊外のフローレアル（Floréal）とロジ（Logis, 1921年）、ローマのモンテ・サクロ（Monte Sacro, 1920年）、ニューヨークのラドバーン（Radburn, 1928年）、そして1932年以後はアメリカのグリーン・ベルト等がある。「田園都市」という用語は制限つきで理解されなければならない。それは都市ではなく、建物と緑地との間の程よい比率関係をもち、環境の性格を害わないようにある規則に従っているひとつの都市衛星地域である。

歴史的判断を下す場合、ハワードの理論とその影響とは明確に区別しなければならない。ハワードは、19世紀初期のユートピアンのように、都市の問題即ち、経済的資源においてもサーヴィス設備においても自足的であったひとつのコミュニティの組織の問題を解くことを意図した。この目標の遂行において、彼は困難でより複雑な問題、即ち都市の約数である組織の問題にぶつかった。最大の複雑さは、都市の問題は最大効率の問題であるという事実の中にある。ここでは問題はコミュニティにその種々の要求を満足させるのに必要なすべてを与えることである。他方、地区の問題は——純粋に量的な意味では理解されないにしろ——段階の問題であった。それは適当な大きさのユニットを都市自身の中で独立させることの問題であり、どんなサーヴィスや活動がこのスケールで供せられるべ

11 1890年から1914年にかけての都市計画における実験

393図 レッチワース,鳥瞰図

きか,そして都市全体に対してはどんな他の ものが大きなスケールで供せられるべきかを 知る問題であった。この観点から,その地区 が独立住宅群からなっているか,あるいは集 合住宅からなっているかは無関係であった。

彼が,意図とは異なったにしろ,この問題を 提出したということは彼の名誉である。これ まで,都市は緻密な,分節されていない塊り と考えられてきた。家族と住民全体との間

——都市計画の用語では1個のアパートメン トと都市——には,ド・トクヴィーユが指 摘したような[10]あの「巨大な空洞」が存在す る。何故なら,工業都市の成長の過程は,ち ょうど政治の分野で,自由思想が市民と国家 権力との間に立つすべての実体を除くことを 希望するように,中間の鎖を取り除いてしま ったからである。ハワード以後,問題は明ら かにこの空間をいかに適当なグレードの都市

385

IV 1890年から1914年にかけてのヨーロッパのアヴァン・ギャルド運動

394, 395, 396図 ウエルウィン，住宅のいくつか

的ユニットで埋めるかということであった。この意味で，ハワードの思想はその時代に先行しており，近代運動の基本的問題のひとつを予見していたのである。

他方のそれの弱点は，ユートピア主義者の理想主義的遺産を一時的に一掃したが，人間のすべての諸活動がいっしょに行われる場所としての都市の問題を，第2の地位においたことであった。ハワードは新しい都市を心に描いたが，限定されたやり方で，単一の地区の特徴とアメニティについて考え，彼が望ましいと考えた自足性とはこれらの雑種のユニ

11 1890年から1914年にかけての都市計画における実験

ットについてであった。かくして伝統的の都市を多くの分離した個別の部分へ分割するという考えを喚起したのである。

これは，ゲデス，マンフォード，グットキンドらの思想上の一派を生じさせ，それはラスキン風の大都市に対する嫌悪を抱き，すべての大都市の終末を説き，それが大きな地域に分散された集落群に置き換えられるべきことを説き，[11]　そしてそれはいくつかの定形，例えば「自足地区」という定形を生み出し，それが問題の本質を隠して長い間都市計画に対する重圧となった。現実には，自足性が云々出来るのは都市についてのみであり，個別の地区に対しては問題は2つの相補的な面，独立性と統合性をもち，それらは互いに限定し合うのである。

ハワードの思想における失敗は，彼の布教の調子の中に現われている。彼の展望は寛大

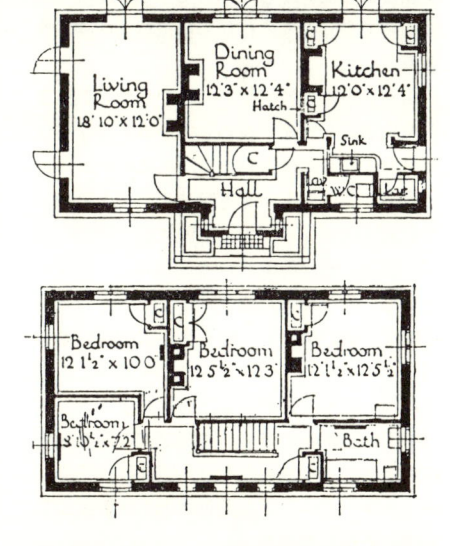

397, 398図　ウエルウィン，道路と住宅の典型（P. ヴォルフの『住宅と団地』——1926年——から）

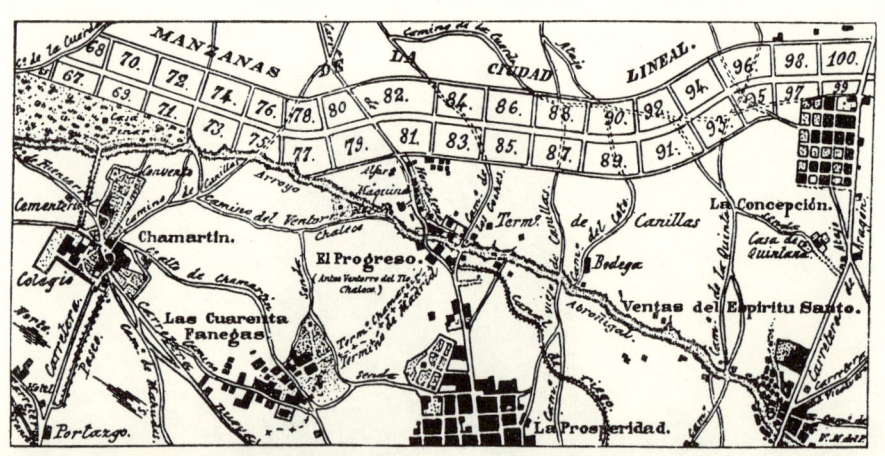

399図 A. ソリア，マドリッドの帯状に取り巻く郊外地の最初の計画

なオウエンの姿勢と比べて非常に狭く，彼は理想的都市を現実的なレベルにおいたが，そうすることにおいて，その本質の何ものかを失った。オウエンのパラレログラム（矩形）は途方もない夢だが，それらはエドワード時代の中流階級の人々がそれをもはや社会的な脅威とならないくらいにまで小さくすることによって自分のものになし得た革命の要素を含んでいた。

田園都市の形態的特徴はこの姿勢の長所短所を忠実にそのまま表わしている。ハワードは自身で建築には関わらず，都市のパターンも建築についても何も特定せず，彼と協同した建築家はショーの中世主義に染っていたが，折衷主義の抽象的自由も利用し，それらをいろいろな様式に結びつけているものの，複雑な流動的プランと新中世主義的建物を製図した。ハワードのモデルに基づく多くの地区においてこの定形はしばしば誇張され，1階平面は迷路のごとく，また様式の混合は狼藉を極めた。こうした型の地区は，1908年のチェスタートンの『木曜日の男』の冒頭に諷刺的に描かれている。

「サフロン・パークの郊外地はロンドンの両側にあり，夕焼の雲のように赤く乱れている。それはすべて赤いレンガ建てであり，その基本計画は野蛮だが，スカイラインは素晴らしい。それはちょっとばかり芸術づいて，その建築をある時にはエリザベス風，ある時にはクイーン・アン風と，いずれの時代も同じつもりで名づける投機的な請負師の暴発であった。」[12]

しかし，この場所をわきまえぬロマンティシズムとピクチャレスクの愛好は，他方，建築思想における重要な結果を導いた。それらは建築家に都市の姿を有機的な全体として考えることに慣れさせ，彼らの注意を多くの小さな要素——舗装，木塀，ベンチ，標識——などに引きつけ，それらが建築的な光景を完全にさせ，都市の構造に全体的に重要な変更をもたらした。

しかし，田園都市の解決にはもう1つの方法がある。それはより簡単で，恐らくより公平なものだが，自足の理論を無視し，単にラスキン的要求が，緑の空間と手近の田園をもった，より喜ばしい，閑静な物理的環境の中

で生きていると考える方法である（それにおいては，残りのすべては，単なるこれの結果であり，社会的，経済的問題をごまかしてそれらが田園のそれとぶつかり合うことを避ける方法であった）。ハワードの活動の最も重要な点は田園の利用に対する制限に関するものであろう。即ち，レッチワースやウエルウィンの塀，植樹，オープンスペースの維持，許可不許可の建物種別，ある種の騒音の防止などの規制である。

4. アルトゥーロ・ソリアの線状都市

アルトゥーロ・ソリア・イ・マタ（1844～1920）はハワードより6年早く生まれた技術者であった。彼は人生の前半を，彼の数学の教授であり後に大臣となったヌエル・バセラと共に政治に捧げた。その後，彼は技術の勉学に没頭し，多くの計画や発明を生み，彼の研究と関係のある多くの工業を起こした。

彼の理論的提案の中で重要なのは，マドリッドの新聞「エル・プログレソ」（El Progreso）の1882年3月6日の記事の中に最初に出された「線状都市」のそれである。1つの核の周囲に集中的に発展した伝統的都市の過密に驚き，ソリアは徹底的な代替案を提案した。それは，幅は限られているがその軸に沿って1本あるいはそれ以上の鉄道をもつ無限の長さの「リボン」であった。「あり得る最も完全な都市型は，1本の道路に沿って続き，500mの幅をもち，必要ならカージスからセント・ペテルスブルグまで，そして北京からブリュッセルまでも続いていくようなものである。」[13]

この型の都市は1つあるいはそれ以上の普通の都市から始まってつくられるが，時には都市間の三角形のネットワークを形成し，そうして完全に新しい形の集落をつくるかも知れない。

中央道路は少なくも幅40m 3車線で，中央には電気鉄道（ferrocarril）が走っている。交叉する道路は約220mの長さと20mの幅を持つだろう。建蔽率は50％，最小の敷地面積は400㎡で，その中の80㎡が建物で占められ，320㎡は庭である。ソリアは独立した小住宅が広い地域に広がることを想像した。「すべての家族は自分の家をもち，すべての家は庭と菜園をもつ。」

社会経済理論に関する限り，彼はヘンリー・ジョージのそれ[14]に立脚し，彼の都市の実現は建築用地のコントロールのための新しい法的手段の所有にかかっていると理解していた。こうして，ソリアのモデルはハワードのモデルを想い起こさせる。即ち，それは資本主義経済の中で，土地の資本主義的組織化によって引き起こされる不都合を除く試みであった。

後に，19世紀の最後の10年間の繁栄機運の中で，ソリアは彼のモデルを実施に移そうとした。彼はマドリッドの周辺にフエンカレル（Fuencarral）村とポヅエロ・ド・アラルソン（Pozuelo de Alarçón）村とを結ぶ58kmの馬蹄形の線状都市を計画した。この事業の重要な点は鉄道線の建設であり，それは実際1890年にアラルソンから始まった。

ソリアは企業は私企業に留まるべきで，すべての公的な制約，あるいは助成に関わりなくあるべきだと信じた。それ故彼は，強制収用に頼ることが出来なかった故に，土地の取得に苦労し，都市の彼が実現に従事した部分（円の約1/4）は，獲得し得る土地に合わせるために，計画当初の規則正しい姿を失った。さらに土地の利用についての規則がなく，また利用が一定しなかったので，今日ソリアの都市はマドリッドの普通の郊外地の成長に影響されてそのもとの考えを何ら留めていない。

ソリアの実際的な仕様は簡単過ぎるものではあったけれども，彼のアイディアは重要で

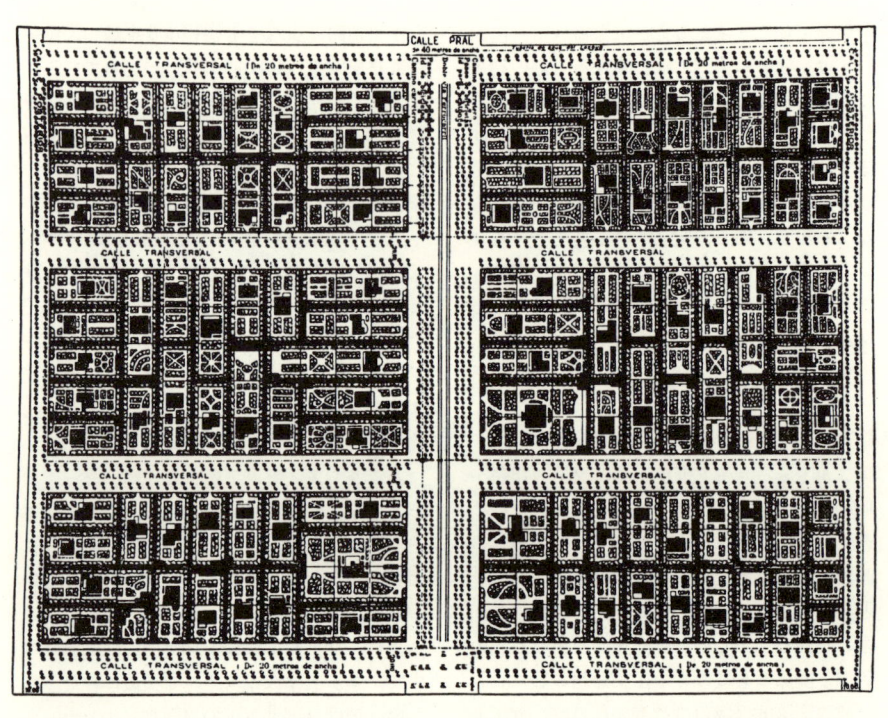

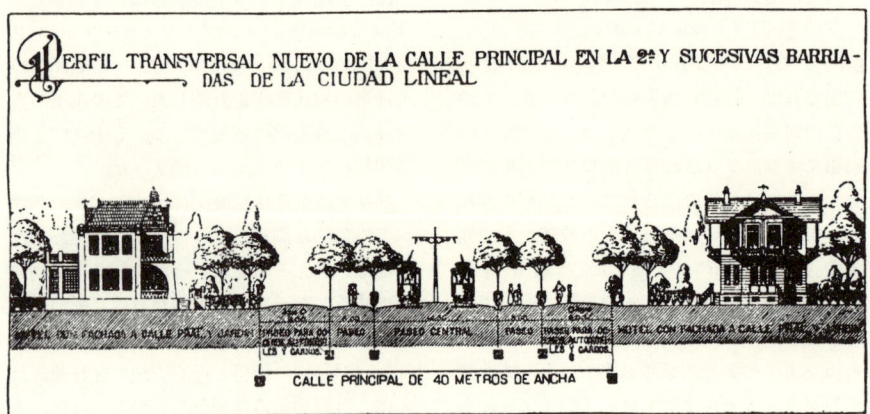

IV　1890年から1914年にかけてのヨーロッパのアヴァン・ギャルド運動

400, 401図　マドリッドの線状都市の土地区画と道路の断面

あり，生産的であった。彼は新しい交通手段と新しい都市との密接な関係を感じた最初の人であった。彼はそれらが伝統的な地域の中でサーキュレーションを容易にする手段として働くばかりでなく，国土の中に展開する他の地域へと連絡していかなければならないと考えた。しかしながら，彼は伝統的な機能だけ，即ち住居の場とそれのアメニティのみに

ついて考え，生産活動を考慮に入れず，住居と労働の場との関係だけが彼の線状都市に具体的内容を与え得たのだった。

ソリアのアイディアは，実際には無限にくり返されて——この理由だけで——都市に線状の形を与えるこの関係から正確に出発した次の世代によって発展された。これは20年代のドイツ人によってなされた理論的研究の中で発生し，次の10年間ロシアとル・コルビュジェの線状工業都市において発展され，部分的に適用された。

当然ながら，ソリアの電気鉄道は現代都市に必要なコミュニケーションの手段の複雑なシステムの芽であったばかりでなく，彼の1882年の最初の文の中に既に，現代的な意味での，ストリート・シティのアイディアがはっきりしているのである。

5. ベルラーへの都市計画

ヨーロッパのアヴァン・ギャルドの巨匠達は，オルタやマッキントッシュの場合のように，アヴァン・ギャルドの概念そのもののもつ文化的障壁の故に，そしてまたワグナーの場合のように，当局との協力の可能性が全くなかったが故に，通常，都市計画から離れて活動していた。

重要な例外の2つはガルニエとベルラーへであった。ガルニエの実験については第9章で述べ，彼の内的限界（都市計画と建築との間の序列の欠如）と外的限界（リヨンの大事業が2人の等しく天才的な人間，ガルニエとエリオの出会いに依存していた）について触れた。ベルラーへの実験は多くの点で未来にとってさらに重要で教訓的なものであった。何故なら，それは一般的な法律，計画の種々のレベル——全体計画，ディテール計画，建築デザイン——を明確に区別した1901年のオランダ法の適用を基にしていたからである。

ベルラーへの都市計画における仕事は種々のオランダの都市の通常の行政府のものであり，同様な行政手段が適用されているすべての場所，例えばドイツにおいてすぐに反響を得た。

彼の最初の最も知られた仕事は南部アムステルダムの拡張であり，1902年に契約され，1917年最終的にデザインがまとまるまで，いろいろに修正された。

ブロックの城壁の輪の外側では，19世紀の後半を通してアムステルダムのでたらめな成長が続けられ，道路は既存の運河や分割された土地を辿ってつけられた。今や単一の計画に従った新しい拡張を計画するに際し，ベルラーへは最初，幾何学的な道路網をもち建物の密度の高い部分と，不規則な曲線道路をもち建物の疎な部分とを混合した地域をデザインした。後に，土地をさらに高密度に利用せざるを得なくなり——土地価格が高く，建設企業に対してある程度以上の重荷を負わすことは出来なかった——彼は，よくある退屈な四角なブロックに分けることを避けるに充分複雑な，ある対称的なモチーフの混合形からなる均一な道路をもつ地区を計画した(402，403図)。

建物の基本単位として，彼は100mから200mの長さで50mの幅をもつ4階建てで中庭をもち，建築的に一体として扱われたブロックを用いることに決めた。ブロックの大きさに合わせ，道路は必要なだけ広く，中央には高速交通を，両側には住戸間の低速交通をおいた。こうしてベルラーへはまた車の分離を拒否し，新しい地区の中心に交叉交通をもちこんだ(404図)。

ブロックの選択は2つの要因によるものだった。1つは組織上の要因——何故なら，建物の建設は通常建設協同組合にまかされ，ブロック内の住居の数は普通は協同組合の平均規模に対応しているから——であり，他は形

IV 1890年から1914年にかけてのヨーロッパのアヴァン・ギャルド運動

402, 403図 アムステルダム, ツイド地区（ベルラーヘによる計画, 1917年）

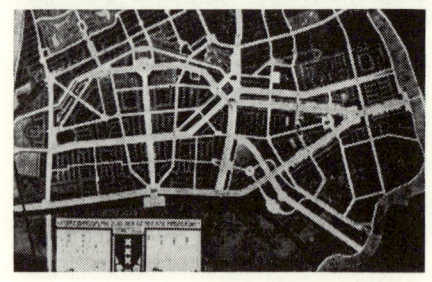

態的要因で, 都市全体に一貫したある種の建築的コントロールを行おうという要求であった。ベルラーヘの計画の手段——対称的な道路システムと一様なファサードをもったブロックの利用——はアカデミックな伝統に属するものであり, それ故にこそ, 彼がめざしたそれらの利用は「一種の都市計画的リヴァイヴァル」[15] と呼ばれたのである。他方それの新しさは, 彼がこれらの手段の一時的な性格を強く意識し, それらをある問題を解決するよりもむしろ除くための手段として用いたと

いう事実にあるのである。

ブロックの使用の背後には, 均一な様式が存在しさえすれば完全に解決され得る環境の連続性の問題があるのである。17世紀の運河は商家の幅狭いファサードで縁取られ, それらのそれぞれは独自のデザインをもっていたが, 基本的な様式上の協定が互いになされていた故に, 全体の形は統一がとれていた。この協定はもはや存在しないが故に, 唯一の解決策は, 変化の間に適当な距離をおくために充分大きな一貫した要素からなる計画——フ

11 1890年から1914年にかけての都市計画における実験

404, 405, 406図　アムステルダムのツイド地区の建物

ランスにおいてなされたように，そのようなやり方を全道路や広場に拡大することによって得られる絶対的な機械的な統一ではないにしろ——を守ることである。このようにして，少なくも，建築の調子はよくあるように様式のひんばんな変化によって張りつめもくずれもせず，全体の印象は比較的にまとまったものとなった(405, 406図)。

道路システムの問題の背後には，地区の一般的なレイアウトの問題とそれと都市全体との関係の問題があった。ベルラーへはこれに取り組み得るとは考えず，少なくも計画者を制限し，その計画者に全体の構成に対する指針を与えるような皮相な規制をおくことによってこの問題を避けたのだった。

新しい地区の都市の母体への挿入は，ある長い展望に沿って行われ，そして1つだけではなく多くの接合点があったが故に，対称的なモチーフもいろいろな様相をもち，それらは互いにつながれていた。(ベルラーへは同

393

じ原理を彼の建築のあるもの，例えばハーグのゲメーンテ博物館（Gemeente）に適用している。それは，2つの主要道路に面しているが故に，2本の直交する対称軸を基にしている。）

戦後の計画の実施は主としてベルラーへの意図に忠実な若いミハエル・デ・クレルク（1884～1923），P.L.クラメル（1881年～），H.T.フィーデフェルト（1885年～）の3人（いわゆるアムステルダム派）によって行われた。ブロックの使用，材料の統一，オランダ建築家の分別等が，こうした大きなものの中には稀な連続性をもった快適で文化的で秩序をもった地区をつくり出した。それは多くの緑の空間をもっていたが，全体的な印象は田園的ではなく，全く正反対なものだった。しかし，密度は過密でなく，時折り見られる風変りなファサードを別とすれば，ブロックの平和なつながりは，ベルラーへが他のすべての上においてほめた質，「今日の建物と古いモニュメントの質の違い――静謐」[16]をもっている。

ベルラーへは，ハーグ，ロッテルダム，ユトレヒト等オランダの種々の都市の都市計画顧問であった。これらの都市のために研究された計画は，概して，アムステルダムのそれよりも出来はよくない。時には，ベルラーへの対称的な平面への好みは，わざとらしく人為的な解決へと彼を導いた。例えばハーグの1地区の計画であり，それは五角形の星形をした一種のルネッサンス都市であった（この傾向は後にオウトによってデザインされた初期の地区に影響することになる）。

都市計画家としてのベルラーへの例は，都市の開発というような具体的な問題に直面した時のアヴァン・ギャルド文化の長所と短所をはっきり表わしている。

ベルラーへは最も好ましい環境の中で，的確な法律に基づき，進歩的な公務員と協働し，実験の大胆な飛躍に対する安定装置として作用する最も強固で根深い地方的伝統のひとつの存在の中で働いた。彼自身，実行可能なもの，効果的な実現可能性を考えて計画されるものについて確かな感覚をもっており，それ故，それの実施は，よくあるように，計画が割引かれて実現されるのではなく，アムステルダムの拡張のように，さらにより豊かになって実現されるのである。この理由で，アムステルダムの南部はわれわれには完結されたものとして見え，オルブリッヒの自由芸術，ホフマンのパレ・ストックレ，ベルラーへの取引所を前にした時と同じ驚きを感じる。それらの作品では，建築的な発明が，建物の施工のプロセス，機能，メンテナンス等と完全に1つになって見え，またそこでは建築家は一分の隙のない好みと技術的適切さでディテールをつくり出し，またそこでは入りくんだ歴史的状況の矛盾が，デザインの調和の中でかりそめに解決されているのである。

しかし，解決はそれ以上進歩し得ず，新しく緊急な問題に取り組むために，新旧文化の推移の時に不安定につくられる特殊な均衡は棄て去られなければならないだろう。

これらのディテールが今日の建築家に及ぼす魅惑は，今日達することの出来ない技術的，形態的完全さをもっているという事実と関係がある。それらは，建築の問題がずっと簡単であった幸福な時代の産物であり，時代的にも比較的われわれに近いので――それらの作者達はつい最近までわれわれと共に生活していた――この完全さがわれわれにも及び得るものに違いないという感じを起こさせるのである。

この時期の実験を眺める正しい方法は，今日でも，ペルシコによって提案されたものであり，彼は1935年――近代運動が最初の開花の後試練の時期に差しかかった頃――ホフマンのパレ・ストックレについて次のように書

407, 408図　ソリアの線状都市とハワードの田園都市の宣伝イメージ

いている。

「パレ・ストックレの30年後，建築は，その伝統から，即ちその最も身近かなレゾン・デートルから脱落しないように，それが辿ってきた道を考えてみる必要に迫られている。ドイツのナショナリズム，ロシアにおけるアカデミックな好みの誕生，イタリアにおける最も不名誉な形態の発達に直面して，その理由を探るために過去に眼を向けなければならない。新しい建築の目的は説得力のない議論が主張するように，ヨーロッパ的合理主義の整合性にあるのではなく，その救いは《古典的》あるいは《民族的》形態へ帰ることでもなく，真の伝統に忠実であることである。それと比較すると教壇や新聞の論説はグロテスクで辻褄が合わないように見える。われわれはパレ・ストックレを，当代の建築家に対するひとつのモデルとして提示しようという意図で論じているのではない。われわれはそれを展望の中に置こうとしているのであり，これからある有益な結論を引き出すことを望んでいる。何よりもまず，それは，すべての仕事を求める芸術家が保守主義者と同様にもつ勝手な追従的な意味でなく，様式と，時代の最も生き生きした考えとの接触における想像力の歴史的事実として理解される，それ自身の時代に対する忠実さである。このように見れば，パレ・ストックレはこの上ないよき例である。それはワグナーの教訓やオルブリッヒの抱負の産物であるばかりでなく，万国博覧会での新古典主義的形態の拒否，初期の合理主義の勝利，新しい技術の利用，《万人のための芸術》の原則などをもたらしたヨーロッパ中産階級の最も重要な理想の産物でもあった。今日の建築家はそれほどの生命を芸術に与えている

だろうか？　レトリックの誘惑を拒絶し，迷わずヨーロッパの建築の伝統に従っているだろうか？　近代建築の運命の上に**脅威**をもってのしかかるこれらの疑問が人をしてパレ・ストックレを芸術の黄金時代のモニュメントを見るように見させるのである。」[17]

1) ブリタニカ百科辞典 (Encyclopaedia Britannica) の "Housing" の項から引用
訳註1) INA は Instituto Nazionale delle Assicurazioni (イタリア国立保険局) の略。
2) D. Bellet と W. Darvillé による "Ce que doit être la cité moderne"——パリ——の22頁に引用されている。
訳註2) この本は『広場の造形』という名で翻訳されている——大石敏雄訳，美術出版社
3) C. Sitte 著, "Der Städtebau nach seinen Künstlerischen Grundsätzen", 前掲邦訳書109頁
4) R. Baumeister 著, "Stadtsermeiterungen in technischer, baupolizeilicher und wirschaftlicher Beziehung" ——ベルリン, 1876年……C. Sitte 著, 前掲邦訳書44頁に引用されている。
5) C. Sitte 著, 前掲邦訳書130～131頁
6) J. Ruskin 著, "Sesam and Lily"——1865年……P. Lavedan 著, "Histoire de l'urbanisme, époque contemporaine"——パリ, 1952年——の139頁に引用されている。
7) E. Bellamy 著, "Looking Backwards, 2000——1887"——ボストン, 1888年
8) 1902年 "Garden Cities of Tomorrow" という題で再版された。『明日の田園都市』——長素連訳，鹿島出版会，SD選書
9) C. B. Purdom 著, "Building of Satellite Towns"——ロンドン, 1925年
10) Ch. A. Tocqueville 著, 前掲書73頁
11) P. Geddes 著, "City Development", ——エジンバラ, 1904年
L. Mumford 著, "The Culture of Cities"——ニューヨーク, 1938年
E. A. Gutkind 著, "The Expanding Environment"——ロンドン, 1953年
12) G. H. Chesterton 著, "The man who was Thursday"——1908年, 9頁
13) この "Storia dell'architettura moderna" のスペイン語版に付された C. Flores の文章からの引用。
14) H. George 著, "Our Land Policy"——1871年。1879年には "Progress and Poverty" という題となった。
15) G. Canella 著, "L'epopea borghese della scuola di Amsterdam"——"Casabella" 誌 No. 512, 1957年
16) S. Giedion 著, 前掲邦訳『時間・空間・建築』(1941年) の336頁の中に引用されている。
17) E. Persico 著, "Trent'anni dopo il palazzo Stoclet", ——"Casabella" 誌1935年7月号……"Scritticritici e polemici"——ミラノ, 1947年——の183～184頁に再録されている。

近代建築の歴史

下

レオナルド・ベネヴォロ 著　　武藤章 訳

鹿島出版会

目　次

第V部　近代運動　　　　　　　　　　　　　　　　　　　　　7
第12章　出発の条件　　　　　　　　　　　　　　　　　　　　9
　1　ドイツ・ヴェルクブントとドイツの新しい建築　　　　　11
　2　造形芸術改革運動　　　　　　　　　　　　　　　　　　22
　3　第1次大戦と戦後　　　　　　　　　　　　　　　　　　30
第13章　近代運動の形成（1918—1927）　　　　　　　　　　45
　1　バウハウス　　　　　　　　　　　　　　　　　　　　　47
　2　ル・コルビュジエの若い頃　　　　　　　　　　　　　　68
　3　ドイツにおけるアヴァン・ギャルドの遺産　　　　　　　81
　4　オランダの遺産：J.J.P. オウトとW.M. ドゥドック　　　90
第14章　社会との初期の関係　　　　　　　　　　　　　　　104
　1　コンペティション　　　　　　　　　　　　　　　　　　105
　2　展示会　　　　　　　　　　　　　　　　　　　　　　　109
　3　出版物　　　　　　　　　　　　　　　　　　　　　　　122
　4　CIAMの設立　　　　　　　　　　　　　　　　　　　127
第15章　都市計画的問題へのアプローチ　　　　　　　　　　137
　1　戦後の都市計画法と都市計画実験　　　　　　　　　　　137
　2　戦後のドイツにおける新しい規格の最初の適用　　　　　141
　3　グロピウスと都市計画　　　　　　　　　　　　　　　　144
　4　ル・コルビュジエの都市計画活動　　　　　　　　　　　157
　5　CIAMの都市計画　　　　　　　　　　　　　　　　　164
第16章　独裁政権と政治的妥協との闘争　　　　　　　　　　171
　1　ソヴィエト連邦　　　　　　　　　　　　　　　　　　　172
　2　ドイツとオーストリア　　　　　　　　　　　　　　　　185
　3　イタリア　　　　　　　　　　　　　　　　　　　　　　200
　4　フランス　　　　　　　　　　　　　　　　　　　　　　215
第17章　1930年から1940年にかけてのヨーロッパ建築の進歩　226
　1　イギリスにおけるドイツの巨匠達とイギリス建築の復活　226
　2　フランスとイタリアにおける欄外の研究の成果　　　　　231
　3　ベネルックス諸国　　　　　　　　　　　　　　　　　　239
　4　スカンジナヴィア諸国　　　　　　　　　　　　　　　　245
　5　スイス　　　　　　　　　　　　　　　　　　　　　　　257
第18章　アメリカの近代建築　　　　　　　　　　　　　　　266
　1　活気ある時代　　　　　　　　　　　　　　　　　　　　270

		2 リチャード・ノイトラの仕事	274
		3 ライトの例	280
		4 「ニュー・ディール」と以前のバウハウスの巨匠達の業績	285
		5 ミース・ファン・デル・ローエ	297
		6 アメリカ建築の最近の発展	306

第19章 第2次大戦後のヨーロッパ …… 320
 1 イギリスにおける復興 …… 320
 2 スカンジナヴィア建築における連続性と進歩 …… 329
 3 ソ連における復興 …… 337
 4 イタリア,フランス,ドイツにおける復興 …… 344
 5 オランダにおける復興と都市計画 …… 371

第20章 新しい国際舞台 …… 383
 1 ブラジル …… 383
 2 インドにおけるル・コルビュジエ …… 394
 3 日本 …… 403

終　章 …… 415
 1 型の創造 …… 421
 2 工業生産のコントロール …… 433
 3 都市の変化のコントロール …… 443

文献 …… 468
訳者あとがき …… 476
索引 …… 479

上巻の内容

まえがき
序　章　産業革命と建築
第Ⅰ部　産業都市の誕生と発展
第1章　産業革命期の建設技術の変化
第2章　再編成の時代と近代的都市計画の起源
第3章　オスマンとパリ計画
第4章　19世紀後半における技術と建築
第Ⅱ部　産業都市論
第5章　産業都市とその危機
第6章　産業都市改革の試み（オウエンからモリスまで）
第Ⅲ部　アメリカの産業都市
第7章　アメリカの伝統
第8章　シカゴ派とアメリカのアヴァン・ギャルド
第Ⅳ部　1890年から1914年にかけてのヨーロッパのアヴァン・ギャルド運動
序　論
第9章　アール・ヌーヴォー
第10章　フランスの業績：オーギュスト・ペレーとトニー・ガルニエ
第11章　1890年から1914年にかけての都市計画における実験

装丁　福島秀子
本文レイアウト　梅野雄二郎

第Ⅴ部　近代運動

409図　L．ファイニンガー作「摩天楼」，1919年

第12章　出発の条件

　20世紀の最初の20年間の状況を公平に評価するためには——その間，近代運動は大戦を距てて続いている——1890年以降アヴァン・ギャルド文化が新しい生命を建築の理論と実践に持ちこみはしたものの，一方では建築家の仕事が依存する技術的，経済的，社会的条件がさらに急激に変化し，進行中の変革とそれらをコントロールしてきた文化的モデルとの間の新しい深刻な軋轢の蓋開けをもたらしたことを心に留めておかなければならない。

　もし建築を都市景観を支配するコントロール・システムと見るなら，芸術家やアヴァン・ギャルド・グループによってつくり出された供給における変化より，要求における変化の方がはるかに影響力を持つものだったといってよいかも知れない。

　この2つのものの対比に焦点をしぼること，そして1760年から1830年にかけての産業革命が生み出したものについて論じたのと同じやり方でそれを論じることが必要である。今や，技術的，経済的プロセスは都市のバランスをくつがえし，新しい要因を導入し，既存のものの量を，質的に新しい状況をつくり出す程度にまで変えていた。一方，より広い場で，政治理論と経済的発展の間の戦いが，18世紀末におけるように再びここで燃え上が

り，それが芸術活動に反映され，進行中の変化によって起こされた要求が正しく解釈されることを妨げた。

　この第2の産業革命はある技術革新によって可能にされた。その1つは製鉄工業におけるベッセマー法（1856年に発明）の普及であり，これは，ほとんどすべての用途において鋼鉄が次第に鋳鉄にとって代ることを意味していた。また電気を意のままに供給出来るダイナモの発明（1869年）であり，水力発電機の利用を可能にしまた電気の多くの使用への道を開いたガリレオ・フェラリスの回転磁場に関する実験（1883年）であり，電話（1876年）であり，船や車や後に航空機（1903年）に対する石油の利用を可能にした内燃機関の発明（1885年）であった。

　また，鉄道建設の増加（それは1875年から1905年までの間に4倍になった），地方の鉄道網を，連続した鉄道網につなぎ上げること（1872年，最初のアメリカ大陸横断鉄道が完成，1884年にはセント・ゴットハルト・トンネル，1902年にはシベリア鉄道が完成した），スエズ運河の開通（1869年），そして海上交通における帆から蒸気への急速な転換（それは風のないスエズ運河によって不可避となった）は，交通費を下げ，そして国際貿易のか

V 近代運動

つてない発展を可能にし、1880年から1913年までの間に3倍にした。

これらの進歩は価格が下がり続けた1870年から1895年までの間になされ、世紀の変り目、トランスヴァールの金鉱の発見が1914年に至る平和と政治的安定の時期を通しての異常な経済的繁栄の時期の幕を切った時、さらに著しくなった。

安定し進歩的に見えるこの体制の中には、これらの経済的、政治的発展の起動力となった自由主義的イデオロギーと、達成された技術的組織的進歩のレベルから考え得る新しい制約の形式との間に矛盾が生じ、これが次第に深刻になりつつあった。

政治の分野で、自由主義運動は神権の原則の代りに国家の原則を打ち立て、それは19世紀の前半のヨーロッパでほとんど無制限の勝利を謳歌したが、国際関係に適用された同じ原則は後半には帝国主義を生み出し、対立する利益の衝突に基づく均衡状態を導いた。

経済の分野では、1870年の経済危機が保護貿易主義と植民地主義の回復を喚起し、同時にある大産業における自由取引から独占取引への推移が明瞭になった。

バートランド・ラッセルは書いている。

「2人の人間が近代世界をつくるのに最重要であった。それはロックフェラーとビスマルクである。1人は経済で、1人は政治で、個人競争によるすべての人々の幸福という自由主義的な夢を論破し、独占取引と共同組織として考えられた国家を代りにもたらした。」[1]

ビスマルクが普仏戦争を引き起こそうとした1870年という年はまた、ロックフェラーとフラジャーがスタンダード石油会社の支配権を得た年でもあった。

「自由」という言葉のアンビヴァレントな意味は19世紀の思想の中でくり返し見出される。ヴァン・ド・ヴェルドやワグナーによってよび起こされた自由は、ヴァン・ゴッホやランボーによって絶対的自己犠牲という点にまで追求されたもののように、芸術家が拒否することを決めた伝統的法則と環境に関してのみ正確な意味を持ち続けた。その拒否は一般的な正当性を持たねばならず、同時に、確かな個人が関わることによって裏書きをされなければならなかった。それ故、広い範囲のコミュニケーションの要請が、比較のためのあらゆる具体的機会を求める性急さに変るのである。

ここで、建築の歴史の範囲を越える一連の問題をすべて扱うことは不可能である。建築のアヴァン・ギャルドのメンバーやその時代の他の多くの実験に共通な個人の限界が、それに関わる大部分の芸術家やグループによって達せられた成果の蓄積を妨げ、即ち、建築思想が建築技術における変化についていくことを、そして、都市計画や道具の生産の新しい体制の局面についていくことを不可能にしたということを単に記すことが出来よう。

既に述べた技術革新は、骨組として用い得る新しい材料——鋳鉄に代る鋼鉄、そして鉄筋コンクリート——やホテルや多層のオフィス建築のような新しい建物の機能を可能にした内的コミュニケーション手段——リフト、電話、真空伝送装置——等と共に建築技術に影響を与えた。

われわれは既に、その時代の文化が新しい技術の進行によってもたらされた可能性を受け入れるような大らかな立場にはなかったことを述べた。例えばかご型の構造は、伝統的なファサードの一部のように解されることによって初めて、アメリカの建築家やペレーによって受け入れられた。摩天楼のリズミカルで非限定的な性格は、1880年から1890年までの間の、装飾的仕上げが少なくなった時にの

みシカゴの建物に現われ，サリヴァンやルートのようなより気むずかしいデザイナーの活動の中では消えてしまっている。

しかし，アヴァン・ギャルド文化の欠陥は，特に，都市計画や工業デザインの問題に関して歴然としている。

都市の中に起こった変化をコントロールするために，新しい経済的，政治的計画によって育まれて19世紀の後半を通して発達した都市計画技術は，独特な手術法をうみ出した。それは，歴史的なセンターの破壊であり，郊外の拡張であり，公園や公共建築が接する環状道路を建設するために，バロックの城砦を取り除くことであった。これらの手術に用いられた形態のモデルは，古典的伝統のそれであり，世紀の最後にイギリスの伝統的風景に由来する曲線や不規則な道路網が接木されたグラン・グー (grand goût, 壮大趣味) であった。

建物の変化は，技術と折衷主義的伝統を両立させながら，基本的な都市サーヴィス——給排水道，電気やガス管——の変化と同じペースでなされた。こうした解決のためのレパートリーは，20世紀の初め，思いがけない問題にぶつかった時，不適当であることが証明される。例えば，キャンベラやニューデリーのような新しい首都のデザインや，例えばバーナムとベネットによる1909年のシカゴ計画のような，伝統的な格子型がもはや巨大な大きさにそぐわなくなったアメリカのある都市計画などがそうである。問題は，生産された自動車の伝播がアメリカの郊外地をスプロールし，そして後にヨーロッパで都市の組織の問題が地方全体に拡げられた時，さらに深刻となった。

アヴァン・ギャルド思想は，これらの新しい問題を無視したのみならず，普通の問題を解決するための伝統的な都市計画の例題に完全に代るものをつくり出す立場にはなかった。ガルニエ，ハワード，ソリア，ペルラーへの実験は，部分的で煮え切らない試みであり，われわれは次の発展という視点からはそれを重視しなければならないが，シュテュッベン，ルチエン，バーナムのような正統的な都市計画家と比較すると重要でないことがわかり，既に現われつつある問題の広がりとの関係においては，哀れにもスケール・アウトであることがわかるのである。

このようにして，応用芸術の分野において，機械的なプロセスに対する改革者達の偏見は，19世紀の最後の10年間に克服され，そして工業の価値に対する理想主義的な評価によってしばしば置き換えられ，それは機械の持つムードを形態において高揚するやり方となってはね返ってきた。このようにして，アール・ヌーヴォーは，これらの問題に深く関心を持ってはいたが，新しくより広い消費者のカテゴリーの出現によって急激に商品に対する要求が変りつつある時であるにもかかわらず，日用品の生産体制に評価に値するような変化をもたらしはしなかった。

真の事実の把握のこの失敗は，第1次大戦前の10年間の思想上の論議の異常な激しさを説明する。新しい傾向は今までにない速さで間断なく現われ，同じ速さで消えていった。われわれの仕事はその論議における個々のやりとりをリストにするのではなく，このやや人為的な論議における真に重要な諸点，そして長期にわたって結実するものを拾い出すことである。

1. ドイツ・ヴェルクブントとドイツの新しい建築

1900年以降，ドイツはヨーロッパ建築思想の中心であった。この理由は複雑である。事実，ドイツにおいては，この文化は，フランスやイギリスに匹敵し得るような伝統に支え

られておらず，工業化は最近で，社会構造はより強く過去と結びついていた。だが，偏見を持たない進歩的な少数の企業家，政治家，芸術家の出現を可能にしたのは，そして彼らを，当局と公然の対立——ヨーロッパの他のほとんどすべての国で起こったように——の立場におくのではなく，この変化しつつある社会の競争における主要な立場においたのは，まさにこの先例の欠如であった。それ故，アヴァン・ギャルドの理論家や芸術家が国立学校の教職や，重要な雑誌や大出版社の編集者の地位を獲得すること，そして彼らが，展示会を主催し，工業生産に大規模に影響し，ムテジウスのように，政治の文化政策の上にある程度の影響を持つことさえも比較的容易であった。ヨーロッパ中から最も天才的な人々，ベルギーからヴァン・ド・ヴェルド，オーストリアからオルブリッヒ，そして時にはアメリカからライトさえもドイツへ引きつけることを可能にしたのは，主にこの組織の仕組の賜物であった。

戦前のドイツの最も重要な文化組織は「ドイツ・ヴェルクブント」であり，それは1907年，ある製造業者らと連合した芸術家や批評家のグループによって創設された。

> 「(規約によれば) ヴェルクブントの目的は，芸術，工業，工芸，商業の最良の代表を選び，すべての現存する労作を工業製品の質の向上へと結合し，質のために働くことが出来，また喜んで働く人々のための集合の場を形成することである。」[2]

この組織はモリスの教訓に刺激されたイギリスの協会の遺産を受け継いだものだが，ひとつの重要な相違点を持っていた。それは職人技術に対して偏見を持たず，当時の大量生産の方法に反対し対抗することをしなかったという点である。この姿勢は確かに都合のよいものであった。何故なら，それは作用している具体的な要因のどれをも出発点において排除せず，すぐに方法についての疑念を生んだからである。事実，手工業的方法に忠実であらんとするイギリスの協会は，それが一方的であるとはいえ，すぐに辿るべき正確で実際的な道を持ち，芸術労働者ギルドがしたように中世のモデルを使用することが出来たが，それに対して，ヴェルクブントはすべて異ったプロセスと習慣によって行われている芸術，工業，職人技術を結びつけるという目的を持ち「質の高い仕事」(Qualitätsarbeit) というあいまいな言葉でよばれる，当時は漠然としていた方法の問題を持ち出した。

事実，ヴェルクブント内部の種々の党派の間の意見の不一致がすぐに現われた。それは，規格化の支持者とデザインの自由の支持者との間のそれであり，芸術の支持者と経済性の支持者との間のそれであり，1914年においては，既に第9章で述べたムテジウスとヴァン・ド・ヴェルドの間の不一致であった。

この議論の伝統的な用語の背後には，アヴァン・ギャルドの排他主義を克服するという要求がかくされている。ヴェルクブントに似た組織は，ヨーロッパの多くの国で形成された。1910年のオーストリア・ヴェルクブント，1913年のスイス・ヴェルクブント，1915年のイギリスのデザインと工業協会 (Design and Industries Association) 等である。

1907年から1914年の間のヴェルクブントの中で新しい世代のドイツ建築家が成長した。グロピウス，ミース・ファン・デル・ローエ，タウトらである。この世代とその前の世代との間の仲介人は2人の天才的な人物即ち1人は既に論じたヴァン・ド・ヴェルドであり，もう1人はペーター・ベーレンス (1868〜1940年) である。ヴァン・ド・ヴェルドの業績は主として理論上のものであったが，ベーレンスは実際的な分野で影響力を持ち，アルガン

12 出発の条件

410, 411図 ダルムシュタット，マティルデンヘーエにある P. ベーレンスの家（1900年，F. Höber P. B.──1913年──から）

V 近代運動

412, 413図　1911年のP.ベーレンスのフランクフルトのガス会社の事務所 (G.A. Platz 著 "Die Baukunst der neuesten Zeit——1927年——から) と1909年の AEG の建物 (F. Höber の前掲書から)

が示唆したように。[3)]　近代建築の歴史におけるこの重要な推移期を理解するための鍵となる人物である。

　ベーレンスは最初は画家であった。1899年,彼は7人の芸術家の1人としてオルブリッヒと共にヘッセン大公によってダルムシュタット (Darmstadt) へよばれ, マティルデンヘーエ (Matildenhöhe) のコロニーでの生活を始め, ここに自分の家を建てた。それはオルブリッヒに影響されたものだったが, 気紛れなオーストリア人には全く珍しい厳格なレイアウトとかたく重たいものへの愛着が見られるものだった (410～411図)。

　この後で, ムテジウスはデュッセルドルフの芸術アカデミーの管理を彼に頼み, 1907年には, AEGのマネージング・ディレクターであるラテナウは彼を, 建物から製品, 宣伝に至る事業全体についての芸術顧問に任命した。こうしてベーレンスはドイツにおける最も重要な現役の建築家の1人となった。1908年頃にはグロピウス, ミース・ファン・デル・ローエ, そしてル・コルビュジエさえ彼のアトリエで働いていた。

　ベーレンスはベルリンのAEGのいろいろな工場を建て, そうした作品においてすら, 彼は, 機能的な要素に威厳といくらか時代遅れのワグナー風の香りのする優美さを与えるということを目的とする美術装飾家の姿勢を放棄しなかった。全体の調子は, 何となく伝統的な工場の陰鬱な雰囲気をほのめかすように, 落ち着いた重々しいものだったが, 種々の目立った挿入部が明らかに装飾風に扱われ, それがその建物の機能的な性格を包み隠している。例えば, タービン工場では, 上にいくにつれてセットバックする隅部の柱状の壁から突き出た, 頭部の断続した輪郭線をもつふっくらとした破風と, その下のガラス面とで, 精巧で抽象的な蟻型の感じを出している (413図)。また他の場所では水槽の円筒形の立体が, 威圧的な塔のように, 表現主義的に強調されている (412図)。

　他の場合には, ベーレンスの建築は軽く快活で, デルシュテルン (Delstern) の葬儀場や, ケルンのヴェルクブントの展覧会の記念館におけるように, 組積造の表面を軽くするために, ワグナー風のツートンカラー方式を

12 出発の条件

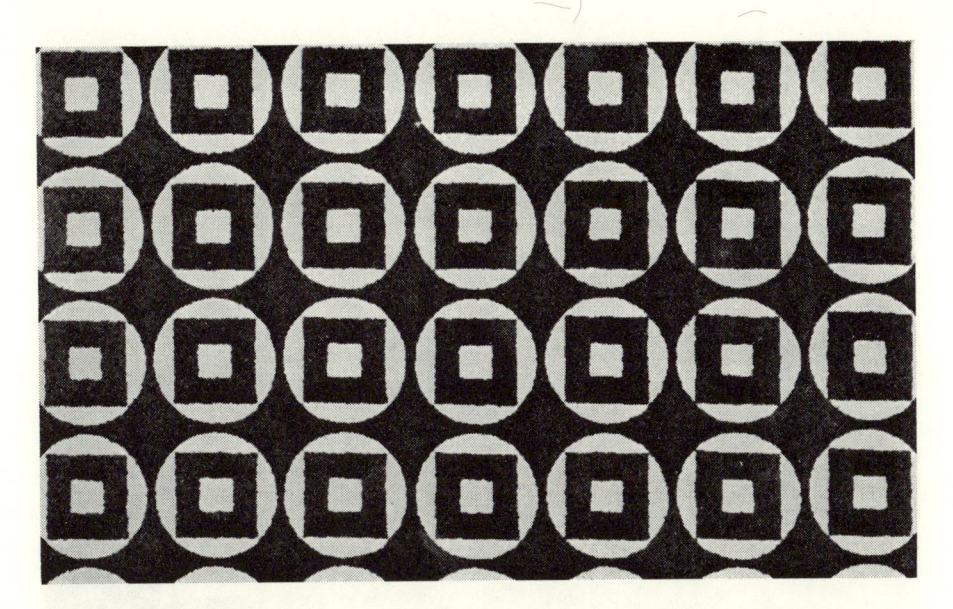

> Die Zukunft unserer Industrie wird mit davon abhängen, ob wir entschlossen und im Stande sind, der nächsten Generation eine sorgfältige künstlerische Erziehung des Auges und der Empfindung angedeihen zu lassen. Bisher haben wir nur für die Ausbildung von Künstlern gesorgt.　Alfred Lichtwark.

414, 415図　1910年のブリュッセルの世界博覧会に出品された P. ベーレンスのリノリウムのデザイン（"Deutschland's Raumkunst und Kunstgewerbe auf der Weltausstellung zu Brüssel"――1910年――から）と，ベーレンスの文字の例（F. Höber の前掲書から）

利用している。

　ベーレンスのレパートリーはアヴァン・ギャルドの伝統，特にオーストリアのそれにしっかりと根を下している。しかし，彼の手法においては伝統的な形態は控え目に用いられ，荘厳なモニュメンタルな構成で広がりながら全体的に力と統一を失っている。それはベーレンスの側のエネルギーの不足ではなく，一種の鋭敏な不信感，知的抑制によるものであり，それがたまたま全く違った種類の価値を浮かび上がらせたのである。その価値とは，内部の機能的なメカニズムであり，均一なリズムであり，モチーフ要素の無限のくり返しであった。この例は工業生産のために研究された装飾デザインで，そこでは，アール・ヌーヴォーのレパートリーが思い切って単純化され，材料の肌理や質感を強調するために僅かの数の幾何学要素の組合せになってしまっている（414図）。

　グロピウスやミース・ファン・デル・ローエが，既にあげた建物のデザインの仕事をしながらベーレンスのアトリエで経験を積んだということを忘れてはならない。事実はこうである。2つの実験，死に絶えつつあるアヴ

V 近代運動

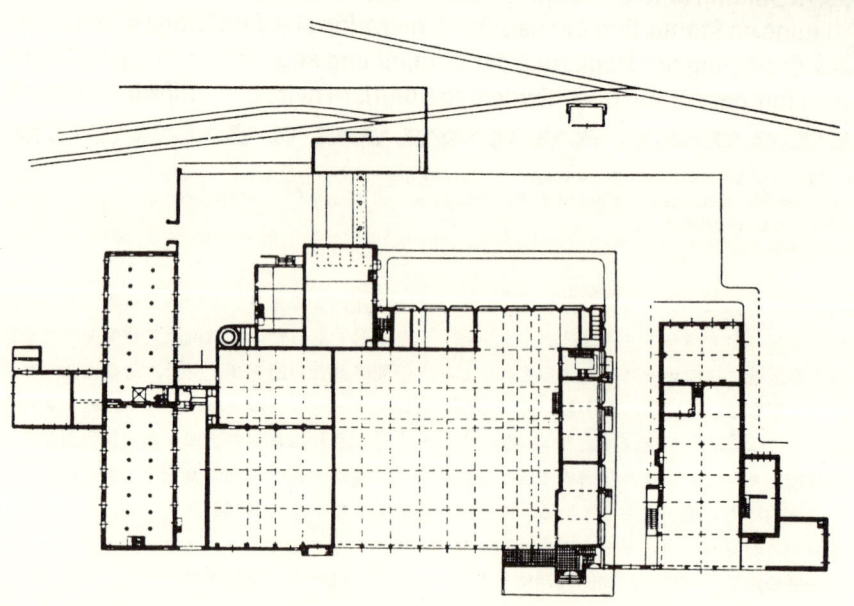

416, 417図 アルフレッド・アン・デル・ライネのファグス工場（W. グロピウスとA. マイヤー，1911年）

12 出発の条件

ァン・ギャルドのそれと，まさに現われつつある近代運動のそれとが結びつけられたが，根本的には互いに相容れないものだった。それ故，1つから他への移行は単純な革命によるのではなく，第2のものの要素として次第に死んでいった第1の実験の衰弱によって行われたので，しばらくは，混乱した形態をとっていた。

　ワルター・グロピウス（1883〜1969年）は官吏でもあった富裕なベルリンの建築家の息子であり，ベーレンスのアトリエで働いたが，すぐに自身のアトリエでデザインを始めた。1906年にはヤニコフの一群の農家をデザインし，1913年にはある内部装飾を行い，そしてディーゼル機関車と，1911年には最も重要ですばらしい工業建築，アルフェルト・アン・デル・ライネ（Alfeld an der Leine）にあるファグス（Fagus）靴型工場のデザインを行った（416〜421図）。

　ファグス工場はアルフェルトの郊外で森と丘の中の緑の谷間に優美に孤立している。それは，第2次大戦の戦火を免れた少数の地区の1つとしての町自身と同様に手つかずであり，今日の訪問者は，建物がオープンした50年間の姿を想像することが出来る。最も印象的なことは，ベーレンスやペルツィッヒによる似た作品のモニュメンタルな装いやドラマティックな荒々しさと対照的であるこの建築の単純さと大胆さである。煙突を別として，他のどんな建築に比べても量的な要素が強調されているということはないし，いろいろな機能に対応する建物のいろいろな部分において，建築的な調子は静かで，平静である。全体の平面も，変った構成的な特色を持たず，種々の部分が出来得る限り単純で経済的なやり方でまとめられている。

　この非の打ち所のない技術的な適切さが完全なメンテナンスを可能にしてきた。たった2つの材料，レンガと光沢のある金属が外部

418, 419図　W. グロピウスとA. マイヤーのアルフェルトのファグス工場の部分の2景，1911年

の仕上げに用いられ，黄色と黒の基本的なハーモニーが構成全体を支配している。しかし，有名なガラスの建物においては特に，ディテールの選択が多くの不確実さを示している。壁からガラスを突き出させるというアイディア，隅でガラスを連続させるというアイ

17

V 近代運動

ディア、また玄関とそれを含む建物部分を水平のレンガの帯で濃色の縞をつけるというアイディアは明らかにベーレンスのスタイルによるものであり、多少それが邪魔になっている。それにも拘わらず、設計者の関心がそこにないことは明らかである。より技術的になされた解決の厳格さと対照的に、ある基本的な様式的事実の受け入れに関しては一種の無関心さすらある。グロピウスの関心は普通とは正反対なやり方で割りふられているかのようである。というのは、最も目立つ部分には少なく、普通2次的と考えられているものについてより大きくふり向けられているからである。

この建物においては極端に速い時の推移が結晶しているが、このことがそれの持つ特殊な魅力の説明となるかも知れない。それはあたかも、ベーレンスのスタイルから始まって、形態的様式的仕掛けは次第にはっきりしなくなり、いくつかの定形へと局限され、それらは年代的な特徴を示す手段としてのみ働き、一方、技術的な要素が、ほとんど完全に裸のままではあったが、状況の許す限りあらゆる新鮮さと緊張をもって、きちんとした首尾一貫したやり方で組織化されたかのようであった。表現についての要求は極端に薄いヴェールになってしまったが故に、ファグス工場のほとんどすべては、純粋に技術という鍵によって理解することが出来る。このようにして、建物は絶対的な、固定的な性格を獲得した。グロピウスの作品の中でこれに最も似ているのは建物ではなく、1913年のディーゼル・カーや1930年のアドラー車のような工業製品であった。

420, 421図　アルフェルト・アン・デル・ライネのファグス工場

　グロピウスの他の戦前の重要作品，1914年のヴェルクブントのケルン展覧会におけるモデル工場においては，ファグスのデリケートなバランスはくつがえされてしまった。ここでは美的な要求が明らかに優勢で，グロピウスのスタイルは，ライトやベーレンスや1889年のパリの機械館などからの数多くの形の影響を吸収しているが，それらのすべてが必ずしもうまくまとまっていない。しかしながら，彼の構成方法は依然として自由奔放で，特に中庭において，事務所棟と工場部分とを，つなぎの2つのガレージで分節している。例えばガラスの殻の中に納って外から完全に見える2つの螺旋階段のように，ディテールは素晴らしい。

　最初から，グロピウスの性格は相反するテーマや傾向を包含し，調整しようとする傾向をもっていた。この時期の僅かな間，この特徴は一種の折衷主義へと退歩する危険にあったが，それは，さまざまな力が働いていた1914年のヴェルクブントの不可避的に折衷主義的な雰囲気に関係を持つものだった。この意味で，その時建てられた他の作品と比較すると面白い。例えば，ベーレンスの集会場，ブルーノ・タウトのドイツガラス工業館，ホフマンのオーストリア館，3つに分けられる舞台を持つヴァン・ド・ヴェルドの劇場等で，それらはそれぞれ，目立った，独特の性格を持っていた。

　この頃，グロピウスは書くことも始めた。1911年ライプツィッヒで出版された彼の最初の文は次のような変った題を持っていた。『工業建築において，芸術的要求は，実際的経済的要求と和解し得るか？』[4]

V 近代運動

422図 W. グロピウスとA. マイヤーの1914年のケルンのヴェルクブントの展覧会のモデル工場（G. A. Platz による前掲書から）

　1913年のヴェルクブントの年報の中で，グロピウスは，近代の工業建築の発展についての研究を発表し，そこで，あるアメリカの実用主義的な建物の例を図示し，それについて好意的に触れている。

　「カナダや南米のサイロ，大鉄道の石炭運搬車，北米の最も近代的な工業施設………は見る者に，それらの意味が力強くそして全く明らかに伝わるような正確な建築的構成を見せている。これらの建物の自然な完全さは，これらの物質的な次元での大きさにあるのではなく——明らかにモニュメンタルなものとしては考えられているのではなく——そのデザイナーがこれらの偉大で印象的な形態について持った鮮明で独特なヴィジョンにあるのである。それらは，伝統に対するセンチメンタルな尊敬によっても，また，われわれの現代のヨーロッパ建築を下落させ，それから真の芸術的独自性をほとんど除いてしまった他の知的躊躇によっても汚されていない。」[5]

　これらの好みはグロピウスがデザイナーとして目指すものを説明するのに役立つ。多分，「自然な」工業建築を過大評価しながら，彼はアヴァン・ギャルド文化の領域になおも進んでいったが，反対や困難に対する解決が，イデオロギー的または形態的なある新しいシステムにおいてでなく，実際的な要求に密着することによって見出さるべきことを感じていた。彼の作品は，ヨーロッパの他の作品にとって新しく重要な何かを持っていた。それは技術的必要性への冷静で理性的な執着であり，これからくる表現を誇張することの拒否である。さし当り，彼は多分これで充分であると感じ，新しい建築は完全に偏見のないやり方で客観的な必要性を追求することによってほとんど自動的に出現するだろうと感じていた。

　しかし，このような判断は純然たる憶測であり，グロピウスの戦前の平和で楽観的な実験は戦争それ自身，及びそれに続く文化的危機によって激しくくつがえされ，彼の思想の展開が完成するのはこの危機段階を通過して

12　出発の条件

423図　シカゴのサイロ。A. Morancé の "Grandes constructions" の中に示されている。

からである。

ルードヴィッヒ・ミース・ファン・デル・ローエ (1886〜1969年) は石屋の親方の息子であった。最初, 彼は1901年から1907年にかけて B. パウルの事務所でデザイナーとして働き, 1908年にはベーレンス, 1911年からはオランダのベルラーヘのところ で働いた。1913年にベルリンで建築事務所を開いたが, 仕事はまもなく戦争によって中断された。

ミースの戦前の活動や傾向に対して判断を下すのはグロピウスについてよりももっと難しい。彼の最初の作品, 1911年のフックス (Fuchs) 邸はまだ完全にベーレンスの様式的境界内にあり, 第2の1912年のクローラー・ミューラー (Kröller-Müller) 邸は (簡潔で注意深い窓の間のとり方は彼の最高の建築の独特の音色を予想させるが) 性格においてほとんど古典的であった。この若い建築家は, センセーショナルな新しさに対しては何の欲も示さず, むしろ, ディテールの丹念な研究と建物の機能的な部分を処理することを極めることに対する職人的な愛着を示し, それを注意深く考え抜かれた比例だけで建築の中に昇華させたのだった。

2. 造形芸術改革運動

1905年から1914年までの間に, アヴァン・ギャルドの画家達の活動は重大な転機に達し, 基本原則の本質的な改革をめざし, それが一般の視覚習慣を規制した。発展のスピードと, 異った道を辿る異った芸術家によってたまたま到達された同様な結果は, 重大なプロセスが進行中であること, そしてそれが長い間熟成されてきたものであること, そして芸術文化全体についての関心がそれに賭けられていることを示していた。

1905年, サロン・ドートンにおいて, 初めて「フォーヴ」が一堂に展示された (ドレン, フリエツ, マルケ, マンギャン, マチス, ブイ, ルノー, ヴァルタ, ヴラマンク)。同じ年, ドレスデンでは, 似たような方向を追いながら, ブライル, キルヒナー, ヘッケル, シュミット-ロットルフらはグループ「ブリュッケ」(Die Brücke, 橋) を設立し, 後にノルデらがそれに加わった。1907年と1908年の間に, ピカソ, ブラックらの最初のキュービズムの作品が現われ, それがレジェ, グリス, グレーズ, ドローネらの次第に急進的になっていく作品の出発点となった。1909年, ドイツの芸術家グループと共に, カンディンスキーは「新ミュンヘン芸術家連盟 (Neue Münchner Künstlervereinigung)」を設立し, 1910年には彼の最初の水彩の抽象画を描いた。1911年, キュービン, マルク, ミュンターらと共にミュンヘン・グループを去り, グループ「ブラウ・ライター」(Der Blaue Reiter, 青い騎士) を組織し, 翌年これにクレーが参加した。1910年, 1909年のマリネッティの宣言に引き続き, ボッチオーニ, カッラ, ルッソロ, バッラ, セヴェリーニらは未来派絵画の最初の宣言に署名し, 1912年パリで第1回の展覧会を開いた。同年, クレーとマルクはドローネと接触を持ち, 一方, パリへの旅行の後で, マレヴィッチは有名な「白地の上の黒い正方形」で完全に抽象へと到達した。

これらの実験のどれも建築とははっきりしたつながりを持ってはおらず, 実際, この時代の画家達は——未来派は別として——他の活動分野と接触することを好んでやめていたかのようで, そのエネルギーを純粋絵画の問題に集中していた。しかし, そうしながら, 彼らは, 絵画の持つ伝統的な外的境界を打ち破ったと判断し, そして, 芸術文化——ある意味ではすべての文化——を過去の視覚法則から解放することになる基礎を確立したのだった。

424図　P. ピカソ作,「マンドリンをもつ少年」, 1910年

芸術についての理論とそれを行なうことは，これまで観念とそれの物質的具象化の間の明確な区別を基としていて，前者が普遍的な「科学的」価値を持ち，自然界の表象を支配するのと同じ規範に関係を持つのに対して，後者は特殊な偶然的なものの支配に属していた。この区別は哲学言語には全く訳し得ないけれども，それはルネッサンス自然主義の中で実際に生まれ，認識論的問題や人間の知識をア・プリオリに律している形式の探究などが哲学思想において支配的であった間，芸術思想の中で生きていた。

眼に見える形の概念化は人間の視覚についての自然法則に対応すると考えられている透視図法によって律せられていた。それらに暗に含まれているのは，幾何学的あるいは根源的なものと，延長的存在（res extensa）についてのデカルト式理論におけるように二義的とみなされていた色彩的，触覚的等というようなものとの間のヒエラルキーであった。こうした理由で，絵画においては，3次元の物体の平面上の表現は，第1には，それらの形態と相互の位置関係を，視点に結びつけられた関係図式に従って明確に決定し，そして第2には，自然の中にある例に従って形態と色との明確な結びつきを考慮に入れなければならなかった。建築においては，個々の環境の形は，1つの視点からの視界の判断としての意味をもつ，幾何学的関係のシステムに従わされた。部分（形，テクスチャー，色等）のそれぞれの性格は，このシステムの中で占める位置と，1つの視点をもつ，あるいは継続的に変化する視点をもつ人間の知覚能力に依存した。それ故建築は自然の外延となり，自然界と同じ法則によって築かれた人工の世界となった。

ネオ・クラシシズムはそれまで頼りにしてきた特殊な歴史的モデルの正当性に疑いを投げかけたが，透視図的一般法則には疑いを持たなかった。さらに，新しい技術上の発明が，すべての現象を空間と時間のア・プリオリな関係システムの中において考える科学思想の同じブランドから誕生した。このようにして，様式復活の様々な継起は，実際に外部のディテールの選択においてのみ変化を起こさせ，構築技術と透視画的視覚との間に便宜的な平行線を引くことを可能にした。その平行線ははっきりとは感じられないようなところでより強固であった。外形を見過し——即ち当然なものと考え——構造的発見に集中した19世紀の偉大な技術者達がそれを強めた。新しい構造法は自動的に透視画の条件下に生まれ，構造計算法はそれの方式に注意を向け，そしてこれらの技術的実験から生まれた新しい形態的提案は偏見なしでは見られることがなかった（ル・コルビュジエの『見ない眼』）。

この平行線は，新しい技術が近代社会の要求に適合されるようになるのを妨げた。何故なら，それは生産体制や前工業時代の階級構造に関わる無数の限界を伴い，当時の技術者や芸術家達の職業の状況とはもはや両立し得ないようなエネルギーの配分を要求したからである。

建築の分野で働いているデザイナー達は，こうした状態を多かれ少なかれ不自由に感じていたが，純粋芸術家——画家，彫刻家等——は直接的にそれに苦しみ，社会が彼らを必要としていないように思い，自らの疎外を感じていた。この理由から彼らは内攻的になり，次第に視覚対称の表現の基礎となっている因襲的方法をひたすら強化することを余儀なくされた。

彼らのてこの支点は第1と第2の質の間の序列であった。事実，印象派から野獣派に至る19世紀後半のアヴァン・ギャルド絵画は，形態と色彩との間の関係の問題を中心として活動した。1907年頃の野獣派運動の解散と同時代のキュービズムの誕生はこのプロセスの

頂点を印した。純粋な色彩の讃美は形態表現における空間関係の絶対性への疑惑，そして透視画の基礎そのものの否定へと続いた。

今日，この推移の重要性は，芸術の分野におけるのみならず近代文化の諸分野間の全体的バランスにおいても，芸術と科学，理論と実践を包含する全体的な肯定によって自らの実験を支持したがった芸術家や批評家の最初の宣言によってというよりも，むしろ，その影響の広さによってはかることが出来る。この時期に提案された文化的合成についての議論は不自然であった。だが少なくもこの2つの実験が，キュービズムと全く同時代で，別別に行われたにもかかわらず，互いに相補的なものとしてみなさなければならないことを指摘するのは当を得ていると思う。

1) 1904年から1912年の間に芸術史において起こった透視図法の絶対的正当性についての議論

透視図法の絶対的正当性に関する最初の否定は，19世紀の末，G. ハウックによって述べられた。よりしっかりした効果的な批判はG. I. ケルン[6]——1911年から1912年にかけてのK. デールマンと行った記念すべき論争の主役——と，ルネッサンス透視画の原点を客観的に再現しそれを時代によって条件づけられた歴史的事実の中にはっきりとおいたJ. メスニル[7]によってなされた。E. パノフスキーは1915年の頃既にこの議論に加わり，[8] 1927年の彼の主要な論文[9]における結論を引き出し，それはこの主題についての近代の論争の幕を開けた。

2) 透視画の因襲に歴史的な結びつきを持つ科学の分野における時間と空間についての伝統的概念の危機

1887年，エーテルに対する地球の運動についてのマイケルソンとモーレーの実験によって口火を切られた論争は，1905年，アインシュタインをして相対性理論を構成させた。完全黒体輻射についての研究に続く1900年のプランクによって提案された作用の量子的要素についての仮説は，1905年，アインシュタインによって光学に応用され，そしてまたボーアをして1913年に彼の原子論を構成することを可能にさせ近代原子物理学によってなされる進歩の幕を開けた。

一連の実験的研究の必然の結果であるこれらの理論の発展は，2世紀にわたって確立されていた科学思想，特に時間と空間の概念の根底の再調査をもたらし，それについてミンコフスキーその他は新しい一般的な定義を見出そうと試みた。

これらの時代の形象革命をその中に含む広い文化の分野について触れることによって，何よりもまずそれ自身の用語によって理解されるべきキュービストの実験の特殊な価値をあいまいにしてはならない。最も重要な芸術家達は多弁ではなく（1910年頃，ピカソはインターヴューで「運転手に話かけるな」という言葉で答えている），アポリネールのような批評家，あるいはA. ローテ，J. グリス，A. グレーズのような仲間等によって彼らの名前によってつくり上げられた秘教的な理論は，実質的には偽装の目標としての役割をはたした。

初め，キュービストは彼らの意図を居丈高に表明し，イメージの自然な連続を断ち切り，当時どれも絶対的基準として用いられていなかったいろいろな視点からの影像を重ね合わせて示した。後に，彼らはイメージの全体をそれの基本的な要素，線，面，色に砕き，時にはグレーズがしたように頑なな抽象に到達することになる。

このようにして解放された要素はすぐにもともと因襲的な姿の下に隠されていた新しい質と新しい意味を啓示し，新しい関係が要素の間に存在することがわかり，その関係が要素をして，新しい有機的法則に従って新しい

V 近代運動

やり方で組み立てられることを許した。しかし, 誰も, 定められた規則の新しい体系が古いものと対置されているとは考えず, 人々は自らが, 結果が予めはっきりしない自由な探索の過程の中におかれていることを感じていた。初めて, 画家達は自分達が前から持っていた意図を表現しようとしているのではないということを表明した。

ピカソ:「絵は前もって考えられたり, 計画されたりしない。仕事をしているうちに, 考えが変るのと同じように絵は変る。」[10] ブラック:「絵は常に冒険である。何もないキャンヴァスに向かう時, 何がそこから湧いてくるか私にはわからない。」[11] グリス:「表現された物体がどのような姿になっていくかは, なってみないとわからない。」[12]

それではこれらの実験の目的は何なのか? 現実に経験される物体は, 実用的なものを含むそれらを現実に結びつける共通の糸が除かれた後にのみ画家によって取り上げられた(ブラック:「私は物体が機能を持たないようにしたいと思う。私は, 古い物体がその実用性を失った時のように, それが何の目的にも役立たなくなった時にのみそれを取り上げる。」[13] そしてデュシャンは「オブジェトルーヴェ《Objets trouvés, 発見物》」をその本来の意味とは別に用いることになった)。このようなやり方で孤立化された物体の変貌は画家の注意を完全に引きつけた。アポリネールは彼らの心的状況を説明しながら, 最終的に現実との鎖から逃れた純粋絵画について語り,[14] 議論はこの基本点を中心に展開した。

しかし, そこにはまたそれと相補的な可能性も存在した。在来の関係から解放された物体は, ただちに, より豊かで幅広い他の関係を取り入れ, 実物の模倣を放棄した絵画はいまやそれらを発明し創造してもよいことになった。それ故, 新しい方法がすべての生産活動の形式に影響を与えることもあり得たし, その結果は, 技術的知識や工業によって, 小さなサークルから社会全体まで, 都市の景観のすべてに拡大されることもあり得た。グリスは書いている:「セザンヌはびんを円筒にし, 私は円筒をびんにする。」[15] それでは, 何故――グレーズは同意しなくとも――これが本物のびん, 即ち皆のテーブルにのっているものであってはならないのか?

それ故, キュービズムは一種の対極を内包している。キュービズムは最後の最も極端なアヴァン・ギャルドの産物であるが, それはアヴァン・ギャルドの立場を越えた運動の可能性を指向し, 芸術家の不自然な孤立化を終局させた。その文化的なプロセスの真の目的は――50年後の今日, われわれはそれを完全に遠くから判断することが出来る――芸術表現の内容の修正ではなく, 技術的なプロセスの世界に対抗する表現行為としての伝統的な芸術の概念の修正であった。透視画法とその影像についての自然法則との対応に関する疑問は, 芸術が独立した実在としての威信と実体を得ているア・プリオリな法則の世界が存在するという仮定をくつがえすことになった。

この進展はただちに建築に反響を起こした。古い価値体系においては, 建築は「芸術」の最も広義な概念の特殊な適用例のひとつであった。しかし新しい価値体系においては, 芸術――同じ言葉が用い続けられるとするなら――はモリスの定義におけるように, ひとつの完全な行為として再び出現した建築の構成要素のひとつである。

しかし, これらの結果――それはグロピウスによって導かれ, 近代運動によって発展されることになる――は, その時代の最も急進的なグループ, 未来派の栄枯盛衰によって示されるように, しばらくの間, 暗に見られただけであり, 混乱した熱望として感じられただけであった。

425図 G. バラ作,「未来派的構成」, 1915～1916年

　最初,未来派は言葉で書かれたプログラムであった。それを支持する画家,彫刻家,音楽家達は,それぞれのやり方で,それぞれの活動分野にそれを翻訳した。セヴェリーニは書いている：「未来派は一般的な観念であり,むしろ知的姿勢であった。しかしそれはわれわれにわれわれ自身を表現する手段を与えなかった。」[16)]そして,それらの統一は実際に得られたというよりもむしろ装われ望まれたものであったが,事実,この旗の下に多くのそして多種の活動が起こった。しかし,彼らが大したことをしなかったというまさしくその性格の故に,ヨーロッパのアヴァン・ギャルド文化がその内部に芸術の新しい合成の可能性を持っていることを最初に理解し,当時の社会に対して,新しい完全な場を準備してい

426図 A.サンテリア作,「発電所」, 1914年 ("Casabella" 誌から)

たのである。

　最近，マリネッティの1909年の未来派宣言の50年祭を記念して，R. バーナムは記している：「この空間の時代の入口から振り返ってみると，未来派宣言を歴史の霧の中の見慣れたランドマークの中の最も遠いところにあるもの，われわれ自身の機械時代のイメージを認め得る最初の地点と見ることが出来る。」[17]

　マリネッティの宣言の後，1910年に2つの絵画の宣言が現われ，1912年にはボッチオーニの彫刻宣言，1914年には，アントニオ・サンテリア（1880〜1916年）が現われる。それは——不完全で言葉の上の断定ではあったにしろ——アヴァン・ギャルドの革命的精神を建築の分野に持ちこむ最初の意識的な試みであった。

　よく知られているように，最初の宣言の文[18]は，マリネッティとチンティによって修正され，[19] 1955年に原文が G. ベルナスコーニによって復刻されるまで，[20] この修正文が通用していた。

　サンテリアの原文はマリネッティの加えた饒舌がなく，明快で特に初めの部分が説得力をもっている。

　「近代建築の問題は線を変える問題でも，扉や窓の新しいモールディングやアーキトレーヴを見つける問題でも，円柱や壁柱や持ち送りを女像柱や大蝿や蛙に変えることでも，ファサードをレンガのままでおいたりそれを石やプラスターで覆ったりすることでもない。つまり，それは新旧の建物の間の形態的な差異を明確にすることとは関係ない。そうではなく，すべての科学と技術の恩恵を大事にし，われわれの習慣，われわれの精神のすべての要求に気高く答え………新しい形態，新しい線，近代生活の特殊条件の中での新しい存在理由を決定しながら，新しく建つ住宅を正しい設計図の上でつくり出すことなのである………そのような建築は当然ながら歴史的連続の法則に隷属し得ない。それはわれわれの精神状態が新しいのと同様，そしてまた歴史におけるこのわれわれの瞬間の偶発性と同様新しくなければならない。建築の一般的な性格は不変ではあったが，建築の芸術は，時代を通し，様式から様式へと移り変ってくることが出来た。何故なら，歴史において宗教上の信仰の推移，政治的制度の経過によって無数の好みの変化がもたらされてきたが，それにはわれわれの生活状態における深刻な変化によって引き起こされ，そして自然法則の発見，技術的方法の完成，材料の合理的，科学的利用などがしたように古いものを捨てたりオーバーホールしたりするようなものはほとんどなかった。近代生活においては，必然的な様式の発展は停止する。伝統に飽いた建築は，力強く，再び初めから出直すのである。」

　サンテリアの主張は何枚かの図面——大半は透視図で，数枚の平面図や断面図もある——によって裏づけられただけであったが，それらの図面は明らかにアール・ヌーヴォーのレパートリーにつながりをもつもので，あるワグナーの追従者達，例えば E. ホッペの作品に匹敵する。そのヴィジョンのわざとらしい大胆不敵さは，ほとんどすべての図面が対称性を強調していることからもわかるように，伝統的な透視画の規律を破ったり弱めたりするところまでには到っていない。それ故，未来派の建築について語ること，これらの図面を全く種類の違うボッチオーニやバッラの活動と比べることすら不可能である。しかし，サンテリアの調子——宣言文の中におけるように図面においての——はもはやアール・ヌーヴォーの世代のそれではないことも

等しく疑いない。そこには，穏やかなワグナーの形式を筋の通った別のものに置き換えることはまだ出来ていないが，それを引き伸ばし変形する意識的な脱出への希いがあった。

戦争におけるサンテリアの早逝はこの実験の充分な発展を妨げた。この理由で，彼の功績はあいまいで不確かであり，グロピウスの前触れであるとか，[21] コルビュジエの前触れであるとか，[22] 国際建築に敵対しイタリア独自の伝統に味方した議論であるとか，[23] いろいろに解釈されてきた。

建築的興味からは非常に離れて見えるけれども，近代運動の形成に決定的な影響を持つことになる画家のグループは，1911年のマルク，カンディンスキー，及び他のミュンヘンのアヴァン・ギャルドの芸術家達の会合から誕生した「デル・ブラウ・ライター」(Der Blaue Reiter, 青い騎士）であった。

これらの画家達は，一定の形象上の傾向によって，あるいは一般的な方法を放棄しようという希いによって結びつけられたのではなく，外貌を越え，神秘的，秘教的な響きなしにそれらの秘密の本質へと肉薄するという共通の行為によって結びつけられていた。マルクはこう書いている。

「われわれが物の前にその現象する姿を映す鏡をはっきりとおけばおくほど，それはより頑固に沈黙するということを，長い年月のわれわれの経験は語ってはいないだろうか？ 姿は常に平板なものだが，それを心から遠ざけてみれば——あなたとあたなの世界のイメージのどちらもが存在しないことを想像するなら——世界はその真の姿を再び現わすだろう。悪魔はわれわれに世界の割れ目から覗くことを許し，夢の中でその多様な舞台の背後の世界へと導く。」[24]

カンディンスキーは，固い殻をつき抜け，外側の「形」を通って物の芯そのものを貫通し，われわれのすべての感覚に最も奥底の鼓動を感じさせる「内なる眼」[25] について語った。見かけとリアリティとの間のコントラストをこのように鋭く認知したが故に，マルクとカンディンスキーは，キュービストよりもより厳格に彼らの芸術と実際的生活との間のすべての関係を排除したのである。1913年の「ブラウ・ライター」展のカタログにこう書いてある。

「われわれは芸術が生活に奉仕をする時代に生きてはいない。今日誕生する真の芸術は，むしろ生活が同化しようとしなかったすべての力の沈澱物であるように思われる。それは抽象的精神が生活から引き出した，欲求のない，目的のない，競争のない方程式である。他の時代においては，芸術は，世界というパンを発酵させるイーストであった。そのような時代はもはや遠い過去であり，それが戻るまで，芸術家は公的な生活から遠ざからなければならない。これがわれわれが世界の申し出を率直に断る理由である。われわれはそれに加わりたいとは思わない。」[26]

この展覧会に参加した3人の芸術家，ファイニンガー，カンディンスキー，クレーがその直後にバウハウスで芸術と生活との結びつきを再建するために働くことになったことについて考えてみるのは興味深い。しかしながら，彼らの功績の重要性は，彼らがアヴァン・ギャルドの戦いの喧騒にわずらわされずに，彼らの芸術を熟成させるために行った集中力と厳格さと関係をもっている。

3. 第1次大戦と戦後

1914～1918年の戦争は，建築家の活動を終

12 出発の条件

427図　F. マルク作,「形態の習作」

熄せしめ，画家のそれを制約しただけでなく，彼らの思想にもいろいろと影響を与え，文化活動を困難な方向に向かわせた。

建築の歴史においてこの時点では，内外の要因，長短期の要因がもつれ合っている。われわれは，要因を3つの項目に区別することによって状況を明確にしよう。その3つとは，戦争の物質的影響，心理的・倫理的影響，戦争の年月の間に成年に達した芸術上の実験と理論である。

戦争中の損害（それは第2次大戦中のそれの比ではなかったにしろ）と特に戦時中の生産活動の停止は，緊急で深刻な再建問題をもたらした。戦争の何年間か前ですら，人口の増加の更新から，住宅供給の問題はどこでも存在した。その仕事の厖大さは国だけが取り組み得るようなものでなく，従って，補助による建設が重要な要因となり，それに関わる法律はそれに伴って進歩した。

建築家の依頼主もまた変り，個人との契約は減り，国や公共体からのものが増え，独立の建物は減り，地区や群の建物が増えた。都市計画の重要性は急速に増大した。

一方，技術的知識はこれらの仕事に必要な道具をつくりつつあった。鉄筋コンクリートの使用は，いろいろな国で1914年の直前に基準が既につくられていたので一般的となった。戦争それ自身が，例えば交通や金属加工というような多くの分野で技術的な進歩の速度を早めた。

オーストリアやドイツ等の敗戦国においては，戦争による損害と共に，旧政治制度の崩壊，占領，復興費などが既に難しくなっていた経済状態を悪化させた。これらの事実は文化の分野にも反映した。政治的変化は文化の進歩を助けた。何故なら既に成年に達していた進歩的エリートが自動的に浮かび上がって支配階級となったからである。経済不況と特にインフレーションが古い諸階級と混ぜ合わせ，古い社会階級制に根ざした習慣を破壊し，改新的傾向を助けた。

428図　ワイマールのW. グロピウスによる戦没者のモニュメント，1922年

V　近代運動

429図　B. タウト，「天国の家のイメージ」，1919年

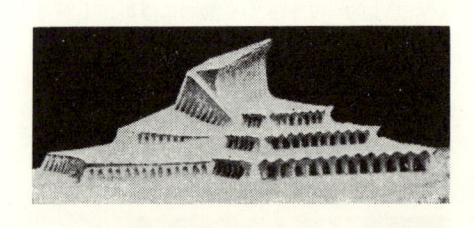

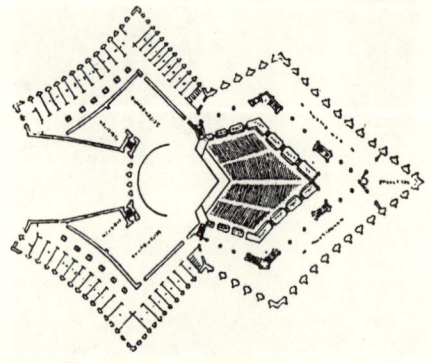

430図　W. ルクハルト，「民衆劇場のプロジェクト」，1921年

それ故，新しい文化にとって重要な出来事の機が熟するようになったのは，古い秩序との摩擦の少ないこれらの国々においてであったのである。

ほとんどすべての近代運動の主役はその職業を離れて戦争に行った。この経験は彼らの多くにとって，文化的な意味においても重要であった。グロピウスはそれについて語っている。

「私の内省に根ざした考えを前進させなければならないという責任の強い意識が，戦争の結果として私に起こった。その中で，これらの理論的前提が初めてはっきりした形をとった。他の私の仲間の多くのように4年間も私を仕事から遠ざけたひどい中断の後で，考える人間はすべて知識人戦線の変革の必要を感じた。各々はそれぞれの活動領域の中で，現実と理想主義との間の不幸な溝に橋をかけることに役立つことを切望した。」[27]

目ざす目標は戦前の議論において既に正確に定められており，問題は，文化活動を，量的な圧迫に隷属させるというよりもむしろそれを限定し制御するために産業革命以後発展し続けてきた技術的，経済的，社会的プロセスに協力させることであった。しかし，未だに，一種の啓蒙主義に由来する精神の伝承である頑なな信念が残っていた。即ち，それは種々の要求の間には一種の予め神が定めた調和が存在するが，古い習慣や制度の固執によって台無しにされているのであって，それ故，本来，議論によってこれらの制度や習慣を除き，それを回復し得るということである。技術的知識，即ち現在の変化の直接の原因は，本質的に合理主義的方向を持っているとみなされ，それ故，無限の進歩の約束として（あるいは，同じく非現実的に，古い制度

12 出発の条件

431, 432図　H. フィンスルテリン,「アートセンターのスケッチ」

V 近代運動

433図 ヘルマン・ヴァルムの「カリガリ博士」の一シーン,ウイーン(1920年)

434図 H. ペルツィッヒのザールツブルグの祝祭場のプロジェクト,1919年(G. A. Platz の前掲書から)

の死にわが身を忍従し得ない人々によって退歩の要因として）みなされていた。

　戦争は技術的知識の異った概念，より限定され，観念的な内包をもたない概念を生み出した。平和な道具をつくり出すために用いられてきたのと同じアイディアが今や死と破壊の武器をつくり出すのに用いられ，技術者達は驚くべき安易さでそれからこれへと乗り移った。また，心理的な移り変りと，両者の異った目的に対して同じ観念的動機を持つということは，それまで広く受け入れられていた観念的公式の多くの便宜的な性格を暴露した。かくして手段と目的との間に割け目が口を開け，技術の進歩は善同様悪の手段ともなることを示し，目的の卓抜さは，もはや「偉大な躍進」についての伝統的な議論によっては充分証明し得なくなった。特に犯罪者的傾向を持たない人間によって大きな規模で犯される残虐行為は，人間社会の安全性がいかに不安定なものかについて人々に警告した。

　戦争は文化的議論の用語を変えはしなかったが，実体から形態を区別する感受性を鋭くし，受け継がれた問題が真の意味を獲得するようにするため，これらの用語の多くについての根本的な再考の必要性を示した。とりわけ，それは人々をして，決定的な解釈は理論の中には見出され得ず——そしてそれ故，小さなグループの人々によってなされた定式化などそれらにとって充分でないこと——それらはこれらに関わるものすべてを含んで実践の中で試され，変化する状況に絶えざる不撓の努力で適合されなければならないことを理解せしめた。

　それぞれの特殊な領域の中でうまく正当化された利益相互の血みどろの戦いは，真に重要な利益が，すべてに共通したものであることを示し，共通した理解の場の必要をもたらした。「われわれが互いにはっきりと理解し合うことは非常に重要である。多くの人々は

その通りというが，実際は賛成していない。多くの人々は尋ねられてもいないし，そして多くは間違って了解している。それ故互いにはっきりと理解し合うことが非常に重要なのだ」とブレヒトはいっている。このように語るものはもはや保守主義者ではなく——彼らはむしろ落胆を濁った懐疑主義の中に沈めさせようとしていた——他のすべての変化の基準点となるある静止した点，即ち，信念に関して敏感な存在としての人間に対しての信頼に依存する必要を感じた革命家であった。

　このようにして，理性は再び復権した。それはもはや前時代の誇り高き，楽観主義的な理性ではなく，謙虚で思慮深く，そしてまた限りなく貴重なものであった。何故なら，それは他のすべてが消え去った後に残った唯一の理想であり，過去の伝統の唯一の遺産であり，未来を信ずるための唯一の根拠であったからである。

　これらの感じ方は，アヴァン・ギャルド運動の展開に決定的な影響を与え，それらを2つの反対の方向へと分極化させた。人々は，芸術的経験をアナーキズムや行動主義に押しやったすべての理論構成に対する信用を失いもし，またそれまでの経験の結果を，普遍的な意味を持つ新しい様式言語をつくり出すために，堅固で客観的な基盤の上に体系化しようとした。

　未来派はほとんど直ちに政治行動に引きつけられた。マリネッティは，イタリア的介入の伝導者であり，多くの未来主義者は志願兵として率先兵役についた。ボッチオーニとサンテリアは行動して死んだ。しかし，運動は戦後の時代には弱まり，マリネッティはその残存者をファシズムに混合してしまった。

　1916年，ツァーラ，バール，ハルセンベック，アルプらによってスイスで創設されたダダイズムは，戦争反対の中に現われた最も破壊的な芸術体験を結集した（デュシャン，ピ

V 近代運動

435図 F. レジェ,「2人の女」1925年

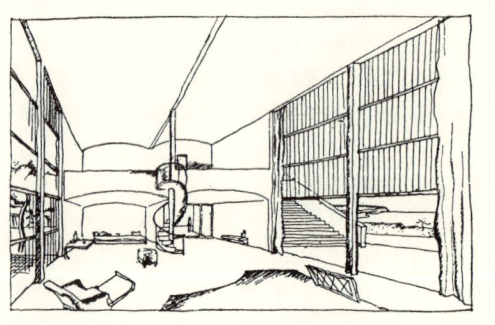

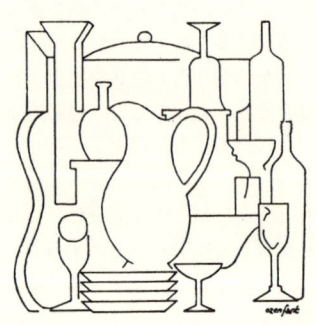

436, 437図 ル・コルビュジエ,「ある住宅のプロジェクト」1916年（作品集から）。A. オザンファン,「ピューリストの構成」

カビア, エルンスト, レイ)。戦後, ツァーラはパリに落ち着き, そこで運動は主に文字の上で展開したが, ドイツのハルセンベックとエルンストは, 1922年ケルンの主要グループが解散するまで, 政治的闘争へ努めて直接に参加した。1924年, レイ, エルンストその他はブルトンが始めたシュルレアリズム運動に参加し, それは最終的には, 1930年と1933年の間のコミュニストとの合同の試みに失敗した後, 1930年代の状況の中で消失した。

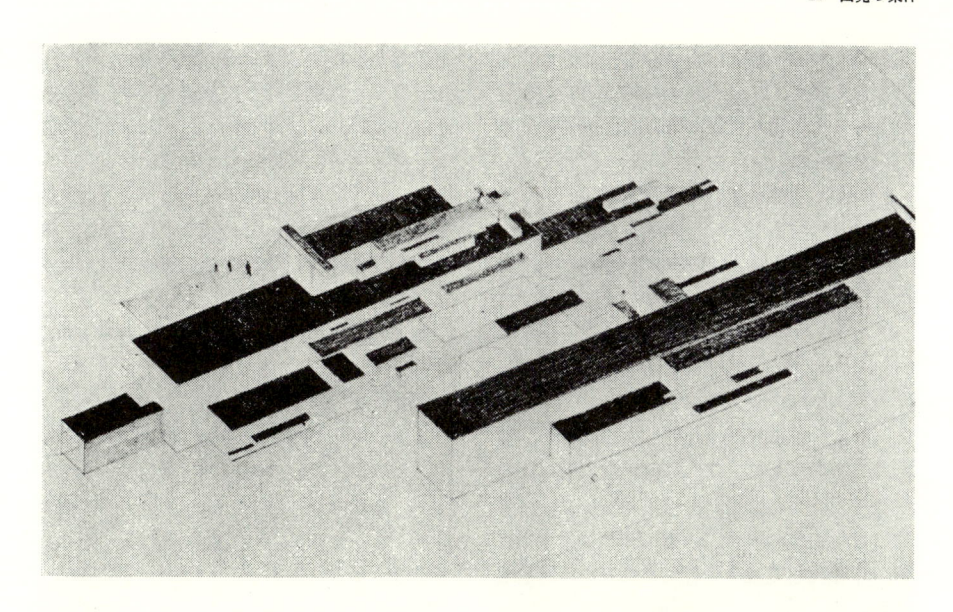

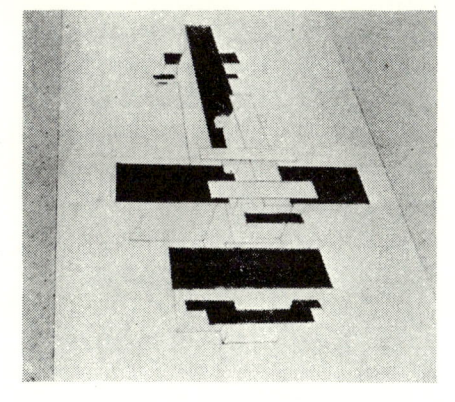

438, 439図　K. マレヴィッチ，未来の住宅2題，1923～1924年

　これが戦後のアヴァン・ギャルドの最も目立った部分であり，多くにとって「近代芸術」の第5元（訳註）であった。他の部分——束の間の状況の外で生きながらえ，その時代の社会の運命と実際に考えられているもの——は，その革新的な行為の動機を合理的なやり方で明らかにしようとし，破壊さるべきものと残さるべきものとを区別した。近代建築はこの傾向にその出発点をおいた。
　戦争直後の時期に，キュービストの幹は，それから正確で広く伝播し得る一連の教義を抽象することをめざすいろいろな枝をのばし，それによって通常の分類での芸術を越え，建築にまで拡張することをめざした。
　画家 A. オザンファンは1915年から1917年にかけて，雑誌「エラン」（Élan，躍進）の中でピューリズムの原則についてくわしく述べ，その後 C. E. ジャンヌレ（1887～1965年，後のル・コルビュジエ）に会い，彼と共に，1918年，「キュービズム以後」という題で，新しい運動の宣言を公けにした。これら2人の芸術家によって，キュービズムは，取り巻く世界の混乱したいい加減な形態の集塊の中で，美的感情の原初的な根源である単純で「純粋な」形態を評価する能力を再びつくりあげた（435～437図）。彼らが芸術的イメージの中に持ちこむことを望んだ単純化は，

文学から科学・技術的問題にまでわれわれ工業社会のすべての活動部署に観念的に影響を与えることになる建設的な統合の精神の特別な例であった。

1920年、この意図的な統合を試みるために、オザンファンとジャンヌレは雑誌「レスプリ・ヌーヴォー」(l'Esprit nouveau, 新精神)を発刊した。それは例えばアラゴン、ブルトン、サンドラール、エリュアール、エーレンブルグ、エプシュタイン、ジャコブ、ミロー、ラテナウ、サティエ、ツァーラらのあらゆる分野に寄稿者を持った。1925年、雑誌は刊行を停止し、2人の創始者は異った道を進んだ。それ以来、ル・コルビュジエは自分自身を建築に捧げ、一方、オザンファンは自分の壁画を完成させるために長い年月を費した。

1915年、マレヴィッチはマヤコフスキー、ラリアノフ、その他の革命派作家と協同して、スプレマティズム (suprematism, 至上主義)宣言を発表した。ほとんど同時にタトリンはコンストラクティヴィズム (constructivism, 構成派)、ロドチェンコはノン・オブジェクティヴィズム (non-objectivism, 非客観主義)を提唱し、それらは共通してすべての模倣を放棄しマレヴィッチが「不毛」と呼んだ零から出発して新しい自主独立のリアリティを打ち立てることを欲した。それぞれはこの手段を建築に適用し、タトリンが新しいソヴィエト設立を祝うためのプロジェクトのスケッチをし、マレヴィッチは、「アルキテクトーネン」(architectonen) とよばれる模型や、彼自身が説明し「プラニティ」(Planiti) と名づけた架空の住宅のデザイン等で、素晴らしく統制のとれ厳密に抽象的な一連の建築的イメージに取り組んだ (438～439図)。

スプレマティズムの考えは E. リシツキーによってドイツ中に広められ、マレヴィッチ自身は1926年バウハウスに行き、彼の本『対象なき世界』(Die gegenstandslose Welt) をバウハウス叢書の中で出版することの監修を行ったが、そのすぐ後で、ロシアのアヴァン・ギャルドは政治当局と摩擦を生じ、マレヴィッチは、レニングラードの国立学校で教鞭をとり続けてはいたが完全に孤立化し、彼の1935年の死までの最後の活動時期についてはごく僅かしか知られていない。

ネオ・プラスティシズム (Neo-plasticism) は1917年、画家のT. ファン・ドゥースブルフ、P. モンドリアン、B. ファン・デル・レック、V. フスツァール、建築家 J. J. P. オウト、J. ウイルス、R. ヴァントッフ、彫刻家 G. ファン・トンゲルロー、詩人のA. コークらによって始められた。その後建築家、ゲリット・リートフェルト (1888～1964)、コル・ファン・エーステレン (1897～) と映画俳優ハンス・リヒターが加わった。その運動の代弁者はデ・スティル (De Stijl) 誌で、それは不規則な間をおいて1927年まで刊行された。

その基本的な考えは1913年から1917年までの間にモンドリアンによって練り上げられたが、主としてテオ・ファン・ドゥースブルフ (1883～1931) によって理論化され広められた。僅かの間に、彼らはキュービズムから完全な抽象へと典型的な路程を辿り、この行動を系統的にする方法を見出し、一貫しよく体系化された形態の世界をつくり出すことを始めた。

その基礎的な考えは2次元の要素から出発して、それらを新しい関係の感覚に従って並置し、そこに「新しいプラスティシティ」を生みだすということであった。ファン・ドゥースブルフは、この過程が絵を描くことや抽象的な彫刻を創造することにのみでなく、全体としての都市景観を時代の技術的・心理的要求に合わせて再建することにも関係するのだということをはっきりと理解していた。

440図　P. モンドリアン,「青の構成」1917年

「芸術という言葉はもはやわれわれには何も意味しない。その代りにわれわれは自分達の環境を一連の原則から導かれる創造の法則に従って建設することを要求する。経済，数学，工学，衛生学等の原則に関係をもつこれらの法則は新しい造形的な統一体をもたらす。」[28)]そしてモンドリアンはさらにはっきりと次のように述べている。

「将来において，われわれの環境から把握し得るリアリティの中での純粋な形象表現の実現が芸術にとって代るだろう。しかしこれを達するために，われわれは普遍的な表現及び自然の圧力からの離脱へと向かわ

V 近代運動

441図 T. ファン・ドゥースブルフ，ストラスブルグのアウベット・キャバレー（1926年，J. アルプとの協働）

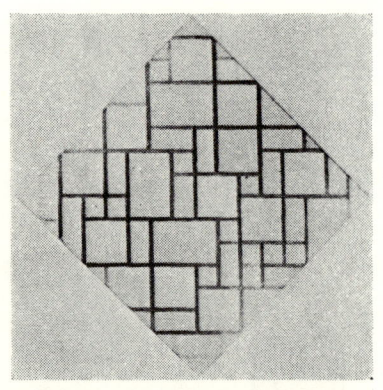

442図 P. モンドリアン，「明るい色とグリッドによる平面構成」，1919年

443図 "Mécano" の表紙，1922年

444図 G. リートフェルト，ユトレヒトのシュレーダー邸の増築，1914年

なければならない。その時には，われわれはもはや絵や彫像を必要としないだろう。何故なら，われわれは実現された芸術の内部に生きることになるからである。芸術は，逆に生活自身が得た分だけの生活を失うだろう。」[29]

この環境の再建は，科学のそれと似た客観的で普遍的な法則に従ってなし得る。

「それらを想像することは不可能で，それらは存在するが集団的な実験的な作業を通してのみ感じられる。これらの実験の基礎は，表現の原初的で普遍的な要素についての知識の上に，それらを新しい調和に従って構成する方法に達するようなやり方でお

445図　G. リートフェルト，「お玩具の車」，1918年

かれている。この調和の基礎はコントラストの知識であり，コントラストの複合のそれであり，不協和等のそれであり，それらがわれわれを取り巻くすべてを眼に見えるようにしてくれる。コントラストの累積が大きな緊張をつくり出し，それが，互いに消し合いながら，バランスと安息感を生み出す。この緊張のバランスは新しい建築的統一の第5元を形成する。」[30)]

この方法の建築への最初の適用は，1916年のファン・ドゥースブルフによるレームファルデン (Leemvarden) のモニュメントの計画であり，リートフェルトの家具 (445図)，そして1917年のファン・ドゥースブルフとオウトのノルトヴァイケルハウト (Nordwijkerhout) の住宅，1917年から1920年までの間のオウトのプロジェクト (446図)，1920年から1923年にかけてのファン・ドゥースブルフとファン・エーステレンによる造型，1923年のJ. ウイルスによるハーグのローコスト住宅等に見られ，1924年のリートフェルトによってユトレヒトの郊外に建てられた住宅 (444図) に非常に明瞭に見られ，ここでは全体の構成は彩色されたスラブの対比で計画的に行われている。

オウトの実験は非常に重要である。スヘフェニンゲン (Scheveningen) の住宅 (1917年)，プルメレンド (Purmerend) の工場 (1918年) のための若々しいプロジェクトの後で，彼は1918年から1933年までの間，ロッテルダム市の主任建築家に任命された。こうして彼は真に重要で必要な事業と取り組むことになり，形態上のネオ・プラスティックな

V 近代運動

446図 J. J. P. オウト，海岸の集合住宅のプロジェクト，1917年

法則を技術・経済等の法則へと固く結びつけること——理論的にはファン・ドゥースブルフによって当然なこととされていた——が実際的な問題となった。当然ながら，結果はプロジェクトのようには明快とならず，第1回の試みでは達成され得ず，伝統的な建設過程との物分かりのよい調停によってのみ可能となった。庶民住宅地区——トッスヘンダイケン (Tusschendijken)，1920年——についてファン・ドゥースブルフは終始オウトに抗議した。何故なら，彼がレンガを用い，「緊張のバランス」が隣接したエレメントはすべて異ることを要求するのに，同じ建物型を並べたからである。彼の集合住宅——1922年のマテネッセ (Mathenesse)，1925年のキーフヘーク (Kiefhoek)，そしてとりわけ1924年のオランダのフーク (Hoek) の素晴らしいテラスハウス——においてオウトは決定的にファン・ドゥースブルフと訣別し，少なくも大筋としては伝統的な建物型を受け入れた。しかしながら，後に見られるように，ネオ・プラスティックの方法が最初の真の結実を生み出すのはまさしくこれらの作品においてであった。要素への分解はもはや誇示されず，全体としての塊りの中にその痕跡を見せずに吸収された。しかし，ヴォリュウム，面，色は

もはや以前のそれでなく，全く新しくあたかも最初に見るように出現し，一方，形態と構造との間の調和が，1世紀以上後に初めて，もとのものとは違った基礎の上に再現した。

オウトは彼の経験を次のように説明している。

「デ・スティルの精神は初めは私の精神でもあった。それはファン・ドゥースブルフと私のアイディアから生まれ，ファン・ドゥースブルフがその遂行段階では主導的な力となった。その雑誌の初期の号は私の作品をのせた………私が真のキュービスト建築の最初の例とみなしているものを。ネオ・プラスティック建築（恐らくリートフェルトやウイルス等の作品を暗にさしている）やドゥドックのキュービズムもこれらの作品に発したものである………しかし，私の結論は違っている。この分解の過程を経て，私は新しい比例の感覚，空間や雰囲気や線やマス，色，構造の感覚を獲得したが，後にそれから出てくる建物は，私の初期の建物の最も皮相的な面の発展であると私は理解している。そのような発展は建築にとっては皮相的であるように私には見える。それはより絵画に関係を持つものであ

42

り，——形態に関する限り——それは厳し過ぎ，静的であり過ぎる。私はそれを放棄し，別の方向に進み始めた。健康で，幅広く，普遍的な社会的建築はこれから，即ちそのような抽象的な美学からは出て来ない。しかしながら，ネオ・プラスティシズムが私が見失いたくない建築的価値をわれわれに与えてくれたのは確かだが，私に関する限り，それは間接的に行われた。私の立場は，金を求めて金を見出すことは出来なかったが他の貴重な材料を見出した過去の錬金術師のそれである。」[31)]

しかしながら，ファン・ドゥースブルフは金を探すことに決めた。1921年，彼はダダイストと手を結び，アルプ，ツァーラ，シュヴィッタースらと「メカノ(Mécano)」とよばれる「スティル」の補足号を発刊し，彼らと共にオランダとドイツに宣伝旅行に出かけた。同じ年，彼はワイマールに移り，バウハウスに同調しようとしてはたせなかった。また，ネオ・プラスティシズムの発展に不満であった彼は，それに対抗する新しい綱領，エレメンタリズム(elementarism)を練り上げ，その宣言は1926年スティル誌に現われた（この時点でモンドリアンはグループを去り，彼の厳格な絵画的実験を自分自身で実行することに決めた）。1926年から1928年までの間に，アルプと共に，彼はストラスブルグのアウベッテ(Aubette)のダンスホールの内部造作(441図)をし，それは多かれ少なかれ彼の芸術的信条の表明であった。1930年に，彼は最後の雑誌「ラール・コンクレ」(L'Art concre,具象芸術)を始め，その次の年，彼の死の前新しいアヴァン・ギャルドの芸術家達のグループを自治体の実験的事業のためにミュードン(Meudon)に集めることを計画した。

ファン・ドゥースブルフもモンドリアンも個人的にはアヴァン・ギャルドの芸術家としての立場を離れる傾向を感じていたが，彼らの業績は新しい建築的様式の確定にとって決定的であった。計画的な純理論的なやり方で，彼らの実験は，近代運動が実際的な分野で直面しなければならない問題を予見していたのである。

1) B. Russell 著，"Freedom and Organization, 1814～1914"——ロンドン，1934年——357頁
2) N. Pevsner 著，"Pioneers of the Moderne Movement"の前掲邦訳書25頁
3) G. C. Argan, "Casabella" 誌における C. Brandi による "Eliante o dell'Architettura" についての論評
4) W. Gropius 著，"Sind beim Bau von Industriegebäuden Künstlerische Gesichtspunkte mit praktischen und wirtschaftlichen vereinbar?"——ライプツィッヒ，1911年
5) ドイツ・ヴェルクブント年報の中のW. Gropius 著，"Die Entwicklung moderner Industriebaukunst"——イエナ，1913年——22頁
6) "Die Grundzüge der linear-perspektivischen Darstellung in der Kunst der Gebrüder Van Eyck und ihrer Schule"——ライプツィッヒ，1904年，"Die Anfänge der zentralperspektivischen Konstruktion in der italienischen Malerei des XIV. Jahrhunderts"——フィレンツェ芸術協会報告書の中，1912年——39頁
7) "Masaccio et la théorie de la perspective"——"Revue de l'Art ancien et moderne"誌，1914年——145頁
8) "Das perspektivische Verfahren L. B. Alberti"——"Kunstchronik"誌，1915年——505頁
9) "Die perspektive als symbolische Form, in 《Vorträge der Bibliothek Warburg》，1924～25年"——ベルリン，1927年——258頁
10) W. Hess 著，"I problemi della pittura moderna"——イタリア語訳，ミラノ，1958年——に引用されている「ゼルヴォとの会話」——

"Cahiers d'Art", 1935年
11) W. Hess 著, 前掲書に引用されている G. Braque の "Cahiers" ——パリ, 1948年
12) D. H. Kahveiler によって引用されている J. Gris 著, "savie, ses oeuvres, ses écrits", ………W. Hess 著, 前掲書85頁
13) W. Hess 著, 前掲書75頁
14) G. Apollinaire 著, "Les peintres cubistes, méditations esthétiques" ——パリ, 1913年。「最も現代的な建築家が目ざす実用的目的は, 他の芸術に比較しての建築の大きな後進性の原因となっている。建築家, 技術者は, 最も高い塔を建てること, 廃墟の最も美しいものに時間と蔦を用意すること, 港や河の上に虹よりも大胆なアーチをかけること, そして最後に人間が想像し得る最強の永続的な調和を構成すること等の壮大な目的をもっていたに違いない」——イタリー語訳, ローマ——109頁
15) W. Hess 著, 前掲書84頁
16) "La Casa" 誌 No. 6 (1959年) 123 頁に引用されている M. Calvesi 著, "Il futurista Sant'Elia"
17) R. Banham 著, "Futurist Manifesto" ……… "Architectural Review" 誌, Vol. 126, No. 751 (1959年) 78頁
18) ミラノの "Famiglia Artistica" の "Nuove Tendenze" グループの最初の展覧会で 1914年5月20日に印刷された。
19) 1914年7月11日に出版された………Fillia 著, "La nuova architettura" ——トリノ, 1931年——参照
20) G. Bernasconi 著, "Il messaggio di Antonio Sant'Elia del 20 maggio 1914"………"Rivista tecnica della Svizzera italiana" 誌, 1956年7月号
21) RIBA 会誌 1934年5月号の W. Gropius 著, "The Formal and Technical Problems of Modern Architecture and Planning", ……… "Scope of Total Architecture"——ニューヨーク, 1955年——65頁
22) 特に「未来派の住宅は巨大な機械に似ている」という論理がル・コルビュジエの「住むための機械」を思い起こさせるという点において。
23) A. Sartoris 著, "Gli elementi dell'architettura funzionale" ——ミラノ, 1941年——参照
24) F. Marc 著, "Briefe, Handzeichnungen und Aphorismen" ——ベルリン, 1920年………W. Hess 著, 前掲書111頁
25) W. Kandinsky 著, "Essays" ——シュトゥットガルト, 1955年……W. Hess 著, 前掲書122頁
26) W. Hess 著, 前掲書108頁
27) W. Gropius 著, "The New Architecture and the Bauhaus"——ロンドン, 1935年——48頁
訳註) エーデル (四元素, 即ち土, 水, 気, 火の他にあると信じられていた元素)
28) B. Zevi 著, "Poetica dell'architettura neoplastica"——ミラノ, 1953年——35頁
29) P. Mondrian 著, "Plastic Art and Pure Art" ——ニューヨーク, 1947年………W. Hess 前掲書145頁
30) B. Zevi 著, 前掲書
31) J. J. P. オウトから B. ゼヴィに宛てた手紙………前掲書161頁

第13章　近代運動の形成（1918—1927）

　すべての重要な歴史的変貌がそうであるように，近代運動は数多くの個人及び集団の業績を含み，その起源を，ひとつの場所やひとつの文化的局面に結びつけることは不可能である。確認することが出来ることは，個人と集団の間の共通した姿勢が感じられる1927年以後の，いろいろな結果の一貫性である。このひとつの出口の背後には，細かく張られた相互関係のくもの糸があり，それを分析的に説明することは困難であり，恐らく無意味であろう。だが，実験の最初の10年間について，いろいろな相互関係をもちながら伝統と意識的なコントラストをもち確かに互いに独立した2つの革命的な実験を最初に強調することによって，まず図式的な説明を与えてよいかも知れない。それはグロピウスと彼の同僚達の教育と，建築家としてのル・コルビュジエの第1次大戦後の仕事である。2番目には，戦前戦中の時期の文化運動に関係を持つが，集中的に発生しそれ故それらの出発点の特別な性格をぼやかしたので互いに共通したものをもつものになり，そして互いに他の方法を利用し得るようになった，いくつかの実験をあげ得るかも知れない。それら最も重要なものの中にはドイツのメンデルゾーンの作品，ノフェンバーグルッペ（Novembergruppe, 11月グループ）からヴェルクブントへの前進，オウトのロッテルダムの行政的な仕事，ドゥドックのヒルフェルスムの仕事等がある。

　およその区別を記録することが必要である。20世紀の20年代の2つの最も重要な事実を切り離しながら，バウハウスとル・コルビュジエを並べて見せることが近代運動の多様な性格の指標として充分であり，それは2つのまるっきり違った型の業績，即ち第1が集団的な業績，第2が個人的な業績を明らかにしている。メンデルゾーンと2人のオランダの巨匠達の初期の経歴を説明することは，近代運動の中に，戦争の前後に成熟したアヴァン・ギャルドの再生の可能性を強調することになろうし，それは他の個人達と他のグループ達，例えばファン・エーステレン，ブルーノ・タウト，ルックハルト兄弟，ロシア構成派の人々に対してもくり返され得るだろう。

　この諸実験の合流という歴史的結果は，ヨーロッパ及び世界の文化の革新的活動を浪費した遠心的運動の1世紀以上たった後での逆転であった。新しい運動はもはや場面にしばしば現われた運動の最新版としてレッテルを貼らされることはあり得なかった。それはより深遠な変化を立証するものであり，その変

V 近代運動

447図 L. ファイニンガーによるバウハウス宣言の表紙（1919年）

化は諸傾向の集合の上で行われた，根本的に変った世界の要求に対処するために，諸傾向を新しい方向へと向けさせ，互いに対決することを強いたのだった。

1. バウハウス

戦争直後，ワルター・グロピウスはザクセン高等造形美術学校 (Sächsische Hochschule für bildende Kunst) とヴァン・ド・ヴェルドの学校である ザクセン 工芸 学校 (Sächsische Kunstgewerbeschule) の運営を委嘱された。彼は2つの学校を統合し，1919年，国立バウハウス (Staatliches Bauhaus) を設立した。

1919年に公けにされた最初の宣言文は，ファイニンガーによる表現主義的な表紙（447図）でもわかるように予言的でわかり難い調子を帯びていた。

「視覚芸術の最終的な目的は建物全体である。それの最も気高い役割はかつては建物の装飾であった。今日装飾は孤立して存在しており，それはすべての職人の強い意識と協力によってのみ処理されることが出来る。建築家，画家，彫刻家はひとつの建物の実体としての統合的な性格を新たに認めなければならない。その時に初めて，彼らの仕事は「サロン芸術」として喪失した建築的精神で染められる。

建築家，画家，彫刻家等われわれすべては工芸に立ちかえらねばならない。芸術は「専門的職業」ではない。芸術家と職人の間には本質的な相異は何もない………芸術家と職人の間に傲慢な障壁を立てる階級差別のない新しい職人のギルドをつくろう。新しい建物の未来を共に考え，創造しよう。それは建築，彫刻，絵画をひとつの統一体の中に包含し，ある日，新しい信仰の予言的な象徴として，百万の労働者の手から天へと上っていくだろう。」[1]

この言葉は当時なされていた多くの未来派的演説と異るものではない。しかしながらその趣意は，ある新しい傾向の宣言で終ってしまっているのではなく，苦しげなそして暗示的な言葉で，思想と行動，物質的要求と精神的要求が観念的な対立を超越しながらバランスを見出す人間の心の法則と自然法則に基づいた一般的な方法論の必要を単純に肯定しているのである。

グロピウスの最初の同僚はヨハネス・イッテン (1888～)——ヘルツェルの弟子のスイス人で1915年以後ウイーンで造形教育に携っていた——とアメリカの画家，リオネル・ファイニンガー (1871～1956)，ドイツの彫刻家・版画家のゲルハルト・マルクス(1889～) であった。1919年にはグロピウスの前の協同者アドルフ・マイヤー (1881～1929), 1920年には画家のゲオルグ・ムッヘ(1895～)，1921年にはポール・クレー (1879～1940) と画家であり舞台装置家でもあるオスカー・シュレンマー (1888～1943)，1922年にはワシリー・カンディンスキー(1866～1944)，そして1923年にはハンガリーの画家ラズロ・モホリーナギ (1895～1946) が彼らに加わった。約250人の学生がおり，大部分はドイツ人とオーストリア人であった。その教育プログラムは次のようであった。

初級6か月コースはイッテンの担当で，1923年からはモホリーナギと彼の前の弟子ヨセフ・アルバース (1888～) が担当し，そこでは学生に素材と種々の単純な形の問題についての自信をもたせるのである。

3年のコースはある技術的なもの（実技 《Werklehre》：学生は7つの工作室に出席し，石，木，金属，粘土，ガラス，顔料，機械で実習し，簿記，原価計算，入札の作製など

の学習）と造形的なもの（造形《Formlehre》：自然や素材における形態の効果の観察，表現方法の研究，構成理論等を含んでいる）とからなっている。

3年修了後，学生は試験を受けて「職人証書」を得る。

それから先のコースは，いろいろな期間があり，建築設計と学校の工作室での実習に基礎をおいている。最後に，学生は卒業資格試験を受けることが出来る。

しばらく後にバウハウスの実験に触れてグロピウスは教育の3つの主たる特徴をあげている。

──**理論と実際の教育の両立**　何故なら，3年のコースを通して学生は同時に2人の先生，即ち職人の先生とデザインの先生の下で勉強するからである。

「2つの異ったグループの先生について勉強するというこの考えは必要である。何故なら，芸術家は充分な技術的知識を持っていないし，職人は作業場のリーダーに必要な芸術的な問題についての充分なイマジネーションを持っていない。これらの2つの特質を結び合わすことの出来る新しい世代がまず訓練されねばならなかった。後年，バウハウスは工作室を担当する先生として，造形の教師と技術の教師とにスタッフを分けることが全く皮相的であることがわかるような等しく技術的・芸術的経験をもった以前の学生を据えることに成功した。」[2]

──**実際の仕事との絶えざる接触**

「バウハウスの全組織が実際的問題に対しての教育の価値を証明し，その価値は学生に内外の摩擦を克服させる………その理由で，私は先生と学生の両方がその能力をためすことが出来るように，バウハウスのために実際的な仕事を獲得するように努力をした………われわれが建物の中で実際に使って示すことが出来たわれわれの工作室製のあらゆる種類のニューモデルは，完全に製造業者を得心させたので，彼らはバウハウスとロイヤリティ契約を結び，それが，収入をふやして，バウハウスは価値ある財源を獲得した。実習を必修にする制度は，学生が製作した販売可能な品物やモデルに対して彼らに支払いをすることを可能にした。これは多くの有能な学生に生活の資を与えた。」[3]

──**創造的な先生の存在**

「適切な教師の選択は訓練学校がよき成果を得るための決定的な要因である。彼らの人間としての人格は，彼らの技術知識や能力以上により決定的な役割を演じる………もし傑出した芸術的能力をもつ人々が学校のために得られたとするならば，彼ら個人個人に仕事のための時間とスペースを与えることによって，彼ら自身のより発展の幅広い可能性を確保しなければならない。そのような人々が学校の中で彼ら自身の仕事を発展させ続けているという事実こそがデザイン学校に不可欠であり，若い能力がその中で伸び得るような創造的雰囲気をつくり出すのである。」[4]

基本的な考えは，手仕事をもはやロマンティックな目的や観念的な目的に利用するのでなく，工業製品に決定的な形態的方向を与え得る近代的デザイナー教育の手段として利用することである。ヴェルクブントの内部で10年間に燃え上がった手仕事と工業との間の論争を前にして，グロピウスはこれが2つの正反対の立場の対立であることを理解しなが

ら，どちらかひとつを選択することをしなかったのである。現実において，この2つのタイプの行為の相異は，手仕事も純粋に観念的でなく（何故なら，その観念は常に技術手段を通り抜けなければならないからである），また工業も純粋に機械的でもない（何故なら，機械それ自身も，それが形をつくり出す限り，創造性の問題を提出するからである）というように，程度の違いに過ぎないのである。それらは，同じ活動即ち精神的なものと手によるものとの一緒になった活動を行うための2つの異なったやり方であった。第1のものはより直接的で狭い範囲のものであり，第2のものは直接的ではないが，広い範囲のものである。変化は有形の道具というよりはむしろ，人間エネルギーの分布に関して起こった。

「工業と手仕事の違いは，それぞれで用いられる道具の性格の違いによるよりもむしろ前者における労働の分業と後者の1人の職人による分業化されないコントロールとの違いにより多く原因している。個人の主体性の強制的な制約は現在の型の工業が文化に与える脅威である。唯一の治療法は，労働に対する姿勢を変えることである。技術の発展は，労働の集合形態が人類を個人に依存する労働よりもより大きな効率へと導くことが出来，そして，個人の努力の力と重要性を損うことなしに現実のものとなったことを示している。」[5]

ここで，教育が問題となる。事実，直接的な，手を通しての経験によって全工程を知ることは，1つの部分を完成すべき人間に自分の仕事を全体の構成の中で見ることを許す。その時彼らはもはや仕事の中での無関心な歯車ではなく彼らの協同の何たるかに眼ざめた責任あるオペレーターのグループを形成するだろうし，技術的な仕事に付随した以前の精神的価値が，個人の仕事からグループ・ワークに移行されて再現されるだろう。

教育用語を社会用語に代えるならば，問題は産業革命によってもたらされた文化と生産との間の断絶を埋めることであった。ハウザーは書いている。

「産業革命以来この発展において生じた障害，即ち技術的成果が精神的成果をリードしたことは，より複雑でより多様な機械が用いられ始めたという事実よりも，繁栄によって拍車をかけられた技術的発展が非常に急速だったので，人間の精神がそれにペースを合わせるひまがなかったという事実によっている。言葉を代えれば，手仕事の伝統を機械生産に移行させ得る要素，即ち，独立した親方達や彼らの弟子達は，自分自身と伝統を新しい生産方法に適合させる機会をもつ前に経済生活から除外された………俄かに，工業においては，手仕事の古い伝統に根ざした熟練者はあまりにも少なくなってしまった。」[6]

チームワークを基にした新しい教育方法は手仕事を工業に再導入すること，そしてまたそれによって古い芸術的伝統の価値——それは歴史の中でこの種の仕事の中に表わされてきた——を救助したり，それらの階級的な特質をはぎとり社会全体が参与することが出来るようにしながら，それらを近代社会の生活のサイクルの中に再び導入することを目ざした。

この教育のやり方は建築思想に基本的な変化をもたらした。形に対する関心はもはや独立した領域におかれた個々の実験を惹起し得るものではなく，生産活動の欠かすことの出来ない部分となった。芸術作品は形態の発明ではなく，この形態によって日常の生活の流

れを修正することを目的としており、それがすべての生産と人間の生活する環境に影響をもつ限りにおいてそれは正当であった。初めて、モリスの公式「人々のための人々の芸術」が正確な意味を帯びた。何故なら、「もしすべての人々がそれにあずからないなら、あずかることの出来る者は誰もいない」という辛辣な言葉が俄かに真の意味を獲得したからである。[7]

これらの目的のうち、どのくらいがグロピウスによって、またどのくらいが彼の同僚によって達成されたかを見極めることはほとんど不可能である。何故なら、その実験は個人の業績の混成の上になりたっているからである。実験を多様にすることに対する開放的な姿勢は明らかにグロピウスの気質つまり心理的要因によるものである。彼は書いている。

「私が幼い頃、ある人が私に好きな色は何色かと尋ねた。何年かの間、私の家族はいくらか気にしながらこういって私をからかった "Bunt ist meine Lieblingsfarbe"。それは「いろいろな色があるのが好き」という意味であった。あまりにも狭量でドグマティックなアプローチのために生活の重要な要素をある部分排斥してしまう代りにそのすべてを包含したいという強い欲求が私の全人生を特徴づけた。」[8]

グロピウスの戦前の建築は、厳格な技術的適確さと、折衷主義に境を接する既成の様式を用いることに関心をもたなかったことによって特徴づけられている。それにも拘わらず、グロピウスは——彼の初期の時代を除いて——その時代の形象文化の特殊な流れから孤立していられると想像していた。しかし、彼には好奇の傾向があり、それが、全面的に賛成しないまでも、種々の当時の実験に一時加わることを強いたのだった。こうして、戦争直後の時期に、ダーレムのゾンメルフェルト邸 (Sommerfeld, 1921年) やワイマールの戦死者のための記念碑 (1922年, 428図) などに見られるように、ベーレンスから若い芸術家に到るまでドイツの建築に多大の影響をもたらした表現主義の波を免れなかった。

バウハウスにおいてもまた、その初期を通じて、表現主義的傾向はそれがすべてではなかったが主流であった。「ブラウ・ライター」から来たファイニンガーは引き続きファン・ドゥースブルフと接触を保っていた。グロピウスは1919年ベルリンでファン・ドゥースブルフを知ったし、ネオ・プラスティック的な要素は最初から学生の作品に示されていた。しかし学校はすべての現代の運動の影響に対して開放的であるべきで、その中のひとつの軌道の中に陥ってはならないというグロピウスのモットーはすぐに持続が困難であることがわかった。

1922年、ファン・ドゥースブルフはワイマールに落ち着き、デ・スティル運動の分派を組織し、その見解を受け入れないバウハウスの教師達を批判した。学生達は2派に分かれ激しい不和が生じ、それはファン・ドゥースブルフがパリへ去った1923年の初頭になって初めて静まった。[9]

この時期に、インフレーションがドイツの経済生活、特に建設活動を圧迫し、それ故、バウハウスに集ったエネルギーは内攻せざるを得ず、喧嘩がすぐに激しくなるような緊迫した雰囲気となった。ワイマールの住民は、わけのわからない仕事に携わるこの個性の集りを疑いの眼で見、学生達はこれに最も反因襲的な振舞いで応酬した。多くの風変りな人物、例えば牧師ホイザーのような人物がバウハウスに加わり、土曜日の夜は必ず、町の平和は学校で行われるエクセントリックな催しで破られた。

グロピウスの無限の忍耐力がこれらすべて

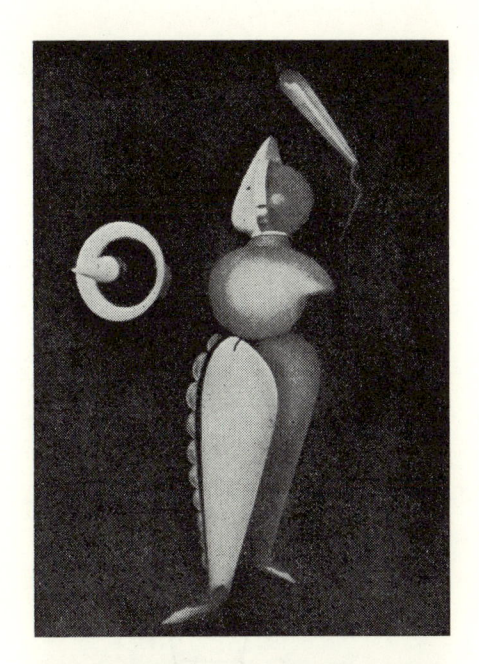

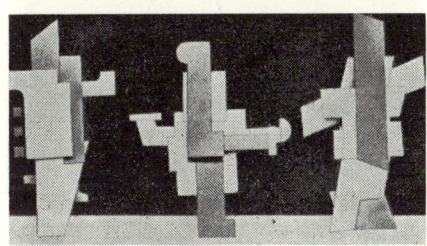

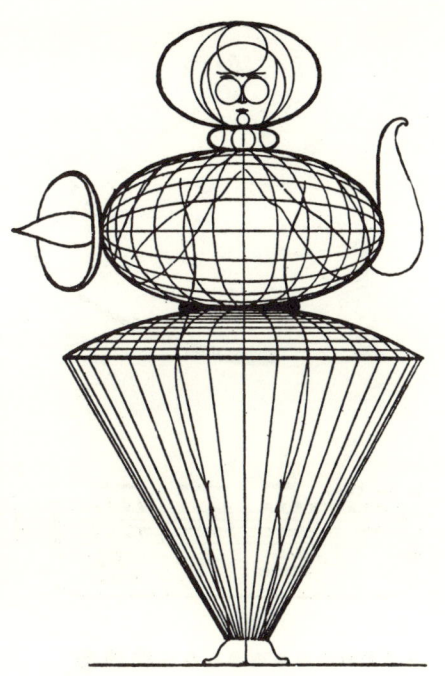

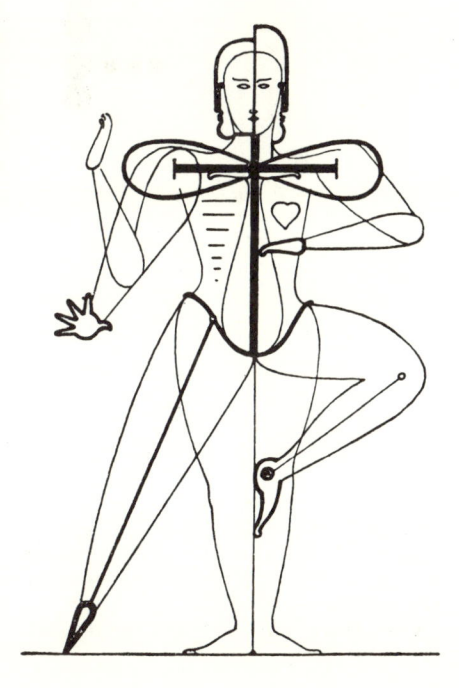

448, 449, 450図　O. シュレンマー，三角バレーの衣裳（シュトゥットガルト 1922年，ワイマール1923年。O. S. の "Die Bühne im Bauhaus"——1925年——から）
451図　K. シュミット，W. ボグラー，G. テルッチャーのメカニックバレーの人像，1923年（前掲書）

V 近代運動

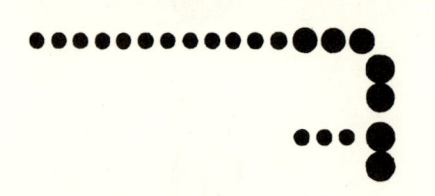

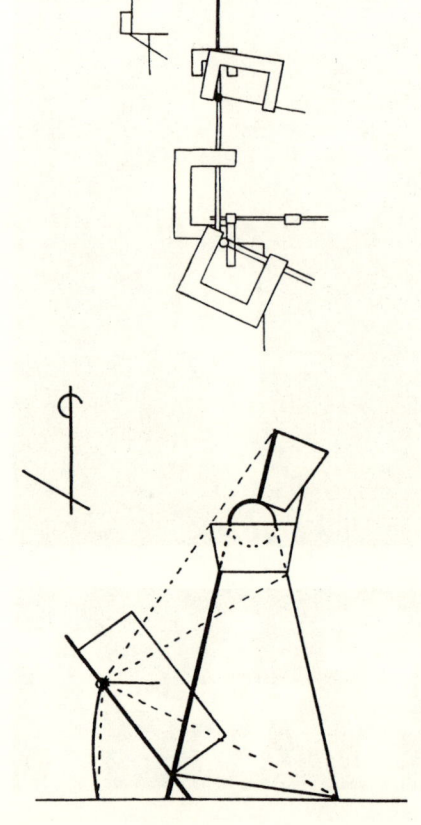

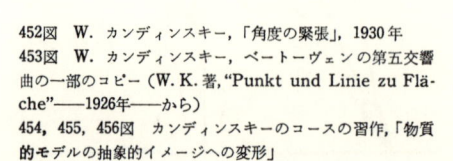

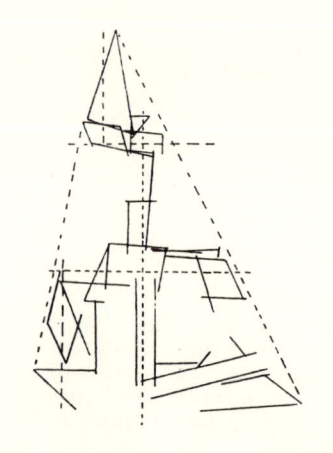

452図 W. カンディンスキー,「角度の緊張」, 1930年
453図 W. カンディンスキー, ベートーヴェンの第五交響曲の一部のコピー (W. K. 著, "Punkt und Linie zu Fläche"——1926年——から)
454, 455, 456図 カンディンスキーのコースの習作,「物質的モデルの抽象的イメージへの変形」

457図　P. クレー，「ひそひそ話をする機械」，1922年

の異種の爆弾のような人々を1つの目標に向かって統合し方向づけた。1922年，学校の憲章が公けにされ，[10] その組織の骨組を規定し，1923年，チューリンゲン当局の要請で，その活動の最初の公報がつくられた。グロピウスは待ちたかったが，状況に強いられ，学校を督励して，運動とそれの文化的姿勢の説明を可能な限り克明に公けにした。

学校の作品はバウハウスのホールとワイマール博物館に展示され，「バウハウス週間」のプログラムには，グロピウス，カンディンスキー，オウトの講演と，H. シェルヘンによるヒンデミート，ブゾーニ，クレネク，ストラヴィンスキーらの曲のコンサート，C. コッホによる映画，花火大会，バウハウスバンドによるジャズ，L. ハーシュフェルドーマックによる反射光の構成等がもりこまれていた。グロピウスとマイヤーによってその頃建てられたイエナ (Jena) の市立劇場の舞台は O. シュレンマーによってバレーに使われ，そのバレーでは踊り手は抽象的な形態の背後に隠された。そして，いろいろな先生や弟子達の作品のアルバムがこの機会に出版された。[11]

学校についての偏見を植えつけられた社会を揺さぶるために，計画や議論ばかりでなく，実際的なデモンストレーションにも力が入れられた。バウハウスの工房の中で「ハウス・アム・ホルン (Haus am Horn, ホルンの家)」[12] として知られている住宅をデザインし，建てた。この家はヴァン・ド・ヴェルドの建物の周囲に建てるために小地区向けの一室住宅として考えられ，またそれはブロイヤーによる大量生産向けの家具のように簡単に同じものをつくって大量生産出来るように考えられた。しかし，インフレーションは最高潮となり，これらの計画は机上のものに終った。

同じ年，グロピウスは新しい教育法の主要な点を1冊のパンフレットにまとめた。[13]

1919年のプログラムで既にヒントを示された技術と芸術の統合の考えが次のような言葉で詳しく述べられている。

「時代を支配する精神は，その形態がいまだにはっきりしないままに，既に認められている。宇宙に対立する自我を想い浮かべさせる古い2元論的世界観は急速にその基盤を失いつつある。それの代りに，すべての対立する力が絶対的なバランス状態で存在する宇宙的統一の観念が生じつつある。この，すべての物とその外貌の本質的な一体性についての次第にはっきりしてきた認識は創造的な努力に根元的な内的意味を与える。もはや，何物も単独で存在し得ない。われわれは，すべての形態をひとつの観念の具象，すべての作品をわれわれの内部の表明として了解している。内的必然の産物である作品のみが精神的意味を持ち得る。機械的な世界は生命をもたず，生命のない機械にのみ適している。機械の経済性が，機械的労働の重荷から知性を解放する手段としてよりもむしろそれ自身を目的としている限り，個人は奴隷化されたままであり，社会は無秩序のままである。その解決は彼の外的環境をよくすることではなく個人が仕事に対する自分の姿勢を変えることにあり，そしてこの新しい原則の受容は新しい創造的な仕事にとって決定的に重要である。」

彼はまたデザインのプロセスについて説明しようとしている。

「視覚芸術におけるすべての創造的努力の目的は空間に形を与えることである。しかし，空間とは何か，それはいかに理解され，形を与えられ得るのか？」

「われわれは無限に対する意識をもっているかも知れないが，単に有限の手段によってしか空間に形を与えることは出来ない。われわれは，われわれの一体化された自我を通して，精神と肉体の同時的活動を通して空間を意識する。われわれのすべての力の集中のようなものがそれに形を与えるのに必要である。直観によって，また形而上的力によって，人間は内的ヴィジョンとインスピレーションの非物質的空間を見出す。この空間の観念は，物質的世界における現実化，頭脳と手に伴われた現実化を要求する。頭脳は数学的空間を数とディメンションで理解する………手は技能を通してそして道具や機械の助けをかりて物を支配する。

　思考と視覚化は常に同時に存在する。個人が感じ，知り，遂行する能力だけが程度と速さにおいて多様である。創造的な仕事は，その知識，及び静力学，動力学，光学，音響学等の自然法則等の精通がその人間の内的ヴィジョンに生命と形を与える手だてとなるような人によってのみなされ得る。芸術の仕事においては，物的世界，知的世界，精神世界の諸法則が作用し，同時的に表現される。」

バウハウスで用いられた教育法はこの歴史の註の中で説明されている。

「昨日の精神の道具は《アカデミー》であった。それは芸術家を工業と手工業の世界から閉め出し，彼らを完全に社会から孤立させた………しかしながら，アカデミーの教育は，社会的貧困を運命づける大芸術プロレタリアートの形成をもたらした。というのは天才の夢へと寝かしつけられ芸術的自惚れに陥ったこの芸術プロレタリアートが，真の教育——それのみが芸術の経済的美的独立を保証する——を与えられることなく，建築，絵画，彫刻，グラフィック・アート等の職業に送りこまれていたからである。つきつめればその能力は一種の絵——材料，技術，経済性等に関係ない絵画に局限された。すべての生きた関係の欠如は，芸術的活動の不毛を不可避的に生み出した。アカデミーの教育の基本的誤りは，個々の天才についての偏見と，高邁でない並みのレベルにおける業績に対する過小評価についての偏見から生じていた。アカデミーは製図や絵画にあまり能力を持たない無数の人々を訓練し，彼らの中の千人に1人も天才的建築家や芸術家にならなかったが故に，偽りの希望に生きていて，そして独断的なアカデミシャンによって訓練されたこれらの個人の大集団は，実りない芸術活動の生活を運命づけられていた。生存競争に勝つすべを持たず，その教育のために，国の生産生活の中で社会的怠け者，無用者の中に数えられてしまったのである。

……19世紀の後半に，アカデミーの影響力が生命を枯死させることに対する抗議が始まった。イギリスにおけるラスキンとモリス，ベルギーにおけるヴァン・ド・ヴェルド，ドイツにおけるオルブリッヒ，ベーレンス，その他，そして最終的にはドイツ・ヴェルクブントら，すべてが創造的芸術家と工業の世界との間の調停の方法を求め遂にはそれを発見した。ドイツにおいては，美術工芸学校が，新しい世代の中に，工業と手工業の訓練をうけた有能な個人をふやす目的で創立された。しかし，アカデミーの根はあまりにも強固で，実際的訓練はディレッタンティズムを越えることなく，抽象的なデザインは日蔭者であった。この試みの基礎は，古い《芸術のための芸術》への反対に役立つほど広くも深くもなかった。とかくするうちに，工芸——そして特

に工業——は芸術家を求め始めた。技術的経済的に気に入られると同時に外観的に魅力を持った製品に対する需要が生じたのである。技術者はそれを充足することは出来なかった。そこで製造業者達は，いわゆる《芸術的モデル》を買い始めた。これは非効果的な代用品であった。というのは芸術家はあまりにも彼のまわりの世界から遠ざかり，彼の形態的アイディアを実際の生産過程に適合さすにはあまりにも技術的に手工業的に教育されていなかったからである。同時に，商人と技術者達は，外観，効率，費用等が，工業生産品をそれのデザインを担当する芸術家の慎重な協同で計画し生産することによってのみ同時にコントロールすることが出来るということを理解する洞察力に欠けていた。そのような仕事のために適当に訓練された芸術家が不足していたが故に，すべての才能ある個人の訓練の未来のために，次のような基本的な要求を確立しておくのは当然のことである。即ち積極的に生産に従事している工房での完全で実際的な手の訓練とデザイン法則についての健全な理論教育である。」

最後に，その時代の文化の種々の分野の間の連繋の必要が次のように表現されている。

「新しい原則を基とした組織は，それが世界の残りの部分で論じられている問題についての完全な理解を持ち続けない限り，簡単に孤立してしまう。すべての実際的な難題にも拘わらず，バウハウスにおいて成長した仕事の基盤は決して広すぎることはなかった。それの仕事は男女を教育して彼らの生きている世界を理解させ，その世界を象徴する形態を発明し創造することであった。こうした理由で，教育の分野はあらゆる方向に拡大され，新しい実験の効果が研究され得るよう隣りの分野へと拡張されなければならなかった。

子供の教育は彼らが若くまだスポイルされていない時に行うことが重要である。モンテッソリ（Montessori）学校のような実際訓練を強調する新しい型の学校は，それらが人間の全器官を開発するが故に，バウハウスの構成プログラムにとっての素晴らしい手本となった。」[14]

これらの文章の多くは暗喩的で，それを通して新しい思想傾向が，古い文化の用語を用いながら表現を求めて葛藤している。しかし，それらは大多数の人々によって文字通りに解釈され，ほとんど完全に言葉の上でだが，精神と物質，人間と機械，頭と手等についての一連の議論をよぶ。それについては第14章でさらに調べられる。

1924年以後，経済状況は全般的に改善された。バウハウスは工業界から仕事を頼まれ始め，一方，運動の名声はバウハウスビュッヘル[15]（Bauhausbücher，バウハウス叢書）の出版と共にドイツや諸外国で高まった。

バウハウスは，右から左から集中攻撃を受けた。即ち，伝統主義者達はバウハウスが，破壊的な運動であり，審美眼の根底を引っくり返し，歴史的伝統を考慮に入れないとして非難し，[16] 一方，アヴァン・ギャルドの芸術家達は，それが充分に一貫性をもっていないこと，折衷主義と妥協を求めているとして非難した[17]のである。しかしながら，この学校を擁護する批評家，例えばS. ギィーディオン[18]，W. C. ペーレント[19]，B. タウト[20]，そして自分の理想をグロピウスとその協同者の仕事の中に認めるヨーロッパのいろいろな著名な人々[21]らのような人が何人かはいた。

必然的に，政治的問題が議論に立ち入った。グロピウスはバウハウスを激烈な党派争いの外におくためにあらゆる努力をし，学校の非

政治的な性格をあらゆる機会に強調した。しかし運動の原則そのものがこのかけひきを困難にさせた。純粋に静観的な立場につながる，そして経済的・社会的現実に結びつけられた文化の運命に関する特権がひとたび放棄されると，政治的妥協は不可避となった。さらに，この結果は，もし建築家がそれを受け入れるのをためらっても，彼らの敵対者によって直ちに拾い上げられた。左翼はグロピウスは資本主義の代表であるとして，右翼は破壊者として糾弾したが，それぞれ部分的には正しかった。何故なら，彼らの考えるところが古い文化に結びつけられるその度合において，近代運動は真の政治的敵対者となることを運命づけられていたからである。

「その教えを変えて受け入れる立場にもはやない人々，そしてそうしたいともはや思わない人々は，バウハウスが新しい生活と新しい時代のための新しい様式を目ざしていることを理解していた〔とH. プフルークは1932年に書いている〕。それ故，彼らは叛逆し，彼らが他に向かって発することの出来なかった憎悪が，彼らの怖れの実際的な具体化に向かって真直ぐに向けられた。」[22]

戦いがそれほど激しくなった時，ヴェルクブントはバウハウスを守るために介入し，その会長のH. ペルツィッヒの口を通して宣言した。

「ワイマールのバウハウスのまわりに荒れ狂っている社会の論争は局所的問題ではない。多くの点で，それはわれわれの芸術の成長と発展に関心をもつ者すべてに関わっている。芸術の問題を政治の問題と混同するのは常に望ましくはない。バウハウスの事業と目的についてのあらゆる議論に注入された政治的闘争の激しさは，ここで大胆に進められている偉大で重要な実験についての正しい考察を妨げる。われわれは，この問題について司法権を持っている公吏又は部署が，個人的偏見あるいは芸術に適さない考察によってではなく，この率直さとそれ自身の疑う余地のない客観性によってのみはかるべきこの事業が政治的激情によって破壊されるのを防ぐのに，最善をつくすだろうと信じている。」[23]

しかし，ワイマール当局はそう長く中立ではなく，グロピウスに対して多くの難題を吹きかけたので，1924年彼はその町を離れた。この事件に関しベーレンス，オウト，ミース，ペルツィッヒ，ホフマン，アインシュタイン，ハウプトマン，ユスティ，スーデルマン，オズボーン，ホフマンスタール，ココシュカ，ラインハルト，シェーンベルク，ストルツィゴウスキ，ヴェルフェル，ムテジウスらの多くの著名人がチューリンゲン政府に対する抗議文に署名した。[24]

学校は1925年の初めにヘッセ市長の招きでデッサウに移った。この進展は幸運をもたらした。何故ならグロピウスと同僚達はワイマールの窮屈で悪ずれのした環境から解放され，より平和で，「正常な」環境を見出し，それがドイツの経済的，生産的現実との実り多い接触を促進したからである。

デッサウでの新しい建物の建設は，初めて，学校に大きな実際的な仕事をもたらした。グロピウスはデッサウの行政府と学校——先生達の付属住居即ちグロピウスの家，カンディンスキー，クレー，モホリ—ナギ，シュレンマー，シェパー，ムッヘらの2戸建て住宅も合わせ——ばかりでなく，ティョルテン（Törten）の郊外の労働階級住宅のモデル地区と都市の職業紹介所等の設計の契約をしたのである。

V　近代運動

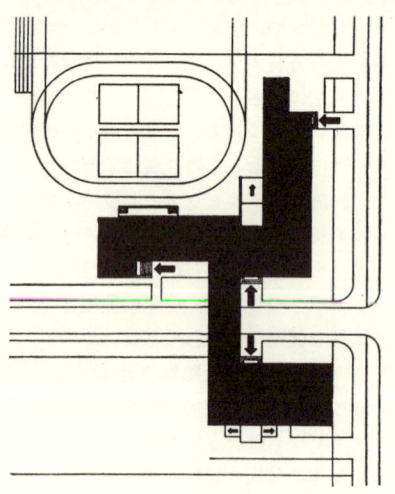

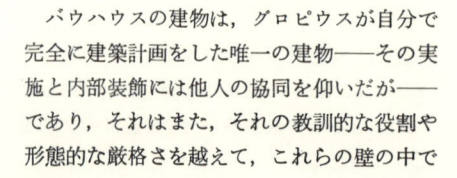

458, 459, 460図　デッサウのバウハウスの建物，1926年

　バウハウスの建物は，グロピウスが自分で完全に建築計画をした唯一の建物——その実施と内部装飾には他人の協同を仰いだが——であり，それはまた，それの教訓的な役割や形態的な厳格さを越えて，これらの壁の中で行われる生活に参与することの感動的な心の動きを最もはっきりと表わした建物でもある。

　この建物と，ネオ・プラスティシズムや構成派の芸術家達のあるデザインとの類似は何

461図　デッサウ，1957年におけるバウハウスの一部

度も指摘されてきた。グロピウスは彼が最も現実的な絵画運動の篩を通過したことを示しているが、彼の初期の作品とは違って、ここでは完全にこれらの実験にすべてをつくし、彼が15年前にファグス工場をデザインした時の乱れのない一貫性を、今やはるかに広い文化的舞台へと進んではいるが、つくり出している。

それは、その中で行われる生活が複雑であるように複雑な建物であった。それは管理事務所の入ったブリッジでつなげられた教室のブロックと工房のブロックおよび自治活動のための大きな部屋等をもつ低層の建物、学生のための5階建てのウイング等からなっている(458〜463図)。

ファン・ドゥースブルフのプランでは、建物の壁は独立して扱われ、新しいプラスティシティをつくり上げるために、一定の関係に従って並置される。だがここではそのような

ものはなく、ヴォリュウムは閉じ、完全であるが、個々の幾何学的エレメントは他と正確な関係をもち、それぞれの部分的表現は張りつめていて不完全に見え、ファン・ドゥースブルフがめざした「平衡」と「安定」がありながら相反する張力が消し合っている全体を考えることが出来ないまでになっている。ファサードの構成は壁面の広がりの端では終っていず、ある連続的なエレメント——バルコニーが学生寮のコーナーを回っている——あるいは他で埋め合わされることを期待しているようなわざとらしい非対称法によって、隣接するファサードへと引きつがれていこうとする。その構造的要素はこれらの相互関係のために存在しているようで、この理由から、グロピウスはそれらの個々の具象的な一貫性を強調することを避け、基本的には2つの材料だけに頼っている。それは開口のための金属で枠組されたガラスと、壁の白いプラスタ

V　近代運動

462，463図　デッサウ，今日のバウハウスと1926年におけるそれ

ーである。

　白いプラスターの使用は，一時的にいろいろな材質的判断を断念させることによって幾何学的関係を強調するのに役立っている。人はブルネレスキの白いプラスターを想い出すかも知れない。それは透視画的働きを強調するためにも，当時の建築のレパートリーとの関わりを拭い去るためにも必要であった。

　このタイプの仕上げはメンテナンスの問題を大きくし，同じように注意深く面倒をみられたとしても，たしかにバウハウスの建物はファグス工場より年老いてしまっている。し

464図 デッサウ，バウハウスの従業員のための2戸建て住宅

かし，この結果は，建築の価値についての新しい概念に照らし合わせて見られなければならない。もし，建築がそれ自身を社会の切望を表現することでなくそれらを実現することに限定するなら，建築作品はその中で行われる生活との関係において価値を持ち，それは人間の手を離れて自然物のようには耐久性はなくとも，適当なプロセスによって長持ちするようにされなければならない。この理由から，その場所のもともとの生活が消散し，その作品が傷ついた壁と扉や窓の枠の哀れな塊りと化した今，そのすべての意志と目的とにとってバウハウスはもはや存在していない。それは古代の建物の遺跡のような廃虚ではなく，それはもはや物質的な魅力をもってはいない。その光景がよび起こす感情は歴史的・反省的な種類のものであり，人が偉大な人間のもっていた物に対して感じるところのものと似ている。

グロピウスが彼の学校で教えた芸術と技術的問題との間の「新しい統一」は，これ以上はあり得ないほどにこのバウハウスの建物の中で試めされた。彼はヒューマン・スケールからはずれず，実用的要求に厳格に忠実でありながら，美学的に印象的で，それなりにモニュメンタルでさえある建物を実現したのである。建物の性格は特に機能的要素間の関係によって決定されており，生命を持たぬ組積造のブロックの比例を通して，人は未だにもとの完全な生活を，ほのかに見出すことが出来る。

デッサウの時期におけるバウハウスの教育は，以前の経験を活用しながら成長し深められた。予備コースを教えたアルバース同様，それの以前の学生のうち5人が工房長に選ばれた。印刷のハーバード・ベイヤー（1900年～），家具のマルセル・ブロイヤー（1902年～），織物のグンタ・ストゥルツル（1897年

〜），絵画のヒナーク・シェパー（1897〜1957年），彫刻のヨースト・シュミット（1893〜1948年）らである。

最も重要な革新は金属と家具の工房から現われた。まず，モホリ－ナギは，伝統的な高価な金属細工をやめ，ニッケルかクロームメッキをした鉄製の照明器具に熱中した（468図）。第2に，ブロイヤーは最初の鉄パイプの家具を発明しつくった（465〜466図）。同じように，印刷，織物，壁画の工房もより単純により合理的になった。簡潔で明瞭な頁（474図），布，肌理とテクスチャーのいろいろな一色の壁紙（470〜473図）等が精緻で装飾的な構成に代った。

これらのモデルのいくつかは工業に受け入れられ，パテントが学校に確実な財源の増加をもたらした。一方，バウハウスの名声は急速に広まり，ドイツやその他において，いくつかの学校はこの新しい方法を採用し，また多くの以前のバウハウスの生徒はドイツの工業で重要な地位を占めた。

1928年，成功の絶頂期に，グロピウスはその校長の地位をスイス人，ハンネス・マイヤー（1889〜1954年）に譲り，ブロイヤー，ベイヤー，モホリーナギらと共に学校を去った。この決定は教育におけるグロピウスのうまさであった。事業に全力を投入し，彼の権威と影響力を重要な時期におけるバランスに働かせた後，しかし自分の教育をある限度以上に私物化することを常に避け，学校が安定したとみなした時に身を引く機敏さと勇気をもち合わせていた。この時に際して，彼は表明している。

「私が9年前創立したバウハウスは今や確固たるものとなった。それは，バウハウスが次第に認められてきたことと学生数の着実な増加に示されている。それ故，私と個人的に密接なつながりをもち私と共通な関心をもつ協同者にバウハウスの経営を移譲する時が来た………というのが私の確信である。」[25]

しかし彼はまた「公的な拘束や配慮にわずらわされない世界で，私の能力をより自由に行使するために」隠退するのだと述べている。1926年，デッサウのトョルテン地区のデザインをし，1927年にカールスルーエのダンメルシュトック（Dammerstock）地区のコンペティションに入賞した後，グロピウスは都市計画の仕事に携わるようになり，社会に完全なモデルを提供するだけでは不充分であり，それらを利用することになっている諸勢力と接触を保ちながらより直接的にその中に没入する必要があることを理解した。この仕事は特に時間的に切迫した要求に基づくものであり，グロピウスは彼のすべての力をそれに捧げなければその仕事を遂行することが出来ないことを理解していた。

先に進む前に，バウハウスの内部に起こった実験の意味を仔細に考えるべきである。

グロピウスの仕事は「アヴァン・ギャルドの超越」[26]としてうまく定義されてきた。アヴァン・ギャルドの芸術家達は――ここに彼らの限界があるのだが――近代建築の改革が認識されている領域の中で，即ち前のものと異った新しい様式を制定することによって行われ得ると考えた。だが，時代の現実はこの種の企てに対して適当な地盤を提供しないのが普通であるので，彼らは自分達の活動分野を人為的に制限し，実際には自分達を研究の中に閉じこめ，理論的な示威的なプロジェクトに没頭した。

それに対して，新しい運動は広い領域へ出て行き，それは全環境，どんな時でも社会に役立つあらゆる種類の工業製品を活動の場として選んだ。同時にまた，すぐに勝利を収めるという考えを諦め，新しい形態の体系を現

13 近代運動の形成

465図 M. ブロイヤーの金属製の椅子とM. ブラントのランプがあるヴァイセンホフのグロピウスの家の部屋（1927年）
466, 467図 M. ブロイヤー，金属パイプの安楽椅子とソファ，1925年（G.C. Argan 著，M.B.──1957年）。P. クレー，「直線による開けた扉のある光景」

実の中に絶えず投写し，その時代の生産の改良についての辛抱強い無限の仕事にのり出した。それの進行の方式は完全に変っていた。

何故なら，文化活動の目的は環境の最大限の修正ではなく，ある程度の修正であり，既成の解決法はなく，状況の変化を絶えず考慮に

V 近代運動

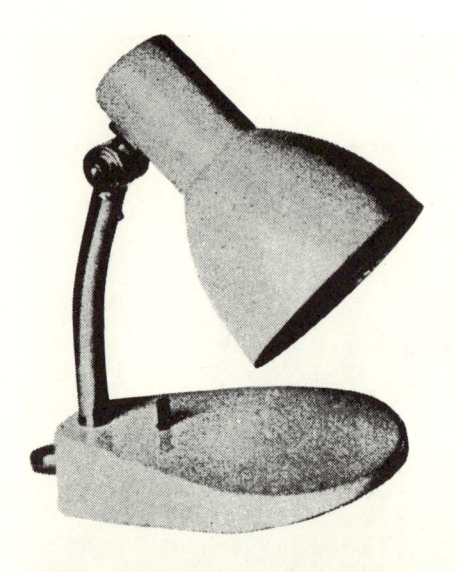

468，469図 M. ブラントによるテーブルランプ，1924年。A. アルバースによる，羊毛の織物，1925年（H. Bayer, W. & I. Gropius 著，前掲書から）

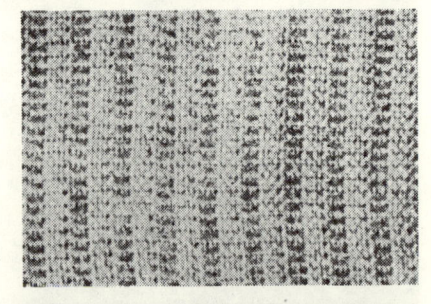

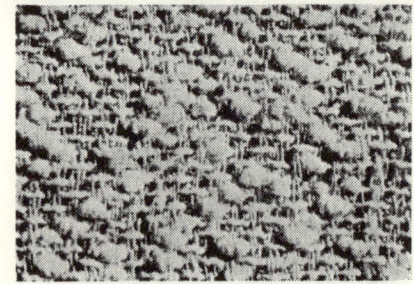

470，471，472，473図 A. アルバースによる，2つの材料の組合せによって出来た布のモデル。紙の繊維とセロファン，ウールとレイヨン，木棉とレイヨン，木棉とセロファン（前掲書）

474図　「バウハウス叢書」第1巻の最初と最後の頁（L. Moholy-Nagy の組版）

入れて一歩一歩問題を解決していくのが唯一の方法だったからである。[27]

　グロピウスは「解決は，個人の自分の仕事に対する姿勢を変えることにかかっており，外的状況には関わりない」と書いており，実際，バウハウスの教育は，計画において真に勘定にいれるべきもの，即ち技術的な手段や形態モデルよりもむしろ人間のエネルギーの配分に影響を与えた。

　方法におけるこの決定的な変化の影響のいくつかについて書くことは今や可能である。
1)　都市計画は，もはや，一時に，そして理想的なスケールに従って上から現実を秩序づけるひとつの単純な行為とは考えられず，現実の現象のリズムと広がりに応じて規制され，それ故いろいろなスケールといろいろな間隔で配分された一連の行為として考えられた。

　このようにして，建築，都市計画，室内装飾の間の関係はより正確に定義された。これらは固定した関係で互いに関係し合った範疇ではなく，実際的介入に必要な決定はいろいろな時に，いろいろな分野で，いろいろな専門家の団体によってなされなければならない故に，現実にはいろいろな段階に分けられている一つの行為における歴史的，因襲的区分である。そのいろいろなレベルの決定の均衡は，前もって決定されることはなく，合理的

なやり方で自分自身の内部の様々な要求を調停することによってその都度新たに解決さるべき問題である。

2) 都市計画の実験はもはやそれぞれ別個のものとは考えられず、歴史的な意味においても連続的な継起を形成し、すべての都市計画家の間の一種の永久的な協力を確立した。

すべての介入は個々の問題を適当なやり方で解決することを目ざさなければならないが、同時に、それは他人に対して移譲可能、伝達可能で、将来の行為の先例として役立つものでなければならない。客観的あるいは主観的に特異な条件——インスピレーション、感受性——は決して性急な結論に到達するために求められてはならず、すべての実験は、すべての人々に対して開放され、また証明し得るものでなければならない。さらに、ひとつの仕事は純粋に理論的、実験的であり得ず、常に密接に実際的な目的に関係づけられている。これら2つ——理論的なものと実際的なもの——の必要の間のバランスは、永久に未解決な別の問題であろう。

それ故バウハウスによって始められた運動は、それ以前の様式に反して打ちたてられた単なる別の様式ではなく、そしてそれがたまたま使用しようとする形態のレパートリーの中に消えていってしまうことなく、それはその範囲を無限に拡げ、他の同様な運動に対しても、排斥でなく協調の姿勢をとった。

3) 建築は社会の理想の鏡としても、独力で社会を再生し得る架空の力としても考えらるべきでなく、全体のバランスに依存し、そしてそのバランスを修正することに役立つ、社会生活に必要なサーヴィスのひとつであると考えらるべきである。行動を起こさずに社会が完全になるのを待っていてはならない。何故なら、その完全さはある程度、建築家の功績に依存するからである。また、建築だけで、すべての病いを癒し、すべての問題を解決し得ると公言することは出来ない。何故なら、建築家は社会に対して外部から行動し得ず、その行動の様態はその社会それ自身の特徴や傾向にある程度依存しているからである。[28]

かくして、多くの芸術と生活についての極端な議論はその劇的な響きを失い、変化した。芸術はこの世界における重要なもののひとつだが、最も重要なものではなく、ましてや唯一のものではなかった。「芸術作品はそれを創る者より偉大ではあり得ない。」[29] それ故、芸術家の責任はもっと一般的な人間の責任に勝るものであってはならず、ロマンティストでない近代的芸術家は、そのすべてのエネルギーを芸術の祭壇に供えてはならず、彼の職業にその力の適当な部分を捧げ、もし必要なら、他のより重要なより緊急な仕事に使えるように残しておかなければならない。

4) 建築の仕事は、質、即ち形態の観念化や、量、即ち施工や複製化の技術的過程にあるばかりでなく、質と量との間の調整もある。

すべての作業の方法はそれの内部に質と量との両方の可能性をもっている。例えば、工業的な作業の方法は、手工業を用いた時よりもやすい価格で大量のものを生産することを可能にした。初めは、変革は量的なものと考えて、工業製品が古い職人技術でつくられたものに出来るだけ似たようなものであることを望んだが、もとの質的価値は機械生産のプロセスによって不可避的に消え去ってしまった。この時から、質よりも量の優位を欲する人々と、量の代りによりよい質を欲する人々との間の不毛の戦いが始まった。

グロピウスはこの問題を近代的な言葉で述べた最初の人であった。職人技術の質と工業によって可能にされた量との相反する性格が原因で軋轢が生じた。しかし、必要なことは、工業の量的優位と当然両立し得るその新しい質的可能性を発見することであった。品

物の数は大量生産と共に勿論ふえたが、体制の変化から、プロトタイプを完成するのに費される時間と金もふえた。標準化は外延的であると同時に内包的であり、それは実践的行為の多重化を意味すると同時に、オリジナルな工夫の行為の集中化を意味し、それは資本と思想双方の経済性を生み出した。

バウハウスの生産サイクルにおいて、量的極は工業的体系によって、質的極は画家のアトリエでつくり出されたイメージによって代表される。画家達は、工房と工業が循環工程にのせ、すべての人々に利用し得るようになし得た形態の遺産を、絶えず養い再生することを仕事とした。

このためには、絵画上の制作が、ネオ・プラスティシズム独特の垂直性とか色彩的均一性、あるいはピューリズムの中庸のような先入主的な規制に制約されてはならないということは重要である。もし、それによって工業設計者がその刺激をもはや受け入れず、外的プロトタイプだけを受け取り、観念的にひき起こされる受働的状態へと戻ってしまうようなことがあるならば……。

これが恐らく、ファン・ドゥースブルフとの軋轢の源であった。ネオ・プラスティシズムは、既成によって、抽象的なやり方で形態概念の完成をめざすことによって、不健康なエネルギー分布をもたらした。何故なら、それは生産工程のほんの一場面で、全体にのみ属し得る完全さを保証しようとするからである。このようにすれば、すべてはもう一度純粋に手工業的なものへ復帰し、芸術的問題と技術的問題との間の昔の対立が再び現われるだろう。

他方、クレーとカンディンスキーは「ブラウ・ライター」の時代に、観念の自発性について充分熟考し、工房においては芸術家だけでは新しいリアリティに生命を与え得ないが、イマジネーションの世界から、時代の生産工程を通して、流通と複数化へと進み得る原種を引き出すことが出来ることを認めていた。この理由から、ファン・ドゥースブルフやモンドリアンと違って、彼らはチームの一員となること、彼らの作品をそれ自身目的とは考えず工場の中でそして日常生活の中で終結する巨大なプロセスの一要素として考えることに自らを適合させた。クレーは1924年にこう書いている。

「芸術家は批評家として活躍する現実主義者達が付するような強制的な意味をどんな現象の自然の形態にも付することはしない。彼は、この現実に縛られているとは感じていない。何故なら、彼は形態の結果よりも形態のもつ力により関心をもっているが故に、これらの形態上の結果にそれほどの創造の本質を見ない傾向があるからである。………彼は自分自身にいう、この世界はさまざまであったし、そして再びさまざまになるだろう。他の遊星では全く異った形態があるかも知れない。創造の自然の道に沿って動くのがよき造形学校である………われわれの鼓動する心臓は深く、深く、最初の衝動を刺激する。この衝動から生まれるすべてのものは、それが適当な形態的手段に結びつけられ、適当な形態的な実現へと達するかどうか本気で大いに考えられることになる。その時、これらの好奇心が人生を普通見えるよりもやや幅広くする芸術そのものとなる。」[30]

クレーは、すべての計画の出発点となる最初の選択行為は外部からは与えられずまた受働的にくり返されず、人格の最も深い根源に関わりながらその都度再生されなければならないということを（言葉ではなく、彼の絵の無言の提示で）絶えず警告した。このようにして、芸術的関わり合いは道徳的関わり合い

となる。ギーディオンは、グロピウスがクレーを「バウハウスの道徳的最高裁判所」[31] と常によんでいたと述べている。

質と量との間の調整は、その2つの領域の間に共通な手段が存在する限り可能であった。ここでは理性が役割を演じ、それの仕事はこれら2つの極との関係においてのみ明らかにされ得る。

デュランからラブルースト、ゼンパーからワグナーまで、すべての改革者は理性に頼み、それを多くの異ったやり方で定義した。グロピウスは理性について熱心に語らなかった。実際、この点において、彼の思想はためらいがちであり、その主題についての彼の議論はどちらかというと「合理主義」「機能主義」等のいろいろなレッテルから生ずる議論に対しての反論として解釈されなければならない。[32] しかし、彼は、すべての特殊な要求や観点を客観的に比較し得る、理解のための基盤を見出す必要に常に固執していた。

計算が情緒よりも重要かどうか、あるいは演繹が直観よりも重要かどうかについて議論するようなことは彼にはなかったが、種々の行為が両立し得るもの、比較し得るものであるよう絶えず気にかけていた。何故なら、時代の意識の統合と離反はこの可能性にかかっていたからである。彼が呼び求めた合理性は観念的なプログラムではなく、作業方法であり、あるいはそれはその時代の社会に進行しつつある変化や、この社会において守らるべき意見や傾向の多様性と両立し得る最小限のイデオロギー的前提であった。

このようにして、グロピウスの思想は人間主義的思想の遺産と深くそしてありふれた形でなくつながっていたのである。合理性は、近代運動が伝統的体制の崩壊から救うために選択し、アルガンがいうように「それが明日の世界のために完全に失われないようにするために、階級のあらゆる特質から、あらゆる神話から、あらゆる権威の強調から」それを純化させることによって保護しようとする永遠の価値の核の保証であった。合理性は、アリストテレス風の理性的動物としての人間の定義が正当とみなされる限り、人間性を意味している。

2. ル・コルビュジエの若い頃

ル・コルビュジエの作品を理解するためには、第1次大戦頃の何年かのフランスの経済的文化的状況を考えなければならない。その頃、人口のバランスはフランスの経済を特に安定させていた。そこでは深刻な量的問題はなく、農業から工業へ、地方から都市への内的な動きすら他のいずこよりも切迫していなかった。その代り、そこには主として質的な問題が存在した。即ちそれは生産手段、住居、サーヴィスの改善であった。あの深刻な衝突の後1871年に到達した政治的パターンは、明らかに社会の進歩と、労働階級の秩序あるやり方でのブルジョア国家への漸進的導入とを調節する立場にあった。

それ故、フランス文化は全体として、激しい動乱に対して服従しなかった。19世紀の最初の10年間、アール・ヌーヴォーがヨーロッパの残部を席捲していた時、フランスは、現実に伝統の路線の中で、大胆な再生運動との国際的論争に加わっていた。ペレーとガルニエは、古典主義の教義をアカデミックな公式から解放し、そしてまた近代社会の要求に合わせるようにすることによってそれを拡張する最後の試みを行っていた。この路線に沿ってのこれ以上の前進はいまや不可能に思われた。ペレーの素晴らしい作品、リヨンにおける「グラン・トラヴォー」はピリオッド、ある意味では終末を印した。

この状況はただ個人の進取の気象によってのみ打ち破ることが出来るものだった。フラ

ンスにおいてはアヴァン・ギャルドはまだ芸術文化の再生にとって必要な形式であり，改革者達は現存の制度を外部から攻撃しながら，どのようにして外へ抜け出るかを知っている必要があった。

ル・コルビュジエはこの仕事を引き受け，国際的な運動とのつながりを見失うことなく，彼の国の伝統を攻撃することが出来た。もしバウハウスの共同的体験が世界のあらゆるところからの寄与へと通じ，近代運動の観念的中心としての役割を演じたとするなら，ル・コルビュジエの個人的体験はそれに代ってそれの事実上の統一に対して働いた。それ故彼は近代運動とフランスの伝統の間の調停者としての役割をはたし，国際文化の中にフランスの伝統に固有な価値のいくつかを導入することが出来た。

当然ながら彼の立場はドイツ人やオランダ人よりも孤立したものであり，ある意味ではより弱いものであった。彼は直接援助をしてくれる背景を持たず，周囲に一派を集める立場にも，他と協働する立場にもなかった（ピエール・ジャンヌレと他のその時々の「パートナー」は主として倫理的支持を与え，理想的な大衆としての役割を演じた）。それ故多くの彼の作品は彼の個人的な気質の一貫性を基礎としており，結果は常にある程度一方的であった。

さらに，彼の全仕事——彼の建物，本，評論，そして彼の信条やスローガンさえも——の影響は常に異様で，一時的な宣伝の成功によるものでなく，減ることなく今日でも続き，はるか遠い場所にも深い影響を与えた。

この説得力のある部分は確かに彼の発明能力の非凡さからきている。もし，過去の偉大な創造者，即ち形態の完全な支配者に対して与えられたような厳密な意味での芸術的天才のようなものが現実に存在するとするなら，ル・コルビュジエは，われわれの時代においては，また過去においてすら比肩し得るもののないほどにこの贈り名にふさわしい。それにも拘わらず，ル・コルビュジエという人物を，発明の才の秀れた資質を印象づけるようふるまう古いスタイルの芸術家だと説明することは出来ないし，また著述や裏づけを実際の仕事を強化するための理論的方便と解釈して建てられた作品だけを見ることも出来ない。ル・コルビュジエの最大の長所は，理由づけや広いコミュニケーションの分野での比類なき才能を発揮したことであった。彼は彼の発明が面白がられ啓示的でありまた広く利用され応用され得るものであったことなどに満足していず，彼は常に彼の命題を押しつけることを欲しないで論証したがった。

彼のパーソナリティの痕跡は常に彼の作品の中に見られたが，方法の広さを失うことはなかった。それ故，パーソナリティの価値は常に到着点であり出発点でなく，それは彼の作品が全体に説得力を持つことを妨げず，その反対にそれを異常なほど強くした。この立場は絶えざる内的緊張を要求し，ル・コルビュジエはその緊張を非凡な犠牲的精神で，また彼の世代の感受性と特異性によって防護したのだった。異っていたのは彼の狙いであった。《辛抱強い研究》は個人的な完全さを確立することを目ざしているのではなく，すべての人々に提供され，そして個人的な保証には結びつけられないが，それ自身が研究者の仕事を証明し逆に保証し得る客観的な完全さを確立することをめざしている。

ル・コルビュジエが80歳近くなってもこの緊張は弛まなかった。それは力点においてだけ変化し，そして可能な限りその高度に活動的な人生を総決算するかのように一種の要点のくり返しに対する欲求で豊かになった。事実，彼のすべての活動の一貫性を評価させ1920年代にアヴァン・ギャルドの世界で流通していた多くの贋貨の中に彼の本物の貨幣を

V 近代運動

475図 "Vers une architecture" の1頁 (1923年)

見分けさせるのは彼の晩年の作品の生き生きとした姿なのである。

スイスのラ・ショー・ド・フォンに生まれたC. E. ジャンヌレは早く学校を終え1908年からペレーとベーレンスのアトリエで働き、ヨーロッパやアジアを旅行した。

1919年、画家オザンファンと共にピューリスト運動を始め、雑誌「レスプリ・ヌーヴォー」(L'Esprit nouveau) を運営した。ネオ・プラスティシズムのように、ピューリズムも、絵画にも彫刻にも建築にも一様に適用し得るある形態法則を書き記した——単純な形態を使うこと、芸術のプロセスと自然のそれとの間の一致。しかし、形象芸術の自主独立の否定と建築の中への完全な吸収へとつながったネオ・プラスティシズムの法則と違い、ピューリストの法則はむしろ人文主義文化における「デザイン」としての三大芸術が依存するア・プリオリなシステムを形成することだった。ル・コルビュジエは生涯この習慣に忠実で、絵画、彫刻、建築を交互にくり返した。

1922年、彼は従兄弟のP. ジャンヌレと協同し、セヴレ (Sèvres) 街に有名なアトリエを開いた。1923年、彼は自分の理論的見解をまとめ『建築をめざして』(Vers une architecture) という薄い冊子にしたが、それはすぐに広く読まれるようになった。グロピウスのように、彼もまた技術の進歩と芸術の退行との間の、また量的質的成果の間の軋轢を超越することを目ざしたが、フランスの伝統に従って技術と芸術を2つの両立する価値として定義した。「経済法則を教えこまれ、計算によって支配される技術者はわれわれを宇宙の法則に調和させる。建築家は形態の配列によって彼の精神の純粋な創造物である秩序をつくり出す。」[33]

事の次第はこうなので、一時的に欠けている統一はつくり上げられてはならず——そこには、教育や生産の新しい方法については何の問題もない——、それは自然のもの人工のものをあらゆる偏見を離れた心で見つめることによって、そしてそれらの中に新しい建築の息吹の内在を見ることによってまず認識されなければならない。ここにル・コルビュジエが読者にあてた言葉の主題がある。

「建築家に対する3つの注意書[34]: 単純なマス、マスの線を導き走らせることによって決定される面、生成の原則としてのプラン」

「建築は規律ある幾何学的線の支配に従わなければならない。」

「新しい建築の手段は既に工業生産品の中に認め得る: 船、飛行機、自動車」

「新しい建築の手段は: 原材料を高貴にする関係、内部の投影としての外部、純粋に精神的創造としての自然な様式」

「住宅は機械のように大量生産されなけれ

13 近代運動の形成

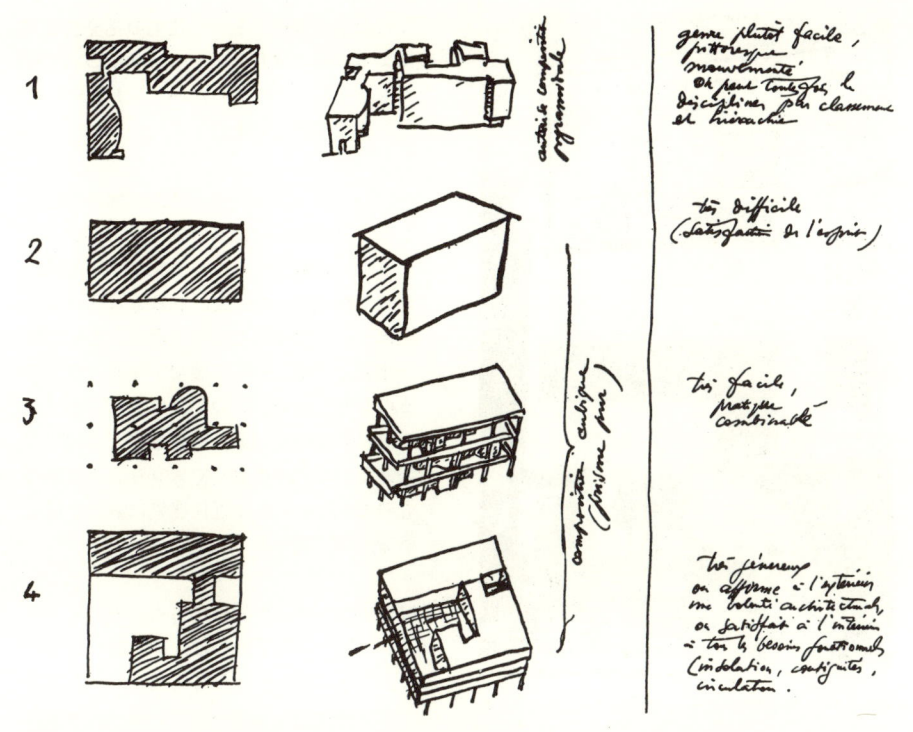

476図 ル・コルビュジエ，独立住宅の構成の4つの型を示す1929年のデザイン。ラ・ロシュ邸（1923年）。ガルシュの家（1927年）。ヴァイセンホフの住宅（1927年）。ポアッシーの住宅（1929年）

477，478図 ヴォークレッソン邸の当時と今日（ル・コルビュジエとP.ジャンヌレ，1922年）

V 近代運動

479図 パリ,画家オザンファンのためのアトリエ付き住宅(ル・コルビュジエとP.ジャンヌレ,1922年)

ばならない。」
「経済的,技術的前提の変化は必然的に建築の革命を意味する。」

続いて出た本,1925年の『今日の装飾芸術』"L'Art décoratif d'aujourd'hui"と『ユルバニスム』"Urbanisme"で,ル・コルビュジエは彼の理由づけを家庭用品から都市全体までの近代都市計画の全分野に厳格に拡大した。この2冊の本は以前のものより時代の特有の論争により関係を持っていたが,一時期続いた思想の一貫した路線の故に感嘆さるべきものであった。ル・コルビュジエの宣言が現われた時,それについて軽く議論し脇へ押しやってしまった後で,批評家達はそれらのより永久的な意味を再発見することになるのである。

「住むための機械」という住宅の挑発的な定義によって起こされた多くの抗議について少なくも考えなければならない。それについて最近こう書かれている。

「〔ル・コルビュジエは〕詩的な解決を提案した。それは彼の仕事の中で誰もが認めている唯一の解決であり,またより実際的で正確な解決でもあった。私は近代建築の住宅についての≪住むための機械≫という彼の定義よりももっと正確で丁寧な定義があるのを知らない。この定義は全く正確であるので多くの批判家の侮蔑を未だに招くのである。それはまさしくスローガン以上のものである。それは近代建築における最も革命的な定義である。」[35]

機械的な正確さと法則性に対するル・コルビュジエの十字軍的戦いは,その時代においては,グロピウスについても同じだったように,理論的偏見と見違われていたが,事実は全く逆で,頑強な物質的事実の世界の加速度的成長に対する理性的なコントロールについての希求であった。

しかし,真の証明は作品からのみ現われるのに,この時期まで,ル・コルビュジエの活動はほとんど単に理論的なものだけだった。1914年から,彼は大量生産される経済的な住居細胞をつくり続けた。1914年のドミノ住宅(la maison Domino),1919年のグロ・ベトン住宅(Maison de gros béton),1920年(1922年に完成された)のシトロアン住宅(la maison Citrohan)等である。だが彼の実際の仕事は全く別種のものであり,(476図の)独立住宅,アヴァン・ギャルドの施主のための高級住宅,1922年のヴォークレッソン(Vaucresson)にある住宅(477,478図),同じ年のパリの画家オザンファンの家(479図),1923年のラ・ロシュとジャンヌレの家,192

13 近代運動の形成

480図 オザンファンのアトリエの内部

年のブーローニュ・シュル・セーヌのリプシッツとミーステシャニノフ邸（maisons Lipchitz-Miestschaninoff）等がある。1925年になって初めて，標準化された住宅の群をペサックに進歩的なボルドーの企業家のために建てる機会をもったが，一連の非常に困難な出来事のために惨めな結果に終った。

1922年，ル・コルビュジエは最初の理想都市の計画をつくった。それが，その年のサロン・ドートンに出品された300万の人口を持つ「現代都市」であった。建物は3つのタイプからなっていた。中心部の大きな十字形の摩天楼，中間帯の6階建てのア・レダン住宅（à redents, 稲妻型），周辺部の「集合住宅」（immeuble-villas）である。プランはアカデミックなモデルに従って格子状と対角線状の道路を合わせ持った厳密に対称的なものであった(481図)。

「集合住宅」(482図)は最も興味深いタイプで，後のユニテ・ダビタシオン（unités d'abitation）の芽を内包している。これは120戸の1ブロックで，中庭を持ち，共同のサーヴィスをもっている。即ち協同組合の食料品店などで，そこでは，

「地方から消費地へダイレクトに生産物が到着し………屋上には1000mのトラックがあって，人々は戸外のランニングをすることが出来，またそこではサン・テラスが日光浴を可能にしている………。6人のボ

V 近代運動

ーターが日夜8時間ずつの3交替で建物の世話をし，電話で訪問者を知らせ，エレベーターでその階へつれていく。」[36]

1925年，パリの国際装飾美術展で，ル・コルビュジエはエスプリ・ヌーヴォーに捧げた展示館を利用して「集合住宅」の1戸を建て，さらに，全体の構成を詳しく展示した。その同じ展覧会で，ル・コルビュジエは最初の具体的な都市計画的提案を提出した。それがパリのセンターのためのいわゆるヴォワザン計画（Plan Voisin）である（483，484図）。

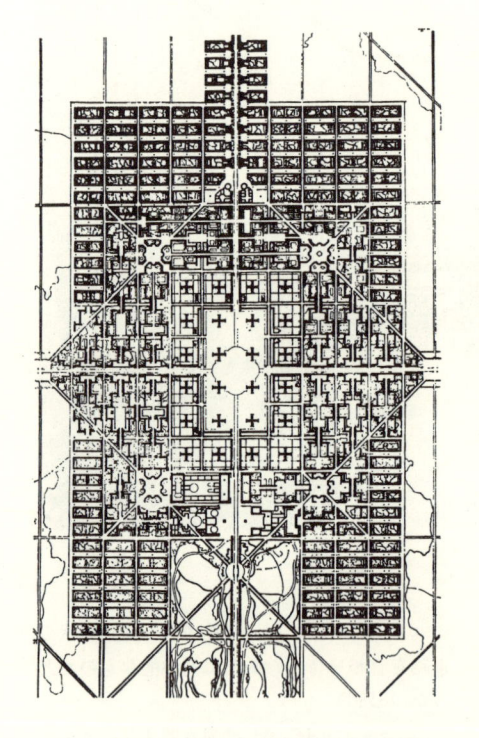

提案された計画——巨大な直線の自動車道を伝統的な道路網の上に重ねること，右岸の広大な地域を破壊し，代りにそこへ十字形の摩天楼と稲妻形の線状の建物をおき，但し，パレ・ロワイヤルやマドレーヌ寺院等のような歴史的なモニュメントは注意深く隔離し保存する——が批判を受けるのは正しいかも知れない。何故ならわれわれは今日そのように簡単には解決することの出来ない巨大な問題の塊りを認識しているからである。ヴォーバンからガルニエまでのフランス諸都市の改造の伝統的な計画のように，これもまた，オスマンのそれと違って基本的には巨大な疎地（Percement）であった。[37]

それにも拘わらず，この計画——1946年までに丁寧に完成された——は近代の都市計画

481，482図 「現代都市」の平面図と「集合住宅」のパース（1922年，作品集）

13 近代運動の形成

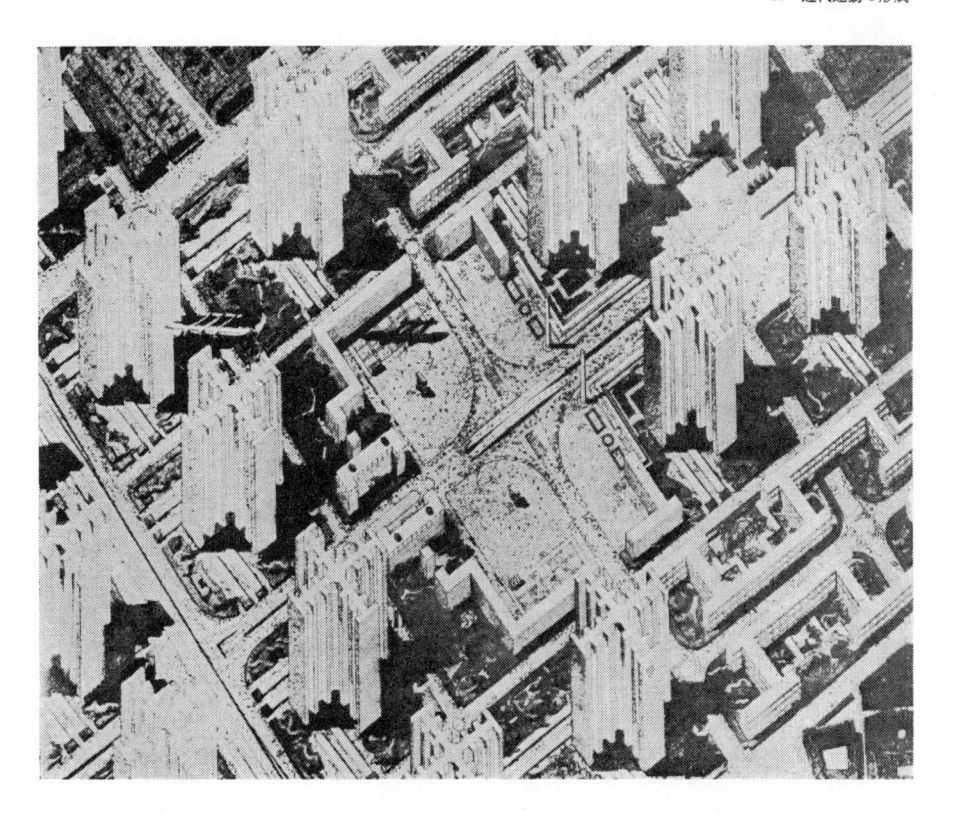

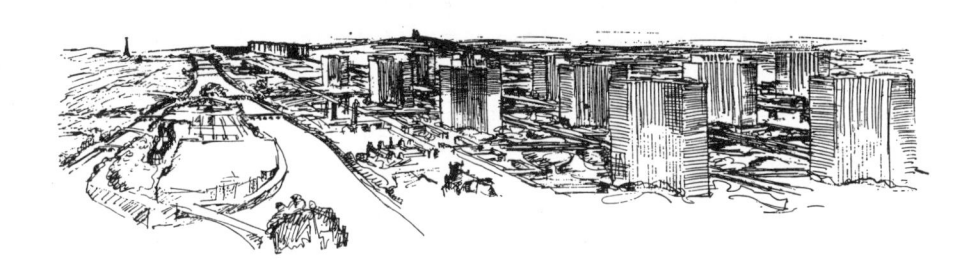

483, 484図 ル. コルビュジエによるヴォワザン計画のパース (1925年)

思想の中にとどめられ，消極的で部分的な施策の失敗，あるいはそれまでの他の提案の抽象的性格が痛感されるにつれ，次第に関心を得るようになった。最近のパリの分散計画に触れ，30年前の自分自身の計画を再確認しながらル・コルビュジエはこう確固として観察する。「パリは車輪の中心であり，車輪の中心は動かすことは出来ない。」

ル・コルビュジエの計画では抽象的な論理性が常に好まれてきた。道路は交通の種別に分類され，建物は合理的に相互に関係づけられて緑地の中におかれ，歩行者，車，飛行機についての要求はひとつの枠組の中で満足されている。部分の形態は大まかでフランスの伝統の最上の質を保持している。即ち，その壮大なスケールは大胆に機能的必要性を予見し，幾何学的法則性とモニュメンタリティは輝かしくも優雅さと結びつけられている。

今日，われわれはもはや確かにヴォワザン計画を抽象的な習作と見下すことは出来ない。巨大な現代都市——1000万の人口を持つ大きさの——を改造する問題は未だに解決さるべきものであり，確かに考え抜かれいろいろなスケールで実験された単純すぎる分散法では解決し得ないものである。最も最近の理論的試み——丹下の東京計画からブキャナン報告書に至るまで——は，ル・コルビュジエの1925年のデザインが驚くべき予見として現われた時のように別の傾向を垣間見せている。

1926年，ル・コルビュジエとジャンヌレは一文を著したが，そこではそれまでに練り上げられた諸提案が体系的に提出され，それは「新建築の5つの点」とよばれている。

1) 「ピロティ」(Pilotis)

一途で頑固な研究が，実験室的実験とみなされるような局部的な解釈を導き出した。これらの結果は建築に新しい展望を開いてみせた。その展望は都市計画家にも開かれ，彼らはその中に今日の都市の大きな病いを癒す手段を発見することが出来たのである。

「ピロティ」の上の住宅！ 住宅は地面の中に沈められるのがならわしであった。部屋は暗く，じめじめしていた。鉄筋コンクリートは「ピロティ」を可能にした。住宅は地面から離れて空中に浮いた。庭は住宅の下にあり，またその上の屋上にもあった。

2) 屋上テラス

何世紀もの間，伝統的な傾斜屋根は住宅がストーブで暖められている時に雪のマントをかぶって冬をしのいできた。

セントラル・ヒーティングが設備されるようになった時から，その伝統的な屋根はもはや適当ではなかった。屋根は傾斜する必要はなく，中央にくぼみ，それが水をもはや外側にでなく内側に集めることになった。

明らかな真理：寒い気候は傾斜屋根の放棄を要求し，水を建物の内部に集めるために，凹形の屋根をつくることを必要にする。

鉄筋コンクリートはすべてをひとつの材料で建てることを可能にする手段である。鉄筋コンクリートは大きく膨張し，それは急激に起こると構造体に亀裂を生じさせる。雨水を急速に処理することに努める代りに，テラスのコンクリートに一定の湿度を保ちそれ故鉄筋コンクリートを一定温度にするよう努めなければならない。特別な対策として，砂を敷き，薄いコンクリートの板で目地を広くとってその上を覆う。溝には草の種をまく。砂と根は水が速くしみ出るのを防ぐ。屋上テラスには，花，木，灌木，芝などが繁茂する。

技術的，経済的，機能的そして精神的理由が屋上テラスを採用することをわれわれにすすめる。

  3) 自由な平面

  これまでは壁は耐力壁であった。地下室から始まって積み重なり上に向かって1階，その他の階を形づくる。平面は耐力壁のいいなりである。鉄筋コンクリートは住宅に自由な平面をもたらした！　各階はもはや互いに重なる必要はなくなった。それは自由である。ヴォリュウムの大いなる節約，各センチメートルの厳格な使用。資金の大いなる節約。新しい平面の便利な合理性。

  4) 建物の長さいっぱいの窓 (fenêtre en longueur)

  窓は住宅の不可欠の要素のひとつである。進歩は解放をもたらした。鉄筋コンクリートは窓の歴史に革命を起こした。窓はファサードの一方の端から他の端へと続くことが出来る。窓は住宅における機械的な要素である。われわれの家族の住宅にとっても，別荘にとっても，労働者の住宅にとっても，アパートにとってもそうである。

  5) 自由なファサード

  柱は住宅の内部に向かってファサードから後へさげられる。床は外へと続きオーヴァ・ハングする。ファサードは，単なる独立した壁や窓の軽い皮膜である。

  ファサードは自由だ。窓は妨げられることなくファサードの一方の端から他方の端へと続くことが出来る。[38]

  この文章は近代主義者と古い型の保護者である伝統主義者との間の尽きることのない論争を引き起こした。批評家達はそれにさして注意を払わなかったし，他のものはそれを1930年頃の多くの近代的な建築図式的傾向に貢献したものとして烙印を押した。

  今日，当然のことながら，今われわれの前にある広汎な問題に照らしてみて，1926年に書かれたこの一文には狭く初歩的な性格が感じられる。だがこのことによって，これまでの芸術宣言に必ず見られた（習慣的にバウハウスの宣言にも残っている）文学的，哲学的匂いの完全にないこのような声明の革命的な価値を，われわれは忘れてはならない。

  1890年以後，各派は人間と世界についての最も大胆な理論の実践に向かって邁進した。こうして，アヴァン・ギャルド文化は——哲学的反省の結果を明らかに歪めることをせずに——普遍的などんな分野も帰属するが，真の自律性も厳密な責任もない，芸術活動の自由な性格を実際に確認した。

  1926年に，初めて，ル・コルビュジエが，新しい建築が主観的であるべきか客観的であるべきか，内在的か超越的かなどとは，もはやいわず，それはこれこれこういうものであるべきだと，つまり，それは「ピロティ，自由な平面，自由なファサード，屋上テラスや建物いっぱいの長さの窓等をもたなければならない」等といったのである。

  それから先の経験はこれらの基準が適当であるかどうかを決めることであった。建築家が問題の核心に迫りつつある，即ち，その中で正確な選択がなされなければならない独立した限定された分野が存在することを認識しつつあるという基本的な事実が残った。このようにしてのみ，新しい建築はその正確な文化的位置を見出し得た。それの仕事は世界に基盤を提供することでなく，近代社会の編成に必要な実際的行為——モリスによって述べられた，即ち物質世界の修正——のひとつを実践することであった。部分的な責任と全般的な責任との間の関係は依然としてはっきり

V 近代運動

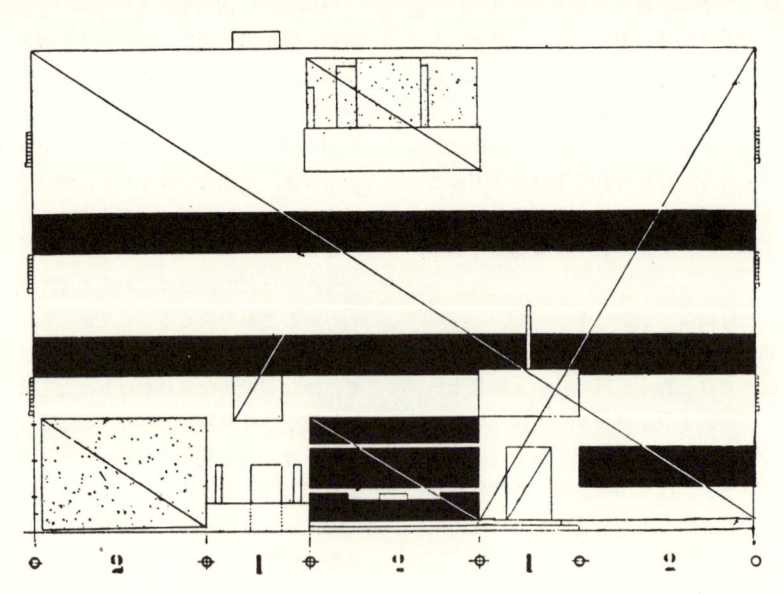

485〜486図 ル・コルビュジエと P. ジャンヌレ, ガルシュのシュタイン邸。外観と入口側のファサードの比例計画図

13 近代運動の形成

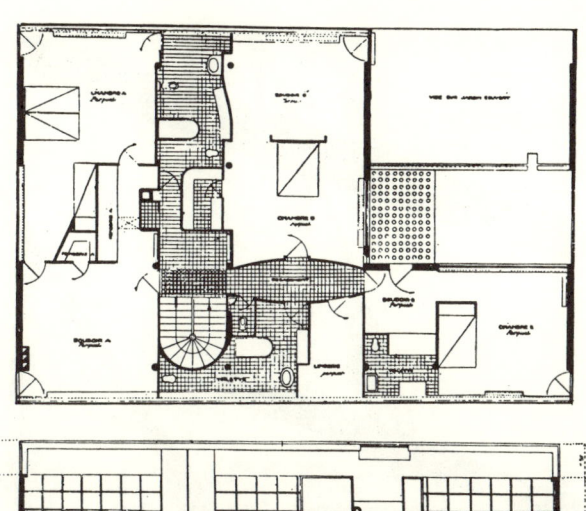

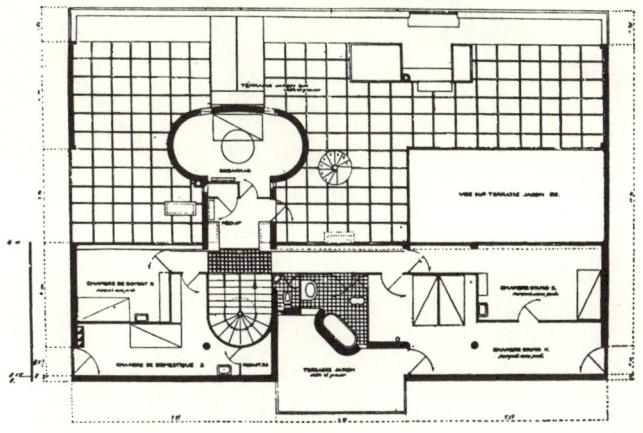

V 近代運動

487～489図 ガルシュの家の最上の2階の平面図，門の外観，ファサードのクローズアップ

していた。しかし，建築についての論議は緊迫感を失い，判断は程度の判断に道を譲った。

建築家が自分自身の特殊な基盤の上で行っている議論の調子は平静に，また理性的になった。極端な単純化や理論の強調は，これらの基準を放棄することによってではなく，ル・コルビュジエがその後の40年間でしたようにそれの絶えざる発展に専念することによって避けられた。

1927年のガルシュ（Garches）の住宅（485，486図）においてル・コルビュジエは，広く制約のない基盤の上で比較的幅広い方法を遂につくりだした。この家は黄金律に従って比例がとられ，規則正しくおかれた細い柱の上にのせられた完璧な直方体であった。この基本的なネットワークの中で，各階平面と外観は，部分的に全体的調和が規制する線によって制約されてはいるが，自由に整えられている。周囲の公園と眺望との間の関係は，いろいろな部分の異った扱い，とりわけ，長いランプに沿って戸外の地面へと広がっていくうしろのファサードの大きな部分を占めているカヴァード・ガーデンの空間によって確立されている。すべての壁は白くプラスターで塗られ，一方，鉄の窓枠は黒で縁どられ，幾何学性を強調する抽象的なコンポジションを形成している。ここでは注意深い手入れが建物の早い老朽化を防いでいるが，ル・コルビュジエが仕事をしていた孤立した環境，工業との接触の少なさの不可避な結果である数多くの失敗や接合部の難点を隠すには到らなかった。

それ故，ガルシュの住宅は，実際の建築作品としてよりも，宣言としてより有効である。それは，オウト，ドゥドックの同時代の素晴らしい作品，あるいはミースやグロピウスの実験的な建物とも比較するに耐えないが，大きな影響力と力を持っていた。それはそれのわかり易さによるばかりでなくそれに対してル・コルビュジエによってなされた魅力的な説明の数々にもよるものであった。前の時代の建築家の関心がディテールやテクスチャー，使用材料に主として集中していたのに対して，そこでは今やディテールが問題にならず，注意が全体にしっかりと向けられているような建物が出現したのである。作品自身はこの点に苦心しているが，こうして議論は特殊な環境と偶発的な事例から解放され，はるかに広い場を与えられた。

ガルシュの住宅の教訓は特殊な目的や使用された技術的手段とは明らかに無関係である。それは，われわれの時代特有のある事実に関係して，そここに現われつつある要求に適合するために，他の部材や他の型の仕上げによって他の問題のために多くの場合に利用することが出来た。

3. ドイツにおけるアヴァン・ギャルドの遺産

戦争直後の何年かにドイツのアヴァン・ギャルドの舞台は，刺激と対立の弁証法的関係だけで近代運動の形成につながる矛盾した実験で賑やかだった。

1919年に，グロピウスの立場は既に基本的に当時の芸術の領域に支配的であったアヴァン・ギャルド精神と対立していた。しかし，ドイツの芸術についての論争の他の主役達は，長い間続いたアヴァン・ギャルドの方法と原則を受け入れた後，自発的に，グロピウスのそれと合流する道を発見した。ある者にとって，アヴァン・ギャルドへの参加は多かれ少なかれチャンスの問題に見え，彼らのそれ以上の発展は確固とした個人の一貫した気質によって導かれた。これがミース・ファン・デル・ローエの場合であって，他の者にとってアヴァン・ギャルドへの参加は，重要な体

験で、それ以上の発展の限界が——メンデルゾーンやルックハルト兄弟の場合のように——限られていたので、彼らの仕事の歴史的結実は、近代運動の範囲内で純化され伝えられた表現主義的実験の回復であった。

戦争直後、ミースは、ベルリンにおける芸術・社会の論議に積極的に加わり、「11月グループ」(Novembergruppe)——革命的芸術家の喧嘩好きのグループ——の中で活動し、雑誌「G」(Gestaltung のイニシャル)を刊行した。

ミースは「11月グループ」の展示会のために1919年から1923年までの間に多くのプロジェクトを製作した。2つのガラスの摩天楼(1919年と1922年、490、491図)、鉄筋コンクリートのオフィスビル(1922年、493図)とコンクリートとレンガの2つの住宅(1923年)等である。

透視図と概略の平面図からこのイメージについて判断を下すのは難しいが、ミースの後の作品を考えるならばそれらの重要さがわかる。例えば、1922年のガラスの塔について作者は書いている。「摩天楼は工事中その力強い構造体を露わにしているが、その時にのみ、その巨大な鉄の幹は真に印象的である。壁のパネルがたてこまれた時、構成の基礎になっている構造体の骨組は、無意味でつまらない形のカオスの背後に隠されてしまう。」[39]

ミースの計画は多層の構造体の内在的な価値を建物全体から抽出して表現することをめざしていたということ、そしてまたプランの波形をした、でこぼこな外周は、階を重ねることのリズミカルな意味を強調するために、ヴォリュウムの外側を限定することを避ける意図であるということは確かだろう。シカゴ派の巨匠達によって30年前に触れられた問題がここで初めて理論的にしろ大胆に取り組まれ、ミースの作品を通して、20年後にそのシカゴで実現されることになった。

鉄筋コンクリートのオフィスビルのプランとコンクリートとレンガの2つの住宅において、ミースは同様に単純化に対して大変な努力を払い、それぞれの建築的問題の本質的な根をはっきりさせることに成功した。さらに、彼の提案は決して抽象的ではなかった。何故なら、それらはその時代に普及していた幾何学的平面に対する好みを放任せず、申し分のない技術的熟練によって把握され素早く建築的結果として固定された材料と構法の特徴の正確な評価から出発している。

このようにして、1919年から1923年までの間につくられた計画は、ドイツのアヴァン・ギャルドの境界の中で生まれ表現主義のレパートリーからのいろいろな形態的暗示——塔の曲線的なでこぼこのある輪郭、パースのエネルギッシュな描き方——を受けてはいるが、ミースの同時代の人々が好んで徘徊した、はっきりしない夢の王国からはっきりと離れ、リアリティに向かって決定的な動きを行っている。ミースは一般の議論から離れ、一般的な方法への道を示すために自分の行動を拡張することを望まず、同時代の人々に個人の仕事の緻密な例を提示しグロピウスの教育に劣らないくらい後の実験に影響したのだった。

最初の仕事が与えられた時、彼はためらわずこれらの理論的実験を文字通りに守り、それらを間接的に彼が遭遇した実際的問題を明らかにするために利用した。

1925年のベルリンのアフリカ通りの集合住宅、1926年のギューベン(Güben)の住宅、1928年のクレフェルト(Krefeld)の住宅(495図)等には作意的な強調はない。これらは単純なレンガの建物で、優美に落ち着いて分節化され、そこでは伝統的要素はミースの使用法によって純化されて現われ、そのプロポーション——特にリズミカルで長くのばされた窓の枠——は彼の天才の誤りない印を帯びているが、ル・コルビュジエの作品におけ

13 近代運動の形成

490〜493図 L. ミース・ファン・デル・ローエのガラスの摩天楼のプロジェクト（1921年）と鉄筋コンクリート事務所ビル（1922年），ベルリンのアレクサンダープラッツの再開発（1928年）

るような先入主的な幾何学的規則性を気づかせない。
　1926年，ミースは，カール・リープクネヒト（Karl Liebknecht）とローザ・ルクセンブルグ（Rosa Luxemburg）の記念碑──1919年1月の戦没者のために捧げられたア

83

V 近代運動

494図 ミース・ファン・デル・ローエ，ライプツィッヒ通りの建物の計画（1928年）

ヴァン・ギャルド時代を示す最後のイメージ——を建て，そしてヴェルクブントの副会長になって大きな組織活動の采配をふるうが，それについては次章で述べる。この立場にあっても，ミースは理論的仕事に関わらず個人的な仕事に忠実であった。時には——彼独特の警句のスタイルで——客観的な環境に意味と価値を与えるために，プランニングの決定的な価値を強調することによって自分の立場を明らかにしようとした。

「われわれの時代はひとつの事実である。それは賛否に完全に関わりなく存在するが，他の時代よりもよくも悪くもない。それは単なる事実であって，それ自身に何の価値も持っていない。こうした理由で，そのプロポーションを示しその構造体を露わにするためにこの新しい時代を説明しようとすることに執着しない。しかし，機械化，モデル化，標準化を過小評価しないようにしよう。そして，変化した経済的社会的関係を既成事実として受けとめよう。

これらすべては，価値の問題に眼をそむけ予め決められた道を進む。決定的なもの

は、われわれが現在の状況でわれわれ自身の価値を確かめていく方法である。精神的問題が始まるのはここのみである。それは「何を」の問題ではなく、純粋に且つ単純に「如何に」の問題なのである。精神的にはわれわれが物を生産することは何の意味もないし、またわれわれがいかにそれを生産するかということも、高い建物を建てるか低い建物を建てるかも、鋼鉄にするかガラスにするかも、われわれの都市の建設において集中化の方向に向かうか分散化の方向に向かうかも何の意味もない。決定的なのは価値の問題である。われわれは新しい価値を差し出さなければならず、新しい手段を征服するために究極の目標を自身で設定しなければならないのだ。」[40]

これは、文字通りとると、非常に危険な、極端に個人的な思考法であった（それはミース自身にも害を与えたかも知れなかった。というのは「如何に」と「何を」の区別が出来ると自らを欺きながら1937年まで彼はナチズムの下でドイツに留まったからである）。ここにわれわれは、一般的過ぎる議論に巻きこまれることを望まず、実際の仕事の範囲内で安心する建築家の気短かさを認めるべきだろう。しかしながら、実際、ミースは内容に無関心だなどとはとんでもなく、彼の業績はあらゆる意味で精密であった。

それほど重要ではないがメンデルゾーン（1887～1953）の仕事にも触れなければならない。何故なら、当時、同じ時代のどの建築家の影響力よりも最初は大きな影響力をそれはもっていたからである。

1919年、メンデルゾーンはカッシーラー美術館にその年展示され後にヴァスムート出版社によって本に収録された空想的な建築スケッチで既に知られていた。

1914年の最初のスケッチ類はワグナーやオ

495図　クレフェルト，ランゲ邸（L.ミース・ファン・デル・ローエ，1928年）

ルブリッヒのスタイルに刺激されている。戦争中とその直後になされたこれらのものは、攻撃的な強さと、同時代の表現主義運動にうまくあったあいまいな象徴主義的性格を持っていた。

その時代の他の多くの人々は、明らかに実現の可能性を無視して空想的な建築のスケッチを描いていたが、メンデルゾーンは、そうではなく、一般的な意味をもつような新しい建築の様式に備えるというはっきりした目的をもって仕事をし、方法論的にその根を探り、それから他のすべてが現われ出てくるような直観的な心芽を発見しようとした。1917年、ロシア戦線のざん壕から彼は友達へ手紙を書いた。

「自分の目的を達し、自分の仕事が有用であることの具体的な証しを与えることが出来る立場になるまで、私の出来るすべてのことは、いわば理論的な原理によって自分

V 近代運動

496, 497図 ポツダム,アインシュタイン塔(E. メンデルゾーン, 1920年)
498図 シュトゥットガルトのショッケン百貨店のスケッチ

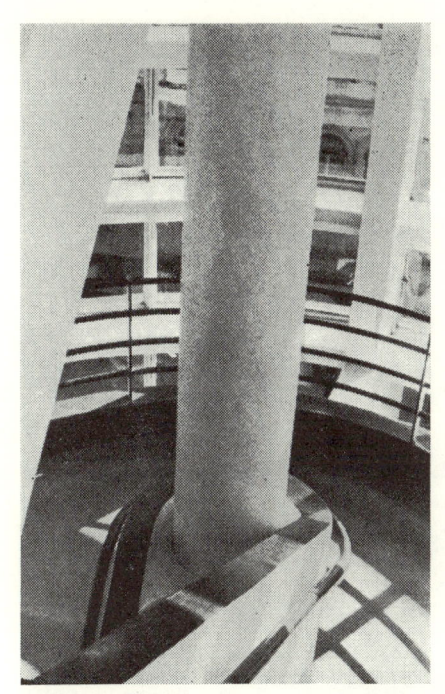

499, 500図　シュトゥットガルト, ショッケン百貨店の部分 (E. メンデルゾーン, 1926年)

自身を表現することで, この場合, 微妙なこと, ニュアンス, ディテール, 特殊な価値等に関しては, 沈黙せざるを得ないのです。私のスケッチは建物のようであるという点においては実体のように見えるが, 単なるしるしであり, 飛び動くヴィジョンの輪郭です。これらのヴィジョンを固定し, 見えるがままに紙の上に捕えることは極めて重要です。何故なら, すべての創造の新しい部分はその中に潜在的な発展の芽を持っており, 進化の自然な過程によって人間となるからです。」[41]

1920年, 彼は最初の好機を与えられた。ポツダムのアインシュタインの天体観測塔である (496, 497図)。これは, これらの「つかの間のヴィジョン」のひとつを全くそのまま実在に交換する試みであり, メンデルゾーンは, 流動的なもののある瞬間を印象づけるような形態を心に描いたのだった。理論的には, 最も適した材料は鉄筋コンクリートであり, 鉄筋コンクリートの可塑性はこの時代においては建築家に対して, 直角と床の重ね合せから逃れる最上の手段を提供するように思われたが,[42] カーヴし, 流動的な形に使える鋳型がなかったので, この塔はレンガでつくり, セメントで塗らなければならなかった。このようにして, この作品は抽象的な概念の単なる図解となり, ドルナッハ (Dornach) のゲーテヌム (Goethanum) やベルツィッヒのいろいろな作品と共に建築の分野における戦後の表現派のレパートリーのそのままの適用の試みとなった。

そのすぐあと, 1921年のルッケンヴァルト (Luckenwald) の工場, 1922年のグライヴィッツ邸 (Gleiwitz), 1923年のベルリナー・タ

V 近代運動

501, 502図　ヘムニッツ，ショッケン百貨店（E. メンデルゾーン，1928年，G. A. Platz 著前掲書から）

13 近代運動の形成

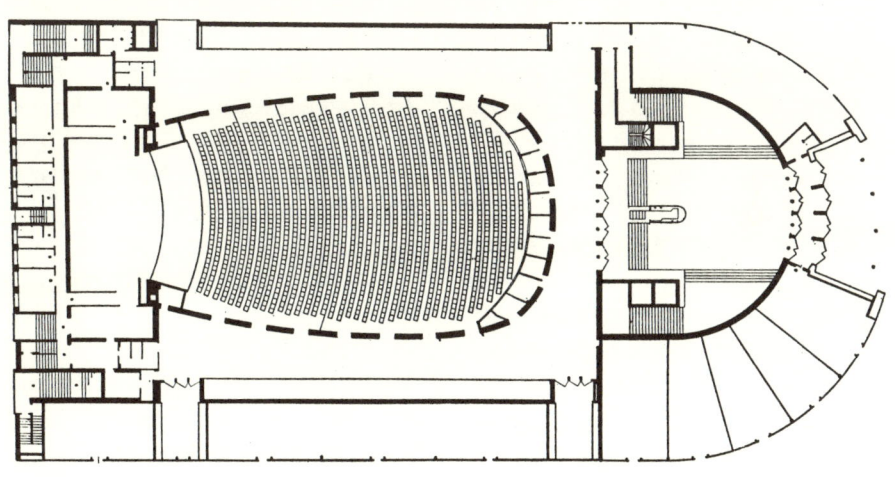

503, 504図 ベルリン, ユニフェルスム映画館, 現在はカピトールという名 (E. メンデルゾーン, 1928年)

ーゲブラット（Berliner Tageblatt）の建物などで，メンデルゾーンは彼の構成についての考え方を，特に突出部を強調し曲線部の発生部をマークする装飾縞で可塑性と明暗性を誇張しながら，より普通の主題へと応用しようとした。

インフレが終った1925年の後，メンデルゾーンは彼のもともとの特異性と次第に訣別しながら，仕事に成功し，保証された仕事に取り組んだ。

彼は1926年にはニュールンベルグとシュトゥットガルトに（498～500図），1928年にはヘムニッツ（501，502図）に，ショッケン（Schocken）会社の一連のモデル店舗を建てた。

全体はその最も単純な形態，連続窓で強調された多層の建物に分解された。これらは初期の作品における装飾縞のと同じ役割を持っていた。何故なら，それらは，この場合には効果は内部の構成からきているが，ヴォリュウムの基本形を強調しているからである。

1928年，彼はベルリンのクルフュルステンダム（Kurfürstendamm）に「ユニフェルスム」（Universum）映画館を建て，この新しいテーマの建築的成果を公平な精神で具体化した。スクリーンが小さく，出来る限り真直ぐ前から見なければならないから，ホールは長く幅狭かった。ホールの光は上映の連続のリズムをつけることで重要な役割を演じるから，壁や天井に穿たれた光源となる縞でその特徴ある性格を与えている。外から，種々の部屋，カーヴしたホールのマス，ホワイエの低い同心のマス，映写室の角壁などが容易に見分けられ，建物の性格をしっかりと主張している（503，504図）。

メンデルゾーンの経歴は確実で直接的で明らかに躊躇のないものであり，彼のつくるものは常に，いかに技術的な仕掛けが複雑なものでも，彼の若い時の図面に表現されている形態的なものへの偏愛によって特徴づけられている。そしてもとの考えの新鮮さが完成された建物に残され，すべてのイメージに特殊な活気を与えている。それ故，アインシュタイン塔のインスピレーションは基本的にはヘムニッツの店や「ユニフェルスム」の映画館のそれと変っていない。しかしながら，彼の最初の頃の作品が，ほとんど伝達不能な限られた実験であったのに対して，これらはドイツやその他で進行中の他のものへ伝達可能でありそれらと矛盾しないものであった。

4. オランダの遺産：J.J.P.オウトとW.M.ドゥドック

オランダは1901年の法律に基づいた具体的な都市計画の伝統をもっており，それに最も重要なキュービズム以後の運動のひとつ，ファン・ドゥースブルフとモンドリアンのネオ・プラスティシズムの故郷であった。オランダは第1次大戦にまきこまれなかったので，その建築生産は緊急事態に妨げられることもなく通常のやり方で継続し，文化研究が技術的進歩と調和しつつ前進しながらその時代の習慣に影響を与える余裕をもっていた。

一方ではベルラーヘと若い建築家グループ——M.デ・クレルク，P.L.クラメル，M.スタール・クロブホラー，H.T.フィーデフェルト，J.M.ファン・デル・マイ——はヴェンディンゲン（Wendingen）誌に集まり，ベルラーヘの方法に基づき伝統的習慣とアヴァン・ギャルド運動（特にドイツ表現主義）の業績を調和させるという目的で，アムステルダム南部の計画を行っていた。他方，ファン・ドゥースブルフによって率いられたネオ・プラスティシズムの合理主義的国際主義運動が存在した。

その時代の論争の限界の中にとどまりながら，ネオ・プラスティシズムは革新への運動

13 近代運動の形成

505, 506図 アムステルダム，サイト広場の2景，スタリナーンの住宅（M. デ・クレルク，1920〜1922年）とホーレンドレヒストラートの住宅（M. スタールクロフォラー，1922年）

を代表し，アムステルダム派は保守への運動を代表した。しかし，しばらく後の今日見ると，2つの派は相補的な仕事を遂行し，均一な両立し得る結果を生み出した。実際，戦後のオランダで得られた最も重要な成果は，雑誌の頁を埋める論戦の外側でつくられ，それ

91

らは2つの形態のレパートリーを最も予想外の方法でいっしょにした。オウトは、「デ・スティル」のグループに属した後、1920年以後は非常に窮屈な状態で仕事をし、ネオ・プラスティシズムのレパートリーから、彼のそれまでの経験で得た厳格さで極端な選択をしはしたが、ベルラーへのそれへと直行した。ドゥドックは、2つの因襲的な関係点を折衷的なやり方で結合することで出発したが、2つの流れを現実に統合するまで絶えずそれに固執し、ネオ・プラステシストによって提議された幾何学的組合せに対して大規模に技術的一貫性と意味づけを与えることにつとめた。

1918年、ヤコブ・ヨハネス・ピエテル・オウト（1890～1963年）はアムステルダム市の主任建築家に任命された。彼はこの時期に、デ・スティル運動に積極的に加わっていたが、市行政のためにデザインされた一般向け住宅の最初のグループ——1918年にスパンゲン（Spangen）、1919年にはトゥッシェンダイケン（Tusschendijken）——は、ファン・ドゥースブルフが非難をこめて指摘したように、ネオ・プラスティシズムのアイディアの痕跡を少しもとどめていなかった。

敷地の周囲が醜悪な状態にあったトゥッシェンダイケンの四角なブロック（507, 508図）は、明らかに、ベルラーへのモデルに由来するものである。オウトは、すべての構造的要素を出来る限り単純化し、伝統的なヴォリュウムを分解するネオ・プラスティシズム的欲求が最も端的に表現されるコーナーを喜んで斜めに切りながら、対称性、建物の円柱の均一なくり返し、レンガの外装、屋根等を受け入れている。

次の団地、1922年のオウト・マテネッセ（Oud Mathenesse）（509, 510図）は二等辺三角形のような形をした土地に位置している。ベルラーへのように、オウトもまた、彼

の文化的背景の中に、それの全体の構成においてうまく役立つことが出来るかも知れないようなものは何も見出さなかった。彼は強く形式化された絶対的に対称的なプランへと逆戻りしたのだった。1階あるいは2階建ての住宅はプラスターで白く塗られ、レンガの基礎と急傾斜の屋根、大きな煙突を持っている。伝統的な要素はある意味でばらばらで、用いられているいろいろな材料は、その時代のコラージュのように、いくらか抽象的な色彩効果と並置されている。

土地の平面形は、純粋に外的な形態的制約として働き、可能な組合せの数を限定し、それの手段としての意味を全く明瞭に表わしている。

1924年、最初の傑作が現われた。オランダのホーク（Hook）の2列のテラスハウスである（513～515図）。ここでは伝統への関わりがすべて放棄され、同時に、全体は再び閉鎖され完結され、ネオ・プラスティシズムの筋書き通りの分解は痕跡も見られない。2つの同じブロックは2列の2層の住居からなり、そのモデュールは、ファサードに見られるように、かなりたっぷりした広さを持っており、リズムはゆっくりとかなり間をおいている。端部は丸く、それ故リズムは切れず、角を回ってもとへ戻ってくる。同時代のグロピウスやル・コルビュジエの作品のようにすべての壁は均一に白いプラスターで覆われているが、接合部や、傷のつき易い部分はより耐久性のある材料によって保護されている。即ち、低い基礎部分は黄色のレンガで、出入口の階段は赤いレンガ、敷居と出入口の竪枠はグレーのコンクリートで出来ている。これらの部分は、青く塗られた扉とフェンス、赤と白の縞のカーテン、扉の間のグレーの円柱、赤、黒、黄（モンドリアン色）の照明器具等といっしょに、建物に生気を与え、照明の効果を強めている。プラスターの維持は容

13 近代運動の形成

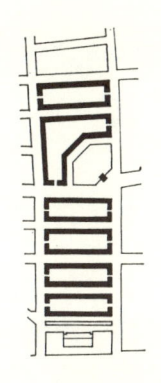

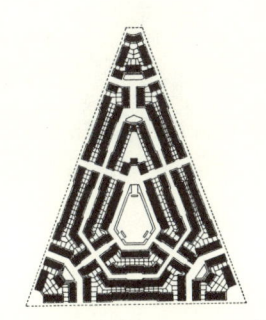

507, 508図　(上)ロッテルダム，トゥッシェンダイケン広場（J. J. P. オウト，1919年）
509, 510図　(下)ロッテルダム，マテネッセ広場（J. J. P. オウト，1922年）

易であることが証明された。というのは角部がレンガとコンクリートで保護されていたからであり，実際，30年以上たった今日，この2つの集合住宅は完全な状態にある。

　1925年のキーフフーク（Kiefhoek）の労働者村（516～519図）は，ロッテルダムの南部の不規則な土地に，2本の運河の土手の間の僅かな空地にたっている。オウトは，ベルラーへの平面におけるように，対称のある軸を選ぶことによって外的制約の特徴を少なくしようとした。他方，住宅は完全に同じものであり，標準の住居は極端に小さなスペース（4m×10m）をもっていたがそれでも5人家族が居住可能な2階建てのテラスハウスであった。

　個々のエレメントを強調し過ぎれば全体の構成をこわしただろう。それ故，オウトは2階の窓をひとつの連続した帯として扱うことによって，ユニット間の分割を和らげた。ブロックはひとつの建物のように見え，連続が急に終りになる端部には細心の注意が注がれている。即ち，商店部を滑らかに扱うことによって，鋭角と鈍角の角は丸められている。また他のところでは，いろいろな場所におかれた半円形のバルコニーが全体の構成の主要な線を示し，対称軸を組み立てるために対で現われ，ブロックの回転を示すために直角のまわりをまわっている。

　下階の外部の仕上げはほとんどすべて耐久性のある材料で出来ている。例えば小さな庭

V 近代運動

511〜515図 フーク・フアン・ホランドの J. J. P. オウトによる集会住宅, 1924年。ユニットのプランと最近の3景

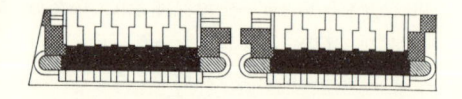

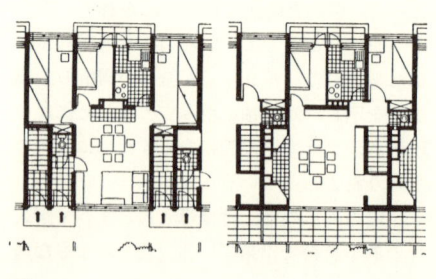

94

を区切る低い塀と戸口への階段をつくっている明るい色のレンガである。またパーティションとなっている耐力壁の頭部はグレーのモルタルで塗られ，リビングルームの窓もまたグレーの枠を持ち，連続の帯を形成している。唯一の目障りなものは扉で，白い枠を持ち，つやのある赤で塗られている。上階はプラスター塗りで，ひとつの帯状に扱われ，また連続窓の帯は，黄色い木で囲まれ，亜鉛鉄板の軒先にまで続いている。

キーフフークは，ロッテルダムの郊外の，尖った屋根を持つレンガの家の海に島として浮かんでおり，その保存は入念で，まわりの建物とは比較にならない。そして，その結果を評価する時には，それが建てられた経済的基盤を心にとめなければならない。オウトは，普通の費用よりもはるかに安く，居住可能な地区を建設し得ることを示したのであり，形と色の純粋な組合せによって貧しい材料に立派さを与えるという，近代建築の使い古された手段を用いたのである。

すべてのディテールを追求する丹念さは，オウトの建築の基本的，もしこの言葉がこれほど濫用されていなかったなら「道徳的」といってもよいかも知れない特徴であった。すべての部分は設計の間に消費されたエネルギーの痕跡であり，独特な表現的強さを備えていた。すべての選択の背後にはネオ・プラスティシズムの形態的戒律が感じられる。しかし，単純化の努力とコストの引き下げが，オウトに変った組合せをすることをやめさせ，それ故，彼の方程式を単純化することを助けることになるある種の類型学的制約を受け入れさせた。それ故，種々のエレメントのすべてにわたる研究は，反対に，全体を制約し，構成全体の弱さを生んだのである。

しかし，建物の配置が正確であればあるほど，都市計画は不正確になってくる。オウトは，周囲とのつながりを見出すためにパブリックな空間に秩序と骨組を与える必要を感じてはいたが，彼がとった手段は弱く，小さなバルコニーという空間標識のような微妙で繊細なものであった。ここに，オウトの方法の限界とまた危険も存在する。都市計画への関わりが絶対的に必要になった時，オウトは孤立化を選び，意図的に伝統的な体系を，あいまいなネオ・クラシシズムに似たところまで強めることを余儀なくされた。

このようにして，オウトの試みの後，ネオ・プラスティシズムが実際に何かを救い出す問題は依然として基本的には解決されず，建築家としてスタートしたばかりの若い世代の建築家，ブリンクマン，ファン・デル・フルークト，ファン・ティエンらに移譲された。それらの人々については後に論ずる。

ヴィレム・マリヌス・ドゥドック（1884〜）は最初軍隊に入り，土木を担当した。30歳の時に退役し，ライデンのそしてその後1915年にはヒルフェルスムの市の土木技師に任命された。

ヒルフェルスムは急速に拡大しつつあるセンターで，ドゥドックは，1918年には都市計画を，その後一連の労働階級住宅，公共建築などの設計をして，それの発展をコントロールする機会をもった。市庁舎を除いて，それらのいずれも大して目立ったものではないが，それらが互いにうまく適合している全体は，都市計画の歴史にとって大変重要な貢献であった。ドゥドックは田園都市の机上の夢を，ロマンティックなユートピア的な面を捨て，内部の世界と同様外部の世界，特に近隣のアムステルダムとの関係を考慮しながら現実化することが出来た。

最初，ドゥドックはベルラーへとデ・バーツェルの伝統に従った。ヒルフェルスムの第1の住区，レンブラント（Rembrandt）学校（1920年，521図），オラニエ（Oranje）学校（1922年）等は，デ・クレルクやクラメルの

V　近代運動

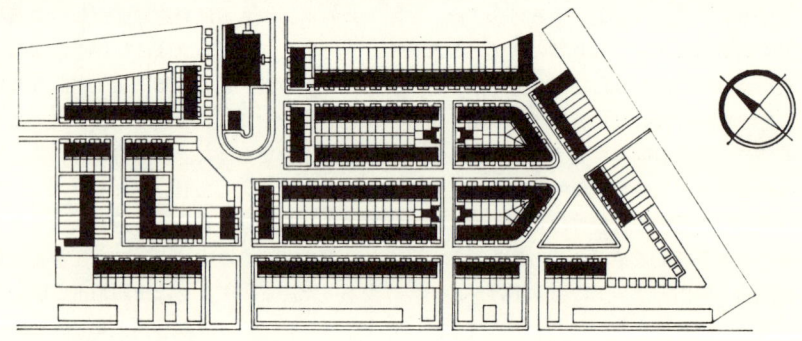

ような情熱的でロマンティックな配慮のあとはないにしろ, アムステルダム派の種々の特徴を再現しているが, 控え目で超然としている点においては折衷主義的であった。実際, ドゥドックはネオ・プラスティシズムの運動の仕事に対して敏感であることをすぐに示し (1921年のバヴィンク《Bavinck》学校), 最も現代的なヨーロッパの実験を10年間注意深く追った。

微妙な様式の組合せで, ドゥドックは他の近代運動の巨匠達が同じ時期問題にしていたいくつかの重大な問題を確かに避けており, 論争の形態上の成果をむしろ利用したのだった。しかし, 彼の選択は表面的なものではな

13 近代運動の形成

516〜519図　ロッテルダム，キーフフーク広場（J.J.P. オウト）。全景，配置図，ユニットのプラン

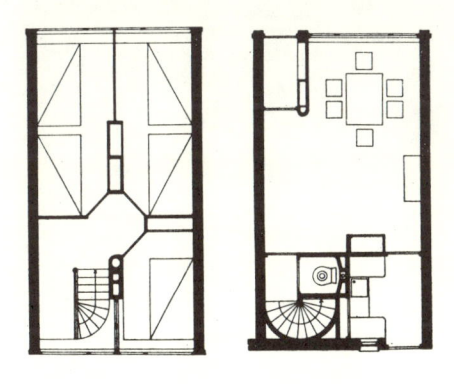

かった。現実に，彼はそれが踏みならされた道から遠く離れていたにしろ真直ぐで一貫した道を辿った。即ち，その最近のオランダの伝統の価値を，実験の連続性を断ち切らないように注意し，厳格過ぎる，どぎつい実験を避けながら，ヨーロッパの運動に触れさせることによって次第に純化したのである。

こうしてドゥドックは，前の世代によって蓄積され，オウトの分解と組替えのプロセスの中で必然的に失われた都市計画の価値を，うまく保持したのである。経験の連続は実際上は背景や環境全体の連続性の保証であった。それの形態的洗練さとネオ・プラティシズム風あるいはライト風なものを持つ彼の建物は，その環境と常にバランス関係を持ち，実際，その構成方法は，建物の物理的状況や周囲の道路の方向やオープンスペース等についての扱いにおいて，最近の研究の中で正しいと証明されている（520図）。

このようにして，ヒルフェルスムにおいて彼はベルラーへの全体計画の方法を，閉じたブロックから開いたブロックへ，空間の利用が，正確な反復くり返しの必要によって邪魔される対称な配置から，異った機能に従って

V 近代運動

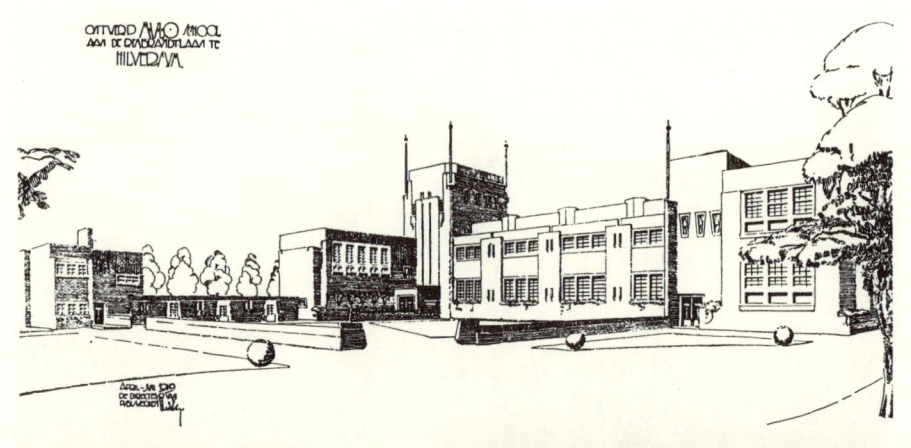

520, 521図 ヒルフェルスム, レムブラントラーンの学校 (W. M. ドゥドック, 1919年。1954年の誕生記本から) とミンヘラー学校 (1925年)

大きさを決められた非対称的なグルーピングへと移りながら, 近代的用語へと次第に翻訳したのである。

ドゥドックの経験主義の調子がより高まった彼の傑作 (opus magnum) は1924年の市庁舎 (524〜530図) であった。この理由は恐らくその主題に関係があるかも知れない。即ち, 市庁舎は市の紋章であり, 全市の組織の総括であり, それ故, 形態の複雑さは明らかな祝祭的な機能を持っている。伝統的な市庁舎は閉鎖的なブロックであり, 市の中の市であった。これはそれと反対に開放的な有機体であり, 市のはっきりしない薄い構造組織からそれとの連続性を切ることなく突出している。精緻な背景, プール, 庭園, 芝生, 樹木群等があらゆる方向に建物をその環境と結びつけ, 2つとして似た側面をもたない塔は, 遠くから見る者にも, 種々の空間の存在

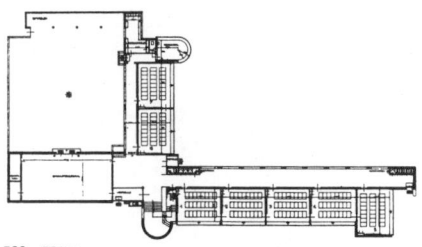

522, 523図　ヒルフェルスム，ヴァレリウス学校(W. M. ドゥドック，1930年，1954年の誕生記本からの平面図)

を要約して示している。

　ドゥドックはそれ以後の仕事においては必ずしもこのレベルの重さを持ち続けなかった。またオランダや他の国における彼の建築の反響もまた必ずしもよくなかった。何故なら，伝統主義者達が古代と近代とに人工的な橋をかけるために彼の例を利用したからである。それ故，批評家達はドゥドックと他の同時代の巨匠達との間の対比を強調するようになったが，[43]今日では彼の作品と他の者のそれとの間の相補的な関係を認めることは可能である。

　彼のお蔭で，ベルラーヘとオランダ建築のずっと古いものとの遺伝形質が，現代的な公式を受け入れ，近代運動へと導かれることに成功した。最も理論上非妥協的であり伝統に対して激しい議論が行われた時代に，ドゥドックは過去と現在，建築と都市計画との間の必要な連続性を沈黙の中に生き長らえさせ，後の発展に不可欠な先例を用意したのだった。

　この1世紀以上にわたる間で初めて，全ヨーロッパの建築文化における最も進歩的な実験が拡散するというよりもむしろ収斂しつつあった。

　ミース，メンデルゾーン，ル・コルビュジエ，オウト，ドゥドックらの実験はそれぞれ異った文化的環境にその起源をもち，異った主張とスタイルを保持していたが，それにも拘わらず，それを見る者はそこに目的の基本

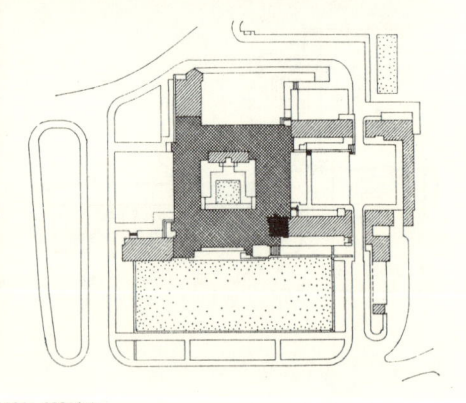

524〜526図　ヒルフェルスム，市庁舎（W.M. ドゥドック，1924〜1928年）

的な統一を感じざるを得ない。これらの人々のいずれもバウハウスの出でなく，また直接バウハウスに影響されていないが，すべてはバウハウスに関係のある点を，共通の方法を，そして可能な合流点を見出していた。

　グロピウスの教育は学校外での成功によって正しく有効であることを認められた。様式ではなく方法に眼を向けることによって，彼は慎重にしかし有無をいわさず，種々の国の優秀な建築家達に彼らの実験の背後にある原理，彼らの相続財産を深く見極めるようにしむけた。完全な研究の後，差異は弱まり，意志の統一，共通の文化的根源が出現した。

　当然のことながら，形態上の傾向は多様

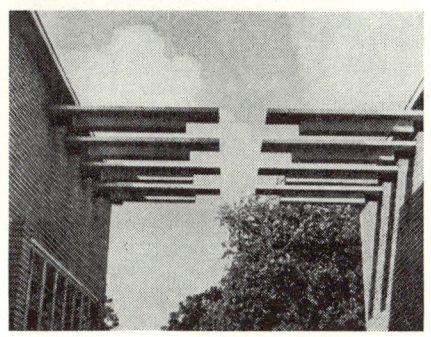

527〜530図　ヒルフェルスムの市庁舎の部分

——ある性急なエピゴーネン達が国際様式について云々し始めていたとしても——だが，対比や，統合において共通の傾向及びある原則についての共通の信念を持っていた。そのある原則とは，ヒューマンスケールに対する敬意，厳格な技術的妥当性，種々のスケールの計画の間の連続性（これからくるより一般的なものの中における実際的な問題の設定，逆に大きな困難さを多くの小さな困難に分ける可能性）である。

芸術の舞台は依然アヴァン・ギャルドグループの饒舌で偏狭な感情の発露でいっぱいであったが——それはその舞台に登場しつつある新しいものに比べて既に場違いに聞こえていた——近代運動の巨匠達は完全に異った調子，即ち，分別のある，段階的な，長期にわ

V 近代運動

たってなしとげるべき仕事に心を奪われた調子で仕事をし，語っていた。

1) H.Bayer, W.Gropius, I.Gropius 著, "Bauhaus, 1919—1928"——ボストン，1952年——の16頁に引用されている "Programm des staatlichen Bauhauses in Weimar" (1919)
2) W. Gropius 著, "My Conception of the Bauhaus Idea (1935年)"………"Scope of Total Architecture"——ニューヨーク，1955年——14頁
3) W. Gropius 著，前掲書16～17頁
4) W. Gropius 著，前掲書 18頁
5) W. Gropius 著，前掲書 10頁
6) A. Hauser 著, "Sozialgeschichte der Kunst"
7) 「まえがき」の9頁に引用された文章
8) W. Gropius 著，前掲書18頁
9) この不和の理由は何度かグロピウスによって公正に論じられた("Bauhaus, 1919～1928")。B. ゼヴィは表現主義とネオ・プラスティズムとの間の形態論争としてそれを説明したが("Poetica dell architettura neoplastica"——ミラノ，1953年)．一方それの文化的前提は C. G. アルガン著の "M. Breuer"——ミラノ，1957年——の10頁と "W. Gropius e la Bauhaus"——トリノ，1957年——第2版の79頁で明らかにされている。
10) Satzungen 著, "Staatliches Bauhaus in Weimar"——ミュンヘン，1922年
11) "Staatliches Bauhaus in Weimar, 1919—1923"——ミュンヘン，1923年
12) A. Meyer 著, "Ein Versuchshaus des Bauhauses in Weimar"——バウハウス叢書 No. 3, ミュンヘン，1925年
13) W.Gropius 著, "Idee und Aufbau des staatlichen Bauhauses in Weimar"——ミュンヘン，1923年
14) H. Bayer, W. Gropius, I. Gropius 著, "Bauhaus, 1919—1928" の20～29頁に引用されている。
15) そのリストは次の通りである。
    1. W. Gropius 著, "Internationale Architektur"——ミュンヘン，1925年
    2. P. Klee 著, "Paedagogisches Skizzenbuch"——1925年
    3. A. Meyer 著, "Ein Versuchshaus des Bauhauses in Weimar"——1925年
    4. "Die Bühne im Bauhaus"——1925年
    5. P.Mondrian 著, "Neue Gestaltung"——1925年
    6. T. Van Doesburg 著, "Grundbegriffe der neuen gestaltenden Kunst"——1925年
    7. "Neue Arbeiten der Bauhauswerkstätten"——1926年
    8. L. Moholy-Nagy 著, "Malerei, Photographie, Film"——1926年
    9. W. Kandinsky 著, "Punkt und Linie zu Fläche"——1926年
    10. J. J. P. Oud 著, "Holländische Architektur"——1926年，1929年
    11. K. Malewitsch 著, "Die gegenstandlose Welt"——1930年
    12. W. Gropius 著, "Bauhausbauten in Dessau"——1931年
    13. L. Moholy-Nagy 著, "Von Material zur Architektur"——1932年
16) 例えば，H. Bayer, W. Gropius, I. Gropius 著, "Bauhaus, 1919—1928" 90頁と93頁に引用された F. H. Ehmke と A. Müller
17) "Stavba" の中の T.Van Doesburg, K. Teige ……前掲書91頁
18) "Das Werk" 1923年9月号
19) "Deutsche Allgemeine Zeitung" 紙，1923年10月2日付
20) "Bauhaus, 1919—1928" 93頁に引用されている。
21) 「バウハウス友の会」とよばれる組織が苦しい時精神的に物質的にグロピウスを助けた。その代表委員は H. P. ベルラーヘ，P. ベーレンス，A. ブッシュ，M. シャガール，H. ドリーシュ，A. アインシュタイン，H. オイレベルグ，E. フィッシャー，G. ハウプトマン，J. ホフマン，O. ココシュカ，H. ベルツィッヒ，A. シェーンベルグ，A. ゾンメルフェルト，J. ストルツィゴウスキー，F. ヴェルフェル
22) "Die Tat", 1932年
23) "Bauhaus, 1919—1928" 93頁に引用されている。
24) 前掲書 95頁
25) 前掲書 204頁
26) Paolo Portoghesi………1958年のローマの

"Galleria d'Arte moderna" における会議で。

27) 1953年にグロピウスは書いている。「アメリカの最高裁判所法廷のひとつが,かつて民主的な手続きの本質について議論したが,法廷がそれを《本質的に程度の問題》と裁定したと聞いて興味を持った。法廷はその裁定を善悪の抽象的な原則に基づいて行ったのではなく,すべてのケースをそれの個々の状況,相対的な釣合いで考えたいと欲した。何故なら,法廷は,問題は全社会構造の健全さであり,今日それに害を与えるものも明日は無害になるかも知れないし,その反対もあり得ると感じていたからである。」……前掲 "Scope of Total Architecture" 20頁,または1957年の "Zodiac" 9頁の論文 "Apollo in the Democracy" 参照

28) 「建築家の仕事は導くことかあるいは奉仕することか? 答は簡単である。《あるいは》の代りに《そして》を入れればよい。導くことと奉仕することは互いに関わり合う仕事のように思われる。」……W. Gropius 著, "Architect, Servant or Leader?" ——前掲 "Scope of Total Architecture" 91頁

29) W. Gropius 著, "Is there a Science of Design?" ——1947年……前掲 "Scope of Total Architecture" の37頁

30) P. Klee——1924年の近代芸術会議で……W. Hess 著, "I Problemi della pittura moderna" ——ミラノ, 1958年——117～118頁

31) S. Giedion 著, "Walter Gropius" ——ミラノ, 1954年——42頁

32) グロピウスは,ある構成法則が人間の眼の特性から演繹され得ると考え,そして合理性を限られた生物学的な意味で考えているかのように思われる。彼の錯視についての興味を見よ(前掲 "Scope of Total Architecture" の20頁の "Design Topics" ——1947年)。1939年彼は書いている。「しかしながら,長い間視覚芸術におけるわれわれの表現を左右する共通分母はなかった。しかし,芸術のための芸術の長い混沌とした時期の後に,今日,新しい視覚言語が《好み》とか《感じ》というような個人的な用語を客観的に正当な用語に徐々に置きかえた。生物学的——物理学的及び心理学的——事実に基づき,それは続く世代の非個人的な経験の累積を表現しようとしている。」(前掲 "Scope" 48頁)。後に,「合理主義者」とい

う呼び名の皮相的な意味と,それが伴う唯物論的非難から身を守るために,グロピウスは,合理性に半分の価値しか与えなかったように思われ,技術=手段と芸術=目的との間の古い対立を再確立することに近づいた。例えば,1952年に,「私はよき計画とは科学と芸術の両方であると考えた。科学としてそれは人間関係を分析し,芸術としてそれは人間活動を文化的統合体へと統合する。」(前掲 "Scope" 62頁)と述べている。

33) Le Corbusier-Saugnier 著, "Vers une architecture" ——パリ, 1923年—— 3頁

34) Le Corbusier-Saugnier 著, 前掲書11頁

35) A. Rossi………Casabella 誌246号 (1960年), 4頁

36) Le Corbusier, P. Jeanneret 共著, "作品集 1910—1929" ——チューリッヒ, 1956年——41～43頁

37) 「ユルバニズム」の中で,ル・コルビュジエは彼の歴史に対する偏愛を確認している。「バビロンの明快な秩序を熱烈に見つめ,ルイ14世の輝しい精神に敬意を表しよう。そしてこの日付けの下にアンダーラインを引き,その偉大な王を,ローマ時代以後のヨーロッパの最高の都市計画家と見なそう」。

38) 前掲作品集1910—1929, 128頁

39) B. Zevi 著, "Poetica dell'architettura neoplastica", 123頁に引用されている。

40) M. Bill 著, "Mies van der Rohe" ——ミラノ, 1955年——24～25頁に引用されている。

41) M. F. Roggero 著, "Il contributo di Mendelsohn alla evoluzione dell'architettura moderna" ——ミラノ, 1952年——63～64頁に引用されている。

42) P. H. Riepert 著, "Die Architektur in Eisenbetonbau" ——シャロッテンブルグ, 1914年——および L. Hilberseimer, J. Vischer 共著, "Beton als Gestalter" ——シュトゥットガルト, 1928年——を参照

43) 例えば Furneaux-Jordan の論文 "Dudok and the Repercussion of his European Influence" ——"Architectural Review" 誌, 115号 (1949年, 237頁) ——と G. Canella の論文 "Il caso Dudok riferito anche ad alcune esperienze italiane" ——"Casabella"誌, 216号 (1957年), 79頁

第14章　社会との初期の関係

　近代運動の巨匠達の目的は，社会に対する彼らの関係をデリケートなものにした。
　建築生産へ影響を与えることを目ざしながら，彼らは自分達の考えを彼らのアトリエの狭い世界を越えて拡げさせ，自分達を一門の小さなサークルでだけでなく，一般社会の前におかなければならなかった。また彼らは，新しい建築がまた新たな様式であり，過去のそれの代替物であるという考えを除かなければならなかった。グロピウスは書いている。「バウハウスの目的は何かの≪様式≫やシステムあるいはドグマを宣伝することではなく，単にデザインに対して影響を及ぼすことである。≪バウハウス様式≫は失敗の告白となるであろうし，戦わなければならない無気力への復帰となるであろう。」[1]　と，そしてドグマティックなル・コルビュジエでさえ，

　「派を廃しよう！（コルブ派もヴィニョーラ派も。お願いだ！）どんな公式も，どんな方便もいらない。われわれは近代の建築的発見の緒についている。あらゆる側から率直な提案を貰おう。100年の間，われわれは新たな様式について云々しないだろう。それはもはやわれわれには役に立たないし，われわれの欲するものはスタイル，即

ちすべての創造的な仕事における倫理的一貫性である。」[2]

　このために，これらの人々は新しい原則の秀れていることを理論やプロジェクトで示すのに多くの時間を費さず，あらゆる機会を求めて，これらの原則が具体的な問題にうまく適用出来ることを示すことをより好んだ。決定的な論証は実際には実験のそれであった。人々は新しい建築の方が古いものよりうまく機能することを信じる必要があった。このやり方によってのみ，すべての人々に納得され，新しい建築は少数派の文化的姿勢の上ではなく広い必要の上に支えを得るのである。
　機会の探索は近代運動の巨匠達の変らぬ特色であった。そこには思想を現実に導こうとする積極的な性急さがあり，それが時には彼らをして慎重さの限界を越えさせた。例えばル・コルビュジエは，救世軍からロシア人まで，その施主が建築生産に及ぼすであろう効果を充分考えることもなく，どんな施主のためにも仕事をし，最も社会と関わりを持ったグロピウスやミースでさえも，経済勢力との接触を得ることにのみ専念し，彼らの仕事の政治的意味を最初軽んじた。
　社会を説得する最もふさわしいとみなされ

る手段は，展示会でも本でも宣伝でもなく，むしろ建物自身であった。コンペティションは，ひとつの具体的な主題についての種々の解決間の比較を許すという点で特にうまい機会であった。展示会においてさえ，近代運動の主役達は，模型や仮設の展示館よりも，その後もずっと使われるような一般市場向けの工業製品や永久的な建物を展示することをより好んだ。

1. コンペティション

近代運動の何人かの巨匠達が彼らの腕を試す機会となった最初の世界的に重要なコンペティションが，1922年，シカゴ・トリビューンによって，その新社屋のために，100万ドルの賞金をかけて行われた。

応募者の中には，鉄とガラスとテラコッタで秀れた作品をつくったグロピウスとマイヤー（532図），ガラスの塔のマックス・タウト，ネオ・プラスティック様式のオランダ人B．ベイフットとJ．ダイケル，硬い機能主義的構成のデンマーク人ロンドベルグ−ホルム，ドーリア式円柱の形の摩天楼のA．ロースなどがいた。これらのプロジェクトはヨーロッパの運動の歴史にとって重要であったが，社会や審査員にはそれ相応の影響を与えることもなかった。入賞者はすべて伝統主義者で，近代的な計画は多くのアヴァン・ギャルドの奇行と誤解された。

国際連盟がジュネーヴにその本部の競技設計を企画した1927年には，その状況は全く異っていた。377の応募案が世界のすべての場所から送られてきた。応募者の中には，H．マイヤーとH．ヴィットヴェア，A．フィッシャー−エッセン，オランダ人フィーデフェルトらがおり，そして注意すべきは，フランス人ル・コルビュジエとピエール・ジャンヌレの参加であった。彼らはネオ・クラシックのプロジェクトの海の中のまだほんの僅かの少数派であったが，議論の仕方と判断の確かさは変っていた。というのはアカデミシァンのJ．バーネット，C．ガト，C．レマレスキェ，A．ムジアと共に，自分達の実験と若い戦後の巨匠達のそれとの連続性を理解し得た前の世代の何人かの巨匠，ベルラーへ，ホフマン，モザー，テングボムをその審査員に含んでいたからである。審査員長はアール・ヌーヴォーの芸術家の中で最も洗練された人ではあったがヨーロッパの建築の新しい流れを理解するには最も不適当なオルタであった。

ル・コルビュジエのプロジェクトは，これまでにこの不撓の巨匠によってなされたものの中で最も重要なものであった（533図）。彼はその高貴なテーマを普通の機能分析に委ねた。「パレ・デ・ナシオンは4つの型のアクティヴィティを擁している。即ち，日常的アクティヴィティ＝図書館をもった全体の事務部，間歇的なアクティヴィティ＝傍聴席のない委員会室と傍聴席を持った委員会室，3か月おきのアクティヴィティ＝常務理事会，年毎のアクティヴィティ＝総会である。」[3]

これらのアクティヴィティは当然ながら異った部分に収められるべきである。それ故，ル・コルビュジエは，岸に向かってゆるやかに下っていく土地の上に，適当な広さをもったパヴィリオンが分節されておかれるという方式でデザインした。厳密な機能分析（「問題の整理」）のお蔭で，何よりも彼は，他の人人が窮屈過ぎると考えた場所でかなりの自由度を得ることが出来たし，工費を適当な範囲に押えることが出来た。水平に拡がる湖が強烈なこの木の多い田園は，閉ざされた中庭を避け，個々の部屋から平和な景色を一望させることによってうまく，知的に利用されているのである。

建築的解決は必ずしも成功していなかったし，確かにこの巨匠の同時代の作品とは比較

V 近代運動

531, 532図 グロピウスとマイヤーによる「シカゴ・トリビューン」のコンペ案 (1922年) と当時のアメリカの建物との比較

にならない。特によくないのは、ベルラーヘの晩年の作[4]のあるもののような基本的には対称を指向する対称軸を残そうとする欲求である。しかしこの計画が特に重要なのは、それが示す直接的な証明の効果である。それは一般社会に対して、機能分析の方法がその代表的な建物に対してもうまく適用し得ること、環境が快適になること、サーキュレーションが容易になり、コストが安くなること、環境の拘束による困難——伝統的な構成規準では克服されない障碍——は新しい建築のずっと柔軟な規準で克服され得、形態を豊かにする好機となり得ることを示したのであった。

審査員中、ベルラーヘ、ホフマン、モザー、テングボムはこの計画を支持したが、4人のアカデミシャンはそれに反対した。それは1等になりそうに見えたが、オルタの日和見が決定的な結論を下すのを妨げ、ル・コルビュジエの案を含むいろいろな案が同じ賞を

14 社会との初期の関係

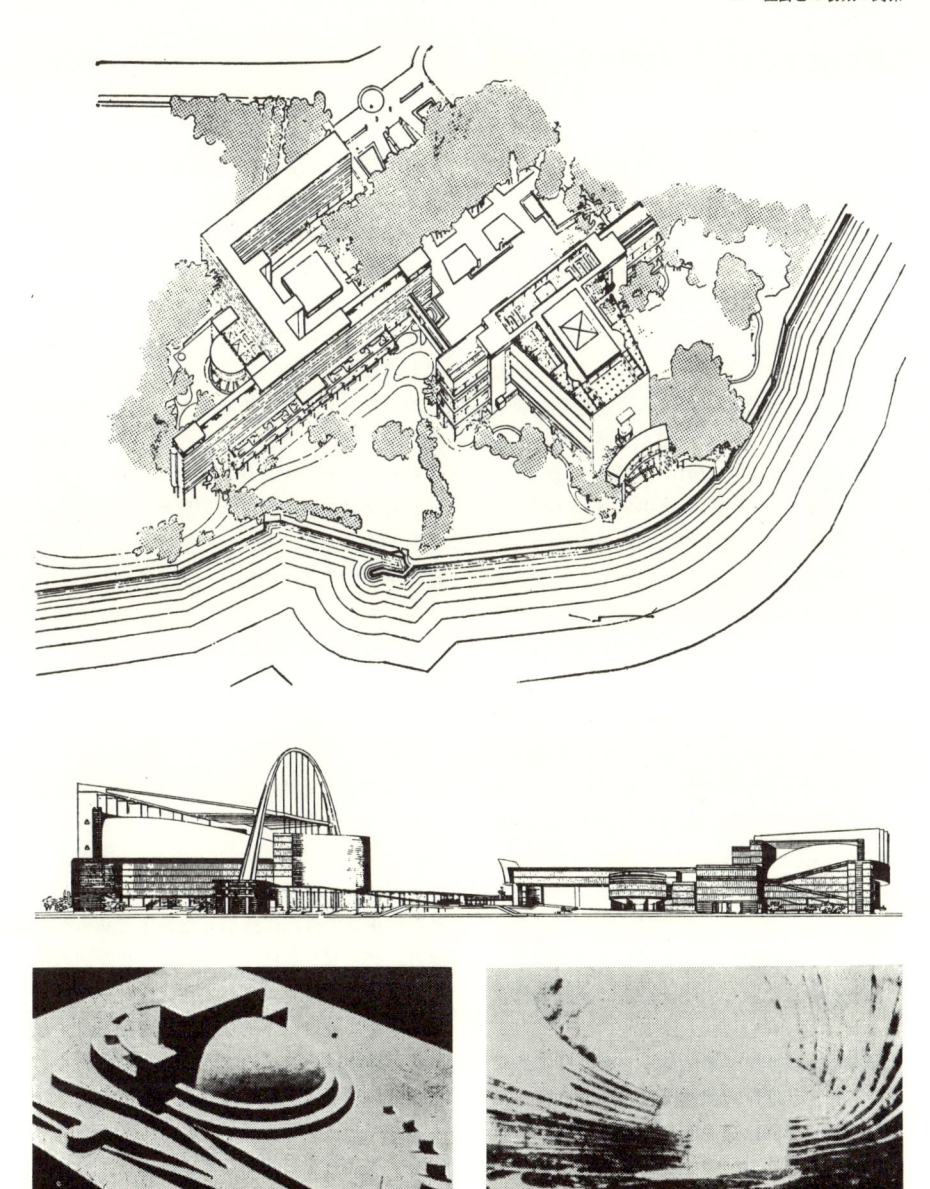

533図 ル・コルビュジエとP. ジャンヌレ，ジュネーブの国際連盟本部のプロジェクト，1927年（作品集より）
534図 ル・コルビュジエとP. ジャンヌレ，ソヴィエト宮殿のコンペ案の側面図
535, 536図 E. メンデルゾーンのソヴィエト宮殿案（E. Whittick 著，E. M.——1956年——から）

107

受賞した。そのうち、アカデミシァンの主張で、さらに山手の新しい土地が提案され、応募者は新しい計画案を作製することを要請された。ル・コルビュジエとピエール・ジャンヌレは原案を新しい土地にあてはめ、もとは1つだったものを3つのあまりにも明確過ぎるそれぞれ完全に対称なパヴィリオン（事務棟、ホール、図書館）に分けることによって台無しにしてしまった。

最終的に、アカデミシァン達が優勢となり、5人の受賞者の中の4人[5]が建物の設計を委嘱された。ル・コルビュジエの機能的な分散案の多くは実施案の中に受け入れられた。例えば、事務棟の中に小委員会室を集め、ホールの側面に大委員会室を集めることや、事務棟の直線的なレイアウト、屋上庭園等である。最終的な1階のプランですら、方向は逆だが、ル・コルビュジエの第2のプランとの類似を否定出来ない。ル・コルビュジエはこれに対して猛烈に戦い、[6] 法的措置すら試みた。時がたってみると、この事件は近代運動と社会との間の関係の歴史にとって非常に教訓的であった。機能的、客観的、制御可能な利益にその力を得ているル・コルビュジエの主張の効用は、彼の敵の側においても失われることなく、ほんの部分的にだが受け入れられた。機能的利益は認知をされたが、それらが課した新しい建築言語は認知されなかった。

国際連盟のコンペティションが、即物的ないい方をすれば、近代建築家の敗北に終ったとしても、それは道徳的にはアカデミーの威信に対して最後の一撃を見舞ったことになった。かなり狭い技術的、経済的制約を伴った実際的な問題に直面して、アカデミックな建築家は自らがそれを満足に解決し得ないことを示したのだった。彼らは技術的価値と芸術的価値とを明確に分け、前者に対して後者を守る姿勢を示し、借り物の機能主義的構成に

ネオ・クラシックの衣をまとって終ったのであった。こうして、彼らの業績の真の一貫性を孤立させてしまうことによって、彼らはそれの無意味さを示した。何故なら、美しい建物も、または普通の建物すらつくろうとはせず、完全に不必要なぞっとするようなコーニス、無意味に厚い石積み等で単にコストをふやしただけだったからである。彼らは正当性もなく勝ったのであって、最終的な建物は誰をも満足させなかった。

1931年、ロシア政府はソヴィエト宮殿の国際コンペを行ったが、それはジュネーヴの宮殿のアンチテーゼとなるものであり、ソヴィエトの世界が資本主義の世界に勝っていることを示すことになった。政府は、ソヴィエト連邦がジュネーヴで敗れた進歩勢力を熱心に歓迎していることを示しているかのように、最も有名な近代の巨匠達、グロピウス、メンデルゾーン、ル・コルビュジエ、ペルツィッヒらから、直接、案を募ったのである。

ル・コルビュジエは、ジュネーヴにおけるように、ヴォリュウムの分節が分析的に要素の分散とそれらのつながりを再現するような複合体をつくったが、2つの大ホールを支持する構造体は、ソヴィエト構成派を思い起こさせる陽気さで外部に露出したままであった。他方、グロピウスは建物全体を大きな円の中におき、この並みはずれて巨大なテーマをもつ問題をこの幾何学的な方法で解決した。最もよい計画はメンデルゾーンのものであることは確かであり、それは巨大な構成を充分なエネルギーとコンセプトの幅広さでコントロールすることを可能にしたように見えるものであった（535、536図）。

審査員はすべての計画、特に彼らにより聞き慣れた言葉を喋るル・コルビュジエの案をほめたが、1等はアカデミシァンに与えた。1等と3等をロシア人B. M. ヨファンとN. B. ヨルトウスキーに、2等はハミルトンで

あった。1933年の第2のコンペの後、ヨファンと伝統主義者ショウコとヘルフライヒに設計が委嘱されたが、最終案は、先細りで頂部にレーニン像を頂き、その頃ニューヨークに建てられていたエンパイア・ステート・ビルよりも高い100m の一種の摩天楼であった。

2. 展示会

1927年、ドイツ・ヴェルクブントはシュトゥットガルトで2回目の展示会を開いた。普通の仮設のパヴィリオンと共に、副会長のミースは市の郊外のある高台に恒久の住宅地区を設置する許可を得た。ヴァイセンホフ・ジードルングである。計画はミース自身の手により、ある証明済みの原則──建物を道路に接しさせないこと、人車分離──を実行に移し傾斜地の意味するものを感受性にとんだ方法で追求した（537, 538図）。ヨーロッパ中の最良の建築家達が住宅を建てることを委嘱された。ドイツのP. ベーレンス、J. フランク、R. デッカー、W. グロピウス、L. ヒルベルザイマー、H. ペルツィッヒ、A. ラーディング、H. シャロウン、A. シュネック、B. タウト、M. タウト、ミース自身、オランダのJ. J. P. オウトとM. シュタム、フランスのル・コルビュジェ、ベルギーの V. ブルジョワである。

この地区は実験的な性格を持っていた。というのはそれが同型の建物のくり返しによる集合でなく、非常に多くのプロトタイプと考えるべき異種の建物例の集まりであったからである。主要な建物はミースによる鉄骨造の4階建てのテラスハウスであった（539〜542図）。これは同じ頃グロピウスもまた試みていた卓抜した理論テーマであった。即ち、道路ばたにあった昔の建物に代る、すべての住居に等しく衛生的な条件を与える開放的なブロックであり、独立した1戸建住宅と同等のものであった。3年後、グロピウスは、開放的なブロックは高ければ高いほど、構造的、平面的制約と両立し得る限り、便利であること──リフトがなければ4階建て、リフトがあれば10階──を示すことになる。

ここでミースは、その最初の新しい住宅に対して申し分のない建築的解決を行った。すべての附加的、装飾的要素は除かれ、彼は機能的要素の関係を天衣無縫の確実さで調整しながら、さも当り前のようにふるまっていた。普通と変った建築法なので技術的なコントロールは満足すべきものではなく、また、建物の保存状態は普通ではあったが、そのデザインの絶妙の比例は、材料の貧しさを通して今なお光り輝いている。

グロピウスは2軒の独立住宅を使って、鉄骨の柱、コルクの間仕切り壁を持ち、エタニット板で外装したプレファブ・システムを実験した。その板の大きさがプランにおいてもエレヴェーションにおいても建物のモデュールを決定している。

ル・コルビュジエは、彼の例の5つのポイントを適用し、7年前のシトロアン邸の基本的なアイディアを発展させた、鉄とコンクリートの、ピロティの上にのった2種の住宅を建てた（543, 544図）。これはヴァイセンホフの中で最も話題の中心となった。人々は、あるスペースの最小寸法、例えば、列車の廊下の幅と同じくらいの鉄骨住宅の廊下に特にショックを受けた。

オウトは、ロッテルダムのものよりもっと自由に分節され、同じように注意深く、細かくデザインされた5棟のテラスハウス群をデザインした。その中の1戸はすべてのディテールが全体と調和するようにして内部を完全にしつらえて展示された。

ドイツ建築家の古参ベーレンスは、ロマンティックな暗示と郷愁に満ちた生き生きした建物を建てた。若い建築家のひとりシャロウ

V 近代運動

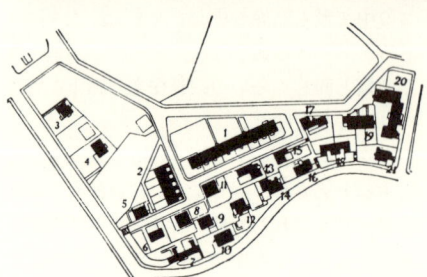

```
1   ミース・ファン・デル・ローエ    12    H. ベルツィッヒ
2   J.J.P. オウト               13と14  R. デッカー
3   V. ブルジョワ                15と16  M. タウト
4と5 A. シュネック               17    A. ラーディング
6と7 ル・コルビュジエ             18    J. フランク
8と9 W. グロピウス               19    M. シュタム
10   ヒルベルザイマー             20    P. ベーレンス
11   B. タウト                  21    H. シャロウン
```

537, 538図　シュトゥットガルト, ヴァイセンホフ, 1926年（P. Johnson 著, "Mies van der Rohe"——1947——から）

ンは, 新しい建築の要素が早くも装飾的に解決されたような住宅をデザインした (545, 546図)。初めてここに, 展示会のデモンストレーション的ムードに力を得て, 近代的マナリズムはその姿を現わした。即ち, それまでになし遂げられた成果を古い折衷主義の枠の中に

14 社会との初期の関係

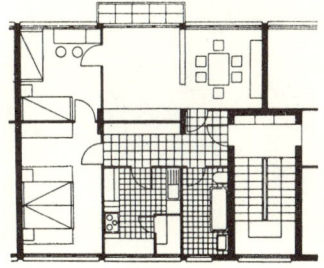

539〜541図 シュトゥットガルト,ヴァイセンホフにあるミース・ファン・デル・ローエの直線状の住宅

意識的に移調したのである。

　シュトゥットガルトの展示会は近代運動の筋の通ったショーを初めて公衆の面前に示したのだった。いろいろな国籍をもつ多くの建築家相互の直接の比較は,それぞれの違いよりも共通の目標を強調し,異った源をもつ多くのアクティヴィティの間の基本的な収斂性を露わにした。そこには全体計画はなく,建物は郊外によくあるように,単に並べられているだけである。しかし,もしそれらの建物が大量生産に適したプロトタイプとして考えられており,ある意味で多くの地区のサンプルであるということを想い起こすなら,ヴァイセンホフは近代都市の生き生きした表現として考えられるだろうし,いろいろな作品の基本的な調和は,いろいろな方法の計画が互いにバランスし合うような,より広範囲の統一が達成可能であることを示した。

　こうして,ヴァイセンホフは,それが地区の統一問題の夜明けには決定的な貢献はしな

542図 シュトゥットガルト，ヴァイセンホフにあるミース・ファン・デル・ローエの住宅の部分

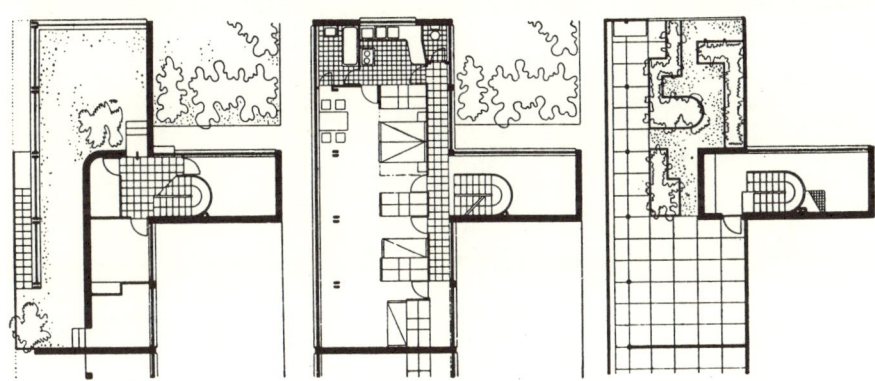

14 社会との初期の関係

543, 544図 シュトゥットガルト，ヴァイセンホフにあるル・コルビュジエの鉄骨住宅

かったにしろ，近代建築家のアクティヴィティが潜在的にもっている都市計画的問題に関して興味ある提案を示したのであるが，その時代の発言から判断すると，社会はこの問題を多かれ少なかれ誤って意識していた。それは建物についての提案の集合ではなく，単一の住居ばかりでなく都市景観全体をも修正し始める生活についての新しいコンセプトの提案なのである。[7]

戦争末期と経済危機との間に近代建築家によって行われた数多くの展示会においては，くり返されるほとんど唯一のテーマは近代的住宅であった。1925年，ル・コルビュジエは，パリの国際装飾美術展のためにエスプリ・ヌーヴォー館を建てることを委嘱され，3年前につくった「集合住宅」の1ユニットを完全

V 近代運動

545, 546図 シュトゥットガルト, ヴァイセンホフにるぁH. シャロウンの住宅

に仕上げて展示した。近代的住宅についてのグロピウスやドイツの近代的巨匠達の見解は, 1928年のベルリンのヴォーネン・イム・グリューネン(Wohnen im Grünen)展, 1930年のパリにおけるヴェルクブント展, 1931年のベルリンにおけるドイツ建築展等に表わされている。

1930年のパリのグラン・パレにおける展示

14 社会との初期の関係

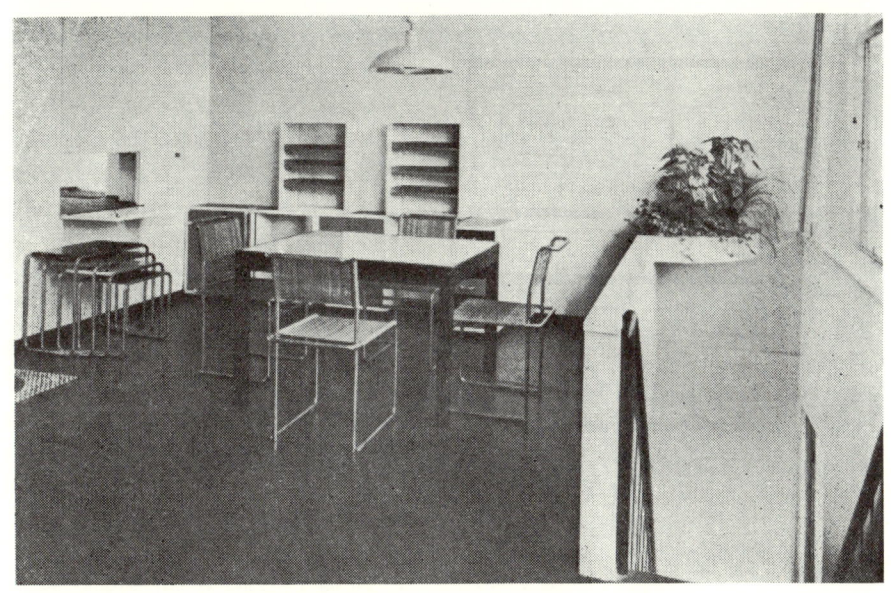

547, 548図　シュトゥットガルト，ヴァイセンホフにある M. シュタムの集合住宅

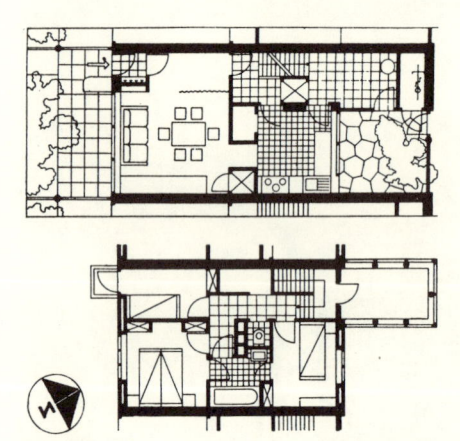

V　近代運動

549, 550図　シュトゥットガルト，ヴァイセンホフにあるオウトの集合住宅

会は最も影響力があった。正式に招待されたドイツはヴェルクブントにこの問題を委任し，ヴェルクブントはグロピウスにその責任を委ねた。彼は3人の古い協力者を利用した。即ち，バイヤー，ブロイヤー，モホリーナギである。グロピウスは既にバウハウスによって大きく影響されていたドイツの製品の花形を展示することを意図し，10階建てのアパートの計画を，その理想の背景として用いた。彼は主要な部屋の室内を多くの大量生産家具を使ってデザインし，ブロイヤーは同じ建物の1戸の家具をデザインし，モホリーナギは照明器具，バイヤーはテキスタイルをつくった。

　フランス社会の反応は多くは肯定的であり，ドイツの運動が数年の間に装飾美術にもたらした変化に驚きさえした。ブロイヤーの金属パイプの家具は，その何か月か前に，ル・コルビュジエとシャロッテ・ペリアンによってサロン・ドートンに展示されたものにはるかに勝るとして特に賞讃された。すべての品物の軽さと完璧な仕上げは高く評価された。

　この時期，政治的状況はドイツとフランスの間のよき文化的関係を大事にした。ブリア

14 社会との初期の関係

551, 552図 シュトゥットガルト，ヴァイセンホフにあるグロピウスとル・コルビュジエの住宅の内部

ンはヨーロッパ統一体の提案を発表し，切迫した危機から脱出するひとつの可能な道として，種々の国の間の経済協定に向かって真剣な努力が払われていた。実際，極めて厳格な

選択基準で行われた展示会は，ドイツの製品の全体としての真のイメージを与えはしなかったが，それは，近代運動がその仕事を続けることが可能ならばドイツにもどこにももた

117

V 近代運動

553図 1930年のパリのヴェルクブントの展覧会でのリビングルーム (S. Giedion 著, "W. Gropius" から)

らし得るであろう調和の前兆であった。それがあれほど有効で刺激的な影響力をもったのは，まさにこの理由からであった。

ギーディオンはパリの新聞からのいくつかの意見を報じているが，それは統一への希望と，国際協力を通して得られるよりよき世界への信仰のムードによくあったものである。ル・タン (Le Temps) 紙は書いている。

「展示会のドイツ部門でフランス人にとって最も印象的であったことは，フランスが予期したものと全く反対的なものが強調されているのを見出したことであった。即ちそれは軽さである………1910年にもドイツの芸術家によってグラン・パレで展示会が催されたが，それとこれとはどれほど違っていることか………≪ドイツ部門≫は≪サ

14 社会との初期の関係

554〜556図 ベルリン,建築展覧会,1931年。L.ライヒの室内装飾とミース・ファン・デル・ローエのモデル住宅 (P. Johnson 著前掲書から)

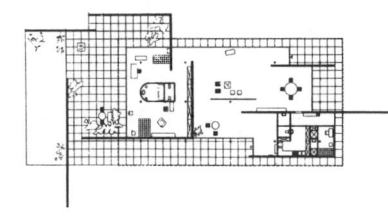

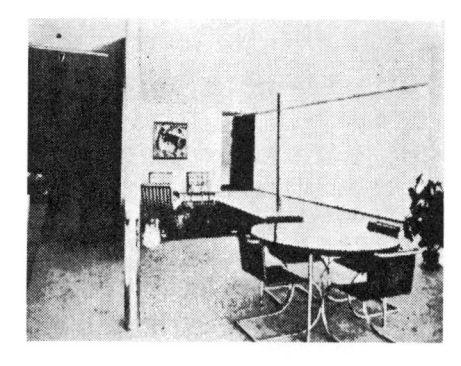

ロン≫——他の多くの中の特別室——であるばかりでなく,真にそれが青年ドイツの顔をわれわれに見せたのだといっても決して誇張ではない。」[8)]

ル・フィガロ (Le Figaro) 紙は,

「これは他の多くのものと同じ装飾美術の展示なのだろうか? 否,それはむしろ,何の制限もなく,何の生活についての情状酌量もなく,律せられた,抽象的生活のための線と面と環境についての新しい概念である。」[9)]

1931年には,パリの物の多くが,ベルリンのバウハウスシュテルング (Bauhausstellung) で再び展示された(554〜556図)。これは経済危機が非常に高まった時に行われ,機能的で調和的な未来の世界を喚起することは全く別

119

の意味をもっていた。何故なら，何事もそれがどの程度にでも実現される望みは残されていなかったからである。ドイツは，統一の動きに対してナショナリズムの新たな宣言で応えていた。1931年の春，ドイツ中央銀行の破産があり，ドイツ民主主義のデリケートなバランスは極右と極左の進出によって暗礁にのり上げた。グロピウスとその一派を支持していた支配階級は今やその利益をひどく脅かされ，急速にその文化的野心を終熄させた。1931年のドイツの展示会は，それまでに達成された仕事の総括としての役割を持ち，展示の全体に払われた執拗な注意は，建築家の努力の失敗についての痛い落胆を表わしていた。

上記のいくつかの展示会は主として内容に関わるものではあったが，社会に対するプレゼンテーションの伝統的な形式に強い影響をもたらした。

プレゼンテーション方法の狙いは，陳列するというよりもむしろ示威することであった。芸術家達は，伝統的な生活方法に代るものをすべての人々に説明し，理解して貰うことを目ざしていた。こうして，展示会は品物の陳列場というその本来の性格を失い，近代運動がひところ磨き上げたあらゆる表現方法を利用して見学者に訴えるひとつの機構として――限定して――考えられた。

これらの手段は1928年，モホリ-ナギによって次のように説明されている。

「新しいスローガンが書かれた可動壁，回転する色のフィルター，投光器，反射鏡。透明，軽さ，動き等，すべて社会の関心をよぶために必要なのである。すべてのものが揃っているので，最も単純な者でも手にすることが出来，理解することが出来る。それにまた新しい材料の面白い使い方がある。セルロイドの巨大な板，金網の格子，伸張，大小の板，空中に吊された文字による透明な展示等，どこにもはっきりした明るい色がある。」[10]

近代建築家達が，製作やその具体化から離れている間，展示会は，たとえ一時的にしろ，しばしば新しい空間概念の実現の好機となった。

ヴェルクブントの副会長として，ミースは展示のための場をデザインすることを委嘱された。1927年にはシュトゥットガルト展示会のガラス工業館，1929年のバルセロナの国際展示会のドイツ館，1931年のベルリンのバウハウスシュテリングのモデルハウス等である。この主題――イマジネーションの仕事と現実の建物との間の中間――において彼は彼の最も素晴らしいイメージのいくつかの実現のための最初のきっかけを見出したのであった。そのイメージの価値はその出発の段階をはるかに通り過ぎ，その後の建築思想を強く刺激した。

ミースは展示場のパヴィリオンが普通の建物でなく，本質的に違ったものであり，それは見られている間だけ存在し，それを見る人人のために存在していることを理解していた。こうした理由で，彼はそれを囲繞した建物としてではなく，ある大きさの空間を一時的に限定するのに適した独立した建物の集合として考えた（ここに恐らく，見学者や読者一般を同じように刺激することになる初期の空想的な仕事とのつながりがあった）。

ベルリンでは，仮設という性格と，格納庫の覆いの下で建てているという事実が彼を技術的な問題についての心配から解放した。バルセロナでは資力の豊さが大理石，オニックス，色ガラスというような高価な材料を用いることを可能にした。そこには，仕上げの完璧さ，建築的成果の完全さを妨げるものは何もなかった。われわれはこれらの作品について

14 社会との初期の関係

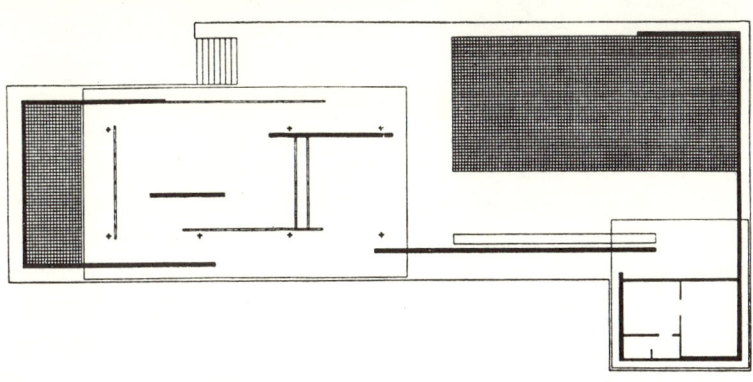

557, 558図 バルセロナ, 1929年の展覧会におけるドイツ館(ミース・ファン・デル・ローエ)

ただ写真や同時代人の記述から知ることが出来るだけである。その時代の人々のように、われわれはこれらの建物において考えと実行、思想と現実との間に明らかに何らの逡巡がないという事実に感銘をうけるのである。

展示館という主題のお蔭で、ミースは建築計画の近代的方法の一種の理論的な証明を示した。構造体をその基本的要素に分解するこ

121

とによって，彼は以前の建築的習慣の反響や残滓をすべて払拭し，空間は再び，カンディンスキーがいうような[11]白いキャンバスのように，清潔で均一で空白となった。この空間では，単純で幾何学的な角塔や純粋な材料が，カンディンスキーのキャンバスを埋める基本的な形態や色彩のように驚くべきほど共鳴しているのである。大理石の間仕切り，光る柱，デリケートに平衡させられた屋根スラブは，その連続した環境に非常な堅固さでおかれており，簡潔さと慎重さで特徴づけられ，それらをそれで終らせることなく，無限の展開可能の場を示唆している。

技術的価値と芸術的価値との間の区別は批評上の便宜としてのみあり得た。何故なら構造的要素は，単にそれらが普通に使われるやり方で表現的要素として直接利用されているからである。ミースの能力は，直接的な特殊な点はなくも常に認識し得る。何故なら，その極度に厳格な施工は，気ままさも，ためらいも許さないからである。彼がデザインした形態は，工業生産出来るプロトタイプとしての価値をもっていた。

3. 出版物

1925年に出されたグロピウスの本『国際建築』("Internationale Architektur")の後，近代運動についての出版は急速にふえた。例えば1926年のヒルベルザイマー[12]による控え目な仕事，1927年のブラッツ[13]による体系的な書物，1928年のマイヤー，[14]1929年のヒッチコック[15]とB.タウト，[16]1930年のマルキイェル・ジルムンスキー[17]とチェニー[18]による論文などである。1929年と1932年の間にヴァスムート建築辞典の4巻が現われ，1930年にはル・コルビュジェの作品集の第1巻が出現した。イタリアでは1931年にフィリアの全集,[19]1932年にはA.サルトリスの図集[20]が出た。

これらの本においては，近代建築は未来の理想としてばかりでなく，現在において既にある程度実現された成果として，それ故，存在すること自身に正当性をもつものとして紹介されている。

雑誌の分野でもまた状況は変った。アヴァン・ギャルドの出版物はひとつずつ消えていった。即ち，1925年には「レスプリ・ヌーヴォー」が，1928年には「デ・スティール」が，1929年には「バウハウス・レヴュー」がなくなり，その代りにより広い批判的視野をもついろいろな種類の定期刊行物が現われた。1926年ドイツ・ヴェルクブントの機関誌「ディー・フォルム」(Die Form, 形態)と，E.マイの実験を扱った「ダス・ノイエ・フランクフルト」(Das Neue Frankfurt, 新フランクフルト)，1930年には「ラルシテクトゥール・ドジュルドゥイ」(L'Architecture D'Aujourd'hui, 今日の建築)，そしてイタリアではパガーノが「ラ・カサ・ベッラ」(La Casa bella, 美しい家)の刊行を始めた。近代建築の論文や作品は「モデルネ・バウフォルメン」(Moderne Bauformen, 近代建築造形)，「ヴァスムート・建築と都市の月刊誌」(Wasmuth Monatschefte für Baukunst und Städtebau),「アーキテクチュラル・レヴュー」(Architectural Review) のような伝統主義者の出版物も現われた。

それは新傾向の宣伝をしているのではなく，既に活動している運動の記録をしているのであり，これらのものは，形態的正当化はさておき，主として技術上の議論を使って，誰にもわかるような単純で積極的な説明をするよう努めている。ここにその二，三の例をあげよう。1927年，「モデルネ・バウフォルメン」の編集者は，ヒルベルザイマーにシュトゥットガルト展示会の記録を委嘱し，こう表明している。

「われわれは会員に対してドイツ・ヴェルクブントがシュトゥットガルトの計画とモデルの国際展示会に出品している≪新しい建築≫の全集を呈することによってお役に立つことと信じている。ここでその主催者であるベルリンの建築家,ルードヴィッヒ・ヒルベルザイマー氏に一役買って頂こう。というのは,ほとんどすべての国の建築に認識して貰おうと努力する傾向は,それの支持者のひとりによって説明さるべきだからである。≪モデルネ・バウフォルメン≫の次号は再びより普通のものとなるだろうし,ありとあらゆる種類の近代的造作と装飾を扱うだろう。」

またヒルベルザイマーは書いている。

「新しい建築の前提と基礎はいろいろな種類からなっている。実用的な要求が建物の機能的性格を決定する。材料と静力学が建築する時の手段である。個々の特色と,科学的,社会学的要因は,建築技術を通して多大な影響をもたらしたが,支配的なのは建築家の実行の意志である。彼は個々の要素のそれぞれの重要性を決定し,それらの並置によって建物の形態的統一を実現する。形態が実現される手続きは新しい建築の性格を決定している。それはより装飾的な外観に進展せず,すべての要素の生き生きとした相互貫入の表現となる。それ故,美的要因はもはや建築的有機体を考えに入れないファサードの建築のように支配的でもなく,それ自身目的でもなく,それはすべての他の要素のように全体の中でのその役割を演じ,その全体に対して価値と重要性を持つ。ひとつの要素の過大評価は常に波瀾をつくり出す。この理由から,新しい建築はすべての要素のバランス,即ちハーモニーを目ざすのである。しかしこれは形式的なものでも,計画的なものでもなく,すべての新しい仕事に応じて異るものである。それは既に決定されている様式のパターンを含まず,創造的意志の支配の下におけるすべての要素の相互貫入の表現である。新しい建築は様式の問題ではなく,構築の問題を提出するのである。

このようにして,また,新しい国際的建築の形態的な姿の驚くべき調和を理解し始めることが出来るのである。それはよく信じられているような流行の形の熱望の問題ではなく,新しい建築的考えの基本的な表現の問題なのである。それはしばしば地方的,民族的特殊性や特定のデザイナーの個性によって異るけれども,全体としてそれは不変の前提の産物である。そこから形態的結果の統一が生まれるのである。この理想的な一致が,すべての限界をのりこえるのである。」[21]

B. タウトは1929年に出版された彼の本で,近代運動の性格を次の5つの点に要約している。

「1. すべての建物における第1の要求は最大の統一の達成である。
2. 使われる材料,工法は完全にこの第一の要求に従属させなければならない。
3. 美は,建物とその目的との間の直接的関係にあり,材料の性格の適切さ,工法の優美さにある。
4. 新しい建築の美学は,平面とファサード,道路と中庭,前と後の分離を認めない。すべてのディテールはそれ自身正当なのではなく,それは全体の必要な一部である。効果的に働いているものはまたよく見える。われわれはもはや,醜いが効果的に働くなどという

V 近代運動

559〜564図 「合理主義様式」、F. モルナーのブダペストの住宅 (1932年), L. デ・コニンクのアンデルゲムのクレー邸 (1931年), J. フィッシャーのブダペストの住宅, コーネルとウォードのグレースウッドの住宅 (イギリス, 1932年), S. パパダキのグリファダの住宅 (1933年), M. ジャンクのブカレストの住宅 (1933年) (A. Sartoris 著, "Gli elementi del-l'architettura razionale" から)

ことを信じない。
　5. 住宅もまたその構成要素と同様に，もはや孤立し，独立した本体ではない。部分が相互関係のまとまりの中に生きているように，住宅は周囲の建物との関係の中に生きている。住宅は集合的，社会的思考の産物である。くり返しはもはや避けるべきものとはみなされず，逆に，芸術的表現の最も重要な手段としてみなされる。等しい要求に対しては等しい建物があるべきである。但し，要求が真に特殊な場合，即ち，一般的，社会的に重要な建物には例外が守られるが。」[22]

　前章のグロピウスの見解のように，これもその暗喩的な性格を心に留めさえすれば理解し得る。近代運動はバウハウスの章で説明しようとしたように建築論の用語の意味を変えたが，これを単刀直入に解説することは不可能に近い。何故なら，すべての言葉がそれの普通のものと違った範囲と関わりをもっていたからである。近代運動は，後になって初めて部分的に理論化された行動上の選択であったが故に，建築家自身はしばしば古い習慣をもち続けたのである。

　それ故，議論は常にこじつけ的なものか暗喩的なものであった。一般社会に語りかける時には，建築家は正確さか単純さのどちらかを選択しなければならなかった。正確な議論は常に複雑であり，単純な議論は曖昧で大ざっぱであった。

　支持者や宣伝者達がこの時に近代運動に対して貼ったいろいろなレッテルは，この難しさを考えた時に初めて理解され得る。それらは，ある伝統的な用語が，暗喩的に，運動のある局面を強調するために用いられる時の公式であるが，言葉はまた文字通りにも解釈され，一連の誤解を生み出すこともあり得るものである。

　「ノイエ・ザハリッヒカイト」(neue Sachlichkeit, 新即物主義) という公式は文学的議論から借りたものであり，建築の運動と他の分野における似たような実験との間の関係を強調するために用いられた。新しい建築は，ブレヒトの劇場のように，人々の実際的な行動に影響を与えること，感情を刺激するよりもむしろ，決断を下させることを目ざしていた。[23] ここにおいては，建築家は作家よりも有利であった。後者は彼らの提案を，自由な時間を過すための娯楽の伝統的な形態を変えることによって——そして，それ故，毎日の仕事からの逃避を社会が望んでいる時，それによびかけることによって——社会の前に間接的に呈せざるを得ないのに対して，建築は，1日中人々を内包し，実際的利益について考えているまさにその時に彼らに働きかけるのである。

　文学との比較は他のレッテルの意味を説明するのに役立つ。「合理的建築」という公式は，ピスカトールの言葉で説明され得る。新しい建築は，「もはや純粋にセンチメンタルな手段で見る者に働きかけることも，彼の情緒的なものを利用することに賭けることもせず，彼の理性にそれ自身を全く意識的に訴えなければならない。それはもはや興奮，熱狂，エクスタシーを伝えてはならず，明快さ，知識，理解を伝えなければならない。」[24] 事実，精神の理性的状態は，現実の世界に支点を得ようとする考えにとって，重要な条件であった。

Nur belehrt von der Wirklichkeit, können wir Die Wirklichkeit ändern.[25]
（現実から学ぶことによってのみ，現実を変えることが出来る。）

　「機能主義建築」の公式は，合理的建築と密

接に関係をもっている。新しい建築は(ブレヒトの言葉を用いれば)「好事家よりも技術者の助けを仰ぎ」、[26] 見る者の中に主観的な賞讃のラッシュよりも数学的計算と客観的評価の感情を起こさせる。趣味の問題よりも合理的に証明され得る機能的利益に集中することが好ましいと考えられたが、こうしてのみ、証明は社会の文化の程度に基本的に関わりなく、知的なエリートを媒介とせず、人人に直接にとどくことが出来た。即ち、伝統的文化を常に支配していた階級構造から脱することが出来た。

「国際建築」の公式はグロピウスの本の題名によって固定化したものだが、最初の2つの公式に関係を持つ。グロピウスはこういう説明をしている。

「何が何でも個人を強調するということは間違ったことだ。逆に、われわれの時代の特徴である世界が1つであるという見方を発展させようという欲求は、精神的価値を個人の制約から解放し、それを客観的価値の高さにまで高めるという必要を強調する………近代建築においては、個人的、民族的なものの客観化は明らかに注目すべきである。世界的なコミュニケーションと世界的な技術によって条件づけられた近代的な統一への傾向は、個人や民衆が未だに縛られている国境をのりこえ、すべての文化の分野において前進している。建築は常に民族的であり、また常に個人的でもあるが、3つの同心円——個人、民衆、人間性——のうち第3の最も大きなものが他の2つを包含する。ここに国際建築というタイトルが存在する!」[27]

1934年、ペルシコは書いている。「国際主義について語るよりも、新しい建築を美的公式から離れて考えることを欲するならば、完全に理性的で知的な世界概念へと立ち戻るべきである。」[28]

これらの概念は、今や新しい実験の中から現われつつある新しい思想の枠内で理解され得たが、それを表現するのに用いられる公式用語は、伝統的習慣の言葉の中でのみ理解され得るもので、古い価値体系にのみ属し得るものであった。

かくして「新しい客観性」は事実に対する機械的固執として、「合理性」は帰納法に対する演繹法の優位として説明されることがあり、「機能的であること」という概念は物質的事実にされることがあり——即ち、物質的要求と精神的要求との間の区別は古い用語で保ち続けられ——「国際性」は、新しい建築がどの国でも等しく地方的伝統と無関係であるかの如くに、文字通りに理解されることもあった。

これらの言いがかりに直面して、近代建築家は時には自分自身を防護したが、普通は言葉の伝統的な意味を盲目的に受け入れ、勝利を望めない不毛の議論の中にのめりこんでしまった。例えば、彼らは、自分達が技術や物質的便利さばかりでなく精神的、芸術的価値にも関心をもっていることを強く述べ、事実、彼らは(なお敵のヴォキャブラリーを用いながら)精神的満足は物質的満足よりも重要であり、感じが便利さよりも重要であると述べた。彼らは自分達が用いた形態を美の地盤の上で正当化することに性急であり、ネオ・プラスティシズムやキュービズム、ピューリズム、他のアヴァン・ギャルドの要約的な解説を流布した。

この点において立場は逆転した。近代建築家達が、時には不可解な誇大な密教的理論に訴えかけたのに対して、彼らの敵達は、これらの理論が、彼らをして、ある基本的な実際的、経済的規準を見過ごさせることになると皮肉をこめて記している。敵の方がしばしば

正しかった。というのは、議論のさ中に、近代建築家達はまだ充分試験をしていない、技術的にはっきりしない方法を採用したからである。この例は、ル・コルビュジエによって唱道された水平窓と、それに対して垂直窓の方が部屋をより効果的に照明するということを科学的に証明しようという伝統主義者の努力とについての議論であり、漏水を許す平らなテラスやファサード、気象条件からファサードを守るコーニスの除去についての論争である。[29]

これらの無用の論争はつい最近まで未だに続き、今日においてすら完全に死に絶えていない。それらは近代運動に非常な害を及ぼした。何故なら、それらは運動の根本的で重要な議論の発展を阻害し、理論と実践との同時的展開の邪魔をし、社会的、政治的状況が真に深刻になった時、それらは真の責任や難しい選択からの逃避の釈明として役立ったのだった。

われわれは「合理的」「機能的」「国際的」建築という表現を上に述べた議論をさす時のみに用い、運動全体を示すのにそれらを用いることを避けるだろう。これは説明を少し複雑にするだろうが、それは近代建築の歴史に重荷を負わしている多くの陳腐なことがらを避けることを可能にし、そして、歴史的現実と、ある段階でもち出される論争上の、局限された説明とを混同させないようにするのである。

4. CIAMの設立

1927年、国際連盟のコンペティションとシュトゥットガルトの展示会は、いろいろなヨーロッパの国々の数多くの建築家達が同じやり方で仕事をしていること、彼らの業績は事実相互に矛盾するものでないことを証明した。

1928年、この仮りの統一を組織に移す必要が生じ、機会がマンドロ夫人(M. me de Mandrot)によって与えられ、彼女はラ・サラ城を近代建築家の会議のために提供した。

ル・コルビュジエは議論さるべき6つの点を色塗りの図で示し、それがホールに掲げられた。

    近代的技術知識とその影響
    規格化
    経済性
    都市計画
    青年の教育
    実現：建築と国家[30]

ラ・サラにおける議論は、そのような場合がたいていそうであるように、さほど重要ではなかった。これら出席者の大部分[31]は確かに事実に関する限りは前年シュトゥットガルトで有意義なやり方で実現された基本的合意に達していた。だが、その合意を言葉に移すことははるかに困難なことであった。何故ならこれらの困難をとび越えて議論を単純化することが出来る人は、当然のことながら、複雑な全体として問題を見、そして、その自覚のお蔭で議論から遠ざかった人よりも優位にたつからであった。

最終的な声明はル・コルビュジエのスタイルで行われた。

「次に署名をした各国の近代建築の代表である建築家たちは、建築についての基本的な考え、また彼らの職務について同じ見解をもつことを確認した。とりわけ、われわれは《建てるということ》が生活の展開に密接に結びついた人間の基本的活動であるという事実を強調した。建築の天命はその時代の精神を表現することである。われわれは、今日、現代の生活の物質的, 精神的,

情緒的要求を満足する新しい建築概念の必要を確認した。機械時代によってつくり出された根深い混乱を意識しながら，われわれは社会，経済構造の変形がそれに対応した建築上の変化を要求することを認める。われわれは，近代的世界に存在する諸要素の調和を求めるために，建築を，経済学的な，社会学的な，そしてまたすべて人間に役立つ真の領域に戻すためにここに集った。このようにすれば建築はアカデミーの不毛の影響から脱出するだろう。この確信に力を得て，われわれはこれらの目的の達成のために連合することを宣言する。

ひとつの国に役立つためには，建築は経済全体に密接に結びつかなければならない。近代生活における公理としてもたらされた≪利益≫という概念は，商業的最大利益を意味せず，人間の要求に完全に答えるのに充分な生産を意味する。真の利益は，工業に対するのと同様に建築計画に対して柔軟に適用された合理化と規格化の結果であろう。ひたすら貧血した技能に頼る代りに，建築がそれの過去の栄光を支えていたものと異る工業技術の無限の源泉を利用するということは重要である。

都市計画は，あらゆる形，個人におけるまた集団における，物質的，情緒的，精神的生活の種々の展開の背景をデザインすることであり，それは都市と国との両方を含む。都市計画は，気ままな耽美主義の支配に，ただただ従属するなどということはあり得ない。それは本質的に機能的なものである。都市計画が関わらなければならない3つの基本的機能は，(1)生活，(2)労働，(3)リクリエーションである。それの目的は，(a)土地の利用，(b)交通の組織化，(c)立法である。これら3つの機能は，既存の集落のパターンによってよりた易くさせられることはない。それらが行われる場所間の関係が，建築用地区とオープン・スペースとの正確な比率を確立するために再検討されなければならない。売買と投機のための土地の混乱した分割，それの敷地への分割の結果は，合理的な再編成に置きかえられなければならない。近代の要求に答える都市計画の基礎であるこの改革は，公共事業から生ずる価値の増加のかなりの部分を得ることを土地所有者に保証するだろう。

近代建築の手段と源泉を知らしめるために，世論に働きかけることは重要なことである。アカデミックな教育は社会の好みを悪用してきて，真の住宅問題は提出されもしなかった。社会は誤った情報を与えられており，ユーザー自身は，住宅に関わる欲求を形式化することがうまく出来ない。それ故，住宅は時には建築家の関心外であった。小学校で教えられる基本的な考え方は，家庭教育の基礎を形成し得るだろう。この教育は，住宅についての分別ある考えの備わった新しい世代をつくることが出来るし，建築家の未来のクライアントとなる彼らは，あまりにも長い間おろそかにされた住宅問題を解決することを，建築家に強いるだろう。

真に近代社会のために働くという確固とした願いを持つ建築家は，過去の保存者であるアカデミーが公共建築のために住宅問題を無視することによって社会の進歩を阻害することを阻んだ。教育に対して影響することによってアカデミーは建築家という職業を出発点から歪め，世の中で仕事を得るのは彼ら以外になかったが故に，建築芸術に新しい生命を吹きこむことが出来る唯一のものである新しい精神の普及を阻んだのである。」[32)]

CIAMの活動をその時代の社会に対して正当化した実現の手段についての議論を考えて

みるのは特に興味深い。

　ル・コルビュジエによって出された問題点の第6は「実現：建築と国家」であった。種種の思想の方向がこの公式に凝集していた。ル・コルビュジエは多くの者の行為が少数者の進歩的な活動によって規制される造物主的建築という考えをつくり出した。1923年，彼は「われわれの時代の芸術は，それが選ばれた少数者に対してのものである時に，ふさわしい役割をはたす。芸術はポピュラーなものではない………芸術は，指導するために冥想を必要とする選ばれた少数者以外にとっては不可欠の糧ではない。芸術はその本質において高貴なものである。」[33]と書いており，彼がこの指導の仕事を国家を通して最も高いレベルで実行したいと欲したのは当然であった。

　グロピウスは，現代のエリートが，文化的調停者としての仕事を司る優越を放棄することによってのみ，近代社会の目的に役立ち続けることが出来ると見た。即ち価値の古い資産の，古い社会構造から新しいものへ（専門的な言い方をすれば職人技術から工業へ）[34]の移行を保証し続け得ると見たのである。彼らは，「指導するために冥想」してはならず，冥想することによって，未来の統一された社会における他の人々への遺産の中に残されるかも知れない適当な価値体系を確定するために充分な期間だけ指導しなければならないといえるかも知れない。そして，すべての人々の関心が向けられる点，介入の手段を独占しているのは国であるが故に（建築産業における政府補助の建物の重要性の増加を考えてみればよい），グロピウスと彼の協働者もまた，彼らの考えを行動に移す新しい手段として国家に対し眼を向けたのである。

　決定的な違いは，ル・コルビュジエが国家と関わる経験を持たなかったのに対して，グロピウス，ミース，その他はある時期，そのような関係を育んできた。ヴェルクブントもバウハウスも，国立であり，シュトゥットガルトのヴァイセンホフは──デッソウの建物のように──公共資金で賄われた。オランダの建築家も似た経験を持っていた。というのは彼らは30年間にわたって役所のために働いてきたからである。当然既に老兵であったベルラーヘは，「国家と建築との関係」と題した報告書を携えて第6項目に貢献するためにやってきた。

　ル・コルビュジエは，トクヴィーユがあげた18世紀のフランスの知識人のように，あるプログラムを実行するのに必要な財政的，法律的手段を所有するものという，権力についての形式的な概念をもっており，彼が知識人として占めている独立した場を放棄することなしに，彼の意図を実現するために，公けの権力を使うことが出来ると考えた。

　グロピウス，オウト，ベルラーヘは，彼らのカードを国家に賭けることが，アヴァン・ギャルドの芸術家という特権的地位を放棄すること，他の人々と同じ立場での政治的葛藤を受け入れることを意味するということを知っていた。もし，建築家がすべての人々の生活条件に働きかけ得ないとするならば，彼らに頼み得る最小のものは，すべての人々にとって正当な，現行の規則に従った提案を提出することである。

　この歩みは非常に重要であった。経験不足から新しいアカデミーを誕生させ得ると考え，あるいは純粋な象牙の塔の中で道楽をし得ると考える者ですら，国家からの援助を仰ぐことによって，暗にゲームのルールを受け入れていた。目的と手段をはっきりと区別し得ると考え，デザインの場においては少なくとも譲歩することなく，それが誰であろうと権力者のために働き得ると考える人々は，すぐに落胆した。独裁主義は建築家でなく，アーチや円柱を欲したのであり，「いかに」と「何を」の区別を認めることを拒否したが故

V　近代運動

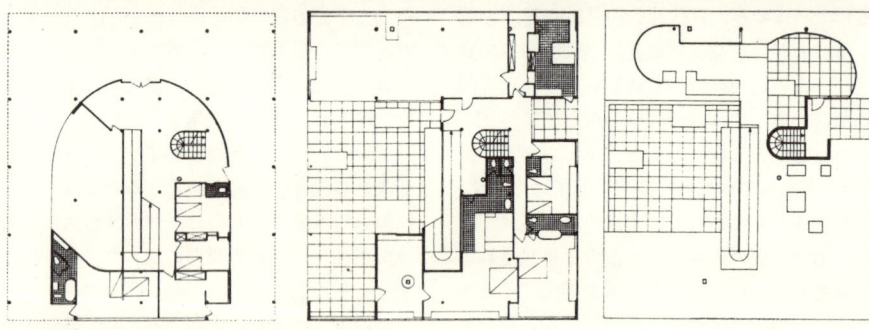

565, 566図　ポアッシー，サヴォワ邸（ル・コルビュジエとP. ジャンヌレ，1929〜1931年）

に，建築家よりもずっと筋が通っていた。

これらの問題はラ・サラ城で論じられた。参加者達は，触れられている問題，彼らに向けられている二者択一の重みに気づいてはいたが討論の調子は楽観的であった。この理由から，賢明にも，組織構造はかなり弾力的なまま残され，採用されたイニシャル(Congrès Internationaux d'Architecture Moderne)は，行われている実験を比較するために定期的に会合する機会を示すだけのもので あった。グロピウスは書いている。

「最も重要なことは，混乱に充ち，切れ切れの努力に充ちた世界の中で，建築家の小さな超国家的グループが，全体として彼らの前に立ちふさがっている多面的問題に向かうために努力をもり上げる必要を感じているという事実である。」[35]

14 社会との初期の関係

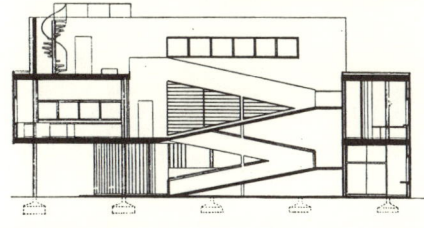

567〜569図 ポアッシー，サヴォワ邸（作品集からの断面図と当時の外観）

現実において2つの異なった仕事が存在した。未解決の問題の理解により近づくために定期的に実験を比べ合うことと，社会に対して，次第につくり出されつつある解決案を提示する方法を決定することであった。第1の要求は，基本的に難点を明らかにすることによっていろいろな傾向相互の一致の幅を狭めることになるし，第2は，説明の明快さを得

んがために，仮りの公式によって議論を曖昧にしながらその幅を拡げることになる。

その2つの仕事は必ずしも常に同じ割合で遂行されず，思想的追求は時には宣伝者の宣伝の犠牲にされた。内容の真面目さにも拘わらず，議論は，内部用と外部用との2つの型に分けられる危険があり，近代運動は，自ら制服を着てみせ，それのテーマを単純な図式的形態，時には言葉の上での妥協の産物で特定することを受け入れながら，暗黙のうちに社会が同じ単純で図式的なやり方でそれを判断することを認めた。

1930年前後，近代建築は特にドイツにおいて，また他の国々でもそれほどではなかったが威信と人気の頂点に達した。

これは近代建築家によって磨きあげられた形態的レパートリーの魅力が，全く異った形態的影響を，時には積極的にアカデミックな影響を受けた多くの他のデザイナー達をリードして，彼らの言語を多かれ少なかれ真に近代化した時であった。近代建築の精神は他の分野にも広がった。1930年，ヒンデミートは"Wir bauen ein Haus"（家を建てる）というカンタータを書き，それを，大工の真似をした少年合唱団がチームワークをたたえ歌いながら演じた。

1929年から1931年までの間のこのような状況下で3つの注目すべき作品がほとんど同時に生まれた。3つ共すぐに有名になり，近代運動に対する賛否の議論の焦点となった。ル・コルビュジエによるポワッシーのサヴォワ邸，ミースによるブルノのチューゲントハット邸，メンデルゾーンによるベルリンのコルンブスハウスである。

目立って激しい議論のさ中で考えられたこれら異質の建物は，共通して並はずれたレイアウトの明快さを持ち，作者達がデモンストレーションに対する並々ならない努力に憑かれていることを示している。結果はいくらか

V　近代運動

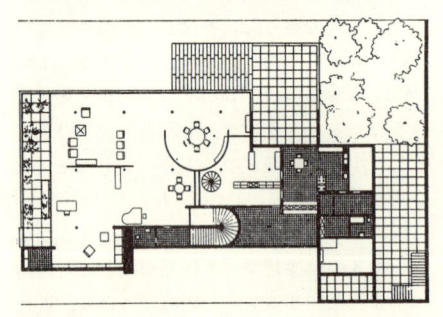

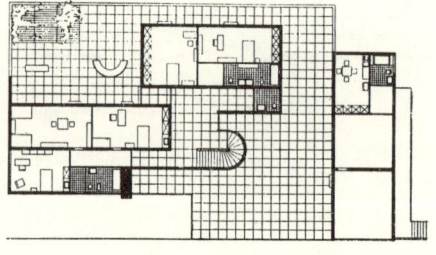

570〜575図　ブルノ，チューゲントハット邸（ミース・ファン・デル・ローエ，1930年，P. Johnson 著前掲書から）

生硬で，事実これらの原型から機械的な平凡な模倣へと移ることがあまりにも容易過ぎた。これらは，陳腐なものと隣り合わせている暗示的な，むしろ安易なイメージであった。

　サヴォワ邸（Villa Savoye，565〜569図）はパリから約30kmのところにあるぜい沢な住宅であり，深い森に囲まれた大きな，僅かに凹んだ野原というだけで全体の姿や機能的関係に関する限りはインスピレーションの湧きそうもない環境にある。こうした理由で，この住宅はその環境とはほとんどつながりをもつようには考えられておらず，パラーディオのロトンダ（Rotonda）のように，抽象概念の忠実な表現となり得たのである。

　建物はその自然環境にとけこんではいないが，それを変えることなくその中心におかれ

ており，風景の特徴をその同じ対称的な形の中に再現している。それはピロティで持ち上げられた四角の底面を持つ平行六面体で，4つの等しいファサードを磁石の4つの点に向けている。「草は素晴らしいものであり，森もまたしかり。われわれは出来るだけその邪魔にならないようにしよう。そうすれば，家はオブジェのように何もそこなわずに草の上に立つだろう。」[36)]

それ故，家と敷地との関係は本質的に観念的なものである（ル・コルビュジエは機能的な手掛りをほんの僅かしか用いていない。ピロティの中を回転する自動車のカーヴで1階の部屋の輪郭と四角のプランの面積を決めている）。展望はすべての方向に等しいので，自然環境は宇宙の環境と等しくあり得，実際この構成にア・プリオリに導入された唯一の非対称の原理は，中のリビングルームのレイアウトを規制している太陽の運行であった。

外の輪郭を確定した後，ル・コルビュジエは，そのインテリアでのあらゆる機能的要素の天才的な配置に力を集中した。3つの階の間の連続性は1階から屋上庭園へさらにサン・テラスへと続くゆるい斜路によって与えられている。「それはひとつの建築的漫歩であり，絶えず変る，思いがけない，時には驚くべき光景を見せる。柱と梁の剛な籠細工が構造方式となっている場合に，これほど多くの変化が得られたということは興味深い。」[37)]

計画の段階的変化の比較はより教訓的である。[39)] 構造骨組，方位のとり方，ファサードのデザイン，機能プログラムはすべて同じであるが，平面計画上の解決と建築的「漫歩」による出来事は変化に富んでおり，変り得るものとそうでないものと区別が鮮明であるが故に，より多くの変化を得ることが出来たのである。

つくられたものは，この時期のル・コルビュジエによくあったように，考えられたものとは同等ではなく，技術的欠陥は，イメージと現実との間に1枚の捨て札を入れることによって建築的効果を台無しにした。その住宅が見捨てられた今日，その弱点が明るみに出，もはや装置のマスクもはげ，訪れる者は，背景の支柱や支索が見えている劇場の舞台の上を歩いているような印象をうけるのである。

こういう場合でも，ル・コルビュジエは彼の建物をブエノスアイレス近くの一連の敷地に量産されるものの原型として考えてやまなかった。この住宅は明らかに類のない例として，処女地の理想的に無限な風景の中におかれるべきと考えられたので，この驚くべき意図はこの芸術家が他の原理（大量生産の原理）に対する敬意をもって行う抽象のさらに進んだ過程としてしか理解し得ない。

チューゲントハットの住宅（570～575図）もまた普通の建物ではなかった。それは斜面に建てられ，斜面の上の方に入口をもつぜい沢な住宅であった。建物は道路のそばに，道路と庭との間の視界を切りながら建っている。

ミースは，彼の建築を注意深く場所の持つ制約に適応させた。それはプランの要求に応じはっきり分節された単純な主体である。道路に面している部屋はサーヴィス関係を除き閉じられており，庭に向かって開放されている。機能的つながりがよく研究され，ル・コルビュジエの複雑な柄つぎも，いくつかの機能を出来る限り小さな空間にいれようとする努力も見られない。諸室はコンパクトなブロックに集められ，適当な広さを持ち，均一な鉄骨造のネットワークの中に配されている。幾何学的なつながりは最小限に押えられ，配置のつながりも適当にフレキシブルにしておいて，ミースは施工技術への集中に向かって決定的に動き出し，施主は予算の制限を課さなかったので，彼は自分が最良と考える材料と工程を選ぶことが出来た。

ントロールに基づいている。しかし、ミースはル・コルビュジエと違って、面や立体を建築的実体に変形させるためには、頑固な技術的勤勉さがデザイン的勤勉さに比例して重要であることを理解していた。時間と経験がなかったが故に、ここでの仕事は彼の意図を証明するのに向けられたが、そこには、ミースがその時からアメリカでの傑作までひるまずもち続けた姿勢が現われていた。

この作品はすぐに非常に有名になり、すべての雑誌に賞讃の記事と共にのった。その主たる調子は類型的なものであった。というのは、それを書いた人のごく僅かしかそれを見ようと努めず、写真家はその外観だけを伝えたからである(彼のプランはもっとずっと多くのものを知らせていた)。ペルシコはこの基本的な点に触れて書いた。

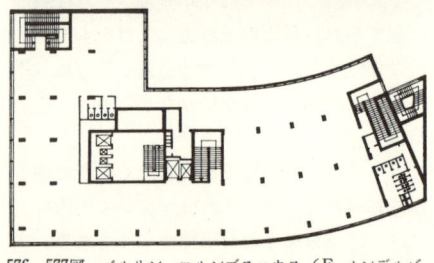

576, 577図 ベルリン、コルンブスハウス (E. メンデルゾーン、1931年)

この種の企てはひとつの建物で完成し得るものではない。何故なら、正反対の技術的解決は多くの実験を経て初めて発見することが出来るからである。しかしミースはまず材料の質に頼り(十字形の鉄柱はクロームで覆われ、リビングルームの間仕切り壁はオニックスと黒檀であった)、特殊な機械的工夫(その同じ部屋の大きな窓は電気仕掛けで垂直に動かすことが出来た)は内外の直接のコミュニケーションを可能にした。

ミースの建築もまたル・コルビュジエの建築のように、機能的要素間の関係の厳格なコ

「この住宅に関して誰かが《技術の精神》について述べた。疑いなくこれはミースが最終的に《合理的な》建物だけでなく、何よりも近代的な精神の状態、以前の観念とは何のつながりを持たない文明の状態を表現した建物をつくり出したということを意味している。それを建てた自由さが、近代的技術の進歩によって可能にされた気紛れの結果であるというのは本当ではない。正しいのはその逆である。われわれはここに、新しい感受性に関する法則を示した作品を前にしている。それにおいては、技術と芸術が過去におけるように必然的な合意に達している。」[39]

コルンブスハウス(576, 577図)はベルリンのポツダム広場にある商業建築であった。1階は商店で占められ、2階と半地階はレストラン、7つの中間階はオフィス、最上階は展望レストランになっている。ショッケン店や金属労働組合の建物と違って、ここではオ

フィスの中で行われる行為の実際的性格は前もって規定されず，それ故，種々の部屋が予期せぬそしていろいろなやり方でわけられるかもしれないので最大限のフレキシビリティが必要とされた。

建物は鋼鉄の骨組で支えられていた。下の2階では柱はファサードから約1.5mセットバックされ，それ故店のショーウインドーとレストランの大きなガラス窓を，建物いっぱいに続けることが出来る。1階の天井の上で，柱は持ち出しの大きな梁を支え，その上にオフィス階を支える構造体がのり，それはファサードと平らにされ，細く間隔の狭い（1.80mの）垂直材を形づくっている。かくして，オフィスの間仕切りは，外部の垂直材に合わせてほとんどどんな場所にもおくことが出来，ファサード全体はそれ自身といろいろな階の設備を支える巨大な骨組として建てられている。パラペットは磨かれた石で覆われ，種々の窓の列の間の連続した水平の帯を形づくっている。[40]

メンデルゾーンの建築の特徴である表現主義的緊張感はこの建物では最も少なく，最終的にやさしく落ち着いた語り方になっている。網状の構造体は，部分的に石で覆われているにも拘わらず，ファサードの上にはっきりと見え，光と影の水平の帯の絵画的効果が強調され過ぎることを防いでいる。階段室の硬いガラス窓をもった短い側面の端と長い側面のゆるいカーヴが構成に動きを与え，彼の若い頃の騒々しい構成の微かな名残りを留めている。

その形の素晴らしさは別として，この作品はル・コルビュジエやミースの住宅よりもずっと近代建築に実質上の貢献をした。それは社会に，最も説得力のあるやり方で，近代建築のみが近代的ビジネスセンターにとって典型的なある機能的な問題を解決する立場にあることを示した。予めその運命を予測することが出来ないことが，部屋やファサードを伝統的なやり方で決定することを不可能にした。それ故，伝統的様式の仕上げをすることを考えるのは不合理なことだったろう。他方，新しい様式に固有の観念的なフレキシビリティは，必要な平面のフレキシビリティの実現を可能にし，計画をある長さの時間に拡げて決定する可能性は，この種の建物の場合に必要なように，いろいろな部屋の最終目的が未だ規定されていない時の経済的プログラムを明確にさせた。

この場合において，新しい建築が僅かの特殊なクライアントの風変りな住宅のためにあるということばかりでなく，都市センターの再生に不可欠な条件であり，すべての人間に関わるものであることが証明された。路上の通りすがりの人にとっては，サヴォワ邸は彼に関わりないが，このコルンブスハウスでは彼の日常生活に関わるある機能が，初めて，満足すべき状態で解決されているが故に，この建物を受け入れざるを得ないのである。

---

1) W. Gropius 著, "The New Architecture and the Bauhaus"——ロンドン, 1935年——92頁
2) Le Corbusier から Martienssen への1936年9月23日付の手紙——「作品集1910～1929」の5頁に引用されている。
3) Le Corbusier 著, 前掲書, 162頁
4) 例えばハーグのゲメーンテ博物館
5) P. ネノ, J. ヴァゴ, C. ルフェーブル, C. ブロッギ
6) "Une maison, un palais" ——パリ, 1928年——と前掲「作品集1910～1929」の160～173頁参照
7) ヴァイセンホフについては, H. & B. Rasch 著, "Wie bauen?" ——シュトゥットガルト, 1972年——と C. Behrendt 著, "Der Sieg des neuen Baustils"——シュトゥットガルト, 1927年——の中で説明されている。
8) Vaillat 著, 1930年5月21日 "Temps" 紙上…

V 近代運動

……S. Giedion 著,前掲書 "A Decade of New Architecture" の50頁
9) A. Alexandre 著, 1930年5月16日の "Figaro" 紙上………S. Giedion 著,前掲書50頁
10) S. Giedion 著,前掲書 "A Decade of New Architecture" の48頁に引用されている。
11) W. Hess 著,前掲書131～132頁に引用されている。
12) L. Hilberseimer 著, "Internationale neue Baukunst"——シュトゥットガルト, 1926年
13) G. A. Platz 著, "Die Baukunst der neuesten Zeit"——ベルリン, 1927年
14) P. Meyer 著, Moderne Architektur und Tradition"——チューリッヒ, 1928年
15) H. R. Hitchcock Jr. 著, "Modern Architecture, Romanticism and Reintegration" ——ニューヨーク, 1929年
16) B. Taut 著, "Die neue Baukunst in Europa und Amerika" ——シュトゥットガルト, 1929年
17) M. Malkiel-Jirmounsky 著, "Les tendances de l'architecture contemporaine" ——パリ, 1930年
18) S. Cheney 著, "The New World Architecture"——ロンドン, 1930年
19) Fillia 著, "La nuova architettura"——トリノ, 1931年
20) A. Sartoris 著, "Gli elementi dell'architettura razionale"——ミラノ, 1932年
21) "Moderne Bauformen"——1927年——325頁
22) B. Taut 著,前掲書6頁
23) P. Chiarini 著, "Bertolt Brecht" ——パリ, 1959年——の164頁に引用されている。
24) E. Piscator 著, "Das politische Theater" ——ベルリン, 1929年——40～41頁
25) B. Brecht 著, "Die Massnahme"——ベルリン, 1930年
26) B. Brecht 著, "Vorwort zur Dreigroschen-Oper"——1927年
27) W. Gropius 著, "Internationale Architektur——ミュンヘン, 1925年——7頁
28) E. Persico 著, "Un ristorante automatico a Praga" —— "Casabella" 1934年1月号……… "Scritti critici e polemici"——ミラノ, 1947年 ——262頁に再録されている。
29) 例えば "Architetture di pensiero e pensieri sull'architettura"——ローマ, 1945年—— の271頁にある G. Giovannoni の "Il momento attuale dell'architettura" 参照
30) Le Corbusier 著,前掲作品集175頁
31) グロピウスは,デッサウからベルリンへの移転に関わっていて第1回の会合はに欠席した。
32) アテネ憲章——パリ, 1941年——の一文
33) Le Corbusier-Saugnier 著,『建築をめざして』——吉阪隆正訳87頁
34) G. C. Argan 著, "Walter Gropiuse e la Bauhaus"——トリノ, 1951年——16～19頁参照
35) W. Gropius著, "CIAM 1928～1953" ……… 前掲 "Scope of Total Architecture" の1頁参照
36) Le Corbusier & P. Jeanneret 著,「作品集 1929～1934」——チューリッヒ, 1952年——24頁
37) Le Corbusier & P. Jeannret 著,前掲書24頁
38) 作品集の第1巻の186～187頁,第2巻の24～25頁のそれぞれにのっている。
39) E. Persico著………1931年11月の"Casabella" 誌,前掲 "Scritti critici e polemici" の238～240頁参照
40) この建物を手伝った J. ポセナーは「水平のパネルが外部の構造を形成している細く間隔の密な柱列にとりつけられる前の方が,建物は美しかった」と書いている。またメンデルゾーンも,「どんな建物も完成以前の方がよい。この段階で建築家は次にすべきことを学ぶのである」と述べている。………A. Whittick 著, "Erich Mendelsohn" ——ロンドン, 1956年——93, 94頁参照

第15章　都市計画的問題へのアプローチ

1. 戦後の都市計画法と都市計画実験

　戦後，ハウジングがヨーロッパの多くの国で俄かに問題になった。住宅供給の不足は戦争の破壊——それはフランスにおいては特に深刻でそこでは35万戸が破壊された——によると同様，参戦国，中立国の多くにおける建設活動の休止にもよるものだった。さらに，建設コストは，材料，工賃，土地代の値上がりや，またより上質な仕上げへの欲求によって，生活費の値上がりよりも速く上昇した。この理由で，低所得階級のハウジングに対する国の介入は今やなお更必要であった。

　国の介入は2つの方法で行うことが出来た。私的組織に対して貸付と認可を与えるか，公共団体が直接イニシャティヴをとって住宅建設を行うかである。

　第1のやり方は主としてイギリスで採用された。アディソン (1919年)，チェンバレン (1923年)，ヒートレイ (1924年)，グリーンウッド (1930年) らによって提出された法案の結果として，国は平面計画と衛生についてのある前もって定められた規則に従うことを同意した公共的，私的企業に対して75%まで補助をすることを始めた。1936年の種々の法律が住宅供給法に一本化した時までに，この補助によって，イギリスの全建築生産の約3分の1に当る1100万戸が建設されたのだった。ハワードの第2の田園都市であるウェルウィンもまた，アディソン法の恩恵を受けたのだった。スウェーデンにおいては，国は私企業，特に協同組合に対して利子補給を行った。それ故，この時期に，いくつかの重要な建設協同組合，例えばスウェーデンの首都の都市計画の実現に不可欠な要因となったストックホルムのH. S. B. (1924年) 等の設立が行われた。ベルギーでは，1920年，国立低家賃住宅協会 (Société nationale des habitations bon marché) が設立された。これは自身で建設を行うのではなく，他の協会の資金援助をするものであった。フランスは，1928年ルシュール (Loucheur) 法によって改正された1894年の旧ジーグフリード (Siegfried) 法をもっていたが，民間の建設活動は足踏み状態であり，パリにおけるような，さし迫った必要があった場所では，国が介入しなければならなかった。

　第2の方式は最緊急事態によりうまく適合した。フランスでは，1912年の法律が庶民住宅を建設する権限を地方自治体に委任した。この法律に従って，1914年，パリ市低家賃住宅局 (Office municipale des habitations bon marché) が設立され，1920年活動に入

137

V 近代運動

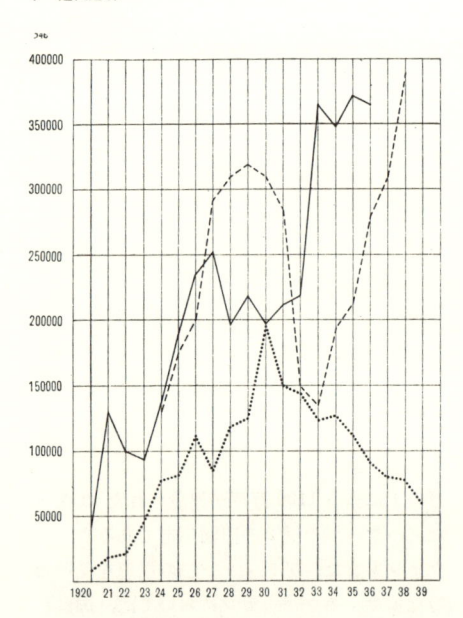

578図 2つの大戦間の建築生産。点線はフランスにおけるもの、実線はイギリスにおけるもの、鎖線はドイツにおけるものを示す。縦軸は各年に建設された住宅の数

った。1915年もうひとつの似たような事務局がセーヌ県に加わり、戦後パリの郊外に多くの衛星都市を建設し(ドランシーのボードウインとロッズによる塔状住居もその中に入る)、合わせて1万8000戸に及んだ。イギリスでは公共団体もまた政府の補助金を得ることが出来た。最も重要なものは L.C.C. (London City Council) で、それは1920年から1936年にかけて7万戸以上を建設し、その中の2万5000戸はエセックスのビコントリー (Becontree) で建設されたが、それはそれまでの世界中で一番大きな政府補助住宅群であった。これらは大部分1戸建て住宅で広い緑地の中におかれている。それにも拘わらず、12万5000の人口をもつ町を人工的につくり出すというような事業の大きさは、また部分的にしか解決されていない深刻な組織上の問題を提起した。ドイツでは、帝政時代に公布された最後の法令のひとつが、1918年、プロシャの都市に建設のための市の部局をつくることを要求した。この方式は、ワイマール共和国で一般的になり、インフレーションと恐慌との間の期間では、建築生産のほとんど半分が公共団体によってなされた(シュトゥットガルトのヴァイセンホフもこの中に入る)。オランダの都市もまた、技術部局を設立し、オウトやドゥドックのような一級の建築家を用いて、最初の自治体による地区を実現した。イタリアでは、庶民住宅供給局がその活動を強化し、2つの戦争の間に約8万戸を建設した。投資と見返りとの間のバランスにこだわらずに行われる市による建設の広大なプログラムの最も教訓的な例は、1920年以降、ウイーンの社会主義政府によって完成されたものである。ヴェルサイユ条約によっておかれたニューフロンティアの中に閉じこめられたオーストリア共和国は、その自然資源に見合わない人口を抱え、工業製品を輸出することによってのみ生きることが出来た。それ故、賃金を抑えることによって生産価格を下げることがこの国にとって重要であり、家賃を安くすることによってのみこれをすることが出来たのである。この理由で、ウイーンでは——そして他の都市ではそれほどでもなく——当局は、富裕階級に主に負担のかかる特殊な累進課税によって無制限に財政的裏付けをされた巨大な建設プログラムを開始した。それ故、テナントは当局の出費と維持費に応じた家賃を支払うことでよかった。ウイーンだけで、約6万戸がこの方式で建設され、それはしばしば中庭の周囲の大きな単一の建築ユニットにまとめられ、多くのアメニティが設備されている。これらのひとつカール・マルクス・ホフ (Karl Marx Hof) は1300戸の住宅をもつが、運動場、保育園、洗濯所、巡回診療所、図書館、郵便局、商店が設備されている。もうひとつのサンデライテンホフ (Sandeleitenhof) は1600戸くらいだが、劇場

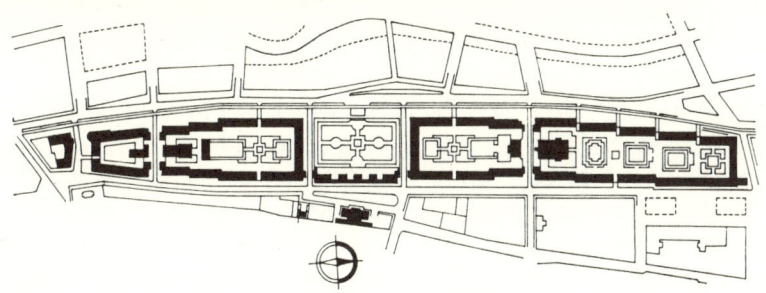

15 都市計画的問題へのアプローチ

579, 580図 ウイーン, C.エーンによるカール・マルクス・ホフの住宅群

をもっている。オーストリアの最上の建築家がこれらの建設プログラムに参加した。例えばホフマン, ホルツマイスター, フランクらであり, その建築はワグナー風の記念碑的性格を印すマークをしばしばつけていた。

　建物への公的な介入が, 場合によっては住宅や地区の新しい建設の大部分をコントロールするまでに増大したのに対して, 都市への介入——即ち法令と計画によってすべての公共・民間機関への間接的なコントロール——は同じほどには増大せず, むしろ20世紀の最初の10年間とほぼ同じ状態に留まった。イギリスにおいては, 1909年の都市計画法は1919年の法令によって——それは主要都市の拡張のための計画を強制し, 地域計画の立案を認可した——そして州政府にそれ自身の地域における都市計画を進めることを委任した1925年の法令によって, 最終的には, それまでの規則を統合し, 都市地域でもそれ以外でも(それ故, もし変化が現われそうなら古いセンターにも), すべての建築用地を計画するところにまで義務を拡張した1932年の法令によって完成された。しかし, これらの規則はほとんどの場合任意的なもので, 実行の義務を課

139

していなかった。

「計画を用意することは（と公式訓令は述べている），現在あるいは将来においても，考慮下にある土地に実際に建物を建てる意図があることを決して意味しない。目的は適用さるべき一般的な規範をおくことによって，そして既存の価値を守ることによって，変化が起こった時にそれを調整し指導することである。」

他のヨーロッパの国々では，大体都市計画の法制化の到来はおそかった。全般的な法令は，1931年スウェーデンとフィンランドで，1939年デンマークで，1942年イタリアで，フランスでは第2次大戦のあとに初めて通過した。

それ故，主要都市の計画はあらゆる困難の中で進行した。1919年フランスのセーヌ県はパリの都市計画のコンペティションを行ったが，パリ地方の設定後の1932年になって初めて実際的な事業が始められた。プロスト(Prost)計画として知られるこの計画は1939年，戦争の前夜にようやく認められた。1927年，似たような企画がロンドンでも始められ，ここでもまた計画は戦争で中断されるまで続いたが，実現されることはなかった。他方，ベルリン計画はうまくいった。それは1920年に始められ，インフレーションと恐慌の間の僅かな期間を通して部分的に実現された。ローマでは，1931年，独裁政権は全体計画を強引に通過させ，中心部のためのモニュメンタルな計画のあるものを実行した。この計画は戦前のものより秀れていたが1959年まで変更されず，1945年以後の都市の拡張に大きく影響した。

こうした状況下で，1919年の講和と1929年の恐慌の間に成熟した近代運動の提案は終熄した。今日，われわれにとって，運動の目的が後期自由主義のブルジョア都市に代るものを示すことであって，その都市の軋轢の修正ではなかったということは明らかであり，それ故，1914年以前のアヴァン・ギャルドの業績によって飾られてはいるが，近代的研究とその時代の実際との間の断絶は避け難いものだった。

グロピウスとル・コルビュジエは，出発点から始め，出来るだけ一般的な方法で構成の問題に取組むことが出来るようにするために，建築を，その構成要素に分解する必要を知った。こうして，住宅は基本的な一連の生産品に観念的に分けられ，計画は時間によって段階的に分けられた。第1に，種々の部分が作り出され，次にそれらの結合法が研究される。同じように，1つの地区は一連の構成要素（住居ユニット，道路，公共建物等）に分けられ，1つの都市は，機能の大きさに応じて，グループにあるいはグループのグループに集められた地区の集合体として考えられた。この方法は，実現のための手段の経済性を得るのに用いることが出来た。何故なら，それは工業生産の規範に合っていたからである。しかし，それは，すべての決定にその適切な時と場所を与えることによって最も適当な方法で知的労作を分配することを可能にするが故に，計画における思考の経済性をも得ることが出来る。このように，都市計画活動の性格とそれと建築との関係は満足すべきやり方で定義された。事実，個人のコントロールで計画の全分野を扱うことはもはや不可能であり，一般から特殊へと進みながら決定をいろいろな段階を辿らせていかなければならないということが明白となり，責任はいろいろな時点で，いろいろな大きさで種々の計画家に分担された。

しかし，当座は，構成要素を明らかにすることが，古い伝統から受け継がれた習慣を打破するのに役立つが故に，それが決定的な道

であった。このようにして近代運動は，集合の演繹的過程と考えられる全体の構成の問題を最初過小評価しなければならなかった。この経験不足はそれが事実と直面するようになった時に修正された。しかし，その間，近代運動は，巨大な活動がヨーロッパの都市の顔を変えながら進行中である時に，都市計画の分野には影響を与えることは出来なかった。

産業革命中に起こったプロセスが今やずっと大きな速度でくり返されていた。最初，産業都市の個々の要素が研究され，その後，都市が既に形成され，誤った調整の結果である不便さが感じられた時に初めて，専門家達は治療に動き始めた。だが，その間，問題はそんなぐずぐずしたやり方で扱われたので，完全に解決するのは非常に困難であった。何故なら，変化は一層急速になり，広い意味づけの中でそれに取り組む努力に常に先行したからである。

きびしい戦後の何年かの間で，近代運動の巨匠達は彼らの教義の中に含まれている都市計画の意味合いを発展させるのがおそく，ドゥドックを除いて前世代（ガルニエ，ワグナー，ベルラーヘら）によってこれに関連して始められた諸活動を過小評価した。

事実の論理は徐々に彼らの行動の分野を拡げさせたが，蓄積された遅延は，僅かではあるが決定的であることがわかった。何故なら，経済危機とその後の政治危機はもはや実験に熟成の時間を許さなかった。1930年頃，近代運動が真面目に都市計画問題に自らを関わらせた時，経済危機の故に建築生産は既に斜陽であり，間もなく第2次大戦へと続く政治的混乱は既に広がっていた。こうして，努力はそれがちょうど結果を生み出そうとする時に挫折し，建築と都市計画の役割の間に不均衡が生まれ，それが今日ですらわれわれの文化の上に重くのしかかっている。

578図のグラフは2つの大戦の間のフランス，ドイツ，イギリスにおける建築生産の推移を示しており，これを見て，これらの3本の曲線を追いながらこれら3国における建築文化の発展と絶えず比較してみるとよい。形態の歴史という言葉では適当に説明し得ない多くの事実は，文化と産業，建築的実体の量的側面と質的側面との間の関係を考えれば明白となるのである。

2. 戦後のドイツにおける新しい規格の最初の適用

最初は，近代建築と伝統的建築との間の違いは，伝統的な都市構造の連続性を絶ち，（伝統的あるいはアヴァン・ギャルド的都市計画において）常にブルジョア都市システムへの新しい附加物を併合するための手段である「全体構成」をすべて弱め，即ちそれを未来に残すことになる「構成要素の規格化」を受け入れるか否かの違いであった。

こうして，ウイーンにおいては，社会主義政府の新しい地区が一様なやり方で構成され，ブルジョア地区の集合と比較するために孤立化されていたが，同じ論理を受け入れていた（戦争直後ロースによって研究された新しい型の建物は1922年まで用いられなかった）。ロッテルダムでは，1924年から1925年にかけて，オウトは無限にくり返し得る新しい住宅群を導入して議論をよんだが，それらを特殊な要素と共に，限られた完結された群の中にのみ使用し，第13章で述べたように，全体計画には，対称と品位の伝統的規則性を再び用いた。

1924年以後，ドイツでは，建物の型の規格化の研究は前進し，ブルジョア都市の輪郭線を脱け出て大きな未開発地と関係をもつに到った建物が非常に多くなった時に，それは都市計画的な重要性をもつようになった。社会民主党によって支配されていた都市の大部分

V 近代運動

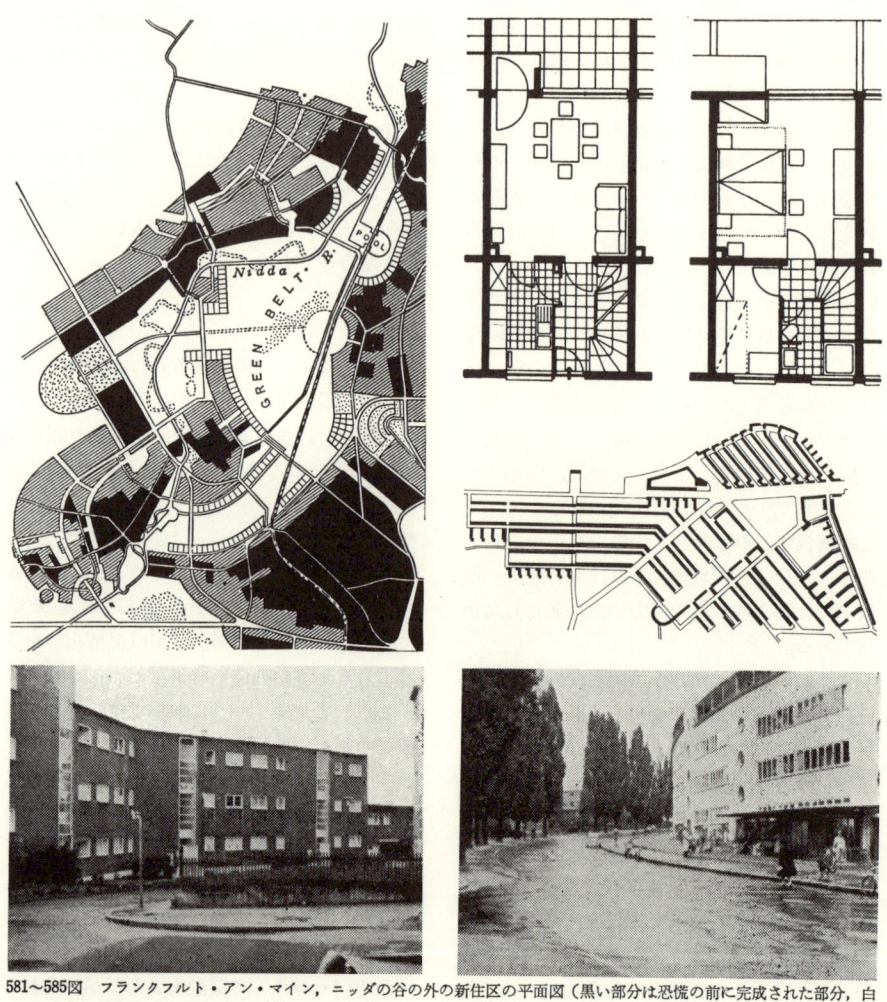

581～585図 フランクフルト・アン・マイン，ニッダの谷の外の新住区の平面図（黒い部分は恐慌の前に完成された部分，白い部分がこの計画部，C. Bauer 著，"Modern Housing"——1934年——から）。リードホフ西区の平面図，リェンメルシュタット地区の光景，ユニットのプラン

では，近代建築家達が市の建設プログラムを指導した。マグデブルグではタウト，ツェーレではヘスラー，フランクフルトではマイ，ベルリンではワグナーである。タウトはマグデブルグで1924年まで働いたが，まともなプログラムをつくるには短か過ぎる期間だった。ツェーレのヘスラーは模範的な地区——1923年のイタリエニッシェル・ガルテン（Ita-lienisher Garten），1924年のゲオルグスガルテン（Georgsgarten）——を建設し，初めて，伝統的な型の建物（個々の住宅もブロックも道路に沿って連続している）に代って，道路に直角に向いた3階建ての住宅群を建設した。彼は2つの戦争の間に，地区と共にいくつかの学校を建てている。

しかし，フランクフルトにおいては，一連

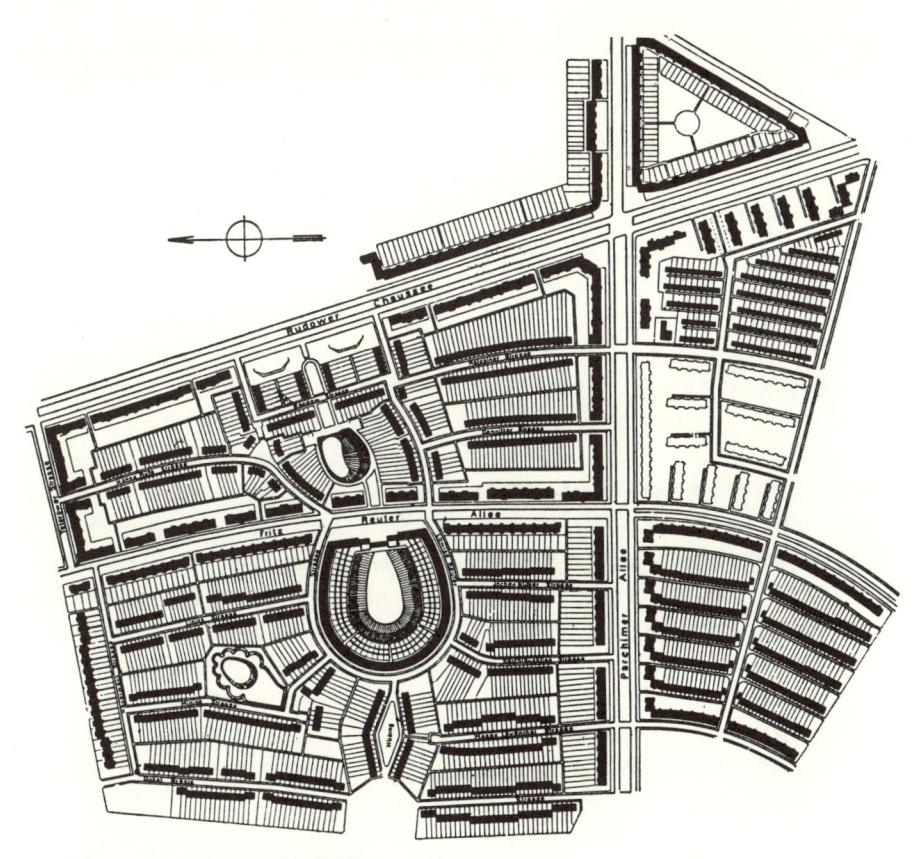

15 都市計画的問題へのアプローチ

586, 587図 ベルリン, ブリッツ広場の平面図とマーチン・ワグナーの提案による市都市計画局による緑地帯の図。黒い部分は公共緑地帯, 垂直線部は郊外地区

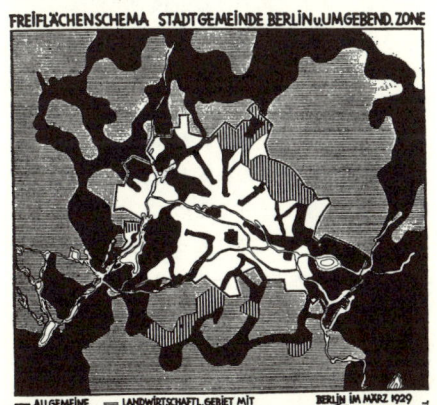

の好ましい状況がドイツにおけるユニークな,統一と拡張のためのプログラムを実現するのに役立った。戦争の初期,アドッケス市長は土地収用法——それの一般的な重要性は第11章で強調した——を促進し,市のために周辺地域の多くを獲得した。1924年,公的な計画立案の積極的な支持者であるルードヴィッヒ・ランドマンが同じ職を継ぎ,彼は市の全建設関係の長として老練な建築家エルンスト・マイを任命した。マイは1919年の初め,イギリスのアンウインと協働し,1919年から1924年にかけてはシレジア(Silesia)において住宅局長となった。

雇い主と,同じ意見をもった計画者との邂

143

V 近代運動

近は——戦前のリヨンにおけるエリオとガルニエのように——事業の成功にとっては決定的なものである。ランドマンはマイのために大きな権限を持つ新しい職,「デツェルネント・フュール・バウヴェーゼン」(Dezernent für Bauwesen, 建築長)をつくり出し,あらゆる反対に抗して彼を支持した。マイは初めの頃は伝統的様式で住宅をデザインしたが,フランクフルトにおいては,直ちに,グロピウス,タウト,ヘスラーらによって提案された「公共建築と都市の計画において 最初に 具体化されなければならない」[1] 新しい様式 を 採用した。

インフレと1920年の恐慌との間の僅かな期間に,マイはフランクフルトに約1万5000戸（全生産の90%）を建てたが,それらのほとんどは,市の北部,ニッダ谷の一帯に集合しており,緑地帯で古い中心部と距てられている。その「新フランクフルト」は田園の中に独立しまた浸りこんでおり,学校,ショッピングセンター,レストラン等が設けられている。建物の型は多様に規格化され,それ故,構造部材や有名な「フランクフルト・キッチン」のようないくつかのきまった家具を大量生産することを可能にした。全体計画においては同じ方向を向いた住戸の群のくり返しは,土地の起伏に従うために列を曲げることによって変化をつけられている。マイの実験の国際的な重要性は,フランクフルトにおける第2回 CIAM の集会によって確認された。

ベルリンにおいては自治体のプログラムの方向の統一がなく,公共的な建築団体はいろいろな方向を追った。近代的方向は市の土木局の一部門の長であり,1924年,ベルリンの大きな建築会社 Gehag (Gemeinnützige Heimstätten-Aktiengesellschaft, 公共住宅株式会社）の設立を促進した建築家,マーチン・ワグナーによって支持された。ワグナーの提案によって,Gehag は 1924 年から1933年にかけてブルーノ・タウトを建設関係の重役として傭い,いくつかの大きな地区を実現した。ベルリン・ブリッツ (Berlin Britz, 1925年), ベルリン・ツェーレンドルフ(Berlin Zehlendorf, 1926年） である。ここにおいてもまた,タウトは,建物の型の厳格な統一を課した（ブリッツで4型式,ツェーレンドルフで3型式）が,大きな集団に外観上の統一を得るために住区の平面に人為的に変化をもたしている。住区は,既存の周辺部から充分隔離されており,1929年にワグナーによって決定された公園と農地ゾーンをもつ都市体系に関連づけられている。

ベルリンのプログラムの一貫性の不足は不充分な指導力にもよる。ランドマンのような決断力のある管理者が不足し,マイの役割は,ワグナー——量の問題に特に興味をもった——とタウト——やや質の問題に興味をもった——との間で分割された。グロピウスと同じくタウトによって理論的に立証された総合は,公共機関の中では,実現には到らなかった。

3. グロピウスと都市計画

結局,ドイツにおける近代的実験はバウハウスの理論的モデルに,そしてそれの願いに留まった。ダルムシュタットのバウハウス記録保管所に集録されており,部分的にヴィングラーによって出版された[2] 資料は,いろいろな場所で数多くの提案と実現を促進し,対決させ,議論し,守るために,これらの年月の間に完成された熱の入った仕事を示している。バウハウスのテーマによれば,まさしく,教育は間接的であり得ず,実際に示すことを必要とする。かくしてグロピウスは学校に実地への介入を強い,それが論議のその後の局面のポイントとなった。

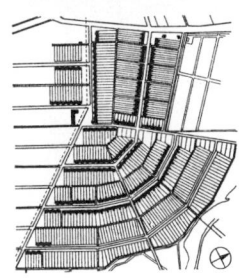

15 都市計画的問題へのアプローチ

588〜590図 デッソー，トョルテン地区の今日と1926年（W. グロピウス，1926〜1928年）

終始，示そうとする対象物は家具でも個々の建物でもなく，すべての手細工が統合された建築環境であった。新しい方法論は，家具から地域計画まですべての計画分野に及び，どんな要素——1脚の椅子，1軒の家，1つの地区でも——より大きなスケールでくり返し使い得るモデルとしての価値をもっていた。

これの必要は戦後の経済難が続いている間は生じなかった。「アム・ホルン」(am Horn)住宅は決して実現されることのない独立住宅の集落の原型であった。バウハウスの教員住宅は僅か2，3の例で再び用いられただけで，1926年になって初めて，ライヒス・フォルシュングス・ゲゼルシャフト（Reichesforschungsgesellschaft，ドイツ研究協会）のためのデッサウの小さなトョルテン住区が，バウハウスの理論を立証する賞讃すべき実験室となった。

その住区は，2階建てのテラスハウスから

145

V 近代運動

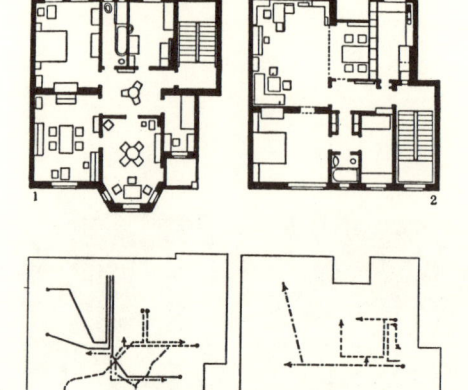

591, 592図 A.クライン, ライヒス・フォルシュングス・ゲゼルシャフトのための平面研究（1928年）

なっていた。3つの建物型が極端に慎重に試みられた。構造支持体は、コンクリートの梁で結びつけられた、交叉する組積造の間仕切壁であり、1927年に建てられた住宅においてはそれらは、正面のパネル壁と違った色に塗られており、テラスに平行な壁は明るい色に、それに直角におかれた壁は暗色に塗られているので、全体の凹凸の演出を強調している。住区の中心には4階建ての建物が建っており、それにはごく小さな住戸と消費者の協同組合が入っている。家具類はバウハウスの工房でつくられ、それ故、部屋のサイズは家具に合わせてとられた。

建物型については充分考慮がされているのに対して、全体の構成はどこか曖昧である。企画——庭つきのテラスハウス——がもとの土地の境界線をなぞることを必要とさせ、都市と田園との中間的なやり方は、はっきりした建築的イメージをよび起こすには不適当であった。住区は求心的に構成された。それは周囲の田園に同心の輪の状態に広がり、中心の近くの小広場が中心で、そこには協同組合の高い建物がおかれている。

グロピウスは、多分、これらの誤りに気づき、そしてまたバウハウスの境界内に留まる限り、それを修正することが不可能であることに気がついていた。実際、必然的にゆっくりと、分析的に進行する教育という仕事と、問題のいろいろな要因を統合するために完全なタイミングと素早さを必要とする都市計画の仕事とは、容易に一致しなかった。

さらに、バウハウスの難点は、ヨーロッパ文化全般の難点を反映していた。建物の型の構成はうまく進行し、普遍的な価値を持つ結果に収斂した（この時期にはアレクサンダー・クライン[3]の重要な作品の出版≪1879年≫があった。591図）のに、種々の住区の構成の規準についてはまだ大変な混乱が存在していた。それらは、ブルッセルの田園住区の疎らな独立住宅から、モニュメンタルなウインのコート型やオランダのブロック型に至るまで、生活の仕方の相違による当然な相違もなしにその範囲が広がっている。

ハウジングの問題を明確化するために、グロピウスは、建築生産に作用している経済的、政治的力と直接に接触することによって、公けの場での競争に立ち向かわなければならないことを理解していた。かくして1928年、彼は学校を捨て、フリーランスの建築家としてベルリンに落ち着いた。

1927年、彼はカールスルーエのダンメルシュトック地区のコンペティションに勝ち、住宅の建設に9人の建築家の協力を求めた。[4] 全体計画は非常に単純であった。すべての棟は2つのファサードに対称的に日照を与えるために北から南へ向かっておかれており、歩行者路によってサーヴィスされている。自動車道路はそれと直角に東から西へ走っている（593図）。全体計画に欠けている変化は個々の建築で補われている。というのは、各棟は

15 都市計画的問題へのアプローチ

いろいろな高さ（2階から6階）からなり，いろいろな間隔をおかれ，9人の建築家によっていろいろなやり方で扱われているからである。注目すべきことは，この住区は中心的な空間を持たず，また全く閉鎖的でなく，周囲の空間に密接に結びつけられている。公共建築と一般的建築は，地区の端部に，新しい住区組織を都市のそれの中につなげるのに最もふさわしい部分におかれており，一方，最も規則的でない部分，例えばハイデルベルガーシュトラーセに向いている敷地の端部では，敷地の形状が慎重に調整されている。

もし，グロピウスの都市計画のヴィジョンが実際には1つの住区以外には及ばないが故に客観的に欠陥があったにせよ，住区の考え方が大きく変ったことは注目すべきである。それはもはや独立した構成ではなく，都市郊外の不定形の集合への介入の行為であり，偶然で無秩序な集落に対して，計算された秩序ある修正を行うことであった。問題は互いに影響しバランスし合う2つの異る実体を結びつけることであったのである。

グロピウスによって計画されたダンメルシュトックや他の住区の構成と，同じ時代クレーによる都市的とよくよばれる絵によって表現された研究とを比較することが出来る。われわれは絵画と配置図との間の形態的類似性——とにかくそれは存在していない——を指摘したいとは思わないが，心理的過程とそれに関係しているであろう根源の類似性を指摘したいのである。一例として，「一市街地のメカニズム」と題する1928年の絵をあげることが出来る（595図）（ダンメルシュトックやその時期の多くの住区は直角のくり返しを基としていた）。それが純粋に機械的でないにしろ，クレーはこの原則のくり返しの適用からなし得る質的なヴァライエティを示したのだが，すべての段階で，無限の決定可能性を

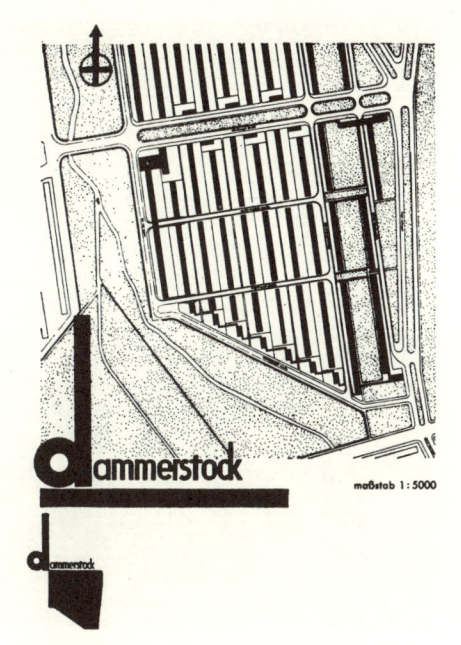

593図 W. グロピウス，カールスルーエのダムメルシュトック地区（1928年）

心にとめ，常に新しい偶然的な選択に直面し，それが直線の分岐と直方形を故意に僅かに歪めた形を描くことによって強調されている。

1926年の「森の中に建てられる城」（594図）の絵においては，クレーは，交叉した直線の群がる不規則な背景に規則的に向けられた形態を導入させることによって，つくり出される効果を研究した。その形態は背景を乱し，それ自身の動きをし，それのもつ動的な法則性によって周囲の要素を把握している。暗喩の形式で，クレーは建築家と同じ問題に取り組んだのである。つまりそれは周囲の地区への影響を心にとめ，2つの異種の実体を調和させながら，均一な建物や地区をもった都市の複雑で無秩序な構造を破る問題なのである。

それ故，直線の鉄道線路とカーヴした道路

V 近代運動

594, 595図　P.クレー，「森の中に建てられる城」，1926年，「一市街地のメカニズム」，1928年，（W.グローマンの前掲書から）

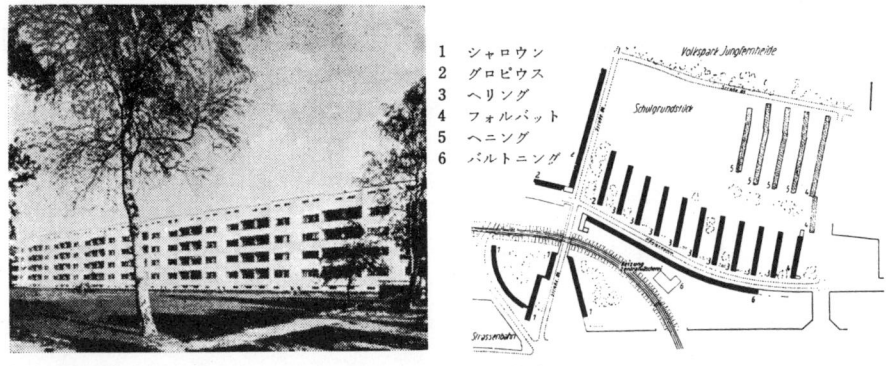

15 都市計画的問題へのアプローチ

1 シャロウン
2 グロピウス
3 ヘリング
4 フォルバット
5 ヘニング
6 バルトニング

596, 597図 W. グロピウス, ベルリンのジーメンスシュタット住区（1930年）

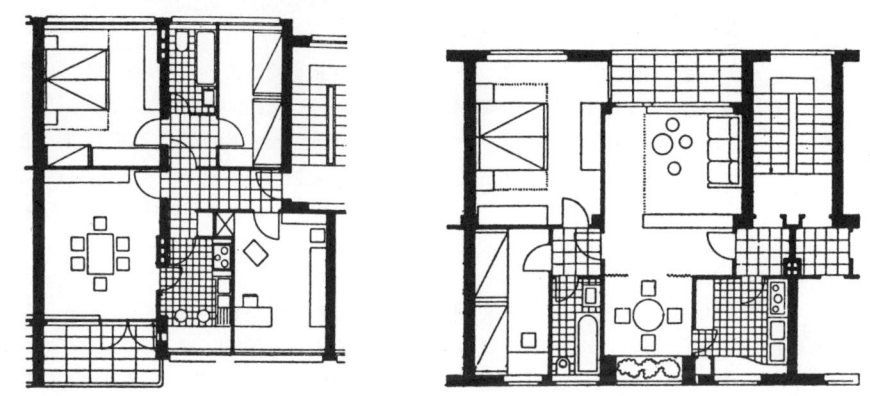

598, 599図 ダンメルシュトック（W. グロピウス）とジーメンスシュタット（H. シャロウン）のユニットのプラン

によって切断されたジーメンスシュタット住区[5]において、グロピウスがこれらの既存の要素に全体構成を従わせねばならなかったのは当然であった。バルトニングによって設計された南向きの住戸をもつ住棟は、道路に沿って、東から西に延びている。反対側には、両側を向いた住戸をもつ直角に曲ったヘリングの棟があり、一方、鉄道の南に向かってシャロウンの建物が収斂し、地下道を囲んでいる。グロピウス自身は主要交叉点の近くの3棟をデザインし、アクセントが強過ぎるが、それが住区の位置的中心となっている（596〜599図）。

ここでもまた、公共建物は周辺に立ち、住棟群の端部を周囲の地区に結びつける問題を解決するのに用いられている。そこには、完成されたばかりのブリッツにおけるタウトのものと、ツェーレンドルフ[6]その他の同時代の住区の配置計画を複雑にしている、労多くして功少ない構成の跡はもはやない。

自動車道路網は非常に減り、機能のヒエラルキーは明快でわかり易く、すべての住居における均一な衛生的配慮は平面計画の規則性によって保証されており、また、すべての個々のディテールは構成に変化を与え豊かにするために利用されている。つまり、すべての

V 近代運動

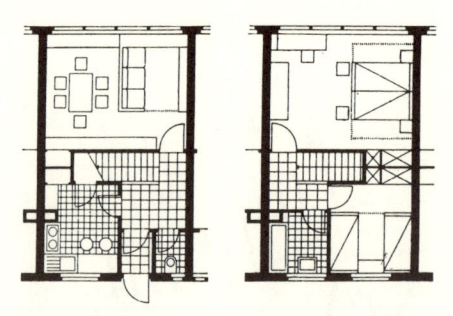

600図 1929年 CIAM で議論された，最小限住宅のユニット・プラン

点は論理的に正され，周囲の産業構造と同じ真面目な説得力のある性格をもっているのである。初めて，労働者階級住区は均一なプランと，工場と比較していやな感じでない堅固さをもち，またあらゆる点においてヒューマン・スケールと，非常にデリケートな家庭的な親しみ易さが大事にされたのだった。

グロピウスが1926年から1931年にかけて設計した公共建物のプラン——そして特に，1926年のピスカトールのためにつくられた劇場風のものから1931年のキャルコフ劇場のコンペティションまでの劇場——は，都市計画実験と密接な関係をもっている。傾いた複雑な構造と回転するエレメント，階段とランプでふさがれたファサード等をもったこれらの建物の表現要素は，明らかに，同じ方向を向いた少数の建物型のくり返しとなる住宅の厳格さや単純さと相補的なものである。公共建物は事実都市的な配置の焦点であり，そこでは，規格化の過程のさ中にある住居構造からはみ出されて，特別な威風が集中されている。しばらくの間，アクセントはハウジングにおかれていたが，後にはシヴィック・センター——後の言い方をすればコア——の問題が前面に出てきた。

1929年から1931年までの間に，グロピウスは都市計画実験に理論形式を与え，研究が有利に行われるような方向づけをした。彼は，最小限住居をア・プリオリに定義し得る抽象的実在であるとは考えず，それ故そのような住宅の最良形式の絶対的決定を目ざさなかった。

「最小限住居の問題は，人間が自分の住居に限界を経験することなしに彼の生活機能を充分に発揮し得るに必要な空間，空気，光，熱の基本的な最小限度を確立すること，即ち，modus non moriendi（死なない方法）の代りに modus vivendi（生きる方法）の最小限である。」[7]

それは物質的形式と「経済的であるばかりでなく」——彼は2年後に記した——「主として物理的，社会学的な」[8] 重要な要求との間の関係を調べる問題であった。さらにこの関係はア・プリオリに演繹され得ず，実験を通して見出されなければならなかった。研究は時間と場所によって生活の仕方が異るという難しさから出発しなければならなかった。

これらの原則から出発してグロピウスはわれわれの時代に用いられている2つの伝統的解決，即ち独立住宅と集合住宅とを比較し，ライトやル・コルビュジエがそうしたようにどちらかを支持することを拒否した。それぞれはそれ自身の得失をもっていた。独立住宅は住宅と庭との間の直接的な接触，より大きな独立性とフレキシビリティを可能にするが，建設及び維持により費用がかかる。また，住区の密度を少なくすることによって，労働者の通勤距離を大きくすることになる。

集合住宅は個々の家族の独立性を小さくし，特に子供にとって生活を少々複雑にする。しかしそれはコミュニティの精神を高揚し，その精神が家族からある機能を次第に抽出し，それを集合的なサーヴィスという形にまとめる。さらにそれはより経済的であり，

150

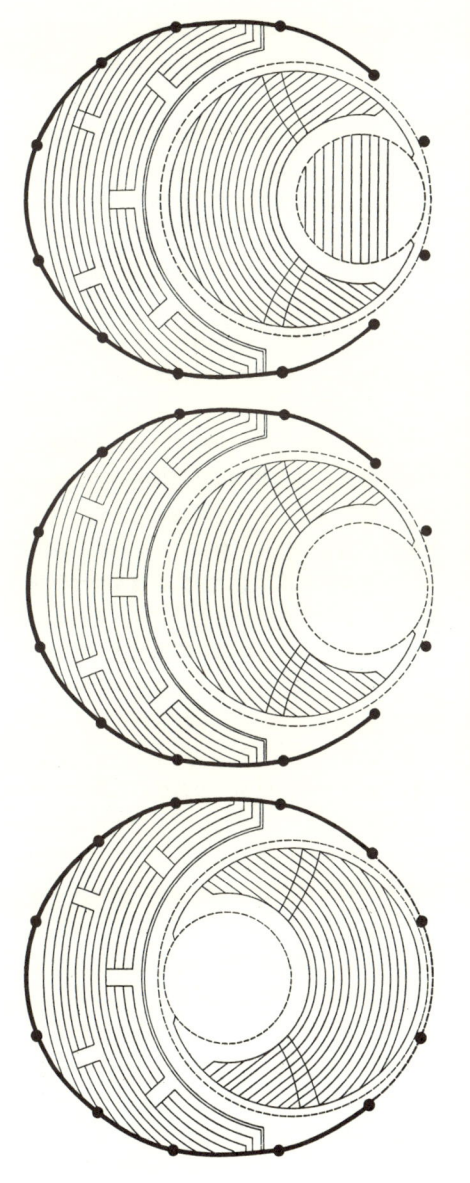

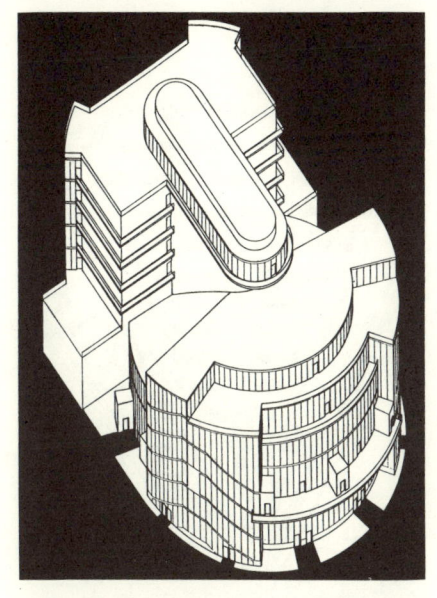

15 都市計画的問題へのアプローチ

601〜603図 W. グロピウス，俳優ピスカトールのために研究したトータル劇場（S. Giedion 著前掲書から）

高密度を可能にするが，そのことは労働者が長距離を通勤しなくてすみ，より多くの自由時間をもち得ることを意味するのである。
　彼が好んだ解決は，経済的手段によって，

そしてまたそのような得失のもつ比重と，住民と各種階級の心理状態に応じて，変化した。その時代のドイツにおいては，独立住宅は中流階級にのみ便利であり，それに対して集合

V 近代運動

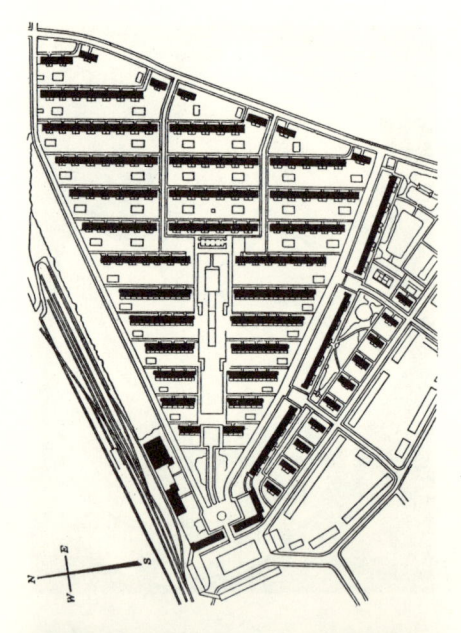

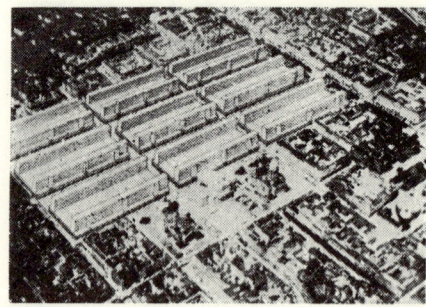

604, 605図 A. クラインによるバド・デュレンベルグ地区 (1930年) とヒルベルザイマーによるベルリン計画 (1930年頃)

住宅は庶民の住宅に最も適していた。というのは、この場合隔離と空間的自由が犠牲になる代りに、経済性（より多くの人々に公的施策の利益を分配すること）と密度（労働者、主として事務員と工員の通勤距離を少なくすること）が主な要求となるからである。しかし、この犠牲は偏見のないやり方でどんな型の集合住宅がそのような利点を最大限満喫し得るようにするかを見出すに違いないし、階数をふやすことがそうさせるだろう。

a) 建築密度は各種建物の隣棟間隔、即ち衛生状態と共に増加する。密度が大になればなるほど、隣棟間隔は広くなるだろう。
b) ある種のコストは減る。即ち土地自身のコスト（上に述べた密度の増加の故に）と公共の施設、設備、道路のコストである。しかしながら、建物そのもののコストはそれを支える構造とリフトのために増加する。

ドイツにおいては、すべての要因を考慮に入れれば最適値は 10 階から 12 階の間であった。この高さは、充分な隣棟間隔と高い建築密度との望ましい共存を許し、それ故、建設コストを許容範囲以上に上昇させないで諸施設の満足すべき集中を可能にする。それに対して、3 階から 4 階の通常の建物は、独立住宅の利点も高層ブロックのそれももたないが故に、非合理的な妥協とみなされなければならない。

研究の 2 つの方向がこの理由から生じてきた。高層ブロックは新しい型の建物であったので、都市計画的議論によって、それらが通常の 3～4 階のブロックに有利に置き代り得ることを示す必要があった。しかし独立住宅においては、問題は厳密に技術的であった。それらを用い難いのは全くコストによるもので、それ故、住宅を、工業的に大量生産され得る部材で組み立てることによってそれを減じる必要があり、それがプレファブリケーションに対する関心をよぶことになった。

第 1 の思想の方向は1929年の実験住区スパンダウ−ハーゼルホルスト (Spandau-Haselhorst) (606図) と 1930年のパリ、1931年のベルリンでの展示会に出品された模型のプランをつくり出した。しかしながら、グロピウスは彼の高層住宅をドイツで建てることをし

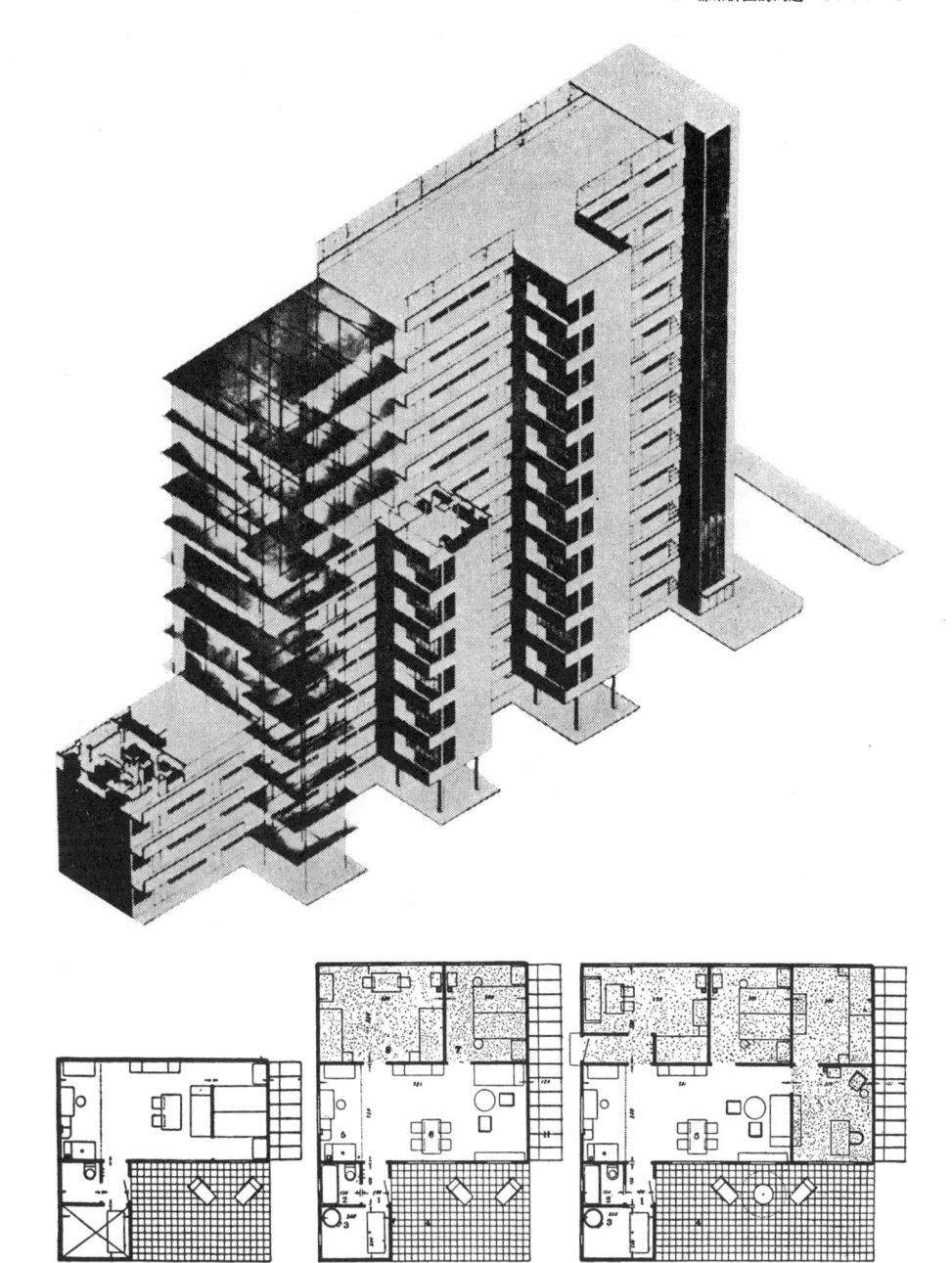

15 都市計画的問題へのアプローチ

606, 607図 W. グロピウス, 1929年のスパンダウ地区のために研究した高層住宅と, ヒルシュ・クッヘル・メッシングヴェルケのために研究した増築可能のプレファブ住宅 (S. Giedion 著前掲書から)

なかったが、それは当局の躊躇、専門技術者の抵抗、特に一般の住宅にリフトを設けることに対する抵抗によるものだった。グロピウスの思想の方向にのっとった最初の10階建ての住居ユニットは、1934年にオランダで建設されたが、それについては第18章でふれる。

プレファブリケーションに関する第2の思想方向は歴史をかなり遡るところまで続いている。早くも1909年、グロピウスがベーレンスのもとで働いていた時に、彼はAEGの社長E.ラテナウに「一貫した美的原則に基づいた住宅供給のための会社設立計画」("Programm zur Gründung einer Aktiengesellschaft für den Hausbau auf einheitlicher künstlerischer Grundlage")を提出した。戦争直後、彼がバウハウスを運営していた間、この主題を理論的に研究し続け、1924年、その後彼が何度も確認した基本原則を提議した。

「ひとつの国の市民の大多数は、同じ住居や生活に対する要求をもっている。それ故、われわれは何故住居が、衣服や靴や自動車と同じような統一を示してはいけないのか理解し難い。しかしながら、あまりにも厳格な規格化は避けられなければならない………住居は家族の大きさ、家族長の職業等からくる当然な個々の要求が、うまく、柔軟性をもって充たされるようなやり方でデザインされなければならない。それ故、体系化はまず何よりも、住宅全体ではなく種々のタイプの住宅に組み合わせ得るその構成部分のみ規格化し大量生産することを目ざさなければならない。」[9]

部分的なプレファブリケーションは1926年デッサウのトゥルテン地区で実現され、もうひとつの試みはシュトゥットガルトで1927年になされ、そこでは、2つの独立住宅が、鉄骨造で内部にはコルクのパネル張り、外部には石綿板の壁を使って建てられた。1931年、グロピウスはヒルシュ・クプカー・メッシングヴェルケ会社（Hirsch Kupker und Messingwerke A. G.）のために最小限の増築可能型の住宅を発明した。しかし同じ年、実験は経済危機によってすぐに中断され、その直後、ナチの勢力の台頭が両分野の活動を停止させた。

両方向の行動におけるグロピウスの失敗は確かに外的事件によって生じた逆コースによるものであったが、この些細なエピソードも、それが現代社会における近代運動の難しさの根幹を縮図として再現しているが故に文化の上で重要であった。

ベルリンでの彼のフリーランスとしての熱っぽい活動の年月を通して、ドイツの建築生産は1928年から1931年にかけてまず停滞し、次に経済危機にぶつかって完全に断絶された（578図）。巨大な数の失業者とまた不完全雇傭者が存在し、それは深刻な社会問題を投げかけ、建設あるいはどんな分野における生産増加をも無意味にした。というのは、逆に必要なことは、存在する仕事を、出来る限り多くの労働者に分配することであったからである。失業は政治的関心の源泉でもあり、それについては1919年のスパルタクス革命[訳注]や、オーストリア社会主義者の台頭が思い出される。それらでは、高密度に建てられ、体系的に考えられ、都市の構造に統合された労働者階級住区が、彼らを政治的に組織化するのに役立ち、騒動の砦にすらなるであろうという恐怖があった。ペルシコは、「ウイーンの集合住宅の住民が銃眼から射撃するように窓から射撃し、多くの砦にたてこもるように団地の中にたてこもった時にヨーロッパ中のジャーナリストによって感じられた驚愕」[10]を思い起こした。この政治的、経済的な二重の難点を避ける方法は、田舎風の集落であ

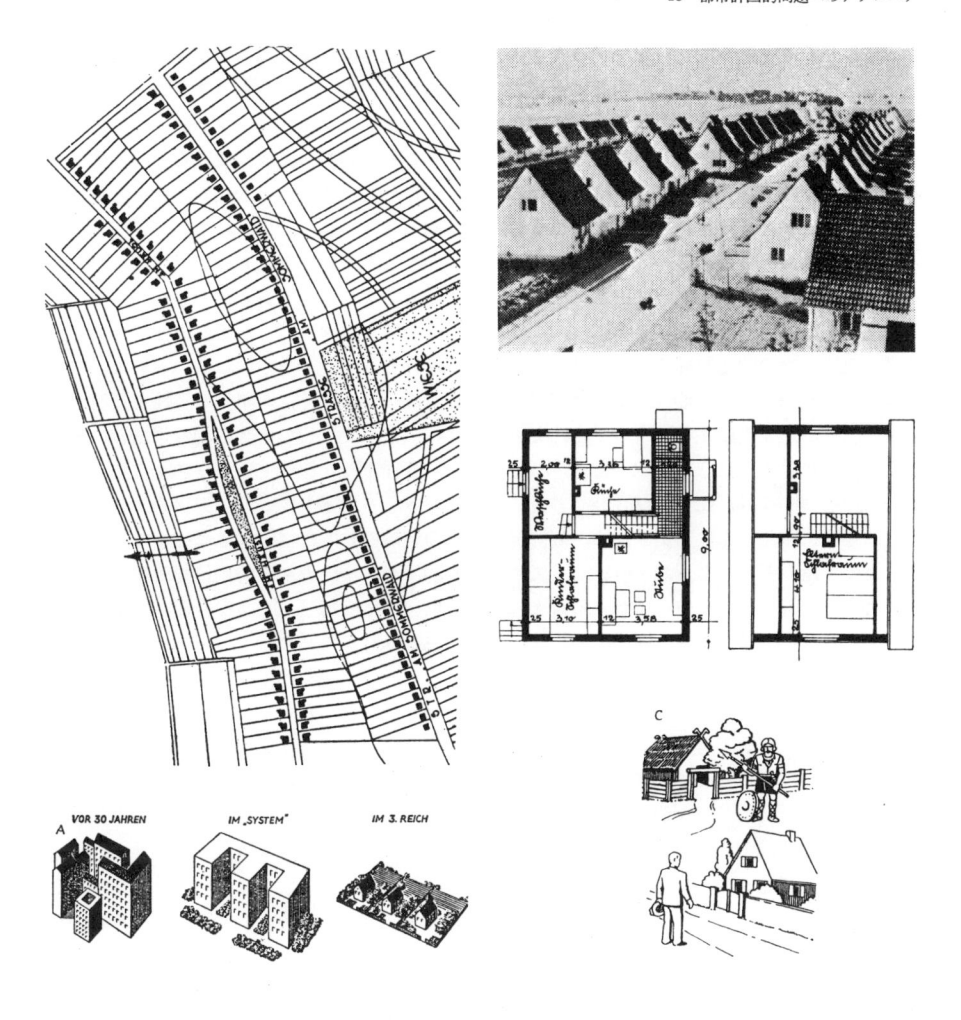

608〜612図 ナチの支配下での建設拡大。ビルマセンスの近くの「アム・ゾンメルヴァルト」コロニーの平面（1937年の"Architettura"誌から）。ロットヴァイルの近くの「アウフ・ディー・ブリュッケ」コロニーの建物の標準型（P. シェッフェル，1937〜1940年，1941年の"Der Baumeister"誌から）と宣伝用挿絵………Aは30年前の建物と計画的な建物（民主主義的）と第3帝国のもの，Cは「家は城」

り，それは1931年以後，民主主義政権によって実現され，1933年以後ナチの下で最も好まれるタイプの集落となった（608〜612図）。

これらの集落はグロピウスによって計画された住区とは全く正反対のものであった。失業者のためのものは田園に位置し，（定期的に仕事に通わなければならない）被雇傭者のためのものは郊外の最も外側におかれ，それらは常に互いに適当な距離をおいて分けられていた。それぞれの家族は生活を全体的にあ

るいは部分的に支えるに充分なほどの大きさの土地を持ち、それ故ひとつの場所にとどまることを強いられた。ほとんどどんな工業化も最初から排除されていた。何故なら、住宅の建設は多くの労働力を吸収しなければならず、そこに入る人々は自分達で家をつくることを要求されたからである。

伝統主義的建築家は、すぐに田舎風な、あるいは曖昧な中世的形態を与えることによって、デザインの問題を解決した。経済学者は、いわれている自足性、しばしば非常に小さい区画の土地の農産物によって住民を養う可能性等に対する疑念を表明したが、[11] 経済的な理由づけは、最終的な分析においては、政治的選択におかれた。建築家達は、高層棟と昔日の小屋のどちらを選ぶかによって、労働者階級を近代都市の中に統合することについての自身の判断を実質上回避してしまった。

このようにして、諸事件の圧力は、それが近代建築家の仕事を不可能にし、そしてドイツの土壌における彼らの存在すら不可能にした時に、また文化的争点を決定的に明瞭化し、住区の形態についての一見アカデミックな論争の中で問題となっていた諸価値を明らかにしたのだった。

グロピウスと彼の同僚達は、最初、技術的、形態的プロセス、現場における行動方法（ミースのいう「いかに」）を完璧にすることで充分だと信じ、政治的、経済的勢力をこの地盤の上で待ち伏せていた。1928年、グロピウスは初めてこれが充分でないことを理解し、経済の現実と個人的接触をはかり、これらの勢力と談合し、それらを彼が欲する方向に向ける時があることを信じていた。しかしその時間は短く、政治的、経済的勢力はひそかに反対の方向に動き、建築文化のか弱い構造を粉砕し、一掃した。

バウハウスによって試みられた分析的手順を同じ秩序あるプロセスで現実の中におき、種々の要素をコントロールすることから始まって全体をコントロールする試みは失敗だということがわかった。何故なら、問題になっている利益の大きさと変化の速度から生ずる組織の問題が過小評価されていたからである。事件のスピードは人間の思考のリズムにとってあまりにも速過ぎた。

この時点において、仕事の方法について疑惑が持ち上がり、まさにここにおいて、古い世代ばかりでなく、20年代の実験を証明ずみとみなすが、流行の弁証法的な用語のひとつ——合理主義、機能主義——によってそれらにレッテルを張りたがり、アヴァン・ギャルドの議論の外的な揺れ動きに従って、合理主義的価値に半合理主義的価値を対比させた若い世代にも支持された、反合理主義者的議論が生まれたのだった。

この疑惑はかくして近代建築家の関わりについて試金石となった。大多数——オウトのような一流の建築家を含む——が、その時代の難点を合理主義的方法の厳格さに帰しているのに対して、グロピウスは、問題を形而上学レベルへ持ち上げようとする反対を排除し、そして彼が出会った難局に対する特殊な解決をしつこく求めることによって決定的な範例を示したのだった。

ナチの権力獲得はドイツの実験の続行を不可能にしたが、母国で始められた研究は他の場所——イギリスその後アメリカ——において同じ精神で続けられた。

この研究は合理主義的方法の確認を意味しているが、それがより現実的な完全なやり方で行われるべきことを要求した。最初の努力が理論と現実との間の新しい断絶を妨げなかったとしても、理論は今やそのペースを速め、その地平を拡げ、それが統御しようとしているプロセスと同じ規模と同じリズムで自らをまきこんでいたのである。

4. ル・コルビュジエの都市計画活動

ル・コルビュジエは作品集の第2巻で書いている。

「第1巻が1929年で終っているのは偶然であった。ある意味で、この年は長い研究期間の終りを印す年であった。1930年、新しい関心のサイクルが始まった。≪グラン・トラヴォー≫(grands travaux, 大事業)、建築と都市計画における大きな出来事、新しい機械指向文化の神秘的な創造期………今から、もはや終ってしまった建築革命については何も述べまい。都市計画が今や主な関心事だ。」[12]

まさにその通りである。しかしル・コルビュジエの研究とその時代の都市計画プログラムとの間の距りは既に生じており、研究期間内に具体的立証の機会はなかった。かくして、ル・コルビュジエは一時的な妥協を考えることなしに、何よりもまず、そしてより一貫したやり方で近代都市のデザインを確立することに貢献したのだった。

近代都市のために彼は「ラ・ヴィル・ラディユース」(la ville radieuse, 輝く都市)という戦闘的な名前をも見出した。その完成されたプロジェクト（アメリカ旅行の後の1929年から1930年にかけてデザインされた）は17枚の図からなり、彼はいろいろな機会にそれを示そうと持ち回った。

ラ・ヴィル・ラディユースの出発点は住居におかれている。それは一定の都市にあてはめられるべきものではなく、それからすべての都市のための新しいデザインを得るべきものであった。等しい、あるいは似かよった住居細胞は無限の長さをもつ構造体をつくり出し、2つの方位に向けるために直角に折られている。ひとつは東西棟（2つの側に面した住戸と中廊下を持つ）ともうひとつは南北棟（南向きの住戸と北側の片廊下を持つ）である。この折り曲りが波のようにくり返されるデザインが「レダン」である。それは11階（グロピウスの理論通りに）、400mの長さを持つ建物で、棟間距離は少なくも200mあった。建物と400mおきに走る自動車道路はピロティで持ち上げられ、地面を完全に自由にし、地面はあらゆる意味で歩行者の歩き回れる公園であって、そこには学校、保育園、劇場、スポーツ・グラウンドがある。

これが都市の普通の構造とならなければならない。労働の場所は近くに存在しなければならない。軽工業、重工業、緑の中に距てられた摩天楼をもつビジネスの都市。

この理論モデルは多くの具体的なケースに適合し得るものであり、ル・コルビュジエは、あらゆる場合にそれをくり返し提出することを怠らなかった。1929年、彼は古いパリ中心計画に戻り、それを南米の都市の解決案として提出した。リオ、サン・パウロ、ブエノス・アイレスなどである。1930年には彼はフォシュのモニュメントを生かすマイヨ門のまわりの地帯の計画を研究した。1933年、ラ・シェルダ(la Schelda)の外部のアンヴェルサ(Anversa)の新しい地区の計画のコンペティションに参加し、またジュネーヴの拡張計画を行った。1930年から1934年にかけて、アルジェリアの計画(616図)を示したが、そのイメージは、都市の摩天楼の行政センターのまわりに、海岸に直角と平行の2つの自動車道路を重ねることであった。1934年には、農場モデルのプロジェクトとネムール(Nemours)の計画を、いずれもアフリカで研究した。1935年、『輝く都市』を出版し、その中で、暗示的なイメージで、彼の都市計画理論を新たに確立し、それは同じ年、バタ(Bat'a)のためのエロクール(Hellocourt)とツリン(Zlin)谷計画に正確に適用され、1936年にはリオ・デ・ジャネイロ計画とパリ不健康地

V 近代運動

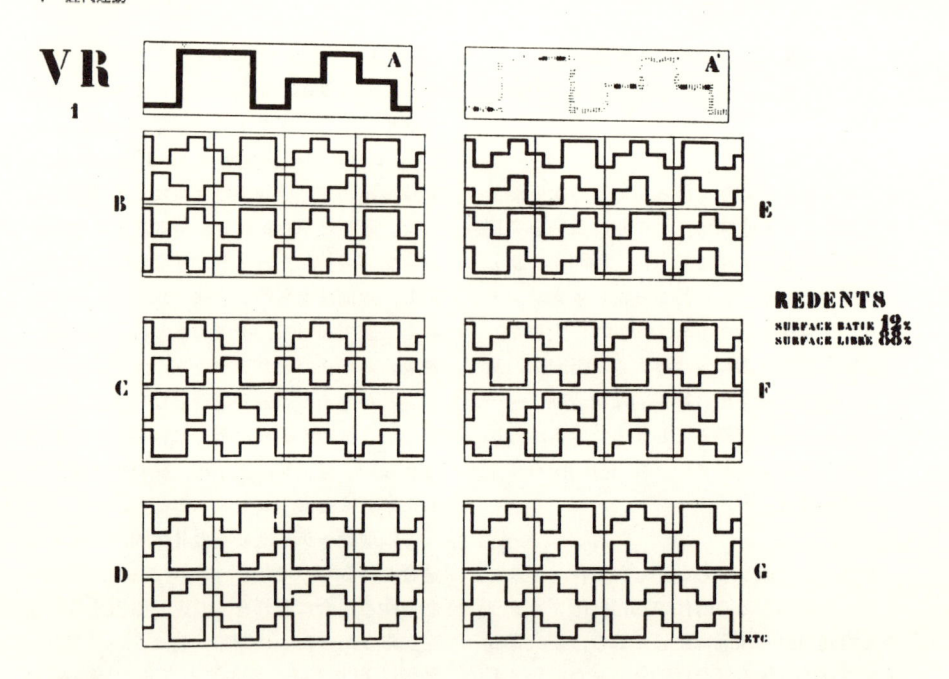

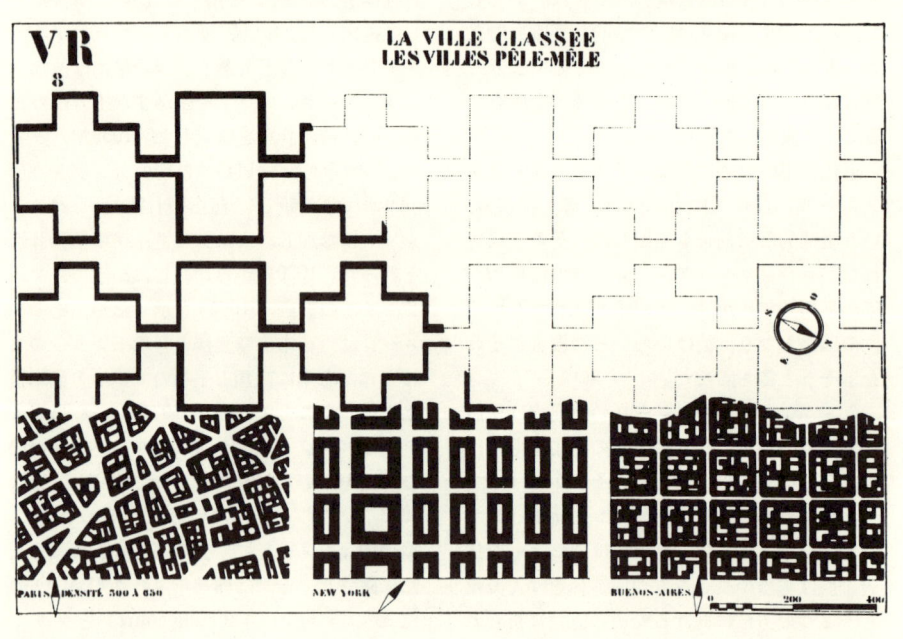

REDENTS
SURFACE BÂTIE 12%
SURFACE LIBRE 88%

LA VILLE CLASSÉE
LES VILLES PÊLE-MÊLE

PARIS DENSITÉ 500 À 650   NEW-YORK   BUENOS-AIRES   0 200 400

613, 614図　1930年の CIAM でル・コルビュジエが示した図の2つ。伝統的な都市構造と「輝く都市」の構成要素「レダン」との比較

158

15 都市計画的問題へのアプローチ

615図 レダンの建物の断面

616図 アルジェ計画（1930年）

Ⅴ 近代運動

617, 618図　モンテヴィデオ計画（1929年）とリオ・デ・ジャネイロ計画（1934年）

15 都市計画的問題へのアプローチ

的なスケールでの建築的イメージであった。ル・コルビュジエは，まさにその時ドイツで関心をもたれていた実現についての問題を，それの時間，能力，プロジェクトの段階などの問題と共に一気にとびこえた。しかし，恐らく彼は，この時代に古典的な都市に完全にとって代るものとしての近代都市についての概念をはっきりさせた唯一の人であった。彼のデザインには，未来の都市の唯一独特の質が明らかに現われており，それはグロピウスやヒルベルザイマーによってくり返し提案された計画の，より具体的なものに見えたのだった。

これらの提案はどれも受け入れられなかった。ル・コルビュジエはそれらを1935年に『輝く都市』の名で出版された1巻に集めた。新しい都市は1冊の本にされ，その新しい風景は20年代におけるように，建築の一作品によってのみ示され得たのだった。

1930年から1933年の間——フランスは他の国ほど強烈でも深刻でもなかったにしろ，経済危機の影響に苦しんでいた——に，ル・コルビュジエはいくつかの重要な建物を建てる機会をもったが，そこでは都市計画的配慮が潜在的に示されているばかりでなく，都市環境に効果的に投影された。それらはパリの学生町のスイス館（625〜627図），ジュネーヴのクラルテ・アパート（Clarté）（622〜624図），パリの救世軍の救済施設（Cité du Refuge）（628〜630図）であった。

不特定のテナントのための集合住宅は，所有者が予め決まっている家のそれとは全く違った問題である。機能的な要求は，建主との直接的関係を通して決定され得ず，ここでは市場の一般的な傾向，テナントの交替についての問題，彼らの互いの接触から生ずる問題などが考えられなければならない。保守が重要な問題で，当初から考慮されなければならなかった。ジュネーヴのクラルテの建物が，

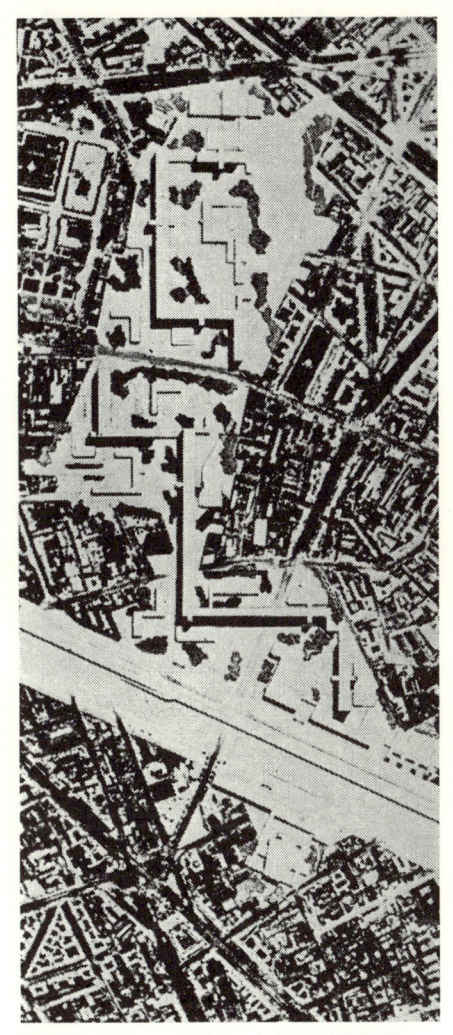

619図　パリのイロ・アンサルーブル地区の再開発計画（1936年）

区（619図）に，1938年にはサン・クルード（Saint-Cloud）橋のたもとの計画とブエノス・アイレス計画に適用された。1930年から1933年にかけて出されたル・コルビュジエの新しい雑誌は意味あり気なタイトル「計画」（Plan）という名をつけられていた。

これらすべての計画も都市的あるいは地方

161

V　近代運動

620, 621図　パリ，モリトール門近くの住宅の2景（ル・コルビュジエと P. ジャンヌレ，1933年）

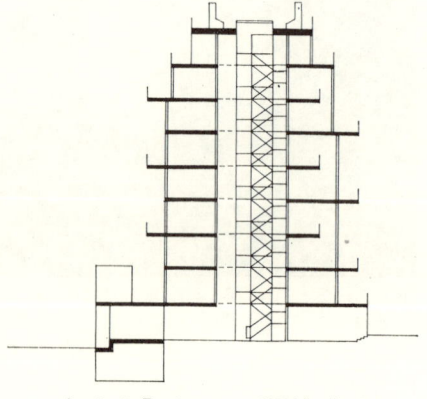

622, 623図　ジュネーヴ，クラルテ・アパートの外観と断面図（ル・コルビュジエと P. ジャンヌレ，1930年），作品集から

ル・コルビュジエの他のすべての作品よりも，秀れた技術的な正確さ，密度，比例をもっているのは，恐らくこの理由によってである。それは43のメゾネットの住戸といくつかの商店を持つ異常に厚い9階建ての棟であった。構造は鉄骨で，一定のモジュールを基とし，外壁は耐久性のある材料，石，金属，ガラス等で被覆されている。上部から照明されてい

15 都市計画的問題へのアプローチ

直ちに訪問者を建物の構造体の中に引きずりこみ，外部と内部とのうまい媒体となっている。初めて，ル・コルビュジエは均一なプラスターという方法を拒否し，すべての仕上げ面は使用材料の特徴を表わしている。鉄筋コンクリートはむき出しのままであり，型枠の線が残っている。壁は荒いコンクリートのブロックで覆われ，共用室の端部の壁は自然石からなっている。この建物は驚くべき密度をもち，かなり時代に先駆けて，短い期間ヨーロッパ中の建築に広まった一傾向を暗示している。

救済施設の問題はいくらか異っていた。ここでは東と南にのみ僅かにファサードをもち得る不規則で面白くない土地が，厳しい平面上の問題をもたらしている。ル・コルビュジエは，出発点として，法規によって許されるヴォリュウムではなく，平面計画の問題を考えることによって，そしてまたいろいろな要素を独立した棟に分けることによって，すべての部屋を，それの機能に応じて適当な位置におくことが可能であること，敷地の難点を独特な表現効果を得るために利用することが可能であることを示した。この建物はとりわけ，立体の緊密な相互関係が特徴で，それが南立面の大きなガラス面の広がりの上部と前部の抽象的な光景をつくり上げている（630図）。材料についての研究が第2の問題で（壁は白いプラスター塗りか白いマジョリカタイルで覆われている），建物は，乏しい経験の中でも絶えず新しい問題に取り組もうとするル・コルビュジエの欲求と乏しい予算によるいろいろな技術的欠陥をもっていた。例えば，窓の密封したはめ殺しは，エアコンディショニングと矛盾し，ブリーズ・ソレーユで保護されなければならなかった。

論じられている3つの建物共，周囲の都市構造の中に乱暴に組みこまれている。ただ，スイス寮の場合には周囲の空間の巨大さの故

624図　クラルテ・アパートのディテール

る内部階段は，ガラスと金属で出来ているので，光は各階を通して1階に届いている。2階より上の各住戸のつくり方は2階建てに等しい高さをもつ部屋を持ち，部屋のレベルに変化をもたせることが出来るようになっている。外からは各階の一様な重ね合わせが明らかであるが，それは連続するバルコニーが1階おきに現われるからで，そのバルコニーは静かなリズムをつくり出し，透明あるいは不透明のガラスの自由な中間の帯を残している（624図）。

学生町のスイス館もまた印象的な建物でなければならなかった。ル・コルビュジエはこの問題をいろいろな材料を使うことによって，そして，寄宿舎棟を支えている大きな独立した柱のようなある機能的な要素を強調することによって解決した。共用室の入口の前には気持よい開放的なポーチがあり，それは

163

Ⅴ 近代運動

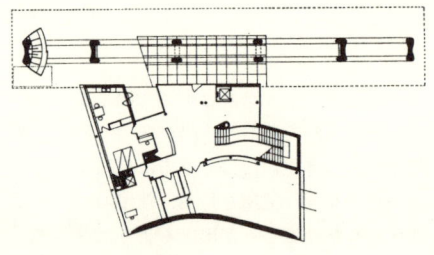

625～627図 パリ，スイス学生館（ル・コルビュジエと P. ジャンヌレ，1930年，作品集から）

に，それが目立たない。ル・コルビュジエはこのことをよく知っていたが，建物についての議論を建物からその周囲の土地へと拡げるために，建物をより広い環境に適合させるためにあらゆる機会を求めたのだった。都市計画を大地に落とすことの失敗の悔恨が，建物の実現によって，方法論と理念の完全な体系を伝えようという極度の緊張となっている。

5. ＣＩＡＭの都市計画

1929年から1933年にかけての CIAM の会合は都市計画の問題を中心とし，扱われた一連のテーマは，研究分野の進歩的な拡大を示していた。

フランクフルトにおける1929年の第2回の会議は，助成建設についての議論の出発点として，最小住居の概念を定義することを議題とした。この会合はその次と同様，ドイツのグループとドイツの諸都市で行われている実

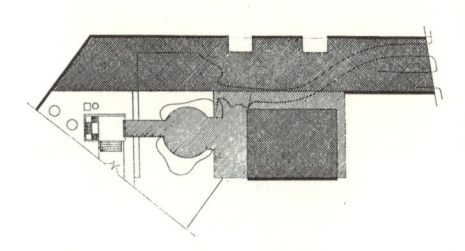

15 都市計画的問題へのアプローチ

628〜630図 パリ，救済施設（ル・コルビュジエと P. ジャンヌレ, 1932年, 作品集からの当時の写真）

験によって主として影響されており，最も重要なのは，フランクフルトの E. マイのそれであった。最小限住居の特徴づけは，静的な観察と幼稚な進化論に基づくその時代の社会学との関連で行われていた（グロピウスは F. ミューラー・ライヤーの労作を参照していた）。衛生の専門家の意見に従えば，アパートメントの面積は，照明，通風，日照をふやしながらかなり減らすことが出来ることが注目された。そして，家族の中における個人の自由の増大が，いかに小さくとも家族の中のすべての成人に1室を与えることを好ましいとしていることが示され，一方，その時代の団結への傾向が，少なくとも工業地帯においては，1戸建て住宅よりも集合住宅の方がより適切であることも認められた。

規格が設定されると経済問題が生じた。貧困階級は我慢出来るような家を得る立場にないという事実，国の介入が必要であるという事実は，ハウジングの問題を，最小限の問題においた。何故なら，浪費は最大の不正と変るからである。同じ考慮は全体的な費用も最小になることを要求する。土地代，道路の建設費などである。かくして，建物の型の問題

165

V 近代運動

は必然的に地区の問題に導かれ，それについては1930年第3回ブリュッセル会議で扱われた。

グロピウスはその問題を，既に述べた低層か中層か高層かという形式においた。フランクフルトのベームとカウフマンはそのコストを分析し，R.ノイトラは高層住宅についてのアメリカの法規を説明し，ボヘミアのK.タイゲはいろいろな国での建設助成についての実態を要約した。ル・コルビュジエは，2つの互いに関係する全体的問題，即ち都市の問題と，同意された解決策を遂行する役割を負わされている当局の問題についての議論で，最も重要な貢献のひとつをはたした。

ル・コルビュジエが彼自身を表現した最も単純な方法は，効果的に，その時代の都市計画思想を描き出した。彼は書いている。

「大都市はよいものか，あるいは悪いものなのか？　100万，200万，500万，1000万か？　われわれはここでこれらの質問に答えてはならない。大都市の問題は存在し，ある時は，量的でなく質的なヒエラルキーの問題を表現している。大都市はこのような集中から生まれた精神的効果を受けとり送り出すアトラクションのセンターとなる。大都市は，事実，支配的立場にある。」[13]

この中で，ル・コルビュジエは，あるスケールでの都市計画問題と社会的，政治的問題との間の基本的な関係を把握した。しかし，ここで彼は立ち止まり，警告を発した。

「それぞれが肩を並べて現在の発展の形の一貫性を保持しよう。しかし，お願いしたいのだが，ここでは政治や社会にかかずらわないようにしよう。この2つはあまりにも無限に複雑過ぎる。経済的な局面もまた存在するが，われわれは公けの会合でこの面倒な問題を論ずる資格はない。私はくり返す。われわれは建築家，都市計画家でなければならないし，この職業の地盤の上で，建築的，都市的秩序の可能性と要求をこれに関わる人々に知らしめなければならない。」[14]

彼がこれらの要求を，垂直な田園都市，建物の中を通る道路，フラットルーフ，道路から離れた建物というようにリストにした時，彼はもはや，政治的な結果へと到達したのだった。それは私有でない土地の利用であった。いかにして彼はここに達したのか？「議論の余地のない現代的テーマの表明を前にして，適当な形の行政府が現われるだろう。しかし，出来事の順序に敬意を表しよう。技術者がお膳立てをすれば，行政府は現われるのだ。」[15]

政治や社会を論ずるなという勧告は，多分，タウトやマイのようなドイツの建築家に向けられていた。しかし，彼ら自身はその議論の外にいて，ル・コルビュジエ自身が提案したものと実際は何ら異るようなものはもっていなかった。しかし彼らは，それを実現しなければならない政治勢力を考慮に入れる前に，そしてその時の政治論争の状況とは無関係に，技術的に実現可能で，また科学的に正しいプログラムをつくりあげた。

ある政治勢力──ドイツにおける社会民主党のような──との間に見られる合意は，このプログラムの最初の局面としての役割をはたしたし，それはその後の局面では少なくなった。この勢力が弱められた後では，最初の範囲での合意も難しくなり，どんな合意も認めようとしない別の勢力が権力を得つつあった。建築家達は，他の場所へ出かけて，よりよい新しい勢力を探さなければならず（マイはロシアへ向かった），あるいは立ち止まり，そして期待しなければならなかった。ル・コ

15 都市計画的問題へのアプローチ

631図 フリッツ・ラングの映画「メトロポリス」の1シーン

　ルビュジエの孤立した立場が唯一の可能なものとなりつつあり，集団はそれまでに達せられた結果を理論的に強固なものにし得るだけであった。

　こうして，重大な30年代の初めに，ブルッセルの CIAM は地区の問題をもちだす段階にはなく，失わないように，価値ある経験を集め，類別するだけの段階にあった。

　その後 CIAM によって出版された本[16]の頁には，その前の10年間のヨーロッパの建築作品が熱心に報ぜられ，同一の規準に従って判断されている。そこには，これらの年月の間に種々の国における経済状況によって生じた重大で基本的な問題の反響はない。

　公的な結論はこの状況の不安を反映していた。除かるべき真の障碍が確認された。土地を区分する規制の欠如，囲い形の建物に対する固執，新しい建築方式に対する不信，昔のセンターの様式で建築することの偏見，経済的困難，当局の側の未開発地方についての，またなされた研究や外国で得られた成果に対する関心不足などである。

　グロピウスによって提出された問題，低層か中層か高層かも明快な答を得なかった。

　「低層，中層（4～5階の）住宅の分野での実験はそれらの便利さを判断するのに既に充分であるのに対して，高層住宅についてはアメリカの実験によるが，ぜい沢な住居向けに限る。この建物型は唯一の望ましい形であることを証明し得ないにしろ，最小限住居の問題へのひとつの解決となるで

あろうことを会議は確認した。それ故，財政的，感情的問題や，建築法規から生ずるその他の問題が存在するにしろ，高層住宅のあらゆる可能性を試し，具体例における，その効果を研究し続ける必要がある。」[17]

第4回の会議は1933年，マルセーユからアテネへ行く船上で行われた。33の例[18]を調べながら都市の問題が考えられたが，この時には公式な報告書はつくられず，1941年になって初めて匿名の文書（ル・コルビュジエによって編集された）が，ジャン・ジロドゥーの序文で出版され，これが「アテネ憲章」(Charte d'Athènes) として知られている。

33の具体的実験の概要でなく33の都市の研究が行われたという点が意味深い。実際に，近代運動の主役達は，この時期の都市計画実験から切り離されていた。彼らは都市の混乱を指摘し，それを近代都市を特徴づける秩序や機能性等と対比させ，それらを得るのに必要な手段を示しただけだった。

ベルリンとフランクフルトにおける部分的な実験は経済危機によって妨げられ，ウイーンの自治体によって考えられた庶民住宅計画は1931年の信用組合の倒産の直後挫折し，他の国では近代運動は効果的な文化的影響を与えていなかったし，また，法制が後進的で決定的な実験を許さなかった。1933年以後ですら，CIAMのメンバー達は，後でさらに言及するように，オランダを除いては地区から全市へとその活動を拡大することは出来なかった。世界中の33の都市で起こりつつあるものを調べることは，これから初めて得る経験の代りにはならなかったのである。

それ故，CIAMが理論に頼り，人間の共存の法則そのものが危機におかれている騒がしい世界では抽象的にそしてほとんどアイロニーにさえ聞こえる，一般的な原則に基づく規則を提案したのは当然である。しかし，まさにこれらの状況との関連において，その文書の理論的性格は，正確な意味と，重大な政治的価値を獲得した。議論の仕方を技術的に正確にし，その時代を担う人々に正確でより進歩した情報を提供しながら，現行の方法とモデルの合理化を試みることは，1933年の会議のメンバーにとっても，また1941年のル・コルビュジエにとってはもっと容易であったろう。フランスにおいてはこれが2年後の1943年6月11日の都市計画法を実現させ，また1年後にイタリアで1942年の立法を実現させた。

しかし，CIAMの目的とル・コルビュジエのそれとはほとんど正反対であった。新しい都市計画は当代の都市計画の単なる技術的改良ではあり得ず，異った政治的インスピレーションを必要とする真の代替物である。もし，状況がこの代替物をあり得べからしめるならば，それはユートピア的だが，権力者に受け入れられるように妥協的にぼやかされることのない明確なやり方で表現されなければならない。

議論の対象は，うまく働く都市ではなく，すべての人々のために働き，その住民に等しく，可能な改良による恩恵を分配する都市であった。それはモリスの理想「すべての人々のための芸術」であり，これが今や独裁政権と相対するはっきりした政治目的となった。

かくして，重大な時期において，CIAMの選択は，合理主義者的傾向の中に含まれていると普通みなされている技術的傾向とは，全く相反した。

この選択は20年後の今日読んでみると，アテネ憲章の結論の中に極めて明瞭に現われている。

「今日，大部分の都市は混沌とした姿となっている。これらの都市は，どんなやり方でも住民の生物的，心理的要求を満足させ

るというその目的にそぐわない。

　機械時代の初めから，この状況は私利の増殖を宣言している。

　このような利益の圧力は一方における経済的状況の力のバランスの無残な破壊，他方における行政的コントロールの弱さと社会的団結の無力さを生じさせた。

　精神的，物質的レベルでは，都市は個人の自由と集団的行動の利益とを保証すべきである。

　都市のパターンの改造はヒューマンスケールによってのみ調整されなければならない。

　都市計画におけるキーポイントは4つの機能にある。生活，労働，（自由時間の）リクリエーション，サーキュレーションである。

　計画はその4つの基本機能に帰せられる地区のそれぞれの骨組を決定し，それぞれの全体に対する位置づけをするだろう。

　日常機能のサイクル，生活，労働，リクリエーション（回復）は，ハウジングを都市計画的関心の中心に，そしてすべての評価の出発点として考えることによって，その時代で最も厳密に経済的な都市計画によって調整されるだろう………

　個々の都市にとって，施行を可能にする法律をつくることによってそれ自身の計画をまとめることが必要であり，急を要する。

　その計画は専門家による厳格な分析に基づかなければならず，それは時間と空間における各段階を予想しなければならず，それはまた人間の自然の資産，全体の地形，経済データ，社会学的要求，生産協同における精神的価値を結びつけなければならない………

　都市計画の基本核は生活細胞（住居）であり，それをグループにすることが適当な大きさの居住単位を構成する。

　この単位から出発して，生活の場と労働の場とリクリエーションの場の関係がつくり上げられる。

　この重大な問題を解決するために近代の技術的進歩という資産を利用することが必要であり，それは，種々の専門家の助けによって科学のあらゆる保護で建築技術を支え，発明と時代の資源でそれを富ますだろう………

　2つの戦い合う現実が存在する。一方は都市改造を始めるのに必要な仕事の範囲であり，他方は建設用地の極度な細分化である。

　この重大で明らかな矛盾はわれわれの時代の最も困難な問題のひとつを提出する。完全に集団の要求に一致した個人の心からの要求にあわせて，建設用地の利用を調整するための法的手段を緊急に見出す必要である。

　そうすれば，私的利益は公共的利益に従属されるだろう。」[19]

1) L. Landmann 著, "Zum Geleit"…… "Das Neue Frankfurt"──1926年──第1巻，1〜2頁参照
2) H. M. Wingler 著, "Das Bauhaus"──ブラニシェ，1962年
3) A. Klein 著, "Neues Verfahren zur Untersuchung von Kleinwohnungsgrundrissen"──1928年の "Städtebau" 16頁
4) A. フィッシャー, C. M. グロッド, O. ヘスラー, W. ロッホスタンファー, W. メルツ, W. リファーン, F. レックレ, F. レスラー, H. D. レージガー
5) O. バルトニング, F. フォルバット, H. ヘリング, ヘニング, H. シャロウンらが協働
6) H. ヘリング, R. サルヴィスベルク, M. ワグナーが協働している。

V 近代運動

7) W. Gropius 著, "Die soziologischen Grundlagen der Minimalwohnung"——"Die Justiz" 5巻8号, 1929年……"Scope of Total Architecture"——ニューヨーク, 1955年——113頁参照
8) W. Gropius 著, "Flach Mittel-oder Hochbau?"…… "Rationelle Bebauungsweisen"——シュトゥットガルト, 1931年——の26頁参照
9) W. Gropius の, A. Meyer 著, "Ein Versuchshaus des Bauhauses" (バウハウス叢書 No.3——ミュンヘン, 1925年——への序文。前掲書 "Scope of Total Architecture" 155頁参照

訳註) 1919年1月, リープクネヒト, ルクセンブルグらに率いられたドイツ共産党によって, ベルリンでおこされた革命。僅か10日間で政府によって制圧され, リープクネヒトとルクセンブルグは惨殺された。

10) E. Persico 著, "Profezia dell'architettura" (1935年)………"Scritti critici e polemici"——ミラノ, 1947年——の205頁
11) H. Kampfmeyer 著, "Wohnstätte und Arbeitstätte"……… "Architettura"(1937年)の605頁に F. Fariello によって引用されている。
12) Le Corbusier 著,「作品集 1929～1934」——チューリッヒ, 1952年——の11頁にある序文
13) Le Corbusier 著, "Le parcellement du sol des villes"……"Rationelle Bebauungsweisen" 49頁
14) 同書51～52頁
15) 同書57頁
16) V. Bourgeois, S. Giedion, V. Van Eesteren, R. Steiger らによって編集された "Rationelle Bebauungsweisen"——シュトゥットガルト, 1931年
17) 前掲書74頁の "Stellungnahme des Brüsseler Kongresses zu Flach, Mittel- oder Hochbau"
18) アムステルダム, アテネ, ブリュッセル, ボルティモア, バンドン, ブダペスト, ベルリン, バルセロナ, シャルルロック, ケルン, コモ, ダラト, デトロイト, デッサウ, フランクフルト, ジュネーヴ, ジェノア, ハーグ, ロスアンジェルス, リトリア, ロンドン, マドリッド, オスロ, パリ, プラハ, ローマ, ロッテルダム, ストックホルム, ユトレヒト, ヴェロナ, ワルシャワ, ザグレブ, チューリッヒ等が問題にされた。
19) CIAM は1937年パリで開かれ, 戦後の1947年にはブリッジウォーター, 1949年にはベルガモ, 1951年のホデスドン, 1953年にはエザンプロヴァンス, 1956年にはドゥーブロニク, 1959年にオッテルロで最終回が開かれた。この組織は, そのそもの形態からして, 新しい文化の接点の問題に対応するのに不適当なことがわかり, その主役達は解散宣言に同意した。

第16章 独裁政権と政治的妥協との闘争

1931年6月,ベルリンの建築展覧会の終りに際して,エルンスト・マイは,市の評議員会を前にして,彼が1930年から行っていたソ連内の都市建設についての講演を行い,第4回の会議をソ連内で開こうという CIAM の意図を表明した。

マーチン・ワグナーは記している。

「1000人以上の都市計画家が,5日間のヨーロッパの都市体の遺体の解剖の手助けをした後,その最後の会合において,何かを行うについての彼らの無能を認めた………エルンスト・マイは,熱狂的な若い建築家の輪の中でロシアの都市計画についての彼の長い報告を行った………」[1]

事実,ロシアはこの時,近代建築のプログラムを実現するのによりふさわしい国のように見えた。ル・コルビュジエは,1928年,協同組合連合の会長ルビモフに,組織の新しい本部を計画するために招かれた。グロピウス,ペルツィッヒ,ル・コルビュジエ,メンデルゾーンは政府に招かれてソヴィエト宮のコンペティションに参加した。マイ,マイヤー,そしてややおくれてタウト,ヒルベルザイマー,ヘベブラント,ルルサや他の西欧の建築家達は,5か年計画の最初の段階の都市計画のために URSS で働き,ソヴィエト建築家グループ,OSA は,2つの戦争の間の期間に都市構成のより進歩したモデルをつくりあげた。実際には,それまでなされた都市計画の問題へのアプローチの物語はロシアでは1930年に終熄した。この短いエピソードの中に,第15章の主題が終り第16章のそれが始まるのを見るだろう。

こうした好みの動機は政治的である以外の何物でもない。ロシアにおいて,1917年の革命は,その輪郭がまだよく知られていない新しい政治的空間をつくりあげ,その中に,ヨーロッパの左翼の人々の大多数は,右翼に脅かされながら,その熱望をこめた。また,ロシアの第1期アヴァン・ギャルドの決算——マヤコフスキーは1930年に自殺した——も,国際的な実験に対して開放された平和な論争の形成に貢献したように見えた。建築の進路と政治的信念は彼らの中では常に1つになっていた。1925年,デッサウからワイマールへのバウハウスの移転についての論争を通して,グロピウスはすべての政治傾向に新しい建築を与しないという考えを支持し,このやり方で勝利を収めた。

グロピウスは,運動の目的もまた1919年に

171

V 近代運動

始められた集団作業の時期も，ワイマール・ドイツの中で争っている政党の目的と期待に沿い難いことを知っていた。しかし実現の経験，特に公共的なもののそれは，建築家に，より高所よりの決定の重要性を教えた。一方，政治論争は変りつつあり，民主党は新しい独裁的運動に対して常に自らの生存を守らなければならなかった。近代建築は結局，第2次世界大戦という軍事的争いへと導かれるこの全般的な対立から逃れることは出来なかった。今や独裁政党の躍進が，これこれの事業でなく，あらゆる社会事業を閉塞する怖れがあった。

1930年頃，ドイツの建築家によって練られた都市計画的提案の発展——ハウジングの規格化，高層で広く間隔をとった棟への住居の集中，部材の工業生産化——が既に，前章で述べたように，政治家との不可避の衝突となった。

ここでわれわれは議論を拡げ，原因と結果が明らかに異っているいろいろな国——ドイツ，イタリア，ロシアそして，ある意味でフランス——で政治的妥協がとった道を調べなければならない。いずれにしろ，そこにはすべてに共通したある環境が存在したし，それが種々の関連した出来事を比較させる。

1. ソヴィエト連邦

建築と政治との関係についての議論は革命直後のソ連で始まり，特に1917年から新国家の第1期の建設が完成した1922年の終りにかけて激しかった。

革命はブルジョア国家組織を解体し，建築を含むすべての領域における協同生活の新しい組織づくりという前提を確立した。10月の革命から4か月後，1918年2月19日の法令は土地の私有を廃止し，ソヴィエト領を集産制下においた。1918年8月20日の法令は建設の私有を廃し，不動産に対して公有制を布くための統制を確立した。都市の計画の立案の機関が1918年の末に設けられ，都市計画を義務づける法律が1922年の11月に公布された。かくして私的な投機から離れるという建築と都市に対する政治的前提は——西欧諸国では未だにそれを望むことが出来ない——ソヴィエト国家の最初の5年間で既に獲得されたのだった。

同じ時期に，経済的，文化的状況は比べもののないほど遅れていた。1914年から内戦の終りまでに，ロシアは2000万の死者を出し，1920年には農業生産は1913年のまだ半分であり，重工業の生産は7分の1であった。建築生産はほぼ止まり，住宅不足は何年もの後までも解決することの出来ない難題を残した。

それ故，可能性の巨大な空白が存在し，それはごく僅かしか再び充たすことが出来ず，そしてそれは，10年間継続して実現された1921年12月の150万kWの電力の生産計画のような，野心的なプロジェクトを認可したのだった。建築についての議論もまた未来に対して投ぜられ，極端で非協調的な立場の間でゆれ動きながら過激な性格を獲得した。

レーニンは，1920年，このような基本的な理論を発表した。

「われわれにとって，人間性の発展の流れの中で創造された文化についての明確な理解，正確な知識なしに，プロレタリア文化の問題を解くことは不可能である。プロレタリア文化が可能であるとすれば，それはこれをはっきりさせることによってである。」[2]

しかし，この理論が正しいかどうかは歴史の最後の判断に委ねられなければならない。はるかな過去の遺産——市民の慣習から一気に除くことが不可能に見え，短い期間をおい

て，より確実により安心なものとしてくり返し現われる建築と都市の様式と慣習——と最近の遺産，即ち，革命の初めに形成され目下新しい社会の建設において熱烈に義務づけられているアヴァン・ギャルドのグループのプログラム，を評価する必要がある。彼らが提案した，環境建設の全体的な変革は具体的に実現可能に見えるが，他の社会的変革の全体と調整されなければならず，全般的な政治的統制を免れ得なくした。

これは，仕事が未だ伝統様式のものであった時までは，解決がより容易であった。アヴァン・ギャルドの芸術家達はマヤコフスキーの勧告に従って「パレットのような広場」を用い，革命的行動の舞台，即ち家々の壁，資材置場の囲い，鉄道馬車の外側等を装飾した。また，タトリンの第3インターナショナルのための門（1921年）のような，非現実的なモニュメントを計画し，それは「技術者よ，新しい形を創造せよ」と書かれた切手の中に印刷された。彼らは政治活動を賞讃し，昂揚し，宣伝したが，それを修正することには参加しなかった。毎日の生活のための新しい舞台を準備する時が到来した時，彼らは紛糾し，彼らによってデザインされる形態は堅固なもの，行動の規範となることが要求された。

古い形態と新しい形態との対比の代りに，2つの製作方法の対立が今や決定的になった。同質的な建築的選択と考えられ，日常生活の領域の中で他と関わりをもつ方法と，異質なものと考えられ，上位の「芸術的」領域の中で自由である方法との対立である。この二者択一は下部構造と上部構造とのマルクス的区別に帰せられるようになり，従って政治的二者択一となった。それを解決するためには，権力の行使の仕方を変えるためにマルキスト理論を利用することが出来る政治の首脳の姿勢が決定的であり，それが建築において——そして他の分野において——上部構造的な面と下部構造的な面とを区別し，一般的な政治的方程式の第1を取り入れた。即ち，過去におけるように，政治的統率の限られた伝統的な概念を守るために上部構造の領域にすべての建築を閉じこめたのである。

トロッキーは最初の方向と彼の結論を表明している。

「実際的な仕事や彼らの解放のために続けられた作業の外では新しい建築様式は何もつくり得ない。プロレタリアートの本質から演繹的にひとつの様式を引き出す努力………は純粋な観念論であり，気慨なアレゴリーと偏狭なディレッタンティズムに到るだけである。

芸術と工業の離反は終るだろう。偉大な芸術様式は，装飾的でなく造形的になるだろう。この点において未来派は正しい。」[3]

それに対して他の指導者達の大部分は第2進路を仮定し，これを基礎としてさらにアヴァン・ギャルド芸術家を認め，またしばしば批判した。カメネフは書いている。

「労働者の政府は，これまであらゆる種類の未来派，立体派，イマジニスト，そして他の似たような曲芸師について与えられてきた信用をきっぱりと打ち切るべきだ。彼らはプロレタリアの芸術家ではなく，彼らの芸術はわれわれのものではない。それはブルジョア的腐敗と堕落から生まれたものである。」[4]

第2の方向が第1のものよりも優位となった時から，革新的建築家と伝統主義者との間の対決が「芸術的」分野で生じ，そして，形態が新しいというだけでは，長期間受け入れられるにはあまりにも弱い理由であったので，第2の方向の成功は割引きされた。レー

V 近代運動

ニンの議論は、形態とシンボルとを結びつけることの便利さで、過去のあらゆる様式を機械的に利用することに対する請求ともなった。これらの様式の中で、古典様式は、古代の市民道徳を象徴しているが故に最も都合よく、近代の革命政府によって利用され、そしてまたこの2世紀におけるロシア国家の公式の様式であった。ソヴィエト建築のこの道は長期間続いている。

このように、近代的な建築の探究は、初めの頃その速度を早められ、その上他のすべての国、特に都市化地域におけるよりも進んでいた。だが、その後、この最も豊かな財産は喪失し忘れられた。それについての最近の研究が公けにされつつあり、大きな知的・人間的エネルギーの濫費の測定を行っている。

このプロセスの様相を見てみよう。

NEPが始まり建築生産を開始した1923年から、それまでの議論の中で練り上げられた提案は等しく利用出来、公的機関は驚くべき無頓着さでこれらを採用した。構成派の実験から出発した近代建築家達は、ASNOVAという組織に組織化され、具体的な実験の障害にならないようにするために、充分包括的な造形運動の理論的原則をまとめた。事実上、彼らは個々の個人として行動し、いろいろな仕事のジャンルに取り組んだ。A. ラドフスキーとN. ドウチャイエフは建築教育に従事し、まもなく1920年に高等芸術学校（VHUTEMAS）に建築学科が設立された。エル・リシツキー（1890～1941年）は1922年から1928年にかけてドイツで生活し、ファン・ドゥースブルフやミース・ファン・デル・ローエと協働し、その後祖国へ帰り、ロシアについての本をまとめ、それが1930年に出版され、ヨーロッパにソヴィエトの新しい建築を知らしめた。フェスニン兄弟は、モスクワの労働宮殿（1923年）のような実現されなかったプロジェクトを発表し、K. メルニコフは、1927

632, 633図　第3インターナショナルのモニュメント案（V. E. タトリン, 1920年）とモスクワの労働宮殿（A. L. & V. フェスニン, 1923年）。"L'Architecture vivante" 誌から

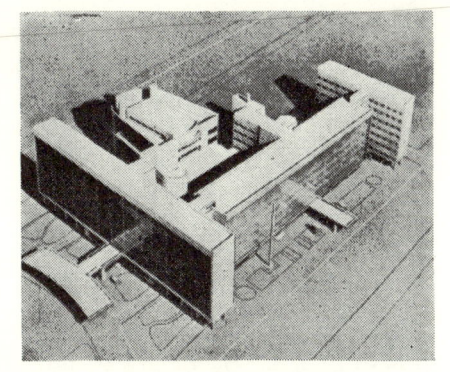

16 独裁政権と政治的妥協との闘争

634, 635図　V. ゲラシモフ, チャルコフ劇場案, 1930年（前掲書）。ル・コルビュジエと P. ジャンヌレ, モスクワのセントロソユーズ本部, 1928年（作品集から）

年から1929年にかけて, 7つの労働者のクラブのプロジェクトを示し, その6つが実現し, またそれは ASNOVA の理論的プログラムの表明として広く議論をよんだが, 彼もまた多くの他のヨーロッパの建築家のように, 1927年, モスクワに独特な住宅を建てて, より自由にその理念を実験した。1924年, レーニンが没した時, 赤の広場に霊廟を建設する仕事が, 帝政時代にカザン停車場（1913年）のような折衷主義作品をつくったアカデミックな建築家であるエキスパートのA. V. ショウッセフに委任された。その代り, 1925年, ソ連がパリの芸術装飾展に参加することを決定した時, パヴィリオンの計画はメルニコフにまかされた。

しかし, 個人の働きでは, 現代的な建築を生産することや, 都市的発展というよりさし迫った問題を解決するには不充分であった。1925年, ASNOVA から脱退した者を含む建築家のグループは, まさに集団的に, 科学的にこの問題に取り組むという目的で新しい組織 OSA (Obchestvo Sovremioneh Architectorov, 現代建築家協会) をつくった。(同じ時期, 同じ要求に対して, ヨーロッパの建築家達はシュトゥットガルトの展示会で, 後にはCIAM において協力を始めた。)

OSAは1926年, フェスニン兄弟, M. ギンツブルクの手によって雑誌「CA」（現代建築）を発刊し, 1928年にはモスクワで会議を催し, それは正確な作業計画を示すレポートと共に, ギンツブルクによって開会された。その第1点はこういっている。

「われわれの仕事は, われわれの政治的, 社会的条件の光に照して, プログラムを深く綿密に研究することから出発しなければならない。そしてわれわれの時代の社会的コンデンサーを明確にすることを目的としなければならない。住宅の新しい型をつくり出すために研究をより押し進め, 深くする, そして今日必要な建物の他の型の研究特に主要な公共サーヴィスの建物に取り組み, 同様これまでただ僅かしかされていなかった新しい都市の計画に取り組む必要がある。そして, われわれの仕事を, 人々の間の新しい関係と生産方法を決定する同志達のそれに緊密に結びつけながら, これらの問題についての世論の注意を引きつける必要がある。」[5]

それは, 政治首脳部がNEPから都市計画政策への移行を準備し, 5か年計画（1928年

から1933年までの)の最初の段階に着手した時期であった。近代建築家達は自分の力でこの移行に加わろうとし、形成されつつあった社会生活の「コンデンサー」としての建物と、都市の新しい型を提案した。

ギンツブルクのプログラムによると、新しい社会的コンデンサーとは次のようなものであった。

1) 集合住宅

雑誌「CA」は、1926年に住宅についての社会の新しい傾向についての調査を、1927年には新しい建築的提案を求めるコンペティションを発表した。8つのプロジェクトが提出されたが、それらは普通と違った広域の解決を探究したものだった。つまり、それはいろいろな高さと程度の環境をもった、廊下をもたない住宅であった。1928年、Stroikom（国の建設委員会）は、ギンツブルクを長とする研究部門を設立し、それがこの提案を整理して、サーヴィスを集合化した大きな建物ブロック（ladom comuna）に組み立てるための27㎡から30㎡の最小限住宅の1タイプ（細胞F）をつくった。これらの2つが1928年から1930年にかけて、1つは、財政人民代表委員（Narkomfin）のためにギンツブルクとミリニスによって、もう1つは、モスクワのゴゴール通り8番地にリサゴールによって実現された。ギンツブルク、フェスニン兄弟、ゴロソフ、クズミンらによるプロジェクトのうち、実現されなかったものの方がずっと多いが、それらはいろいろなやり方で住居と公共サーヴィスとの統合を定着したもので、家族生活のほとんど完全な集合化をも提案した。

この研究は、住というテーマについての世界中の研究のすべてに先駆けたものであり、他の実験との比較を利用することは出来なかった。1945年以後になってようやく、ル・コルビュジェ、バケマ、キャンディリス、スミッソン夫妻らが、これと同じ問題に取り組み始めたのだった。

2) 住居ユニットには含まれない高度のサーヴィスを集約する労働者クラブ

住居の構造が等しいエレメントのくり返しに基づくのに対して、クラブは例外的な、くり返し得ないエレメント（第15章に記されたグロピウスの表現によれば）として都市の組織をバランスさせる。メルニコフによって研究され実現されたタイプは、実際、その印象的なヴォリュウムの接合によって風景の基礎としてきわだち、こうした関係を視覚的に実現している。今や組織的な関係を発展させること、即ちクラブをひとつの建物からひとつの都市ゾーンへと変形させることが問題となった。そして、1929年のI．レオニドフによる「新しい型の社会のクラブ」のそれのような、もっと理論的なプロジェクトのテーマが1930年頃につくられた。しかしながら、これらのいずれも、2つの大戦の間には実現され得なかった。似たようなものは1966年のモスクワの「開拓者宮殿」[6]である。

3) オフィス

生産施設は住宅やサーヴィスの組織と正反対の都市生活のもうひとつの極であり、また自由な扱い方の出来る建物でもある。しかし工業施設の計画のための集団組織は、近代建築家がたとえ最も効率よく最も適当であるとしても、まだ少数派である限りは、その意のままになろうとはしなかった。

1925年、レニングラードに大きなオフィスを計画するために、メンデルゾーンがドイツからよばれた。第1期5か年計画を通してより重要な実現案は1927年から1932年にかけて建設されたドニエプル河の電力センターであった。技術指導は技術者A. V. ヴィンターに委ねられ、一方建築家の選択のためにコンペティションが告示され、それにはアカデミックな建築家、ヨルトウスキー、ショウコ、ヘルフライヒらも参加した。この時にはヴィク

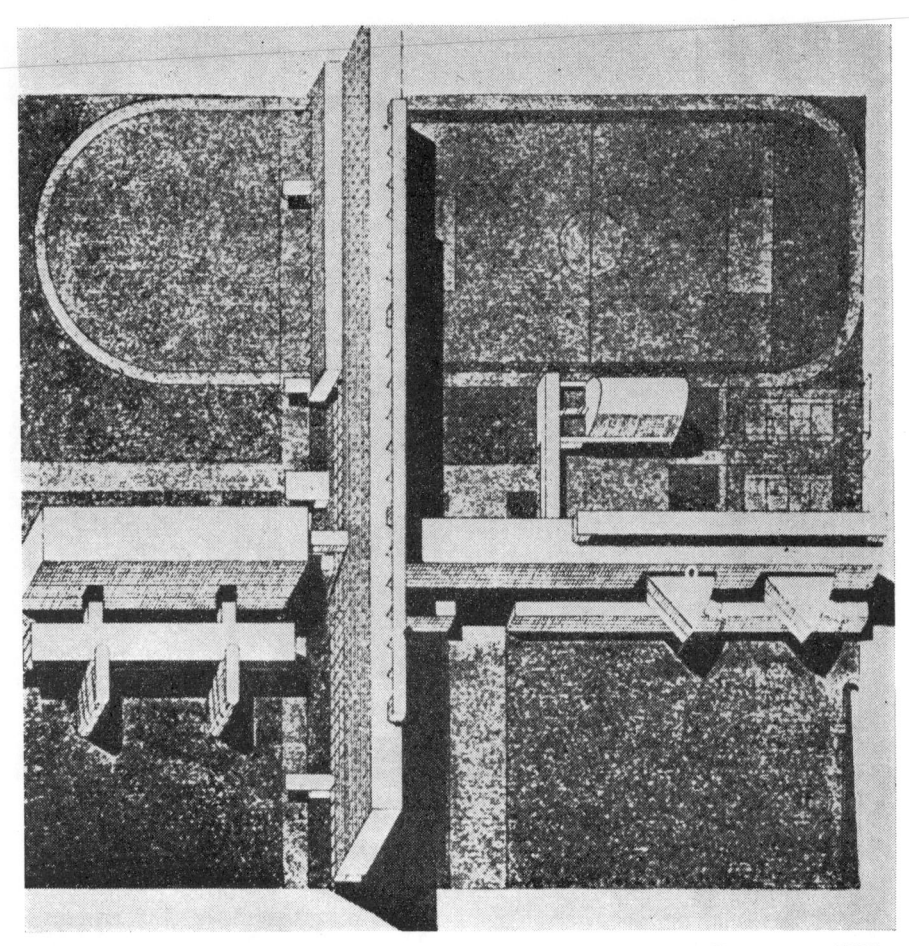

636図　R.S.F.S.R.のための集合住宅案。4.5ヘクタールに1,680の人口をもつ。M. バルチュと V. ウラジミロフ, 1929年

トル・フェスニンに率いられた近代建築グループ（コリー，コルチンスキー，アンドレイエフスキー，オルロフ）が勝利を収めた。彼らは技術者と共に，構造派的な形態のモティーフがほとんど強調されていない単純で説得力のある構造体を実現した。

「社会的コンデンサー」は都市という「一般的コンデンサー」の中に枠づけられる。これが，OSAの建築家達が提案を行い，また結局，政治局がロシア建築の方向を選択した時

の確固たる地盤であった。Stroikom の研究センターで考えられた共同住宅は，都市組織を実質的に変形する新しい構造であり，反復可能だが複合化された新しいエレメントとして価値があり，そこでは一定の人口は一定のサーヴィスの必要と関係づけられている。引き合いに出される計画の中のいくつか——フェスニン兄弟のクズネックのための住宅（1930年），バルチュとウラジミロフによって研究された住宅計画（1929年）——は大きさ

V 近代運動

637図 ギンツブルクによって1929年にストロイコムのために研究されたF型住宅ユニットの模型
638〜641図 モスクワにあるナルコムフィン(財務人民委員会)の集合住宅,M. ギンツブルクと I. ミリニス,1929年。主な住居ユニット2つの平面図と,パース,外観

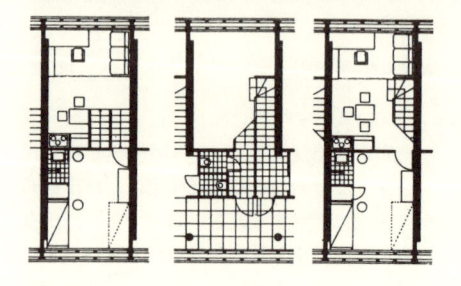

を予め決めた都市的複合体(1929年の型の中に1680の人口)であり,後のル・コルビュジエの大ユニテのような完全に新しい都市をつくり出すことになる大きなスケールでのモンタージュのプロセスを必要とした。

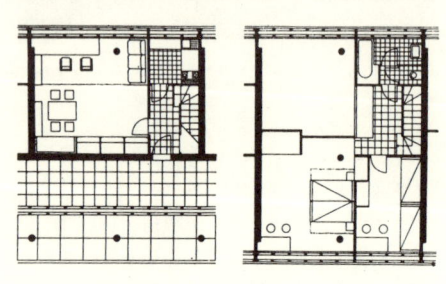

この方向のために,OSAの建築家達は伝統的都市の構造を再調査し,その基となっている構成要素——住居ユニット,サーヴィスセンター,生産施設——を相補的な同じ条件の下におくことを妨げている集中化の論理

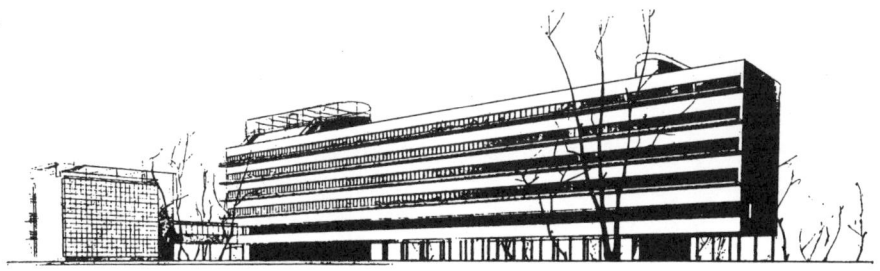

を確認した。この論理を超克するには，2つの可能性がある。

a) 都市と同じまで住居ユニットを大きくし複雑にすること。それは50㎡という住戸を

もつ全体的に共同化された住宅についてのクズミンの提案を再び取り上げ，集合の最大の大きさを人口4万から5万の間に押えるという，都市計画学者の解決案——サブソヴィッ

179

V 近代運動

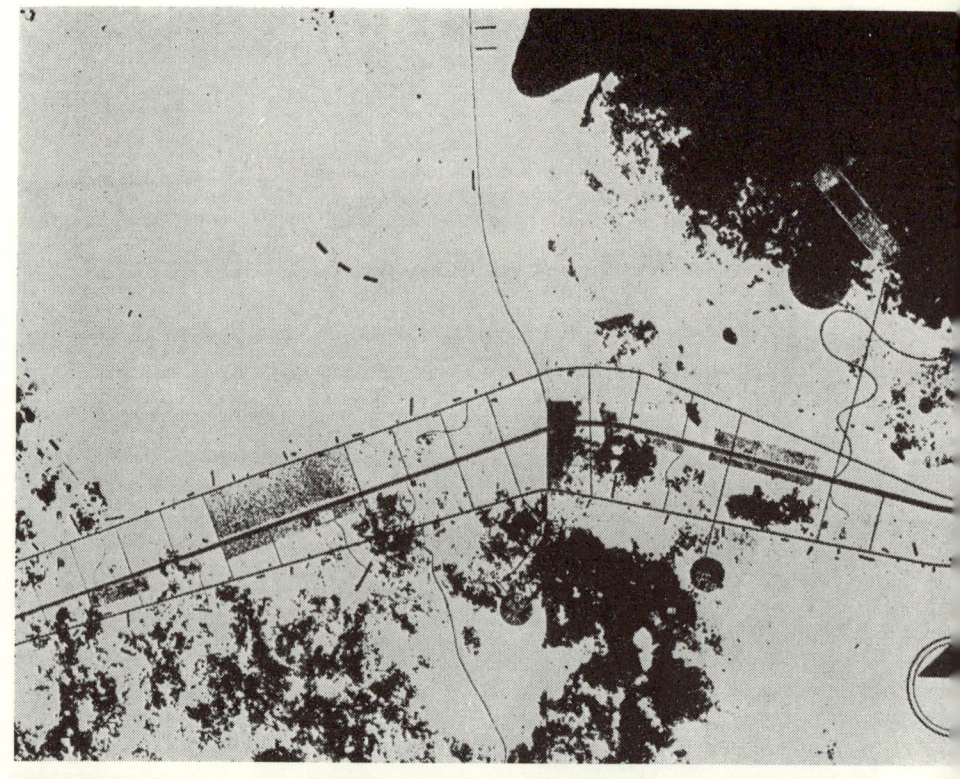

642図 地方のコミュニケーション道路に沿った疎らな施設。ギンツブルクとバルチの「緑の都市」(1930年)から

チによって理論化された——である。

b) 住居ユニットを地域の中に分散させること。それは，都市を常に田園と接触を持つ，間隔をおかれたエレメント（住宅，サーヴィスセンター，オフィス等）の無数の集合として考える分散主義者——ギンツブルク，ウラジミロフ，バルチュ，理論家オヒトヴィッチ——の解決案。

2つのグループはソヴィエト的都市計画の具体的テーマのためのそれぞれ自身の提案を示した。既成都市の改造，新しい都市の提案，大工業施設の設置等である。ギンツブルクとバルチュは1930年，「CA」誌にモスクワの分散計画（緑の都市）を発表した。プロジェクトの展覧会を訪れたル・コルビュジエは，ギンツブルクと集中と分散のどちらがよいかについて議論した。ウラジミロフ，ソコロフ，バルチュ，オヒトヴィッチ——OSAの名でレオニドフもそしてエルンスト・マイのチームも——は，1930年，新しいマグニトゴルスクの都市のための種々のプロジェクトを示した。この議論から，2つのテーマを平均する可能性，中心と周辺の（マルキスト的理論に従えば政治的な意味での都市と田園の）対置なしに高密度を考える可能性が生まれた。都市は生産や交換の場としての価値を全く失うことなしに地域の中に氷解することが出来た。

この議論の休息所は「緑の都市」のプロジェクトであり（それは低く長い住宅の連続し

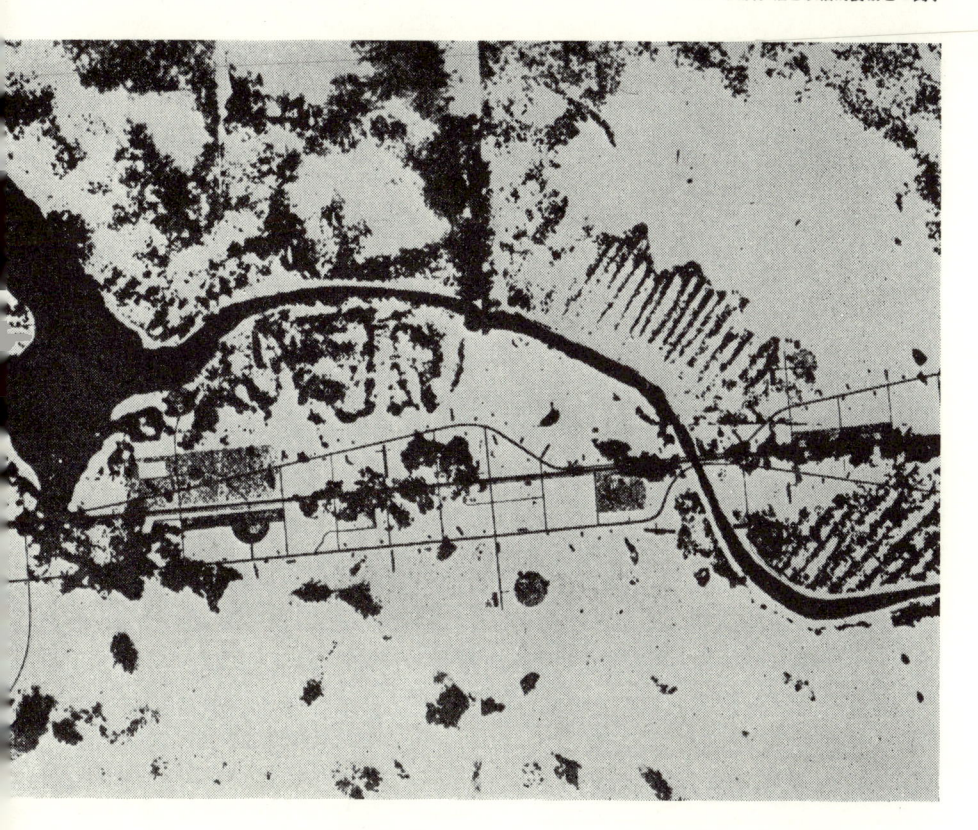

た帯，コミュニケーションの道路に新しい住宅群を仕立てる提案をした），高層，低層の住宅をもったより複雑な帯を示すレオニドフのマグニトゴルスク（Magnitogorsk）のプロジェクトであり，集合住宅群と個人住宅群を，そして高密度と低密度をはっきり分けるが，集中配置（階級主義）と線状配置（平等主義）との間の二者択一に固執するミリューティンによる1930年の本の中に示された社会主義都市ソスゴロド（Sosgorod）のためのプロジェクト等であった。

このようにして，建築的研究は指導階級によってのみ解決され得る政治の進路の問題に新たに触れた。ちょうど1930年，当局はこの議論についての公式見解を明らかにした。

「社会の文化的，経済的後進性の結果である現代の古い障害の岩場を克服することは不可能である。その代りが，国費による，集合化された必需品の供給，子供の集団教育，住宅における台所の禁止等を含む生活のすべての集団化を基盤とした新しい都市の再建のためのこの非現実的でユートピア的計画である。われわれの国の物質的資源，既成の習慣や好みをもつ住民達に合った制約というものを何ら勘定にいれないそれぞれ似たようなユートピア的，理論的計画の性急な実現は，容易に実質的な損失を生み，社会の社会主義的再建の基本的原則に対して不信感をおこさせ得るだろう。建

V 近代運動

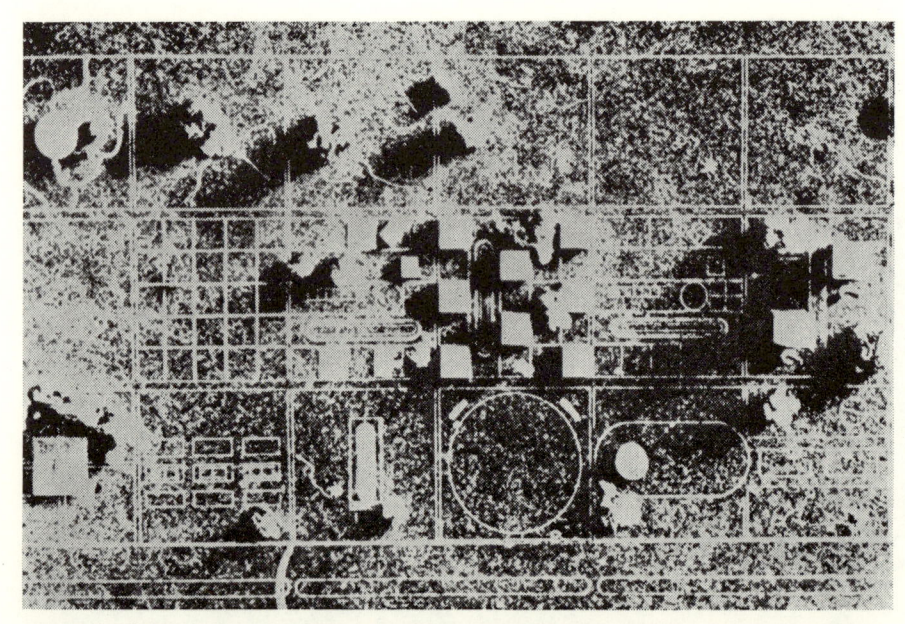

643図 イワン・レオニドフによるマグニトゴルスク案（1930年），住宅とサーヴィスのゾーン

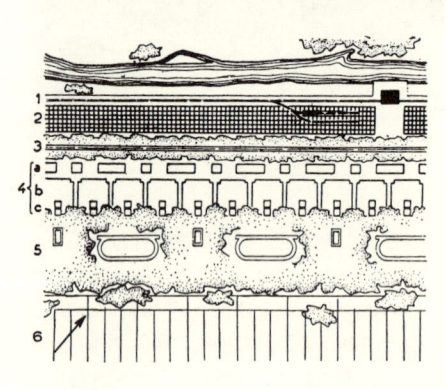

1. 鉄道
2. 工業
3. 自動車道路
4. 住居
5. 緑地ゾーン
6. 農業ゾーン

644図 ミリューティンの線状都市計画

築家達は幻想に支配される危険を避けなければならない。何故なら，問題の適当な解決は，大衆の生活と状況を理解する建築家によってなされ得るからである。個人の家庭経済基盤から集団経済基盤への家族の変成期において，すべての機械的な行政的解決は逆効果である。プロセスは漸進的なコースをとるべきであり，集団化のプログラムにおける労働の利益と幸福の増大を明らかにするために適当な組織を具体化することによって，保護され促進さるべきである。」[7]

この議論は最も極端なテーゼの間をとりもったように見えたが，その代りに，決定的な転換を生んだ。何故ならそれは建築家による二者択一――以前の社会から受け継いだ自由主義後期のブルジョア都市のメカニズムを受け入れるか拒否するか――の重要性を過小評価し，仮りのやり方でこのメカニズムを認め

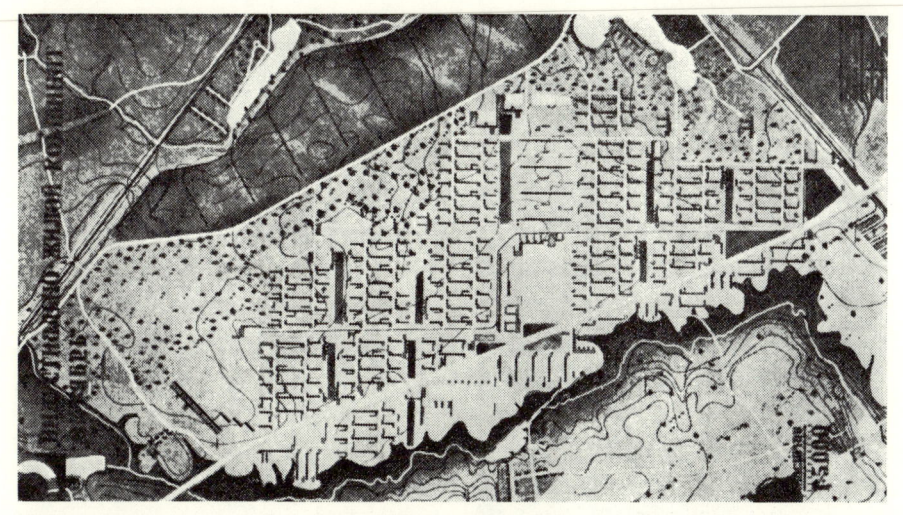

645図　エルンスト・マイによるモスクワの衛星地区計画（1932年）

ながら徹底的に従わなければならないひとつの論理を課したからである。受け入れるか拒否するかの問題は、初めから個人あるいは集団の経済性の問題でなく、差別や権力の手段としての都市のヒエラルキーの問題であった。このような結末が技術的に定式化されるや否や反動はすぐにやってきた。1930年以後のドイツの建築家、マイ、マイヤー、タウトの仕事——あまり急進的でない実験の発端となっている国、新旧の都市組織を取りもつ国で始められた——もまた、URSSの中で既にはっきりしていたより頑なな提案を分別するのに決定的に役立った。

実際、何年かの間は当局は周辺部での線状計画の実験を認めたが、再びますます決定的に、伝統的な集中的計画を価値づけるようになった。当局は既存都市、新都市の大きさを規制することに努めたが、人口集中の増加がその必要を課し、都市計画家達は、ゾーニングや幾何学的なレイアウトなどの伝統的な手段をとることを余儀なくされた。住居ユニットについての考えは量的な目安としてのみ生きながらえ、その時以来ソヴィエトの計画の中で用いられている、伝統的な建物で形づくられた巨大棟となった。この不可避なプロセスというよりはスターリニズムの独裁へと向かう時期に、近代建築家の自由という利益は制限され、取り消された。1930年は重要な年で、この年に社会主義都市についてのより重要な提案が出されたが、アヴァン・ギャルドの期待を消えさせ、「愛の小舟は日々の営みに逆って砕け」たのであった。OSAの若い建築家の中で最も際立っていたレオニドフ——彼はちょうど1930年、よいプロジェクト、文化宮殿をつくり、それは世界中の雑誌に発表された——はVOPRAのライヴァルの建築家達によって激しく攻撃され、当局によって否認され、3年もたたないうちに、あわただしく建築界から葬られた。その直後、建築の自由な組織はVANOに統合され、1932年には解散した。そのメンバーは国の連邦政府に加わり、国の建築活動を指導した。1933年、ソヴィエト宮殿のコンペが、第14章で述べたように、ヨハン、ショウコ、ヘルフライ

V　近代運動

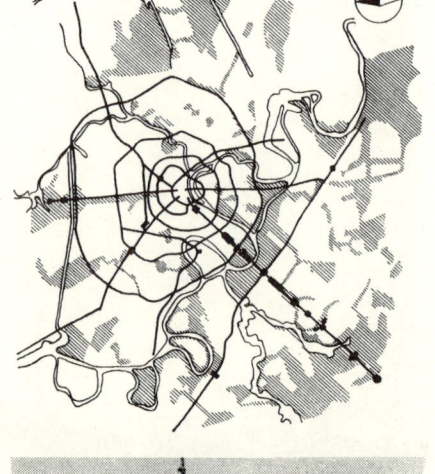

648, 649図　モスクワ，1935年の都市計画（斜線は緑地）とレーニンの丘にある大学の外観

646, 647図　モスクワ，地下鉄駅

ヒらの伝統主義者の勝利で終り，この時から，ロシアは列柱，摩天楼，尖塔で賑わい，最も穏健な建物でさえ，時代錯誤の装飾で装われた（648〜649図）。

1935年，巧みなゾーニングと豊富な緑で技術的に価値あるモスクワの都市計画が承認されたが，それはアカデミックな形式主義に苦しめられた（赤の広場からレーニンの丘まで，多くの広場や宮殿をまき散らした20kmをこえるモニュメンタルな軸が引かれた＜648図＞）。

ドイツにおけるように，政府の建物は旧政府の長老達，あるいは若い日和見主義者によって指導され，そして政府の指導に追従すること，そしてまたそれを僅かだけしか変えないことの中に彼らの多くの者達の気安さを見るのは興味深いことである。

単純で威厳のあるレーニン廟の後で，最も装飾的なモスクワのメイヤーホールド劇場（1932年）を計画したショウセフの例はとりわけ価値がある。彼は，メンデルゾーンの事務所建築を思い出させる農業委員会の建物（19

32年）では，ロシアやヨーロッパの機能主義者に接近したが，その直後，モスクワホテル（1935年）ではネオ・クラシックの表現へと転換し，1941年，コリント式大列柱によって固められたファサードを持つ，チフリスのマルクス・エンゲルス・レーニン協会でスターリン賞を受賞した。

ロシアの変化は，1930年以後他の国々で起こった政治的衝突のあらゆる原因を含んでいた。軋轢は1930年に既に明らかで，またスターリンの独裁下で調停不能となり，建築の様式の上よりはむしろ都市的選択の上に生じた。ロシアにおいては，それが近代的都市の性格を伝統的なもののアンチテーゼとして定義する異例で大胆な探究のひとつを取り除いた。ヨーロッパにおいてはそれは警告としても役立たず，現在ようやく失望の想い出と共に研究され得るのである。[8]

2. ドイツとオーストリア

ドイツとオーストリアでは，近代運動は最も好ましい状況であった。今や最も著名な人物となっている戦前のアヴァン・ギャルド傾向の代表達は，若い世代の最も大胆な試みに対して好意的であった。若い人々の中に実に重要な人々のグループがあり，それに対して行政当局は多くの仕事の機会と政治的権力をもつ団体との接触のチャンスを与えた。

このようにして，これらの国々では，前章で述べた進歩の大きな部分が達成され，1922年から1931年にかけて近代化された文化的職業の人々を魅きつけ得るひとつの様式が形成されかかった短い時期があった。その間に，国の差異をならし，そしてグロピウスによって5年前に表明された理想を「国際建築」という形式で生活にもたらしながら，同じレパートリーはあらゆる国々へ広がりつつあった。

これが，それの反対陣営が近代運動に市民権を与えることを強いられ，それを新たな「機能的」あるいは「合理的」様式として分類した時期であった。しかし，見かけの友好が根深い軋轢をすぐに表面化した。近代運動は伝統的様式とは似ていなかった。何故なら，それは既成の解決の提案ではなく，多様で予測し難い解決法の完成のための，本質的には程度についての評価である方法論的提案をしたからであった。それ故都市計画家達は，ある原則についての信仰告白によって個々の具体的な問題から派生する責任を回避することが出来ず，それどころか，この責任に直面するに際してイデオロギー的な覆いを意識的にもたなかった。

それ故，ある形態のレパートリーあるいは理論的なコンセプトの体系についてのコンセンサスは，アプローチの統一を保証するには充分でなく，事実，それは，よりものものしくより独断的な形で，実際行動についての種々の提案をさせた。このある種の基本的な提案を前にして，各世代や各グループは分裂したままであった。

ドイツの建築家達は，インフレーションの末期（1924年）とヒットラーの権力獲得（1933年）の間の僅かな間に，特に難しい状況下でこの試みを行った。文化論争は，初め敗北と連合国の占領の背景について，ついで経済危機について起こり，そして最後には，近代建築家のこの国における仕事の，そして生活することすらの可能性をも否定し，よきにつけ悪しきにつけドイツの建築家の多数に受け入れられた荒涼としたネオ・クラシシズムへの復帰を強制的に押しつけたナチズムによって，完全に粉砕された。

1919年にグロピウスによって始められた実験は検閲と共に終ったが，しかしながら，それは，近代運動の内的な性格を，決定的に明らかにした。

V 近代運動

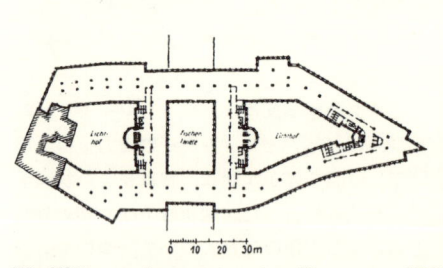

650〜652図　ハンブルク，チリーハウス（F. ヘーガー，1923年）

　戦争直後の時期のドイツの建築思想は，ざっといって，次のように描くことが出来る。
　世紀の初めにおいて，アヴァン・ギャルド戦争を行った巨匠達は，今や建築やアカデミーの分野で最も重要な人物であった。ベーレンスは，AEGの顧問芸術家であり，またウィーンの芸術アカデミーの教授であった。ハンス・ペルツィッヒ（1869〜1936）はシャロッテンブルクの高等工業学校の教授であり，ヴェルクブントの会長であり，フリッツ・シュマッヘルはハンブルクの建築技師長であった。ワグナーの死後のオーストリアでは，ウィーンの工芸学校の教授であり，建築顧問技師であるホフマンが目立っていた。
　その4人はほとんど同時代人であった。（ベーレンスは1868年に生まれ，ペルツィッヒとシュマッヘルは1869年，ホフマンは1870年に生まれた。）バウハウスの創設期には，彼

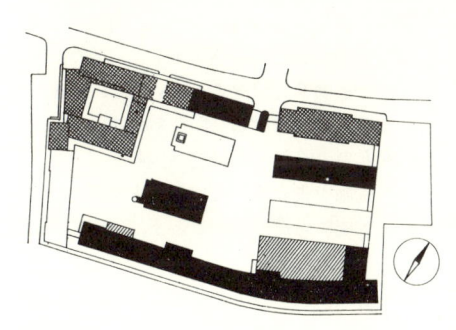

16　独裁政権と政治的妥協との闘争

653, 654図　リンツ，煙草工場（P. ベーレンスと A. コップ，1930～1935年，黒い部分が工場で，斜線部分が管理棟）
655図　シュトゥットガルト，ヴァイゼンホフのペルツィッヒの住宅の室内

らは40歳前後で，活動の最盛期であった。アヴァン・ギャルドの中における彼らの位置づけが戦後の攻勢的なムードに対して彼らを敏感にさせ，新しい傾向の功績を受け入れるように仕向けた。それ故，ペルツィッヒとベーレンスは，最も大胆で，最も魅力的な，表現派的発想をもついくつかの建物をデザインした。（1919年のペルツィッヒのザルツブルク劇場のデザインと，1920年から1924年にかけて，ベーレンスによって建てられたフランクフルト・アム・マインの染料会社のオフィスを見てみればよい。）しかし，その後は，近代運動の若い建築家達に喜んで従い，出来る限り彼らの活動方法を受け入れた。両者は1927年，シュトゥットガルトのワイゼンホフの建設に参加し，ベーレンスは，初期の量感

187

V 近代運動

656図 シュトゥットガルト，ツェッペリンバウ（P. ボナッツ，1929～1931年）

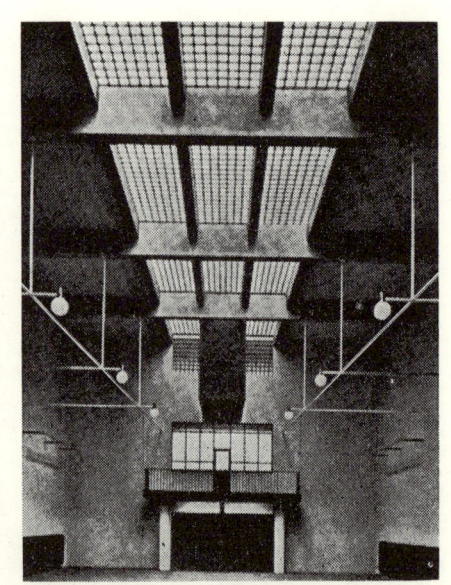

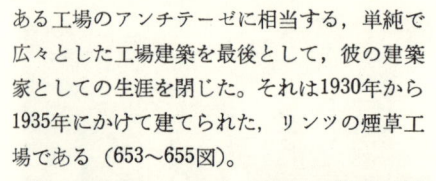

657図 ケルン，O. ヘスラーによる学校

ある工場のアンチテーゼに相当する，単純で広々とした工場建築を最後として，彼の建築家としての生涯を閉じた。それは1930年から1935年にかけて建てられた，リンツの煙草工場である（653～655図）。

彼らの世代とグロピウスの世代（彼は1883年に生まれた）との間に，既に戦前に設立された建築家のグループがあった。パウル・ボナッツ(1877～1951)，ブルーノ・タウト(1880～1938)，ドミニクス・ベーム(1880～1955)，ヒューゴー・ヘリング（1882～1958）――すべてテオドル・フィッシャー（1862～1938）の弟子で，前の2人は，その協働者としてスタートした――シュマッハーに引き続いてハンブルクで働いたフリッツ・ヘーガー（1877～1949)，ミュンヘンのオット・ヘスラー(1880～)，これもまたミュンヘンに育ったスイス人，オット・ザルヴィスベルク(1882～)らである。

1900年の文化戦争と戦後の時代との間の小康期に成長したこれらの人々は，極端な立場に対しては一般的に共感をもたず，アヴァン・ギャルド運動の功績をより広い折衷主義の中にもち込む役割をした。彼らは主として施工過程との，そして伝統的様式のレパートリーとの接触を失うまいということに関心をもった。伝統に忠実であることは，一定の高い技術水準を維持すること，そして適宜な実験の認定を経た後の施工上の新しい技術だけを受け入れることを認めることだから，これは単なる職業的打算ではなかった。彼らは19世紀後期のドイツの建築の典型である，職人的な配慮や能力ともいうべきものを受け継いでいた。

非技術的な問題に関する限り，彼らは流暢で非常に想像力に富んでいた。彼らは表現主義の功績を歓迎し，そしていくらかその調子を落とし（1923年のハンブルクのチリー館≪Chilehaus≫におけるヘーガー），また，彼らは複雑な形の組合せに没頭し（1919年のシ

658, 659図 ブレスラウのモーレン薬局（A. ラーディング, 1925年）と K. シュナイダーによる工房のある住宅（G. A. Platz の前掲書から）

660, 661図 ベルリン, ポツダム広場の建物の計画案（H. & W. ルックハルト, 1931年）とイェーガーシュトラッセの近くの都市計画（H. シャロウン, 1927年）

ェーネンベルク《Schönenberg》の独身寮におけるタウト）、また粗野な形態の微妙な転写に浮き身をやつした（ライン河沿いの田舎家におけるボナーツ, 第1労働者地区におけるザルヴィスベルク）。彼らはいろいろなやり方で近代運動に反対した。既に折衷主義に深くのめりこんだある者が, 実験の新しい展開に加わる立場にはなかったのに対して, 他の者は, いろいろなやり方で, グロピウスや

ミースの進路に魅きつけられた。タウトは, 理論的な思考を経てそこに到達し, 新しい建築の伝道者のひとりとなり, ヘスラー──国立建築経済研究協会（Reichsforschungsgesellschaft für economische Buildung）の顧問──はケルンにおける大衆向けの建物（657図）の分野での実験を通して, ヘリングは率直な形態上の選択によってそこに達した。彼らは, 形態上の騒がしさ, 詭弁等によ

189

V 近代運動

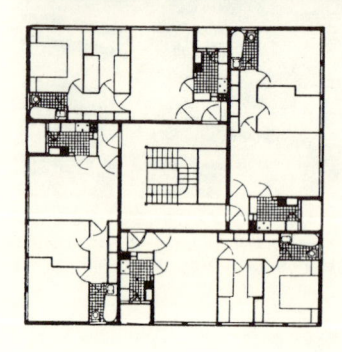

662, 663図 1927年にルックハルト兄弟によって計画された塔状住宅の住区

って，もとの折衷主義のマークをもち続けた。タウトのベルリンの労働者地区，ブリッツ（Britz, 1926〜1927年）とツェーレンドルフ（Zehlendorf, 1927〜1928年）を考えてみればよい。そこでは，構成は，いろいろなドラマティックに全体処理をしようというあからさまな技巧に従わされている。例えば第１地区の中央における２つの馬蹄形である。

その時，戦争の直前，直後に仕事を始めた若い人々があった。彼らのある者は，早くに近代運動に魅きつけられた。マックス・タウト（1884〜），ルードヴィッヒ・ヒルベルザイマー（1885〜），エルンスト・マイ（1887〜），アドルフ・ラディング（1888〜），カール・シュナイダー（1892〜），そしてルックハルト兄弟——ハンス（1890〜1954）とヴァシリー（1889〜）——と最初表現主義の影響を受けたハンス・シャロウン（1893〜）らである。マイを除いて，彼らのうちの誰も，彼らの共通の問題の研究に対して実質的な貢献をしなかった。実際，例えばシュナイダーや

シャロウンのような最年少者は，近代的様式の逐語的な形式主義的な解釈に耽った（658～661図）。彼らは，彼らの先生達の実験を既成のレパートリーとみなし，タウトやヒルベルザイマーの著述が「合理主義」と「機能主義」という型にはまった名称の正しさを立証したように，彼らの作品は時には，近代運動に対して浴びせられた図式的であるという非難の正しさを立証した。

合理主義者と同時代の他の若い人々は，最初から，伝統的な折衷主義の路線で仕事をした。ドイツでの最大の成功者はエミール・ファーレンカンフ（1885～）で，オーストリアではクレメンス・ホルツマイスター（1886～）であった。彼らの成功はボナーツやベームのような建築家のそれと同じ理由をもっている。即ち，彼らは大勢の傾向と一致していたのである。さらに，大変な模倣の才能をもち，近代的であるならどんな傾向の成果でもすぐに吸収し，彼らのスタイルを環境に合わせた。

近代運動がいわば最も近代的であり，本や雑誌を埋めていた1927年から1930年の間に，多くの若い世代の折衷主義の建築家達は，彼らの同時代の近代建築家の手法を一時的に吸収し，彼ら自身，新旧の仲介者の役を買って出て，ドイツやその他で異常に成功した近代建築の水割をつくり出した。

ファーレンカンフは最初甘口の折衷主義に刺激された——デュッセルドルフのオフィス棟，1923年のアーヘンのオット邸——が，それは次第により暗示的に，より精巧になり，ミュールハイムの1926年の公会堂でそれは頂点に達する。1927年のデュッセルドルフの高層ホテルでは，歴史主義の烙印はもはや見分け難い。組積造の建物はわざと普通のやり方で仕上げられ，古典の引用はあからさまに認知し得るかたち，例えばファサードの，ありそうもないように間のびしたアーチになって

664図 E. ファーレンカンフ，ミュールハイムの教会（1928年）

665図 C. ホルツマイスター，ウイーンのザイペル博士，ドルフス博士の記念館（1933年）

いるのに対して，メンデルゾーンを思い出すような，水平の縞，平らな笠木，基礎と主要階とのコントラストがある。1928年のミュールハイムのセント・マリー教会（664図）では，伝統的形態の引用のいくつかは，1階のプランや3つの等しいアーチを持つファサード等において，義務的に行われているが，

V　近代運動

666図　L. ルフ，ホッホツォールの近くのレヘブルュッケの計画（1927年，"Moderne Bauformen" から）

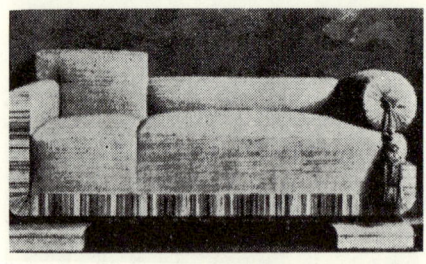

667, 668図　H. シュトラウブによる，ライプツィッヒのツィリング邸の家具（"Moderne Bauformen" から）

後のケルンのモノポル（Monopol）ホテル（1928年）やボクゾムのレッヘン（Rechen）邸（1929年）は，合理主義的なやり方で，単純で平滑なブロックであり，エルベルフェルトの大きなミヘル（Michel）商店は，多かれ少なかれメンデルゾーンの同じような作品の模写である。ファーレンカンフは近代建築家とみなされたが，[9]　インスピレーションの違いは，ファーレンカンフとその「水割のモダニズム」とをグロピウスやミースと区別する敵には容易に理解された。何故なら，彼らはファーレンカンフの例の中に，何ら基本的問題に関わりなしに新しい形態上の成果を受け入れるやり方を見たからである。

同じように，ホルツマイスターは，中世的な匂いをもつ初期の作品——1924年のブレゲンツ（Bregenz）の教会と1925年のウイーン墓地——から，1928年から1930年にかけてのウイーンの学校建築の飾り気のないブロックへと移った。彼はその後同じ簡潔なスタイルで，トルコに多くの代表的な建築をデザインしたし，また例えば1931年の国立銀行におけるように，血の通っていない近代的古典主義へ——必要な時には——難なく帰っていった。

この模写のプロセスの中で受けた歪みを調べるのは有益である。変らない特徴は，例えば平滑で白い壁の使用であった。この方法は，壁を，建物のエレメントの比例関係が目立つようになし得る幾何学的な面としての単純な機能にしてしまうのに役立っており，それ故，プラスターは常に平滑で一様であった。模倣者はこの提案を受け入れたが，その壁面を，それのテクスチャーを認め得るようなやり方で扱って，その物理的な質をすべてなくさないようにすることを気にかけた。これは，ワグナーを思い起こさせるような，石張りの仕上げの流行を説明する（656図）。それは扉や窓の回りの規則性を形づくり，そこでは面や色の僅かな違いが，（例えば先に述べたデュッセルドルフやボクゾムにおけるファーレンカンフによるホテルのように）ファサードをひとつの色彩面として認めさせるに充分なひとつの抑制された明暗対照法を導き出している。あるいは（E. ヴィースナーによるブリュンにおけるボヘミヤ・ユニオン銀行 ＜Böhmische Union-Bank＞のように）窓の隅の間のグラフィックな関係をつくり出すことを可能にした，プラスターの掻きとり仕上

げを用いている。模様のないプラスターが用いられた時，光の影響を受けるように好んで粗面にされ，しばしば窓の周囲は，（ホルツマイスターによるウイーンの学校やオーストリアの巨匠達の作品一般におけるように）斜光の下で壁にリズミカルな影を投影するように，突出してつくられた。

この姿勢は，デザインについての好み――木炭の透視図（666図）――にも，斜光で斜めから撮された写真のスタイルにも見られる。この章の図版を調べ，それをルチア・モホリーナギによる写真，例えば，建物がほとんど正面から写され正面光を受けている 前章の589図と比較してみればよい。

同じような水割のプロセスが造作においても生じた。バウハウスにおいてデザインされたいろいろな家具や造作類は工業的に大量生産され，ある技術的あるいは形態的手段が常套となった。例えば，1931年のベルリン展示会で，他のデザイナー達は，時にはブロイヤーの正確なフレームをトーネットの線にならって装飾的な唐草模様に変えながら，金属パイプの家具を展示した（A. ロレンツやルックハルト兄弟）。木の家具においては，単純な四角な形が受け入れられたが，その幾何学的な厳しさを，材に直角な方向の縞模様になるようにつなげられたいろいろな厚さの薄板の線で柔げるように注意が払われている。従って，アンニ・アルベルスとグンタ・ストッルツルによって考え出されたその粗い材料は，H. シュトラウブの家具[10]におけるように，布張りの目立ったふくらみを強調している（667，668 図）。（あるフランスの 装飾家達は，例えば1923年のM. シャンピオンのように，いろいろな木の覆いを金属パイプの家具に用いるところまでいってしまった。)[11]

工芸学校の先生達――ホフマンとストルナド[12]――と彼らが教えた若い人々は特に注目に値する。

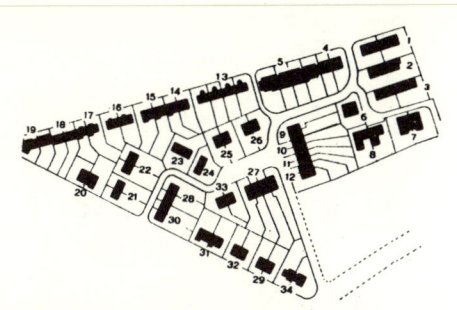

1～3. H. ヘリング
4. R. バウアー
5. J. ホフマン
6. J. フランク
7. O. ストルナド
8. A. ブレンナー
9. K.A. ビーバーと
   O. ニーデルモザー
10. W. ロース
11. E. ヴァックバーガー
12. C. ホルツマイスター
13. A. リュルサ
14. W. ソボツカ
15. O. ウラハ
16. J. ジラシェク
17. E. プリシュク
18. J. ヴェンツェル
19. O. ヘルツル
20. E. リヒトバウ
21. H. ゲオルゲ
22. J. グロアグ
23. R.J. ノイトラ
24. H. フェッター
25, 26. A. ロース
27. G. リートフェルト
28. M. フェレラー
29. O. ブロイヤー
30. G. シュッテーリホツキー
31. A. グリューンバーガー
32. J.F. デックス
33. G. グェフレキアン
34. H. ワグナー-フラインスハイム

669図 ウイーン，1932年のヴェルクブント・ジードルング，配置図

670, 671図 ウイーン，1932年のヴェルクブント・ジードルングにおける W. ソボツカと O. ストルナドによる住宅（A. Sartoris 著前掲書から）

V 近代運動

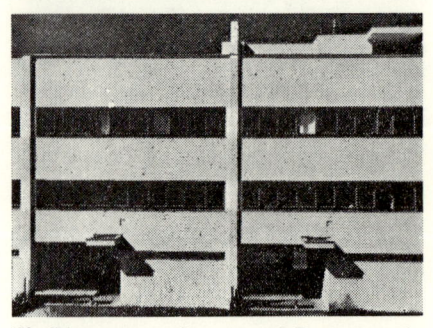

672〜674図 ウイーン、J. ホフマン、J.F. デックス、A. ルルサによる1932年のヴェルクブント・ジードルングの住宅（A. Sartoris 著前掲書から）

たもとの比例が——それらのレイアウトの対称法や、扉や窓の間隔や序列において——保たれるならば、裸の壁にしてしまうことであるということは、既に、第9章で述べた。これが、ロースによって、モンルーの住宅において、またホフマンによってプルケルスドルフのサナトリウムにおいてとられた方向である。

近代運動への道を切り開きながら折衷主義的伝統を破壊することを助けたこの方法——これから、戦争直後のホフマンとロースの建物についての激しい議論が生じた——は次の時代には、近代運動の形態上の成果を消化して、伝統の主流の中にそれらを導くのに役立った。

いくつかの作品において、ホフマンとその弟子達は、非常に合理主義者に似ている——1925年から1930年の間に建てられた労働者住宅におけるホフマン——が、彼らは彼らの伝統的な色合いを、考え抜かれた断面の優雅さ、すべての付属品——排水パイプ、銘やサイン——を白と黒の唐草模様として即座に実用化することなどによってもち続けた。E. カウフマンが新古典主義者ブレーやルドゥを近代運動の先駆者とした時、[13]彼は明らかに、

ワグナーの伝統を発展させる可能な道のひとつは、すべての二次的な造形要素を除くこと、そして光と影の間の関係となってしまっ

675, 676図　1932年のヴェルクブント・ジードルングにおけるG. リートフェルトによる住宅（A. Sartoris 著前掲書から）

ホフマン，ロース，ストルナドのウイーン派を考えていた。

　ウイーンの人々の影響は，20世紀の最初の20年間に得た権威と，彼らがあらゆる場所で穏健主義者に対して逃避の可能性を提供したという理由で，ヨーロッパ中に広く広がった。以前ハプスブルク帝国の下にあったすべての国，チェコスロヴァキア，ハンガリア，ユーゴスラヴィア等において，近代的レパートリーの分布は，主としてオーストリアの仲介によって行われた。造作に関する限り，職人技術の伝統に沿って組織されていたウイーン工房が1933年経済危機でつぶれるまで，ホフマンは，ヨーロッパの好みを支配していた。

　国際的な運動におけるウイーンの建築家の地位は，1932年のウイーンにおけるヴェルクブントの展示会によって確立された。この時，シュトゥットガルトにおけるように，2ないし3階の住宅のモデル地区が，ホフマン，ロース，ストルナドや22名のオーストリアの建築家，[14]　ならびにフランスからのA.リュルサとG.グエフレキアン，オランダからのリートフェルト，アメリカからのR.ノイトラとA.グリュンバーガー，ドイツからのヘリングらによってデザインされ建設された（669～676図）。参加者のリストそれだけでも

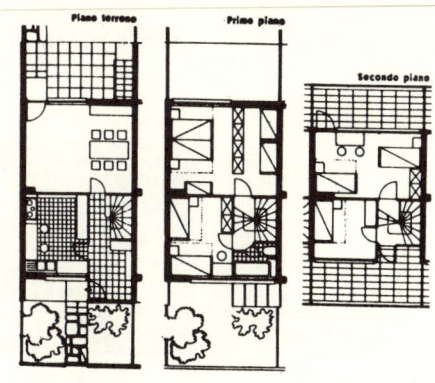

文化的指標を示している。即ち，ヴァイセンホフのようにフラット・ルーフ，白い壁，何もない部屋があるが，いくらか違った精神，より形式的，逃避的な精神が見られる。この実験は，一般の建物の技術的，経済的問題の解決には何ら重要な役割をはたしていず，ただ，ウイーンの当局がその前の10年間に建設した高密度の住棟と正反対の低層住宅と低密度住区の指針として役立った。この方向は，1932年において，そしてドイツの土壌において，労働者地区を都市に統合するという考えを放棄し，そして半田舎的な郊外への逃避という明瞭な社会的意味をもっていた。

　新しい建築的レパートリーの急速な流布と，それの多かれ少なかれ皮相的な模倣は，近代運動の理論家や主役に対して，深刻な苦境をもたらした。ある形態の使用はそれの基となっている原則の受入れを保証しないで，それぞれ矛盾したいろいろな意図に使用され得るということが示されたのである。「近代運動」とこのレパートリーが同じものであるとする者は，ある形態的諸法則が広く認められていることから，新しい建築が完成された事実であること，新しい建築は，その諸法則に合致するように系統立てる方法が見出された時に，初めて問題が解決されたとみなされると主張した。彼らの反対者はすぐそれに賛

V 近代運動

677図 ベルリンの新しい医科大学案（H. ディテル，1941年）

成した。何故なら，この運動も他のすべてと同様ひとつの様式であり，すぐに時代おくれになり，または伝統的な折衷主義のレパートリーの周囲で工場建築や労働者住宅などに用いられる別種のものとしていつかその中に吸収されるであろうと断定したからである。その他の者は形態と実質との間の関係を考慮し始め，いわゆる「近代的生産」という同一の意味の中で，遵奉主義と真摯な取組みとの区別を可能にするような新しい展示や議論の方法を練り上げなければならないと理解した。

この状況は，新しい建築に対する熱狂と毒舌を静め，他の選択を垣間見させ，大多数の建築家に他の道を歩ませることになった。

この点について，タウトやサルトリスの狭い見解を受け入れる批評家達が合理主義の危機を云々するのである。彼らは，1930年から1933年までの間で，特に若い批評家の中で実際に広がっていた解釈の価値を高めたのだった。近代運動が形態上の戒律になり下がった今では，その現在の不安の基礎は，これらの規則の狭さと図式的性格にあると考えられ，その治療法は，未だ，形態上の方向転換や，技術的特徴や規則性の強調を減ずること，より温かくより自由でより伝統的価値に密着した，より人間的な建築への回帰の中にあると信じられていた。

経済危機は，この議論を非常に短い時間の中に圧縮させた。それに続いたナチの独裁は，それを一度断ち切り，同時に，どんな選択が様式論争の下に秘められているかを明らかにする試金石としての役割を演じた。

1932年，ナチがデッサウを政治的に支配した時に，バウハウスはベルリンへ移らなければならず，ヒットラーが首相になった翌年，ミースはそれを閉じなければならなかった。一方，デッサウの建物は政治指導者の学校に変えられた。

前の教師陣の中で，アルベルスはアメリカへ移住し，1929年に退職したクレーとシュレンマーはデュッセルドルフとベルリンで教職にあったが，1933年引退した。グロピウスとブロイヤーは1934年イギリスに定住し，モホリ－ナギも1935年，ベルリンで印刷と舞台の仕事をした後にイギリスに移った。彼らの多くは最終的にはアメリカへ渡った。ファイニンガーは1935年に，グロピウス，ブロイヤー，モホリ－ナギは1937年に，バイヤーは1938年にである。[15]

メンデルゾーンは1933年にドイツを追われた。ヒルベルザイマー，B．タウト，マイは都市計画の専門家としてロシアに移住した。古い人々の中では，シュマッハーとペルツィッヒは事実上活動をやめ，ベーレンスはオー

ストリアに移った。

　救い得る者を救済することを望みながら，ドイツに最も長くとどまったのはミースであった。1933年，彼は他の30人の建築家といっしょにベルリン国立銀行のコンペにまた招待されたのであり，入賞した6人の1人であったが，もはや何も建てることが出来なくなっていたから，状況が絶対的にどうしようもなくなるまで，彼はコートハウスのプロジェクトに没頭し，1938年にアメリカへ移住せざるを得なくなった。

　同じように，ヘスラー，ラーディング，マックス・タウトは活動をやめなければならなかった。若い世代の何人かのデザイナー，例えばシャロウンやルックハルト兄弟は，彼らの活動がより個人的で捉えにくい性格のものであったが故に，イデオロギーの争いから逃れることが出来，彼らは依然いくつかの仕事の機会を持ち，例えばシャロウンは1933年，ロバウ（Lobau）にシュミンケ（Schminke）邸をデザインした。

　近代建築家の職業的な立場は，ドイツでは，主として公共的なものに限られ，政府助成の建物を仕事とした。これが1925年から1933年までの間の近代運動の強みであり，それがグロピウスやマイに，国の経済的な現実との有利な接触をさせたのである。しかし，それは建築を直接的に政治的権力に依存させたが故に，今やその麻痺の原因となった。それに比べて，ボナーツ，[16] ベーム，ファーレンカンプのような温和主義者はうまくやり，大きな民間の施主を得，しばらくの間，重要な仕事を続けた。

　この苦境の中で途方に暮れた者の多くは仕事を始めたばかりの若い人々であった。1936年，J. ポセナーは，彼らの思想と多く共通するものをもっていたが故に，この状況を非常によく描いている。[17]「ニーチェとステファン・ゲオルグで育った」この世代は落ち着きがなくセンチメンタルであった。伝統主義者に対するグロピウスやミースやマイの戦いは，それが古い世代に対する若い世代の冒険に満ちた，先駆的性格を失った時，即ち，アヴァン・ギャルド運動の限界を越えた時に，彼らにとっては興味がなくなってしまったのだ。その戦いの主役達は，今や40歳を越し，多くの作品を通して自分自身を確立してしまい，古い人間に見える番になっていて，若い人々は，反対の原則に基づいて彼らを攻撃したのだった。

　「彼らにとって純粋な理性は，ア・プリオリに疑わしかった………彼らはその職業を，それが抽象的なものの中に自らを喪失しようとする時に，はっきりと眼に見える限界内に閉じこめようとし，以前，職人技術に結びつけられていた鎖を鍛造し直そうとし，習慣を，新しい生活法についてのイメージに従って鋳直すというよりも，むしろ，住居のデザインにおけるひとつの重要な要因として評価をし始めようとした。"natural"が，近代的な創造のセンセイショナルな新しさに相反する彼らのモットーとなった。」[18]

　彼らは，時代様式から微妙で優雅なインスピレーションを引き出し続けた W.クライス，H. テッセノウ，P. シュミッテナーらのような年とった先生の作品の中にインスピレーションを見出した。ロマンティックな頑固さで，工業に対して職人技術を，機械に対して手仕事を守ったテッセノウは，彼らのはっきりしない憧れを満足させる新しいイデオロギーをもつ者のように見えた。ホフマンはオーストリアで彼に呼応し，「解放された手仕事」（Befreits Handwerk）[19] という方式をつくり出した。

　しかし，ナチズムは非常に正確な要求をも

り物とゴシック風の銘刻をもった住宅向きの新中世主義，縦溝を掘ったドーリア式円柱，大理石，階段，寓意的な彫像，鷲等を到る所にもったグレコ・ゲルマン風のネオ・クラシシズム等である。W.クライス，P.シュルツ-ナウムブルクとP.L.トロースト（以前軍艦の室内装飾家であり，フューラーの個人的友達であり，ミュンヘンのブラウン≪Braun≫邸≪678図≫をデザインした）等が前面に出，行政面や建築家組織の中で主要なポストを占め，高圧的に指導をした。

若い人々は方向を失ったままであり，もとの憧れがこの結末に到ったと考えようとはしなかった。このようにして官憲指導の精神に共鳴することを欲しなかった最大多数は，国や行政体の建設活動から閉め出され，民間の施主のつつましい仕事をしていた。ある人々——H.フォルカルト，G.ハーバーズ，E.クルーガー——は，厳格な合理主義，官僚的折衷主義の両者と異なる第3の道を頑固にとったが，この2つとの違いをもち続けることがより困難になり，結果は曖昧だった。例は，様式の引用が暗喩と省略の非常に微妙な演技に限定されていたフォルカルトの郊外住宅であり，あるいは，特別な手法が建築的内容の不在証明として働いている1935年のクルーガーによる「郭公の家」——シュトゥットガルトの近くの森の高い木の柱の上に建てられた——であった。

ポセナーは彼の一文を次のように終えている。

「彼らは，古い人々を，40歳代の世代に反対して連合したものと見たが，彼らのまだ生半可の意見は，彼らの教授達のより割り切ってはいたがより荒涼とした意見によって打ち破られた………いまや，彼らは次第にこの混乱から浮かび上がるように見え，そして彼らを連合から離したものが何かを

678，679図　モナコ，ブルナ邸（P.L.トロースト，1936年）。ベルリンの新しい首相官邸（A.スペア，1938年，A. Speer 著，"Neue deutsche Baukunst"——1940年——から）

っていた。それは，厳密にドイツ的な，華やかな伝統主義的建築を欲した。古い人々は役にたつものをもっていた。尖頭屋根と木の彫

知るようになったかも知れない。彼らの最良の人々の作品も、われわれには、彼らの指導者のそれより、模倣的でも型にはまってもいないように見える。それらは明瞭な新鮮さ、自然さ、単純さ、しっかりして純粋で気持ちよいディテール、適当な親しみ易さをもっている。これらはわれわれが近代主義者の作品の中に見出そうとして出来なかった性質だが、それは例えばオーストリアやスカンジナヴィア諸国の中に見出される。確かに、大きな運動から出て来たものは多くはなかった。深刻な問題が若い人人によってあまりにも臆病そうにもち出され、あまりにも残忍な答を得た。問題はそのままに残され、われわれは未来を待たなければならない。」[20]

ポセナーは、ドイツの建築文化の運命が政治体制の展開とつながりがあると理解していた。例えば、彼は職人技術の再評価がナチのプロパガンダの不変のテーマとなり、それ故、「ヒットラーが彼の別荘を建てた時、新聞は機械が全く使われなかったと報じた。」と記した。しかし彼は、ナチ社会とプロパガンダが、機械化と集団組織の破廉恥な適用を基としていると見ていた。それ故、建築への要求は当時の政治的実験へのより一般的な要求によって条件づけられていた。「運動は中世のギルドとトラストの間、職人技術と大工業との間、個人の努力と恐ろしいほどの組織化との間をゆれ動き、誰もまたその真の性格を規定することに考えが及ばない。」[21]

不幸にも、ナチズムの真の性格に対する答は、数年後にやってくることになり、ポセナーの臆病な楽観主義を一掃した。体制の締めつけはすぐに厳しくなり、今述べた若い人々が入りこんでいた独立の僅かな余地を零にした。この時点で、テッセノウの若い弟子、アルベルト・スペーア（1905～）によって率い

られた小グループは、自らを渦中に投じ込み、官僚的建築のコントロールを得ることを意図した。

スペーアはナチの歓喜力行団(Kraft durch Freude und Schönheit der Arbeit)の理事となり、1937年、ドイツ首都の建設局長に任命され、ニュールンベルグのツェッペリン・スタディアム、ベルリンの新しい首相官邸（679 図）、1937年のパリ博覧会のドイツ館等を建てた。彼の仕事は建設にとどまらず、彼がナチの政治的指導者と一緒に調べられたニュールンベルグ裁判から明らかなように、政治的分野にまで及んだ。

クライスや他の古い人々については、その人生の最後に彼らが常に信じた建築を行う機会を周囲の状況によって与えられたが故に彼らの文化的信念について云々することが出来るとしても、スペーアと彼の仲間については単なるオポチュニズムとファナティズムがあるだけであった。それは今や避けられない、建築的決定と道徳的決定の間の結びつきの行き過ぎであった。

かくして、2つの大戦間のドイツ建築の流れは、不幸なエピローグで終った。近代的な建築文化へ決定的な貢献をなした後、ドイツはその最良の人々を奪われ、この文化から一時的に切り離され、様式の発掘の最もグロテスクな実験劇場となったのだった。

ナチの指導に従ってつくられた作品の中に、E.ファーレンカンプ（1939年のクローネンブルグのヘルマン・ゲーリング–マイスター学校《Hermann Göring-Meisterschule》）とJ.ホフマン（1940年のウィーンのドイツ士官のための住宅）の名と出合うのは不愉快である。前者の伝統主義者的色合いと後者の古典的暗喩とは、鷲とかぎ十字のまたとない背景をつくり、一方、スペーアやトローストの作品の中には、例えばベーレンスのそれのようなウィーン派の多くのモティーフや、グ

V 近代運動

ロピウスの若々しい作品のモティーフまでが、恐しく歪められて再現された。この歴史的教訓は、苦痛に満ちたものであろうとも、形態は下剤の力を持たないということ、芸術的伝統は、それの道徳的命題が変った時、内部からその意味を失ってしまうことがあることを雄弁に物語っている。

3. イタリア

イタリアで近代運動が始まった時、ファシストの独裁は既に確立されており、それはすべての国民生活を、従って勿論建築も同様に高所から規制する意図をもっていた。しかし、ファシズムが建築に及ぼした圧力は疎らで、いろいろなその場その場の状況で変り、それ故ナチズムのそれのように厳しくはなかった。さらに、イタリアの合理主義はドイツのように、先の民主主義体制と連合したことはなく、実際、多くの建築家や政治家は、ロシアにおいて「ソヴィエト様式」が云々されたように、それを「ファシスト様式」として示そうとつとめた。最後には、ファシズムもまた、他の全体主義体制と同じように、ネオ・クラシシズムへの復帰を強制し、近代運動の発展を強制的に邪魔したが、そのプロセスは遅く、多くの波をもっていた。

戦争直後、イタリア文化は、今度は、すべての法則の拒否や、規則性と堅固さへの欲求の復活に代るものを意識するようになったが、それはこのディレンマを深めるのに充分なエネルギーをもっていなかった。残存した未来派の人々は、その革命的発言を大して確信もなく繰り返し、すぐに、あてもない逃避的な実験へと脇道にそれていった。1921年、マリネッティは「タッティリズモ」(tattilismo, 触覚主義)宣言[22]を発し、1938年、「帝室料理法」(un'imperiale arte cucinaria)[23]についての宣言で建築家としての生涯を終えた

が、若い世代はもはやこれらの公式に何らの親近感も感じず、過去に向かい、そこに不変の法則、永遠の価値を見出そうと望んだ。これが、A. カセッラによる「ロンダ」、「バッハへの回帰」、そして1922年に「ノヴェチェント」(novecento, 20世紀)を創設した画家達、A. ブッチ、A. フニ、P. マルッシヒ、M. シローニ、L. ドゥドレヴィッレ、E. マレルバ、U. オッピらの傾向であった。

この時期において、多くのかつての未来派は、急にノヴェチェントに移ったフニ、シローニ、カッラから、超秩序的、超封建主義的な人間となったソフィチ、パピーニへと忠誠を変えた。「クラシシズム」は絶えず話題となり、1923年ソフィチはこう説明している。

「われわれが支持する精神的運動は、もしその言葉を修辞学的な反動、時代遅れのファッションや観念の復活というようなすべての意味から切り離すならば、『古典的』ということが出来るだろう………それが基本的な規範を支持し、ある政治的、道徳的秩序を、そして1つの国家社会に生活するすべての人間を無政府主義的に分割するよりは、むしろ賢明に統一するある原理を敬う限りにおいては。」[24]

1924年のジェンティーレの現実主義的宣言やクローチェの反対宣言において、到る所に理性と伝統が祈願されている。ガリンは、この文化的ムードを回想して、「非合理主義の勝利の最もはっきりした証拠は、この全般的な方向性の欠如と曖昧さ、これらの急激な転換、この言葉の意味の喪失、この盲目で不確定な論争等の中に見出される」[25]と見た。

戦争でのサンテリアの死後、未来派は建築の分野におけるすべての足掛りを失い、マルキやデペロの、くだらない見世物的なデザインを生み出しただけだった。他方、伝統主義

者的態度は，一貫した結果を生んだ。ノヴェチェントの画家達に対応するグループはネオ・クラシシズム的なミラノの建築家達，G．ムツィオ，P．ポルタルッピ，E．ランチア，G．ポンティ，O．カビアーティ，A．アルパゴ-ノヴェッロらで，彼らはイタリアで試みられた最後のはっきりしたヨーロッパ的建築実験である，19世紀の初期ロンバルディアの影響を受けていた。その運動の歴史について書きながら，ムツィオ（1893～）はこういっている。

「先輩達の活動のお蔭で，平和に存在し続けた流れとの自然で絶対的な断絶が（大戦争の後に）あった。デザイナーの解決の特異さによってデザイナーの能力と名声を測る，誇張された気儘な個人主義を，規則の体系と置きかえることが必要に思われる。規律と共感のみが，間もなく，新しい建築へとつながることが出来る。」[26]

抜け目なく，ムツィオはこの規則性への欲求を都市計画への要求と結びつけた。

「異分子からなる不調和な建物の寄せ集めは，新しい様式の時代を生み出し得ない。関心は単体よりも建物の複合に集中されなければならない。それ故，都市の建設技術，即ちこれまでこの国でなおざりにされていた技術を研究するのは当然なことである。最良の最もオリジナルな過去の例は，確かに，古典からのもので，特に，19世紀初期のミラノのそれである………総称的に≪都市計画家≫とよばれるこれらの建築家にとって，方法の基本的な卓抜さを確信して，これらの有名な例へと再び向き直ることが必要である。都市計画にとってそうであるように建築にとって，クラシシズムへの復帰が必要であるように思われ，同じようなことが造形芸術，文学において生じている。これは，クラシック期の建築の基本的な図式と普遍的に必要な要素は常に応用可能であるという深い確信から生じたもので，その証拠はローマから今日に到る常に変化し続けた様式表現の中でそれが生きながらえたことに見られる。」[27]

これは，ヨーロッパ中が異変にあり，極端に新しさに熱心である間は，風変りな例外，地方的な難聴の結果と間違ってとられるかも知れない………が，実際はそれはオリジナルなものであり，深い根をもつ運動であった。≪過激論者達の傾向は結論を得ないということがわかった。何故なら≫すべての過去との絆が切られて以来………あらゆるやり方の奇抜さと異国趣味に対して門戸が開かれたからである。イタリアにおいては，サイクルはより速く回り，実際，戦後，これらの建築家達が過去を見直すことによってこの新しい古典精神を生み出し得たのはここにおいてであった。われわれは恐らく，ためらいがちだが，広く広がった前兆によって，ヨーロッパ中にその誕生が告げられている運動を予期しているのではないだろうか。」[28]

ムツィオの分析は多くの点で正確であった。過去との関係を決定することをも助ける新しい規則性への要求が，ヨーロッパ中の文化を通して感じられていた。しかし，グロピウスが，歴史主義とアヴァン・ギャルドの通常の軋轢を超越するかなり賢明な方法を見出したのに対して，ノヴェチェント派達は古いディレンマ――過去か未来かの――にとらわれたままであり，過去のあるモデルへの逆戻りを提案し得ただけであった。このようにして，彼らは，それぞれの期待するものは違ってはいたが，ひとつのヨーロッパ運動を本当に予期していたのである。それは既に1931年

に見えていた国家のネオ・クラシシズムであり、それはその後の数年にあらゆるところで躍進し、近代運動と、ノヴェチェントの修辞学的な退屈さの波にのった貴族的な夢との両者を一掃した。

他の似たような実験はイタリアの各所で行われた。一方、首都の閉鎖的で遵奉主義者的雰囲気の中で、G.コッホとL.カルミーニがバロケット (barocchetto, 小バロック) の流行へと消え、P.アシエリとA.リモンジェッリは単純化されたネオ・クラシシズムへの復帰を擁護し、マルチェッロ・ピアチェンティーニ (1881～1950) はこの思想の方向に沿ってウイーン派のレパートリーに戻った。彼らの作品、特にピアチェンティーニのコルソ (Corso) 映画館は最もオーソドックスな伝統主義者達によって非常に大胆なものと考えられ、そして全く不釣合の議論を引き起こし、その議論は生き生きした外見の下で、本質的な保守主義の極端を生み出した。

1920年から1930年にかけての10年間のイタリアの論争の展開を理解するために、政府の保護主義によって強調されたイタリアの孤立と、ヨーロッパの接触の少なさを心に留めなければならない。ペルシコの前には、誰もドイツで何が進行中であるかについて何も気がついていなかった。その上情報は不足で、地方的議論の因襲的用語にすぐに翻訳された。

1930年、ピアチェンティーニはドイツの状況を、次のような驚くべき言葉で描写した。「ドイツには、目立ったはっきりした人物はまだ現われていない。垂直線と水平線との間の争いは、不確定の海の中でまだ進行している。」[29]そして、1931年、バウハウスの写真が「アルキテットゥーラ」誌にこういう説明文と共に発表された。「デッサウのバウハウス建設会社本社」、[30]またその数ページ後で、読者は「ミース・ファン・デル・ローエ (Meis vander Rohe, 原文のまま) の小住宅はほとんどスイスのル・コルビュジエ、フランスのマレ・ステヴンスのそれと同じである」[31]と知らされた。

この怠惰で準備不足の環境の中で、1926年、グループ「7」が現われた。それはG.フィジーニ、G.フレッテ、S.ラルコ、G.ポリーニ、C.E.ラヴァ、G.テラーニ、U.カスタニョーラ (翌年、A.リベラと代った) からなり、明らかに、近代運動のテーマの下に寄り集ったものであった。

「7」は、「ラッセーニャ・イタリアーナ」(Rassegna Italiana) 誌の一連の記事[32]の中で、とりわけ次のことを断言しながら自らを社会に示している。

「新しい建築は………論理と合理性に忠実であることの結果である………われわれは様式をつくることを要求しないが、合理性の絶えざる適用及び建物のその目的への完全な対応から、そして実際には選択によって、様式は必然の結果として生じるのである………型、いくつかの基本的な型をつくり出す必要を確信することが重要である………少なくもしばらくの間は、建築が部分的に自制によってつくられなければならないことを知ることは重要である……」[33]

これらのテーマは、可能な反対を予想して答を探しながら、また新しい傾向の極端でない節度ある性格を強調しながら慎重に語られた。「7」は実際に次のことを確信していた。

a) 伝統と断絶することを欲しないこと。「イタリアにおいては、ある古典的基盤があり、伝統の精神——形態ではない、それは全く別のものである——が非常に根深いので、明らかにほとんど機械的に、新しい建築は典型的な民族的性格をもち続けないことはあり得ないだろう。」

b) ヨーロッパの運動の一部の過激派的傾向に加わらないこと。「合理主義を美的リズムがもつ限界の彼方に押しやる誤りをしばしば犯しているが故に，この建築はわれわれの精神とは程遠い。」
　c) その新しい建築がはるか過去のそれと比較され得ること。

　「7」の若いメンバーはノヴェチェントのように，誠実さや論理や秩序に対する欲求から出発したが，完全に違ったもので終った。ノヴェチェントの人々は，規則性の原則を外部から過去の形態のレパートリーの中に求めたが，それに対して「7」は，新しい法則が建築それ自身の実践の中に見出され得ること，そしてこれが生活と文化の関係の決定的な推移をもたらすと考えた。このような視野の中では，すべての用語――「伝統」，「様式」，「合理性」，「美」――は昔と異なった意味で受け取られた。
　しかし「7」は，時代の習慣と断絶することになるこの特徴に深入りすることは避け，彼らが同じ概念を（特別な修正なしで）受け入れたことを示すために一般に知られた字句を借りた。彼らは，彼らの立場と擬古主義とを比較することによって，回想的な比較ですべての傾向を判断しようとする一般の人々に彼らの立場を知らしめることに特に関心をもった。
　彼らは，昔のアヴァン・ギャルドの議論の熱っぽい雰囲気からは何も得ることがないことを理解していたので，論争の調子を押さえ，合理的にすることに努めたが，議論におけるある曖昧さを受け入れ，それが結局は高価な代償を支払わざるを得ないことになった。
　実際的な試みが問題を明白にした。すべて1929年に完成したテラーニ（コモのノヴォコムム・アパート），リンジェリ（トレメッツォの船員クラブ本部），パガーノ（トリノのガリーノのオフィス・ビル）らの最初の作品は，問題が形態のレパートリーではなく，建築を理解するための方法全体であることを示した。今や議論の炎は激しく燃え上がり，1928年のローマの博覧会場における合理主義建築の最初の展示が多くの関心をよび起こさなかったのに対して，ヴェネート通りのP. M. バルディの美術館で1931年に開かれた第2の展示は，真剣な議論を生んだ。
　国家的組織の枠組の中で展示をした若い人人，47人のメンバーを持つ合理主義建築のためのイタリア運動（Movimento Italiano per L'Architettura Razionale, MIAR）は，地域毎に分かれていた。展示は建築家の全国組合の後援で行われ，バルディは「ムッソリーニ宛の建築についての報告書」によって，議論に政治的意味を与え，伝統主義的建築は古いブルジョア世界に属し，それに対して新しい建築はファシズムの革命的な考えを表明するのに適していると断言した。展示会の開会のために印刷された MIAR の宣言は同じ方向を示している。「われわれの運動は，行きわたっている厳しい空気の中で≪ファシスト≫革命に役立つ以外に何の目的ももたない。われわれにこれを達成せしめるために，ムッソリーニの信頼を要請する」[34)]
　論争は組織問題に関してはマイナスの結果に終った。何故なら，組合はその支持から手を引き，その反対の立場，イタリア近代建築家集団（Raggruppamento Architetti Moderni Italiani）を奨励し，それは伝統的な折衷主義と，「過去の素晴らしい経験と建築的栄光を値引きする目的をもち，そして新しい材料の奴隷となり人々の生活方法に調和しない実用的な解決を生み出す傾向」の両者を非難する声明書で姿を現わした。[35)] MIARのメンバーの大部分は他のグループへと移り，組織は壊滅した。

この失敗はごく一部だけ政治的,組織的理由によるもので,文化的問題の下に隠されている経済的利害によってすら充分に説明され得るものではなかった。近代運動がファシスト精神を通訳し,なおかつそれを正当に通訳する唯一の運動であると宣言しつつ,そして政治用語で「秩序への要求」を明確にはしつつ,MIARの建築家達は要求を伝統的建築によって通訳することを宣し,等しくファシズムへの忠誠を唱える者との議論においての自らの立場の不利を知った。事実,この考え方の対立は体制に対する忠誠の宣言によって隠されていた。議論が残されている唯一のものは,古代か近代かという形態の問題であり,伝統主義者は最初から実際に勝ってしまっていた。何故なら議論は彼らの文化的地盤の上で行われていたからである。

それ故,議論は多くのくだらない問題へと分かれていった。装飾か何もない壁か,アーチと円柱か壁柱とアーキトレーブか,垂直線か水平線か,北欧文化か地中海文化か等である。特に的が定まらないのは「合理性」についての議論であった。伝統主義者達は,プラスターだけの壁,コーニスがないことなどから生ずる技術的不便さをせっせと指摘し,[36]近代主義者達はその場しのぎの答をした。[37]

美術批評家はこれらの問題を明確にすることをあまり助けなかった。クローチェの思想で育った若い世代の批評家達——G. C. アルガン,R. ジョッリ,C. L. ラギアンティ——は,彼らをして近代運動を支持させながら運動が生じさせる問題の理解を妨げる芸術的自由主義に向かって傾斜していった。

クローチェは,芸術的価値と論理的価値,経済的価値と倫理的価値の区別は第一義的であり,絶対的であるということ,個人や具体的状況の中におけるそれらの連合は二義的であり,月並みであることを教えた。以前,この教えは,イタリア文化の他の分野に新しい活力を与え,それぞれの分野に固有な利益の,特殊で減少不能な性格を人々に認めさせることを助け,違った種類の価値間のいろいろなタイプの混同と干渉を一掃したが,今やそれは主に,これ以上の革新のための努力にとっての障害であり,それがクローチェによって批判された先入主のあるもの,あるいは他に吸収されるが故に当初から無効とみなされた個々の新しい傾向の優越性についての誤った感覚を吹きこんだ。

建築におけるクローチェ主義——それは近代運動へとつながるものと完全に異った思想の方向からやってきた——は,人々が合理主義的テーマに固有な新しさを見ることを実際に妨げ,イタリア文化の最上の最も寛容な部分がこの方向に向かってなした努力を停止させた。例えば,ル・コルビュジエあるいはグロピウスの理論は,虚偽の理由づけ,そして彼らの作品を直接的に享受することの妨げとみなされ,それぞれ,どちらかというと古いスタイルの「芸術家」とみなされた。

かくして,自らを組織的に確立することを急いだが故に,また現代文化からの適当な応答が全くなかったが故に,「7」とMIARの試みは,本当の運動を形成する前に消え失せた。これから後,最良の建築家達は独自であるいはグループで仕事をし,増大した不確かな状況においてすら,個々の戦いではうまく勝利を得た。

1932年,P. アシエリ,G. カッポーニ,A. フォッシーニ,G. ミケルッチ,G. パガーノ,G. ポンティ,G. ラピサルディは,ローマの新しい大学都市の建設に協力することをピアチェンティーニから依頼された。ピアチェンティーニは全体計画を担当し,そして管理部分——プロピレオ(Propileo)と学長室——をデザインし,カッポーニとポンティは2つの騒々しい近代的な建物,生物学科と数学科を建て,それに対してジョヴァンニ・ミケルッ

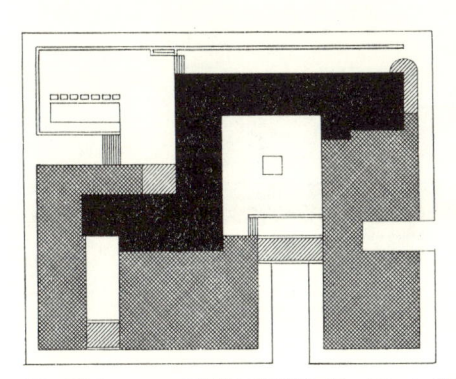

16 独裁政権と政治的妥協との闘争

680〜682図　ローマ，大学都市の物理学科（G. パガーノ，1932年）

チ（1891〜）ととりわけジュセッペ・パガーノ（1896〜1945）は，物理学科において，最終的には全体の中に目立つものをつくる試みを諦め，全体の修辞学的なレイアウトから逃れることに努めた。パガーノの建物は，アシェリの化学科と対称の形をとり，同じ黄色いクリンカーとトラヴァーチンの仕上げをもち，ピアチェンティの活気のない棟のそばでほとんど見過されてしまう。ただ近くから見た時のみ，それはたっぷりとした様々な間隔をもった窓，プランに対する天才的な配慮，規格化された家具のある内部の諸室のうまい性格づけ等によって区別することが出来る。それは意図においてばかりでなく，プラニングの

205

V 近代運動

683, 684図 フィレンツェ，鉄道駅（バローニ，ベラルディ，ガムベリーニ，ガルニエリ，ルザンナ，ミケルッチ，1933年）

方法と実際の結果の真の新しさから近代的とよぶことの出来るイタリアでの最初の建物であった（680〜682図）。

翌年，フィレンツェ駅のコンペティションでは，バローニ，ベラルディ，ガムベリーニ，ガルニエリ，ルザンナ，ミケルッチのグ

ループが賞を得た。この審査は風変りな状況が組み合わさった結果によるものであった。即ち、マリネッティが審査員であったことと、アカデミシャンの間の意見の不一致、とりわけローマの大学都市のチームにおけるように伝統主義者と近代主義者との間の調停者として働きたいというピアチェンティーニの望みなどによるものであった。しかし、そこには偶然なものでない理由があり、それはこのわれわれの議論にとって非常に重要である。駅の敷地はセント・マリア・ノヴェッラ寺院の後陣の真うしろにあるが故に、伝統主義者達の誰も、その問題を普通の様式の混ぜ合わせで解決し得ると確信しなかったし、審査員の誰も、そのような解決を率直に望む勇気をもっていなかった。しかし、ミケルッチとその仲間のプランは、この問題がまさに「合理主義的」言語を用いることによって充分慎重に翻訳され得るということを示した（683〜684図）。ジュネーヴのコンペティションの状況がくり返され、全く反対の結果を生んだ。

1933年以後、近代建築家は次第に多くの仕事を得（既に同じ年、ジュセッペ・サモナ＜1898〜＞、アダルベルト・リベラ＜1903〜1963＞、マリオ・リドルフィ＜1904〜＞は、ローマ郵便局の4つのコンペティションのうち3つに入賞した。ルイージ・ピチナート＜1899〜＞はG.カンチェロッティ、E.モントゥオリ、A.スカルペッリと共にサバウディア計画をし、埋立て地の都市デザインにおいてモニュメンタリティの糸を断ち切った)、それに対して、普通に過去の様式でつくっていた他の多くの建築家——A.フォッシーニ、V.モルプルゴ、E.デル・デビオ——は、単純な形態、装飾のない壁、建物いっぱいのバルコニー、平らになったコーニスを採用し始めた。

この外面的な近代化のプロセスにおいて、多くの伝統主義建築家の本来の性格は失われ——これらは、構成のパラメーターである過去の様式の利用に関わっているが故に——そして、結局は彼らが最も多くの公共の仕事を得たが故に、公共建築のレベルは目立って落ちてしまった。

また、この中間的立場の支持者達は、もはや孤独を感じることもなく、外国の同じような実験に眼を向け、ル・コルビュジエ、グロピウス、ミースに対してファーレンカンフ、ホルツマイスター、ベームを再評価したのだった。

この時点で、「ノヴェチェント派」の混乱に注意すると面白い。1934年の宣言で、彼らもまた中間的立場に自らをおき、「一時代の様式の形成につながるような目的と業績の統一をつくり出そうとして、芸術についての古典的な考えを守った。この希望された統一は、一方においては執拗で伝染性のある絵画主義によって、他方では、イメージの拒絶者であり破壊者であるカルヴィン派的合理主義によって脅された。」[38]それにも拘わらず、彼らは、ピアチェンティーニやその支持者達とは、単純化の傾向によって自らを距たらせようと努めたが、最後には運動は分解した。建築家のある者はその時代の支配的なスタイルに引きつけられ（ミラノのセント・バビラ広場のオフィス・ビルにおけるランチャ）、それに対して他の者は合理主義に引きつけられた（ミラノのモンテカティーニにおけるポンティ)。

この全般的な不安定が、若い世代の建築家から、彼らの能力を充分に発揮する機会を奪ったが、最も大きな犠牲者は、最も恵まれた才能を持っていたジュセッペ・テラーニ（1904〜1942）であった。テラーニは、パガーノがしたように自発的に自らを制約しようとせず、彼にとってまだ開かれていると思われる唯一の方向、即ち、形態の問題の頑固な

V 近代運動

開発の方向に自らの力を集中し始めた。コモのカザ・デル・ファッショ（Casa del Faschio, ファシスト会館）（685〜687図）はこの努力の結果の典型である。それは、彼が、近代建築＝ファシスト建築という MIAR の宣言を理解することを、自らに課したかのようであった。このようにして問題は伝説に変形し、建築から正確な機能的関係という支えを奪った。それ故、テラーニの意図は象徴的方法、即ちパガーノがためらわずに非難をこめて指摘したように、[39] 形式主義に陥ってしまっているヴォリュウムの密度の高い巧妙な遊びとしてのみ、具体的なものとなったのである。

この混乱した状況の下で、エドアルド・ペルシコの考えは、近代運動に支持と統一を与える主たる支点であった。「ベルヴェデーレ」(Belvedere) 誌の編集者として、その後は1930年から1936年にかけて「カザベッラ」誌の寄稿者、共同編集者として、彼は絶えずイタリアの運動をヨーロッパのそれと比較し続け、1933年にドイツやフランスで始まったプロセスの、複雑さと混乱を鋭く指摘した。

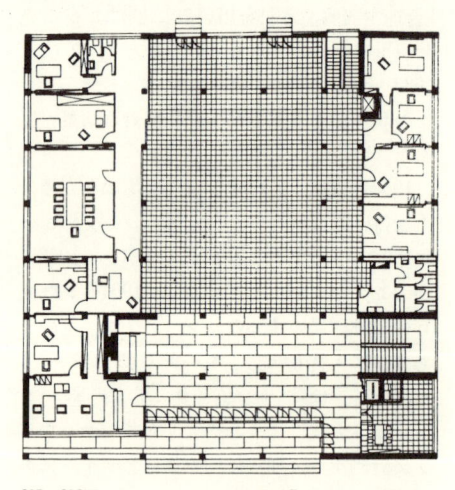

685, 686図　コモ，ファシスト会館（G. テラーニ，1934年）

彼は、より広く讃えられ認められていたメンデルゾーンやファーレンカンフに対してのグロピウス、ミース、マイの重要性を認め、オランダの運動の新しい趨勢、[40] ホフマンの凋落、[41] ヒットラー運動の真の性格[42]等を指摘した最初のひとりであった。

687図 コモ，ファシスト会館の一部

V 近代運動

688図 ブレシア,古いセンターの M. ピアチェンティーニによる再開発

　彼の文学的素養は,ヨーロッパの巨匠達の理論を誤解させることになった(彼はしばしばル・コルビュジエやタウトを攻撃した)けれども,ペルシコは近代運動に対する賛否両論の下にどんな理想の相剋が横たわっているか,真の賭けは何か,即ち,建築家がその責任の一端を担う切迫した大衆社会の形態を完全に理解していた。

　もし,時代の厳しさがすべての人々をして,その行動を特殊な分野に拘束することを強いたとすれば,賭けられているものの大きさは見失われ得なかっただろう。しかしながら,ペルシコは,彼が信じるすべての文化的テーマ——より大きな正義,精神的自由についての信念——を,建築を越えて一般的信仰のシンボルとなった「様式」という概念にこめることになってしまった。様式上の一貫性は道徳的一貫性を維持する重要な条件であるかのように,そして単に象徴的であっても,彼自身の確信を未来の世代に手渡す唯一の手段であるかのように,彼には思えたのである。

　「今日,芸術家はイタリアの生活の最もいばらの多い問題と取り組まなければならない。それは特定のイデオロギーを信じる能力の問題であり,≪反近代的≫多数派の主張に対しての戦いを遂行する意志の問題である。頑なな論客によって拒否されたこれらの要求が,われわれの生活を様式の問題,即ち世界の歴史のこのはっきりしない時期における最高の最も不可避の問題にあてもなく浪費した後,次の世代に残すことになる観念的な遺産を構成しているのである。」[43]

1936年のペルシコの死後，イタリアの建築が直面する政治的難問は急速に増加した。パガーノは，独特のねばり強さで，出発点における妥協は個人の努力によって償い得ると考え，官憲との接触をまだ続けようと努めた。

1937年，ピチナート，ロッシ，ヴィエッティと共に，パガーノはローマの万国博覧会の計画でピアチェンティーニに再び協力したが，この実験は，大学都市のそれとは全く異った結果に終った。彼は，今度は若い建築家が5人のうち4人を占めるので彼らが全体を効果的に運営し得ると考え，自分は「カザベッラ」誌でその仕事の最初の成果を最大限ほめただけだった。「実際的な仕事に関する限り，イタリアのアカデミーの会員であるピアチェンティーニの権威は彼の仲間の熱狂とすぐに溶け合い，協同は真に効果的であった。」パガーノもまた個々の人々の個人的な業績をはっきりさせることを避けた。何故なら，これが「個人の業績を全く強調しないことによって，誰のでもないすべてのものであるという考えを湧かせる真の協同作業」[44]であるからである。

博覧会の最終的な案は1937年の6月「アルキテクトゥーラ」誌と「カザベッラ」誌に同時に発表され，ほとんど同じ註釈がついていた。

「建築家はこのモニュメンタルな建築群に，偉大なイタリアやローマの建物の構成の例との観念的な連帯をもってはいるが新しい近代的な価値を与えることをめざした。」[45]

「この建築群は，観念的にはわれわれの栄光の過去の例，特にローマの偉大な芸術に結びつけられているが，新しい精神と目的で考えられたものである。」[46]

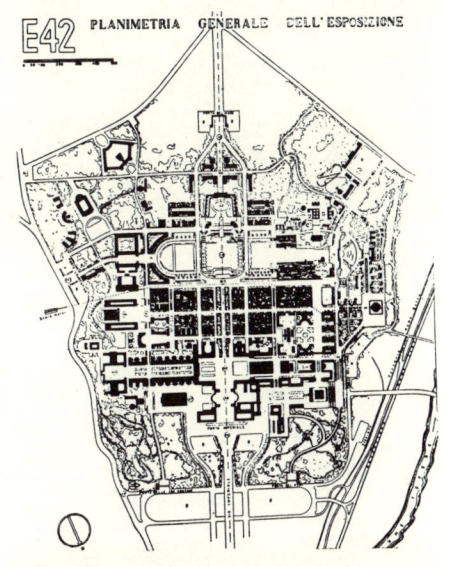

689，690図　ローマ，アウグスト帝広場（V. バリオ・モルブルゴ，1937年）。E42におけるサン・ピエトロとパウロ教会の平面図（A. フォシーニ，1939年）

211

V 近代運動

691図 ローマ，E42の鳥瞰

　現実に，この計画は不安定な妥協の結果であった。ピアチェンティーニのモニュメンタルな考えは定形としてすぐに流行し，主要建物のコンペティションの結果は，修辞学的でアカデミックなプランとなった。パガーノは憤慨し，抗議し，「カザベッラ」誌に入選しなかったプラン[47]を発表したが，彼が関心をもったのは，コンペティションの結果よりも

むしろ，古い建築家と若い建築家による落選案と入選案とが驚くべきほど似ていたことであろう。リベラ，ミヌーチ，フィジーニ，ポリーニの案はいくらか円柱が少なく，ブラジーニの建物はいくらかそれが多かったが，それらはいずれも互いに似ていた。それらは対称形で固い1階平面を持ち，閉鎖的で地中海風のヴォリュウムをもち，大理石で覆われ，

リズミカルな柱廊をもっている（691図）。最も若い建築家——ムラトーリ，カローニ，ファリエッロ，モレッティ——は効果的な影響を与えることが出来ず，2つの傾向の間の古い論争を超越するものとみなした極端なネオ・クラシシズム——彼らはそれを先輩達のそれとは区別したがった——へと自らの意志で進んだ。

このようにパガーノによって試みられた妥協は続き得なかった。ローマ時代への「観念的絆」を追うことによって，建築家はたった1つの結果，ネオ・クラシシズム的遵奉主義に到達する。プランにおいて重要に見えたブラジーニの考古学の応用とフォッシーニの間の，そして若いローマの建築家の洗練された優雅さと若いミラノの建築家の計算されたリズムとの間の調子の違いは，出来上がった建物においては全く消えてしまっている。ドイツやロシアやフランスで起こったものがここでもまたくり返された。これが「消防士の国際運動（internazionale dei pompieri）」[48]であった。

戦時中，パガーノの頑固な性格は体制と近代建築との争いの根元へと彼を立ち帰らせた。彼はモリスの精神的遍歴をすべて再びくり返した。

「現在の都市の俗悪な外観の原因が私が考えるよりも根深いところにあるということがわかり，私は次第に次のような結論へ導かれていった。即ち，これらすべての病いは，われわれが現在の社会組織によって追い込まれるところの，基本的な，道徳的根底の欠如の外的表現に過ぎないこと，そしてこれを外部から治療しようと努めても無意味であるということである。」[49]

この理由で，ファシズムを信じ，それを内部から改善しようと努めた後，パガーノは反ファシストになり，常に第一線に身を挺し，最後は捕えられてドイツへ国外追放になり，1945年マウトハウゼンで死んだ。

彼の経歴は第1次大戦中パリで焦燥にかられていたアヴァン・ギャルド芸術家のそれと，ある意味で逆であった。後者は人間としての務めから自分自身を抽象し，芸術のために生きそして死んだのに対して，パガーノは，必要な時には，自分が建築家であることを忘れ，再びすべての人が尊厳をもって自らの職を全うすることが出来るよりよい世界のために戦うことによって，芸術家あるいは非芸術家でもある人間に自らの立場をおいた。

何故，全体主義体制は近代運動に対して敵対的であったのか？ 何故，彼らは公式の様式として最終的にネオ・クラシシズムを採用したのか？

多くの告発が近代運動に対してなされ，そのあるものは，1930年頃流行した「機能主義」型や「合理主義」型の欠陥によって裏づけられている。新しい建築は冷厳に実用主義的であり，同時にそれは先入主的な形態法則に従っている。それは気紛れを許し，同時に，すべての国々の建築を同じ規範で平らにならすことを要求する。それは個人や社会の，実用的な目的も心理的な希いも満たしはしない。しかし，告発の早計な調子と，その批判のひとつの方向とそれと正反対なものとを，二者択一することの安易さ（機能的であり過ぎるか機能的でないか，あまりにも勝手気儘であるか画一的であるか）とが，その主な動機が全く違うところにあることを示していた。それは，因襲的な形態や言葉の奥に混乱を感じ，そして，確立された秩序に対する脅迫として，また少なくも未知のものとして聞き，権力者が制御の仕方を知らないが故に流通させることを好まない，政治的責任に対する小心さであった。

グロピウスが芸術家を特権的な象牙の塔か

213

ら引きずり下ろし，社会との実際的な関わりの中に追いやった時に，この軋轢は不可避となった。以前は，政治の選択は様々な慣例によって芸術の選択と関連をもったが，今や，芸術の選択は，間接的であっても，また必ずしも権力のために戦う党派の立場と一致しなくても，明らかに政治的な方向を含むことになった。

近代運動が社会の特別なパターンを要求するとはいい得ないし，それが実際にそのパターンを生み出し得るとはなおさらいい得ないが，それはそれが存在する社会の型には無関心であり，それは現在のものより公正で人間的な社会の暗示，ペルシコのいう「予言」(profezia) を内にもっている。フィレンツェ駅について下院で抗議したギウンタは，1934年5月20日，近代建築について数ある定義の中で最良のもの，「平等主義的様式」[50] という定義をつくり出した。近代運動は階級や集団の境界を越えて，芸術の産物を分配するようになったが，それに対して，体制はこれらの境界を保つことに関心をもち，近代運動を障害と見，敵にそそのかされたものとみなしたのである。それ故，近代建築は「ジュネーヴではボルシェヴィキと，ヒューマニストによってはファシストと，モスクワではプチブルと考えられた。」[51]

ネオ・クラシシズムの選択は，形態と内容に関する種々の議論によって正当化された。

「古典は（とジョヴァノーニは書いている）尊厳であり，調和の静かな感覚である。恐らく，その比例についての神人同性同形説 (l'antropomorfismo) の故に，そしてわれわれの都市や世代の魂に植えつけられた意識の故に，それは時代の好みや社会の芸術の参考書であり，人間によって発見された至上の表現である……人間が物質的偶然性から生命と精神の純粋な表現へと自らを高める時には常に。」[52]

「ソヴィエト建築は（とルナチアルスキーはいう）ギリシャの建築によるべきである。何故ならギリシャ建築のデモクラシーは≪自由と共和国の市民性の種々の具現としてマルクスによって好んで特徴づけられた≫からである。ヘレニズムの建築形態から USSR への完全な移植の不可能と不適合については多くの理由がある………しかし，その≪芸術と文明の揺籃≫の中には，価値あるそしてロシアの建築の発展と案内役として役立ち得るものが多く存在するのである。」[53]

「クラシシズムは（とスペーアは書いている）再び建築の形態と内容を再生する。何故ならそれは，偉大なアッティカ時代からこのかた，われわれと共にあったギリシャの形態へと戻っていくからである。」[54]

観念論的なクラシシズムについては昔から議論されている。しかし，われわれは，これらの芸術家達がダビデの確信をもって語っていると，そして，この点における支配階級の関心がジェファーソンのそれと同じであると信じ得ようか。

イタリアにおいて権力をもつ政治体制とロシアやドイツにおけるそれとは確かに同じ性格のものではなかったし，同じ目的ももっていなかった。それでは，何故それらが同じ範疇の形態を望ましいものとみなすようになったのか？

理由は何であれ，ファシズム，ナチズム，スターリン体制すべてが，国民の生活と習慣のすべての面についての厳しいコントロールを保ち得ること，そしてまた指導のひんばんな変化を，ある不変の形式によって補うことを必要としたのである。それの一部として，

絶えざるくり返しによって陳腐化されたネオ・クラシシズムのレパートリーは，それがかつてもっていた内在的な観念的意味をすべて失い，そしてそれがどんな内容も注ぎこむことが出来る空虚な形態となったが故に重要視されたのである。

円柱やペディメントや対称性や焦点を採用することによって，国家当局は何の抵抗も驚きももたらさない，そしてそれ故公式の指令やそれのヴァリエーションとは矛盾せず，国の建物や都市の建設の門出に際して予め知られた性格を与えるのに最も適した，最も便利な規制を課したのである。

4. フランス

フランスは，近代建築と必然的に争うことになるナチやファシストやスターリンのそれのような権力体制をもたなかった。1934年以後，政治闘争の過激化と経済不安の増大が建築生産——第15章で述べたようにそれは絶えず低下し続けた——と文化論争の状況に反映されており，それ故，近代建築家はほとんど完全に仕事から閉め出されてしまった。

危機は「合理主義者」というテーゼの内在的な弱点が原因であるというテーゼ——ゼヴィによって特に提出された——を受け入れることも不可能であった。建築家達は確かに間違ってそしてためらいがちに行動したが，深刻な政治的，経済的条件づけ——全体主義国家ではよりあけすけで，30年代のフランスでは隠されていた——もあったし，それは最上の業績，例えば既に多くの他の国々で実を結んでいたル・コルビュジエのそれすらを計画的に邪魔をした。

最も重要なル・コルビュジエの作品——スイス学生館，救済施設——，アンドレ・ルルサ(1892〜)の作品——ヴィルジュイフ(Villejuif)の学校——，そしてボードウインとロッズのアトリエでつくられた作品——ラ・ミュエット団地(la Citéde la Muette)——等は1930年から1933年までの間に実現され，それはエリオ(リヨンにおけるガルニエの雇傭者)という人間像によって左右された比較的政治的バランスが得られた時期と一致する。

この時点で，アヴァン・ギャルド芸術家達は統一戦線をつくろうと努めた。1929年，近代芸術家連盟が創設され，1930年には雑誌「ラルシテクトゥール・ドジュルドゥイ」(L'-Architecture d'Aujourd'hui)が創刊された。

その連盟は画家，彫刻家，建築家を含み，その中には，R.マレ・ステヴンス，P.バルブ，P.シャロー，R.エルブスト，F.ジュルデン，C.ペリアンらがおり，その目的は毎年国際展覧会を開くことであった。1931年，それに，ル・コルビュジエ，ブルジョワ，ドゥドック，グロピウスが，1932年にはルルサとサルトリスが加わった。1934年，連盟は L.シュロネの手を借りて "Pour l'art moderne, cadre de la vie contemporaine" (現代生活の骨格，近代芸術のために)と題する宣言を発表したが，そこでは目下近代建築を名ざしている非難(外国の影響であるとか，機械の奴隷であるとか，フランスの生産の利益にとって有害であるとか，貧し過ぎるとか，露骨に美的満足を与えるとか)が論駁され，そして普通の未来派的，[55] ピューリスト的，[56] 合理主義的[57] 議論が展開された。

A.ブロクによって編集された「ラルシテクトゥール・ドジュルドゥイ」("L'Architecture d'aujoud'hui")誌は，創始者達の間に回されていたパルチザン的雑誌と全く違った普及力をもつ情報伝達手段をアヴァン・ギャルド芸術家に初めて提供した。編集者の希いよりもむしろフランス人の習慣から，このより広汎に普及した雑誌は，ペレーからル・コ

V 近代運動

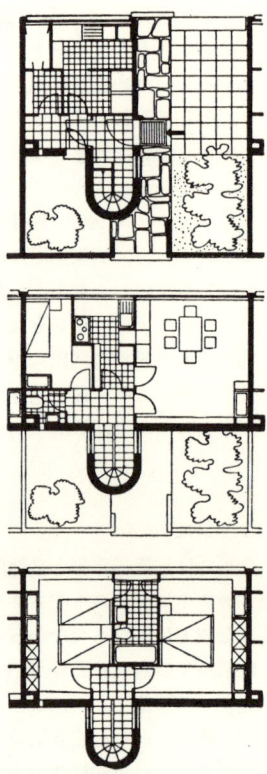

692〜694図 ウイーン，1932年のヴェルクブンド・ジードルングにおける A. ルルサの住宅。ヴィルジュイフ，A. リュルサの学校，1932年（A. Sartoris 著，前掲書から）

ル・ビュジエまでいろいろな傾向に対して公平な共感を示し，そしてそれらをひとつの全体の形態的なヴァリエーションとして分類するという一貫したやり方で登場した。

外国では，オーストリアやウイーン派によって影響された国々が好まれた。[58)] 論争の間中，編集者達は既存のどの傾向に対する支持も表明せず，予想し得るように第一原理[訳注)]の世界へと逃げこんだ。例えば「クワドランテ」誌（"Quadrante"）の第1号が——近代建築の最も非妥協的な傾向，ル・コルビュジエ，グロピウス，ミースを思い出させる宣言と共に——イタリアに現われた時，「ラルシ

テクトゥール・ドジュルドゥイ」誌はそれに非好意的な声明を出し，アヴァン・ギャルドの時代は過ぎ，今日，建築家はすべての傾向を超克すべきであると主張した。即ち，「われわれは，現代のすべての建築作品を永遠の建築原理の光に照らして吟味しながら，真理——精神における真理と同様形態における真理——を出現させようと努めるだろう。」[59]

前にル・コルビュジエに触れて述べたように，アヴァン・ギャルドの方法はフランス文化にとっては生来のものであり，そのとられた立場は，その発端が個人あるいは少数グループから始まった時にのみ充分明快で，状況がいろいろな考えやいろいろな個人間の調整を必要とする時には，その調整は妥協的となり，その立場は不明瞭となった。

さらに，一般社会とエリートとの間の距離は広がり，今や，最小限の厳正さと一貫性を保ちながら，論争をアヴァン・ギャルドのサークルの外にもち出すことは不可能であった。

このようにして，最もそれに関わる芸術家達は，彼ら自身の原理を既に理解してくれているエリートのためか，あるいはお互いのために仕事をすることを好んだ。ル・コルビュジエはオザンファンの家とリプシッツの家を建て，リプシッツ，レジェ，グリはル・コルビュジエの家の室内装飾を行った。

1933年のCIAMのアテネ会議の最中，レジェは世界中から集った建築家に対する，そして特にフランスの建築家に対する講演の中でこの不安をはっきりと表現した。

「あなた方は建築のための新しい原材料を発見しました。それは≪空気≫と≪光≫です。以前の建築を息苦しくさせていた装飾的な材料や要素は消えるでしょう。重さ，ヴォリュウム，固さは空気の中に消えていくでしょう。革命がやってきました。エリートはあなた方の英雄の時代に追従してきました。これは全く正常なことです。あなた方はうまくあなた方の急進的な方式の味方に引き入れた人々の家を建ててきました。われわれ画家は，これが少数派であることを知っています。われわれの仕事は世界に散らばるいろいろなシンパをもっています………しかし，あなた方の方式は拡大さるべきです。≪都市計画≫という言葉が美的な問題を支配すべきです。都市計画と社会の良心です。あなた方は完全に違う世界に入りつつあり，それはあなた方の純粋で徹底的な方式が戦わなければならない相手です。あなた方のドラマは今始まったばかりです。冷い時期です。少数派によって達成され認められたあなた方の美の概念と，あらゆるところで≪なみの人間≫の無理解に直面して難儀をしているあなた方の都市計画の概念との間には断層，絶対的な深淵があるということが出来ると思います………そして，このギャップの中に，あなた方のこれら2つの概念の間のこの割け目の中に，近代建築家が現われ，望まれた譲歩をし，それによって事をなすのです。」[60]

フランス近代建築家の少数派は事実この袋小路に閉じこめられていた。「冷い時期」は，フランスでは建設危機（578図のグラフ参照）や，1936年から1938年にかけて左翼に権力をもたらし，文化の分野においても同様に，保守主義者の中にすべての新しいものに対する恐怖を増大させた政治闘争の激化と一致する。

ル・コルビュジエやリュルサにほとんど仕事がなかったのに対して，「新しい近代建築家達」は前進し，水割の近代様式や近代的ペレー風という妥協をもち出して成功した。彼らの仕事はドイツのファーレンカンフやホルツマイスターのそれと比較し得るが，ずっと

V 近代運動

695図 ヴィルールベーヌ，M. ルルーによる新しい地区（"L'Architecture d'aujourd'hui" 誌から）

質は低い。最も目立つ例は，ヴェルサイユ門のところの展示公園（Parc des Expositions）のイムーブル（ルカとボーフィーユ，1934年），あるいはリヨンの近くのヴィルールベーヌ（Villeurbaine）地区（M. L. ルルー，1934年）(695図) のようなある集中的な建設事業の中に見られるだろう。建築家達は，土地の最大限の開発から生ずるヴォリュウム的な要求を，そして，これらのヴォリュウムを受け入れるために伝統的な手段を，部分的な対称形，無造作な隅部等を試みながら無批判に受け入れた。建築が古代風であるべきか近代的であるべきか，何もない壁か装飾された壁かは，現実には純粋に好みの問題であり，それ故，ローマ大賞の受賞者，M. R. ジルーがヴィルールベーヌ市庁舎をネオ・クラシシズムで建てた時，それはごく当り前だったのだった。

1934年以降，雑誌やまた新聞でさえ，1937年に予定された新しい万国博覧会についてひっきりなしに論じていた。時代の変化や差し迫った新しい問題に何の注意も払わないように見える19世紀の博覧会や過去のフランス芸術についての多くの歴史的な回想記事を読むのは面白い。

選ばれた敷地はシャン・ド・マールで，その他の一部はセーヌの対岸，シャイヨ丘の下であった。エッフェル塔の保存は問題外であったが，トロカルデロ宮をどう扱うかが問題であった。最初，外部を新しい建築で覆面するという案が考えられ，その後それを手つかずで残し，イエナ橋のたもとに仲介の建物を建て，シャン・ド・マールから来る人々に古い建物を「紹介する」という案，最後に，ダヴィウード（Davioud）の建物を廃し，その基礎を利用してその跡に新しい建物を建てる

1937
EXPO. INT. DE L'HABITATION PARIS

LE PLAN

1

Nous ouvrons une rubrique permanente : « 1937 ». Nous avions, en 1924, institué déjà, au cours de douze numéros, une rubrique « 1925 : Expo. Art. Dec. Mod » (1). Ici, encore, nous plaçons hors de toutes personnalités et de toute polémique. Nous nous mettons au service de l'idée. Nous cherchons à servir. Nous nous abstenons de nous consacrer au cas des arts purs qui ont aujourd'hui, à leur disposition, dans le débat intellectuel, tous les moyens d'expression, d'exposition, d'attaque et de défense. Nous nous consacrons au cas poignant des centaines et des centaines de milliers d'individus qui mènent une existence morne, tragique et sans espoir dans l'indifférence cruelle d'une vie urbaine demeurée sans plan. De ce point de vue hautement social, à l'occasion de l'Exposition internationale des Arts Modernes, prévue pour 1937, nous soumettons à l'opinion publique un plan.

NOTRE PLAN :

Nous proposons un autre titre à l'exposition annoncée :

1937 EXPOSITION INTERNATIONALE DE L'HABITATION

696図　1937年のパリ博覧会のためのル・コルビュジエの提案を示すパンフレットの第1頁（作品集から）

という案となった。これらのいろいろな案のためのコンペティションは，伝統主義者達に，昔の「グラン・グー」（偉大な好み）の鈍感で忠実な模倣とあらゆる種類の様式のごた混ぜを創作する機会を提供した。1936年，新しい建物を建てる決定がされた。J.カルル

697~699図 ペレーによる公共事業博物館（1937年）

ー，L. A. ボワロー，L. アゼマはネオ・クラシシズム的建物をデザインしたが，「それの落ち着いて威厳に満ちた性格はフランス芸術のモニュメンタルな性格にふさわしいに違いなかった。」[61)] これに対して芸術家や文学者はこの案を公金の真の浪費，憂慮すべき誤りと考え，当局に抗議文をつきつけた。その署名にはJ. コクトー，F. モーリアック，H. フォション，G. マルセル，P. ピカソ，H. マチス，G. ルノー，R. デュフィ，M. シャガール，G. ブラック，J. リプシッツ，O. ザッキンの名前があった。[62)]

1936年，ネオ・クラシシズム的建物のニュースは未だに大変な抗議をまき起こしたが，次の年，この種の建物は——仮設のものも永久のものも——フランスの首都の中に倍加し

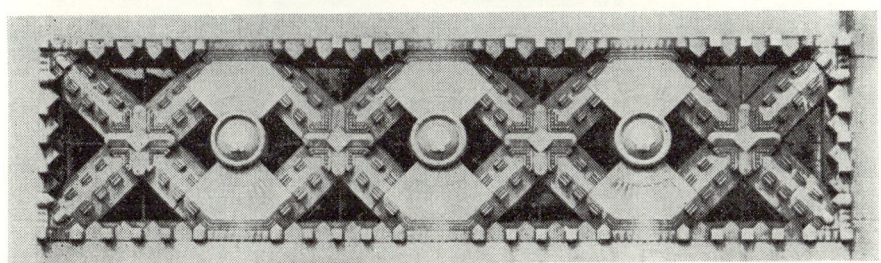

16 独裁政権と政治的妥協との闘争

700, 701図 J.J.P. オウト, ハーグのシェル会社の本社, 1938年

た。新しいシャイヨ宮の近くに、J.C.ドンデル、A. オベール、P. ヴィアール、M. ダストゥージュは荒涼とした柱廊を持つ新しい近代美術館を建てた（702図）。近くの公共事業博物館にはペレーの例の技術的熟練が見られるが、今や彼は明らさまに円い壁柱を円柱に、梁を軒蛇腹と同じに見ていた。博覧会の内部で、スペーアのドイツ館とヨハンのロシア館は考古学的レトリックを競った。この状況下では、以前の機能主義者ですら、マレー・ステヴンスのパヴィリオンに見られるように、

モニュメンタルなものへと傾いたのだった。

　この古典主義への逆戻りは、事実、今や国際的現象であった。同じ年、1937年、オウトはハーグにシェル会社ビルを建てたが、そこでは彼は厳格な対称的なプランへと戻ったばかりでなく、過去のものに見られるような、構成の焦点を装飾で強調するところへまで逆行した。

　ル・コルビュジエは、持ち前の自信にみちたエネルギーで、この場合についても同じように彼の見解をぶつけようとした。1932年

221

V　近代運動

702図　パリ，近代美術館（J.C. ドンデル，A. オベール，P. ヴィアール，M. ダストゥージュ，1937年）

703図　P. ピカソ，「ゲルニカ」，1937年，パリ万博のスペイン館の絵

に，やがてくる博覧会が建物の国際展示会へと変えられるべきこと，ボワ・ド・ヴァンセンヌに設けられるべきこと——そしてこれを利用して展示会への進入路として新しい東西自動車道を実現すべきこと——を提案した後，彼は1937年パリで第5回 CIAM を招集

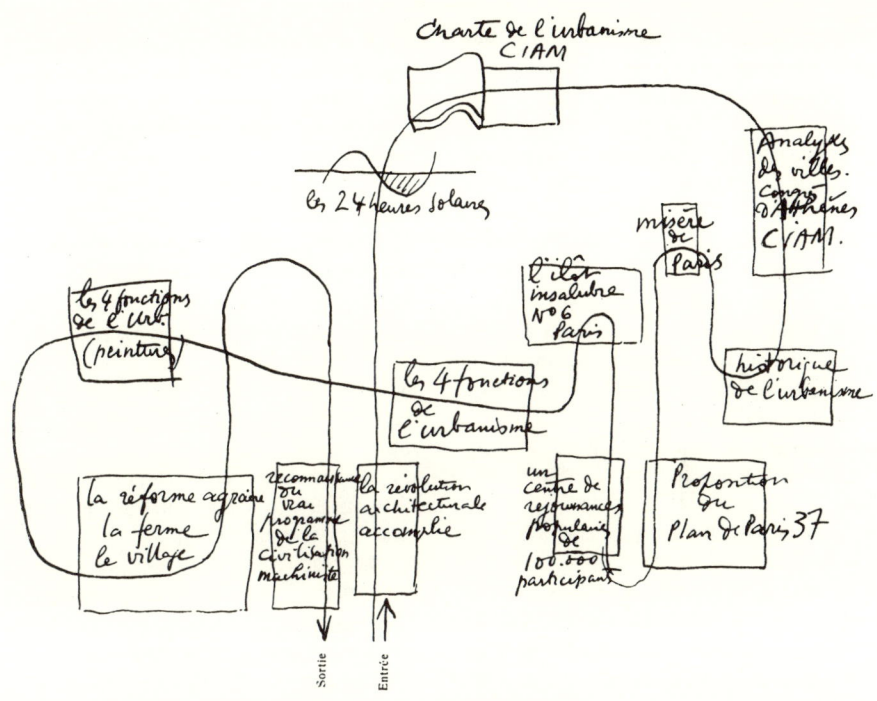

704図 ル・コルビュジエ，1937年の万博のためのパヴィリオンの図解（作品集から）

し，パリ当局にカレルマン（Kallermann）城砦の土地を彼に利用させるようにし，そこに4000人のユニテ・ダビタシオンのモデルを建てるようにしようとした。しかし，行政当局の反対がその提案を土壇場で不成功にした時，彼のなし得たすべては，博覧会のパヴィリオンに全力投球することであり，彼はイタリー門（Porte d'Italie）の近くに彼の増殖可能な美術館の最初の核を実現しようと試みた。これもまた失敗した時，彼は最終的にマイヨ門（Porte Maillot）の近くに近代都市計画についての展示をするパヴィリオンを実現し，そこでアテネ憲章の原則を示し，彼のパリ再開発計画を展示した。[63]

ル・コルビュジエは，あれこれのアカデミックなあるいは政治的な派閥と衝突したばか りでなく，1937年ベルナノスがいった「白痴の怒り」にも出会った。彼の提案は空念仏に終り，彼は理論の中に避難せざるを得なかった。

1937年の博覧会のスペイン館——最もよいもののひとつで，プレファブであり，ミロの絵とカルダーの噴水があった——でゲルニカの爆撃を示したピカソの偉大なコンポジションは，新しい戦争を始めようと準備していた勢力の真の顔を露わにし，教養ある人々に，後にそれぞれの分野での働きを続け得るようにするため，彼らの特別な限界を越えて他のすべての人々と共に自らを擲つことの必要を警告した（703図）。

1) N. A. Miljutin 著, "Socgorod" への V. Quilici の序文に引用されている。
2) Voyce 著, "Russian Architecture"——ニューヨーク, 1948年——の125頁に引用されている。
3) L. Trotski 著, "Letteratura e rivoluzione"——モスクワ, 1923年（イタリア語訳, ミラノ, 1958年）………V. Quilici 著, "Architettura sovietica contemporanea"——ボローニア, 1965年——に引用されている。
4) A. Voyce 著, 前掲書124頁に引用されている。
5) M. Ginzburg, 1928年……A. Kopp 著, "Ville et révolution architecture et urbanisme soviétiques des années vingt"——パリ, 1967年——に引用されている。
6) V. Egorov, V. Koubassov, N. Novikov, B. Palouiev, I. Pokrovski, M. Hajakian らによる。
7) Architectural Review 誌の1932年5月号の中で B. Lubetkin が引用している。
8) V. De Feo 著, "URSS, architettura 1917～1936"——ローマ, 1963年——と前掲 A. Kopp著, "Ville et révolution", ……V. Quilici 著, "L'architettura del costruttivismo", パリ, 1969年。
9) 例えば, G. Pagano 著で未刊であったが, 後に C. Melograni によって——ミラノ, G. P. 1955年——出版された "Aspetti e tendenze dell'architettura contemporanea" の中の55頁。あるいは第5回トリエンナーレの近代建築国際展において……E. Persico の "L'Italia letteraria"——1933年7月2日——参照
10) "Moderne Bauformen", 1929年, 304頁
11) "L'architecture d'aujourd'hui", 1933年, 第1巻, 68頁
12) ホフマンの学校については "Moderne Bauformen", 1927年, 373頁, ストルナドの学校については, 同誌1928年, 49頁
13) E. Kaufmann 著, "C. N. Ledoux" ……… "Thieme Becker Künstler-Lexicon" 22巻——1928年——の中にある。"Von Ledoux bis Le Corbusier, Ursprung und Entwicklung der autonomen Architektur"——ウイーン, 1933年。"Die Stadt des Architekten Ledoux" ………"Kunstwissenschaftliche Forschungen"——1933年, 131頁

14) R. バウアー, K. A. ビーバー, A. ブレンナー, O. ブロイヤー, J. F. デックス, M. フェンラー, J. フランク, H. ジョージ, J. グロアグ, O. ヘルツル, C. ホルツマイスター, J. ジラセク, E. リヒトブラウ, O. ニーデルモザー, E. プリシュケ, G. シュッテ-リホツキー, W. ソボトカ, H. フェッター, E. ヴァッハベルガー, H. ワグナー, J. ヴェンツェル, O. ウラッハ, "Moderne Bauformen"——1932年——435頁参照
15) H. Bayer, W. Gropius, I. Gropius 共著, 前掲 "Bauhaus 1919～1928" の 435 頁にあるバウハウスの教授陣の年譜
16) ボナーツについては, 1935年以後に建設されたアウトバーンのためのいくつかの秀れた橋が記録されている。
17) "Les tendances de l'architecture dans le IIIe Reich"………"L'Architecture d'aujourd'hui" 誌, 1936年第4号9頁
18) 同上誌21頁
19) 1935年, ウイーンのオーストリア美術館で開かれた展覧会のタイトル
20) J. Posener ……, 同上誌23頁
21) 同上誌40頁
22) 1921年1月11日。"Archivi del Futurismo" 第1巻——ローマ, 1958年——56頁
23) "Scena illustrata"——1938年
24) A. Soffici 著, "Spirito ed estetica del fascismo" ………E. Garin 著, "Cultura e vita morale" ("La Casa" 誌, 1959年6号, 137頁) に引用されている。
25) E. Garin 著, 前掲誌 137頁
26) G. Muzio 著, "Alcuni architetti d'oggi in Lombardia" ………"Dedalo"——1931年——の1086頁
27) G. Muzio 著, 前掲書1087～1090頁
28) G. Muzio 著, 前掲書1097～1107頁
29) M. Piacentini 著, "Architettura d'oggi"——ローマ, 1930年——34頁
30) "Architettura e Arti decorative" 誌——1931年——215頁
31) 同上誌 246頁
32) "Rassegna italiana" の中の "Gruppo 7, Architettura" ………B. Zevi 著, "Storia dell'architettura moderna"——トリノ, 1955年——231～232頁に引用されている。

33) B. Zevi 著, 前掲書232頁
34) 1931年3月31日に発表された………B. Zevi 著, 前掲書650頁参照
35) 1931年の5月5日に発表された………B. zevi 著, 前掲書651頁参照
36) 例えば, M. Piacentini 著, "Problemi reali più che razionalismo preconcetto" ……… "Architettura e Arti decorative"誌, 1928年, 103頁. "Dove è irragionevole l'architettura razionale"………"Dedalo"誌, 1931年, 527頁
37) G. Pagano………"Casabella"誌——1931年4月号と6月号
38) G. Veronesi 著, 前掲書34頁。ペルシコが "il grottesco manifesto: il manifesto Cirio dell'arte italiana"(グロテスク宣言, イタリア芸術のチョコレートの箱式宣言)と決めつけたもの。………(同書35頁)
39) "Casabella"誌, 1937年2月号
40) "Casabella"誌, 1935年3月号, "Brinckmann e Van der Vlugt" ………G. Venerosi 著, 前掲書185頁
41) "Decadenza di J. Hoffmann"………"L'Eco del Mondo"紙, 1935年3月23日……G. Venerosi 著, 前掲書287頁
42) 1935年5月28日付の "L'Italia letteraria"の中での Errori Stranieri ……G. Venerosi 著, 前掲書169頁
43) "Domus"誌, 1934年11月号。G. Venerosi著, 前掲書236頁
44) "Casabella"誌, 1937年6月号, 52頁
45) "Architettura"誌, 1937年6月号
46) "Casabella"誌, 1937年6月号
47) "Casabella"誌, 1937年2月号
48) G. Pagano………"Casabella"誌, 1940年3月号
49) 第6章参照
50) "Casabella"誌, 1934年6月号に出てくる言葉

51) Le Corbusier の彼の「作品集1929〜1934」への序文
52) G. Giovannoni 著, "Architetture di pensiero e pensieri sull'architettura"——ローマ, 日付不詳——286頁
53) A. Lunačarskij, 1938年………A. Voyce 著, 前掲書, 149頁に引用されている。
54) A. Speer 著, "Neue deutsche Baukunst" ——ベルリン, 1940年——7〜8頁
55) 「芸術は常に改革さるべきであるとわれわれは考える。よくないのは死即ち完成された仕事である。」………"L'Architecture d'aujourd'hui"誌, 1937年7号7頁
56) 「われわれはバランス, 論理性, 純粋さを愛する。住宅において, われわれは影より光を, 陰気さより陽気さを好む。われわれは眼と心に, 現代の不安, 性急さ, 混乱の後での憩いを与える。」……前掲誌10頁
57) 「容易につくられ, 自然に使われるためには, 当然美しくなければならないというのは, 規格化された形についての議論の余地のない基準である。」……前掲誌8頁
58) "L'Architecture d'aujourd'hui"誌, 1933年4号, 101頁. 代表的なものはオーストリア, スペイン, ハンガリア, イタリア, ポーランド, チェコスロヴァキア, ユーゴスラヴィア等である。
訳註) 基本的で自明の原理のこと。
59) "L'Architecture d'aujourd'hui"誌, 1933年第5号, 120頁
60) F. Léger, 1933年のアテネにおける第4回 CIAMの時の8月9日の会議, "Casabella"誌207号(1955年)の69頁に訳されている。
61) "L'Architecture d'aujourd'hui"誌, 第1号 6頁
62) "L'Architecture d'aujourd'hui"誌, 第1号 5頁
63) 4度目に成功したプロジェクトは前掲作品集 第3巻の140, 148, 152, 158頁に示されている。

第17章　1930年から1940年にかけてのヨーロッパ建築の進歩

近代運動と独裁主義体制との間の軋轢は1930年代の目立った事実であった。しかし，まさに運動の性質の故に，新しい建築の問題は原則の問題には帰し得ず，一連の部分的な研究と結果の中に具体化しなければならなかった。

政治闘争に関連して，自分自身を孤立化して特別な活動路線を追おうとした建築家の作品が，かえって正確に予定通りの価値を獲得した。象徴のレトリックに対して日常の現実的要求が対置され，権力の表現の要求に対して一般の人々の要求が対置された。これが，ペルシコが1932年にいったような「電車の中の男のための」[1]建築である。

1935年以降，政治闘争の過激さはこれらの実験に必要不可欠な場所を奪い，実験はイタリアやフランスで僅かに生き残り，ドイツやロシアでは完全に絶たれたが，イギリスと北ヨーロッパの小国では肥沃な土壌を見出した。20年代の巨匠達――母国から追われあるいはル・コルビュジエのように欄外の立場におかれた――に加えて，1900年以後に生まれた新しい世代の建築家達が活動し，彼らは前の10年間につくられた理論的な提案の多くを実行に移したのだった。

1. イギリスにおけるドイツの巨匠達とイギリス建築の復活

1933年以後，ナチズムに反対するドイツの建築家のうち，ある者は自分の政治的過激さを強調することによって反発した――例えばマイヤー，マイ，タウトである。彼らは都市計画に専心し，ロシアに新しい活動の場を見出したが，そこですぐにスターリン体制と摩擦を起こした。他の者達はほとんど真向から反発した。例えばミースで，彼は自分の建築から外的なつながりを切り捨て，形式主義の入口に到達した。

前者の実験は前章で述べた事件によって実際に消えた。ミースの仕事は，ドイツに留まっていた間は，それ自身の中に閉じこめられたままであり，後の章で述べるように，1938年以後に努めてシカゴで実を結んだ。グロピウスの場合は完全に違っていた。バウハウスの前校長はこれら両極端の立場からまだ遠くにあり，何よりも新しい職業分野へ入りこむことに努めながら用心深く進んでいた。彼はエドウィン・マックスウエル・フライと協同を始め，イギリスに落ち着き，そこで彼はすぐにブロイヤーといっしょになった。イギリスでは流行の仕事は未だに伝統的なモデルに

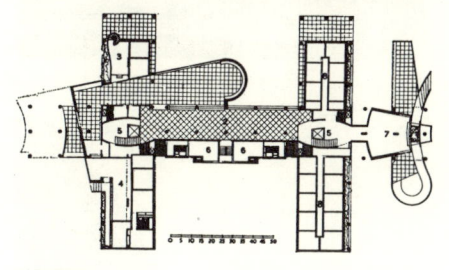

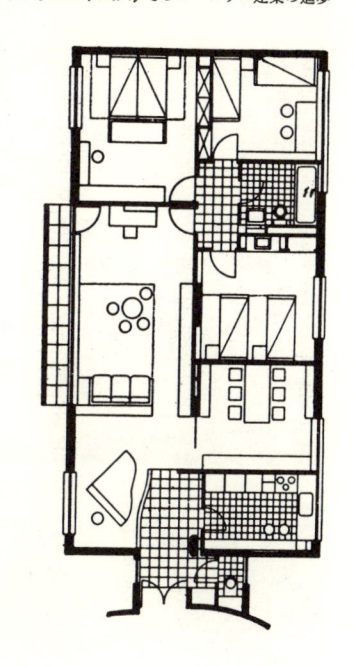

705～707図　ロンドン，ハイポイントの集合住宅（B. ルベトキンと「テクトン」，1933年）

深く結びついていたが，大陸からの新しいものに対する鋭敏な理論的関心があった。

1923年，スケッチと実際の建物についてのモノグラフの翻訳で，メンデルゾーンがイギリスに紹介された。[2] 1924年，「アーキテクチュラル・レヴィユー」誌はグロピウスの作品についての研究を掲載し，[3] 1926年にはアメリカでのメンデルゾーンの本がイギリスとドイツで同時に出版され，[4] 1927年には，ル・コルビュジエの『建築をめざして』の英訳が現われ，[5] 1929年には『ユルバニスム』の英訳が出た。[6]

そのうち，何人かの外国の建築家がイギリスで働く機会をもった。1925年にはベーレンスが，ノーザンプトンの近くに，議論の的となった固い無装飾の四角い組積造の住宅を建てた。何人かの若いイギリスの建築家と共に仕事をしたロシア人，バーソールド・ルベトキン（1901～）はテクトン・グループを結成し，1933年，緑の環境の中に孤立するハイポイント（Highpoint）とよばれる最初の高層のフラットを建てた(705～707図)。1934年から1935年までの間，メンデルゾーンはイギリス育ちのロシア人，サージ・シャーマイエフ（1900～）と協同し，チェルシー（Chelsea）に住宅，ベックスヒル・オン・シー（Bexhill on Sea）にド・ラ・ワー（De la Warr）館，シャルフォン・サン・ジール（Chalfon St. Giles）に住宅を建てた。

これらの建築家と少数のイギリスのデザイナー——コーネル，ウォード，J. エンバートン，E. オウエン・ウイリアムズ——は，近代的なヨーロッパのレパートリーを多くの論議の中でイギリスに紹介したが，彼らの仕事は（住宅についての完全な新しい考えの芽を内包する ハイポイントを除いて），この時代いたる所に広がっていた形式主義的近代主義を離れなかった。

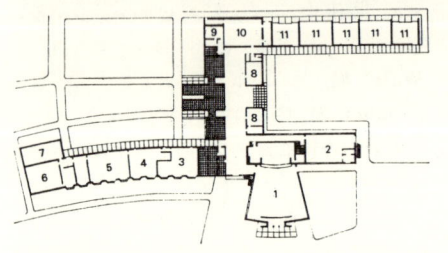

V 近代運動

708〜710図　インピントン，学校（W. グロピウスとE. マックスウエル-フライ，1936年）。

1. 講義室
2. 木工，金工室
3. 教員室
4. ピンポン室
5. ビリアード室
6. 読書室
7. 図書室
8. 入口
9. 衛生室
10. 実験室
11. 教室

　グロピウスの業績はさほどはっきりしなかったが，長い眼で見ればより重要であった。彼はイギリスでは用心深く，彼の個性を押しつけようとしたりドイツで断たれた実験をくり返そうとすることもなく，イギリスの環境の特徴を方法論的に消化し磨き上げようとすることから始めた。彼のエドウィン・マックスウエル・フライ（1899〜）との仕事の関係

711図　イソクソンの木の安楽椅子（M. ブロイヤー，1936年）

は，メンデルゾーンとシャーマイエフのそれより緊密であった。何故なら，ひとつには彼のイギリスのパートナーが優秀であったからであるのと，もうひとつは彼がより以上のものを要求したからである。それはある特殊な機会の開発と，さらにモリスとコールへと戻る彼らの共通のテーマを強調することによっての，2つの文化的遺産の統合であった。

マックスウエル・フライは，「デザインと工業協会」(Design and Industry Association)によって開かれた会合でのグロピウスとの最初の出会いを，次のように記述している。

「私は混雑した部屋と，彼がわれわれの中に立ち，ブロークンな英語で非常に明快に，いかに機械文明の分裂を癒し得るかを語ったことと，われわれを感動させたものが彼がわれわれに向けた謙虚さと威風であったこと等をはっきりと憶えている。彼はこの時思いがけず，われわれに力と安心感を与えた。そのテーマは既によく知られていたものだったが，彼がそれを扱った思慮の深さは知られていなかった。」[7]

チェルシーのレヴィ (Levy) 邸とサセックスのドナルドソン (Donaldson) 邸で，グロピウスは，彼にとって新しい金持ちの住宅の問題に取り組み，それから彼は大量生産の考えをすべて閉め出し，それに代って親しみと個性を強く出している。

インピントン (Impington) の学校 (708～710図) で，グロピウスとフライは，近代的

V 近代運動

イギリス都市の最も重要な点のひとつに対して完璧な考慮を払った。充分な緑を間において建っている建物は、東南に面した完全にガラス張りの教室棟、集会室、研究室、リクリエーションやゲームのための部屋からなり、大きなスペースを中心としておかれ、集中化されたサーヴィス諸施設もそれに面している。バウハウスにおけるように、種々の異る機能をもつ諸室にひとつの形態を与え、それらの中で行われるアクティヴィティを技術的、あるいは心理的に暗示するのに熱心であったが、デッサウの建物の緊張と集中は、ここではより抑制された不連続化された調子に置き換えられている。はっきりと分節されたプラン、その長さに比べて低い高さ、ポーチ、リクリエーション・ルームをもつウイングのゆるいカーヴ、建物を周囲の木の生い茂った空間と溶けこますレンガの仕上げ等は、子供のための建物がそうであるべきように、建物を近づき易いものにしている。同時に、プランの明快さとすべての機能を適当な手段で翻訳するこの建築家の大変な手腕は、建物に、調整はされながら押さえ切れないエネルギーを与え、それが学校から、周囲の空間、そして都市全体の構造へと広がっていく。それ故、カレッジは全都市の構成を秩序づけ、方向づける要素となっていくのである。

1935年からイギリスに住んだM. ブロイヤーはアングメリング・オン・シー (Angmering on Sea) の住宅 (1936年) でF.R.S.ヨークと協同し、そしてロンドンのイソクソン (Isaokson) 会社のために金属と曲げ合板の家具を何点かデザインした。アアルトが同じようなものをつくった直後のこれらの家具は、堅実さとそれまでにあまり見られなかった姿をもっていた。それはインピントンで見られるレンガのむき出しが、グロピウスを助けて大陸に共通な幾何学的な好みを克服させたように、自然の木は、ブロイヤーに、ドイツでつくられたパイプ家具の線的な好みを越えさせた。

グロピウスとブロイヤーと共に、ドイツで育ち、1936年から止むなくイギリスへ移住したハンガリー人の批評家、ニコラウス・ペヴスナー (1902～) をあげなければならない。彼はゲッチンゲン大学で過した時代に、近代運動形成の前期について初めての研究を行い、1930年、そのテーマについて一連の講義を行った。ロンドンで、1936年、彼は『ウイリアム・モリスからワルター・グロピウスまでの近代運動のパイオニア達』という、近代建築を生んだ思想の線を辿る最初の一貫した試みというべき論文を発表した。

それまで19世紀の技術者の作品あるいは画家達の造形研究が近代建築の先駆として考えられたのに対して、ペヴスナーは、出発点がモリスによって最初に出された知的、道徳的概念であり、その上に技術者の技術的実験や、画家の造形的研究や、1890年から1914年までの間のアヴァン・ギャルド建築家の業績が次々に接ぎ木されたのだということを示した。この本は、第14章で引用した人々(ヒルベルザイマー、ブラッツ、マイヤー、ヒッチコック、タウトら)に比較して、そしてまた、W.C. ペーレンツ[8]と、S. ギーディオン[9]によってその後発表された一般的な仕事に関連して決定的な進歩の瞬間を刻印した。何故なら、それは技術的動機と美的動機の間のわざとらしい対立を超越し、初期の議論が超克された今やことさらにより必要である近代運動についての議論のための真剣な歴史的な枠組の基礎をおいた。

ペヴスナーの第2の重要な業績は1937年の論文『イギリスにおける工業美術についての調査』(An Inquiry into Industrial Art in England) であり、その中で、彼は応用芸術の改革運動を深く調べ、モリスの先輩達の跡を辿った。このようにして、彼はイギリス文

化の幹に，ヨーロッパの議論の直接的な認識をさし木し，イギリス建築へ広い影響を与えた。特に彼が「アーキテクチュアル・レヴュー」誌のスタッフに加わった時にである。

ドイツの巨匠達の業績は，恐らく，イギリスの芸術文化活動を長い沈滞の後激動させた直接的原因であった。もし，戦前期のみを考えるならば，結果は見かけと反対であった。グロピウス，メンデルゾーン，ブロイヤーとの協同の経験の後で，マックスウエル・フライの作品（キングストン≪Kingston≫の住宅，1937年），シャーマイエフの作品（ハランド≪Halland≫の近くの住宅，1938年），ヨークの作品（ストラットフォード・オン・アヴォン≪Stratford-on-Avon≫のテラスハウス，1938年）は当然ながらよりしっかりし，より成長していた。ウエルズ・コーツ（1895～）が初めて，キングストンのパレスゲート・アパート（Palace Gate, 1938年）で名声を得たのはこの時期であった。イギリスの近代建築家は，CIAMのイギリス部門と認められるMARSグループを組織するために集まり，議論をよんだ1937年のロンドン博覧会について一般社会の関心をよび起こした。

しかし，これらは依然として少数派であって，彼らは近代運動の命題を非常に理論的なやり方で受け入れたので，これらの命題の応用でつくられた作品は多少その性格において空論的であった。しかし，実際，後にイギリスのハウジングが全世界の範となった時にやってくる大変な発展の基礎がおかれたのはこの時期であった。この発展の遠い，そして決定的な原因は，イギリスの社会の性格——そこではエリートは自閉的ではなく活動し，社会を動かした——の中に，経験主義から来た実際家の勧告の中に，とりわけ，技術思想と政治思想の緊密な関係の中に見出されることになった。

712図　チリーのM．エラズリス邸（1930年）

713図　パリ，ル・コルビュジエによる週末住宅（1935年）

2. フランスとイタリアにおける欄外の研究の成果

30年代を通して，ル・コルビュジエは，フランスにおける近代建築についての論争の主役であり，近代建築を公共の仕事から，そして多くの民間の建設活動から閉め出した体制の締めつけによって苦しんだ最初のひとりであった。

1933年以後，彼は1920年代のように限られたクライアントのために小さな住宅をデザインしただけであった。しかし，これらは以前の実験のくり返しではなく，その反対で，それらは次の10年におけるヨーロッパ建築の大

231

V 近代運動

714, 715図 マテの家の主要ファサード（作品集から）

きな期待の中で新しい建設システム，新しい機能的な規格を開発する機会となった。

チリーの海岸に M. エラズリス（M. Errazuris）の住宅を建てなければならなかった1930年に既に，ル・コルビュジエは石と丸太の壁を用いた。「材料の地方性は，明快な計画と近代的な美が感じられるのを少しも妨げはしなかった」[10] し，実際，それの構成は，伝統的な効果を目ざさず，これらの材料から並みはずれて人間的で心地よい性格を得た。

17 1930年から1940年にかけてのヨーロッパ建築の進歩

は粘土で覆われ内部は合板で覆われている。第2の家では，建物を直接監理することが不可能であったが故に，構造体は3つの部分に分けられている。石の構造体と木の組，プレファブのカーテンウォールであり，ガラスの周りの木の枠，合板，アスベストからなっている。パリの家について，作品集の中で，ル・コルビュジエは次のように述べている。

「近代建築の深刻な問題のひとつ（それは多くの点で国際的な性格をもっている）は，材料の使用法を慎重に決める問題である。実際，新しい技術という資源によって，そして新しい形態の美学によって決定された新しい建築のヴォリュウムといっしょに，材料の固有の長所は作品に正確で独特な性格を与えることが出来る。」[11]

この研究は，ル・コルビュジエがこれらの年月を通して仕上げつつあったブリーズ・ソレーユ（brise-soleil）のアイディアにつながった。最初，これは単なる技術上の工夫，1933年以後つくられたアルジェ計画の中にあるパン・ド・ヴェール（pan de verre，ガラス面）の前面におかれた日光を遮ぎるスクリーンであったが，後には——1939年のアルジェ・ビジネス都市のデザインで，——それはかなり広いバルコニーとなり，パネル壁と窓を内に隠した鉄筋コンクリートの外部への突出部となった。これは次にはまた，コンクリートに対して自然な外観，即ちコンクリートと型枠との触れ合いの結果を変えるような仕上げを省くことにもなっていく。こうして，建物はガラスとプラスターによる抽象的，幾何学的性格を失い，時代の刻印を風化させ，自然の田園に溶けこませることが出来た。

この時点で，ル・コルビュジエの辛抱強い探究は，1933年以後何も仕事らしい仕事をすることが出来なかった他のフランスのアヴァ

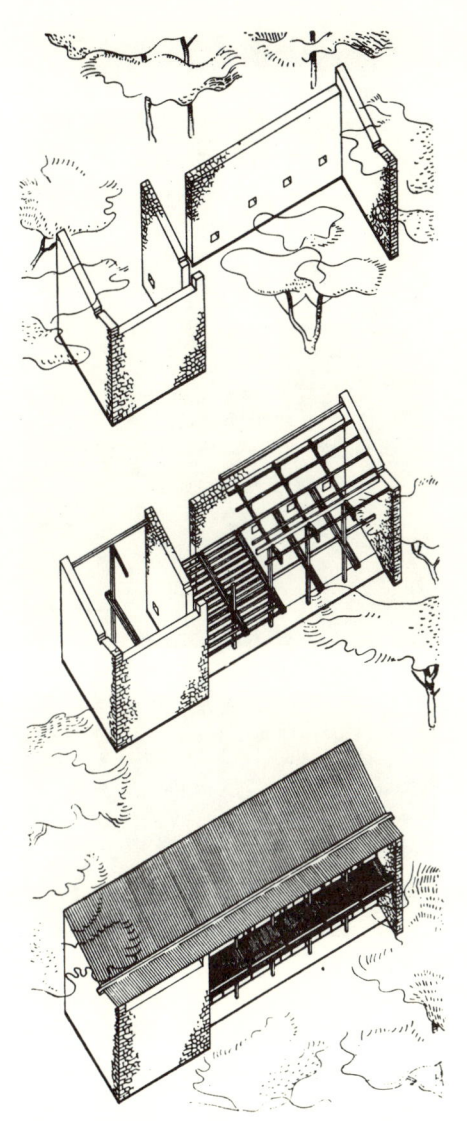

716図 マテの家の構造（1935年）

1935年，彼は——パリ郊外と大西洋岸に——2軒の別荘を建てた。それらは互いに違ってはいたが，両者共控え目で伝統的な建設プロセスを利用した。第1の家では，石の壁が鉄筋コンクリートの低いアーチを支え，外部

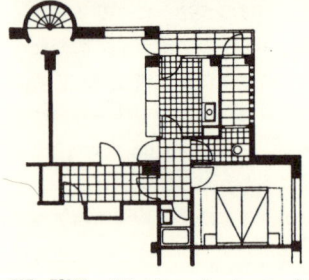

717〜720図 ドランシー，ラ・ミュエット地区（ボードウィン&ロッズ，1933年）

ン・ギャルド，リュルサ，マレ・ステヴンス，シャローらのそれからそれていった。しかし，若い人々の作品は重要性を得つつあった。例えば，ユジェーヌ・ボードウィン（1898〜）やマルセル・ロッズ（1891〜）のそれであり，この時代のフランスの建築界の最も進歩的な部門を代表していたのは彼らであった。

両者共セーヌ県の住宅局や低家賃住宅協会等で働いていたので，近代的な平面計画についての考えの一般的な建物への導入が，工法の問題の究明を伴わなければならないことを理解していた。

1933年に建設されたドランシーのラ・ミュエット団地にはいくつかの4階建ての住棟と5棟の16階建ての塔状住宅があるが，構造体は鉄骨だが，屋根と垂直方向のカーテンウォールは鉄筋コンクリートのプレファブ化された部材であり，外壁，階段，バルコニーの手摺り，その他のディテールもまた，予算の枠

17　1930年から1940年にかけてのヨーロッパ建築の進歩

721図　ドランシーのラ・ミュエット地区の高層住宅の外部階段のディテール

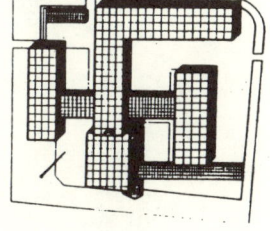

722, 723図　ミラノ，ボッコーニ大学（G. パガーノとG. プレダヴァル，1938〜1941年）

724, 725図　ジェノヴァ，フォーチェの住宅（L.C. ダネリ，1934〜1940年）

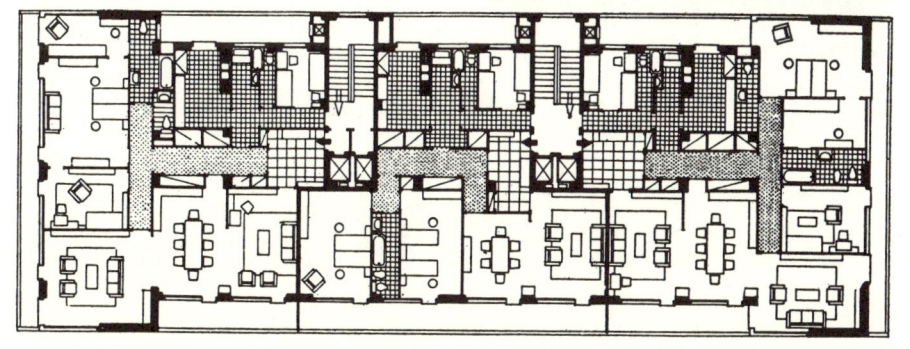

V 近代運動

726図 ミラノ，1935年の見本市，INA館（F. アルビーニ）

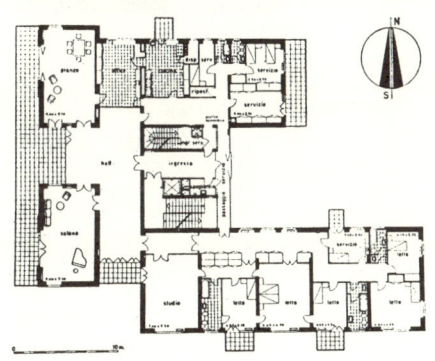

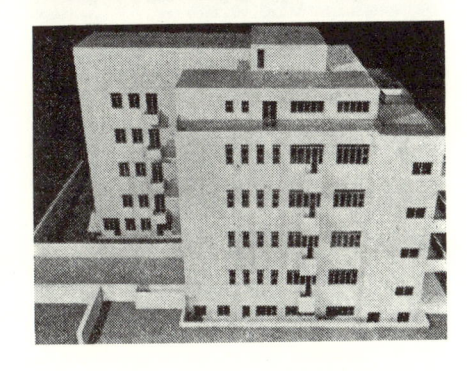

17 1930年から1940年にかけてのヨーロッパ建築の進歩

727〜730図 ローマ,サン・ヴァレンティノ通りの住宅（M. リドルフィ,1938年,"Architettura"誌からの図面）

の中で可能な限りの質的調整を行い,その後のメンテナンスを簡単にするコンクリート・パネルから出来ている。このようにして,遠くから見た時には好戦的でドグマティックな姿をしたこの建築も近くから見ると納得出来る現実的な性格をもっている（717〜721図）。同様なプレファブ・システムは,1935年のパリ近くのシュルスネ（Suresnes）の丘の斜面に巧みにレイアウトされた林間学校に用いられている。

イタリアにおいては,既に述べたように,建築家達はそもそもの初めからファシスト体制の指導に追従しようと試みた。この試みが続きそれが成功しているかに見えた間は,ほとんどすべての作品は,その最良のものでさえ空理空論的な性格をもち,それがそれらの

237

V 近代運動

731図 ローマ, ヴェネート通りの図書館 (M. リドルフィ, 1940年)

外観を歪め，時を経た今日，決定的に流行遅れにさせてしまっているのである。これはローマ大学（パガーノの物理学科のような一部の例外は別として）や，フィレンツェ駅，コモの「ファシスト会館」にあてはまる。他の場合においては，政治的妥協の影響はもっと深刻であった。建築家達は馬鹿げたモニュメンタルな効果を目ざし，合理主義的様式の平滑な立体とピアチェンティーニ風の重々しい組積造とを，テラーニのイムペロ通りのパラッツォ・デル・リットリオ（Palazzo del Littorio）の計画，あるいはE42のために提出された合理主義的計画の多くにおけるように混同した。

重要な公共的な地点を占拠するという幻影がうすれた1936年以後になって初めて，よりよい建築家達は限られた範囲内での仕事を求め，ここに戦前のイタリア建築の最良の作品をつくり出した。それらは，M. リドルフィによる2軒の家とローマの図書館，パガーノとG. プレダヴァルによるミラノのボッコーニ（Bocconi）大学の建物，フランコ・アルビーニ（1905～）によるいくつかの展示場，ルイジ・カルロ・ダネリ（1900～）によるジェノヴァのビサーニョ河口の高密度のハウジング，イニャーツィオ・ガルデッラ（1905～）によるアレッサンドリア（Alessandria）の施療院，ピエール・ルイジ・ネルヴィ（1891～）によるオルベテッロ（Orbetello）の格納庫（722～731図）等である。

これらの作品のそれぞれの背後には，忍耐強い熱っぽい研究——例えば，扉や窓枠と造作家具との一本化についてのリドルフィの研究——があるが，それらはある目盛りのところで止まってしまっており，それから先は純然たる理論となってしまっている。アルビー

ニ、ガルデッラ、ミノレッティ、パガーノ、パランティ、プレテヴァル、ロマーノらによる「ミラノ・ヴェルデ」(Milano verde)地区、パガーノ、ディオタレヴィ、マレスコッティらによる水平都市、テラーニとリンジェリによるレッビオ(Rebbio)地区等は教訓的な提案であり、実現の可能性は極めて薄いということを知っての上で作られたものだった。

ドイツにおいては同じようなことは起こらなかった。何故なら、1933年以後政治的なコントロールが厳しくなり、国内に残った僅かな近代建築家はほとんどすべての仕事から閉め出されてしまったからである。その公的な遵奉主義にはごく僅かの例外があった。R. シュヴァルツや、J. クラーンによる2,3のもので、リムプル(Rimpl)協会の工業建築と、ボナーツによってデザインされたドイツのいくつかのアウトバーンの橋のいくつかである。

ロシアにおいては、公的権力に無関係な建設事業が存在しないが故に、これらの例外すらなかった。事がよくわかっていないので、スターリンによって要求されたアカデミックな偏見を伴った論争の範囲については触れられない。事実、公的な指導に対する抵抗の具体的証拠は何も存在しない。

3. ベネルックス諸国

ドイツの運動の危機の後、ヨーロッパの近代建築の進歩に主として貢献したのはオランダであった。

オランダにおいては、他のいずことも同じように、戦前のアヴァン・ギャルドの巨匠達とそれに続く合理主義者の世代との間に激しい論戦があった。この場合にはベルラーヘ派とネオ・プラスティストとの間でそれが起こった。しかし、ベルラーヘと近代運動との間の距りは、オルタとV. ブルジョワのような若い機能主義者との間の距り、あるいはフランスにおけるペレーとル・コルビュジエとの間の距りよりも明らかに小さかった。ドゥドックの経験は、この深淵に、事実、橋をかけることが出来ることを示した。さらに、ベルラーへは——ドイツにおけるベーレンスやペルツィッヒのように——その生涯の終りの頃には彼の原則と両立し得る範囲内で新しい傾向の方向に進むことによって、ある程度レパートリーをかえた。[12] 1934年未完成のまま残された彼のハーグのゲメーンテ博物館は、アムステルダムの南部地区の平面計画のようにまだ博物館への2本の主要なアクセスに対しての対称形の2つのシステムの結合を基盤としている。しかし、いろいろな棟の大きさや限定された高さによって、これが構成に秩序を与えるための指標に過ぎなくなっており、そして、その地域の中に巧みにおかれた生き生きとした分節された全体を見る人には、容易にわからないようになっている。このようにして、モニュメンタルな意味合いは最小限に減り、閉鎖的な構成は基本計画に反しない可能な限りで、開放的なものに向かって進んでいる。

次の世代の芸術家のうち、ドゥドックは彼の論理的な活動を続け、オウトは前章に述べたアカデミックな退行のプロセスに従い、「デ・スティル」のグループの他のメンバー達は、仕事はさかんに続けていたが、アムステルダム計画を行ったファン・エーステレンを除いて、近代運動に対する決定的な貢献をすることを止めてしまった。

しかしながら、若い建築家達の活動は重要性を増しつつあった。これらの中の最も重要なのは、1925年に事務所を開いたJ. A. ブリンクマン(1902~1949)と、L. C. ファン・デル・フルークト(1894~1936)と、W. ファン・ティエン(1894~)であり、ティエンは

V 近代運動

732, 733図　ロッテルダム, ファン・ネル工場, 1927年の計画案と今日(ブリンクマンとファン・デル・フルークト, "Moderne Bauformen" 誌より)

アメリカやインド東部を旅行した後、1928年にロッテルダムに落ち着き、最初の2人としばしば協力した。1936年、ファン・デル・フルークトが死に、ブリンクマンは、J. H. ファン・デン・ブローク (1898～) といっしょになったが、ファン・ティエンは、1937年、彼の事務所で3年間働いていたH. A. マースカント (1908～) と仕事を始めた。

ブリンクマンとファン・デル・フルークトは幸運にも重要な仕事でスタートした。ファン・ネレ (Van Nelle) 工場がそれで、その計画は1927年のシュトゥットガルトの展示会に出品された (732図)。生産工程のいろいろな機能は厳密に分析され、建物の分節に忠実

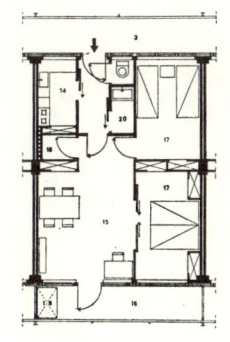

17　1930年から1940年にかけてのヨーロッパ建築の進歩

734〜736図　ロッテルダム，ベルクポルダー（ブリンクマン，ファン・デル・フルークトとファン・ティエン，1934年）

に表現されて，そこには，運河に沿った倉庫に生産品を運ぶガラスのファサードの中に隠されないでおかれているパイプが見られる。プランの正確さは，工業施設の重々しさを強調するよりもそれらに温かい人間的な外観を与え，すべてのロマンティックな強調，そしてまた工場のメカニズムの伝説に対する情景的な媚を切り捨てている。建物の開放的な形態はまた，グロピウスのファグスで同じような理由でそうであったように近代工業の要求の変化によって必要となるその後の増築を建築的調和を損うことなしに可能にしている（733図）。

この後，ブリンクマンとファン・デル・フルークトは，同じ機能分析法を他の公共建物，工業用建物（ロッテルダム港のサイロ，ライ

241

Ⅴ 近代運動

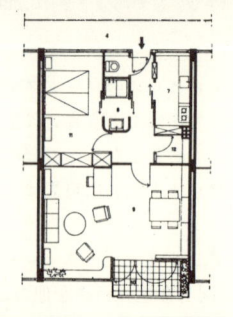

737〜740図　ロッテルダム，ブラスラーン（ファン・ティエンとマースカント，1938年）

デンのファン・ネレの建物，メース・エン・ゾーネン（Mees en Zoonen）銀行，アムステルダムの神知学派の本部等）や多くの個人住宅などに適用した。同じ方向に進み続けながら，1932年，ファン・ティエンと協同して，グロピウスによって認められた最初の高層の一般向けアパート，ベルクポルダー（Bergporder, 734〜736図）を建てた。[13]

この建物は，3，4階の建物がぎっしり並んだロッテルダムの労働者階級地区にたっており，住居は10階建ての線状の棟に集約され，地面を広く緑のために残している。主要構造は鉄骨だが，床やファサードの大部分を占める窓枠は木である。住戸はすべて同じ4人家族用で，厳格に経済的な基準に従って平面計画されている。東のファサードはオープンの階段でバランスされているのに対して西のファサードにはネットのパラペットとブラインドをもったバルコニーの列が突き出されている。ここでは初めてリフトがアパートに設置されており，その籠は大きく，扉がなく，2階ごとに停止するようになっている。

この変った建物はいろいろな欠点をもっていることがわかった。鉄骨造の極度の弾性，広い鉄の表面に定期的に塗装することの困難，バルコニーが連続していることからくる乱雑さ等である。これらの欠陥は，ファン・ティエンとマースカントによる郊外のアパート，1938年により裕かな階級の地区に建てられたプラスラーン（Plaslaan, 737〜740図）では部分的に修正されている。鉄筋コンクリートの構造体は露わのままで，大きさがいろいろでそれほど厳格に平面計画されていない住戸はそれぞれより小さいが深いバルコニーを与えられ，外部の単純さはメンテナンスの問題を軽減している。プラスラーンの占める面積は他の建物のそれより少ないが，それはより開放的な敷地に，庭園で囲まれた湖の縁にたっている。

グロピウスの理論によれば，10階建ての住棟は，主に都市計画的利点，即ち土地のよりよい利用，サーヴィスのよりよい供給，道路や排水の経済性のために用いられることになるが，ベルクポルダーとプラスラーンでは，この2棟共既存の都市構造の中にはめこまれたので，これらの問題は追求されなかった。しかしながら，この型の建物に反対する先入主が非論理的であることが示され，リフトの使用は何の問題も生ぜず，ある型の家族はこの種の住居を歓迎することを示し，この種の構造体をもつ10ないし12階建ての建物の経済的最適性が確立された。

今日でさえ，その2つの建物が環境と対照的であること——特に帯状の開発地区にあるベルクポルダー——はそれの都市的重要性の故に目立つ。それは，建築が単なる外壁に変化をつけるためばかりでなく，建物のマスを自由に空間の中におくために用いられるような，またベルクポルダーとそれを取り巻く野原のように物が何もない空間と直接的な関係にあるような，また子供達が交通から完全に護られて遊ぶことが出来るような異った型の都市が可能であることを示した。

この2つの棟のディテールは，他に例を見ない率直さと単純さで決められ，この印象を確たるものにしている。実際，それらは自己主張をせず，それぞれのものの重要性の程度を厳格に決める全体としての構成と関係を保っている。

しかし，そのうちに新しい都市は単なる理論上の目標に留まらなくなった。これらの同じ年月の間に，都市計画家のグループはアムステルダムの新しい都市計画を行い，そこでアテネ憲章の原則が初めて現実に適用され，都市計画の強固な経験として確められた。

1928年，独立した都市計画部がアムステルダム自治体の社会局の中に設立され，L. S. P. シュファーによって運営された。その直

V 近代運動

741, 742図 1935年のアムステルダムの都市計画（黒い部分は緑地，格子線部分は新しい地区）と計画が実現したところの一部

後「デ・スティル」の前のメンバーであり，ファン・ドゥースブルフの協力者であったファン・エーステレンの指揮下に全体計画が始まった。

都市の拡張に必要な土地は外周地域の強制収用という先見の明ある政策のお蔭で既に自治体に属していた。ラ・サラの宣言や後の宣言で示された主たる障害はなく，計画は同じ時期を通じて磨き上げられた理論的原則に従って進行することが出来た。[14] この計画の以前のものと比べて主たる革新的なところは次の通りである。

a）全体計画，部分計画の決定に先んじての詳細な人口調査。これが約50年間の人口の移動の予想を可能にし，とるべき手段はそれによって明らかになり，地区毎に，各大きさの家の数，社会的階級の分布，基本的サーヴ

ィスの場所が確められた。

b) 郊外を人口1万人の地区に分割し，必要なアメニティを与え，グリーンベルトで距てること。それぞれの新しい地区は，新しい詳細な計画を認めたが，それは，その実現が実際に目前になった時に初めて仕上げられた。

c) ベルラーへの閉鎖的な建物を，ドイツの住区の例に従って，北から西に向いた，時には東から西へ向いた開放的なものに次第に置き代えること（741図）。

アムステルダム計画は，世紀の変り目以来ほとんどすべての都市計画についての議論に出てきた田園都市の理論に，新しくとって代るものを提供した。田園都市のアイディアは都市の改造のためではなく，都市と対照的なものとして生まれ，都市組織を自足的な核へ分節する必要を強調することによって，自給自足の概念を不幸にも強調し，それが水平都市やル・コルビュジェのような垂直都市の主張者の双方の思想の中にくり返し現われた。

アムステルダムでは，経済的，あるいはビジネス的活動の，港の周辺の17世紀の扇形のセンターの中への集中，地価の高さ，主要交通手段としての自転車についての考慮が，不等価な独立したセンターに分けて開発するという考えを生んだ。それ故，ひとつの地区でなくその統合と相互関係に力点がおかれ，都市がその人口密度が高く，その成長が緻密である時でさえうまく運営されることが示された。

建築デザインは詳細な制御システムの下に行われ，個々の地区はより小さな単位に分けられ，それぞれは，個々の計画の調和を仕事とする監理建築家の手に委ねられた。その監理建築家は，総監理者の立場を占めるファン・エーステレンを委員長とする恒久的な計画委員会を構成した。

1935年に議会を通過したアムステルダム都市計画は，未だに有効で，今日まで継続している。その実験の正当性は，それの初期の理想を守り続けながらの状況の変化への適応力によって証明された。

4. スカンジナヴィア諸国

近代運動は1930年頃，他におけるような抵抗もなく，スカンジナヴィア諸国に到達し，その直後，他の国よりもかなり早く，国際的レパートリーの改訂と拡大がそこに生じ，伝統に根ざした諸価値のいくつかと合体することを可能にした。これらの実験は他の諸国に広い影響を及ぼすことになったので，スカンジナヴィアの建築に働いた原因を辿ることは重要である。

尊敬される建築は常に外から来たもので，それがつつましく世俗的な伝統に重なってきたこれらの国では，クラシックからネオ・クラシックへの推移は他の国々におけるようにははっきりせず，19世紀のリヴァイヴァルは純粋な気持ちで受けとめられていた。

このことは，19世紀前半のデンマークのG.F.ヘッチュとG.ビンデスボールや，スウェーデンのJ.S.デスプレッツや，フィンランドのC.L.エンゲルやノールウエーのC.グロッシュのネオ・クラシシズム建築の質の高さや，古典主義と中世主義との間の戦いの穏かさ，第1次大戦まで，そして実際にはその後にまで続く折衷主義の生命力を説明する。

アール・ヌーヴォーの運動は何ら痕跡を残すことなく通過し，あるいは，例えばデンマークのネオ・バロック運動，フィンランドのサーリネンの初期の活動等における風変りな形態の追求への刺激として取り上げられた。戦後，規則正しさへの憧れは，時代様式によって鍛えられ根強く激しいロマンティックな

245

精神によって変形された建築を再び開花させた。それは、スウェーデンのR.エストベリーとI.テングボム、デンマークのC.ペテルソン、ノールウエーのM.ボウルソン、フィンランドのJ.S.シレンの建築であった。

この後期折衷主義は、時には同じ建築家の仕事を通して近代運動に驚くほど急速に道を譲った。ペルシコは書いている。「このオリンピア的状況では、合理主義あるいはスウェーデン風にいうとフンキス (funkis) は理論的な姿勢、新しい一連のドグマではなく、理想の美に対する、いわば知性の美に対する全国民の変らぬ憧れであったのだ。」[15]

疑問の残ることは、その過去の高貴で著名なモデルが、何故美の原理としてのより近代的でより貧しい機能主義のモデルによって取って代られなければならなかったのかということである。これを理解するためには、社会的、政治的変化、キリスト教的デモクラシーの成長、いろいろな社会階級の実際的な混合を招いた生活水準の急激な均一化を心に留めなければならない。1935年のパリ万博のスウェーデンのカタログの中にはこう書かれている。

「芸術と工業の統合はフランスとスウェーデンにおいては違った意味をもっている。フランスでは、労働者階級や中産階級においては習慣は極度に安定したものであるのに対して、後者においては、それらは急激な変化をとげつつある。ここでは2つの階級はさらに互いに接近する傾向をもっている。労働者階級に関する限り、これは生活水準の著しい上昇となって現われるが、それに対して、同時に、ブルジョアジーはそれをあまり有利でない経済状況と感じてきた……公平に見る者は、フランスにおいては、例えば住宅における新しい発展は経済的にも道徳的にも大都会における上流階級に依存するという印象をもつのに対して、スウェーデンにおいては、この発展が知識階級、中産階級そして労働者階級の上層部の働きによると見るだろう。このことは、スウェーデンにおける装飾芸術が無意識的に2つの階級の要求によって調整され、ぜい沢の方向に発展する機会をもたないことを意味する。一方において、労働者階級の生活水準の改善とそれの知的要求についての生き生きとした関心は、現在用いられているものの改良とそれらをより安い原価で生産することを可能にした。他方、これら2つの場合は生活用具である住宅の規格化を必要とした。そして、戦争以来、つましい家族向けの住宅と家具の規格化について重要な仕事がなされ成功した。このようにして、両者共単純さをその理想としてもつが故に、経済的要求と美的要求をつなぐ、緊密な鎖を感じることが出来るのである。」[16]

機能主義のテーゼは、大量生産にうまく適合する新しい理想であり、市場の構造の変化であった。社会的変化のプロセスの連続性は、古い支配階級の習慣と目標を人々のあらゆる階層に拡げることを可能にした。かくして近代建築は、古いロマンティックなインスピレーション、豊かで空想的外観に対する、伝統的な素材に対する、そして静かできれいな環境に対する愛の直接の後継者であった。

それ故、近代運動に対するスカンジナヴィアの建築家の支持は、全くの社会的要求によって動かされている一方、伝統的建築の価値のあるものを復活しながら、国際的なレパートリーを直ちに拡大するための条件が存在していた。

スカンジナヴィアの建築は1933年頃、ちょうどドイツや他のヨーロッパの合理主義的考えが最初の強い抵抗に出会っていた時、この

17　1930年から1940年にかけてのヨーロッパ建築の進歩

路線を出発した。しかしながら，この2つの事実の間を結びつけ，この方向が他のいずこでも浮かび上がっている難題の正しい解決であると主張するのは賢明でない。

実際，ヨーロッパの危機が，進行中の経済的，政治的プロセスのタイミングとスケールに関しての文化的コントロールの方法の不適切さに起因しているということを心に留めておくことが必要である。スカンジナヴィア諸国と小国等は，主としてそれらの社会的変化が速くなく，広くないが故に，大体この軋轢を免れた。

こうした理由で，スカンジナヴィア建築の華々しい結果は，他の場所，特に問題のスケールが大きい所やグループ間や階級間のより大きな離反が克服されなければならない所では，ほとんどうまく利用することは出来なかった。

スウェーデンにおいては，近代運動のテーゼは最初，若い建築家のグループによって，議論として導入された。1928年に話題をよんだ自邸，1932年にはヘルシングボルグのコンサートホールを建てたS．マルケリウス，1929年にフォード工場を建てたU．アーレン，1931年にエスキルストゥナ（Eskilstuna）室内プールを建てたP．ヘドクヴィストらである。彼らの仕事は世論やエストベリーのようなロマン派の巨匠達の当然の反対をよび起こした。

慣習がマルケリウスや他の装飾のない形態の生々しい新しさを消し，涸れることのない伝統への僅かな関わりが，国際的な調子に最も近い作品においてすら現われた時に，特にロマン派の巨匠のひとり，エリク・グンナー・アスプルンド（1885～1940）が近代運動へと進んだ時に，議論は静まった。

アスプルンドは，その活動の初めの部分で，純正なネオ・クラシシズムに刺激されており，それがいくつかの高度に洗練されたディテールへ，様式的暗喩をより控え目に集中

743，744図　E. G. アスプルンド，1930年のストックホルム博覧会のパヴィリオン（A. Sartoris著，前掲書から）とゲーテボリの市庁舎の増築（1934～1937年）

することとなっていて（745図），また彼の建物のヴォリュウムを比例の上で単純化している。1930年，ストックホルム博覧会の展示館のデザインを委任された時，彼は率直に国際的レパートリーを受け入れ，柱やパネルやタイビームやカーテンウォールの幾何学に類い稀れな優美さをまとわせ，その幾何学は，この短命な施設の色褪せた写真からでさえ輝き出ている（743図）。

アスプルンドはその後期の仕事において伝統に忠実であり続けようとし，一方においては国際運動と接触を保ち続けた。こうして彼はスウェーデン文化の伝統の要請のあるものを，それらの地域的な限界を失わしめるようなやり方で系統だて，そして近代運動に対し

247

V　近代運動

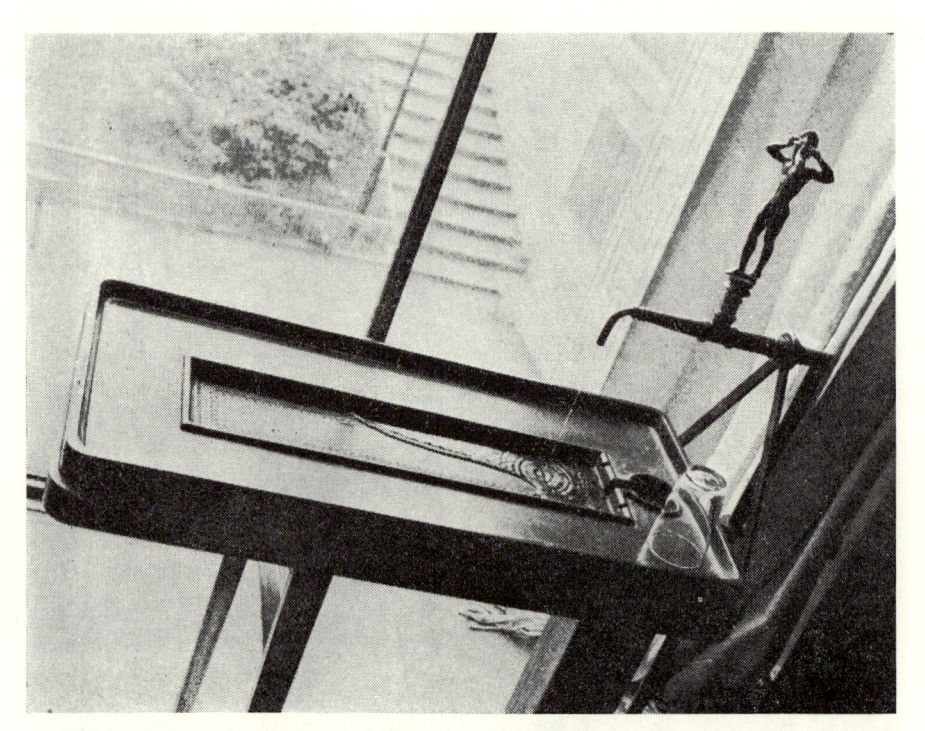

745図　E. G. アスプルンド, ストックホルムの図書館のディテール (1927年)

ての末梢的ではあるが価値ある遺産を獲得したのであった。

　ゲーテボリの裁判所の増築についての研究は戦争直後に始められたが、幸いにも、その作品は1937年までは実現されなかった。事実、アスプルンドは時代様式での種々の解決を次から次へと拒否し、新しいウイングを全く近代様式で建てた。小さなネオ・クラシシズムの建物の傍らに立ち、古い広場を見下ろしながら、その建物は完全に環境に適合している。それは屋根で覆われた中庭を中心にもち、その中庭はガラスの扉によって古いオープンの中庭とつながりをもち、それを広大な構成のまとまりの中に包含している。そしてそこには全体をつなげる空間が同時に含まれている。しかし、外部から見ると新しい棟全体は古い棟の補助として見え、その主たる図形的特徴を受け入れている (744図)。

　これが、古い背景に対してそれの統一を意図的に、理論的にも壊すことなしに、その連続性に意図的に敬意を払いながら近代的建物を導入した最初の例であった。実験のこの成功は老建築家の完全な技量によって裏づけられていたが、この意図はすぐに広い影響を与え、この建物は、ヨーロッパの都市の古い広場、特に第2次大戦によって起こった損害の後に建てられた他の多くの建物のモデルとなった。

　デンマークの運動はスウェーデンの運動に影響された。ここでもまた、口当りのよいネオ・クラシシズム的なムードの中に、正統派の合理主義の支持で1926年から1928年までの間に出版されたクリティスク・レヴュ (Kritisk Revy) 誌によって短い期間論争がまき起こさ

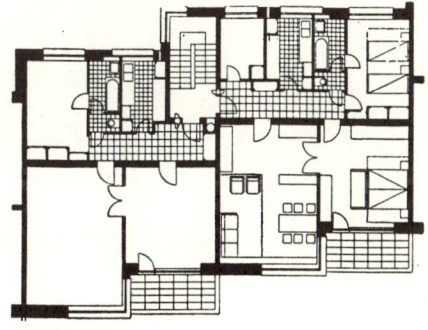

17 1930年から1940年にかけてのヨーロッパ建築の進歩

746～748図 コペンハーゲン,ベラヴィスタ集合住宅(A. ヤコブセン,1934年)

れた。
　若い建築家の中で最も重要なのはアルネ・ヤコブセン(1902～1971)であり,彼は,F. ラッセンと共に,1929年のアカデミスク・アルキテクトフォレニング(Akademisk Arkitektforening)の展示会で賞を得た「未来の住宅」の作者であった。ヤコブセンは,伝統精神に基づいた建物(ステンセン＜Stensen＞邸,1932年)と厳密に合理主義的である他の建物(ローテンボー＜Rothenborg＞邸,1931年)とを交互につくり,1934年までに驚くべきほどオリジナルな作品をつくりだした。コペンハーゲンの北の海岸のリゾートにあるベラヴィスタ(Bellavista)団地である(746～748図)。
　ヤコブセンは既に1932年にこの地区の計画を完成しており,それにはレストラン,劇場——1935年に完成——と,田園を損うという

V 近代運動

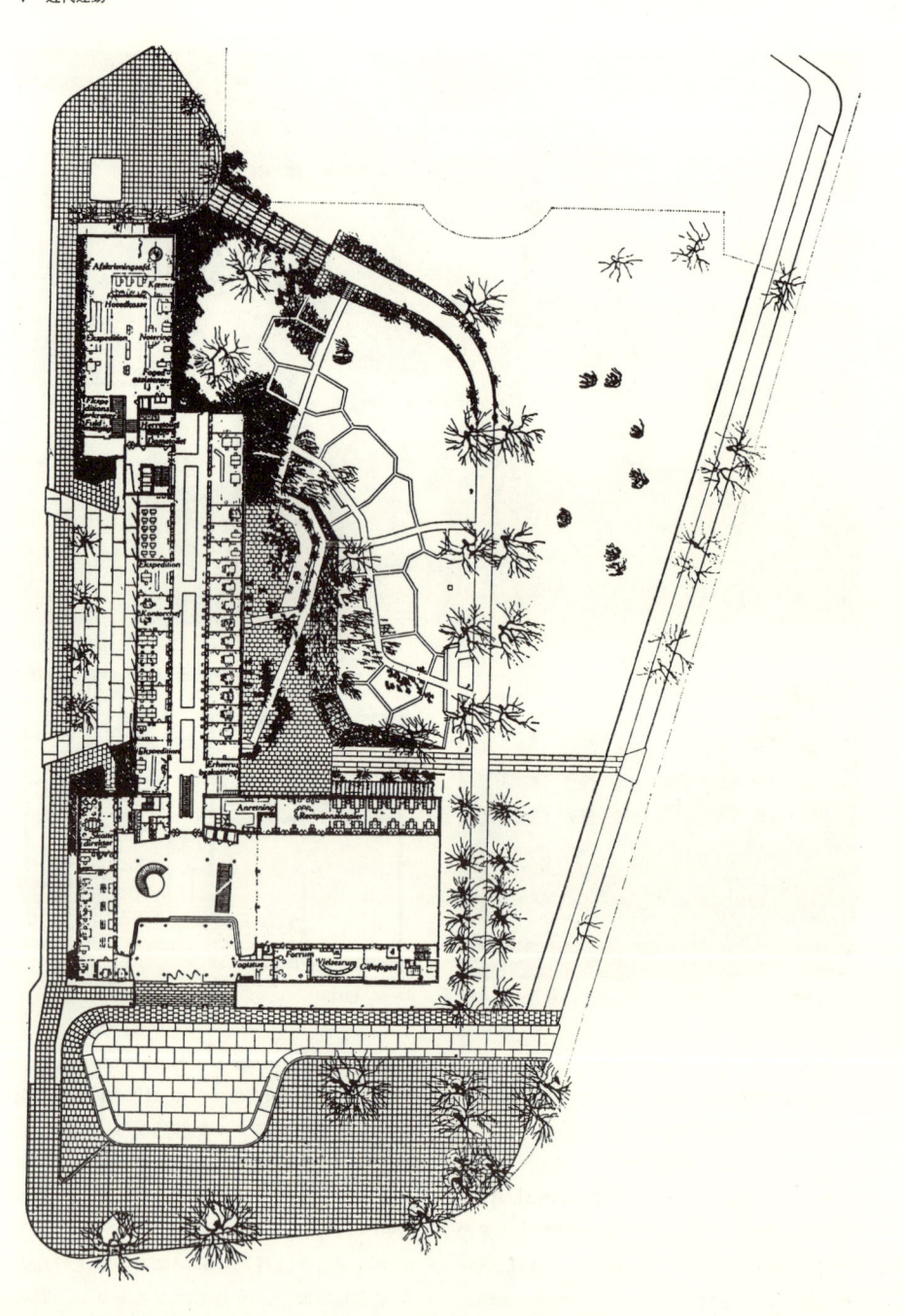

749図 オルフス，市庁舎の平面図（A. ヤコブセンとE. モラー，1939年，J. Pedersen 著，A.J.——1957年——より）

17 1930年から1940年にかけてのヨーロッパ建築の進歩

750図 オルフス, 市庁舎

理由で建てられなかった展望塔等が含まれる。これらの建物のそれぞれは独立したストーリーとなっており，それらのそれぞれの中において——特に住宅において——ひとつひとつの要素は並はずれた巧みさで溶け合わされている。その知的な鋸形のレイアウト，階によるグラデーション，端部の形は建物の型の均一さを隠し，建物を，木の多い田園，海の存在に，伝統の偽装をすることなく，溶けこませることを可能にしている。

ここで，初めて，ヤコブセンは彼のつくるものの典型となるひとつの結果へと到達したのであった。要素の厳格で閉鎖的な構成は，全体の構成の統一や田園との融合と大きく関わりをもつ注意深い色彩的コントロールによって補われている。この場合において，注目すべき特徴は，長い窓と実際の建物の鋸状の効果を柔げる小さなバルコニーとの間の光と影の完全な組合せと，マスの緊密な相互作用を周囲の空間にまで拡張する壁の面の連続の中にガラスのスクリーンをおいたことである。フィンランドのアアルトのように，だがより繊細で厳格な方法で，ヤコブセンはここに国際様式がすべての要求，スカンジナヴィアの伝統にとって貴重なピクチャレスクとシャルム（Charm）のそれすらを満足させるほど充分広くいろいろな効果を可能にすることを示した。

ヤコブセンの後期の仕事はアスプルンドとスウェーデン建築の新しい流れに強く影響されている。1939年，E. モラーと共にオルフス（Aarhus）の新しい庁舎のコンペに入選したが，その作品は2年前に完成されたゲーテボリの同様な建物をはっきり思い出させる（749～750図）。戦争が原因である経済難と委員会との意見の対立は，施工の段階で建物の一貫性を危くした。ここでもまた，構成の統一は的確な光と影の調和，特に，コンクリート，灰色の石の仕上げ，扉や窓枠の白いペイント等がほとんどモノクロームにしている外観におけるそれに頼っている。これらの難点は後の1942年に完成されヤコブセンの仕事の最初の部分の最もバランスのとれた成果であったソレロド（Sollerod）の市庁舎で立派に克服されている。その後，ドイツ軍の占領から彼は止むなくスウェーデンへと移住し，戦争が終るまでそこに留まった。

戦争直後，フィンランドはその偉大な建築家，エリエル・サーリネン（1873～1950）を失った。彼は1923年アメリカへ移住したのだった。その直後，合理主義の導入に関しておきまりの論争があったが，事の流れは，彼らの主役，アルヴァ・アアルト（1898～1976）の傑出した個性によって支配された。

アアルトは1925年頃トゥルクで仕事を始めた。彼は1928年から1930年にかけて正確で厳格な国際様式で建てられた新聞社の建物，トゥルン・サノマ（Turun Sanomat）で，フィンランドや外国ですぐに知られるようになった。1929年，フランクフルトのCIAMの第2回の会議に参加し，その直後パイミオ（Paimio）のサナトリウムのコンペに1等をとり，彼の最初の傑作をつくり出した（751～758図）。

素材はありきたりのものであった。プラスターの壁，黒く塗られた基礎，水平連続窓，等しくリズミカルにくり返された病室等だが，ヴォリュウムの幾何学的な硬さを減じ，田園にそれを結びつけるために用いられた種種の建物の回転の華々しい角度，接合の斜めの角度等で新しい意味をもっている。最初の近代的建物においては，直角の不変性は，ア・プリオリにすべての要素の間に幾何学的関係を設立することによって構成過程を一般化することに主として役立ち，それはすべての軋轢が，線，面，立体によって幾何学的に解決され得ることを意味した。斜めの使用はそれと反対のプロセス，存在するものに不均衡

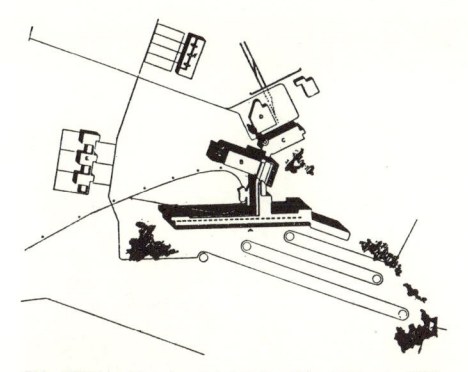

17 1930年から1940年にかけてのヨーロッパ建築の進歩

751～753図 パイミオ, サナトリウム (A. アアルト, 1929～1931年)

と緊張感を許し，要素と環境の物理的不変性によってバランスをとることを許しながら，形態をより個性的により正確にするプロセスへの道を示した。そのような建築は説教めいた厳格さを失い，温かさ，豊かさ，情緒を得，最終的にはその行動の領域を拡げた。何故なら，その個体化のプロセスは既に認められている一般化された方法に基づき，それを前提としたからである。

全ヨーロッパの運動に先駆けて，この建物の中には，5，6年後に多くの場所で，そしてイギリスへ来た時からのグロピウスの作品の中に感じられる傾向が表現されている。

ヴィープリ (Viipuri) 図書館 (1932～1935年) (760～761図) では，アアルトはもうひとつの複雑な平面の問題と取り組み，それを同じくオリジナルなやり方で解決した。諸室の大きさや高さを連続的に変え，パズルを解く人間の歓喜をこめてそれらを結びつけた（ここでは直角の使用が，接続をしっかりさせるために不可欠であった）。部屋は 常に最もエレガントないろいろなディテールの仕上げによって生き生きとしている。講義室のうねった天井，玄関扉を開閉するための枠のような構造体，階段に沿った木の大きな手摺り，閲覧室の丸い採光のための開口等である。この時，アアルトはまた彼の家具を曲げ合板でつくっており，そこでは木片の静力学的特徴が通常のフレームの代りに用いられている（751図）。彼はまた，パイミオのサナトリウム以後しばしば，自分の建物の家具造作等の仕事もした。

アアルトの建築が最も確かな結果を得たのは恐らく住宅においてだったろう。1937年，彼はヘルシンキに自邸を建て，1938年にはマイレア (Mairea) として知られる事業家グリクセンのための大きな住宅といくつかの労働者階級の住区をつくった。構成は幾何学的に単純でリラックスしているが，いろいろな仕上げのタッチや，しばしば互いに対照的に用

253

V 近代運動

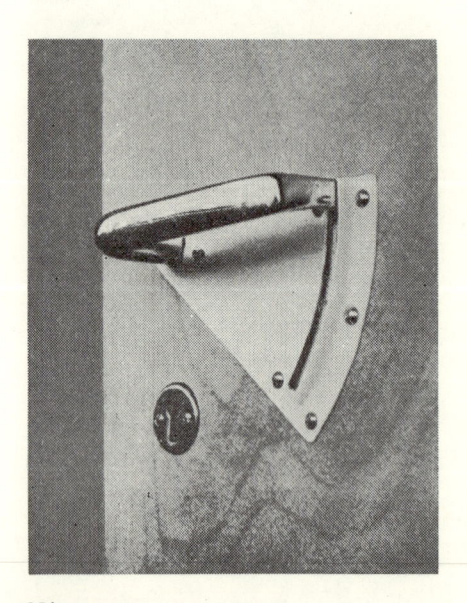

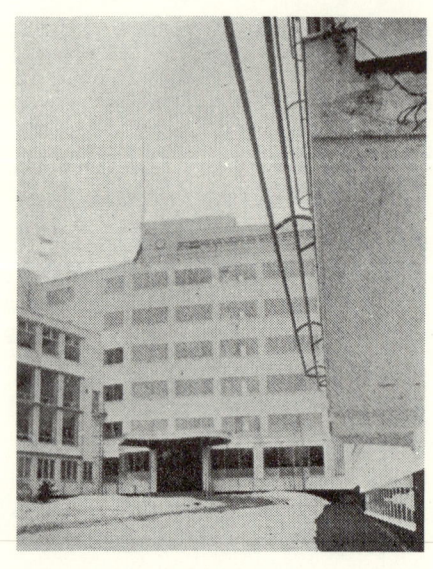

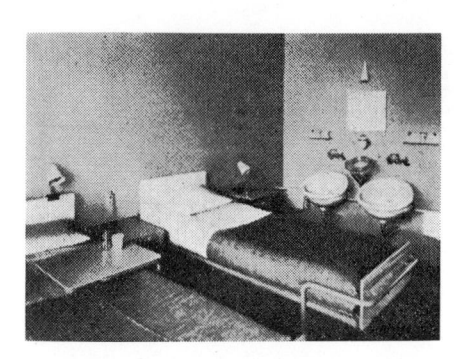

17 1930年から1940年にかけてのヨーロッパ建築の進歩

754～758図　パイミオのサナトリウムのディテール

759図　アルテクのためにアアルトによってつくられたベニヤの安楽椅子

255

V 近代運動

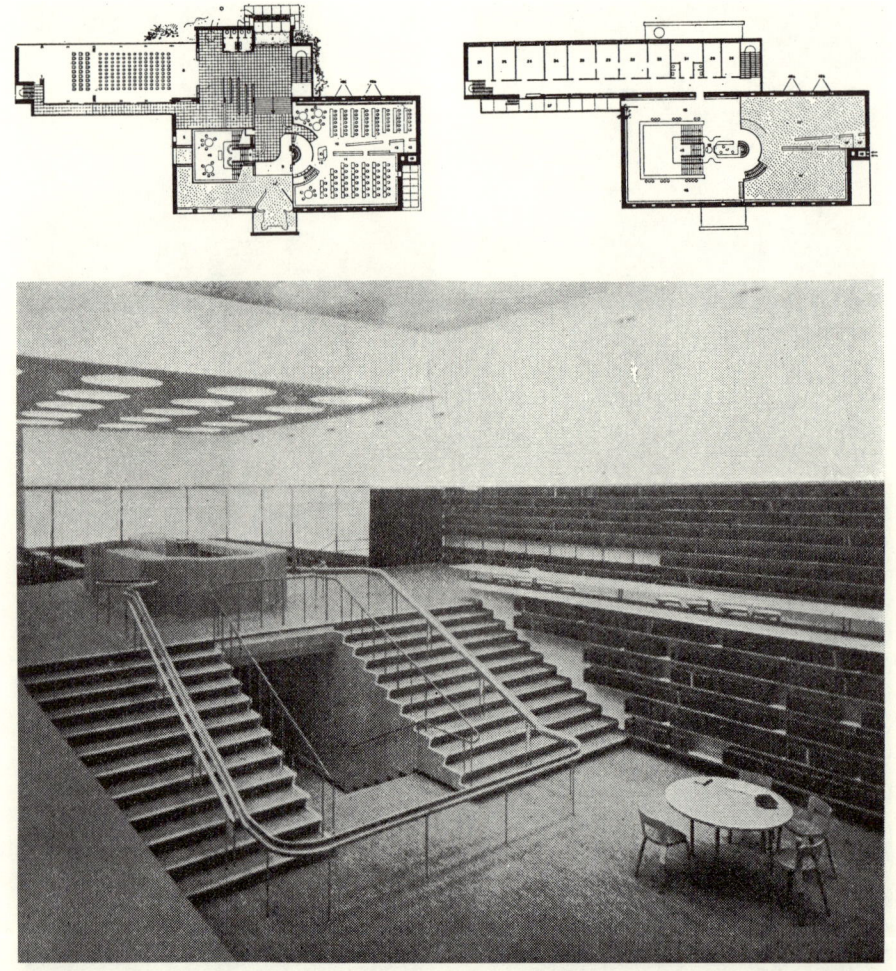

760, 761図　ヴィーブリ, 図書館（A. アアルト, 1932年, A. Roth 著, 前掲書から）

いられた材料によって, レベルの違いによって, そして建築と装飾との間の並はずれた調和によって活気づけられている。しばしば彼は, 斜めにおかれたアクセサリー──例えばマイレアでは, オフィスに隣接したキッチンの壁, リビングルームと入口ホールとの間の壁等──によって, 建物の直角の構造を部分的に崩すことを試みた。このように複雑なレイアウトのコントロールは, アアルトのような熟練した者にとってさえ必ずしもたやすくはなく, そしてしばしば構成上の難問を解こうと試みずに異常なほどの率直さで異質な分子を単純に並置させてありのままに残した。

他の近代の巨匠と違い, アアルトは技術論で仕事を正当化することに関心がなかったし, 実際, 彼は進んで書くことをしなかった。[17] ほとんど常に, 彼の無類の才能は不完全な合理的コントロールを補ったが, 時には

17 1930年から1940年にかけてのヨーロッパ建築の進歩

762図 ヴィラ・マイレア（A. アアルト, 1938年）

この傾向は，特に他のスケールの問題に直面して仕事をするような時に俄かに弱点をさらけ出した。

5. スイス

　近代運動のスイスへの伝播は，そこでの老いた巨匠，カール・モザー（1860～1936）の存在と教育活動に主として負っている。

　彼はパリで勉強し，1888年にカールスルーエへ落ち着き，そこでR.クリエルと協同した。1915年から彼はチューリッヒにあって大学の教授となり，彼の教育の結果として，若い建築家のグループが出現した。彼の息子のヴェルナー・M.モザー（1896～），エミール（1893～）とアルフレッド（1903～）のロート兄弟，マックス・エルンスト・ヘーフェリ（1901～），カール・フーバッハー（1897～），ルドルフ・シュタイガー（1900～）らである。彼らのほとんどすべては，チューリッヒ大学で勉強した後，外国で教育を終えた。W.M.モザーはオランダと，アメリカではフランク・ロイド・ライトのところで，A.ロートはパリのコルビュジエのところで（1927年のシュトゥットガルトの2棟の住宅の仕事をし），そしてその後スウェーデンで，ヘーフェリはベルリンのO.バルトヌングのところで，シュタイガーはベルギーとドイツでである。1930年，彼らはチューリッヒに集り，バーゼルのP.アルタリア，H.シュミットといっしょに，スイス・ヴェルクブントのための住区のモデルを建てることを依頼された。これがノイビュール（Neubühl）の起源であり，そこではフランクフルトとブリュッセルで磨き上げられた一般の建物についての考えが一貫して応用されている。一家族用住宅をテラスハウスに集めるという考えは，その時までに建設された他のどこの住区よりも完全に実現されている（763～766図）。

　ノイビュールは，東と西に面する2つの接する斜面をもつ北に向いた一種の岬状になっている起伏のある地面の上に位置している。住宅の列はスロープを下の方に向かって続いているので，階段状になり，棟の均一さを崩

257

V 近代運動

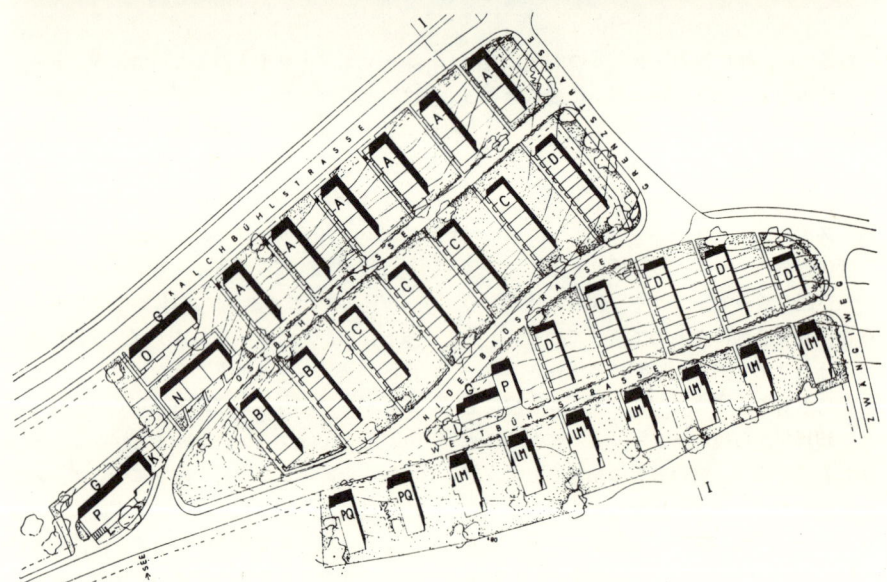

763, 764図　チューリッヒ，ノイビュール地区（P. アルタリア，M. E. ヘーフェリ，C. フーバッハー，W. M. モザー，E. ロート，H. シュミット，R. シュタイガー，1930年）

している。平面は比較的に単純であるのに対して，建物の型は細心にデザインされている。ディテールの完全さは住居に親しみと正確さを与え，そして，それぞれが質の高い仕上げによって明らかに補われているが故に，型のくり返しは単調さを生み出していない。

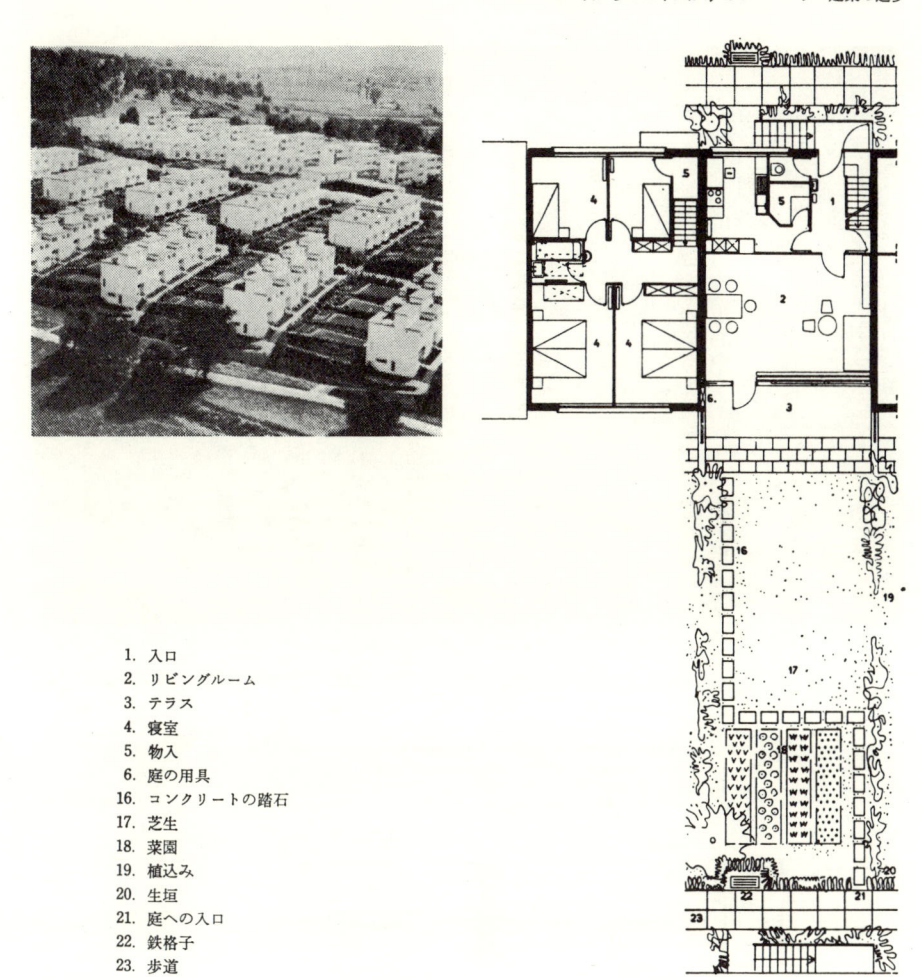

17　1930年から1940年にかけてのヨーロッパ建築の進歩

1. 入口
2. リビングルーム
3. テラス
4. 寝室
5. 物入
6. 庭の用具
16. コンクリートの踏石
17. 芝生
18. 菜園
19. 植込み
20. 生垣
21. 庭への入口
22. 鉄格子
23. 歩道

765, 766図　チューリッヒ, ノイビュールの俯瞰とユニットプラン（A. Roth 著, 前掲書から）

　1933年までは, スイスにおける近代運動はドイツのそれと緊密につながっていた（事実, スイス・ヴェルクブントはドイツ・ヴェルクブントのひとつのセクションであった）。しかしナチが権力を握った時, この絆は断ち切られ, スイスの運動はより独立したものとなった。ヘーフェリのその後の作品（1931年から4年にかけての ゴルトバッハ＜Goldbach＞の別荘）, ロートのその後の作品（1936年に建てられた, ブロイヤーと協同による,　ギーディオンのための ドルデルタル＜Doldertal＞の住宅）, 1937年以後のモザー, ヘーフェリ, シュタイガーの協同作品等においては, 建築の調子は, 常にしっかりと技術的な必然性に基づいており, それはこの時期にフランス, イタリア, ドイツを冒していた様式的混乱に屈することなしに多くの異った成果を吸収し得たことを意味していた。

　この頃においてロバート・マイヤール（1872～1940）の作品が非常に注目された。多

259

V 近代運動

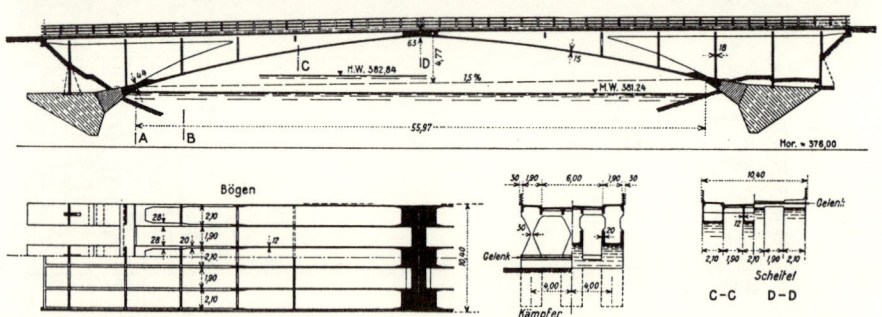

767〜770図 ジュネーヴ，アルヴェ河の橋（R. マイヤール，1936年，M. Bill 著，R. M.——1949年——からの図面）

くの点で，マイヤールの立場は，鉄と鉄筋コンクリートの偉大な19世紀の先駆者（エッフェル，エネビィク）のそれ，あるいは，建築が技術的プロセスと緊密な結びつきをもっていた彼の同時代人ペレーのそれと似ていた。もし何か違いがあるとすれば，マイヤールはペレーよりも建築についての野心がより少なく，ほとんど純粋な技術者であり，構造計算家として現われ，しばしば他の人々の建物の構造を計画した。しかし，彼の仕事は技術的に正確であったばかりでなく，形態に関しても絶対的な正確さをもち，それが末端のディテールやアクセサリーにまで及んでいたという点で彼はユニークである。事実，彼の技術者としての関わりがあまりにも強かったので，それは建築全体に関わったのと同じようなものだった。

マイヤールは1902年に独立して仕事を始め

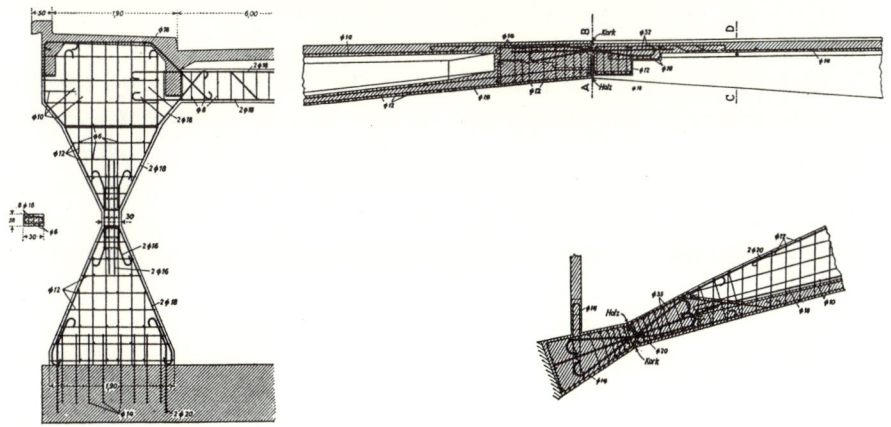

17　1930年から1940年にかけてのヨーロッパ建築の進歩

たが、ペレーのようにデザイナーでもあり施工業者でもあった。鉄筋コンクリートの橋の建設をふり返って彼は、いろいろな部分、アーチの支持材、車道を支えるプラットフォーム、接続部材等は、かつて組積造の橋についての理屈を怠惰にくり返して、通常、ばらばらで重ね合わされたものと考えられていたと見た。しかし、鉄筋コンクリートの構造物の特徴は部材の間の連続性にあるが故に、アーチや接続部材、道路面をひとつの系と考えることがより経済的であると理解した。

1938年、彼の理論を次のように説明した。

「ここでは、大体が組積造の形からきたア

261

ーチが未だに主要な特徴であり，それが薄板になってしまおうと，あるいは中空にされようと本質的には同じである。鉄や木の構造のように，それに被覆をし，その上に床をおく。アーチのデザインに関する最も正確な計算ももはや正しくないことが多くの実験から知られ，アーチの中に生ずる応力はより小さいが故に，それ以上調べなくても，この過大評価は自重の大き過ぎることによるのであると確信される。古い材料にとって，その表現が重要であった，この異種なものからなる構造体は，恐らく美的な観点からも満足するようなものではないし，それらはまた，一体として考えられた最も実用的で適当なやり方で建設され支柱の間にかけ渡された構造体よりもコストがかかる。明快な構造のみが材料の浪費を最小にし得るのである。

　構造技術者は，完全に自由にそして問題を全体として考えることによって，材料をその極限まで利用することが可能であるように，古い建築材料の伝統に支配された形態から自らを解放すべきである。恐らくその時，われわれは，自動車や飛行機におけるような，新しい材料に適した新しい様式に到達するに違いない。その時，恐らく好みは矯正され，社会は鉄筋コンクリートの橋の伝統的な形を，原形が馬車であった世紀の初めの自動車を判断するのと同じように判断する。」[18]

　このようにしてエンガディナ（Engadina）のツォツ（Zuoz）の近くのイン（Inn）川の上にかかるボックス断面の最初の橋が生まれた。マイヤールはこのシステムでいくつかの契約を得，例えば1905年，タヴァナス（Tavanas）でライン川にかけられた橋のようないろいろな重要な作品をつくった。

　同じように，鉄筋コンクリートの床の構造を，柱，梁，実際の床それ自身等をそれぞれ別々に計算し得る独立し，重ね合わされた部材として考えることによって木構造と同じように考えられることに気がついた。この構造をまた連続した全体とみなし得ることを考えて，彼は1908年，長い一連の実験の後でマッシュルーム床のパテントをとり，それは1910年，チューリッヒで初めて床に使われた。1912年，彼はロシアに落ち着き，そこで革命にまきこまれ，財産を失った。1919年，彼はジュネーヴに戻り，構造事務所を開いた。彼の計画及び計算法は，現行の考え方よりずっと進歩していたので，施主の疑いを招き，特に最初はしばしば遠いアルプスの谷の小さな仕事に満足しなければならなかった。

　彼の最初の重要な仕事は，1929年のシェスの近くのサルジナ（Salgina）川にかかる橋であり，次は1931年のシュヴァルツェンブルクの近くのロスグラーベン（Rossgraben）川の橋，1933年のフェルセッグの近くのトゥール（Thur）川の橋，1936年のジュネーヴの近くのアルヴェ（Arve）川の橋であった（767～770図）。この最後のものは3つの等しいボックスアーチ──同じ型枠を3回使うことを可能にした──からなり，一方，2つの接合部でつながれた道路は，2つの真中でくびれた三角形からなる特殊な支持材によって支えられている。

　コンクリート・スラブの工夫は事実緻密でありまた論理的であったので，それがギーディオンをしてマイヤールの構造物を同時代の抽象芸術と比較させることになった。形態的比較は当然ながら要領を得ないものだったが，方法においては類似性があった。画家達のように，マイヤールは彼のプロセスを透視画の伝統的規範に従わせる考えを捨て，事実，工学と古典主義間の古い協同は終ったとみなした。

　建設工学と現行の施工法は無意識的ではあ

771図　マックス・ビル，1936年のミラノのトリエンナーレの展示

るが，対称形と段階的変化という古典的仮説に全く忠実であり続け，計算もまた同じ規準に従って発展してきた。このようにして，構造体は透視画という以前の条件に従って形を得，P. L. ネルヴィや F. キャンデラは別として，ペレーや多くの近代建築家に見られるようにある古典的なモデルに向う性癖を基本的に見せている。この事実は，クラシシズムと工学との連携が，とりわけ，次第に習慣となりそれ故ますます執拗になる過去からの遺産であることが示され得るのに対して，美の世界におけるように科学的，技術的分野においても正しいある自然法則の存在を仮定することによって一般に説明されている。

マイヤールの長所はこの平行線を初めて決定的に破り，先入主的な考えなしに静力学の問題に取り組んだことであった。このようにして彼はある具体的な問題を固有な条件に対する絶対的な忠実さで解決する立場に立ち，彼の仕事を出発点から，これが「不規則的」と判断される解決へ彼を導くとしても，主題の固有な性格を勘定にいれるよう方向づけた。こうした関係で，特に2つの橋が重要である。1933年のシュヴァントバッハ(Schwandbach)にかかる橋と1931年のエングストリゲン(Engstligen)にかかる橋で，後者は河に斜めにかかり，2つの二重アーチの肋骨——たがい違いにされた——をもち，それ故接続部材はすべて違ったふうに傾いている。

1940年，マイヤールが没した年，A. ロートは（英独仏語の本文をもつ）『新しい建築20例』(La nouvelle architecture presentée en 20 exemples)と題する本を出版し，それが1930年から1940年までの10年間のあまり知られていない建物を分析的に示しているが故に，性格としては純粋にドキュメンタリーなものとして現われたが，提示の方法，例の選択は著者の見解に関する手がかりを与え，第2次大戦の前夜における近代運動の状況についてのよい案内書である。序文にロートは書いている。

「この本は，新しい建築の発展の現段階を確立することに寄与する。それの意図は，いろいろな国の数多くの実際的な結果から，それの一般的な正当性を試めし，未来

の可能な発展に対して展望を得ることを可能にすることである………

この本の意味と目的は明確な研究方法を要求する。結果的に，完成された建物だけが考慮されるだろう………第1の目的は，問題とそれの新しい建築の現状に対する実際的な適用において特徴あり教育的な例をうまく選択することであった。[19]

これらの作品に見られる例は，新しい建築がフィンランド，オランダ，スウェーデン，スイス等の小国で大きな進歩をとげたことを示した。この事実についての説明は，特に自由な発展の可能性が人間の性格と社会制度に適合したこれらの国のある社会的条件の平行線の中に見出される。加えて，これらの国の社会的，経済的，政治的な平衡関係は比較的安定している。同時に，それらの国は高度に発達した技術をもっていた。建築の革新は小国によるところはほんの僅かで，ウイーン，ベルリン，パリ等の大きな知的中心地に負っているが，それの発展についての好ましい条件がこれら小国の中に見出されたのである。これに，重要でなくはない要因，即ち，大国に存在し，新しい努力の前進を邪魔したような大きな歴史的，建築的伝統の欠如が加えられなければならない。しかしながら，イタリアは例外であった。イタリアは現実を強く意識することによって伝統の絆をゆるめ始めつつあった。ここから，新しい建築を遠い未来へ，大国が他で集められた経験を基礎として彼ら自身の大きな仕事を遂行する立場におかれるまで運んでいくのが小国の仕事であった。」[20]

新しい建築を定義してそれを中傷者から守るために用いられた議論は，おきまりのよく知られたものだったが，異例な明快さと，問題の歴史的限定の厳密な意味とによってもち出された。

「率直さと想像力が生きた建築的財産の源を形成する。すべての問題が扱われる正直さは，明快な空間構造，明快な施工，材料の正しい適用に表現される。空間的，工法的な明快さは建物の美の直接の前提である。」[21]

合理主義的議論が真に目立って見える伝統と歴史についての考察は非常に興味深いものである。

「世紀の曲り角における建築の革新は，既に死んでいろいろな様式の空しい列挙になり下がってしまった伝統の崩壊から生まれた。このようにして，この革新は，世紀にわたる形態の世界の急速な崩壊の局面を迎えた。もし時代の経過が，新しい世代の仕事の基礎として役立ついくつかの考えを次の時代へ渡すならば，初めて伝統は生きながらえる。しかし今はこれ以上続かないだろう。これに加えて，この重要な歴史的出来事は建築の外にある多くの有名な事件と符合する。技術における大きな革新，社会的状況の変化とは無関係に，人間の自分自身の時代についての意識の眼ざめが生じた。その現在の発展形態においては新しい建築は絶えず拡張された時代の意識の直接的で明瞭な表現である。同時に生き生きとした感覚で考えられた歴史の使命は明確で，既に完成された過去のではなく，過去の意識を通してつくらるべき現在の感覚を与え得る。かくして歴史は，それが人の時代の意識を確かめ拡げることに役立つ限り，実際生活の不可欠の部分となるであろう。」[22]

1) "Casabella"誌, 1932年10月号。E. Persico 著, "Scritti critici e polemici"——ミラノ, 1947年——354頁参照
2) E. Mendelsohn著, "Buildings and Sketches"——ベルリンおよびロンドン, 1923年
3) H. G. Scheffauer 著, "The Work of Walter Gropius"………"Architectural Review"誌, 1924年8月号, 50頁
4) "America, Architect's Picture-book", ——ロンドン, 1926年
5) "Towards a New Architecture"——ロンドンおよびニューヨーク, 1927年
6) "The City of Tomorrow and its Planning"——ロンドン, 1929年
7) E. Maxwell-Fry 著, "Walter Gropius"——"Architectural Review"誌, 117巻 (1955年), 155頁
8) W. C. Behrendt 著, "Modern Building, its Nature, Problems and Forms"——ニューヨーク, 1937年
9) S. Giedion 著, "Space, Time and Architecture"——ケンブリッジ, 1941年
10) 作品集第2巻, 48頁
11) 作品集第3巻, 125頁
12) E. Persico 著, "L'ultima opera di Berlage"——"Casabella"誌, 1935年9月号。前掲書277頁
13) この建物とそれに続くプラスラーンは, A. Roth 著, "La nouvelle architecture"——チューリッヒ, 1940年——の中に多く示されている。
14) アムステルダムの全体計画, 各部計画, 相関関係の研究は, "Grondslagen voor de Stedebouwkundige ontwikkeling van Amsterdam"というシリーズで出版された。
15) E. Persico 著, "La cooperativa Foerbundet"………"Casabella"誌, 1935年8月号。前掲書271頁
16) E. Persico 著, 前掲書272～273頁
17) "Technology Review"誌, 1940年11月号と "The Architectural Forum"誌, 1940年12月号の"The Humanizing of Architecture"という章を参照
18) "Schweizerische Bauzeitung"——1938年1月号………M. Bill 著, "Robert Maillart"——チューリッヒ, 1955年, 15頁参照
19) USAではA. Lawrence-Kocher と A. Frey の別荘, R. Neutra のロスアンジェルスの実験学校, V. De Mars と B. Cairns のアリゾナの協同組合工場

フランスではル・コルビュジエのマテの住宅, ボードヴィンとロッズのシュレスネの学校

スウェーデンではフリバーガーのプレファブ住宅

スイスでは M. E. ヘーフェリのゴルトバッハの2軒の家, A. & E. ロートと M. ブロイヤーのドルデルタルの2軒の家, ノイビュール, M. E. ヘーフェリと W. モザーのチューリッヒの湯治場, M. ビルの1936年のトリエンナーレのスイス展示場 (771図)

オランダでは, ベルクポルダー, プラスラーン, J. B. ファン・ロゲムのロッテルダムの屋内プール, A. ベーケンのロッテルダムの屋内テニスコート, メルケルバッハとカルステンのヒルフェルスムのラジオ放送関係の建物

イタリアでは BBPR によるレニャーノの日光療法のコロニー

日本では坂倉準三の1937年のパリ博覧会の日本館

フィンランドでは A. アアルトのヴィーブリの図書館。

チェコスロヴァキアでは J. ハヴリチェクと K. ホンジクのプラハの庁舎

イギリスでは E. オウエン-ウイリアムズのビーストンの工場

20) 序文, 第1頁
21) 同所
22) 同所

第18章　アメリカの近代建築

アメリカにおける近代建築についての論議は，運動の源がヨーロッパにあるのかまたアメリカにあるのかについての無意味な論争から始まった。

建築形態の歴史を辿る時，2つの矛盾した結論に達することが出来る。その1つは，その基本のレパートリーを見るならば，いろいろな時代に利用された様式はヨーロッパから輸入されたものだから，アメリカの建築は基本的にヨーロッパに従属しているという結論であり，もう1つは形態の性格やそれが用いられた意図を見るならば，そもそもの初めからヨーロッパの業績が独特なやり方で解釈されていたが故に，アメリカの建築は，基本的に自主独立であるという結論である。

近代運動は，それが地方的制約を越えた一般的方法を目ざしたが故に，問題の限界を移しかえた。この問題はヨーロッパにおいて，オウエンからラスキン，モリス，ヴァン・ド・ヴェルド，グロピウスに続く思想の方向に沿って熟した。しかしながら，ルネッサンスが，その基となる原則が15世紀の20年代フィレンツェの芸術家グループによってつくられたが故にトスカーナで生まれたといわれるのとちょうど同じように，近代運動がヨーロッパで——もっと正確にいえばワイマール・ドイツで——生まれたというのは正しい。しかし，これらの原則が数多くの異った実験を可能にし，最初の公式の枠を拡げさせることを可能にしたように，ヨーロッパの巨匠達はその生まれた場所と状況に制約されることなく，逆にヨーロッパの文化に，歴史的限界のいくつかを脱し，それ自身を国際的運動へと開放することを許した。

それ故このプロセスのめざすところはヨーロッパとアメリカの文化の重合あるいは混合でなく，特にアメリカの特殊な問題を国際的背景の中で明らかにすることである。

われわれは既に，アメリカ的光景——そこでは建設工業の結果の多くが他のどこよりも早くに現われ非常な率直さで取り組まれた——の感動的な力強さと，因襲とは見られず事実として受け入れられたが故により一層執拗なある初めの因襲の持続との間の奇妙なコントラストについて述べた。

H．グリーナフが理性の支配に従った新しい建築のために議論した時の調子は，彼の同時代人，コールやラスキンの調子よりもデュランやルドゥーのそれにずっとよく似ていた。彼は，自然，機能，美のような抽象的概念を18世紀的確信をもって用い，それぞれの背後にどんな問題や難題が横たわっているか

疑問に思ったりしなかったように見える。

合衆国においては非常に大きいラスキンの影響は，彼の思想——彼の中世主義，彼の反古典主義，即ち外的結果——のある面に関わっているが，ヨーロッパでモリスによって捉えられた手掛りは無視された。今ですら，ジェファーソン時代のように，アメリカは問題を輸入するのではなく結果を輸入し，彼らはそれをそのまま彼らの必要にあてはめた。

このようにして，19世紀から20世紀にかけて，建築生産の中央制御の問題が起こり——経済的，社会的プロセスのスケールが増大しつつあり，それに釣り合った計画を要求しつつあったが故に——一方，ヨーロッパにおいては建築文化の革新が始まりつつあった時，アメリカ人は歴史的様式の既成品以外の物差しを使うことが出来ず，折衷主義に逆行してしまった。

アヴァン・ギャルドの試みはそれが生まれた特殊な環境の中で生きながらえず，この最後の遵奉主義の波によって断ち切られた。シカゴ派は1893年の博覧会の後にその目立った相貌を失い，カリフォルニア派の遺産は，1915年のサン・ディエゴ博覧会の後で同じように霧散した。

他方，アメリカ折衷主義は独特の一貫性をもち，その成果は少なくも様式的法則についての信頼がかなり広がっている限りはしばしば価値あるものであった。リチャードソンのネオ・ロマネスクがそれのもとであるヨーロッパのモデルよりもある部分優れているのとちょうど同じように，マッキム，ミード，ホワイトのネオ・クラシシズムあるいはR.フッドのネオ・ゴシックは同じようなヨーロッパの試みよりも大きな厳格さと幅をもっていた。

フランス人グレベは世紀の初めアメリカで働いていたが，「アメリカの弟子達がパリで学んだ古典的原則を絶対的に過ぎるほど適用

772, 773図　ニューヨーク，戦前の建物の姿（J. Gréber 著，"L'architecture aux Etats-Unis", 1920年）

する」[1]ことに，また「アメリカの建築家達が彼らの仕事のどんな小さなディテールを考えつくることにも示す完全さへの欲求」[2]に驚嘆し，こう結論している。

「合衆国に2，3か月も生活した後眼を開

Ⅴ 近代運動

774図 ニューヨーク，ブロードウエイの電信会社ビルのディテール

くならば，プランにおける秩序と論理性と明快さ，ディテールの研究における純粋さ（時には過去の古典の例をあまりにもそのまま模写している）に感動し………そしてアメリカ人がほとんど常にこの方向に沿って得た完全さに全く驚愕させられる。」[3]

ル・コルビュジエは1936年にアメリカを訪問し書いている。

「ウォール街の摩天楼——それらのより古いもの——は，形態における洗練さと私を魅了させる抑揚で，ブラマンテの様式の覆いを下からてっぺんまでくり返している。ここには完全さがある………即ち全くアメリカ的なのだ。」[4]（772図，774図）

この完全さは，ちょうど——似た理由で——都市計画の格子型の規則性が1世紀以上にわたってこれまでアメリカ都市の要求の変化を秩序正しいやり方で受け入れることが出来ることを示してきたにも拘わらずうすれてしまったように，近代的生活の要求の増加の前に明らかに色褪せてしまった。

変化は1930年頃起こり，偶然にもそれは経済危機と符合した。その時，自由主義の形式法則が，もはや，より拡がりより複雑になった現代社会の問題に取り組むためには不適当であることが理解されたのだった。

この時，近代運動の成果がもたらされた。アメリカの経済危機はヨーロッパの政治的危機と一致し，多くの一級の芸術家がヨーロッパから合衆国へと移った。しかし，近代運動のアメリカへの移入は容易でも連続的でもなかった。しばしば国際様式は別のヨーロッパ様式として受け取られ，アメリカ人は，彼らの祖先がパリのボザールのモデルを真似したように新しいモデルを模倣し，そうでなければ，彼らはアメリカ様式や伝統でそれに逆ら

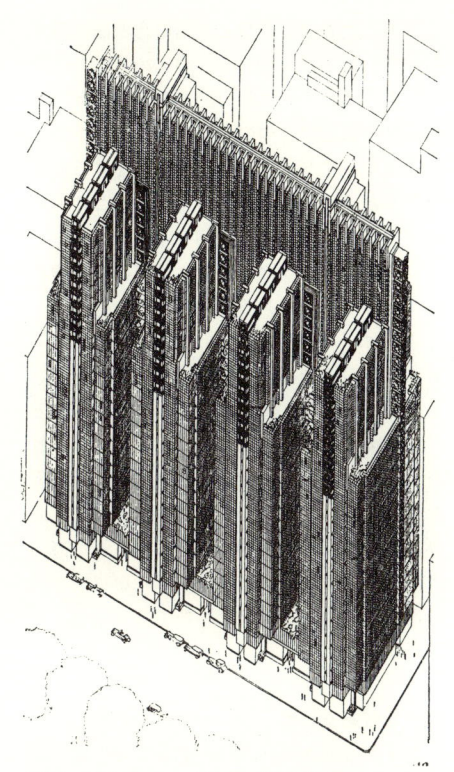

775図　F. Ll. ライト，国際生命保険会社ビルのプロジェクト，シカゴ（1920〜1925年，E. Kaufmann 著，"F. Ll. W." より）

た。

何がアメリカ的で何がヨーロッパ的かという議論ほどくだらないものはない。最初からヨーロッパの巨匠達は社会的，民族的特異性を克服し，地方的な伝統が廃されることなく新たに確定される一般的な平面あるいは文化を確立することに関心をもっていた。アメリカは明快な伝統よりはるかに多くのものを提供した。アメリカは巨大な合成された背景を提供した。そこでは多くの民族，伝統が共存し，ヨーロッパの狭い限界とはほど遠く，真の国際的な議論が生まれ得た。

それ故，われわれはヨーロッパとアメリカの建築家の間に何の先入主的な区別をしない

し，第1次大戦と今日との間の合衆国の建築の一貫した描写をしようとつとめるだろう。その描写は必然的に部分的であろう。何故なら，合衆国はひとつの大陸であり，アメリカの建築生産すべてに有効ないい方をするのはほとんど不可能であるからである。この生産のすべての部分は未だ未開発であり，このギャップをこのような一般的な仕事の中で埋めることは不可能であろう。

ヨーロッパの実験について述べる前に第2次大戦後のアメリカの実験について述べることによって，われわれは読者がヨーロッパとアメリカの関係の逆転に気づくようになられることを希望する。今日，アメリカの建築家は，むしろヨーロッパの建築家に先んじており，ヨーロッパの建物によってとられた方向は，大西洋の反対側にそのモデルを見出さずに理解することは出来ないのである。

1. 活気ある時代

第1次大戦から1929年の危機までの繁栄の時期を通して，建築生産は非常に活発で，アメリカの諸都市は大きく変化した。しかしながら，建築思想は折衷主義に止まり，建築家はこの熱っぽい活動に秩序，少なくも外的秩序を与えるために，歴史的様式の規範を用いた。

そこには，明らかに矛盾する2つの主要な変化があった。個人の交通手段としての自動車の普及を原因とするビジネス活動の都市中心部への一層の集中と，住宅地区の郊外への拡張である。

ビジネスセンターには摩天楼が増殖された。これらの建物は，大きさがふえ，より厳格な様式処理に従った古い商業建築（その歴史については19世紀の最後の10年間のシカゴでふれた）からきたものである。1920年，グレベはこの問題をこのように見た。

「商業建築の外観の原始的なアイディアは，オフィスの細胞によって占められ，頭に非常に精緻な軒蛇腹をおいた単純なブロックであった。それ故，外部はいわゆる内部の使い方の誇張したものであった。建築的考慮の故意の欠如という欠陥は，数多くの実用的な付属物をもった屋根の外観によって更に悪くされている。視野に入るべきでない貯水槽，エレベーター機械室，換気筒等が不幸にも充分隠されていない。これらの機械関係の部分は時にはフィレンツェ風のファサードと純真なコントラストを示していた。

商業建築がその後とった大きなステップは，これらの大きな商業建築を塔として扱い，塔の上部に実用的な部分を収め隠して建物の外観に有利になるようにすることによって，平面計画から建築的利益を引き出すことであった。

遠くから見て建物を巨大な蜂の巣のように見せる無数の窓は，垂直性を強調しそれ故塔の印象的な外観を強調するために力強くつけられたリブによって垂直に窓をグルーピングすることによってうまく解決された。」[5]

この記述と第8章で引用したサリヴァンの記述との間には容易に類似性が見出される。多層の実用建築にある種の全体的統一を与える必要は，当然ながら，古代の塔におけるように，垂直方向のグラデーションへと向かわせた。しかしながら，サリヴァンは半ばで止め，これらの要求を様式的模倣に陥らせることなしに満たしたのに対して，次の世代の建築家達は，それほど矛盾も感じず，建てる建物のスケールの増大に悩まされて，歴史様式が既に証明済みの形態法則に戻っていった。特に摩天楼においては，望みの垂直性の強調を可能にするゴシック様式へと。

776図 ニューヨーク,「デイリー・ニュース」ビル (R. フッドと J. ミード・ハウエルズ, 1930年)

777図 フィラデルフィア, セーヴィングス・ファンド・ソサイエティ・ビル (G. ハウと W. レカーズ, 1932年)

ニューヨークにおける最も偉大な摩天楼の建築家はレイモンド・M. フッド(1881～1934)であり，シカゴではホラバードとルートであった。鉄骨構造における技術的進歩はより高い建物を建てることを可能にした。W. ヴァン・アレンによるクライスラー・ビル(Chrysler Building)は300mを越し，シュレヴン，ラム，ハーモンによるエンパイア・ステート・ビル (Empire State Building) は400mを越した。

郊外の1戸建て住宅地区の急速な成長は同様な建築的問題を提出した。19世紀の最後の10年間に，独立住宅というテーマは，リチャードソン，サリヴァン，ライトの最も大胆でオリジナルな仕事のためのインスピレーションとなったが，これらは都市そのものの周辺部の非常に限られた階級の住宅であって，それぞれは複製をもたないユニークなものとして考えられたものであった。しかし，今やそれは新しい都市の胴体を形成する巨大な地区をずっと幅広い階級のために建設する問題となった。古い計画規準はもはやその新しいス

271

Ⅴ 近代運動

Be sure to visit ROCKEFELLER CENTER in New York

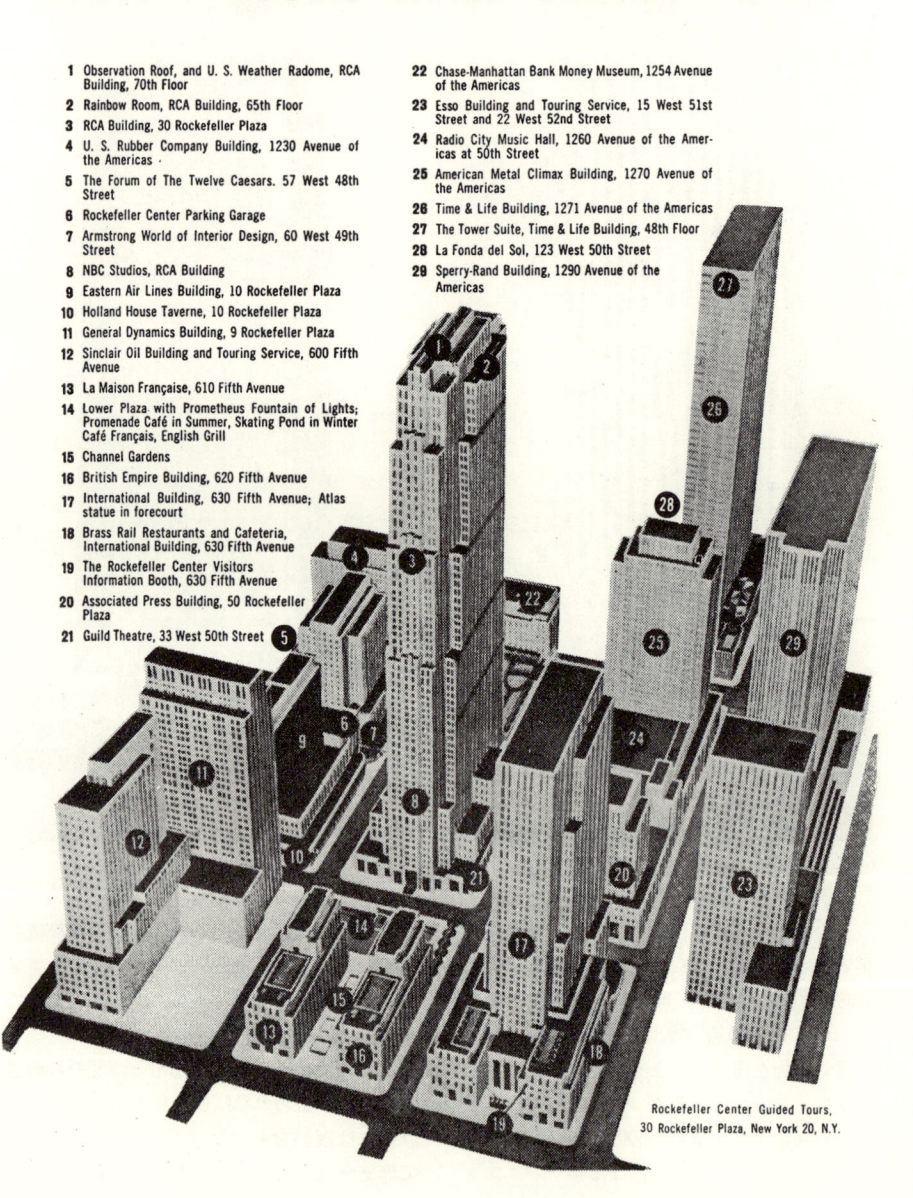

1. Observation Roof, and U. S. Weather Radome, RCA Building, 70th Floor
2. Rainbow Room, RCA Building, 65th Floor
3. RCA Building, 30 Rockefeller Plaza
4. U. S. Rubber Company Building, 1230 Avenue of the Americas
5. The Forum of The Twelve Caesars. 57 West 48th Street
6. Rockefeller Center Parking Garage
7. Armstrong World of Interior Design, 60 West 49th Street
8. NBC Studios, RCA Building
9. Eastern Air Lines Building, 10 Rockefeller Plaza
10. Holland House Taverne, 10 Rockefeller Plaza
11. General Dynamics Building, 9 Rockefeller Plaza
12. Sinclair Oil Building and Touring Service, 600 Fifth Avenue
13. La Maison Française, 610 Fifth Avenue
14. Lower Plaza with Prometheus Fountain of Lights; Promenade Café in Summer, Skating Pond in Winter Café Français, English Grill
15. Channel Gardens
16. British Empire Building, 620 Fifth Avenue
17. International Building, 630 Fifth Avenue; Atlas statue in forecourt
18. Brass Rail Restaurants and Cafeteria, International Building, 630 Fifth Avenue
19. The Rockefeller Center Visitors Information Booth, 630 Fifth Avenue
20. Associated Press Building, 50 Rockefeller Plaza
21. Guild Theatre, 33 West 50th Street
22. Chase-Manhattan Bank Money Museum, 1254 Avenue of the Americas
23. Esso Building and Touring Service, 15 West 51st Street and 22 West 52nd Street
24. Radio City Music Hall, 1260 Avenue of the Americas at 50th Street
25. American Metal Climax Building, 1270 Avenue of the Americas
26. Time & Life Building, 1271 Avenue of the Americas
27. The Tower Suite, Time & Life Building, 48th Floor
28. La Fonda del Sol, 123 West 50th Street
29. Sperry-Rand Building, 1290 Avenue of the Americas

Rockefeller Center Guided Tours,
30 Rockefeller Plaza, New York 20, N.Y.

778図　ニューヨーク，ロックフェラー・センターの案内書

779, 780図 ニューヨーク，ロックフェラー・センター（ラインハルト＆ホフマイスター，コルベット，ハリソン＆マクマレイ，フッド＆フイルー，1932年）

ケールの問題には不適当であったが，またしても，建築的な扱いは歴史的様式の既知の法則によるものであった。工業はすぐに問題を肩代りし，コロニアルスタイルの小さなプレファブ住宅，あるいは買手の好みの様式によって違った装飾のついた住宅を生産し始めた（799〜802図）。

これが，近代運動がもたらした，エネルギッシュで自らの技術的あるいは芸術的手段についての自信のある戦後期以後の状況であった。

1922年，既に述べたように，「シカゴ・トリビューン」紙はその本社の国際コンペティションを行った。グロピウスからロースに至るまでのヨーロッパの最も重要な巨匠達が参加したが落選し，1位はフッドでゴシック様式であり，2位はフィンランド人のエリエル・サーリネンでロマンティックな階段状の塔であった。

成功に力を得て，サーリネンは次の年シカゴに移住し，アメリカにその豊かな北欧ロマンティシズムの経験と都市計画の問題についての強い意識をもたらした。彼はシカゴで湖岸の地域計画をし，その後，ミシガン大学とクレンブルック・アカデミーで教え，1925年にクレンブルックのいろいろな建物——男子校，芸術学校，科学研究所，博物館，図書館——をデザインした。サーリネンの建築の形態的特徴——明らかな中世様式の引用，丹念な職人技術，構造的正直さに対する感受性——はアメリカの風土によく合い，彼をたちまち成功させた。一方，彼はベルラーヘ風の教育を続け，初めから淀みなく，最初は1人で，後に，アルバースと同期にエールで学んだ彼の息子エーロと共に，彼のやり方の純化と明確化についての忍耐強い仕事を続け，最も近代的なヨーロッパの傾向の教育に没頭した。

国際様式は，議論をよびながら，東海岸部の都市へスイス人，ウィリアム・レカーズ（1896〜）によってもちこまれた。彼は最初アメリカ人，ジョージ・ハウ（1886〜1955）といっしょに仕事をした。彼ら2人は，合理主義的レパートリーを一途に個人住宅のいくつかに適用し，1931年に重要な仕事，フィラデルフィア・セーヴィングス・ファンド・ソサイエティ（Philadelphia Savings Fund

Society)の摩天楼（777図）を建てた。近代的方法の厳格さは摩天楼の伝統的な構成の中に著しい明瞭さをつくり出し，このようにして，模範となるべき第1作が得られ，この作品は新しい建築についての，不毛の議論よりはるかに効果的な説得力のある論拠を残した。

1930年頃，近代的なレパートリーはさらに広く広がり始めた。フッドの最後の摩天楼——1930年のデイリー・ニュース・ビル，(Daily News Building)，1931年のマグロー・ヒル・ビル (McGraw Hill Building)，1932年に始まったロックフェラー・センター (Rockefeller Center)[3]——は無装飾の壁面，水平な頭部，そして何となく，ヴォリュームのキュービスト的並置をもっている。1932年，ニューヨーク近代美術館は「国際様式」と題して記念すべき展覧会を開いたが，それは多くの議論に油を注いだ。これが，近代運動のテーゼをアメリカ社会に真に貫徹させるための媒介者となった。国際様式はすぐに折衷主義の範囲内に引き寄せられ，多くの様式のひとつとみなされ，もとの習慣はそのまま変えずに残したが，普通の様式のレパートリーについての信仰を減じ，これまでアメリカの建築を特徴づけてきた「後天的完璧さ」を打ち砕いた。

つくられる建築は以前の一体性を失い，多く互いに相容れない様式へと分裂した。玄人や素人のある人々は近代的なものを要求し，現代風でありたいと希う芸術家は，ヨーロッパから来た新しい傾向に追従した。しかし，大多数は，工業が大量生産し続ける歴史様式のものに満足していたが，今や，同じ型のより質の高い生産という支えもなく，次第に低いレベルに落ちていった。多くの老デザイナー達は建物の外観あるいは装飾の単純化を義務と考え，古いものでも近代的でもない，ヨーロッパの同じものよりより陳腐な中間的な建物を生み出させた。

2. リチャード・ノイトラの仕事

リチャード・ノイトラ（1892～1971）は，1920年代にアメリカへ去ったヨーロッパの巨匠達の中では例外であった。実際，彼は限られた分野で活動してはいたが，近代的な方法をアメリカの実際的な生活に初めて現実に導入した。

ノイトラはウイーン人で，工科大学で学び，1912年に卒業した。その後，戦争勃発までロースのアトリエで働いた。戦後，彼はベルリンに移り，1921年から1923年までメンデルゾーンと協働し，近代運動の出発を飾る激しい論争に参加したが，1人離れ，技術的問題に専念した。1923年，彼はシカゴへ移り，ホラバードとルートの事務所で働き，晩年のサリヴァンと出会った。1924年，彼はタリアセンでライトと共に短い時間を過ごし，1925年，ロスアンジェルスに事務所を開き，経済危機に先だつ繁栄の時代に，アメリカを背景とするヨーロッパのデザイナーとしての彼の魅力的な経歴を始めた。

彼の初期の作品——1926年のロスアンジェルスのアパート，1927年のラヴェル邸（781～784図）——から，ノイトラは時代の流行に譲歩せず，レカーズが2つの様式の間の戦いという伝統的な用語を暗に受け入れて行ったようなかたちで国際様式のレパートリーを強調することもしなかった。彼は申し分のない技術的正確さで，社会の注意を形態から建物の働きへと動かすことで建築に携わり，その外観を故意に控え目にした。

ノイトラのつくったものは多種であった。彼は予算の少ない住宅，中位のもの，豪華なもの，そしてまた公共的なもの，企業的なもの等を建てたが，彼の成功は彼の富裕な施主，特にハリウッドの映画界によっている。

これほど厳格で抑制された建築が何故このような人々にこれほどアピールしたのかを説明するのは難しい。多分，それはスノビズム，

18 アメリカの近代建築

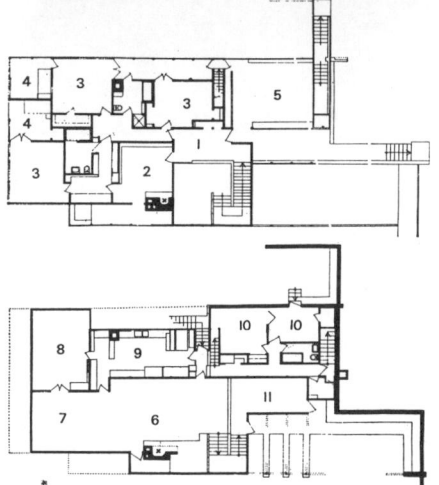

1. 入口, 2. 書斎, 3. リビングルーム, 4. 寝室, 5. テラス, 6. リビングルーム, 7. 食堂, 8. ヴェランダ, 9. 台所, 10. 客室, 11. 図書室

781〜784図 ロスアンジェルス，ラヴェル博士の療養所（R. ノイトラ，Girsberger の作品集の平面図から）

特に初めにおいては，アメリカではヨーロッパからきたものすべてにつけられる文化的権威のためだと考えられる。しかし，これで短い人気は説明出来ても，長く続いた成功を説明することは出来ない。それより，機能主義者のテーゼが，造形文化の特定のものに結びつけられなかったので，これらのサークルの中で認められたということ，また，映画界の大物達が，そのような技術的厳格さでデザインされたノイトラの住宅が，いろいろな時代様式のものよりよく機能しそして長持ちするという，それを支持する実際的な議論に心を動かされたということの方がよりありそうな理由である。

275

V 近代運動

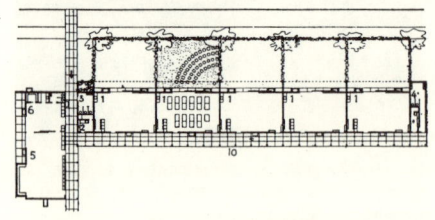

785, 786図 ロスアンジェルス, 実験学校（R. ノイトラ, 1935年, A. Roth の前掲書から）

ハリウッドの住民達が住んでいるムーア人風のあるいはネオ・ゴシックの城は，事実，明らかな矛盾を内包していた。それらは住民に近代工業技術の利益と同時に，この技術そのものに固有な均一化の傾向を相殺するために，ある様式の世界からきた個性的な感じを提供するふりをしていた。これは工業的プロセスがそれの真の能力を発揮することを妨げ，技術の限界という形で，即ち，建物のコストが大きいこと，貧しい仕上げ，急速な劣化となって現われた。ノイトラは書いている。

「デザインは，いわゆる個人主義という名前で規格化へ向かう傾向に抵抗している。しかし，ハリウッドやその他の通りに沿って並んでいる建築的美の個人的解釈，つまり，フランスの城の奇妙な寄せ集め，イギリスのハーフ・ティンバーのチュードル式，スペイン風，ムーア風，地中海風の住

宅，アパート，別荘等は，個人の先例あるいはそれぞれの歴史的特徴等に従って建てられたのではなかった。それらは単なる物真似であった………近代工業が寄与したものは，主として，砕かれ変形された木材の二次製品，粗く釘打ちされた骨組を覆い，割れやすいスタッコの薄い基礎となっている黒い紙と金網等であった。急激な価値の下落や"早期退化"とよばれるものがこの種の建設に対する需要を維持した。」[7]

ノイトラはこの矛盾から出発し，そして厳格で論理的な技術方法の適用によってそれを克服出来ると考え，この基盤の上にたって，建築家と社会との間のより率直で直接的な関係を設立しようと努めた。それは，社会に，新しい建築様式を提供したり，それを前のものよりよいものであると説得したりする問題ではなく，社会の関心のあらゆる方面に適当に及ぶであろうサーヴィスを提供する問題であった。理論家ではなかったので，ノイトラは，一般的な議論に時間を費さず，工業製品をその真の性質に従って用いることによって得られる利益を，事実によって示したのであった。彼はまた，近代建築が古いものより有効なものであって，維持が容易な住宅，うまく閉まる窓，すぐに悪くなったりしない設備類などをやすくつくり出すのだということを示した。そしてさらに，機能的な要素を適当に配することによって，多岐の情緒的，心理的，環境的要求に密着することを可能にした。

ノイトラは，要求の第1群と第2群とは，デザイナーが真剣に技術的問題に関わることによって，施主と施工業者に対して，機能的な関係と同様人間的な関係を打ち立てつつある故に，別々になる必要がないことを鋭く見抜いた。これは，完成される建物に住むことになる人々を最終的に含む，幅広い基礎を持

つ協同のプロセスを生じさせた。

彼は書いている。

「人間はサーヴィスされなければならず，デザインによってサイクルの最後に到達される消費者としてだけでなく，このプロセスにおける協同者及び職人仲間として仕事に引き入れられる。すべての段階は，必要な協同に応じるため，受け入れ易く，理解し易く，納得のいくものでなければならず，最終的な解決は，理性的にもアピールするものでなければならない。」[8]

このノイトラの意見はラスキンの思想とノイトラの師のロースの職人技術の重視と直接につながっている。ラスキンは1849年に書いた。「私がしばしば述べるように，装飾ははっきり区別出来る2つの好みの源をもっている。1つは，手によるものであれ機械によるものであれ同じである，それの形態の抽象的美から来るものであり，もう1つは，それに費された人間の労働と心遣いの感じからくるものである。」[9]ノイトラはそれを近代的な言葉で再現する。「もし，美学が脳や神経の問題であるとするなら，その完成された作品とその製作方法——知覚されあるいは記憶された——は密接に結びつけられる。」[10]

しかしながら，彼は，ラスキンが自分の原則から演繹した機械生産の否定を自らのものとはせず，また，ロースが望んだように，建築家と施工者との関係を，直接的な接触の関係にまで常に狭め得るとも考えなかった。彼は機械生産が問題を複雑にしていることを理解していたが，人間精神がこれらの新しい道具をもうまく支配し得ること，そして，平面計画のような当り前の手段によって，間接的ではあれ，デザイナーと施工者との間の関係が確立されると固く信じていた。ノイトラは自らの経験を述べながらこれを説明してい

V　近代運動

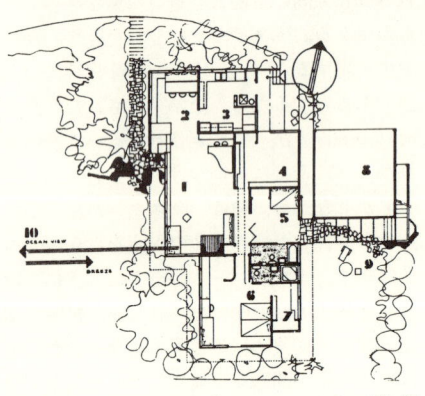

1. 居間
2. 食堂
3. 台所
4. 書斎
5. 主人室
6. 寝室
7. 更衣室
8. ガレージ
9. パティオ

787, 788図　パロス・ヴェルデス，ベックストランド邸（R. ノイトラ，1937年）

る。

「サン・フランシスコの金門橋の建設時，主任技術者は私を湾の水面の上183mに聳えたつ南の橋塔の上に連れていった。われわれは鉄のヘルメットをかぶっていたが，それは時折り方向を誤って弾丸のように唸りをたてて落ちてくる，真赤に焼けたリベ

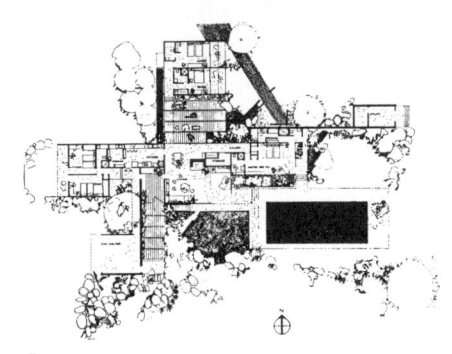

789, 790図　コロラド砂漠の家（R. ノイトラ，1956年）

ットに対する防護には不充分であった。青図を手にした2人の職人が扉のない金網の籠の工事用エレヴェーターでわれわれと一緒に上がった。海面では天候はやや静かであったが，われわれの籠が前後に揺れなが

ら，赤く塗られた鉄の骨組の中を上がっていくにつれ，荒れ狂う嵐の中へ昇っていくように思え，下の泡立った波は小さく見分けがつかなかった。

　150mの高さでエレヴェーターは塔の重重しい対角線状のブレーシングに到達し，いったん停止した。ここで2人の同乗者は降りた。彼らはリベット工で，この危険な場所で4時間の労働が待っているのだ。われわれの前の斜めのブレースの上では他の男達が働いていた。彼らは重い板を押し出し，それをエレヴェーターの籠の方へ向かってはね出させていたが，それは強い風の中でさらに激しく揺れているように見えた。

　2人のリベット工が板へと飛び移る時，私は両手で金網の箱を握りしめた。私は，

彼らが常に青図を忠実に手に持ち鉄の梁を伝わって長時間空と海との間に取り残されて働かなければならない孤立した足場へとよじ上っていくのを見ていた。そこでは尋ねる相手は誰もいず，彼らを世界につなげているものは丸められた図面だけである。エレヴェーターが上がる間，彼らがそれを見ているのが見えた。その図面の中で設計技師が彼らにその嵐と危険の中で慰め安心させるような声で語りかけてやってほしいと思った。」[11]

この信念は，初期の建物から，1935年のベル実験学校 (Bell Experimental School)，1936年のフォン・スターンバーグ (Von Sternberg) 邸，1942年のチャネル・ハイツ (Chanel Heights) の労働者住宅の集落，1947年のトレメーン (Tremaine) 邸，その他のより最近の作品に至るまでの一貫した彼の作品の中にある。

ノイトラの建物の多くは開放的な田園の中，しばしば例えば岩の多いカリフォルニア砂漠のような真にセンセーショナルな背景の中に立っているが，その環境に対して何ら自然主義的な譲歩をしなかった。そこには，重重しい石の壁，住宅の内部の粗い切り石，木の幹，あるいは滝等はない。

事実，その住宅は田園とは溶け合うことは出来なかった。何故ならそれの部品は遠くから，時には何百マイルの遠くの店や工場から来たものであるからである。そしてそれは砂漠の岩ほどの耐久性を意図してもいなかった。それ故，それはそのままの姿，人工的でかりそめの，人間の作品に見えればよかったのである。これがそれにとって自然な姿であり，装うことなく自然に対して並べることによって，それは木や山との比較に正しく耐え得るのである。

ノイトラの経験の限界は彼の領域の狭さ，彼が都市計画の問題に払った注意の不充分さからくるものである。彼は建築を人間に対するサーヴィスと見ようとし，人間を孤立した人格，アレクシス・キャレル風にいえば，生理学，心理学の科学的方法で研究さるべき「未知の人間」として考えようとした。

1930年後のヨーロッパの運動を特徴づける社会的動機の究明のある部分を彼は知らなかった。多分，この限界は彼の方法の一貫性をそのままにしておくために必要とした防具であった。アメリカ西部の熱っぽい環境の中で，ノイトラは，ほとんど常に独立した建物の壁のシェルターの中で近代建築というデリケートな植物を育て，このようにして，控え目だが完全なほど明快で影響力のある結果を得，アメリカの住宅建築に地味だが広範囲な影響を与えたのだった。

3. **ライトの例**

フランク・ロイド・ライトの仕事は依然休みなく続き，実際，1930年以降，ヨーロッパの合理主義者のレパートリーが拡がりつつあった頃に新しいエネルギーを得た。

ライトがヨーロッパの運動の影響を受けたということがいろいろな機会にいわれ，この影響の印は，ロスアンジェルスのノーブル (Noble) アパートの計画 (1929年) における四角いヴォリュウム，メサ (Mesa) 川の住宅 (1931年) の大きなフラットルーフ，落水荘 (Falling Water) (1936年) における鉄筋コンクリートの使用と純白の表面の中に指摘されてきた。しかし，これらの形態上の類似性は，連続性もなく散発的にのみ現われ，他の全く違った主題と交互に現われる。もし，ライトがヨーロッパから何らかの示唆を得たとしても——以前日本の影響を受けたように——彼はそれをかなり修正し，彼自身の高度に個人的なヴィジョンの部分にしてしまっ

18 アメリカの近代建築

791〜793図 ラーシン，ウィスコンシン州，F. Ll. ライトによる事務棟をもつジョンソン会社（1936年）

ていた。

　それ故，彼のすべての試みは，彼が独立した建築家として仕事を始めた時から彼がとった立場の一貫した発展として説明されるので，ライトの活動を初めから終りまでひとつの独立した経験として考える方がより妥当である。かつて，彼は，建築と現代社会との間の，そしてまた彼の仕事の局面と，同時に進行しつつある経済的，社会的，文化的プロセスの局面との間のつながりを断ち切った。彼は合衆国で働くがユソニア（Usonia）で生活し，彼の理想の一部を現実に移すような場合が生じた時には，現実のうち彼が必要とする部分だけを受け入れることに決めた。

281

V 近代運動

こうして、ライトはサリヴァンの運命やシカゴ派を脅かした折衷主義一色の波を逃れたばかりでなく、歴史の流れに結びつくことを避け、時代おくれに見える危険を逃れた。何故なら、彼の足跡は他の誰のそれとも比較し得ないものだったからである。

近代運動と平行に走りながら、そしてまさにここに述べた分離が原因で、彼の建築は異例なほど価値ある影響をそれに与えた。われわれは既に、彼がヨーロッパ旅行、展覧会、1910年のヴァスムート出版等によって近代運動の誕生に対してはたした決定的な貢献について述べた。1936年——その年、彼はラーシンのジョンソン(Johnson)社（791〜793図）、ペンシルヴァニアのカウフマン(Kafmann)邸をデザインした——以後、アメリカや世界

282

794〜796図　アリゾナにあるD. ライトの家の3景

中に大きな関心をよび起こした。上記の2つの建物、アリゾナのタリアセン・ウエスト(Taliesin West)の学校 (1938年)、一連の「ユソニアン」住宅は、いたる所で出版物に掲載された。1938年、アメリカの最も重要な雑誌「アーキテクチュラル・フォーラム」誌は彼の特集号を出し、1942年、最も有名な批評家、H. R. ヒッチコックは彼の作品についての長い記録を出版した。[12]

特にアメリカにおけるこの関心の一部は、ヨーロッパ建築に対してアメリカ建築で逆襲しようという欲求から来たものだったが、この無意味な議論の外で、ライトは、暗示的な力を及ぼし、それはメンデルゾーンからオウトやミースまでのヨーロッパの巨匠達の声明によって証明されている。[13]

近代建築が考慮に入れた数多くの変数が、それらの互いの動きで、近代建築の結果の一貫性を絶えず乱し、タイミングのずれと立往生を生じさせ、困難な妥協を必然的にしている間に、ライトの建築は、これらすべての絆を断ち切り、完全で緻密に見え、逡巡を見せず、それ故それは模範の照準を確立し、建築家に彼ら自身の難問が既に解決されたものとみなさせ、ことさらの心配なしに前方を見るよう彼らを勇気づけた。

勿論、ライトの歴史的環境からの分離は完全でなく、彼の再生能力は無尽蔵ではなかった。多分、より突込んで研究してみれば、第1次大戦前に完成された作品とその後の作品との間に重要なかなりの不均衡があるのがわかるだろう。最初のものは技術的プロセスについてのより大きな信頼、既に述べた限界の中での施主の利益についてのより綿密な注意

V 近代運動

797, 798図 ニューヨーク, グッゲンハイム美術館 (F. Ll. ライト, 1946年)

を見せている。より最近の作品では、技術的な解決は不完全で、ヴォリュウムの動きが、しばしば、眼に見える構築上の力強さ——例えば、ジョンソン社のいろいろな建物のつなぎ合わせ——によって理解されるのに対して、彼の建物のいろいろな部分を区別したいという彼の欲求は、すべて正しく解決するのが難しいようないろいろな種類の分節と接合を作品の中につくり出した。施主との合意もまたより難しくなった。「プレーリー」住宅はそれがその要求を正確に通訳し得る一定の社会階級のためにデザインされたのに対して、「ユソニアン」住宅は、ある抽象的な範疇、むしろ社会関係の中からとり出された個人のために意図されたのだった。

最後の10年間で、彼の自然さはより薄れ、過度の知的緊張と彼の考えを宣伝することに対する凶暴なほどの関心とにとって代えられた。彼の自己再生力はほとんどひとつの伝説となり、ライト自身がそれの虜となり、それは1マイルの高さの摩天楼のような非理性的なプロジェクトを彼につくらせた。

ライトの経験の長所と限界を最もよく示すものは、彼の都市計画についてのアイディアである。1932年、彼は『消えていく都市』(The Disappearing City)を書き、その中で彼は現在の都市の存続についての不信を表明し、1934年、理想の都市、ブロードエーカー (Broadacre) の計画を提案したが、それの特徴は住民1人1人に1エーカーを与え、そう

284

して近所同士が互いに全く邪魔し合わないように個々の家族を充分広い緑地帯の中に隔離することであった。

伝統的な都市は「週に3日, 10時に人がどっと集り, 4時にも抜けの殻になってしまう」[14]単なる働き場所になるだろうが, 一方, 社会生活は, 現在よりも数多く, 地域中に分散した特別なセンターで行われるだろう。交通は車によるだろうし, 数多くの接触や娯楽は遠距離通信という近代的な手段によって, 遠い距離をおいて行われ,「これら科学の恩恵によって, われわれはより知的に, それ故より稀れに一緒にいようとするだろう。」[15]

ライトは, ブロードエーカー都市の住民が空間の自由において得たものを, 時間の制約の中で失うであろうことを知らなかった。彼はいう,「リフトと自動車の2つでは私は自動車を選ぶ。」それは人々に行きたい場所に行くことを可能にするが, 行きたい時に行かせない。彼は, すべての人間活動の場所, 休息と娯楽の場所をすら固定するということで, ル・コルビュジェの垂直都市を非難したが, ブロードエーカーも娯楽を含むすべての活動の時間を等しく厳密に固定するようになることがわかっていなかった。

この理由は, ブロードエーカーが本当の都市のデザインではなく, 原理の図示であるという事実にある。これは伝説的な想像上の時代の中で生きてはいるがライトの建築と両立し得る, 即ち, 空間の中にその必要性をもっている型の都市である。

もし, ブロードエーカーが実際的な計画だとみなされるとするならば, それは混乱のみを生み, 近代都市計画の仕事と正反対の自然への逃避の修辞的なプログラムを育てることが出来よう。もし抽象的な寓話として認識されるならば, それは真の都市計画的必要性の一方的な表現であるが故に, ひとつの刺激として重要な価値をもっている。

4. 「ニュー・ディール」と以前のバウハウスの巨匠達の業績

1929年に経済危機が始まった合衆国は, 危機が最も深刻で長期にわたって影響を与え, 政治的, 文化的習慣に決定的変化を生み出した。

フーバー政府によってとられた手段の効果が感じられるようになった時, 1932年11月8日, ルーズベルトは初めて大統領に選ばれた。彼は直ちに, 急進的な政治的, 経済的改革のプログラムを履行し始めた。1933年4月, 彼はドルの切下げを行い, 5月, 農業調整法 (Agricultural Adjustment Act) によって農業に, 6月には国家産業復興法 (National Industrial Recovery Act) によって産業に対する国の介入政策を開始した。同じ年, テネシー谷当局は, いろいろな州を含む広い不景気な地域に対する計画を立案した。通貨が安定した1934年に, 国家住宅供給法 (National Housing Act) が通過し, 政府補助の建設に新しい活力を与えた。1935年, 国家資源委員会 (National Resources Committee) が設立され, 1939年には, 国家資源計画会議(National Resources Planning Board) が組織され, 理論的に熱心に全国を通して資源計画の輪郭をつくった。1937年, 助成建設についての新法によって, 新しい制御組織, U. S. 住宅局 (U. S. Housing Authority) が設立され, 地方の建設を調整するために農業省内に農場保証局 (Farm Security Administration) が設立された。

これらの手段は, 建築計画が実施される時の条件を根本的に変え, こうして, 近代運動のテーマは, アヴァン・ギャルドの論争や近代美術館の形式的な宣伝を通してよりもはるかに深く, アメリカ人の生活の実体の中に滲透することが出来た。これらの活動を単一の計画の枠組, 時間と経済性による厳格な限界の中で結びつける必要性, そしていろいろな

分野の専門家をグループとして一緒に働かせることの好ましさは,近代運動の方法によってのみ解決し得る新しい問題を提供したのだった。協働の要求に目ざめ,政治的,行政的当局と接触をもつことに慣れた新しい技術者層が成長しつつあり,一方,建築家はより独立の技術者でなくなり,次第に他の技術者の仕事の調整者となっていった。

この時期に,工業デザインだけの職業人組織が形成された。W. D. ティーグが1926年に,N. B. ゲデスとR. ローウィが1927年に活動を始めた。1932年,ゲデスによってSGE社のためにデザインされたガス・ストーブのモデルが,綿密なプロポーションの追求に基づき,完全に装飾なしで出現した。

1930年以後,プレファブ建築についての最初の大がかりな実験が始まった。アメリカでは,プレファブは長い歴史を持ち,それ故,初めから地方の工業の特殊な性格と結びつけられていた。20世紀の初め,コンクリート・パネルの使用を基とした一連の理論的研究と実験があった。G. アターバリーは1907年実験住宅を建て,1910年にはフォレスト・ヒル(Forest Hill)に最初の建物のいくつかを建てた。1908年,T. A. エディソンは特許の準備をしていたがものにならなかった。第1次大戦後,鉄を用いた他の実験がなされた。独立の,しかもしばしば同一の住宅をもつ郊外の急激な成長と,伝統的な工法における経済的な危機は,多くの企業に,普通の木材の接合法を大量生産に採用したり,あるいはコンクリートや鉄のような新しい材料を用いてその問題に関わるようにしむけた。

1933年以降,アメリカの大学に教えに来たヨーロッパの巨匠達の業績はこの新しい現実の上に接ぎ木された。実際教育において計画者の新しい世代に影響を与えることによって,彼らはその世代に新しい形態のレパートリーの例ばかりでなく方法とアイディアの全遺産を与え,その新しい形態がヨーロッパのものに似ていなかったが故に必ずしも直接に気づき得ないものであるとしても,アメリカの文化に決定的な影響を与えたのである。

バウハウスの前の教師の中で,アルバースは,1933年,アメリカに移住し,ブラック・マウンテン・カレッジで彼の造形教育を始めた。A. シャヴィンスキーはシュレンマーの仕事を舞台装置の上で続けた。アメリカ生まれのファイニンガーは1936年にニューヨークへ戻り,1937年,モホリ-ナギは,ヨーロッパの実験を続けようという明らかな意図で,シカゴに新バウハウスを設立した。同じ時期,グロピウスとブロイヤーはハーヴァードに落ち着き,ミースとヒルベルザイマーはシカゴに,ベイヤー,オザンファン及びその後モンドリアンはニューヨークへ落ち着いた。

戦後,A. アアルトも合衆国で何年かを過し,また,E. メンデルゾーンはカリフォルニアに住み,1935年にそこで死んだ。1938年,ニューヨーク近代美術館はグロピウスとブロイヤーがもってきた材料で,1919年から1928年までのバウハウスの展覧会を開き,また同じテーマで本を出版し,[16] それは長い間ドイツ派についての最上の情報源であった。美術館長A. H. バーは序文に書いている。

「アメリカで何時どのようにして,われわれが初めてバウハウスについて聞いたかを思い出すのは難しい。戦争の直後,われわれは表現派という言葉でドイツ芸術,即ち,メンデルゾーンの流線型のアインシュタイン塔,トーラーの≪群集・人間≫,ウィーネの≪カリガリ博士≫を考えた。有名な,カンディンスキーのような表現派の画家達が,建築家,グロピウスの総指揮の下で職人や工業デザイナーと力を合わせているドイツの新しい種類の芸術学校についてのレポートがアメリカに到達したのは,

1923年の大バウハウス展の後であった。少し後に，われわれはバウハウスの本のいくつか，特にシュレンマーの驚異的な劇場についての一巻，モホリ－ナギの≪絵画，写真，映画≫等にお目にかかり始めた。

その頃，われわれの中の若い世代は学校を出たばかりであったが，その学校では，近代芸術についてのコースはルーベンスで始まり，ヴァン・ゴッホとマチスについてのやや表面的で敵意ある論評で終るのが常であった。他の，建築学科にいた者達は，そのコースをドーリア式円柱のぼう大な製図で始め，コロニアルの体育館，ロマネスクの摩天楼などで終えていた………その時，若いアメリカ人達が，デザインについての近代的な問題が近代的な雰囲気の中でアプローチされている世界における唯一の学校としてのバウハウスに眼を転じ始めたのは当然である。数人のアメリカの巡礼者は，グロピウスが去る1928年の前にデッサウを訪れた。その後の5年間に，多くが学生として留学した。この時期には，バウハウスの作品，即ち，活版印刷，絵画，版画，シナリオ，建築，工業製品等がアメリカでの展覧会に展示された………アメリカでは，バウハウスの照明器具，パイプ椅子が輸入され，あるいはそのデザインが剽窃された。アメリカのバウハウス学生が帰国し始めると，それに続いて1933年の革命後には，近代家具，フラットルーフの建築，抽象絵画等を堕落させボルシェヴィキ風にしてしまった新政府の迷妄に苦しんだバウハウスあるいはバウハウス前の巨匠達がアメリカへ移った。このようにして，祖国の手助けによって，近代ドイツの主要な文化的貢献のひとつを合成したバウハウスのデザイン，バウハウスの人々，バウハウスの思想は世界中に広がったのだった。」[17]

しかし，バウハウスの結果と方法の普及はその前の先生達がアメリカへもたらした最も皮相的な貢献に過ぎなかった。グロピウスが，アメリカでのデッサウ学校のそのままの復活についての試みに何ら加わらなかったことは興味深い。ハーヴァードで教職についた時，彼は教育における全く新しい実験を始め，そして，デザイナーとしては，建築のレパートリーも，都市計画のスキームも，ヨーロッパ的仕事の習慣も，新しい環境に押しつけようとしなかった。

彼は倦むことなく，ヨーロッパの近代運動が何の固定的なレパートリー，スキームのコレクション，慣習をもっていないことを指摘し続けた。例えば，1938年，近代美術館での展覧会の途中に，展示されたものの中で何が現代的であり何が時代おくれであるかについてのディスカッションがあった時，グロピウスは，「避けることの出来ない老化のプロセスは，バウハウスがまだ存続していた時にそれ自身の中で進んでいた。何故なら………固定化したあるいは永久的なものとしてのバウハウス様式，あるいはバウハウスのドグマについての考えが，皮相的な部外者の性急な断定から常にやってきていた」[18]と指摘した。バウハウスで教職を始める時彼は次のように述べた。

「私の意図は，いわば切り干しの≪近代様式≫の紹介ではなく，その特殊な条件に応じて問題に取り組むことを可能にするアプローチの方法を紹介することである。私は，若い建築家がどんな環境の中でも自分の道を見出すことが出来るようになることを欲している。私は彼が技術的，経済的，社会的条件の中から真の純粋な形態を独自に創造し，その中に，違った解決を要求している環境に習い憶えた公式を押しつける代りに自らの道を見出してほしいと思う。私が教えたいと思うのは既成のドグマでは

なく，偏見にとらわれない，オリジナルで弾力あるわれわれの世代の問題に対する姿勢である。もし私の就任が結果として≪グロピウス建築≫という固定観念をふやすことになったなら，と思うとぞっとする。私が欲することは，若い人々に，もし彼らがわれわれの時代の無数の産物を利用するならば創造の手段は如何に汲みつくすことが出来ないものであるかを理解させること，そしてこれらの若い人々が彼ら自身の解決を見出すように励ますことである。」[19]

アメリカでのグロピウスの最初の建物——自邸——は彼のそれ以前のものとはいくらか違っており，それの背景に大きく影響されている。しかし，特に1928年から1934年までの間ベルリンで得た彼の経験を注意深く考慮した後，近代的デザイナーの仕事についてより幅広い理解に到達したことは確かであろう。

バウハウスの時代においては，すべての仕事は，折衷主義的文化を破壊し得る新しい計画法を完成することに集中していた。この歩みは大変な量のエネルギーを費したので，難問の大部分が実際に解決されてしまったという確信，即ち解決を考え回らす努力は，それを実施するのに避け難い適用の努力よりも大きいと考えられるという確信が生まれた。

1928年にグロピウスをバウハウスから去らせた動機のひとつは，確かに，この第2の点へより深く入り，バウハウスによって研磨された思想を実現に移し得る勢力とのより直接な接触を確立する必要であった。1928年から1934年までの6年間の経験は，これらの勢力との接触が考えたよりも困難であること，適用の時機と規模は量の問題ではなく基本的問題であることを示したのだった。

それ故，建築家は，あらゆる段階で，着想の問題と実現の問題とに共に取り組まなければならない。そしてまた空間の要因と同様時間の要因も評価しなければならないし，スキームに対しては大いに警戒心をもたなければならない。何故なら，デモンストレーションが目的であっても，具体的な問題のどんな面でも抽象すれば，実際的な段階で常に償わねばならない欠陥が結果に現われるということが証明されているからである。もし，グロピウスのヨーロッパでの体験がこれらの結論の芽を含んでいたとするなら，アメリカでの体験は明らかにそれを確めたのだった。スケールの巨大さ，経済的発展のリズムの忙しさ，背景の多様さ，ひとつの場所への多くの要素のつめこみ等は，極度の柔軟性を保持すること，複雑な現実を把握すること，あらゆる瞬間に構成要素の全体性を心に留めておくことが必要であることを示している。

この完全さの必要を示すために，グロピウスは，特に晩年，「芸術」とか「美」という言葉へ戻っていった。

「長い人生で，私は，創造や美に対する愛が大きな幸福で人を豊かにするばかりでなく，道徳的な力をもたらすという事実に次第に気づき始めた。この美に対する愛を大事にしない時代は視覚的には未発達であった。イメージは不鮮明で，その孤立した芸術表現は，全体的な発展の中では特徴のないものでしかないような限られた反応を見出すだけである。」[20]

この思想の方向を，ドイツ時代の合理主義に関係した新しい唯美主義へ向かっての退却とみなすのは，あまりにも単純過ぎるであろう。グロピウスが新しい思想を表現するのに現代的な言葉を用いるので，彼の思想のプロセスは何となく神託的であるということを既に述べた。今回は，彼は，「芸術」という言葉の現代的な意味を迂回し，それがかつて伝統の中でもっていた意味 "recta ratio factibilium"（物事を行う正しい道）を回復しつつあるかのようであった。

グロピウスは，後の著作の中で，教育の問題を大いに重視し，バウハウスにおいて，実験心理学の実験法として開発された教育法を解説した。ここでは，彼はアメリカの教育理論の一部である心理的動向に影響されたが，彼の目的はもっと遠大であった。彼はすべての社会の，デザイナーの教育におけるばかりでなくすべての人間の生活における美的要求と論理的要求と道徳的要求との間のバランスを考えていた。

建築の教育計画をスケッチして彼はこう書いている。

「もし普通の人間の芸術に対する漠然とした感情を調べてみるならば，彼が臆病であること，芸術がギリシャやイタリアのような国々で何世紀か前に発明されたものであり，われわれがそれについてなし得るすべてはそれを丹念に研究して，応用するということであるという貧しい信仰を発展させていることがわかる。現代的問題を現代的方法で解決しようとする近代芸術家の仕事に対して当然な，熱心な反応はなく，むしろ，彼らが祖先の偉大な仕事にふさわしいものを追い払うのではないかという不安と不信が存在した。この驚くべき貧困は，私の意見では，能力や関心の生まれながらの欠如によるのではなく，それは今日われわれが2つの立場の存在——《一般人》と《専門家》——に分かれているという事実の結果である。個々の人間は，自分が1つか2つの分野で《専門家》であって，その他すべての分野では《一般人》であると感じている。しかし，誰もが自身で時にはその問題や難問にある程度関わらないならば，その分野での能力を真に評価することは出来ないのである。」[21]

アルバースあるいはモホリ－ナギの形態の微妙な弁別は入門者の基礎練習であるが，一方，近代社会の文化的バランスのために，そして職業芸術家の存在そのものを正当化するために，すべての人間の能力のある程度の教育も必要とする。何故なら，芸術家の集約的な経験は，すべての人間の日常的経験を昂揚し豊かにするための刺激であるからである。それ故教育方法は，彼ら自身からすべての主知主義者的自己満足，すべての無意味な紛争を取り除くに違いないし，この目的は，基本教育について心理学者によってなされた仕事と必然的に関係をもっていたのである。

アメリカに着いての最初の4年間は，グロピウスは依然として彼の前の生徒ブロイヤーと共に働いていた。

彼らが協働して建てた建物——それぞれの自邸，リンカーンのフォード（Ford）邸，ニュートンのフィッシャー（Fischer）邸，ヒートン・カレッジ（Wheaton College）の芸術センター（1938年），ピッツバーグのフランク（Frank）邸，ブラック・マウンテン・カレッジ（Black Mountain College）（1939年），ウェイランドのチェンバレン（Chamberlen）邸（1940年）（803図），ニュー・ケンシントンの労働者住宅群（1941年），ブロンクスヴィルの サラー・ローレンス・カレッジ（Sarah Lawrence College）の芸術センター（1951年）——は非常に様々であり，一目見て恐らくそれらが同一の人々によって建てられたとは見えない。これは，それに関わる人のどちらかの優位，恐らくはグロピウスが主として知的なコントロールを行ったのに対して主題のそれぞれの要求にその度に密着し，新しい形態を発明してそれぞれの新しい問題を解決するブロイヤーの能力（一本立ちした建築家としてのブロイヤーの作品もまたこの明らかな一貫性の欠如によって特徴づけられている）の優位によって説明され得るかも知れな

V　近代運動

799図　テキサス州ヒューストンの郊外分譲地

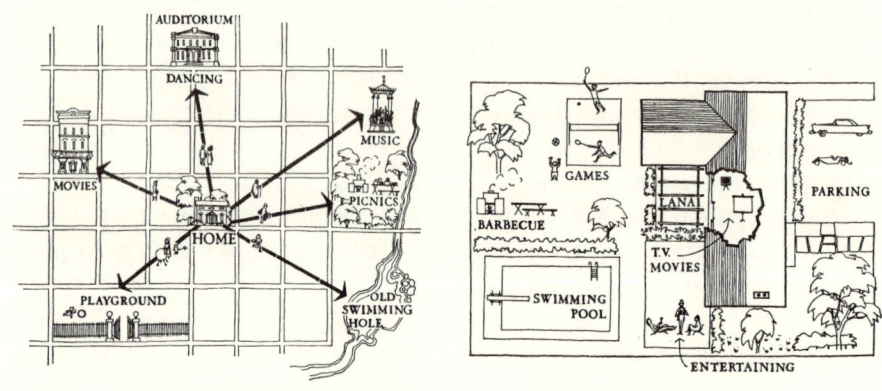

800, 801図　アメリカの住宅の昨日と今日（"House Beautiful"誌——1956年——に現われた挿絵）

い。アメリカ独特の建築習慣の伝統から引き出された諸点ですら、あたかもグロピウスとブロイヤーがそれにヨーロッパで磨き上げられた分析的方法を適用することによってこの伝統を試みつくそうと欲したかのように、ほとんどアカデミックなやり方で展開された。

　これらの建物のそれぞれは、個々の問題の論理的解答として、それ自身客観的であった

18 アメリカの近代建築

802図 アメリカのプレファブ住宅の典型。U．S．スティール会社によってつくられた 11,500 ドルの「カタリーナ」住宅

803図 ウェイランド，チェンバレン邸（W．グロピウスとM．ブロイヤー，1940年）

（ここでライトの格言のひとつ「人々の数だけ建築の様式が存在する」を想い出す）。この姿勢は——少なくもグロピウスの側では——新しい世界に浸透する時のある注意を示していて，彼は最初全体的な判断を保留しておいて彼の個々の表明の中でそれを認めたいと思ったが，それはまた個々の住宅の問題がヨーロッパとは違ったやり方で提起されてい

291

V　近代運動

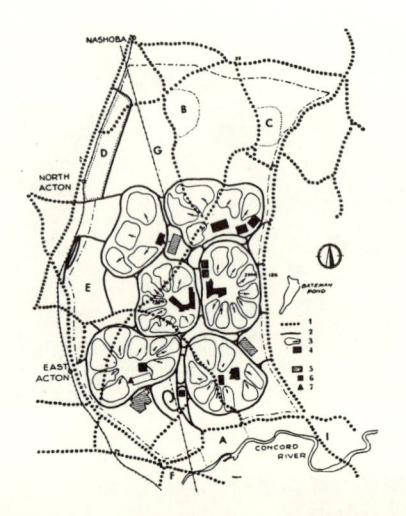

1. 既存道路
2. 計画道路
3. 独立住宅
4. 公共建物
5. 集合住宅
6. 中央管理施設
7. 地区管理施設

804図　マサチューセッツ州，コンコルドの新しい集落の計画（W．グロピウス，J．C．ハークネス，M．ワグナーらの指導の下でハーヴァード大学の学生によって1940年に製作された。S．ギーディオン著，前掲書から）

る都市計画での異った状況によってもまた正当化されるものである。

　ヨーロッパでは，グロピウスは彼の出発点を，機能の集中と混沌とした重なり合いをもつ伝統的な都市についての考慮においていた。目的は秩序を回復することであり，機能を合理的に区別することであり，それらを都市の異った部分に正確に位置させることであった。住居の機能は生活のあるレベル（いわゆるエグジステンツ・ミニマム《Existenz-minimum》）になり下がり，住区は規格化された細胞のくり返しからなっていた。この構成の単調さ，不完全さは，集合機能のための公共的建物によって償われ，その中で個人は，それの本来の完全さ，複雑さを，社会関係の相互作用を通して再び見出すのである。

　アメリカでは，状況は完全に異っていた。引き続いて，自動車の出現，住居の都市周辺部の郊外への分散は進行中であり，一方長距離コミュニケーションの手段は人々の家に，以前はコミュニティ・センターで行われたリクリエーション機能をもちこんだ（800，801

図）。これはライトがブロードエーカー都市の中で理論化した理想である。集中化をすべての住居の個々の要求に調和させる問題，即ち量を質と調和させる問題はこうして大きく軽減された。住宅の問題は，最小限の規準に落とすことの出来ない主として質的なより複雑な形で提起された。

　グロピウスは，この道が，機能が厳格に分類され分けられず，互いに結びつけられていろいろな場所である程度示されている，より大きな連続性をもった新しい都市環境の出発となり得ると感じたので，熱心にこの道を進み始めた。しかし，彼はまた，ブロードエーカーのような定型に永久に落ち着くこと，質と個別性を強調すること，規格化や量的コントロールの要求への考慮をやめることの危険も知っていた。

　1941年，グロピウスがコンラッド・ワックスマン（1901～）と仕事を協同し始めたのはこのディレンマを解決するためであった。ワックスマンと共に，彼は1931年ドイツでヒルシュ・クーフェル＆メッシングヴェルケ会

18 アメリカの近代建築

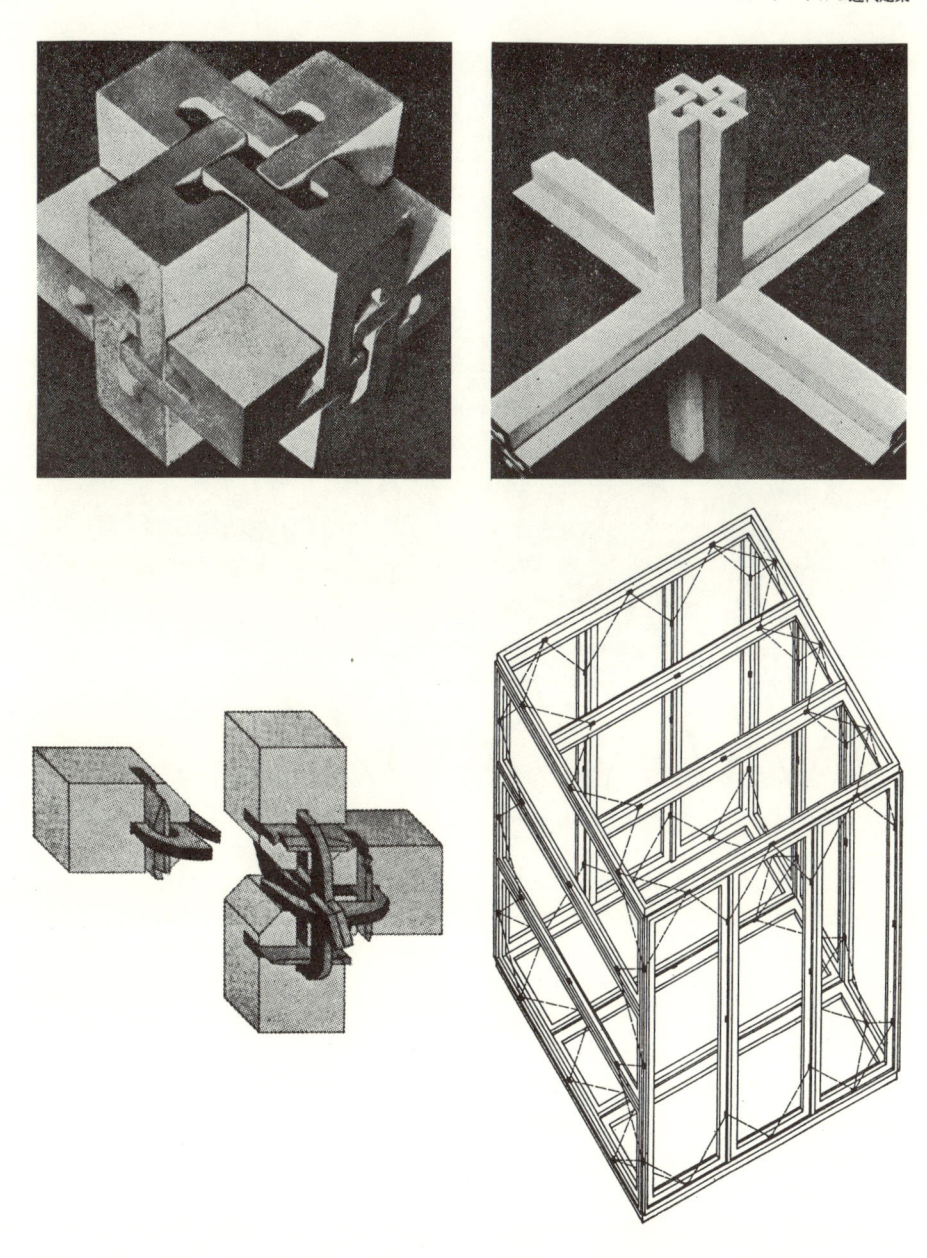

805〜808図 1942年，グロピウスとワックスマンによって，ジェネラル・パネル会社のために研究されたパッケージ住宅システムの詳細（K. W. 著, "The Turning Point of Building"）

V 近代運動

809図 ワックスマンによって研究されたパイプ構造の模形

社（Hirsch Kupfer und Messingwerke A. G.）のために始めたプレファブの研究を続け，1942年から1945年の間に，ジェネラル・パネル・コーポレーション（General Panel Corp.）のために「パッケージ・ハウス・システム」（805〜808図）を製作した。

グロピウスが住宅建設の問題解決のために提出した2つの考え方の方向——高密度の建設のためのうまく分散された多層ユニットの配置と低密度のプレファブを念頭においた施工問題——のうち後者は最もアメリカに適しているように見えた。目的は常に経済性だが，都市計画の問題が常に念頭にあった。事実，プレファブが——もしそれが，個々のエレメントの段階に止まり，建築家にそれらを自由にいろいろなやり方で結合させるならば——アメリカの郊外の多様で広汎な建設にある種の秩序と統一を維持する最善の手段である。こうした理由で，グロピウスは，機械的なくり返しと個人主義的なスプロールとの2つの相反する危険を避けるために，種々のエレメントの規格化と全体における自由とを調和させる必要を強調したのであった。

「プレファブの真の目的は，決して，1つの住宅型の無限の無意味な複製ではない。人間は，生命に反するが故に過度の機械化の試みには常に反発する。しかし，それにも拘わらず工業化は住宅の中に入ってくるだろう。われわれには他の選択は許され

810図 ハーヴァードのグラジュエート・センター (1949年)

ず，あらゆる生産の分野で機械の挑戦を受け入れ，最終的にはそれをわれわれの生物的要求に完全に奉仕させなければならない………非常に徐々にだが建設のプロセスは，一方において，建築部材の工場生産，それらの部材の現場組立てへと移行している。より次第に，傾向は，建物全体よりも建物の構成部材のプレファブ化へと進展している。この点が強調さるべき点である…………

　もし，われわれがプレファブについての偏見を克服し得ないならば，次の世代はわれわれを非難するだろう。到達すべき不可欠の条件は人間的要素をわれわれの家や住区の形態とスケールにとっての支配的な要因にさせることであり，こうしてこそ，プレファブは有益で，人間生活に適した，すべての人々の利益のために追求される価値のあるものとなるであろう。」[22]

　他方，ワックスマンは特に技術的なメカニズムとそれの隠れた無限の可能性に関心をもった。彼はいろいろな型の建物を，一定の規格された部材の組合せとみなし，最少の種類の部材で多様な組合せを得ることに集中した。こうした関係で，彼は第1に関係の研究に興味をもち，それ故，組み立てる方法ほどには個々の部材の形態には興味をもたなかった。

　「工業の進歩した方法を用いてのひとつのジョイントの開発は，構造体の最終的な特

295

V 近代運動

811図 マサチューセッツ州のアットゥレボロ・ハイスクール (1948年)

徴を大きく決定する基礎的な課題となる。単に2つ、3つ、4つ、あるいはそれ以上を、唯一つのやり方に限って接合するばかりでなく、三次元までものあらゆる組合せを可能にし、応力をひとつの部材から他へ伝えるようなやり方で接合するジョイントの研究は、今日の建築技術の秘密の本質そのものである。基本的な部材から始まる連続した秩序（をこれが生むであろう）、そしてそれがジョイントをつくり、表面を、構造体を、部屋を、建物を、道路を、広場を、公園を、都市的複合体を、そして文明世界の未来のパノラマを生み出す。」[23]

これらの考案は、長い一連の理論的実験を重ねながら、業務の騒しさを遠くはなれた実験室の中だけで開発され得た。「こうした理由で、思想と行動の分離を一時的に受け入れなければならない」とワックスマンは結んでいる。

しかし、グロピウスは恐らくこの主張に賛成しなかった。事実、彼のワックスマンとの研究は単に開発の段階だけであり、その後は、彼は「建築家協同体」(TAC, The Architects' Collaboration) とよぶアトリエで、彼の周りに以前の弟子達[24]を集め、再び活発な計画行為へ自身を没頭させたのだった。

こうして非常に広汎な活動が始まった（グロピウスがギーディオンの本のために作製した目録は、1946年から1953年にかけての70も

のプロジェクトと建物の名をあげている)。これらのプロジェクトのすべてが一級品ではなく、苦難の人生の後でのこの巨匠の慎重さや恐らく精神的疲労を反映してか中級であった。

5. ミース・ファン・デル・ローエ

1938年、ミースは、後にイリノイ工科大学となるアーマー大学の建築学科の運営を委された。その就任講演の中で、彼のアメリカでの活動のテーマが発表された。

「すべての教育は、生活の実際的な側面から始まらなければなりません。しかしながら、本当の教育は、これを超越してパーソナリティを形成するものでなければなりません。その第1の目的は、実際的生活のための知識と技能を学生に備えさせることでなければならず、第2には、学生のパーソナリティを発展させ、彼らに知識と技能を正しく使うことを可能にさせなければなりません。それ故、真の教育は、実際的な目的に関わるばかりでなく、価値にも関わるのです。われわれの実際的な目的によって、われわれは、われわれの時代の独特な構造に縛られます。他方、われわれの価値は人間というものの精神的な性格に根ざしています。われわれの実際的な目的は、われわれの物質的な進歩によって測られます。われわれが主張する価値は、われわれの文化の高さを表わします。実際的目的と価値は別のものではありますが、それにも拘わらずそれらは密接に関連し合っています。

われわれの価値は、それが人生における目的に関わらないとすると一体他の何に関わるべきなのでしょうか。人間存在は双方の世界に属しています。われわれの目的が物質的生活を保証するなら、われわれの価値はわれわれの精神生活を可能にします。もし、このことが、価値の問題がほんの僅かしか含まれていない人間活動について真理であるなら、特に建築の領域においてどれほど真理であるかわかりません。建築の最も単純な形態は完全に機能的な考慮に基づいていますが、それは、あらゆる価値の度合いを通して、精神的存在の最高の領域、純粋芸術の王国へと到達することも出来ます。建築教育システムを編成するについて、もし成功しようとするなら、この状況を認識しなければなりません。われわれはそのシステムをこの現実に適合させなければなりません。建築を教える時には必ずこの関係、相互関係を説明しなければなりません。われわれは、段階を追って、どんなことが可能で、必要で、重要であるかを明確にしなければなりません。教育が目的をもつとするならば、それは真の洞察力と責任感を植えつけることです。教育はわれわれを無責任な意見から真の責任ある判断へと導かなければなりません。それは、われわれをチャンスと気ままさから理性的な明快さと知的秩序へと導かなければなりません。それ故、われわれの学生を、物質的から始まって、機能を通り、創造的仕事へと続く道に案内しようではありませんか。」[25]

実際的目的と価値の区別は1930年に「いかに」と「何を」とを区別したのと似ているが、今やミースは、最も単純な事実——材料——を探究し、それらから最も単純な価値がいかに生じるかを見ながら、すべて初めからやり直そうとしているように見えた。

「どこにわれわれは古い時代の木造の建物よりも明快な構造と知的秩序を見出し得る

V 近代運動

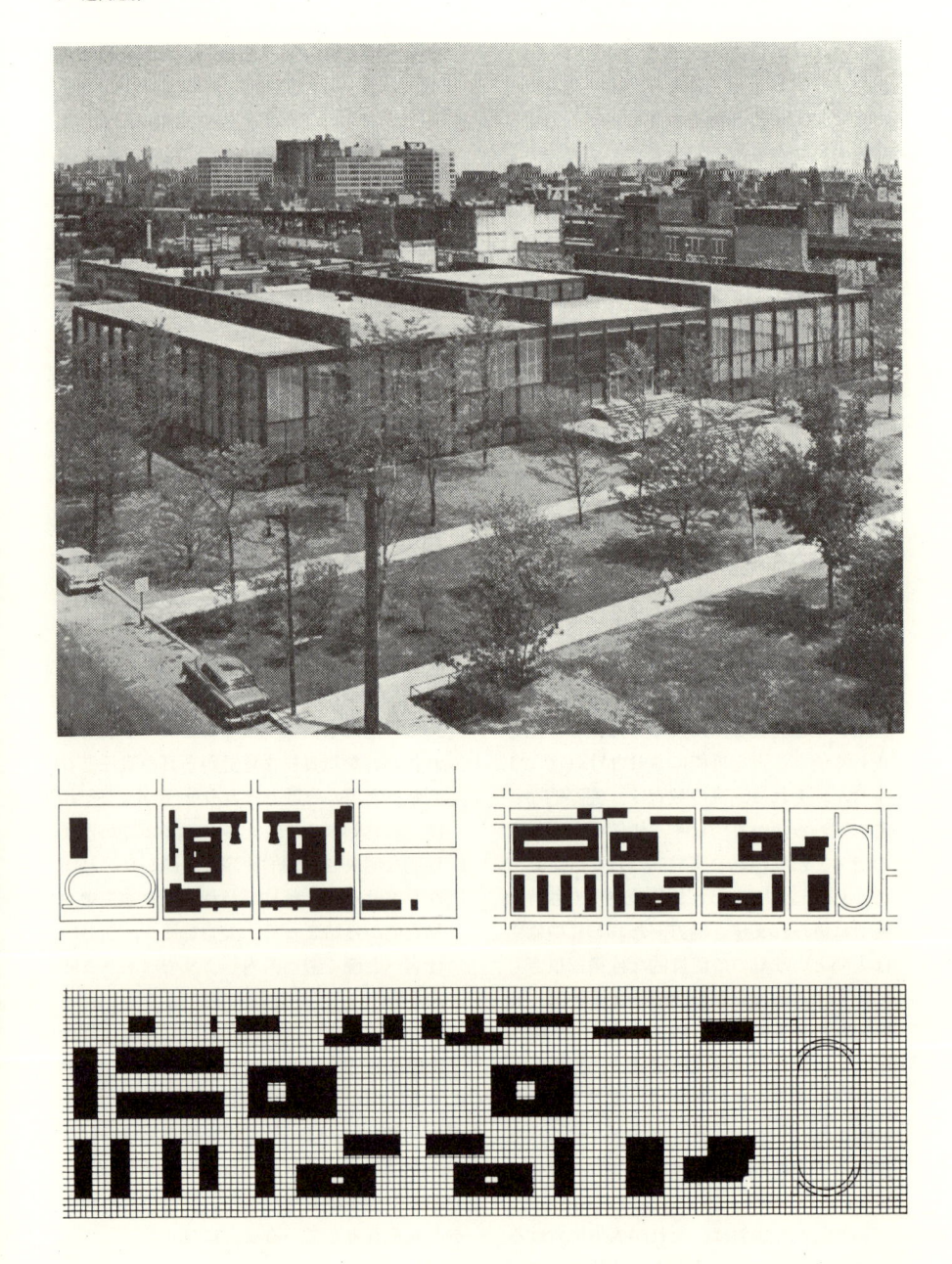

812〜815図 シカゴ,IITのキャンパス(ミース・ファン・デル・ローエ,1939年から),配置計画の3段階

18 アメリカの近代建築

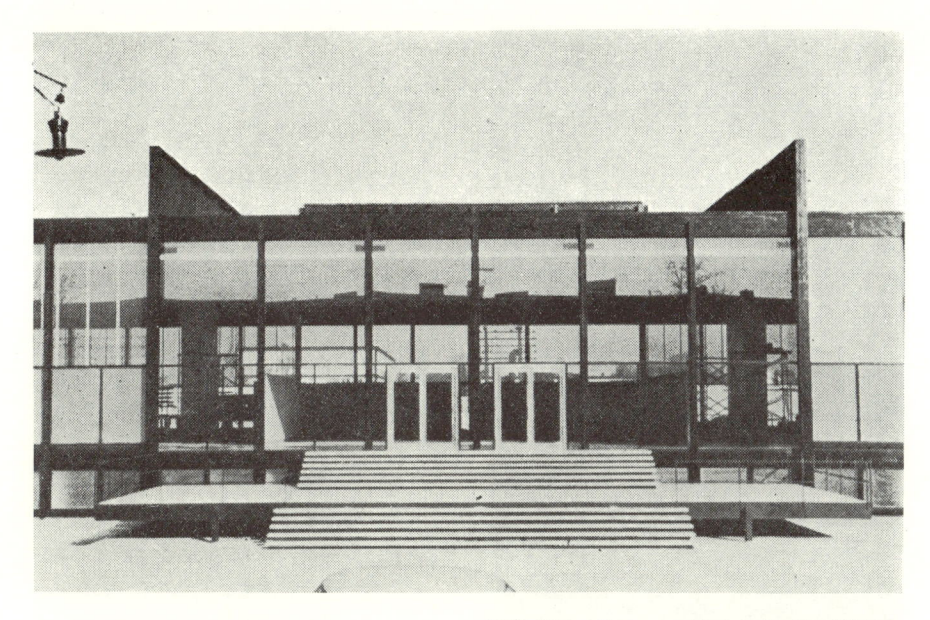

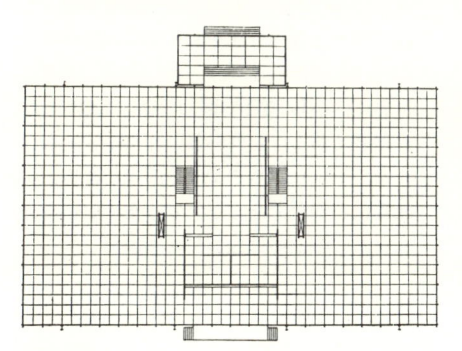

816〜818図　シカゴ，クラウン・ホール（ミース・ファン・デル・ローエ，1955年，P. Johnson 著，"Mies van der Rohe" の平面図から）

だろうか。他のどこに，そのような材料，構造，形態の統一を見出すことが出来ようか。ここには，あらゆる世代の知恵が貯められ………石の建物についても同じである。それらは何と自然な感じを表現していることだろうか。何と明快な材料の理解ではないか。何と確実にそれらは接ぎ合わせられていることか。石を使う場所，使ってはならない場所について何と敏感ではないか………われわれはレンガからも教えられる。この小さくてハンディな形態がいかにデリケートであり，あらゆる目的に対して有用であることか。それの接合，パターン，テクスチャーが何と論理的であるか。その最も単純な壁面が何と豊かなことか。しかし，この材料はどんな規律を課すことか。

このように，それぞれの材料は，もしわ

299

V 近代運動

材料それ自身ではなくわれわれの材料の使い方によっていることを想い起さなければならない。」[26]

ミースは、近代運動のあらゆる場所での伝播の皮相的な性格によって悩まされたに違いない。彼は方法の正しさについては疑わなかったが、それがこれまで行使されてきたやり方については、そしてとりわけ、それを使う分野が、コントロールの厳格さを必然的に減少させながら広がった時の過度の速さについては疑いをもっていた。

「物質から機能を経て創造的な作品に至る長い道程は唯ひとつの目的をもっている。それは、われわれの時代の絶望的な混乱から秩序をつくり出すことである。われわれは、それぞれのものに、その性格に従っての当然支払うべき額を割り当てる秩序をもたなければならない。われわれは、創造の世界が内から花開くように完全にこれをなすべきである。われわれの仕事の目的と意味を、聖アウグスティンの深遠な言葉≪美は真理の輝きである≫よりうまくいい表わし得るものは他にないだろう。」[27]

混乱し、一貫していないが、巨大で多様なアメリカの文化的舞台は、ミースの経験を熱心に歓迎したけれども、それの展開には大きな抵抗を示した。同じように、シカゴの都市の姿も、その要素の頼りにならないで断片的な性格から、ミースの建物を難なく吸収したが、それは単にある枠内でのエピソードとしてであった。

シカゴの大学の新しいキャンパスのためのミースの計画は非常に意義あるものだった。1939年の最初の図面では、種々の学科は、2、3のブロックにまとめられ、空中道路が横切る閉ざされた大きな空間のまわりに対称

819, 820図 シカゴ、プロモントリー・アパート（ミース・ファン・デル・ローエ、1946年）

れわれがそれを用いるとすれば理解しなければならない固有の特徴をもっている。

これは、鉄とコンクリートについても同様である。われわれは、すべてのものが、

821図 シカゴ，レークショア・ドライヴ・アパート（ミース・ファン・デル・ローエ，1951年）

的に配置されていたが，対称性は複合体の中心部では非常に厳格なのに対して，辺部では，全体の厳格さを弛め，周囲の地域への導入部をつくっているある逸脱が見られる。1940年の次のプランでは，複合体の中心部で最初の道路と交叉している第2の道路が残されなければならなかったので，囲まれた中央の広場はなくなり，構成はより流動的になった。最終的には，ミースは全体をひとつの眼に見える輪郭線に従わせようとすることを諦め，構成の基をモデュールの格子におき，いろいろな学科を数多くの建物としておき，自由に，均一な広い空間に配置した（813〜815図）。

建物は1942年以後徐々に建てられた。[28] 都市計画的モデュールは，構造物間のあきを確保したが，必ずしも同じやり方でなく，ペレーのル・アーヴル計画におけるような同じディテールの強制的なくり返しもなかった。ミースは，単一のリズムの誘導により，そして同じ材料——レンガとタイルで壁をつくり，鉄で支持された構造体——を用いながら，ぼう大な多様性と豊かな結果を，もしプロポーション，テクスチャー，接合部，ディテールが機械的にくり返されず，それぞれの場合に等しく，ゆるみなく自然さを再現するならば，得ることが出来ることを示した。このようにして，すべての要素は並みでない表現的強さを得，全体の調和にそれ自身の個々の響きを加えている。都市の騒然とした不安定な構造の中で，キャンパスは，すべての点——形態，色彩，プロポーション——が厳格なコントロールのプロセスに従わされている理想都市の一部のようであった。

ミースの名声は，1947年近代美術館によって開かれた彼の作品の展覧会以後上昇した。年々仕事の依頼がふえたが，彼は個々の新しい主題に対して無限の注意をもって近づき，二次的な点を省き，問題の中核をなす本質的な点を裸にしながら，長い選択のプロセスにそれを従わせた。これは形態の外観を貧弱にする結果になったが，デザイナーが自分のエネルギーをいくつかの決定に集中することを可能にし，これらの決定を通して全体の建物の絶対的なコントロールを得ることを可能にしたのだった。

V 近代運動

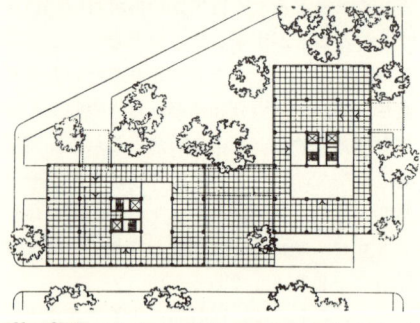

822, 823図 シカゴ, レークショア・ドライヴ・アパートの平面図と外観

ミシガン湖の岸のプロモントリー・アパート (Promontory Apartments) の最初のプランは1946年につくられた。[29] 厳格な平面計画と適当な網状の構造を基としながら，ミースは鉄筋コンクリートとレンガのカーテンウォール，鉄とガラスの2つの構造の解決案をつくった。彼はシカゴ派の巨匠達によって既につくられ，サリヴァンによって放棄され，そ れ以後無視されてきた可能性を取り上げた。それは，閉鎖的で外的に完璧な構成体——ファサードの種々の部分を変え，垂直のつながりを強調することによって目ざされる効果——としてではなく，多くの等しい要素のくり返しがつくるリズミカルに開放的な構成体としての高層建築の考え であった。これは，全体のスケールとディテールのスケールとの間の軋轢を一挙に解決することを可能にした。何故なら，プロポーションの考慮はひとつの要素で終るのに対して，全体的構成は全く他の規準に依存し，それ自身完結せずに無限のランドスケープとの関係で解決される（事実，それは，たまたまここでそうであったように，大きな周囲のフリー・スペースを必要とする）からである。これがユニテ・ダビタシオンのアメリカ的考えとヨーロッパ的考えの一致点である。両者の場合，リズミカルなくり返しを基とする全体の構成は，建物の大きさがどうであれ，ヒューマン・スケールを保つこと，住宅としての特徴を失ったりモニュメントに変身したりすることなしに高層の建物を建てることを可能にした。

実施案として選ばれた鉄筋コンクリートの案は，4つのゾーンに分けながら建物を上昇するわからないくらいに突出している柱型の出っぱりによって，統一感をあまり感じさせていない。この手段は，かなり重い構造体の格子に対して下部で支持体を見せる必要があり，それは壁のリズミカルな連続性を損うほど充分にはっきりしてはいないが，鉄の骨組をもち一様なガラスの壁で覆われた次のアパート——1951年のレークショア・ドライヴ860・アパート[30]（Lake Shore Drive Apartments, 821～824図），1957年のコモンウエルス・プロムナード・アパート (Commonwealth Promenade Apartments)——では不用となった。そこでは建築全体は，古代ギリシャの神殿のように，ひとつの要素の注意

824図 シカゴ，レークショア・ドライヴ・アパートのディテール

深く考えられたプロポーションと，リズミカルにくり返されるパネルに依存するのであった。

1950年のE.ファーンズワース (Farnsworth) 邸では，緑の環境にたつアメリカの独立住宅についての彼自身の解釈を下した。それは，地面から離れ，程よい間隔をおいた鉄の柱で支持され，地面に下りていくことなく戸外に坐ることを可能にする媒体的なプラットフォームをもったガラスのプリズムであった。「50×50」住宅 (1951年) のプランでは，解決はさらに非妥協的である。柱は4本に減り，4つの面の中央におかれ，ガラス面は隅で留めに回っている。

これらの規律ある完全な建築作品は，アメリカの風景の中で，都市のがらんとした広場あるいは無垢の田園の中におかれた孤立した存在として際立ち，ある自然の背景，例えば

V 近代運動

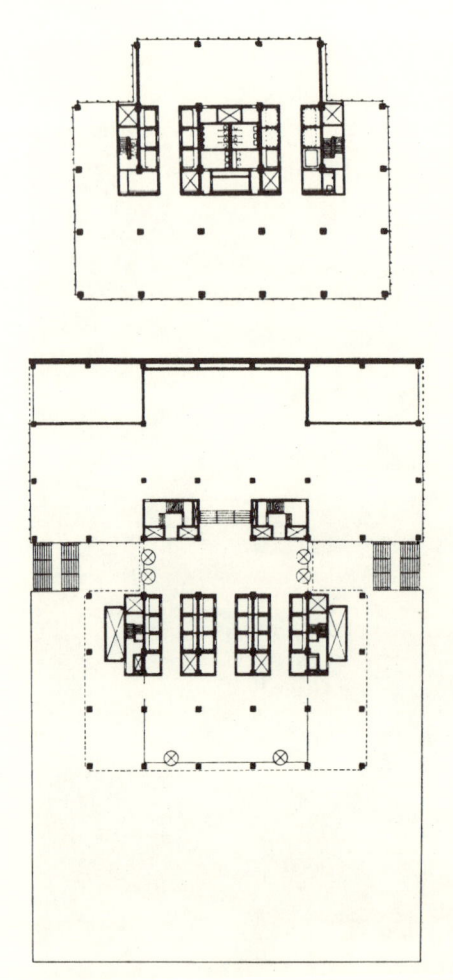

825〜827図 ニューヨーク，シーグラム・ビル（ミース・ファン・デル・ローエ，1956年）

ミシガン湖の広がり，ファーンズワース邸の森の環境以外にはそれの環境と何の関係ももっていない。それらは示威的な性格をもった建築であり，現在の矛盾は解決しないが，それらの矛盾が最終的に解決されるかも知れない理想都市のイメージを指し示している。

このイメージは，現実には直接つながりはないとしても，それにも拘わらず間接的には非常に効果的であった。それは他のデザイナー達の想像力をよび起こし，施主や役所を刺激し，ある程度産業の習慣を変えた。

いろいろな地方のデザイナーとの協同を通して，ミースは次第にスーパー・デザイナー的人物，形態の創造者となり，彼はそれらを他の人々に渡したので，それらはくり返され，実際の状況に適合し得た。多くの大事務所（ホラバード＆ルート，ペース・アソシエーツ等）は，ある意味で彼の施主であったが故に，彼は大きな事務所を必要としなかった。

アメリカの産業は，ミースの威信が，宣伝的効果をもち得ることを理解し，これが一連の代表的な仕事の始まりとなった。ニューヨークの中心部のシーグラム・ビル（Seagram Building），キューバのバカルディ（Bacardi）本社等である。

1959年に完成されたシーグラム・ビル[31)]（825〜827図）は 特別な手段で 実現された。見えがかりの金属部分はブロンズであり，パネルは磨かれた大理石かピンクのガラス，設備は可能な限り最も完全なものであり，立体的解決すら，本質的に高価なものである。何故なら，建物の前面に小さな広場を空地として残すことによって，オーナーはその土地の上で利用し得るかなりの面積を放棄しているからである。たとえこれらすべて——土地利用の上での浪費——は会社にとって宣伝となるにしても，ミースはこのテーマを遂行することを拒否せず，それを唯一の正しいやり方，量的な例外を質的な例外に，巨額の金を絶対的な完全さへと置き換えることによって行ったのである。

その経済的な犠牲は無駄ではなかった。何故なら広場は建物をパーク・アヴェニューの交通から隔離し，来訪者にそれを静かに考えさせ，建築との平穏な関係を確立させたからである。選ばれた材料は，外面の耐久性と色彩的特徴を完全にもち続けることを保証し，設備の完璧なデザインは，施工途上や維持の途中での思いがけぬ欠陥によって建物の完全さが台無しになることがないことを保証した。同時代のどの建物よりもこれは多くの仕事の中で利用されるある意味でのプロトタイプであった。これは，工業のモデルにあり得るように，巨額の金が費されることを正当化し，この方法においてのみ，宣伝を求める意図は倫理的に受容可能にされ得る。何故なら，社会の注意が特殊な利益のために誘われ，代りに客観的な貢献，即ち社会の経験を豊かにし，未来の建築活動の改良に対する刺激となるであろうという貢献を受けとるからである。

最近の会話で，ミースはこういうの表現を用いている。「私は興味あるものでありたくない。よくありたい。」[32)]アメリカのパトロンは彼を興味あるものとみなし，それ故デザインの機会を与えた。彼は，彼らが好奇心と宣伝への欲求，あるいは何であれ外面的な動機によって魅きつけられたに違いないことを認めたが，彼の方では，彼らを厳格な道徳行為に関わらせ，彼らに，中庸と一貫性と明快さについての連続的な教訓を提供したのだった。それはかみそりの刃の上を歩くことであり，形式主義の危険は30年前のドイツ人の仕事にあったように引き続いて存在している。

しかし，今日の現実，特にアメリカの現実は，建築家に他のいかなる選択も残していない。事実，観念のレベルだけで議論を出発させることは不可能であり，事実について語ることが重要である。ノイトラはいった。「建築家は，他の芸術家のように，事物を示すことは出来ない。建築家は自分自身を他に向かって示さなければならない。」[33)]ミースの建物は，まさしく，アメリカの都市の中心部におかれ，常にあらゆる人に利用され得る沈黙の顕示である。

それらが履行されるために，最初の妥協がパトロン，施工者，社会それ自身とされなければならなかった。その困難さのすべては，建築的結果の完全な一貫性，完全性を目ざすことにより，そして必要ならば表現手段を非常に単純化することによって他の土俵で屈服しないことにあった。この試みは，完全なたゆむことのない関わりによってのみ，そしてミース・ファン・デル・ローエのような頑固な性格の持ち主によってのみ支えられ得たのであろう。

V 近代運動

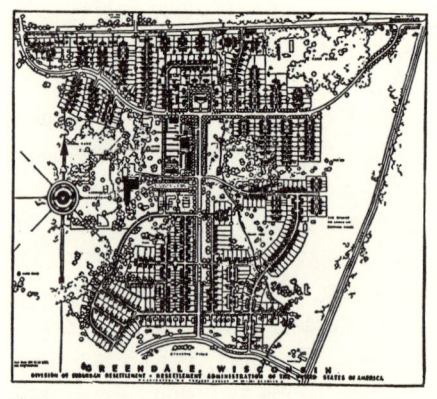

828図 ウィスコンシン州、グリーンデールの平面図

6. アメリカ建築の最近の発展

戦後の初めの10年間に、ヨーロッパ建築とアメリカ建築との違いについての絶え間のない議論があり、ヨーロッパ化された建築家のグループと純粋にアメリカ的建築家のグループの間の対立があった。

この問題は一連のアメリカの建築家達の声明をのせている『アメリカの近代住宅』(The Modern House in America, 1940年) と、ブルーノ・ゼヴィによる『近代建築史』(Storia dell'Architectura Moderna) の中で扱われている。ゼヴィは2つのグループのメンバーをあげている。第1のグループには、M. エイブラモヴィッツ、G. エイン、B. フラー、P. グッドウィン、W. K. ハリソン、F. キースラー、コッヘルとフライ、E. ストーン、それに移住者のP. ベルスキー、L. カーン、R. ソリアーノ、O. ストノロフらが含まれ、第2には、W. ウァースター、G. A. デーリー、J. E. ディンウィッディー、A. H. ヒル、F. ランゴースト、F. J. マッカーシー、G. F. ケック、R. ロイストン、F. ヴィオリッチ、E. ウイリアムズ、H. H. ハリス、H. P. クラーク、A. B. ダウ、R. V. ホール、V. ド・マースらが入っている。後者に欠くことの出来ないのはフランク・ロイド・ライ

トであって、彼は事実、建築における「アメリカ的」傾向を理論化したのだった。

この本の初版ではこの論争を説明し、それがいかに非合理的であるかを指摘した。われわれは、1920年から1940年の間に移住したヨーロッパの建築家の何人かの仕事について考察したが、それは、それらをアメリカの建築家の仕事と比較するためではなく、ちょうど「ニュー・ディール」が両者を、かつてなかった調整への努力へとかりたてた時に、地域文化に及ぼした彼らの影響を示すためであった。

ヨーロッパ運動のテーマに忠実に従えば、ヨーロッパ的成果のアメリカへの直接的な移植は受け入れ難く、そうではなく、真に広い心でアメリカ的問題に取り組むことが可能になった。ニュー・ディールの枠組の中で次のような革新をもたらした都市計画活動を思い出してみればよい。

a) 連邦再植民局が1936年以降実現したグリーン・ベルト：メリーランドのグリーンベルト、ウィスコンシンのグリーンデール、オハイオのグリーンヒル。それらは、ハワードの田園都市のモデル (それは既に、1928年にニューヨークの郊外にラドバーンを創設したC. シュタインによってアメリカに移されていた) に起源をもつものであるが、アメリカ人の生活方法に結びつけられてつくり出された新しい解決案が興味深い。自動車交通は歩行者の道を自動車道路から距てておくためにはより目の大きな道路網とブロックの大きさの増加——それはリクリエーション施設を含んでいる——を必要とする。

b) 同じ時、農場保障局が出資した農村：カリフォルニアのウッドヴィル (Woodville) とユバ (Yuba) 市、アリゾナのチ

18 アメリカの近代建築

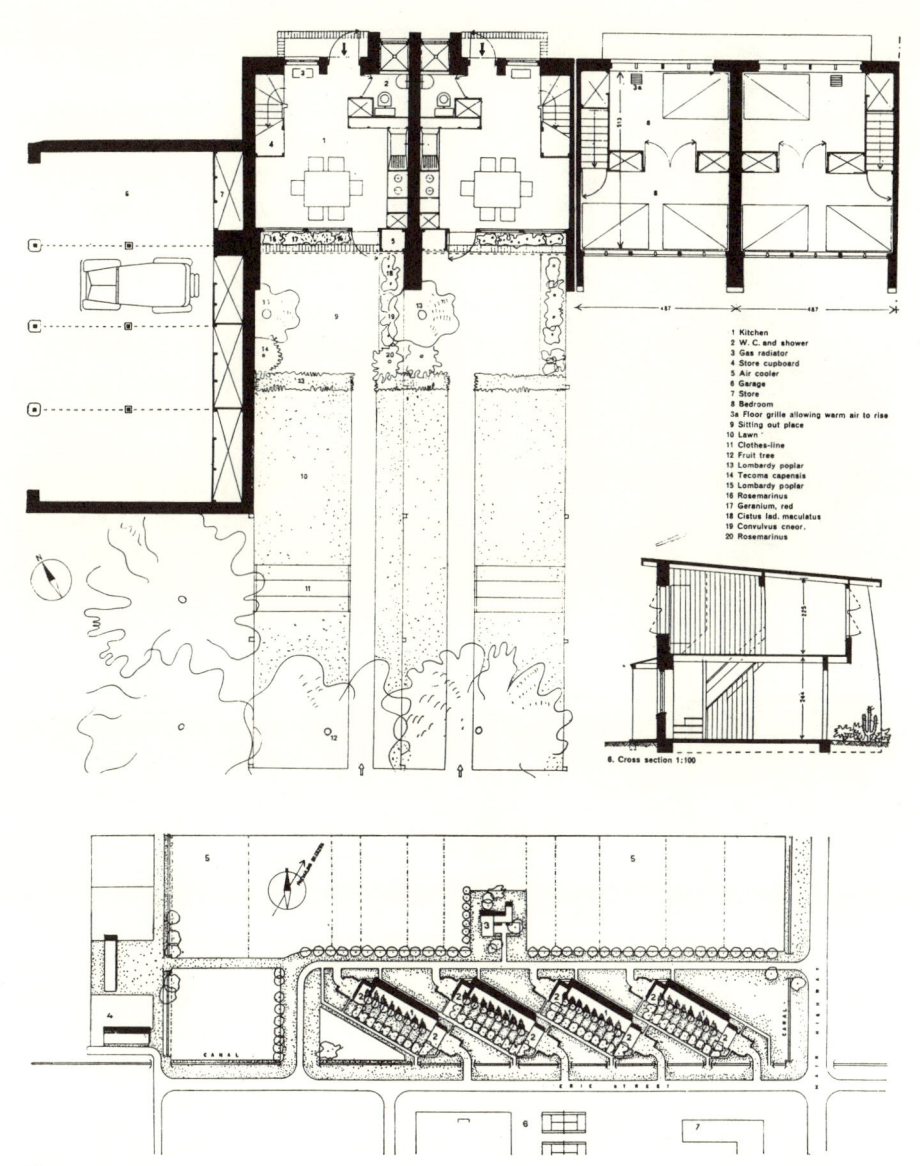

```
 1 Kitchen
 2 W. C. and shower
 3 Gas radiator
 4 Store cupboard
 5 Air cooler
 6 Garage
 7 Store
 8 Bedroom
3a Floor grille allowing warm air to rise
 9 Sitting out place
10 Lawn
11 Clothes-line
12 Fruit tree
13 Lombardy poplar
14 Tecoma capensis
15 Lombardy poplar
16 Rosemarinus
17 Geranium, red
18 Cistus lad. maculatus
19 Convulvus cneor.
20 Rosemarinus
```

6. Cross section 1:100

829, 830図　アリゾナ州，チャンドラー，ファーム・セキュリティ・アドミニストレーション村（B. ケルンスとV. ド・マルス，1937年，A. Roth 著，"La nouvelle architecture"――1940年――から）

ャンドラー（Chandler）（829〜830図）。計画者は，プレファブあるいは移動住宅あるいは他の地方の建築工法を利用しなければならなかった。チャンドラーでは，アドーブ（adobe，藁と土を混ぜたもの）が用いられたが，伝統的な建物の模倣はされなか

307

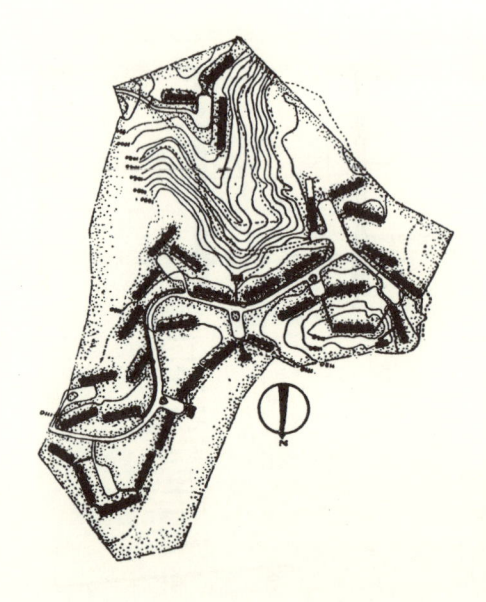

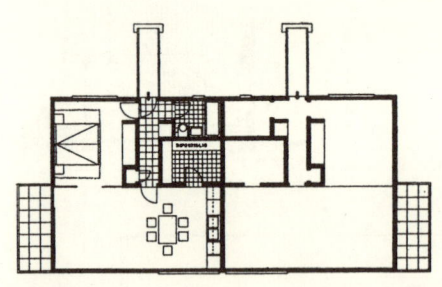

V 近代運動

の多くによってデザインされ，戦時中に建設された労働者村：そのような制約の多いテーマに取り組み，自分達の仕事の基盤を厳格に，機能的な分析におきながら，ウァースターのような彼らの中で最も形式主義的な者ですら，個人的あるいは民族主義的な野心は捨て，最善をつくした。

何年か後に見ると，ヨーロッパ的なもの，アメリカ的なものについての論争の馬鹿馬鹿しさは説明を要しないほど歴然としている。今日，アメリカのデザイナー達の活動を条件づけているものは，その出がどこであるかではなくて，それは建築家が現代のアメリカの現実に特有な性格が原因で充たさなければならない，具体的な要求における多様性，緊急性，急速な変化なのである。

戦争直後に既に明瞭に感じられたひとつの基本的な要求は，都市におけるビジネスセンターの復活のそれであり，そのビジネスセンターでは，ロマンティックな塔状の摩天楼に代って，新しい型の建物が，大きなオフィス・ブロックのために見出されなければならなかった。

最初の実際の機会はニューヨークの国連の建物であった。1947年，国連当局はいろいろな国からの顧問からなる委員会[34]をつくったが，その中にはル・コルビュジエが含まれていた。彼は他よりも2か月早くニューヨークに着いて，1月から3月にかけて計画を仕上げ，その後委員会で承認された彼の案は，事務局，会議場，3つの別々のブロックに分けられた総会場を収める提案で，最初の2つは互いに直角に置かれた「カルテジアン摩天楼」であった（834図）。ル・コルビュジエの提案はより完全な計画の先駆けであり，彼はそれを自分のやり方で進めたがったが，彼の努力は失敗し，実施計画は，ウォレス・K.ハリソン（1895～）とマックス・エイブラモ

831, 832図 ペンシルヴァニア州，ニューケンシントンの労働者村（グロピウスとブロイヤー，1940年）

った。何故なら，アドーブは外壁ではなく，木造でつながれた間仕切に使われるだけだったからである。それ故，その建築的結果は，近代的，合理主義的構成の中に組み入れられた構造法（例えば壁の端部の控え壁）から論理的に引き出された伝統的な引用のひとつである。

c) グロピウス，ブロイヤー，ノイトラ，サーリネン，ハウ，ウァースター，ストノロフら当時のアメリカの最高の建築家

18 アメリカの近代建築

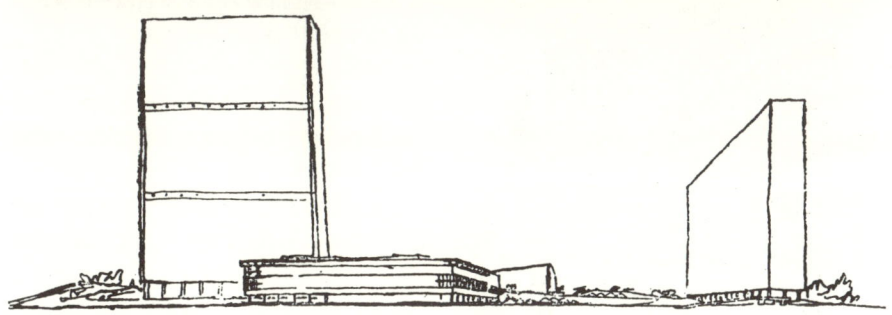

Ce dessin de la main de Le Corbusier a été fait le 27 mars 1947 au R.K.O.-Building, 21e étage, à New York
833, 834図　ニューヨーク，国連本部の実際（ハリソンとエイブラモヴィッツ，1948～1950年）と1947年3月27日のル・コルビュジエのスケッチ（作品集より）

ヴィッツ（1908～）によって1948年から1950年にかけて行われた（833～835図）。

　ル・コルビュジエは，摩天楼のスケールとそれぞれのオフィス・ユニットのスケールとの間の対比を，1938年のアルジェのためのプロジェクト，ヨーロッパのユニテ・ダビタシオンにおけるように，均一なファサードを適当に修正することによって柔げようとしたであろうことは確かであった。それに対して，ハリソンとエイブラモヴィッツはこの対比

309

V 近代運動

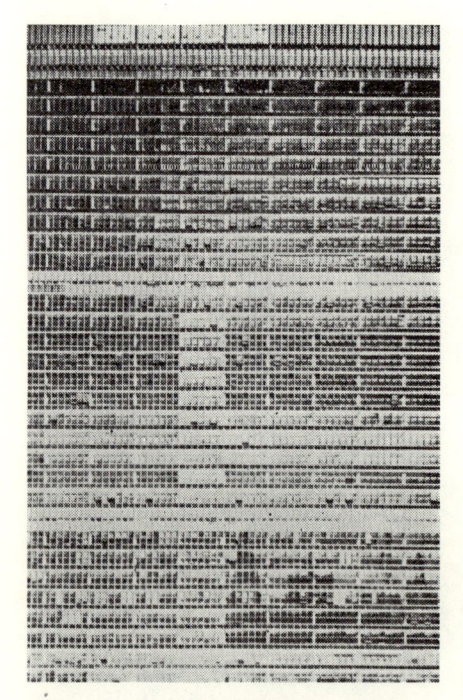

835図 ニューヨーク、国連本部のファサードの一部

836図 1955年の "Architectural Record" 誌に現われたA. ダンの挿絵。「結構——14時間の計画——だが全部さかさまじゃないか」

大なガラス面で、非常に小さなモデュールのくり返しからなっている——それは片面で2700回くり返されている。それ故、モデュールと全体との間、ヒューマン・スケールと建物のスケールとの間には何の比例的関係もなく、ガラスのファサード端部の固い壁と同様、2枚の板のように見える。その原因のひとつは、ガラスの緑色と光が金属のサッシュの細いデザインをぼやかしているからである。

その建築的解決は確かに図式的だが、ある意味では、それ以前のものよりずっと大胆で勇敢であった。というのは、それはヒューマン・スケールのモデュールの限りないくり返しから形成された近代的な摩天楼の問題を、伝統によって押しつけられた視覚的、比例的戒律に従わせることなしに、独断的に提出しているからである。パクストンのクリスタル・パレス——ちょうど1世紀前に建てられた——のように、文化的先入主の相対的な欠如が未来に一条の光を投げ、問題の新しいスケールに不適当であろうある習慣を再検査する必要を垣間見させたのである。

1952年、同じデザイナー達は、同じような考えを発展させて2つ目の重要な建物を建てた。それはピッツバークの ALCOA ビル[35]（837、838図）である。アメリカのアルミニウム会社によって建てられた摩天楼は、丈夫にするためにダイヤモンドのように刻み目をつけ、必要な所に窓の割け目を入れたアルミニウムのプレファブ化されたパネルで完全に覆われていた。個々のパネルの目立った明暗法は、1片1片の単純な並置という構成のプロセスをさらにはっきりとさせ、それがここでは子供の構築ゲームとの比較を思いつかせるほど率直で単刀直入である。さらに、全体はそれの要素自身とは何の関係もないそれ自身の法則に従っている。全体の大きさのためにパネルの大きさは消え、ファサードは、粗

面の切石の古い建物で起こるように，ダイヤモンドの尖端の光と影の交錯によってきらきらした何もない均質な色彩の面として見える。しかしここでは，パネルと全体との間に中間的要素はなく，テクスチャーのもつ意味から解放された全体の形態は，抽象的なダイアグラムのように，素直に読めるのである。

　この建て方はすぐに成功した。というのは，それが建物の価格，商業建築のコストとメンテナンスに関係したある問題に適当な解決を与えたからである。それは，アメリカ人自身が皮肉をこめて時折り描いている機械的な，さりげない性格を建築にもたらし（836図），ハリソンとエイブラモヴィッツによるソコニー・ビル（Socony Building）におけるように，ある装飾の実験にそれを役立てた。ここでは，ステンレスの規準パネルはその上に一種の円花飾りを印したが，それの無限のくり返しによって，モチーフは，それが伝統的に理解されていたように，即ち構成全体に対する立体的あるいは絵画的注釈としての本当の装飾ではなくなった。

　ミースもまたこの種の建物に貢献した。ALCOAビルでは生であったものがシカゴのアパートとシーグラム・ビルではより完全に探究され考え抜かれており，いろいろな要素の並置は，モデュールによる構成という計算されたプロセスとなり，大きな複合建築においてすら，厳格なコントロールを可能にした。

　このミースの研究は，アメリカの建設産業の多くがとった全般的な方向と相補的であった。この理由から，彼の経験は広く影響を与え，この10年間に建設産業のレベルを高めた。

　1950年から1951年にかけて，エリエルとエーロ・サーリネン（1910〜1961）はデトロイトのジェネラル・モーターズの技術センターを建てたが，ミースのモデュールによる構成

837図　ピッツバーグ，ALCOAビル（ハリソンとエイブラモヴィッツ，1952年）

を，未だもってそれに勝るもののないほどの厳格さで，巨大なスケールに適用した。

　有名な，スキッドモア・オウイングス・アンド・メリル社の作品は，ゴードン・バンシャフト（1901〜）がニューヨークのレヴァ・ハウスをデザインした1951年以後よくなった。

V 近代運動

838図 ピッツバーグ，ALCOAビルの外観

839, 840図　ニューヨーク，レヴァ・ハウス（SOM, 1952年）

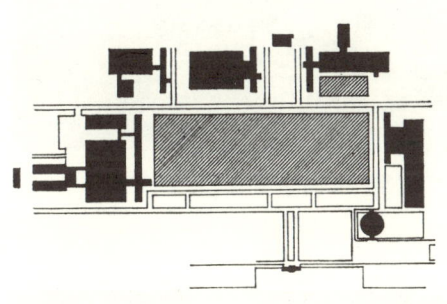

841, 842図　デトロイト，ジェネラル・モーターズの建物（E.&E.サーリネン, 1951年）

それは不規則な部屋が入っている低層部の上に支えられた18階の四角いブロックであった。これに続いて、デュッセルドルフのアメリカ領事館（1954～1955年）、シカゴのインランド・スティール会社（Inland Steel Company, 1956～1958年）、サンフランシスコのクラウン・ツェラーバッハ・コーポレーション（Crown Zellerbach Corp., 1957～1959年）、シカゴのハリス・トラスト・アンド・セーヴィング銀行（Harris Trust and Saving Bank, 1957～1960年）、ニューヨークのユニオン・カーバイト・コーポレーション（Union Carbide Corp., 1957～1960年）、ニューヨークのチェース・マンハッタン銀行（Chase Manhattan Bank, 1957～1961年）があり、チェース・マンハッタン銀行の60階建ては、マンハッタンのスカイラインに浮かぶ他の過去の巨大な摩天楼の中に突き立っている。しかし、同じ事務所による他のビル、例えばサンフランシスコのジョン・ハンコック生命保

V 近代運動

843, 844図　L.カーン，ブリン・マウア・カレッジの平面図，ペンシルヴァニア州（1960年）。M.ヤマザキ，ニューヨークのワールド・トレード・センターの模型（1968〜1971年）

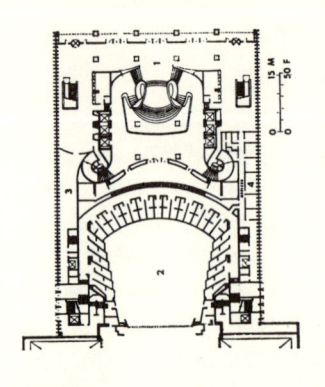

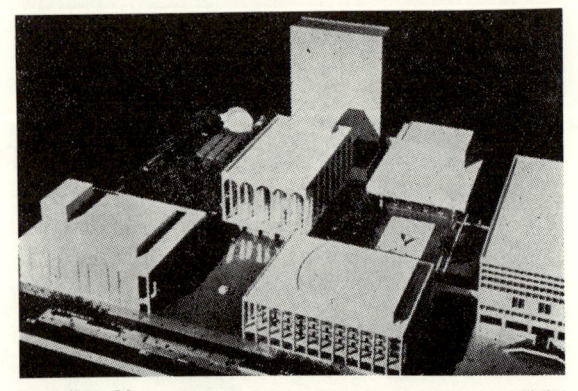

845, 846図　ニューヨークのリンカーン・センターの模型とM.エイブラモヴィッツのメトロポリタン・オペラハウスの平面図

18 アメリカの近代建築

847図 ボストン,高速自動車道の建設

険相互会社(John Hancock Mutural Life Insurance Comp., 1958～1959年)では,モデュールによる構成は曖昧な様式的な匂いによって悩まされている。

　実際に,モデュールによる構成は,1960年頃,最も理由なき装飾の発明への擁護としてしばしば用いられ,不可避的に過去の様式の引用へと転じていった。ハリソンとエイブラモヴィッツによるニューヨークのリンカーン・センター(845～846図)のコンサート・ホールとオペラ・ハウスにおいて,そしてスキッ

ドモア・オウイングス・アンド・メリルによる(これもまたバンシャフトによる)ブリュッセルのラムベルト(Lambert)銀行のデザインにおいてしかりであり,また,ミースの前の協力者フィリップ・ジョンソン(1905～)は,ネブラスカ大学のシェルドン(Sheldon)美術館とリンカーン・センターの劇場のデザインに古典的な形態を利用した。

　同時に,「カーテン・ウォール」の技術,即ち完全に軽量パネルでつくられたファサードの技術は普及し,商業化され,既存の建物

315

V 近代運動

848図 ミラー・コレクションのためにイームズによってデザインされた安楽椅子

の石造のものにまでも，外観を整えるために用いられる装飾になり下がってしまった。

このようにして，建築生産の全体を通して，モデュールによる構成法は，空間構成に影響を与えることなしに，ファサードの処理の単なるヴァリエーションになる恐れがあった。

都市計画に対する影響は伝統的な摩天楼が与えたものと変りがなかった。ガラスあるいは金属の新しい平行六面体は，狭い場所に混み合い，互いに消し合い，アメリカの都市の混乱を減ずるどころか，それを増したに違いない。

この混乱を説明するためには，国連ビルに関してのル・コルビュジエの議論を思い出せばよい。提案した建物のモデルを作品集の中で示しながら彼はこういっている「輝ける都市の一要素のニューヨークの格子型道路における出現」(834 図)。それ故，カルテジアン摩天楼は，伝統的な格子状と相容れず，それにとって代る運命をもつ都市計画の新しいコンセプトの建築的例示であった。

アメリカの格子型の生命力とそれを新しいレイアウトと置き換えることの難しさは，格子がこれまで，個々の敷地に建つ建物を互いに初めから無関係にする役割をしてきたという事実によっている。この基本のユニットがいろいろな企業の大きさに対応し続ける限り，建物がその形や大きさを変えても，この基本的な格子型は確固としたものであり続けるだろう。しかし，格子型は，本質的に敷地の形状と相反するようなもの，都市鉄道，自動車道，港，工業施設，同様な公共サーヴィス等が入ってくることによって危機を生んだ。これらのそれぞれは例外とみなされ，都市の古い構造のその部分を壊さなければそれらを設けることは出来なかった。しかし，今や例外が多くなり過ぎたので，それらは，前のものより目の粗いそしてより規則的でない新しい都市計画の骨組を形づくった。

現代のアメリカ建築の中心的問題は，古い都市構造から新しいものへの適宜な移行へ影

849図 土地に対する投機の漫意画（C. B. パーダム著, "Hou Sould We Rebuild London?"——1945年——から）

響を与える問題であり、それから、建物のデザインの領域におけるすべての結末を引き出す問題である。建物の要素のディメンションを全体のそれから解放するカーテン・ウォールの技術は、新しいスケールの計画に取り組むための不可欠の道具のひとつである。

これらの発展のびっくりする点は、物事が変るスピードであり、それは前の試みをくり返すいとまを与えず、文化構造の現状の中で、容認出来る結果を達成するための一連の集中的な実験が必要であった。

多分、アメリカ文化に行き渡っている焦燥、ポール・ルドルフ(1918～)、ミノル・ヤマザキ(1912～)のようなアメリカの最も有能な建築家の何人かの作品の不連続性や、時折りの全く新しい形態の追究は——ルイス・カーン(1901～1974)のある計画におけるように——ここに由来するのであって、彼らはユートピア的視点を示そうとは意図せず、気短かに事実の進展を期待したが、事実は、それに反して、常に芸術家の解釈に先んじていた。

毎日の経験の加速度的進展に対して、ポップ・アートの画家、彫刻家は、取り巻く世界のイメージや断片を記録することによって反発し、彼らの作品では存在のリズムから不動化され抽象されたものが、不安な、取り返しのつかない意味を露わにしていた。

しかし、われわれは、建築家達が、現在の人間のエネルギーの新しい分配をその問題に向けさせるよう自ら努力をするならば、もっと多くのことをなし得ると信じる。それ故、最初から問題を1人で解決することをやめ、協同するように努めるべきで、これが成功の望みを託し得る唯一の道である。

---

1) J. Gréber 著, "L'architecture aux Etats Unis"——パリ, 1920年——第1巻14頁
2) J. Gréber 著, 前掲書第2巻12頁
3) J. Gréber 著, 前掲書第2巻160頁
4) Le Corbusier 著, "La catastrophe féerique"………"L'Architecture d'aujourd'hui" 誌——1939年——第1号15頁
5) J. Gréber 著, 前掲書第2巻16頁
6) フイルー、ラインハルトとホフマイスター、コーベット、ハリソンとマクマレーらとの協働による。
7) R. Neutra 著, "Survival through Design"——O. U. P., 1954年——56頁
8) R. Neutra 著, 前掲書7頁
9) J. Ruskin 著, "The Lamp of Truth, XVI"………"Seven Lamps of Architecture"——ロンドン, 1849年
10) R. Neutra 著, 前掲書65頁
11) R. Neutra 著, 前掲書273頁
12) H. R. Hitchcock 著, "In the Nature of Materials, the Buildings of F. Ll. Wright, 1887—1941"——ニューヨーク, 1942年
13) B. Zevi 著, "Storia dell'architettura moderna" の10章（ライトの国際的な影響）参照。

そこには次のような見解がのっている。Mies van der Rohe の "F. Ll. W."——1940年, ニューヨークの近代美術館におけるライト展のカタログ——P. Johnson 著, "Mies van der Rohe" (ニューヨーク, 1947年)の195頁にのっている。E. Mendelsohn の見解………H. Vijdeveld 著, "The Life-work of the American Architect F. Ll. W." ——サンドポールト, 1925年。J. J. P. Oud の見解………"Holländische Architektur", バウハウス叢書——ミュンヘン, 1926年。また "Metron" 誌第1巻7頁の "Architettura e lavoro in collaborazione" も参照

14) F. Ll. Wright 著, "Architettura e democrazia"(1930年)——イタリア語訳, ミラノ, 1945年——141頁
15) F. Ll. Wright 著, "Architettura organica" (1939年)——イタリア語訳, ミラノ, 1945年——78頁
16) H. Bayer, W. Gropius, I. Gropius 共著, "Bauhaus 1919—1928"——ニューヨーク, 1938年
17) 同書5～6頁
18) 同書6頁
19) "Architectural Record" 誌, 1937年5月号………"Scope of Total Architecture"——ニュ

ーヨーク,1955年——3頁に再録されている。
20) W. Gropius 著, "Apollo in the Democracy" ——1957年, 6月5日のハンブルグにおけるゲーテ賞授賞式での講演………"Zodiac"誌1号, 1958年, 5頁
21) W. Gropius 著, "Blueprint of an Architect's Education" ——前掲書 "Scope of Total Architecture" 38～39頁
22) S. Giedion 著, "Walter Gropius"——1954年——の76頁で1947年3月2日 "New York Times" 誌に掲載された文章として引用されている。
23) Circolo Artistico di Roma で1956年4月11日に行われた会議での "Concetti di architettura"
24) J. ボドマン-フレッチャー, N.C. フレッチャー, J.C. ハークネス, S. ハークネス, R.S. マクミラン, L.A. マクミラン, B. トンプソン
25) P. Johnson 著, "Mies van der Rohe"——ニューヨーク, 1947年——191～192頁
26) 同書193～194頁
27) 同書194～195頁
28) 1943年には鉱物・金属研究所, 1944年には技術研究所, 図書館と管理棟, 1946年にはアルムニ記念館と冶金・化学研究所(ホラバートとルートの協働で), 同年, 化学棟が建てられ, 1950年にはガス技術研究所とアメリカ鉄道協会の中央研究所, 1952年にはチャペル, 機械研究所と建築・デザイン学科, 1953年には鉄道協会の機械研究所と学生会館(フリードマン, アルシュラー, シンシアーとの協働), その他1950年にはボイラー棟(サージェント&ランディとF. J. コーンネーカー), 1953年には教員と学生のアパート(ペース・アソシエーツと協働), 1955年以後ベイリー・ホール, カニングムホール, クラウンホール
29) ペース・アソシエーツとホルスマン, ホルスマン, クレカンプ, テーラーらとの協働で。
30) ペース・アソシエーツとホルスマン, ホルスマン, クレカンプ, テーラーらとの協働で。
31) ジョンソン, カーン&ジェイコブズらと協働。
32) "Conversation Regarding the Future Architecture"………Reynolds Metal Companyのために吹き込まれたレコードの中にJ. Peterによって収録されている(1956年)
33) R. Neutra 著, 前掲書344頁
34) オーストラリア:G.A. ソワルー, ベルギー:G. ブルンフォー, ブラジル:O. ニーマイヤー, カナダ:E. コルミエ, 中国:スー・チェン・リャン, フランス:ル・コルビュジエ, スウェーデン:S. マルケリウス, ソ連:N.D. バッソフ, イギリス:H. ロバートソン, ウルグァイ:ヴィラマイオ
35) ミッチェル&リッチーとアルテンホフ&ブラウンとの協働で。

第19章　第2次大戦後のヨーロッパ

　第2次大戦は，そのあとに，第1次大戦の時よりも大きな物質的破壊を残した。

　戦争の末期，その損害は深刻に見えたので，それの影響を受けた国々の復興を，長期にわたって妨げるように思われた。しかし，種種の理由——アメリカの援助，全般的な世界情勢の好ましい傾向，近代技術の進歩——によって，戦争に続いて経済の拡大が現われ，それは社会の大変化を，いくつかの国々ではその歴史始まって以来の深く，急激な変化を必要とさせた。

　文化の分野では，状況は第1次大戦後とは全く違っていた。第1次大戦で戦った国々は，何年か前まで，同じバランスの体系に属し，多くの共通な制度や伝統をもち，それらのいくつかは未だに残っている。しかし，第2次大戦の交戦国は，昔の宗教戦争におけるように，正反対の制度や伝統を代表していた。被征服国では政治的，社会的体制は打ち砕かれ，その後に無を残したのに対して，戦勝国では，政治的，社会的軋轢は尖鋭化し，根本的に全く別なものになろうとしていた。

　最初明瞭であった技術，政治，道徳の間の境界は今ではもはや認め得なくなった。何百万のユダヤ人の殺りくというようなある種の犯罪の大きさが政治的評価を超越し，最も近代的な戦闘手段に固有な破壊の可能性は，技術の領域を越えた責任を技術者に課した。直接的原因と間接的原因，意図的な原因と非意図的な原因との間の明白な結びつきは，すべての決定を困難にし，不確かにした。

　戦争が終った時，主な反動は，単純で幼稚な気晴らしとしてやってきた。その後，倦怠感が訪れ，基本的な問題を避け，直接的で眼に見える結果に満足したいという希いがやってきた。それは，現代の問題の重大さが要求する慎重な考慮にとっては不都合な状況であった。

　この章の範囲では，ヨーロッパ諸国における復興作業について，決定的な判断を与えること，あるいはそれをすべて見ることすら不可能である。ここではその時代の状況を明らかにし，将来の発展の可能性を示すより重要な事実のいくつかを説明するに留める。

1.　イギリスにおける復興

　100年前，最初の衛生法の時に起こったように，イギリスの都市計画の経験は，他のヨーロッパ諸国に対して，ひとつの例として，そしてまた刺激としての役割を演じた。

　1932年の都市計画法は，土地利用の変化に

関して，それが生ずることを妨げないが，そ
れが実際に生じた時にコントロールする権限
を地方当局に与えた。これらの変化は非常に
大きな利害によってコントロールされていた
が故に，当局がそれを抑制すること，個人の
活動を制限するような政治的な圧力となる決
定をすることが不可能であることがすぐにわ
かった。諸計画はゆっくりと，多くの困難の
中で行われた。1942年に，イギリスの国土の
僅か3％が施行された計画に基づくものであ
った。

この状況によってつくり出された問題は，
イギリスの工業と農業の機能的欠点——一部
はこれらの活動の地方への分布による——を
露わにした経済危機と，都市計画家によって
なされた執拗な批判が原因ですぐに明らかに
なった。ハワードは1928年に死んだが，彼の
アイディアは彼の弟子達，特にC. B. パーダ
ムとF. J. オズボーンによって受け継がれた。
昔の「田園都市と都市計画協会」は「都市と
田園計画協会」という名前となり，同じ名前
の雑誌をオズボーンの編集によって発行し，
それは現行の法則の改革の必要についての自
覚を促し続けた。さらに，1935年の田園都市
についての調査は，それの正当性を確かめ，
この実験[1]の拡大を推奨したが成功はしなか
った。

この危機は，政府をして以前より強固に経
済生活に介入させ，1世紀以上続いた自由企
業の原則を放棄した。こうして，都市計画の
分野でも，より強圧的な行動の前提がつくら
れた。

1937年，産業人口の分布を研究するため
に，M. バーロウ卿を委員長とする王立委員
会が設けられた。その目的は次のように説
明されている。

「大英帝国の産業人口の現在の地理的分布
に影響する原因，及び未来における変化の
方向を調査すること，大都市あるいは特定
地方に産業及び産業人口を集中することに
よってどんな社会的，経済的，戦略的不利
が生じるかを考慮すること，どんな改善手
段が国家的関心の中でとらるべきかを報告
すること。」[2]

報告書は，1940年，20冊の資料といっしょ
に公表され，大都市の周辺の人口的，経済的
集中の不利を激しい言葉を用いて説明した。
それは，当局と現行の法律が都市の内部のパ
ターンを改めることは出来るが，その成長
を調整することが出来ない故に，治療に役立
たないことを確認した。そして，建築用地を
コントロールし，——都市の中心の分布を正
すのに適した技術的解決案のひとつとして
——新しい都市の形成あるいは好ましい状態
での既存の都市の発展について勧告を行う中
央当局の設立を提案した。

この報告書は，もし戦争が間に入らなけれ
ば，単なる理論的な勧告に留まったかも知れ
ない。ロンドンとコヴェントリーの大空襲
は，新しいイギリスの都市計画法の成立にお
いて，ちょうど伝染病が1世紀前最初の衛生
法の成立にはたしたのと同じ役割を演じた。

ロンドンをいかに再建するかについての議
論のさ中に，王立委員会によってなされた仕
事を完成するために，2つの委員会が任命さ
れた。第1の委員会はスコットを委員長と
し，地方における土地利用を研究し，第2の
委員会はJ. ウスワットを委員長とし，建築
用地の利用の都市計画的コントロールを支配
する緊急な補償の問題に対する解決案の作製
に当った。

2つの報告書が1942年に相次いで公表され
た。[3] スコット委員会は，農業が産業都市の
周辺部の無思慮な発展によって深刻に脅かさ
れていることに注目し，農業用地に対する産
業活動の分布の，計画による規制の必要を再

V　近代運動

850, 851図　C.B. Purdom の前掲書挿絵から2つ

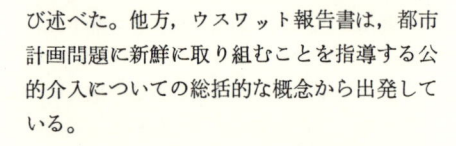

び述べた。他方，ウスワット報告書は，都市計画問題に新鮮に取り組むことを指導する公的介入についての総括的な概念から出発している。

「われわれが推論の基礎として考える都市計画概念は，世論も法律もまだ認識していない幅をもっている。それの適用は，この国の内政における具体的で永久的な要素を構成しなければならず，コミュニティのそして個人の利益で土地の最良の利用を得ることをめざさなければならず，個人の利益と土地所有者の欲求の，公益に対する従属を意味する。この都市計画概念の全面的な受入れは復興政策にとって真に重要である。何故なら，国の諸活動のすべての局面は，最近の分析では，その土地についてなされる利用法によるからである。人口密度が大になればなるほど，限られた土地が重要なサーヴィスを供給し得るよう，この利用がよりうまくコントロールされなければならない。社会の組織がより複雑になればなるほど，土地の利用のコントロールは公共の利益のためにより厳しくされなければならない。」[4]

建築用地の利用についての公的なコントロールの手段に関して，ウスワット報告は，前者のように，これらの変更によって生み出された価値の増加が，個々の土地所有者ではなくコミュニティに還元さるべきだという考えから出発し，補償価格は1939年の土地の価格を参照して決定さるべきであることを提案した。いずれの報告書も，建築用地の完全な国有化の必要について明らさまには表明していないが，暗に未来の法制の目標としてそれをおいていた。

一方，ロンドンの開発計画についての作業

は進行していた。1942年，MARS グループはプロジェクトをつくったが，5) それは都市の構造の連続性を，グリーンベルトで分け，テームズ川に沿って走る歴史的センターや工業地区を通る主軸の交叉によってつなげられた一連の地区に分解した。1943年，ロイヤル・アカデミーは，レイアウトの形についての伝統的な考え方に合ったセンター計画を発表した。しかし，1944年，LCC（County Council of London）は，アーバークロンビーとフォーショウによる計画6)を仮りに採用した。これは，幾何学的な規則性についての考えや既に建設されている地域へのあまりにも基本的な干渉から適当な距離を保ち，都市の範囲を越えた地方的スケールでの手段によってこれまで続いてきた集中のプロセスを逆転することを目ざした。

既存の地区についての詳細な調査に基づき，その計画はいくつかの同心円的なゾーンを区別している。

　a）中心円。それにはロンドン州のすべてが含まれ，過密が特徴となっている。このゾーンは40万の人口を他へ移すことによって次第に人口を減少すべきである。

　b）郊外円。これの密度は多過ぎることはないが，再編成と適当なアメニティの供給を必要としている。

　c）グリーンベルト。既存都市を取り巻く広い緑地で，現状のまま何も建設しないで残すべきである。この考えはハワードから来たもので，今後，ロンドンの成長をコンパクトな組織体として制限する意図を示している。

　d）外周円。そこでは，新しいセンターが，ベッドタウンの形でなく新都市として，それらが生きるに充分な大きさで発展することになる（853図）。

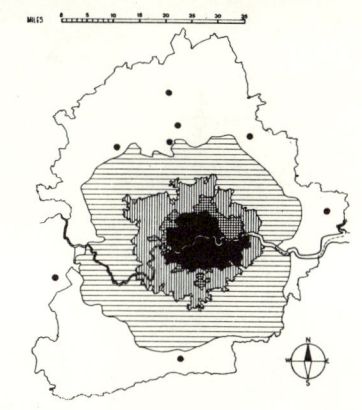

852, 853図　アーバークロンビーとフォーショウの1943年のロンドン計画。内側から，ロンドン郡，インナーリング，郊外リング，グリーンベルト，ニュー・タウンをおくアウターリング

道路網は，中心円の中につくられた内部環状線，グリーンベルトと外周円の間の外部環状線に集まる高速放射状道路を基としている。この新しい計画の成功は社会の認容にかかっていると信じられていたが故に，その底にある考えを知らせるためにあらゆる手段を講じ，展示会，討論，広報が急増した7)（852図）。

そうこうするうちに，新しい中心的な計画機関が設立された。1941年，上院で，チャーチル政府は，都市計画活動を調整する中心機関をつくる意志を明らかにした。1942年，厚生省の機能は社会事業省に受け継がれ，それ

V 近代運動

は事業・計画省という名になった。最終的には，1943年，都市・地方計画省が設立された。

同じ年，新しい計画の準備期間内に仮りの法律がすべての建設活動を新しい省の認可に従わせた。1944年，もうひとつの法律が戦争の被害に苦しむ地域の復興事業，あるいは土地の利用が現代の要求にもはや合致しない地域の開発を遂行するのに必要な土地を，当局が強制的に買収することを認めた。

1945年，労働省が発足した時，都市計画にさらに，決定的な刺激が与えられた。秋に，新しい都市計画相，L. シルキンは，次のような仕事をもつニュー・タウンのための委員会を任命した。

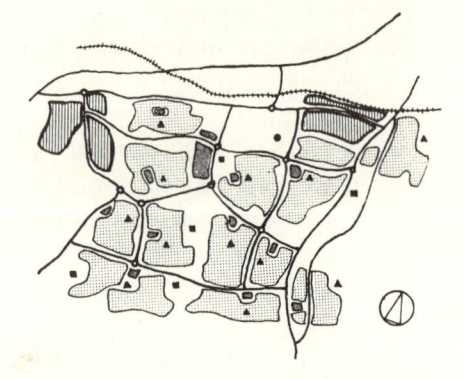

「密集した都市地域からの計画的な分散政策の推進において，ニュー・タウンの振興で生じる設立，発展，組織化，管理の全般的な問題を考慮すること。それに応じて，

19 第2次大戦後のヨーロッパ

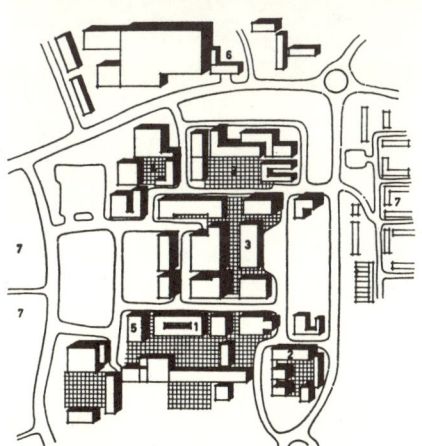

1. センター
2. オフィス
3. 商店
4. リクリエーション施設
5. 教会
6. 消防署
7. 住居

854〜857図　ハーロー・ニュー・タウンの一部（Ll. Rodwin 著，"The British New Towns Policy"――1956年――からの図）。（855図）
点々の部分―住居地域，縦線の部分―工業地域，格子部分―商業センター，△印―小学校，□印―中学校，―○印高等学校

325

V 近代運動

858～860図 ロンドン周辺のニュー・タウンの姿：ハーローの住居地域，ヘメル・ヘンプステッドのセンター，クローレイの工業地域

都市が自足のバランスした生活のためのコミュニティとして設立され発展させられるための指導原則を提案すること。」[8]

この委員会の迅速で効率のよい仕事は，1年もたたない1946年の8月1日，ニュー・タウン法を通過することを可能にした。それぞれのニュー・タウン[9]（854～860図）に対して，地方自治体から独立し，中央当局に密接につながった適切な団体が設立された。それは開発公社（Development Corporation）で，土地を取得し，それの利用法を確立し，

19 第2次大戦後のヨーロッパ

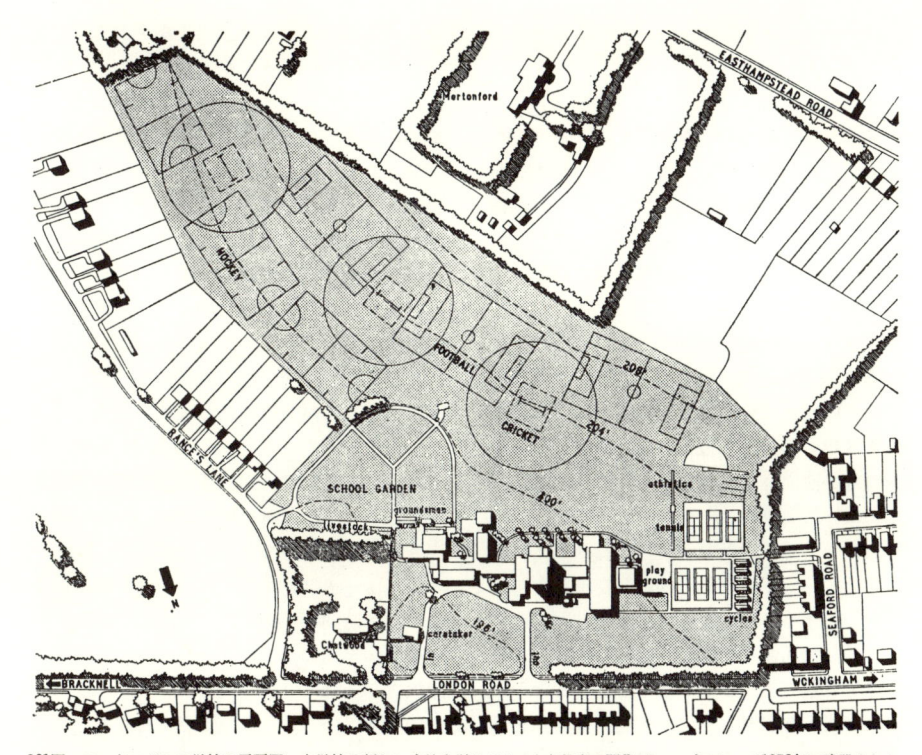

861図 ワーキンガムの学校の平面図．中学校の新しい方法を試みるため，文部省の開発グループによって1952年に建設された

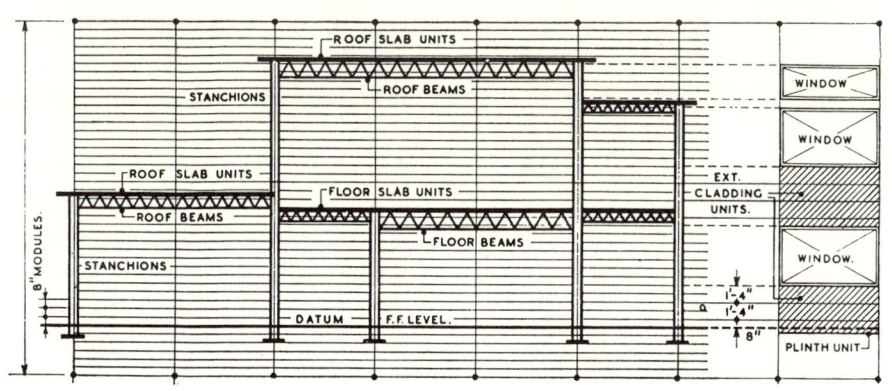

862図 ハートフォードシャー，C. C. によっても採用されたヒルズのプレファブ計画図

基本的な施設を建設し，補助住宅地区を実現するために1936年の住宅法によって提供される補助を得る資格を与えられた。これらの組織は完全に地方当局に代ってニュー・タウンに生命を与える仕事を行ったが，それらは仮りのものとして考えられ，それ故，恒久的な

327

公共サーヴィスをコントロールすることは出来なかった。

それまで、それはあるゾーンに関わり、緊急的な性格をもつ特殊な手段に関する問題であった。1947年、新しいイギリスの都市計画法が通過しこの循環過程は終った。これは国中にわたって計画の方法を統一し、すべての緊急的な手段を通常の行政の軌道に再吸収する準備をした。

イギリスの伝統に従って、その法令は都市計画の仕事を地方当局に残したが、この仕事を多くの団体に分け過ぎないように、計画の作製は州会議、即ち最も広汎な地域に権限をもつ地方諸団体に委ねられた。これはまた一緒になってより広域の計画のために連合計画委員会をつくり、計画が実際に行われる時には、それらは下部団体、地区及び市議会に権限を委任することが出来た。都市計画省はすべての計画活動を指揮し、認可し、そしてそれはもし地方当局がその義務を避けるならばそれに代る権限をもち、中央土地委員会を通して、土地に関するすべての財政措置をコントロールし続けた。議会は、既に労働党の選挙公約の中に含まれている土地の完全な国有化の考えには同情的でなく、土地所有者に対して補償額を土地の時価に従って固定し、この目的のためにイギリス全土にわたって全体で4億ポンドをとっておき、価値の潜在的増加の損失を5年間内に補償する用意をした。この価値の増加は、すべての未来の事業の遂行に対して土地所有者によって払わるべき税金で相殺された。

この法令は以前のものよりはるかに進歩したものであったが、種々の欠陥ももっていた。それは補償を決定する基準も、当局のその後の決定に関わる開発税問題もはっきりさせなかったし、都市計画省とやはり計画の問題に重要な決定権をもつ他の省庁、例えば、道路を管掌する運輸省、新しい産業の設置を管掌する通商省、軍事施設をあずかる国防省などとの間の関係を解決しなかった。

計画の実現とニュー・タウンの建設は、特に初めは急速に進展した。1954年の末には、予想される人口の半分がロンドン周辺の7つのニュー・タウンに定住した。1951年、保守党が政権に復帰した時、労働党政府によって始められた事業のどれも放棄されなかったが、それらの意味は部分的に変えられた。土地価格の増加の還元の機構は1953年に改正され、それ故、開発公社の保護の下でのニュー・タウンの特別な性格は強められた。さらに、都市計画のプログラムが徐々に現実となるにつれ、それは一連の建築的問題を生じさせ、その解決は試行錯誤によって徐々に見出されなければならなかった。この理由から、ニュー・タウンのイメージは正確に出現するのに時間がかかり、オスマンの改革後の最初の10年間のパリの場合のように、不安な印象を与えた。

1952年以後、これらの難点に対して、都市のランドスケープについての論争が加わり、それはイギリスにおける最近の都市計画思想を特徴づけているが、それについては後にさらにふれる。

戦争が終るや否や、全般的な都市計画プログラムに沿って、ある他の分野のプログラムが発展したが、それの最も主要なもののひとつは学校に関するもので、それは学校終了年限を15歳に上げた1944年の教育法にその根をもっている。

1945年から1955年までの間に、生徒数の合計で180万人になる約2500の学校がイギリスに建設された。この計画もまた、特別な技術部署を通して全般的に計画施策を行う州によって運営された。これらの中でハートフォードシャー州議会のそれは、非常にうまいプレファブ・システム（鉄骨構造体と、鉄筋コンクリートによるスラブと壁のパネル）をつ

くり出したチャールズ・H．アスキン (1893～1959) によって運営され，大変な数の立派な小学校，中学校を建設して，特に目立っていた。

建築家の仕事は，いろいろな機能，教育的なものもリクリエーションのそれもイギリスの小学校に付与した教育学者の仕事に基づいている。それ故この分野でも，イギリスの経験は他の諸国に対するモデルとして役立った。

イギリスの技術者や権威の最大の長所は，彼らが戦後の復興を自足的な問題として考えず，全体の計画の過程の不可分の部分として考えたという点である。この理由から，ある部分的な失敗は別として，イギリスの経験は非常に方法論的な重要性をもち，世界中を通して異常な関心で追従されたのである。何故初期の目的が必ずしも常に完全に達成されないかの理由についての議論もまた広い関心の的である。

政治家は都市計画における決定の意味を過小評価したが，それは社会生活の構造の基本的な改変，イギリス社会のバランスが1世紀半にわたっておかれていた基本原則の変化を意味したのである。

その実験の生育の可能性は，まさに，都市計画的施策が産業革命の開始以来初めて技術的経済改変の後に起こらず，いろいろなやり方で現実にそれに先行したという事実に帰せられるものである。これは，ある意味で伝統的な難問の裏返しである一連の難問を引き起こした。これらの難問は，さらにイギリスの建築思想を刺激し，特別な理論的，実験的努力を生み出し，それが今日なお実を結びつつあるのである。

2. スカンジナヴィア建築における連続性と進歩

もしもイギリスの経験が他の諸国における都市計画のかけがえのないモデルであるならば，戦後のスウェーデンの実験は，建物のデザインに関する限り，同様な模範的価値を獲得した。

戦争中中立を守ったスウェーデンは戦争の被害を体験しなかったし，その建築生産は住宅危機を生み出すほどに低下もしなかった。このように，この国は，他で生じた災難，即ち復興と計画との間の対立からほとんど完全に逃れた。反対に，戦時の小康はスウェーデンに対して戦後期に，主要都市における都市計画的改造についての広汎でうまく整理されたプログラムをつくる時間を与えた。

1948年の都市計画法は，1年前のイギリスのそれのように，地方当局に，5年毎に改正される全般的な都市計画と細部計画に従って，すべての建設企画の時間と場所を決定する権限を与えた。その法令は公共用の土地についてのみ強制買収を許したのに対して，建築用地は自由市場で得られなければならず，それは個人あるいは建設関係者に60年間貸与することが認められていた。だが，大都市は以前から農地価格で周辺の土地を買収した。1904年にそれを始めたストックホルムは，1952年までに1900ヘクタール即ち19世紀の中心部の外側の建築用地の大部分を所有していた。

新しい建物に対してはある部分は市の建設協会，ある部分は協同組合，ある部分は個人の関係者が出資した。初め困窮者階級のための住宅に出資するのを控えていた国は，今や，建築生産を増し，建築コストが戦前の2倍以上になったが故に上昇した家賃をコントロールするために，大多数のスウェーデンの建物に対する大規模な促進計画と部分助成を開始した。

都市計画が詳細にわたると，市の担当部署，建築家，建設団体の間の関係は複雑で，

V 近代運動

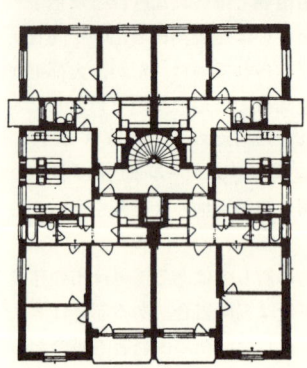

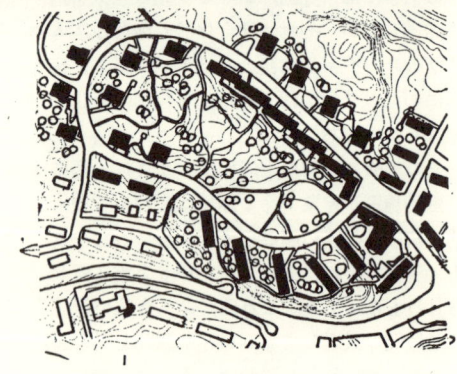

863, 864図 ストックホルム, リディンゴのトルヴィクス地区(アンカー, ガーテ, リンデグレン, 1943～1946年, "Urbanistica"誌の平面図から)

計画はしばしば提案の交換のくり返しを生じさせた。この組織に難点はなくはなかったが、それは、問題になっている利害関係のバランスによって暗に決められたある基本的な姿勢の問題を脇におき、基本的姿勢よりもディテールに議論を集中させることによって建築文化のエネルギーを、最も有効なやり方で利用することを可能にした。

このようにして、スウェーデンの都市計画は、社会的、政治的、経済的要求の幸せな恐らく束の間のバランスのお蔭で、建物構成の領域で本質的に発展し、都市計画家に対して

865図 ソルナの学校のホール（N. テスクとL. M. ギエルツ，1945年）

要求された決定は，内容よりも形態に関するものであった。多くの多様で互いに相反した形態的実験もまた，それらが安定した組織をもっていたが故に行い得たのだった。

ネオ・エンピリシズム (Neo Empiricism) 的傾向が発達したのは，戦争直後のこの雰囲気の中においてであった。ネオ・エンピリシズムの定義はイギリスの批評家，E. ド・マレのもので，彼は1941年スウェーデンの建築について次のように触れている。

V 近代運動

866〜868図 コペンハーゲン近くの高密度地区（ベラホイ，1951年）と低密度地区（ショレリョド公園，N. & E. コッペルのデザイン，1954年）

つくられるのだという意識があった。しばしば若いスウェーデンの建築家の口にのぼる≪自然な≫という言葉はこれに対するアプローチに手がかりを与える………彼らは尋ねる。何故壁面を完全にガラスでつくり得るということを示すためだけに窓を必要以上に大きくするのかと。伝統的な材料が充分役立ち，好ましいテクスチャーと色彩を同時に与えるのに何故それを避けるのかと。強く望んでいる装飾を避けるために何故空想を禁じなければならないのかと。

計画はより自由になり，紙の上のパターンよりもより形態的なリアリティに関わるようになった。窓のあけ方もまたより自由で，窓は必要が示す場所と大きさに，パターンがよくなるようにつくられた。土着の伝統的な材料，特にレンガと木材が用いられた。住宅においては，心地よさが復活しつつあり，洗練されたデザイナー達にはいろいろな種類の家具を混用する傾向があった………建物は注意深く敷地やランドスケープに融合され，花や植物はデザイン全体の一部にされている。」[10]

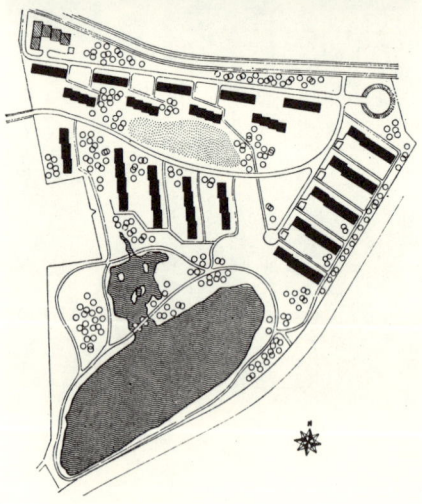

「全体として，それはあまりにも厳格過ぎる形式主義に対する反動であった。基本的な実験の最初の興奮は過ぎ去り，日常的な常識への復帰が甦った。そこには，建物が冷い論理のためにではなく，人間のために

明らかに，この叙述はスウェーデンの作品のすべてを特徴づけてはいなかった。そこに

19 第2次大戦後のヨーロッパ

は，スヴェン・マルケリウス（1889〜）の厳格な追求からラルフ・アースキン（1914〜）の装飾的実験に至るまでの幅広い様々な傾向が存在していた。外国でこれを見る者に，スウェーデンでは当り前に見えても他の多くの国では生き生きとしたものに見えるスウェーデン建築のイメージを生み，それらの国々でそれは復興の最初の段階に注目すべき影響を与えたのだった。

この事実について考える時，問題となっていたものが単なる形態的選択ではないということを心に留めなければならない。スウェーデンの建築家達は，全体的に，好ましい状況の下で働いていた。彼らは社会が彼らに欲するものを正確に知っており，彼らは適切な技術的，財政的手段によって働き，そしてまた彼らはよき都市計画の枠組の中で，それ故，適宜な時間と場所で地区を建設した。これらは勝ちとるべき理想ではなく，少なくもある期間得られた状況であった。何よりも構成上の秩序という利益が残り，建築家は，古き日のように，己が仕事に戻ったのである。

しかし，戦争を経た国々では，このバランスは多くの前段階的な障害，つまり政治的，社会的目標の不確かさ，資金と技術手段の不足，都市計画的規律の欠如等によって妨げられた。ここに，これらの障害が容易に解決されたように見えるスウェーデン建築の魅力があったのである。

それ故，最初，関心は方法ほどには形に対して集まらなかった。多様な形態的実験が注意を引いたが，それは内容の安定性を示していたからである。しかし，形態と内容の密接な関係は，実質から表現へと移行し，これらの形態をくり返すことによって，それに対応する内容もまた再製されるという盲目的な確信が生まれた。

だが模倣は根源的な矛盾によって無効とされた。文化の条件の相違がスカンジナヴィア建築の形態を望ましいものにしているのであるが，それはまたそれを他の場所で順化させそれ自身の生命を続けさせることを妨げたのである。

スウェーデンとは違ってデンマーク，フィンランドは戦争の被害に苦しみ，彼らはそれを緊急計画で回復させなければならなかった。しかし，経済社会的類似性，高水準の技

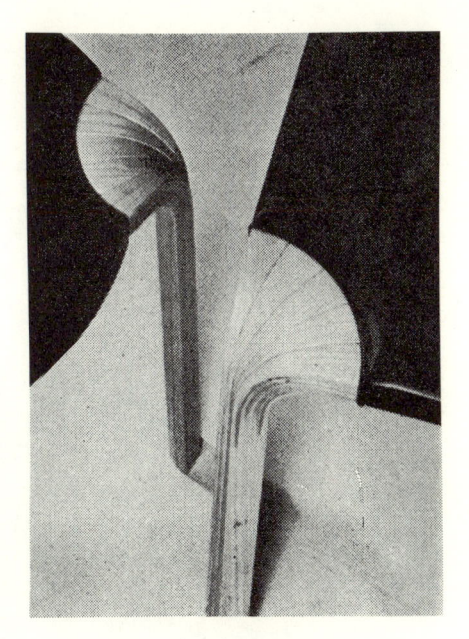

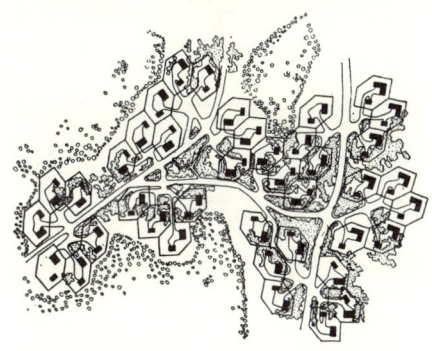

869，870図　A. アアルト，アルテクのための家具，ロヴァニエミ計画――1945年――の一部（"Werk"誌から）

V 近代運動

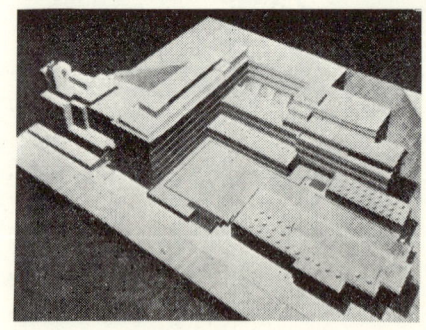

871〜873図 ヘルシンキ，年金局の事務所（A. アアルト，1954年）

術教育，スウェーデン・モデルの影響は最初の相違を数年後にはぼかしてしまった。

ここにもまた，戦後の10年間の建築作品における基本的な均一性が存在した。ネルス，エヴァ・コッペル，J. ウッツォン，H. & K. シレンのような最年少のデザイナー達の仕事は，K. フィッシャーのようなより古い人のそばに当然のように並べられた。

この均一な建築作品の中に，既に有名な巨匠達，例えばアアルトやヤコブセンの仕事も同じように並べられた。

戦争が終った時，アアルトは既に世界的な有名人であった。1939年のニューヨークの万博のパヴィリオンで成功した後，彼はアメリ

334

19 第2次大戦後のヨーロッパ

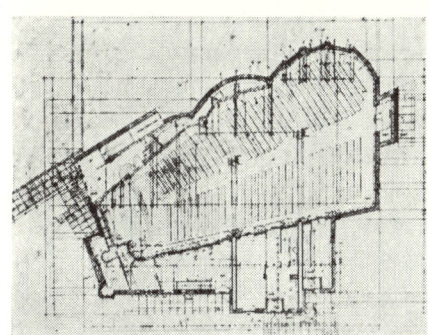

874〜876図　イマトラ，教会（A. アアルト，1958年，"Casabella"誌の図面から）

カへ招待され，マサチューセッツ工科大学で教え，1949年にはうねったプランをもつ有名な学生寮を建てた。それにも拘わらず，ドイツの巨匠達と違って，彼は自身をアメリカの環境に適合させず，ボストンの建物は，素晴らしいプランではあるが，パイミオやヴィープリの傑作のレベルには達しなかったが，それは全体の考えが，最終的なディテールで，説得力をもっていず，それが弱く無神経ですらあるからでもある。

また，アアルトはフィンランドにおけるいろいろな都市計画〔1942年のコキメキ（Kokimäki）谷の地域計画，1945年のロヴァニエミ（Rovaniemi）の復興計画（870図），1942年

335

V 近代運動

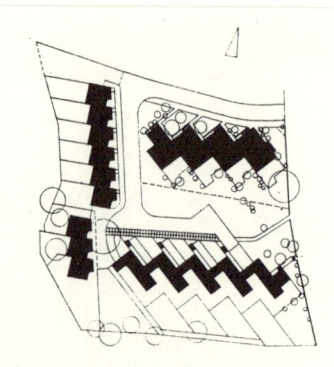

877, 878図 コペンハーゲン近くのソホルムにあるヤコブセンの集合住宅（1950～1955年，この写真は1950年のもの）

から1949年までのセイナッツァロ（Säynätsalo）島の計画〕を行い，1950年以後は一連の素晴らしい建築作品〔即ち，セイナッツァロの役場(1949～1952年)，ヘルシンキの店舗とオフィスの「ラウタタロ」（Rautatalo, 1953～1955年)，「年金協会」（1954～1956年)，そしてこれもまたヘルシンキの「文化の家」（1954～1956年）（871～873図)〕を生んだ。

これが恐らくアアルトの最も輝しい時期であった。彼の故郷の環境との完全な同化が個人主義者としての彼の限界を支え補った。彼がヨーロッパの有機的建築派のリーダーと考えられた1950年以前，彼がもし彼のスキームのあるもの——例えば，ボストンのドミトリーからガラスの花瓶までいろいろなスケールで適用されたうねった線——をくり返すことに喜びを感じたとするなら，その次の10年間では，彼はすべて単純化を放棄し，新しい形態を発明する感覚的能力を失わず彼の取り組む主題の要求に強く執着した。より最近の彼の作品——1958年のイマトラ（Imatra）の教会（874～876図)，1961年のヘルシンキの「エンソ・グートツァイト」（Enso Gut-zeit）と彼が外国でデザインした建物即ちブレーメンのアパート，ウォルフスブルグのリクリエーション・センター，パリ近くのカレ（Carré）邸等——については同じことはいえず，そこ

では彼の予見的なプログラムに対する情熱，ディテールに対する集中の減少が再び建築的効果を弱めている。

ヤコブセン——戦争中スウェーデンに住み，応用芸術に専心した——は自分の国へ戻った後，主として住区センターをデザインし〔1946年のイブストゥパルケンⅡ（Ibstupparken Ⅱ)，1947年のゲントフテのイエーゲルスボー（Jaegersborg)，1934年のベラヴィスタ（Bellavista）の隣りの1950年のソホルム（Soholm, 877～878図)，1951年のロドヴレのイスレヴヴェンゲ（Islevvaenge)，1952年のゲントフテのアレフセネ（Alléhusene)〕，そこではエンピリシズム的レパートリーは，明らかな幾何学的抽象性に対する好みで単純化されている。しかし，ヤコブセンによってとられたコースはほとんどアアルトによってとられたものの正反対であった。彼の故郷の環境に対する初期の信頼は次第に色褪せ，不安感が表面に出，それが1952年以後，デンマークの伝統との決定的な争いの中で他の実験へと導いた。この状態は1952年のゲントフテ（Gentofte）の学校で始まり，そこでヤコブセンは普通の分節された有機体を放棄し〔それを彼は何年か前ハービイ（Harby）の学校で用いた〕固いプラン形を採用し，それが彼の固い内外の空間を厳めしく構

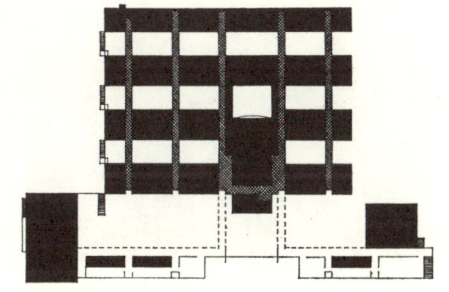

879〜881図　コペンハーゲン，ゲントフテの学校（A. ヤコブセン，1952〜1956年）

成させた（879〜881図）。

彼の作品のその後の発展については最後の章で触れる。

3. ソ連における復興

戦争の末期には，以前の経験から生まれた原則はある種の法規[11]の中に同化され，それが破壊された都市の復興のためのガイドとして役立った。

パーキンスによると，これらの原則は，

　a. 都市の大きさと人口は，発展全体のプログラムに従ってあらかじめ決められなければならない。

　b. 建物の配置はすべての基本的なサーヴィスや公共的アメニティの配置といっしょに計画されなければならない。

　c. 都市と村との差異は，大小のセンターの間のまた都心と郊外との間のコミュニケーションを容易にすることで除かれなけ

V 近代運動

882〜884図　モスクワ，スターリン時代の建物：ノヴォーペシャナヤ通り，コモスモルスカヤ通り，ソ連建築アカデミーによってデザインされたプレファブ住宅

ればならない。衛星都市案を拒否する。

　d.　住宅ゾーンのための基本単位は，約6000人の大型ブロック（kvartal）となり，学校，保育園，商店，遊び場，郵便局，レストラン等がおかれる。

　e.　公共サーヴィスの概念は，住民の政治的，経済的，リクリエーション的，美的要求を満足させるためのすべての施設を含むということである。

　f.　すべての都市は，それ自身の規準，それ自身の個性の尊重によって計画されなければならない。

　g.　近代的技術や材料にうまく適用させながら，ロシア建築の伝統的様式を尊重しなければならない。

　h.　住宅とその要求は他の何よりも優先さるべきである。

　i.　都市計画と建築は社会主義リアリズムの原則に従わなければならず，議論は，適当な組織の中で認められた批判，自己批判の形で行われなければならない。

　ロシアにおける建物の復興の大部分は，第4次5か年計画（1946〜1950年）の中で，従ってスターリン体制の中で実現された。初めから，その実施は中央当局によって厳格にコントロールされ，1943年には，建設問題委員会が人民委員会の中に設立されたが，その仕事は「ドイツ侵略者によって破壊された都市や村の復興における建物と都市計画に対する国家のコントロールを確実にすること」[12]であった。

　最初，建設は家を失った市民に出来る限り早く再び家を供給するために緊急的な手段と計画でむしろ行き当りばったりになされた。これらの建物の質の貧しさは監督官によって，特に建築問題委員会が1948年にまとめた全体調査[13]によってくり返し指摘され，すべての場合に，設計モデルを広く適用することによって正すべきことが決められた。このようにして，統計では1947年に建築生産の4分の1しか規格化されていなかったのに対して，1948年，それは60％に上り，同年，当局はすべての生産は以後当局によって決められた計画を規準としてそれにならうべきことを制度化した。ソ連建築アカデミーは計画の作製（882〜884図）を依頼され，建築問題委員

19 第2次大戦後のヨーロッパ

885, 886図　クラスニエ・ヴォロタ近くの摩天楼とカランチェフスカヤ通りのホテル

887, 888図　ソ連の再建，1958年のブリュッセル万博のソヴィエト館の絵

　会は，5大地方，即ち北部ロシア，バルチック州，南部ロシア，ウラルとシベリア，中央アジアとトランスコーカシア等の気候，習慣，技術力の差異を考慮に入れた50の住宅プランに加えて200の公共建築プランを認可した。[14]

　しかし，ロシアの復興を弱めた誤りは，計画の質の貧しさでも技術の貧しさでもなく，「様式」を，その後物質的要求に適用するために計画の固定した物質的要素として扱うことが出来るという幻想の中に潜む曖昧さにあった。苦情の的になっている欠陥を治癒することは別として，プロトタイプの採用は，方法論的解決が，本来の曖昧さを強め，その影響を無数のコピーを通してばらまきながら，それが広大で多様な実験から現われる可能性を除いてしまった。

　ロシア復興についての公的弁明を一目見れば，得られた結果を知ることが出来る。

339

V 近代運動

ートの上に立っているのと同じ立場を建築において与えたのに違いなかった。その群の中心には，スターリングラードの勝利を記念する記念碑，頂点に勝利を告げるラッパ手のブロンズ像を頂く約60mの高さの塔が立つだろう[15]………市最高委員会のための新しい建物のファサードもこの広場の一角にある………（それは）隅に東洋風の金色のドームを頂く10階建ての塔であった………。」[16]

「（ロストフでは）アカデミー会員セメノフは，ロシア帝国式及びロシア古典式様式に加えて，黒海の古代都市の建築で用いられた古典的形態のあるものを取り入れることを提案した………。」[17]

「（ヴォロネシではアカデミー会員ルドネフは）その都市を何気ないやり方で再建するつもりはなかった。彼は古いヴォロネシにそれのもつ美と魅力を保ちそして増したいと欲した。勿論，これは建物における様式と性格の問題，建築的形態と材料の問題，建物群の規模と構成の決定における数多くの問題の源となった。ヴォロネシは3世紀にわたってつくられ，それぞれの世紀はその都市の芸術に何かを加えた。ルドネフは19世紀の初め彼の様式としてロシア古典主義を選び，その精神は古いヴォロネシの建築の中に強く感じられている。建物の色彩はこの決定と密接な関係をもっていた。レオン・ルドネフは無条件にセメントと鉄のコンクリート——その様式の生き生きとした明快さを完全に損う灰青色のバラック——を拒否した。」[18]

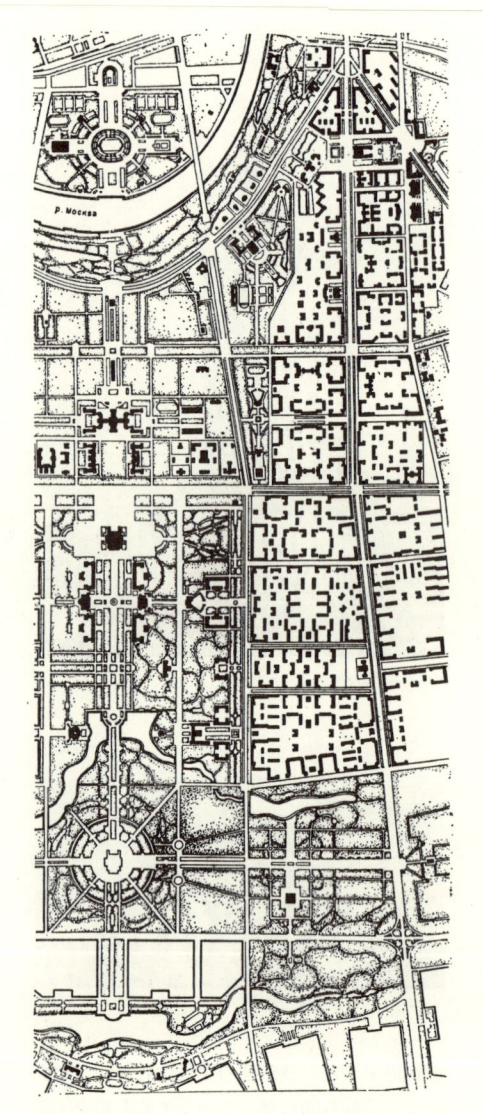

889図 モスクワ，レーニンの丘近くの建物の配置図の一部

「これらに用いられた中心的なモチーフは，すべてのスターリングラードの建物におけるように，いくらか東洋の香りのするロシアの古典的建築であり，それは，スターリングラードが東洋と西洋を結ぶ古いル

「（18世紀の格子状計画を基とするイストラでは）新しい計画が古い計画に従い，道路はブルヴァールをつくるために拡幅され，

19　第2次大戦後のヨーロッパ

890図　東ドイツのスターリン通りの俯瞰図

斜めの道路が加えられる。行政の広場は，頂点にアーケードをもつ高く四角い塔のある地区最高委員会の建物，大きな集会場，デモンストレーションの行われる公共庭園及び広場を望むファサードからなるだろう………最高委員会の建物は，白い石のアー

V 近代運動

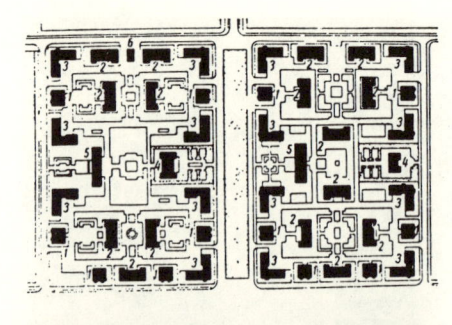

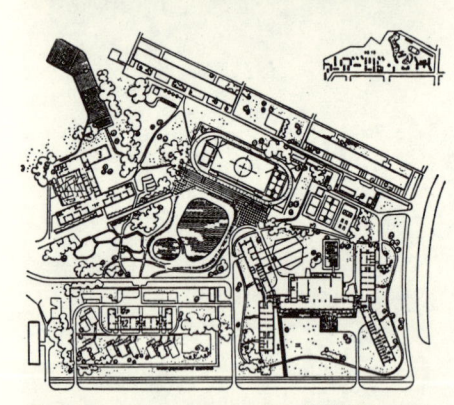

891～893図 スーパーブロックの3例：対称的構成のスターリン図、自由な構成のフルシチョフ図と、1965年に発表された、オスターマンとペテルンスコワによる2,200人のためのドム・コムプレックス

者の注意をイメージの問題にそらすことは，統制により多くの余地とより大きな可能性を残すことになるのである。古代の伝統と一般的な習慣に対する固執は，当局の指導力を阻害する可能性のある現実的な議論の出現を避けるために用いられた便宜的な議論であり，すべての事業を既知の文化形態の中におくことを保証するものだった。

似たような建築は，東ヨーロッパの社会主義諸国，東独，チェコスロヴァキア，ハンガリーのような不変の近代的伝統が存在したところでさえ押しつけられた。ほとんどすべてのところで，記念的な道路が現われ，飾りたてた高層の宮殿がそれに沿って並び，堂々とした摩天楼の軸線をつくり，その摩天楼の上を，生き残った様式の専門家あるいは若い野心家達が最も馬鹿気た装飾で覆いつくした。

スターリンが歿し，ソヴィエトの内政が新しいコースをとった後，事態はある程度変化した。CPSUの中央委員会とソヴィエト閣僚会議の都市計画と建設における過剰の廃止の決定（1955年11月）は，スターリンの復興の様式的な行き過ぎをはっきりと非難した。

「多くの建築家と建築組織の仕事は，過度の量的な豊富さを楽しむという種類の外観によって大きく影響された………建物の外観を出来るだけ印象的にするという考えにうつつを抜かし，多くの建築家達は，内部の設備，住宅やアパートの配置の改善や，人人に住み易さ，建物の経済性と正常な目的によって要求される住み易さをつくり出す不可欠の要求を無視し，ファサードを美化することだけに専念した。過去から掘り起こされ，住宅や公共建築のデザインにおいて量的に大きな現象をつくり出している尖塔，無数の装飾的な円柱，ポーチや他の建築的に余計なもの等を正当化する方法はあり得ない。結果として，多くの国費が近来

ケードとマジョリカの装飾が散りばめられた赤レンガでつくられ，17世紀のモチーフと形態によく調和するだろう。この建物は，町全体の建築的特徴を決定する。」[19]

これら建築についての考慮の背後にある政治的関心を見分けることは容易である。計画

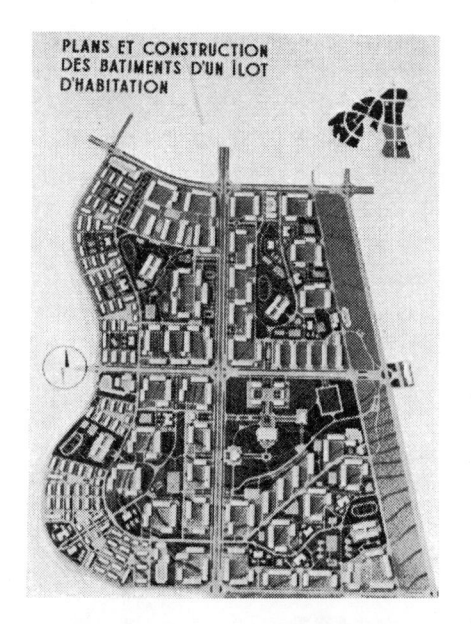

894〜897図　1958年のブリュッセルの万博に展示されたソヴィエトの新しい建物の模型

住宅建設で浪費されてきた。」[20]

　このあとにはそのような浪費が行われた建物のリストが続いている。レーニングラードの住宅のブロックにおいては，「2階の高さの不必要な円柱の列が計画されてきた。」トビリシの行政の建物では「55mの高さの塔が何の用途もなく，300万ルーブルを費して建てられた。」バクーの公共建築は「複雑なアーケード，回廊，塔状の建物で謎めいている。」南部の保育所では，不必要なアーケードが建てられ，コロネードや塔，高価な仕上げ材，人工大理石，最高の質の木，ブロンズ，プラスターの像等があった。ノギスキーの地下鉄の入口は「磨いた花崗岩から出来ており，入口の近くには2つの大きな大理石の玉がある。」[21]

　これらの叱責は真の経済的な関心を表現している。様式と機能的であることが別の要求であるという考えが，多くの場合，2つの要求の間に軋轢が生じること，便利さが美の犠牲となること，無償の装飾ショーによってコストを増加させることを認めたのである。

　しかし，提案された治療法——計画の基準

343

を修正し，機能的要求により大きな重要性を与え，これらの指示が，すべての建物を規格化することによって，過去よりも厳格に新しいプロトタイプに適用されることを確かめること——は，それらが原因を変えようとはせず，実際は原因を確固とさせてしまったが故に，効果をもたなかった。

先に述べた決定は，中央及び地方の組織，都市計画家，それを実施する人々に，「彼らの計画や建設の仕事を出来る限り速やかに，根本的に修正することを義務づけた。即ち，3ヶ月以内に，建築の仕上げ，配置法，工法等における行き過ぎを除く目的で，建物の計画についての以前の図面をチェックすること，予め決められたプロトタイプ・プランの無条件の実施を確実にすること，この問題と関連して存在していた遅延を除くために不可欠の手段をとること等を義務づけたのである。」さらに，「1956年9月1日までに，都市計画と建築における最も秀れたロシア及び外国での経験を利用して，2，3，4，5階の住宅，280人，400人，800人の生徒のための学校，100，200，300，400ベッドの病院，託児所，商店，共同食料供給所，映画館，劇場，療養所，ホテル，憩いの家等のプロトタイプ・プランを完成することが重要であると考えられた。」[22)]

これらのやり方では問題は解決され得ない。建築の機能的問題は，多様な要求をすべて単一の概念の一部と考えることによって整合させる方法が見出された時にのみ解決されるのである。さもなければ，建築家を待ち構えている仕事——彼の同時代の人々の要求に従って物質的な背景を修正する仕事——は，多くのばらばらな抽象的な仕事へと切り刻まれてしまう。即ち安定性，便利な平面計画，経済性，様式，象徴性等で，それらを一度に満足させようという無駄な努力が始まる。何故なら，この形で考えられたそれぞれが，他の犠牲によってのみ満足されるからである。

1958年のブリュッセルの万国博に展示された資料は，ロシアの建築と都市計画における新しい方向が生んだ成果について知らせてくれた。巨大な石膏模型は，スターリン式の尖塔，コロネードをもったモスクワ大学の摩天楼を誇らしげに再現していたが，住宅建築（894〜897図）においては，建築的オーダー，装飾，彫刻は消えてしまっていた。住居，住区の計画はもはや対称性への関心によって損われることなく，それ故，より実際的であると考えられるかも知れないが，建物は，装飾がないだけで，古代様式の以前のものとよく似ていた。

4. イタリア，フランス，ドイツにおける復興

イギリスとロシアにおいて——それぞれ異った手段で——大変な努力が都市計画を復興の要求に合わせるためになされ，そしてまたスカンジナヴィア諸国（そこでは復興の必要が差し迫っていなかった）では，都市計画と建築との関心のバランスが既に達せられていたのに対して，戦争に参加した他の諸国——そして特にイタリア，フランス，ドイツ——では再建はそれに応じた都市計画における再編成を促さず，実際最初の2国の場合にはそれは既存の都市計画的施策と摩擦を起こし，その危機を急がせた。

こうして，生産の要求と調整の要求とは互いに邪魔し合い，あるいは少なくもそれらは，2つの異った時期に感じられ，バランスのある程度の達成を極端におぼつかなくさせた。

イタリアでは，この摩擦は最も深刻であった。その原因は解消すべき住宅不足——戦争ばかりでなくそれ以前からの長期の懸案による——の大きさと都市計画制度の脆弱さにあ

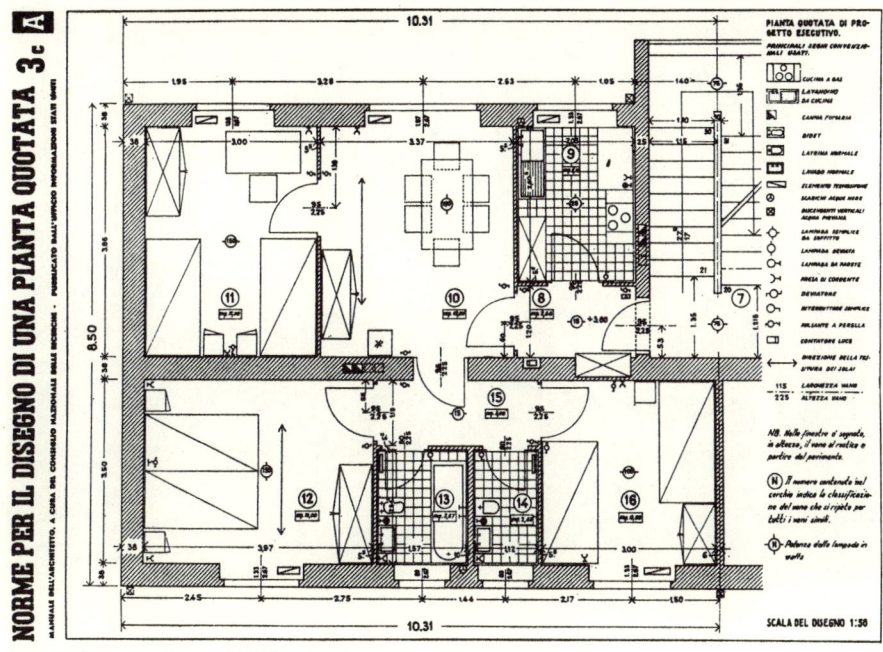

898図 「建築家ハンドブック」(1946年)の一頁

った。フランスでは，それは建設の必要がそれほど差し迫っていなかったので，またドイツでは都市計画的制限の手段のより大きな強さが原因で，それはさほどではなかった。

イタリアは，さしたる物質的損害もなく，第2次大戦を脱した——住宅の約5％が失われた——が，その瞬間，その最近の歴史の幅で最も激しい政治的，社会的ショックを受けた。

長い独裁体制は，その基礎の不安定さを急に現わしながら，不名誉にも崩壊した。あらゆる文化の分野で，新しい人々が古い人々に代って前面に出たが，それは政治的状況における雪融けよりも，むしろ，ファシスト的保護貿易主義の拘束的，人為的な雰囲気の中で過した古い支配階級が，新しい問題の大きさと複雑さに直面して途方に暮れたのが原因であった。

若い人々あるいは以前見向きもされなかった人々からなる新しい支配階級は，大変な意気込みであったが，待ち構えている深刻な問題を扱うのに充分な備えをもっていたとはいい難かった。ファシズムに対する戦いは，よりよいエネルギーを，非常に有益だが純粋にマイナスの目的に向けさせることによって，制約的な要素として働いた。建築の分野では，近代建築に対して最初の戦いを行った人人のある者達，G. L. バンフィ，R. ジョッリ，G. パガーノ，E. ペルシコ，G. テラーニらは死んでいた。

しかし，最初において，これらの不安は，新しく激しい感激によって一掃された。それは再び現実に触れた感激であり，新しい眼で，あたかも初めてのように自分の周囲にあるもの，特にそれまで愛国者的言い回しの仮面をかぶり，決まり文句で隠されていた自分

V 近代運動

899図 ローマ，終着駅の主要ホール（カリーニ，モントゥオリ，カステラッツィ，ヴィテロッツィ，1948〜1950年）

に最も身近かなものを見た感激であった。映画の中に最もよき表現手段を見出し，イタリア文化全般にいろいろなやり方で影響を与えたいわゆるネオ・リアリズムを台頭させたのはこの感激であった。ロッセリーニやデ・シーカの映画，エデュアルドの演劇，ローマのテルニ地区，ティブルティーノ地区におけるリドルフィの建築等は，共通して，ポピュラーで訛のある形態に対する好み，各人の身の回りへの限られた関心，抽象的なもの異国的なものの拒否等と共に，日常的で具体的で堅固な現実に密着したいという願望をもっている。

しかし，そこにはまた重要な差異も存在した。日付を調べるならば，建築のネオ・リアリズムは，何年か後の，例えば映画におけるネオ・リアリズムが既に衰退した時にやってきている。その時間的な遅れは，その調子においても認められる。即時性をもつ映画が，短い期間の束の間だが真の雰囲気を即座に捉えるのに対して，建築はそれを屈折したほと

んど因襲的な形で間接的に受け止め，容易に民衆的なものから民俗学的なものへ，自然なものから人工的なものへと滑ってしまう。

1947年までの最初の時期，建築の意気込みと活動は主として建築技術に向けられていた。ほとんど何も建てられなかったので，建築家は，しばしばぎこちないアマチュア的な研究や理論的な提案に特に専念し，それは大きな影響を及ぼさなかったが，技術的なプロセス，イタリアの実際的な建築をつくり，急に非常に興味深く見えてきた（事実これがネオ・リアリズムとの真の結びつきであった）普通のプロセスに特に習熟することから始めなければならないという確信を示した。

この傾向は第8回ミラノ・トリエンナーレ（1947年）やQT8地区の準備作業やローマでC.カルカプリーナ，A.カルデッリ，M.フィオレンティーノ，M.リドルフィらによって国立研究評議会とアメリカ合衆国の情報局のため熱心に編集された「マヌアーレ・デ・

ラルキテット」(建築家ハンドブック, Manuale dell'architetto, 898図)によって示されている。ノイフェルトによる本[23]のような，理論上の場合についての研究に基づいて主として平面計画の問題に中心をおいた古い本と異り，この本の著者はすべての一般化を避け，実際から理論を抽象するため，イタリアでの流行の構造法のディテールの有機的な集大成を試みたのだった。ミラノの建築家達が，彼らの都市のためにした予備的な研究——多くの委員会が種々の地区の調査のために設立された——や，既に戦争中に始められ，1947年，G. アステンゴ，M. ビアンコ，N. レナッコ，A. リゾッティらによって発表されたピエモント地域計画[24]のための予備的研究はこうした状況下でなされた。これは技術の分析とその精度を上げることであったが，それはまたイタリア及びそれの未知の領域の発見の充実した旅路でもあった。

その間，これらの願望に理論的な公式を与えるための試みがされつつあった。1945年，ブルーノ・ゼヴィ（1918～）は『有機的建築をめざして』(Towards an Organic Architecture) という論文を出版し，(アメリカの論争とフランク・ロイド・ライトの作品に関して)「合理主義者」に対する対照的な用語によって知られるようになりつつあった戦前の文化遺産の改訂プログラムのためにこの用語を用いることを提案した。ローマ，トリノ，パレルモ，その他の都市において，有機的建築のための組織が形成されたが，戦前の実験との連続性を強調するミラノの建築家達は別の組織，「モヴィメント・ストゥディ・ダルキテットゥーラ」(建築研究運動, Movimento Studi d'Architettura) をつくった。有機的建築の支持者と合理主義建築の支持者との間の口論が始まったが，似たような見解の不一致が第１次大戦後の時期にもっていたあの熱情も荒々しさももはやもっていなかっ

900図 ピストイア，G. ミケルッチによる日用品マーケット。アスプルンドの手法による。イタリア中世のセンターへの新しい建物を「挿入する」ことの最初の成功例

901図 F. アルビーニ，ジェノヴァのカテドラルの宝庫の内部 (1950～1957年)

た。建築家は政治的なレッテルを受け入れたように文化的レッテルを喜んで受け入れた。何故なら彼らはどれに加わるかを選択するのに性急であったからである。ボーが「選択の要求は，孤独から逃避するために家族を見つ

V 近代運動

有機的建築をつくり出さなければならない（あるいはつくり出してはならない）という考えは，議論の明白さにとって特に有害であることがわかった。有機的建築とは何か？[26] ライトにおいてこの用語が持つ意味は，彼の個人的な経験と密接に関係しており，アメリカの議論の中で既に不正確で二番煎じ的な意味をもっていたその用語は，イタリアに移された時にはさらにはっきりしないものになった。

ゼヴィは，その言葉に幅広い定義（有機的建築は人間的建築である）と，離れ，孤立したライト，アアルト，若いアメリカの建築家に触れながら，ある範囲での歴史的説明を下した。事実，これがア・ポステリオリに多くの種類の建物——B. ゼヴィと S. ラディコンチーニによる2つの小さな建物，1948年にG. サモナによってデザインされた外傷専門病院，1951年のG. アステンゴその他[27]によるファルケラ（Falchera）地区，そして後のカルロ・スカルパ（1906〜）——に貼られたレッテルとなった。

他方，「有機的建築」に関連した論争は非常に重要な間接的な影響を与えた。何故なら，それは近代的伝統を過度に限られた意味で考えることに慣れさせ，2つの戦争の間のヨーロッパの運動を「合理主義建築」というそれと相関的な用語で分類し，第14章で述べた先入主を強めたのである。

これは，それに続く混乱の原因のひとつとして認識されなければならない。事実，議論は粗忽にも古い文化的用語へと逆戻りし，近代建築の歴史は無限に続く，不断の形態の進路の継続として古代建築の延長線上に姿を現わした。1948年に早くもゼヴィはこの道をとり，[23]有機的傾向から「建築の空間的解釈」を引き出し「種々の空間時代」について述べた。換言すれば，芸術批評の用語を用いて近代建築史のすべての段階を正確に決定的に定

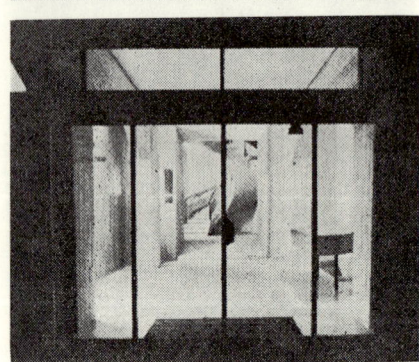

902，903図 パルマ，INAビル（F. アルビーニ，1955年）

けようとするようなものである」といったように。[25]

しかし，最初の選択が彼らに示された時，「参加すること」の中で未解決のまま残された問題が必然的に明るみに出た。

904図　ミラノ，BBPR事務所によるヴェラスカの塔（1957年）
905図　ブリュッセル，1958年の万博のイタリア館の記念ホール（I. ガルデラ）

義した。

　この地平で，建築家と芸術批評家はたった一度だけ和解することが出来，近代運動が純真な初期の提案をのりこえ最終的に成熟した状態に達しているという確信が根を下ろした。[29)]

　この議論の騒々しさとイタリアでの近代運動のささやかさは，戦後なされた実験と近代運動のテーマとの間の関係についての反省や，これらの実験からイタリアの建築家達が直面している，より重要性を増しつつある問題に役立ち得る方法を発展させることを妨げた。

　このようにして，流行の施工のプロセスへの関心は，次第に，これらのプロセスが伝統に従って具体化した形態への関心に代った。重要な点は，合理主義的，国際的なレパートリーから，一般的，地方的なもの――それは建築家のエネルギーのはけ口を変えただけだった――への移行ではなく，積極的で革新的な姿勢から，主として受動的で後向きな姿勢への移行であった。

　これは1950年頃起こった。ネオ・リアリストとして知られている建築作品――ローマとテルニのM. リドルフィによる住宅，チェルヴィニアにおけるアルビーニの養育院，パヴィアの近くの田舎のI. ガルデッラによる別荘――の時期であり，それはより正しくはネオ・リアリスト後期とよべるかも知れない。何故なら，文化的時期の引用が既に過去に向け

られていたからである。戦後の最初の時期の不適切さと素朴さがうまく修正されているこれらの作品のもうひとつの価値は，もっと説得力のあるひとつの議論を構成している。それは，結果のよさは意図のよさに反し得るということである。同じ頃，ピストイア（Pistoia）の中心にミケルッチによって建てられた日用品マーケットは，その時代の及び伝統のレパートリーの知的な統合が，近代的な建物を歴史的な背景にうまく適合させ得ることを示した。

イタリアの建築文化独特の移ろい易さから，伝統的形態の文字通りの再利用の実験は長続きはせず，建築思想は他のインスピレーションの源へと移った。しかし，一方，秀れた建築家の多くは，伝統に従った正しい秩序だった方向，即ち都市の再生のための提案としてよりも個別のケースとして個々のテーマを取り扱う傾向をとり始めていた。

似たような立場から始まって開かれた道は，質的な完全さの追求であり，現われた状況は，ある建築家の構成力を引き出すこと，全体的な低いレベルを埋め合わせる輝かしい例外をつくり出すのに適していた。

これらの作品の中で目立っているのは，ミラノのフィジーニとポリーニによるマドンナ・デイ・ポヴェリ（Madonna dei poveri）の教会（1952年），F.アルビーニによるパルマのI.N.A.ビル（1954年），ミケルッチによるフローレンスの貯蓄銀行（1957年），C.スカルパによるヴェニスのオリベッティの店（1959年）やアルビーニによるいくつかのインテリア——パラッツォ・ビアンコ（Palazzo Birnco）の博物館，ジェノバのS.ロレンツォ（S. Lorenzo）寺院のテソロ（Tesoro）——で，それらは非常に高いレベルのものであった（最上の成果は，出発点からして特別な場合に得られるものである）。

ミラノのヴェラスカ（Velasca）の塔（1958年に完成）で，アトリエ BBPR は，摩天楼のファサードを形態的に完結したエピソードとして扱う風変りな試みを実行したが，このタイプの建物はほとんど常にリズミカルで開放的でもともと反復可能なものとして解釈されていた。塔のエレベーションは2つの完全に互いにバランスし合った部分に分けられており，一方，基礎から頂上へかけて浮き出た垂直の柱は，均一なリズムを連続したグラデーションで置き換えることによって，突出部の切断を注意深く調整することによって，建物全体の大きさと，各階の同一の開口部の間を仲介する——サリヴァンにおけるように——のに役立っている（904図）。

このようにして，建物とそれの都市的背景との間に主として観照的な関係が存在した。ロジャースによれば，塔は「この種の建物のどんな様式をも敷き写すことなく，ミラノ市の雰囲気，即ち言葉でいい難いがそれにも拘わらず知覚し得る特徴を文化的に要約すること」[30)]を意図している。それの風変りなこと及びユニークさは，まさに，それが孤立した異物として，そして既存のランドスケープの要約として現われているという事実からきている。その中に，どんどんふえてその同じランドスケープを変えるかも知れないような建物の型式の徴しを認めることは不可能だろう。

既に述べた1950年以前のもののように，これらの作品はもはやいろいろなものがつくり出されるさ中の，孤立した事実ではなく，その時代の建物と的確な関係をもち，それにいろいろな程度に影響を与えた。個々の作品を全く個性的にしたいという要求，形態的な発想を誇張する習慣，あるいはある規模内の計画に関心を集中する習慣は，大小の都市で活躍する大小の建築家の間の，あるいはデザイナーと施工者との間の，また玄人と素人との間の一致点の大きな部分を占めていた。この

906図 ローマ，P. L. ネルヴィとA. ヴィテロッジによるスポーツホール（1960年）

V 近代運動

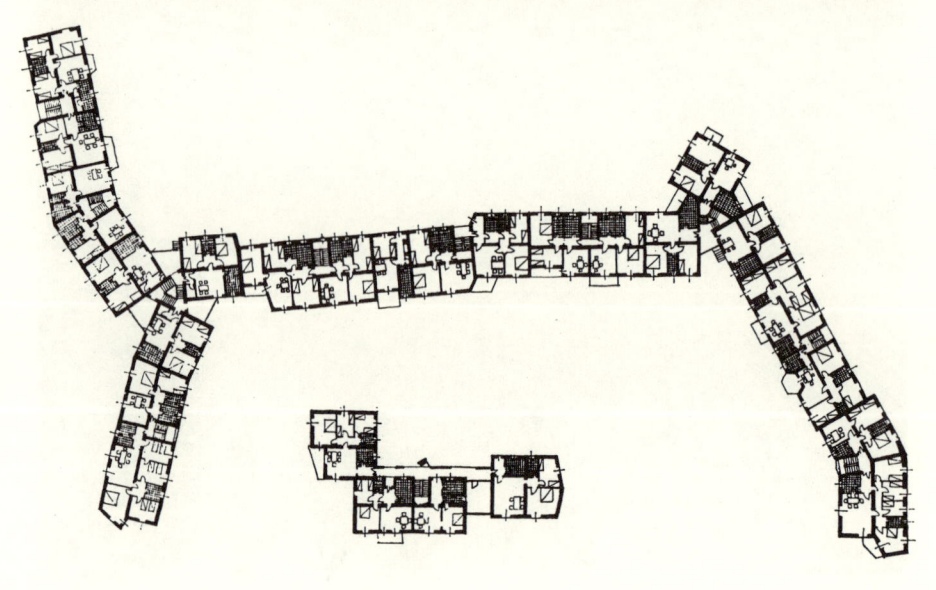

907, 908図 ローマ，INA住宅のティブルティーノの住区：リドルフィ，カローニ，フィオレンティーノによる住宅の間の広場，カローニとフィオレンティーノによる住宅の平面図（"Casabella" 誌より）

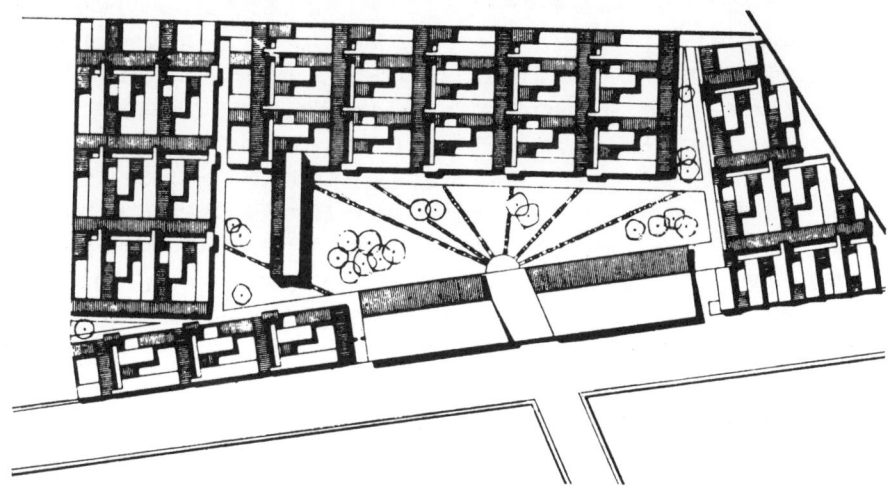

909, 910図　ローマのINA住宅のトゥスコラーノ住区。手前に見えるのがA. リベラによる水平住宅のユニット（下の平面図）

一致点は伝統にかなった方法と価値の大きさを受け入れることに大きく基づいていた。これが容易に確立されたということは，伝統的習慣が未だに生きているということ，即ち，近代イタリア社会が未だに——このように——古いイタリア社会に似ているのだということを示している。伝統と近代性とのかりそめの妥協もまた，外国の傍観者の関心とそし

353

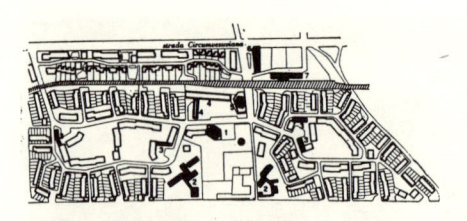

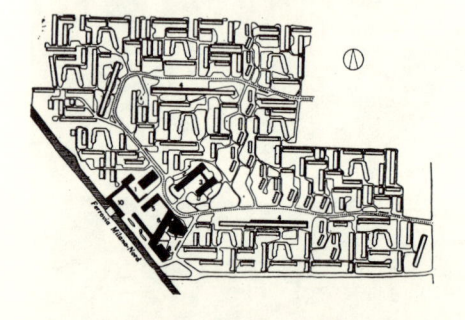

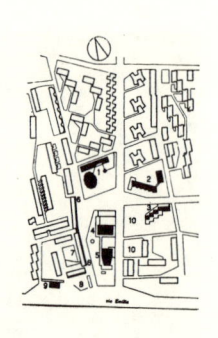

911図 第1期（1949～1956年）のＩＮＡ住宅の他の4住区の平面図：ナポリのポンティチェリ（当局による計画），ミラノのチェザーテ（アルビーニ，アルブリッチ，カスティリオーニ，ガルデッラ，ＢＢＰＲ），トリノのファルケラ（アステンゴ他），ボローニャのボルゴ・パニガーレ（ヴァカーロ他，"Architettura-cantiere" 誌から）。黒い部分は公共建物

てまたほとんど常に認容を喚起した。[31]

何年か後の今，この活動のほんの僅かな部分が近代都市のある末梢的問題の解決に役立つものとして価値をもち——ムセオグラフィア（museografia），新しい建物を古いモニュメントの中におく技術——それに対してある暗に含まれている限界が，その後の実験に否定的に働き，さらにずっと深刻な結果を残した。

a) 1957年から1960年の間に過去の形態の模倣を決めてしまった歴史的連続性への要求を形態的基盤へと移す習慣。「ネオ・リバティ」[32]（neo-liberty）として知られるようになる実験が内容についての考慮（この世紀の最初の10年間の建築の中に含まれている親しみと都市性の価値の回復）を基としており，それは急速に形態の世界に反映され，短命な真のリヴィヴァルを生じさせた。

b) ペレーによって理論づけられたものに似た，建築構成についての限定された考え方。それは対称性と求心性についての偏愛となった。これの例は，M. リドルフィによるローマのメルカダンテ（Mercadante）通りの住宅の増築（1957年），I. ガルデッラによるブリュッセル万博のイタリア館のサロン・ドノーレ（salone d'onore, 1958年），ミケルッチによるラルデレッロ（Larderello）の教会（1959年）等の一連の教会である。この偏見はP. L. ネルヴィの活動を邪魔し，マイヤールによって既に越された境界の手前に彼を留めた。彼の卓抜した構造の才能は，静力学的構造体の発見よりもむしろディテールにそれ自身を適用しながら，幾何学的な月並みな計画の中——トリノ博のホール，ローマのパラッツォ・デロ・スポルト（Palazzo dello Sport）——で発揮された。

c) ある規模を越えて，近代都市生活をより緊急に調節する問題に取り組むことの難しさとそれが原因での建築と都市の仕事の間の連続性の欠如。これは現在のイタリア建築の思想の重要な点であり，他のすべての事実——最上の建築家の秀れた作品を含む——の重要性を評価し得るのは，それ

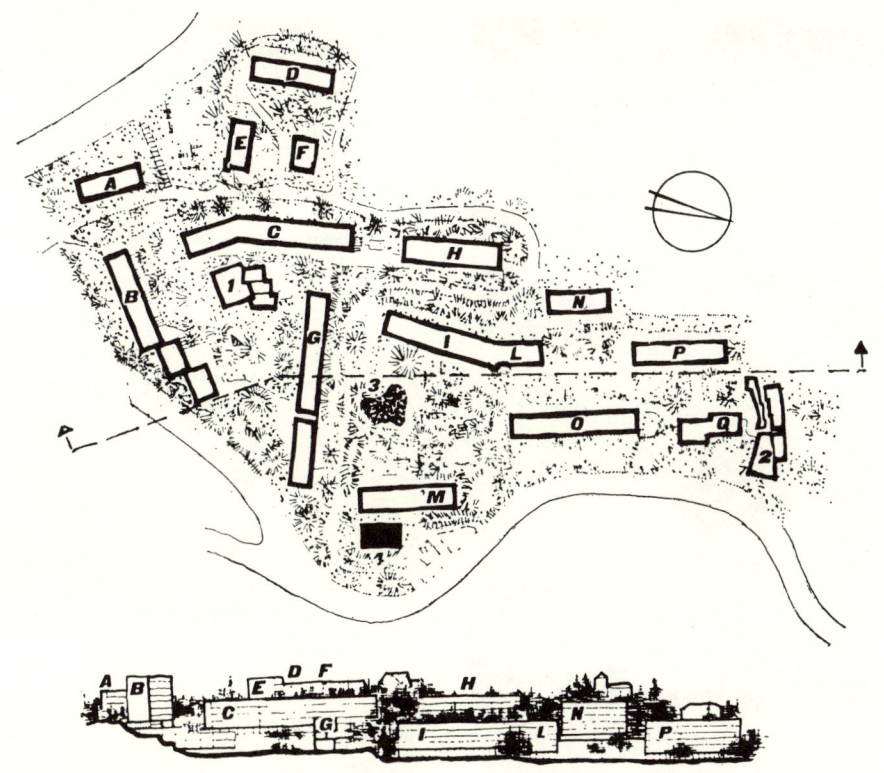

912, 913図　L. C. ダネリによるジェノヴァのINA住宅，ヴィラ・ベルナボ・ブレア地区の平面と立面（1949〜1956年）

らをこの枠組の中で考える時のみである。

戦争中，1942年に，イタリアでは最初の全般的な都市計画法が通過し，それは国全体へと拡げらるべきいろいろな程度の都市計画の序列——国全体，汎自治体，自治体，細部——をつくり出した。戦争が終った後，都市計画家達は新しい進歩した技術的手段を自由に使えるようになった。しかし，公共及び民間の個々の利益に対する都市計画当局の制約を強めるような手段は同時にとられず，一方，経済状況はよく，それがほとんど完全な経済的休止の時に机上で働いていた立法者によっては全く予見されなかった強さと積極性を，これらの利益に与えたのだった。

このようにして，復興につきものの生産需要は，すぐにコーディネーションへの要求より優位に立った。事実，古い都市計画規範から新しいものへの推移によって起こった混乱において，それぞれの部門での効果的な公的介入は，確固たる垂直の組織を保持することによって，それ故残存する水平のつながりをもっと弱めることによってのみ保証され得たのである。

住宅建築の部門では，主として量的規準で処理された実験の後で，1949年に新しい団体が設立され（すべての労働者の賃金からの源泉税を財源とするINA住宅局），それが，実行は既存の末梢団体へ委せながら，関連事業の技術的，経済的管理に対して中央統御を行

V 近代運動

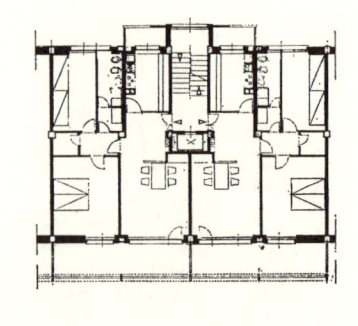

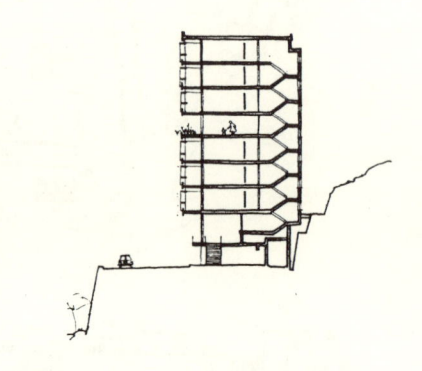

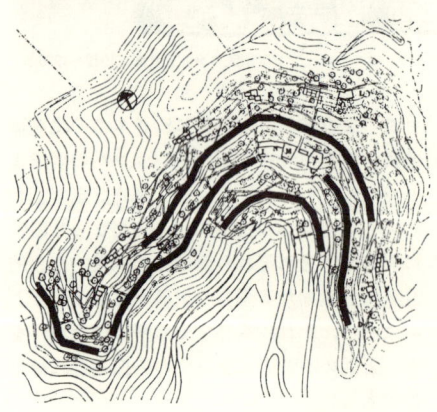

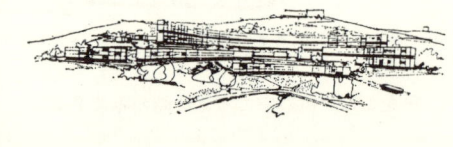

914〜917図 L. C. ダネリによるジェノヴァのINA住宅，フォルテ・ケッジの図面と外観2つ。これは戦後の論争の中で長期にわたって研究されたイタリアにおける公共団体によってこれまでに建設された最良の住区である

った。このようにして，未だにこの部門の組織を1903年以降なされたように自治的にさせることを狙いながら，この方向の利点は充分に発揮され得，中央にひとつの推進組織をつくり出し，官僚的な仕事をほとんど免れた。

量へのエネルギーの集中は別として（これまで，INA住宅局は40万戸を建設した）それはデザイナーを選択することによって質にもエネルギーを集中し，すぐに，伝統的に平均以下であった補助住宅は住宅のレベルを今日

のイタリア建築が達し得る最高のものへと引き上げた。[33]

1950年頃デザインされた最初の地区は，これらの年月の間の矛盾した傾向を明白に反映していた。INA 住宅局の計画の特殊な状況——建築家に与えられた大きな自由度と，他の計画の形態との横の調整の欠如により，同じ分野で活動する他の人々との実際的な関係を欠いたということ——は自動的に形態へのより強い執着となって表われた。

C. アイモニオ，C. キアリーニ，M. フィオレンティーノ，F. ゴリオ，M. ランツァ，S. レンチ，P. ルーリ，C. メログラニ，G. メニケッティ，L. カローニ，M. リドルフィ，M. ヴァローリらによってデザインされたローマのティブルティーノ (Tiburtino) 地区はいわゆる「ネオ・リアリズム」の最も顕著な例であったが (907, 908図)，とりわけ，いろいろな地区に見られた建築的成果の多様性——それは場所場所の気候，習慣，建築方法等の違いを越えたものであった——は都市計画家達が自分自身の中に見出した孤独と不安の状態の証拠であった (909～910図)。

INA 住宅局や民間企業の事業を通してイタリアの都市が非常な速さで成長していくのに対して，1942年の法令によって行われた都市計画的コントロールの適用には大変な遅滞があった。ミラノに対する最初の全体的な開発計画が議会を通過したのは，1953年になってであり，[34] 新しい都市計画を行うべき100の自治体の最初のリストが公けにされたのは1954年になってからであった。しかし，すべての都市で都市計画は困難に直面した。1958年の末に，その100の関連自治体の13だけが計画を認可したが，イタリア全体では約8000のうちの43だけであった。

都市計画的コントロールの欠如は，今や投機家の攻撃に曝されているモニュメントとしての中心部の完全さを危機に陥れた。法令と歴史と芸術の価値を守る役割をもつ当局は，都市計画を行うのとは違った行政部門を構成していたので，保存の要求は刷新のそれとの関係で理性的に考えられることがあり得ず，刷新のそれが容易に優位にたち，次第に多くの芸術的ヴァンダリズムを生じさせ抗議をよんだが，それもしばしば遅過ぎた。[35]

しかし，より懸念すべきは，都市全体の退化であった。最も有名なものを含むすべての都市が，個々の建物の質や建築的装いのそれぞれによって初期の産業都市の無秩序と汚さをくり返している広い郊外に囲まれており，これは進歩の大きさとそれに関してとられた手段の大きさとの間の不均衡の結果であった。

都市計画の発展についてのこの記述は，建築の傾向についての前述のものを完全に補足するものである。ある孤立した問題を解決するのに都合のよかったものと同じ原因の組合せが都市計画の進歩を妨げ，イタリアの建築家達をして基本的な選択に直面させた。1957年以降の同じ期間に，一連の出来事——ローマの新しい都市計画についての議論,[36] 建築学科の危機,[37] 最終的には1962年の政府のプログラムの中に含まれた新しい都市計画法の要求[38]——は，戦後のイタリア建築の危機を呼んだ。イタリアの建築家達は問題を個別化した後，解決の提案をする能力のないことを自ら示した。それ故，1960年，議論は終熄し，シンジケートや政治団体に組織された都市利用者が不便を意識するようになり正確な要求を示し始めた10年後になって再び活発となった。

フランスでは，戦争の被害の後での復興の問題（約45万戸が破壊された。即ちそれは1939年に存在したものの約5％であった）が，建設産業における長期の不振が原因で戦前においてすら深刻であった住宅不足を倍加した。

その危機は地方中に人口を再分布させようとする経済的，社会的変化に関係をもっていた。しかし，この再分布の問題を解決するために考えられた治療法——家賃の凍結，規制された価格で労働者に住居を提案するための国の補助——はそのプロセスの進み難さを増す以外の何ものもせず，時には経済的要求と明らかに矛盾したいくつかの集落を具体化して終った。

戦後，それに代るものが提出された。当局は断固として都市計画に固執し，予見し得る経済問題を心に抱きながら，雇傭源との関係で住戸の分布を再チェックし得たし，分布をそのまま受け入れ，現存の不足を技術的に正しいやり方で補いもした。

1944年，復興・都市計画省が設立され，それは都市と地方双方の計画を受けもち，建設を補助した。荒廃した建物をもとの状態に再建するという考え方に基づいた戦争被害の修復に関する法令は，状況をさらに難しくしただけであり，ハウジングの問題が都市計画の全体の枠組の中にうまく適合するのをより困難にした。

1948年から1953年にかけての復興・都市計画相，E.クラウディウス・プティは，プロスト(Prost)計画を地方計画[39]に照らして新しくする仕事を受けもつ新しいパリ計画の研究グループをつくり出すことによって，そしてまた「地理学者，農工業の専門家，経済学者，医者等，つまり，活動が散らばり過ぎてあまり効果的でない著名人は除いて，能力や権威，地域計画問題に感じる関心等によって選ばれたいろいろな職業の人間が加わった」[40]地域グループに支えられた国土計画研究グループを1950年に設立することによって，決定的な計画のプログラムを履行しようと試みた。

第4共和政期におけるフランスの政治体制の機能的危機は，全体的な都市及び地方計画の路線に沿って精力的に進むことを不可能にした。これらの困難を意識し，プティはスタートからもうひとつの方向へと進み，実際的証明で社会の情勢をこなごなに打ち砕くために，高い技術レベルを目ざし，フランス建築文化における最も活発な力を利用しながら，現行の立法制の有利な点を完全に発揮させるために，いくつかの互いに無関係な重要な公的介入のための条例を制定しようとした。彼はこの公的介入の動機を次のように述べた。

「建設の複合化の意図は，生産コストを下げ，同時に一貫生産の価値である質の向上を約束する唯一の方法である。このヴィジョンは，結果として技術の進歩において表われる停滞にかまわず，競争によって価格を引き下げるという恐らく正しいであろう方向の反対方向を示していることは明らかである。このようなヴィジョンに従い，そしてそれを適用すれば，作業を計画的にし，高度の効果的な設備の集中化を得，プレファブリケーションの実施を増大し，機械の保持を一般化し，現場を組織化することが可能になる。

住宅危機が文明の一現象であるので，建設の技術は進化を続けるだろうし，そして——しばしば不本意ながら——その結果は現在では予見し難い。職業における伝統，及び社会の中に培われてきた感情………は問題の大きさに全く不適当であり，このことは小さな障害ではない。それは，新しい方法の効果の実際的な証明を上回る障害である………この種の実行はいろいろな有効な結果を生んだ。大量のものを満足のいくように計画する可能性に加え，そして建設コストを質を上げながら下げることに加えて，それらは建築的創造を許した。このように，建築は偉大な伝統に再び結びつき，建築家に，モニュメンタルな解決案，ヴォリュ

19 第2次大戦後のヨーロッパ

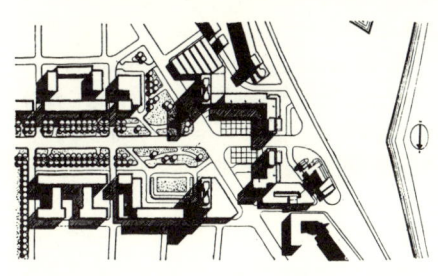

918, 919図 ル・アーブル，ペレーの計画，フォク通りとオセアン門（"Casabella"誌の図面から）

ウムの演技を許し，建設がはたさなければならない役割への適合の研究をさせた。」[41]

このようにしてストラスブルク，サン・テチエンヌ，アンジェール，リヨン等の大建築が実現された。しかし，それ以前の文化史に関連した最も重要な実験は，ル・アーブル（Le Havre）とアミアン（Amiens）における

ペレーの作品であり，ル・コルビュジエのマルセーユの「ユニテ・ダビタシオン」であった。

ペレーは1944年に既に，ル・アーブル――それのセンターはほとんど完全に破壊された――の復興計画を頼まれたが，その作業は1947年になって始まり，1954年にこの巨匠の死まで続いた。実際には，ペレーの計画は，最小のディテールまで一貫して展開されることを要求する建築的プログラムであった。事実，ペレーは主要な建物，市庁舎，教会，種種の住宅群（918, 919図）をデザインするという重責を担い，この目的のために特別のアトリエを設けた。[42]

レイアウト全体は6.21mの一定のモデュールを基とし，それが多くの建築の全構造の中のある部分――梁，柱，天井――他の部分においてはパネル壁，窓枠，階段だけの部材の規格化，プレファブ化を可能にした。部材の

359

均一化が全体として単調さを生み出さないように注意が払われ，それ故ヴォリュウムの取合わせ，そのリズミカルな組合せは多様にされ，いろいろな例外的な部材が注意深い配慮の後で導入されている。

この大実験は有利な点を示しているが，またペレーの考えの限界と彼の近代的都市計画の問題からの距りをも示している。彼は，いろいろな時と場所での決定を可能にするような都市計画的方法論をもっていなかった。領域が如何に広くとも，彼は自分の主題を建築計画と考えており，そこではすべてが個々の部分に対してあてはめ得るのと同じ対称，秩序，比例の規準によって規制されていた。

この理由で，ペレーはひとつのデザイン行為の中で，完全に新しい都市体をつくり出そうとしたが，時間と空間の越え難い限界に遭遇した。空間というのは，1人のデザイナーあるいは1つのデザイナー・グループはある仕事の質を何とかコントロールすることに成功しても，内部組織の問題はそれを越えてこの上なく複雑になったからであり，時間というのは，全作業が，最初からそうであったように，経済的，社会的，行政的状況に結びついており，状況があまり変り過ぎないうちに完成されなければならないからである。

技術的問題の複雑さの増大，社会的，経済的変化の速度は，次第にこれらの限界を狭め，ペレーが基とした前提をより自然なものにした。この建築家はこの状況を忠実に記録したのだった。ペレーと彼のチームは，彼らの構成のレパートリーの機械的な面を強調することによってのみ，外的変化の圧力に従っていくことが出来，彼は最も重要な建物に注意を集中し，彼自身のスタイルのうんざりするような誇張に陥った。

この非生産的な混乱はアミアン計画に特に甚だしい（920〜921図）。これは，鉄道駅の前のブルヴァール大通りの輪を100mを越えるポルティコと塔をもった同じ建物でこわす巨大な四角い広場であり，それらの建物は有名な寺院からほど遠くないところで，スカイラインの上に目立っている。ここでは，形態は，特に駅のファサードにおいて公然とネオ・クラシックであった。これは，今や時代の精神に決定的にはずれた古いフランスの伝統における最後の大規模計画であった。

ル・コルビュジエは同じように建築の解決力に自信があったが，ペレーと違って，彼は，既に理論的に充分発達していた都市計画の方法を自由に使うことが出来，彼の最初の問題は，ひとつの組織体の中に，ある数の住居ユニットとそれの共通のサーヴィスをいっしょにする建築的調整全体の適当な規模を見出すことであった。

これが「ユニテ・ダビタシオン」の考えの芽であり，それは私の説では1907年[43]に始まりゆっくりとル・コルビュジエの人生を通して彼の思想の中で円熟し，その最初の建築としての出現は1922年の「イムーブル・ヴィラ」からである。

古い都市は住宅と大きな建物から構成されてきたが，それの力強さは，計画に応じた個個の調整によってコントロールし得るこれらの要素が相互に自由であることによって得られたものである。

個々の建物に対して効果をもつ統一的計画の規準を市の地区全体，あるいは実際に全市に拡げようとする試みは，より複雑なシステムをコントロールするという要求にはこたえたが，ル・アーブルの場合のように，全体の力強さを失わせてしまった。真の問題は，より大きな，より複合的機能をもつ新しい構成要素の大きさを見出すことにある。これら新しい要素の自由独立は近代都市の力強さを保証することになり，それらの相互の調整を，いろいろな時代，いろいろな能力の分野にわたって行わせるであろう。

19 第2次大戦後のヨーロッパ

920, 921図 アミアン, ペレーの計画の2景

　この独立の可能性こそが，単一ではあるが未来の都市全体のイメージを示唆するような実験から始めることを認める。
　約10年間，既に述べたように，ル・コルビュジエの活動はほとんど完全に机上のものであった。戦争の直後，彼は復興の最初の試みに参画し，次から次へと提案を重ね——乾式構法の住宅,[44] ミュロンダン（murondins）住宅,[45] 避難民のためのポータブル学校,[46]「仮設住宅」[47]——建築と都市計画についての彼の考えを明確にし——ブリーズ・ソレーユ,[48] 4つの交通路,[49] 都市計画の4つの機能,[50] 3つの，人間のための施設,[51] モデュロール[52]（922図），7つの道路[53]——そして彼の過去の計画を示し，あるいはなされた実験について述べるために何冊かの新しい本を書いていた。[54]
　1944年，一連の緊急住宅供給の新しいシステムをつくりながら，ル・コルビュジエは，住居を，2つのレベルに分ける内部道路が横切り，横断する組積造の壁が各戸を分ける非常に厚いブロックの建物を提案した。これら

361

V 近代運動

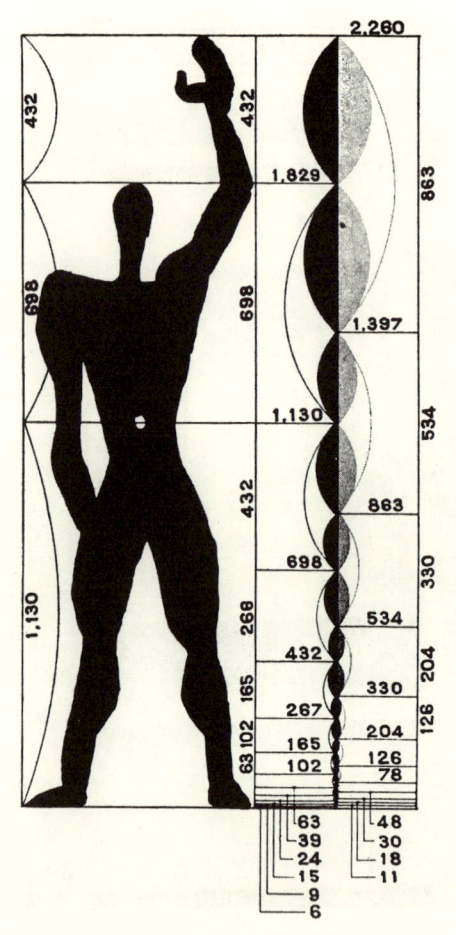

922図 ル・コルビュジエの「モデュロール」

の建物は「ユニテ・ダビタシオン・トランジトワール」(unité d'habitation transitoire) とよばれ，2階建てで，それ故建てるのも壊すのも容易である。このアイディアを高層の建物に応用することによって，非常に多くの住居を，それぞれ他から独立し両側に開口部をもったかたちで1つのコンパクトなブロックにまとめることが可能である。これが「ユニテ・ダビタシオン・ド・グランドゥール・コンフォルム」(unité d'habitation de grandeur conforme) のアイディアの芽であり，

そこには約400戸が含まれ，その中及びその増築部の中に，完全な家庭生活に必要なすべてのサーヴィスをもっている。パーキング・スペース，店舗，保育所，ランドリー，リクリエーションや体育のためのスペース等である。これは近代都市の組織の基本単位であり，それは高密度を維持しながら地面の大部分を緑地として残すことを可能にし，いろいろなタイプの交通を分離しながら道路網を単純化することを可能にする（925図）。

サン・ディエ (Saint-Dié, 926図)，サン・ゴーデン (Saint-Gaudens)，[55] ラ・ロッシェル (La Rochelle) のためにつくられた復興計画で，ル・コルビュジエはこのアイディアを強調した。1946年，彼はついに復興・都市計画省から頼まれマルセーユで最初の実験を試みた(923, 924, 927, 928図)。多くの軋轢と不和の中で建物は1952年に完成された。建築的結果があまりにも印象的であったので，それは長い間知られることのなかったやり方で社会全体に火をつけたが，それの実際的な役割に関してある頑固な意見の相違があった。住宅のある部分は空家のままであり，7階と8階の共有サーヴィス部——食品店，バー，カフェテリア，煙草店，美容院，新聞店，花屋，郵便局——はかなり後に実現された。このように，何年間かこの建物は一種のモニュメントのような働きをし，毎日300人もの訪問者に見舞われた。絵の展覧会や会合が行われ，旅行広告はそれをはっきりと「輝ける都市」と書いた。言葉をかえれば，実際に建てられた最初の「ユニテ」は，ル・コルビュジエによってそれまでに考えられた他の多くのものと同様，未だに説得のための提案であった。

この後で，第2の「ユニテ」がひとつの協同組合のためにナント (Nantes) に建てられ(1953～1955年)，第3のは，1957年のインターバウのために市当局に依頼されベルリンに

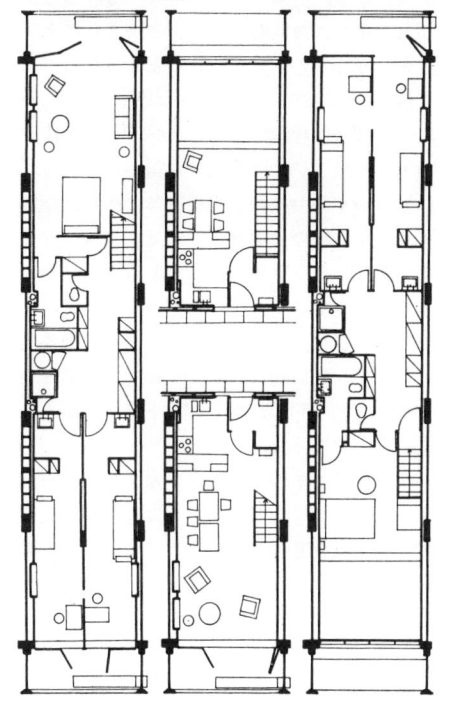

19 第2次大戦後のヨーロッパ

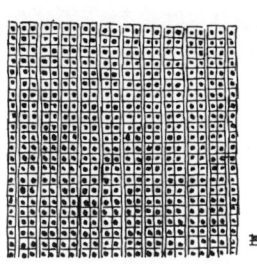

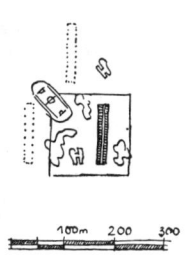

925図 ル・コルビュジエ，モデュロールと「ユニテ・ダビタシオン」のアイディア（450m角の土地の上に500戸の独立住宅を置いた場合と，160m角の土地の上に500戸の「ユニテ」をおいた場合，作品集より）

923, 924図 マルセーユのユニテ。2つの住居ユニットの平面図

建てられたが，第4はブレイユ・アン・フォレ(Briey-en-Forêt)に，第5はフィルミーニュ(Firminy)に完成された。ナントとベルリンのものは共通のサーヴィス部をもたないが，最後のもの(360の平均サイズの住戸をもつ)は，M. バンギュッソンによる49のより大き

なテラス・ハウスと200のより小さなものと，そしてまた別棟に共同のサーヴィス部をもつ複合計画の一部である。1960年，ル・コルビュジエは，鉄骨造を用いて「ユニテ」を大量生産する契約をルノー工場と行った。[56]

これらの実験によってよび起こされた熱狂と当惑は，「ユニテ」というアイディアそのものの中に暗黙に含まれた都市計画プログラムと関係がある。このプログラムに関して，実現した「ユニテ」のそれぞれは，孤立したモデルとして役割をはたすもので，それ故自足的な建築体として評価され得ない。

「ユニテ・ダビタシオン」のアイディアは，恐らく現在の都市計画思想における最も重要な仮説である。それは純粋に機能的な言葉で綴られ得る。それは，今では大き過ぎてしまった近代都市の大きさと，個々の建物のそれとの間の溝を埋める問題であって，それ故，都市を住宅あるいは公共サーヴィスという項で考えないで，住宅とサーヴィスとの間に前もっておかれたバランスを含むに違いない約数を——あるいは一連の約数を——導入する問題であった。あとはこの約数がひとつのブロックかあるいは建物毎に分節されたひとつのシステムかに変っていくのを見るだけである。事実，もしいろいろなサーヴィスのタイプに応じて大きさの変る一連の約数があると

363

するならば、一般的にいって、それぞれは建築的に複雑なやり方で分節されなければならないことは明らかである。

ちょうどその時、都市計画思想の多くはこの公式のまわりに集中し、バケマとファン・デン・ブロークによる地区から、ブラジリアのスペルクワドロス (supercuadras) とソヴィエトのクヴァルタル (kvartal) に到るまで多様ないろいろな結果を生んだ。

ル・コルビュジエは、彼の注意を最も小さなスケールの約数——それは400戸即ち（フーリエのファランステールあるいはオウエンのパラレログラムにおけるように）共有サーヴィス部、即ち育児室、幼稚園、子供の遊び場等の用意を要求するに充分な1200〜1500人を収容する——に集中し、それを直ちにひとつの造形イメージへと転化した。事実、彼の主たる関心は——ほとんど常に勝つことのなかった30年にわたる戦いの後で——彼の建築家としての活動分野を、計算されたくり返し得る大きさの中で、即ち、都市計画的に正しい大きさの中で安全に守ることであった。そして「ユニテ」は完全に造形的に独立しながら現存都市の構造の中に適合し、同時に、世界の都市計画における他の道を暗示したのであった。

しかし、この独立性は、どのユニット例によっても充分に達成されていたが、機能的な独立を伴わなかった。すべての「ユニテ」が正しく機能するかどうかはそれの周囲の他のものの存在との関係にのみよる。何故なら、住居とサーヴィスとの間の関係は——最も基礎のレベルにおいてすら——厳格な一義的なやり方で、これらの住民達が否応なしにこれらのサーヴィスを利用するという意味では考えられ得ず、社会生活の本質そのものである二様の選択を認めなければならなかったからである。

このことはマルセーユのように建物の真中の高さのところにおかれた共有のサーヴィス部を機能させることの難しさを説明している。理論上400戸が1軒の食品店に対して充分な客数だとしても、これらの全戸がこの店を使わなければならないとはいえない。

ブリエ・アン・フォレのように共有サーヴィス部を1階に設置することは「ユニテ」のより複合化された組織構造の中への統合へとつながるよき道であるように見える。そしてまた、多分、フィルミニにおいても、もしより複合化された共有サーヴィスとさらに小学校を伴って3つが建てられるとするならば。

他方、「ユニテ」の実験的な段階は、必要以上に長くのばされた。マルセーユの後、ル・コルビュジエは個人や外国から与えられた他のいくつかの機会で満足しなければならず、フランスの公共建築のプログラムに直接に影響を与える手段をもたなかった。フランスにおいてもまた、後に論ずる重プレファブの新方式の普及までは、高いレベルの例外的なものと、長い間低いレベルのままであった一般の作品の間に、同じコントラストがくり返されたのだった。

そのフランスの例外——少なくもペレーとル・コルビュジエの場合——は遠く長い文化的準備段階を基礎とし、イタリアにおける場合よりもより幅広くその後継続する発展に影響する立場にあった。事実、最近のプレファブの方式は、その前の50年間にこの2人の巨匠によって始められたある技術的実験を工業的なスケールで応用した。しかし、得られた成果をかりそめのものとし、フランスの建築文化を不毛にしたのは、まさにこの発展の間接的な性格であった。

ドイツにおける復興は、非常に特別な状況下で行われた。何故なら、戦争の被害の範囲は他のどの国よりも大きかったからである。西ドイツの1500万戸のうち、ほとんど500万

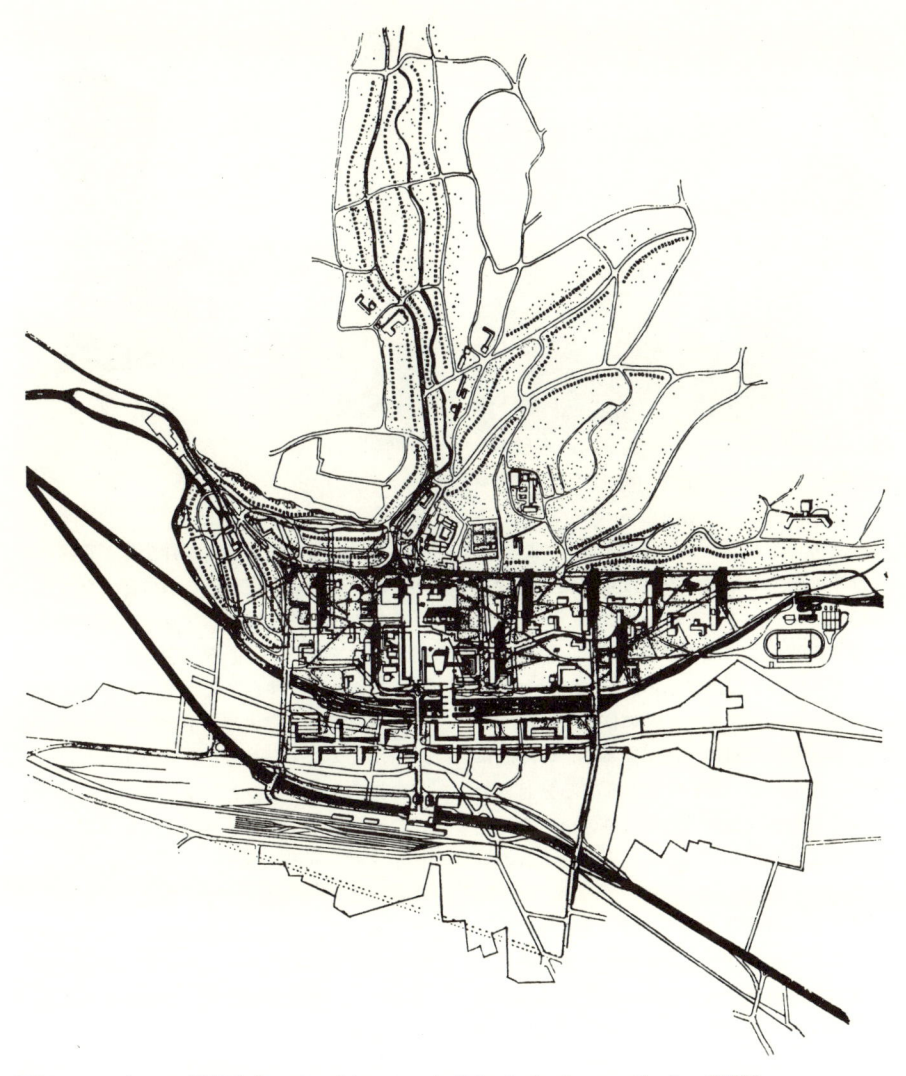

926図 サン・ディエの再建計画，「ユニテ・ダビタシオン」に基づいている。（ル・コルビュジエ，1946年）

戸が被害を受け，235万戸が完全に破壊された。

当然ながら，都市は地方よりもひどく苦しんだ。ある程度の大きさの都市の中心のほとんどすべては，少なくもそれの建物の半分を，ケルンでは70%，ヴュルツベルグでは75%，ベルリンではそれ以上に破壊され，ベルリンでは以前の都市はもはや存在しないということが出来，[57] それの灰の中から，2つの反するもの，東と西が苦痛を伴って生まれたのであった。

大都市からの大規模な人口の流出があった。50万の人口をもつケルンは，1945年には人口は5万以下であった。また，東ドイツか

V 近代運動

927, 928図 マルセーユ，「ユニテ・ダビタシオン」の外観2つ

　ら西ドイツへと1000万人が移動したと計算されている。それ故，人口分布は大きく変ったのである。

　通貨が改正された1948年までに，復興に対して効果的な手段は講じられ得なかった。1949年から1950年までの間に住宅が建設され，1950年には新住宅法が通過し，60年間に180万戸の新しい家を建設することを目ざした。それ以後，復興は着実に進み，今日，住宅問題はほとんど解決されたとみなされるだろう。

　都市計画の分野では，困難はより大きかった。都市計画法は都市計画についての全責任を地方当局に預けたままで，それ故，個人の利益を，ドイツ諸都市についての計画プログラムの上で必要である以上に重く見，オランダがロッテルダムで行ったような大規模な強制収用，再編成のプログラムはどこにも遂行されなかった。

　復興されたドイツの都市では，それらの古く伝統的な顔の痕跡は根気よく保持された。多くの荒廃し，あるいは完全に破壊されたモニュメントは丹念にあったままに正確に再建され，時にはケルンのセント・マーチンの近くの河岸の住宅のように，群全体が正確に再建された。重要な実験はこの分野でなされ，ドイツ人は正確な技術的プロセスで組積造の構造だけでなく——ある範囲内で——ディテールやオリジナルな装飾までのもっともらしい模倣をつくり出すことが可能であることを示し，永久に失われてしまったかに見えた作品の正確なイメージを再生した。ブルクザールの司教館や，東ドイツではドレスデンのツヴィンガー（Zwinger）を見てみればよい。これらは，いわば，実際の作品の実物大の模型であって，それは当然ながらそれらに完全に代り得ないが，それはほぼ近い形の再建を可能にし，都市景観の中におけるそれらの存在を再現した。

　復興をこのように理解することは，可能な限り土地の利用を同じようにしようとする個人の利益の圧力にもよるが，伝統的な都市のイメージへの執着にもよるものである。さらに，ほとんどすべての行政当局によって所有されている建築用地の広大な面積が建設投機を抑え，それ故，都市中心における過密はうまく避けられた（930図）。

　適当な都市計画の枠組の欠如と労働コスト

929〜931図　フランクフルト・アム・マイン，ルベッカ，ミュンスター等におけるドイツ復興計画（ダイルマン，ハウゼン，ラーフェによる新しい教会）

に比較しての高い材料費は，特に戦争直後において，ドイツの建築に何かしら素朴な質を与えた。しかし，産業が発展し，また供給が改善され，福祉の普及が労働コストを高くするにつれ，反対の傾向，高度に工業化された建築が現われ始めた。そのコントラストは造形の分野ではっきりとし，強められすらした。何故なら，ドイツの作品のあるものは，レンガの壁，軒の深い屋根，伝統的な彫刻等をはなばなしく見せたのに対して，他のものは，時にはもはやヨーロッパの建築では普通でなくなった議論を楽しむことをしながら，極端に現代的なレパートリーを利用した。これの例は，生き生きとしたそして故意に人を驚かすようなプランをもった劇場であり〔H.シャロウンとT.マッテルンによるカッセル

V 近代運動

932図 デュッセルドルフ，マンネスマン会社ビル（P. シュナイダー-エスレーベン，1960年）

の国立劇場，A. アーベルとR. グートブロッドによるシュトゥットガルトのリーダーホール（Liederhall），ミュンスターの市立劇場（931図）］，そしてまた完璧で厳格なモデュール構成をもつあるオフィス・ビル，例えば，デュッセルドルフの最近のマンネスマン（Mannesmann）本社（P. シュナイダー-エスレーベンとH. クノーテ，1959年）である。

この後者の方の傾向は，ドイツと合衆国との関係——特に，ボンのアメリカ大使館を建てたSOMのようなドイツで活躍していたいろいろなアメリカの設計事務所の存在によって——と，1933年以後，ドイツではナチズムによって中断されたのに，引き続いて実験の多くが続行されていた隣りのスイスの影響との両方によってつくり出された。

アメリカ人達は，ドイツの建物のモデュール構造が部材の規格化によらずに形態の選択によっており，建物は職人技術的と判断される方法で施工されているが故に，この模倣が実際よりも見かけのものであることを正しく観察している。[58] しかし，この状況はドイツの建築家に，デザインにおけるより大きな自由を許し，職人にそれぞれの部材の調整と完成により多くの時間をさくことを可能にし，アメリカでは特別な場合にのみ，しかも高価な場合にのみ得られる仕上げの程度を普通に獲得していた。

建築工業における職人技術の使用は，寸法の統一のためのUNI規準を大規模に適用することによって可能にされた。このようにして，個々の一連の部材を，それらが実際につなぎ合わされた時には常にぴったり接合されるという保証のもとに生産することが可能であった。

この傾向のイデオロギー的意味は考えてみる価値がある。職人技術と工業との間のギャップ——それは1919年におけるグロピウスの基本的問題であった——はふさがらず，ありきたりのやり方で解決され，機能的な関係は保証されたが，文化的な関係は，行動の2つの分野の厳格な分離が原因で凍結された。さらに，この建設方法は労働コストが低い間だけ有効だが，今はこのコストが高くなりつつあり，必然的に，職人の伝統的な技術を大量生産に移す方法の問題が生じた。これは，それ故，40年前にバウハウスでグロピウスが直面した問題が，同じ意味を一般的な次元でもちながら新たに出現したのだった。

人間的エネルギーは第2次大戦後と同じではなかった。古い世代のよき人々はドイツを去り，次の世代は散り散りになり，そしてヒットラー体制の悲惨な体験によって方向を見失ってしまい，働き始めようとしている最も若い世代はもはや年上の世代に充分な支持と指導力を見出さなかった。

ワイマール共和国における近代運動の初期

を経験した建築家の中では，ナチズムによって追い払われなかった少数の人々が活躍しただけであった。即ち，バルトニング，シャロウン，ルックハルト兄弟らだが，彼らは自らの道を歩むことに最も関心をもっており，それ故，ますます形態上の影響を与えるだけで，ドイツの復興に統一した様相を与えることに不適当であった。

これらの状況と第1次大戦後のそれとの類似は，人々にグロピウスの実験をくり返すことが可能であるかも知れないとの考えを起こさせ，新バウハウスを設立させた。こんどは，事業は個人の基金から生まれた。即ち，ゲシュヴィスター－ショルースティフトウング (Geschwister-Scholl-Stiftung) 財団がナチに殺された2人の兄弟を記念してI.アイヘル－ショルによって設立された。バウハウスの前の生徒であるマックス・ビル (1908～) はウルムに学校の新しい本部を建て，2年間それを運営し，その後，1968年その学校が閉鎖されるまでT.マルドナドがその地位を継いだ。

グロピウスは，1955年，開校式にその事業の重要性と難しさを強調しながら，希望に満ちたそして慎重なスピーチをした。

「私は，マックス・ビル，インゲ・ショル，教授陣，学生達が………これから続く不可欠の戦いの中で，自分自身でおいた高い理想をもち続けてほしいという私の希望を表明したいのです。というのは，様式を追うのではなく，絶えざる新しい表現と新しい真理の探求の試みを続けることをいっているのです。習慣と保守的な頑固さの造形的結果が人々の意志として常に立ち現われている時，そのような姿勢をもち続けることがいかに難しいかを私は知っています。すべての実験は，すべて新しいものの誕生につきものとしばしば誤って考えられている

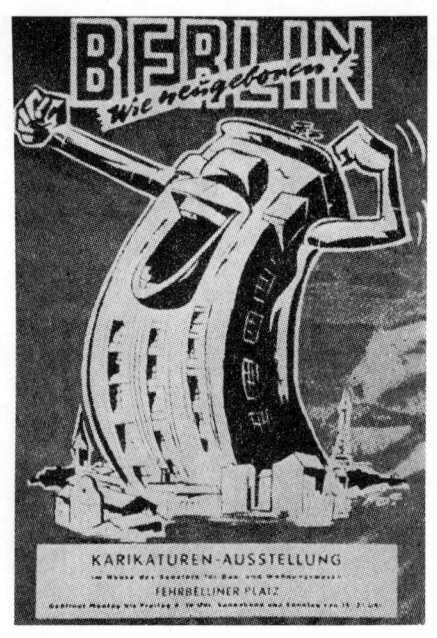

933図 ベルリン，1957年のインターバウのためのポスター

苦痛に対して善意をもって立ち向かう先見の明のある当局や個人の支持と同様，絶対的な自由を要求します。この≪形態のための大学≫に平和に発展する時間を与えて下さい。」[59)]

「インターバウ1957」はある意味で，ドイツの建築のこの段階の結末と要約であった。

1953年に，ベルリンの上院はハンザ地区——戦争によってほとんど完全に破壊されたスプレア (Sprea) とティエルガルテン (Tiergarten) との間の中心的な地位を占める19世紀の地区——の復興が近代建築の国際展覧会と結びつけらるべきこと，そして，建築家，研究機関，産業に，都市の住居の問題に対する最も近代的な解決を試みる機会を提供すべきことを発表した。

都市計画のコンペティションが行われ，

V 近代運動

934〜936図 ベルリン，1957年のインターバウの建設地，新しいハンザ地区（カタログの平面図から）

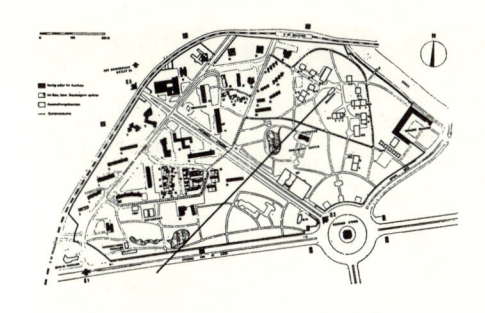

G. ヨブストとW. クロイヤーが入選した。当初から，新地区がグリーン・スペースで距てられたブロックでつくらるべきこと，決められた密度は高層の建物で得られ，土地の大部分は何も建てないで残すべきことが決められた。また，土地を所有者から獲得し，新しい計画に従ってそれを合理的に再分配するために会社が設立された。都市計画は，1954年，ジョブストによって建物のタイプに変化をもたせるよう修正されてから，建物を設計するために招待された建築家達に示され，最終的には，O．バルトニングを委員長とする委員会によって実施案がつくられた。最初にあった構成の統一は当然ながら失われ，地区は一様なグリーン・スペースの中に程よく間をあけられ自由におかれた多くの孤立した建物という形で出来上がった。

1927年のヴァイセンホフにおけるように，いろいろなタイプ——建物の高さの大中小，あるものは独立住宅，あるものはテラスハウス——は近代都市において提案されているものに代るものを例示するのに役立った。ここでは，いろいろな種類の建築家に対して与えられた自由は，様式の調和を強調するのに役立ち，説得力のある未来像を与えたが，それに対してインターバウはより混乱した文化的状況を反映していた。それぞれは自分自身を主張していた——ある意味では建設技術という点において何がしかの一致点が存在し，それ故かえって解決法の違いが有益に比較され得た——が，30年前，ほとんど埋められたと思われた溝が，技術と形態の決定の間に再び口を開いたように見えた。全体計画と実施されたディテールとは，しばしば2つの独立した要因として重ね合わされ，しかも多くの場合，それらは2種類の異った人々，外国のデザイナーとその土地の協力者の産物であった。[60] ここから，現代都市にとっての曖昧な指針が生まれた。つまり，個々の問題における明確な姿勢と全体における混乱した姿勢，「手段の明確さと結末の混乱」である。

インターバウにおけるはっきりした不調和は，ある意味で，ヨーロッパの諸都市に起こりつつあるもののイメージであった。ハンザ地区の限られた地域の中で，いろいろな傾向の作品を並置することによってこの状況をはっきりと反映させたのは，主催者によるところが多い。彼らは，統合を急ぐ提案よりもむしろ辛抱強くすべての現代的実験を考慮し，必要な範囲であらゆる議論をし続けることを好んだのである。

5. オランダにおける復興と都市計画

またしても，オランダの体験はヨーロッパの舞台での幸せな例外であった。

この体験の基盤は，スカンジナヴィアにおけるように，戦前に達成された建築と都市計画との間のバランスにあった。しかし，戦争の被害と，特に戦争に続いた経済的，社会的変化は，オランダの技術者達に，伝統の連続性を断ち切ることなく取り組み解決しなければならないより広汎でより緊急の仕事を与えた。

それ故，オランダの業績はスカンジナヴィアのそれよりもずっと模範的であると考えてよい。何故なら，それらが他の場所では見出され得ないような人口統計学的，社会的バランスによって条件づけられたというのではな

V 近代運動

937～939図 ロッテルダム，新センター：鳥瞰（中心部にガボの彫刻のあるマルセル・ブロイヤーによる新しいビーエンコルフがあり，その背後には，バケマとファン・デン・ブロークによるリーンバーンがある）と全体平面図（"Casabella"誌から）とデ・クレルク＆ツン店（バケマとファン・デン・ブローク，1955年）の外観

く，大きな工業集中地帯が存在し，領土の地理的形態が変化しつつあったヨーロッパのどこよりも，人口が大きな割合でふえていく国で達成されたからである。

戦争の被害に苦しむ都市の中でロッテルダムはその典型であった。それは先ず深刻な戦争被害を癒さなければならず，次に，ロッテルダムを大陸で最大の港にした急速な発展の結果に対処しなければならなかった。

ロッテルダムの中心部は，1940年6月14

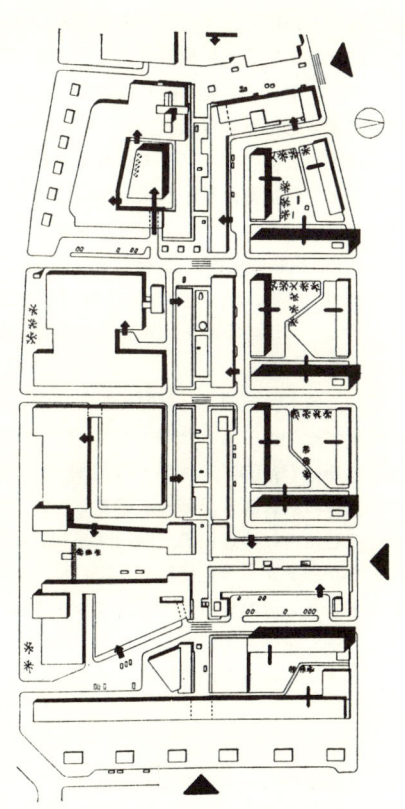

940, 941図 ロッテルダム，鳥瞰とリーンバーンの平面図（大きな矢印は歩行者の入口を示し，小さな矢印は自動車のそれを示す）

日，ドイツの空襲とそれによる大火で1日にして破壊された。260ヘクタールが裸になり，2万5000戸と2400の店舗，70の学校，2000の事務所や倉庫が失われ，7万8000以上の人々が家を失った。10年以上もの間，それを訪れる者にとって，都市の古いセンターのところは大きな空隙のように見えた。これが彫刻家ザッキンが見たままであり，多辺的な都市のイメージが彼に，有名な心を引き割かれた人間の彫刻をつくらせ，それは今残ったエラスムスの像から程遠からぬレウヴェンハーヴェンの近くに置かれている。

この爆撃の日，軍司令官は5日の戦闘の後ドイツ軍に降伏した。しかし，既に市当局は復興を考えていた。6月17日，彼らは残骸を取り除き始め，6月18日，主任技術者W. G. ヴィッテフェーンを新しい計画に就かせ，同月——ベルギーが降伏し，イギリスの遠征軍がダンケルクの砂丘に集結している間——彼らは亡命政権から派遣された司令官から，都市センター全体，即ち，土地と爆撃された建物の全体の強制収用の許可を得た。

所有者に対して決められた補償はすぐには支払われなかったが，合計額は，いわゆる大復興計画書の中に記述され，4％の利子がつけられた。交換に，地主はもとのものと等価の新しい土地を受けることになったが，必ずしも同じ場所でなく，しかも，そこに建物を

V 近代運動

建てることが可能な場合にのみである。さらに，彼はある期間内に復興を始めることになっており，新しい建物に同じ額を費した後に初めて補償を得るのである。

新計画の最初のプログラムは6月18日——フランスでの戦闘が行われている間——に提出されたが，それは最も緊急な事業，即ち500万m²の残骸の処理，家を失った人々への仮りの宿泊設備，既に工事中の仕事，例えば，ミューズ川の下のトンネルの完成等に関わるものだった。

最初，考えは破壊された財産を再び中心部に再建することであったが，その後，当局は，事務所や公的アメニティの発展のために，人口のある部分が郊外に移るべきことを理解した。この理由で，当局は強制的に郊外に640ヘクタールを獲得し，1941年，ある数の小さな外辺の自治体は都市に合併され，より広汎な発展計画が考えられた。1942年6月に，すべての進行中の事業は一時停止した。

「その時から——市の刊行物は書いている——神秘的な静かさが建設用地を支配していたが，事務所は都市の復興についての密かな議論で活気を帯びていた。次第に，われわれはかつての都市の悲しむべきイメージから逃れつつあるのを感じ，新しい都市はいろいろなやり方で形成さるべきであるという主張が有力となった。」[61]

C．ファン・トラーが主になってつくった最終的な計画は1946年に通過した（938図）。中心部の道路網は古いものとは無関係で，三角形の周辺部内で建設用地を出来る限り調整し，高価な土地を集中的に開発するために，基本的には渦巻形につくられた。この問題は必要以上に重く見られ，計画者が，土地を区分するやり方について何の拘束もないという

942図 ヴィーリンゲルメールのポルダーの干拓図（細い黒線は運河，"Urbanistica"誌から）

好機を完全に利用するのに邪魔となった。しかし，計画は妥協なく実施され，事実，それは普通なら反対となるところだが，建築的ディテールに一貫性と多様性を与えた。

これまでにロッテルダムの中心部に建てられた最も重要な作品は，ヤコブ・ファン・デン・ブロークとB．バケマ（1914～）による店舗と住宅の複合建物，リーンバーン（Lijnbaan）であった。ここでは，以前の計画は1階に店舗，上部2階分には個人の住宅をもつコールシンゲル（Coolsingel）に対して2本の平行な道路をおいていたが，地主と建築家は新しい案に賛成した。それは，店舗は幅広い歩行者用道路の周囲に集中され，ビンネンヴェークの入口にある2つの大きな店と相まって実際のビジネスセンターを形成するという案であった。大変な注意がディテール（屋根，キヨスク，ベンチ，駐車場）に対して払われた。他方，アパートは広い緑の中の近くの敷地におかれた7棟の10階建てのブロ

19 第2次大戦後のヨーロッパ

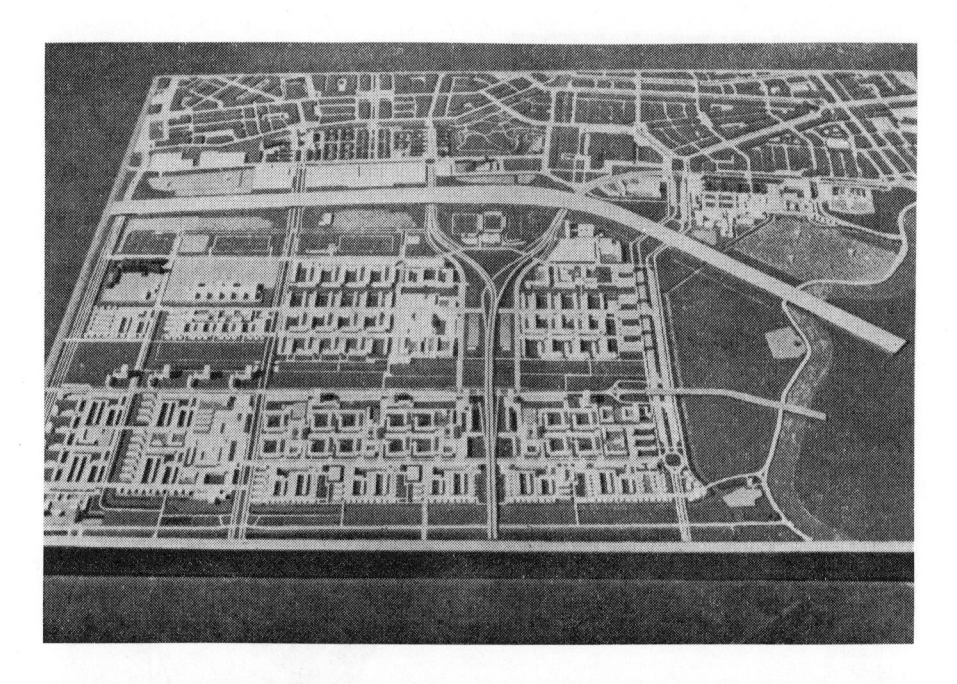

943, 944図　アムステルダムの西2つの拡張地区の模型，ビルテンフェルトとオスドルプ

V 近代運動

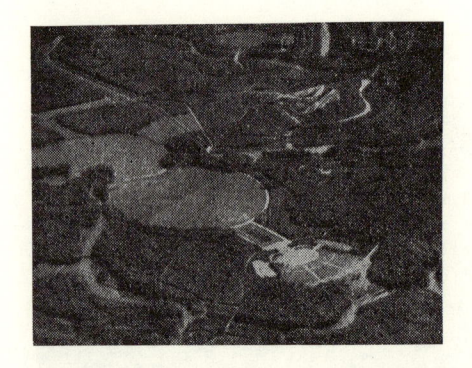

1. ボートレース場
2. ボート小屋
3. 水上スポーツセンター
4. 丘
5. 庭園
6. 迷路
7. 子供の遊び場
8. 大人の遊び場
9. リクリエーション池
10. 戸外劇場
11. 障害トラック
12. 馬場
13. 日光浴室
14. 小鳥の森
15. 農場
16. キャンプ場のある青少年の宿泊所
17. 苗代
18. 託児所

945, 946図 アムステルダムの森の平面図と鳥瞰

ックに集められている。最も経済的に有利な建物が芸術的に最良であることもまた立証され、建築は、2つの戦争の間のロッテルダム派の最上の作品を想い起こさせる自信と流暢さを持っている。

ロッテルダムのミューズ川を越えて南の方への拡張部は20万の人口をもち、それは数多くの新しい地区のセンターとなることとなった。この理由から、計画は、すべてのビジネスの機能が北岸に残ることが決められたのに対して、1949年、ファン・ティエンとマースカント（ベルクボルダーとプラスラーンの作者）によって建てられた高層建物を中心とした第2のセンター、文化とリクリエーションのセンターをここにおいた。

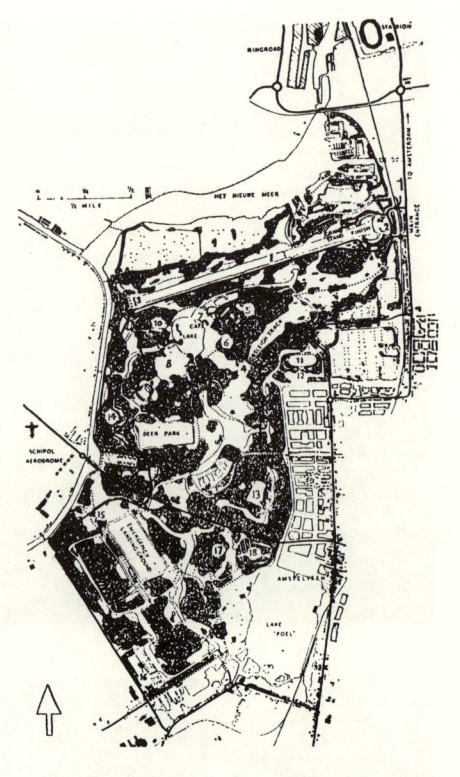

都市の最近の発展の中で、ニューヴ・マース河口に向かっての港の拡張は、都市の構造を求心的なものから線状のものへと変えた。都市の新しい形態は、住区とビジネス地区の累積ではなく、中世のフランダース都市のパターンを決定している運河と水門のような生産に必要な施設によって決定された。港湾設備の大きさと比較して、住宅地域とそのサーヴィスは従属的な立場に正しく留まっているが、それらの中に家族生活と住居と基本的サーヴィスとの間の狭い関係に独特な、限られた大きさを保持することが重要となった。

ロッテルダムの最近の地区の中で最も目立つもののあるものはフラールディンゲンの小さな町――アムバハト（Ambacht）、ヴェス

トヴィーク（Westwijk），フラールディンゲン・ノールト（Vlaardingen Noord）——の周辺に建てられたもので，それらの作者はファン・ティエン，バケマ，ファン・デン・ブロークであった。それらの大きさ（約80万の人口）とそれらのロッテルダムの今日の主要中心部に対する相対的に辺鄙な地位の故に，都市計画家達が通常の郊外地区に典型的なものと異った問題に取り組まなければならない特に豊かで複雑な都市的全体を形成している。

オランダの復興の第2の局面は，1918年に始められ，海からサイテルゼー（Zuiderzee）を距てる大堤防の建設によって可能にされた，サイテルゼーの排水と干拓に関係していた。われわれの時代の技術の最大の偉業のひとつであるこの堤防は，1932年の5月28日に閉じられ，そこにはドゥドックによってデザインされたモニュメントがたっている。

その計画は，海の堆積から得た5つの大きな干拓地を与える。その第1のもの，ヴィーリンゲルメールポルダー（Wieringermeerpolder）は1927年から1930年にかけて完成され，1945年にドイツ軍によって流され，戦後再建された。第2のノールドーストポルダー（Noordoostpolder）は1937年から1942年までに干拓され，その次の10年間で建設された。残りの3つ東部フレフォランド（Flevoland）——現在完成——と南部フレフォランドとマルケンヴァールド（Markenwaard）については事業は今なお進行中である。第1の干拓地においては最初の集落は疎らで山村以上にはならず，第2においては，1万の人口をもつことになるニュータウン，エンメロールド（Emmeloord）が建設され，南部干拓地はさらに大きなセンター，レリスタート（Lelystaat）をもつことになる。

最終的に，1953年の悲惨な洪水は，オランダ政府に，大規模な都市計画と関係のあるラ

947, 948図　ロッテルダム，アレクサンデルポルダー（バケマ，ファン・デン・ブローク，ファン・ティエン）

インとミューズの河口についての一般的な水力学的な方式をつくり出すことを強いた。事実，提出された問題は，西部ゾーンに集中された500万ないし600万の人口をもつ1つのまとまった地域に融合しようとしている諸都市——アムステルダム，ハーレム，ハーグ，ロッテルダム，デルフト，ユトレヒト——の問題であり，他の大都市地域と同じ過密の問題であった。

この密集した地域は河川地域である南部に出口を見出すだろうが，そこでは50万の人口の新しい都市が，すべて川の河口に沿う港湾施設の発展に関係をもつハリングフリート川に沿って計画されていた。[62]

これらの大計画に直面して，インフラ・ストラクチャー的なものの地理的大きさと，集合的及び個別的都市生活のずっと小さな大き

V 近代運動

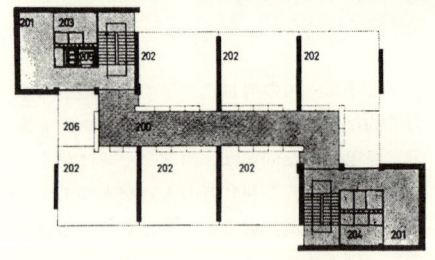

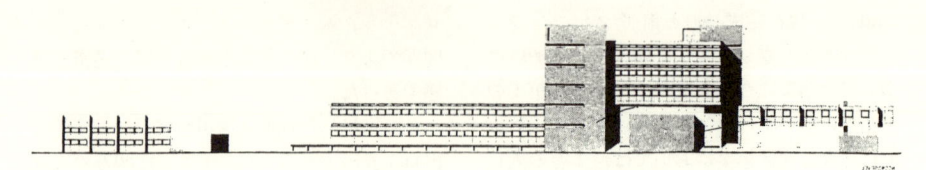

949〜951図 ロッテルダムのモンテッソリ学校（バケマ，ファン・デン・ブローク，1957年）

さとの間の溝を埋めることが出来た——ほとんど常にうまくいった——のはオランダの建築の功績であった。

これらの実験は，国際的な研究において最も貢献したが，それについては終章でさらに述べなければならない。

1) "Garden Cities Towns" ……Report of the Department Committee──ロンドン, HMSO, 1935年
2) "Report of the Royal Commission on the Distribution of the Industrial Population"──ロンドン, HMSO, 1940年── 1頁……Rodwin 著, "The British New Towns Policy"──ケンブリッジ（マサチューセッツ州), 1956年──の17頁に引用されている。
3) "Report of the Expert Committee on Land Utilization in Rural Areas"──ロンドン, HMSO, 1942年。"Report of the Expert Committee on Compensation and Betterment"──ロンドン, HMSO, 1942年
4) A. Verneuil 著, "La législation sur l'urbanisme en Grande-Bretagne"──パリ, 1948年──の6頁に引用されている。
5) "Architectural Review" 誌, 1942年6月号
6) P. Abercrombie, J. H. Forshaw 共著, "County of London Plan"──ロンドン, 1944年
7) P. Abercrombie の "Greater London Plan 1944", "a Report Prepared on Behalf of the Standing Conference on London Regional Planning at the Request of the Minister of Town and Country Planning"──ロンドン, HMSO, 1945年
8) "New Towns Committee, Interim Report"──ロンドン, HMSO── 3頁………L. Rodwin 著, 前掲書21頁参照
9) ロンドンの周辺の7都市, バジルドン, ブラックネル, クローリー, ハーロー, ヘメルヘンプステッド, スティヴネージ, ウェルウィン-ハットフィールド（古い田園都市の形態をとった）とイギリスの残部で4都市, エイクリフ, コービー, キュームブラン, ピーターリーとスコットランドの3都市, イースト・キルブライド, グレンローゼス, ニュー・カンバーノルド
10) E. De Maré………"Architectural Review" 誌, 1948年1月号
11) V. Semenov 著, "Printipy sovetskogo Gradostroitel'stva", モスクワ, 1945年………M. F. Parkins 著, "City Planning in Soviet Russia"──シカゴ, 1953年──の51頁参照
12) N. Voronin 著, "La ricostruzione edilizia nell' URSS"──イタリア語訳, ローマ, 1946年──14頁
13) Shkvarikov 著, "Bor'ba za Kachestvo stroitel'stva i Zadachi Organov po Delam Arkhitektury"………"Arkhitektura i Stroitel'stvo" 誌, 1949年10月号にあり, M. F. Parkins 著, 前掲書80頁に引用されている。
14) "Arkhitektura i Stroitel'stvo" 誌, 1948年8月号………F. M. Parkins 著, 前掲書60頁参照
15) N. Voronin 著, 前掲書42頁
16) 同書43頁
17) 同書47頁
18) 同書49～50頁
19) 同書59頁
20) "Casabella" 誌, 208号（1955年）第1頁に翻訳されている。
21) 同書2頁
22) 同書3～4頁
23) E. Neufert 著, "Bauentwurfslehre"──ベルリン, 1936年
24) "Metron" 誌 No. 14 (1947年)
25) C. Bo 著, "Una cultura senza nome"……"Comunità" 誌 No. 60 (1958年), 2頁
26) B. Zevi著, "Significato e limiti della voce 《organico》rispetto all'architettura" 参照。"Verso un'architettura organica"──トリノ 1945年──63頁に, Wright, Lescaze, Giedion, Hitchcock, Behrendt の引用文と共に出ている。
27) S. Molli-Boffa, M. Passanti, N. Renacco, A. Rizzotti, G. Becker, G. Fasana, M. Grossi, M. Oreglia, P. Perone, A. Romano, E. Sottsass jr.
28) B. Zevi 著, "Saper vedere l'architettura"──トリノ, 1948年
29) B. Zevi 著, "Architettura e storiografia", ──ミラノ, 1951年──と "Storia dell'architettura moderna"──トリノ, 1951年──（特に第12章の "Il rinnovamento degli studi storici di architettura) を参照。また "Enciclopedia dell'arte" 第1巻, 1958年の「建築」の項──615～700欄参照
30) E. N. Rogers 著, "Esperienza dell'architettura"──トリノ, 1958年──312頁の説明
31) G. E. Kidder-Smith 著, "Italy Builds"──ロンドン, 1955年──を参照

V 近代運動

32) この用語は P. Portoghesi によって初めて用いられた ("Dal neorealismo al neoliberty", Communità 誌——No. 65——69頁)。"Architectural Review" 誌は既にこれらの試みに対して敵対表明をしていた(Vol. 124, 1958年, 281頁)が,その後 R. Banham による論文の中で激しくそれらを批判した ("Neoliberty, the Italian Retreat from Modern Architecture" No. 747, 1959年, 231頁)。この論文は多くの議論をひき起こしたがその中には E. N. Rogers ("L'evoluzione dell'architettura, Risposta al custode dei frigidaires"——"Casabella" 誌 No. 228——2頁), B. Zevi ("L'Architettura" 誌, No.46〜47と1959年5月24日の "L'Espresso" 紙), C.Brandi ("Corriere della Sera" 紙, 1959年7月10日), G. Bernasconi ("Rivista tecnica" 誌, No. 8, 1959年), P. Portoghesi ("Comunità" 誌, No. 72, 68頁) 等が含まれる。R. Banham はこれらすべてに対して "Architectural Review" 誌, No. 754 の 341 頁で答えている。

33) 最初の7年間 (1949〜1955年) の地区については "L'I N A-Casa al IV Congresso di Urbanistica"——ベネツィア, 1952年と, G. Astengo 著, "Nuovi quartieri in Italia"——"Urbanistica" 誌 No. 7, 1951年——を参照。次の7年間 (1956〜1962年) に建設された地区については, R. Bonelli 著, "Quartieri e unità d'abitazione, I N A-Casa"——"L'Architettura" 誌, No. 31以後——を参照

34) "Urbanistica" の特別号, No. 18〜19 (1956年) を参照

35) 1956年イタリアの芸術及び自然の遺産を守るために,「イタリア・ノストラ」(Italia Nostra) 協会が設立され,同年,この問題に関する法令を改正するために議会に委員会がおかれたが,仕事を全うすることなく1958年に解散した。国立都市計画協会は,都市や地方のランドスケープを守ることをテーマとして,1957年の会議をルッカに開いた。"Ulisse" 誌の 27 号(1957年)は「芸術的遺産を守ろう」をタイトルとし,第11回トリエンナーレは,「古代のモニュメントや環境についての都市の現実」に関して1957年国際会議を開いた。

36) "Urbanistica" 誌の連続3号がこの問題に費された (1959年の No. 27, 28, 29)。その後の展開はその雑誌のその後の号に記録されており, 1962年の最終的計画は1964年の No. 40 に示されている。1954年から1958年にかけて専門委員会 (E. Del Debbio, E. Lenti, R. Marino, V. Monaco, S. Muratori, G. Nicolosi, L. Quaroni, L. Piccinato)によってつくられた最初の計画は1958年行政当局によって真向から拒否され, M. Fiorentino, P. Lugli, L. Passarelli, L. Piccinato, M. Valori らによるより受け入れ易い計画に取って代えられた。

37) 1960年から1963年にかけて, 学生達の抗議は特に大都市, ミラノやローマにおいて,建築学科の古い規則を守り得ないものにしてしまったが, 勉学についての有効な改善はなされなかった ("Casabella" 誌287号, 1964年5月)。その後, 学生運動は,大学のすべての教育に共通なこうした状況の政治的原因を次第に暴露した。

38) その後の計画は F. Sullo の著書, "Lo scandalo urbanistico"——フィレンツェ, 1964年——の中に収録されている。

39) P. Gibel の "L'aménagement de la région parisienne"……"La Vie urbaine"——1950年——115頁

40) P. Lavedan 著, "Histoire de l'urbanisme, époque contemporaine"——パリ, 1952年——177〜178頁に引用されている。

41) E. Claudius Petit 著, "Esperienze della ricostruzione francese"………"Casabella" 誌 No. 199 (1953〜1954年) の37頁にある。

42) 協力者:P. Branche, P. E. Lambert, A. Le Donné, A. Hermant, J. Poirrier, J. E. Tournant。資料としては "Urbanisme et Habitation"——1953年——の81頁, "Casabella" 誌 No. 215 (1957年) の49頁を参照。

43) Le Corbusier 著, 作品集1946〜1952——チューリッヒ, 1955年——193頁参照。「ユニテ・ダビタシオンのアイディアは, 1907年のトスカーナのエマのチェルトーザを最初に訪れた時に遡る。」

44) 作品集1938—1946, 38頁

45) 前書94頁。"Les constructions murondins"——パリ, 1941年——参照

46) 前書100頁

47) 前書130頁

48) 前書103頁。"Techniques et Architecture" 誌——1946年, 25頁——の "Le brise-soreil" 参照

49) 道路, 鉄道, 水路, 空路。"Sur les 4 routes"——パリ, 1941年——参照

50) 住む，働く，肉体と精神を鍛える，交通。「アテネ憲章」――パリ，1943年――を参照
51) 農業単位，線状工業都市，放射状都市。"Les trois établissements humains"――パリ，1944年――参照
52) 1945年につくられた，各部寸法に調和関係をつくり出すための尺度。"Le Modulor"――パリ，1950年――参照
53) 第1の道路，第2の道路，第3の道路，商業道路，「ユニテ・ダビタシオン」への分岐道路，「ユニテ」の中の道路，緑地帯へのサーヴィス道路。作品集（1946～1952年）の94頁，及び前掲 "Le Modulor" 参照
54) "La maison des hommes" (F. de Pierrefeu と共著)――パリ，1942年。"Entretien"――パリ，1943年。"Perspectives humaines"――パリ，1946年。"Propos d'urbanisme"――パリ，1946年。"Manière de Penser l'urbanisme"――パリ，1946年
55) M. Lods の協力による。
56) J. Petit 著，"Le Corbusier propose des unités d'habitation en séries"………"Zodiac" 誌，No. 7（1960年）39頁にのっている。
57) 住宅相 W. Fey によって発表された公式数字………"Der Aufbau" 誌，1953年8月号
58) P. Blake 著，"German Architecture and American"………"Architectural Forum" 誌，1957年8月号，132頁
59) "Domus" 誌，No. 315――1956年2月号――にイタリア語訳されている。
60) O. Bartning 著，"Zum Programm der Interbau"………"Interbau Berlin" の1957年，27頁参照。この都市計画の推移は G. Scimemi によって "Casabella" 誌，218号（1958年）の23頁に "La ricostruzione di Berlino e il quartiere Hansa" として要約されている。デザイナーのリストは次の通り（建物番号順）。
 1. Müller-Rehm 2. G. Siegmann 3. A. Klein 4. H. Müller 5. G. Gottwald 6. G. Wilhelm 7. K. Gropius, TAC, W, Ebert 8. P. Vago 9. W. Luckhardt 10. P. Schneider-Esleben 11. E. Zinsser, H. R. Plarre 12. L. Baldessari 13. E. Eiermann 14. O. Niemeyer-Filho 15. F. Jaenecke 16. A. Aalto 17. W. Kreuer 18. G. Hassenpflug 19. H. Schwippert 20. R. Lopez, E. Beaudouin 21. J. H. Van den Broek, J. B. Bakema 22. L. Lemmer 23. W. Düttmann 24. B. Grimmek 25. P. G. Baumgarten 26. M. Taut 27. K. Fisker 28. O. H. Senn 29. M. Fuchs 30. B. Pfau 32. H. H. Sobotka, G. Müller 33. F. R. S. Yorke 34. F. Schuster 35. G. Nissen 36. B. Hermkes 38. H. Scharoun 39. E. Ludwig 40. A. Jacobsen 41. G. Weber 42. A. Giefer, H. Mäckler 43. J. Krahn 44. S. Ruf 45. W. von Möllendorf, S. Ruegenberg 46. J. Lehmbrock 47. W. Fauser 48. G. Hönov その他に Le Corbusier, H. A. Stubbins, F. Mocken.
61) "Bullettin d'information" No. 3 における "Bureau d'information et de publicité de la ville de Rotterdam" また，C. van Traa 著，"Rotterdam, die Neubau einer Stadt"――ロッテルダム，日付不詳――参照
62) W. van Tijen 著，"Il centro sperimentale di Vlaardingen"――"Casabella" 誌，No. 219 (1958年)，47頁

V 近代運動

952図 東京，ル・コルビュジエの西洋美術館のスケッチ（作品集から）

第20章　新しい国際舞台

　第2次大戦の初め頃,近代運動は世界中の国々に影響を与えたが,ヨーロッパやアメリカ以外で起こった事柄は,既に述べたヨーロッパやアメリカの実験の延長に過ぎなかった。国際的なレパートリーが地方的な慣習に適応されたが,それからは新しいオリジナルな発展の原動力は引き出されなかった。

　他方,第2次大戦後,それまでになされた業績,そして少なくも2つの場合——ブラジルと日本——におけるそれを再考する広汎な運動が始まり,国際的な価値をもつ成果を生み,もはやヨーロッパやアメリカのモデルに関わりをもたないで,実際に新世界ばかりでなく旧世界においても,進行中の実験に刺激を与えることが出来た。

　このようにして,文化的関心の新しい動きが用意され,ようやくそれが認められ始めたのだった。

　非常に急速に,また滅茶苦茶に変りつつある状況について系統立った説明をすることは不可能である。ここでは,単に,国際的に関心をもたれている2つのエピソード——ブラジルのものと日本のもの——と,ヨーロッパの建築家による,国際文化への自分自身の役割をなおざりにすることなく,辺境の既存の様式を伝えようという最も真面目な試みである,インドのチャンディガールにおけるル・コルビュジエの実験をあげておこう。

　ル・コルビュジエの名前は,ブラジルや日本の出来事を示す時にもひんぱんにくり返される。今日,彼の建築は,多くの広域にわたって存在する国々における最も生き生きとした,進歩した実験の指標としての役割をはたしているのである。

1.　ブラジル

　第1次大戦後,ブラジルは,ヨーロッパで行われていたアヴァン・ギャルドの戦いの反響を感じていた。それの最も賑やかな現われは,絵画や彫刻の展示,コンサート,リサイタル,講演等を伴った1922年のサン・パウロの「近代芸術週間」であった。1925年,G.ワルシャフシクは,ル・コルビュジエのイデオロギーに刺激されて「機能主義建築宣言」を発表し,[1]　1928年,最初の「近代的」住宅を建てた。1927年のサン・パウロの州庁舎のコンペティションで,F.ド・カルヴァロは,厳格に合理主義的なデザインで世間と審査員を憤慨させた。この時期は,ヨーロッパを指向すると同時に,地方の伝統の再評価と実際にはプレ・コロンビア的遺産への回帰を提案す

る「アントロポファジスタ」(antropofagista) 運動 (1928年) をも指向していた。1929年, ル・コルビュジエは, アルゼンチンからの帰途, サン・パウロに立ち寄り, 種々の講演をし, 当局に公けにもてなされ, 当局とある都市計画について議論を始めた。

ブラジルの運動の転機は, 1930年のゲトリオ・ヴァルガスの革命と一致する。今や政治的に力をもつ階級は, アヴァン・ギャルド芸術家を支持する中産階級から生まれ, アヴァン・ギャルド芸術家たちはそれ以後はもはや反対に閉じこもることなく, 支配エリートの一部となった。

革命の直後, ルチオ・コスタ (1902～) はリオ・デ・ジャネイロの美術学校の校長になった。彼は, G.ワルシャフシクとA.ブドウスをコンポジションの教授に任命し, 伝統的教育の完全な一新を計画したが, これは1年足らずで彼が辞めなければならなくなるような騒動をひき起こした。学生達は彼に味方し, ストライキを行い, 新しい学校をつくろうとさえした。彼らのうちでも最も重要なのは, J.M.モレイラ, E.ヴァスコンツェロス, C.レオンであり, 彼らはブラジルの運動の発展において重要な役割を演じることになる。

1930年の革命によって生じた軋轢は, 何年かの間, 通常の建設活動を阻害した。1935年, 保健・教育省のコンペティションが行われ, 最も秀れた近代建築家の何人かが参加したが落選した。しかし大臣のG.カバネマは実施計画の仕事をL.コスタ, O.ニーマイヤー, A.E.レイディ, E.ヴァスコンセロスに与えた。1936年, コスタはル・コルビュジエを顧問として呼ぶことを提案した。ル・コルビュジエは1か月をリオで過し, 地元のグループと協働し, 計画を根底から再審議し, また敷地をより広く場所のよい別のものと代えることを提案したがはたさなかった。

1937年, ル・コルビュジエの提案に基づく最終計画が出来上がった。施工には何年かを要し, 1939年, コスタはグループの指導者の地位を降り, ニーマイヤーが代ったが, 彼は引き続き若い建築家達の仕事を支持し続けた。1946年, 彼はル・コルビュジエに手紙を書き, 仕上がった建物に彼を招待した。

「あなたが初めて省庁をごらんになり, 10mの高さのピロティに手をお触れになれば, 感動し満足されることは確かです。世界の四隅——ブエノス・アイレスからストックホルム, ニューヨークからモスクワまで——に豊富にばら播かれた種のうち, ブラジルの大地に播かれたものが——これまで存在すら知られていなかったがオスカーと彼のチームの並み外れた才能のお蔭で——建築の花を開きましたが, そのイオニア的な魅力の多くはあなたのものです。」[2]

事実, これがル・コルビュジエがある期間考えていた建物の型——パリ, アルジェ, ネムール, ブエノス・アイレスのためにデザインした行政のためのカルテジアン風の摩天楼——の最初の実現であり, ここに彼の建築のすべての特徴「ピロティ」, 屋上庭園, 「パン・ド・ヴェール」(pan de verre), 「ブリーズ・ソレーユ」(brise-soleil) が厳格に適用されている。常にそうであるように, 実物を示したことは機能主義者側にとって大変に効果的であった。何故なら, デザイナー達の偏見のない姿勢が狭い敷地をうまく利用し, 建物の下や周囲に公共のスペースをつくりだすことを可能にし, 因襲的な制約から解放された新しく可能な都市環境の提案の指標を, リオの最も混み合った地区のひとつに挿入したからである(953～955図)。この建物はまたいろいろな彫刻作品——リプシッツによる彫像を含む——や, これ以後ブラジル建築に広く用い

20 新しい国際舞台

られることになるポルティナリのマジョルカの仕上げ等によって飾られている。

1936年以後は，近代建築家に対するチャンスは次第に多くなった。マルセロとマウリッシオ・ロベルトは印刷協会の本部とサントス・ドゥモント空港のコンペティションに入賞し，A. コレア・リマはリオの水上空港のコンペティションに入賞した。コスタとニーマイヤーは1939年のニューヨーク万博のブラジル館を建てた。

1942年，アメリカの批評家，P. L. グッドウインと写真家，E. キダー・スミスは，翌年ニューヨークの近代美術館で開かれる展覧会のための取材にブラジルへ行った。この2人は『ブラジル・ビルズ』(Brazil Builds)という本を出版し，[3] これがブラジルの運動の国際的な評価の初めとなった。[4]

1942年から1943年にかけてパムプラに建てられた建物（教会，カジノ，ヨットクラブ）で既に有名であったオスカー・ニーマイヤー(1907～)は，1946年にはリオにボアヴィスタ (Boavista) 銀行，1947年にはサン・ホセ・ドス・カンポスに航空技術センター，1951年以降は，サン・パウロのイビラプエラ (Ibirapuera) 公園，ベル・オリゾント，サン・パウロ，リオにおけるいくつかのアパート等を建てた。

これらの作品において，彼は合理主義のレパートリーである意図的な単純化へと進み，ル・コルビュジエに典型的な，密度の高い構造的な対位法を弛め，それを，明確で，間を置き過ぎる位に置いたいくつかの基本的なモチーフで置き換えた。建築的イメージは時にはほとんど裸といってよいほどみすぼらしかった——ボアヴィスタ銀行——が，全体は，巨大な塑像に変身し（特に，1953年のリオの住宅において），周囲のセンセーショナルな風景の圧力に耐えるのに不可欠に見える異常なほどの直截さで装飾的な価値を獲得している。

953, 954図 リオ・デ・ジャネイロ，教育・保健省（コスタ，レオン，モレイラ，ニーマイヤー，レイディ，ヴァスコンセロス，1937～1943年）

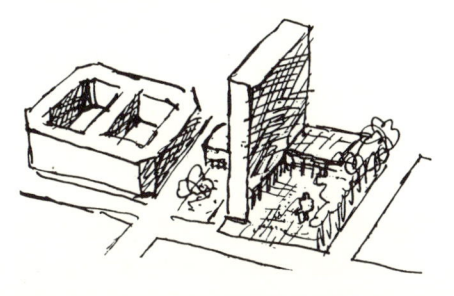

955図 リオ・デ・ジャネイロ，教育・保健省のル・コルビュジエのもとのスケッチ（作品集から）

V 近代運動

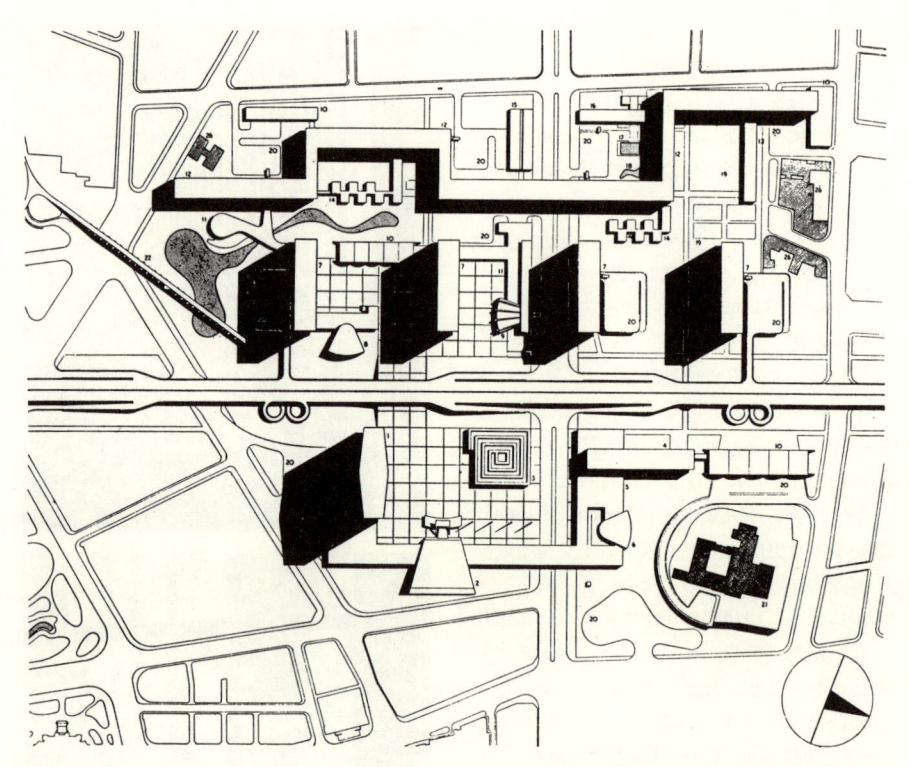

956図 リオ・デ・ジャネイロ,サン・アントニオの新都市センター(E. A. レイディ,1948年,H. E. Mindlin 著,"Modern Architecture in Brazil", 1956年)

しかし,ニーマイヤーの傾向はひとつの極限と考えられなければならず,ブラジルの建築全体は,それから程遠いところにあった。意図は似ているが,調子がぐっと変っているのはルシオ・コスタの作品であり——彼はヌオヴァ・シントラ(1948年),ブリストル(1950年), カレドニア(1954年)に模範的な住宅団地を建てた——M. & M. ロベルトであり,H. E. ミンドリンであり,R. レヴィであり,ヨーロッパからの移民ではG. C. パランティとパパダキであった。

現代のブラジルの建築で最も明らかに欠けているのは適当な都市計画の枠組である。ブラジル建築のもつ煽動的な形態のある部分は疑いなく,密度の高く混乱した都市環境に対する防護的な姿勢からきたものである。それについての例外の主なものは——後に述べる大規模な都市計画は別として——アルフォンソ・エドゥアルド・レイディ(1909〜1964)によるある複合建築であり,S. アントニオの新しい都市センター(1948年にデザインされ,現在建設中,956図)であり,特にリオの住宅団地,ペドレグロ(Pedregulho)(1950〜1951年)であって,そこでは建物,サーヴィス,外部の空間は秀れた巧みさでバランスされている(959〜960図)。われわれの時代の最も天才的なランドスケープ・アーキテクトのひとり,R. ブルレーマルクスは現在までブラジルで活躍している。これまでは,彼はいくつかの個人住宅の庭とか公共建築(サント

ス・ドゥモント空港やリオのカナダ大使館）のようなあまり重要でない，装飾的な仕事にのみ傭われてきた。

　ブラジルの建築は，世界中からやってくる訪問者の直接的体験などを通して次第により知られるようになったが，評価は次第にまちまちとなり，初めて意見の不一致の理由づけが行われた。

　あらゆる国々の批評家がブラジルへ来た1953年のサン・パウロのビエンナーレの後，「アーキテクチュアル・レヴィユー」誌は，P.クレイマー，イセとW.グロピウス，H.オイヤー，M.ビル，E.ロジャースらの論説を掲載した。[5]

　グロピウスは，例の寛容な態度で，国際的な成果を国の気候と習慣に適応させたブラジルの運動のオリジナリティを喜び，特に建築の計画が都市計画とバランスした関係をもっている作品，例えばレイディのペドレグロを評価した。

　サン・パウロにおける講演で，ビルは，ブラジルの建築を次のように厳しく批判した。

　「あなた方の国の建築は反社会的なアカデミズムの忌むべき状態へ陥る危険に立たされています。私は，社会的芸術としての建築について語るつもりです。つまり，様式が変ってしまったのでもはや時代にそぐわないように思われた時にでも，簡単に放り出し得ないような芸術としての建築です。
　——何故なら，100万あるいは1億にもなる価値を破棄するということは，まずいと思われるキャンバスや彫刻を捨ててしまうようには簡単ではないからです。」[6]

　彼は，ブラジルにおいては国際的レパートリーの要素——アルプ風の有機的形態，カーテンウォール，「ブリーズ・ソレーユ」，「ピロティ」——が，ネオ・クラシシズムの時代の円柱やペディメントのようなありきたりの公式になってしまったこと，即ち，それらがこの国の真の要求を解決するためではなく，既に出来上がっている詩的なものへの従属の中で受け入れられていると信じた。これに関連して，ビルは，戦前ル・コルビュジエの指導の下で建てられた教育省も批判した（しかし，彼は非常に気に入ったペドレグロは除外した）。

　造形主義の非難は確かに根拠はなく，特にニーマイヤーのようなよりオリジナルな建築家に対して向けられた時にはそうであるが，それはより詳細な原因の調査とブラジルの実験の発展を導き出すに違いない。

　スカンジナヴィアにおけるように，造形主義が特殊な社会パターンの——スカンジナヴィアでは，全く平等社会と協同組合を基とした経済，ブラジルでは，階級社会と最近生まれたが旺盛な資本主義の——存在の中で生じ，それ故それは適当な象徴的な表現を必要としたということは特筆すべきである。国際的レパートリーは全く文字通りに適用されず，特に幾何学的な形態とスケールとの関係において強く変形された。何故なら，すべての個々の造形モチーフはそれぞれを目立たせる情緒的意味をもっているからである。こうして，構成は初歩的で簡略化され，建物のテクスチャーは目立って稀薄にされ，それに対して全体の形態は，その意図の直接性で，ひと目でわかるようなものになっている。

　この構成法は，その本質において，伝統的な都市の構造にとっては全く異質であり——こうした理由で，新しい建築は雑然としている古いセンターには根を下ろさなかった——適当な規模の都市計画を通して実現可能な都市景観についての新しい概念を内に含んでいる。

　1955年，ミナス・ジェライス州知事，J.クビチェク——彼はそれまでカバネマ，ヴァ

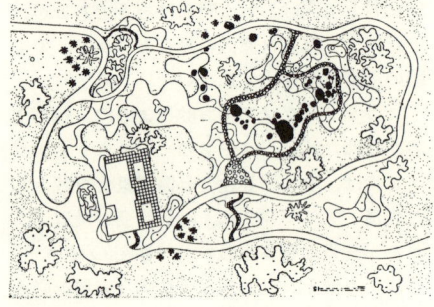

957, 958図　リオ・デ・ジャネイロ，計画にあわせた海岸線の修正とR. ブルレ・マルクスによってデザインされた庭（Mindlin 著，前掲書より）

ラドレス，ヴィタルらと共にブラジルの近代運動の保護者のひとりであった——は大統領に選ばれ，都市計画を促進し，ブラジルの建築家にこの新しい規模での，それまでに達成された実験の成果の上に立って計画をすることを可能にした。この時期は，リオ計画（1938年から1948年にかけて，J. デ・オリヴェラ・レイスを委員長とする委員会によってつくられた）によっていろいろな事業の開始を見た時期で，既存都市をそのままにして空地に施設を設けるために，当局は海岸に沿って大きな人工的な堤防を建設することを決定し，自然のランドスケープの上に計画されたランドスケープを重ね，建物に用いられたのと同じカーヴを用いた（957図）。

しかし，国の最も秀れた才能が招集された

クビチェクの大事業はブラジリアの建設で，その新しい首都は奥地の砂漠の中に出現することになった。この決定は人口と企業のある部分を海岸から内陸地へと移す巨大なプログラムと結びつけられた。政治の場の移動はこのプロセスを始めさせるのに不可欠なものとみなされ，スタートから，この目的を視覚的に実験するのが新しい都市の課題であった。

始めに，クビチェクは敷地を選定する委員会を任命した。地元の官吏，コーネル大学の専門家を加えたアメリカのD. J. ベルチャー事務所が調査を実施するよう依頼され，5か所の候補地を提案し，その中の最終的に選ばれたものは，ゴイアス州の僅かに起伏をくり返す草原であった。

それから，土地を獲得し，地業を行い，公共建築を行うためにイギリスの開発公社に似た実施団体，ノヴァキャプ（Novacap）が設立された。ニーマイヤーは，建築と都市計画部門の長に任命され，まず2つの建物（大統領官邸と公式訪問者のためのホテル）を建設することを委託された。

全体計画についてニーマイヤーはコンペティションにすることを決定し，それは1956年の9月に行われ，6か月後に締め切られた。コンペティションでは大部な調査資料が配布されたが，提出物は2つだけで，2万5000分の1の配置図と報告書であった。

コンペティションの審査員は，ブラジルの建築家と技術者の職能団体の代表（P. A. リベイロとH. バルボーザ），建築・都市計画部の代表（ニーマイヤーとパパダキ）と2人の外国の専門家（パリからのA. シーヴとロンドンからのW. ホルフォード）であった。ホルフォードが「アーキテクチュラル・レヴュー」誌の一文に書いているように[7]審査は議論沸騰であった。何故なら，作品のあるものはあらゆる技術的問題をとらえつくし，多くの分析的な計画を行ったのに対し，他のもの

20 新しい国際舞台

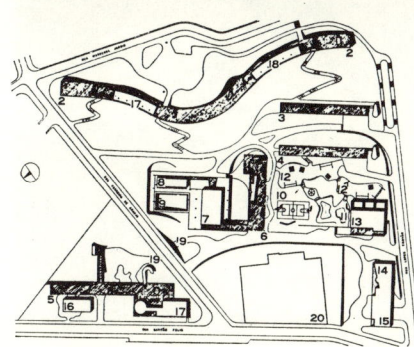

1. 水槽, 2〜5. 住棟, 6. 小学校, 7. 体育館, 8. 脱衣所, 9. プール, 10〜12. 遊び場, 13, 14. 洗濯場, 15. 商店, 16〜18. 託児所, 19. 歩行者用地下道, 20. 既存工場

959, 960図　リオ・デ・ジャネイロ, ペドレグロの住宅群（A. E. レイディ, 1950—52年）

は単に都市の形態の輪郭だけを示し, それを全体の秩序で理由づけた。前者の中で最もよく考えられていたのは, マルセロとマウリッシオ・ロベルトの計画であり, 彼らは, 未来の都市を六角形をした7つの「ユニテ・ダビタシオン」に分け, それは14にふやすことが可能であり, 未来の都市が維持しなければならない経済的バランスを最初から決定した。

後者の中で最も注目すべきものはL.コスタによるもので, すべてフリーハンドで書かれた報告書の文と説明のスケッチの5枚のプレートからなっている。コスタは新しい組織体についての基本的な考えを次のように述べている。

「それは, 定められた場所を示し, あるいはそれを手に入れる時誰もがするであろう最初の仕草から生まれた。十字架のように直交する2本の軸を引くことである。それからこのサインは地形, 土地の自然排水,

389

V 近代運動

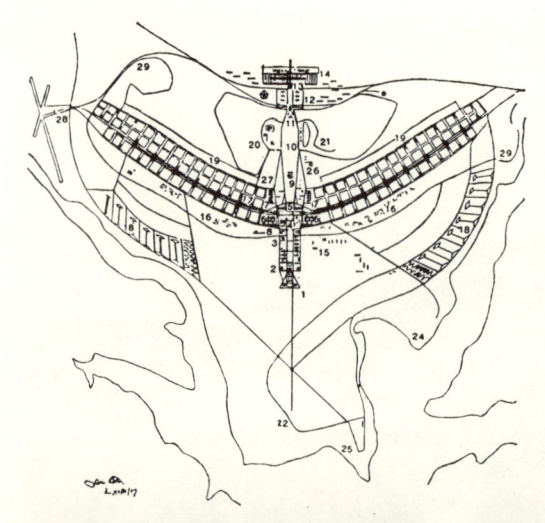

1. 三権の広場, 2. 諸省庁, 3. 寺院, 4. 文化地区, 5. 娯楽センター, 6. 銀行と事務所, 7. 商業地区, 8. ホテル, 9. テレビ塔, 10. 運動場, 11. 市庁広場, 12. 兵舎, 13. 鉄道駅, 14. 倉庫と小工場, 15. 大学, 16. 大公使館, 17. 住居地域, 18. 個人住宅群, 19. 園芸場, 20. 植物園, 21. 動物園, 22. ゴルフ・クラブ, 23. バス・ターミナル, 24. ヨット・クラブ, 25. 大統領官邸, 26. 乗馬クラブ, 27. 遊園地, 28. 空港, 29. 墓地

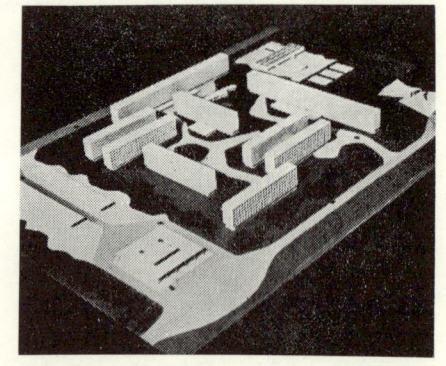

961〜963図 ブラジリア, ルシオ・コスタの平面図 (1957年) と住区と銀行合同ビルの模型 (ニーマイヤー, 1958年)

最良の方位等に適応された。1本の軸の先端は, 都市化される地域の輪郭である二等辺三角形にサインを適合させるためにカーヴさせられている。」[8]

南北軸は近代的な自動車道路として設定され, 外部の交通——即ち, ブラジリアの周囲の地域とのコミュニケーションの流れ——を都心へと運ぶ。この軸に沿ってすべての住区がおかれ, 一方, リクリエーション地区は下位道路の交叉点に位置させられ, 種々のレベルのプラットフォームが設けられている。

他方, 東西軸は, ビジネス地域と結びつけられ, 新しい政治, 文化のモニュメンタルな放射状大動脈を形成している。主要建物——大統領官邸, 最高裁判所, 国会——は三角形の広場,「三権広場」の周囲に集められ, 一方, 寺院はそれのモニュメンタルな質を価値づけるために離されている。

住宅ゾーンは, 均一なスタイルでデザインされる大きなスーパー・ブロックに分節化されている。コスタは書いている。

「私はスーパー・ブロックは分割されては

964図　ブラジリア，中央の交通交叉といくつかのスーパーブロック

965図　ブラジリア，実現されたあるスーパー・ブロック

ならないと感じ，土地は売ってはならず，地上権を売ることを提案する。この地上権の価格は，建物間隔と高さの規制如何によるだろう。この方式は現在スーパー・ブロックの内部のつくり方についての現在の計画及び未来の可能な計画の前に横たわる障

害を克服しなければならない。一元的なプロジェクトが地上権が売られる前につくられなければならないが、ある数の地上権を買った者が自分の特殊なスーパー・ブロックの計画を開発公社に提出するのを拒むものは何もない。」[9]

巨大都市における空間は2つの手段によってコントロールされ統一されるが、その2つとは「1つは高速道路技術の利用、もう1つは公園や庭園に植樹する造園家の技術である」[10]とコスタは断定する。

よく知られているように、コスタの計画は、リベイロの反対にも拘わらず審査員によって選ばれた。[11] その絶対的な価値についての判断がどうであれ、それがブラジルの運動によってこれまでとられた方向に最もよく適合したものであり、それの長所と短所を都市計画的スケールに移し、それ故、新しい都市の中に生ずることになる建築に対する枠組としての役割をはたすのに最も適していたことは確かである。

ニーマイヤーの後の作品におけるように、その組織体はことさら単純で基本的なイメージ、コスタがいう素直な仕草、即ち2本の軸による十字のサインに基づいていた。しかしながら、下位軸は儀典的な性格を強くもつが故に、計画者は主軸の2本の腕を対称形にしようとし、全体に、多分象徴的理由で故意にそうしたのだろうが、かすかに獣神的な香りを与える左右対称性を付した（961図）。

これはコスタの計画の主たる弱点であった。というのは、それが都市の構造そのものに外的要因、その実際的な本質を害う暗喩をもちこんだからである。

この欠点はその作品の現状の中でより明らかである。コスタによってデザインされた都市が土地の上に姿を現わした間に、多くの初期の建物が他の場所に建てられ、それらはほ

とんど完全に人工湖の土手を占領した。それ故、デザイナーによって考えられた対称的な姿はもはや全都市体に対応せず、閉鎖的で限定された形をもつ古いセンターに起こったように、単に成長する無定形の周辺部に対する内部核に過ぎない。

しかし、最初のイメージが新鮮さと単純さの中に消えることなくいろいろな部分で建築的形態をとるやり方は見事であった。スーパー・ブロックはちょうどニーマイヤーによる「ブリーズ・ソレーユ」あるいはガラスの壁面の概略の分割が彼の建物のテクスチャーを純化したように都市の組織の網を広く、そして程よく間隔をおくようにすることを可能にする手段であった。このようにしてブラジアの都市体は50万の人口をもつに拘わらず、広大な地域のあらゆる点から全体計画のエネルギーと性格を理解し得るという意味での理解し易さという基本的な要点を保持した。目立つのは、形態の発明、それが適用される空間との間の新しい関係である。ホルフォードはこれを財政的な関係でも指摘している。

「コンペティション後の新聞のコメントのひとつは、ルチオ・コスタが25クルゼイロを費って100万クルゼイロを得たことを明らかにした。しかし、この支出——最近のインフレの時代ではフランス印象派のよい絵を買うのに必要なものの10分の1に過ぎない——で、ブラジル政府は、私の意見では、都市計画における20世紀最上の投資をしたのである。」[12]

ブラジリアの建物のデザインにおいて、ニーマイヤーは同じ規範に従い続けた。建物のそれぞれは、非常に単純な、事実初歩的で基本的なアイディア——大統領官邸の鎌型の大理石のスクリーン、隣りのチャペルの渦巻型の壁、上院の凸型のドームと下院の凹型のド

20 新しい国際舞台

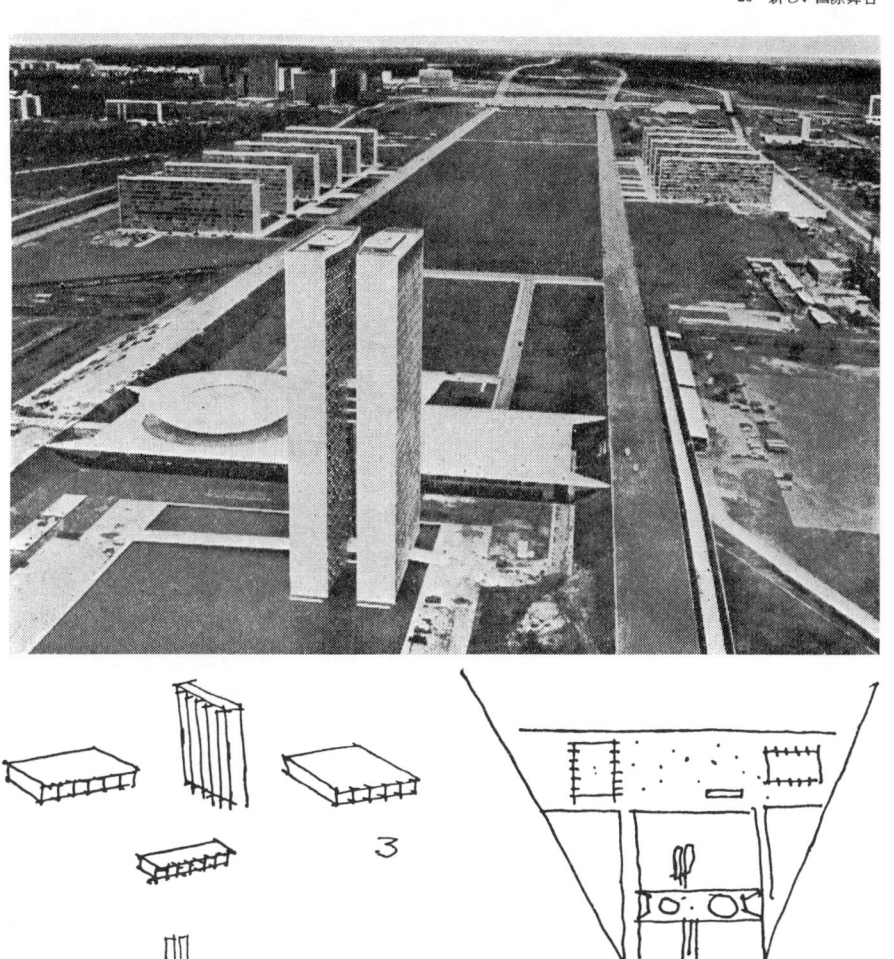

966〜969図　ブラジリア，三権広場とニーマイヤーによる下書き的スケッチ（O. N. Minha 著，"experiência em Brasília" より）

ーム，寺院の柱列の輪等のモチーフ——から生まれ，ディテールを極度に省いて展開されている（966〜969図）。

　しばしばこれらのモチーフは構造体と何の関係ももっていない。例えば，大統領官邸を取り巻くスクリーンは，特別に形づくられた大理石板で覆われ，それらは，建物に重ねられた確かに嘆くべき巨大な装飾のように見える。しかし，それのスケールのために，この装飾はもはや建物に専属しているのではな

393

く，周囲を取り込み，建物の存在そのものを，その真のテクスチャーを眼で認めるのに必要な，ヒューマン・スケール関係をもつ距離以上に遠くから人の注意を引きつけた。

この目的に従うために，ニーマイヤーは普通の構造部材から得ることが出来る効果を強め，あるいはそれらを，巨大なオブジェ・トルーヴェ (objets trouvé，拾得物) のようにそれらの普通の文脈から孤立させて意味を歪めることにした。このようにして，彼の建築は既に何度も述べたシュル・レアリスティックな調子を帯び，[13] いくつかのディテール——例えば動物の骨のように形づくられ磨かれた大理石部材——は疑いなくダリからブラジルの現代画家，O．デ・アンドレアデ・フィロとA．ブレカオに至る何人かのシュル・レアリズム画家によるあるイメージを想い起こさせる。

オスマンの時代のオスマンのように，コスタとニーマイヤーは，ある既に確立された構成法を新しいスケールで試みることによって新しい都市のランドスケープをつくり出すことを目ざした。今日ブラジリアに向けられる批判は，1世紀前オスマンのパリに向けられたものを想い起こさせすらする。批評家達は採られた手段の人工的，抽象的性格を強調するだけで，そのような新しい状況下でのそれらを使用することの方法論的重要性と，問題はあるがそれらから得られる未来の都市計画のための教訓を考慮に入れなかった。

目的についての議論は既に省略されてしまっており，結果についての見方は，今や政治的方向の激しい変化——1964年における民主的ブルジョアジーの失墜と軍の独裁の始まり——によって歪められ，その政変は，その時の委託者と同様近代建築家のグループも四散させ（ニーマイヤーはイスラエルへ働きにいった），初期の計画の連続的な展開を妨げた。

このようにして，1960年に発展途上のラテンアメリカの世界にとって重要な実験と考えられていたブラジル建築のサイクルは，今日，閉鎖された首都として凍結され，政治的，社会的状況による中断の成果は，大陸全体において，それから最終的に得たものを凌駕した。独裁と革命の戦いはますます強くなり，その中に，建築の地歩が新たに——まだその手段はわからないにしろ——見出されていくのであろう。

2. インドにおけるル・コルビュジエ

1950年，ル・コルビュジエは，インド政府と接触し，今はパキスタンにあるラホールに代るパンジャブ州の新首都，チャンディガールの建設を監理するよう委嘱された。

彼と共に委嘱されたのは，イギリスの建築家マックスウェル・フライとジェーン・ドリュー（1911〜）と，彼の徒弟で以前の協力者ピエール・ジャンヌレであった。彼ら4人は1951年2月に現地でおち合い，6か月間で都市計画を練り上げ，それ故道路工事はその夏に始めることが出来た。

その都市は人口15万をもつことになっており（50万までにふえることが予想されている），それの約3分の1が役所で働くことになっている。州は公共建物，従業員のための住宅等，それ故都市のかなりの部分を建設することになっており，計画者は，正確なプログラムに従って，基本の都市計画策定から最終的な建築ディテールに至るまでに起り得る事のすべての流れを，予めコントロールしなければならなかった。

ル・コルビュジエは7本道路の理論[14]を適用することによって，種々の程度の重要性をもつ高速道路（道路1，2，3）による道路網を考えたが，それらは直角に交わり，それぞれが約100ヘクタールの大きな区画からなるチェス盤をつくり出したのである。それぞ

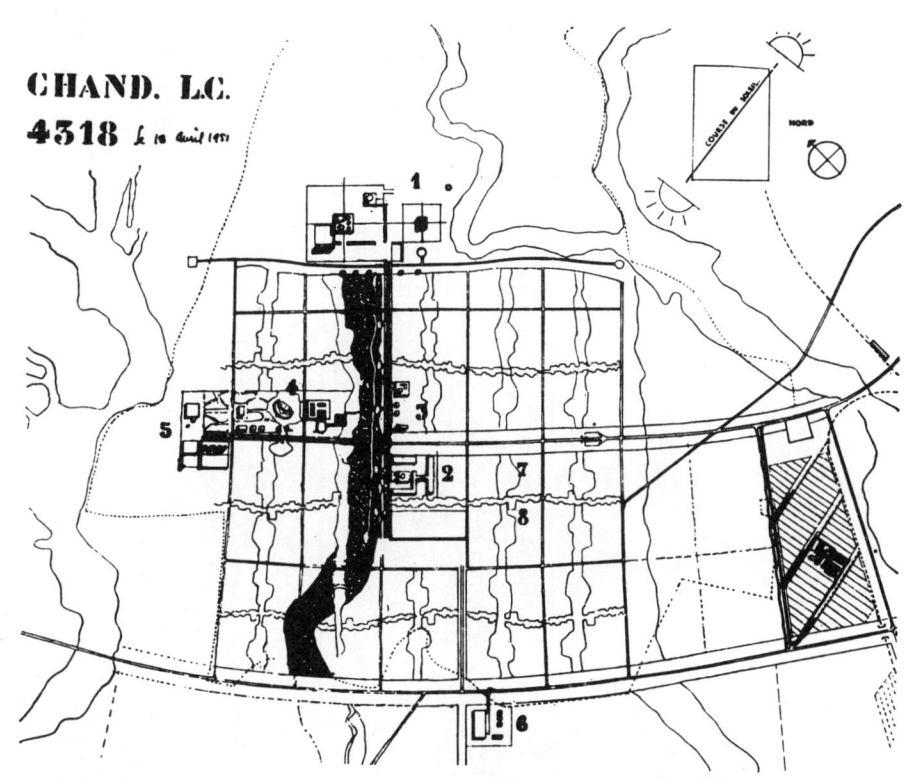

20 新しい国際舞台

970図 チャンディガール，1951年の全体平面図（ル・コルビュジエの作品集より）

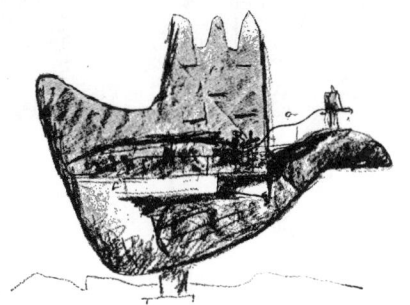

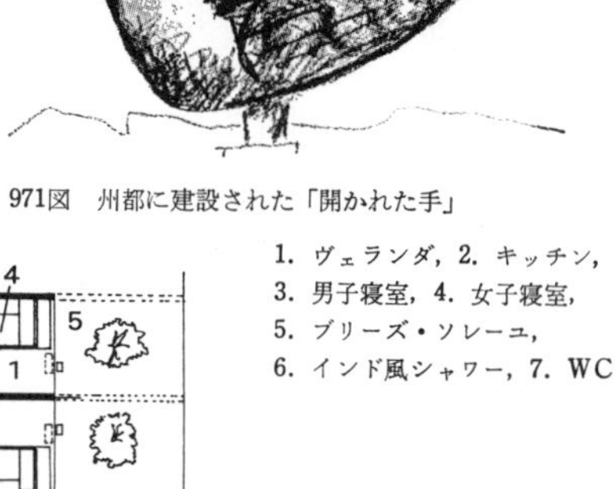

1. 州都，2. 商業センター，3. レセプション・センター，4. 博物館とスタディアム，5. 大学，6. マーケット，7. リクリエーション施設をもつ緑地，8. 4通り（商業路）

971図 州都に建設された「開かれた手」

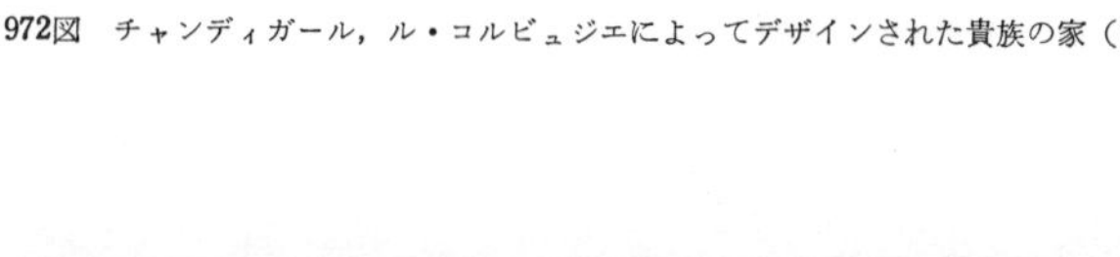

972図 チャンディガール，ル・コルビュジエによってデザインされた貴族の家（作品集から）

1. ヴェランダ，2. キッチン，3. 男子寝室，4. 女子寝室，5. ブリーズ・ソレーユ，6. インド風シャワー，7. WC

395

V 近代運動

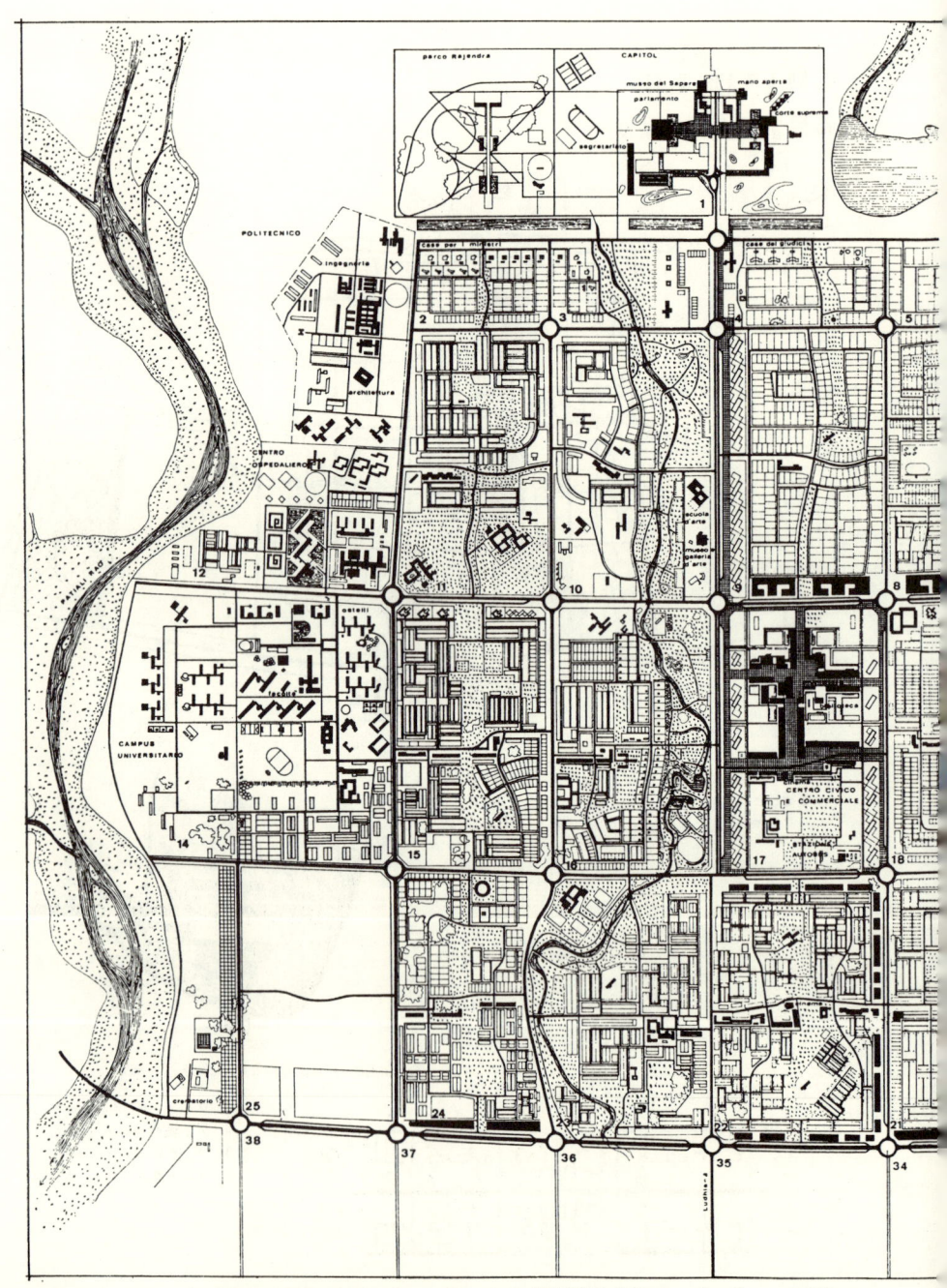

973図 チャンディガール，1965年の平面図，黒い部分は公共建物，点々の部分は緑地（プレティ，カルディニ，ナタリ

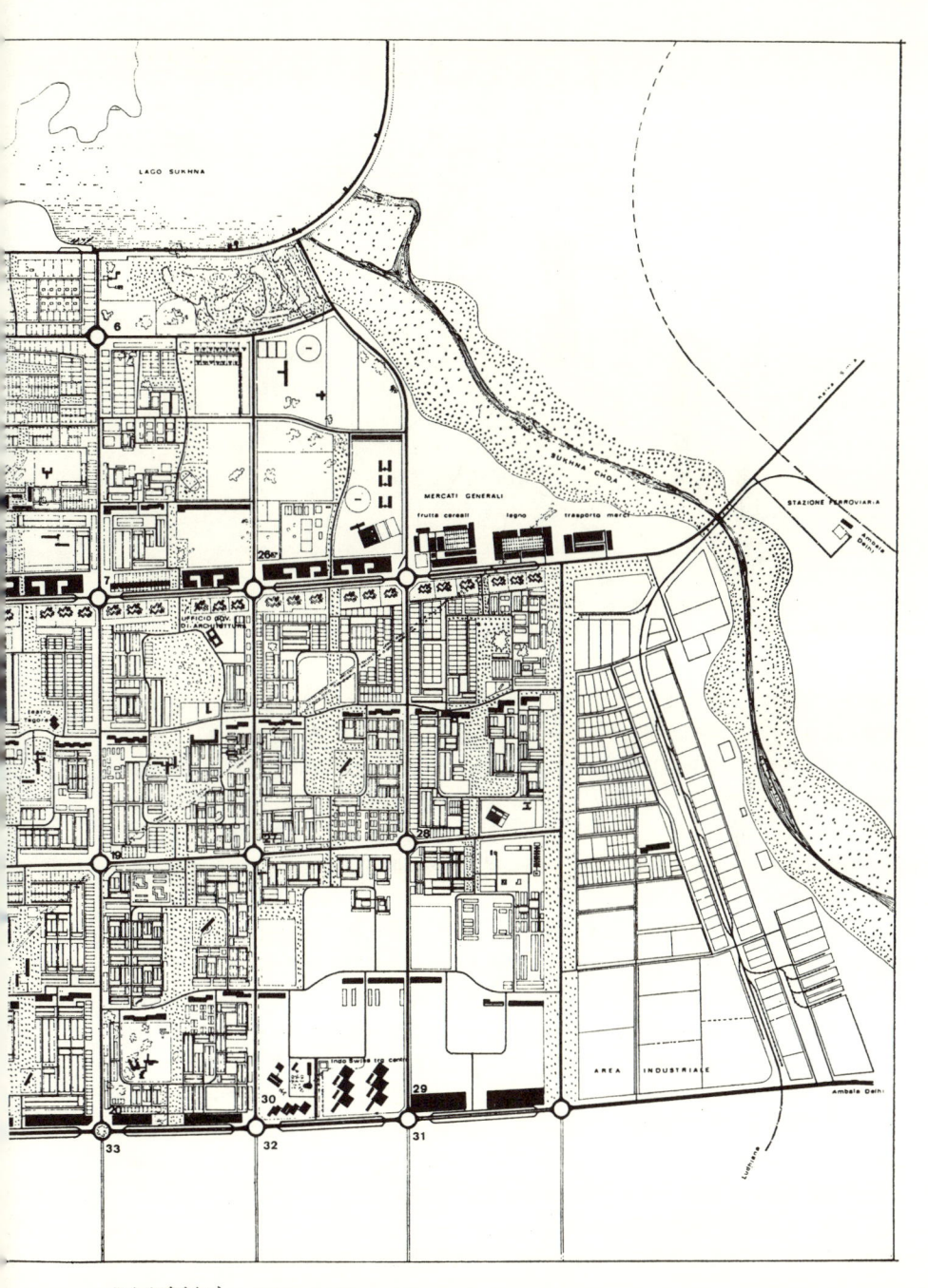

によるデザイン）

V 近代運動

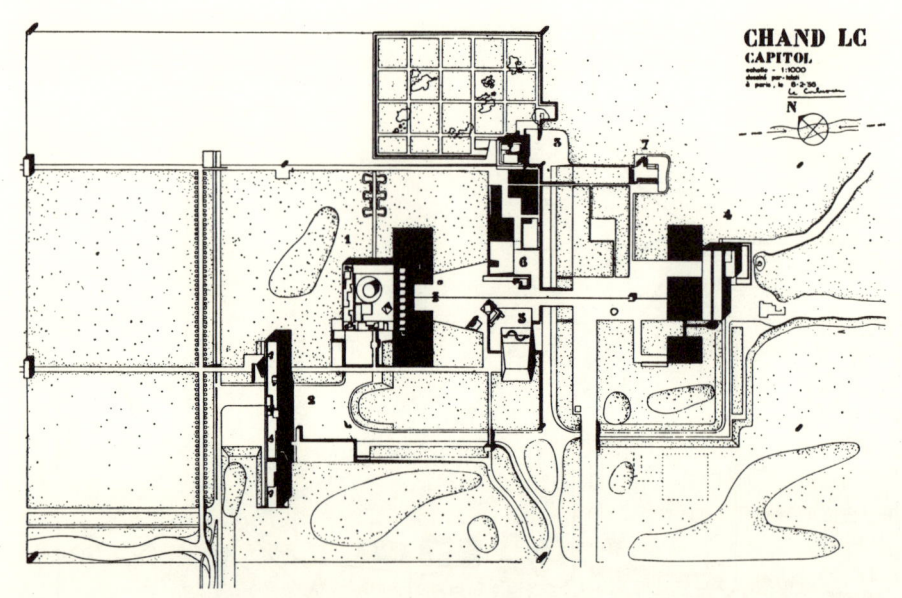

974図 チャンディガール，州都の配置図（1956年，作品集から）
1. 議場，2. 事務局，3. 知事公邸，4. 高等裁判所，5.「思考の堀」，6. 知事公邸前のプール，7. 開かれた手

れの区画は，都市の人口を構成している13の社会階級に分けられて13種類の住宅が供給され，同じ公共サーヴィスを利用してはいるが，区画をいくつかの種類の部分にグループ分けした。このようにして，ル・コルビュジエは彼の密度に応じていろいろな住居ゾーンが分けられる混合区域の理論を厳密に試めすことになった。区画群は1方向に道路4（商業道路）によって横切られ，それから道路5と6が分岐してそれぞれの住宅の戸口へと達し，それは緑地をうねりながら通り，教育とリクリエーション施設を結びつけている道路7と直交している（970図）。

行政諸庁——州知事公邸，議事堂，事務局（そこにはすべての局が入っている）と裁判所——は都市の外の人工的に，種々の高低差，池，植樹，象徴的な形態などをもつダイナミックな，平らな土地の上にまとめられた（974図）。

何時ものように，ル・コルビュジエは建築的計画と都市計画を符合させようとした——彼はすぐに貴族のために見事なタイプの住宅をデザインした（971図）——が，彼の仕事のすべてに対して必ずしも条件は一様でなく，従って彼の担当は州議事堂に限られた。ここにル・コルビュジエは完全に自分を没入し，ヨーロッパの狭苦しい空間においては生まれ得なかった公共的な仕事の決定版をインドで実現し得ると確信していた。彼はまず既に頭の中にあるすべてのモデルを忘れ，彼の前にある現実から新しい建築を引き出そうとした。彼の方法論は環境のもつデーターの直接の形態化を要求し，彼は可変な社会関係の事実よりもむしろ不変な気候のそれから出発することを選んだ。

「太陽と雨は，同時に日除けであり雨傘である建築の2つの要因である。屋根は水の

975, 976図　チャンディガール，高等裁判所

問題として扱われなければならず，また日除けの問題は最も重要である。ブリーズ・ソレーユの考えはここで，得られた習慣の打破者としてその価値を発揮し，それは窓から全ファサードへ，まさに建物全体に拡大されなければならない。」[15]

裁判所の各室は幅広いうねった屋根で保護され，その下を，風と光は建物のすべての部分に行き渡りながら自由に抜けていく。それの空間の中をゆるい斜路に結びつけられた水平・垂直の通路が走り，一方ホールやオフィスのガラスの壁面は精緻な「ブリーズ・ソレーユ」によって保護され，それが主要な構造部の印象的なスケールを人間的なスケールにおとしている。この方形の建築は両側面を何もない壁で閉ざしているので建物は大平原の中にコンパクトなブロックとして立っている。

強く表われている問題の性格がル・コルビュジエの最も示唆に富んだ建築イメージをよび起こしたが，それはまたそこに歩く貧しい人々に対して敬意を払わせ，その人像にすべての空間の寸法が合わされている。

事務局（977図）はより単純でより普通な建物で，そこでは構造体や内部の配置の変化はその建物がコンパクトであることを妨げず「ブリーズ・ソレーユ」の高度に精緻なデザインによって2つの寸法に示されている。議事堂（978図）と未完の州知事公邸はより目立った形態をもち，特に後者は州都の風景に

399

977, 978図　チャンディガール，事務局と議場

君臨している。そこでは——これが威風をもつといっても住宅であるので——モニュメンタルなスケールから住宅的なものへの移行に難しさがあり，事実，計画は何度もくり返し変更された。

チャンディガールの仕事の最中，ル・コルビュジエは，アーメダバッドに紡績者協会の建物，博物館との2つの素晴らしい住宅をデザインしているが，より限られた条件の中で同じ計画規範，地方の環境の宇宙的，超歴史的解釈に基づいた規範を利用している（あるクライアントのためにデザインされた住宅は，ほとんど改変なく他の人や他の場所にうまく採用し得る）。

この時点において，チャンディガールの実験はまだ終っていない。ル・コルビュジエは

979図 チャンディガールの議場の内部

彼の仕事を遂行するのに次々と困難に遭遇し，彼の死後も（今や全体及びすべてのディテールはミリメートルまで決められている)[16] モニュメンタルなこの建築群の完全な実現が待たれている。

ル・コルビュジエは彼の才能の恐らく最も印象的なものを出しながら，州都に非常に個人的な足跡を残そうと欲し，全体の配置の焦点となるところに，彼のシンボルを用いた。

この実験のような，デザイナーが何の制約もなく可能なすべてをつくしたものと，新しい形態や新しい型の行動で人々のそれまでの習慣に対立するようなことはせず自分自身をその習慣に沈める外国の専門家の寡黙なそれと，どちらがより効果的であるかを疑問に思うのは当然かも知れない。

それに対しては判定を下せるのは未来だけである。これまで，インド人は彼らの建築的

980図　チャンディガールの議場の内部

伝統の近代化に対してこの作品から僅かなものしか引き出していない。ル・コルビュジエの教化の価値は，自分で手を下し得なくなった時に終り，チャンディガールに他のヨーロッパのデザイナーやインドのデザイナーによって建てられたいくつかの建物（981〜983図）は，その貧しさとあるありきたりのモチーフの機械的なくり返しで，ル・コルビュジエの最後の実験のユニークさを最もはっきりと裏づけている。

しかしながら，まだ起こっていない事柄は未来のある時期に起こるかも知れない。[17]

いつものように，ル・コルビュジエはその仕事に全力を投じた。彼は，貧しいユーザーには，恐らく当惑せざるを得ないような形態の世界だが，寛大で，誰彼になく語りかけようとした努力の例を提供し，その効果は今なおはかり知れない。

3. 日本

　日本は，西洋と異った伝統をもち，自然的でも原始的——ラテンアメリカのように——でもなく，文化程度が高く，西洋文化の影響を受け，多くの困難の中にあって，独自のやり方で発展し，国際的に重要な成果を収めた唯一の国である。それ故，このようなことがどのようにして起こったのか，近代的な日本の建築と伝統的遺産との正確な関係が何であるかを考えることは重要である。

　まずは，日本の伝統が西洋の近代運動に与えた影響について考えなければならない。1854年，アメリカ人が通商のために日本の港を開かせた時から，日本の芸術品は西洋に流通し，さし迫った応用芸術の改革に重要な刺激を与えた。

　H. コールと O. ジョーンズはその著作の中で日本や中国の例を示し，W. クレインは彼が W. J. リントンのために版刻をやっていた1859年から1862年にかけてふれた日本のモデルに強く影響され，それを美術工芸協会へ報告している。日本の版画は，版画家ブラックモンドの活動を通して1856年にパリに出回わり，その時期の絵画に，特に1866年以後はホイッスラーのそれに影響した。1870年代に日本風の流行は急速に広まった。パリに日本品を売るマダム・ド・ソワイエ (Mme de Soye) 店が開店し，ゴンクール，ボードレール，ドガ，ゾラらが足繁く通い，ロンドンでは M. マークス (M. Marks) の店が開店した。日本風の造作は次第にポピュラーになった。

　1886年，日本の建築についての最初の本，アメリカ人 E. S. モースの『日本の住宅とその環境』 ("Japanese House and their Surroundings") が現われ，1889年，ドイツの，J. ブリンクマンの『日本の芸術と手細工』 ("Kunst und Handwerk in Japan") の大作が現われたが，それらは日本の建築を外的な絵画的な観点から主として考察したものであ

981〜983図　チャンディガール，ル・コルビュジエの協力者がデザインした建物

V 近代運動

984図 桂離宮のディテール

る。

　極東の芸術とのつながりは第1次大戦後のアヴァン・ギャルドの実験においても，特記はし難いがより綿密なやり方で存在している。モンドリアンが彼の絵に採用した方向の元の芽は日本の芸術に影響されているという

985図　P. モンドリアン，赤・黄・青の構成，1928年

説があり，[18)] イッテンはバウハウスの彼のコースで宋朝の絵，老子や荘子の文を用いた。[19)] また，1918年から1922年にかけて東京にいたライトはその後の彼の作品に大きな影響をもつことになる日本芸術との出会いを次のように述べている。

「オーク・パークの製図室で過した最後の何年かの間，日本の版画が私を魅きつけ，多くのものを教えてくれた。私が既に始めた重要でないものの省略，単純化のプロセスはこれらの版画によって裏づけられた。私がその版画の美しさを見出した瞬間から日本は私にとって無限の魅力となった。後に，私は日本の芸術と建築が真に有機的な性格をもつものであることを確かめた。日本の芸術は，より土着的な生活と仕事の条件のより孤立した産物であり，それ故，私の見解では，現在のあるいは過去のどんなヨーロッパ文明よりも近代精神により近い。」[20)]

V 近代運動

西洋においては日本と中国の芸術が主として——第6章で指摘したように——間接的な刺激として働いたのに対して,日本においては,西洋の建築のレパートリーは,1869年以降,明治天皇によって促進された強力なヨーロッパ化の期間に,そのまま利用された。

このヨーロッパ様式のそのままの利用について評価するには,われわれは,変化のプロセスが進行する速さの異様さを,考えに入れなければならない。1869年憲法が発布訳註1)——フランスのそれをモデルとして——され,1872年義務教育制が,1873年には徴兵制が施行され,1877年正規軍によって決定的に敗北させられ,侍軍はその根を絶たれた。1880年には宗教の自由訳註2)が,そして,またグレゴリア暦,日曜の休日訳註3),近代刑法などが導入された。1889年にはプロシアの例にならった新しい憲法が発布され,1890年には新しい民法がしかれ,1899年には外国人に対しての領事の司法権が廃止訳註4)された。この時点で,1895年に中国に対する戦争に勝った日本は,世界の政治舞台に加わるに充分な資格を備えたのである。

新時代の最初の20年間は,政府は主として外国の専門家を傭った。1870年,工部省の中に建築部が設立され,種々のヨーロッパの建築家が日本に招かれ,必要な新しい公共建築をデザインした。これらの建築家の中に,イタリア人 C. V. カペレッティ——1880年に遊就館と参謀本部を建てた——アメリカ人 R. P. ブリッジェンス,イギリス人 J. コンドル,フランス人 C. ド・ボアンヴィーユ,ドイツ人 H. エンデらがいる。

当時そこにはその土地のもので参考にするようなものは何も存在しなかったので,これらのデザイナー達は,折衷主義の型を厳格に適用し,どんな建物もその機能にあった様式を用いて建てた。例えば,庁舎はルネッサンス様式で,教会は中世様式でというようにである。

一方,1878年,工部学校の中に建築のコースがおかれ,日本人学生に西洋のデザイン法や施工法を学ばせるよう渡欧させることがあらゆる方法で奨励された。このようにして自国の建築家の一世代が成長し,それは明治の30年代に,同じ様式を踏襲しながらも,ヨーロッパの建築家にとって代っていった。それらの中でより目立つのは,工部大学校,日本銀行,東京駅等のデザイナー辰野金吾,帝国劇場のデザイナー横河民輔らである。一方新しい建築工法がすぐに到達し,最初の鉄骨の建物(倉庫)が1895年に,最初の鉄筋コンクリートの建物(保険会社の本店)訳註5)が1912年に建てられた。

建物についての西洋的,物質的な考え方は,日本人の精神には,完全に未知なものであった。「Architecture」即ち,芸術的価値をもつすべての建物に関わる概念に相当する言葉すらなかった。伝統的な言葉では「造家」(住宅に関するもの)という用語と「普請」(寺院の建築や改修の基金を集めることに関するもの)という用語があったが,それらはそれぞれの手順の儀式的な方式と不可分であるが故に普遍化され得なかった。

そこで,西洋の「Architecture」という言葉に相当する「建築」という新しい用語がつくられた。学者達はそれで主として建物の芸術的価値を示そうとしたが,一般の会話の中では——現代建築の研究者小池新二が指摘しているように[21]——この用語はむしろ建設の分野における技術的操作のすべてを示すために用いられた。このことは,日本的概念が西洋のそれと精神的枠組に関するほどには外延については異っていないことを示している。ルネッサンスの概念を追うヨーロッパ人達は,建設活動のひとつの局面に関わる抽象的,一般的価値を心に描くのに対して,日本人は——中世の人々のように——その種々の局面がひ

とつの統一された全体として認められる具体的で個別的な活動を心に描くのである。

しかし、この伝統的概念は日本建築の文化の近代化に対する障害とみなされており、最も進歩的な知識人達は、彼らの国の建築的遺産を西洋的な批判法の吟味にかけることによって芸術的価値を抽出し強調した。1887年、木子清敬教授は日本建築史の最初の講座をもち、その後、伊東忠太と関野貞は西洋と東洋の建築の比較研究によって、古代の建築作品から「日本様式」とよび得る一般的な特徴のいくつかを抽象した。

この時点で、日本様式とヨーロッパ様式とを対比することが可能になった。1910年、日本建築学会はこの問題についての討論会を開き、その中で、外国の形態の無差別の模倣が批判され、東西の形態の混合が、主として気候と習慣の違いを考慮に入れるために、ひとつの理想として提案された。

このような経緯で、ヨーロッパの建築思想と日本の伝統との間の有益な関係は不可能になった。ヨーロッパのモデルの模倣はその国の伝統にとって代るばかりでなく、それを分解させ、それを多くの抽象的要因に分けることによって実質的にそれを無用のものにしてしまった。問題に対するこのアプローチの不適当さは、第1次大戦直後、種々のアヴァン・ギャルドの文学者、例えば吉野作造が最初にヨーロッパ・スタイルの住宅（文化住宅）の建設を促進した時に明らかになった。ドレクスラーは書いている。

「そういう住宅の外観がイギリスかオランダの別荘を思わせる一方、それらが現実にもつ西洋風の部屋の数は資力と、家族が忍ばなければならない不快さに応じている。住宅の背後に日本庭園と、両親や祖父母に明らかに不適当ではあるがしばしば全家族の避難場所としての清潔で開放的な伝統的日本風にデザインされた部屋がある。」[22]

しかしながら、同じ時、ヨーロッパで成熟した新しい建築思想の反響が日本に到達した。第1次大戦の直後、同じウイーンの運動に刺激され、すべての歴史様式に対する嫌悪を表明した「分離派」（ゼツェッシオン）として知られるアヴァン・ギャルドの建築家のグループ——石本喜久治、堀口捨己、滝沢真弓——が結成された。1918年、フランク・ロイド・ライトは帝国ホテルの設計を始め、首都の中心部に、彼自身の極端に個性的なスタイルによる影響力に富んだ例をおいた。1921年、才能あるヨーロッパの建築家、A. レーモンドが日本に移住し、彼の事務所で働いた多くの若い日本の建築家に永続的な影響を与えた。

1923年、東京と横浜をほとんど完全に破壊した地震が膨大な復興計画を必要とし、デザイナー達にいろいろな工法の長所と短所について慎重に考えさせた。これらの緊急の技術的課題が合理主義的問題の普及を促進した。若い建築家の連盟（新興建築家連盟）が形成され、その直後、より重要な集団、日本工作文化連盟が生まれ、そのメンバーには岸田日出刀、堀口捨己、市浦健、前川国男、谷口吉郎、小池新二らがいる。彼らのプログラムはドイツ工作連盟によって刺激されたもので、彼らの目的は芸術的エネルギーを結集しそれらを工業の世界と接触させようというもので、そのグループはまた雑誌「現代建築」を発刊した。

また、ヨーロッパの近代運動の巨匠達との直接の接触があった。今井兼次教授は旅行の途中、グロピウス、ル・コルビュジエ、ミース、B. タウトらと会い、前川国男（1905〜）は1928年から1930年にかけて、坂倉準三（1904〜）は1931年から1936年にかけてル・コルビ

986, 987図　東京, 日本歯科大学（山口文象, 1934年）と若狭邸（堀口捨己, 1937年）

ュジエのアトリエで働き, また1933年以後, B. タウトは日本である時期を過し, 短命な要素と未だ発展の可能性をもつ永久のものと区別しながら, 日本の伝統の研究に決定的な貢献をした。[23]

彼は, 木造構法が厳格さと節度をもって行われている例（伊勢神宮, 桂離宮）に注目をした最初の人で, それらを同じ工法が過度の装飾へと退行した仏教寺院のようなよりよく知られた例と対比した。前者からは常に有効な一般的な方法を学び得るが, 後者からは示唆には富むが現在までに文化的生命を失ったイメージのレパートリーを学ぶだけである。

タウトは, 依然として日本の建築文化の発展の根底となっているこの区別を強調した。真の過去との連続性は, 偶発的な状況に結びついたイメージを通してはそれ自身を確立す

ることが出来ず, 厳しい反省によって普遍化され得る方法を通して確立され得るのである, と。

「私は地方性に基づく特異性が建築に大きな影響を与えることについて反論しようとは思わないが, この事は日本人でない者には理解し得ないことであり, それ故それは世界中で行われている建築の改新に対しては何ら役に立たない。そして, 私は同じ日本建築の新しい発展にとってもまた役に立たないであろうと信じる。多くの日本人にとっては神聖なものの冒瀆であるかも知れないが, 茶をたてる部屋をもつ茶室建築を考えてみよう。それらの美──しばしば偉大な──は問題外であるが, その素晴らしさに拘わらず, それは近代日本にとってそれ自身役に立たない。これは建築ではなく, いわば即興の抒情である。しかし抒情性は, 詩におけるようには, すぐにそれ自身を木や竹や障子[24]や畳や漆喰等に伝えない。茶道の古い名人達はこの雰囲気の純粋な美の独特の主体性を強調した。彼らはそれが同じものをいくつももてば失われるであろうことを明言し, 茶室のすべての部材が安物であることをはっきりと述べた。自然のままの木でつくられた入口, 丸い竹の上に塗られた漆喰, そしてまた, 田舎びた塀, 庭の不規則な石, それにホテルやレストランや個人住宅に無数に模倣された庭それ自身も………瞑想的な性格をもつ精神と個性の独特な表現は生気を失った規則, 無味乾燥なアカデミズムに変ってしまっている──建築的ディテールにおいてばかりでなく, 茶道それ自身においても。」[25]

1930年から1937年間の短い期間に, 日本の近代運動はその最初の重要な作品を生んだ。それらは, 東西の建築の初めての真の構

造的統合が達成された堀口捨己によるいくつかの住宅であり，ロートの本の中で10年間を代表する20作の中にあげられている1937年の坂倉によるパリの日本館であり，同じ年，山田守によって建てられた東京逓信病院である。

1937年以降，日本の体制が全体主義的，民族主義的立場に固まった時，これらの活動は中断され，ここでもまた伝統的な形態のわざとらしい墓掘りが行われた。

戦争中，日本はひどく爆撃された。最初遅かったがアメリカ占領軍によって進められた復興は建築に対する国庫補助の法令が通過し，8万戸建設に150億円が用意された1950年以後より急速になった。同じ年，建築家の法的地位が定まり，中央政府によって与えられる1級と地方当局によって与えられる2級とに分けられた。

このプログラムの遂行は，ヨーロッパと日本の習慣を大規模に妥協させる問題を生んだ。経済的理由から，住居は集合化されたが，それによって伝統的な住宅の基盤である住む場所と自然との関係が断ち切られた。内部でも妥協があった。まず，そこにはヨーロッパ風にしつらえられた居間と作業室があり，そこではスリッパで歩き，それに1つ以上の寝たり休息したりするための畳[26)]の床の部屋がある。

同じ曖昧さが都市にも見出される。現在日本で働いているC.ペリアンは首都を次のように描いている。

「1956年の東京，近代的な建物，ガラスとコンクリートの堡塁。思いがけないものが積み上がっている。駅，地下鉄駅，大きな店，レストラン，劇場。それらの足元に木と紙でつくられた人口800万の都市………それはすべての古い習慣を保ち，おまけに近代的な建物をもっている中世のパリに逆戻りしたかのようだ。そこから何がとび出してくるかわからない。」[27)]

これらの雑多な要素の並置は，経済的，社会的発展によって不安定にされている。それは，世界中の関心をよび起こしつつある日本の建築の「ルネッサンス」が行わるべきこの背景に反している。

2つの戦争の間に成長した世代の建築家達

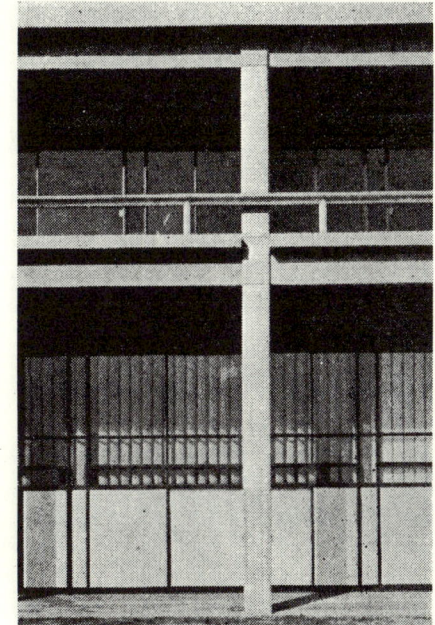

988, 989図　広島，平和記念堂（丹下健三，浅田孝，大谷幸夫，松下清夫，1949～1955年）

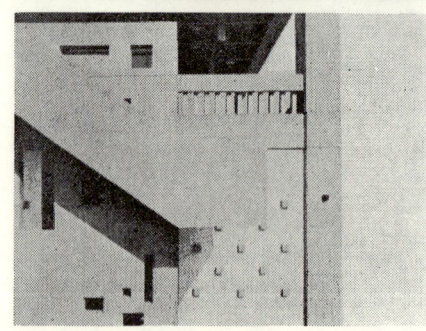

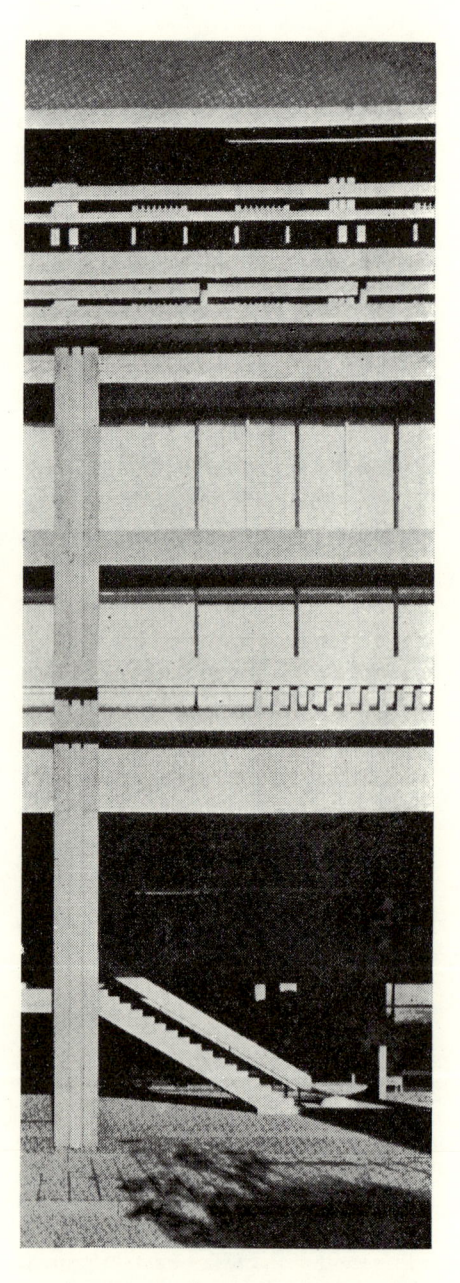

V 近代運動

990〜992図 香川，県庁（丹下，浅田，神谷，沖，坪井，1954年，"Bauen+Wohnen"誌から）

は非常に高いレベルの作品をつくり続けた。最も注目すべきものには，坂倉準三による鎌倉近代美術館（1951年），前川国男による東京の日本相互銀行（1952年），レーモンドによるリーダーズ・ダイジェスト・ビル（1952年），山田守による厚生年金病院（1953年）がある。しかし，日本の舞台は，不完全だがより実り多く影響力があり，現代の都市体の混沌によりはっきりととって代るものを表現したもうひとつの作品群によって揺さぶられた。

前川の以前の助手であった丹下健三は，戦

後，いくつかの堅く，メカニカルな建物——1950年の神戸の展示場，1951年に始まった広島の記念堂——で仕事を始めたが，それらの作品では，構造のメカニズムが執拗に示され，建築に簡潔で基本的な堅さを与えている（988〜989図）。

1954年に始まった香川県庁（990〜992図）で，彼は平面計画の問題に取り組んで同じ解決の仕方をし，日本にとって完全に新しい作品をつくり出した。それは閉鎖的で敵対的なオフィス・ビルではなく，1階を歩行者に開放した開放的で市民を歓迎する都市センターであった。1階の上には，公共のための諸室をもつ低いブロックと正方形のオフィス塔がたっている。鉄筋コンクリートの構造では，接合部の工夫，特に，古い五重塔の瓦の列を何となく真似たオフィス塔を取り巻くバルコニーの列がさらに強く強調されている。この丹下の建物と同じ頃，前川は音楽堂つきの図書館を建てたが，そこでは形態はより控え目だが，歩行者のための開放的な屋根に覆われた空間によって大きく囲まれ，全体はヨーロッパ的意味での真の都市センターを形成している。

同じ頃，丹下と同時代の大江宏は法政大学の教授となり，学生のコミュニティのための諸施設を含む建物群を建設した。ここでもまた，敷地はピロティによって開放的にされ，外部空間の配置は特に注意深く，1階の集会室と密接な関係を保って計画されている。

1950年代，丹下はまた最も議論を呼んだ作品，東京都庁舎を建てた。オフィスの棟の前には舗装された歩行者広場があり，それはピロティの下へと続いていって，非常に洗練された伝統的な庭園によって美化されている。このようにして，この種の建物のおきまりの考え方はくつがえされた。その機能の主役となるものは来訪者であって従業員ではないのである。「アーキテクチュラル・フォラム」誌

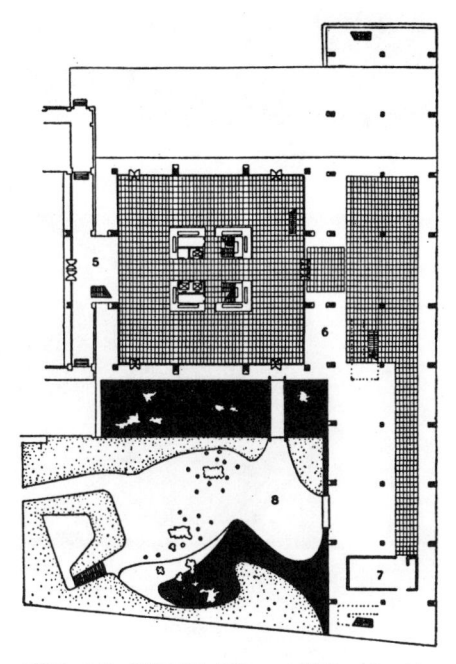

993図　香川，県庁平面図（"Bauen+Wohnen"から）

は，丹下の協同者のひとりの言を記している。「エレヴェーターが小さ過ぎるように見える。理由は，われわれが交通のピークは従業員が来庁退庁する時間に起こると仮定したからだが，実際にはピークは，一般来庁者が大勢やってくる昼日中に起こった」と。そして編集者は「公共建物にはこの種の不都合が生じるに違いない」[28]と述べている。

丹下はこの建物を実現するために強い抵抗を克服しなければならず，彼の建築は日本においては毀誉褒貶相半ばした。しかし，彼は「アーキテクチュール・ドージュルドゥイ」誌から建築・芸術大賞を受けてヨーロッパで有名になり，1960年，MITで講義をした。国際的な評価はついには彼の日本における市場も不動のものとし，間もなく彼にいくつかの重要な公的な仕事を得させたが，それには1964年のオリンピックの素晴らしい屋根の建物が含まれている。彼の影響はこの数年の日本

V　近代運動

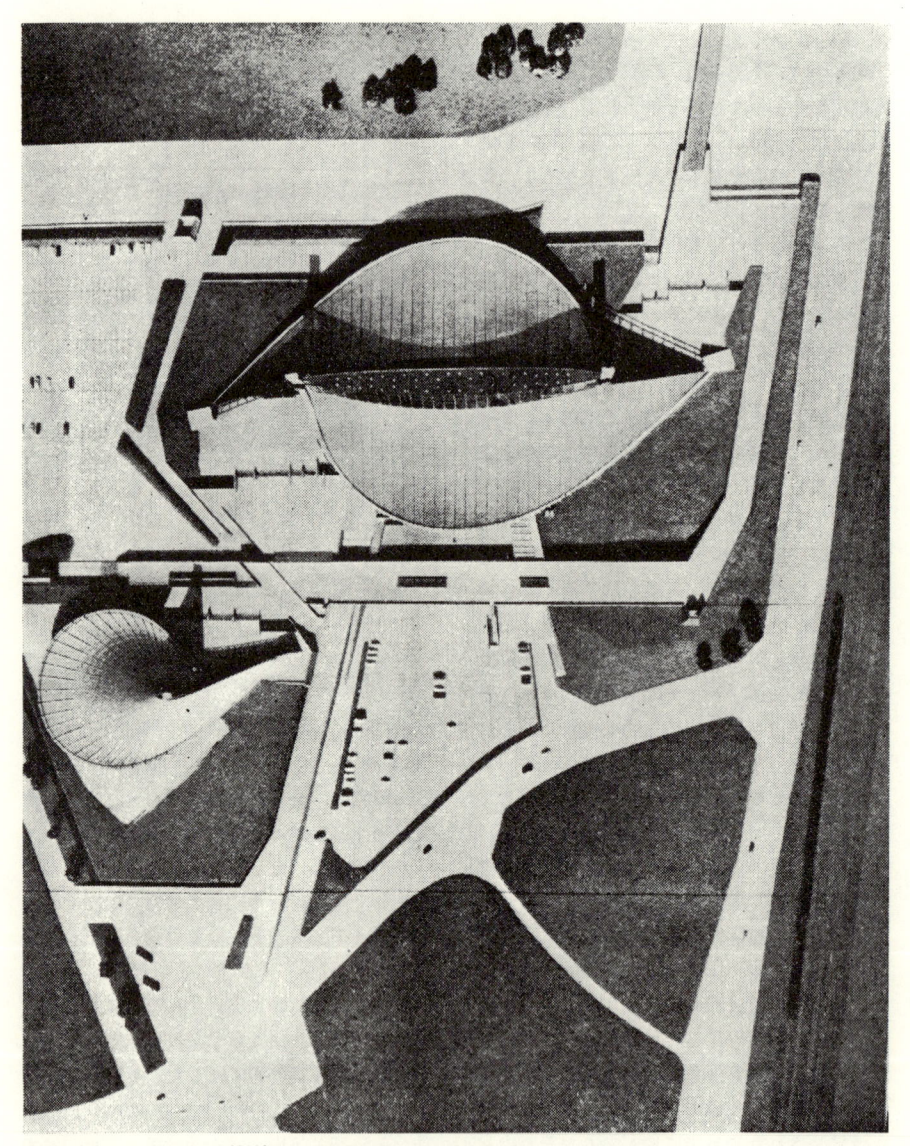

994図　東京，丹下健三による1964年のオリンピックのための屋内プール

の建築において最も重要なもののすべてに及んでいるというのは誇張ではないだろう。より地歩の確立された建築家ですら最も議論をよんだ建物を建てており——例えば，ル・コルビュジエの原則を適用することによって伝統的な住居の組織をくつがえした東京における前川のユニテ・ダビタシオン，1935年の有名な大阪のそごう百貨店の表現主義的な調子をくり返した村野藤吾の米子の市庁舎等である——伝統に対する賛否の議論に油をそそい

だ。前川と坂倉は，ル・コルビュジエが彼のいつもの辛辣な言葉と共にデザインした東京の公園の西洋美術館の建築を監理した（952図）。

日本が，われわれを，その洗練され注意深く考えられた新旧の組合せに慣れさせた後，これらの無愛想でぞんざいだがエネルギーに満ちた直接的な作品は将来起こり得る文化的再生の証人となった。初めて形式主義的曖昧さが打ち破られたが，この曖昧さこそ「造家」と「建築」という2つの言葉の並置以後，日本の建築の上にのしかかっていたものだったのである。

進行中の運動は，日本の社会を民主的な方向に発展させるためになされている大きな努力の一面にしか過ぎず，その運命は，この努力全体の成功にかかっている。しかしながら，丹下その他はその背後に強力な刺激を残し，それは非常に多くの困難を克服し得るように見えるのである。

彼らの実験もまた，あらゆる人々に通用する方法論的教訓を内蔵している。主としてそれは，新旧の和解的統合の安易で，牧歌的な計画に対して，われわれの防御を固めさせた。名高くまた絶対多数によって支持されている習慣に根ざした伝統の存在の中で——そして，まさに建築思想が，例えば均一化された要素，内外の連続性，増築可能性などをもつ伝統的住宅の近代性を認めるが，その外観をその本質的なものと別に考えている段階にある中で——日本の若い建築家達は，今日では考えられないような一連の社会的制約に不可分に結びついている古い調和の保存を目ざすことが不可能であることを理解していた。

それ故，彼らは形式から内容へと力点を移しながら，そして西洋では薄れてしまったかに見える熱気をもって近代運動に固有な社会革新に対する関心を前面にもち出しながら，部分的な断絶の危険を受け入れた。

伝統との連続性は，もはや出発点となる先入主ではなく，古い価値を新しい社会形態の中に回復する方法においての，可能な到達点である。

---

1) 1925年の "Il Piccolo" 紙，6月14日，"Correio de Manha" 紙，11月1日
2) 1946年6月8日付の手紙………前掲，ル・コルビュジエ作品集1938～1946，90頁に収録されている。
3) L. Goodwin 著，"Brazil Builds"——ニューヨーク，1943年
4) 1943年以降出版された本には次のようなものがある。
   S. Papadaki 著，"The Work of Oscar Niemeyer"——ニューヨーク，1956年
   L. Costa 著，"Architectura brazileira"——リオ・デ・ジャネイロ，1952年
   H. R. Hitchcock 著，"Latin American Architecture"——ニューヨーク，1955年
   H. E. Mindlin 著，"Modern Architecture in Brazil"——リオ・デ・ジャネイロ−アムステルダム，1956年

ブラジル建築についての重要な展覧会が1953年7月，ロンドンのビルディング・センターで開かれ，また別の展覧会が1958年，ヨーロッパの諸都市を巡回した。

5) "Report on Brazil"………"Architectural Review"誌，116号（1954年），234頁
6) 前誌238頁
7) W. Holford著，"Brasilia"………"Architectural Review"誌，122号（1957年），394頁
8) 前掲 W. Holford の文章の中（399頁）で報じられている。
9) 前誌401頁
10) 前誌402頁
11) 2等賞は B. Milman, J. H. Rocha, N. F. Goncalves らの計画に，3等賞は M. & M. Roberto と R. Levi, R. Cerqueira, L. R. Carvalho-Franco の2作品，4等賞は H. Mindlin, G. C. Palanti と Construtecnica S. A.

と C. Cascardi, J. C. Artigas, M. W. Vieira, P. de Camargo, Almeida による作品の3作品に与えられた。

12) W. Holford 著，前掲誌402頁
13) A. Rosa Cotta, A. Marcolli 共著，"Considerazioni su Brasilia"………"Casabella" 誌，218号（1958年），33頁
14) 作品集 1952—1957——チューリッヒ，1957年——54頁
15) 前書 117頁
16) 前書 54頁
17) "Architectural Design" 誌（1965年8月号，504頁）の一文で，ほとんど完成された都市について説明し，「それが想像したよりもよく機能している」と述べている。
18) D. Gioseffi と C. L. Ragghianti………"Sele-Arte" 誌，32号（1957年），10頁参照
19) H. von Erffa 著，"Bauhaus first Phase"………"Architectural Review" 誌，122号（1957年），103頁
20) Frank Loyd Wright 著，"An Autobiography"——1943年——194頁
訳註1) この事が何をさしているのか不明
訳註2) キリスト教の解禁は1873年
訳註3) 太陽暦の採用は1872年
訳註4) イギリスとの条約改正によって領事の司法権が廃されたのは1894年
訳註5) 最初の鉄筋コンクリートの建物は三井物産横浜支店一号館（1911年）
21) 小池新二著，"Contemporary Architecture in Japan"——東京，1953年——16頁
22) A. Drexler 著，"The Architecture of Japan"——ニューヨーク，1955年——240頁
23) B. Taut 著，"Nippon mit europäischen Augen gesehen"——東京，1934年，"Japan Kunst"——東京，1936年，"Grundlinien japanischer Architektur"——東京，1935年（"Fundamentals of Japanese Architecture" という表題で英訳されている——東京，1935年），"Houses and People of Japan"——東京，1937年
24) 内外の壁を形成する動くパネル
25) B. Taut 著，前掲書 "Fundamentals of Japanese Architecture"，10～11頁
26) 床を覆う規格されたマット
27) C. Perriand 著，"Crisi del gusto in Giappone"……"Casabella" 誌，No 120(1956年)，54頁
28) R. Bourné 著，"Renaissance in Japan"——"Architectural Forum" 誌，1959年9月号，98頁

終章

　アメリカ建築家協会（AIA）はヒューストンにおける1949年の大会で、会の規約に新しい第7条「建築家は直接的にも間接的にも建築請負業に携わってはならない」を加えた。1952年のシカゴの AIA 大会で、グロピウスはこの規定に反対して長い説得力のある講演をした。

　「われわれは、古い時代に存在していた環境と文化の統一を目前にしています。われわれの時代がこの統一をつくり出すのだということ、われわれの現実の混沌とした環境の不治の病い、それの無秩序、ひどく荒れはてた見苦しさは、人間にとっての基本的な必要を、経済的、そして産業的な要求の上位におくのに失敗したことによっているのだということを認識しましょう………。
　もし過去に眼をやるなら、われわれは、個々の表現の多様さの中に明らかにひとつの共通分母があることに気がつきます。「スタンダード」のよき形態をくり返したいという希いは社会の変らない要求のようで、これは工業の発展前はより真実なものでした。
　このような「スタンダード」という言葉は、生産手段即ち、職人の道具や機械とは何ら関わりはありません。われわれの未来の住宅は、規格化あるいはプレファブ化によって画一化されることは全くあり得ないでしょう。自由市場を基盤とする自然の競争は、市場に出ている機械製品の豊富な種類について今日われわれが試みたように、構成部分の個々の多様性を保証するでしょう。人間は、前工業文明時代において、多くくり返される「スタンダード」の形態をためらわず受け入れました。これらの「スタンダード」は、彼らの生産方法、生活方法の結果であり、くり返される問題の解決についての個々のよき業績の合成を意味しておりました。過去の建築の「スタンダード」の形態は、技術と想像力のすばらしい結合を、あるいはむしろ両者の完全な一致を表わしておりました。この精神——種々な時代に対応する形態ではなく——は、われわれの新しい生産手段、即ち機械によってわれわれの環境に形態を与えるために復活しなければなりません。
　しかし、それらの「スタンダード」は、もし絶えず統制され、更新されなければ、しっかりしたものでなくなってしまいます。われわれは、過去の「スタンダード」を復活させることが無用な試みであること、

V 近代運動

すべての建物が既存の他のものを真似なければならないというわれわれの最近の強迫観念がこの時代の大きな弱点を露わにしていること、それが過去に全く例のない失敗の無言の認容であることを知っています。われわれの進路に生じた問題の関係をはっきりさせた革命の後で、われわれは新しい創造の苦しみの入口にあるように思えます。それ故われわれの職業が私がはっきりさせようとしたこの時代の状況にどこまで適応されるかを探ること、生産方法における大きな変化にそれがうまく対応するかどうかを判断することが適切であるように見えます。われわれは、われわれの立場を技術の歴史に照らして見なければならず、われわれは甘美な瞑想と安定の時代に生きていないので、これ以上なおざりにし得ない不便さが存在する以上、われわれの基本的な原則を再考しなければなりません。

過去の偉大な時代に、建築家は「技術の親方」であり「棟梁」であり、その時代の全生産プロセスの中で非常に目立った役割をはたしました。しかし、手工業から工業への移り変りと共に、建築家はもはやこの支配的な立場にはおりません。

今日、建築家は「建築産業の親方」ではありません。よき職人達（彼らは道具づくり、テスト、研究などで工業へと去ってしまった）に見捨てられ、彼らは時代錯誤のレンガ積みの上に腰を据えて、工業化の物凄い衝撃に対して、感傷的に目をつぶっていました。建築家は、その姿勢と目標を新しい状況に合わせるように調整しなければ、技術者や科学者や建設業者との競争から脱落する危険の中におります。

今日あるデザインと施工の完全な分離は、それを過去の偉大な時代の建設と比較してみるならば全く不自然に見えます。われわれは、建物を考えることと実現することが不可分なプロセスであり、建築家と施工者が同一人であった時の、初めの自然なアプローチからあまりにも遠くへ来てしまっています。未来の建築家——もし彼が再びトップに上がりたいと欲するなら——はいろいろな出来事の趨勢によって建築生産により近くによることを強いられるでしょう。もし彼が、技術者、科学者、職人といっしょに緊密な協同チームを打ちたてるならば、デザインと施工と経済とは再び1つの統一体——芸術、科学、ビジネスの融合となるかも知れません。」

ＡＩＡの規約に加えられた新しい条項について、彼はエネルギッシュに異議を表明した。

「デザインと施工との分離を不朽にするようなこの規定は賢そうに見えますが、私は大変疑わしいと思います。それよりも、われわれは再び建築におけるノウハウに精通するようにさせる、有機的な再結合を見出すように努めるべきでしょう。勿論、この条項の意図はよいもの、即ち不正な競合を妨げるためのものでありました。しかし、私は、それが汚水と共に大事なものまで洗い流してしまうこと、それが単に反対のための反対だけで、われわれのディレンマを建設的に解決しないことを怖れるのです。

われわれのクライアント達が見たわれわれの現在の立場の強さに関して、自分達を欺くのをやめましょう。例えば、この前の戦争の初めに、陸海軍の高官達はわれわれに一顧もせず、われわれの活動の性格を驚くべきほど無視しました。平均的な民間のクライアントは、われわれを、もし「美化」に使える余分の金があったら呼び寄せるぜい沢な職業の人間と考えているようでし

た。われわれを，施工者と技術者として，建設活動に不可欠なものとして考えてはいないようだったのです………。

クライアントは，建築をする気になった時には，価格が固定し，引渡し時期が決まった完全な既製品を買いたいと思うのです。彼は，建築家，技術者，請負業者の間の労働の区分には全く関心がありません。そしてまたデザインと建設をそれほど分け距てることが不自然であることを無意識的に感じるので，建築家は金と時間の項で表わされる方程式における未知数「X」かも知れないと考えるのが普通なのです。

われわれは他に何を期待し得るでしょうか？　われわれはほとんどすべての委託された仕事と，一種の研究的，実験的アプローチから始めなければならないにも拘わらず，前もって決められた価格に合わせなければならないというほとんど不可能な立場にいるのではないのでしょうか？　それを机上のデザインから，テスト・モデル，そして最終的な製品へ到る工業における長いプロセスと比較してごらんなさい。われわれのデザインの分野では，モデルと最終的な製品とが同一であるので，研究のすべての費用をわれわれ自身で賄わなければなりません。これは，特に，クライアント及び公共企業体によってほとんど耐え難い仕事となってはいないでしょうか？

われわれは，独創性が大きければ大きいほど，コストを下げる努力をすればするほど，より金銭的に報われることは少なくなることを理解した時，われわれの活動のビジネス的側面が健全であることをしばしば問題にします。他方，クライアントは，建築コストをわざとふやすのは建築家の物質的関心に違いないと憶測しています。何故なら，それは建築費のパーセンテージによる設計料をふやすことにもなるだろうから

です。それ故，クライアントは設計料を総額で決めようとします。勿論，われわれはそのクライアントのやり方がわれわれにとって不公平であるので，それに反対しなければなりませんが，それではこの扱い難い問題は，どちらの側においても解決してはおりません。実際，ここには，われわれの最も大きな倫理的なディレンマがあるのです。それは，もともと双方に対して不公平ですから，しばしばクライアントの側に対する不信を引き起こすのです。そしてそれはクライアントがわれわれのサーヴィスの全部を得ることを妨げさえするのです。

このことは，普通モデルを開発するための最初のサーヴィスに対して報酬を支払われ，さらに製品の複製にはロイヤリティをプラスされる工業製品のデザイナーには起こりません。彼は仕事の成功によって，金銭的だけではなく，彼が科学者，技術者，ビジネスマン等といっしょに属するチームの正式のメンバーとしての地位の高さにおいても得をします。工業の中で次第により多くなっていくこの方式は，以前は孤立していた芸術家を，社会のひだの中に送り戻しつつあります。

私は，同じようなチームワークがまた，建設産業の内部での大勢となるであろうと確信しています。これは，もともと建設に関する多くの活動の統合者である未来の建築家に——もしわれわれが姿勢と訓練に必要な変化を与えるならば——再び「棟梁」となる好機を与えるに違いありません。その時，われわれはレンガ積みから降り，つくり，建設することから離れた精神的製図板での訓練の代りに，新しい工業生産手段に合ったやり方で新しい世代を訓練しなければなりません。

機械は決して建築の入口で停まってはいません。建築の工業化のプロセスは，完成

には他の生産分野におけるよりは余計時間がかかるように見えます。というのは建築がずっと複雑なものだからです。建物の部材がひとつずつ職人の手から離れ，機械の手に委ねられました。製造業者のカタログを見てみれば，無限の種類の建物部材が既に用に供されていることに得心します。漸進的な進み方で，古い手仕事の建設のプロセスは，工場から現場へ送られたレディメードの工業化された部材の組立てのプロセスへと変えられつつあります。さらに，われわれの建物における機械装置の占めるパーセンテージは，着実にふえつつあります。プレファブ化は，住宅建築よりも摩天楼に対してより浸透しました。ニューヨーク市の新しいレバー・ハウスやシカゴのミース・ファン・デル・ローエの新しいアパートの80％から90％は現場でつくられたのでなく工業製品の組立てからなっています。他の多くの建物も同じ傾向を示しています。

しかし，われわれ自身に正直であるならば，われわれは，われわれ建築家のほんの少数しか，この大変化に直接参加し影響を与えていないこと，あるいはわれわれ全部が建物で使用する部材のデザインに加わっていないということを認めなければなりません。この発展に役立ったのは技術者と科学者です。これが，われわれが若い建築家の世代を2つの面で訓練することによって失われた大地を回復することを急がなければならない理由なのです。その2つの面とは，1つは建設工業に加わること，そして建物のすべての部材の開発と形成に積極的に加わることであり，もう1つは，これらの工業化された部品から如何に美しい建物を構成するかを知ることです。これは，私の意見では，われわれの普通の訓練が与えるよりも，工業と経営の世界との接触を保ちながら，工場へのより多くの直接的参加と経験を必要としています。未来の世代の建築家は，計画と建設との間の関係の望ましい運命を達成し，われわれの短所によって現在分けられているものの再統合をなしとげなければならないのです。」

この講演の結論は異常に熱っぽかった。

「私はわれわれの職業がさしかかっている十字路に光を当てようとしただけです。2本の道路の中の1本は荒れてはいるが広く，冒険と希望に満ちています。もう1本の細い道は死の結末へと達しています。

私は行く先についての私の個人的選択をしましたが，年を経るにつれ，私のなし得るすべては，次の世代を代表する学生に，工業のそして建築の生産に直接参加することによって，未来の舞台での計画と施工を如何に再び関係づけるかという建設的解決への探求を促すことです。しかし，勿論，現状のようでは，私は彼らにAIAに加わらないようにいわなければなりません。私はAIAが，最も創造的な発展を約束する道を塞ぐあの致命的な第7条について考え直し，それを排することを強く望みます。さもなければこの不幸で臆病な規則に対する反逆者として，除名されたいと思います。実際に，もしひとりの若い建築家，ひとりの若い施工者が手をつなぎ，建築の分野での完全な近代的サーヴィス——計画と施工の——を社会に対してなしたとしても，このことを彼らは完全性の欠如を意味すると考えます。そうではなく，AIAはそのような自然な結合を積極的に奨励すべきです。

私は，クライアントがその受託人である建築家の意見に従わなかった時，時勢におくれるのではないかと質問されたことがあります。私の答は，日用品を買うのに受託

者を必要としないということです。われわれは，それらを，製品あるいは製造業者の評判によって選びます。その目的にとって建物とその部材との間に何の違いもありません。勿論，計画と施工とを妥協させる仕事——それは不可分に違いありません——は多くの大きな困難に遭遇し，それは実行の中で徐々に解決され得るだけであることを知っています。しかし，それには，常に，新しい方向へ向かうための考えの変化が必要です。

われわれの分解しつつある社会は，科学に対する不可欠な対極として，それの解析のわれわれに対する影響力を止めるために，芸術に対する関与を必要としています。芸術は，それが全体を制する規範となれば，1個の椅子から宗教建築まですべてを包含し，ひとつの文化の基盤そのものである統一をわれわれの環境に与えるのです。」[1]

この講演は「アーキテクチュラル・フォラム」誌の1952年5月号に発表され，広く議論をよび，それは6月号で報じられた。ＡＩＡのスポークスマンは，建築家の職業を，「通常の成長のための苦痛に苦しむだけの，極めて健全なもの」と見た。建築家は，職業人として，グロピウスが提案した全体的な調整よりも将来の建設業界において重要な仕事を得る可能性の方を心配しているようであった。

他の職業の人間の反応はより興味あるものだった。そのある者達は，建築家が失ったと感じている建設の分野におけるリーダーシップの座に立候補した。

連邦政府の役人であるＪ．Ｗ．ダンハムは，「かつての棟梁の後継者は，指導的役割を効果的に継承する者即ち管理の専門家である」[2]と考えた。技術者であるＪ．フェルドは書いている。

「30年間建築家と共にあるいは対抗して働いてきた技術者として，私は，建築家を生活の事実に眼ざめさせようとするグロピウス博士に対して，全面的に賛意と共感を記すものである。もし建築家という職業が恐竜のように時代おくれになりながら絶滅への道を進み続けることを潔しとしないならば，このような予言者をもったということは彼らにとって幸運である。（絶滅は同じ理由——重要な器官の均衡を失うこと——でやってくるだろう。）

建築家が仕える産業（彼らの大部分は，この《仕える》という言葉にすら賛成しないだろう）のレベルの外や上に自らをおくことで，彼は産業の依存者であるクライアントの信頼を失ってしまった。技術者が経済的に好ましい出費であるのに対して，建築家は，法律的要求と財政的な関心の習慣から，必要な厄介物と考えられている。

建築家はクライアントに，彼のサーヴィスの目的を明確に説明し得るまでそのサーヴィスが経済的に好ましいものであることを納得させないだろうし，それにはまず，彼自身がその問題を理解しなければならない………。

もし建築家がその問題を直視しないならば，建築家は産業から自分自身を失うだろう。そして率直にいえば，技術者がすぐにそれにとって代る。」[3]

何人かの教師は，建築活動の状況を熱っぽく判断している。Ｂ．Ｌ．ピッケンズは書いている。

「もしわれわれが建築家の地位とわれわれの建築の質を改善しようとするならば，われわれはＡＩＡ規約第7条の廃止に加えてある他の変化を必要とする。現在そうであるように，ＡＩＡの事務所が請負業者や企

業家とチームをつくることを奨励されたと仮定しよう。そのいくつがよりよい建物やよりよい社会をつくり出すだろうか？　そのいくつが，1，2の理由で，普通ＡＩＡの範囲外のすべての多くの都市で活動している《請負業の建築家》のレベルになり下がってしまうことだろうか？

グロピウス博士は，工業デザイナーをひとつのチームのよきメンバーとして示すことによって彼の議論を柔らげている。ほとんどの実例では，彼はむしろセールス・マンか宣伝担当重役ではないだろうか？　彼の最も目立った作品——自動車——を見よ。グロピウス博士が考えている意味でのデザインの全体的相関関係——芸術，科学，ビジネスの融合——はいずこにあるのか？

問題の根はこの3つの嘆かわしい順序の逆転にある。それはグロピウス博士自身によって，彼の独創的な講演の最初の部分でうまく述べられている。[4]

そしてE．ピッカリングは，

「建築家はひとつの職能であり続けるよう戦っているが，それは主要な品——建物——の形態をつくり出すことに関わっている………建築家はデザインするが，それは彼の考えたものを施工者の戸口におき，遠くからそれが育ち発展するのを見ているということである………彼は計画をし，契約や工事を監理することに関しての可能性を失ってしまったが，3つの代りのものをもっている。(1) そのサーヴィスを売る積極的な努力をしながら，職業人として現在のまま続ける。(2) 施工者と連携することによってビジネスマンになる。(3) 実際に建物を生産する——部材組立てによって——事業家となる。

あとの2つのやり方では，われわれが知っている創造的デザインは，恐らく，大企業に従属する二次的な芸術となるだろう。われわれの好みではない悩みの種を別とすれば，建築は今や陳腐である。普通と変ったものはどんなものでも現われたがらない。

建築家は何をなすべきか？　彼は何をなし得るか？　彼は，変化する政治的，経済的，社会的パターンのもつ混乱した世界の一部である。その職能の未来は，恐らく個個の建築家の関与し得ない力によって決定されるだろう。ともかく，もし建築家が建築のビジネスに加わりたいと欲するなら，もし彼がその創造的才能と職能的な完全性を保持し得るならば，新しいアプローチを試みさせてみようではないか。」[5]

ル・シャプリエ法についての議論のように，これは単に建築家の役割に関する議論に見えても，それはずっと大きな意味をもっていた。

問題になっているものはひとつの役割の運命ではなく，長い間建築家の責任としてみなされてきたある精神的価値の運命なのである。

産業革命は，生産の可能性の異常な程度までの増大によるばかりでなく，建築が関わる空間の修正を含む，利用するものに対する要求の修正によって物事を変えてきた。それは，すべての人々がモリスの理論に従ってそれらに加わることが出来るという可能性の一端を示し，われわれの社会の精神的遺産に深く根ざした欲求の成就についての希望を与えた。こうした理由で，産業革命は大変な期待をよび起こし，その期待が近代建築に生命を与えるために使われたエネルギー，勇気，忍耐の隠れた源泉であった。

建築の課題は，社会生活の種々の局面で進行中の他の変移と不可分である。読者は，モ

リスの理論「民衆のための民衆の芸術」とリンカーンのデモクラシーの定義「人民の，人民による，人民のための政治」との間のつながりに気がつくだろう。両者の場合，おかれている問題は，過去から手渡された価値の遺産を文化的機会と政治的権利とのそれぞれの新しい概念に変えるよう適合させる問題である——古い社会の階級構造に関連した公式からそれを解放することによって。これらの価値体系（それは常に発展する）はリップマンが「社会哲学」（public philosophy）とよんだものであり，近代運動のテーマは，その歴史的連続性と完全性の両者を同時に強調することが必要な思想哲学の一部である。

建築の趨勢は既にある政治的傾向から演繹された結果ではなくて，全体のあるいは政治的バランスの真のひとつの成因である。建築家あるいはそれに代るオペレーターの責任は特殊なもので，他の部門の責任によっては引き換えられない。こうした理由で，建築は成功もするし失敗もするし，あるいはそれは民主主義的な生活に貢献もするし，また空間の不当なあるいは誤った構成からくる制約によってそれを妨げもする。

それ故，空間を変えることは，たとえそれが技術的に多くのやり方があろうとも，常に特殊な問題である。

これまでに実験されたものの中で，どれがグロピウスのいう技術の効率と文化的責任を同時に守ることに役立つのか？　当座の間，1952年に発せられた挑戦状に対してどんな納得出来る答がなされるのか？

どんな組織の提案も，完全に満足すべきとはみなされ得ない。グロピウスが語る「棟梁」の人物像は恐らく歴史的な比喩に過ぎず，今日それは個人においてもチームにおいても実現されない。個人の研究と集団の研究も建築の進歩に不可欠であるが，現在の実験の中で，少なくも異った傾向を持ち1952年の挑戦に対してたとえ部分的とはいえ納得出来る回答を与えることが出来た3つの特徴あるグループが指摘され得る。

第1のグループは個人の研究のみを利用し，室内装飾から建物全体そして都市計画に到るまでの型あるいは構成をつくり出すことに専念した。

第2のグループは，個人の研究と集団のそれとの緊密な協力を利用しながら，現在の生産，即ち，室内装飾から建物全体までのすべてを含む最も広い単一の消費組織をコントロールし合理化することを目ざしている。

第3のグループは都市組織の変化をコントロールすること，そしてまたある場合には，当局それ自身のやり方で新しい都市と用途地域のパターンをつくり出すことを目ざし，それ故集団研究と個々の個人研究の時々の協同によるのである。

これらの3つの実験グループは等しく重要であり，最良の場合では，互いに重なり合おうとするのである。ル・コルビュジエの仕事は第1グループに属すが，第2，第3にまで拡大しようとする。ミース・ファン・デル・ローエは第1と第2のグループに同時に属し，チームXをつくり上げたアトリエ群の仕事——特にバケマ，ファン・デン・ブローク，キャンディリス，ジョジック，ウッズの仕事——は第1から第3グループまで移動した。最もよく組織された公共企業体のあるものの活動は，主として第3の型の実験へと指向したが，第1，第2において重要な結果を生み出しつつある。

1. 型の創造

型の創造のための個人の研究は今なお必要で，建築の生産と公共企業体の活動を広範囲に協調させる法的，経済的，文化的コントロールがそれに代ることはできない。

こうした理由で，ある限られた数の個人事務所は全生産のごく僅かな部分をデザインしているが，小さなものから大きなものまで，解決の共通のレパートリーの進歩に重要な貢献をした。

しかしこの研究は，特にヨーロッパでは，ほんの僅かですら生産組織の中で満足すべき場所を未だに見出していなかった。それは，少数の人々と，不安定な機会に依存する少数派の冒険でしかなかった。こうした理由で，これらの研究や提案のあまりにも大きな部分が紙上だけにとどまり，最終的には見捨てられた。即ちその実験は時間的に間に合わず，技術の進歩あるいは社会的要求における変化によって追い抜かれてしまったのである。

この孤立は容易に無責任に自由な状態になり得る。それ故，この仕事は他方で，デザイナーの気まぐれややり過ぎによって台無しにされて失われた。

これまでこの誘惑に最もよく抵抗し，この孤立に完全にそして信じ難い頑固さで耐え，仕事の機会のある毎にほとんど挫折を経験し，それ故そのアイディアのほとんどを浪費した建築家は，ル・コルビュジエである。

ル・コルビュジエは1965年，78歳で死んだが，ひとりの偉大な芸術家がこの急速な変化の時代においてこの年齢に到達する時には，彼が決定的な貢献をなした過去の瞬間の生ける証人であるのが常である。現代の批評はこれらの功績をいち早く認識した。偉大な芸術家達は，もはや，純粋に死後の栄光を期待する必要はない。彼らの晩年において，彼らは個人的に自らが歴史にのるのを目撃し，そしてそれを記念して栄誉を受けることもあり得る。

老いたル・コルビュジエもまたこの扱いを受け，多くのメダル，賞状，名誉学位を受けなければならなかったが，それに対して彼は嫌悪の情を隠さなかった。事実，当局や学界がありきたりの栄誉を彼に惜しみなく与えている間も，彼の仕事は，多分多少礼儀正しく慎重ではあるが厳しさにおいては少しも変らない激しい議論の中心にいた。否定されあるいは受け入れられ，それは世界中でなされているものとは別なぴりりとしたものであり，ともかく「過去の出来事」(storicizzata) とはみなされ得なかった。

彼の仕事の目ざすものは常に全く明瞭であった。それは伝統的都市の枠内での建物の形態の修正ではなく，古い階級社会の下で容認されていた制約と無関係な，そして自由と平等に対する近代社会の要求に正しい答を供給し得る新しい都市の創造であった。近代都市の機能を体系化するための新しい「スタンダード」と，進行中の変化に対して時宜に即して調整するためのこれらの「スタンダード」のヴァリエーションの研究は，その巨匠の第1次大戦後から今日までのすべての活動の目立った目標である。その他のすべて——彼の造形の流暢さ，歴史的なものと象徴的なものとの引用の相互作用，彼のつくり出すものの豊かさ，視覚的表現の器用さとうまさ——は，彼の理性の表示を導くための情熱的な，自信に満ちた，押しの強い調子の現われに過ぎない。

それ故，ブルネレスキのように，ル・コルビュジエは，作業の分化と，無数の制度，習慣，利益が依存する都市機能の型とに挑戦する文化的変化の基本的なプロセスの中に巻き込まれていた。これがル・コルビュジエが起こした抗議の激しさの所以である（ブルネレスキが，その時代，門番達のひそひそ話の中で完全な気狂いと信じられたように）。

マルローは，ル・コルビュジエの葬儀でのスピーチで，ル・コルビュジエの功績の重要さとそれに対する反動の強さとの間のこの関係を追想した。「ル・コルビュジエは何人かの強敵を知ったが，そのある者は現存し，あ

る者は死んでいる。しかし，誰も建築における革命にこれほど強く足跡を残さなかった。何故なら，誰もこれほど長く，これほど忍耐強く侮辱され続けた者はいなかったからである。」[6]

ル・コルビュジエによってその60年の仕事の中で受けた攻撃のリストは，彼の業績についての最上の賞讃であったろうし，逆説かも知れないが，以前の価値体系の中で彼によってつくり出された変化を印象的に量り示すだろう。

敵の攻撃——無数で異質な——といっしょに，彼の仕事の方法論的影響を認め得ないあるいは認めようとしない友人や崇拝者達の攻撃もまた想い起こさなければならない。

現代の批評——最も尖端的な，近代芸術に好意的なものについていっているのだが——は彼の身長を伝統的な芸術家のそれに縮めようとして威厳に満ちた努力をした。それはほとんど常に作品を著述や理論と分けようとし，この研究の連続性そのものと次第に精緻になっていく「スタンダード」の価値を否定するためだけに，計画や実現された建物に（想像上の永久性を与え，それらが研究の連続的なプロセスの一部である時には，それらの問題は多いが完全たり得る性格を見逃しながら）惜しみなく賞讃を与えた。それは法則とモデルの客観性の欠如を露わにするスタイルの上での矛盾を見出したいと希い，ことさら意識して，すべてのニュアンスの違いや，すべての形態のレパートリーの拡大をマークした。

この種の著述はル・コルビュジエの最近の作品を前にして執拗になってきたが，そこでは，自然な内的な屈折や反復への欲求（「辛抱強い研究」の一貫性を弛めることのない老年特有の徴し）が，完全に独立した純粋な詩の王国への逃避と間違われてきた。

これらの著述が，もしル・コルビュジエの作品を映し出さずその後の成功を決定づけないものならば，それらに時間を割く必要はないだろう。

1930年までは限られた目の利いたクライアントだけに受け入れられ，第2次大戦後まで公共的建設計画から除外され，チャンディガールまで都市計画の機会も除かれ，彼は彼の芸術家としての名声が確立された時になって初めて，そして芸術家に対して伝統的に許されている絶対の権威によって，自分の計画を自由に実現し得た。ここに彼の職業についての悲劇的な苦境の原因があった。彼は彼の計画の優秀さを，独断的に押しつけるのではなく証明することを目ざしたが，彼の人格的な威厳が彼を議論の中においた分だけ成功し得ただけであった。

それ故，彼が信じることが出来たのは，数多くの互いにつながりをもった実験から生まれた証明の強みだけで，彼はひとりで自分の作品の一貫性を保証しなければならなかった。事実，孤独が彼の成功に比例して深まり，特に彼の人生の晩年を通して個人としての彼の行動に重くのしかかった。ここで彼の経歴の中の失われた好機の主なものを要約することは興味があろう。

第1は1927年のジュネーヴの国際連盟の建物のコンペティションであった。よく知られているように，4人の審査員は近代建築に好意を持ち，4人は反対であった。それ故，9番目のメンバー——審査員長，ヴィクトル・オルタ——が最終的にル・コルビュジエの敗北を決定づけた。ル・コルビュジエの計画は最初他の8つの異質なプロジェクトと共に同等の賞を与えられた。ル・コルビュジエは，他の逆行的な様式と同等におかれた「近代様式」を代表するものとして受けとられた。しかし，コンペティションの第2段階では，彼は除かれ，契約は4人のアカデミックな建築家に与えられ，彼らはル・コルビュジエの配置

V 近代運動

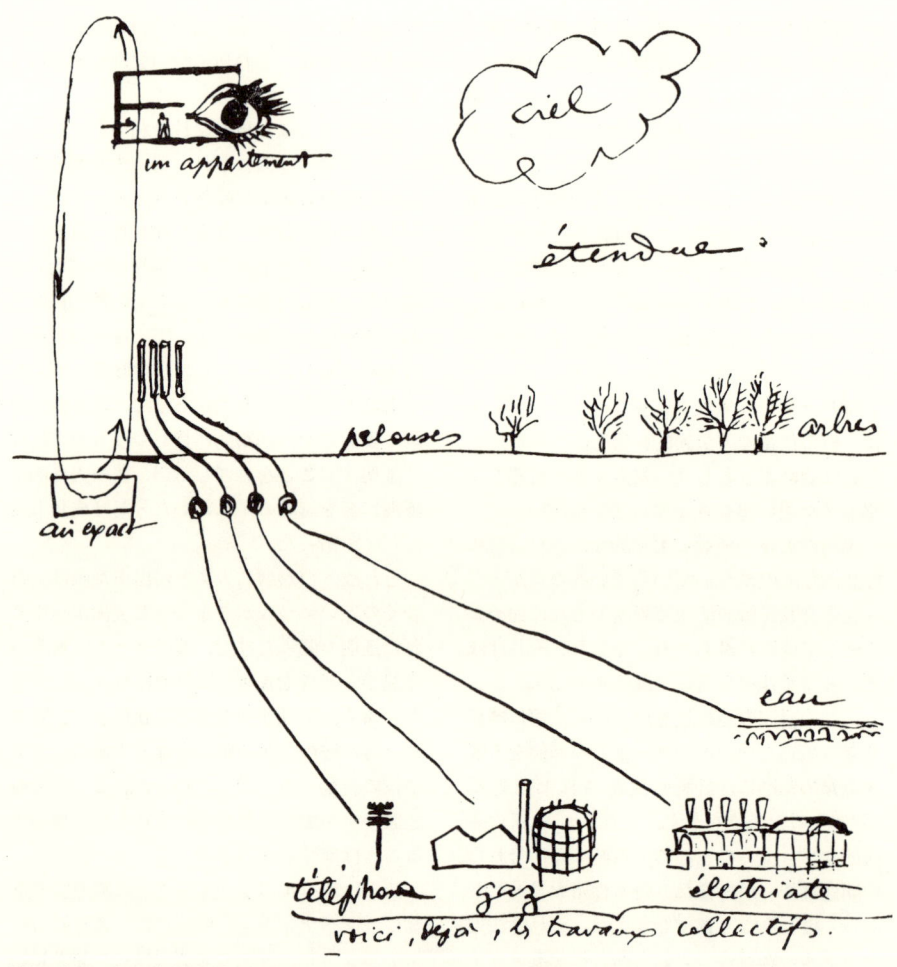

995図 住宅に役立つ自然及び技術的資源，ル・コルビュジエのスケッチ，1934年

計画をほとんどそのまま採用し，因襲的な形態で偽装して変更した．ル・コルビュジエはこのスキャンダルをもち出し，法的手続きを試み，彼の苦汁を訴える本を書いた（これはブルネレスキがドームの頂塔のコンペティションに参加し，1人の参加者の模型について「彼にもうひとつつくるよう頼めば，私のものをつくるだろう」といった時の状況である．しかしながら，ブルネレスキはコンペティションに勝った）．ル・コルビュジエは問題を分析し，正しい解決を見出し，その解決はそれに内在する論理の価値でライヴァルによってすら受け入れられたが，審査はその解決案の客観的な特徴を基とせず，様式，即ち変り得る主観に基づいて行われ，1927年のル・コルビュジエの近代様式のチャンピオンとしての威信は，審査員に影響するほど充分大きくはなかったのである．

20年後，ル・コルビュジエは国際連合の建物の計画を監理するためにニューヨークに呼

び集められた10人の専門家の委員会のフランス代表を依頼された。彼は、他の者よりも2か月早く、1947年1月ニューヨークに到着し、実施計画事務所の長であるハリソンと接触し、配置計画を用意し、それはそのまま委員会に受け入れられた。未決定のまま残された唯一の点は3つの棟のまとめ方であった。しかしながら、配置計画の決定は連続した計画作業の初めとはみなさず、前項とみなされ、ル・コルビュジエは実施計画からはずされ、それはハリソン事務所の手中に入った。その5年後、ル・コルビュジエは、他の4人の名士（グロピウス、コスタ、マルケリウス、ロジャース）と共に、頼まれてパリのユネスコの建物の計画の審査員の席に連なった。最初設計契約はボートウインに与えられ、彼は、ひとつの計画とその多くの変更案をつくったが、いずれもその主題の重要性において劣るものであった。5人の委員はデザイナーの選択と敷地の選択の両方を疑問視し、新しい建築家を提案するよう招かれた時、ル・コルビュジエの4人の同僚達は、審査員がそのメンバーの1人を選ぶことを許されないという因習を捨て、ル・コルビュジエ自身を唯一のデザイナーとして責任をもって指名した。しかし因襲はこの指名を認めず、契約は他の3人の建築家に与えられ、フォンテノア広場にがっかりするような建物をつくり出した。この時は、ル・コルビュジエは、その進展をコントロールし得ない限りは何らの指示も与えないといい、すべてが終った時、彼はこの辛辣な声明を出した。

「最初のプランがわれわれに提出されて壁に張られた時、私は次のように考えた。2つの働き方があり、第1はプランが壁の上にあり、自分が手をポケットに入れており、第2はプランが製図板の上にあり、自分は手に鉛筆をもっている。私はこの第2

の方法が守られることを要求する。」[7]

63歳で、初めて彼の理論上の仕事に相応のスケールの仕事——インドに10万の人口をもつ新しい都市をつくること——を受けた時、ル・コルビュジエは全体計画を行い、それを発展させるために傭われた協働者達に対してあまり制約を課さなかったが、4つの政府の建物をもつ地域の計画に自らを限定し、1957年にこう書くことが出来た。「州都の構成は今や全体そして細かい寸法まですべて最後の1センチメートルまで決められている」[8]と。実施設計をル・コルビュジエがやろうとしたのは大きな建物群だけであった。事実、都市計画的レイアウトから個々の建築までの計画の全行程のコントロールは、計画段階で語ることの難しさを克服して完成された作品がそれ自身で語り得るための唯一の方法である。しかし、ル・コルビュジエはその実現を完成させ得ずして死に、他のプロジェクトがすべて実現されるかどうかはわからない。（同じ困難な状況を経験したブルネレスキは、遺言の中に、ドームの頂塔は「模型のように、そして彼が書いた通りに建てよ」という要請をはさんだ。）

彼の理論上のモデルの大部分は、初めから、実験することすらも認められなかった。ユニテ・ダビタシオンのアイディアは、1909年、フィレンツェの修道院を訪れた後に生まれ、1922年に、イムーブル・ヴィラで初めて具体化した。しかし、1922年、そして、その後の20年間は、彼は「ア・レダン」の郊外型であるこの建物型の発展に関心を示さず、「ア・レダン」を大きさはともあれ伝統的な都市構造に代るものとして提案した。1936年につくった「イロ・アンサリューブル」の地域の中ですら、彼は新旧の組織の間のコントラストを強調するために、理論的には市の残部に増築し得る2つの「レダン」の部分をお

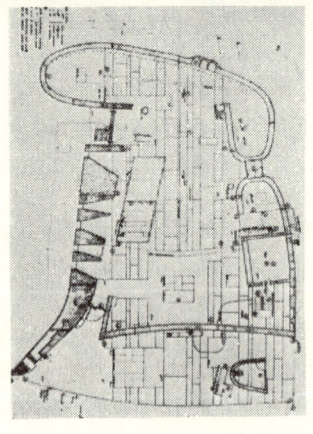

いた。

「ユニテ」のアイディアは、戦後、ハウジングの規格化についてのそれまでの研究が、共同のサーヴィスのスケールに合わせて住居を合理的に集合させるという新しいアイディアと一体となった時に具体化した。1200〜1500の人口の単位は、住居と共同のサーヴィスとを一体にする——旅館の延長（prolongements du logis）——最小の大きさのように見え、第2，第3のサーヴィスとの統合が可能になる新しい住居組織の基本的な細胞である。

戦後のサン・ディエ (Saint-Dié)，サン・ゴーデン (Saint-Gaudens)，ラ・ロシェル (la Rochelle) の開発計画はこのモデルを

終章

996〜1002図　ロンシャンの教会（ル・コルビュジエ，1954年）

基としている。最後に，ル・コルビュジエは，市長のプティから「ユニテ」の試作をマルセーユでする許可を得，あらゆる困難にあいながら，それを1947年から1952年にかけて建設した。しかし「ユニテ」は新しい都市組織のプロトタイプとしてではなく，異例の建物として受けとられ，孤立した建築に止まった。事実，それが遭遇した困難や失敗は，この孤立に負うている。今日，その建物は標識の上に書かれた案内に，「輝ける都市」とし

427

V　近代運動

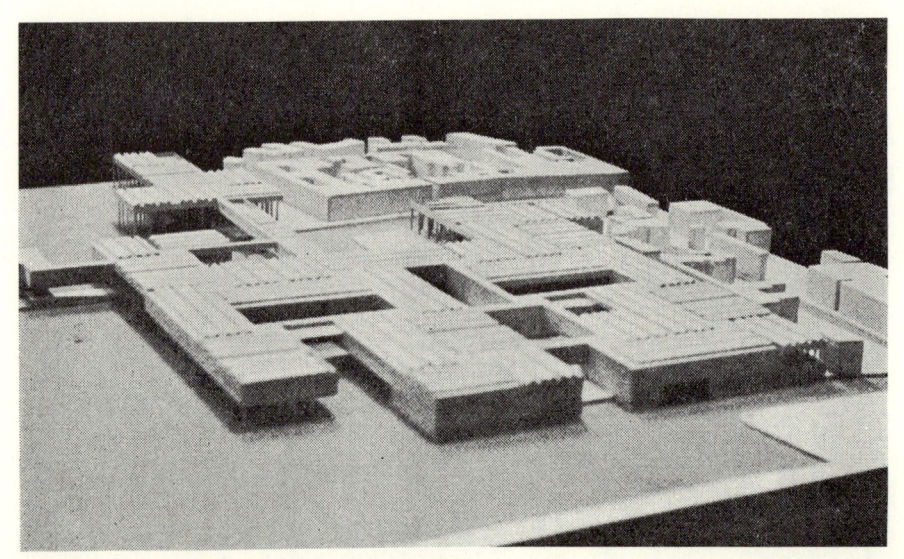

1003図　ル・コルビュジエによるヴェニスの病院の模型（1964年）

て記されている。しかし，その都市は全く普通の都市であり，一般の住宅が「ユニテ」の公園のまわりに群がり，ごく最近，その公園の土地を細分化することが語られている。というのは，それがその新しいコンクリートのモニュメントのためのゾーンになり下がってしまったからである。

後に，ナント，ベルリン，ブリエ・アン・フォレ，そしてフィルミニにおいて同じ誤りがなされた。「ユニテ」は常に例外と考えられ，共同サーヴィス部を除かなければならず，あるいは，ブリエに対してされたように普通の型の郊外地区に適合しなければならなかった。より広いシステムに統合され，それ故，都市全体のサーヴィスに結びつけられた複製可能なものとしての「ユニテ」は図面上のモデルであり，それは未だに厳格な具体的テストを受けていない。

ル・コルビュジエの人生におけるいわゆる曲り角がやってきたのはその頃であった。1954年，ロンシャンの教会が出来上がり，大部分の批評家は彼の日頃の合理主義の危機について語った。しかし，最初の驚きの後，今日，この巨匠の実験の連続性を認めるのは容易であり，それは彼の熟練した晩年の作品によって確かめられる。1961年に完成したラ・トゥーレット（la Tourette）の修道院，チャンディガールの建物，ハーバードの造形芸術センター，ヴェニスの病院等によってである。

ある程度変ったものは，この芸術家の心理的姿勢であり，それは疑いなく彼の都市計画的提案の実験を未だに遅らせる障害と関係があった。

晩年においては，彼の調子は，彼のクーテュリエ神父との友情を通しての彼の率直な宗教的テーマに対する関心によって示されているように，そのいつもの鋭さと具体的な好機に直面しての適応性を失うことなく，より親しみ深く，自叙伝的になった。一般から特殊まで変ることのなくいろいろなものに関わり合うこの大変な能力が，ル・コルビュジエに過度の個人主義の落とし穴に入ることを避けさ

428

作品集の第6巻の序文で彼は書いた。

「最近，飛行機の旅で，私はスケッチブックに，それぞれ別の出版社によって頼まれた3つの仕事のタイトル，時を異にして私が思いついたアイディアを記した。

そのタイトルは，
1) 世界の終末：解放（Fin d'un Monde : Délivrance）
2) 問題の根底（Le Fond du sac）
3) 言葉で表現し得ない空間（L'Espace indicible）

であった。

これらは，他人によってあらゆる種類の努力や発明をすることを強いられた人間が，比例，機能，最終目的，効率において最高でまたとないアクロバット的な離れ業を演じた雰囲気を描いている。この危機において，人はその人間が危険なジャンプによって，ぶら下がったロープの端に達するかどうかを見るのを息をのんで待っているのだ。人は彼が，それについて毎日訓練をしているかどうかということ，またそのために多くのくだらない行為を断念しているかどうかということを知らないに違いない。たった1つのことが問題なのだ。彼の目標——待ち構えている空中ぶらんこのロープの端——に到達するだろうかということが。似たような危険は，日々の糧即ち，流れの終末を得るために必要な行為である24時間の毎日の流れの中に存在する。正確な目標の形成，努力の正確さと粘り強さ，やり方の正確さと細心さ，時間の選択，堅固な道徳性等………。

皆さん，問題の根底は，償われようと償われまいと，勝ちとられあるいは失われても，すべてがなされると，示された客体は感情を強く誘発するので，人は（時折り——特別の日に)《言葉につくし得ないもの》，幸福への道のひとつであることを説明する言葉，ある言葉に訳すことの出来ない言葉をはっきりさせようとつとめるという事実にあるのである。」[9]

これが，人生を通して，自分の業績を他人が利用し得るようにするために，大変な流暢さでコミュニケーションに努めた人間の思想である。彼の作品の影響は，彼が直接体験したものをはるかに越えて感じられる。その間，環境は未だに彼に敵意をもったが，彼は建築家としての人生の最初に選んだ革命的姿勢を，断固ともち続けた。

今では特定の論争は遅過ぎたが，それは未来に多くの時間をもっている他の者達によって続けられることが出来た。ル・コルビュジエは帳じりをしめなければならず，最終的な収支は「言葉につくし得ないもの」，即ち，特定の環境を越えて，意識の最も深いレベルでのみ語り得るものだったのである。これら最終実験の効力は，それらの国際的な反響の中にある。それは歴史的，地理的環境の違いをのりこえ，ブラジルからインドまで，日本からイギリスやスイス（「アトリエ5」の活躍がその証拠であるように）までの活動に影響し得るように思われる。

1964年，彼の本『輝く都市』が再版された時，ル・コルビュジエはこの一文を加えた。

「私は，1931年から1933年にかけて書き1935年に出版したこの本の校正刷りを正した。ル・コルブ氏よ，おめでとう！　あなたは40年先の問題を20年前にもち出した！彼らがあなたにもたらしたものは，たっぷりと続けざまの背中へのキックであった。

この本は，ディテールから全体まで，全体からディテールまでの詳細な開発計画のすべての興味深いコレクションをおさめて

いる。彼らはあなたに《NO》といった。彼らはあなたを気狂いのように扱った。あなたは、これらの計画の中に、兄弟のために、兄弟に対するように考えることに人生を費したひとりの人間のすべての無私な情熱がひそんでいることを考えてみたことのある人に出会わなかったのではないか？
しかし、勿論、彼が正しければ正しいほど、受け入れられなかった………。」[10]

これらの苦い言葉が彼の死の1年前、ル・コルビュジエが近代運動の主たる主役として広く認められている時に書かれたということを考慮すべきである。

それはル・コルビュジエが、特に死んだ今となって偉大な芸術家としてみなされるかどうかを知るのは問題でないし、彼がそれから逃げたいと思った芸術の神殿へ彼を祭り上げることは容易である。そうではなく、彼の作品が、今日物事の形態をそれの再考を要求するに充分なだけ、部分的にでも打ちくずしたかどうか、あるいは、特に関心をもつ人々が、薪を除いた後、危険なく彼の才分を認めるようになるまでに、彼の作品が大地に根を下ろしたかどうかが問題である。

まさにこのために、ル・コルビュジエ特有の研究の形式——小さなものから大きなものまで、近代都市のタイプを創造しようとする個人的探求——は特に都市的なスケールの創造に集中した（これが未だに、他の研究形式へと近づき得ない、あるいはほとんど近づき得ない理由である）。

この研究の成果は、現代の実現手段や経済的、法律的、行政的な状況とは意図的に無関係で、しばしば「ユートピア」として示された。最も重要なのは1960年頃日本人によってなされた仕事であり、またイギリスの「アーキグラム」誌に現われた最近のものである。

第20章で論じた新しい日本の建築は、1959年以後、丹下その他によって出されたある都市計画上の提案によって論理的に補足される。それまでの実験とは別な理論におけるエネルギーは、これらの提案の非妥協的な、時にはユートピア的な性格に現われ、その提案は世界中の興味をよんだ。

1959年、MITで行われた授業で、丹下と学生達は、ボストン湾内での25万人のコミュニティの計画を行ったが、そこでは道路、住宅、サーヴィス等が大架構の中でいろいろなレベルにおかれている。

「空間構成は、いろいろな段階のスケールからなるヒエラルキーを表現している。自然それ自身のスケール、あらゆる種類のスーパー・ヒューマン・スケールの連鎖、集団的な人間活動によってつくり出される、マス・ヒューマン・スケール、そして、最後に、個人の日常生活の中に含まれるヒューマン・スケール………この微視的なレベルでは、住宅のディテールや場所は、個人の好みに残されている。これらの住宅の重要性は、それらが個人に自分自身をシステムの中で位置づけることを許し、その位置づけを理解し得るものにした。」[11]

1960年、丹下は、神谷、磯崎、渡辺、黒川、庚らといっしょに、東京計画を発表し、そこでこのアイディアが、もはや適当でない求心的な計画を打ち破り得る、大都市における新しい線型構造をつくり出す手段となった。

計画者達は、1000万以上の大都市が第3次産業の増大する重要性に対応する限り必要な事実であり、それは新しい型の、即ち、より大きな交通量を運び、より近くより連続的な出入口をもつのに適した交通システムを要求する。ここから、近代的なビジネス・センターより湾の水面へと真直ぐ走る、有機的に結

終章

びつけられた新しい商業,住宅,リクリエーション地区の枠組を形成する大きな軸線道路のアイディアが生まれた。

　「いろいろなレベルの公的あるいは私的な都市空間に秩序を与えるよう大都市を組織化するために,都市構造の枠内でこれらの空間を,ある明確なプランに従って整備することが必要である。ハウジングの問題に取り組む時,家から始まって子供の遊び場,静かな会合の場,大きなオープン・スペース,大きなリクリエーションとスポーツのセンターに到る,そしてまた託児所から小学校,中学校,他のリクリエーションや社交の施設まで,駐車場から,交通機関のた

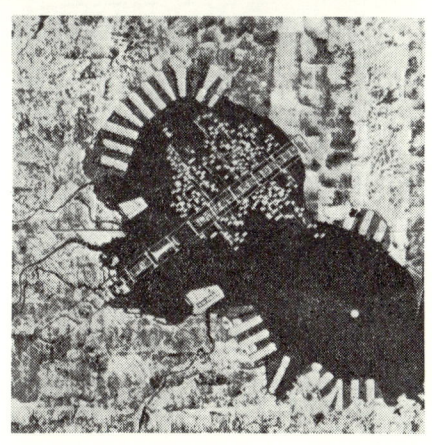

1004, 1005図　東京,丹下計画の模型2つ,商業地域と全体平面（"Bauen+Wohnen"より）

V 近代運動

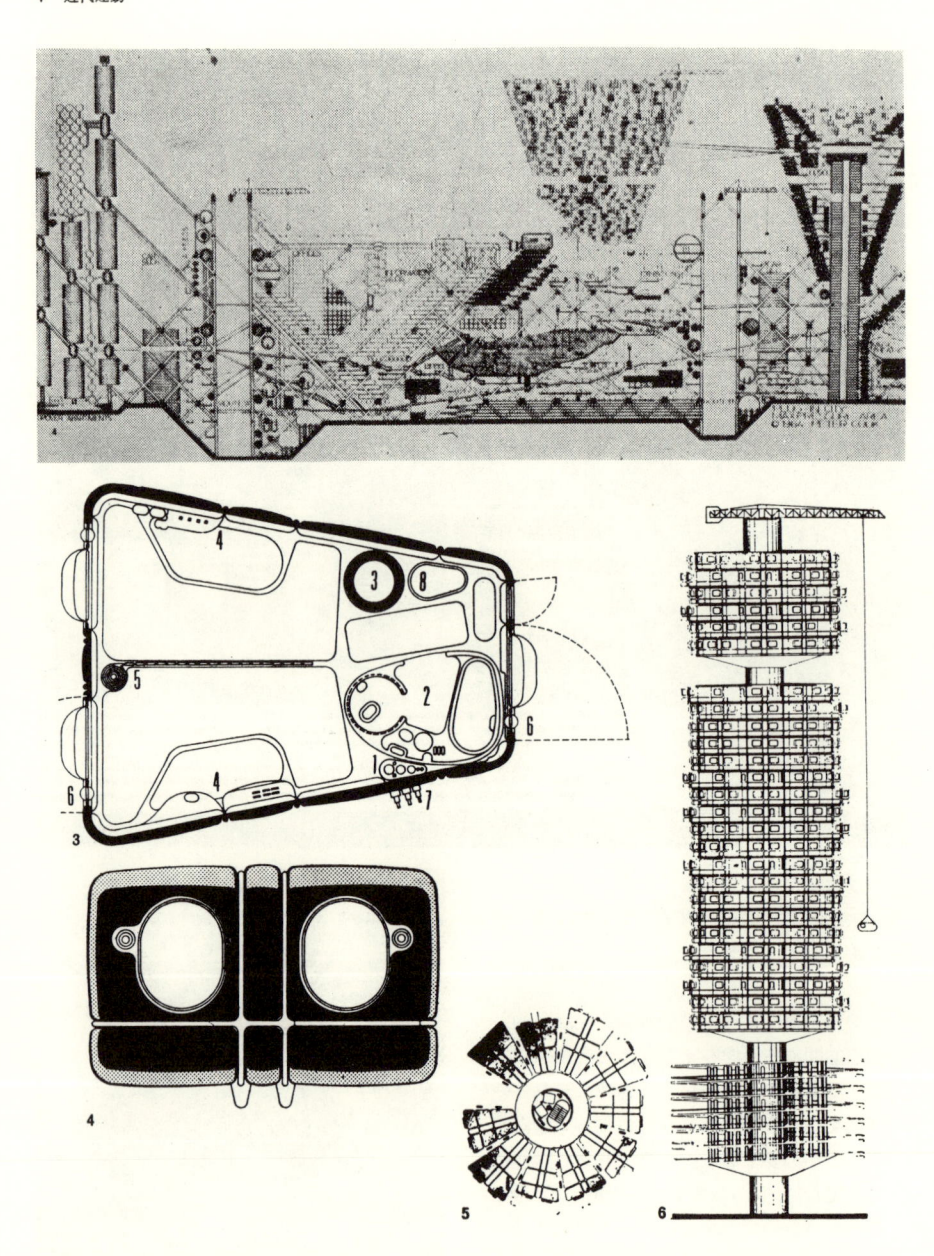

1006, 1007図 アーキグラムのプラグ・イン・シティの2つの図（"Architectural design"誌から）：高密度地区の断面，住宅の平面と立面，住宅群の塔の立面
1. 配管，2. 台所とバス，3. 圧搾空気によるエレベーター，4. 設備壁，5. 可動壁，6. サーヴィス・ドア，7. 設備のためのプラグ，8. 収納ユニット

めの広場や自動車道路までの漸進的な秩序をもつダイナミックで統一された全体を建設する必要が生じる。これらの異った構成要素の寸法は，個人住宅とうまく関係づけられ，それは同時に，多様性，連続性，拡張，縮小に適応した有機的全体の中におかれなければならない。」[12]

サーキュレーション・システム及び種々の設備のパイプ・システムから形成されている大きな骨組は，プランに巨大なそして高価そうな性格を与え，しかも，それは，計画者によれば純粋にユートピア的なものではなかった。何故なら，それは，大都市を拡張することによって，今日においても信じ難いほど多い交通量を収容した伝統的な建設活動と同じものだからである。

その主要な骨組の大きさは最もめざましいものだが，多分，最もこの計画の皮相な特徴であり，日本その他で，それ自身が勝利として大切に扱われた「新しいスケール」についての多くのくだらぬ議論をまき起こした。しかし，むしろ評価さるべきものは，生活の要求が計算されたバランスを見出す単一なシステムの中に，いろいろなスケールを共存させようとする試みの価値である。疑問なのはこのバランスを実現するに必要な機能のヒエラルキーについてである。第3次産業を他のすべてに優先させることは伝統的な放射状都市におけるように，依然として古いヒエラルキーなのである。[13]

丹下の線形構造の提案は東京では実施されなかったが，さらに練られてやや小さな他の都市に示され，少なくも二度，地方当局によって取り上げられた。スコピエとボローニアである。個人の研究と地方当局の集団的な研究とが，両者の経験の間の距離は世界中到る所で大きかったが，合流しようとしている。「アーキグラム」における提案は，全く違った建築を装っていた。その著者達は伝統的な型の固定した実体としての新しい都市の形態を決定することには関心をもたなかった。「プラグイン・シティ」ははっきりした安定した外観をもっていないが，それは一連の共同の設備を基としており，それに対して，個個の住居，軽金属のカプセルがかなり容易にさしこまれる。設備は一般的に技術と共に発展するだろうし，カプセルも，われわれが使っている他の機械と全く同じように，工業がつくり出す新しいモデルに絶えず置き換えられるだろう。

それ故，新しい都市の景観は，科学小説的ヴィジョンのように，皮肉で挑戦的形態にのみデザインされ得る。しかしその造形の方法は気紛れなものではない。それは大量生産のための最小単位の決定と組合せの自由度に対して障害を最小にするための無限の反復性とを基としている。

形態を個性化させることの行き過ぎ——丹下の作品や何人かのイギリスの建築家の作品に見出されるように——は，この研究の論点と不可分であった。それは，われわれの建築思想の不足と不安定さの元となる大きな未解決の問題の示唆とみなさるべきである。それは，伝統的な都市を多かれ少なかれ慎重に調整することの結果としてではなく，中世都市が古代都市からそうしたように，以前の都市からの質的な飛躍としてみなされ得るオリジナルな発明としての近代都市の問題である。

2. 工業生産のコントロール

建設産業の進歩は，都市計画における欠陥によって遅くはなったが，ひとつの建物の実現に必要な職分の相互関係を複雑にし，伝統的なクライアント像，デザイナー像と相伴って少なくも他の3つの像をつくり出した。それは施工者像と最終のユーザー像（それは，

V 近代運動

1008, 1009図 ニューヨークのシーグラム・ビルと1921年にミースによってデザインされたガラスの摩天楼との比較

それぞれについてもまた全体としてもクライアントと同一ともみなされるし、またそれとは別ともみなされる）と供給者、即ち建物の個々の部分のメーカー像である。

グロピウスがいったように、1952年において既に「ニューヨークのレバー・ハウスやミースのアパートの80％か90％が工業製品の組立てからなっている。」これらの部品のメーカーは、グロピウスの「棟梁」と対等におかれるかも知れない。何故なら、彼はその製品を単一の工業組織の中でデザインしつくり出すからである。しかし、建物を形づくるこれらの部材の合成は、アメリカにおいてすら、工業的な仕事とはまだ考えられていないし、それは製造販売者によってではなく、製造者によって販売者のために、未来のユーザーの要求がほとんどわからないままに扱われている。

施工者との折衝で販売者——あるいは時にはユーザー——を助けるために、それを専門とする事務所が育ったが、それは、建物を実現するのに必要なすべての作業をコントロールする立場にあり、即ち、それは、多くの専門家の集団的な仕事を通して「総合計画」を展開することが出来るものだった。これらの事務所のあるものは、特にアメリカにおいては、1000人あるいはそれ以上の従業員をもっているが、単に巨大なだけで、グロピウスが望んだ統合をつくり出そうとはしなかった。それらは計画即ち、統合という用語のひとつをより効果的にするのに、そして、契約と生産の間に権柄ずくで介入するのに役立った。さらに、その大きさの故に、重要な企業となり、そこでは計画の製作者と計画を売る者と

終章

1010図　マンハッタンのビル群の間のシーグラム・ビル

が互いに別のものとしてその企業の支配をかけて戦っている。

満足すべき結果はどちらの側とも関係なく，そして経験の教えるところによると，全生産過程を合理化し得る外的調整者が介入する時に得られる。この調整者は，自身の個人

V 近代運動

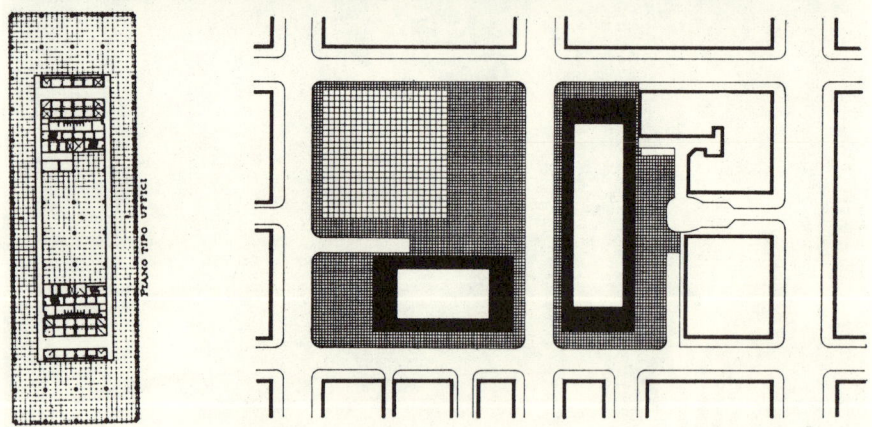

1011〜1013図 シカゴ，連邦裁判所の建物のある連邦センター（ミース・ファン・デル・ローエ，1960年）

的研究で貢献はしても，グロピウスが描くクライアント，施工者，そして実施計画の大部分を行う組織等とは永久に関係をもたないが，プランか建設の両方について決定を下す立場にある多面な人物像からは程遠いデザイナーに違いない。

これもまた難しい立場で，様式の気紛れ，大組織の既成の好みに対する消極的な従属，そしてしばしばその2つの組合せへと堕落することがある。この役割の真の独立性を守るために，並はずれた厳格さが必要であり，それにおいて最も成功したのはアメリカのミー

終章

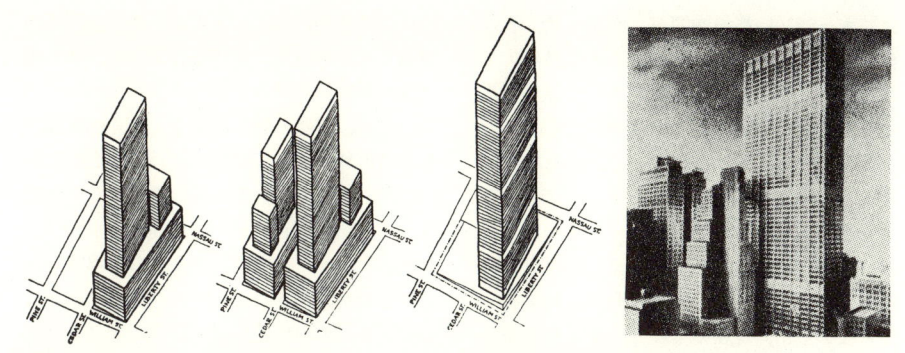

1014, 1015図　ニューヨークのチェース・マンハッタン・ビルとSOMが委員会に提出した3つの立体案

ス・ファン・デル・ローエであった。

　ミースの晩年の作品——シーグラム・ビル以後——はほとんど未だに批評家によって無視されている。それは、新しさを求める者達には面白くなく、前のものと全く似ているので、ほとんど同じもののくり返しと考えられたのかも知れない。しかし、ミースの厳格さと彼の、同じ問題に戻りながら少しずつ解決方法を改良していく能力は、ちょうどこの時、その最も重要な成果を生んだのである。

　最初、豊かさの無償の展示と間違えられたシーグラム（Seagram Building）のヴォリュウムと構造の特徴は、高いオフィス・ビルに関係のある2つの一般的な問題を明らかにするのに役立った。

　1）　パーク・アヴェニューについての建物のセットバックとそれを取り巻いている広場は孤立したヴォリュウムを引き立たせるための単なる手段ではなく、道路の線をなぞりながら敷地全体を埋めて立ち上がり、そして古い鐘楼のように都市の構造から塔を引き離している（最も明らかな例はエンパイア・ステート・ビルであり、それはマンハッタンのスカイラインを垂直に支配する欲求からその敷地に対して馬鹿気てスケール・アウトである）伝統的な摩天楼（フッドからレスケーズ、ハリソンとエイブラモヴィッツから反対側に立っているレバー・ハウスのバンシャフトまでの）に対する基本的な批判を含んでいる。

　ミースは、建物の高さを自由にすることが出来たので、下階で必要な僅かな数の補足的な部屋を背後のブロックにまとめたが、そのブロックは隣りの建物に隣接し、敷地のオープン・スペースに接して摩天楼の立体を地面に真直ぐに立てた。このようにして、敷地と道路の間の区別も消え、19世紀の道路網はもはや上部に投影されず、ひとつの自由な平面を交通と歩行者のゾーンに分けるためだけの計画となった。

　この理由づけは多くの最近の企業でくり返されてきた。都市の2つの隣接した敷地にチェース・マンハッタン銀行を建てる契約をしたスキドモア・オウイングス・アンド・メリルはクライアントに対して3案を提案した。第1のブロックを伝統的な階段状のマスで埋めたものと、互いに関係し合う2つのヴォリュウムで両方のブロックを埋めるもの、それから、2つの土地を1つの歩行者の広場としてつなぎ、建物をピロティの上に建つ1つの孤立した塔に集中するものである（1014図）。第3案が選ばれ、そして今や既に建てられたチェースの近くに同じ会社が同じやり方でもう1つの建物を建てている。このよう

437

にして，新しい都市空間が，空高く聳える立体の建物から見下ろされる歩行者広場のテラスを形成しながら，都市の刻みこまれた街路のかたわらに開かれつつあるのである。

この種のいくつかの事業が行われた市の他の部分——6番街一帯とスキッドモア・オウイングス・アンド・メリルがユニオン・カーバイト・ビルを建てたシーグラムの周辺地区——は，未だにもとの密集の混乱の痕跡をもってはいるが，現在のものとは違った未来の都市空間の利用の可能性をほのかに見せており，1811年の格子状方式に基づいた変形に未だに未開発の余地があることを示している。

2) ブロンズと茶色の熱線吸収ガラスからなるシーグラムのカーテンウォールは，大きな均質な立体を特別にきわ立たせているが，それは金属のサッシの網目とガラスの間に何の色彩的な区別をしようとしていず，それらは混じり合って，大きな不透明で均一な色調のパネルになっているからである（それに対して，周囲の建物は馬鹿げた線の細さと面の輝きを見せ，それがその大きさを消している）。

このようにして，ミースは高い建物に1955年以前の彼のシカゴの建物に用いられたいろいろな金属の間のコントラストを除きながらその大きさを誇示する単色の不透明な仕上げを与えることがいかに適当であるかを示した。しかし，同じ結果は，より普通の黒い鉄とグレーの熱線吸収ガラスによって得ることが出来ただろうし，それは実際ミースのシカゴの最も新しいアパート，工事中のフェデラル・センター (Federal Center) に使われている。

これらの最近の作品は——ボルティモアのワン・チャールズ・センター (One Charles Center) とハイフィールド・ハウス (Highfield House) と共に——恐らくミースの傑作である。シカゴ・フェデラル・センター[14]のための3つの建物の第1のものは，連邦裁判所の建物であり1964年に完成された。それは，環状線内の建物の間の不規則で狭い土地を占めているが，建物の軽いヴォリュームは隣接する歩道の延長として扱われている地面から浮いて立ち上がっている。35mの幅をもつ建物は，中央部に法廷——2階の高さをもつ——をおきファサードに沿って2列の事務室をおくことを可能にし，こうして近代的な法廷に必要なすべての部屋を単一のコンパクトなブロックに容れたのである。

1965年に完成したハイフィールド・アパートの建物[15]は鉄筋コンクリートで，柱がファサードに露出し，ガラスの開口の幅を決めている。この構造もまた，その特殊な点を隠しも強調もせず，いつもの厳格さで扱われている。

ミースの方法の厳格さは彼の個性の存在と不可分だろうか？　統計的には答は応であろう。ミースのモデルはアメリカの作品の多くに影響を与えたが，他のデザイナーが，彼の形態と同様に論理的なアプローチも受け入れたのはほんの僅かの場合だけである。

しかしながら，少なくもひとつの場合において，ミースの作品と彼の継承者達のそれとの間の連続性は非常に明らかで，彼の方法の完全な普遍性を暗示している。これはスキッドモア・オウイングス・アンド・メリルによってデザインされたIITの新しい建物，図書館とハーマン・ホールの場合である。ここではこの2つの建物の平面や構造が基本的に前のものと違うから，模倣について云々することは出来ないが，建築理論の連続性について語ることが出来，それは，それまでにミースが磨き上げた規範の正当性と完全性を裏づけている。ハーマン・ホールの建物はクラウン・ホールのそれ，マンハイム劇場の平面から来ているが，ただ柱は内部にあり，屋根の上に鉄板製のガーダーが見えている。内部は

終章

1016図 シカゴ,IITキャンパス,クラウンホールとSOMの新しい建物,遠くに見えるのは市の中心部

異常なディテールの多様性——二次的な部屋の木造の架構といろいろなやり方で扱われているガラス窓——によって賑やかになっており、それは、素晴らしい建築的覆いの中に、それの用途である多様なリクリエーションや文化の機能を秩序正しく容れている。

ヨーロッパでは、ミースの晩年の方法に似た方法で工業生産をコントロールしようとする最も一貫した試み——しかし、アメリカとヨーロッパの建築技術の違いを考えにいれて——がヤコブセン(1971年に没した)によってその晩年の10年間になされた。

1952年のゲントフテ(Gentofte)の学校に見ることが出来るヤコブセンの新しい方向は、1955年以降、最も重要な成果を生んだ。

同じ年、彼はロードヴレ(Rodovre)市庁舎とコペンハーゲンのイェスペルセン・アンド・サン(Jespersen & Son)の事務所、1957年には同じ会社のオネガルドスヴェイ(Ornegardsvej)の一群のテラスハウス、1960年にはコペンハーゲンのSASエア・ターミナル、1956年以後は一連の模範的な工場建築等を建てた。

その頃ヤコブセンは、時には2枚の組積造の壁の間にはさんで、時には、最近のアメリカの摩天楼に影響されたSASの摩天楼におけるように外壁全体にわたって、カーテン・ウォールを用いていた。

伝統的な組積造の建築に対する関係の完全な喪失は、アメリカにおけるように、ここで

V 近代運動

1017, 1018図　コペンハーゲン，ロードヴレ市庁舎（A. ヤコブセン，1955年）

終章

1019図　ロードヴレ市庁舎の階段

V 近代運動

1020, 1021図　A. ヤコブセン，SASのサインと，F. ハンセンによって製造された椅子

のブロンズであり，ロードヴレ市庁舎の端壁の黒い石である。しかし，アメリカ人の作品は建設産業の機械化の進歩の程度と密接な関係があり，それ故，最も進んだ経験とその時の生産との間には絶えず接触があった。他方，ヤコブセンは，手による労働が機械による労働をしのいでいる環境で活躍し，彼は建築デザインを環境それ自身の開発を刺激する手段として利用した。

彼のカーテン・ウォール，パネル化された内壁，ステンレス製の付属品——例えばロードヴレ市庁舎の美しい階段——は職人技術の領域に属する方法でつくられ取りつけられた。それはあたかもヤコブセンが普通のデンマークのレパートリーの個々の部分を用い，アメリカのモデュールによる建物をモデルとして用いながら，あまり研究されつくしていない手っ取り早いいろいろな組み立て方で適用の可能性を拡げることを目ざしていたかのようであった。

この傾向は，当然ながら，すべての計画と施工の習慣を歪め，くつがえした。必然的に，ヤコブセンは種々の技術的難しさとコストの著しい増加に遭遇した。彼はまた，建築の考慮から支持材を捨てようとしたが，それはディテールのようには処理し得なかった。ロードヴレにおいても，イェスペルセンの事務所においても，SASにおいても，鉄筋コンクリートの骨組はカーテン・ウォールに完全に隠され，覆われて建物の内部に入れられ

も，色彩的なコントロールの特別な強化を要求した。このようにして，ヤコブセンの建築は（ミースやバンシャフトのそれのように），1930年代の合理主義の例とは全く違っていた。もはや，白や，原色や，計画的な色調の不調和はなく，くすんだ洗練された色による統一された調和がある。自然の材料の中でさえ，好まれるものは肌目のはっきりしないものであり，人工的なものとより容易に混合するものである——この例はシーグラム・ビル

た。柱は内部で見られるだけで，内部ですら，それらは，コンクリートとは全く違ったプラスチックやその他の材料の円筒形の覆いで特に隠されている。

ヤコブセンは，1世代前のアヴァン・ギャルドの芸術家の立場によく似た立場を占めており，彼はデンマークの同僚のそれとは違った平面上で仕事をし，彼は施主の問題についてある限度以上には自分自身を妥協させることは出来ず（SASについては，ミースとアメリカの会社のそれと似たような関係で専門会社カムザクと協同した），そして彼は非常に個性的なやり方をもち，自分自身のプランは細心の注意をはらって自分でつくった。彼のレパートリーは，例えば彼の字の書き方の好みのように，30年前のアヴァン・ギャルドからの引用を明らかに含んでいる。

これらの難点はあるにしろ，ヤコブセンの試みはヨーロッパにおいて最も生き生きとしており，それは，地方的なものと国際的なものの両方を同時にもつことを目ざし，そして手工業と工業との間の新しい接点を見出すことを目ざしている。彼の方法は，工業デザインの分野で最大の成果をあげ（特にフリッツ・ハンセンのためにデザインされた椅子），一方都市計画のレベルでは限界をもっているように見える。都市計画では，彼の提案は不完全で消極的である（ボッフム≪Bochum≫大学のコンペ案を，バケマとファン・デン・ブロークの案と比較してみればよい）。

3. 都市の変化のコントロール

建物の大規模な集合の計画と管理――あらゆる種類の新地区，新都市，新集落――は，公共団体によって促進されコントロールされる集団的な研究によって初めて可能となる。

集団的な研究だけが，事実，個人研究によってつくり出されたアイディアを引き続いて展開することが出来，活動の他の部門の成果を適時に吸収し得る。さらに，現在の経済的状況の中で，公共団体のみが，産業を，それらの事業費のすべてあるいは一部を占め，近代都市の主要組織を形づくるハウジングと基本的なサーヴィス――学校，病院等――を経済的につくり出す方向に向ける立場にあるのである。

しかし，公的介入は政治的状況による。即ち，都市計画法，土地市場のコントロール，中央及び地方の行政当局の技術的能力等の状況である。これらの状況は国によって異る。ここでは，われわれの分野で最も満足すべき重要な実験を行ったいくつかの国々――即ち，重要さの順でイギリス，オランダ，フランス，アメリカについて考察しよう。

a. イギリス

戦争直後，活発な活動期の後，イギリスの実験は切れ目なくそして休みなく達成された成果を拡大し推敲し続け，今日では，全体として，世界で最も進歩したものとして考えられているに違いない。

ニュー・タウンの計画が始められ，実現されるスピードは，すぐに，新しい都市景観の，かりそめの不完全な性格と，そして多くの場合に，小さ過ぎる密度によって生み出される空虚な感じもまた露わにすることになった。この確認（計画者によってつくり出された新しい雰囲気を描写するのに「サットピア」≪subtopia≫という言葉をつくった「アーキテクチュラル・レヴュー」誌によって一般化された）は，ラスキン，ハワード，ゲデスにおいて重要であった都市と地方の間の対照性を除きはしたが，ランドスケープについての研究の伝統的な方向が合流した，田舎をニュー・タウン計画のスケールで形態的にコントロールするための研究の方向の出発点であった。

V 近代運動

1022図 ローハンプトン地区の平面図 (Bruckmann, Lewis 共著, "New Housing in Great Britain" より)

　都市景観とそれの整備についての関心の復活が実を結ぶのは長い時間を要せず，1950年代を通して，平均のあるいは高密度の最も完全な住区のいくつかが建設され——特にLCCによる1955年のラフバラフ地区 (Loughborough Estate)，ローハンプトン地区 (Roehampton Estate)——そしてまた，クロウリによる，特に素晴らしいものを含む，丹念に考えられ分節されたニュー・タウンの都市センターのいくつかが建設された。

　同時に，都市計画者達はニュー・タウンの中で気がついた欠陥の構造的な原因を勉強し，それらをより広い，より根本的な介入計画によって正すことの必要に気づくようになった。新しいセンターの活気のなさは小さ過ぎることから来たのかも知れない（人口約5万人）。この仮説から出発して，LCCは人口10万のハンプシャーのニュー・タウン，フック (Hook) の計画を行った。プロジェクトは郡会議によって棚上げされたが，なされた仕事は，1冊の本にまとめられ，[16] 未だに現代の都市計画に対する最も重要な貢献のひとつである。

　都市の改造計画の多くに生じた交通問題

終章

——その中の最も重要なもののひとつはウィリアム・ホルフォード（1907〜）のピカデリー・サーカスに対するものである——は1960年に交通省から委任されたC. D. ブキャナンによる報告の中で全般的に扱われており、これは1963年に発表された。[17] この研究は、これまでに自動車交通をまとめるためになされた解決が単に部分的な治療に過ぎないこと、モータリゼーションが道路網と関係をもつ新たな概念の定義につながるに違いなく、それ故に、これまでほとんど未開発な理論的、実際的開発の出発点となることを強調した。

フレデリック・オズボーン卿とアーノルド・ウィティックによる著書『ニュー・タウン』(The New Towns)——戦争以後の20年間における一番大々的で徹底的なイギリスの都市計画の報告書——が同じ1963年に現われた。1962年12月に結論を得た現存のニュー・タウンの最終的なサイズについての計画がこの本の中で記されている。それらの数字のほとんどすべては5万をはるかに越えている。スティーヴネイジ (Stevenage)、ヘメル・ヘンプステッド (Hemel Hempsted)、ハーロウ (Harlow) については8万、バジルドン(Ba-

445

V 近代運動

1023〜1028図 ローハンプトン地区の様子と典型的な建物

1. 居間
2. 台所
3. 寝室
4. バルコニー

1. 廊下
2. 入口
3. 台所
4. 居間
5. バルコニー
6. 寝室
7, 8. サーヴィス

sildon) に対しては10万6000である。この新しいサイズは，住居地域と特に都市センターについての新しい建築的パターンを要求した。ニュー・カンバーノルド (New Cumbernauld) の計画者，ヒュー・ウイルソンは丘の頂きに，ひとつの大きな建物の形——全都市のスカイラインのクライマックス——をもつ車と歩行者のレベルを分けたコンパクトな商業，管理センターを計画した。現在，このセンターはほとんど完成され，異例の建築実験として評価され得ている。しかし，都市センターからの距離に従って住居地域の中に再びヒエラルキーが生じ，工業地域が，伝統的な都市組織におけるように，都市の外の郊

終章

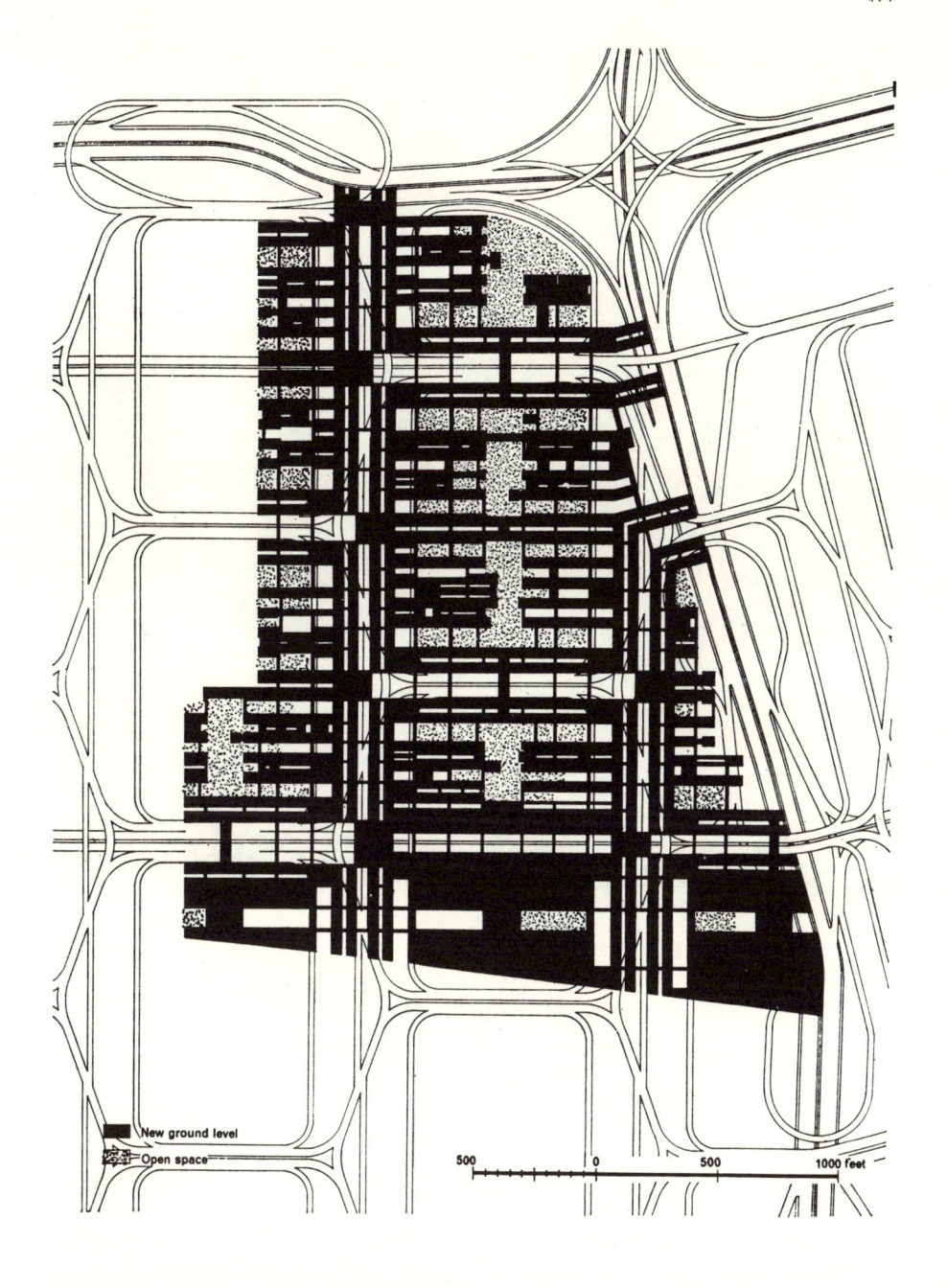

New ground level
Open space

1029図 ブキャナン報告に示された図：黒い部分は建物の基盤となる人工土地でその下を交通路が自由に通っている。

V 近代運動

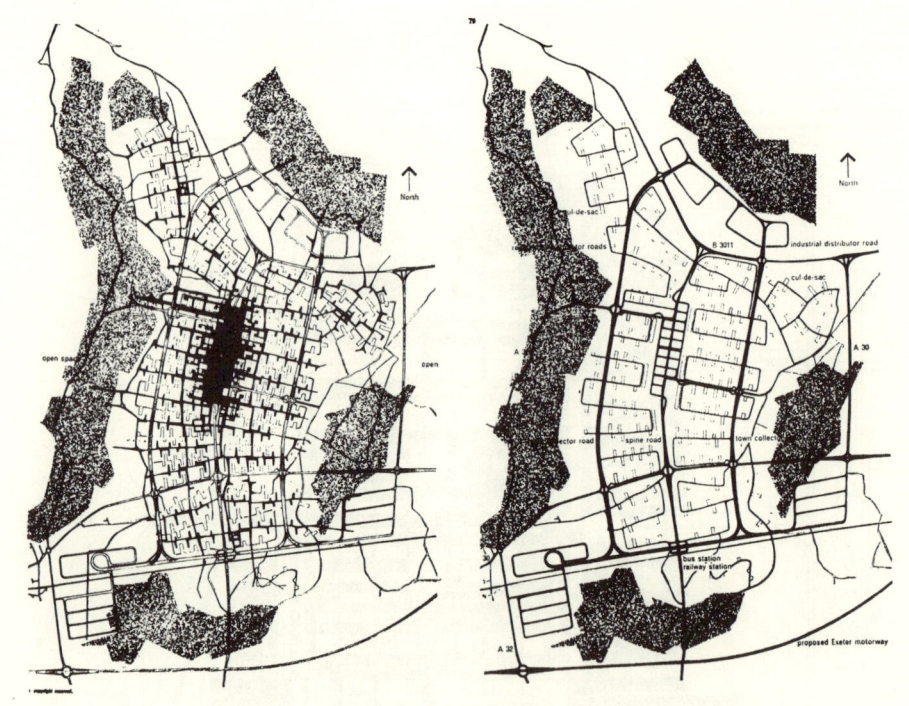

1030, 1031図 フック・ニュータウンの歩道と車道のネットワーク（1960年）

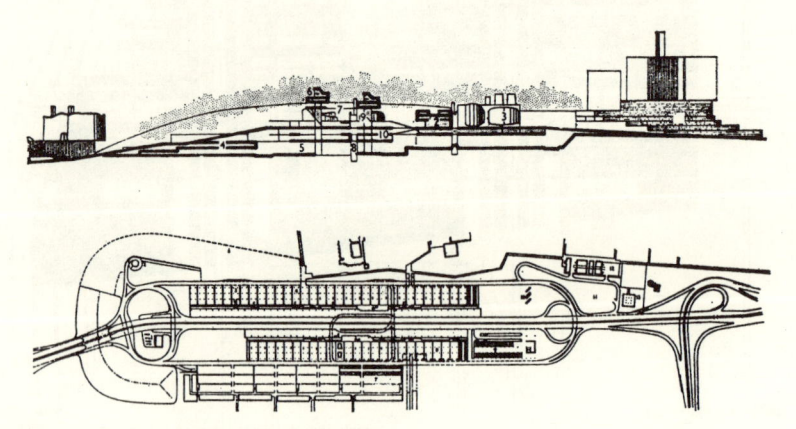

1032, 1033図 カンバーノルドの商業センターの断面と平面
1. 自動車道，2. ホテル，3. 行政センター，4. 事務所，5. 駐車場，6. 住宅，7. 託児所，8. サーヴィス部，9. 医療センター，10. 商店

外となったということは非常に重要である。ごく最近計画されたニュー・タウンのいくつかにおいて，住居地域と工業地域との間によ り密接な関係を見出そうとする試みがなされている。多分，最も興味深いものは，アーサー・リングによる，リヴァプールの近くのラ

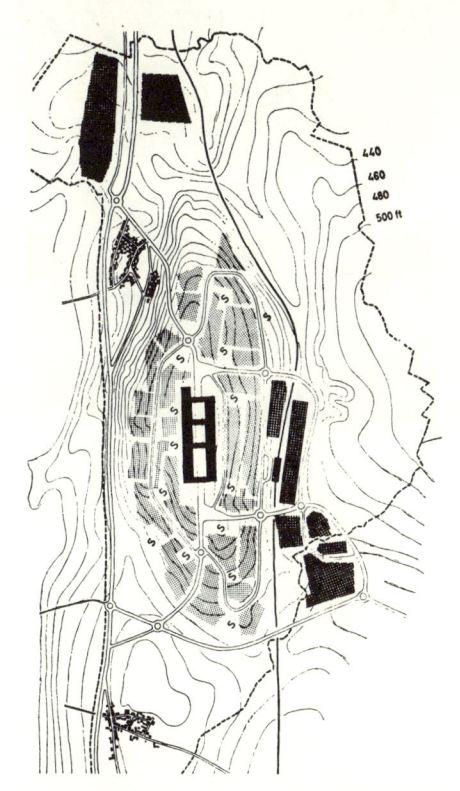

終章

1035, 1036図 シェフィールドのパーク・ヒルとハイド・パーク地区の全景と平面図（J. L. ウマーズレーと市建築局, 1955～1965年）

1034図 カンバーノルド・ニュータウンの平面図。点々の部分は住居地域、格子線部は工業地域、黒い部分は商業センター、S字は学校を示す。

ンコーン（Runcorn）の計画（人口9万）である。そこでは、工業地域は、都市の周囲に、生活と労働の施設の結びつきが同じやり方で計画され得るように連続した帯を形成している。

しかし、いくつかの新しい社会的、経済的プログラムは、既にニュー・タウンに対してより大きな大きさを提案しており、それは都市計画家や建築家にとってもうひとつの挑戦である。1964年の、ロンドンの南西地域のプログラムはサザンプトンの近くの人口25万の

449

V 近代運動

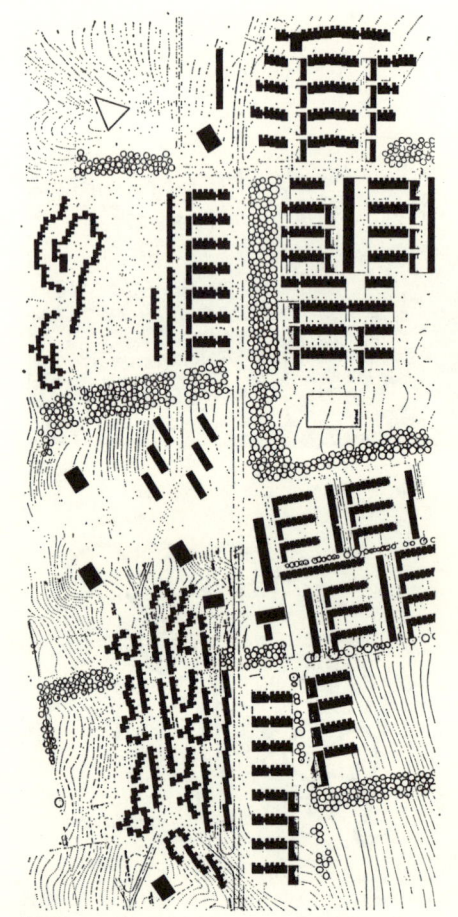

1037図　カンバーノルド・ニュータウンの一連の住区の平面図

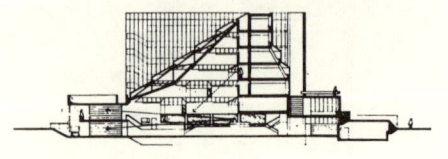

1038〜1040図　J. スターリング，ケンブリッジ大学の歴史学科の断面と写真（1968年完成）

　ニュー・タウン，ニューバリー（Newbury）とブレッチレイ（Bletchley）の近くの人口15万の2つのニュー・タウンを含んでいる。そうこうする中に，理論的に体系化されたニュー・タウンの実験は，世界中に適用し得る，そしていろいろな大きさで採用し得るモデルとなった。イギリスとアメリカのコンサルタント事務所がさらに大きな世界のすべての場所にニュー・タウンを計画した。例えば，ヴェネゼラのマラカイボの近くのエル・タブラゾ（el Tablazo）のような現存都市を33万都市に，カラカスの近くのツーイ・メディオ（Tuy Medio）を40万都市に拡張する計画等である。

　これらの計画は机上のものであり，まだ地上で確かめられていない。建設者や都市計画

家は，これらの新しい大きさを支配するのに適した集団研究の形をつくり出すことを知っているのだろうか？

都市計画と建築との間の関係の持続は，これまでにイギリスの建築の方向を変え，それらの秀れた作品に，ドライで簡略で時には攻撃的な性格を与えてきており，それは数年前（美的な視点から）「ブルータリズム」[18]という言葉でいい表わされた。何人かの建築家——アリソン（1928～）とピーター・スミッソン（1923～），J. スターリング，D. ラズダン——の作品は，世界の建築にとって重要な参考例であったが，これまでにイギリスの都市計画によって強固にされた枠の中でのみ充分理解し得るものである。

b.　オランダ

オランダは近代的な傾向が最も難なく公共団体の活動の中に吸収された国——ベルラーヘ，オウト，ドゥドック，ファン・エーステレンらを考えてみればよい——であり，これらの傾向が最も連続的に，技術の上であらゆる影響を与えながら展開された国である。

アムステルダムの開発計画は，1928年，ファン・エーステレンのグループによって始められたが，それは今日まで一貫して実施されてきた。1935年の計画で輪郭を決められた西への拡張による新しい地区は，今日，素晴らしい現実となっており，40年前の研究の状態に固有限界はあるにしても，都市開発における前進的姿勢から得られる利益の説得力ある証明となっている。どの地区も特殊なやり方ではデザインされていないが，建設の全体的な調子は，ヨーロッパ一般のものより高く，いくつかのオープンスペース——その周辺にリクリエーション施設群をもつスローテルプラス湖，この20年間に零からつくり出されたほとんど1000ヘクタールに及ぶ森林——は公的介入の系統だったやり方と，技術者から植物学者，児童問題専門家等多くの専門家の協働で実現され得る新しいランドスケープの最も学ぶべき例である。

しかし，それが大分前に近代化されたというまさしくその理由で，オランダの計画は，もはや建築の研究の最近の発展を容易に吸収する立場になかった。オランダの公共団体は，常に進歩的な建築家の仕事を継続して用いたがってきた。しかし，イギリスでは，それらの建築家の最も前衛的な実験が歓迎されたのに対して，オランダでは，少なくも15年は，最も進歩的な提案は民間のアトリエでなされ，公共的行政体の活動にはほんの一部しか影響を与えなかった。

これらのものの中で目立つのは，アルド・ス・ファン・アイク——アムステルダムにおける素晴らしい学校（1958年）とナゲーレの学校と運動場のための計画モデルの設計者——のアトリエと，特に戦前活発な実験を行ってきたバケマとファン・デン・ブロークのアトリエである。

ファン・デン・ブロークは，ファン・デル・フルークトの没した1937年，ブリンクマンと提携し，1948年には自分よりも若いバケマと一緒になった。このようにして，新しいアトリエは，1930年代において重要であったと目されるブリンクマンやファン・デル・フルークトの経験に直接に結びついていたのである。ル・コルビュジエによって単一の建築イメージに置き換えられた「ユニテ・ダビタシオン」のアイディアは，他方，住居がその周辺に引き寄せられるアメニティ施設と関係をもち，ユニットの大きさと数はそれに依存する。この2人のオランダ人は，このヴォリュウムの全体を種々のブロック——テラス・ハウス，3階から4階建ての集合住宅，高層住宅——に分け，（既に分けられている）最も単純なユニットを，その大きさに適合したサーヴィス施設によってそれぞれ統合された，

451

V 近代運動

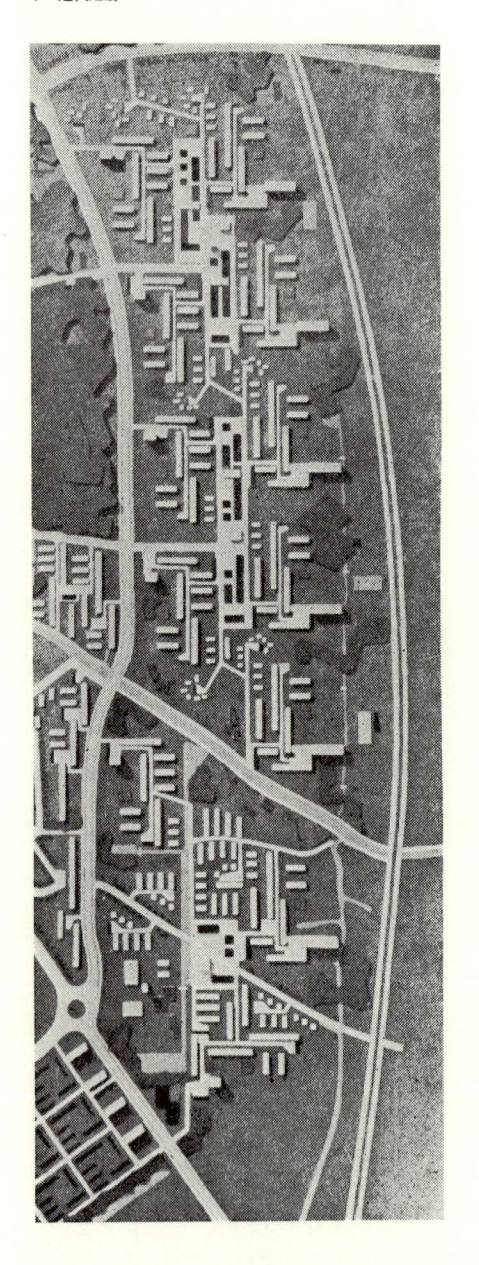

1041図 ロイヴァルデン・ノールドの平面造型（バケマとファン・デン・ブローク，1959〜1962年）

1042図　既に建設されているアムステルダムの西部周辺地区（"Urbanistica" 誌より）

V　近代運動

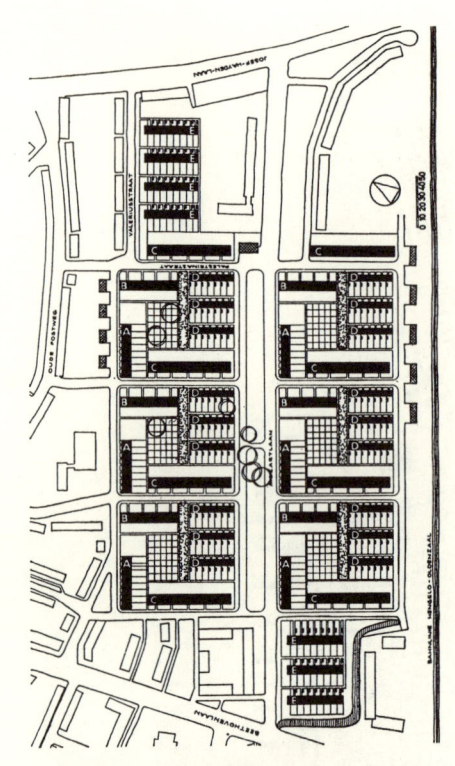

A．大集合住宅，B．4階建ての線型住宅，C．3階建ての線型住宅，D．小集合住宅，E．大テラスハウス

1043図　ヘンゲロ，バケマとファン・デン・ブロークによるクライン・ドリェーネ地区（1956～1958年）

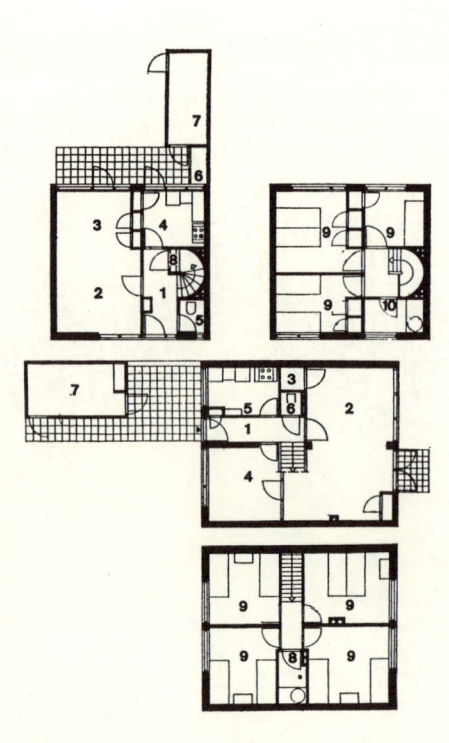

1．入口，2～7．デイ・ルーム，8．階段，9．ベッドルーム

1044図　ヘンゲロのEとDの基準平面

より複雑なグループへと集合させることを行った。

　その最も単純なユニットへと分ける分節化は，形態的な変化――バケマとファン・デン・ブロークは「ヴィジュアル・グループ」という言葉を用いた――に対する必要，そして，この集合の最も最低のレベルで，庭のあるなし，内部の交通という制約のあるなし等いろいろな生活の仕方に応じた，種々の段階の選択を提供する必要から生まれたものである。

　より単純化されたユニットを集合することは，造形のシステムや社会的選択についてのより大きなそして有益な複雑さを生じさせ，それ故，地区についての研究は，次第に都市，そして周囲の地方の研究へとつながっていった。

　その2人の計画者は，オプボウがロッテルダムの近くのペンドレヒト（Pendrecht）地区の研究を始めた1949年，この方法の開発を開始し，1953年，エザンプロヴァンスでのCIAMで，それについて論じた。その後，これらの規準を使って，アレクサンダーポルダー（Alexanderpolder）の計画（1953～1956年），ロイヴァルデン（Leeuwarden）の開発（1956～1962年，1041図），ノールド・ケンネメルランド（Noord Kennemerland）

終章

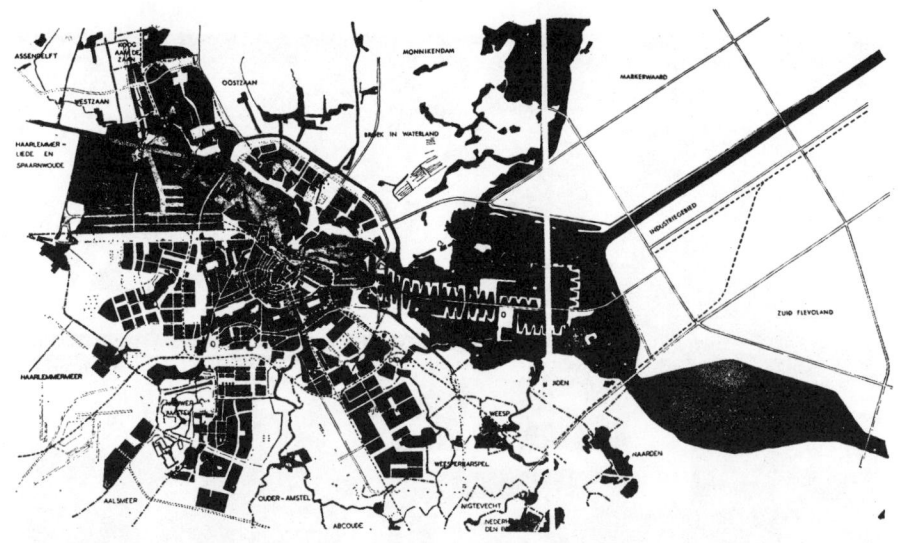

1045図　1965年にバケマとファン・デン・ブロークによって計画されたアイ湖の中に線状に拡張したアムステルダムの平面図

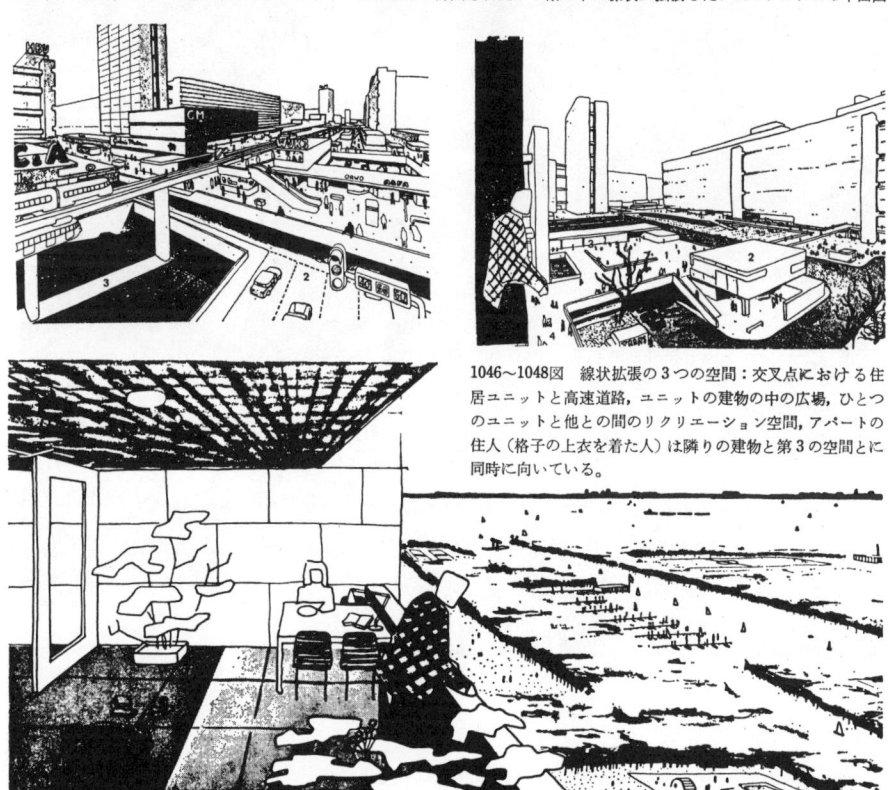

1046～1048図　線状拡張の3つの空間：交叉点における住居ユニットと高速道路，ユニットの建物の中の広場，ひとつのユニットと他との間のリクリエーション空間，アパートの住人（格子の上衣を着た人）は隣りの建物と第3の空間とに同時に向いている。

V 近代運動

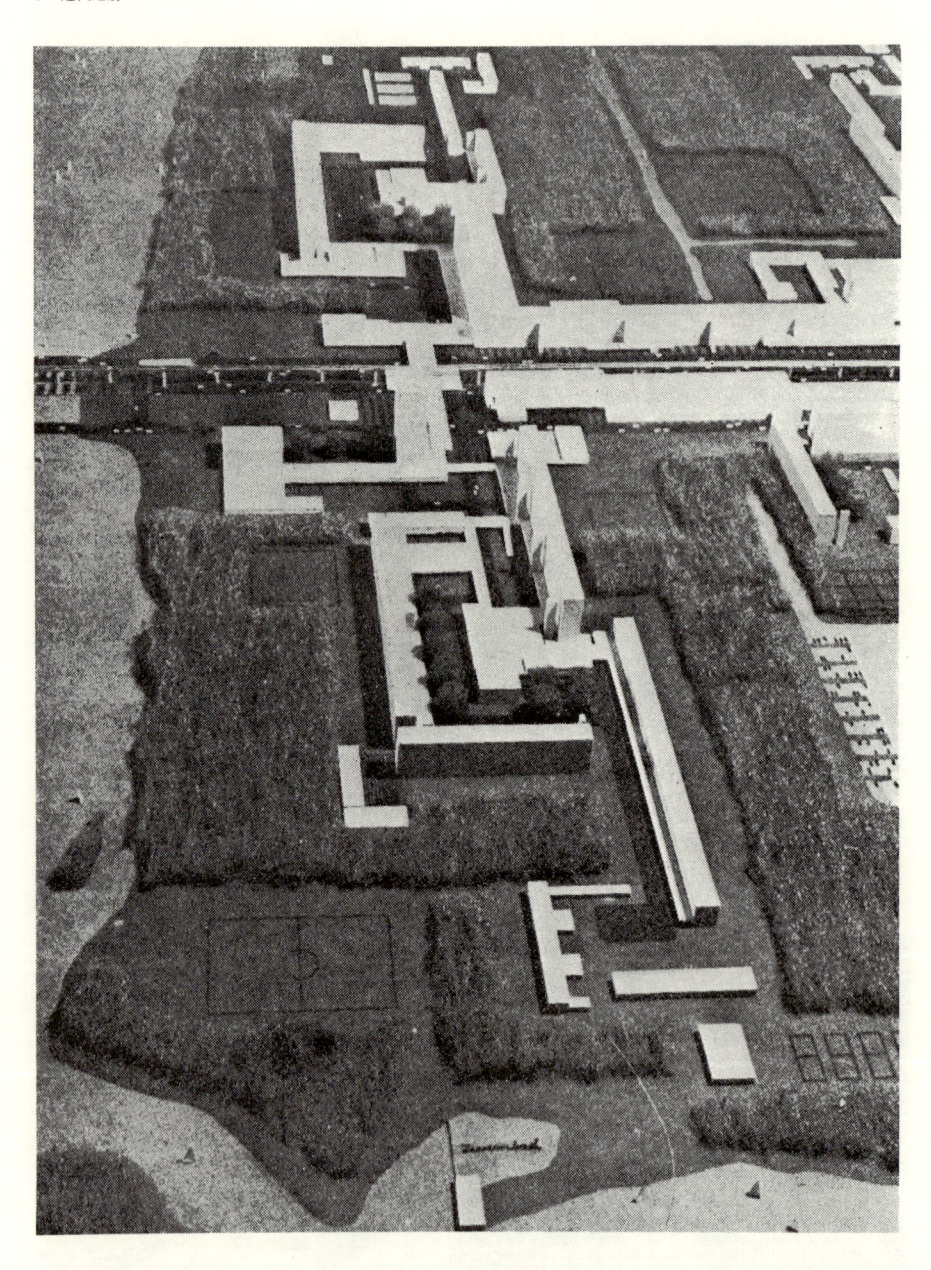

1049図　住居ユニットの模形

終章

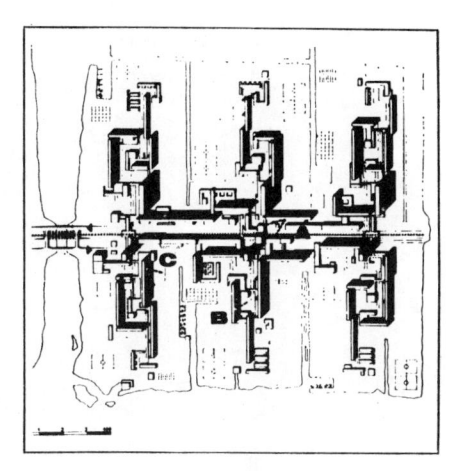

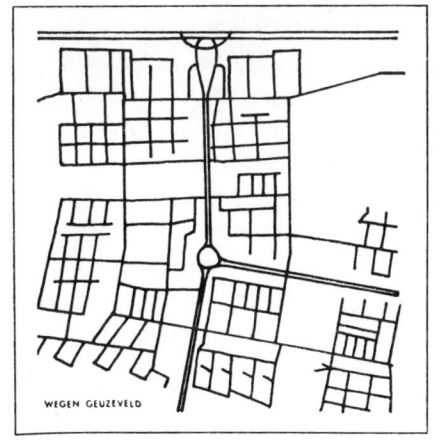

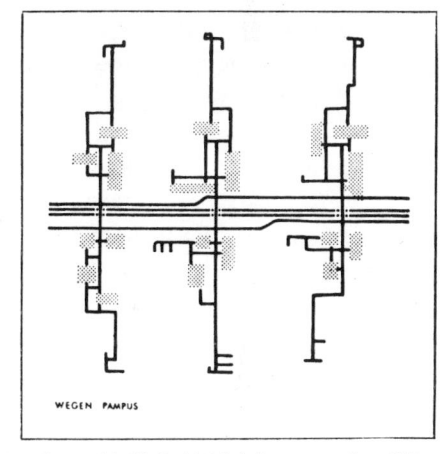

1050〜1053図 3万人の人口をもつ伝統的な住区（ゴイツェフェルド）と、それぞれ1万人を収容するユニット群との比較。上は建物，下は道路網

の地域計画（1957〜1959年），ドイツのニュー・タウン，ヴルフェン（Wurfen）のコンペ案，アムステルダムの線状拡張計画（1966年）等の計画を行った。しかし唯一の実現した計画は，ヘンゲロの小さなクライン・ドリェーネ（Klein Driene）地区の計画だけであった（1956〜1958年，1043〜1044図）。

現在までにおいて，アムステルダム計画（1045図）は，この長い研究の最も重要な成果であった。この都市はこの30年間に計画実施地区によってすっかり取り囲まれ，外に向かって市街化地区を拡げる機会がなかった。それ故バケマとファン・デン・ブロークは，周辺部の最後の残された地区，市東部のアイ湖を占領する提案をし，アイ湖の中のいくつかの島の上に，35万の人口のための線上の施設をつくり，それはそれぞれ1万人の人口の35のユニットに分かれ，高速鉄道，ハイウェイ，モノレールで都心，及び東部のポルダー（干拓地）へと接続される。個々のユニット

457

1054図 デルフト大学の大講堂（バケマとファン・デン・ブローク，1967年）

は，高密度，中密度，低密度の建物をもち外部へと向かう交通路で段階的に配置されている。すべての住宅は，学校や商店をもつユニット内のオープンスペースと，水や森林や運動場等をもつ隣りのユニットとの間のオープンスペースの両方に直接面する（1046～1048図）。それ故，これやあれのタイプの間の違いは，技術的な違いだけであって，それらは，収入や社会的地位の違いからくる社会的，経済的差異ではなく，家族の便宜に従って自由に選択することが出来る。

ユニットのくり返しからなるこの新しい住居システムと，多様なデザインを基とした古いものとの対照性は重要である（1050～1053図）。道路網は単純化され，単一のディテールがくり返されている——即ち，生活条件を等しくしている——が，全体の構成に無限の変化を与えている。即ち，この自然な構成の中には人間的なランドスケープがある。古いシステム——それまで公共団体によって受け入れられていた——から外国で研究された新しい計画への接続に必要な手続きを解決することが残っているが，この場合，2つは並置されたままで，合成されていない。

その間，バケマとファン・デン・ブロークは，小さなものでこの新しいランドスケープをくり返し示し，いろいろな建物を実現したが，そこではネオ・プラスティズムの成果やオランダのアヴァン・ギャルドの生き生きとした経験のそれが用いられ成熟したバランスのとれた計画をつくり出している。既にあげたラインバーンやモンテッソリの学校の他に，いくつかの独立住宅，ベルリンのハンザ地区の高層棟（1957～1960年），ブリーレ（Brielle）の学校（1955～1957年），ヒルフェルスムの放送局（1956～1961年），今なお建設中の，ウエストファリアのマール（Marl）市庁舎等がある。

この2人の建築家は，1959年にオッテルロで行われた最後の CIAM を分解させるのに重要な役割もはたした。その直後，彼らは公共団体の活動を方向づけることに共通の関心をもつヨーロッパの都市計画家のグループ，「チームⅩ」の設立をはかった。バケマとファン・デン・ブロークの他に，キャンディリス，ジョジック，ウッズとアリソンとピーター・スミッソン，ラルフ・アースキン，ステファン・ワルウェカらがメンバーとなっている。

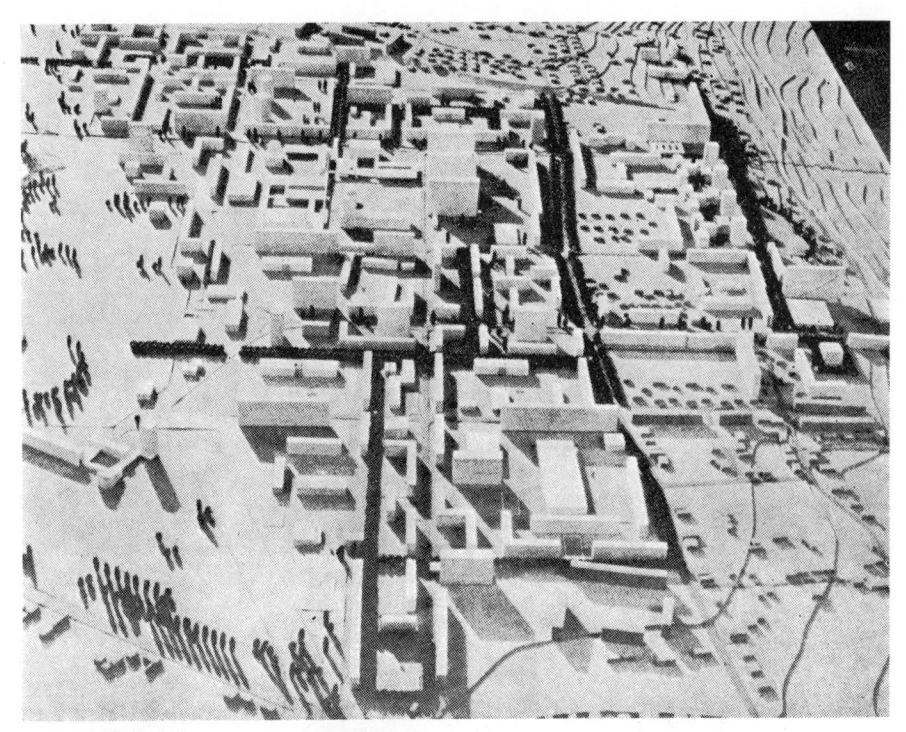

1055図 マッシー-アントニの「大集合」(grand ensemble) の模形 (P. スーレルと J. ドゥティイルール)

c. フランス

　近来非常な関心をよんだフランスの各事業は，新たな立法によって可能となった。1954年，それまでのすべての法規を1つの法律に集成した「都市・住宅法」(Code de l'urbanisme et de l'habitation) が通過し，1957年には，地域計画の作製を公的にする法案が通過し，1958年と1962年の2段階にわたって，「優先都市化ゾーン」(zons à urbaniser en priorité, ZUP) のリストが発表され，そこに，建物に対する国庫補助資金が集中されることになった。

　これらの新しい住区についての興味は，それのかつてない規模にあり——普通は3万から4万の人口だが，トゥールーズ・ル・ミレーュ (Toulouse-le-Mirail) のZUPは10万に達し，パリの近くのオルネイ・スー・ボア (Aulnay-sous-Bois) のそれは7万で，一方，センターは，4つの周辺の自治体の2万5000の人口にもサーヴィスする——そして大規模に採用された完全なプレファブ化のプロセス（それは，単純で簡単な配置構成が好まれるもうひとつの理由であるが）にある。この特徴の背後に古いフランスの伝統を認めることは容易だが，ル・コルビュジエの新しい都市のスケールとコンクリートの使用についての教訓もまた認めることが出来る。

　しかしながら，これらのプラスの点の評価といっしょに，その「大集合」(grand ensembles) と既存都市との統合の欠如——即ち，周辺地域に対して加えられたこの新しいストレスの重要性に比例した都市計画的枠

V 近代運動

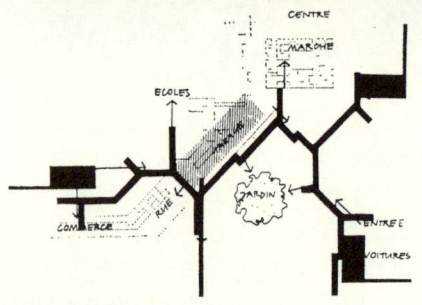

1056〜1058図 トゥールーズ–ル–ミレーユ地区（キャンディリス，ジョジック，ウッズ，1961〜1966年）。住宅とサーヴィスとの間の関係と地上の歩行者道のネットワークの図示

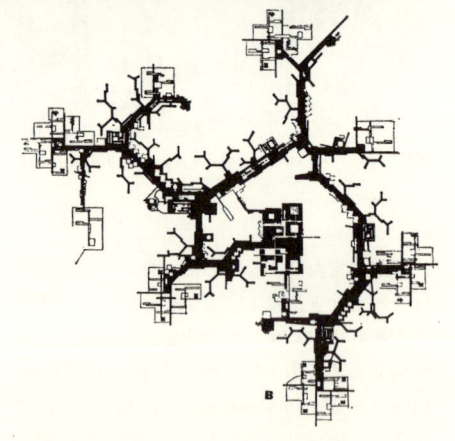

組の不足——と既にイギリスやオランダの実験を凌駕している普通の型の建物の大規模なくり返しについての深刻な但し書きをもち出さなければならない。

　都市計画的枠組の欠如は，制度と計画の具体的立案によって改善され得るが，それも今日，フランスの政治の矛盾によって危険にさらされている。しかしながら，建物型の研究は建築産業に徹底している傾向に関係がある

ようである。建築産業は国の補助によって需要の増加を保証され，建設方法の改善は推進しているが，住居の質的な性格に関して公共団体から適当な指示がないままに，あらゆる場合に応用し得るような，最も普通の平面計画を続けてきているのである。

　今日，この失敗は計画者達の個人的な能力によって，即ち公共よりも民間の領域で続けられている研究によってのみ修正することが

終章

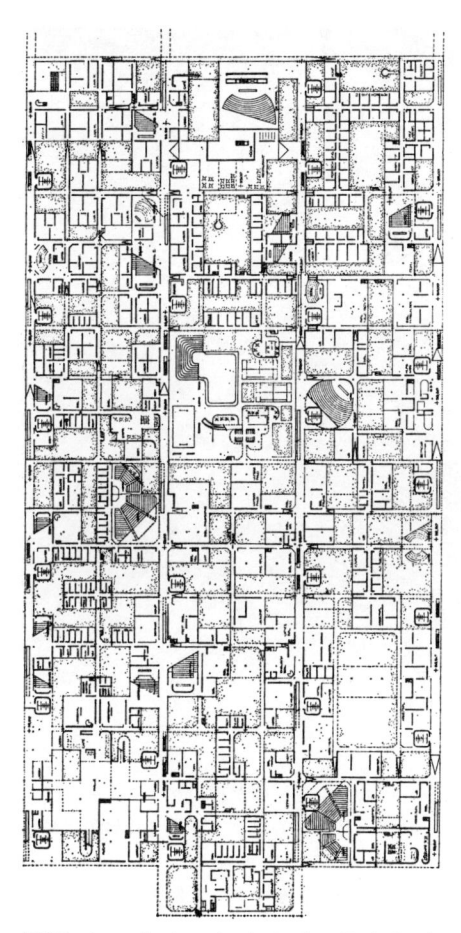

1059図　キャンディリス, ジョジック, ウッズのベルリン大学案（"Bauwelt" から）

出来る。この方向で最も多くの仕事をしたアトリエは, 既にあげたキャンディリス, ジョジック, ウッズの協同のアトリエである。彼らの主な作品の中には, アフリカにおける地区〔カサブランカの中部カリエール (Carrières), オランのブーレ・ミロショー (Burre Mirauchaux, 1954年), アルジェリアの半田園的建物のコンペ案（1960年), チャドのフォール・ラミー (Fort Lamy, 1962年)〕や, フランスの地区〔バニョール・シュル・セーズ (Bagnoles-sur-Cèze, 1956～1960年), トゥールーズ・ル・ミレーユ, 1961～1966年, 1056～1058図)〕, ボッフム大学計画 (1962年), ベルリン大学計画 (1963年, 1059図) がある。水平に集合化された住居についての理論的, 実際的研究は, 現代の住区やセンターに適用可能であることがわかり, ここから 1962年のベルヴィーユ (Belleville) の冬の観光センターの計画（シャロッテ・ペリアン, ジャン・プルーヴェ, 進来廉の協働による）と最近のラングドック海岸の都市化の計画等が生まれている。

キャンディリス, ジョジック, ウッズによってデザインされた地区において, 平面と構造についての研究はうまくバランスしており, プルーヴェとの協働は多くの場合有効であった〔ブラン・メズニル (Blanc Mesnil) 地区, 1956年〕。まだひとつ未解決の問題は, 公的介入の技術的及び行政的メカニズムの2面の研究である。キャンディリス, ジョジック, ウッズの実験は, ル・コルビュジエのそれと違って, 公共団体の事業に容易に溶け込み易いようなやり方で既に歪められている。しかし, 老いた巨匠をフランスのマス・プロダクションから閉め出した障害が, 大きな範囲で, その以前の弟子にも及んでいる。ル・ミレーユ地区は新しい計画法の利点を最もはっきり証明することになる筈であったが, 部分的に, しかも手当り次第に不完全に実現されただけであった。しかし計画者の「忍耐強い研究」は今なお続けられ, 未来においてはさらによい機会にめぐり合うかも知れない。

d.　アメリカ

既に述べたように, アメリカの実験の主たる難しさは, ジェファーソンの格子状方式に基づいた以前の柔軟性が, もともとの構造に原因をもつ変化の結果として, ことさら堅いものとなった伝統的な都市構造の危機と関係

461

V　近代運動

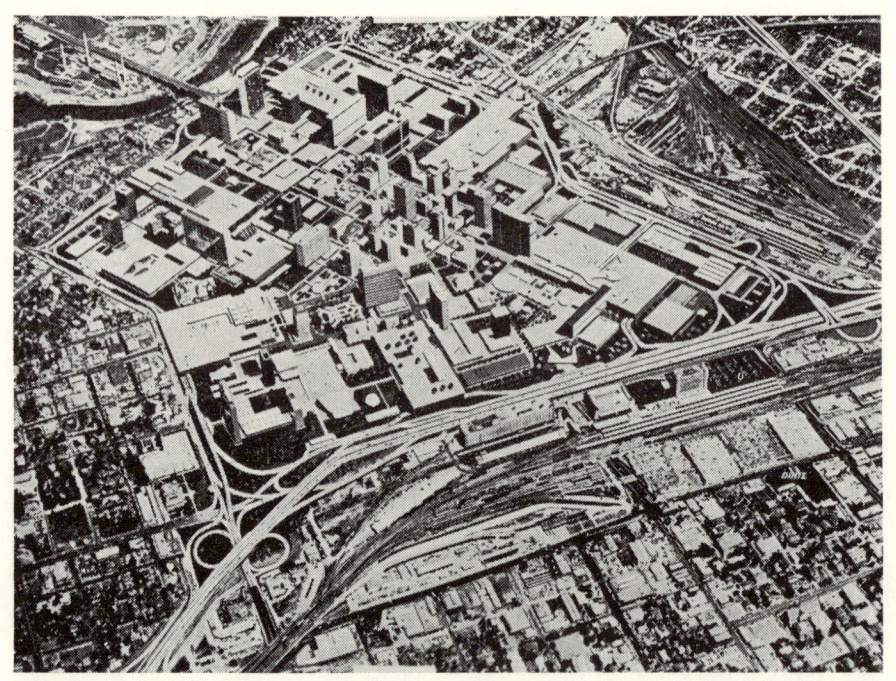

1060図　フォート・ワース，新都市センター計画（V. グルエン事務所，1954年）

がある。

　格子状方式の柔軟性と自動作用は，これまで公的介入による調整を比較的不必要にし，個々の区画の活動を他と無関係にしてきた。この構造の危機は，われわれがヨーロッパ諸国に関して語った質的，量的要求によって新たな都市計画の問題を提出した。

　しばしばアメリカではそうであるように，都市開発の伝統的なメカニズムに対する代替案である新しい提案は，最初個人によって——設計事務所，産業，協会などによって——定式化され，後になって初めて公共団体によって取り上げられた。これらの中で最も重要なのは，

　a）「ダウン・タウン」の再建の研究。それの第1の例は，テキサスのフォート・ワースのセンターのためのヴィクター・グルエン（1903〜）による計画（1954年）である（1060図）。グルエンは，パーキング場をある地区に集中させ，社会生活に必要な歩行者空間を新しく商業建築のまわりに回復することによってネットワークのある部分を徐々に自動車交通から解放することを提案した。

　この計画の論理は，郊外住宅地のためのショッピング・センターを開発し，それらを商業・リクリエーション活動の複合センターへと変えようとしたものに似ていた。より最近の計画の中で特筆すべきは，カリフォルニアのサン・マテオのためのもの（W. ベルトン事務所），ウィスコンシンのミルオーキーのためのもの（J. グラハム事務所），ニューヨークのナッソウ郡のた

終章

1061図 シカゴ, レイク・メドウズ地区の平面図（左上方が学校, 右の下がショッピングセンター, SOM, 1950〜1960年）

めのもの（I. M. ペイ事務所），ホテルとオフィス棟を含むオレゴンのポートランドに建設中のロイド・センター（Lloyd Center）[19]（J. グラハム事務所）等である。

b) 大きな都市の中で大きなグリーン・スペースに，多層の集合住宅のかたちで建設された住区。これらの中で最も目立つのは，ミースによるデトロイトのラファイエット・パーク（Lafayette Park）であり，スキッドモア・オウイングス・アンド・メリルによるシカゴのレイク・メドウズ（Lake Meadows）（1061図）である。

似たようなヨーロッパの住区と比較すると，これらはずっと低い密度で，大きなオープンスペースをもち，当時，依然高価ではあったが独立住宅の広く広がる郊外に充分代り得るものとなっていた。

c) 大都市のセンターの変更計画。時代的に最初のものは，1942年に市の計画委員会によって始められ，E. N. ベーコンによって進められたフィラデルフィアのそれである。

この計画は，1947年の展示会などによって発表されたが，1960年になって初めて，具体的な開発計画の形をとった。これらの都市計画は，アメリカでは長い間計画だけに終わる傾向があったが，最近の5年間に，当局や世論の側に，これらの問題についての意識が増大した。それは1960年の民主党の政権の到来や，1959年MITとハー

463

V 近代運動

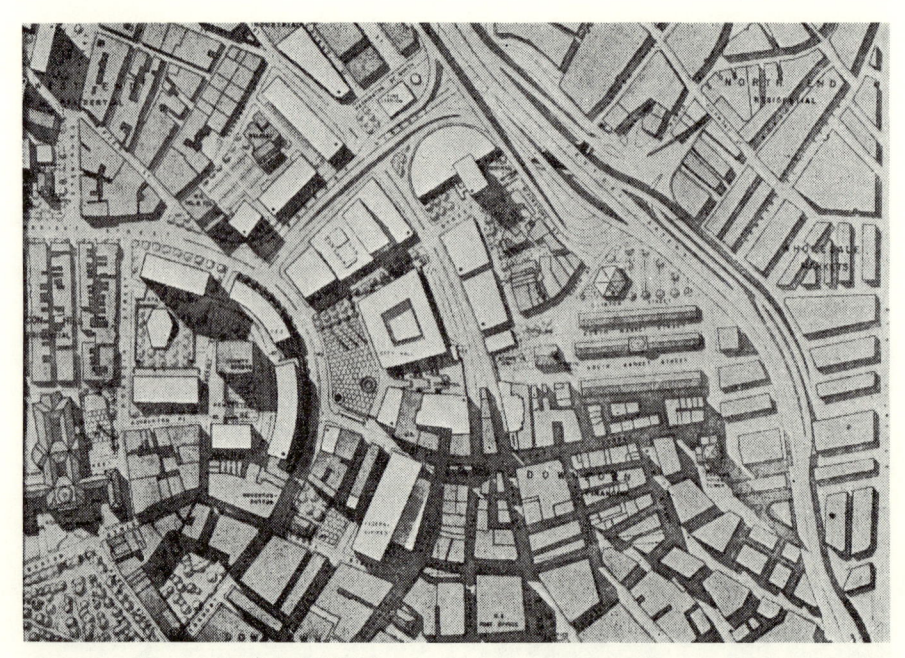

1062図 ボストン新センター（"Casabella"誌から）

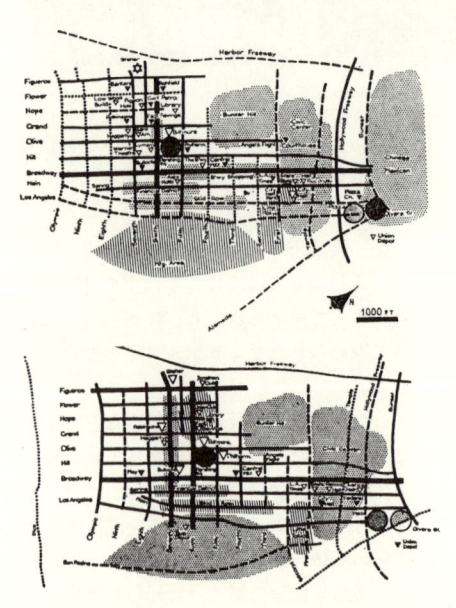

1063, 1064図 口頭のインタヴューと略図から得たロスアンジェルスの2図（K. Lynch 著，"The Image of the City"——1960年——から）

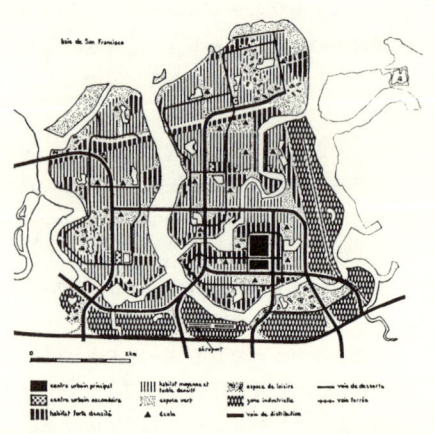

1065図 レッドウッド・ショアズのニュータウンの平面図

ヴァードに設立された連合都市研究センター (Joint Center for Urban Studies) によって主として促進された理論的研究の著しい進展に関係があった。1958年以降, ボストンの都市計画局のためにアダムズ, ハワード, クリーンリーの3人によってつくられた, ガヴァーンメント・センター計画 (Government Center Project) が誕生したのはこの状況下であった。この事業は, 計画の質と同様に, 都市体系の主導的要素である行政体の要求に基づいている故に重要である。1962年, 新しい市庁舎のコンペティションが行われ, 非常に個性的ではあるが周囲の空間に完全に一体化されている案を出したG. M. カルマン, N. M. マッキネル, E. F. ノウルズの3人の案が入賞した(1062図)。[20]

フィラデルフィアとボストンでは, 交通の分離と都市空間の三次元的組織化に関わる考慮が大都市のスケールに拡大された。近い将来において他の似たような実験がアメリカに生まれることは確かである。

d) 民間企業によるビジネスとして計画されたニュー・タウン――フォスター・シティ (Foster City), レッドウッド・ショアズ (Redwood Shores) (1065図), ヴァレンチア (Valencia), コロンビア (Columbia)。マスター・プランと実施計画もまた民間の事務所(ヴァレンチアにはグルエン事務所, レッドウッド・ショアズには建築家の連合組織)によって作製され, 当局によって認可された。伝統的な都市の大きさに比べるとこれらは小さな限られた実験で, イギリスやヨーロッパ諸国や, 第三世界におけるようには, 都市化全体のバランスを変えなかった。これらニュー・タウンは, 北アメリカの伝統的な郊外のパターンを避けようとしているが故に, 普通の住区とは異っていた。ありきたりの均一なグリッドの代りに, 車と歩行者の二重の道路網, 新しいハウジングのパターン――例えば, 独立住宅の無限のくり返しの代りに近隣住区の形に集められたテラスハウス群――そして住居地域と共に計画された商業, リクリエーション施設等がそこにはあった。

現在の問題は, 民間企業によって支配されないひとつの全体的過程として都市・地方計画を考えるという点を学ぶことである。この点においては, アメリカはヨーロッパにはるかにおくれているが, 現在進歩しつつある。1967年, 新しいハウジングと都市開発の部局が設立された。コロンビアやハーヴァードのような主要な大学が, 国土の状況を問題として取り上げ, 都市及び地方の全体計画を研究し, 政府を刺激した。公害の危険に対する強い世論の反発が, 恐らく近い将来に, 都市化と環境全体に対する公的なコントロールの新しい有効なシステムをつくりあげることを強いるだろう。

ここに列挙された実験は, 今日, 未来に対してのインスピレーションに満ちているように思われる。しかし, いくつかは確かに刺激的だが, すべては, ある程度, われわれの時代の矛盾をはらんでおり, どれも完全なモデルでない。

近代運動の理想は, リップマンによって指摘されたよき社会のそれのように, 「完全というには程遠く, それを語るにわれわれは最上級を使ってはならない。それらは世界中の理想だが, 最善なものを期待させない。全く反対に, それらは, 寿命のある有限な, 多様で矛盾する人間の中で可能な最善でしかない。」[21] 近代建築は完全な世界を約束しないし, それ自身, 歴史的予言の実現でもない。それは希望に満ちた試みであるが, 無条件の成功は保証されていない。

V 近代運動

1066図 シャンディガール,州都の建築

　近い将来に,都市は確かに過去において生じたもの以上に大きく急速な変化を受けるだろう。恐らく,これまで実験された方法は,これまでの場合と同様,いろいろな出来事を伴うこと,そしてわれわれの環境の分裂の過程を覆えすことを可能にするだろう。他方,得られた成果は,これまでに達せられた限られた範囲の変化によっているのかも知れないこと,そしてその試みは新しいスケールには役立たない運命にあるということもあり得るのである。そのような場合,問題となるのはある特殊な傾向の運命ではなく,ヨーロッパの芸術的伝統の継続であり,それは,近代運動によって,古い社会的,経済的,生産的組織のすべてを失うまでに,改善されてきた。これをなすことによって,第1次大戦期の巨匠達は,ある意味で,彼らの帰りの船を焼き,以前の立場への復帰を不自然にしたばかりでなく不可能にした。もし,この文化的遺産がそれ自身を近代世界の次元に適合させる

ことが出来なければ，それは，真に，過去との関係の断絶を意味するだろう。

それ故，もし近代運動がより大きくならなければならないとすれば，これまでよりもはるかに徹底的に大きくならなければならない。そうでなければ事は初めから完全に異った意図で始め直さなければならないだろう。このディレンマの重さを理解することは，確かに，近代建築家に心の安らぎを与えるのには役立たないが，特定の目的に対して義務を課し希望を投げかけるのである。

---

1) この講演は2か所に収録されている。1つは"Scope of Total Architecture"——ニューヨーク，1955年——の76頁であり，もう1つは"Architectural Forum"誌，1952年5月号，111頁である。引用の最初の部分は前者から，残りは後者からのものである。
2) 前掲書114頁
3) 前掲書114頁
4) B. L. Pickens………前掲書115頁
5) E. Pickering………前掲書117頁
6) "L'Architettura"誌，1965年12月号，494頁に引用されている。
7) "Casabella"誌，226号（1959年）の8頁に引用されている。
8) 第20章の注16を参照
9) 作品集1952～1957年の8頁（1956年9月21日に書かれたもの）
10) 前掲作品集347頁
11) "Casabella"誌，258号（1961年）の5頁に引用されている。
12) 前誌16頁
13) 一部は丹下の計画に影響され，一部は同じ理由で，東京その他で似たような提案が黒川，阿久井と野沢，メタボリスト・グループらによってなされた。だが，それらのどれも丹下の計画のような系統立った性格をもたず，実際にそれらは，カーンのフィラデルフィアのセンター計画やイタリア，ドイツ，フランスなどのあるプロジェクト等の国際的な流行にむしろ結びつけられるべきものであった。"L'Architecture d'Aujourd'hui" 115号（1964年）参照。
14) A. Epstein & Sons, C. F. Murphy Ass. Schmidt, Garden & Erikson らとの協働による。
15) Farkas & Barron の協働による。
16) "The Planning of a New Town. Data and Design based on a Study for a New Town of 100,000 at Hook", ——ハンプシャー，London County Council, 1961年
17) "Traffic in Towns", "a Study of the Long Term Problems of Traffic in Urban Areas", "Report of the Steering Group and Working Group appointed by the Minister of Transport"——ロンドン，HMSO, 1963年
18) R. Banham 著, "Brutalism in der Architektur"——シュトゥットガルト，1966年
19) V. Gruen, L. Smith 共著, "Shopping Towns, USA"——ニューヨーク，1960年——参照
20) "Casabella"誌，271号（1963年）参照
21) W. Lippmann著, "The Public Philosophy"——ロンドン，Hamish, Hamilton, 1955年——128頁

文献

　近代建築の文献目録を略述するには，関係する期間の初めから終りまでに起こった変化，即ち建築的実験の価値ばかりでなくそれらの観念的背景に関わる変化を考慮に入れなければならない。

　「建築」という言葉は，不変の概念即ち人間の経験の恒久的形式を示してはおらず，時間の枠の中にある人間の経験と同じように，ややゆっくりではあるが時間と共に変化する概念，近似的にしか，一定の時間内で不変であると考え得ない概念を示している。

　しかし近代建築に関する時間の中では，近似はもはや不可能である。事実，折衷主義と近代運動は，他のいかなる時代よりもより強く，「建築」という言葉の認められている意味と限界を変化させた。それ故，もしこの時代について利用し得る文献を公平に見るとするならば，この変化の個々の局面を検分し，それぞれの文献をそれが属する観念的な枠の中におかなければならない。

　それ故，文献目録は歴史の叙述と同じものになってしまう傾向があり，実際本文を読みすすむにつれ読者はその中に，数多くのテーマについての文献引用がされているのを見出すだろう。しかしながら，ここに最も主要な出典の要約を示すのは有用であるように思えるし，それは過去2世紀間の建築作品についての文献の大洋を渡る最初の水先案内となるだろう。

1. 歴史主義者の思想

　建築についての伝統的概念の統一——様式的，構造的戒律が並んで現われるルネッサンスやバロックについての論文に表明されているように——は，18世紀の後半を通して消えようとしていた。Encyclopédie（1751～1772年）には，建築とその部分（例えば室内装飾，外部装飾，工法等）についての論説があり，技術と様式についての資料が，ばらばらにだが依然として同じ項目の箇所に見出される。その世紀の末に向かうにつれ，物事のこの提示方法はもはや普通のやり方ではなくなり，建設技術に関するひとつのグループ，厳密な意味での建築構成に関するもうひとつのグループという2つの異った論文のグループが現われ始めた。

　第1グループのプロトタイプは，C. B. ロンドレの論文 "Traité théorique et pratique de l'art de bâtir" ——パリ，1802～1817年——でいろいろな国語に訳されたが，19世紀の残りの15年までには時代おくれとなった。ロンドレの論文は未だにたくさんのテーマ——建築技術，水力学，鉄道技術——をひとつにまとめたものだったが，それらは1830年以後は別個のテーマとなり，それぞれ自身の項目をもつようになった。ここでは当然ながらそれにはこれ以上触れない。

　技術知識全般の資料についての案内書として役に立つのは，19世紀に出版された辞書，例えば S. C. Brees の "The Illustrated Glossary of Practical Architecture" ——ロンドン，1852年——である。

　建築論文のプロトタイプは J. L. N. デュランの仕事，"Précis des leçons d'architecture"——パリ，1802～1805年——で，これは19世紀を通して，フランスのアカデミーの基本であり続けた。配置の研究から始めて，デュランはプランのモデル——近代都市の種々の要求に応じた公共，民間の建物——

のケーススタディへと進み，しかしながらそれは経験の不足から空論に終った（論文の中に書かれているモデル，即ち浴場，博物館，市場等は主として考古学的考察に基づいている）。

経験が次第に広がるにつれ，この個々のケーススタディも進み，その後の論文の最も多くを占め，J. ガデの大著作 "Eléments et tléorie de l'architecture" に至る。これは机上の建物モデルではなく多くの具体例を引用し，それ故19世紀の特にフランスの作品の秀れた抄録となっている。平面の特徴についての手引——全般的なものであれ，個別の建物のものであれ——も同じ線に沿って進み，今日でもそれらは出版物の大半を占めている。

19世紀の建築作品は図例集によって記録されている。過去の建築に対しての意識の甦りは，主として，J. L. N. デュランによる "Recueil et parallèle des édifices de tout genre, anciens et modernes" ——パリ，1800～1801 年——から，P. レタルイユによる "Edifces de Rome moderne" ——パリ，1840～1855年——までのオリジナルのレリーフの集成によって到来した。同じようなその時代の建物の集大成は1830年以後，特にフランスでしばしば出版された。それの主要なものの中には，

Gourliet, Biet, Grillon, Tardieu の4人の共著，"Choix d'édifices publics projetés et construits en France depuis le commencement du XIX siècle"——パリ，1825～1836年

F. Narjoux著，"Monument élevés par la ville de Paris de 1850 à 1880"——パリ，1877～1881年

E. E. Viollet-le-Duc, F. Narjoux 共著，"Habitations modernes" ——パリ，1875～1879年

C. Lutzow, L. Tischler 共著，"Wiener Neubauten"——ウイーン，1876～1880年（続いて"Wiener Neubauten im Stil der Sezession"——ウィーン，1908～1910年）

過去の様式の復活は，古い時代の建築の知識がその時代のものの計画に直接に結びつけられることを可能にした。この時点において，歴史書はある程度その時代の建築の手引書でもあった。

この，歴史的なアイディアとそれの操作の教示の混合は，歴史辞典，即ち19世紀の歴史思想の恐らく最も典型的な所産の中に目立っている。最も重要な2つのものは，

M. Quatremère de Ouincy 著，"Dictionnaire historique d'architecture"——パリ，1832年（ネオ・クラシシズムの影響を受けたもの）

E. E. Viollet-le-Duc 著，"Dictionnaire d'architecture" ——パリ，1868～1874年（ネオ・ゴシックの影響を受けたもの）

歴史的作品それ自身が，それに対応するモデルと無関係に歴史的に考察され始めたのは，19世紀の後半になってからであった。

最初の通史はフランスではなくてイギリスで出現した。それは恐らくフランスにおいては古典主義の優位が過去の世紀の建築との連続性を印象づけていたのに対して，イギリスではネオ・ゴシック運動が前時代との断絶を明白にしていたということによる。

モリスが仕事を始めたらちょうどその時，ファーガッソンによる手引書 "History of Modern Styles of Architecture" ——ロンドン，1862年——が現われた（1865～1867年に出版された "History of Architecture" の第4巻として1873年に再版された）。

"近代建築"という表現は，中世や古代と反するルネッサンス以後を示した（今日でさえ古代，中世，近代の区別がされている）。この命名は明らかに折衷主義的ヴィジョン——中世に至るまで次々と現われたオリジナルな様式とルネッサンス以後の模倣された様式——に関係を持ち，いくらかは過去と現在の統合を主張したアヴァン・ギャルド運動の影響で，世紀末になってようやく見捨てられた。

折衷主義文化に権威ある全般的な視野を与えた2冊の手引書——B. フレッチャー著，"A History of Architecture on the Comparative Method" ——ロンドン，1896年と A. Choisy著，"Histoire de l'architecture" ——パリ，1899年——の2冊のうちの2番目のものは「近代建築」という用語を17世紀以後（それ故ルネッサンスを含まない）の時代に使っているのに対して，最初のものは1830年以後に対して使っている。

都市計画的実験はこれまで述べてきた関心の外にあり，この理由から，産業都市の成長やそれに関するコントロールの方式についての情報は，経済，法律，政治関係の出版物，あるいは都市案内書の中に求められなければならない。

唯一の例外は，その威光が充分に重要視されている事業であり，例えばオスマンのパリ改造はいろいろと記録されている。

M. Ducamp 著，"Paris, ses fonctions et sa vie dans la deuxième moitié du XIX siècle" ——パリ，1869～1875年

E. Haussmann 著, "Mémoires"——パリ, 1890年

19世紀を通して蓄積された技術的経験はその世紀の最後の25年間に出版された手引書に集められている。

R. Baumeister 著, "Stadtserweiterung in technischen, baupolizeilicher und wirtschaftlicher Beziehung"——ベルリン, 1876年

J. Stübben 著, "Der Städtebau"——ベルリン, 1890年

R. Unwin 著, "Town planning in practice"——ロンドン, 1909年

2. 1914年までのアヴァン・ギャルドの実験

1890年代までにとられた産業都市の再生活動は主として机上のもので, それぞれの推進者によって記録されている。

Robert Owen 著, "Report to the County of Lanark"——1820年。"The Revolution in the Mind and Practice"——ロンドン, 1849年

C. Fourier 著, "Traité de l'association domestique-agricole"——パリ, 1822年。"Nouveau monde industriel et sociétaire"——パリ, 1849年

E. Cabet 著, "Voyage en Icarie"——パリ, 1840年

J. B. Godin 著, "Solutions sociales"——パリ, 1870年

"Fifty Years of Public Work of Sir Henry Cole"——ロンドン, 1884年

Owen Jones 著, "The Grammar of Ornament"——ロンドン, 1856年

G. R. Redgrave 著, "Manual of Design Completed from the Writings and Addresses of R. Redgrave"——ロンドン, 1876年

G. Semper 著, "Der Stil in den technischen und architektonischen Künsten"——フランクフルト, 1860年

"Souvenirs d'Henry Labrouste, notes recueillies et classées par ses enfants"——パリ, 1928年

E. E. Viollet-le-Duc 著, "Entretiens sur l'architecture"——パリ, 1863～1872年

J. Ruskin 著, "Seven Lamps of Architecture"——ロンドン, 1894年。E. Cook と A. Wedderburn によって編集された全著作集——ロンドン, 1903～1910年

W. Morris 著, "Architecture, Industry and Wealth"——ロンドン, 1902年。著作集——ロンドン, 1914～1915年

1890年代に起こったアヴァン・ギャルド運動は, 建築の出版物に大きな革命をもたらした。

"近代建築"という用語は, 今や, 折衷主義的伝統に敵対する新しい傾向を示すために用いられた。例えば, O. ワグナー ("Moderne Architektur"——ウイーン, 1895年), H. ヴァン・ド・ヴェルド (Die Renaissance im modernen Kunstgewerbe" ——ベルリン, 1901年), H. P. ベルラーヘ (Gedanken über den Stil in der Baukunst"——ライプツィッヒ, 1905年), フランク・ロイド・ライト (主としてこれらに続く時代に。例えば F. グートハイム編, "Frank Lloyd Wright, Selected Writings"——ニューヨーク, 1941年——を参照) らの著作において。

全般的な判断をしようとする最初の試みもなされた。

W. Rehme 著, "Die Architektur der neuen freien Schulen"——ライプツィッヒ, 1902年

A. D. F. Hamlin 著, "L'Art Nouveau, its Origin and Development"………"The Craftman"——1902～1903年, 129頁——参照

最初, アヴァン・ギャルドの巨匠達に関する出版物はドキュメンタリーのもので, それらのうち最も注目に値するのは次のものである。

O. Wagner 著, "Einige Skizzen, Projecte und ausgeführte Bauten"——ベルリン, 1891～1910年

Architektur von Prof. Joseph M. Olbrich in Darmstadt"——ベルリン, 1902～1914年

Ausgeführt Bauten und Entwürfe von Frank Lloyd Wright"——ベルリン, 1910年

最初の伝記類は, "Thieme Becker Künstler-Lexicon" の第1巻 (1909年におけるベーレンスとベルラーヘ) に出てくる名前についてのものである。

種々の巨匠達についての論文は, 歴史書における傾向の発展を示しながら次のような順序で相次いで現われた。

F. Hoeber 著, "Peter Behrens, Vorträge und Aufsätze"——ミュンヘン, 1913年

J. A. Lux 著, "Otto Wagner"——ベルリン, 1919年 (H. Geretsegger, M. Peintner 共著の実録物 "Otto Wagner 1841～1918" が 1964年に出版されている)

J. A. Lux 著, "Joseph Maria Olbrich"――ベルリン, 1919年

K. E. Osthaus 著, "Van de Velde, Leben und Schaffen des künstlers"――ハーゲン i. W. 1920年

J. Gratama 著, "Dr. H. P. Berlage bouwmeester"――ロッテルダム, 1925年

P. Jamot 著, "A. Perret et l'architecture du béton armé"――パリ, 1927年

L. Kleiner 著, "Joseph Hoffmann"――ベルリン, 1927年

J. F. Rafols, F. Folguera Grassi 共著, "Antoni Gaudi"――バルセロナ, 1928年 (J. J. Sweeney, J. L. Sert 共著の 1960 年の Architectural Press 版, R. Pane 著――ミラノ, 1965 年――らの最近のものに至るまで数多くのものがこれに続いている)。

H. Kulka 著, "Adolf Loos, das Werk des Architekten"――ウイーン, 1931年

T. Heuss 著, "Hans Pölzig"――ベルリン, 1939年

G. Veronesi 著, "Tony Garnier"――ミラノ, 1948年

N. Pevsner 著, "Charles Rennie Mackintosh"――ミラノ, 1950年 (その2年後に T. Howarth による徹底的な伝記 "Charles Rennie Mackintosh and the Modern Movement"――ロンドン, Routledge & Kegan Paul 社, 1952年――が出た)。

オルタについての研究には, "Architectural Review" 誌, 118号, 388頁にある S. T. マドセンによる一文を別として適当なものはない。(第9章の9で引用した雑誌はアヴァン・ギャルド運動を知るには不可欠のものである)。

今や歴史的建築を距てている歴史的距離が, H. フォン・ムテジウス ("Stilarchitektur und Baukunst, Wandlungen der Architektur im XIX Jahrhundert"――ミュールハイム, 1902年) のように論説的なものであれ, また D. ヨセフ ("Geschichte der Baukunst des XIX Jahrhunderts"――ライプツィッヒ, 1910年) のように分析的なものであれ, 近い過去についての新しい評価を可能にした。

都市計画の分野における改革運動もまた C. ジッテ ("Der Städtebau nach seinen Künstlerischen Grundsätzen"――ウイーン, 1889年), E. ハワード (Tomorrow, a Peaceful Path to Real Reform"――ロンドン, 1898年), P. ゲデス ("City Development"――エディンバラ, 1904年) らの著作に記録されている。

1962年に, H. ヴァン・ド・ヴェルドの回想録 ("Geschichte meines Lebens"――H. Curjel 編, Piper 社, ミュンヘン) が出版されたが, これらはこの時代についての多くの情報を与えてくれる。

3. 近代運動

戦後の15年間では, 近代運動の巨匠達の著書は第14章で述べたように主として弁明的なもので, 歴史的というよりも教義的な見解と記録を提供している。

ル・コルビュジエのプログラム的な論文 ("Vers une architecture"――パリ, 1923年。第13章の2, 第19章の4等も参照) や W. グロピウスのもの ("Scope of Total Architecture"――ロンドン, Allen & Unwin 社, 1956年――に集められている) は別として, 主要なものは以下のものである。

W. Gropius 著, "Internationale Architektur"――ミュンヘン, 1925年 (バウハウス叢書第1巻。バウハウス叢書についての全リストは第13章注15にある)。

L. Hilberseimer 著, "Internationale neue Baukunst"――シュトゥットガルト, 1926年

G. A. Platz 著, "Die Baukunst der neuesten Zeit"――ベルリン, 1927年

H. R. Hitchcock 著, "Modern Architecture, Romanticism and Reintegration"――ニューヨーク, 1929年

B. Taut 著, "Die neue Baukunst in Europa und Amerika"――シュトゥットガルト, 1929年

M. Malkiel-Jirmounsky 著, "Les tendances de l'architecture contemporaine"――パリ, 1930年

A. Sartoris 著, "Gli elementi dell'architettura razionale"――ミラノ, 1932年

H. R. Hitchcock, P. Johnson 共著, "The International Style, Architecture since 1922"――ニューヨーク, 1932年

他のさほど重要でない著作は第14章の3に引用されている。

この時期には A. ロースの論文も現われた ("Ins Leere gesprochen"――パリ, 1921年――と "Trotzdem"――インスブルック, 1931年)

最初に論文のテーマになった近代運動の巨匠はE. メンデルゾーン ("Buildings and Sketches"――

ベルリン，1923年）とル・コルビュジエ（"Oeuvre complète"………これは8巻になっている。1910—29, 1929—34, 1934—38, 1938—46, 1946—52, 1952—57, 1957—65, 最後の作品——Girsberger 社，チューリッヒ——である）であった。

1928年以降現われた "Maitres de l'architecture moderne" や1931年以後の "Les artistes nouveaux" 等の小冊子は別として，最初の論文は第2次大戦後次の順序で出版された。

A. Whittick 著, "Eric Mendelsohn"——ロンドン, Faber 社, 1940年

G. Holmdahl, S. Lind, K. Odeen 共著, "Gunnar Asplund Arkitect"——ストックホルム, 1943年

P. Johnson 著, "Mies van der Rohe"——ニューヨーク, 1947年（これに続いて L. Hilberseimer のもの——シカゴ, 1953年——と W. Blaser によるもの——チューリッヒ, 1965年——が出ている）

S. Papadaki 著, "Le Corbusier"——ニューヨーク, 1948年

M. Bill 著, "Robert Maillart"——チューリッヒ, 1949年

P. Blake 著, "Marcel Breuer Architect and Designer"——ニューヨーク, 1949年

A. Christ-Janer 著, "Eliel Saarinen"——シカゴ, 1949年

W. Boesiger 著, "Richard Neutra, Building and Project"——チューリッヒ, 1950年（続いて第2巻が1959年に, 第3巻が1966年に出ている）

S. Papadaki 著, "The Work of Oscar Niemeyer"——ニューヨーク, 1950年（これに続いて Oscar Niemeyer による "Work in Progress"——ニューヨーク, 1956年——が出た）

G. C. Argan 著, "Walter Gropius e la Bauhaus"——トリノ, 1951年（3年後, S. Giedion によるグロピウス論が英, 仏, 独, 伊語で出版され, TAC については Niggli の実録物が1966年に出版されている）

E. C. Nevenschwander 著, "Atelier A. Aalto 1950～1951"——チューリッヒ, 1954年。続いて Girsberger による作品集が1963年に出された。

"W. M. Dudok"（70歳の誕生日の記念版）——アムステルダム, 1954年

J. Pedersen 著, "Arne Jacobsen"——コペンハーゲン, 1957年(T. Faber によるより充実したもの "Arne Jacobsen"——シュトゥットガルト, 1964年——がこれに続いている）

U. Kultermann 著, "Wassili und Hans Luckhardt"——チュービンゲン, 1958年

T. M. Brown 著, "The Work of G. Rietveld Architect"——ユトレヒト, 1958年

S. Giedion 著, "Affonso Eduardo Reidy, Bauten und projecte"——シュトゥットガルト, 1960年

H. R. Hitchcock 著, "Architektur von Skidmore, Owings & Merrill 1950～1962"——シュトゥットガルト, 1962年

J. Joedicke 著, "Architektur und Städtebau, das Werk von Van den Broek und Bakema"——シュトゥットガルト, 1963年

J. Buekschmitt 著, "Ernst May"——シュトゥットガルト, 1963年

"Harry Seidler 1955～1963"（R. Banham の序文つき）——シドニー, パリ, シュトゥットガルト, 1963年

S. Moholy Nagy 著, "Carlos Raul Villanueva"——カラカス, 1964年

H. Lauterbach, J. Joedicke 共著, "Hugo Häring, Schriften, Entwurfe, Bauten"——シュトゥットガルト, 1965年

C. Schnaidt 著, "Hannes Meyer"——トイフェン, 1965年

S. Moholy Nagy 著, "Paul Rudolf, Bauten und Projekte"——シュトゥットガルト, 1970年

イタリアの建築家については，

J. Joedicke 著, "The Work of Pier Luigi Nervi"——ロンドン, 1957年

G. C. Argan 著, "Ignazio Gardella"——ミラノ, 1959年

G. Boaga, B. Boni 共著, "Riccardo Morandi"——ミラノ, 1962年

C. Blasi 著, "Figini e Pollini"——ミラノ, 1963年

"Pier Luigi Nervi, nuove strutture"——ミラノ, 1963年

M. Tafuri 著, "Ludovico Quaroni"——ミラノ, 1964年

2つの大戦の間の時期には近代運動についての出版物と伝統的な歴史書のそれとは分けられるのが普通であった。例外の主なものはワイマール・ドイツにおけるもので，ここでは，文化のこの2つの方向

の間の部分的な統合が，例えば，19世紀の辞典の形式を続けている "Wasmuth Lexicon der Baukunst" ——ベルリン，1929～1932年——の4巻に見られるように実現されている。

伝統の幹への新しい経験の接ぎ木は特に都市計画において効果があった。この時代に出版された数多くの総論的な著作の中で触れなければならないのは次のものである。

A. Rey, G. Pidoux, C. Barde 共著, "La science des plans des villes"——パリ，1928年

C. Chiodi 著, "La città moderna"——ミラノ，1935年

大戦間の種々の国で行われた都市計画実験についての最良の記録的著作は B. シュヴァンの "Städtebau und Wohnungswesen der Welt"——ベルリン，1935年——である。

CIAM の活動については第15章の4を参照。オッテルローにおける最後の会議の記録は J. イェーディケによって出版された。"CIAM 1959 in Otterlo, ein Wendepunkt der Architektur"——シュトゥットガルト，1961年——である。

合理主義の危機が現われつつある 間，1935年以後，近代運動全体の歴史的位置づけが初めて可能になった。これに関する基礎的な本は Pevsner の "Pioneers of the Modern Movement from William Morris to Walter Gropius"——ロンドン，Faber 社，1936年——で，これは第1次大戦直前で終っているが，近代運動とそれ以前の 出来事との——単なる並置的な議論でなく——連続的関係を最初に打ち立てた。

これ以後，パイオニア時代についての新たな関心がもち上がった。その前年にはアール・ヌーヴォについての最初の 全般的研究書が現われている。F. シュマーレンバッハ著, "Jugendstil"——ヴュルツブルグ，1935年——で，その直後には F. アハラー・ヘスターマンによる "Stilwende, Aufbruch der Jugend um 1900"——ベルリン，1939年——が出版されている。N. ペヴスナーは "An Enquiry into Industrial Art in England"——ニューヨーク，1937年——を出し，国の伝統についての研究が次第に多くイギリスの雑誌に現われ始めた。アメリカでは，L. マンフォードによる 興味深い研究 ("Sticks and Stones"——ニューヨーク，1924年——と "The Brown Decades"——ニューヨーク，1931年）の後に，国の遺産についての体系的な探究が始まり，サリヴァン——H. Morrison 著, "L.Sullivan Prophet of Modern Architecture"——ニューヨーク，1935年——や，リチャードソン (H. R. Hitchcock 著, "The Architecture of H. H. Richardson and his Time"——ニューヨーク，1936年) やライト ("In the Nature of Materials"——ニューヨーク，1942年) らについての基礎的な論文が現われた。近代運動の正統的な方向へ収斂する諸実験の再評価が始まった（近代美術館はA.Lawrence Kocher と S. Breines による論文 "Aalto, Architecture and Furniture" とブラジルの国際様式の流行の始まりとなった P. L. Goodwin による "Brazil Builds" をその後に出版した)。

そのうちに，近代運動の全般的な歴史的評価の最初の試みが始まりつつあった。この関係の多くの著作のうちで重要なのは次のものである。

W. C. Behrendt 著, "Modern Building"——ニューヨーク，1937年

J. M. Richards 著, "An Introduction to Modern Architecture"——ロンドン，ペンギンブック，1940年

S. ギーディオンによる "Space, Time and Architecture"——Oxford University Press, 1941年——は，伝統的な枠の中に，伝統的な意味での建築的実験，都市計画的実験，工業デザイン等を含みながら，建築についての新しい概念の限界が明快に論じられている最初の本である。しかしながら，ギーディオンの仕事は基本的にはペヴスナーの "Pioneers" と同じ地盤を覆っている。即ちそれは近代運動の最近の展開よりもむしろ遠い形成期を分析している。

戦争直後，B. ゼヴィの "Verso un'architettura organica"——トリノ，1945年——が現われ，その後それは増補されて "Storia dell'architettura moderna"——トリノ，1950年——となった。戦後の修正主義的傾向から出発してゼヴィは大戦間の近代運動を "rationalism" という言葉で性格づけ，それに対立するものとして彼はライトやスカンジナヴィア建築を意味する "organic" な傾向をおいた。このようにして，ギーディオンによって始められた限界についての研究と新しい建築の方法論的な意味を迂回したが，近代運動における2つの対照的な契機を区別しながら，(彼の 意図は教義を 拡げることであるとしても）過去30年間の出来事を歴史化した。こうした理由で，1950年の彼の著作は近代建築の最初の真の歴史書と考えてよい（ペヴスナーがい

うように，"history"であって"pre-history"ではない)。

ゼヴィの影響はイタリアにおける歴史研究の回復に貢献した(評論シリーズ "Architetti der movimento moderno" が1947年以後にミラノで出され，それにはアール・ヌーヴォーの主要な巨匠達，ライト，アアルト，アスプルンド，ややおくれてオウト，ミース，ノイトラらの伝記が集められた。そのテーマの選択は文化の傾向を示していたが，それは伝統的な "美術史"(この意味で典型的な企画は1959年から出版され始めた "Enciclopedia dell' arte" である) の枠の中に近代建築の歴史的研究を急速に吸収させることになった。

この世紀の最初の50年間の建築についての情報を与える種々の基礎的な著作も現われた。

A. Whittick 著, "European Architecture in the Twentieth Century"——ロンドン, 1952～1953年

T. F. Hamlin 著, "Form and Functions of Twentieth Century Architecture"——ニューヨーク, 1952年

19世紀の建築については多くの最近の出版物のうちでは，

S. Giedion 著, "Mechanization Takes Command"——ニューヨーク, 1948年(1941年の仕事に対する秀れた結論)

P. Lavedan 著, "Histoire de l'urbanisme, époque contemporaine"——パリ, 1952年

H. R. Hitchcock 著, "Early Victorian Architecture in Britain"——ロンドン, Architectural Press, 1954年

L. Hautecoeur 著, "Histoire de l'architecture classique en France, Vol. V—VII"——パリ, 1952～1957年

S. Tschudi-Madsen 著, "The Sources of Art Nouveau"——オスロ, 1956年——とそれに続いてR. Schmutzler による徹底的な研究 "Art Nouveau"——シュトゥットガルト, 1962年

これらすべての業績は H. R. ヒッチコックの本 "Architecture: Nineteenth and Twentieth Centuries"——ロンドン, ペンギンブック, 1958年——の中に要約されており，これはこの時期の総論的仕事の中で最も完全なものである。"The Encyclopaedia of Modern Architecture" (G. Hatje 編)——ロンドン, 1963年——も参照。

J. イェーディケによる最近の著作 "Geschichte der modernen Architektur"——シュトゥットガルト, 1959年——はゼヴィやギーディオン，あるいはベーレントのそれに劣る仕事だが，これまでのこの種の著作にはない公平さを持っている。

より重要なのは，R. バンハムの "Theory and Design in the first Machine Age"——ロンドン, 1960年——で，そこでは，これら一群の実験がまとめて分析されている。

バウハウスについては徹底的な記録がある。H.M. Wingler 著, "Das Bauhaus"——ブラニッシェ, 1962年——である。ウルムの工科大学の雑誌にのっている T. マルドナドの "Ist das Bauhaus aktuell?" と題する一文も参照。

出版社ヴァンサン・フレアム&シーは，ル・コルビュジエの原文の重要なものをステロ版で再び出版した。["Vers une architecture" (1958年), "L'art décoratif d'aujourd'hui" (1959年), "Précisions" (1960年), "La ville radieuse" (1964年)] イタリアでは, "La carta d'Atene" (ミラノ, 1960年), "I tre insediamenti umani" (ミラノ, 1961年), "Maniera di pensare l'urbanistica" (バリ, 1965年), "Urbanistica" (ミラノ, 1967年) 等のイタリア語訳が現われた。

ベルリンの出版社 Ullstein は2つの大戦間の論文あるいはこの期間についての論文などのシリーズを "Ullstein Bauwelt Fundamente" という表題で出版した。これらの中では第1巻(U. Conrads 著, "Programme und Manifeste zur Architektur des 20. Jahrhunderts"——1964年) と J. Posener 著, "Anfänge des Funktionalismus, von Arts and Crafts zum Deutschen Werkbund"——1965年——が目立っている。

1. O. Newman 著, "CIAM 1959 in Otterlo" (1961年)
2. J. Joedicke 著, "Schalenbau" (1962年)
3. J. Joedicke 著, "Architektur und Städtebau" (バケマとファン・デン・ブロークの作品, 1963年)
4. H. Lauterbach, J. Joedicke 共著, "Hugo Häring" (1965年)
5. Banham 著, "Brutalismus in der Architektur" (1966年)
6. "Candilis, Josic, Woods" (1968年)
7. J. Joedicke 著, "Moderne Architektur, Strömungen und Tendenzen" (1969年)

1960年から出版社 George Braziller は新しい伝記叢書 "Masters of Modern Architecture" を出版した。最初の16冊は，ミース・ファン・デル・ローエ，アアルト，ネルヴィ，ル・コルビュジエ，ガウディ，ライト，ノイトラ，サリヴァン，グロピウス，ニーマイヤー，メンデルゾーン，カーン，丹下，ジョンソン，サーリネン，フラーらにあてられている。社会全体の近代主義者達に好まれた流行に幸いされてアヴァン・ギャルドの建築家及び近代運動の建築家が集められた。

近代建築研究の集大成の問題は，都市計画史の書物から現われた。それらの中で目立っているのは次のものである。

W. Ashworth 著, "The genesis of modern British town planning"——ロンドン，1954年

F. Osborn, A. Whittick 共著, "The new towns"——ロンドン，1963年

A. Kopp 著, "Ville et révolution"——パリ，1967年（1920年代のソヴィエトの実験に関するもの）

B. Miller Lane 著, "Architecture and Politics in Germany, 1918—1945"——ケンブリッジ（マサチューセッツ州），1968年

M. Scott 著, "American city planning"——バークレー，1969年

V. Scully 著, "American architecture and urbanism"——ニューヨーク，1969年

A. Jackson 著, "The politics of architecture"——ロンドン，1970年

M. Ragon 著, "Histoire mondiale de l'architecture et de l'urbanisme modernes"——トゥールネ，1971年——第1巻

訳者あとがき

　この本の原名は"Storia dell'architettura moderna"で，初版は，1960年に出ている。この訳の基としているのは，大幅に補筆，改訂された1973年の第4版のイタリー語版で，私のイタリー語のヴォキャブラリーの乏しさもあって，時間の節約のために，1970年の英語版を参考にして訳をすすめた。

　巻末の近代建築についての文献目録からもわかるように，近代建築の通史書の数は非常に少い。その中の代表的なものが，G・ギーディオンの「空間・時間・建築」（1941年初版，太田　実訳，丸善刊）である。この本はもう25年も前に日本語版が出ていてわれわれには馴染み深い本であり，これまでに近代建築の歴史の全般を勉強しようとする者にとって，唯一絶対といってもよい参考書であった。現在の時点で読むといささか古さを感じざるを得ない部分があるとはいえ，歴史の中における近代建築のイメージを初めて確立したという点で重要無比な歴史書である。この本にややおくれて，ブルーノ・ゼヴィが「有機的建築をめざして」（"Verso un'architettura organica", 1945年）を世に出した。この本は1950年に英訳されて"Towards an Organic Architecture"というタイトルで出版され，当時卒業論文に携わっていた私は人から借りて眼を通したことがある。この本は，タイトルが示すように，近代の建築史の中での合理主義的な建築に対して，有機建築の存在を訴えるもので，通史とはいい難いが，その後補筆されてタイトルも本書と全く同じ"Storia dell'architettura moderna"と改められ（1950年），現在では"Storia"編と"Spaci"編の，合わせて1300頁をこえる大部の近代建築史書となっている。

　レオナルド・ベネヴォロの本書は，これに10年おくれて出現した。既に近代建築史の決定版というべきギーディオンのものがあり，さらに同じタイトルのゼヴィのものが出ている後で，第三の大部の書を出して世界に問うにはかなりの自信がなくてはならない。ベネヴォロのその自信を支えていたのは，建築の歴史に対する視点の違いであったろうと思われる。読者はこの本を読んで，序章と終章の冒頭が意外な叙述で始まることに気づかれるだろう。序章は，1791年のフランスにおける建設労働者の争議の状況が克明に述べられ，終章の初めでは，1949年のAIAの大会で，施工関係者を協会から閉め出す規定の採択に反対して行ったグロピウスの演説が長々と引用されている。これは従来の建築史書には見られない特徴であり，ベネヴォロの視点の特異性を象徴していると考えられる。

　例えば，ギーディオンの先の書と本書との視点の違いをあげるならば，ドイツの美術史学の流れを汲むギーディオンが，ルネッサンスに見られた遠近法から書き始めて，近代建築の歴史を主として空間概念の変化として論ずるという美術史的視点に立つのに対して，ベネヴォロは，産業革命によってもたらされた社会的変革に近代建築の歴史の発端を見ようという，いわば社会史的視点に立脚しているという点があげられるだろう。ベネヴォロにとって，近代建築の歴史とは，単なる19世紀末から20世紀にかけての時代を代表する数々の輝かしい建築家とその作品の歴史ではなく，それらを含む，それらの施主の，それ

らをつくった技術者や建設労働者の，そしてまたそれらを取巻く社会環境の歴史なのである。従ってベネヴォロの関心は，建築そのものよりも，むしろそれを内包する都市に対して向けられている。この本でも，最も生き生きと書かれているのは，上巻の19世紀の都市についての部分である。そこには，当時ヨーロッパの中心的存在であったイギリスやフランスで，自由主義的そして専制的体制の中で，どのようにして都市計画法が生まれ，また都市が改造されたかが，リアルに描かれている。この点については，彼はこの本では書き足りなかったと見え，1963年に"Le Origini dell'urbanitica moderna"（横山正訳，「近代都市計画の起源」，SD選書）を新たに書いている。また細かい点であげれば，ル・コルビュジエのユニテ・ダビタシオンについての件りも興味深い。ギーディオンの書では，ユニテ・ダビタシオンの建物としてのユニークさが語られ，また現在の多くの人々の見方がそれに類しているのに対して，ベネヴォロは，ル・コルビュジエの意図を正しく捉え，それのもつ都市的意味を評価しているのである。

ベネヴォロがこの本を書いた1960年頃から，建築の歴史の流れは新たな局面へと移っていった。ベネヴォロが説くように，建築における近代運動は，生活の近代化に即応した正しい建築のあり方を探ろうという共通の目標をもっていたにもかかわらず，その頃から，近代建築はそれぞれの地方の建築へと分岐し，そしてまたさらに，個々の建築家の全く個人的な形態の遊技と化そうとしている。それは，かつてルネッサンスの建築がマニエリスムを経てバロックへと移り，また18世紀から19世紀にかけてのネオ・クラシシズムがネオ・ゴシックを経て折衷主義に到ったプロセスと似ている。従って，近代建築はかつての近代建築ではなくなってしまっているのであって，再びルネッサンスの必要に迫られる時期にたち到っている。この近世の歴史の中での2つの事象が，いずれも過去の歴史への反省で始まっているように，いまこそ，近代建築を再び見直す時機が到来しているような気がする。私をこの大部な本の訳業に駆りたてたのは，現在の建築に対して私が抱いているこの種の危機感に他ならない。

訳を脱稿してから，大学からヨーロッパを50日間廻る機会を与えられ，この本に登場する近代建築の初期の建物を出来る限り多く訪ね廻った。ロンドンでは，ウイリアム・モリス・ギャラリーで，モリスの作品のもつみずみずしさに驚嘆し，ブリュッセルでは，オルタのデザインに対する凄いとしかいいようのない執念に圧倒され，コモでは足を棒にして歩き廻り，サンテリアのスケッチを探しあてたりした。そして旅の終りに，ミラノのピレリー・ビルの中に，ベネヴォロ氏を訪ねた。初めて接する氏の印象は，底抜けに開放的な南部イタリー人とは違い，ロンバルジア特有の控え目な北部イタリー人であった。この大部の本を書く人のイメージとは程遠く，饒舌家ではなく，温厚で素朴な人柄のように見受けられた。学生数が急激にふくれ上った大学に失望してローマ大学を去り，現在はミラノの都市計画局の顧問をしているとのことであった。

この本の翻訳を心に決めたのは1974年の

春であり，当初，2年間で完了の目標をたてたが，毎日就寝前の僅かな時間しかこれに割けなかったこともあって，実際に訳を始めた1974年の暮から数えて，完了したのは3年半後の1978年の春となってしまった。その間，鹿島出版会の担当者も，吉田さんから二瓶さん，そして現在の大滝さんへとリレーされた。想い返してみると長い時間であった。共訳の話もあったが，全部をじっくり読みたい一心で単独行を敢えてした。

最後に，関係者諸氏に，特に1300枚に及ぶ原稿に一度目を通すという大変なモニター役を買って下さった工学院大学の初田亨君に心から謝意を表する。

1978年秋　　　武藤　章

人名索引

ローマン体（立体）の数字は上巻のページ，イタリック体（斜体）の数字は下巻のページを示す。数字のあとの c は図版説明の中に，n は注記の中に出ていることを示す。

ア行

アー　Ure, A.　161
アアルト　Aalto, Alvar　13, *230*, *252*, *253*, *253* c, *255*, *256*, *256* c, *257* c, *265* n, *334*, *334* c, *335*, *335* c, *348*
アイヘルーショル　Aicher-Scholl, Inge　*369*
アイモニオ　Aymonio, Carlo　*357*
アインシュタイン　Einstein, Albert　25, 57, 87, 102 n
アークライト　Arkwright, Richard　68
アシエリ　Aschieri, Pietro　*202*, *204*
アシュトン　Ashton, Thomas S.　31 n, 35, 66 n
アシュビー　Achbee, Charles Robert　197, 216, 217, 218, 308, 346
アシュレー卿　Ashley　69
アースキン　Erskine, Ralph　*333*, *458*
アステンゴ　Astengo, Giovanni　*347*, *354* c, *380* n
アスプディン　Aspdin, Joseph　350
アスプルンド　Asplund, Erik Gunnar　*247*, *248*, *248* c, *252*, *347* c
アスリン　Aslin, C. H.　*329*
アゼマ　Azéma, Léon　*220*
アターバリー　Atterbury, G.　*286*
アダム　Adam, Robert　28 c, 46, 191
アダムズ　Adams, Howard & Greeley　*465*
アディッケス　Adickes, Franz　*374*
アドラー　Adler, Dankmar　251, 251 c, 252 c, 264, 264 c, 269, 270
アーノット　Arnott　79
アーバークロンビー　Arbercrombie, Patrik　*323*, *323* c, *379* n
アーベル　Abel, Adolf　*368*
アポリネール　Apollinaire, Guillaume　25, 26, 44 n
アラヴォワーヌ　Alavoine, J. A.　85, 87
アラゴン　Aragon, Louis　*38*
アルガン　Argan, Guilio Carlo　14 n, *290* n, *12*, *43* n, *63* c, *68*, *102* n, *136* n
アルタリア　Artaria, Paul　257, 258 c
アルディ　Hardy, Léopold　142
アルパゴーノヴェッロ　Alpago-Novello, Alberto　*201*
アルバース　Albers, Anni　64 c, *193*, *196*
アルビーニ　Albini, Franco　*236* c, *238*, *348* c, *349*, *350*, *354* c
アルプ　Arp, Jean　35, *40* c, *43* c
アルファン　Alphand, Adolfe　97, 151
アレン　Allen, Charles Grant　283, 289 n
アーレン　Ahrén, Uno　*247*
アンウィン　Unwin, Raymond　382 c, 383, *143*
アンカル　Hankar, Paul　296, 302
アングレ　Ingres, Jean-Auguste-Dominigne　124
アンゴ　Ango, M.　52
アンスパッハ　Anspach　112
アンソル　Ensor, James　294
アンデレイエフスキ　Andereievski　*177*
石本喜久治　*407*
磯崎新　*430*
市浦健　*407*
イッテン　Itten, Johannes　47, *405*
イットルフ　Hittorf, Jacques-Ignac　97, 111, 124
伊藤忠太　*407*
今井兼次　*407*
イメージ　Image, Selwin　219 n, 295
インソレラ　Insolera, Italo　*14*
ヴァザーリ　Vasari, Giorgio　10
ヴァスコンチェロス　Vasconcellos, Edwaldo Moreira　*384*
ウァースター　Wurster, William Wilson　*306*, *308*
ヴァスムート　Wasmuth, Ernst　276, 346, *85*
ヴァルガス　Vargas, Geturio　*384*
ヴァルタ　Valtat　22
ヴァローリ　Valori, Michele　*357*, *380* n
ヴァン・アレン　Van Alen, William　*271*
ヴァン・オスデル　Van Osdel, John Mills　250, 250 c, 251 c
ヴァン・ド・ヴェルド　Van de Velde, Henry　158, 218, 276, 284, 286, 288, 292, 294, 296, 302, 303, 304, 305, 306, 306 c, 307, 307 c, 308, 308 c, 346, 347, 347 n, 349, 370, *10*, *12*, *19*, *47*, *54*, *55*, *266*

ヴァントッフ　Van't Hoff, Robert　*38*
ヴィアール　Viard, P.　*221, 222* c
ヴィヴィアーニ　Viviani, Aessandro　375
ヴィエッティ　Vietti, Luigi　*211*
ヴィエル　Viel, J. M. V.　137
ヴィオリッチ　Violich, Francis　306
ヴィオレ・ル・デュク　Viollet le Duc, Eugène-Emmanuel　85, 87c, 89, 126, 128, 154, 157, 209, 295 c, 296, 334, 339, 345, 347 n, 351, 379
ヴィースナー　Wissner, E.　*192*
ヴィタル　Vital, Brazil Alvaro　*388*
ヴィッコッフ　Wickhoff, Franz　284, 290 n
ヴィッシャー　Vischer, Robert　284, 290 n
ヴィッテフェーン　Witteveen, W. G.　*373*
ヴィットヴェア　Wittwer, Hans　*105*
ウ・イティック　Whittick, Arnold　*107* c, *136* n, *445*
ヴィトルヴィウス　Vitruvius　23
ヴィニョーラ　Vignola, Jacopo Barozzi da　*104*
ヴィニョン　Vignon, Pierre　46, 50
ウィーベキング　Wiebeking　40
ヴィヨ　Veuillot, Louis　167, 180 n
ウイリアムズ　Williams, Edward　*306*
ウイリアムズ　Williams, Owen E.　*227, 265* n
ウイルキンソン　Wilkinson, John　38, 42, 43, 44, 238
ヴィルス　Wils, Jan　*38, 41*
ウィルバーフォース　Wilberforce, William　69
ウイーン　Wiene, Robert　*34* c, *286*
ヴィングラー　Wingler, H. M.　*144, 169* n
ヴィンケルマン　Winckelmann, Johann Joachim　25, 31 n, 57
ヴィンター　Vinter, A. V.　*176*
ヴェス　Vaisse　109, 373
ウェッジウッド　Wedgwood, Josiah　196
ウェッブ　Webb, Philip　206, 206 c, 217
ウェルズ　Wells, Herbert George　378
ヴェルダー　Werder　137
ヴェルヌ　Verne, Jules　378
ヴェルフリン　Wölfflin, Heinrich　284, 290 n
ヴェルンドルファー　Wörndorfer, Franz　343
ヴォイジー　Voysey, Charles F. Annesley　197, 213 c, 216, 217, 218, 308
ウォーカー　Walker　216
ウォード　Ward　350
ヴォーとラドフォード　Vau & Radford　247
ヴォードルメール　Vaudremere, Joseph-Auguste-Emile　97, 104 c, 296
ヴォードワイエ　Vaudoyer, Léon　262

ヴォーバン　Vauban, Sébastien　*74*
ウォルトン　Walton, E. A.　308
ヴォワ　Voit, August　137
ウスワット　Uthwatt, J.　*321, 322*
ウッズ　Woods　458, 461, 461 c
ウッツォン　Utzon, Joern　*334*
ウッドウォード　Woodward, Benjamin A.　237 c, 239
ウラジミロフ　Vladimirov, V.　*177, 177* c, *180*
ヴラマンク　Vlaminck, Maurice　*22*
エイブラモヴィッツ　Abramowitz, Max　*306, 309, 309* c, *311, 314* c, *437*
エイン　Ain, Gregory　*306*
エジソン　Edison, Thomas Alva　269
エストベリー　Oestberg, Ragnar　*246, 247*
エック　Eck　46
エックマン　Eckmann, Otto　341
エッセン　Essen, E. L. von　319, *14*
エッフェル　Eiffel, Gustave-Alexandre　60, 65, 66 n, 142, 146, 148 c, 150, 158 n, 358, *260*
エドゥー　Eydoux, L.　142
エネビク　Hennbique, François　65, 350, 351, 355, *260*
エプシュタイン　Epstein, Jacob　*38*
エマーソン　Emerson, Ralph Waldo　238, 247 n
エムペルガー　Emperger, Fritz von　351
エラズリス　Errazuris, M.　*232*
エリオ　Herriot, Edouard　367, 368, 370, 371, 391, *144, 215*
エリュアール　Eluard, Paul　*38*
エルブスト　Herbst, René　*215*
エルムズリー　Elmslie, George Grant　271
エルンスト　Ernst, Max　*36*
エーレンブルク　Ehrenburg, Ilja　*38*
エンゲル　Engel, C. M.　*245*
エンゲルス　Engels, Friedrich　78, 82, 90n, 161, 169, 180 n, 188, 189, 218 n
エンデ　Ende, Hermann　*406*
エンデル　Endell, August　341
エンバートン　Emberton, J.　*227*
オウエン　Owen, Robert　10, 181, 182, 183, 183c, 184, 185, 186, 187, 188, 189, 381, 388, *266, 364*
オウト　Oud, Jacobus Johannes Pieter　13, 278, 280 n, 288, 329, 394, *38, 41, 42, 42* c, *44* n, *54, 57, 81, 92, 93, 94* c, *95, 97, 99, 102* n, *109, 110* c, *116* c, *129, 138, 141, 156, 221, 221* c, *239, 283, 318* n, *451*
大江宏　*411*
オザンファン　Ozanfant, Amédée　*36* c, *37, 70, 72, 217, 286*

人名索引

オズボーン　Osborn, F. J.　*445*
オズボーン　Osborn, Max　*57*
オスマン　Haussmann, Georges-Eugène　14, 82, 92 c, 94, 96, 97, 98 c, 99, 102, 106, 108, 109, 110, 111, 112, 113, 119, 124, 125, 128 n, 129 n, 137, 140, 166, 167, 168, 169, 189, 236, 370, 371, 373, 374, 380, *74*, *328*, *394*
オーチス　Otis, Elisha Graves　252
オッピ　Oppi, Ubaldo　*200*
オートクール　Hautecoeur, Louïs　66 n, 91 n, 158 n
オヒトヴィッチ　Ohitovich　*180*
オブリスト　Obrist, Hermann　341
オベール　Aubert, A.　221, 222 c
オーリエ　Aulier, Albert　287, 294
オルタ　Horta, Victor　10, 218, 286, 294, 296, 297, 298, 299, 299 c, 300 c, 301 c, 302, 303, 304, 308, 314, 320, 353, 370, 391, *105*, *106*, *239*, *423*
オルノフ　Orlov　*177*
オルブリッヒ　Olblich, Joseph Maria　90, 158, 276, 314, 316, 318 c, 319, 319 c, 320, 320 c, 321, 322 c, 323, 324, 327, 345, 394, 395, *12*, *14*, *55*, *85*
オルムステッド　Olmsted, Frederick Law　261
オロー　Horeau, Hector　126, 130

カ行

カイパース　Cuypers, Petrus Josephus Hubertus　334
ガウディ　Gaudi, Antoni　344 c, 345, 346
カウフマン　Kaufmann, Emil　*166*, *194*, *224* n, *269* c
カスタニョーラ　Castagnola, U.　*202*
ガスリー　Guthrie, James　308
カセッラ　Casella, Alfredo　*200*
カッポーニ　Capponi, Giuseppe　204
カッラ　Carrà, Carlo　*20*, *22*
ガデ　Guadet, Julien　156, 157, 158 n
ガト　Gato, Carlos　*105*
カドバリー　Cadbury, Geoge　381
カートライト　Cartwright, Edmund　68
カトルメール・ド・キンシ　Quatremère de Quincy, Antoine　57
カノーヴァ　Canova, Antonio　57
カパネマ　Capanema, G.　*387*
カビアーティ　Cabiati, Ottavio　*201*
カフカ　Kafka, Franz　82
ガブリエル　Gabriel, Ange-Jacques　23 c, 96
カベ　Cabet, Etienne　186, 187, 191

カペレッティ　Capelletti, C. V.　*406*
神谷宏治　*410* c, *430*
ガムベリーニ　Gamberini, Italo　206, 206 c
カメネフ　Kamenev, Leo B.　*173*
カーライル　Carlyle, Thomas　161
カリミーニ　Carimini, Luca　*202*
ガリレイ　Galilei, Galileo　35, 36, 66 n
ガリン　Garin, Eugenino　*200*, *224* n
カルヴァロ　Carvalho, F. de　*383*
カルカプリーナ　Calcaprina, Cino　346
カルダー　Calder, Alexander　223
ガルデッラ　Gardella, Ignazio　238, 349, 349 c, *354*, *354* c
カルデッリ　Cardelli, Aldo　346
ガルニエ　Garnier, Charles　121 c, 124, 129 n, 151, 155, 157
ガルニエ　Garnier, Tony　157, 292, 350, 359, 360 c, 363, 364 c, 366, 366 c, 367, 368, 369, 370, 371, 371 n, 378, 391, *11*, *68*, *74*, *141*, *144*, *215*
ガルニエリ　Guarnieri, Sarre　206, 206 c
カルマン　Kallmann, Garhard　465
カルルー　Carlu, Jacques　*219*
カレル　Carrel, Alexis　*280*
カローニ　Quaroni, Ludovico　213, 352 c, 357, 380 n
カーン　Kahn, Louis I.　*306*, *314* c, *318*, *467* n
カンチェロッティ　Cancellotti, Gino　*207*
カンディンスキー　Kandinsky, Wassily　22, 30, 44 n, 47, 52 c, *54*, *57*, *67*, *102* n, *122*, *286*
ギィユ　Gilly, Friedrich　*57*
ギウラ・ロンゴ　Giura Longo, Tommaso　14
木子清敬　*407*
岸田日出刀　*407*
キダー・スミス　Kidder-Smith, G. E.　*379* n, *385*
ギーディオン　Giedion, Siegfried　55, 66 n, *143* c, 148, 158 n, 194, 201, 218 n, 247 n, 248, 258, 260, 279 n, 287, 294, 295 c, 347 n, 396 n, *56*, *68*, *103* n, *118*, *118* c, *136* n, *151* c, *153* c, *170* n, *230*, *259*, *262*, *265* n, *292* c, *296*, *319* n, *379*
ギマール　Guimard, Hector　340 c
ギムソン　Gimson　216
ギャレ　Gallé, Emile　341
キャンディリス　Candilis, George　12, 13, *176*, *421*, *458*, *460* c, *461*, *461* c
キャンデラ　Candela, Felix　60, *263*
ギュイヨー　Guyau, Jean-Marie　283, 289 n
キュービン　Kubin, Alfred　22
ギルスバーガー　Girsberger　275

481

ギルバート　Gilbert, Alfred　294
キルヒナー　Kirchner, Ernst Ludwig　22
ギンツブルク　Ginzburg, M.　*175*, *176*, *178* c ,
　180, *180* c , *224* n
グェヴレキアン　Guevrekian, Gabriel　*193* c ,
　195
クズミン　Kuzmin　*176*, *179*
グッドウィン　Goodwin, Philip Lippincot
　306, *385*, *413* n
グットゥーゾ　Guttuso, Renato　*346*
グットキンド　Gutkind, Erwin　*387*, *396* n
グットブロッド　Gutbrod, Rolf　*368*
クートュリエ　Couturier　*428*
グーノ　Gounod, Charles　151
クノッフ　Knopff, Ferdinand　294
クノーテ　Knothe, H.　*368*
クビチェク　Kubitschek, Juscelino　*387*
クライス　Kreis, Wilhelm　*197*, *198*, *199*
クラーク　Clark, Harvey Park　*306*
グラハム　Graham, J. & Comp.　*463*
クラメル　Kramer, Pieter Lodewijk　*339*, *394*,
　90, *95*
クラーン　Krahn, J.　*239*, *381* n
クランストン　Cranston, Catherine　*309*
クランツ　Krantz, J. B.　142
クリエル　Curjel, Robert　*347* n , *257*
グリクセン　Gullichsen　*253*
クリスチャンセン　Christiansen, Hans　*319*
グリーナフ　Greenough, Horatio　*238*, *266*
グリフィン　Griffin, Walter Burley　*271*, *375*c,
　376
グリュンバーガー　Grünberger, Arthur　*193*c,
　195
グルエン　Gruen, Victor　*462*, *465*, *467* n
クルーガー　Kruger, E.　*198*
クルップ　Krupp　114
クールベ　Courbet, Gustave　126, *176*
グルーベマン　Grubemann, Johann Ulbrich
　39 c , *40*
クルーム　Croome, H. M.　*72*, *90* n
グルリッツ　Gurlitt, Cornelius　*285*, *290* n
クレー　Klee, Paul　*288*, *22*, *30*, *47*, *53* c , *57*,
　63 c , *67*, *102* n , *103* n , *147*, *148* c , *196*
グーレ　Goulet, Nicolas　52
クレイマー　Craymer, Peter　*387*
クレイン　Crane, Walter　*197*, *213* c , *216*, *293* c ,
　295, *308*, *403*
グレーズ　Gleizes, Albert　*22*, *25*
クレネク　Krenek, Ernst　*54*
グレベ　Gréber, Jacques　*257*c, *260*c, *261*c, *267*,
　270, *318* n
クレメント12世　Clemente XII　23
グロアグ　Groagh, J.　*193* c , *224* n
クロイヤー　Kreuer, Willy　*371*, *381* n
黒川紀章　*430*, *467* n
グローグ　Gloag, John　*66* n, 83, *172* c , *180* n ,
　218 n , *219* n
クローチェ　Croce, Benedetto　*284*, *290* n , *200*,
　204
グロッシュ　Grosh, Ch.　*245*
グロッセ　Grosse, Ernst　*283*, *289* n
グロノヴィウス　Gronovius, Johan Friedrich　24
グロピウス　Gropius, Ise　*64* c , *102* n , *196*,
　224 n , *318* n , *387*
グロピウス　Gropius, Walter　9, 10, 12, 14n, 305,
　329, 331, 347, *14*, *17*, *18*, *19*, *20*, *22*, *26*, *30*,
　31 c , *32*, *43* n, *44* n, *45*, *47*, *48*, *50*, *54*, *56*,
　57, *58*, *59*, *61*, *62*, *63* c , *64* c, *65*, *66*, *68*,
　70, *72*, *81*, *82*, *92*, *100*, *102* n , *103* n, *104*,
　105, *106* n , *108*, *109*, *110* c , *116*, *135* n ,
　136 n , *140*, *144*, *146*, *147*, *149*, *149* c ,
　150, *151* c , *152*, *153* c , *154*, *155*, *156*,
　157, *161*, *165*, *167*, *170* n ,*171*, *176*, *185*,
　188, *189*, *192*, *196*, *197*, *200*, *201*, *204*,
　207, *208*, *213*, *215*, *216*, *224* n , *226*, *227*,
　228, *229*, *230*, *231*, *241*, *253*, *266*, *273*,
　286, *287*, *288*, *289*, *291* c , *292*, *294*, *308*,
　319 n , *268*, *369*, *387*, *407*, *419*, *420*, *421*,
　425, *434*, *436*
クーロン　Coulomb, Charles-Augustin　36
ゲオルゲ　George, Stefan　*197*
ケシュラン　Koechlin　150
ケック　Keck, George Fred　*306*
ゲデス　Geddes, Norman Bel　*286*
ゲデス　Geddes, Patrick　*387*, *396* n , *443*
ゲラボー　Gailhabaud, Jules　*74* c , *119*, *129* n
ケル　Kerr, R.　119
ケルベル　Körber, Ernst　313
ケルン　Kern, G. I.　*25*
ケンフェン　Kaempfen　142
小池新二　*406*, *407*, *414* n
康炳基　*430*
ゴーギャン　Gauguin, Paul　287, *290* n , 294
コーク　Kok, Antoine　*38*
コクトー　Cocteau, Jean　*220*
ココシュカ　Kokoschka, Oskar　*57*, *102* n
コスタ　Costa, Lucio　*384*, *389*, *390*, *390* c ,
　392, *394*, *413* n , *425*
コスト　Coste, Pascal-Xavier　119, *129* n
ゴダン　Godin, Jean-Baptiste　*185* c , *186*, *218* n

コタンサン　Cottancin 146, 351
コーツ　Coates, Wells *231*
コックアール　Coquart, Ernest George 154
コップ　Kopp, A. *187* c, *224* n
コッヘル　Kocher, A. Lawrence *306*
コッペル　Koppel, Nels & Era *332* c, *334*
コッホ　Koch, Alexander 301 c, 310, 311 c, 342 c, 343 c, 346 c
コッホ　Koch, Carl 54
コッホ　Koch, Gaetano 202
ゴッリア　Gollia, Carlo & C. 343 c
ゴーティエ　Gautier, Théophile 119, 129 n
ゴードン・ラッセル　Gordon Russel 216
コーネルとウォード　Cornell & Ward *124* c, 227
コブデン　Cobden, Richard 161, 201
コブデン-サンダーソン　Cobden-Sanderson 216
コペー　Coppée, François 151
コーリー　Kolly *177*
ゴリ　Gori, Antonio Francesco 24
ゴリオ　Gorio, Federico 357
コール　Cole, Henry 130, 137, 197, 198, 199, 200 c, 201, 202, 219 n, 313, *229*, *266*, *403*
コルチンスキー　Korchinski *177*
コルベール　Colbert, Jean-Baptiste 38
コレア・リマ　Correa Lima, Attilio *385*
コロー　Corot, Jean-Baptiste 176
ゴロソフ　Golosov, P. *176*
コワニエ　Coignet, François 350
コワントロー　Cointreaux 52
ゴンクール　Goncourt, Edmond & Jules Huot de 167, *403*
コンタマン　Contamin 65, 146
コント　Comte, Auguste 126
コンドル　Condor, Josiah *406*
コンドルセ　Condorcet, Marie-Jean-Antonie 36

サ行

サウスウッド・スミス　Southwood Smith 79, 114
サヴソヴィッチ　Sabsovitch *179*
坂倉準三　265 n, *407*, *409*, *410*, *413*
ザッキン　Zatkine, Ossip 220, *373*
サックス　Sax, Emil 169
サティエ　Satie, Erik Leslie 38
ザナルデッリ　Zanardelli, Giuseppe 345
サマリー　Summerly, Felix ⇨ ヘンリー・コールの偽名

サモナ　Samonà, Giuseppe *207*, *348*
サリヴァン　Sullivan, Louis Henry 10, 237, 251, 251 c, 253, 260, 260 c, 261, 262, 263, 264, 264 c, 265, 268, 269, 270, 273, 280 n, *11*, *270*, *274*, *302*, *350*
サーリネン　Saarinen, Eero *273*, *311*, *313* c
サーリネン　Saarinen, Eliel *252*, *273*, *308*, *311*, *313* c
サルヴァトレッリ　Salvatorelli, Luigi 30, 31 n,
サルヴィスベルク　Salvisberg, Otto Rudolf 169 n, *188*, *189*
サルドゥ　Sardou, Victorien 151, 167, 181 n
サルトリス　Sartoris, Alberto 287, 328 c, *44* n, *122*, *124* c, *136* n, *193* c, *194* c, *196*, *215*, *216* c, *247* c
サンダース　Sanders, T. 335
サンテリア　Sant'Elia, Antonio 28 c, *29*, *35*, *200*
サンドラール　Cendrars, Blaise 38
サンドリエ　Cendrier, Fr.-Ad. 137
シーヴ　Sive, André *388*
シェパー　Scheper, Hinnerk *57*, *62*
シェファー　Scheffer, L. S. P. 243
ジェファーソン　Jefferson, Thomas 28 c, *229*, 229 c, 231, 232, 232 c, 233, 235, 236, 237, 238, 259, *214*, *267*
シェリング　Shelling, Friedrich Wilhelm Joseph 28
シェロネ　Cheronnet, Louis *215*
ジェンティーレ　Gentile, Giovanni 200
ジェンニー　Jenny, William Le Barron 65, 250, 250 c, 252 c, 253, 254, 255, 258, 260, 265
シェーンベルク　Schönberg, Arnold *57*, *102* n
ジッテ　Sitte, Camillo 245, 247 n, 378, 379, 380, 396 n
ジネン　Ginain, Léon 154
シャガール　Chagall, Marc *102* n, *220*
ジャコブ　Jacob, Max 38
シャスラー　Schasler, Max 283, 284, 289 n
シャトーブリアン　Chateaubriand, François-René de 57, 84
シャフツバリー　Schaftesbury, Anthony 79, 114
シャーマイエフ　Chermayeff, Serge *229*, *231*
シャルトン　Charton 146
シャルリー　Charley 48
シャロー　Chareau, Pierre *215*, *234*
シャロウン　Scharoun, Hans *109*, *110* c, *114* c, *149*, *149* c, *169* n, *189* c, *190*, *197*, *367*, *369*, *381* n
シャンクランド　Shankland, Edward C. 257

483

ジャンヌレ　Jeanneret, Charles-Edouward
　　→ル・コルビュジエ
ジャンヌレ　Jeanneret, Pierre　70, 71 c, 72 c, 76, 78 c, 103 n, 105, 107 c, 108, 130, 136 n, 162 c, 164 c, 165 c, 175 c, 394
シュヴァリエ　Chevalier, Micher　66 n, 187, 218 n
シュヴァルツ　Schwarz, R.　239
シュヴィッタース　Schwitters, Kurt　43
シュタイガー　Steiger, Rudolf　170 n, 257, 258 c, 259
シュタイン　Stein, Clarence S.　306
シュタム　Stam, Mart　109, 110 c, 115
シュトゥッベン　Stübben, J.　118 c, 240 c, 377, 11
シュトラウプ　Straub, Hermann　193
シュナイダー　Schneider, Karl　189 c, 190
シュナイダー-エスレーベン　Schneider-Esleben, P.　368, 381 n
シュネック　Schneck, Adolf　109, 110 c
シュマッハー　Schumacher, Fritz　188, 196
シュマレンバッハ　Schmalenbach, Fritz　294, 347 n
シュミッテンナー　Schmitthenner, Paul　197
シュミット　Schmidt, Hans　257, 258 c
シュミット　Schmidt, Joost　62
シュミット　Schmidt, Karl　346, 51 c
シュミット-ロットルッフ　Schmidt-Rottluff, Karl　22
シュムツラー　Schmutzler, Robert　294, 347 n
シュリープルドム　Sully-Prudhomme, René　151
シュルツ-ナウムブルク　Schultze-Naumburg, Paul　198
ジュールデン　Jourdain Francis　215
シェルヘン　Scherchen, Hermann　54
シュレーヴ　Shreve, Lamb & Hermon　271
シュレンマー　Schlemmer, Oskar　47, 51 c, 54, 57, 196, 286, 287
ショウ　Shaw, George Bernard　171, 180 n
ショウ　Shaw, Richard Norman　216, 217, 219 n, 388
ジョヴァノーニ　Giovannoni, Gustavo　136 n, 214, 225 n
ショヴィンスキー　Schawinsky, A.　286
ショウコ　Schouko, V. A.　109, 176, 183
ショウッセフ　Schoussev, A. V.　175, 184
ジョージ　George, Henry　389, 396 n
ジョジック　Josic, A.　421, 458, 461, 461 c
ジョッリ　Giolli, Raffaello　204, 345
ジョリッティ　Giolitti, Giovanni　345

ジョーンズ　Jones, Owen　119, 129 n, 200 c, 201, 403
ジョンソン　Johnson, Philip　280 n, 110 c, 119 c, 132 c, 299 c, 315, 318 n, 319 n
ジルー　Giroux, M. R.　218
シレン　Sirén, Heikki & K.　334
ジロドゥー　Giraudoux, Jean　168
シローニ　Sironi, Mario　200
シンガー　Singer　248 c
シンケル　Schinkel, Karl Friedrich　47 c, 57, 74 c, 83 c
スウィンバーン　Swinburne, Algernon Charles　211
スカラ男爵　Scala, barone von　323
スカルパ　Scarpa, Carletto　348, 350
スカルペッリ　Scalpelli, Alfredo　207
スキッドモア, オウイングス, メリル　Skidmore, Owings & Merrill　313 c, 315, 437, 438, 439 c
スコット　Scott, George Gilbert　206, 212, 285, 290 n, 346, 321
スコット　Scott, Russel　142
スコット　Scott, Walter　237
進来廉　461
スターリン　Stalin, Josef Vissarionovic Dzugasvilij　342
スターリング　Sterling, J.　451
スタールクロフォラー　Staal-Kropholler, Margaret　90, 91 c
スティーブンソン　Stephenson, George　38, 77
スティーブンソン　Stephenson, Robert　89, 130, 201
スーデルマン　Sudermann, Hermann　57
ストノロフ　Stonorov, Oskar　306, 308
ストョルツル　Stölzl, Gunta　61, 193
ストラヴィンスキー　Strawinskij, Igor　54
ストリート　Street, George Edmund　206
ストリョーベル　Ströbel, Charles-Louis　251
ストルナド　Strnad, Oskar　193, 195, 224 n
ストーン　Stone, Eduard D.　306
スノウ　Snow, George Washington　248, 249
スフロ　Soufflot, Jacques-Germain　36, 42, 43 c
スペーア　Speer, Albert　199, 214, 221, 225 n
スミス　Smith, Adam　20, 21, 76
スミッソン　Smithson, Alison & Peter　176, 451, 458
スーラ　Seurat, George-Pierre　286, 294
スローン　Sloane, Hans　24
ゼヴィ　Zevi, Bruno　271, 280 n, 308, 329, 345 n, 44 n, 102 n, 103 n, 215, 225 n, 306, 318,

347, 348, 379 n
セヴェリーニ Severini, Gino 22, 27
セガン Séguin, Marc 48
関野真 407
セサール Cessart, Louis-Alexandre de 46, 48 c
セザンヌ Cézanne, Paul 179, 286, 287, 26
セディーユ Sédille, Paul 125
ゼムパー Semper, Gottfried 124, 201, 313, 68
セメノフ Semenov, V. 340, 379 n
セルダ Cerda, Ildefonso 112, 118 c
セルリエ-ボヴィ Serrurier-Bovy 296, 302
ソーヴェストル Sauvestre, S.-J. 150
ソコロフ Sokolov, M. 180
ソーヌ Soane, John 57
ソフィチ Soffici, Ardengo 200, 224 n
ソマルーガ Sommaruga, Giuseppe 345
ソムバルト Sombart, Werner 188, 218 n
ゾラ Zola, Emile 151, 403
ソリア Soria, Artro 387, 388 c, 389, 391, 395 c, 11
ソリアーノ Soriano, Raphael S. 306
ソールト Salt, Titus 114
ソールニエ Saulnier, Jules 142

タ行

タイゲ Teige, Karel 102 n, 166
ダイケル Duiker, Johannes 105
ダウ Dow, Alden B. 306
ダヴィウード Davioud, G.-J.-A. 146, 218
ダヴィッド David, Jacques-Louis 17 c, 57
タウト Taut, Bruno 347, 12, 19, 32 c, 56, 109, 110 c, 122, 123, 136 n, 142, 144, 149, 166, 171, 183, 188, 189, 190, 191, 196, 210, 226, 230, 414 n
滝沢真弓 407
ダストゥージェ Dastuge, M. 221, 222 c
辰野金吾 406
タトリン Tatlin, Vladimir E. 38, 173, 174 c
ターナー Turner, Joseph Mallard William 176, 205
谷口吉郎 407
ダネリ Daneri, Luigi Carlo 235 c, 238, 355 c
ダービー Darby, Abraham 42, 43
ダリ Dali, Salvador 394
ダリ Daly, C. D. 154
タレイラン-ペリゴール公爵 Talleyrand-Périgord, Charles-Maurice 36

ダロンコ D'Aronco, Raimondo 340 c, 342 c, 345
丹下健三 10, 12, 13, 76, 410, 411, 412, 430, 433, 467 n
ダンハム Dunham, John 419
チェスタートン Chesterton, Gilbert Keith 388, 396 n
チェッキ Cecchi, Emilio 253, 279 n
チェニー Cheney, Sheldon 122, 136 n
チェンバレン Chamberlain, Joseph 372
チャドウィック Chadwick, Edwin 54, 77, 79, 81, 82, 93, 94, 114, 199, 201, 372
チャンピオン Champion, M. 193
チンティ Cinti, Decio 29
ツァーラ Tzara, Tristan 35, 43
デ・アンドレアデ・フィロ De Andread Filho, Oscar 394
デイ Day, Lewis F. 216
ディオタレヴィ Diotallevi, Irenio 239
ティーグ Teague, W. D. 286
ディズレーリ Disraeli, Benjamin 93, 113, 189
ディッケンズ Dickens, Charles 20, 31 n, 130, 162, 163, 164, 166, 170, 176, 180 n
ディヨン Dillon 46, 48 c
デイリー Dailey, Gardner A. 306
ディンウィッディー Dinwiddie, John Ekin 306
デ・オリヴェイラ・レイス De Oliveira Reis, J. 388
デ・サンクティス De Sanctis, Francesco 284, 290 n
デ・シーカ De Sica, Vittorio 346
デスプレッツ Desprez, Jean-Louis 245
デッカー Döcker, Richard 109
デックス Dex, Josef-F. 193 c, 194 c, 224 n
デッシー Decsey 345
テッセノウ Tessenow, Heinrich 197, 199
デニス Denis, Maurice 287
テニソン Tenyson, Alfred 205, 212
デ・バーツェル De Bazel, Karel Petrus Cornelius 95
デペロ Depero, Fortunato 200
デュテール Dutert, Ferdinand 146, 358
デュフィ Dufy, Raoul 220
デュラン Durand, J.-N.-L. 57, 59 c, 61, 63, 65, 67 n, 126, 156, 358, 68, 266
テラーニ Terragni, Giuseppe 202, 207, 208 c, 238, 239, 345
デルヴォ Delvau, A. 167
デル・デビオ Del Debbio, Enrico 207, 380 n

485

テルフォード　Telford, Thomas　38, 40, 44, 45, 47, 48, 49 c
デールマン　Doehlmann, K.　*25*
テングボム　Tengbom, Ivar　*105, 106, 246*
ド・ウィット　De Witte, Siméon　239
ドゥシャン　Deschamp, M.　106
ドゥチャイエフ　Douchaiev, N.　*174*
ドゥドック　Dudok, Willem Marinus　13, *42, 45, 81, 92, 95, 96, 97, 98, 98* c, *99, 99* c, *138, 141, 215, 239, 451*
ドゥドレヴィッレ　Dudreville, Leonardo　*200*
ドゥフォー　Defoe, Daniel　38, 164
ドゥブレ　Debret, François　85
ドガ　Degas, Edgar　*403*
トクヴィーユ　Tocqueville, Charles-Alexis de　22, 31, 31 n, 55, 66 n, 385, 396 n, *129*
ド・クレルク　De Klerk, Michael　337 c, 339, 394, *90, 91* c, *95, 372*
ド・ソワイエ夫人　De Soye, Mme.　*403*
ド・ディオン　De Dion, Henri　146
トーネット　Thonet, Michael　*193*
ド・ボワンヴィーユ　De Boinville, C.　*406*
ド・マース　De Mars, Vernon　265 n, *306, 307* c
ド・マレ　De Maré, Eric　*331, 379* n
ドーミエ　Daumier, Honoré　126, 175 c, 176, 177
ド・モーガン　De Morgan, William　216
デュヴェイリエール　Duveyrier, Charles　186, 218 n
デュシャン　Duchamp, Marcel　*26, 35*
トラー　Toller, Ernst　*286*
ドラクロワ　Delacroix, Eugène　176
ドラノワ　Delannoy, M.-A.　119, 129 n
トリジエ　Trigier　140
ドリュー　Drew, Jane　*394*
トルヴァルドセン　Thorwaldsen, Bertel　57
ドルナッハ　Dornach　87
ドレ　Doré, Gustave　173 c, 175 c, 177
トレヴェリアン　Trevelyan, George Macaulay　21, 31 n, 66 n
ドレクスラー　Drexler, Arthur　*407, 414* n
トレサゲ　Trésaguet, Pierre-Marie　40
ドレッサー　Dresser, Christopher　216
トレラ　Trélat, Emile　154
ドレン　Derain, André　*22*
トロースト　Troost, Paul Ludwig　*198, 199*
トロッキー　Trockij　*173, 224* n
トーロップ　Toorop, Jan Theodor　294, 341
ドローネ　Delaunay, Robert　*22*
ドンデル　Dondel, J.-C.　220, 222 c

ナ行

ナヴィエ　Navier, Louis-Marie-Henri　36, 48
ナッシュ　Nash, John　38, 46, 47 c, 57, 61 c, 62 c, 63 c, 64 c
ナポレオン1世　Napoleon I　36, 40, 85
ナポレオン3世　Napoleon III　93, 94, 96, 102, 111, 124, 126, 137, 154, 169, 194
ナルジュー　Narjoux, Félix　97, 104 c, 105 c
ニーチェ　Nietzshe, Friedrich　284, *197*
ニーデルモザー　Niedermoser, Otto　345, *193* c, *224* n
ニーマイヤー　Niemeyer, Oscar Soars　319 n, 381 n, 384, 385, 386, 388, 392, 393 c, 394
ネルヴィ　Nervi, Pier Luigi　36, 60, 66 n, *238, 263, 351* c, *354*
ノイトラ　Neutra, Richard Joseph　329, 348 n, *166, 193* c, *195, 265* n, *274, 275, 275* c, *276, 276* c, *277, 278* c, *279* c, *280, 305, 308, 318, 319*
ノイフェルト　Neufert, Ernst　*347, 379* n
ノウルズ　Knowles, E. F.　*465*
ノルデ　Nolde, Emil　*22*

ハ行

バー　Burr　40
ハイネ　Heine, Heinrich　166, 180 n
ハイヤット　Hyatt, Thaddaeus　350
ハウ　Howe, George　*271* c, *273, 308*
バウアー　Bauer, Leopold　346
パウエル　Powell　216
ハウザー　Hauser, Arnold　*49, 120* n
ハウック　Hauck, G.　*25*
ハウプトマン　Hauptmann, Gerhart　*57, 102* n
バウマイスター　Baumeister, R.　377, 380, 396 n
バウマン　Baumann　345
パウル　Paul, Bruno　*22*
パーカー　Parker, Barry　382 c, 383
パガーノ　Pagano, Pogatsching Giuseppe　*122, 203, 204, 205* c, *207, 208, 211, 224* n, *225* n, *235* c, *238, 345*
パーキンス　Parkins, M. F.　*337, 379* n
バーク　Burke, Edmund　21
パクストン　Paxton, Joseph　38, 51, 65, 130, 135, 137, 199, *310*
バケマ　Bakema, Jacob B.　10, 12, 13, *176, 364, 372* c, *374, 377* c, *378* c, *381* n, *421, 443, 451, 454, 457, 458*

人名索引

ハーシュフェルトーマック　Hirschfeld-Mack, L. *54*
バジレ　Basile, Ernesto　345
バーズレー　Beardsley, Aubrey　293 c , 309
ハセナウアー　Hasenauer, Karl　319
バセラ　Becerra, Manel　389
パーダム　Purdom, C. B.　396 n , *317* c , *321*, *322* c
バッキンガム　Buckingham, James Silk　189
ハッチンソン　Hutchinson, Henry　85
パット　Patte, Pierre　52, 57
バッラ　Balla, Giacomo　*22*
バトラ　Butler, Samuel　170, 180 n
バートン　Burton, Decimus　50, 137
バードン　Burdon, Rowland　44, 44 c , 45 c
バーナム　Burnham, Daniel　251, 251 c , *252* c , 254, 256 c , 257, 257 c , 260, 260 c , 261, 261 c , 262, 268, 271, *11*
ハニーマンとケピー　Honeyman & Keppie　309
バーネット　Burnet, John　*105*
パノフスキー　Panofsky, Erwin　*25*
パパダキ　Papadaki, Stamo　*124* c , *386*, *388*, *413* n
パピーニ　Papini, Giovanni　*200*
ハミルトン　Hamilton　*108*
バラ　Balat, Alphonse　296
パラーディオ　Palladio, Andrea　40, *132*
パランティ　Palanti, Giancarlo　*239*, *386*, *413* n
バリー　Barry, Charles　83 c , 85
ハリス　Harris, Harwell Hamilton　306
ハリソン　Harrison, Wallace Kirkman　306, 308, *309* c , *311*, *315*, *425*, *437*
バル　Ballu, Théodore　124
バール　Ball, Ugo　*35*
バルザック　Balzac, Honoé de　166
バルタール　Baltard, Louis-Pierre　57
バルタール　Baltard, Victor　97, 124, 125
バルチュ　Bartch, M.　*177*, *177* c
バルトニング　Bartning, Otto　*149*, *169* n , *257*, *369*, *371*, *381* n
ハルトマン　Hartmann, Eduard　283, 284, 289 n
ハルバース　Harbers, G.　*198*
バルブ　Barbe, Pierre　215
バルボーザ　Barbosa, Horta　*388*
バロー　Barrault, Alexis　137
バーロウ　Barlow, Montague　*321*
バロッシュ　Baroche, M.　103
バローニ　Baroni, Nello　*206*, *206* c
ハワース　Howarth, Thomas　309 c , 310 c , 312

c
ハワード　Howard, Ebenezer　381, 382, 382 c , 383, 384, 385, 386, 387, 388, 389, 395 c , *11*, *137*, *321*, *323*, *443*
ハワード　Howard, John　79
パンギュッソン　Pingusson, M.　*363*
バンシャフト　Bunshaft, Gordon　*311*, *437*, *442*
バーン・ジョーンズ　Burne Jones, Edward　205, 212, 217, 294
バーンズレー　Barnsley　216
ハンツマン　Huntsmann, Richard Morris　42
ハンフリー　Humphrey, H. N.　219 n
ピアチェンティーニ　Piacentini, Marcello　*202*, *204*, *211*, *225* n
ビアンコ　Bianco, Mario　*347*
ピエロン　Pierron　146
ピカソ　Picasso, Pablo　*22*, *23* c , *25*, *220*, *222* c , *223*
ピカビア　Picabia, Francis　*36*
ピカール　Picard, Edmond　294
ピサロ　Pissarro, Camillo　111, 178, 179 c , 294
ピスカトール　Piscator, Erwin　*125*, *136* n , *150*, *151* c
ビスマルクーシェーンハウゼン　Bismarck-Schönhousen, Otto von　93, 189, *10*
ピチナート　Piccinato, Luigi　*207*, *211*, *380* n
ピッカリング　Pickering, Ernest　*420*, *467* n
ピッケンズ　Pickens, Buford L.　*419*, *467* n
ヒッチコック　Hitchcock, Henry-Russel Jr.　279 n , *122*, *136* n , *230*, *283*, *318* n , *379* n , *413* n
ピット　Pitt, William　20
ヒットラー　Hitler, Adolf　*185*, *196*, *199*
ビネ　Binet, J.-René　343
ピーバディ　Peabody, George　114
ピュイ　Puy, Jean　*22*
ピュージン　Pugin, Augustus Welby　91 n , 160 c , 198, 218 c , 236
ピラネジ　Piranesi, Giovanni Battista　24 c
ヒル　Hill, Albert Henry　306
ヒル　Hill, Octavia　114
ビル　Bill, Max　*103* n , *260* c , *263* c , *265* n , *369*, *387*
ピール　Peel, Robert　198
ヒルデブランド　Hildebrand, Adolf　284, 290 n
ヒルベルザイマー　Hilberseimer, Ludwig　*103* n , *109*, *110*, *122*, *123*, *136* n , *152* c , *161*, *171*, *190*, *191*, *196*, *230*, *286*
ビング　Bing, Samuel　305, 341

487

ビンデスボール　Bindesboll, M. G. B.　*245*
ヒンデミート　Hindemith, Paul　*54*, *131*
ファー　Farr, William　81, 199
ファイニンガー　Feininger, Lyonel　8 c, *30*, *46* c, *47*, *50*
ファリエッロ　Fariello, Francesco　*170* n, *213*
ファーレンカンプ　Fahrenkamph, Emil　*191*, *192*, *197*, *199*, *207*, *208*, *217*
ファン・アイク　Van Eyck, Aldo　*451*
ファン・エーステレン　Van Eesteren, Cor　*38*, *45*, *170* n, *239*, *244*, *245*, *451*
ファン・ゴッホ　282 c, *286*, *287*, 289, 291 n, 294
ファーンズワース　Farnsworth, Edith　*303*
ファン・ティエン　Van Tijen, W.　95, *239*, *240*, *241* c, *242*, *243*, *376*
ファン・デル・フルークト　Van der Vlugt, L. C.　*13*, *95*, *239*, *240*, *240* c, *241*, *241* c, *451*
ファン・デル・マイ　Van der Mey, J. M.　339, *90*
ファン・デル・レック　Van der Leck, Bart　*38*
ファン・デン・ブローク　Van den Broek, Johannes　*240*, *364*, *372* c, *374*, *377*, *377* c, *381* n, *421*, *443*, *451*, *454*, *457*, *458*
ファン・ドースブルフ　Van Doesburg, Theo　288, *38*, *41*, *42*, *43*, *50*, *59*, *67*, *90*, *92*, *102* n, *174*, *244*
ファン・トラー　Van Traa, C.　*374*, *381* n
ファン・トンゲルロー　Van Tongerloo, Georges　*38*
フィオレンティーノ　Fiorentino, Mario　*352* c, *357*, *380* n
フィジーニ　Figini, Luigi　*202*, *212*, *350*
フィッシャー　Fischer, Josef　*124*
フィッシャー　Fischer, Kay　*334*, *381* n
フィッシャー　Fischer, Theodor　*188*
フィッシャー―エッセン　Fischer-Essen, Alfred　*105*
フィーデフェルト　Vijdeveld, H. T.　*90*, *105*, *318* n
フィドラー　Fiedler, Konrad　283, 284, 287, 289 n, 290 c, 291 c
フィリア　Fillia　*44* c, *122*, *136* c
フィールド　Field, W. & sons　245 c, 246
フィンステルリン　Finsterlin, Hermann　*33* c
フィンチ　Finch, A. W.　294, 295
フェスニン　Vesnin, A. & L. & V.　*174* c, *175*, *176*, *177*
フェヒナー　Fechner, Gustav Theodor　283, 289 n

フェラリス　Ferraris, Galileo　*9*
フェリー　Ferry, Jules　168, 169, 180 n
フェルスター　Förster, C. F. Ludwig　113
フェルド　Feld, Jacob　*419*
フォークナー　Faulkner, Barry　*9*
フォーショウ　Forshow, J. H.　*323*, *323* c, *379* n
フォション　Focillon, Henri　*220*
フォックス　Fox　130
フォッシーニ　Foschini, Arnaldo　*204*, *207*, *211* c
フォルカルト　Vorkart, Hans　*198*
フォルミジェ　Formigé, J.　146, 155 c
フォンテーヌ　Fontaine, Pierre-François-Léonard　46, 50, 57, 60 c, 111, 192 c, 193 c, 194
ブキャナン　Buchanan, G. D.　*76*, *445*, *447* c
フスツァール　Huszar, Vilmos　*38*
ブゾーニ　Busoni, Ferruccio　*54*
フック　Hooke, Robert　35
ブッチ　Bucci, A.　*200*
フッド　Hood, Raymond M.　*267*, *271*, *273*, *273* c, *437*
ブッヘル　Bucher, Lothan　135, 158 n
プティ　Petit, Eugène-Claudius　*358*, *380* n, *427*
フード　Hood, C.　247 n
フニ　Funi, Achille　*200*
フーバー　Huber, Patriz　320
フーバッハー　Hubacher, Carl　*257*, *258* c
プフルーク　Pflug, H.　*57*
フラー　Fuller, Buckminster　*306*
フライ　Frey, Albert　265 n, *306*
ブライル　Bleyl, Fritz　*22*
ブラウニング　Browning, Robert　212
ブラウン　Brown, Ford Madox　206
ブラウン　Brown, Samuel　47
フラシャ　Flachat　140
フラッグ　Flagg, Ernest　247
ブラック　Braque, Georgec　288, *22*, *25*, *44* n, *220*
ブラックモン　Bracquemond, Félix-Henri　*403*
ブラッツ　Platz, Gustav Adolf　307 c, *319* c, 326 c, *14* c, *20* c, *34* c, *122*, *136* n, *189* c, *230*
ブラマンテ　Bramante, Donato　*269*
ブランキ　Blanqui, Jérôme-Adolphe　82, 91 n
フランク　Frank, Josef　*109*, *110* c, *139*, *193* c, *224* n
プランク　Planck, Max　*25*
フランクリン　Franklin, Benjamin　223

フランケ	Francke, Kuno 276		276, 280 n, 286, 294, 305, 307, 313, 343, 347 n, 363, 371 n, *43* n, *230*
ブリアン	Briand, Aristide *116*	ヘーガー	Höger, Fritz *186* c, *188*
フーリエ	Fourier, Charles 185, 186, 187, 188, 189, 191, 218 n, *364*	ヘーゲル	Hegel, Georg Friedrich 119
フリエツ	Friesz, Othon 22	ベーコン	Bacon, E. N. *463*
ブリッジウォーター公	Bridgewater, duca di 40	ヘス	Hess, Walter 290 n, 291 n, *43* n, *44* n, *103* n, *136* n
ブリッジェンス	Bridgens, R. P. *406*	ペース・アソシエーツ	Pace Associates *304*, *319* n
プリッチャード	Pritchard, Thomas Farnolls 43, 44 c	ベックフォード	Beckford, William 84
ブリンクマン	Brinkman, Johannes Andreas *95*, *240*, *240* c, *241* c, *451*	ヘッケル	Heckel, Erich 22
ブリンドレー	Brindley, James 39	ヘッセ	Hesse, Fritz 57
ブルーヴェ	Prouvé, Jean *461*	ヘッセン公	Hessen *14*
ブルグハウス伯爵	Burghaus, conte di 46	ヘッチュ	Hetsh, G. E. *245*
ブルクハルト	Burckhardt, Jakob 284	ペテルソン	Peterson, Carl *246*
ブルジョワ	Bourgeois, Victor 347 n, *109*, *110* c, *170* n, *215*, *239*	ヘドクヴィスト	Hedqvist, P. *247*
フルセンベック	Hulsenbeck, Richard 36	ベネヴォロ	Benevolo, Renza 14
ブルック	Burck, Paul 320	ベネット	Bennett, Edward H. 250, 261 c, 262, 376, *11*
ブールデ	Bourdais, Jules-D. 146	ヘノフ	Hönov, Günther *381* n
ブルトン	Breton, André *36*	ヘフェシ	Hevesi, Ludwig 320
ブルトン	Boulton, Matthew 38, 42	ヘーベル	Höber, Fritz *13* c, *14* c
プルードン	Proudhon, Pierre-Joseph 167, 169, 180 n	ベーム	Böhm, Dominikus *166*, *188*, *191*, *197*, *207*
ブルネル	Brunel, Isambard Kingdom 38, 48, 49 c	ベーユ	Bailly, Jean-Sylvain 16
ブルネレスキ	Brunelleschi, Filippo *422*, *424*	ベラミー	Bellamy, Edward 383, 396 n
ブルレ-マルクス	Burle-Marx, Roberto *386*, *388* c	ベラルディ	Berardi, Pier Nicolò *206*, *206* c
ブレー	Boullée, Etienne-L. 57, 60, *194*	ベランジェ	Bélanger, François-Joseph 46, 124
ブレイク	Blake, William 294, 384	ベリー	Baillie, Scott M. 310
ブレカオ	Bulecao, Athos *394*	ペリアン	Perriand, Charlotte *116*, *215*, *409*, *414* n, *461*
フレジエ	Frezier, Amédée-François 55	ヘリング	Häring, Hugo *149*, *169* n, *189*, *193* c, *195*
プレダヴァル	Predaval, G. *235* c, *238*	ベルグラン	Belgrand, François-Eugène 97
フレッテ	Frette, Guido *202*	ペルシエ	Percier, Charles 46, 50, 57, 60 c, 111, 191, 192 c, 193 c, *194*
ブレヒト	Brecht, Bertolt 35, 126, 136 n		
ブロイヤー	Breuer, Marcel 288, *61*, *63* c, *116*, *193*, *196*, *226*, *230*, *231*, *259*, *265* n, *286*, *289*, *290*, *291* c, *308*, *372* c	ペルシコ	Persico, Edoardo 218 n, 327, 347 n, *394*, 396 n, *134*, *136* n, *154*, *170* n, *202*, *208*, *224* n, *210*, *211*, *214*, *226*, *246*, *265* n, *345*
ブロック	Bloc, André *215*	ペルシーニュ	Persigny, Jean-Gilbert 94, 99
フローベル	Flaubert, Gustave 154	ベルスキ	Belluschi, Pietro 306
ペアレント	Parent 35	ベルチャー	Belcher, D. J. & Ass *388*
ペイ	Pei, I. M. *463*	ペルツィヒ	Poelzig, Hans *17*, *34* c, *57*, *87*, *102* n, *109*, *110* c, *171*, *186*, *187*, *196*, *239*
ベイフット	Bijvoet, B. *105*		
ベイヤー	Bayer, Herbert 61, 64 c, *102* n, *116*, *196*, 224 n, *286*, 318 n	ヘルツェル	Hölzel 47
ペイン	Paine, Thomas 43	ベルトン	Belton, W. & Ass. *462*
ベインズ	Baines, E. 161	ベルナスコーニ	Bernasconi, Givanni 29, *44* n
ペヴスナー	Pevsner, Nikolaus 179, 214, 219 n,	ベルナノス	Bernanos, Georges *223*
		ベルヌーイ	Bernoulli, Jacques 35

ヘルフライヒ　Helfreich, W. G.　*109, 176, 183*
ベルラーヘ　Berlage, Hendrik Petrus　10, 90, 262, 334, 334 c, 338, 339, 346, 378, 391, 392 c, 393, 394, *11, 22, 44* n, *90, 92, 95, 97, 99, 105, 106, 129, 141, 239, 451*
ヘルマン　Hermann　124
ヘルマン　Hermann, D. & K.　305
ペレー　Perret, Auguste　10, 60, 292, 350, 351, 352, 352 c, 353 c, 354 c, 355 c, 356, 357, 357 c, 358, 358 c, 359, 359 c, 370, 371 n, *10, 68, 70, 215, 220* c, *239, 260, 261, 263, 301, 354, 359, 359* c, *360*
ペレー　Perret, Claude　351, 352
ペレー　Perret, Gustave　351, 352
ベーレンス　Behrens, Peter　319, 347, *12, 13* c, *14, 15, 17, 18, 19, 22, 50, 55, 57, 102* n, *109, 110* c, *154, 186, 187, 196, 199, 227, 239*
ベーレント　Behrendt, Walter Curt　56, *135* n, *230, 265* n, *379* n
ベロック　Belloc, Hilaire　69, 90 n
ペローネ　Perronet, Jean-Rodolphe　40, 41 c, 42, 66 n
ペン　Penn, William　224, 227 c
ベンサム　Bentham, Jeremy　182
ベンジャミン　Benjamin, Asher　237
ベンソン　Benson　216
ヘンダーソン　Henderson　130
ボー　Bo, Crlo　*347, 379* n
ボーア　Bohr, Niels Hendrik David　*25*
ホイザー　Heuser, Werner　*50*
ホイッスラー　Whistler, James Abbott McNeill　217, 294, *403*
ホイットマン　Whitman, Walt　264
ボイト　Boito, Camillo　285, 290 n, 345
ボイニントン　Boynington, William, W.　250
ポウルソン　Poulsson, Magnus　*246*
ボガーダス　Bogardus, James　238
ポセナー　Posener, Julius　*136* n, *197, 199, 224* n
ポーター　Porter, G. B.　161
ポッジ　Poggi, Giuseppe　112
ボッセルト　Bosselt, Rudolph　320
ボッチオーニ　Boccioni, Umberto　*22, 29, 35*
ホッフシュタット　Hoffstadt, Friedrich　86, 91 n
ホッペ　Hoppe, E.　*29*
ボーデンハウゼン　Bodenhausen, Eberhard　305
ボード　Baudot, Anatole de　147, 350, 352 c
ボードウイン　Beauduin, Eugène　*138, 215, 234, 234* c, *265* n, *381* n, *425*

ポドモア　Podmore, Frank　184, 218 n
ホドラー　Hodler, Ferdinand　294
ボナー　Bonnat, Léon-Joseph　151
ボーナー　Honer, T.　242 c
ボナーツ　Bonatz, Paul　*188, 189, 191, 197, 224* n, *239*
ホーバン　Hoban, James　233
ホフマン　Hoffmann, Hubert　*381*
ホフマン　Hoffmann, Josef　10, 292, 296, 316, 323, 325, 326 c, 329, 345, 347, 394, *19, 57, 102* n, *105, 106, 139, 193, 194, 194* c, *195, 197, 199, 208, 225* n
ホフマンスタール　Hoffmannsthal, Hugo von　*57*
ボフラン　Boffrand, Germain　52
ポルタルッピ　Portaluppi, Piero　*201*
ボーマン　Baumann, Frederick　252, 252 c
ホーム　Home, H.　295
ホラバード　Holabird, William　251, 255 c, 256
ホラバードとルート　Holabird & Root　*271, 274, 304, 319* n
堀口捨己　*407, 409*
ポリーニ　Pollini, Gino　*202, 212, 350*
ホール　Hall, Raymond Viner　*306*
ボルダ　Borda, Jean-Charles　36
ホルツマイスター　Holzmeister, Clemens　*139, 191, 192, 193* c, *207, 217*
ポルティナリ　Portinari, Aristide　*385*
ボルデッティ　Boldetti, Marc'Antonio　24
ボールドウイン　Boldwin, C. W.　253
ホルフォード　Holford, William　*388, 392, 413* n, *414* n
ポレニ　Poleni, Giovanni　35
ボロミーニ　Borromini, Francesco　285, 290 n
ポロンソー　Polonceau, Antoine-Rémi　46
ホワイト　White, A. T.　245 c, 246
ボワロー　Boileau, Louis-Auguste　*220*
ホンジク　Honzik, Karel　265 n
ポンティ　Ponti, Gio　201, 204, 207

マ行

マイ　May, Ernst　*122, 142, 143, 144, 165, 171, 180, 183, 183* c, *190, 196, 208, 226*
マイエルグレフェ　Meier-Gräfe, Julius　305, 306 c
マイケルソン　Michelson　*25*
マイヤー　Meyer, Adolph　*16* c, *20* c, *47, 54, 102* n, *105, 106* c, *170* n, *171, 183, 226, 230*

人名索引

マイヤー　Meyer, Hannes　*62, 105*
マイヤー　Meyer, Peter　*122, 136* n
マイヤール　Maillart, Robert　357, *260, 260* c, *262, 263*
マウス　Maus, Octave　294
前川国男　*407, 410, 411, 412, 413*
マカダム　Macadam, John London　40
マークス　Marks, M.　*403*
マクスウェル-フライ　Maxwell-Fry, Edwin　*226, 228* c, *231, 265* n, *394*
マクドナルド　Macdonald, Frances　308
マクドナルド　Macdonald, Margaret　308
マクネアー　Macnair, Herbert　309
マクマード　Mackmurdo, Arthur H.　216, 293 c, 294, 308
マーシャル　Marshall　9, 206
マースカント　Maaskant, H. A.　*240, 242* c, *243, 376*
マチス　Matisse, Henri　*22, 220, 287*
マッカーシー　McCarthy, Francis Joseph　*306*
マッキネル　Mackinnel, N. M.　*465*
マッキム　Mac Kim, Charles Follen　260, 262
マッキム、ミード、ホワイト　Mac Kim, Mead & White　*267*
マッキントッシュ　Mackintosh, Charles Rennie　90, 289, 308, 309, 310, 311, 312, 312 c, 313, 343, 346, 391
マッテルン　Mattern, T.　*367*
マネ　Manet, Edouard　171, 178, 180 n
マヤコフスキー　Majakovskij, Vladimir　38, 171, 173
マラー　Marat, Jean-Paul　18
マリオッテ　Mariotte, Edmé　35
マリネッティ　Marinetti, Filippo Tommaso *29, 35, 200, 207*
マルキ　Marchi, Virgilio　*200*
マルキエール-ジルモウンスキー　Markiel-Jirmounsky, M. M.　*122, 136* n
マルク　Marc, Franz　22, 30, 31 c, 44 n
マルクス　Marcks, Gerhard　*47*
マルクス　Marx, Karl　188, 189, 218 n
マルケ　Marquet, Albert　*22*
マルケリウス　Markelius, Sven　*247, 319* n, *333, 425*
マルサス　Malthus, Thomas　21, 38
マルシッヒ　Marussig, Pietro　*200*
マルセル　Marcel, Gabriel　220
マルドナド　Maldonado, T.　*369*
マルロー　Malraux, André　*422*
マレヴィッチ　Malevic, Kasimir　*38*

マレスコッティ　Marescotti, Franco　*239*
マレ-ステヴンス　Mallet-Stevens, Robert *202, 221, 234*
マレルバ　Malerba, Emilio　*200*
マンギャン　Manguin　22
マンサール　Mansart, Jules Hardouin　96
マンドロ夫人　Mandrot, Mme de　*127*
マンフォード　Mamford, Lewis　170, 387, 396 n
ミーク　Mique, Richard　23 c
ミケルッチ　Michelucci, Giovanni　*204, 206* c, *207, 350, 354*
ミース・ファン・デル・ローエ　Mies van der Rohe, Ludwig　10, 12, 13, 279, *14, 15, 22, 57, 81, 82, 83* c, *84, 85, 85* c, *99, 104, 109, 110* c, *111, 119* c, *120, 121, 121* c, *129, 131, 132, 133, 134, 135, 156, 174, 189, 192, 196, 197, 202, 207, 208, 216, 226, 283, 286, 297, 298* c, *300, 301, 304, 305*
ミヌーチ　Minucci, Gaetano　*212*
ミノレッティ　Minoletti, Giulio　*239*
ミューラー-ライヤー　Müller-Lyer, F.　*165*
ミュンター　Münter, Gabriele　22
ミリツィア　Milizia, Francesco　57
ミリニス　Milinis, J.　*176, 178* c
ミリューティン　Miljutin, N. A.　*181, 182* c, *224* n
ミル　Mill, John Stuart　166, 180 n, 201
ミルズ　Mills, Robert　238
ミレー　Millet, Jean-François　176
ミロ　Miró, Juan　*223*
ミロー　Milhaud, Darius　*38*
ミンコフスキー　Minkovski　25
ミンドリン　Mindlin, Henrique E.　386, 388 c, 413 n
ムジア　Muggia, Attilio　*105*
ムツィオ　Muzio, Giovanni　*201, 224* n
ムッソリーニ　Mussolini, Benito　203
ムッヘ　Muche, George　*47, 57*
ムーディ　Moody, Walter D.　262
ムテジウス　Muthesius, Hermann von　303, 323, 346, 347 n, *12, 14, 57*
村野藤吾　*412*
ムルジェ　Murger, Henri　289
ムンク　Munch, Edvard　293 c, 294
明治天皇　*406*
メスニル　Mesnil, J.　*25*
メソニエ　Meissonier, Jean-Louis-Ernest　151
メットカーフ　Metcalf, John　39
メーテルリンク　Maeterlinck, Maurice　294

491

メニケッティ　Menichetti, Gian Carlo　*357*
メラン　Melun, Anatol de　54, 82, 166
メルニコフ　Melnikov, K.　*174, 176*
メログラニ　Melograni, Carlo　14, *224* n, *357*
メンデルゾーン　Mendelsohn, Erich　13, *82, 85,*
　　86 c, *87, 87* c, *88* c, *89* c, *90, 99, 107* c,
　　108, 131, 134 c, *135, 136* n, *171, 176,*
　　184, 196, 208, 227, 229, 231, 265 n, *274,*
　　283, 286, 318 n
モザー　Moser, Karl　*105, 106, 257*
モザー　Moser, Kolo　323
モザー　Moser, Werner M.　*257, 258* c, *259,*
　　265 n
モース　Morse, Edward S.　*403*
モニエ　Monier, Joseph　350, 351 c
モネ　Monet, Claude　111, 176 c, *177* c, *178*
モーパッサン　Maupassant, Guy de　151
モーフェット　Morphet, Lord　79
モホリ-ナギ　Moholy-Nagy, Laszlo　*47, 57, 62,*
　　102 n, *116, 120, 196, 286, 287, 289*
モホリ-ナギ　Moholy-Nagy, Lucia　*65* c, *193*
モラー　Moller, Erik　*250* c, *252*
モーリアック　Mauriac, François　*220*
モリス　Morris, Gouverneur　239, 245
モリス　Morris, Tolwin　308
モリス　Morris, William　8, 9, 10, 11, 90, 170, 181,
　　191, 197, 201, 205, 206, 207, 208, 208 c, 209, 210,
　　210 c, 211, 213, 214, 215, 216, 217, 292, 295, 296,
　　302, 305, 308, 311, *12, 26, 50, 55, 77, 229,*
　　230, 266, 267, 420
モリス, フォクナー, マーシャル　Morris, Faulkner & Marshall　9, 206
モルブルゴ　Morpurgo, Vittorio　*207*
モーレー　Morley　25
モレイラ　Moreira, Jorge Machado　*384*
モレッティ　Moretti, Gaetano　345, *213*
モンジュ　Monge, Gaspard　36, 38, 42
モントゥオリ　Montuori, Eugenio　*207, 346* c
モンドリアン　Mondorian, Pieter Cornelis　288,
　　38, 39 c, *40* c, *43, 44* n, *67, 90, 92, 102* n,
　　286, 401, 405 n

ヤ行

ヤコブセン　Jacobsen, Arne　10, 12, 13, *249,*
　　250, 252, 336, 336 c, *381* n, *442, 443*
ヤマザキ　Yamazaki, Minoru　*314* c, *318*
山田守　*409, 410*
ユーゴー　Hugo, Victor　85
ユスティ　Justi, Ludwig　57

ヨーク　Yorke, Francis Reginald Stevens
　　230, 231
横河民輔　*406*
吉野作造　*407*
ヨハン　Johan, Boris M.　*183, 221*
ヨブスト　Jobst, G.　*371*
ヨルトウスキー　Joltowsky, N. B.　*108, 176*

ラ行

ライ　Ray Mann　36
ライト　Wright, Frank Lloyd　10, 90, 189, 252,
　　253, 260, 264, 265, 269, 270, 271, 272 c, 273, 274
　　c, 276, 277, 278, 279 n, 280 n, 346, 370, *12, 19,*
　　150, 257, 269 c, *271, 274, 280, 281* c,
　　282, 282 c, *283, 284, 285, 291, 292, 306,*
　　318 n, *347, 379* n, *405, 407, 414* n
ライプニッツ　Leibniz, Gottfried Wilhelm　35
ラインハルト　Reinhard, Max　57
ラヴェダン　Lavedan, Pierre　51, 66 n, 91 n,
　　128 n, 180 n, 218 n, 247 n, 260 c, 279 n, 396 n,
　　380 n
ラギアンティ　Ragghianti, Carlo Ludovico
　　204, 414 n
ラグランジュ　Lagrange, Joseph-Louis　36
ラザーフォード　Rutherford, John　239
ラスー　Lasus, J. B. A.　85, 89
ラスキン　Ruskin, John　10, 89, 91 n, 114, 135,
　　158 n, 170, 197, 202, 203, 204, 205, 207, 209, 211,
　　212, 217, 292, 296, 311, 339, 379, 381, 396 n, *55,*
　　266, 277, 318 n, *443*
ラズダン　Lasdun, D.　*451*
ラストリック　Rastrick, John　46
ラッセル　Russel, Bertrand　166, 180 n, 218 n,
　　10, 43 n
ラッセル卿　Russel, Lord　79
ラディコンチーニ　Radiconcini, Silvio　*348*
ラーディング　Rading, Adolf　*109, 110* c, *189*
　　c, *197*
ラテナウ　Rathenau, Emil　*14, 38, 154*
ラドフスキー　Ladovski, A.　*174*
ラトローブ　Latrobe, Benjamin H.　235, 236
ラピサルディ　Rapisardi, Gaetano　*204*
ラビュ　Rabut, Charles　351
ラファイエット　Lafayette, Marie-Joseph du
　　Motier de　187
ラフェーヴァー　Lafever, Minard　237
ラプラス　Laplace, Pierre-Simon　36
ラブルースト　Labrouste, Pierre-François-Henri　97, 124, 126, 238, 358, *68*

ラボルデ	Laborde, L. de	201
ラムボ	Lambot, J.-L.	140
ラムボー	Rimbaud, Arther	289, *10*
ラリアノフ	Larianov	38
ラルコ	Larco, Sebastiano	*202*
ラルストン	Ralston, Alexander	237 c, 239
ラングリー	Langley, Batty	84
ラングホースト	Langhorst, Frederick L.	*306*
ランサム	Ransome, Ernest L.	350
ランツァ	Lanza, Maurizio	*357*
ランドマン	Landmann, Ludwig	*143*, *144*, *169* n
ランファン	L'Enfant, Pierre-Charles	235, 236, 239, *243*, *262*
リーグル	Riegl, Alois	286, 290 n
リサゴール	Lissagor	*176*
リシツキー	Lissitzky, El.	38, *174*
リゾッティ	Rizzotti, Aldo	*347*, *379* n
リチャードソン	Richardson, B. W.	189
リチャードソン	Richardson, Henry Hobson	90, 237, 251 c, 254, 257, 262, 263 c, 264, 273, *267*, *271*
リックマン	Rickmann, Thomas	85
リップマン	Lippman, Walter	*421*, *465*, *467* n
リートフェルト	Rietveld, Gerrit Thomas	38, *40* n, *41*, *42*, *193* c, *195*, *195* c
リドルフィ	Ridolfi, Mario	*207*, *237* c, *238*, *347*, *349*, *352* c, *354*, *357*
リヒター	Richter, Hans	38
リヒトヴァルク	Lichtwark, Alfred	341
リープクネヒト	Liebknecht, Karl	*83*
リプシッツ	Lipchitz, Jacques	*217*, *220*, *384*
リベイロ	Ribeiro, Paulo Antunes	*388*, *392*
リモンジェッリ	Limongelli, Alessandro	*202*
リンカーン	Lincoln, Abraham	*421*
リング	Ling, Arthur	*448*
リンジェリ	Lingeri, Pietro	*203*, *239*
リンドハーゲン	Lindhagen, Albert	112
リントン	Linton, William James	216, *403*
ルイ	Louis, Victor	42
ルイ14世	Louis XIV	23, *194*, *103* n
ルイ15世	Louis XV	23
ルイ・ナポレオン	Louis Napoleon	⇨ナポレオン3世
ルイ・フィリップ	Louis Filippe	81, 187
ルオー	Rehault	50
ルカとボーフィーユ	Lecas & Beaufils	*218*
ルクセンブルク	Luxemburg, Rosa	*83*
ル・コルビュジエ	Le Corbusier	10, 12, 13, 14, 37, 66 n, 189, 247 n, 301, 329, 349, 370, 371 n, 391, *14*, *24*, *30*, *36* n, *37*, *38*, *44* n, *68*, *69*, *70*, *71* c, *72*, *73*, *74*, *75* c, *76*, *77*, *78* c, *81*, *82*, *92*, *99*, *103* n, *104*, *105*, *108*, *109*, *110* c, *113*, *113* c, *116*, *122*, *127*, *129*, *131*, *133*, *134*, *135*, *135* n, *136* n, *140*, *150*, *157*, *158* n, *161*, *162*, *162* c, *163*, *164*, *166*, *167*, *168*, *170* n, *171*, *175* n, *176*, *178*, *180*, *202*, *204*, *207*, *210*, *215*, *216*, *217*, *219* c, *221*, *223*, *224* n, *225* n, *226*, *227*, *231*, *232*, *233*, *239*, *245*, *257*, *265* n, *269*, *285*, *308*, *309*, *309* c, *318*, *319*, *359*, *360*, *361*, *362*, *362* c, *363* c, *364*, *387*, *394*, *395* c, *398*, *399*, *400*, *401*, *402*, *407*, *412*, *413*, *421*, *422*, *423*, *424*, *424* c, *425*, *427*, *427* c, *428*, *428* c, *429*, *430*, *451*, *459*, *461*
ルコント・ド・リール	Leconte de Lisle, Charles Marie	151
ルザンナ	Lusanna, Leonardo	*206*, *206* c
ル・シャプリエ	Le Chapelier, Isaac-René-Guy	16, 17, 18, 29, 30
ルーズベルト	Roosevelt, Franklin Delano	*285*
ルソー	Rousseau, Henri	286
ルソー	Rousseau, Jean-Jacques	29, 30, 31 n
ルックハルト	Luckhardt, Hans	*32* c, *82*, *189*, *193*, *197*, *369*
ルックハルト	Luckhardt, Wassily	*82*, *189* c, *193*, *197*, *369*, *381*
ルッソロ	Russolo, Luigi	22
ルート	Root, John Welborn	250 c, *251*, *252* c, *256* c, *257* c, *258*, *260*, *264*
ルドゥー	Ledoux, Claude-Nicolas	15 c, 56 c, 57, 181, 218 n, *194*, *266*
ルドネフ	Rudnev, Leone	*340*
ルドルフ	Rudolf, Paul	*318*
ルナチャルスキー	Lunačarskij, Anatolij Vasilevic	*214*, *225* n
ルナン	Renan, Joseph-Ernest	147
ルノー	Renault, Georges	22, *220*
ルノアール	Renoir, Pierre-Auguste	*178*, *294*
ルノアール	Lenoir, Victor	46
ルベトキン	Lubetkin, Berthold	*224* n, *227*
ルーベンス	Rubens, Peter Paul	*287*
ルーリ	Lugli, Piero	*357*, *380* n
ルルー	Leroux, M. L.	218, *218* c
レイヴァリ	Lavery, John	*308*
レイディ	Reidy, Affonso Eduardo	*384*, *386*, *387*, *389* c

493

レヴァー　Lever, M.　*381*
レヴィ　Levi, Rino　*386*, *413* n
レオニドフ　Leonidov, Ivan　*176*, *180*, *181*, *183*
レオン　Leão, Carlos Azevedo　*384*, *385* c
レザビー　Lethaby, William Richard　216
レジェ　Léger, Fernand　*22*, *36* c, *217*, *225* n
レドグレイヴ　Redgrave, Richard　201, 219 n
レナッコ　Renacco, Nello　*347*, *379* n
レーニン　Lenin, Vladimir Ilič Uljanov　*172*, *173*, *175*
レマレスキエ　Lemaresquier, Charles　*105*
レーモンド　Raymond, Antonin　*407*, *410*
レール　Löhr, M.　113
レン　Wren, Christopher　172 c
レンチ　Lenci, Sergio　*357*
ロイストン　Royston, Robert　306
ローウィ　Loewy, R.　*286*
老子　*405*
ロージエ　Laugier, Marc-Antoine　61
ロジャース　Rogers, Ernesto Nathan　*379* n, *387*, *425*
ロース　Loos, Adolf　10, *276*, 289, 296, 326, 327, 328, 329, 330, 331, 332, 333 c, 370, *105*, *141*, *194*, *195*, *273*, *274*, *277*
ロセッティ　Rossetti, Dante Gabriele　206
ロダン　Rodin, Auguste　294, 347 n
ロックウッドとメーソン　Lockwood & Mason　114
ロックフェラー　Rockfeller, John Davison　*10*
ロッシ　Rossi, Ettore　*211*
ロッシュ　Roche, Martin　251, 255 c, 256, 260
ロッズ　Lods, Marcel　*138*, *215*, *234*, *234* c, *265* n, *381* n
ロッセリーニ　Rossellini, Roberto　*346*

ロート　Roth, Alfred　*256* c, *257*, *259*, *259* c, *263*, *265* n, *276* c, *307* c, *409*
ロート　Roth, Emil　*257*, *258* c, *265* n
ロド・チェンコ　Rodcenko　38
ローバック　Roebuck, John　38
ロベルト　Roberto, Marcelo & Mauricio　*385*, *386*, *389*, *413* n
ロマーノ　Romano, Giovanni　*239*
ロモルス　Romolus　248
ローリング　Loring, S. E.　253
ロレンツ　Lorenz, A.　*193*
ロンドベルク-ホルム　Londberg-Holm, Knud　*105*
ロンドレ　Rondelet, Jean-Baptiste　39 c, *42*, *43* c, *44* c, *45* c, *48* c, *49* c, *66* n, *52*, *53* c, *54* c

ワ行

ワイヤット　Wyatt, James　84
ワイヤットヴィル　Wyattville, J.　85
ワグナー　Wagner, Martin　*144*, *169* n, *171*, *292* c
ワグナー　Wagner, Otto　10, 158, 276, 286, 296, 313, 314, 314 c, 315, 316, 317, 318, 319, 323, 327, 329, 338, 341, 349, 377 c, 378, 395, *10*, *29*, *68*, *85*, *141*, *142*, *144*, *186*
ワグナー　Wagner, Wilhelm Richard　264
渡辺定夫　*430*
ワックスマン　Wachsmann, Konrad　*292*, *293* c, *295*, *296*
ワット　Watt, James　42, 46, 68
ワルウェカ　Warweca, Stefan　*458*
ワルシャヴチック　Warchavchik, Gregori J.　*383*, *384*
ワルポール　Walpole, Horace　83 c, 84

著者紹介
レオナルド・ベネヴォロ
Leonardo Benevolo
1923年　　イタリア・オルタに生まれる
1946年　　ローマ大学建築学部卒業
1950〜60年　ローマ大学建築史教授
1960〜63年　フィレンツェ大学教授
その後ヴェネチア，パレルモなどの大学で
教鞭を執る
主著　Introduzione all'architettura, 1960
　　　Le origini dell'urbanistica moderna, 1963
　　　（『近代都市計画の起源』鹿島出版会）
　　　Storia dell'architettura del Rinascimento,
　　　1968
　　　L'architettura delle città nell'Italia
　　　contemporanea, 1968
　　　La città italiana nel Rinascimento, 1969
　　　Roma da ieri a domani, 1971
　　　Le avventure della città, 1973
　　　Storia della città, 1975
　　　（『図説 都市の世界史』相模書房）

訳者紹介
武藤　章　むとう・あきら
1931年　　東京に生まれる
1954年　　東京大学工学部建築学科卒業
1960〜61年　フィンランドのアトリエ・アル
　　　　　ヴァ・アアルトに留学
1961〜62年　イタリア，ウディネのストゥデ
　　　　　ィオ・ジノ・ヴァッレ勤務
1974〜84年　工学院大学教授
1985年　　同名誉教授
同年　　　逝去
著書　『アルヴァ・アアルト』SD選書，鹿島
　　　出版会
訳書　『アルヴァ・アアルト作品集』第1〜
　　　3巻，A.D.A. EDITA Tokyo
　　　『タピオラ田園都市』都市選書，鹿島
　　　出版会（共訳）
　　　『アスプルンドの建築──北欧近代建
　　　築の黎明』，鹿島出版会（共訳）

本書は，小社発行『近代建築の歴史 上』（1978年）および
『近代建築の歴史 下』（1979年）を合本したものです。
そのためページ数が通っていないことをお断りいたします。

近代建築の歴史

2004年7月15日　発行©

訳　者　武藤　章

発行者　鹿島　光一

発行所　鹿島出版会
　　　107-8345　東京都港区赤坂六丁目5番13号
　　　Tel.03（5561）2550　振替 00160-2-180883
　　　無断転載を禁じます。
　　　落丁・乱丁はお取替えいたします。

三美印刷　牧製本
ISBN 4-306-04438-6　C3052　　Printed in Japan

本書の内容に関するご意見・ご感想は下記までお寄せ下さい。
URL : http://www.kajima-publishing.co.jp
e-mail : info@kajima-pulishing.co.jp